国家社科基金
后期资助项目
GUOJIA SHEKE JIJIN HOUQI ZIZHU XIANGMU

中国古代石刻法律文献叙录（上）

A Descriptive Catalogue of Ancient Chinese Legal Documents in Stone Inscriptions

李雪梅 著

上海古籍出版社

国家社科基金后期资助项目（14FFX025）

国家社科基金后期资助项目
出版说明

后期资助项目是国家社科基金设立的一类重要项目,旨在鼓励广大社科研究者潜心治学,支持基础研究多出优秀成果。它是经过严格评审,从接近完成的科研成果中遴选立项的。为扩大后期资助项目的影响,更好地推动学术发展,促进成果转化,全国哲学社会科学工作办公室按照"统一设计、统一标识、统一版式、形成系列"的总体要求,组织出版国家社科基金后期资助项目成果。

全国哲学社会科学工作办公室

目　　录

前言·法律碑刻论观 ……………………………………………………… 1

编写体例 …………………………………………………………………… 1

石刻法律文献叙录

一、战国秦汉（前 475～220） ……………………………………………… 3

二、三国两晋南北朝（220～589）　附高昌国（460～640） …………… 11

三、隋唐五代（581～960） ………………………………………………… 16

四、宋（960～1279） ……………………………………………………… 36

　　（一）北宋（960～1127） ……………………………………………… 36

　　（二）南宋（1127～1279） …………………………………………… 61

五、辽金（907～1234）　含刘齐（1130～1137） ……………………… 85

　　（一）契丹辽（907～1125） ………………………………………… 85

　　（二）金（1115～1234）　含刘齐（1130～1137） ………………… 89

六、大蒙古国、元（1206～1368） ……………………………………… 114

七、明（1368～1644） …………………………………………………… 177

　　（一）洪武（1368～1398） ………………………………………… 177

　　（二）建文（1399～1402） ………………………………………… 181

　　（三）永乐（1403～1424） ………………………………………… 182

　　（四）洪熙（1425） ………………………………………………… 183

　　（五）宣德（1426～1435） ………………………………………… 183

　　（六）正统（1436～1449） ………………………………………… 184

（七）景泰(1450～1456) ································ 186

（八）天顺(1457～1464) ································ 188

（九）成化(1465～1487) ································ 189

（十）弘治(1488～1505) ································ 193

（十一）正德(1506～1521) ···························· 196

（十二）嘉靖(1522～1566) ···························· 200

（十三）隆庆(1567～1572) ···························· 214

（十四）万历(1573～1619) ···························· 216

（十五）泰昌(1620) ··································· 240

（十六）天启(1621～1627) ···························· 240

（十七）崇祯(1628～1644) ···························· 245

（十八）明(1368～1644) ······························ 252

八、清(1644～1911) ···································· 254

（一）顺治(1644～1661) ······························ 254

（二）康熙(1662～1722) ······························ 262

（三）雍正(1723～1735) ······························ 295

（四）乾隆(1736～1795) ······························ 305

（五）嘉庆(1796～1820) ······························ 371

（六）道光(1821～1850) ······························ 410

（七）咸丰(1851～1861) ······························ 474

（八）同治(1862～1874) ······························ 495

（九）光绪(1875～1908) ······························ 530

（十）宣统(1909～1911) ······························ 622

（十一）清(1644～1911) ····························· 629

九、年代不详 ··· 635

附　录 ·· 638

一、书名简称、全称对照 ······························ 638

二、主要参考书目 ····································· 647

三、碑刻访查时地记(2010～2019) ························ 669

后记·聚精碑石 ·· 688

前言·法律碑刻论观

中国古代法律碑刻历经2 000余年的发展,既有迭经记载的传世之作,也有新近面世的古刻残篇,形式多样,内涵丰富,与国家行政运转、社会治理、秩序构建、权益保护等紧密关联,是了解中国古代治国理政及法律应用的珍贵原生史料。

编目、叙录是古代典籍和文献整理的基础工作。就古代法律文献的整理而言,除成果丰硕的秦汉简牍、唐宋律令、明清司法档案及法律文献辑佚等工作外,尚有一些研究领域需要开拓,石刻法律文献即是其中之一。本书旨在通过对历代石刻法律文献的甄选、编目、内容提示,厘清其形制、内涵,以期为法律碑刻的分类辑释、专题考证等后续研究提供指引,进而充实古代法律文献的构成,拓展古代法制研究的视野。

一、“碑本”史料观与方法论

碑本一般指碑刻的拓本,此是“碑本”的狭义概念。而本书所称“碑本”是指在文本基础上以铭刻方式生成的新文本。“碑本”形成的基础是手写文本(包括局部和少量的印本),在铭刻碑石时,又在原文本基础上附加碑额、题记、立碑责任者等关联信息,形成功能和用途不同于原始文本的综合文本。基于石刻法律文献“碑本”的特殊形成方式及其明显的实用功能,其研究方法和路径,均有别于传统的写本、印本等文献史料。“碑本”史料内容较原始“文本”更丰富,其建构方式也自成一体。概括而言,对于“碑本”史料,需要从文献、文物与制度三重属性上进行观察研究。

（一）法律碑刻的"三重属性"与"三观"研究

石刻文献指以石为载体、用雕刻方式形成的文献。载体的形制除基础类别——长方形碑刻（狭义的石刻）外，还有摩崖、墓志、经幢、造像碑等（广义的石刻）。石刻法律文献以载于碑刻者为大宗，此即我们通称的碑刻法律史料（简称"法律碑刻"），但在摩崖、墓志、经幢、造像碑等铭刻中，也不乏与法律有关的内容。故石刻法律文献的含义较法律碑刻为广，而法律碑刻乃石刻法律文献的主体；法律碑刻的一些标志性特征，如公开性、真实性和制度属性等，在墓志、买地券等类铭刻中难以完全体现。

以石载文的石刻史料是文本与实物的结合。就史料存世样态而言，有别于平面化的纸质文献史料，它是立体、易见、可触摸的真实存在。从研究路径看，文献属性偏重于揭示碑刻内涵以凸显其史料价值；文物属性侧重于观察外观，除碑石形制、尺寸外，也包括碑石刻立的场所和地点。

在以往的研究中，碑志的文献属性已得到充分体现，文物属性也受到一定的关注。与近年较受关注的碑刻的景观性研究相比，①法律碑刻的景观意义并不占据主导地位。每个具有政治景观意义的纪功碑、神道碑都是独一无二的，但法律碑刻却往往以重复性见长。它既是制度运作的结果，也是行政管理的手段，以至实用功能强于象征性，这从法律碑刻的刻立地点、程序、样式、留存数量等方面均可得到验证。法律碑刻常见的累刻、复刻等现象，也因而成为值得探究的"景观"。

除文献、文物属性外，法律碑刻的制度属性尤为重要，但往往被研究者忽视，而后者正是法律碑刻区别于一般碑刻的关键所在，也是法律碑刻独立性的一个重要标志。碑石文字是一种静态的史料记载，而立碑建制、示禁却是一种动态的制度创设过程。故法律碑刻不单纯是古代流传下来的文献或文物，在其刻立之时，即有明显的实用功能。在法律碑刻的公文、禁令、规约

---

① 程章灿认为：很多石刻在肇建之时，往往与某一事件甚至重大事件相联系，出现于某种礼仪的场景，因而难以摆脱礼仪的背景。无论是秦始皇东巡刻石，还是班固勒石燕然之类的纪功石刻，或是封禅祭祀一类的石刻，抑或道路开通、桥梁落成等重大工程的纪念碑刻，都有特定的礼仪场景，发挥了纪念或者记忆的文化功能。这些石刻展示了景观，也展示了政治权力和文化意义。详见程章灿《景物——石刻作为空间景观与文本景观》，载《古典文献研究》第17辑下卷，凤凰出版社，2015，第8—9页。另仇鹿鸣对碑刻的政治景观效应有进一步阐述：在古人的生活世界中，石碑作为一种重要而常见的景观，象征着秩序与权力，是一般民众观察政治变化的重要窗口，这构成了古人知识系统的一部分。于是，景观更易成为政治秩序变动的象征。古人重视碑铭，无疑是看重其不朽的纪念性。而一旦权力更迭，这些不朽的象征，往往首先会被重塑或废弃。参见仇鹿鸣《未完成的转型：从金石学到石刻研究刍议》，载氏著《读闲书》，浙江大学出版社，2018，第56—63页。

等类别中,其制度属性表现得尤为明显。

对法律碑刻制度属性研究的关键,是分析碑石的刻立程序和功能。法律碑刻的刻立往往要经过公议、审批、备案等特定程序,诸如"演戏立碑""立碑为例""奉官示禁"等仪式和程序,均赋予碑石特别的效力。对制度属性研究的通俗解释,就是研究法律碑刻的生成路径和影响方式,揭示一块看似普通的石头,通过何种方式和步骤,变身为具有约束力或确权作用的法律碑刻;碑刻如何从依托文本,最终超越文本,成为独立的"碑本"。是故,文献、文物属性是从内容和形式上对法律碑刻的界定,制度属性则突出了法律碑刻的生成方式,及其所具有的社会管理功能和承载的权利义务关系等。我们研究法律碑刻的基本方法就是从文献、文物和制度"三观"入手,综合、立体地研究法律碑刻。除碑石铭刻的主体内容外,碑石的原始面貌,如格式体例、尺寸大小乃至刻立地点,加刻、续刻文字,碑阳、碑阴文字的关系,都蕴含着重要信息。因此搜集、探访古代碑石,了解其整体面貌,也是法律碑刻研究的一部分。

(二)"碑本"史料重构

石刻文献的流传方式主要有三种:一是以原石、原拓形式存留至今,主要保存在各地碑林、博物馆、庙宇及私人收藏家手中;二是图文并存的碑文整理;三是各种形式的碑文著录,除传统金石著录、当代碑文集录外,还有如《全唐文》《元文类》等文章总集,地方志、寺观志、水利志等典籍,以及个人文集中收录的石刻文献。前两种具有原始存真的意义,是较为可信的第一手材料,但搜集和利用有一定的难度;后者利用方便,但辑录碑文时难免错讹、遗漏,是需谨慎使用的二手史料。

历代碑志辑录存在的割裂碑石整体信息的情况,给研究者造成不少困扰。以河南登封少林寺中的唐代公文碑为例。清王昶《金石萃编》卷41中载武德四年(621)《秦王告少林寺主教》,卷74中载开元十一年(723)《少林寺柏谷坞庄碑》和《少林寺赐田敕》,卷77中载录开元十六年(728)《少林寺碑》。此是按碑石据以摹刻的原始文献生成的时间编录,易让人误解为是数通独立的碑石。而实际情况是,卷41、74、77中所载诸碑文,均刻于开元十六年《少林寺碑》上,故《金石萃编》诸卷所载相关内容实为对一通碑石内容的分解性载录。

碑志辑录刊载碑石信息不全的情况也较为常见,主要表现为重碑阳轻碑阴、碑侧,重名家手笔和书艺高超者,轻视民间刻石和雷同性公文,以致刻载于碑阴、碑侧乃至碑额的大量珍贵史料被忽视遗漏。以辽统和五年(987)

《祐唐寺创建讲堂碑》为例。该碑立于天津蓟州区盘山东麓白水峪之南千像寺中。碑正面刻1600余字,由蓟州军事判官李仲宣撰文,燕京悯忠寺僧德麟书丹。碑阴刻建寺出钱人姓名。碑侧有重熙十五年(1046)所刻千像、妙香两寺因土地问题发生争讼后,共同立下的四至记录。相较而言,碑侧刻文才是我们重点关注的内容。《北京图书馆藏历代石刻拓本汇编》收录有《祐唐寺创建讲堂碑》拓片,但碑侧失拓;①近年出版的《盘山金石志》依然失拓碑阴、碑侧。② 向南编《辽代石刻文编》亦仅载有碑阳文字,③直到15年后,才在《辽代石刻文续编》中据李经汉先生抄本补录碑侧文字,④然缺乏行文格式的记录。另在碑志拓片集录中,碑额失拓的情况较为普遍。而上述缺失遗漏,唯有通过实地访查,方能得到弥补。

千像寺中辽统和五年(987)《祐唐寺创建讲堂碑》碑阳及碑侧

此外,以往研究中对文献依托的载体留意不够。以公文碑为例。我们所面对的每一通公文碑,都包含两个文本:一是被摹刻的底本(书写于纸或绢等上的文本),它们或是原始公文,或是原始公文的副本,是公文碑的基础,是原始的一手"文本"。这类文本性公文,明清时期的存世尚多,宋元时

---

① 北京图书馆金石组编:《北京图书馆藏历代石刻拓本汇编》45 册,中州古籍出版社,1997,第 11 页。
② 天津盘山风景名胜区管理局编:《盘山金石志》,天津古籍出版社,2013,第 1 页。
③ 向南编:《辽代石刻文编》,河北教育出版社,1995,第 85 页。
④ 向南等编:《辽代石刻文续编》,辽宁人民出版社,2010,第 97 页。

期及以前的难得一见。如宋代敕牒文书原件,目前所知者有山西发现的北宋崇宁二年(1103)七月的《龙王庙封牒》和《赐庙额牒文》。① 近年最重要的发现是浙江金华武义县发现的徐谓礼文书(包括录白告身、录白敕黄、录白印纸三部分)。② 二是依底本摹刻的"碑本"(碑石本身)。唐宋金元时期依公文原式摹刻的公文碑却多达数百件,是异常珍贵但尚未引起充分重视的一手"碑本"资料。

作为一手史料的"文本"和"碑本",两者关系紧密,但又有明显不同。还是以公文碑为例来比较"文本"和"碑本"的差异。一是公文的颁发和公文碑的刻立存在时间差。有的公文碑刻立时间距公文下发时间甚远,甚至有跨朝代刊刻现象。二是存在方式迥异。"文本"原件往往由官府保存,下发时以副本传递,总体以秘藏为主;将公文刊刻于石则强调公示、传承。三是公文碑以摹刻公文为主,此外尚有新增内容,如碑额、记事、题名等,交代立碑的原因、责任者,成为在平面"文本"基础上形成的价值更完整、丰富的立体新史料。

石刻文献研究当以一手的"碑本"为基础,故高质量的碑志文物或拓片图版,成为衡量碑刻辑录质量高低的一个重要指标。

需要特别注意的是,碑志既有"碑本""文本"文献之别,也有一手、二手史料之异。"碑本"一手资料是指石刻本身或原石拓片,其有的一直立于原址,有的被集中保存于碑林;二手资料是对碑文的辑录,形成诸如金石志、地方志、寺观志、碑文汇编等写本或印本书籍。作为二手资料,无论是"文本"还是"碑本",都存在一定缺憾。仍以公文碑为例。古代文集、史书对公文的载录以事实记述为重,格式的完整性似无关紧要,其所载录者多为公文中实质性或关键性内容,而公文的程式套语、落款等多被省略。载录碑石信息较完备的志书,除抄录碑文外,也兼记碑的所在地、形制、尺寸、格式、内容等,保留了大量珍贵信息,但在碑文传抄及志书刊印流传中,仍难免有错漏失误。虽然碑志辑录和史籍文献的比勘是古代文献整理研究的基本功,但如果都是基于二手文献的比勘,其研究意义要大打折扣。

就法律碑刻研究而言,我们之所以特别重视碑石载体的"版本"信息,就是因为碑志"版本"(即"碑本")与写本、印本具有不同的功用,载于碑石上的公文、讼案、规章、禁令等不单纯是为保存文献,也是一种权利公示。故为

---

① 杨绍舜《吕梁县发现宋代牒文》,《文物》1959 年 12 期,第 65—66 页;夏路、刘永生主编:《山西省博物馆馆藏文物精华》,山西人民出版社,1999,第 293 页。

② 参见包伟民、郑嘉励编:《武义南宋徐谓礼文书》,中华书局,2012。

何刻碑,以及如何编排碑石上的公文、规章,也值得深入研究。而对一些特殊类别的碑志,实地勘查对"碑本"研究更有特别重要的意义。是故,碑石的格式体例、刻立时间、地点、印章、标朱,碑阳、碑阴文字的关系,均是"碑本"整理研究的有机组成。

综上,研究法律碑刻的理想方式是以一手"碑本"为基础史料。我们编写《叙录》,也是在尝试构建以"碑本"为核心的史料体系。

二、法律碑刻本体论

法律碑刻的本体是人工铭刻的碑石,其上载有法律事项或有助于法律制度研究的相关文字或图示,是一种可视化程度较高的立体性史料。法律碑刻由初创到体系完备,历经2 000余年的发展演变。法律碑刻具有明显的外部特征,碑额、首题、年款、印押、署衔等,以及累刻、复刻、续刻等形式,都是判别其性质和类别的重要标志。历史观、技术观、功能观均是基于碑石本体的研究。了解法律碑刻的历史演变和形成方式,把握其主要类别和相应功能,是揭示其内涵和核心价值的基础。

(一)历史观·法律碑刻之生长

中国古代法律碑刻的历史可分为初创期、发展期和成熟期三个阶段,并大致对应于秦汉魏晋南北朝、唐宋金元、明清三个时段。这三个时段的法律碑刻,各有鲜明特色。

1. 初创期

法律碑刻初创期的特色表现为秦诏书刻石的宣示性、两汉刻石的实用性、魏晋刻石的过渡性。秦国具有刻石的传统。秦始皇统一天下后,为昭示自己的功德伟业,多次出巡,先后留下《泰山刻石》《琅琊台刻石》等7处刻石。①《泰山刻石》中的"治道运行,诸产得宜,皆有法式",《琅琊台刻石》中的"端平法度""匡饬异俗""除疑定法,咸知所辟""欢欣奉教,尽知法式"之言,②在歌颂秦始皇功绩的同时,也在传播秦始皇创制的法制内容及其效果,旨在颂扬帝业并彰显法制的稳定性。两汉刻石的实用性表现为碑石上

① 秦始皇刻石分别为《碣石刻石》《泰山刻石》《芝罘刻石》《东观刻石》《琅琊台刻石》《峄山刻石》和《会稽刻石》。现《泰山刻石》残石立于山东泰安岱庙东御座院内,《琅琊台刻石》藏于中国国家博物馆,其余原石均不存。
② (汉)司马迁:《史记》卷6《秦始皇本纪》,中华书局,1959,第243—246页。

屡见记产记值、划界、申约等内容,公文性内容也频见于碑石,现所知者有元初六年(119)《赐豫州刺史冯焕诏》、永兴元年(153)《乙瑛碑》、建宁二年(169)《史晨碑》、熹平四年(175)《闻喜长韩仁铭》、光和二年(179)《樊毅复华下民租田口算碑》等。

整体看,初创期的法律碑刻形制多样,有随形刻石、长方形立碑、石柱、造像碑等。与法律相关的内容,或隐含于纪功碑、颂德碑、墓志铭中,如秦诏书刻石、汉公文碑、西晋《荀岳墓志》、东晋《好太王碑》、北齐《标异乡义慈惠石柱》等;或独立彰显,如汉《连岛苏马湾界域刻石》《侍廷里父老僤约束石券》等申约、界域、记产等类碑石。其所涉法律内容,大至国家之交往、界域划分,细至财产登记和对财产的处分,表明法律碑刻在初兴之际即与社会现实生活关联紧密,实用性强。

另从铭刻发展历史看,秦汉魏是由铭金向刻石发展的关键转折期,铭刻主体也由权贵向社会基层下移,而此时也是新的政治体制的创立和发展期,刻石与社会发展的脉动息息相关。秦汉魏公文碑约占当时法律碑刻数量的三分之一,表现形式多样;约束刻石、界域、记值记产刻石的流行(约占当时法律碑刻数量的四分之一),县界、州界、郡界等官界刻石和私人墓地、产业界址刻石并存,亦颇值得关注。这些石刻现象的出现,都有深刻的时代背景和社会需求。

2. 发展期

唐宋金元是法律碑刻发展的关键期。除将秦汉以来的颂德、明产、申禁、行政等主题发扬光大外,又多有创新。法律化、规范化是这一阶段法律碑刻的鲜明特征,表现为君言刻石的多样性、公文碑的复杂化、立碑程序日趋严密等特色。

唐宋时期,代表国家行政行为的君言刻石形式多样,制、诏、敕、诫等屡见于石,成为国家治理的重要手段。唐代的《武德二年诏》《武德九年诏》《贞观诏》《乾封元年诏》,宋代的《辟雍诏》《藉田诏》等,均刻石流传。唐代册封赠告类刻石的流行与唐代法制完备有重要关系。告身是为官凭证,同时也是为官者及其亲属享有一些政治荣誉和法律特权的依据。唐代石刻告身在中原、西北、东南等地均有发现,现存数量多于纸质告身,且形制完整。唐代出现的告身法帖,也促进了石刻告身的普及和流传。

唐代格式化的公文碑如官凭告身,主要是特权身份的标志。宋代以后,标志寺观存在合法性的敕牒碑被广泛刻立。而从唐代埋于墓葬中的告身石刻,到宋代刻立于寺观、学校用于公示永存的各式公文碑日渐增多,法律碑刻的功能性特色开始彰显。

元代君言刻石以圣旨碑最具影响力。当时崇奉孔孟等的儒学圣旨碑以及保护寺观的护持圣旨碑遍布大江南北,一碑刻多份圣旨的现象较为普遍,现存者尚多达数百通,亦可想见当时圣旨碑的流行。

唐宋金元公文碑在同期法律碑刻数目中占比高达三分之二,并形成了札子(北宋为中书札子,南宋为尚书省札)、敕牒、公牒、公据等公文系列。其实,此一现象出现的本身也值得特别关注。由于碑石所载公文往往具有完整的行政流程,每个环节有相对应的公文文种,除程序衔接紧密的公文如牒帖外,诏表,敕答,奏答、敕表、牒表答等组合性公文也屡见于碑石。

宋代碑石上的公文适用面更广,涉及宗教管制、水利分配、家族救济等诸多方面,展示出行政管理的触角延伸至社会诸多领域,并呈现出程序规范与实体规范并重的态势。

"行政许可"和"行政授权",是宋代公文的另一重功用,据此而形成的敕牒碑开始批量出现。值得注意的是宋代碑刻的命名。宋代以敕牒、公据、札子、帖等公文文种命名的碑石比比皆是,而在唐以前,类似碑名并不多见。标准公文碑的命名有一定范式,碑名已大致反映出命名者对碑石功能的认知。

3. 成熟期

明清是法律碑刻发展的成熟期,中央和地方的布政类刻石流行,碑禁体系也日趋严密。以发展的眼光看,明清时期的法律碑刻,在学规、官箴等类别上表现出较强的传承性。

刻石布政是明清碑刻的鲜明特色,也是对唐宋以来"碑以载政"传统的进一步发展。在新的布政潮流中,地方官员成为主导力量。以他们名义颁刻的法规碑和官禁碑等如雨后春笋般快速出现,一改蒙元时期圣旨碑风行天下的面貌。刻载于碑石上的地方法规或条令,多以示谕、禁令等为表现形式,其内容或针对专门社会问题因时制宜而制定若干规则,或为某些事项设定相应的权利义务,一般具有针对性明显、约束性强、内容与社会生活密切相关等特色。明代后期开始流行的有关丈地均粮及税赋格式的公示碑,是中央和地方政府推行"一条鞭法"税赋改革的重要措施,同时也确立了以刻石公示国家政令、明确百姓义务并防止官吏贪弊的范式。

刻石申明禁令,是明清地方禁令的重要表现形式。就明清禁令的级别和效力而言,大致可分为两类:一是中央发布的针对地方弊端的禁令,主要指皇帝或中央枢要机构为矫正特定地方弊端所颁发的敕禁,如清乾隆三十一年(1766)礼部奉旨所颁《敕禁生监把持寺庙条例》,系依据浙江学政的条奏及其"请旨饬部通行示禁"的请求,皇帝圣旨钦示,礼部奉旨依议后,在全国颁行;二是各级地方官员为矫正地方弊端而发布的禁令。严禁官吏苛索扰民、革除弊政等内容,在明清布政性石刻中经常涉及。从明末开始,中央或地方官府在进行社会治理时,如果发现某一个案具有典型性,就经常以立碑的方式将处置结果或解决措施颁之于众,以昭公信,以儆效尤,旨在为此后同类问题的处理确立长久规范,此即"勒石永禁"。综观这类禁碑的竖立之地,以人员往来频繁的交通要津、府县衙署、寺庙集市等为主,以便于禁令传播周知;而竖于违禁行为发生地的禁碑,则凸显其针对性和警示性。

(二)技术观·刊刻与布局

1. 即时刻和滞后刻

一般记事碑、功德碑、墓志及民间规约碑的刻立时间和撰文时间相差不大,多属于即时性刻碑。而带有申请、审批、备案等行政流转程序的法律碑刻,因涉及一定的权利义务关系,碑石刻立时间和撰文、发文时间往往存在一定的时间差,此尤以法律碑刻中的公文、判词、规章等类较多见。如四川都江堰《青城山常道观敕》为开元十二年(724)十一月十一日下文,开元十三年正月一日文至益州,二日至蜀州,十七日立于青城山天师洞,刻石时间和发文时间不一致,但刻石之举相当迅速。而相当一部分碑石摹刻的文本时间和刻立时间不一致,一般是成文在前,刻石在后,故滞后刻也是法律碑刻的一个较普遍的现象。现仅以金代大定年间公文发文和刻立时间信息俱全的碑石为例进行分析(见表1):

表1 金大定年间公文刻立和发文时间统计

序号和碑名	立石地点	时间差	刻立时间	发文时间	著录、形式
1.《龙岩寺碑》	山西临猗县	3个月	大定三年(1163)九月九日	六月二十九日牒	《北图藏拓》46-77;上牒下记
2.《广岩院敕牒碑》	山东成武县	1年9个月	大定三年十一月初一日	大定二年(1162)二月牒	《山左》卷19;上牒下记
3.《福胜院敕牒碑》	山东滕州市大坞镇和福村	10个月	大定三年仲冬朔四日记	大定三年正月牒	《山左》卷19;上牒下记
4.《广教禅院敕牒碑》	陕西咸阳渭城区底张镇底张镇眭村	1年6个月	大定四年(1164)八月十五日	大定三年二月牒	《渭城文物志》P188
5.《宁国院牒》	陕西高陵县董白村	10个月	大定四年九月十二日	大定三年十一月牒	《高陵》P19

（续表）

序号和碑名	立石地点	时间差	刻立时间	发文时间	著录、形式
6.《敕赐大云寺牒》	山西运城盐湖区舜帝陵庙	1 年 11 个月	大定四年十一月	大定二年十二月二十四日牒	《三晋·盐湖》P34
7.《福祥院残碑》	河北元氏县	约 2 年	大定四年	大定二年九月三日牒	《北图藏拓》46－80
8.《太清观牒》	河南许昌	2 年 4 个月	大定五年(1165)重午日	大定三年正月文	《道略》P1020
9.《兴国寺记并牒》	山东滕州市姜屯镇白蓼村	11 个月	大定五年五月十五日	大定四年六月牒	《北图藏拓》46－82
10.《洪福院牒》	陕西户县秦渡镇庞村	约 2 年	大定五年六月十五日	大定三年牒	《户县碑刻》P38
11.《蒙福院碑》	山东费县	1 年 5 个月	大定五年六月十五日	大定四年正月十二日牒	《北图藏拓》46－84
12.《太清观牒》	陕西咸阳县北	2 年 6 个月	大定五年九月十日	大定三年三月牒	《渭城文物志》P188
13.《大云寺敕黄碑记》	山东泰安岱岳区祝阳镇姚庄村	10 个月	大定五年九月	大定四年闰十一月二十四日给文	《山左》卷 19
14.《正觉院礼部牒并记》	山东青州市	3 年 1 个月	大定六年(1166)十月立	大定三年九月牒	《益都县图志》卷 27
15.《慈云院记碑》	陕西富平县薛镇乡两门村	3 年	大定七年(1167)三月十三日	大定四年三月二日牒	《富平》P388
16.《新赐大明禅院记》	山东巨野县金山大洞	4 年 4 个月	大定七年五月十五日	大定三年正月牒	《菏泽》P413
17.《广济寺牒》	陕西礼泉	3 年 9 个月	大定七年八月	大定三年十一月牒	《北图藏拓》46－90
18.《王沟义安院碑》	山东费县	3 年 5 个月	大定七年八月中旬记	大定四年三月牒	《费县志》卷 14 下
19.《广济寺牒残刻》	陕西礼泉县	3 年 9 个月	大定七年八月	大定三年十一月牒	《八琼室》卷 124

（续表）

序号和碑名	立石地点	时间差	刻立时间	发文时间	著录、形式
20.《惠济院牒》	陕西眉县槐北寺	3年	大定七年十月立;明成化年间重刻	大定四年文	《陕西金石志》卷24
21.《敕赐兴国院牒》	河南林县(现林州市)东姚镇东姚村	3年4个月	大定七年十二月十五日	大定四年八月牒	《中原》P147;上牒下记
22.《宝峰院碑》	陕西泾阳县	4年7个月	大定八年(1168)三月三日	大定三年十一月牒	《北图藏拓》46-93;上行书牒,下界址
23.《普照禅院牒》	山西临县	5年	大定九年(1169)六月十五日	大定四年六月牒	《山右》卷20
24.《兴国寺牒》	陕西户县(今西安鄠邑区)	6年7个月	大定十年(1170)正月初一日	大定三年五月牒	《户县碑刻》P39
25.《敕赐万寿之院牒》	山东济南长清区五峰山洞真观	约7年	大定十年记	大定二年十二月二十五日牒	《寰宇》卷10
26.《洪福院牒》	陕西泾阳县	8年3个月	大定十二年(1172)九月十八日	大定四年六月初三日牒	《八琼室》卷124
27.《四禅寺牒》	山东泰安岱岳区徂徕山	约10年	大定十二年	大定二年二月牒	上两道牒文,下记文
28.《新修玉泉禅院碑》	陕西富平县齐村乡	约8年	大定十二年	大定四年八月八日牒	《富平》P388
29.《普明院牒》	河北邯郸峰峰矿区义井镇北侯村	10年	大定十三年(1173)正月初五日	大定三年正月牒	
30.《法云禅院碑》	河北曲阳县	9年6个月	大定十三年二月四日	大定三年八月七日牒	《北图藏拓》46-112;上牒下记
31.《荐福禅院牒》	河南开封县神埠村	10年2个月	大定十三年四月	大定三年二月二十八日牒	《北图藏拓》46-114
32.《洪福院牒并重修记》	河北元氏县	10年8个月	大定十三年中元日	大定二年十一月牒	《常山》卷13

序号和碑名	立石地点	时间差	刻立时间	发文时间	著录、形式
33.《大云禅院碑》	山西闻喜县	10 年 1 个月	大定十三年七月二十八日	大定三年六月二十□牒	《山右》卷 21
34.《慈云院碑》	山西闻喜县	9 年 10 个月	大定十三年十月十五日	大定三年十二月牒	《山右》卷 21
35.《清凉禅院记碑》	甘肃合水县	9 年 4 个月	大定十三年十月十五日	大定四年六月十□牒	《庆阳》P91
36.《清凉院牒并公据及记》	山东平阴县	约12年	大定十四年（1174）五月十五	大定二年牒	《山左》卷 19；上牒文，下公据和记
37.《广福院敕黄记》	山西武乡县	约12年	大定十五年	大定三年二月廿日牒	
38.《福胜院敕牒碑》	山东青州市	约12年	大定十六年（1176）正月	大定四年牒	《山左》卷 19
39.《庄严禅寺牒》	陕西西安高陵区	11 年 9 个月	大定十六年二月二十一日	大定四年五月牒	《萃编》卷 155
40.《大明禅院碑》	河南博爱县	14 年	大定十六年九月	大定二年九月十四日牒	《金石续编》卷 20
41.《三清殿榜文碑》	山东费县	36 年 8 个月	大定十八年（1178）十月十五日	皇统二年(1142)二月七日发文	《费县志》卷 14
42.《尚书礼部牒》	山西临汾尧都区吴村镇	16 年 3 个月	大定十九年（1179）五月	大定三年二月牒	《三晋·尧都》P31
43.《塔河院碑》	山东费县	5 个月	大定二十一年（1181）闰三月二十二日	大定二十年十月给文	《北图藏拓》46 - 150；上使帖公据，下记
44.《重立明月山大明禅院记》	河南沁阳	19 年	大定二十一年九月重立，大定十六年九月初立	大定二年九月十四日文	《河内县志》卷 21
45.《龙泉院尚书礼部牒并记》	河北元氏县	约21年	大定二十四年（1184）	大定三年二月牒	《常山》卷 14
46.《兴教院敕牒碑》	山东淄博淄川区	20 年	大定二十四年	大定四年牒	《山左》卷 19

（续表）

序号和碑名	立石地点	时间差	刻立时间	发文时间	著录、形式
47.《灵泉观牒及记》	陕西铜川	22 年	大定二十五年（1185）九月九日	大定三年九月牒	《萃编》卷156
48.《玉皇观碑》	山东邹城市	7年2个月	大定二十七年（1187）九月	大定二十年七月九日公据	《道略》P1038
49.《显庆寺牒并记》	山东滕州市	28年8个月	明昌元年（1190）十一月	大定二年三月牒	《北图藏拓》47-6
50.《三官宫存留公据碑》	陕西西安高陵区	10年9个月	明昌二年（1191）八月一日	大定二十年（1180）十一月公据	《萃编》卷157；上公据，下记
51.《法王院碑》	山东淄博	约27年	明昌三年（1192）闰二月	大定五年（1165）牒	《山左》卷20；上敕牒，下施主姓名
52.《福严寺牒》	山西壶关县	30年6个月	明昌四年（1193）八月	大定三年（1163）二月十日牒	《山右》卷22
53.《地藏院公据碑》	山东滕州市	18年2个月	承安四年（1199）十月二十日记	大定二十年七月初九日、大定二十一年（1181）八月五日公据	《山左》卷20；《北图藏拓》47-47
54.《洪福院敕牒碑》	山东嘉祥县纸坊镇刘村	约39年	泰和二年（1202）	大定三年（1163）牒	《山左》卷20
55.《洪崖山寿阳院记碑》	河北易县	18年5个月	泰和六年（1206）七月	大定二十八年（1188）二月十三日牒文	《道略》P1053
56.《尚书礼部赐洪福禅院牒》	山西长治县	44 年	泰和八年（1208）三月八日	大定四年（1164）六月牒	《三晋·长治县》P55
57.《香严禅院牒》	山西赵城县	52 年	贞祐三年（1215）七月	大定三年（1163）四月初三日牒	《山右》卷23
58.《大觉禅院牒》	山西河津县东阳村	52	贞祐四年（1216）五月重日	大定四年（1164）九月牒	

　　根据表1，见之于碑石的大定年间的58份公文，从公文的发出到摹刻于石，最快的为3个月，慢的为数十年后。总体来看，公文发出后两年内

刻石的,所占比重相对较高,之后数年乃至数十年内刻石的相对平稳。
(见表2)。

表2　大定年间公文刻石的滞后时间统计

1年内刻	2年内刻	3年内刻	4—5年内刻	6—10年内刻	11—20年内刻	20年以后刻
6	6	4	7	11	13	11
10.34%	10.34%	6.9%	12%	19%	22%	19%

　　根据表1、表2的数据,将公文摹刻于石,滞后于发文时间是一种常态。
即使接受者有第一时间将公文刻碑的意图,也需考虑公文的邮传以及觅石
加工和摹刻时间。而那些无需审批、备案流程的民间规约及法律记事碑,即
时刻则是一种常态。

　　2. 一文多石之复刻

　　将同样的内容刻之于碑,并要求各地广为刻立,始自唐代的御制官箴刻
石。对于唐开元年间(713—741)的《令长新诚》,宋欧阳修称:"唐开元之治
盛矣,玄宗尝自择县令一百六十三人,赐以丁宁之戒。其后天下为县者,皆
以《新戒》刻石,今犹有存者。余之所得者六,世人皆忽,不以为贵也。"[1]

　　唐宋复刻碑石以御制内容为主,且得到皇帝的许可、鼓励,御制学规是
较典型的范例。陕西西安碑林《大观圣作碑》属文时间为大观二年(1108)
八月,上刻李时雍摹写的宋徽宗御书《八行诏》。碑额行书"大观圣作之碑"
系蔡京奉敕题书,碑文前列诏旨,次列"八行"取士科条,为学馆必须遵行的
法则,及免户免身丁法的规定。此碑在当时的刊刻数目难以确知,遗留的碑
石目前在河北赵州文庙遗址、河南偃师商城博物馆、山西运城市博物馆、山
东泰安岱庙等地均可看到。

　　复刻于各地的学规、诏书、圣旨碑,其主体内容基本相同,但碑额文字却
不尽一致。如元代大德二年(1298)《加封五镇诏碑》分别刻立于东、南、西、
北、中镇。辽宁北镇庙的《加封五镇诏碑》额刻"圣诏之碑",浙江绍兴南镇
庙的碑额刻"皇帝诏书",山东临朐东镇庙之碑额篆"大元增封东镇元德东
安王诏",碑身为八思巴文和汉文双语诏书。

　　复刻情形除作为中央政令的推行要求各地刊刻的御制官箴、学规碑外,
也见有讼案碑、告示禁令碑的一文两刻或三、四刻情况。

　　讼案判词摹刻两碑之事首见于金代,持续于明清。山西洪洞县水神庙

<hr />

①　(宋)欧阳修:《集古录跋尾》卷6,邓宝剑等笺注,人民美术出版社,2010,第137页。

天眷二年(1139)《都总管镇国定两县水碑》载:"赵城、洪洞两县置碑二亭,一亭于两县分水渠上竖立,一亭于本府公厅内竖立。"①山西临汾龙祠有明隆庆六年(1572)《院道府县分定两河水口碑》亦载明"各树石碑两通,一立府县衙门,一立龙祠"。②山西太原道光二十七年(1847)《遵断赤桥村洗纸定规碑记》也是立于两处,一在晋祠,一在赤桥村兰若寺内。

复刻情况也见之于标明行政辖界的碑石。如贵州威宁县盐仓镇二铺村有嘉靖四十四年(1565)《威宁二铺疆界碑》两通。一立于二铺村南,一立于二铺村东北,两碑相距8公里,均为乌撒卫巡捕指挥使陈于前立。③

以碑石复刻告示禁令之事在清代较普遍。如康熙二十五年(1686)《嘉定县严禁脚夫结党横行告示碑》有两通,一碑曾立于上海嘉定区娄塘镇,一立于嘉定区黄渡镇罗汉寺。④乾隆四十二年(1777)《永远免夫交界碑记》两通碑分别立北京门头沟区峰口庵和王平镇牛角岭关城京西古道边,是为传布乾隆四十二年"盛世滋丁永不加赋"政策而订立的免赋税公文告示碑。⑤道光七年(1827)《山阳县严禁恶佃架命抬诈霸田抗租碑》也有两石。一存江苏淮安府署,1952年为南京博物院收藏;一存东乡县石塘村,碎石现存淮安市博物馆。此外,道光二十五年(1845)《苏州府禁止不安分之徒勾串匪类借端向水炉公所索扰碑》、咸丰元年(1851)《宁绍台道饬王章、周道遵互控侵占碶闸公地案遵断立石告示碑》、光绪九年(1883)《长元吴三县示禁保护重设面业公所碑》等也均是复刻碑。

至于一碑三刻、四刻之事也不乏其例,且多立于城门等交通要道,其目的是将禁令内容广而告之。如乾隆五十八年(1793)《宁羌州衙告示碑》为一文五刻,于宁羌州署前及东南西北四城门口各竖一通,今仅存署前和西门两通。⑥道光二十九年(1849)《台湾府城门示禁碑》系分巡台澎道徐宗干颁示的禁止兵丁勒索事项碑,曾分刻于台湾府城各城门,今台南旧大南门(市政府南)、大东门(在东门路)、小西门(在逢甲路)尚存。⑦光绪二年(1876)

① 黄竹三等编著:《洪洞介休水利碑刻辑录》,中华书局,2003,第4页。
② 周亚整理点校:《山西临汾龙祠水利碑刻辑录》,载山西大学中国社会史研究中心编:《中国社会史研究的理论与方法》,北京大学出版社,2011,第161页。
③ 李嘉琪主编:《贵州省志·文物志》,贵州人民出版社,2003,第283页。
④ 上海博物馆图书资料室编:《上海碑刻资料选辑》,上海人民出版社,1980,第434页;嘉定区地方志办公室、嘉定博物馆编:《嘉定碑刻集》,上海古籍出版社,2012,第29页。
⑤ 北京市门头沟文物局编:《门头沟文物志》,北京燕山出版社,2001,第381页;政协北京市门头沟区文史资料委员会编:《京西碑刻纪事》,香港银河出版社,2003,第90页。
⑥ 陈显远编著:《汉中碑石》,三秦出版社,1996,第46页。
⑦ 黄典权:《台湾南部碑文集成》,《石刻史料新编》第三辑第19册,新文丰出版公司,1986,第486页。

《严禁藉尸吓诈等事示告碑记》为台湾府知府周懋琦示,涉及治安、恶丐、诈尸、滥索等内容,在台南仁德区太子村明直宫(太子庙)、台南归仁区南兴村归南北极殿、台南关庙区下山村关帝庙三川门均可见。①

在清代水利志如《永定河志》中,也有关于复刻公文禁令的记载。乾隆十八年(1753)《禁止河身内增盖民房上谕碑》(嘉庆《永定河志》录为《禁河身内居民添盖房屋碑》)计立于 4 处,分别为南岸四工五号、北埝工头(被淤)、南堤五号及石各庄村前北埝上。② 乾隆三十八年(1753)《永定河事宜碑》计有 5 通,曾分别立于河道署仪门左、南惠济庙正殿前、南岸四工五号内、北岸三工十五号堤上及北堤七工头号堤上。③ 光绪三年(1877)《禁止下口私筑土埝碑》有 3 通,分别在青光村、韩家树村和南八下汛署后。④ 而这些碑石,有的至今尚存。

3. 一碑多体及"累文"

一碑多体指一石备载多种文体,主要形式是法律内容和记事文体的组合,以及法律内容依附于非法律内容的文体。

法律内容和记事文体的组合在公文碑、规章碑上较常见。以宋、金敕牒碑为例。宝庆元年(1225)《建康府嘉惠庙牒》为三截刻,上二截刻绍兴二年(1132)十一月牒,下截为宝庆元年记。绍定三年(1230)《给复学田省札》亦为三截刻,上二截载绍定元年(1228)十月三十日、绍定三年十月省札,下为记。另如前文表1"金大定年间公文刻立和发文时间统计"所示,碑石上采用上牒下记的方式较为常见。

也有一石载三四种文体并以法律内容为主导者。金泰和六年(1206)《洪崖山寿阳院记碑》碑阳刻寿阳院四至及禁樵采文,碑阴刻大定二十八年(1188)二月十三日尚书礼部牒文,融记事、禁约、四至、公文于一石。金大安元年(1209)《谷山寺敕牒碑》,碑阳刻泰和六年(1206)十一月牒文和大安元年三月牒文,碑阴刻禁约 21 条,另有草书小字记智崇募化买额经过,并附募捐者姓名,也是融敕牒、禁约、记事等为一碑。

尽管碑石上的敕牒、公牒等公文是法律碑刻的重点研究对象,但记文中

---

① 黄典权:《台湾南部碑文集成》,第 505 页;吴新荣:《台南古碑志》,《石刻史料新编》第三辑第 20 册,新文丰出版公司,1986,第 239 页。

② (清)李逢亨纂修:(嘉庆)《永定河志》卷 32《附录》,北京永定河文化博物馆整理,学苑出版社,2013,第 587—589 页。

③ (清)陈琮纂修:(乾隆)《永定河志》卷 9《建置考》,北京永定河文化博物馆整理,学苑出版社,2013,第 331 页;嘉庆《永定河志》卷 12《建置》,第 275 页。

④ (清)朱其诏、蒋廷皋纂修:(光绪)《永定河志》卷 3《经费建置》,北京永定河文化博物馆整理,学苑出版社,2013,第 138 页。

多有关涉刻石背景、立石原因的交代,它们也具有不容忽视的参考价值。

法律内容依附于其他文体的情况,多表现为附刻于墓志、经幢或碑刻的边角一侧。如唐代大和五年(831)《唐故北海盛氏富春孙夫人墓志并序》碑侧及阴刻墓茔四至界址。天祐四年(907)《神福山寺灵迹记并序》碑阴下部及碑侧刻施地四至,且于施状中载明“恐后无凭,请执此状为据”之语。① 宋代《重刻明州奉化县西山护国院记》乃重刻唐元和十四年(820)记文,碑侧载寺院四至和租赋,也言明“契簿书可照”。②

碑石上的“累文”现象,也值得特别关注。以前文曾列举的唐代少林寺公文碑为例。清代《中州金石考》《中州金石记》《中州金石目录》《嵩阳石刻集记》《少林寺志》五部志书所载少林寺唐代公文碑计有武德四年(621)、天册万岁二年(696)、开元十一年(723)、开元十六年(728)数种。仅从碑名和年代看,似为数通独立碑石。但详读碑石内容及相关跋语,却发现它们刻载于同一碑石。缪荃孙《艺风堂金石文字目》载录的情况是:

> 《少林寺碑》,裴漼撰并行书,开元十六年七月十五日。在河南登封。
> 碑额《秦王告少林寺主教》,行书。武德四年四月卅日。
> 碑阴《柏谷坞庄碑》,玄宗御书。正书。开元十一年十一月四日。
> 碑额阴《少林寺赐田敕》,正书。贞观六年六月廿九日。③

此碑所牵涉的关键问题是,当一碑载数文时,该如何统计和命名。相较而言,缪荃孙采取的著录方式值得借鉴。但缪氏对《少林寺碑》的记载并不全面,甚至也有失误。④ 严格来说,此碑所载数文均不当单独载录,立碑时间应按诸文之最后的年代。故缪荃孙对此碑的定名——《少林寺碑》,以及立碑的时间——开元十六年,较之表中所列五部志书和前文《金石萃编》的载录,均更为妥当。

当然,作为文本研究,按碑石所载的发文或成文时间载录不成问题,如日本池田温编《唐代诏敕目录》收有《告柏谷坞少林寺上座书》,年代注为“武德中”,是按发文时间。⑤ 但从“碑本”角度,此种载录方式,有失客观。

---

① 史景怡主编:《三晋石刻大全·晋中市寿阳县卷》,三晋出版社,2010,第31页。
② 章国庆编著:《宁波历代碑碣墓志汇编》,上海古籍出版社,2012,第328页。
③ 张廷银、朱玉麒主编:《缪荃孙全集·金石》第1册,凤凰出版社,2014,第142页。
④ 详见李雪梅《唐开元十六年〈少林寺碑〉新探》,载包伟民、刘后滨主编《唐宋历史评论》第6辑,社会科学文献出版社,2019年10月,第27—63页。
⑤ [日]池田温编:《唐代诏敕目录》,三秦出版社,1991,第19页。

　　类似开元十六年《少林寺碑》一碑累刻多份公文的现象,并非唐碑的孤例,山东曲阜仪凤二年(677)《唐修孔子庙诏表祭文碑》刻太宗诏、高宗诏、皇太子表、祭告文和题记各一;四川都江堰市开元二十年(732)《青城山丈人祠庙碑》载开元十八年(730)六月十八日、八月二十一日和二十五日敕文;河南登封大历二年(767)《会善寺戒坛牒》碑身三截刻,上牒、中谢表、下批答;山西运城唐《薛楚玉神道碑》亦三截刻,刻宝应二年(763)六月二十日、大历二年(767)二月二十四日、宝应二年(763)六月二十日追赠薛嵩亡父薛楚玉和亡母制书;河南陕县大中十二年(858)《汾阳王置寺表》载大历七年(772)十二月十二日牒、大历八年(773)正月四日牒、大历八年四月三日奏;等等。对这些碑石的载录方式,均应按刻石时间对文本合并载录;刻石时间不详的,应按文本的最晚生成时间。

　　宋元时期,一碑多文及以组碑形式累刻公文的现象也较为普遍。南宋绍定初年立于平江府学的3通碑刻——《给复学田公牒一》《给复学田公牒二》《给复学田省札》共载平江知府给付平江府学公牒五份、提举常平司给付平江府府学公牒一份、尚书省给付平江府省札两份,及府学教授的跋记一篇。每一碑石上均载有3份公文或记,其内容相互衔接,穿插记载了学田被冒占一事之首告、状申、受理、取证、裁断、翻诉、再审、检法、再判、执行、越诉、转审、断罪等环节。如将三碑分别著录、研究,原本连贯的信息将被人为割裂。

　　蒙元时期,将数份君命公文——圣旨、诏书——摹刻一石的现象颇为流行。蔡美彪编著《元代白话碑集录》正文收碑文94份,附录二收碑文7份,总计碑文101份。① 而实际情况是101份圣旨公文刻于59种碑石上,其中不乏一碑刻二旨、三旨的情况。仅以《叙录》所收蒙元圣旨碑、公文碑刻为例。在62通碑石上,刻载有193份圣旨、公文。各碑刻立时间和发文时间详见表3。

表3　蒙元一碑累刻圣旨公文统计

序号、碑名、公文数	立石时间、地点	发文时间、内容、地点	形制、备注
1. 阔端太子令旨碑(4)	定宗二年(1247)十月二十八日,陕西西安鄠邑区草堂寺	① 癸卯年(1243)五月十七日 ② 乙巳年(1245)十月十日 ③ 丁未年(1247)四月初十日 ④ 丁未年十月二十八日	四截刻,文末有2行回鹘式蒙古文。钤印章

---

　　①　蔡美彪编著:《元代白话碑集录》,科学出版社,1955。

（续表）

序号、碑名、公文数	立石时间、地点	发文时间、内容、地点	形制、备注
2. 大蒙古国累朝崇道恩命之碑（8）	宪宗元年（1251）七月初九日，陕西西安鄠邑区祖庵镇重阳宫	① 己卯年，太祖十四年（1219）五月初一日成吉思汗敦请丘处机的诏书 ② 太祖十五年（1220）成吉思汗遣曷剌答复长春真人陈情的诏书 ③④ 癸未年，太祖十八年（1223）圣旨 ⑤⑥ 乙未年，即太宗七年（1235）圣旨 ⑦ 乙巳年，乃马真后四年（1245）阔端太子令旨 ⑧ 庚戌年，海迷失后二年（1250）弥里杲带太子令旨	额篆"大蒙古国累朝崇道恩命之碑"。四截刻，上三截刻圣旨8道，第四截刻《蒙古国累朝崇道碑序》
3. 《崇圣宫给文碑》（2）	立石时间不详，山西平遥县清虚观	① 癸丑年（宪宗三年，1253）正月给文 ② 壬子年（宪宗二年，1252）七月初五给文	两截，上23行25字，下20行17字。有印章、押
4. 昌童太王令旨碑（2）	中统五年（1264）七夕，陕西铜川耀州药王山	① 中统二年（1261）谕旨 ② 中统三年（1262）谕旨	额篆"特赐耀州五台山静明宫并加真人号记"。印章被铲
5. 昌童大王令旨及请潘公住持疏（7）	至元十一年（1274），山西芮城县永乐宫	碑阳额刻中统三年（1262）二月十二日昌童大王令旨，两面刻6份山西平阳府各级官员于丙午年（定宗贵由元年，1246）十月、十一月、十二月签发的请疏文	碑阴额刻"请疏之碑"。令旨1份与公文数份
6. 龙门禹王庙令旨碑（2）	立石时间不详，陕西韩城市黄河龙门口禹王庙	① 碑阳为至元十二年（1275）圣旨 ② 碑阴为鼠儿年（至元十三年，1276）正月二十六日京兆府住时分写来	额镌八思巴文4字，译写汉文为"皇帝圣旨"。碑阳、碑阴圣旨、令旨均双语
7. 大元崇道圣训王言碑（4）	约至元十七年（1280），陕西西安鄠邑区祖庵镇重阳宫	① 龙儿年（1280）十一月初五日大都有的时分写来，圣旨 ② 至元十四年（1277）五月日令旨 ③ 至元十七年正月日圣旨 ④ 至元十四年六月日令旨	额篆"大元崇道圣训王言"。四截，双语。赐予陕西五路西蜀四川道教提点李道谦的圣旨、令旨

（续表）

序号、碑名、公文数	立石时间、地点	发文时间、内容、地点	形制、备注
8. 大都大延洪寺栗园碑(2)	立石时间不详，北京房山区	① 蛇儿年（至元十八年，1281）八月初八日上都时分写来 ② 至元十八年四月初七日给文	额篆"大都大延洪寺栗园碑"。两截刻，圣旨判决争栗园讼案
9. 古道观地界施状碑(2)	至元十九年（1282），河南新安县铁门镇古道观	① 至元十九年三月二十七日给文 ② 中统四年（1263）四月给文	额题"古道观记"。两面刻。施状文契，执照和公据
10. 敕董若冲旨碑(3)	至元十九年，陕西华阴市西岳庙	① 己未年（1259）闰十一月十三日忽必烈令旨， ② 至元十二年（1275）二月圣旨 ③ 鼠儿年（1276）正月廿六日令旨	三截刻。另面刻明代榜谕
11. 重阳万寿宫碑(5)	至元二十年（1283）十一月，陕西西安鄠邑区祖庵镇重阳宫	① 龙儿年（至元十七年，1280）十一月初五日大都时分写来圣旨 ② 至元十七年正月圣旨 ③ 至元十四年（1277）五月安西王令旨 ④ 至元十四年六月令旨 ⑤ 至元二十年（1283）十一月令旨	四截刻，双语。付李道谦
12. 崇国寺札子并崇国北寺地产图(2)	至元二十一年（1284），北京西城区护国寺	① 至元二十一年二月二十七日执照 ② 至元二十一年二月十九日文总制院照会	碑阳两份公文，碑阴额横题"崇国北寺地产图"
13. 范圆曦封真人敕并延住持上清观疏(2)	立石时间不详，山东东平县	① 至元十一年（1274）四月敕 ② 至元二十三（1286）七月疏	两截刻，上敕下疏
14. 白话圣旨碑(2)	至元三十一年（1294）四月，原立北京房山区韩村河镇孤山口塔前，现存云居寺	① 虎儿年春二月二十日榆河有时分写来 ② 兔儿年七月初三日上都有时分写来	两截刻。碑阴有字，大部分漫漶

（续表）

序号、碑名、公文数	立石时间、地点	发文时间、内容、地点	形制、备注
15. 灵岩寺圣旨碑（2）	元贞元年（1295），山东济南长清区灵岩寺	① 兔儿年八月二十八日必赤里日地里有的时分写来 ② 羊儿年二月十三日哈黑义磨	年月旁有"宝"字。确立住持及对寺庙财产的相关规定
16. 学校拨田地诏书碑（3）	元贞元年（1295）九月十五日，江苏溧水县学（今在南京溧水区）	① 至元三十一年五月登极诏敕 ② 至元三十一年七月圣旨， ③ 谢表	额题"圣旨"。三截刻
17. 孔颜孟三氏免粮碑（2）	大德二年（1298）六月十八日，山东曲阜市孔庙	① 上刻圣旨（年代缺） ② 皇姑鲁国大长公主懿旨、驸马济宁王钧旨及济宁路总管府照详	两截刻，残，年月后有蒙古文印
18. 彰德上清正一宫圣旨碑（4）	大德三年（1299），河南安阳西关白龙庙	① 猴儿年（中统元年，1260）六月十四日开平府有的时分写来 ② 猴儿年（至元九年，1272）七月二十八日上都有的时分写来 ③ 鸡儿年（1285）二月初一日柳林里有的时分写来 ④ 大德三年五月	四截刻。第四截为加封刘道真圣旨
19. 恩惠抚护之碑（3）	大德五年（1301），河北灵寿县张家庄乡沙子洞村幽居寺	皇太后、皇后和帝师分别宣谕的懿旨和法旨	额篆"大元历代圣旨恩惠抚护之碑"。三旨自左至右依次排列
20. 祁林院圣旨碑（4）	虎儿大德六年（1302）二月初八日，河北灵寿县张家庄乡沙子洞村幽居寺	①② 狗儿大德元年（1297）二月 ③④ 牛儿大德五年三月	额题"皇帝圣旨碑、皇太后懿旨、皇后懿旨、帝师法旨"4行
21. 宝严寺圣旨碑（3）	大德十一年（1307）仲秋，河南安阳林州市洪谷山洪谷寺	① 鸡儿年（1261）圣旨 ② 狗儿年（1298）三月初三日七十个井儿有时分写来，圣旨。 ③ 碑阴元贞元年（1295）四月《彰德路禁约榜文》	额题"圣旨"。三截，成吉思、月古台、薛禅三皇帝宣谕宝岩禅寺、太平禅寺圣旨

（续表）

序号、碑名、公文数	立石时间、地点	发文时间、内容、地点	形制、备注
22. 加封孔子圣诏碑（2）	至大二年（1309）五月，云南大理市博物馆	大德十一年七月十九日圣旨至大二年五月十九日尚书省札付及立碑职事人员名单	额刻"加封圣诏"，两截刻
23. 敕封五祖七真碑（5）	立石时间不详，甘肃天水玉泉观	5 份褒封诏，均为至大三年（1310）二月。 ① 赠东华紫府辅元立极大帝君 ② 加赠四真君帝名 ③ 加赠丘处机 ④ 加赠苗道一等六人 ⑤ 加赠尹志平	两截刻
24. 嘉定县加封孔子制诰碑（2）	立石时间不详，上海嘉定孔庙大成殿内后壁	① 大德十一年诏 ② 至大三年二月省札	额篆"诏旨加封大成"。两截刻，上诏下札
25. 徽州路儒学指挥（2）	立石时间不详，安徽绩溪县学	① 大德十一年加封孔子制 ② 至大三年四月《徽州路儒学指挥》二道	两截刻
26. 诏旨及江浙尚书省札付碑（2）	至大三年（1310）七月，江苏苏州府学	① 大德十一年七月加封孔子制 ② 至大三年省札	额篆"诏书加封大成"，两截刻，上诏下札
27. 兖国公庙禁约榜（2）	皇庆元年（1312）八月望有三日，山东曲阜市颜庙	① 大德十一年十月中书省禁约榜 ② 大德十年二月礼部禁约榜	两面刻，双语，有印
28. 永明寺圣旨碑（2）	皇庆元年八月，河北平山县	① 鼠儿年（大德四年，1300）七月二十一日 ② 猪儿年（至大四年，1311）七月初三日	两截，两份圣旨均发自上都
29. 柏林寺圣旨碑（4）	立石时间不详，河北赵县柏林寺	① 蛇儿年（1293）七月 ② 猴儿年（元贞二年，1296）二月十五日 ③ 鼠儿年皇庆元年（1312）十一月十一日 ④ 碑阴至元三十年十月《宣政院榜》	三截刻，两面刻，碑阴残损严重

（续表）

序号、碑名、公文数	立石时间、地点	发文时间、内容、地点	形制、备注
30. 少林寺圣旨碑(4)	延祐元年（1314）孟冬，河南登封市少林寺	① 蒙哥汗于牛儿年（1253）颁给少林寺长老的圣旨 ② 忽必烈汗于鸡儿年（1261）元月初一日自上都（开平府）颁给少林寺长老的圣旨 ③ 忽必烈汗于龙儿年（1268）委付肃长老为河南府路众和尚提领的圣旨 ④ 元仁宗爱育黎拔力八达于鼠儿年（1312）三月十三日自大都颁给少林寺、空相寺等的圣旨	阳额刻"圣旨碑"。碑阳和碑阴分别用八思巴文、汉文刻蒙哥汗、忽必烈汗、元仁宗颁布的四道圣旨。四截刻，双语
31. 林州宝岩寺圣旨碑(2)	延祐三年十一月初四日，河南林县（现林州市）宝严寺	① 牛儿年（皇庆二年）七月初七日上都有时分写来 ② 碑阴刊荼翁官人汉字文告，题甲辰年（1244）四月二十八日	碑阳两截刻，双语，赐予长老的圣旨
32. 加封真人徽号圣旨碑(2)	延祐四年（1317）正月上元日，山西芮城县永乐宫	① 至大三年（1310）二月制词 ② 至大元年（1308）七月制词	额刻"圣旨碑"。两截刻。碑阴为题名和财产清单
33. 褒封五祖七真制辞之碑(8)	延祐四年正月，山西芮城县永乐宫	均为至大三年二月制词：加赠钟离等4人"帝君"名；加赠"真君"名号5人，"元君"名号1人；赠"真人"名号15人等	额篆"元皇褒封五祖七真全真之辞"。四截刻
34. 褒封五祖七真制辞(4)	延祐四年三月初二日，陕西户县（今西安鄠邑区）祖庵镇重阳宫	①② 至大三年二月两份制词 ③④ 至大三年二月两份制词	额篆"皇元褒封全真五祖七真制辞"，三截刻
35. 加封真人徽号记(4)	延祐四年九月，山西芮城县永乐宫	①② 至大三年二月加封文 ③ 延祐四年正月 ④ 赠15人真人号	额题"天诏加封祖真之碑"。三截刻
36. 宸命王文碑(3)	立石时间不详，陕西西安鄠邑区祖庵镇重阳宫	① 皇庆二年（1313）九月圣旨，双语 ② 虎儿年（1314）七月二十八日察罕仓有时分写来圣旨，双语 ③ 延祐五年（1318）四月二十六日大都有时分写来	额篆"宸命王文"。四截刻

（续表）

序号、碑名、公文数	立石时间、地点	发文时间、内容、地点	形制、备注
37. 请疏碑（3）	延祐五年六月，河南登封市少林寺	皇庆二年（1313）疏文3份	额横题"请疏"。三截刻
38. 圣旨加封师真之碑（4）	延祐七年（1320）重阳日，陕西铜川耀州区药王山	①② 至大二年（1309）加封王重阳等为道教的"五祖" ③④ 至大二年加封丘处机等为"七真人"	额篆"圣旨加封师真之碑"。四截刻
39. 忽必烈皇帝圣旨碑（4）	泰定四年（1327）四月二十六日，山西洪洞县堤村乡北石明村	① 中统三年（1262）八月二十日 ② 中统三年二月十二日 ③ 中统三年八月十二日 ④ 中统四年三月二十四日	阳额篆"特赐嘉号眷谕敕语"；阴额篆"嘉应真人行铭"
40. 太清宗圣宫圣旨碑（3）	立石时间不详，陕西周至县楼观台	① 元贞二年猴儿年（1296）十一月初七日大都有时分写来 ② 兔儿年（延祐二年，1315）月日大都有时分写来 ③ 至顺元年马儿年七月十三日大都有时分写来	额刻"大元玺书"。三截刻
41. 灵岩寺执照碑（3）	立石时间不详，山东济南长清区灵岩寺	① 延祐五年（1318）三月执照 ② 至顺元年十一月执照 ③ 至顺元年十二月执照	额题"泰山州申准执照之碑"，有印押。碑侧国书一行
42. 加封兖国复圣公制词碑（3）	至顺二年（1331）九月，山东曲阜颜庙	①② 至顺二年九月和元统三年（1335）五月颜子及其夫人加封制词 ③ 元统二年（1334）加封颜子父母妻懿旨	额篆"大元加封兖国复圣公制词碑"。两截刻，碑阴后刻。
43. 加封启圣王并六公制（5）	立石时间不详，山东东平州学	至顺二年（1331）九月制	五截刻
44. 加封孔子父母制及夫人制碑（2）	立石时间不详，江苏南京	① 至顺二年九月加封孔子父母制 ② 至顺二年六月加封夫人并官氏制	额篆"加封制书"，两截刻
45. 加封颜子孟子制碑（2）	立石时间不详，江苏句容县学	至顺二年九月追封颜子为"豫国公"制、追封孟氏为"洛国公"制	额篆"制词"

（续表）

序号、碑名、公文数	立石时间、地点	发文时间、内容、地点	形制、备注
46. 加封曾子子思制碑（2）	立石时间不详，江苏句容县学	至顺二年九月加封曾子"郕国宗圣公"制、加封子思为"沂国述圣公"制	额篆"制词"
47. 蠲免亚圣后裔差发札付、关文（2）	至顺二年十月，山东邹城市孟庙	① 丁酉年（1237）十二月二十六日札付， ② 延祐元年（1314）十一月廿一日户部关文	两截刻
48. 加封孔子父母及夫人制（2）	立石时间不详，江苏句容县学	① 至顺二年九月加封孔子父母制 ② 至顺三年六月加封文宣王妻并官氏制文	额篆"制词"
49. 加封颜子父母制碑（2）	立石时间不详，山东曲阜市颜庙	① 碑阳元统二年（1334）五月诏 ② 碑阴元统二年正月二十六日加封颜子父母妻谥议	阳额篆"大元加封杞国文裕公制词碑"
50. 加封兖国复圣公制、追封兖国夫人制（2）	立石时间不详，山东曲阜市	① 至顺二年（1331）九月加封兖国复圣公制 ② 元统三年（1335）追封兖国夫人制	双语
51. 加封启圣王暨兖郕沂邹公碑（2）	立石时间不详，山东东阿学宫	（后）至元三年（1337）五月	三截刻，上两截制，下记
52. 洞林寺圣旨碑（8）	至正二年（1342），河南荥阳荥阳市	① 羊儿年（元贞元年，1295）正月二十七日圣旨 ② 鼠儿年（1312）二月二十八日圣旨 ③ 鸡儿年（至大二年，1309）八月十五日太后懿旨 ④ 牛儿年（1301）三月十八日帝师法旨 ⑤ 鸡儿年（至大二年，1309）八月十七日"皇太子"令旨 ⑥ 鸡儿年（1309）正月十四日晋王令旨 ⑦ 虎儿年（延祐元年，1314）十一月二十一日晋王令旨 ⑧ 马儿年（延祐五年）二月初日，小薛大王令旨小薛大王令旨	额篆"圣旨之碑"。五截刻

（续表）

序号、碑名、公文数	立石时间、地点	发文时间、内容、地点	形制、备注
53. 大元特赠五祖七真碑（3）	至正五年（1345）三月，山东掖县（今莱州市）	载秦州玉泉观至大三年（1310）《敕封五祖七真碑》5份褒封诏中的一、二、四诏	
54. 令旨碑记（2）	至正七年（1347）十一月初六日，山西芮城县永乐宫	① 兔儿年三月初三日令旨 ② 猴儿年四月二十八日令旨	额刻"令旨碑记"。两截刻
55. 玉清宫圣旨碑（2）	至正十五年（1355）七月九日，山东潍坊	① 癸未年（1223）三月圣旨 ② 乙未年（1235）七月初九日圣旨	
56. 万寿寺圣旨碑（2）	立石时间不详，河北平山县觉山	① 牛儿年（后至元三年，1337）十二月二十六日圣旨 ② 猴儿年（1356）三月十六日圣旨	两截刻
57. 重阳万寿宫圣旨并授焦德润真人敕（3）	至正十八年（1358），陕西西安鄠邑区祖庵镇重阳宫	① 至正元年（1341）蛇儿年六月圣旨 ② 至正十一年（1351）兔儿年二月二十八日圣旨 ③ 至正十八年（1358）八月圣旨	额篆"大元宸命"。三截刻
58. 天诏加封祖真之碑（6）	至正二十二年（1362）五月上旬，甘肃陇西县仁寿山公园	① 至元六年（1269）正月诏 ② 至大三年二月诏 ③④⑤⑥ 至大三年诏书四道，加封尹志平、李志常、宋德芳及赵道坚等15人为"真人"诏	四截刻
59. 敕封杨德荣圣旨碑（2）	立石时间不详，陕西西安鄠邑区祖庵镇重阳宫	至正二十三年（1363）七月二十二日等两份敕文	额篆"宸旨王铭"。两截刻
60. 大都崇国寺圣旨碑（2）	立石时间不详，北京西城护国寺	① 至正十四年（1354）七月十四日圣旨 ② 至正二十三年圣旨	
61. 付大崇国寺札（2）	立石时间不详，北京西城护国寺	① 至正二十三年十月十六日 ② 至正二十六年（1366）二月十七日	刻于至正二十四年九月《善选传戒碑》阴

（续表）

序号、碑名、公文数	立石时间、地点	发文时间、内容、地点	形制、备注
62. 开元寺累降圣旨碑（4）	至正年间（1341～1368），河北邢台开元寺，佚	中统二年（1261）、至元十三年（1276）、至元十四年（1277）、至元十六年（1279）圣旨	
共 62 石		193 份圣旨、公文	

表 3 所列者均为一碑同时刻载两份以上汉文圣旨或公文者。总计 62 通蒙元圣旨公文碑，一石刻二文的有 32 通（64 份），三文的 11 通（33 份），四文的 11 通（44 份），五文的 3 通（15 份），六文的 1 通（6 份），七文的 1 通（7 份），八文的 3 通（24 份），总计刻载圣旨和公文 193 份，平均每通碑石载 3.1 份。此外尚有一石载汉文和八思巴文的双语圣旨、一份公文一篇记文等情况，均未统计。

钩稽相关文献，可以发现蒙元时期"累降圣旨"也频见于典章，是蒙元法令所特有的一种现象。从史料的角度看，刻于碑石上的"累降圣旨"自成体系，同时也可与《元典章》《通制条格》《庙学典礼》等典章文献所载内容相互验证。从汇编方式上看，《元典章》是依据官方综合性档案形成的文牍汇编，而寺观将累降圣旨汇刻一石，也可视为寺观为保护自身权益而进行的微型令典汇编并公示的一种形式。

流风所及，地方官府和民间也多见将税簿、置产记录、田契等事项累刻一石的情况。在唐代《昭成寺僧朗谷果园庄地亩幛》上，刻载从广德二年（764）至贞元二十一年（805）41 年中接受施地 811 亩、买地 980 亩之事。宋宝庆三年（1227）《英烈庙置田檀越题名记》为四截刻，第三截刻七契，第四截刻两契。明隆庆三年《买地碑记》碑阴"记开买地五契"，所记内容包括置地的坐落、四至、亩数、价银、粮额。由此也可见一石多文现象之普遍。

4. 重刻、续刻

重刻前朝碑文的情况，较典型的例子是宋重刻秦《峄山刻石》。因原石已不存，郑文宝于淳化四年（993）以南唐徐铉摹本重刻《峄山刻石》于长安，现存陕西西安碑林。明清重刻前朝碑文的现象也常见，如福建泉州通淮门清净寺内有明正德二年（1507）《重立清净寺碑》，乃重刻至正十年（1350）三山吴鉴碑文；浙江杭州嘉靖十八年（1539）立石的《三茅宁寿观牒》系重刻宋绍兴二十年（1150）六月牒，等等。但具有重点研究价值的，当为金元时期出现的重刻前代公文的现象（见表 4）。

表4　金代重刻前代公文碑统计

序号及碑名	地点、时间跨度	重刻时间	原文或原刻	文种、内容
1. 景德寺中书门下牒并泽州帖	山西晋城，101年	金泰和八年（1208）十一月二十日	景德四年（1007）十一月牒、十二月州帖	牒、帖
2. 鹿苑寺记	山西洪洞县，约61年	天会五年（1127）五月	治平二年（1065）十二月二十一日文	敕牒、使帖，赐额
3. 重刻宋圣旨存留灵芝山寺碑	山东滕州市，18年	天会八年（1130）七月十五日	政和二年（1112）七月十日给	圣旨
4. 后唐明宗敕洪密摸刻碑并枢密院使牒	山西晋城市阳城县董封乡阳坡村，217年	皇统三年（1143）四月十五日立石，天眷三年（1140）二月初二日题	天成元年（926）五月十九日、□月一日，十一月三十日文，	敕
5. 广慈寺暨洪济禅院牒	山西壶关县，180年	大定三年（1163）四月九日	太平兴国八年（983）三月七日文	敕牒，赐额
6. 凝真大师成道记	陕西西安临潼区，76年	大定丙申（十六年，1176）四月初五日	元符三年（1100）《灵观山林水磨田土地基》	三截刻。灵泉观即华清宫
7. 重书旌忠庙宋牒并记	山西晋城，72年	明昌五年（1194）七月十二日	宣和四年（1122）五月牒	敕牒，神祠封号
8. 文殊寺敕牒碑	山东临朐县仰天山，96年	明昌七年（1196）正月	元符三年（1100）十二月敕牒和徽宗时（1101～1125在位）敕牒	
9. 敕赐静应庙牒	河南沁阳，95年	承安四年（1199）五月	崇宁三年（1104）五月十五日牒	敕牒，赐额
10. 追封马燧敕并记	山西临猗马庄武王庙，92年	泰和元年（1201）七月十五日	上大观二年（1108）十二月敕；下梁德裕撰记	敕牒，赐号
11. 天圣观牒	山西浮山县，186年	大安三年（1212）四月八日	天圣四年（1026）三月牒	改赐观额
12. 景德寺中书门下牒并泽州帖	山西凤台县高都镇，201年	泰和八年（1208）十一月二十日	景德四年（1007）十一月牒	敕牒、州贴，赐额
13. 重刻付惠深札	河南巩义市，137年	兴定五年（1221）七月初八日	元丰七年（1084）二月札	公文，札

据表 4,金代重刻前代公文以寺观敕牒为主,相距时间最短者 18 年,长者 217 年,平均滞后 118 年。而后朝重刻前朝公文,不仅存在于金代,也见之于元代。《叙录》中载有元代重刻宋敕牒 5 种,重刻宋代规章、契证碑 5 种,重刻金代敕牒 2 种,加之金代重刻前代敕牒公文 13 种,适足以检验前朝公文效力及政策法令的连贯性。

续刻多指在一通碑石上出现的不同朝代接续铭刻现象,所刻之事有一定内在关联。如辽寿昌五年(1099)《缙阳寺庄帐记》刻于寿昌元年(1095)《添修缙阳寺功德碑》之阴。碑侧有明代续刻内容,右侧刻"息利一分半,寿终之日,永入常住",左侧刻"永宁县顺风屯……万历八年刻",均与缙阳寺寺产有关。

再以山西曲沃一通双面刻文的水利碑为例。碑阳刻金代承安三年(1198)四月《沸泉分水碑记》,碑阴刻明代弘治元年(1488)的讼案处理帖文和清康熙二十二年(1683)违反水规的责罚记事。此碑一石三记,纵跨近 500 年,所记内容关联性明显。碑阳记载因临交村、白水村等八村向曲沃县的状告,最终确定八村用水规则之事。文后列有八村告人和上三户计 30 人姓名,以及渠甲头等名单。碑石左上方刻有"官押押"三字,其中"官"字大于常字数倍,格外明显,表明上述规范经过官方的核准。该碑碑阴刻弘治元年(1488)十月的一份帖文,记载民人吉俊等毁藏碑记、夺砍分水石而致纠纷的处理之事。在明代公文的左下方,续刻有康熙二十二年(1683)二月的罚银记事。而此碑的重要性正是在于在同一地域,针对同一水利设施之使用和维护,并存着两套规范体系:一是地方官府依据《大明律》及条例等国家制定法进行的定罪量刑;一是渠长、堰首等民间公权依据长期存在的非制定法,如金代八村公议的"罪赏"规则,或清代渠长、渠甲公议规则,对违规行为的处罚。而这两套体系数百年来安然相处,同载一碑,亦是中国古代基层社会法律秩序存在样态的真实记录。①

明清时期一石续刻二三文者以记录寺观陆续置产之事为多。如明万历六年(1578)《瑞云观》碑阴刻崇祯十六年(1643)、雍正七年(1729)、乾隆二十二年(1757)等置产记录;天启六年(1626)《自证庵常住田碑》碑身分数段,上记事由,下记田产施记,尾刻明末及康熙年间施田题记;等等,所续刻内容也同样围绕原刻的主题。由于附加了诸多信息,此类碑石的实用功能、史料价值和研究意义,均有所提升。

---

① 详见李雪梅《古代法律规范的层级性结构——从水利碑看非制定法的性质》,载《华东政法大学学报》2016 年 4 期。

（三）功能观·类别与归属

兼具文献、文物和制度三种属性的法律碑刻不仅具有丰富的文献史料价值，更带有明显的实用功效。对社会而言，它们往往是典章制度运行的范例，是法律制度落实、政令执行的最终环节；对寺观、书院、宗族、会馆等社会个体而言，法律碑刻也是一种宣示权利、保障权益的方式。故对法律碑刻的分类，需要考虑政府社会治理和民众法律需求的双重性。基于其制度属性及在社会中的实际功用，法律碑刻所采用的分类法应是基于古代社会人们的实际法律需求和碑文效力，同时需兼顾碑文的类型化和存世数量。

1. 法律碑刻之分类依据

古代刻石载文运用广泛。与法律相关的刻石，偏向于对日常政治秩序和法制常态的记录。载于碑石上的古代公文、禁令、规章、契约、讼案等，自秦汉至明清绵延不断，数量可观。在传统金石志和当代碑志辑录中，上述内容的碑石均占有相当比重。但对于法律碑刻的分类，探讨者不多。当下石刻文献多按碑石功用、文献成因及文体形式进行分类，法律类碑文主要归在应用文中，但尚有大量的石刻法律文献未能容纳，不能如实反映石刻法律文献的整体面貌和实际价值。

基于法律碑刻的特殊性，对其分类，既要考虑它赖以生长壮大的根基和传统，也要顾及法律史、法律文献等学科和专业研究的需求。从法律研究的视角看，石刻法律文献的分类需兼顾以下层面：从社会应用的角度，可分为现世石刻和冥用石刻（哀册、买地券、告地状、敕告文等）等。其中现世石刻又可分为公文碑（诏书、圣旨、敕牒、告身等）、私约碑（契约、遗嘱、财产施舍、乡规等）、记事碑、图示碑等。从存世数量与类别的角度，可分为官箴、赋役、水规、学规等类；从效力级别及类型化的角度，可分为神禁碑（包括盟诅类刻石）、圣旨碑（敕禁碑）、官禁碑、民禁碑（乡禁碑）、公约碑（包括宗教规约碑、学规碑、乡规碑、行规碑等）、凭证碑和讼案碑等。在兼顾其社会应用、存世数量、效力级别和类型化以及铭刻传统等多重因素的情况下，石刻法律文献大致可分为公文碑、讼案碑、契证碑和规章禁令碑等。

除了充分考虑法律碑刻的文献、文物和制度属性外，以下内容也是确定其分类的重要依据：

第一，铭刻记事的共性与类别的稳定性。以碑石铭刻法律事项，是中国古代法制"镂之金石"传统的重要组成部分，也是对青铜铭刻法律事项的延续。无论"铭金"还是"刻石"法律记事，总有一些共性的内容。累见于金石的契证、讼案、盟誓、诅咒之文，并非单纯记事，同时也具有永久保存、备查核验的功能。在法律碑刻的发展过程中,契证碑和公文碑相伴始终,而且从宋代开始,公文和契证类碑石在法律碑刻中的数量比均有显著提高。讼案碑的数量虽逊色于公文、契证等类别,但其内容翔实丰富,诉求多样。而且将讼案勒于金石的目的、理念和实效,无论是基于文献整理还是侧重于制度研究,在法律碑刻中均是具有经典意义的类别。

第二,法律碑刻的自身发展规律及特色。"碑以明礼""碑以载政""碑以示禁"是中国古代法律碑刻在唐以前、唐宋金元和明清三大时段的基本特色。[1]"碑以载政"的形式多样,内容以君言刻石和公文碑为主,用现在的眼光看,多属行政规范,展示出碑石在国家机器运转和社会治理中的重要作用。以敕牒、公据、榜示等政务实践为主的公文碑大量存世,也表明法律碑刻具有政务公开和有案可稽的档案属性。明清"碑以示禁"的基础,是由中央、地方、民间等不同层次的禁碑所构筑的"碑禁体系",各类禁碑遍布城乡,较之公文碑更加普及。是故,公文碑和示禁碑也当是法律碑刻中不可或缺的类别。

第三,法律碑刻的实用和规范功能。法律碑刻的刻立有较强的目的性,所期望达到的效果,无外乎规范、秩序和权益保障。契证碑、讼案碑具有明显的权益属性和利益格局。学规、水规、乡约等规范性章程以及箴铭训诫,在规范社会秩序方面发挥着积极效用。禁碑的针对性强,多涉及社会治安、官员腐败、衙役贪弊以及恶风劣俗等社会顽疾,是化解社会矛盾、平衡社会冲突的重要措施。即使是有关神禁、冥判等内容的记事碑,在社会治理方面,也能发挥律典所不及的功效。[2]

2. 类别归属原则

不同的分类标准,反映了法律碑刻分类的复杂性,这也取决于现实生活中法律问题的多样烦琐。基于法律碑刻的特性和前述分类依据,本书将法律碑刻分为公文碑、示禁碑、规章碑、讼案碑、契证碑、法律记事碑六大类。至于分类中常见的重合、交叉,可从文体格式、主体内容、主要诉求及功能等角度进行判定,以尽量避免一碑两属、三属等分类上的冲突。为避免分类冲突,本书采取了以下几条原则。

第一,公文碑文体优先原则。宋、元公文碑的种类繁多,见之于碑名者,有二三十种之多,诸如诏书、圣旨、敕牒、公据、札付等,均成为碑石命名的依据。其命名方式,或以寺观名、学校名等加文种。如《山左金石志》载大定二

① 详见李雪梅《法制"镂之金石"传统与明清碑禁体系》,中华书局,2015,第66—140页。
② 参见李雪梅《明清信仰碑刻中的"禁"与"罚"》,《法制史研究》(台北)第27期,2015年6月,第75—120页。

年(1162)《广岩院敕牒碑》,"广岩院"为寺名,"敕牒"为文种。另如《地藏院公据碑》《灵岩寺下院圣旨碑》等也均是如此。这些寺观名称经过官府的"赐额"授权,是一种合法性的存在。而专用性的公文,多强调给发公文者的身份和与其身份相应的公文体,如元贞四年(1298)《炳灵王庙八不沙令旨碑》、至大元年(1308)曲阜孔庙的《皇姊大长公主懿旨碑》等;或强调公文中的特殊内容,如大德四年(1300)曲阜孔庙《衍圣公给俸牒碑》等。但无一例外,均标明敕牒、公据、圣旨、令旨等文种。

从碑石外观上看,公文碑均保留公文格式。公文上常见的敬空、提行、印章、画押,在碑石上多原样保留。这也是区别公文碑与其他类别碑刻的重要依据。

易于产生分类冲突的是带有公文的记事碑。如记事碑中的公文记述保留了原公文的格式,像天会五年(1127)《鹿苑寺记》中刻有公文格式的敕牒和使帖,应当归入公文碑。如仅记述公文内容而丧失了公文格式,当归于法律记事碑。

第二,示禁碑罚则优先原则。广义的禁碑指刻载于碑石上的官府禁令。狭义的"示禁碑"应具备两个要件:一是有明确的禁止性规定,二是有较明确的违禁罚则即处罚措施。明清禁碑依效力级别大致可分为敕谕禁碑、官禁碑和民禁碑(民间自治禁碑,也称乡禁碑)。敕禁碑是指圣旨、敕谕碑中带有禁止性规定的碑刻;官禁碑指各级官员颁布的带有禁令内容及罚则的碑刻;民禁碑指民众共同议定的族规、乡约和行规等民间规范中带有禁止性规定及罚则的碑刻。它们的共性是均有明确的违禁罚则,这是示禁碑区别于公文碑和规章碑的关键。①

第三,讼案碑注重结果原则。讼案碑是对官府审判案件过程与结果的记述,一般由讼案胜诉方或权益被侵害方刻立,旨在昭示判决结果或息讼过程,保护正当权益,防范类似纠纷再起。讼案碑在宋金时期已经出现,内容多围绕寺庙道观产业、学田和水利纠纷。明清时期讼案碑的数量剧增,涉及寺产、族产、学产和会馆产业等的"公产"纠纷的比例明显高于家庭或个人等"私产"纠纷,同时水利、林木纠纷也颇为常见,且地域特色鲜明。《安康碑版钩沉》在"讼案与契约篇"中收录有7通讼案碑,②以田土水利争讼为主;《高平金石志》"纪荒息诉类"收有11通讼案碑,③内容涉及水利、寺产、林木

---

① 参见李雪梅《明清碑禁体系及其特征》,《南京大学法律评论》2012年秋季号,法律出版社,2012。

② 参见李启良等编著:《安康碑版钩沉》,陕西人民出版社,1998。

③ 参见王树新主编:《高平金石志》,中华书局,2004。

等纷争。

综观明清各地的讼案碑,文体有记事、示禁、公文、判词、规章、合同等多种形式,但以示禁碑和记事碑的形式为常见。清代台湾法律碑刻的一个重要特点,是示禁与讼案的合一。① 对这类极易产生一碑两属的刻石,我们倾向将争讼内容完整、处理结果明确的归为讼案碑。如示禁的内容是判语的附加成分,应归入讼案碑;相反的情况下,则归入示禁碑。

此外,契证碑、规章碑、法律记事碑也各有归属原则。或强调功能,如契证类的买契、施契、舍契、界碑、四至、田籍租额等碑石,其内容千差万别,但都具有凭证作用和法律证据效力。或形式和功能并重,如规章碑多以条目形式出现,无论是宋代的《大观圣作之碑》、清代的《卧碑》,还是义学规条以及族规、寺规、行规,都具有类似的形式,以及同样的规范社会的功能。

任何分类均难免重合、交叉。解决分类冲突的方法,还是要突出法律碑刻的主体功用。法律碑刻的主要功能是满足社会需要、稳定社会秩序、化解社会矛盾。即法律碑刻有别于墓碑、题名碑和一般记事碑等的重要标志是,它具有社会管理性(公文碑)、行为规范性(规章碑)、违禁处罚性(禁令禁约碑)、财产和权益保护性(契证类碑刻)、争讼化解性(讼案碑)、自觉遵守性(神禁、冥判等法律记事碑),这是解决分类冲突的根本,也是法律碑刻的分类基础。

三、法律碑刻价值论

(一) 核心观·公文与私约的关系

1. 公文与私约并重

古代法律碑刻的一个鲜明特色是公文与私约并重。这一特色,在汉代碑石上已经呈现。东汉建初二年(77)《侍廷里父老僤约束石券》为早期私约的重要代表,永兴元年(153)《乙瑛碑》为早期公文碑的典型样式。

由纪功碑时期(汉代)转入律令制时代(唐代),公凭私据得到进一步发展。墓志是石刻文献的重要类别,它与法律碑刻的公开性、真实性等标志性特色有一定偏离,但数以千计的庞大体量,未来可预期的新发现,使墓志史

① 参见李雪梅《清代台湾碑刻法律史料初析》,《出土文献研究》第 8 辑,上海古籍出版社,2007,第 318—348 页。

料在法制史研究中愈显重要。唐代墓志中与法律相关的内容,体现为官凭和私据。官凭即告身,是官员任官授职的公文凭证,集身份识别和法定特权于一身,反复出现在《唐律疏议》和唐宋令文中。

以《唐律疏议》为例。《唐律疏议》计有 12 篇 30 卷,502 条律文,涉及告身的规定分布于《名例》《职制》《户婚》《诈伪》《断狱》等 5 篇,计 12 条,涉及面不可谓不广。① 《名例》篇多规定具有通行意义的条款,能鲜明反映立法意图。而有关告身的法条,在《名例》篇中即占 7 条,表明告身是官员及其子孙享有议、请、减、赎、官当等法定特权的依据,并具体规定如何以官职品级折抵刑罚,折抵后是否追毁告身等内容。如第 15 条规定:"诸以理去官,与见任同。(解虽非理,告身应留者,亦同。)"意即凡以正常原因解除官职,其身份权利与在职相同。(解职虽然因非正常,但官凭仍依法存留的,也同于在职者。)这一条明确了为官者的特权:一朝有官,终身受惠;生前为官,死后荫亲。第 16 条是对犯罪行为事发前后有官无官、有荫无荫如何区别对待的规定,立法要旨是官员本人特权与官员亲属特权的一体化。② 唐律的立法精神和具体规定,颇有助于我们对告身刻石意义的把握。

唐代最接近公文原式的碑刻,当属石刻告身。纸制告身在吐鲁番文书(抄录于纸随葬品上)和敦煌文书(抄录于纸张背面)中多有发现,经中外学者研究复原,为学界熟知。③ 与敦煌、吐鲁番告身文书残缺状态不同,新出石刻告身字迹清晰,格式完整,对告身史料链条的构建具有重要意义。

对唐代官凭、私据的研究,石刻史料具有不可忽视的价值。在碑石上刻载田产的取得方式、坐落、四至、价格等,是汉代以来的传统,在唐代碑石上也有较多例证。《唐许公墓志》就以镌刻许氏家族的田庄、树木、房屋等不动产翔实而著称。

宋金是公文和私约并行发展的重要阶段,法律碑刻的独特性也在此时开始全面显现,一个重要标志是多层级的法律规范体系初步形成,以致规章条约刻石数量激增。从由上而下推行的《御制八行八刑条制》,到自下而上

---

① 《唐律疏议》中涉及有告身的规定,分别在:卷 2《名例》第 15～18 条,计 4 条;卷 3《名例》第 20、21、35 条,计 3 条;卷 11《职制》第 143 条;卷 13《户婚》第 178 条;卷 25《诈伪》第 370 条;卷 30《断狱》第 488、494 条。总计 12 条。

② 钱大群:《唐律疏义新注》,南京师范大学出版社,2007,第 65～69 页。

③ 徐畅认为:告身是在赐与新的职事官、散官、勋官、封爵,或是在剥夺现有的官爵时,官方通过所规定的程序,采用《公式令》所定的公文格式交给本人的文书。一般制敕授官,由宰臣进拟某人"可某官"后,中书省宣奉行,由门下省署名审核,御画可,下尚书省,由左右丞相、吏部尚书、吏部侍郎、尚书左丞等人署名,然后由书令史抄写,以符文形式下发。文官、散、勋官告身由吏部发放,武官告身由兵部发放。详见徐畅《存世唐代告身及其相关研究述略》,载《中国史研究动态》2012 年 3 期。

申请的《京兆府小学规》《千仓渠水利奏立科条碑》《范文正公义庄规矩碑》等,无论是出自官方还是源自民间,都有一定的行政流程。而私约能通过行政审批流程,转化为有政府公权支撑的法律规范,也显示了法律规范的次生路径(通过仪式生成为原生路径,通过行政审批为次生路径)渐成常态。

蒙元是古代法律碑刻发展史上的转型期,法律碑刻的功能性特征表现突出。碑石不仅记载了政府行使行政管理和司法裁定的过程,更重要的是,民间也积极申请护持圣旨,采用刻立圣旨公文碑的方式,保护自身权益并用以对抗政府滥用公权。

明清是公文私契普及化的时期,碑石的法律效用已被官民所共识。碑石上的舍契等私约,是对纸质契约的原式摹刻,各种契约要素,如施主姓名、籍贯(旗籍或民籍等)、舍地来源、额数、坐落四至,施舍目的,立碑时间,舍契交付,写字人、说合人、中保人(中见人)姓名,以及“永为寺业,各无争竞”“永不反悔”之类的担保语等,均是必备内容。另外,规避法律的字眼在碑石上也毫不隐讳地表达出来。

纵观碑石在国家治理体制中地位的变化,从宋元公文碑展现的局部行政管理功用(主要针对官僚、士子、寺观),到明清禁碑成为法律认可的国家和社会综合治理手段,法律碑刻在国家行政管理及地方自治中的能动性,得到全面提升。

2. 公文碑的轴心地位

在法律碑刻的发展历程中,公文碑一直处于轴心地位。汉代公文保留下来具有一定的偶然性。在秦汉纪功碑流行时期,刻石以铭功记事为重,格式不甚重要。在东汉《乙瑛碑》中,促使公文生效的官员及公文本身,均是被铭赞的对象。鲁相乙瑛为孔庙奏请增设百石卒史而“功成名就”,乙瑛之名连同“壬寅诏书”一并流传后世。

唐代律令体制完备,公文体式如平阙制度,以及告式、牒式等均载于律令。告身是官员本人及荫亲享有法定特权的凭证。告身中的宣奉行程序及署名签押,乃至告身的保存、追毁、造伪等,均能找到相关法律规定。而依式摹刻的告身、敕牒等,既是权益公示,也是一种妥善的保存方法,格式化公文碑开始流行。值得注意的是,大量敕牒、告身并不是申领者在获取之后即时刊刻,而多在数年、数十年后甚至改朝换代后摹刻于石,展示出刊刻公文行为本身,带有很强的功利性。

宋金公文碑的程式化特色,因敕牒碑的流行而彰显。公文碑中常见的年款、官职、押署等,均是公文真实合法的标志。朝廷对寺观采用“行政许可”的方式进行管控,对法律规范的制定亦采用“审批”“授权”等方式进行调控,形成公文与规章、公文与讼案裁定的互动。公文的双向功能在宋金元时期得到充分释放,诸多寺观将圣旨碑、公据碑所具有的"反行政管理"功能,也发挥到极致。

宋元碑石上的长篇公文以内容细致、程序完备见长。宋代的《敕赐十方灵岩寺碑》,元代的《承天观公据碑》《灵应观甲乙住持札付碑》等,均涉及多元政治体制下的权益保护问题。公文转呈制度涉及不同行政系统、不同级别,行政关系复杂,公文文种多样,这些既是行政程序的要求,亦是委事责成监管之依据。

蒙元圣旨碑的表现形式与宋金敕牒碑明显不同。圣旨具有至高性,责任单一,程序简单,双语、圣旨发布的时间和地点等要件,具有重要的象征意义,同时实质性内容较之程序更为重要。在这种情况下,"累刻"便具有特殊的用意。累刻主要有两种表现:一是累刻前朝皇帝尊号,以示圣旨内容具有传承性;二是将不同皇帝、太后、皇子等颁布的圣旨、懿旨、令旨,按顺序累刻,通过相似内容的重复,强化圣旨碑"护持"功能的长效性。

明清禁碑的普及,使公文碑呈现出常态化和包容性。在"碑以载政"特色鲜明的唐宋金元时期,法律碑刻的主要类别如公文碑、讼案碑、规章碑的独立性明显,相互之间容易区分。然而到明清时期,告示体公文与讼案、禁令的公文化趋势明显,以至公文与禁令、告示、讼案等难解难分,甚至出现"须至碑者"公文体禁碑,公文碑与示禁碑、讼案碑的关系,愈加难解难分。

从法律碑刻的整体发展情况看,尽管自汉代已呈现出公、私之别及公文和私约并行发展的态势,但两者在法律碑刻中的地位和作用尚有不同,主要表现为"公"强"私"弱,具体而言有以下四点:

一是公文碑的数量、种类及社会影响明显强于私约碑。公文碑在汉代显现出一些程式化的特征,如《乙瑛碑》《礼器碑》《张景碑》《史晨碑》等均表现出公文的运作程序;但私约碑繁简不一,表现随意,简略者如《大吉买山地记》不足十字,烦琐者如《侍廷里父老僤买田约束石券》有数百字之多。

二是公文碑在唐宋金元时期得到充分发展,形成"碑以载政"的鲜明时代特征。此阶段不仅公文碑在法律碑刻的数量上占绝对优势,而且公文的层级丰富,既有君命公文,也有中央和地方公文,表现形式多样,或牒、记并存,或一碑累文。碑石所载行政事项之报批传达程序完整,行政管理方式得到社会的认同。而私约刻石发展较平缓,除在某些特定区域和年代有快速增长外,总体看,在法律碑刻中所占的比例并不突出。

三是公文碑的独立性强于私约碑。在复合文体的碑石中,公文多为主体,私约多为附属性内容,且私约受公文影响的痕迹较为明显。私契碑中的戒约内容可概括为两条主线：一是遵奉先祖神灵和盟誓的传统，如汉代《真道冢地碑》，有不得违犯先人之戒约；北朝延昌十五年（569）《麹斌施入记》所载誓书内容体现了先秦的盟誓传统；在元延祐四年（1317）《施地记》中，舍地人刘法真强调用"梯己钞锭，凭保李首领等买到""切恐后人揩油"而立石；①明隆庆二年（1568）《法藏寺铭》所载"子孙不得妄争"的戒约等，均是这一传统的再现。另一主线是受法律、公文的影响。如西晋太康五年（284）《杨绍买地瓦券》尾刻"民有私约如律令"，②宋绍兴十一年（1141）《宋刘三解元地券》有"永为公据者"之语，以及《有宋张君重四宣义地券券文》中的"敕"，景定元年（1260）《有宋王公百四秀才葬地符券》"诏书律令"之言，明成化十四年（1478）《李善买地券》行文宛若公文格式等，均是这一线索的明证。

四是公文的效力持久，约束力强，故一些守产置业的私约私契内容，多依附于公文、圣旨。唐《汾阳王置寺表》碑阳载大历七年（772）十二月十二日牒、大历八年（773）正月四日牒、大历八年四月三日奏，碑阴刻大历八年三月《敕赐空相寺常住地土记》，记空相寺产业四至。碑阴的产权明示，因碑阳的公文，而具有难以质疑的合法性。明正德四年（1509）《大觉寺地产碑》刻于弘治十七年（1504）《大觉寺皇帝敕谕碑》之阴，首行题"今将大觉寺原钦旨庄田并置买地土数目开坐"，也是借皇帝敕谕效力之余荫。大量类似实例，尚值得认真梳理解析。

（二）价值观·原生史料群与本土法制传统

较之甲骨、简牍、敦煌吐鲁番文书、明清文书档案等当代显学，传统显学——金石学中的碑志，因其在坚实耐久、社会普及、跨越时空等方面较其他文献载体更具有普适性，也因而成为更经典的本土性史料。加之石刻文献兼具传世和出土、官方和民间、实体和程序并行等特色，且有千余年的厚重积累，使石刻文献在复兴中国传统文化和构建本土学术话语体系中，具有不可忽视的意义。

古代法律碑刻是中国本土特征鲜明的原生史料群。昭示公众、不易灭失是碑石的基本属性。法律碑刻在此基础上形成的有案可稽、布政施政、创制惯例、触目儆心、权力制衡等独特功能，带有标志性的额题、落款、印押等格式，以及彰显权威性和传播性的立碑地点等，均强化了其独立性。

法律碑刻史料群存在的基础，一是有可观体量，二是有丰富的族群，两

---

①　杜海军辑较：《桂林石刻总集辑校》，中华书局，2013，第 386 页。

②　（清）冯登府：《金石综例》，《石刻史料新编》第三辑 39 册，1986。

者又有密切关联。法律碑刻包括六大主要类别,即公文碑、示禁碑、讼案碑、契证碑、规章碑、法律记事碑,相对形成六大史料群。每一史料群都有一定的分支,且具有相当量的规模。

法律碑刻所承载的内容,有几个特色值得特别关注。

一是对秩序的追求、对规范性社会的构建,自秦汉至明清始终不绝,这个过程恰好与石刻和法律碑刻的发展同步。汉代涉及基层社会组织及其规范的《侍廷里父老僤约束石券》,已明确对集资购田的收益分配和继承原则,以及"他如约束"的规定。自宋代起,以碑石刻载官箴教条、御制学规、水利规章、义庄规矩、宗教规约等事例层出不穷。至明清时,由敕禁碑、官禁碑、民禁碑等构成的碑禁体系,既展示了法律规范的多层级构造及相互间的密切关系,也体现了民间和官方遵从规范的共识。

二是"程序不可或缺"。无论是公文碑上的申奏批复等"过程性"内容,还是规范碑刻中的"行政授权",都具有特殊的法律意义。公文具有申状和审批、发文和收文的双向性。对公文两端而言,发文和审批属于国家管理和社会治理功能,申状和收文是确权过程,两者同等重要。而连接公文两端的过程,是公文形成、落实、反馈的完整记录,里面包含着授权、制约和监督等程序。故公文碑所铭刻的,不仅是两个端点,更是律令制度落实、委事责成的监管等过程,这也是我们在研究法律碑刻中一再强调的"程序不可或缺"之关键所在。而一般文献载录公文多关注主体内容,首尾格式甚至程序往往被忽视。公文碑的史料完整性和实用功能,也因程序的重要性而得到进一步强化。

三是财产权益的多样性。古代铭记财产的碑刻起步甚早,汉代建初元年(76)的《大吉买山地记》、汉安三年(144)的《宋伯望买田记》、熹平四年(175)的《郑子真宅舍残碑》、光和元年(178)的《金广延母徐氏纪产碑》等,已显示出财产铭刻的重要性。唐宋以后,涉及财产权益的碑石数以千百计,形式多样。《唐许公墓志铭》详载家庭财产却被埋在地下,与同样埋在地下的石刻告身"异曲同工",是社会观念普及的结果。明代五台山寺产碑刻中的《卷案碑》《免粮卷案碑记》《太原府代州五台县为禁约事》《各寺免粮碑》等铭刻的关键不是财产数额,而是寺庙田产能否超然于国家法律。法律碑刻中的重要类别——讼案碑,也多关涉财产权益。

法律碑刻不仅内容特色鲜明,其实体与程序、内容与格式、官方与民间兼具的形式特征,也值得称道。就单件的法律碑刻如一通公文碑而言,其特征是公文体式俱全,程序记述完整,内容具体明确,还有加载于碑额、碑阴等信息,较之被摹刻的文本原件和文集载录,史料价值更为完整、丰富。宋元明清圣旨公文也多载于史书、文集。宋徽宗"八行取士诏"见于《宋史·选举志》，但经过史臣剪裁，已殊非诏旨原文。反观大观二年（1108）《大观圣作之碑》上李时雍摹写徽宗御书《八行诏》，不仅诏旨原文俱全，且颁行、立碑程序也见载于碑。

碑石上所载诏令、敕牒不仅主体内容按原样摹刻，敬空、提行、时间等公文格式，以及署衔、印押等公文合法性要素，在碑石上多原样保留，甚有将公文封皮也依式刻石的情况，如金大安元年（1209）《谷山寺敕牒碑》首行"尚书礼部封"，为牒文封皮；从第2行"尚书礼部"至最末行"寺额付僧智崇"为牒文。加之与公文并刻的记文、时人总括碑石功能的"碑额"提示，碑刻史料的内容原生性和程序完整性，独树一帜。

更为难得的是，内容、格式、程序均完备的法律碑刻还具有群组化的特色。现所知宋金敕牒碑约200通，内容涉及寺观赐额、神祠封号赐额、加封封号、表彰赐额、改县设军等事项，其中以寺观赐额、神祠封号赐额数量最多。基于这批丰富的史料，既可看到公文的程式化特色、流变和官府行政效率，也可辨析公文文种的使用和相互关联，更可就一些行政程序特例进行分析探讨。

除敕牒碑外，还有大量刻载诏书、圣旨、敕谕、告身、榜文、执照、公据、帖文等文种的碑石。而每一种公文碑，都有其产生、流行、扩展、衰落的演进历程，并形成相对独立的史料群组，其骨干和旁支，脉络相对清晰。

公文和私约并行，法律与行政互动，同样是法律碑刻的鲜明特征。以文书御天下的社会管理特征在秦汉碑石上已有所展现。在现存秦汉法律碑刻中，涉及社会管理的内容约占一半份额。政府行政管理方式主要通过诏书、公文。在唐宋金元时期，公文碑依然是中央和地方行政管理的重要举措。以文书御天下是一种行政手段，但需有制度的保障。唐、宋、明朝法律条款中都有涉及君命公文、官文书格式的内容，以及对制书传递、伪造、偷盗等方面的具体规定。

在碑石所载的司法活动中，行政程序和公文流转的内容也司空见惯。法律规章、规范的生成，御制条令的实施，也离不开行政程序的推进。无论是宋大观年间广泛刻立的御制学规碑，还是以个案形式存在的诸如熙宁三年（1070）《千仓渠水利奏立科条碑》、政和七年（1117）《范文正公义田规矩碑》等，均可见明显的公文运作流程。

法律碑刻史料群所呈现的形式和内容上的特征，诸如公文与私约并行、实体与程序并重、法律与行政互动等，以及自汉代自来日渐明晰的对规范性社会的追求,对财产权益的重视等等,仅是我们据"碑本"总括的本土传统法制的概观。而中华法制文明传统的精粹,尚需借助大量碑志做深入研究。我们编纂《叙录》的目的,便是为人们认识、利用这批珍贵的原生史料提供指引。引导我们对传统史料再发现,对传统法制再认知。

编 写 体 例

　　本书是对自战国至清末 2300 余年来中国历代石刻法律文献的编目撷要，所收石刻文献包括战国秦汉（前 475～220）64 种，三国两晋南北朝（220～589）附高昌国（460～640）计 37 种，隋唐五代（581～960）196 种，宋（960～1279）586 种，辽金（含刘齐）（907～1234）326 种，蒙元（1206～1368）636 种，明（1368～1644）980 种，清（1644～1911）5346 种，年代不详者 52 种，总计收录 8223 种（组）。所选文献以碑志为主，含少量摩崖、造像碑铭、墓志和牌匾等。每通碑石约略包括碑石名称，刻立时间，撰文或发文时间，立碑地点，发现时间及存佚，形制和尺寸，碑额、碑身（碑阳、碑阴）行文格式，撰书、立石者，著录和研究，类别和要点等。编写体例具体如下。

一、收 录 原 则

　　1. 碑石主体内容能传递法律信息，并具有真实性、公开性、社会性等特征。

　　2. 一些碑志文本的真实性、公开性等特征有所欠缺，但部分内容含有重要法律信息或有助于中国古代法律研究者，酌情收入。此部分多指墓志、造像、经幢等类石刻。

　　3. 本书所收录者以石刻材质为主，但对与碑志功能相近的其他材质的史料，或对碑石形制研究有重要补充者，也略收一二，此主要指金属铭刻、木质牌匾及珍贵圣旨文书原件等。

　　4. 本书所收碑石以存于中国大陆和台湾、香港、澳门地区为主，个别流失海外的碑石，以及历史上曾属于中国版图，或受中国碑石文化影响显著的地区如朝鲜半岛、蒙古等地区的碑刻，也酌情收入。

5. 其他斟酌收录的情况：

1）明清时期的封赠诰命碑内容、格式多有雷同，明代酌收，清代略收。

2）明清之前记载有界址、田产等类的碑刻尽可能收录；明清记事碑中涉及产业四至、争讼信息不完整者，一般不收。

3）捐施产业碑刻，明以前尽可能收录；明清时期的有选择性地收录，一般偏重收录形式要件完备的"格式契"，以及碑文中含有"绝卖""死业"等提示，或戒约明确、强调立碑功能的"记事契"。

6. 本书暂未收录的石刻文献类别包括：

1）春秋战国时期的玉质石质盟书；

2）刑徒砖；

3）石质、铅质买地券；

4）除罪经文刻石；

5）历代致祭、祭文碑等。

二、定名、定量、定位原则

1. 合理性原则。本书所收录碑石，凡传统金石志、地方志和当代碑志中已有定名者，按既有名称；无碑名者，据内容、文体或类别等，按传统定名规则定名。凡一碑多名者，保留较通行之碑名，最多保留 2 个；定名明显错误者，改用较合理的名称。

2. 整体性原则。本书对碑石定名，凡一通碑石上同时刻有多种文体，如记文和公文并存，或一碑同时刻载多份圣旨、公文者，均合并定名，不采用分别定名、排列之法。

【释例】

1. 《皇唐嵩岳少林寺碑并并御书碑记》，开元十六年（728）七月十五日建……碑身阳面两截刻：上刻武德四年（621）《秦王告少林寺主教》，39 行 8 字；下截刻裴漼撰书《嵩岳少林寺碑》，39 行 60 字，2000 余字。碑身阴面亦两截刻：上截刻武德四年《秦王告少林寺主教》、武德八年（625）《赐少林寺田书》、开元十一年（723）《陈忠牒》；下截刻贞观六年（632）《少林寺牒》、开元十一年《丽正殿牒》、武德四年李世民敕授立功僧名。……

3. 附属碑文特别处理原则。这主要针对碑阳内容或与法律无关,但碑阴、碑侧内容属于法律研究范畴,以碑阳名称加注"并阴""并侧"对碑阴、碑侧内容进行特别提示。如碑阴文字有定名且年代与碑阳年代不一致者,碑阴也单独收录。

【释例】

1.《裴光庭碑》《赠太师忠献公裴光庭碑<u>并阴</u>》,开元二十四年(736)十一月刻。山西闻喜县……碑阴刻天宝元年(742)《<u>赐张九龄敕</u>》。
2.《<u>赐张九龄敕</u>》,天宝元年(742)。山西闻喜县。拓101＊108。大字行书8行8字。刻于开元二十四年(736)十一月《裴光庭碑》阴。
3.《赵州潘公桥记》阴《<u>建桥事宜</u>》,嘉靖三十三年二月。云南大理凤仪镇北桥村本主庙……

三、时间与排序原则

1. 按时段、年月顺序排序。全书分战国至两汉、三国两晋南北朝、隋唐五代、宋、辽金、蒙元、明、清等八大时段,每一时段的碑目均按立碑时间先后顺序排列;立碑时间不明的,按撰文、发文时间的先后顺序排列。同一纪年碑目集中出现时,在首次出现处标注公元纪年,以下省略。公元前纪年加"前",公元前、后纪年"年"省略,如:西汉(前206～24)。刻石、发文时间并存者均注明,时间尽可能精确到年、月、日。

【释例】

1.《封临川郡公主诏书刻石》,<u>永淳元年(682)葬,贞观十五年(641)正月二十日、永徽元年(650)正月二十四日、总章二年(669)二月十五日下诏书</u>……

2. 细节优先原则。同一纪年的碑目顺序,时间具体者(指具备年、月、日者)前置,时间笼统者(月、日不明者)居后。如标注为"乾隆二十年代"的碑排在"乾隆二十九年"之后。
3. 刻石时间优先原则。一通碑石兼有发文、撰文时间和刻石时间者,以刻石时间为据进行排序。两个碑石的发文和立石日期相同者,立石时间居前。刻石时间不明者,按发文或撰文时间。撰文时间不详者,参考碑文撰、书者卒日年份。

4. 省域顺序规则。碑目时间相同者,大致按中国现版图,由北向南、由东向西的顺序排列。排列大致按以下次序:黑龙江、吉林、辽宁、内蒙、河北、北京、天津、山东、山西、河南、陕西、宁夏、甘肃、青海、新疆、江苏、上海、安徽、湖北、重庆、四川、西藏、浙江、江西、湖南、贵州、福建、台湾、广东、香港、澳门、广西、云南、海南。其中河北、北京、天津的碑石排序先后,依据碑石地点的相应位置关系确定。

5. 跨朝代刻碑载录原则。跨朝代刊刻或后朝重刻前朝碑石,蒙元以前者按文本形成时间和立碑时间同时收录;明清时期按碑石刊刻年代收录。

【释例】

1. 《明宗敕洪密摹刻碑并枢密院使牒》《千峰禅院敕》,后唐天成元年(926)五月十九日、□月一日,十一月三十日文,金皇统三年(1143)四月十五日立石……
2. 《千峰禅院敕》《后唐明宗敕洪密摹刻碑并枢密院使牒》,皇统三年(1143)四月十五日立石,天眷三年(1140)二月初二日题,后唐天成元年(926)五月十九日、□月一日,十一月三十日文……

6. 朝代交错碑刻载录原则。立碑时间出现朝代交错情况时,如元至正年号与明洪武年号并行,南明政权年号与清顺治年号并行,碑目置属原则是:原年号延续使用三年以内者或碑文主体与该年号有关者,放在原年号末尾;原年号延续时间较长者,放置新朝代,同时标注原年号和新年号。

【释例】

1. 《姚安兴宝寺续置常住记》,元宣光六年(洪武九年,1376)……
2. 《玄元宫给产碑》,南明永历二年(顺治五年,1648)仲冬……

7. 其他情况

1) 时间跨两个年号者,如"康熙、雍正年间",取时间居后者,并置于该年号末尾;
2) 凡署为朝代初,如清初,一般置第二位皇帝年号末尾;
3) 凡署为"初年"者,排在五年之后、六年之前;
4) 凡署为某某年之前、之后者,均放在该年末尾。

四、地名表示原则

1. 省略原则。各省名称之"省"字,及地名中带有"自治区""自治县"者均省略"自治",如"辽宁省阜新蒙古族自治县"省略为"辽宁阜新县",但"省"出现在机关、单位名称中如"省档案馆""省考古所"时依旧。常规地名中多有地区、市、县并列者,一般省略"市""地区"名称。如"河北省石家庄市井陉县北正乡"省略为"河北井陉县北正乡";"山西省忻州市宁武县石家庄镇",省略为"山西宁武县石家庄镇";"安徽省黄山市祁门县新安乡",省略为"安徽祁门县新安乡"。一般省会城市和地级市地名中的"市"省略,如"长沙市"略写为"长沙","保山市隆阳区"略写为"保山隆阳区";县级市地名中的"市"不省略。古衙署、学宫不按现行政级别加县、区等,如"上海松江府学"。

2. 凡确知碑石刻立地点者,均注明。原碑刻立地点和现藏地点不一的,尽量注明原碑石迁徙情况和现藏地。如碑石已佚失或访查时未见者,注明"佚"或"未见"。

【释例】

1. 《闻喜长韩仁铭》,熹平四年。金正大年间(1224～1231)被荥阳县令李天翼发现,立于河南荥阳县署,现藏荥阳市文物保管所。
2. 《当利里社残碑》,东晋(317～420)。宣统元年(1909)出土于河南洛阳朱家仓,现存故宫博物院……
3. 《御史台精舍碑》,开元十一年(723)。原立于唐代监察机构御史台内,现藏陕西西安碑林。

3. 凡一文多石的复刻,或以多石续刻相关内容文字,在碑名后标注碑石数,并注明立碑地点。如:

【释例】

1. 《吴学续置田记》(2),开禧二年十月。原存江苏苏州府学。拓5.6 * 2.8尺。两石续刻……
2. 《元祐党籍碑》(2),崇宁元年(1102)。一在广西桂林龙隐岩;一在广西融水县城南郊真仙洞……

3.《威宁二铺疆界碑》(2),嘉靖四十四年(1565)二月。贵州威宁县
盐仓镇二铺村。<u>一立于二铺村南,一立于二铺村东北,两碑相距8
公里</u>……

4. 依据文献载录的碑石,凡未经核查或不知碑石存佚情况者,按原文献
所载地名记录。因行政区划变动而致原地名不存或改动较大者,尽可能改
为现行政区划名称,或标注现地名。

【释例】

1.《兴教院敕牒碑》,大定二十四年(1184)立,大定四年牒。<u>山东淄川
县(现淄博市淄川区)</u>。
2.《重阳宫庙产碑》,弘治五年(1492)。<u>原置陕西户县(今西安鄠邑区)
祖庵镇北郊竹园西南荒野,1962年移重阳宫后院</u>。
3.《严禁民间私自采矿告示碑》,嘉靖四十五年(1566)五月初一日。<u>原
在浙江淳安县姜家镇甘许铁矿,1958年因建新安江水库而移至淳安
县排岭镇(现千岛湖镇)</u>……

五、形制、尺寸与格式

1. 碑石形制主要注明碑首、碑身和碑座形制及其缺损存情况。如碑身
字迹漫漶不清,会加以说明。

【释例】

1.《买地碑记》阴,隆庆三年(1569)十二月吉旦……<u>座佚,碑身中断为
两截</u>……
2.《宁波府鼟复学山记》,万历十年(1582)正月。浙江宁波天一阁。<u>碑
裂为两截……碑阴为《厘复学山图》,图中文字漫漶</u>。

2. 碑石尺寸按高、宽、厚顺序排列,中间以" * "间隔。如只有两个数
字,表示高、宽尺寸;仅有一个数字者,为高的尺寸。个别碑石上下宽度不一
致,仅取最大尺寸。如碑石为圆柱或多面体,标明直径或面宽。凡未标注尺
寸单位者,均为厘米。以尺、寸、丈为单位者注明"尺""寸""丈"。所注
尺、寸、丈信息如采自传统金石志、方志者,与现今度量单位不尽相同,需

特别留意。

3. 碑石、拓本均有时,取碑石尺寸。未见原碑或仅存拓片的,在尺寸前注明"拓"。因拓片有失拓碑额或仅拓碑额文字(纹饰部分失拓)的情况,也有将碑石上、下截内容分别拓存的情况,故拓片尺寸有时不能真实反映碑石的实际尺寸,故特别提示。

【释例】

1.《元氏县界封刻石》,后赵建武五年(339)三月二十五日,河北元氏,1999 年出土。右上角残损。拓 56 * 43……

4. 碑额、碑身、碑座尺寸分别标注者,均按碑额、碑身、碑座的顺序,中间以"+"分别。碑额、碑座只记高度,宽、厚省略。

【释例与说明】

1. "螭首龟趺,98+234 * 110 * 35+68",意为:螭首高 98 厘米,碑身高 234 厘米,宽 110 厘米,厚 35 厘米,龟趺高 68 厘米。

2. "515(130+310+75) * 110 * 30",意为碑额高 130+碑身高 310+碑座高 75 厘米,碑总高 515 厘米,碑身宽 110 厘米,厚 30 厘米。

5. 碑文行数、字数均取最大值,如"27 行 25 字",其中"25 字"是指满行字数而非每行实际字数,故特别提示。

6. 凡碑额有文字者,注明内容或字体。碑文凡正书(楷书)者不注,隶、篆、草、行等书体尽可能标注。凡碑石以分截形式刻录者,碑文有双语及印章、押记等特殊体式者,均尽可能注明。

【释例】

1.《奉元路大重阳万寿宫圣旨碑》……双语。八思巴文 26 行,汉文 23 行 22 字。碑阴左上方有八思巴文篆书与草书各一行,右有波斯文一行……

2.《戒石铭》《戒石铭并诏》……拓 184 * 95。额篆"太宗皇帝御制"。四截:上截额;次太宗御制文,黄庭坚书写,6 行 4 字;次高宗诏谕 12 行 9 字,有押单占 1 行;下截权邦彦等跋记 27 行 15 字……

六、参 阅 资 料

1. 本书所收碑目资料来源包括传统金石文献、当代碑志辑录汇编、地方志、文物志、寺观志、文集、期刊、论著等。所引文献，凡多次出现者均简化书名。附录备有"书名简称与全称对照"（附录一）和参考书目（附录二），可检索到简化书名的全称和出版信息（截止到 2016 年）。

【释例】

1.《萃编》→《金石萃编》

〔清〕王昶:《金石萃编》160 卷,中国书店,1985

2.《北图藏拓》→《北京图书馆藏中国历代石刻拓本汇编》

北京图书馆金石组编:《北京图书馆藏中国历代石刻拓本汇编》101 册,中州古籍出版社,1989.

2. 引用资料所载碑文有连续页码者,仅注起始页;如图书分上、中、下册但页码连续者,上、中、下册省略;页码不连续者,保留上、中、下册。多卷本的著录以"卷数-页数"的形式标注。如:"《北图藏拓》41 – 172"指该书 41 册第 172 页。

3. 载录资料按"远详近略"的原则,即宋（包括宋）以前的碑目,尽可能载明收录信息。

【释例】

1.《史晨碑》《史晨祠孔庙奏铭》……《金石录》卷 16;《隶释》卷 1;《金石例补》卷 2;《金石综例》卷 3;《碑版文广例》卷 1;《山左》卷 8;《北图藏拓》1 – 135、137;《汉碑集释》P324、338;《曲阜碑文录》P33……

4. 本书所录碑石约一半以上均经过编者实地访查,或拍有实物照片,或丈量碑石尺寸。条目中所记碑石地点、尺寸等信息相当部分并非出自条目所列文献;有的内容甚至与所列文献差别较大。限于版面,原载录的碑石查核时间信息最终删除。附录中有"碑刻访查时地记"（附录三）可备参照（截止到 2019 年）。

七、内 容 提 示

1. 本书收录者以制诏、公文、规章、禁令、讼案、契证、法律记事等类碑刻为主。凡碑名可大致揭示碑文内容者,如《定州加封孔子制诏碑》为制诏类,内容提示省略。公文类碑石多标注公文主体文种,以及公文流转程序中涉及的文种,如碑名中已出现"省札""敕牒""公据"等文种者,省注。契证类碑石多标注置产、施产、文契、财产处置或碑档等提示。一碑兼具两类者会酌情注明。

【释例】

1. 《广济河公田碑》,万历三十一年(1603)……<u>公文,专款专用;契证,价银亩数四至</u>。购置公田积谷,"树立碑记,据此为照"。
2. 《曲沃县正堂朱老爷革除本镇集头碑记》,康熙三年(1664)十二月初八日……<u>公文、告示,禀状、蒙批;集市牙行管理</u>。"定以把持土豪申究。"

2. 各碑提示内容详略不一。凡属下列内容者,提示略详:
1)碑名雷同者,内容提示尽可能细化。

【释例】

1. 《敕谕碑》,正德十六年(1521)八月十三日。湖北丹江口市武当山……<u>敕谕御马监太监潘真,授职</u>。
2. 《敕谕碑》,嘉靖二十六年(1547)十一月初十日。湖北丹江口市武当山……<u>立八百里神区界碑,禁砍伐樵采</u>。
3. 《敕谕碑》,嘉靖三十一年(1552)二月十九日。湖北丹江口市武当山……<u>勘查维修;限 40 日奏回工部知道</u>。

2)原生性强、本土特色鲜明的内容,如礼制、刑书、神罚等。
3)有关罪与罚的规定,以及法律规范制定和适用的内容。

【释例】

1. 《长洲县吴县踹匠条约碑》,康熙五十九年(1720)七月……<u>公文;踹匠工价、管理定例</u>。"按窝盗之例治罪","查簿内无名,即系流棍";

治安管理条约 9 条;工价"永为定例"。

4)行政运行和规范生效程序方面的内容。

【释例】

1.《承天观公据》,大德五年(1301)……长篇复杂公文:咨、状告、札付、照会、榜文、公据;至大二年(1309)圣旨,大德二年札付,延祐六年(1319)十一月公据。

5)强调碑石作用、功能的内容,及有图示内容者。

【释例】

1.《舒氏复祖墓本末》,至大四年(1311)四月……族产管理;土地登记造册,起租、佃种,房产管理;舒氏祖墓被族人擅卖;分户理论,立碑晓谕。

2.《耀州吕公先生之记》《吕公应诏图》,大定二十三年(1183)六月十一日……上栏线刻《吕公应诏图》:吕公坐石上,吕公前有一使者,双手持诏书,当为吕公受诏进京故事的写实……公文传送,图示。

6)参阅和互见提示。

【释例】

1.《戒台寺敕谕碑》,成化十五年(1479)六月二十二日……敕禁,降敕护持、四至。与成化十六年《崇化寺敕谕碑》内容同。

石刻法律文献叙录

一、战国秦汉（前 475～220）

1.《公乘得守丘石刻》《监囿守丘刻石》，战国，约中山国成公（前 349 年～前 328 年在位）时期。1937 年在河北平山南七汲村出土，现存河北省文物研究所。天然河光石，50＊90＊40。一面刻字，小篆 2 行，共 19 字。李晓东《中山国守丘刻石及其价值》，《河北学刊》1986 年 1 期;《文物河北》中 P66。神禁、诅咒。

2.《秦诅楚文》，战国（前 475～前 221）。发现于宋代。由《告巫咸文》《告大沈厥湫文》和《告亚驼文》三块石刻组成。《金石录》卷 13;《金薤琳琅》卷 2;容庚《诅楚文考释》;郭沫若《诅楚文考释》;姜亮夫《秦诅楚文考释——兼释亚驼、大沈久湫两辞》，《兰州大学学报（社会科学版）》1980 年 4 期;孙作云《秦〈诅楚文〉释要——兼论〈九歌〉的写作年代》，《河南大学学报（社会科学版）》1982 年 1 期;史党社、田静《郭沫若〈诅楚文考释〉订补》，《文博》1998 年 3 期。神禁、诅咒。秦王使宗祝在神前咒诅楚王的文辞。

3.《泰山刻石并二世诏》，秦始皇二十八年（前 219）、秦二世元年（前 209）。原立山东岱顶玉女池旁，残石现存岱庙东御座院中。秦始皇刻石共 144 字，秦二世元年诏书共 78 字，合并 222 字，现残存二世诏书中的 10 字。李斯篆书。《史记》卷 6《秦始皇本纪》;《集跋》卷 1;《金石录》卷 13;道光八年《泰安县志》;《北图藏拓》1－7。秦始皇功德铭和二世诏书。

4.《琅琊刻石并二世诏》《琅琊台刻石》，秦始皇二十八年、秦二世元年。原在山东诸城县海神祠（今山东青岛市黄岛区琅琊台五大夫阙），残石现藏中国国家博物馆。129＊67.5＊37，残存 13 行 87 字，前 2 行为始皇从臣的官职和姓名，后 11 行为二世诏书。《史记》卷 6《秦始皇本纪》;《金石录》卷 13;《北图藏拓》1－9。

5.《峄山刻石》，秦始皇二十八年、秦二世元年。山东，不存。宋淳化四年（993）郑文宝以南唐徐铉摹本重刻于长安，现存陕西西安碑林。218＊84。

两面刻,一面 9 行,一面 6 行,行 15 字。始皇诏 140 字,二世诏 79 字微小。后有郑文宝跋 5 行。另邹城市博物馆有元至元二十九年(1292)据宋元祐八年(1093)重刻本摹刻《峄山刻石》。195 * 48,四面刻。《集跋》卷 1;《金石录》卷 13;《碑版文广例》卷 1;《萃编》卷 4;《北图藏拓》1–8。《长安金石》P1。

6.《碣石刻石》《碣石门刻石》,秦始皇三十二年(前 215)。原在河北昌黎,久佚。清清嘉庆二十一年(1816)钱泳据南唐徐铉摹本重刻,现存江苏镇江焦山碑林。

7.《会稽刻石》,秦始皇三十七年(前 210 年)。原在今浙江绍兴,久佚。清乾隆五十七年李享特摹刻,现存浙江绍兴大禹陵。

8.《赫章可乐彝文记事摩崖》,汉武帝时期。贵州赫章县可乐乡营盘村古驿道旁银子岩上。70 * 160,共 171 字。无标题。记汉武帝太初丁丑年(前 104)七月二十六日,汉阳、平夷两县召集 51 个文官开会,议定两县边界及辖属之事宜。《贵州省志·文物志》P281。记事,行政管辖界限。

9.《杨量买山地记》《巴州民杨量买山地刻石》,汉宣帝地节二年(前 68)正月。原在四川巴县江口乡武庙后园村,清道光时钱志安买石回浙江,后归吴重光,咸丰十年毁于火,有拓本流传。《补寰宇》《语石》等以为伪造。《汉代石刻集成:图版·释文篇》P6;《秦汉刻石选译》P30;《释要》P24;《四川》P3。

10.《鲁孝王石刻》《五凤二年刻石》,汉宣帝五凤二年(前 56 年)。金明昌二年(1191)开州刺史高德裔监修孔庙时发现,现存山东曲阜市汉魏碑刻陈列馆。《金石综例》卷 2;《碑版文广例》卷 4;《释要》P26。私天下和公天下之关系。

11.《均水约束刻石》,元帝时(前 48～前 33)。不存。《汉书·召信臣传》;《水经注碑录》卷 8《晋六门碑》。水规。

12.《西海郡虎符石柜》,新莽始建国元年(8)十月。青海省博物馆。石虎 46 * 132 * 65,基座(和石虎一体)92 * 137 * 115。铭刻"西海郡虎符石柜,始建国元年十月癸卯,工河南郭戎造。"

13.《苏马湾界域刻石》(2),新莽始建国四年(12)。一块位于江苏连云港连云区连岛镇东连岛东端灯塔山羊窝头北麓,刻石因风化断为二截,存 30 余字;另一块位于连岛镇苏马湾沙滩南缘,保存良好,60 字。李祥仁《苏马湾界域刻石新探》,《中国历史博物馆馆刊》2000 年 2 期;孙亮等《连云港市东连岛东海琅邪郡界域刻石调查报告》《连云港始建国界域刻石浅论》,《文物》2001 年 8 期;《新中国出土书迹》P152。界址,东海郡与琅琊郡的界域刻石。

14.《莱子侯刻石》《莱子侯赡族戒石》，新莽天凤三年（16）二月。乾隆五十七年（1792）出土于山东邹县（现邹城市）西南曹社卧虎山，原置孟庙，现存邹城市博物馆。60.5＊46.5＊5.8。隶刻7行5字，共35字。行间有界格，外有边框和斜线。刻石右侧有清嘉庆年间的题记。清冯登府《石经阁金石跋文·天凤三年碑跋》；《北图藏拓》1－19；《秦汉刻石选译》P10；《释要》P40。记莱子侯为诸子分封土地。

15.《禳盗刻石》《金乡西郭庄刻石》，西汉（前206年～24）。1983年发现于山东金乡县春集乡西郭庄村北鱼山之阳。墓门上槛石，出土后被石工破碎，现存2段。一段35＊41，24个字，藏济宁市博物馆；一段35＊50，32字完整、10字残字，存金乡县文管所。《释要》P283；《碑刻造像》P56。神禁、诅咒。

16.《降命刻石》，西汉。民国初年出土，后归端方，现存日本。下截断缺，漫漶过甚。55＊30。文尾有"急如律令"。《北图藏拓》1－213。端方作"隆命刻石"。

17.《三老讳字忌日碑》，建武二十八年（52）五月。清咸丰二年（1852）五月出土于浙江余姚市客星山下，原立于祠堂，现藏杭州孤山西泠印社汉三老石室。碑额残断，90.5＊45。碑文基本完整，约210字。《八琼室》卷3；《汉碑集释》P1；《秦汉刻石选译》P14；《释要》P45。基层管理。

18.《大吉买山地记》《昆弟六人买山地记》等，建初元年（76）。道光三年（1823）在浙江会稽（今属绍兴市）乌石村发现。150＊180。《金石续编》卷1；《汉石例》卷3；《北图藏拓》1－27；《释要》P53；《秦汉刻石选译》P29。

19.《侍廷里父老僤约束石券》，建初二年（77）。1973年河南偃师出土，现藏偃师商城博物馆。154＊80＊12。12行17字。俞伟超《中国古代公社制度的考察——论先秦两汉的单、弹、僤》（文物出版社，1988）；黄士斌《河南偃师县发现汉代买田约束石券》，《文物》1982年12期；宁可《关于〈汉侍廷里父老僤买田约束石券〉》，《文物》1982年12期；《汉碑集释》P11；邢义田《汉代的父老、僤与聚族里居——汉侍廷里父老僤买田约束石券读记》《汉侍廷里父老僤买田约束石券再议》，氏著《天下一家：皇帝、官僚与社会》（中华书局，2011）；林甘泉《"侍廷里父老僤"与古代公社组织残余问题》，《文物》1991年7期；张金光《有关东汉侍廷里父老僤的几个问题》，《史学月刊》2003年10期；林兴龙《东汉〈汉侍廷里父老僤买田约束石券〉相关问题研究》，《云南师范大学学报》2007年4期。规约。

20.《建初七年"刘卒史"摩崖刻石》，建初七年（82）。2017年发现于江苏连云港海州区花果山景区内。刻石主体 76 ∗ 110,南侧年号 70 ∗ 25。
6 行,16 字。张驰《新见东汉建初七年"刘卒吏"摩崖刻石考》,《连云港师范
高等专科学校学报》2019 年 2 期。官职。

21.《赵国易阳南界》,东汉前期。河北武安市活水乡口上村北 1 公里老
安庄山涧南岸。23 ∗ 15。3 行 6 字,隶书。《河北文物》P779;孙继民等《"赵
国易阳南界"石刻的年代及历史地理价值》,《中国历史文物》2004 年 1 期。

22.《汉故幽州书佐秦君神道石阙》,元兴元年(105)。1964 年在北京石
景山区上庄村及八宝山发现。石阙一对,上端均隶刻"汉故幽州书佐秦君之
神道"11 字。另有石两块,一石正面隶刻"永元十七年四月卯令改元元兴元
年其十月鲁工石巨宜造"一行。左侧面上端隶刻"乌还哺母"4 字,下面刻隶
书 7 行。邵茗生《汉幽州书佐秦君石阙释文》,《文物》1964 年 11 期。

23.《通湖山摩崖石刻》,永初元年(107)后。1994 年在内蒙古阿拉善盟
阿拉善左旗通湖山一天然峡谷中发现,现存阿拉善旗博物馆。竖刻 200 余
字,有 100 字可辨认。马利清《通湖山摩崖石刻与南北匈奴关系考》,《中州
学刊》2019 年 9 期。

24.《赐豫州刺史冯焕诏》,元初六年(119)。四川渠县,不存。汉安帝
赐诏。冯焕得此诏后三年卒(永宁二年,121)。《隶释》卷 15;《汉石例》卷
3;《金石综例》卷 3。

25.《封地刻石》,延光四年(125)。1956 年发现于云南昆明市南郊,现
存云南省博物馆。《云南古代石刻丛考》P1。界址。

26.《国三老袁良碑》《汉故国三老袁君之碑》等,永建六年(131)二月。
《隶释》卷 6;《汉石例》卷 3;《金石综例》卷 2;《碑版文广例》卷 6。叙诏册
内容。

27.《永建七年吕义置葬地记》,永建七年(132)四月。近年出土于山东
临沂。竖刻隶书两行,28 字。

28.《永和买房券》,永和二年(137)三月。山东。《缪目》P12。

29.《宋伯望买田记》《宋伯望分界刻石》等,汉安三年(144)二月三日
立。光绪十九年(1893)于莒县西孟庄庙出土,现藏山东石刻艺术博物馆。
95 ∗ 46 ∗ 33。四面环刻,正面 9 行 122 字,背面 4 行 44 字,左侧 6 行 83 字,
右侧 5 行 35 字。存 290 余字。文中有永和二年四月纪年。《希古楼金石萃
编》卷 72;《北图藏拓》1-93;《释要》P114。记事,买田,界址。

30.《府君教碑》,建和二年(148)。2010 年在安徽宿州市埇桥区褚栏镇
大望村发现,现藏徐州博物馆。160 ∗ 45 ∗ 10。额书"府君教"。9 行。彭城
相袁贺、长史程祇向所属县发布的禁令,及县转示。

31.《乙瑛碑》《孔庙百石卒史碑》等,元嘉三年(153)三月诏书和永兴元年(153)六月公文。原在山东曲阜市孔庙,现藏汉魏碑刻陈列馆。无额,198＊91.5＊22。18 行 40 字,后有宋人题字 2 行。《集跋》卷 2;《金石录》卷13;《山左》卷 8;《金石例补》卷 2;《金石综例》卷 4;《碑版文广例》卷 1;《北图藏拓》1－103;《语石校注》P856;《汉碑集释》P166;劳榦《孔庙百石卒史碑考》,《史语所集刊》34 本上册(1962.12)P99;丁念先《汉鲁相乙瑛请置孔庙百石卒史碑考释》,《华冈学报》1969 年 5 期。鲁相上书朝廷请求设置孔庙掌管礼器和祭祀的专职官员——百石卒史。

32.《礼器碑》《鲁相韩敕造孔庙礼器碑》等,永寿二年(156)九月五日。原在山东曲阜市孔庙,现藏汉魏碑刻陈列馆。圆首有额,额无字。45+173 ＊78.5＊20。四面皆刻有文字。碑阳 13 行 36 字。碑阳末 3 行及碑阴、两侧满刻 104 人姓名及捐款数额。其中碑阴 3 列,列 17 行;左侧 3 列,列 4 行,右侧4 列,列 4 行。《山左》卷 8;《金石综例》卷 4;《碑版文广例》卷 2;《北图藏拓》1－110;《汉碑集释》P181;《曲阜碑文录》P19。

33.《刘平国碑》,永寿四年(158)八月十二日刻。新疆库车县,摩崖。分拓两纸,一拓 51＊40,一拓 25＊22。隶书,碑文漫漶。《北图藏拓》1－112。记事,龟兹国左将军刘平国指挥士兵凿岩筑亭、稽查行旅等事,经营西域。

34.《中常侍樊安碑》《追赠中常侍樊安诏》,延熹元年(158)八月廿四日。《隶释》卷 6;《金石综例》卷 2;《金石例补》卷 2;《碑版文广例》卷 3。"碑后载赠诏例"。

35.《张景碑》《张景造土牛碑》,延熹二年(159)八月文,1958 年出土于河南南阳南城门里路东,现存南阳卧龙岗汉碑亭。四周残,顶部有碑穿,穿内有晕纹。125＊54＊12。残存 12 行 23 字,计 200 余字。郑杰祥《南阳新出土的东汉张景造土牛碑》,《文物》1963 年 11 期;《北图藏拓》1－114;《汉碑集释》P227。公文。南阳郡同意宛县男子张景包修土牛、瓦房等设施,以免其家世代徭役事。

36.《费亭侯曹腾碑并阴诏策》《曹腾碑》,延熹三年(160)。原在谯城南(今安徽亳州)曹氏宗族墓地曹嵩阙北,今佚,拓本不见传。碑阴刻诏策二篇。一为东汉建和元年(147)七月廿二日国策书,一为褒赠制书。文字磨漶,可粗见"维建和元年七月二十二日己巳,皇帝若曰:其遣费亭侯之国",余不可识。《金石录》卷 13;《隶释》卷 15;《汉石例》卷 3;《金石综例》卷 4;《碑版文广例》卷 6。

37.《河东地界石记》,延熹四年(161)。址不详。《金石录》卷 1。

38.《真道冢地碑》,延熹五年(162)。重庆万州。《隶续》卷19;《宝刻丛编》卷19;《汉石例》卷3;《金石综例》卷3;《碑版文广例》卷2;契证、界址、禁约。不得争讼;勉崇孝道,戒之以不得违犯先人之约。

39.《都乡孝子严举碑》,延熹七年(164)。宋代出土于梁山军。《隶续》卷11;《汉石例》卷5。

40.《鲜于璜碑》《汉故雁门太守鲜于君碑》,延熹八年(165年)十一月立。1973年5月出土于天津武清县高村,现藏天津博物馆。圭形,242 * 83。隶书,有界格。阳16行35字,阴15行25字,共827字。鲜于璜家族前后六世出现的9名官员中,有5名通过察举制度入仕。

41.《史晨碑》《史晨祠孔庙奏铭》等,建宁二年(169)三月。山东曲阜市汉魏碑刻陈列馆。圆首,有额,额无字。34+173.5 * 85 * 23.5。两面刻,分为前后两碑。碑阳为《史晨前碑》《鲁相史晨祀孔子奏铭》,简称《奏铭》,17行36字,祭祀孔子的奏章;碑阴《史晨后碑》《鲁相史晨飨孔子庙碑》,通常称《史晨碑》,14行36字,记述飨孔的盛况。《金石录》卷16;《隶释》卷1;《金石例补》卷2;《金石综例》卷3;《碑版文广例》卷1;《山左》卷8;《北图藏拓》1-135、137;《汉碑集释》P324、338;《曲阜碑文录》P33。奏议兼诏答。

42.《地界碑》,永康三年(169)。山东烟台市牟平区无染禅院内,20世纪50年代建军营时佚失。石形如香炉。拓56 * 32。9行,共75字。1936年《牟平县志》。《北图藏拓》1-133。界址。

43.《汉巴郡胸忍令景云碑》《景云碑》,熹平二年(173)。2004年出土于云阳县旧县坪遗址,现藏重庆三峡博物馆。220 * 137.5。碑额晕线旁有3幅浮雕,左为朱雀,右为一兔首人身形象,中为一妇人立于半开门后,意为"盼归"。碑文隶书,13行,367字。程地宇《〈汉巴郡胸忍令景云碑〉考释》,《三峡大学学报(人文社会科学版)》2006年5期;孙华《汉胸忍令景云碑考释补遗》,《中国历史文物》2008年4期;李乔《从〈景云碑〉看景氏起源及汉代以前的迁徙》,《中原文物》2009年4期。胸忍令雍陟为纪念70年前的胸忍令景云而立。德政、教化。

44.《郑子真宅舍残碑》,熹平四年(175)。重庆夔州,佚。《隶释》卷15;《宝刻丛编》卷19;《萃编》卷3;《汉石例》卷5;《金石综例》卷3;《碑版文广例》卷2。契证、分家析产。

45.《闻喜长韩仁铭》,熹平四年。金正大年间(1224~1231)被荥阳县令李天翼发现,立于河南荥阳县署,现藏荥阳市文物保管所。188 * 99。圆首,有晕纹及穿。额篆"汉循吏故闻喜长韩仁铭"。碑右下缺残。8行19字,现存149字。文尾有"如律令"。碑左侧刻有金正大五年(1228)翰林学士赵秉文和正大六年李天翼跋语,详述该碑出土情况。《萃编》卷17;《汉石例》卷4;《金石综例》卷2;《碑版文广例》卷1;《北图藏拓》1-166;《汉碑集释》P417;《长安金石》P6。德政、教化,公文,司隶校尉自下文书。

46.《金广延母徐氏纪产碑》,光和元年(178)五月中旬。重庆夔州,佚。《宝刻丛编》卷19;《隶释》卷15;《汉石例》卷5;《金石综例》卷3;《碑版文广例》卷2。分家析产。

47.《樊毅复华下民租田口算碑》《樊毅修西岳庙复民赋碑》,光和二年(179)十二月十三日乞。原在陕西华阴市西岳庙北,佚,拓本不见传。《西岳华山碑》第3碑。《集跋》卷3;《隶释》卷2;《宝刻丛编》卷10;《碑版文广例》卷1;《金石例补》卷2。奏牍,樊毅上尚书表。赋役。

48.《三老掾赵宽碑》《赵宽碑》,光和三年(180)十一月。1943年出土于青海乐都县白崖子村,现陈展于青海省博物馆。残,110*55*16。额篆"三老赵掾之碑"。23行32字,总736字,可辨认681字。《陇右》卷1;《乐都县文物志》P73;沈年润《释东汉三老赵宽碑》,《文物》1964年5期;《汉碑集释》P432。基层管理,详载赵宽十世世系。

49.《无极山碑》,光和四年(181)十月十三日造。原在河北元氏县,佚,拓本不见传。《隶释》卷3;《金石例补》卷2;《全后汉文》卷108。制诏。据批复奏事文书的诏书进行转写。

50.《昭觉石表》,光和四年。1983年出土于四川西昌昭觉县好谷乡。红砂石,长条梯形。166*75*44。断为两截。邛都县安斯乡十四里丁众所立。《考古》1987年5期;《凉山》P15;《四川》P32。公文事由摘要,乡里组织。

51.《白石神君碑》《白石山碑》,光和六年(183)。河北元氏县封龙山。圆首有额无穿。240*81*17。额篆"白石神君碑"。14行35字。前为序文,后为颂铭。碑阴有题记。常山相南阳冯巡、元氏县令京兆王翊所立。《碑版文广例》卷1;《北图藏拓》1-175;"碑叙奏请而不载所奏例"。

52.《都乡正街弹碑》《都乡正卫弹碑》,中平二年(185)正月。1934年出土于河南鲁山县琴台。《金石录》卷1;《隶释》卷15;《碑版文广例》卷6;许敬参《鲁山县新出二石记》,《考古社刊》4期,1936;渡边信一郎《汉鲁阳正卫弹碑小考——正卫、更贱をめぐって》;《碑刻文献学通论》P187。政令,守令徭役条教。歃血誓之。

53.《初平三年残碑》,初平三年(192)五月廿七日刻,初平二年十二月十六日文。1988年出土于四川西昌昭觉县好谷乡,现存昭觉县图书馆。红砂石,长方形,上有榫,下部残。75*69.5*26.5。《凉山》P18。奏牍文书。

54.《建安四年北江堋碑》,建安四年(199)正月中旬。2005 年出土于都江堰河床,现存四川都江堰文物局。180 * 150 * 20。15 行 29 字。堋吏等立碑。《都江堰文献集成·历史文献卷(先秦至清代)》(巴蜀书社 2007)P9;罗开玉《关于〈建安四年北江堋碑〉的几点认识》,《四川文物》2011 年 3 期。

55.《洛阳北界碑》,汉(前 206 年～220)。《金石综例》卷 3;《汉石例》卷 5。

56.《成阳田界石》,汉。1931 年河南洛阳出土,现藏北京故宫博物院。53 * 34。两面刻,同文。2 行 3 字。《汉碑全集》6－2236。

57.《王君造四县邸碑》,汉。《隶释》卷 20。赐田舍奉,求贤养士。

58.《建墧刻石》,汉。拓 25 * 20。存 5 行,行字不等。墓中刻石。《北图藏拓》1－226。避邪镇桥石。

59.《幽冀二州界石文》,东汉(25～220)。《隶释》卷 20。界址。

60.《党锢残碑》,约东汉。河南洛阳出土,曾归王懿荣,后藏天津历史博物馆。26 * 20。阳刻隶书 5 行 7 字,阴 2 行。《北图藏拓》1－228;《释要》P318。可参阅《后汉书·党锢传序》。

61.《汉大阳檀道界碑》,约东汉。原位于中条山解陌(解州—陌南)公路道班西侧悬崖石壁,20 世纪 70 年代凿落,现藏山西芮城县博物馆。73 * 47 * 28。3 行 11 字。第 3 行"君位至三公"为界石附加文字。为汉代平陆县(汉代称大阳县)和芮城县(汉代称河北县)界石。

62.《簿书残碑》,东汉。1966 年出土于四川郫县犀浦,现藏四川省博物院。157 * 71.5 * 9.5。谢雁翔《四川郫县犀浦出土的东汉残碑》,《文物》1974 年 4 期;蒙默《犀浦出土东汉残碑是渳石"资簿"说》,《文物》1980 年 4 期;张勋燎、刘磐石《四川郫县东汉残碑的性质和年代》,《文物》1980 年 4 期;《汉碑集释》P265;《四川》P15。家产、赋役。

63.《南行唐界石》,约东汉。山西繁峙县神堂乡大寨村口北河床石壁。4 行。碑文"冀州常山南行唐北界,去其廷四百八十里,北到卤城六十里。"李裕民《忻州文史》第 12 辑《石刻》。冀州常山郡(或国)隶属下的南行唐县的"北部边界"。

64.《皋陶治狱画像石》,东汉晚期。1976 年出土于江苏泗阳县屠园乡打鼓墩。墓主为县令或太守。《淮安》P361。

二、三国两晋南北朝(220～589)

附高昌国(460～640)

1.《上尊号奏碑》,魏黄初元年(220)十月。河南临颖县繁城镇曹魏故城魏文帝庙。323 * 102 * 32。额篆"公卿将军上尊号奏",碑文正面 22 行,背面 10 行,49 字。《三国志·文帝纪》;《金石录》卷 2;《宝刻丛编》卷 5;《金石称例》卷 1;《碑版文广例》卷 7;《北图藏拓》2－2;《长安金石》P12。内容为公卿将军华歆、贾诩、王郎等呈给魏王曹丕的奏章,劝其代汉称帝之事。

2.《受禅表》,魏黄初元年十月。河南临颖县繁城镇曹魏故城遗址魏文帝庙,与《上尊号奏碑》并列。322 * 102 * 28。额篆"受禅表",碑文 22 行 49 字。《北图藏拓》2－1。记曹丕的公卿将军人的固请下,在繁阳筑灵坛,举行受禅大典事。

3.《黄初二年诏》《封孔羡碑》等,魏黄初二年(221)。原立于山东曲阜市孔庙东庑,现存汉魏碑刻陈列馆。圭首,有穿。210 * 118 * 20。额篆"鲁孔子庙之碑"。22 行 40 字。文后有宋嘉祐七年(1062)张稚圭题记。《三国志·魏志·文帝纪》;《隶辨》卷 8;《萃编》卷 23;《碑版文广例》卷 7;《释要》P328;《曲阜辑录》2－P27。诏书。"碑中皇上之称,亦此创见。"曹魏封孔子二十一世孙议郎孔羡为宗圣侯,使奉祀孔子、修理孔庙等事。

4.《敕豫州禁吏民往老子亭祷祝》《下豫州刺史修老子庙诏》,魏黄初三年(222)十月十五日丙子下。河南鹿邑县。16 行 8 字,后两行署年月。《隶续》卷 4;《金石综例》卷 3;《水经注碑录》P206;《中州金石考》卷 3;《全上古三代秦汉三国六朝文》三 P64。诏书,黄初三年魏文帝征东吴途经谯郡所下。

5.《典论六碑》,魏文帝(220～226)。河南洛阳。《中州金石考》卷 6。与石经并置。

6.《宣示表》,魏钟繇(151～230)原书,西晋王羲之临写,南宋贾似道刊刻。晚明出土于浙江杭州葛岭贾氏半闲堂旧址,首都博物馆藏。18 行,共298 字。曹魏臣子钟繇表奏曹丕之文。

7.《姚立买石题记》,蜀汉章武三年(223)七月十日。贵州习水三岔河。摩崖,73 * 24。《四川文物》1986 年 1 期。

8.《蜀丞相亮护堤令碑》,蜀汉章武三年九月十五日。伪刻。杨重华《丞相诸葛令碑》,《文物》1983 年 5 期;罗开玉《诸葛亮“营南北郊于成都”考》,《成都大学学报》(社科版)2006 年 6 期。

9.《大晋龙兴皇帝三临辟雍碑颂》《辟雍碑》,西晋咸宁四年(278)。1931 年出土,现存河南偃师市佃庄镇东大郊村。322 * 111 * 30。额题“大晋龙兴皇帝三临辟雍皇太子又再莅之盛德隆熙之颂”23 字。碑阳隶书 30行 55 字,计 1 650 字;阴题名 10 列,刻有行政官员及学员等 400 余人的郡籍及姓名。《北图藏拓》2 - 43;顾廷龙《大晋龙兴皇帝三临辟雍皇太子又再莅之盛德隆熙之颂》,《燕京学报》10 期(1931.12);余嘉锡《晋辟雍碑考证》,《辅仁学报》3 卷 1 期(1932.1);《河南碑刻类编》P88;《释要》P356。职官、教育制度。

10.《晋太康买地莂》《杨绍买地瓦券》等,西晋太康五年(284)九月廿九日。明万历初年出土于山阴(浙江绍兴)。7.3 * 4.5 寸。《十驾斋养新录》卷 15;《金石综例》卷 3;《碑版文广例》卷 8;《蒿里遗珍考释》,《罗雪堂先生全集》七编 3 册- 1119。地界四至,“民有私约如律令”。

11.《建相山庙碑铭》,西晋太康五年。安徽宿州,佚。《安徽》卷 7。诏诸侯祀界内山川。

12.《荀岳墓志》《晋中书侍郎荀岳墓志》,西晋元康五年(295)十月。1917 年在河南偃师县南蔡庄村(汉魏洛阳故城东 5 里)出土,现藏偃师商城博物馆。圭形,59 * 42 * 9。四面刻。阳 17 行,阴 18 行,左侧 2 行,右侧 3行,总 40 行,共 692 字。《希古楼金石萃编》卷 9;《北图藏拓》2 - 59;《语石异同评》P203;《偃师碑志精选》P39;《释要》P370。皇帝赐墓田、葬钱的两次诏书和谒者吊祭之事。附葬制度。三日妇、拜时婚。

13.《马汧督诔》,西晋元康七年(297)秋九月十五日。潘岳撰。《文选》卷 57 下;《金石例补》卷 2;蔡彦峰《潘岳〈马汧督诔〉与西晋品官荫客制》,《许昌学院学报》2009 年 6 期。西晋品官荫客制,士族反对荫客制。

14.《元氏县界封刻石》,后赵建武五年(339)三月二十五日。河北元氏县。1999 年出土,右上角残损。拓 56 * 43。《汉魏六朝碑刻校注》3 - 85。

15.《西门豹祠堂殿基记》,后赵建武六年(340)八月。原在河北临漳县仁寿村西门豹祠堂,现藏临漳县邺城博物馆。下残缺。《金石录》卷 2;《中州金石考》卷4。建筑尺寸及用工数。

16.《潘氏衣物滑石券》,东晋升平五年(361)。1954年出土于长沙市北门的东晋墓,现藏湖南省博物馆。23*12*0.9。两面文,正面刻191字,背面刻107字。《湖湘碑刻》(一)P6。随葬衣服、器物名称和买地券。

17.《邓太尉祠碑》《郑能进修邓艾祠碑》,前秦苻坚建元三年(367)。原在陕西蒲城邓艾祠,1972年入藏西安碑林。尖首有穿。170*64*20。《金石续编》卷1;《北图藏拓》2-120;《碑林》2-146。宗族。

18.《集安高句丽碑》,高句丽好太王时期(391~414)。2012年在吉林集安市麻线河右岸河滩出土,现藏集安市博物馆。圭形,残。173*66.5*21。隶书10行22字,总218字,可识173字。耿铁华《集安高句丽碑考释》,《通化师范学院学报》2013年2期。守墓烟户制度,法令。

19.《好太王碑》《国冈上广开土境平安好太王碑》,约东晋义熙十年(414)立。高句丽第19代王谈德(374~412)记功碑,吉林集安市洞沟古墓群禹山墓区东南部。639*200。四面环刻,分别为11、10、14、9行,总44行41字,1775字,现存约1590字。《集安县文物志》P83。盟誓,守墓烟户管理制度,教令。

20.《当利里社残碑》,东晋(317~420)。宣统元年(1909)出土于河南洛阳朱家仓,现存故宫博物院。残,70*64。阳隶书15行16字,阴24行,为立碑人题名。上刻冠巾坐像8人,旁刻籍贯、官职、姓名,为当利里的社老。《释要》P400。里社组织。

21.《南巡碑》,北魏和平二年(461)三月立。原立山西灵丘县觉山寺东北约1公里笔架山对面御射台中央,残石在20世纪80年代发现,1993年迁觉山寺内。残碑复原,约410(84+274+53)*137*29。额阳刻"皇帝南巡之颂"。碑身剥蚀严重。张庆捷《北魏文成帝〈南巡碑〉碑文考证》,《考古》1998年4期;张金龙《文成帝〈南巡碑〉所见北魏前期禁卫武官制度》,《民族研究》2003年4期;张庆捷《北魏文成帝〈南巡碑〉的发现与意义》,《中国书法》2014年4期;《三晋·灵丘》P6。北魏职官,官制演变。

22.《湖城县界石》,南朝宋(420~479)。河南灵宝市出土,不存。拓102*52。《北图藏拓》2-137。县界四至。

23.《邸府君之碑》,北魏和平三年(462)六月十二日。原在河北曲阳县邸村王子坟,现存曲阳县北岳庙。圆首,145*76*28。额篆同碑名。碑阳21行35字,碑阴现存4行,字迹难辨。梁松涛等《北魏〈邸府君之碑〉考释》,《文物》2013年11期。县中正的设立。

24.《进山铭告》,北魏宣武帝永平五年(512)。山东莱州市大基山"道士谷"。摩崖石刻。80＊48。5 行 13 字。"慎勿侵犯,铭告,令知也。"

25.《敕赐峡山寺额"至德"碑》,南朝梁武帝普通元年(520)。广东清远县,佚。民国《清远县志》;《清远县文物志》P46。

26.《高广墓志》,北魏孝昌二年(526)。20 行 24 字。正书"魏故员外郎散骑常侍西阳男高府君墓志"。《芒洛冢墓遗文》四编。刑书内容。

27.《樊奴子造像碑》《都督樊奴子造像记》,北魏孝武帝太昌元年(532)六月。陕西富平县窦村莲湖村小学。153＊53＊37。断为两块。下有线刻《地狱变相图》。《富平》P362;《关中石刻文字新编》卷 1;张总《〈阎罗王授记经〉缀补研考》,《敦煌吐鲁番研究》第五卷(2001)P92;陈登武《从人间世到幽冥界》P277。冥判、神禁,阎罗与五道神判图。

28.《屯田碑》,北魏时期(386～534)。山西阳城县博物馆院内。130＊80＊12。碑阴浮雕 35 个佛像,阳刻屯田碑文,风化严重。《三晋·阳城县》P5。

29.《中兴寺造像碑》,西魏大统三年(537)。址不详。大村西崖《支那美术史雕像篇》。施舍田宅。

30.《标异乡义慈惠石柱》,北齐武成帝太宁二年(562)四月十七日皇帝降旨,河清二年(563)立木柱,天统三年(567)易木为石,河北定兴县石柱村。石柱由基础、柱身、石屋三部分组成。通高 665,柱身 400。柱身 8 面,额 6 面。额南面刻"标异乡义慈惠石柱颂",下题"元造义王兴国、义主路和仁",额左题"大齐太宁二年四月十七日省符下标"。柱身刻"颂文"约 3 000字。《太平寰宇记》卷 67;光绪《定兴县志》;《北图藏拓》7－116;唐长孺《北齐〈标异乡义慈惠石柱颂〉所见的课田与土庄田》,《武汉大学学报(人文科学版)》1980 年 4 期;刘淑芬《北齐标异乡义慈惠石柱——中古佛教救济的个案研究》,台湾《新史学》5 卷 4 期(1994);佐川英治《北齐标异乡义慈惠石柱所见的乡义与国家的关系》,《义慈惠石柱》P171;《涿州佛教》P34。符命;施舍田地与田令的关系;豁免 200 人力役的依据。

31.《西岳华山神庙之碑》《华岳颂》,北周天和二年(567)十月十日。陕西华阴市西岳庙。螭首龟趺。409＊112。额篆"西岳华山神庙之碑"。20行 50 字。万纽于瑾撰,赵文渊书。碑阴为唐《华岳精享昭应之碑》。《碑版文广例》卷 7;《西岳庙碑石》P127。奉敕书撰例。

32.《陇东王感孝颂》《孝子郭巨墓志》,北齐武平元年(570)。山东济南长清区孝堂山汉石祠。227＊313。25 行 17 字。《萃编》卷 34;《山左》卷10;《潜跋》卷 3;《北图藏拓》8－1;《释要》P720。教化、孝行。胡长仁为颂赞汉孝子郭巨的孝德而立。

33.《司空公青州刺史临淮王像碑》,北齐武平四年(573)六月。原立于山东青州市南阳寺,现存偶园。444＊160＊19。额篆同碑名。29行58字,原文共1 635字,现存1 500字。《碑版文广例》卷7。赐额南阳寺。

34.《地狱图残碑》,北朝(386～581)。陕西富平县华朱镇华朱村学校。48＊64＊20。《富平》P399。

35.《地狱图残碑》,北朝。河南洛阳出土。拓42＊37。私人收藏。

附高昌国(443～640)

36.《麹斌造寺碑》,延昌十五年(575)九月。1911年在新疆吐鲁番高昌区三堡乡发现,佚失。153＊118。两面刻,均31行。麹亮立。一面述麹亮父麹斌生前施舍田宅建造佛寺之"功德",另面刻建昌元年十二月廿三日(556年1月26日)麹斌任折冲将军新兴令时舍家造寺施产保证书,列有包括高昌王、世子、僧侣在内的32位公证人姓名。马雍《麹斌造寺碑所反映的高昌土地问题》,《文物》1976年12期;黄文弼《宁朔将军麹斌造寺碑记》,《黄文弼历史考古论集》(1989);池田温《高昌三碑略考》,《敦煌学辑刊》1988年Z1期;《西域碑铭录》P25。高昌土地和职官制度。施产保证。

37.《高昌主客长史阴尚□造寺碑》,重光二年(621)。20世纪初由德国探险队在吐鲁番掘获,原藏柏林德国博物馆。20行42字,约795字,现存561字。池田温《高昌三碑略考》,《敦煌学辑刊》1988年Z1期;《西域碑铭录》P30。捐资修寺。

三、隋唐五代(581～960)

1.《南宫令宋君碑》,开皇十一年(591)六月辛亥(十一日)。原在今河北南宫市市区东小街,1981年移原南宫县文化馆。螭首,座佚。185＊74＊23。额篆"大隋南宫令宋君之碑"。阳隶32行44字,首题"隋定觉寺为宋令敕建僧尼二寺碑记"。碑阴凿佛龛。《畿志》卷151;《河北文物》P734。记事,隋文帝颁旨命各地兴建僧、尼二寺及南宫令宋景奉旨督建的经过。

2.《诸葛子恒等造像颂》《诸葛子恒一百人等造像碑》等,开皇十三年(593)四月十五日。3.5＊2.3尺。21行32字,现存约680字。《平津读碑三续》上;《八琼室》卷25;《十二砚斋》卷8。刑书内容。

3.《罗宝奴造像记》《罗宝奴造像》,开皇十三年五月二日。原在益都(今山东青州市)。9.7＊5.7尺。6行11字,共57字。《八琼室》卷25;《十二砚斋》卷8。刑书内容。

4.《始建县界碑》,大业四年(609)四月。《戚叔玉》P251。

5.《佛经戒律残石》,隋(589～619)。陕西西安。拓33＊42。

6.《武德二年诏》,武德二年(619)。山东曲阜市。《曲阜历代著名碑文校注》P3。

7.《嵩山少林寺牒》,武德八年(625)。河南登封市嵩山少林寺。《语石异同评》P204。可参见41号碑。

8.《唐敕赐山田摩崖刻石》,武德八年。陕西宁陕县新矿乡观音山观音庙对面蜡烛山岩边。4行,26字《安康》P11;《秦岭》P15。

9.《奉籍归唐表刻石》,武德四年(621)九月汪华状奏,贞观二年(628)四月五日中书舍人李百药行。拓24＊84。40行11字,由武德四年(621)吴王汪华《奉籍归唐表》、武德四年《授汪华使持节等诏》和贞观二年《授汪华左卫白渠府统军诏》三件文书片段构成。《北图藏拓》11-12;《平阳汪氏宗谱》《漳县江氏族谱》。诏授越国公汪华告身,为清代"诰命"文书格式,当为后刻。

10.《太宗诏立慈云寺碑》,贞观三年(629)十二月勒石。原立于山西浮山县梁村,佚。《三晋·浮山县》P588,转录自《山西通志》卷57。

11.《赠高颖诏书》,贞观十一年(637)。《金石录》卷23。改葬,诏赠礼部尚书。

12.《齐士员献陵造像碑》并座、《张王瑃造像碑》,贞观十三年(639)正月初一日。陕西三原县唐献陵陵园东北部礼制建筑区。据造像铭,应称为"石佛殿"。下面石座西侧刻有齐士员造像题记,正面、东面刻有"阎罗王审断图"和冥律数条。陆心源将此拓分为《太武皇帝穆皇后供养石像之碑》与《献陵造像碑》录入《唐文拾遗》。毛凤枝《关中石刻文字新编》第1卷;毛凤枝《关中金石文字存逸考》卷7;《语石》卷5;张总《初唐阎罗图像及刻经——以〈齐士员献陵造像碑〉拓本为中心》,《唐研究》第6卷(2000);陈登武《从人间世到幽冥界》P278。神禁,冥罚。

13.《授滕王李元婴金州刺史诏》,贞观十八年(644)九月六日下。河南洛阳龙门博物馆藏。78.8*32*12.3。赵振华、王迪《读贞观十八年〈授滕王李元婴金州刺史诏〉》,《故宫学刊》2016年2期。

14.《祭比干文并诏书》,贞观十九年(645)二月。原石佚,元延祐五年(1318)重刻,现存河南卫辉比干庙碑廊。拓229*106。李世民撰,薛纯陁书。23行,约550字。《萃编》卷46录祭文,缺诏书;《金石存》卷12;《金石续编》卷4;《金石文字记》卷2;《中州》卷2;《潜跋》卷4;《碑版文广例》卷8;《北图藏拓》11-128。

15.《令狐氏墓志》,永徽五年(654)十月廿九日卒。1979年在新疆吐鲁番县城南7.5公里处发现,后存吐鲁番地区文管所。32.5*31*4,朱书文字10行,共111字。柳洪亮《唐天山县南平乡令狐氏墓志考释》,《文物》1984年5期。

16.《弘福寺碑》《大唐弘福寺故上座首律师高德颂》,显庆元年(656)刻。1982年出土于陕西西安莲湖区丰禾路(唐弘福寺原址范围内),现存西安博物院。33行73字,总2810字。许敬宗撰、郭广敬书。曹旅宁《读唐〈弘福寺碑〉论隋唐戒律的成立》,《碑林集刊》2006年。佛教戒律。

17.《唐老子册文》,乾封元年(666)三月。河南鹿邑县。行书,无姓名。《金石录》卷4;《中州金石考》卷3。

18.《唐修孔子庙诏表祭文碑》,仪凤二年(677)。山东曲阜市孔庙十三碑亭。34+328*126*33。两面刻。阳额篆"大唐赠泰师鲁先圣孔宣尼碑"12字。首题"大唐赠泰师鲁国孔宣公碑"11字。31行,2388字,崔行功撰。

碑阴无额,碑身两截。上截 25 行 55 字,刻武德九年(626)十二月廿九日、乾封元年(666)正月廿四日诏书、太子弘疏表;下截 26 行 12 字,刻仪凤二年七月御制祭告文。左侧刻金明昌二年(1191)七月一日题记 2 行。共 1 342 字。《全唐文》卷 175;《金石综例》卷 2;《金石文钞》卷 4;《曲阜碑文录》P94;《曲阜辑录》2－P54。太宗诏、高宗诏、皇太子表、祭告文各一。

19.《封临川郡公主诏书刻石》(2),永淳元年(682)葬,贞观十五年(641)正月二十日、永徽元年(650)正月二十四日、总章二年(669)二月十五日下诏书。1972 年出土于陕西礼泉唐昭陵太宗第十二女李孟姜墓,现藏昭陵博物馆。《全唐文补遗》1－1;《唐临川长公主墓出土的墓志和诏书》,《文物》1977 年 10 月;张沛《唐临川长公主墓出土的两通诏书刻石——兼谈唐代前期的诏书形成过程》,《文博》1994 年 5 期;《昭陵碑石》P72、199。

20.《唐追尊玄元皇帝诏》,弘道元年(683)十二月。址不详。王悬河行书。《金石录》卷 4。

21.《太宗文武圣皇帝龙潜教书碑》,约天册万岁二年(696)刻,武德四年(621)四月三十日文。原嵌于河南登封市少林寺达摩亭东山墙,1980 年修葺时拆碑发现隐于墙内的碑文,现存少林寺碑廊。断为三截,字有残损。107＊44＊15。额篆"大唐太宗文武圣皇帝龙潜教书碑"。碑文隶书(八分书),15 行 24 字,字间有界格。首行刻"武德四年也",末刻"四月三十日",为秦王李世民"告柏谷坞少林寺上座书"的时间。正文第二行有"世民"草书。碑阴为金明昌三年(1192)摹刻的《苏东坡观音赞》。《金石录》卷 3;崔耕《唐〈秦王告少林寺教碑〉考》,《中原文物》1983 年 3 期;《嵩山》P151;《嵩山少林寺》P200。教书。《中州金石考》卷 7 名为"少林敕文"。参见第 41 号碑。

22.《授封武承嗣诏书册书刻石》(2),圣历三年(700)葬,永昌元年(689)三月廿一日诏书、天授二年(691)二月廿五日册书。出土于陕西咸阳顺陵(武则天母杨氏陵),现藏中国农业博物馆。诏书拓 36＊74,39 行;册书拓 55＊97,31 行。赵振华《谈武周授封武承嗣的诏书和册书——以新见石刻文书为中心》,《湖南科技学院学报》2013 年 2 期。

23.《大云寺皇帝圣祚之碑》,大足元年(701)。河南沁阳天宁寺旧址三圣塔前东侧。320＊125。额篆同碑名。32 行,2 270 余字。上柱国贾膺福撰并书。《沁阳文物》P118。记事,寺主资助太宗伐高丽,奉诏改寺名。

24.《司刑寺大脚迹敕》,长安二年(702)。佚。《集跋》卷 6。佛教、司法。

25.《封苑嘉宾制书刻石》,长安三年(703)三月葬,武周长寿三年(694)

四月二十九日、圣历元年（698）五月十九日制书。疑出陕西西安少陵原，私人藏。36＊81。赵振华《谈武周苑嘉宾墓志与告身——以新见石刻材料为中心》，《唐史论丛》2013年2期。

26.《司刑寺佛迹碑》，长安三年七月。佚。《金石录》卷5。佛教、司法。

27.《赐甘元柬食实封三百户制残石》，神龙元年（705）。河南洛阳。34＊124，隶书25行6字。《秦晋豫新出土墓志搜佚》第2册P376；齐运通编《洛阳新获七朝墓志》P138；赵振华《谈武周授封武承嗣的诏书和册书——以新见石刻文书为中心》，《湖南科技学院学报》2013年2期。

28.《告身残刻》《门下省行尚书省文》，神龙二年（706）四月六日。1.5＊1.17尺。左右两侧缺失，存12行。端方《匋斋藏石记》卷21；《全唐文补遗》7-1；《北图藏拓》20-26。制授告身。

29.《赠韦泲使持节绛州诸军事绛州刺史并葬事官给制》，神龙三年（707）。地点尺寸不详。

30.《赐卢正道敕》，景龙元年（707）十月十七日敕。河南荥阳市土地祠，已毁。拓214＊114。6行11字。唐中宗李显撰并书。碑阴刻神龙三年（707）五月八日《卢正道清德颂碑》。碑侧有天宝年题记。《石刻题跋索引》523；《全唐文》卷17；《北图藏拓》20-57；《柏克莱加州大学东亚图书馆藏碑帖》上P172；《戚叔玉》P265。

31.《唐景云二年敕》，景云二年（711）六月二十三日。址不详。《求古录》。"右唐岱岳观碑文之一"

32.《苑大智告身刻石》（2），景云二年葬，垂拱元年（685）权葬。出土地不详（疑陕西西安），私人收藏。一拓70＊71。三截，依次刻乾封三年（668）正月十四日、上元二年（675）二月五日、仪凤二年（677）四月卅日诏。另一拓49＊99。两截，分别刻永淳元年（682）九月廿日、永隆元年（680）九月卅日诏。赵振华《记唐代苑大智将军的告身与墓志》，《洛阳考古》2018年2期。

33.《颜元孙滁州刺史制》，开元二年（714）二月廿三日制。16行。第5行"开元"之"开"字上钤"尚书吏部告身之印"。《中国法帖全集》9-209（《忠义堂帖》第8册）。

34.《雷音寺记》，开元二年立。河北邢台县西上庄乡大寨门村南5公里栲栳山上小西天（原名雷音寺）。圆首座佚，150＊85＊19。吏部尚书左丞相宋璟撰并书丹。《文物河北》P687。建寺经过，豪家不得侵占寺产。

35.《修孔子庙诏表》，开元七年（719）十月十五日。隶书。李邕撰，张庭珪书。《戚叔玉》P267。

36.《龙门奉先寺牒》《大卢舍那像龛记并牒》,开元十年(722)十二月十二日刻。河南洛阳龙门奉先寺。拓 109＊64。文字自左而右排列。《北图藏拓》22－16;朱士端《宜禄堂金石记》卷 3。官文书格式。

37.《少林寺柏谷庄碑》《太宗文皇帝赐少林寺柏谷庄碑》,开元十一年(723)。河南登封市少林寺。107＊170。38 行 26 字。太宗李世民书,玄宗李隆基题额。《金石录补》卷 10;《萃编》卷 74;《释要》P1014。表彰十三棍僧违法救唐王等事。参见 41 号碑。

38.《御史台精舍碑》,开元十一年。原立于唐代监察机构御史台内,现藏陕西西安碑林。螭首方座,190＊65＊14。额篆“御史台精舍碑”。隶书 18 行 30 字。崔湜撰文,梁昇卿书,赵礼刻。碑阴及两侧有颜真卿等名士题名。碑阴 31 行,三截,每截 12－33 字。碑一侧 5 行 57 字;另一侧 6 行 60字。共约 3 500 字。《萃编》卷 74;《金石存》卷 13;《八琼室》卷 52;《金石文钞》卷 5;《金石续录》卷 2;《碑版文广例》卷 8;《陕西碑石精华》P105;《长安金石》P34。佛教、司法、监察、监狱,姓名簿籍例。

39.《常道观敕并表》《赐张敬忠敕并谢表》,开元十三年(725)正月十七日表,十二年(724)十一月十一日敕,十三年正月一日至益州,二日至蜀州。四川都江堰市青城山天师洞。140＊60。唐玄宗书,常道观主甘遗荣勒字及题,吴光远刻。敕行书,7 行 28 字。敕前题字 1 行,敕后题字 3 行,皆隶书。碑阴奏表 14 行 24 字;下截道士题名 9 行。总 600 余字。碑两侧亦有文字。《古泉山馆金石文编残稿》卷 1;《金石续编》卷 7;《八琼室》卷 53;《金石苑》卷 2;《北图藏拓》22－70、73。《道略》P110;《巴蜀道教》P22;《青城山志》P99;《四川》P101。

40.《光业寺碑》《赵州象城县光业寺碑并颂》,开元十三年六月二日。原立河北隆尧县魏庄乡赵孟村西北光业寺旧址,1986 年经拼对后入藏隆尧碑刻馆。453＊149＊42。正文 80 行 40 字,总 3 020 字,缺损 493 字。碑阴、侧为题名。《北图藏拓》22－79;《全唐文补遗》1－14;《隆尧碑志辑要》P40。仪凤元年(676)尊号诏;仪凤元年五月敕。

41.《皇唐嵩岳少林寺碑并御书碑记》,开元十六年(728)七月十五日建。河南登封市少林寺钟楼前。360＊132＊19,螭首方趺。双面刻,阳、阴额均题“太宗文皇帝御书”。碑身阳面两截:上武德四年(621)《秦王告少林寺主教》,39 行 8 字;下裴漼撰书《嵩岳少林寺碑》,39 行 60 字,2 000 余字。碑身阴面亦两截:上武德四年《秦王告少林寺主教》、武德八年(625)《赐少林寺田书》、开元十一年(723)《陈忠牒》;下贞观六年(632)《少林寺牒》、开元十一年《丽正殿牒》、武德四年李世民敕授立功僧名。《全唐文》卷

986;《萃编》卷74;《语石校注》P337;《嵩山》P45;《嵩山少林寺》203。累刻公文。

42.《白知节告身石刻》，开元十七年（729）。安徽滁州琅琊寺，佚。白知节为滁州刺史。《安徽金石略》卷9。

43.《青城山丈人祠庙碑》，开元二十年（732）。四川都江堰市青城山丈人观。徐太亨记。《全唐文》卷351;《金石录》卷6;《巴蜀道教》P25。记事，载开元十八年（730）六月十八日、八月二十一日和二十五日敕文。

44.《唐明皇诏下庆唐观》，开元二十一年（733）正月一日。山西浮山县。《三晋·浮山县》P589，转录自《正统道藏·神祠部·记传卷》。

45.《请立冯公碑表并墨诏》，开元二十一年。陕西，未见。梁升卿书，并墨诏同刻，散骑常侍陆坚题额。《宝刻类编》卷3;《京兆金石录》,《集古录目》卷8。

46.《张九龄银青光禄大夫守中书令告身》，开元二十二年（734），宋代摹刻。拓33＊26。元王恽《玉堂嘉话》卷1;明《唐丞相曲江张先生文集》卷末附录;《淳熙秘阁续帖》卷6，明董其昌临本。黄流沙《张九龄〈告身帖〉石刻考略》,《岭南文史》1983年2期。制授告身。

47.《开元圣文神武皇帝注道德经敕》《唐君臣请立道德经台奏答》，开元二十三年（735）九月二十三日。1.24丈＊1.8尺。14行117字。《集跋》卷6;《曲江集》卷7;《道略》P118。

48.《开元二十四年残碑》《敕处分县令》，开元二十四年（736）二月五日。1982年2月在山东临沂市市委大院（考棚街6号）施工时发现，现存临沂市博物馆。县令张仲全立。碑文残缺，可据《全唐文》卷280《敕处分县令》补缺。《宝刻丛编》卷4《唐令长新诫》。官箴。

49.《令长新诫》，开元二十四年二月七日。陕西乾县，光绪年间访得，旧存民众教育厅。拓94＊57。隶额"唐令新诫"。首题"御制令长新诫"。14行。玄宗李隆基撰，王良辅书。尾刻光绪十年、十三年跋。《关中金石文字存逸考》卷9;《北图藏拓》24－1。

50.《卢奂谢表并批诏》，开元二十四年十月立。河南陕州。表正书，诏行书。《金石录》卷6;《宝刻丛编》卷10。

51.《裴光庭碑》《赠太师忠献公裴光庭碑并阴》，开元二十四年十一月刻。山西闻喜县礼元镇裴柏村裴柏碑馆。断碑，残石120＊135＊43。唐玄宗书，张九龄撰，李林甫题额，裴耀卿题"御书"等字，诸庭诲摹勒。31行，总1 900字。碑阴刻天宝元年（742）《赐张九龄敕》，内容为唐明皇敕张九龄撰裴光庭神道碑之事。《萃编》卷81;《八琼室》卷56;《山右》卷6;《金石综例》卷 3;《北图藏拓》24－30;《山西碑碣》P96。立碑程序,记事。"御书字某末列检校模勒使某、检校树碑使某二行,此御书碑之式也。"

52.《令长新诫》,开元二十四年。陕西大荔。王良辅书。《集跋》卷 6;《戚叔玉》P271。

53.《群臣请立道德经台奏答》,开元二十五年(737)。址不详。司马秀等奏请立经台奏谢批答,皇太子等十八人列名。《宝刻丛编》卷 6;《集古录目》卷 6。

54.《明皇诫牧宰敕》,开元二十六年(738)六月。址不详。《金石录》卷 6;《六艺之一录》卷 63。

55.《龙兴观道德经幢》,开元二十六年十月八日建,开元二十年(732)唐玄宗颁行道德经敕文。河北易县易州镇龙兴观遗址。汉白玉,由幢座、身、盖组成,通高 600。直径 90 厘米。幢身八角形,八面刻。敕文 205 字。《北图藏拓》24－68;《文物河北》P577。

56.《唐明皇再诏下老君观》,开元二十七年(739)正月十五日。山西浮山县。《三晋·浮山县》P589,转录自《龙角山记》(《正统道藏·神祠部·记传卷》)。

57.《唐述刊勒手诏碑》,开元二十七年。址不详。王端撰,田琦分书并题额。《宝刻丛编》卷 6。

58.《金仙公主请译经施田记》《石经山顶石浮图后记》,开元二十八年(740)朱明八日。北京房山区云居寺石经山中台,刻于唐"金仙公主塔铭"后外壁。《碑版文广例》卷 8;《新日下》P25;《云居寺》P17。记开元十八年(730)金仙公主奏请玄宗赐新旧译经为刻经底本,又奏请赐果园、田地等以充作供养。地界四至。

59.《梦真容敕》,开元二十九年(741)六月一日敕。河北易县博物馆,现存为残石。原碑螭首,座佚。306＊139＊40。额篆同碑名,首题"大唐真容应见贞石碑"。22 行 44 字,行书。牛仙客等奏,苏灵芝书。《宝刻丛编》卷 13;《萃编》卷 84;《道略》P126;《北图藏拓》24－144。《全唐文》卷 300;《文物河北》P577。《宝刻丛编》卷 6 记"宋天圣六年重刻"。

60.《令长新诫》,开元年间(713～741)。穰县(今属河南南阳)。县令徐抗刻,太室山人刘飞书。《宝刻丛编》卷 3;《册府元龟》卷 158;《玉海》卷 31;《太平御览》卷 591《文部七·御制上》;《全唐文》卷 41;《集跋》卷 6;《金石续编》卷 7;《安阳县金石录》卷 4;《语石》卷 3 等。另《石刻题跋索引》P531 有廿四年、廿五年《令长新戒》,在洛阳、赵州、同州等地。官箴。

61.《令长新诫》,开元年间(713～741)。河南孟州汜水(今荥阳市汜水镇)。县令冯宴刻,岁久为柱础,宝历二年县令崔潾移置县厅。《宝刻丛编》卷5。

62.《卢正道碑》,天宝元年(742)二月八日。河南洛阳许家营(现伊川县彭婆镇许营村)。282＊137。行书25行50字。李邕撰文并书。漫漶。《萃编》卷85;《中州》卷3;《释要》P1044;《北图藏拓》25－4。犯讳,唐律内容。

63.《褒封四子敕》,天宝元年二月廿日。陕西周至县(现属西安)楼观台。2＊2.2尺。12行14字,共132字。《求古录》;《萃编》卷85;《金石录补》卷14;《语石校注》P337;《道略》P131。

64.《赐张九龄敕》,天宝元年。山西闻喜县。残石120＊135＊43。大字行书8行8字。刻于开元二十四年(736)十一月《裴光庭碑》阴。《北图藏拓》25－27。

65.《封孔子弟子诏》,天宝三年(744)十二月。址不详。吕岩说撰记。《金石录》卷7。

66.《石台孝经》,天宝四年(745)九月一日。原立长安城务本坊太学内,天祐元年(904)迁至唐尚书省西隅(今西安市社会路),北宋元祐五年(1090)“徙置于府学北墉”,即今陕西西安碑林所在地,现立碑林孝经亭内。四面刻,590＊120。唐玄宗李隆基序、注解并书,李隆基之子李亨篆额。明皇批答以大字行书。《碑版文广例》卷8;《北图藏拓》25－83;《释要》P1057。表文和批答。

67.《王君德政碑》,天宝五年(746)立。河北隆尧西甫街。螭首,后配方座。370＊123＊31。额题同碑名。17行。《河北文物》P723;《河北隆尧石刻》P60。天宝年间昭庆县令王番兴教缓刑、减赋济贫、抑强扶弱、断案公正等德政。

68.《择县令敕》,天宝六年(747)十月建。址不详。南阳新野令李伯豫行书。《宝刻丛编》卷3。

69.《大唐北岳恒山封天安王之铭》,天宝七年(748)五月二十五日建。河北曲阳县北岳庙东碑亭。278＊102＊34。额篆同碑名。22行45字。李筌撰,戴千龄书并题篆。《全唐文》卷364;《萃编》卷88;《北岳庙碑刻解读·魏晋-唐卷》P78。载上元庚寅诏。

70.《章仇元素碑》,天宝七年。址不详。《萃编》卷88;《金石综例》卷2。

71.《修造长敕牒》,天宝八年(749)正月八日牒,十八日表奏。江苏句容市。《句容》卷2;《茅山志》卷2。

72.《成炼师植松柏碑》，天宝九年（750）四月十三日。1992 年发现于四川丹棱县唐河乡龙鹄山。拓 164＊145。《北图藏拓》26－21；《巴蜀道教》P30。护林。

73.《瑶台寺敕书》，天宝九年十月。址不详。《金石录》卷 7。

74.《桑耶兴佛证盟碑》，750 年。西藏雅鲁藏布江北岸桑耶寺。盟誓、神禁。

75.《康珽诰》，天宝十年（751）三月。址不详。徐浩行书。《金石录》卷 7。

76.《册祭广利王记》，天宝十年。广东广州，佚。《广东金石四》。记事。

77.《明皇赐上党故吏敕书》，天宝十一年（752）十月。址不详。《金石录》卷 7。

78.《还神王师子敕》《敕还少林寺神王师子记》等，天宝十四年（755）八月十五日。河南登封市少林寺。拓 97＊54。额题"还少林寺神王敕碑额"。26 行 35 字，共约 820 字。张景升刻。《全唐文》卷 987；《萃编》卷 91；《中州》卷 3；《中州金石考》卷 7；《语石校注》P337。《北图藏拓》26－137。记事，公文。"碑载久视元年僧义奖等状，及武后口敕。"

79.《敕冀州刺史源复诏》，唐明皇（713～755 在位）书。在州治。《宝刻丛编》卷 6。

80.《颜昭甫赠华州刺史制》，乾元元年（758）四月下。浙江温州。38 行，最后一行"四月"处钤"尚书吏部告身之印"。《中国法帖全集》9－212（《忠义堂帖》第 8 册）。

81.《巴州光福寺额敕》《严武奏表》，乾元三年（760）四年十三日。四川巴中县城南龛摩崖造像侧。拓 166＊158。17 行，大字正书。《八琼室》卷 59；《北图藏拓》27－22；《四川》P111。公文。

82.《封李凤册书》（4），上元二年（761）十二月葬，武德八年（625）至麟德元年（665）五件册书（其中一件为虢王妃册书）。1973 年出土于陕西富平县吕村李凤墓，次年移藏陕西历史博物馆。《封李凤为豳王诏书刻石》，武德八年（625）二月五日。72＊37＊12。9 行 10 字。《封虢王李凤为虢国刺史诏书刻石》，贞观十二年（638）四月初一日。72＊36＊12。21 行 10 字。《封虢王李凤为宋州刺史诏书刻石》，显庆三年（658）正月廿九日，75＊37＊12。19 行 10 字。《麟德元年册书》《封虢王李凤为青州刺史诏书刻石》，麟德元年（665）正月廿一日。70＊35＊12。25 行 10 字。同出 5 石书体相近，为一人所书。《唐李凤墓挖掘简报》，《考古》1977 年 5 期；《全唐文补遗》1－1；

《富平》P246;王建荣《五方唐代〈皇帝诏命〉册书刻石考释》,《文博》2014 年
6 期;王静、沈睿文《唐墓埋葬告身的等级问题》,《北京大学学报(哲学社会
科学版)》2013 年 4 期。待遇,训诫。

83.《封虢王妃册书》,上元二年(761)十二月葬,贞观十四年(640)三月
十七日册封。1973 年出土于陕西富平县吕村李凤墓,次年移藏陕西历史博
物馆。70＊37＊12。12 行 10 字。封刘德威第二女为虢王妃册书。

84.《颜惟贞赠秘书少监制》,宝应元年(762)七月廿七日制。32 行,末
行"七月"处钤"尚书吏部之印"。黄庭坚《山谷题跋》;《中国法帖全集》9－
228(《忠义堂帖》第 8 册)。

85.《兰陵郡太君殷氏赠兰陵郡太夫人制》,宝应二年(763)十一月一日
制,宝应元年十月九日宣奉行。46 行,第 5～19 行为"赠韩择木亡母张氏等
制"。最后一行"十一月"上钤"尚书司封之印"。颜真卿书。黄庭坚《山谷
题跋》;《金石录》卷 7;《唐文拾遗》卷 4;《中国法帖全集》9－231(《忠义堂
帖》第 8 册)。

86.《舜庙置守户状并牒碑》,永泰二年(766)五月廿六日敕。湖南道县
元山下。3.35＊2.5 尺。26 行 35 字,共 182 字。碑文剥蚀严重。刺史元结
撰。《八琼室》卷 60。奏置舜庙守户状。"奏请蠲免","永为恒式",中书门
下奉敕。

87.《重刻道州刺史厅壁记》,永泰二年原刻,明代重刻。湖南道州旧衙
内。4.1＊2.25 尺。10 行 26 字,共 224 字。唐刺史元结撰。《八琼室》卷
60;《古泉山馆金石文编残稿》卷 2。

88.《会善寺戒坛牒》《嵩岳会善寺批答碑》,大历二年(767)十二月一
日。河南登封市会善寺内。圆首,153＊70＊19。额题"敕戒坛碑"。三截:
上牒,26 行 16 字;中谢表,24 行 10 字;下批答,行书 6 行 4 字,总 500 字。碑
阴为贞元十一年(795)《会善寺戒坛记》。《萃编》卷 94;《北图藏拓》27－
62;《全唐文》卷 916 录表文;《嵩山》P57。

89.《薛楚玉神道碑》,大历二年以后。1974 年发现于山西运城盐湖区
三路里村,现藏盐湖区博物馆碑廊。142＋282＊118＊44。额隶书"大唐赠太
子太傅薛公神道碑"。三截:上宝应二年(763)六月二十日赠太子太保,中
大历二年(767)二月二十四日追赠太子太傅,下宝应二年六月二十日追赠薛
嵩亡母制书。碑文磨蚀严重。谢振中《河东望族万荣薛氏》(三晋出版社,
2013)P279。封赠制书。因其子薛嵩功绩,薛楚玉(约 669～734)死后 30 年
追封 2 次。

90.《朱巨川试大理评事兼豪州钟离县令告身》,大历三年(768)八月

下,明刻帖。33行9字。董其昌《戏鸿堂法帖》卷7;《故宫历代法书全集》2图版。台北"故宫"藏《徐浩书朱巨川告身卷》上钤盖"尚书吏部告身之印"44方。刻帖上无印文。委任官职公文。

91.《封孔子为文宣王诏》,大历四年(769)十月一日建,开元二十七年诏。浙江湖州州学,佚。孙沛建,王全荣行书。《宝刻丛编》卷14;《吴兴》卷3。文见唐诏令。

92.《赵公神道碑》阴,大历四年十月十六日。址不详。碑阳拓230 * 98,碑阴拓135 * 98。碑阳王珝书并篆额,额刻"唐赠太常卿天水赵公神道碑",首题"唐故同州河西县丞赠虢州刺史太常卿天水赵公神道碑(并序)"。《全唐文》卷452。家世及碑茔界址、位置。

93.《慈恩寺住庄地碑》,大历六年(771)八月。陕西。颜真卿撰,韩择木书。代宗篆额。《金石录》卷8。

94.《程文英碑阴赠告并重立碑记》,大历七年(772)五月十五日立。龙门。男程皓记,程廪书。《宝刻丛编》卷4。

95.《宋璟碑》《广平文贞公宋璟神道碑》阴,大历七年九月。河北邢台市桥西区东户中学院,原宋璟墓地南侧。408 * 160 * 47。额篆"大唐故尚书右丞相赠太尉文贞公宋公神道之碑"。碑文颜真卿书,碑阴、阳、侧均有字。左侧刻大历十三年(778)颜真卿补记宋璟生平事迹。右侧刻明朝方思道记宋璟碑倒伏后重新树立之事。碑阴载制。丧葬礼仪制度,封赠。

96.《再修隋信行禅师碑并碑阴批答》,大历八年(773)三月立,大历六年批答。址不详。于益奉敕撰,翰林待诏张楚昭奉敕手书。韩择木奉敕题额。碑阴批答,僧义真书。《宝刻丛编》卷7。君言。

97.《敕天下放生池碑》,大历八年。浙江湖州骆驼桥,佚。肃宗御书题额,颜真卿撰并书。《吴兴》卷3。文见《鲁公集》。

98.《乞御书放生池碑额表》,大历九年(774)七月立石,上元元年(760)上表。浙江湖州骆驼桥,佚。颜真卿书表,肃宗御书批答。《宝刻丛编》卷14;《吴兴》卷3;《中国法帖全集》9-146《忠义堂帖》第7册。碑阴记:"初肃宗既许书额,示及下,而真卿贬,碑不果立。至大历中,为湖州刺史追建。"

99.《化度寺上座光教禅师谥号敕》,大历十一年(776)。陕西。《宝刻丛编》卷7。并僧大济表及批答。

100.《南诏德化碑并阴》,阴赞普钟十四年(大历十一年)。云南大理古南诏国首都太和城遗址内。400 * 240 * 60。碑前半已剥蚀殆尽,行数不可考,行约90字,共约3 800字,存约800字。王蛮盛撰文,杜光庭书。《萃编》卷160;《八琼室》卷129;《北图藏拓》27-45、35-183;《云南古碑》P12;《云南古代石刻丛考》P29。记事。

101.《颜真卿刑部尚书制》,大历十二年(777)八月廿八日制,巴陵(湖南岳阳)。《中国法帖全集》9－222(《忠义堂帖》第8册)。

102.《颜真卿太子少师制》《自书告身》,建中元年(780)八月廿八日制。浙江温州。宋嘉定八年(1215)勒石。《中国法帖全集》9－216、234(宋《忠义堂帖》第8册);明董其昌《戏鸿堂法帖》卷9;乾隆十五年(1750)刻《御刻三希堂石渠宝笈法帖》第3册,1914年拓,美国哈佛大学汉和图书馆藏。《自书告身》原件藏日本东京书道博物馆。

103.《钟绍京受赠诰文碑》,建中元年十一月八日制,后刻。1966年出土于江西兴国县殷富冈,现藏于兴国县革命历史纪念馆。82*48。14行27字。《同治赣州府志》卷65;《同治兴国县志》卷35;《江西出土墓志选编》;《唐代公文书研究》P367;《全唐文补遗》7－1;张子明《钟绍京受赠诰文碑》,《南方文物》2001年4期;刘安志《跋江西兴国县所出〈唐钟绍京受赠诰文碑〉》,《纪念西安碑林九百二十周年华诞国际学术研讨会论文集》P324。制、敕混用。中村裕一认为是《唐建中元年钟绍京追赠太子太傅敕授告身》抄件。

104.《张九龄赠司徒告》,建中元年刻。广东韶州(今韶关)。《宝刻丛编》卷19;《广东金石四》。

105.《沙门佛藏等上表并代宗批答》,建中二年(781)。陕西。《宝刻丛编》卷7。

106.《颜鲁公书朱巨川告身》,建中三年(782)六月十六日制,乾隆十五年(1750)刻石。41行7字。第19、25、35、36、37、41行均满行钤"尚书吏部告身之印"四方,6行总计16方印文。《御刻三希堂石渠宝笈法帖》第3册,1914年拓本,美国哈佛大学汉和图书馆藏;《书画汇考》卷8。

107.《大伾山铭并序》,贞元二年(786)五月。河南浚县大伾山太平兴国寺朝阳洞北崖壁。78*145。行书,34行24字。文字漫漶难识。《萃编》卷102;《天书地字》P90。记事,军令。

108.《河中尹浑瑊贺表》,贞元四年(788)。陕西。颜防书,德宗批答。《诸道石刻录》,《宝刻丛编》卷7。

109.《旌张孝子牒》《孝子张常洧旌表碑(并门闾敕旌表碣赞附)》,贞元五年(789)二月。江苏句容市。旌表张常洧门闾敕一道并纪孝行碑,前许昌主簿高宇撰;旌表碣赞,句容主簿承环撰。文字磨灭。《宝刻丛编》卷15;《全唐文》卷986;《句容》卷3。

110.《敕果州刺史手书》《敕果州女道士谢自然白日飞升书》,贞元十年

（794）。四川南充。刺史李坚奏表,唐德宗因之敕书。民国《南充县志》,《巴蜀道教》P34。

111.《袁滋题记摩崖石刻》,贞元十年。云南盐津县城西南20公里豆沙关崖壁上,云南民族博物馆藏有碑拓。36＊44。8行,共122字《云南古代石刻丛考》P69。记事,持节赴云南册封异牟寻为云南王。

112.《唐法兴市房地产四至碑》,贞元十一年(795)。山西晋中榆次区城关后土庙戏楼下东过厅下西侧。96＊57＊20。《山西师大》P275。

113.《桑耶寺兴佛证盟碑》,吐蕃第五代赞普赤松德赞在位时期(755～797)。西藏扎囊县桑耶乡桑耶寺大殿正面墙下。530＊88。横刻藏文21行。《藏族卷》P15。盟誓,对寺庙供养不得减少匮乏。

114.《河东盐池灵庆公神祠颂》,贞元十三年(797)。原立山西运城盐池神庙,现存盐湖区博物馆碑廊。螭首龟趺,额篆"唐盐池灵庆公神祠颂"。崔敖撰文,韦纵书丹并篆额。河东盐的行销、税收及盐池保护。

115.《济渎庙祭器铭》,贞元十三年。河南济源市济渎庙。圭首。济源县令张洗撰。《宝刻丛编》卷5;《中州金石考》卷5。祭礼,器用。

116.《政刑箴》,贞元十四年(798)十二月。址不详。德宗撰。《金石录》卷9。

117.《修昆明池堰记》,贞元十四年刻,贞元十三年(797)诏。陕西。京兆尹韩皋撰,京兆府法曹参军徐瑱书。《宝刻丛编》卷8。"诏除昆明池税,许民渔。"

118.《唐玄宗赐李炼师诗诏》,贞元十四年刻。江苏句容市茅山。玄宗赐诗三首、诏敕十,炼师所上表并答诏十五。道士任良友书,包无际等刻。《宝刻丛编》卷14。

119.《王卓碑》侧《复立太原乡牒》,贞元十七年(801)刻,大历十四年(779)四月牒文。山西临猗县庙上乡城西村王卓墓地。刻于《王卓碑》侧。343＊105＊35。《语石异同评》P207;《全唐文》卷986。

120.《唐僧朗谷果庄地亩幢》,贞元二十一年(805)。河南荥阳市桃花峪唐昭成寺故址(荥阳与武陟之间)。唐睿宗为昭成皇后追福,改建洛阳景云寺为昭成寺,置有"僧朗谷果园庄"。从代宗广德二年(764)到德宗贞元二十一年(805)的41年中,施田买地及兼并周围土地计1 791亩。荆三林《〈唐昭成寺僧朗谷果园庄地亩幢〉所表现的晚唐寺院经济情况》,《学术研究》1980年3期。

121.《令长新诫》,元和三年(808)。河南虞城县。《中州金石考》卷3。

122.《封崇孔宣父故事碑》,元和四年(809)二月。浙江湖州,佚。《吴兴》卷3。

123.《册邓王为皇太子玉册》，元和四年刻。陕西西安临潼区西泉乡惠昭太子陵出圭土，现藏临潼博物馆。汉白玉，29枚，每枚29＊3＊1。《秦岭》P221。

124.《彝文题刻》，元和五年（810）刻。贵州黔西县城关镇八块田村。石壁距地面20米，长方形，阴刻彝文8行。《贵州省志·文物志》P280。民禁，禁牧，环保。16户人家共议，不得在界内放牧，犯者牲畜平分。

125.《惠昭太子宁哀册》，元和六年（811）刻。1990年陕西西安临潼区西泉乡惠昭太子陵出圭土，现藏临潼博物馆。汉白玉，98枚，完整者13枚。郑余庆撰并书。《秦岭》P221。

126.《夏拉康碑》（甲），吐蕃赞普赤德松赞在位时期（798～815）。西藏墨竹工卡县尼玛江热乡某村旁的夏拉康（拉康，藏语意"庙宇"）。620＊80。横刻藏文62行。《藏族卷》P15。盟誓，对班第钦波之子孙后代，给予保护照顾。

127.《夏拉康碑》（乙），812年抄刻。西藏墨竹工卡县尼玛江热乡某村旁的夏拉康院内。620＊80。横刻藏文62行。《藏族卷》P16。盟誓，对班第钦波之子孙后代，给予保护照顾。子孙后代分驻于藏、堆等地者授予诰身，凡献与寺庙之奴户、土地、牲畜，其他臣民上下人等无权干预。

128.《南海神广利王庙碑》，元和十五年（820）十月一日建。广东广州南海神庙。248＊113＊20。24行24字。韩愈撰，陈谏书。《广东金石五》；《粤东》卷2；《南海神庙》P5。册封、祭仪。

129.《水则碑》，元和年间（806～820）。江苏，不存。《吴郡图经续记》。

130.《赠南平郡威武王高崇文司徒册文》，元和年间。陕西。《宝刻丛编》卷8。与《祭高崇文文》等碑同立。

131.《唐蕃会盟碑》《盟吐蕃碑》等，长庆二年、吐蕃彝泰八年（822）。西藏拉萨大昭寺前。560＊52。藏汉文合刻。左藏文横书77行，右汉文6行84字，存464字，碑文多模糊不清。碑侧、碑阴也刻文。《八琼室》卷71；《西陲石刻录》；《北图藏拓》30－25；《藏族卷》P16。盟誓、神禁，官制。

132.《特赐寺庄山林地土四至记碑》，长庆三年（823）五月二十三日。山西交城县石壁山玄中寺。《唐文续拾》卷10。

133.《紫阳观常住庄园等记》，长庆三年八月立。江苏句容市茅山玉晨观。《宝刻丛编》卷15。

134.《李翱奏田税表》，宝历元年（825）。安徽合肥，佚。文载《李习之集》。《安徽金石略》卷6。两税法实施之弊。

135.《唐故北海盛氏富春孙夫人墓志并序》阴侧，大和五年（831）八月。浙江宁波天一阁。碑侧及阴刻界址。《宁波碑碣》P13。四至。

136.《唐封孔子为文宣王册》，大和七年（833）七月十九日建，浙江宁波。唐玄宗御制行书，明州刺史于季友建。《宝刻丛编》卷13。

137.《文宗禁山敕牒》《禁山碣》，大和七年十月四日敕。江苏句容市茅山。禁樵采敕。《宝刻丛编》卷15；《句容》卷3；《茅山志》卷2。大、中、小三茅山四至，禁弋猎采伐。

138.《开成石经敕文并职名残石》，大和七年十二月五日。陕西西安碑林。拓155*47。《北图藏拓》30-143。

139.《令长新诫》，大和九年（835）。河南舞阳。唐玄宗御制，县令李易简建，郑宗冉书。《宝刻丛编》卷5。

140.《云泉院无碍田记》，开成二年（837）。宋大中祥符八年（1015）重刻。左卫骑曹参军刘内章文。《至大金陵新志》卷12下。

141.《润德泉记》《周公祠灵泉记》，大中二年（848）十一月。陕西岐山县北郭乡周公庙润德泉北平台上。半圆首，236*78*23。额刻"润德泉记"。碑阳顺次刻凤翔节度使崔珙奏状、中书门下签呈、唐宣宗李忱答诏、崔珙答谢表四文之全部。《北图藏拓》32-23；高居虎《中国古代公文探析——从岐山周公庙唐碑〈润德泉记〉谈起》，《寻根》2003年5期。公文报批程序。

142.《敕内庄宅使牒》《安国寺产业记》，大中五年（851）五月十五日。陕西西安碑林，刻于会昌元年（841）十二月二十八日建《玄秘塔碑》碑阴上部。拓56*103。25行14字，共约330字。下为大中六年四月二十五日《比丘正言疏》。再下为明代左思明书"纲纪重地"四个大字。《宝刻丛编》卷7；《萃编》卷114；《金石录补》卷21；《北图藏拓》32-58；《碑林》23-68；《全唐文补遗》7-2；《释要》P1160。敕牒，记事。契约范式，"投状申牒"。

143.《赐僧巩敕碑》《赐沙州僧政敕》，大中五年五月。甘肃敦煌千佛洞C151窟，原立石室西壁，后改立在甬道南墙。拓147*70，存约720字。罗振玉《西陲石刻录》P26；《陇右》卷2；《北图藏拓》32-61；石璋如《敦煌千佛洞遗碑及其相关的石窟考》，《史语所集刊》34本（1962）P65。告身，敕封诏令。封洪巩为河西都僧统摄沙州僧政法律三学教主。

144.《洪辩京城内外临坛大德告身》《洪辩告身碑》，大中五年。甘肃敦煌。大庭脩《唐告身の古文书学的研究》，西域文化研究所编《西域文化研究》第三（法藏馆，1960）；《唐代公文书研究》。

145.《赐司马承祯书诗并禁山敕残碑》，大中八年（854）四月二十一日。河南济源市王屋山。残断，仅存上截。拓24+55*66。睿宗、玄宗撰，韩抗正书并隶额。碑阴题名。《北图藏拓》32-100。

146.《陈杲仁告身并舍宅造寺疏》《隋陈司徒告身并舍宅造寺疏序》,大中八年五月。隋大业十一年(615)陈杲仁为朝请大夫告身,明政二年(619)舍宅疏。江苏常州。俞珣述并书。《金石录》卷10;《集跋》卷9;《宝刻丛编》卷14。

147.《濠州劝民栽桑敕碑》,大中十年(856)五月。安徽凤阳,佚。濠州刺史侯固奏请。《金石录》卷10;《集跋》卷9;《安徽金石略》卷7。"平章事非属敕之官"。

148.《劝农敕》,大中十一年(857)立石。安徽凤阳县,佚。濠州刺史侯固奏请。《安徽金石略》卷7。除桑税。

149.《汾阳王置寺表》,大中十二年(858)九月立,载大历七年(772)十二月十二日牒、大历八年(773)正月四日牒、大历八年四月三日奏。河南陕县空相寺,2004年出土。120*60*15。额篆"汾阳王置寺表"。26行44字。立碑人为汾阳王郭子仪曾孙郭琪。碑阴有大历八年三月《敕赐空相寺常住地土记》,9行16字。记空相寺四至产业。许永生《陕县空相寺出土唐碑刻〈汾阳王置寺表〉》,《河南文物考古论集》第四辑(2006)P258。

150.《唐故敦煌郡令狐府君墓志并序》,大中十二年十二月卅日葬。《隋唐五代墓志汇编·江苏山东卷》第一册;《唐代墓志汇编续集》P1020。墓界四至。"恐其日月深远,谷迁陵移,故立其铭,将为后据"。

151.《南渎大江广源公庙记》,大中十二年。四川成都。西川节度使李景让撰。《全唐文》卷763;《成都文类》卷32。《巴蜀道教》P44。天宝六年封四渎,长江为广源公,见《通典》卷46。记长江得封号之缘由,及诏书内容。

152.《司刑寺修狱记》,大中十三年(859)。陕西。《宝刻丛编》卷7。

153.《劝栽桑敕》,大中十四年(860)。安徽凤阳县,佚。《安徽金石略》卷7。赵绍祖跋:(濠州刺史)侯固请当在大中十年前,而敕下于十年。立石则有十年、十一年、十四年之不同,其实同一事也。

154.《延庆院记并碑阴敕牒》,咸通三年(862)八月立。湖北。蒋系撰,魏修书。碑阴刻敕牒二通,咸通二年赵韬书。《宝刻丛编》卷3;《湖北》卷7。

155.《古纵山重起为名记碑》阴,咸通五年(864)刻。河北。"奉敕荫田五顷"及施主题名。碑阳为天授二年(691)《古纵山重起为名记碑》。《河北文物》P780。

156.《唐故义武军许公墓志铭》,咸通八年(867)十二月十九日葬。1999年出土于河北曲阳县齐村乡齐村,现藏曲阳县北岳庙西院。志盖55*

55 * 4.5,楷书"唐故义武军许公墓志"3 行;志石 53 * 53 * 8,30 行 32 字。侯璐《几方特殊的唐代墓志》,《文物春秋》2003 年 4 期;侯璐主编《保定市出土墓志选注》P87;孙继民《唐许公墓志铭:晚唐河朔地区的田庄标本》,《陕西师范大学学报(哲学社会科学版)》2011 年 6 期;《北岳庙碑刻解读·魏晋-唐卷》P103。田土财产清单,计不动产 28 处。

157.《禹璜题名记》,咸通九年(868)、十年(869)。河南安阳县善应镇灵泉寺唐塔西塔东壁。《唐文拾遗》卷 32;孙继民《安阳灵泉寺唐代题记与两税法》,《中国经济史研究》2006 年 3 期。税法实施。

158.《新修曲阜县文宣王庙记》并《请修孔庙状及准奏牒》等,咸通十一年(870)三月十日建,咸通十年九月廿八日敕。山东曲阜市汉魏碑刻陈列馆西屋。146 * 75 * 22。额题"新修庙记"。26 行 44 字,共约 900 字。贾防撰。另有孔温裕《请修孔庙状》与中书门下准奏牒文。两侧题词 2 条。《萃编》卷 117;《山左》卷 13;《金石文钞》卷 8;《金石录补》卷 21;《北图藏拓》33 - 94;《曲阜辑录》1 - P97。记事;奏,牒文。

159.《唐故魏博乐府君并袁氏夫人合葬墓志铭并序》,咸通十二年(871)十月卅日葬。《隋唐五代墓志汇编·河南卷》第一册;《唐代墓志汇编续集》P1098。墓田四至,"西至王莽坟"。

160.《物帐碑》《法门寺塔地宫物帐碑》,咸通十五年(874)正月四日立。原置陕西扶风县法门寺真身宝塔地宫,1987 年出土,现藏法门寺博物馆。69 * 115 * 8。《陕西碑石精华》P197。

161.《青莲寺碑碣之所记》,约乾符四年(877)。山西晋城东南 17 公里硖石山青莲寺内。圭形,97 * 47 * 15。两截,上佛像,下碑文,1 628 字。张靖境书。《山西碑碣》P144。寺院田地税收情况。

162.《册赠张丞相顺济王并祭文》,广明二年(881)正月十七日立。四川剑州(今剑阁县等)。《宝刻丛编》卷 18。

163.《封丈人山为希夷公敕》,中和元年(881)。四川都江堰青城山。唐僖宗文。《全唐文》卷 88;《巴蜀道教》P48。

164.《改玄中观为青羊宫诏》,中和二年(882)。四川都江堰青城山。唐僖宗诏。《全唐文》卷 87。《巴蜀道教》P48。并赐田两顷,钱二百贯。

165.《西川青羊宫碑铭》《奉敕立青羊宫碑牒》,中和四年(884)九月八日敕。四川都江堰市青羊宫,佚。乐朋龟文。《全唐文》卷 986;《道略》P186;《巴蜀道教》P49。记事文 8 500 余字。奏、牒,中书门下牒西川节度使。

166.《册赠邓艾卫圣侯敕碑》,中和五年(885)八月十日立。四川剑州(今剑阁县等)。剑州刺史姚卓状,邓乾裕书并篆额。《宝刻丛编》卷 18。

167.《玉清观制》,乾宁四年(897)。址不详。《宝刻丛编》卷13。

168.《大唐重修内侍省碑》,光化二年(899)六月二十七日立。1978年出土于陕西西安市第二机床厂基建工地,现藏西安市文物保护考古所。螭首龟趺。306＊98＊32。39行70字。《陕西碑石精华》P204。宦官制度。

169.《招提净院施田记》,光化三年(900)二月十五日。原在四川乐至县。2.75＊1.5尺。17行50余字,总800字。《八琼室》卷77。财产处分。

170.《唐故扶风郡马氏夫人墓铭并序》,光化三年十一月初一日记。1984年出土于浙江上林湖地区,入藏慈溪县文管会。瓷质墓志罐,29.7＊15。《文物》1988年12期;《唐代墓志汇编续集》P1166。买荒废桑园,永为墓田,四至,"自买得并不关上下门阅六亲之事"。

171.《神福山寺灵迹记并序》,天祐四年(907)五月十四日建。山西寿阳县方山下寺(昭化院)。171＊82＊15+42。碑阴下部及碑侧刻施地四至。《三晋·寿阳县》P31。施状,"恐后无凭,请执此状为据"。

172.《节度使冯行袭德政碑》,天祐(904～907)八月十八日。原在河南许州。残缺。前文失下截,存27行46字;后文失上截,存30行约56字。《萃编》卷119。记事,刑书。

173.《格子碑》,唐(618～907)。1992年3月在云南丽江石鼓镇格子村出土,现藏丽江市博物馆。158＊76。三截:上图案,中藏文和"臣服图",下动物图案。《藏族卷》P16。记事,措绒地方首领最初由百姓推举,因与汉官不睦,归顺吐蕃,赐金告身。

174.《重修大像寺记》,唐。《萃编》卷113;《金石综例》卷3。"所载庄地果园四至,近他人者著他人姓名,近本寺则曰自至。"

175.《广化寺檀越郑氏舍田碑记》,后梁乾化二年(912)五月十日。福建莆田。《广化寺志》卷2;《兴化府分册》P5。

176.《封白鸡山记碑》,天祐十年(913)九月十五日。山西平定县龙庄村。3.1＊1.8尺。题额"封白鸡山记"。21行30字,总570字。王缄撰。《山右》卷9。判案记事。

177.《慧炬寺常驻山裕土田记》,后唐同光二年(923)仲秋三十日立。原在河北曲阳县灵山镇南沟村慧炬寺址,2003年移曲阳县北岳庙西碑廊。圆首,120＊80＊30。额篆"重修慧炬□寺常驻山裕土田记"。21行24字。孙继民《佛道田地争讼的案例——五代后唐曲阳县〈慧炬寺常驻山裕土田记〉试析》,氏著《中古史研究汇纂》(天津古籍,2016)。田土地规划及使用。

178.《明宗敕洪密摸刻碑并枢密院使牒》《千峰禅院敕》,后唐天成元年(926)五月十九日、□月一日,十一月三十日文,金皇统三年(1143)四月十五日立石。山西阳城县董封乡阳坡村尖山千峰禅院。《山右》19 卷;《寰宇》卷 5;《晋城金石志》下编。

179.《天成二年买地碑》,后唐天成二年(927)。河南洛阳龙门石窟研究院。李显冬《"民有私约如律令"考》,《政法论坛》2007 年 5 期。契证。

180.《特赐冥福院土地牒》,后唐长兴四年(933)九月牒,刘齐阜昌二年(1131)二月刻。山东泰安。下层有阜昌二年二月初二日给户案。《求古录》;《寰宇》卷 5;《潜跋》卷 10。

181.《赐张继祚敕》,后唐(923～936)。河南偃师市。行书。《寰宇》卷 5。

182.《溪州铜柱记》,后晋天福五年(940)七月十八日铸,八月九日镌,十二月十日立。原在湖南溪州(今永顺县)野鸡索下酉水河岸,1971 年因建水库迁至五村,现在湘西民俗风光馆内。八面,400 *(直径)39,半入土。标题 1 行 6 字,记 20 行,795 字;年月 3 行,98 字;题名 10 名,896 字。各行下附列题名 17 行,390 字。《贵州通志·金石志》P34;《湖湘碑刻》(一)P17。盟约,各守辖地,互不侵犯。

183.《广慈院东北两庄地土牒》,后晋天福六年(941)八月二十七日。原在陕西西安。拓连额 140 * 70。额题"本院东北两庄地土之碑"。碑身三载刻。附刻宋淳化三年(992)六月牒。《钦定续通志》卷 168《金石略》;《北图藏拓》36 - 77。

184.《蒙山开化寺碑》,后晋开运二年(945)七月十二日原刻,元至正八年(1348)重立。原在山西太原蒙山法华寺。6.41 * 2.9 尺。26 行 61 字,总 1 200 字。苏禹珪撰,苏晓□书兼篆额。《山右》卷 10。判案记事。

185.《判官堂塑像记幢》,后周广顺三年(953)七月一日。河北正定县关帝庙内。八面,1.5 丈 * 面宽 3.7 尺。每面 4 行,残存约 500 字。《八琼室》卷 81。司法。

186.《广慈禅院残牒》,后周广顺三年八年后刻,天福四年(939)买地券。陕西西安。《寰宇》卷 5;《金石综例》卷 3。契证,卖宅契券之式。

187.《郭进屏盗碑》,后周显德二年(955)五月十一日。河南汲县,旧在府衙神庙前。拓 45+220 * 102。额题"大周卫州刺史郭公屏盗之碑"。杜韡撰。《全唐文》卷 859;《中州金石考》卷 4;《北图藏拓》36 - 133。

188.《永兴军停废无额诸院列牒》,后周显德二年七月。陕西长安(今西安)。《寰宇》卷 5。

189.《大周任史君屏盗之碑》《济州刺史任汉权屏盗碑》等,后周显德二年闰九月一日。原在山东巨野县城北关护城河路西原真武庙前,2002 年移永丰办事处二街居委会人民路东段北侧。116+400＊158＊62+100。26行，约1 500字。李昉撰，张光振书，张穆篆额。《山左》卷14；《北图藏拓》36－138；《菏泽》P281。记事，去盗之法。

190.《中书侍郎景范碑》《中书侍郎平章事景范神道碑》，后周显德三年(956)十二月。原在山东邹平县。下截残缺，1.4丈＊6.1尺。31行，约1 500字。《萃编》卷121；《金石录补》卷24；阮元《山左》卷4。记事，刑书。

191.《保大中敕书》，南唐保大年间(943～957)。安徽潜山市三祖寺(旧名乾元寺)，佚。《安徽金石略》卷1《安庆府》。

192.《敕留启母庙记》，后周显德五年(958)七月十二日刻。河南登封市。拓86＊69。许中孚撰，僧惠林书。《金石续编》卷12；《北图藏拓》36－154。

193.《准敕不停废记》，后周显德六年(959)七月末建，显德五年文。河南浚县大伾山天宁寺天王殿前。20世纪60年代损毁，1981年复刻。200＊88＊23。额题"大伾山寺之记"。碑身上敕12行及题款2行，下记16行37字，另有题款小字6行。节度掌书记马去非撰记。《全唐文》卷860；《萃编》卷121；《浚县金石录》卷上；《寰宇》卷5；《北图藏拓》36－159；《天书地字》P3；吕品《准敕不停废记碑中的抑佛史料》，《中原文物》1983年3期。公文，记事。

194.《复三茅禁山记》《复禁山碑》，己未岁(959)秋八月记。江苏句容市。徐铉撰。《徐公文集》卷13；《茅山志》卷24；《道教金石录》P205。记事，申禁。

195.《外汤院置田记》，后周显德六年十一月立。福建福州。《宝刻丛编》卷19。

196.《利州都督府皇泽寺唐则天皇后武氏新庙记》，后蜀广政二十二年(959)九月六日。四川广元县嘉陵江西岸皇泽寺则天殿内。1954年修建宝成铁路时出土于皇泽寺吕祖阁前。残，92＊90＊21。《巴蜀佛教》P84；《四川》P145。四至，凭证，免杂役差徭。

四、宋(960～1279)

(一) 北宋(960～1127)

1.《凤翔府停废寺院牒》《万寿禅院牒》,建隆元年(960)。陕西太白县天王镇青峰山万寿禅院。2.7 * 2 尺。三截:上截 17 行 14 字;中截 12 行,约200 字,刻显德二年(955)五月七日敕文、建隆元年二月十二日牒。下截刻长兴二年(931)九月万寿禅院赐额牒,行书。《萃编》卷 123;《寰宇》卷 6;《陈仓区碑文选录》;《秦岭》P23。敕牒,准显德二年敕,指挥。"停废寺院,一依元敕处分。"

2.《庆唐宫延生观敕》,建隆二年(961)八月十五日。2.7 尺。知宫提点吕道□立。20 行 19 字,约 340 字。《萃编》卷 123;《寰宇》卷 6;《道略》P209。诏敕。疑后刻。

3.《冲相寺田业界址石记》,乾德元年(963)三月十日。四川广安。宣统《广安州新志》卷 10,《巴蜀佛教》P86。

4.《普救寺执照碑》,乾德三年(965)六月十九日立,至元五年(1268)正月再立,后汉乾祐二年(949)八月一日文。山西永济市普救寺。拓 34 * 47。因破城之功而保护寺产。

5.《石城会盟碑》《大理段氏与三十七部会盟碑》,大理国段素顺明政三年(开宝四年,971)立。康熙十八年(1679)在云南曲靖出土,今存曲靖一中碑亭,与《爨宝子碑》并列。125 * 58 * 61。两段:上正文,11 行 13 字,左行;下官衔题名,8 行,右行。碑顶有道光二十九年喻怀信记。《云南古碑》P17;《曲靖石刻》P29。盟誓。

6.《宋潘武惠祠堂奖谕诏碑》,开宝年间(968～976)。光绪十五年(1889)出土,四川。碑阳正书,碑阴草书。末镌开宝印记。光绪《井研志》

卷 16。

7.《福严院牒》,太平兴国三年(979)五月。山西凤台县(今晋城市)。《寰宇》卷 6。

8.《石堂院石刻记》《石堂院帖》,太平兴国六年(981)正月二十日记,五年十二月帖。四川绵州(今绵阳)。《金石苑》卷 6;同治《绵州志》卷 28,《巴蜀佛教》P89。寺产凭证,连坐。

9.《龙泉禅院四至合同》,太平兴国七年(982)正月。山西阳城县海会寺。后有骑缝四字,仅留半面。《三晋·阳城县》P836,录民国二十四年《阳城金石记》。

10.《龙泉禅院土田壁记》,太平兴国七年三月。山西阳城县海会寺。民国二十四年《阳城金石记》,《三晋·阳城县》P836。

11.《广慈寺暨洪济禅院牒》,太平兴国八年(983)三月七日文,大定三年(1163)四月九日刻。山西壶关县。1.14 * 3.95 尺。广慈寺牒 17 行,太平兴国八年三月七日;洪济牒 15 行,大定三年四月九日刻。《山右》卷 11。

12.《白马寺牒帖》,端拱二年(989)四月。河南洛阳。额刻无垢净光大陀罗尼经。僧处□书,马光玖镌。《中原》P146。另有天禧五年(1021)十月牒。

13.《香城寺牒》,淳化二年(991)六月刻。陕西咸宁县(今西安长安区)。在《香城寺地土碑》下方。《寰宇》卷 6。

14.《峄山刻石》,淳化四年(993)重刻秦石。陕西西安碑林。郑文宝据南唐徐铉摹本重刻。218 * 84。两面刻,一面 9 行,一面 6 行,行 15 字。始皇诏 140 字,二世诏 79 字微小。后有郑文宝跋 5 行。《集跋》卷 1;《金石录》卷 13;《碑版文广例》卷 1;《萃编》卷 4;《北图藏拓》1－8。《长安金石》P1。

15.《栖岩寺禁牒》,至道元年(995)。山西运城,佚。

16.《栖岩寺四至记》,咸平二年(999)六月。山西永济市。拓 165 * 65。额横题同碑名。《北图藏拓》38－3。

17.《重真寺买田庄记》,咸平六年(1003)。陕西扶风县。拓 112 * 70。漫漶。《寰宇》卷 6;《关中》卷 5;《北图藏拓》38－11。

18.《敕修文宣王庙牒》,景德三年(1006)二月十六日敕。原在山东曲阜市孔庙毓粹门内东南第二亭内,现存汉魏碑刻博物馆。170 * 75 * 22。额题"敕修文宣王庙"。15 行 33 字。《萃编》卷 126;《寰宇》卷 6;《潜跋》卷 12;《山左》卷 15;《曲阜碑文录》P138;《曲阜辑录》1－P107。《全宋文》9 册 P317 名为"请修葺及不得占射文宣王庙奏"。中书门下牒京东转运司。王钦若奏。

19.《颁行庄子诏》,景德三年八月五日。江苏嘉定(今上海嘉定区)钱氏拓本。《寰宇》卷6。校勘雕版印刷印《庄子》及郭象注的诏书。

20.《景德寺中书门下牒并泽州帖》,景德四年(1007)十一月牒、十二月州帖,金泰和八年(1208)十一月二十日刻。山西泽州(今晋城)。1*2.96尺。26行。《寰宇》卷6;《山右》卷23。

21.《加青帝懿号诏》,大中祥符元年(1008)十月二十五日。原立山东泰山西南麓青帝观内,乾隆十二年毁,现仅存残石一块,存泰安岱庙东御座院"青帝广生帝君赞碑"之阴。《求古录》;《泰山石刻》P493。

22.《广禅侯祠祭告文碑》,大中祥符元年。山东泰安。下截缺损,前列封号敕,后列祭告文。11行。《山左》卷15。

23.《真宗训廉、训刑铭》,大中祥符元年。原在山西浮山县县衙退思堂,佚。《三晋·浮山县》P593,转录自嘉靖《浮山县志》。官箴。

24.《阳翟县公据碑》,大中祥符二年(1009)二月给文。河南禹县(今禹州市)无梁乡周垌村。32*35*13。李国政《河南禹县发现北宋阳翟县公据刻石》,《文物》1988年3期。为保护白马寺颁发的公据;寺院四至和土地归属。"右出给公据付白马寺僧崇政收执照使施行。"

25.《御赐孔庙书物敕牒二碑》《孔庙赐物敕牒》②,大中祥符二年四月。山东曲阜市孔庙十三碑亭院东北部北墙下层,西起第2、3石。东石106*140,28行30字;西石118*116,23行30字。《寰宇》卷6;《山左》卷15;《曲阜县志》卷25《金石》;《曲阜碑文录》P149。

26.《奉敕禁茅山樵采碑》,大中祥符二年。江苏镇江。《句容》卷4。

27.《太宁宫牒》,大中祥符四年(1011)三月。陕西渭南。《寰宇》卷6。

28.《宁国寺牒碑并阴》,大中祥符四年八月中旬立。四川中江县。拓107*71。额篆"敕赐宁国寺额"。碑阳上截9行,下截10行,刻三年十二月宁国寺牒、四年二月二十日东川帖;阴刻三年十二月牒、四年二月二十日东川帖。《金石苑》卷6;《金石补正》卷88;《北图藏拓》38-39。改龙兴等27寺寺额。

29.《奉天敕命》,大中祥符四年八月。江西泰和县苑前镇书院村罗洞晦公祠。106*40。《泰和》P1。疑伪。

30.《文宣王赞并加封号诏》,大中祥符五年(1012)八月。大中祥符元年十一月一日诏。广东保昌(今南雄市)。真宗赵恒御制。《寰宇》卷6;《广东金石七》。

31.《玄圣文宣王赞》,大中祥符五年刻,大中祥符元年(1008)十一月一日赞。明嘉靖十五年(1536)重刻。山东曲阜市汉魏碑刻博物馆。碑身有两道断裂纹。御制御书并篆额,额失。

32.《天庆观碑》阴,大中祥符五年十月九日。山西。两面刻,阳25行40字,阴18行30字。阴刻大中祥符二年十月十四日"建天庆观敕"、大中祥符五年十月九日"天庆观置圣祖殿敕"。《山右》卷12;《道略》P249。记事,断屑;诏书。

33.《至圣文宣王赞并加号诏》,大中祥符五年刻,大中祥符元年(1008)十一月一日诏。陕西西安碑林。螭首龟趺,中间有断痕。362＊109。额篆"御制玄圣文宣王赞"。两截:上赞13行18字,下诏13行23字。真宗赵恒撰并行书。左侧通栏3行。另面为金明昌五年(1194)四月《京兆府提学所帖》。《寰宇》卷6;《语石校注》P335;《北图藏拓》38－18;《碑林》26－90。

34.《至圣文宣王赞并加号诏》,大中祥符五年刻,大中祥符元年十一月一日诏。浙江绍兴。拓172＊94。额篆两行"御制至圣文宣王赞并加号诏"。两截:上赞13行16字,下诏13行23字。左侧通栏3行。《越中》卷2;《金石补正》卷88;《北图藏拓》38－23。

35.《赐陈尧咨敕》《赐陈尧咨疏龙首渠敕》,大中祥符七年(1014)九月九日。原在陕西西安府布政司廨院,1952年移藏碑林。60＊109。19行13字,行书。陈尧咨书。《寰宇》卷6;《萃编》卷130;《全宋文》6册;《碑林》27－23。真宗降敕奖谕。

36.《敕赐庆成院额牒并记》,大中祥符七年十二月。河北井陉县。残,2.75＊2.6尺。上牒文10行,下记22行。《常山》卷11。

37.《永庆寺敕牒经幢题记》,大中祥符七年十二月。山东济南长清区车厢峪岔口往北四禅寺小学。

38.《王冕进珠表》,大中祥符七年。福建。《福建金石志·石五》。

39.《北岳安天元圣帝碑铭》,大中祥符八年(1015)四月二十一日建,河北曲阳县北岳庙大宋碑楼内。507＊145＊45。额篆同碑名。陈彭年撰文,邢守元奉敕书丹,王文秀镌刻。《宋史·礼志·礼五》;《北岳庙碑刻解读·宋元卷》P25。加封帝号诏书。

40.《陈尧佐请平治太行山道札子》,大中祥符八年十二月。山西绛县。《寰宇》卷6。

41.《河东转运使陈尧佐札子》,大中祥符八年十二月。山西凤台县(今晋城市)。《寰宇》卷6。

42.《修路宣命碑》,大中祥符八年十二月。浙江仁和(今杭州)赵氏拓本。《寰宇》卷6。

43.《云泉院无碍田记》,大中祥符八年重刻,唐开成二年(837)左卫骑曹参军刘内章文。《至大金陵新志》卷 12 下。

44.《敕赐封崇寺额牒并记》,大中祥符九年(1016)八月二十五日立,二年六月敕。河北行唐县。6.55 * 3 尺。上刻牒文 10 行;下刻记并题名,28 行 35 字。《常山》卷 11。

45.《文宣王赞并加号诏》,大中祥符九年。四川绵州(今绵阳)。《金石苑》卷 6。

46.《资圣寺牒》,天禧四年(1020)四月二八日立,四年正月六日牒、州帖。山西凤台县(今晋城市)。拓 51 * 54。18 行。《山右》卷 12;《北图藏拓》38 - 51。

47.《放生碑》,天禧五年(1021)三月。浙江杭州。《中国佛寺史志丛刊》1 辑 16 册《武林大昭庆律寺志》P146。禁止在西湖采捕。

48.《洞庭山灵佑观中书门下牒》,天禧五年(1021)十月。江苏吴县(今苏州)。徐则行书。《寰宇》卷 6。

49.《真君观禁樵采牒》,天圣三年(1025)十一月五日敕。河北曲阳县。19 行。前 9 行小字不清。《道略》P254。

50.《中书门下牒天圣观碑》,天圣四年(1026)二月牒,金大安三年(1212)四月八日摹刻。山西浮山县东张乡贯里村老年大学院内。95 * 68。11 行。《道略》P255;《三晋·浮山县》P37。改赐观额。

51.《皇宋奖谕碑》,天圣五年(1027)五月敕。湖北。《湖北》卷 8。敕书。

52.《知保顺州田承恩誓状》,天圣五年。湖北,佚。《湖北》卷 8。

53.《劝慎刑文》《劝慎刑文并箴》,天圣六年(1028)五月十二日。陕西西安碑林。287 * 94。33 行 61 字,总 1 900 余字。晁迥述,卢经书,庞房篆额。阴《慎刑箴》,21 行 44 字,总 824 字。《萃编》卷 131;《关中》卷 5;《庚子销夏记》卷 7;《北图藏拓》38 - 73;《碑林》27 - 40。劝诫之词;司法,刑狱。

54.《中书门下牒》,天圣六年十一月十六日。陕西户县(今西安鄠邑区)甘河镇马坊村宝峰寺。61 * 51 * 19。14 行 27 字。《户县碑刻》P20;《秦岭》P232。礼部尚书平章事张士逊奏请朝廷恩准均州郑乡县广顺山乾兴禅院增加剃度行僧之事。

55.《四至记》,天圣八年(1030)八月五日记。陕西户县(今西安鄠邑区)草堂寺。大字记,小字四至。

56.《灵隐寺中书门下牒碑》,天圣八年十二月六日敕。浙江钱塘(今杭州)。《寰宇》卷 6;《两浙金石志》卷 5。跋称"近时新刻,仅存其形耳"。

57.《绛州重修夫子庙记》,天圣十年(1032)六月二十八日。山西绛县。拓 187 * 75。22 行 61 字,总 1 140 字。李垂撰文,集刻王羲之行书。《萃编》卷 131。

58.《解州盐池新堰箴》,天圣十年十月五日。山西运城。7.53 * 3.31 尺。18 行 70 字,总 1 130 字。张仲尹撰,集刻王羲之行书,李蒙篆额。《萃编》卷 131;《北图藏拓》38 - 78。

59.《永兴军牒》《永兴军建立府学牒》,景祐二年(1035)二月八日刻,景祐元年正月五日敕。陕西西安碑林,刻于唐《邠国公功德铭》之阴。首失,龟趺。327 * 122。两截,上截 16 行,下截 14 行,总 1 340 余字。僧惟悟书,陈谕篆额。《寰宇》卷 6;《萃编》卷 132;《关中》卷 5;《北图藏拓》38 - 87;《碑林》27 - 52;李全德《从堂帖到省札——略论唐宋时期宰相处理政务的文书之演变》,《北京大学学报(哲学社会科学版)》2012 年 2 期。奏请立府学、颁经史、拨庄田。

60.《永兴军中书札子》,景祐二年十一月一日。陕西西安碑林。方趺,168 * 77。11 行 28 字,总 240 字。陈谕立,安亮刻。碑阴刻《重修府学记》。《萃编》卷 132;《关中》卷 5;《北图藏拓》38 - 91;《碑林》27 - 57;王铭《〈金石萃编〉录存宋代〈永兴军中书札子〉研究》,《固原师专学报(社会科学版)》2005 年 2 期。前列"户部侍郎知河阳军范雍奏",末云"右奉圣旨,依奏,札府永兴军,准此者"。

61.《滁州学敕》,景祐三年(1036)十一月。安徽滁州。4.55 * 2.95 尺。《萃编》卷 132。请立州学。

62.《封洪圣广利王牒》《南海神庙中书门下牒》,庆历二年(1042)二月十七日刻,康定二年(1041)十一月敕。广东广州南海神庙,佚。7.6 * 2.6 尺。碑阴为绍兴十五年(1145)《六侯之记》。《寰宇》卷 6;《金石续编》卷 14;《广东金石七》;《粤东》卷 2;《南海神庙》P218。神祠封号。

63.《保宁寺牒并使帖》,庆历三年(1043)立、天圣四年(1026)刻,太平兴国三年(978)四月三十日牒及三年六月五日、二十日帖。陕西兴平。刻于天禧二年(1018)六月十八日《浴室院钟楼记》碑阴。3.4 * 2.85 尺。《八琼室》卷 89;《金石续编》卷 14;《钦定续通志》卷 168《金石略》。敕牒、使帖、县帖。

64.《真宗御制文臣七条武臣七条并诏》,庆历五年(1045)。浙江湖州知州大厅,佚。《吴兴》卷 6。

65.《赐龙昌期敕并文潞公奏》,庆历六年(1046)六月廿五日刻,庆历五年七月十三日奏、八月敕。四川成都双流区。拓 153 * 72。二截刻,上敕 12

行,下奏 17 行,立石责任者 1 行。《金石苑》卷 6;《北图藏拓》38－105。

66.《襄阳复羊公祠帖》,庆历七年(1047)十一月六日。湖北。10 行 67 字。《湖北》卷 8。使帖。

67.《嵩山大法王禅寺常住田产公据之碑》,庆历八年(1048)。河南登封市法王寺西方圣人殿月台上(待月台西侧)。圆首方趺,202＊97＊25。额刻同碑名,撰书者字迹不清。阳阴两面刻 8 块方印。《嵩山》P159。记事,公文;田地四至范围及执据。

68.《改赐终南山宫观名额牒》《顺天兴国观牒》,皇祐元年(1049)十一月丙申日(七日)建,端拱元年(988)十月十八日敕。陕西周至县(现属西安)。36＊61。19 行 17 字,年月后列衔 4 人。顺天兴国观住持赐紫道士王全矩书。《萃编》卷 133;《北图藏拓》38－123;《道略》P228;《右任旧藏》P533;《楼观》P28。

69.《重修仙鹤观碑》,皇祐二年(1050)九月建。陕西周至县(现属西安)。36＊61,19 行 17 字,年月后列衔 4 人。顺天兴国观住持赐紫道士王全矩书。《萃编》卷 134;《道略》P271。舍地基亩数、税额。"别无青苗税数,亦无官私地课。"

70.《窦谏议阴德碑》《后周右谏议大夫窦禹钧阴德碑》,范仲淹(989～1052)撰。原立于河北涿州市团柳村。《河北省涿州志》(北平京城印书局承印)P708。信仰、罪责。

71.《御制赞并诏书碑》,皇祐五年(1053)五月十二日建。原嵌山西闻喜县文庙大成殿壁上,现嵌县博物馆壁间。105＊50+17。额楷"御制赞并诏书"。两截,各 20 行。上御制孔子赞辞,下大中祥符八年(1015)十一月十三日加谥孔子为"至圣文宣王"的诏书,并令整顿祭祀制度。《山西碑碣》P188。

72.《京兆府小学规》,至和元年(1054)四月。陕西西安碑林。拓 153＊87,额失拓。四截,每截 18 行 7 字,总 570 字。裴衿书,李縕篆额,樊仲刻。《萃编》卷 134;《西安碑林史》P511;《北图藏拓》38－148。

73.《皇祐五年牒》《南海神庙中书门下牒并奏状》,至和元年十二月二十一日立,皇祐五年(1053)六月二十七日牒。广东广州南海神庙。156＊86＊13。三截,上敕牒 25 行,中元绛奏章 26 行,下元绛记事 25 行。总 1 200 余字。《寰宇》卷 6;《广东金石八》;《粤东》卷 2;《南海神庙》P35。敕牒,奏状,神祠封号。

74.《加号文宣王诏赞碑》,至和元年十二月。四川中江县。《金石苑》卷 3。

75.《仁宗皇帝御制放生文》,至和三年(1056)四月十四日立,庆历七年(1047)八月七日降下本府法光寺。江苏。《景定建康志》卷4。

76.《凤翔府牒碑》《封济民侯牒》,嘉祐二年(1057)三月一日立,至和二年(1055)七月十三日敕。陕西眉县槐芽镇清湫村太白庙。双螭首,256＊92＊28。碑阴刻康熙三十三年(1694)《太白山尊神祝词》。《寰宇》卷6;《金石续编》卷15;《秦岭》P24。中书门下牒凤翔府祭祀太白山事。

77.《教民十六事碑》,嘉祐二年十月。福建福州虎节门下。《福建》卷7。规条。

78.《新修白水路记摩崖碑》,嘉祐二年。甘肃徽县县城至白水江公路27公里处白龙江北岸崖壁。碑面朝南。275＊182。额题"新修白水路记"。《丝绸之路交通碑铭》P12。公文、工程、效益。

79.《赐教忠积庆禅院额牒》,嘉祐三年(1058)十月。河南偃师武氏拓本。《寰宇》卷6。

80.《兴化寺牒》,嘉祐三年十二月二十四日。山西运城。5.4＊2.4尺。15行32字。《山右》卷13。"乞降指挥,作十方住持。"

81.《翊圣真君秘诰》,嘉祐五年(1060)七月。河南登封。《寰宇》卷6。

82.《护林敕旨碑》,嘉祐六年(1061)正月二十八日文。陕西黄帝陵轩辕庙碑廊。174＊82＊17。16行26字。中下部风化严重。碑阴刻元泰定二年(1325)《黄帝庙榜》。《黄帝陵碑刻》P2。右奉圣旨,札付、奏、具状;中书札子。

83.《劝农事文》,嘉祐六年六月一日。广西桂林龙隐岩,摩崖。86＊56。劝农事提刑屯田员外郎李付发文。《萃编》卷135;《粤西》卷3;《桂林辑校》P47。劝示,教化。

84.《广严院赐额牒》,嘉祐七年(1062)十二月一日牒。甘肃福津县(今陇南武都区)三河乡广严院。额题"敕赐广严之院"。134＊70。两面刻,牒在碑阳。《寰宇》卷6;《陇右》卷3。《陇南》P227拓、P1237文。寺院赐额。

85.《百福寺敕》,嘉祐八年(1063)六月二十三日牒、七月帖。山西平遥县。3.7＊1.55尺。三截。上截10行,中截结衔4行,下截州帖12行。额题四字。均行书。《山右》卷13。敕牒、州帖,寺院赐额。"勘会到下项未有名额系帐存留寺院共八十四","翻录敕黄降付"。

86.《常乐院敕牒碑》,治平元年(1064)二月。浙江明州(今宁波)。篆额3字。行书12行。《两浙》卷5。寺院赐额。

87.《清虚观牒》,治平元年三月。山西平遥县。1.83＊2.2尺。13行,行书。《山右》卷14;《道略》P278。道观赐额。系帐存留寺院,翻录敕黄。

88.《中书门下牒威胜军》《大云寺牒》,治平元年四月六日。山西武乡县故城村大云寺正殿大门西壁。43 * 93。左上角残缺。16 行 13 字,总 131字,行书。住持沙门崇敏立石。《山右》卷 14;《三晋·武乡》P28。"准赦"。

89.《真如禅院敕牒》《真如院碑》,治平元年闰五月。山西长治潞城区南垂村。3.6 * 1.94 尺。额书"敕赐真如禅院"。二截刻,上截敕牒 14 行,总140 字;下截记文 18 行 24 字。《山右》卷 14;《潞城县志·金石记》卷 3。

90.《郭子仪奏牒》,治平元年十一月二十九日刊,唐大历四年(769)五月二十七日敕。山西洪洞县广胜寺上寺毗卢殿前墙。石裂。47 * 58。牒文17 行 17 字。《三晋·洪洞》P27。奏文,敕牒。重建霍山阿育王寺,赐额。

91.《敕黄碑》,治平二年(1065)八月二十八日牒、十月帖。浙江镇海县(现宁波镇海区)。3 * 2 尺。光绪《镇海县志》卷 33。敕牒、帖文。

92.《鹿苑寺记》,治平二年十二月二十一日牒、三年正月七日帖,金天会五年(1127)五月刻。山西洪洞县。4.7 * 1.9 尺。《山右》卷 14;《三晋·洪洞》P971。《小林》P148。敕牒,使贴,赐额。

93.《至圣文宣王加号诏碑》,治平四年(1067)立。河北临城县临城镇。圆首,座佚。182 * 79 * 33。额篆"御制至圣文宣王赞并加号诏"。20 行 42字。英宗为纪念先皇真宗于大中祥符元年(1008)加封孔子为至圣文宣王所撰祝文。《河北文物》P705。

94.《寿圣寺牒碑》,熙宁元年(1068)五月刻,三月二十六日牒、五月三日帖。山西平定县。3.4 * 2.4 尺。19 行 27 字,总 380 字。《山右》卷 14。敕牒。

95.《寿圣禅院敕牒》《敕赐寿圣禅院额碑》,熙宁二年(1069)五月二日立,元年二月二十八日牒、四月初三日县帖。河南偃师市。4.8 * 3.4 尺。26行 46 字。《寰宇》卷 7;《萃编》卷 137。

96.《灵岩寺敕牒碑》《敕赐十方灵岩寺碑》,熙宁三年(1070)八月。原立山东济南长清区灵岩寺天王殿内左侧西向,现立天王殿外东侧碑林。圆首,298 * 120。额题"敕赐十方灵岩寺碑"。碑阳 21 行 70 字,首行"中书门下牒"及牒文后"牒奉敕至敕故牒"6 行行书,末 4 行衔名,右谏议大夫王安石名后有押,其余 3 人名后落"假"字,有两"假"字被人为抹平。碑阴 17 行39 字,为官员、僧众署名;碑侧 7 行 11 字,为后人访古题刻。《山左》卷 16;《岱览》卷 24;胡孝忠《北宋山东〈敕赐十方灵岩寺碑〉研究》,《北京理工大学学报(社会科学版)》2011 年 4 期。敕牒,僧人行祥接替永义为灵岩寺主持事;政教关系、十方制寺院僧团关系、官阶制度等。

97.《济源县牒》《千仓渠水利奏立科条碑》,熙宁三年。河南济源市,佚。拓 142 * 71。《寰宇》卷 7；乾隆《济源县志》卷 6；《北图藏拓》39－42；《黄河》P6；《豫西》P288；《中州百县》P1239。司农寺牒、中书札子、陈知俭状；科条，渠规。"科违制之罪"。

98.《仁济院赐额牒》，熙宁六年（1073）九月八日刻，嘉祐七年（1062）十二月一日牒，后周显德三年（956）三月十五日帖。甘肃陇南武都区。《陇右》卷 3；《秦岭》P2；《陇南》P1582。敕牒、县帖，寺院赐额。

99.《广济寺敕牒碑》，熙宁八年（1075）闰四月。陕西宝鸡渭滨区马营镇广济寺，佚。《寰宇》卷 7；《秦岭》P24。

100.《宁县超化寺帖》，熙宁八年九月。浙江鄞县（今宁波鄞州区）范氏拓本。《寰宇》卷 7。

101.《灵泉庙牒并灵泉院顺德夫人敕》，熙宁十年（1077）九月七日刻，熙宁八年（1075）六月告、敕。山东淄博博山区颜文姜祠正殿壁内。分刻两石。一为敕牒，34 * 95 厘米，34 行；一为告身（敕），有两道断裂痕，36 * 96 厘米，40 行。《寰宇》卷 7；《八琼室》卷 104；《北图藏拓》39－92；孙廷铨《颜山杂记》卷 3；《博山卷》P224。

102.《荣梨山二祠封赐敕书记》，熙宁十年刻，熙宁八年十月荣梨山敕牒、十年四月二十八日五龙祠敕。四川荣县城东北 15 里。5.2 * 3.2 尺。有荣州地方官立碑跋语。《金石苑》卷 3；民国《荣县志·金石》卷 14《荣梨山封敕》和《五龙祠牒》；《巴蜀道教》P98。

103.《淮源庙条约》《大庙条约》，元丰元年（1078）八月。河南桐柏县淮源庙。《寰宇》卷 7；《中州》卷 4。水规。

104.《表忠观记》，元丰元年八月。浙江杭州钱王祠（宋代名表忠观）内。苏轼代赵抃作。分拓四纸。三拓 152 * 80，一拓 144 * 80。《金石例补》卷 2；《北图藏拓》39－105。

105.《汾州介子推庙可洁惠侯制》，元丰元年。山西灵石县马和乡张嵩村介林，不存，2009 年重刻。265 * 86 * 26。《灵石》P28。敕封号。

106.《浑王庙记》，元丰二年（1079）三月初九日。陕西宜川县。1.85 * 2.44 尺。郭仲益书，马唐民记，高涣立石。20 行 14 字，总 256 字。《萃编》卷 138；《关中》卷 6。

107.《中书门下牒》《浑王庙牒》，元丰二年八月三十日刻立，八月八日敕。陕西宜川县。7.18 * 4.13 尺。额题"敕封忠武王碑"。25 行 32 字，小字行 61 字。郭仲益书，马唐民篆额，高涣立石。牒后后有崇宁元年（1102）九月题记。《寰宇》卷 7；《萃编》卷 138。

108.《广州重修天庆观记》，元丰二年重九日。广东广州海珠北路祝寿巷天庆观遗址,今移置广州博物馆。178＊120。《广州府道教》P178。记事,置产收租。

109.《富乐山兴教禅院使帖并开堂记》,元丰四年(1081)三月十一日。6.3＊2.6 尺。两截,上 22 行 26 字,下 18 行 15 字,总 700 余字。张昇刻。《金石苑》卷 3;《巴蜀佛教》P131。公文,记事。

110.《赵谅题名》,元丰五年(1082)孟秋月。址不详。《萃编》卷 128;《金石综例》卷 3;梁廷枏《续金石称例》"题名称记押"。形制演变。

111.《海阳县社坛禁示碑》,元丰六年(1083)二月二十日。广东潮州,佚。《西湖山志·石刻》;《潮汕》P49。禁约。

112.《灵源侯庙封牒》,元丰六年八月立,元丰三年(1080)十二月敕。甘肃天水秦州区天水镇庙坪村太祖山庙。拓 133＊72。20 行。《天水县文物志》P140;《北图藏拓》39 - 153。秦州太祖山漱泉庙封"灵源侯",程序完整。

113.《加封孟子敕牒》,元丰六年十月牒。山东邹城市孟庙。中部、左部有裂纹。73＊164。36 行。《寰宇》卷 7;《山左》卷 17;《孟子林庙》P4。封孟子为邹国公。

114.《龙门山留守府牒》,元丰六年。河南洛阳。《寰宇》卷 7。

115.《付僧惠深札》,元丰七年(1084)二月,金兴定五年(1221)七月初八日重刻。河南巩义市。拓 52＊51。11 行,总 140 字。张衍刻石。《八琼室》卷 128;《北图藏拓》39 - 155。

116.《岷州新修广仁禅院记》,元丰七年八月十四日。甘肃岷县文化馆院内。268＊95＊19。额篆"敕赐岷州广仁禅院记",首题同碑名。26 行 52 字。《安多》P24。佛教教化与统治。

117.《札子付僧宝月碑》,元丰七年。址不详,疑河南。49＊52。张衍刊。《右任旧藏》P538。

118.《德应侯碑》,元丰七年。原在陕西铜川黄堡镇小学院内,1974 年移藏西安碑林。圆首方趺。120＊64。碑题"宋耀州太守奏封德应侯之碑"。27 行 41 字。张隆撰书并题额。《碑林》28 - 18。

119.《永安院度僧记》,元丰八年(1085)九月二十三日。原在河北赵县柏林寺天王殿下,1973 年迁赵州桥公园内。螭首龟趺。280＊95＊30。阴阳额内各凿一龛,内雕一佛二菩萨。阳 17 行,记咸平元年(998)真宗恩免永安院(柏林寺旧称)"岁度僧一人"的诏旨及元丰八年核准按旨执行之事。《北图藏拓》39 - 163;《文物河北》中 P94。过往圣旨效力。

120.《黑龙潭妙应侯牒残碑》,元丰□年。山东范县(今河南范县)。

《寰宇》卷7。

121.《重修孟子庙牒》,元祐元年（1086）三月一日刻,元丰七年（1084）九月敕。山东邹城市孟庙。82＊142。45行。《寰宇》卷7;《山左》卷17;《北图藏拓》40－3;《孟子林庙》P6。

122.《保平军牒司马学士》并碑阳《敕赐陕州夏县余庆禅院牒》,元祐元年十二月十五日敕。山西夏县司马光祠余庆禅院。圆首,110＊65＊15。刻于元丰八年（1085）《余庆禅院牒》（《敕赐陕州夏县余庆禅院牒》）之阴。21行33字。《山西碑碣》P210;《司马光茔祠碑志》P23。司马温公乞在先世坟墓近侧建僧院,以余庆禅院为额。朝廷准敕下达牒文。《司马光茔祠碑志》P24。"准尚书礼部天字号符"。准元祐元年十一月三十日状、奏。宋神宗元丰改制之前由中书门下给牒,元丰改制后由尚书省给付。此为改制后的牒文格式。

123.《润州刺史杨杰奏疏》,元祐三年（1088）三月。江苏丹徒（今镇江）。拓5.3＊2.2尺。10行22字。《江苏金石九》。

124.《范纯仁制》,元祐三年四月五日。江苏苏州文庙。嵌墙,残。大字可见11行,小字3行不清。存"守尚书右仆射、兼中书侍郎、进封高平郡开国侯、加食邑七百户实封三百户,余如故者施行"等。

125.《日本国诰》,元祐三年。陕西。《宝刻丛编》卷7。"本在洋州太守李括家,元祐三年游师雄刻于长安漕台。"

126.《赐嘉贤庙敕》,元祐四年（1089）九月。江苏丹徒（今镇江）。附杨杰奏状。《寰宇》卷7。

127.《郓州州学新田记》《郓州学田记》,元祐五年（1090）九月十五日刻。山东东平县。147＊71。隶书,总740字。尹迁撰,李伉书。《潜跋》卷14;《山左》卷17;《萃编》卷139;《北图藏拓》40－57;《释要》P1210。

128.《韩魏公载祀典敕》,元祐五年（1090）十月。河北定州。《寰宇》卷7。

129.《傅尧俞疏》,元祐六年（1091）九月。河南济源。李格非撰,王本行书。《寰宇》卷7。

130.《上清储祥宫碑》,元祐六年。址不详。苏轼撰。《宋文鉴》卷77;《道略》P295。记事,赐牒、额。

131.《敕赐寿圣禅院碑》,元祐七年（1092）上元日刻,治平四年（1067）九月二十六日牒。山西阳城县北阳陵村寿圣寺。3.7＊1.68尺。碑阳僧善仁撰并书,薛孝篆额。碑阴两截,上截平列篆额并牒文（治平四年帖）22行,下截助缘人姓名。《山右》卷15;民国二十四年《阳城金石记》,《三晋·阳城县》P837。

132.《敕赐灵文庙额牒》,元祐七年六月三日牒。广西。《五百家注柳先生集·附录》卷1,《粤西文载》卷61。

133.《垣曲县店下样》,元祐七年七月初七日置,1958年出土于山西垣曲县古城镇黄古渡口东滩村,现藏垣曲县博物馆。青石砣,通高47.3,重140千克。顶端刻"盐样",中间有穿孔可系绳。下部八棱形,38行8字。《盐池碑汇》P24;柴继光《宋代"垣曲县店下样"初识》,《盐池碑汇》P287;《中州百县》P1726。公议私约,度量,盐。

134.《江渎庙碑》,元祐七年。四川成都。胡宗愈撰。《巴蜀道教》P101。记事,祭祀礼制、诏书。

135.《四至界石残字》,元祐某年五月。拓44*29。端方旧藏。《北图藏拓》40－102。

136.《汲县河堤界碑》,元祐二年(1087)以后,1987年河南汲县柳卫村村东黄河故堤上发现,现藏郑州黄河博物馆。陶质,52*20*10。3行。杨国顺《古黄河河堤垏堠碑解读与制作年代考》,《黄河史志资料》1998年3期;薛华《古黄河堤防分段管理维修的界标实物——汲县古河堤垏堠碑》,《中原文物》2011年1期。

137.《胜相塔石刻》,绍圣三年(1096)六月十□日。甘肃礼县郭家坝。第一截刻绍圣元年敕牒。《陇右》卷3。

138.《商王庙大殿记》,绍圣四年(1097)六月九日刻。河南武陟县商村。拓112*63。额题"商王之记"。20行56字,总900字。牛宗庆书,王士清镌字。《武陟县志》卷21;《北图藏拓》40－145。

139.《柳氏家训序》,绍圣四年八月十日刻。江西大余县。拓100*57。任泽撰。《北图藏拓》40－146。规则,礼制教化。

140.《真宗赐贺兰栖真诗碑》,绍圣四年(1097)十月。河南济源。《道略》P301。地亩数,无税。

141.《敕赐寿圣寺碑》,绍圣四年(1097)刻,熙宁二年(1069)十月二十六日敕牒和十一月使帖。原存陕西澄城县韦庄镇北棘茨村寿圣寺院,现存该村小学校内。圆首,32+108*62。额篆"敕赐寿圣之寺",碑身左下残缺。两截,上敕牒,19行23字;下可见者15行19字。《澄城碑石》P10。

142.《敕赐重兴戒香寺公据》《戒香寺碑》,绍圣五年(1098)四月初八日立,绍圣二年(1095)赐公据。陕西合阳县百里社。5.25*2.74尺。额题"敕赐戒香之寺"。20行30字,总400余字。僧文才撰,薛隐刻。《萃编》卷142;《关中》卷6;《北图藏拓》40－164。《寰宇》卷7记为"绍圣四年十月"。

143.《敕封明灵公牒》,元符二年(1099)十月牒。山西临县。4.1＊2.09尺。《山右》卷16。

144.《元丰敕封顺应侯牒碑》,元符三年(1100)六月十三日刻,元丰二年(1079)七月牒。山东济南历城区龙洞寿圣院。另存有元代摹刻碑,形制相同。拓294＊117。额题"敕封顺应侯碑"。碑阴记。《寰宇》卷7;《山左》卷17;《北图藏拓》41－22。

145.《端州升兴庆军诏》,元符三年十月诏。广东,佚。《广东金石十一》。

146.《金刻文殊寺敕牒碑》,元符三年十二月敕牒和徽宗时(1101～1125在位)敕牒,金明昌七年(1196)正月刻。山东临朐县仰天山。2.3＊2.4尺。《山左》卷20。

147.《金刻灵观山林水磨田土地基》,元符三年,金大定丙申(十六年,1176)四月初五日刻。陕西西安临潼区。刻于《凝真大师成道记》第三截。5.5＊2.7尺。额题"骊山灵泉观凝真大师成道记"。三截:上绘成道图;中记29行20字;下刻元符三年田土地基24条,36行20余字。李辅书,王镐记。《萃编》卷155;《道略》P1022;《全金》P199。界址。灵泉观即华清宫。

148.《宋真宗文臣七条戒官吏》,建中靖国元年(1101)正月二十日刻,大中祥符二年(1009)文。山西新绛县绛州大堂壁间。116＊70。"七条"为清心、奉公、修德、责实、明察、劝课、革弊。《宋史》卷7《真宗本纪》;《河东名碑》P97。官箴。

149.《宋真宗武臣七条戒官吏》,建中靖国元年(1101)正月二十日原刻,大中祥符二年(1009)文,当代复刻。山西新绛县绛州大堂壁间。

150.《元祐党籍碑》(2),崇宁元年(1102)。一在广西桂林龙隐岩;一在广西融水县城南郊"真仙洞"。6＊3.15尺。额题"元祐党籍碑"。蔡京撰书,总1 063字。《萃编》卷144;《粤西》卷5;《粤西丛载校注》卷1。记事,政治。

151.《徽宗敕》《奖谕程节敕书》,崇宁二年(1103)五月二十七日上石,二十五日敕。广西桂林龙隐岩,摩崖,已毁。拓96＊80。额题"崇宁癸未奖谕敕书"。14行。徽宗手敕。《寰宇》卷8;《粤西》卷5;《北图藏拓》41－94;《桂林辑校》P95。诏令,德音。

152.《福昌院牒》,崇宁二年六月十八日。四川广元。1.7＊4.1尺。敕及结衔9行,状5行18字。《金石苑》卷3;《巴蜀佛教》P144。

153.《西京留府帖》,崇宁二年八月二十五日帖。河南洛阳白马寺毗卢阁西配殿,嵌墙。50＊86。23行。当寺住持赐紫僧德王立石。内容系西京留府发给白马寺关于赐予几位大师名号的帖式公文。

154.《空相院敕牒碑》，崇宁二年八月刻石，治平二年（1065）八月二日牒、七月七日使帖。浙江鄞县（今宁波鄞州区）。《两浙》卷5。

155.《昭化寺帖》，崇宁二年九月三日帖，立石年代不详。山西寿阳县方山下寺（昭化院）。45＊77＊13。25行25字，总560字。漫漶严重。《寰宇》卷8；《山右》卷16；《金石续编》卷17；《北图藏拓》41－95；《三晋·寿阳县》P52。

156.《敕赐静应庙牒》《静应庙敕告》，崇宁三年（1104）五月十五日牒，金承安四年（1199）五月重刻。河南沁阳。2＊4尺。16行，约160字。《寰宇》卷8；《中州》卷4；《授堂》卷11；《八琼室》卷127。《小林》P153。敕牒，赐额。

157.《静应庙界址名碑》，崇宁三年五月十五日牒，元至正十三年（1353）刻。河南沁阳。3.6＊2.7尺。《河内县志》卷21《金石志下》。

158.《敕封惠应王牒》《渠州汉车骑将军敕》，崇宁三年九月二十七日敕。四川渠县济远庙。拓37＊60。24行14字。《八琼室》卷109；《金石苑》卷3；《北图藏拓》41－104。

159.《静应庙敕告》，崇宁三年十月八日刊，崇宁二年八月二十一日牒、崇宁三年二月二十九日敕。陕西铜川耀州区药王山。155＊96＊20。额书"感德军五台山静应庙额敕并加号妙应真人告词"20字。两截，上牒19行9字，下告词18行18字。于巽、王允中立石，刘源刊。碑阴素面无文。《寰宇》卷8；《萃编》卷143；《北图藏拓》41－106；《道略》P309；《药王山碑刻》P59，170。牒、告词。敕赐孙真人祠"静应庙"额、"特封妙应真人"。孙思邈"真人"之正式封号。

160.《仁济庙敕牒碑》，崇宁三年十一月二十九日敕。浙江安吉县。额1尺+4.5＊3尺。《寰宇》卷8；《吴兴》卷7。

161.《尚书省牒》，崇宁三年十二月敕。浙江杭州。《慧因寺志》卷7《碑记》。"奏准敕书节文"，"本部看详，合取自朝廷指挥，牒奉敕，易赐崇教大师"。

162.《宁远界碑》，崇宁三年。甘肃武山县沿安乡川儿村洛马公路（武山洛门至岷县马坞公路）旁原址保存。《天水文史资料》第9辑P26。

163.《忠勇庙牒》，崇宁四年（1105）闰二月二十日敕。甘肃静宁县水洛城，佚。《陇右》卷3。

164.《西京永安县碑》，崇宁四年二月二十八日。河南登封市少林寺碑廊南壁。拓81＊52。碑身有两道裂痕。《嵩山》P157；《嵩山少林寺》210。少林寺田地四至范围及执据；3个印章，2个押。

165.《惠应庙牒》,崇宁四年二月敕。山西屯留县(现长治屯留区)。2.5 * 1.8 尺。《山右》卷 16。

166.《保护僧舍碑》,崇宁四年七月六日。云南大理崇圣寺。拓 21 * 45。《右任旧藏》P544。

167.《福严净影山场记》,崇宁四年七月。山西晋城东南 17 公里青莲寺内。139 * 74 * 14,腰断。额双勾"福严净影山场之记"。23 行。蓝田知县黄灿撰。《山西碑碣》P216。记事,详记青莲寺、净影寺、南关观音堂等山场四至。

168.《尚书省牒隆德府壶关县真泽庙》,崇宁四年八月敕。山西壶关县神郊村真泽宫。笏首龟趺,260 * 93 * 28。额篆"敕赐真泽庙额告辞碑"。四截,上截 9 行,二截 6 行,三截 10 行,四截 9 行。行书,约 260 字。《山右》卷 17;《三晋·壶关》P20。敕牒、敕告。

169.《徽宗圣制御书手诏》,崇宁四年九月二十日奉旨摹勒。浙江湖州知州厅,佚。《吴兴》卷 6。

170.《辟雍诏》,崇宁四年十月。浙江山阴(今属绍兴)。徽宗御制。《寰宇》卷 8。

171.《赐辟雍诏》,崇宁四年十二月。浙江越州(今绍兴)。1.3 丈 * 5.6 尺。额楷"皇帝赐辟雍诏"。两截,上诏 15 行 21 字,下序衔名牒 29 行 50 字。《越中》卷 3。

172.《徽宗御笔御制辟雍手诏》,崇宁四年。浙江湖州州学,佚。《吴兴》卷 6。

173.《东平州学御笔手诏碑额》,崇宁之末。山东东平县。《寰宇》卷 8。

174.《敕赐阁记残碑》,崇宁年间(1102～1106)。河北正定县隆兴寺。残存上半,62 * 119 * 30。存 20 行。樊瑞平、郭玲娣《宋敕赐阁记残碑》,《文物春秋》2003 年 6 期。吕嘉问请赐阁名以及尚书省下发敕牒赐名的过程。

175.《存留大悲之院碑》,崇宁年间刊。山西曲沃县曲村镇大悲院大门西侧墙壁。圆首,下残,147 * 80。额篆"存留大悲之院"。27 行。字迹漫漶。《三晋·曲沃》P13。公文,力争该寺院得以保留之理由、依据、经过。

176.《八行八刑条制碑》,大观元年(1107)六月。山东观城县学。7.4 * 3 尺。额题"御制八行八刑条制"。32 行。《寰宇》卷 8;《山左》卷 17。首、尾为尚书省牒,原文后列令、丞、尉、簿诸衔名。

177.《旌贤崇梵院牒》,大观元年七月上石,皇祐二年(1050)九月十三日敕。河南新郑。《中州金石考》卷 2;《萃编补正》卷 2;《中原》P146。寺院赐额,剃度行者一名。

178.《菏泽县学大观圣作之碑》,大观元年九月立。山东菏泽县学。8.8＊3.6尺。《山左》卷17。注:凡时间署为"大观二年八月二十九日"之前的《大观圣作之碑》,实际为"八行八刑条制"。两碑主体内容一致,但立碑程序不同,额题、款式也有差异。

179.《城武县学大观圣作之碑》,大观元年九月立。山东城武县学。6.3＊3.7尺。《山左》卷17。

180.《诸城县学大观圣作之碑》,大观元年九月立。旧在山东诸城县学,后移超然台。6.3＊3.7尺。《山左》卷17。

181.《大观圣作之碑》,大观元年。河北威县文庙先师殿左南。嘉靖《威县志》卷2。"今石碎,文不全。"

182.《大观圣作之碑》,大观元年。山西泽州府(今晋城)庙学。雍正《泽州府志》卷44。

183.《大观辟雍诏》,大观元年。山东巨野。《寰宇》卷8。

184.《八行八刑敕令碑》,大观元年□月十九日敕中书省据学制局□奉御笔批,浙江武义。嘉靖《武义县志》卷2。

185.《八行八刑碑》,大观元年立。浙江东阳。道光《东阳县志》卷10。

186.《太平宫给地公据》《奉旨给地公据碑》,大观二年(1108)四月初三日立,三月十八日给文。陕西周至县(现属西安)宗圣宫三清殿西。螭首,须弥座,150＊145＊19。碑额残。碑横题"奉圣旨给地公据碑",21行46字。《北图藏拓》41－161;《右任旧藏》P545;《楼观》P35;《秦岭》P235。记顺天兴国观与上清太平宫之间地租税的关系。

187.《学校八行八刑碑》,大观二年四月。原立陕西淳化县中学(明代庙学遗址),现藏淳化县文博馆。碑身断为两截,略有残缺。螭首圭额,270＊100＊29。额楷"耀州淳化县御制学校八行八刑之碑"。27行60字。乾隆《淳化县志》卷23《职官志》;《寰宇》卷8;《萃编》卷146。"准大观元年三月十九日敕:中书省据学制局状,准本局承受送到内降奉御笔一道。"

188.《御制八行八刑条碑》,大观二年五月。陕西高陵,佚。篆额,连额8.2＊3.45尺。30行59字。知县张瓛奉敕建。嘉靖《高陵县志》卷1;《萃编》卷146。

189.《大观圣作之碑》,大观二年六月。河南宝丰县,佚。清《宝丰县志》卷15。

190.《洪济禅院敕文札子》,大观二年六月九日、七月十八日。原在十方洪济禅院,寺毁。1982年出土于河北正定县古城墙下,现存兴隆寺碑廊南端。圆首,座佚,残。153＊72＊21。额题"敕文札子"。两截,上大观二年六月九日尚书省向成德军洪济禅院传达圣旨的札子(尚书省札);下同年七月十八日成德军府照会洪济禅院执行敕命的帖子(成德军帖),均 27 行。杨倩描《北宋〈真定府洪济禅院札子碑〉考释》,《河北大学学报》2012 年 6 期;《文物河北》中 P40。

191.《大观圣作之碑》,大观二年八月二十九日。旧在山西安邑文庙东侧,1984 年迁运城县博物馆(现关王庙春秋楼前)。螭首,408 * 126 * 46+76。额书"大观圣作之碑"。28 行 73 字。碑文残泐约四分之一。《山西碑碣》P218;《河东名碑》P55;《三晋·盐湖区》P29。

192.《大观圣作之碑》,大观二年八月。原立于山东泰安文庙泮桥西侧,1974 年移置岱庙。螭首龟趺,450 * 155 * 41+110。额书"大观圣作之碑"。20 行 71 字。正文后刻年月 2 行,诸臣衔名 4 行。碑文剥蚀严重。《泰山石刻》P409。

193.《大观圣作之碑》,大观二年八月二十九日。陕西兴平市文化馆。刻于《隋贺若谊碑》之阴。312 * 105 * 31。24 行 136 字。《萃编》卷 146;《关中》卷 6;《咸阳碑刻》P86。

194.《大观圣作之碑》,大观二年八月二十九日。原在陕西乾县文庙戟门外,1962 年移入西安碑林。螭首龟趺。378 * 140 * 30。额书"大观圣作之碑"。28 行 69 字。《北图藏拓》41－166;《碑林》28－30。《陕西碑石精华》P218。

195.《大观圣作碑》,大观二年九月。河北邢台府学。有额。光绪《邢台县志》卷 8。

196.《大观圣作之碑》,大观二年九月。山东临朐县学。1 丈 * 3.9 尺。27 行。《嘉靖临朐县志》卷 4;《山左》卷 17;《寰宇》卷 8。《山左》记为"大观元年九月立"。

197.《御制学校八行八刑条》,大观二年十月二十五日奉御笔建。陕西西安临潼区。7.8 * 4.1 尺。34 行 51 字,总 1 475 字。王电正书。《寰宇》卷 8;《萃编》卷 146;《关中》卷 6。

198.《八行八刑碑》,大观二年十月。河南临颍。《寰宇》卷 8。

199.《追封马燧敕并记》《忠勇庙碑》,大观二年十二月七日行书敕,金泰和元年(1201)七月十五日刻。山西临猗县马庄武王庙。拓 159 * 75。两截,上敕,下梁德裕撰记。《山右》卷 22;《北图藏拓》47－65;《小林》P156。敕牒,赐号。

200.《大观圣作之碑》,大观二年。河北赵县赵州镇石塔东路原文庙遗址。利用唐大历九年(774)《大唐何公德政碑》改制。螭首龟趺。480 * 157 *

55+80。额题"大观圣作之碑"。20 行 71 字,总 1 021 字。《文物河北》上 P540。

201.《大观圣作之碑》,大观二年。河北衡水市安平镇兴贤村人民东街。螭首龟趺,下部淤埋,地表以上 190 * 125 * 31。《文物河北》P607。

202.《大观圣作之碑》,大观二年。原立河北平乡县平乡镇文庙大成殿前,现存县文化馆(丰州镇平安公园内)。螭首,座佚。430 * 138 * 36。额楷"大观圣作之碑"。《河北文物》P748;史清君《平乡大观圣作之碑》,《文物春秋》2008 年 3 期。

203.《大观圣作之碑》,大观二年。河北武安县文庙。《中原》P146。

204.《大观圣作之碑》,大观二年。2015 年河北涉县文物局在涉城镇汽车五队家属院发掘出两节残碑,后移立于娲皇宫北齐石刻陈列馆院外。410 * 152 * 32。康熙《涉县志》卷 4"儒学旧在城西南隅,有宋大观碑,后毁"。《中州金石考》卷 4 作"大观元年";《中原》P146。

205.《大观圣作之碑》,大观二年立。山西长治府学,佚。额题"大观圣作之碑"。光绪《长治县志》卷 4。

206.《大观圣作之碑》,大观二年立。山西繁峙县旧城遗址。圆首龟趺。430 * 135 * 50。20 行 71 字。下半部漫漶严重。光绪《繁峙县志》卷 4;《山右》卷 6;刘彦佐《繁峙大观圣作之碑》,《文物世界》2010 年 5 期。

207.《大观圣作之碑》,大观二年御书诏旨,山东诸城文庙大成殿前。9 * 4 尺。行书。乾隆《诸城县志》卷 14《金石考上第十一》;《山左》卷 17。"书学博士李时雍奉敕摹写碑文,为天下郡邑通行者,故不录。"

208.《大观圣作之碑》,大观二年。山东金乡县学宫。《济宁直隶州续志》卷 19。

209.《大观圣作之碑》,大观二年始刻,宣和三年(1121)完成。河南新乡市红旗区人民政府(原县文庙)院内。447 * 124 * 30。《河南碑刻类编》P121。

210.《大观圣作之碑》,大观二年。原立河南偃师市老城东街宋代学宫,现存偃师商城博物馆。螭首龟趺,324 * 128 * 30。27 行 71 字。

211.《崇宁万寿禅寺□房钱圣旨碑》《知定州梁子美札子》,大观三年(1109)四月五日札付。河北定州。行书 10 行 22 字。《寰宇》卷 8;民国《定县志》卷 19。

212.《葆真观记》,大观三年五月二十□日。湖南平江。拓 150 * 90。额横题古篆"敕赐葆真观记"。25 行 39 字,总 730 字。黄诰撰。《八琼室》卷 110;《北图藏拓》41 - 172。

213.《八行八刑碑》，大观三年八月。河南荥阳市。《寰宇》卷8;《中州金石目》卷3。

214.《八行八刑碑》，大观三年八月。河南灵宝市朱阳故城。《寰宇》卷8;光绪《灵宝县志》卷3。

215.《觉慈寺敕牒碑》，大观四年（1110）二月二日敕。原立河北涉县索堡镇悬钟村觉慈寺内，现藏涉县娲皇宫北齐石刻陈列馆。碑首略残，55＊110。敕文行书，存13行19字，凡110字。陈慧、李静《涉县娲皇宫藏宋代觉慈寺敕牒碑小议》，《文物春秋》2012年5期。

216.《敕赐普光院牒》，大观四年敕。河北涉县西北25公里索堡镇普光寺。王侃书。《中原》P146。

217.《大观圣作之碑》，大观年间（1107～1110）。陕西武功县学，刻于唐天宝四年（745）《任令则碑》（全称《唐故大都督府别驾上柱国任府君神道碑》）之阴。233＊117。《释要》P1062。

218.《徽宗大观圣作之碑》，大观年间。江苏南京。《至大金陵新志》卷12下。

219.《御批颁学立八行八刑敕令碑》，大观年间。浙江兰溪。万历《兰溪县志》卷3。

220.《元氏县社坛图并省牒》，政和元年（1111）七月初三日立，四月十七日圣旨。河北元氏县。5＊2.08尺。额题"元氏县崇修社坛之图"。上截刻社坛图，下截刻牒。25行46字。《常山》卷12。

221.《寿圣院庄田记》，政和元年九月九日。江苏江阴市。拓141＊77。孙沂撰，孙莆行书，邵详刻。《寰宇》卷8;《北图藏拓》42－9。

222.《唐贺知章二告》，政和元年刻，延和元年（712）八月及开元四年（716）八月告。《宝刻丛编》卷13。

223.《金重刻宋圣旨存留灵芝山寺碑》，政和二年（1112）七月十日给文，金天会八年（1130）七月十五日立。山东滕州市。《中研院》P161。额题"圣旨存留灵芝山寺"。

224.《赠魏王告词敕》《赠太师中书令兼尚书令魏王告词》，政和三年（1113）五月初十日立，元符三年（1100）三月十四日敕告。河南汝州。1.9＊2.8尺。20行18字。行书。《八琼室》卷111;《寰宇》卷7。

225.《钦颁八行八刑条》，政和三年七月。江苏昆山市。陈光庭行书。《寰宇》卷8。同治《苏州府志》卷140。

226.《栖霞寺牒》《摄山严因崇报禅院牒》，政和三年九月刻，元祐八年（1093）六月二十五日牒。江苏南京。《寰宇》卷7;《江宁》卷4。敕牒。

227.《方山昭化禅院政禅师行状志》，政禅师政和三年卒，无立石年代，山西寿阳县方山。153 * 65 * 21。漫漶。《三晋·寿阳县》P55。记事，赐额。

228.《元丰大观诏书碑》，政和四年（1114）六月初一日立，元丰五年（1082）五月二日"诏敕门下"和大观三年（1109）二月五日"御笔手诏"。山东东平州学。8.8 * 3.4 尺。额题"元丰大观诏书碑"。12 行。碑阴刻程振撰《元丰大观诏书后序》，30 行。《寰宇》，卷 8；《山左》卷 18。诏书，元丰改官制，戒言官。

229.《赐商汤王庙额及封山神牒》，政和四年六月。河南偃师武氏拓本。《寰宇》卷 8。

230.《梵业寺敕额碑》，政和四年十月立，嘉祐八年（1063）六月二十三日牒、七月三十日帖。山西平遥县双林寺。3.8 * 1.77 尺。《山右》卷 17。敕牒、州帖，寺院赐额。

231.《紫清观牒》，政和五年（1115）八月八日。原立山西芮城县西门外，现存城隍庙。拓 136 * 70。行书 5 行，小字 6 行 21 字。《山右》卷 17；《道略》P326。敕牒，道观赐额。保平军奏、芮城县状。

232.《少林寺免诸般科役记》，政和五年十月。河南登封市少林寺。《寰宇》卷 8；《中州金石目》卷 4。记事，赋役。

233.《灵岩寺牒》，政和五年。山东济南长清区灵岩寺。《寰宇》卷 8。

234.《重摹唐李元礼戒杀生文》，政和五年。河南登封市。《寰宇》卷 8。

235.《敕赐嘉润公记》《加封析城山神敕》，政和六年（1116）四月三日。山西阳城县城东王殿大门内，佚。碑残。《山右》卷 17；《三晋·阳城县》P812。敕告。

236.《赐显惠庙敕封灵济公诰》，政和六年四月初十日《封灵济公诰》，大观元年（1107）正月八日《赐显惠庙牒》，江苏溧阳。拓 1.2 * 2.6 尺。19 行19 字。《江苏金石十》。

237.《刘齐重刻宋圣旨存留宝塔院碑》《宝塔院札子》，政和六年七月五日给文，刘齐阜昌四年（1133）四月八日建。山东滕州市。拓 125 * 51。额横题。《北图藏拓》45 - 175；《中研院》P161。公文，给僧惠威之公据。

238.《灵符碑》，政和六年九月九日。河南济源市济渎庙。《中州金石考》卷 5。道教，如律令。

239.《赐汤帝庙额封析城山神圣旨碑》，政和六年。山西阳城县析城山汤帝庙。59 * 82。《山西师大》P174。

240.《范文正公义庄规矩碑》，政和七年（1117）正月十三日。原置江苏吴县(今苏州)天平山白云寺范氏祠堂,现存苏州碑刻博物馆。226＊118。刊范仲淹次子纯仁奏章,治平元年(1064)四月十一日札付;皇祐二年(1050)文正公初定规矩 13 条,熙宁六年(1073)、元丰六年(1083)、绍圣二年(1095)二月和四月、元符元年(1098)、元符二年(1099)、崇宁五年(1106)、大观元年(1107)、政和三年(1113)、政和五年(1115)十次续定规矩 28 条和告知。《寰宇》卷 8;《农业经济碑刻》P2;《范仲淹全集》P917。公文,义庄典章制度规约。"可为永式"。

241.《寿圣寺敕额牒》,政和七年五月三日刻,熙宁三年(1070)正月二十一日敕。山东嘉祥县。下残缺,拓 129＊64。额刻"敕寿圣寺额碑"。14行。《北图藏拓》42－74。

242.《华阳观尚书省札子》,政和七年八月。江苏镇江丹徒区。2.6＊1.6尺。9 行 16 字。《江苏金石十》;《道略》P331。公文,府符、部符、御笔指挥。政令落实。

243.《正法院常住田记》,政和七年。四川成都。《成都文类》卷 39,《巴蜀佛教》P149。寺产凭证、弥讼。

244.《御制大观五礼之记碑》《五礼碑》,政和七年。原立河北大名县城东五里双台村,现存大名石刻馆。礼制。

245.《尚书奏准诣驾游山景龙图》,政和八年(1118)三月二十八日敕。山西临汾尧都区姑射山观音阁。47＊40。17 行 22 字。《三晋・尧都》P24。末尾"牒至准敕,赐圣旨,故牒。正和八年三月廿八日牒",与宋公文制度不合,存疑。

246.《应感庙牒》《尚书省牒威胜军武乡县应感庙》,政和八年五月十□日下文,同年二月十六日敕。山西武乡县监漳镇监漳村五龙庙。圆额,下部略残。159＊76＊16。三截。《山右》卷 17;《三晋・武乡》P29。敕牒,神祠赐额。"敕黄已给付武乡县收管"。印、押、格式俱全。

247.《崇佑观牒》,政和八年九月十一日敕。陕西朝邑(现属大荔县)。5.4＊3.4尺。《寰宇》卷 8;《萃编》卷 147;《道略》P337。敕牒,神祠封号、赐额。

248.《升元观敕牒碑》,政和八年九月二十一日立,同年六月十四日敕。原立山东泰安岱宗坊北约 200 米升元观院内,现存岱庙碑廊。152＊65。额篆"升元观敕"。碑阳为尚书省批复泰宁军奉符县升元观的文书,8 行,计207 字。2～3 行计 l38 字为呈文。官员衔名中太师鲁国公即蔡京。《求古录》;《寰宇》卷 8;《萃编》卷 147;《金石文字记》卷 6;《山左》卷 18;《潜跱》卷 15;《道略》P332;《泰山石刻》P525。道观赐额。

249.《政和御笔手诏》,政和八年十月十五日李邦彦奉御笔记并书,同年六月御笔作训。广东韶州(今韶关)府学。蔡修奉圣旨题额。"付李邦彦"处钤"御书之宝"印。《广东金石十二》。

250.《徽宗皇帝手诏》《付李邦彦碑》,政和八年十月立,六月手诏。原在山东济南府学。1.1 丈 * 4.5 尺。额题"政和御书手诏碑"。两截:上手诏22 行,末行"付李邦彦",下有"御书之宝"玺文;下李邦彦记文 29 行,总1 300 字。《寰宇》卷 8;《山左》卷 18;《潜跋》卷 15。

251.《省降御笔敕付楼异石刻》,政和八年。浙江宁波海曙区集仕港镇丰惠庙内;宁波市博物馆、高丽史迹展览馆有复刻。圆首,198 * 110 * 13。额题"省降御笔"。三截,上截敕文四道,分别为政和七年六月、十二月,八年七月、八年奏乞,并相继于一两个月后获准尚书省札子,奉御笔"依所奉施行"。中、下截文字漫漶不清。《宁波碑碣》P128。明州太守楼异关于置高丽司、填湖造田的奏请及圣上(徽宗)的批复。

252.《河中龙门县札》,政和八年刻二年手诏。原在山西龙门县(今河津市)。4.78 * 3.17 尺。行书。《山右》卷 17。

253.《敕赐神居洞崇道庙额记》,宣和元年(1119)三月二十一日立,政和八年(1118)牒。山西临汾尧都区姑射村仙洞沟神居洞。笏头方趺,碑身上部有一道裂纹。214 * 84 * 19。两面刻。阳额"神居洞崇道庙敕额记"。四截。一二截均 23 行,分刻政和八年九月十八日赐神居洞牒,及同年闰九月十六日赐崇道庙牒;三截 30 行,为宣和元年三月二十一日遣祭神居洞、崇道庙之文;四截 25 行,为记。临汾县知事王伸立石,临汾县丞赵不约书,江东散民吉志模刻。阴额题"神居洞崇道庙碑阴序"。碑身 17 行,为宣和三年(1121)七月十九日序,碑下有后题至正八年(1348)六月重立字迹和题名。《寰宇》卷 8;《山右》卷 17;《道略》P333;《三晋·尧都》P28。敕牒,神祠封号、赐额。

254.《康显侯牒记》《丰泽庙封康显侯敕并记》等,宣和元年三月立,政和八年(1118)闰九月八日敕、九日牒、十三日符。河南浚县大伾山龙洞拜殿内。262 * 93。额篆"康显侯告",另有元人刻蒙语"大名路浚州达鲁花赤题"和梵文六字真言。六截。一二截为敕文,三四五截为吏部指示和告印,均行书。第六截记文。碑左侧有文。总 830 字。黄翰撰并行书。《浚县金石录》卷上;《中州》卷 4;《授堂金石文续跋》卷 11;《金石综例》卷 3;《北图藏拓》42－95;《中州百县》P185;《天书地字》P122。敕牒体例,符;祷雨有应,奏请封爵之事。

255.《御笔敕付楼异石刻》,宣和元年五月。浙江宁波海曙区集仕港镇丰惠庙内。圆首,198＊110＊13。额题"御笔"。存上半截,第一列为政和八年(1118)六月十九日敕;第二列四敕,为重和二年(1119)二月初七日一敕,宣和元年三敕。碑阴刻嘉定五年(1212)楼钥《乞增葺锦照堂札子》。《宁波碑碣》P129。明州太守楼异奏请及圣上批复。

256.《神霄玉清万寿宫诏碑》《宣和御碑》,宣和元年八月十二日。海南海口五公祠。拓214＊100。诏65行16字,徽宗赵佶撰并行书。以道家语言写成的诏文,诏示信奉道教。后跋为至顺元年(1330)夏六月。《北图藏拓》42-101;《海南金石概说》P19;《道略》P339。诏敕。"刻诏于碑,以碑本赐天下"。

257.《神霄玉清万寿宫碑》,宣和元年八月十三日奉旨立石。福建莆田荔城区三清殿东厢。圆首,额楷"御笔手诏"。16行,336字。《福建省志·文物志》P153。

258.《万寿宫诏》,宣和元年八月诏,元至顺年间(1330～1332)摹刻。山东泰安。徽宗御制并行书,王天利跋。《寰宇》卷8。

259.《徽宗御笔神霄玉清万寿宫手诏》,宣和元年八月十二日奉旨立石。浙江湖州天圣寺,佚。《吴兴》卷6。

260.《敕改宝丰县碑》,宣和二年(1120)五月刻石,四月敕。河南宝丰县。《寰宇》卷8;清《宝丰县志》卷15。敕牒,改县名。

261.《超山应润庙敕》,宣和二年九月初一日立,宣和元年十月二十五日敕。山西平遥县。5.46＊1.82尺。额题六字。三截:上截5行,旁刻7行13字;中截3行,下截26行18字。均正书。《山右》卷17。敕牒,神祠封号、赐额。

262.《御笔敕付楼异石刻》,宣和二年九月。浙江宁波天一阁藏拓(半截),石佚。宣和二年七月至九月敕文六道,两道完整,其余残缺。《宁波碑碣》P130。公文;明州太守楼异奏请造神船出海及圣上批复。

263.《水则碑》,宣和二年。原立江苏吴江市(今苏州吴江区)垂虹桥,不存。现苏州碑刻博物馆有清光绪二年(1876)仿刻碑,尺寸与宋碑等同。《吴中水利全书》。

264.《九域守令图碑》,宣和三年(1121)十月八日重立。四川博物院。174＊110＊19。《四川》P182。

265.《尚书省牒泽州旌忠庙》,宣和四年(1122)五月,金明昌五年(1194)七月初十日重刻。山西晋城。总650余字。泽州刺史许安仁书,郭景昭立石。《八琼室》卷126;《山右》卷22;《小林》P159。敕牒,神祠封号。

266.《邹县牓》《修邹国公庙牓》,宣和四年八月。山东邹城市孟庙致敬门内院西壁。83＊97。25行22字。《寰宇》卷8。

267.《秀峰寺公据》，宣和五年（1123）二月二十八日。江苏吴县（今苏州）灵岩山。拓1.6＊1.9尺。14行。《江苏·金石十》；北大藏拓。公据；施舍田土收利分配，以为永例。

268.《登封县免科朝旨碑》，宣和五年二月。浙江鄞县（今宁波鄞州区）范氏拓本。《寰宇》卷8。

269.《敕封崇惠侯牒》《封相山崇惠侯敕碑》，宣和五年八月十五日立，二月牒。安徽宿州。6.2＊3.2尺。奏5行正书，牒7行书，题名9行正书。《安徽金石略》卷7；《安徽》卷2。神祠封号。

270.《会胜院赐名敕》，宣和五年刻，太平兴国三年（978）四月三十日牒、六月二日帖。山西洪洞县苏堡镇蜀村，佚。民国《洪洞县蜀村志》；《三晋·洪洞》P968。敕牒，帖，寺名额。批准晋州上报请赐给13个寺院名额中的12个。

271.《御笔改修孟州门颁诏厅碑》，宣和五年。河南孟县（今孟州市）。《中州金石考》卷5。

272.《五箴刻石》，宣和六年（1124）三月十六日。陕西西安碑林。拓83＊47。韩愈撰，李寂篆书。《北图藏拓》42－147。

273.《御笔改修孟州门颁诏厅记》，宣和六年三月。河南孟县（今孟州市）。《寰宇》卷8。

274.《成州龙池湫潭庙碑》，宣和六年。原在甘肃成县西北。25行32字，总570字。刘戬篆额，晁说之撰书。《陇右》卷3。"刑书"，记事。

275.《徽宗奖谕敕书碑》，宣和七年（1125）正月。山东兖州（现济宁兖州区）。5.8＊2.5尺。《山左》卷18；《寰宇》卷8。敕书。

276.《玉皇宫四帝御押》，宣和七年重六日。山东淄博博山区。1.8＊1.1尺。两截，上太祖、太宗、真宗、仁宗等四帝御押，下题记7行。《道略》P342。

277.《龙角山显施庙嘉润侯敕碑》，宣和七年七月。山西浮山县。1.45＊2.6尺。《山右》卷18。敕牒，神祠封号。

278.《清源忠护王诰封碑》，宣和七年九月。河南济源。拓133＊63。额篆"济渎清源忠护王诰"。两截，上14行，下22行。《寰宇》卷8；《北图藏拓》42－158。

279.《仁泽侯碑》，宣和年间（1119～1125）。山西武乡县监漳镇会仙观。下残。拓190＊99。额刻"仁泽侯碑"。四截。因此地二龙池应感庙每遇有岁旱，祷雨必有显应，故"优加封爵"。敕牒，封龙王爷为仁泽侯。

280.《大观圣作之碑》，徽宗(1101~1125 在位)时期。陕西铜川耀州文庙(耀县博物馆)。

281.《御笔手诏碑》，徽宗时期。陕西铜川耀州文庙(耀县博物馆)。

282.《俞氏十牓传家记》，约徽宗时期。江苏溧水县(今南京溧水区)。俞栗(崇宁四年登榜)撰。《至大金陵新志》卷 12 下；《景定建康志》卷 33。

283.《赐额记》，靖康元年(1126)八月。广东德庆县龙母庙。两截，断裂。上截为大观二年八月七日《孝通庙尚书省牒》，下为吴揆撰记。《广东金石十二》。

284.《仪制令碑》，北宋(960~1127)。1974 年在江苏盱眙县龙涧山坡上发现，现存盱眙第一山国家森林公园。74 * 50。3 行 6 字，共 15 字。《淮安》P99。交通法令。

（二）南宋(1127~1279)

285.《武佑庙赐额敕牒碑》，建炎二年(1128)正月立，宣和三年(1121)六月二十三日敕。浙江杭州萧山区。2.8 * 0.72 尺。22 行。首行大字行书，事书小字正书，系衔大字行书。《越中》卷 4；《两浙》卷 8。敕牒，神祠封号、赐额。

286.《阮彦和等布施园地记》，建炎二年六月望日布舍，广西桂林龙隐岩，摩崖。60 * 67。《粤西》卷 6；《桂林辑校》P137。置园四至，施舍。

287.《惠果寺牒》，建炎二年。河北武安县北 60 里桃园惠果寺。56 * 136。58 行。僧寿仙撰，沙弥洪憼书。《中原》P147。赐寺额。敕牒二道并县帖。

288.《景德观龙神敕牒碑》，建炎年间(1127~1130)。上海宝山区。行书。《寰宇》卷 9。

289.《显宁庙昭祐公牒》《显宁庙尚书省牒》，绍兴元年(1131)五月十六日。浙江绍兴显宁庙(卧龙山城隍庙)。拓 156 * 89。两面刻。额"敕赐昭祐公碑"。13 行，总 210 字。内 3"牒"字、2"敕"字皆大字草书。马绅舍石，陈师堂刻。《求古录》；《越中》卷 4；《两浙》卷 8；《八琼室》卷 112；《寰宇》卷 9；《北图藏拓》43－10。

290.《戒石铭》《戒石铭并诏》，绍兴二年(1132)七月十五日。广西梧州府廨，佚。拓 184 * 95。额篆"太宗皇帝御制"。四截：上截额；次太宗御制文，黄庭坚书写，6 行 4 字；次高宗诏谕 12 行 9 字，有押单占 1 行；下截权邦彦等跋记 27 行 15 字,共 478 字。《粤西》卷 7;《金石续编》卷 17;《八琼室》卷 112;《北图藏拓》43 - 12。

291.《太宗御制戒石铭》,绍兴二年七月。江苏南京。太宗撰,黄庭坚书,吕颐浩立石。《景定建康志》卷 4;《吴兴》卷 6;《至大金陵新志》卷 12 下。

292.《太宗御制戒石铭》,绍兴二年七月。浙江湖州知州大厅,佚。《吴兴》卷 6。

293.《戒石铭》,绍兴二年七月。湖南道县原州治堂侧之羁候所壁上。三载刻:上黄庭坚书戒石铭 6 行 4 字;次高宗书跋语及押 13 行 9 字;下权邦彦等记及衔名 27 行 15 字。《八琼室》卷 112。

294.《御制戒石铭》,绍兴二年七月。清据宋拓本刻石,江西泰和县博物馆。134 * 35 * 10。黄庭坚元丰三年(1080)任泰和知县,手书戒石铭。清光绪壬午年(1882)陈凤翔任泰和县丞时刻。

295.《戒石铭》,绍兴二年七月。陕西武功县署仪门西侧,佚。

296.《绍兴恤刑诏》,绍兴三年(1133)正月九日。浙江严州(今属杭州)。知州杨彦立石。《景定严州续志》卷 5。

297.《绍兴恤刑手诏》,绍兴三年正月九日。广东封川县(今封开县)署。《寰宇》卷 9;《广东金石十二》。

298.《灵济庙龙母牒》,绍兴三年八月敕。江苏常州金坛区白龙荡。上残。拓 133 * 80。韩崇《宝铁斋金石文跋尾》卷下;《江苏·金石十一》;《北图藏拓》43 - 16。敕牒。

299.《三茅观尚书省牒》,绍兴三年。浙江钱塘(今杭州)。《寰宇》卷 9。

300.《平江府学田记》,绍兴四年(1134)四月。江苏苏州。孙卫撰。《吴郡金石目》P13。学田,后列各县田荡米石租钱数。

301.《白玉观音像记》,绍兴五年(1135)五月刻。江苏吴县(今苏州)灵岩山。下残断。拓 60 * 65。上横题"白玉相好观音像记"。中绘观音图,左侧为公文,"使"字大书,有押。《江苏·金石十一》;《北图藏拓》43 - 26。签名押字,具文领状。

302.《嵊县学田记》,绍兴五年(1135)十月初一日。浙江嵊州市。5.6 * 2.8 尺。额题碑名。37 行 67 字。《越中》卷 4。记师生创买田地之步亩、赋税、佃户姓名。

303.《永灵庙敕牒碑》,绍兴五年。浙江德清县新市镇。《两浙》卷 8。

304.《永灵庙加封敕牒碑》,绍兴九年(1139)五月敕。浙江德清县新市镇。《两浙》卷8。

305.《崇祐庙残牒》，绍兴十一年（1141）。浙江海盐。有知县胡口记。《寰宇》卷9。

306.《佛窟岩涂田记碑》并阴，绍兴十二年（1142）三月十一日。浙江临海。总1340字。曹勋撰书，赵子游篆额，主持宗辩立石，王赏摹刊。《两浙》卷8;《台州》卷5。讼案记事。

307.《程俊札子石刻》，绍兴十三年（1143）三月。甘肃徽县郭家垅，佚。《陇右》卷4。省札。旌表孝行。

308.《知府宋学士劝农事实》，绍兴十六年（1146）三月廿八日。四川巴州。《金石苑》卷4。

309.《化城县同日劝农事实》，绍兴十六年三月廿八日。四川巴州。《金石苑》卷4。

310.《高宗御笔籍田诏》，绍兴十六年三月。浙江金华。《寰宇》卷9。

311.《高宗皇帝籍田手诏》，绍兴十六年八月。江苏南京。晁谦之刻石。《景定建康志》卷4。

312.《御笔藉田手诏并记》，绍兴十七年（1147）二月。四川渠县。5.9＊3.1。额篆"御笔藉田手诏"。两截，上诏下记。诏9行13字，记28行19字。《金石苑》卷3。

313.《敕封广惠侯帖》，绍兴十七年（1147）六月。江苏溧水县（今南京溧水区）。行书。《寰宇》卷9。

314.《坦山岩劝农记》，绍兴十八年（1148）二月十七日。湖南郴州北湖区坦山万华岩洞口。自然石，250＊173＊54。额横题同碑名。23行。安世隆书。《北图藏拓》43-44;《郴州金石录》P8;《湖湘碑刻》（一）P22。郴州知军赵不退敦劝农桑，仪式。

315.《雪峰寺劝农记》，绍兴十八年九月。四川广元。2.6＊2尺。18行30字。《金石苑》卷3。公文体。

316.《劝农文》，绍兴十九年（1149）十二月。刻于唐戴嵩《牧牛图碑》之阴。陕西洋县衙署二堂北壁，1973年移洋县文物博物馆。96＊64＊18。额篆"劝农文"。两截：上序言28行28字;下劝农文10条，29行12字。《汉中》P15;《秦岭》P25。

317.《护林碑》，绍兴二十年（1150）二月。江西婺源县文公山朱熹祖坟。护林禁伐。

318.《崇宁三年太学上舍题名序跋》，绍兴二十年三月。湖南祁阳县城（浯溪镇）浯溪碑林。《湖湘碑刻·浯溪卷》P112。

319.《吴山宁寿观尚书省牒碑》,绍兴二十年六月敕。浙江钱塘(今杭州)。《两浙金石志》卷8;《寰宇》卷9。

320.《茅山广济庙敕牒》,绍兴二十年。嘉靖十八年重刻。江苏句容市茅山。行书。《两浙金石志》卷8;《寰宇》卷9。

321.《寿光宫手诏碑》,绍兴二十四年(1154)下元重立。2.3＊1.7尺。额题"御笔手诏"。7行10字,行书。《道略》P354。任命,"不许辞避"。

322.《赐刘既济书》《赐项举之书》,绍兴二十四年十月重刻。江苏吴县崇真宫(今苏州阊门内下塘东段)。拓80＊49。碑阳为《赐刘既济书》,额竖刻"御笔手诏"。碑身8行10字;碑阴为《赐项举之书》,额竖刻"宸翰",碑身5行7字。均徽宗撰并行书,有印押。《寰宇》卷8;《江苏金石十一》;《北图藏拓》43-53。御笔手诏。

323.《请能公开堂疏》,绍兴二十五年(1155)九月。四川渠县。连额5.1＊3尺。11行25字。《金石苑》卷4。

324.《福昌院劝农记》,绍兴二十六年(1156)二月。四川广元。《金石苑》卷4。

325.《淀山普光王寺舍田碑》,绍兴二十八年(1158)二月。上海青浦区淀山普光寺。3＊2.4尺。额题"吴兴沈君舍田疏"。两截,上横列号田亩数,下刻舍田。25行24字。住持道智立石。《萃编》卷149;嘉庆《松江府志·艺文志》;《上海佛教》P30。

326.《累降指挥禁约刻石》,绍兴二十九年(1159)。浙江。汤思退记。《咸淳临安志》卷4。

327.《赐韩世忠敕石刻》,绍兴年间(1131～1162)。江苏无锡南禅寺。残。拓42＊22。高宗赵构行书。《北图藏拓》43-68。

328.《宋圆通大师辽相临终告言并跋》,绍兴年间。浙江宁波天一阁。刻于《宋王氏圆通庵记》之阴。《宁波碑碣》P155。提举舍资及处置办法,身后事宜,寺产管理戒语。

329.《绍兴御笔藉田手诏》,绍兴年间。浙江严州(今属杭州)。知县张华立石。《景定严州续志》卷5。

330.《苍山资福寺敕牒碑》,隆兴元年(1163)九月牒、札子。浙江天台县。三列刻,俱行书。《两浙》卷9。

331.《敕赐昭应大师牒》,隆兴二年(1164)十月。福建安溪县清水岩。《清水岩志》卷2。

332.《报恩光孝禅寺赐田免税公据碑》,隆兴二年。浙江湖州,原在府治北准提庵后园。6.9＊3.2尺。五截。上截绍兴三十一年(1161)九月十九

日指挥；二截绍兴二十七年（1157）十一月二日指挥；三截绍兴府归安县公
据；四截归安县帖报思寺；五截军州判，隆兴二年下，乾道二年（1166，原文如
此，疑误）出给公据。后附知县郭遂良等衔名。《吴兴》卷9。告示、公据、指
挥、省札、符；湖州王侍郎侵占寺田并蓄水破坏案。

333.《陈氏舍田告给公据碑记》，乾道元年（1165）六月。原在江苏宜兴
县，刻于《陈氏舍田记》碑阴。沈文撰，程绍祖书，法济立石。公据出给在碑
记立石之后。释方策《善权寺古今录文》卷3。砧基田土舍作寺院常住产
业，出给公据。

334.《孚惠庙敕牒碑》，乾道元年季秋望日刻，隆兴元年（1163）十二月
敕。浙江德清县新市镇。《两浙》卷9。

335.《六和塔尚书省牒碑》《开化寺六和塔尚书省牒碑》，乾道元年。浙
江杭州六和塔底层回廊东南角。碑右侧中下部略残。253＊114＊25。额隶
"敕赐开化之寺"。四截。第一、二截为隆兴二年（1164）十二月尚书省敕
牒；第三截刻乾道元年（1163）七月和隆兴二年（1164）十二月尚书省札付；
第四截刻乾道元年十二月临安府帖。四份公文均钤印章，有押。总66行。
《寰宇》卷9；《两浙》卷9；丁敬《武林金石记》卷9；《北图藏拓》43－77。朝
廷下文到临安府并转发钱塘、仁和县管理僧务的僧司，蠲免科敷。

336.《桐柏崇道观帖碑》《桐柏宫行在尚书户部帖》，乾道二年（1166）七
月二十一日帖。浙江天台县桐柏宫。《寰宇》卷9；《两浙》卷9；《道略》
P359。帖、指挥。状、申，乞蠲免科敷，"依天宁万寿寺观体例"，宣、政旧例，
"送户部依条施行"。

337.《封灵峻昭应博济永利公敕》，乾道二年十月。浙江仁和（今杭州）
赵氏拓本。行书。《寰宇》卷9。

338.《敕封广惠侯诰》，乾道三年（1167）正月刻，绍兴十七年（1147）六
月二十四日诰。江苏溧水县（今南京溧水区）。6.2＊3.5尺。三截，上截敕
告15行。《萃编》卷148。

339.《光福寺军府帖》，乾道三年九月。江苏吴县（今苏州）光福镇龟山
之麓。《寰宇》卷9。

340.《广照和尚忌辰追荐公据碑》，乾道三年十二月。江苏苏州灵岩山
光福寺。3＊1.5尺。额题"前住当山广照和尚忌辰追修公据"。15行39
字。碑文漫漶。《江苏·金石十二》。公据。集资作为常住财产。

341.《转运司蠲免盐铁记》，乾道四年（1168）三月。福建福州。《福建》
卷10。

342.《范石湖书通济堰碑》《重修通济堰规》，乾道五年（1169）四月十五

日。浙江丽水。168＊92。14行,行书。范成大撰书,张澈立石。《括苍》卷5。水规。

343.《白云昌寿观敕牒》,乾道六年(1170)十一月刊,乾道四年五月牒、乾道五年五月札付、乾道六年十一月二日奏。浙江天台县桐柏观西。177.3＊104。三截,上牒文,下尚书省札付两通。牒尾二人有押。《寰宇》卷9;《两浙》卷9;《道略》P361。敕牒、札子,道观赐额。"租税,依崇道观例施行。"

344.《宋规约残碑》,乾道六年、五年规约。浙江台州。《台州》卷11。族规。

345.《孝宗赐皇子节度使魏王诏书》,乾道七年(1171)二月。浙江金华。行书。《寰宇》卷9。

346.《昆庐院施主忌晨碑》,乾道八年(1172)八月十五日。四川夹江县。拓142＊94。僧居静撰。《北图藏拓》43－92。

347.《使府给了达执照》《靖江府给了达执护园照》,乾道八年十二月十六日给文。广西桂林清秀山摩崖。45＊89。《桂林辑校》P203。公文,使府给据,了达状陈,乞执照掌护;地土四至,园林保护。

348.《旌忠庙牒》,乾道八年。四川遂宁。1.6＊3.4尺。17行。《金石苑》卷4。

349.《范成大劝葬谕》,乾道九年(1173)六月一十八日刻。广西桂林隐山潜洞。拓110＊54。额隶"经略范公劝谕",碑文正书。下截跋文漫漶难识。尾题"榜示静江都督府"。张仲宇代范成大撰。《北图藏拓》43－95;《桂林辑校》P206。榜示。

350.《诏复能仁寺碑记》,乾道年间(1165～1189)。浙江。《中国佛寺史志丛刊》2辑10册《雁山志》P333。寺院复名。

351.《孝宗皇帝戒谕军帅五事》,淳熙三年(1176)九月。江苏南京。孝宗撰。《景定建康志》卷4。官箴。

352.《孝宗手诏戒谕漕臣》,淳熙六年(1179)五月刻。江苏南京。孝宗撰。《景定建康志》卷4;《江宁待访》卷2。官箴。

353.《石龙净胜院舍田记》,淳熙七年(1180)三月十三日立。浙江杭州。《两浙》卷10。

354.《高丽寺蠲免札付碑》,淳熙七年刻,淳熙元年(1174)十月一日札付。浙江杭州南山法云寺。两截。碑阴为记。《两浙》卷10;《寰宇》卷9;《玉岑山慧因高丽华严教寺志·附录》P261。"九月三十日奉圣旨",十月一日札付行在尚书礼部,"须至指挥"。官押。

355.《朱子白鹿洞教条》,淳熙七年。江西庐山市白鹿洞书院。学规。

356.《仪制令碑》,淳熙八年(1181)。陕西略阳县灵崖寺。60＊40＊14。4 行 3 字,共 25 字。邑令王□立石。《金石续编》卷 19;《汉中》P21;《秦岭》P26。交通法令。

357.《祥渊庙敕牒碑》,淳熙十年(1183)九月刻,大观四年(1110)九月二十一日敕牒、淳熙十年九月二十三日告身。甘肃陇南武都区安化中学。龟趺,142＊84+50。额题“告敕”。三截。《陇右》卷 4。

358.《灵济庙尚书省牒》,淳熙十年九月。江苏吴县五龙堂(遗址在今苏州南园宾馆西部)。行书。《寰宇》卷 9。

359.《敕静江府灵川县海阳山灵泽庙神》,淳熙十一年(1184)二月十九日。广西灵川县海洋乡海阳山(俗称龙母山)灵泽庙(不存,遗址上建有明心寺),佚。《灵川》P17,转录《广西通志》卷 97。敕,封惠济侯。

360.《敕赐昭应慈济大师牒》,淳熙十一年三月。福建安溪县清水岩。《清水岩志》卷 2。

361.《广州增置赡学田记》,淳熙十一年。广东广州学宫。碑阴刻段亩步数。《粤东》卷 1;《广东金石十三》。置产记录。

362.《宋孝宗赐陈俊卿札》,淳熙十二年(1185)正月刻。福建莆田陈氏二忠祠。6.2＊3.5 尺。额篆“皇帝御书”。两截,上御书 7 行,下跋语 28 行。《福建》卷 10;《闽中》卷 9。

363.《阿育王寺佛照禅师添谷度僧公据》,淳熙十三年(1186)八月。浙江鄞县(今宁波鄞州区)。行书。《寰宇》卷 9。

364.《海阳山灵泽庙之记》,淳熙十四年(1187)三月。广西灵川县海洋乡海阳山(俗称龙母山)西南面石壁上。250＊138。额题同碑名。15 行 25 字。陈邕撰。《灵川》P18。

365.《舍宅誓愿疏文》,淳熙十四年七月七日。浙江杭州。刻于《慧云寺碑》阴。拓 149＊82。张镃撰书。《寰宇》卷 9;《北图藏拓》43－146。私产处理。

366.《加封济英王敕》,淳熙十五年(1188)十一月二十一日敕告。湖北当阳市关庙。《湖北》卷 12。

367.《广法院敕牒碑》《中书门下牒兴州碑》,淳熙己酉年(十六年)立,治平元年(1064)正月二十四日敕。陕西略阳县徐家坪镇猫儿沟村卫生室。方首,无额。70＊50＊12。《秦岭》P24;石志刚《略阳县徐家坪镇“广法院敕牒碑”考》。寺院赐额,寺庙馆所将明细帐目定期上报官府。

368.《思恩府蛮人请盐钱谕碑》,绍熙三年(1192)。广西宜州。《粤西文载》卷 44。告示。

369.《宋光宗封五龙敕》,绍熙四年(1193)五月九日。江苏苏州灵济庙。《吴都文粹续集》。

370.《禁运盐榷摩崖刻石》,绍熙五年(1194)十二月二日。陕西勉县金泉乡。82＊94。6 行 10 字。《汉中》P23;《沔阳碑石》P14;《秦岭》P27。告示,禁盐令。榷盐贸易及管理、处罚。

371.《山河堰落成记》,南宋绍熙五年。原在陕西勉县褒谷,现存汉中博物馆。摩崖刻,178＊476。隶书 16 行,9 字。晏袤书。记修堰尺丈、用时、人工、费用等。

372.《赡学田碑》,南宋永春人陈一新(绍熙元年即 1190 年进士)撰。《福建通志》卷 9;民国《长汀县志》卷 17。学田。

373.《封嘉贤庙敕》,庆元元年(1195)三月、元祐三年(1088)九月两道敕书。江苏镇江丹徒区。拓 152＊59。额"敕赐"。12 行 28 字。《江苏·金石十三》;《北图藏拓》44－2。

374.《南山妙胜廨院碑》,庆元二年(1196)正月六日立,大观元年(1107)九月六日牒。甘肃礼县。额横题"大观敕书"。《陇南》P32 拓。赐额。

375.《吴学义廪规约》,庆元二年(1196)正月。江苏苏州府学。拓 5.5＊2 尺。三截:一截 23 行 24 字;二截 37 行;三截字佚。存 1 300 余字。《江苏金石十三》;《吴郡金石目》P24。载绍定五年(1232)九月准提举袁使部牒。学规。

376.《吴学粮田籍记》,庆元二年正月校证。江苏吴县(今苏州)县学。拓连额 5.7＊3 尺。六截。平江府学教授倪千里立石。《寰宇》卷 9;《江苏·金石十三》。田籍簿;公文一,使府淳熙五年(1178)拨田,诸生绍熙五年(1194)状申,《义廪规约》;嘉泰三年(1203)十一月初四日使府帖,告示一(疑后补刻)。

377.《上清宫尚书省牒》,庆元二年三月刊。政和三年(1113)九月敕。浙江鄞县(今宁波鄞州区)范氏拓本。下方蔡仍记,汤纯仁集欧阳询字,行书。《寰宇》卷 9。

378.《渠渡庙赐灵济额牒》,庆元二年六月敕。湖南武冈。两石,各 1.5＊2.6 尺。额"敕赐灵济庙额"。《八琼室》卷 121。

379.《李兴劝农事文》,庆元三年(1197)二月十五日刻。广西融安。拓 123＊63。8 行 17 字。《北图藏拓》44－15。

380.《龙虎山尚书省牒》,庆元三年刊,大观二年(1108)、政和四年(1114)、五年、六年各一道,下方有大观二年、政和六年王道坚表二道。浙江鄞县(今宁波市鄞州区)范氏拓本。《寰宇》卷 9。

381.《龙虎山尚书省牒》,庆元三年刊,政和八年(1118)七月牒,八月王袭明表。浙江鄞县(今宁波鄞州区)范氏拓本。《寰宇》卷9。

382.《祥渊庙加封碑》,庆元四年(1198)四月十六日敕告。甘肃陇南武都区安化镇,佚。5＊2.8尺。30行34字。上敕下碑记。《陇右》卷4;《陇南》P241拓、P1358文。

383.《南海英护庙额牒》,庆元四年五月。广东广州南海庙碑廊,刻于《皇祐五年牒》碑阴。156＊86＊13。15行。《金石续编》卷19;《广东金石十四》;《粤东》卷2;《南海神庙》P42。

384.《敕赐德施庙额尚书省牒》,庆元四年八月牒,元代重刻。广东广州增城区证果寺。行书,现存528字。《广东金石十四》。

385.《饶祖尧跋刻元祐党籍碑》,庆元四年九月。广西桂林龙隐岩。193＊143。额隶"元祐党籍"。《萃编》卷144;《桂林辑校》P268。

386.《高兴蓝若碑》,大理国段智兴安定四年(庆元四年)。原立于云南大理洱海东岸挖色区高兴乡大寺内,1984年发现,现藏大理市博物馆。佛寺经济。

387.《义庄砧基簿公据石刻》,庆元五年(1199)。江苏苏州。《吴县志》卷59。

388.《明阳观额敕牒碑》,庆元六年(1200)正月二十日。大观元年(1107)九月敕。原在江苏无锡河埒口璨山明阳观,现存无锡碑刻陈列馆。宰相蔡京、执政徐处仁画押签发。周复观摹勒,许鉴跋。《无锡》P52。

389.《范氏义庄题名碑》,庆元六年二月十五日刻。江苏苏州。拓229＊78。《北图藏拓》44－21。

390.《封灵济庙嘉泽显应侯敕》,庆元六年十二月。湖北武汉江夏区八分山。《寰宇》卷9;《湖北》卷12。

391.《敕赐昭应广惠慈济大师牒》,嘉泰元年(1201)三月。福建安溪县清水岩。《清水岩志》卷2。

392.《成都府灵应观赐号记》,嘉泰元年四月。四川。《鹤山集》卷38,《道略》374。记事,敕牒程序。

393.《慧日禅院公据》,嘉泰元年仲冬立,六月公据。江苏常熟慧日寺(址现为常熟市工人文化宫及慧日小学)。拓3.4＊2.3尺。两截:上17行25字;下公据,字难辨识。现存约330字。《寰宇》卷9;《江苏金石十四》。讼案,田产,十方住持制,乞公据立石。

394.《崇法寺结界记》,嘉泰元年。浙江宁波。光绪《鄞县志》卷67。界址。

395.《赐灵应庙牒》,嘉泰二年(1202)二月。浙江分水(今桐庐县分水镇)。《寰宇》卷9。

396.《施山田记》,嘉泰二年。四川简阳。《简阳县志》卷20,《巴蜀佛教》P207。

397.《吴芾赐谥敕牒》,嘉泰三年(1203)立,绍熙五年(1195)二月六日告、敕。浙江仙居县官路镇。1.13 丈 * 5.8 尺。额隶“赐谥制书”。六截。前三截均25行;四截前半13行,敕文行书,后半8行;五截13行,牒文及押敕结衔。《台州》卷7。

398.《句容县均豁和买记》,嘉泰四年(1204)三月三日。江苏句容市。韩沆撰书,共1 016字。《句容》卷5。记事。

399.《菁山常照院敕牒碑》,嘉泰四年七月敕。浙江乌程(今湖州)。《两浙》卷10。

400.《赐常昭禅院敕牒碑》,嘉泰四年十月。浙江乌程(今湖州)。《寰宇》卷9。

401.《荣王俨榜》,开禧元年(1205)五月榜。四川荣县。2.5 * 7 尺。21行。《金石苑》卷6。

402.《仪制令碑》,开禧元年。20世纪八九十年代发现于福建松溪县。除令文内容外,还有所在地、行路里程和立碑人等文字。

403.《孚泽庙敕牒碑》,开禧二年(1206)九月。江苏无锡碑刻陈列馆。159 * 76。上牒下记。牒行草,6行,43字。宰相韩侂胄、陈自强、李壁画押签发。记31行16字。高可磊勒石。《无锡》P55。

404.《吴学续置田记》(2),开禧二年十月。原存江苏苏州府学。拓5.6 * 2.8 尺。两石续刻。一石额题“吴学续置田记一”。五截,每截65行23字,约1.1万字。记平江府学陆续典买学田事及四份公牒。二石接续一石,载契买田土事及给予免印契钱和苗税的公文。《江苏金石十四》。

405.《遵奉圣旨住庵文据》,开禧二年。甘肃成县五仙洞。129 * 78 * 12.5。两面刻,阳刻《五仙洞记》,阴刻公文。碑阴三截,上为额,刻佛像和文字,文字同碑名。中、下为“舍状”,均钤“敕命之宝”印。张忠《记载我国古代护林法规的〈遵奉圣旨住庵文据〉碑》,《甘肃林业》2002年2期。公文、护林。

406.《义庄蠲免借船只军府牒石刻》,开禧三年(1207)十一月。江苏苏州。《吴郡金石目》P20。

407.《成都府灵应观赐号记》,开禧年间(1205～1207)。四川成都。魏了翁撰文。《鹤山集》卷38;《巴蜀道教》P149。记事。律、制。

408.《妙济真人敕》，开禧年间刻，嘉泰四年（1204）八月二十二日敕。四川中江县栖妙山。额题"开禧制诰"。2.7＊2.8尺。11行8字。《八琼室》卷117；《金石苑》卷6；《道略》P374；《巴蜀道教》P149。制诰。

409.《宁远记》，嘉定元年（1208）九月。原在浙江杭州府学。6.25＊2.78尺。两截，上记19行25字，下条目20行15字。国子司业王介记。《萃编》卷151。记事，祭规。为葬远方士子而设，后列祭葬守冢之制三则。

410.《通惠盛烈显应侯殿额》，嘉定元年季冬月三日。四川荣县武安公庙。《金石苑》卷6。

411.《广州府学管额碑》，嘉定二年（1209）三月记。广东广州府学。另面为元《重修碑记》。管额四至内无得侵占。《广东金石十四》。

412.《敕赐昭应广惠慈济善利大师》，嘉定三年（1210）五月。福建安溪县清水岩。《清水岩志》。

413.《敕赐显佑侯庙额尚书礼部牒文碑》，嘉定四年（1211）正月敕。浙江缙云县。《缙云县志》卷12。

414.《褒先寺安公札付碑》，嘉定四年。四川华蓥市永兴镇安丙故宅褒先寺，2003年维修时发现，嵌于正殿左壁。52＊67＊11。11行。首行为一长方形阴线框，框内上部有密集的横向凿条痕，文字模糊不识；框内下部正中刻"安月日封"几字。风化较重。《宣统广安州新志·金石志》；唐云梅、苏珂《南宋〈褒先寺安公札付碑〉浅析》，《四川文物》2010年2期。安丙给慧照寺长老觉源札付。

415.《乞增葺锦照堂札子》，嘉定五年（1212）一月。浙江宁波海曙区集仕港镇丰惠庙内。圆首，198＊110＊13。29行28字。另面刻宣和元年（1119）五月《御笔敕付楼异石刻》。楼钥《攻媿集》卷33；《宁波碑碣》P228。三省同奉圣旨，依右札。建堂存御笔碑事。

416.《紫云山崇仙观记》，嘉定五年。四川。魏了翁撰文。《鹤山集》卷38；《巴蜀道教》P158。记事。奏、赐额。

417.《梁文奎及妻诰命碑》，嘉定七年（1214）三月十三日。广东东莞市博物馆。残，90＊58＊5。《东莞市博物馆藏碑刻》P18。

418.《县学义廪记》，嘉定七年。浙江奉化。光绪《奉化县志》卷8。

419.《长生库碑记》，嘉定七年。广东韶州（今韶关）南华寺。侯安石撰。《中国佛寺史志汇刊》二辑卷3。寺院经济。

420.《孚泽庙赐额牒》，嘉定八年（1215）二月敕。甘肃成县抛沙镇五仙洞。130＊75，行书，5行46字。阴额篆"五仙洞记"。20行，赵希迁撰书。《陇右》卷4；《陇南》P154拓；《秦岭》P3。

421.《甘泉惠应庙尚书省牒》,嘉定八年四月敕。浙江丽水。6＊3.9尺。额隶书9字。《括苍》卷7;《括苍补遗》卷3。

422.《广州马氏舍田记》,嘉定九年(1216)。广东韶关,佚。黄君亮撰。《韶关》P188,转录康熙《重修曹溪通志》卷4。舍产记事。

423.《义庄蠲免科敷和买公据石刻》,嘉定十年(1217)五月。江苏苏州。《吴郡金石目》P21。族产、免赋、公文。

424.《释奠牲币器服图记》,嘉定丁丑(十年)十月。广西桂林府学故址(今桂林中学),已毁。吴纯臣书,许正大立。《粤西文载》卷25;《桂林辑校》P314。礼制。

425.《无锡县重修县学记》,嘉定十年十二月。原在江苏无锡县学。拓3.6＊2.3尺。额题同碑名。28行30字。教授郑子恭记,司理参军凌蓬书。《江苏金石十五》。

426.《申遗弃小儿省札》,嘉定十年立。江苏南京。《景定建康志》卷33;《江宁待访》卷2。

427.《灵显公敕》,嘉定十一年(1218)十一月。陕西褒城(今属勉县、汉中市等)。《寰宇》卷9。

428.《诏请三清殿上梁文碑》,嘉定十一年。江苏苏州玄妙观。162＊93＊20。龚颐正撰文,张允迪镌石。

429.《苏州府学蠲免田租牒》,嘉定十一年。江苏苏州府学。《补寰宇》卷4。

430.《留光寺碑记》,嘉定十一年后,原立嘉定孔庙南留光寺,现存上海嘉定区档案馆。残缺,33＊20。存14行,220余字。《嘉定》P736。公文,礼部符。

431.《龙虎山尚书省牒》,嘉定十二年(1219)十一月。淳熙十四年(1187)、十五年,绍熙四年(1193)、庆元二年(1196)、嘉泰四年(1204)牒各一道,元至正六年(1346)重立。浙江鄞县(今宁波鄞州区)范氏拓本。《寰宇》卷9。

432.《接待忏院公据碑》,嘉定十三年(1220)九月立,嘉定十一年四月公据。浙江乌程县(今湖州)南浔镇。《两浙》卷11;北大藏拓。照它体例,出公据,印记版牓。

433.《平江府添助学田记》,嘉定十三年腊月。江苏苏州府学。拓5.6＊2.5尺。额横题,同碑名。五截,19行12字。谢南记并书,主簿李案诗等立石。《江苏金石十五》;《吴郡金石目》P21。内载嘉定十一年正月《军府牒府学》,及拨府学拘没官产名件;嘉定十一年十月《军府牒府学》,以嘉泰四年公堂石刻存照(蠲免官赋石刻)为例。

434.《宝庆显忠禅寺尚书省敕牒》,嘉定十三年后。浙江宁波鄞州区五乡镇沙堰、明堂罍两村附近(赵王坟山),佚。天一阁藏拓,62＊98。《宁波碑碣》P265。赐额。赵大资府状,呈请钱塘县宝庆废院为"宝庆显忠禅寺"额。

435.《高宗与吕颐浩手札》(4),嘉定十四年(1221)五月。高宗在位时期(1127～1162)。四石,各1.6＊3.7尺。一石一札11行,一札2行;二石一札3行,一札7行;三石一札12行,一札3行;四石札子16行,批答2行。跋10行20字。《越中》卷4。不得过当骚扰。若或有违,必罚无赦。

436.《平籴仓省札》,嘉定十四年。江苏南京。《景定建康志》卷33;《江宁待访》卷2。公文,粮食买卖、社会救济。

437.《念佛崖院牒碑》,嘉定十四年。陕西洋县念佛崖,佚。《秦岭》P28。

438.《四川制置使司给田公据碑》,嘉定十五年(1222)。甘肃天水麦积山瑞应寺天王殿后檐廊墙内。碑身中断,168＊98。圆额,额横刻"四川制置使司给田公据"一行。首行刻"四川制置使司"大字。部分文字漫漶。《陇右》卷4。《麦积山石窟志》称为"麦积山捐田碑"。李之勤《天水麦积山石窟的题记、碑刻与宋金利州路、凤翔路间的分界线》,《中国历史地理论丛》1997年1期。公文、诉讼。十多年反复申诉。

439.《永灵庙加封敕牒碑》,嘉定十六年(1223)五月初九日刊,庆元二年(1196)八月告。浙江德清县新市镇。《两浙》卷8。

440.《平止仓省札》,嘉定十七年(1224)立。江苏南京广济仓左。《景定建康志》卷33;《江宁待访》卷2。公文,粮食买卖、社会救济。

441.《嘉定蠲减版赋始末》,嘉定年间(1208～1224)。浙江严州(今属杭州)。知县潘桧立石。《景定严州续志》卷5。记事,赋役。

442.《宋免役残碑》,嘉定年间立石,淳熙十六年(1189)奏请。原存浙江临海县(现临海市)西乡四十里新园。四周断损,存112字。《台州》卷11。赋役。

443.《家训碑》,嘉定年间。贵州遵义白绵堡,佚。杨粲(嘉定时人)撰。《贵州通志·金石志》P44。家训十条。

444.《宋追复岳武穆王并赐谥告词碑》,宝庆元年(1225)五月二日"赐谥告词",绍兴三十二年(1162)十月十六日"追复少保两镇告",嘉泰四年(1204)六月二十日"追封鄂王告",明隆庆三年(1569)七月刻。浙江杭州岳王庙。28行59字。明时修庙追刻诸诰于石。《两浙》卷9。

445.《双塔寺公据碑》,宝庆元年六月住山师哲跋,庆元二年(1196)六月给文。江苏苏州双塔寺(也称罗汉院)内。刻于绍熙《寿宁万岁禅院记》之阴。《潜研堂金石文跋尾》卷16;《吴郡金石目》P22。提举常平司出具;蠲免醋钱。

446.《嘉惠庙牒》,宝庆元年七月刻,绍兴二年(1132)十一月敕。江苏上元县(今南京)。5.94 * 4 尺。三截:上二截牒文,16 行;下截记,16 行。《萃编》卷 148;《寰宇》卷 9;《江苏金石十五》。

447.《太上断除伏连碑铭》,宝庆元年九月初六日立,道光十三年四月二十八日重立。四川富顺。2.8 * 1.6 尺。30 行 44 字。《萃珍阁蜀碑录》第 2 册;《道略》P394。信仰,诅咒神罚。

448.《它山遗德庙封善政侯牒》,宝庆三年(1227)正月十七日敕告。浙江鄞县(今宁波鄞州区)。4.8 * 2.4 尺。《寰宇》卷 9;《八琼室》卷 118;《两浙》卷 11。

449.《高丽寺尚书省牒碑》,宝庆三年正月敕牒、正月二十三日省札,浙江杭州南山法云寺。3 列 30 行。牒文行书,钤"尚书省印"三方。《寰宇》卷 9;《两浙》卷 11;《玉岑山慧因高丽华严教寺志·附录》P267。尚书省牒,差僧主持。

450.《英烈庙置田檀越题名记》,宝庆三年。江苏宜兴周王庙。拓连额 4.9 * 2.5 尺。四截。第三截刻七契,第四截刻两契。《江苏金石十五》。

451.《宝庆御笔》,绍定元年(1228)四月。浙江新昌县。5.5 * 3.1 尺。额篆同碑名。两截。上诏书 10 行 10 字,钤"御书之宝"。下跋 30 行 30 字。绍兴府兴昌县主管劝农公事赵时佺书。《越中》卷 5。丙戌(宝庆二年)诏书,三省于丁亥年(宝庆三年)行下郡邑。

452.《宝庆御笔》,绍定元年(1228)七月。浙江绍兴上虞区。5 * 2.8 尺。额篆"御书"。两截。上诏书 10 行 10 字,钤"御书之宝"。下跋 33 行 28 字。绍兴府上虞县主管劝农公事赵希贤书。《越中》卷 5。

453.《请开堂疏》,绍定元年。原在湖南常德市德山乾明寺故址,1979 年移滨湖公园碑廊,现置常德博物馆。198 * 116 * 13。小字漫漶不清。常德知府林文仲撰文。《湖湘碑刻》(一)P91。记寺庙"开堂"、僧徒受戒之事和寺庙田产数。

454.《吴学复田记》,绍定二年(1229)八月。江苏吴县(今苏州)。拓 5.5 * 3 尺。额篆"吴学复田之记"。20 行 35 字。陈耆卿记,石孝隆书并题额。《寰宇》卷 9;《江苏金石十五》;《吴郡金石目》P23。记事,学田讼案。

455.《丽水县奏免浮财物力札付碑》,绍定二年九月札付。浙江丽水。碑额已断。6.2 * 4.3 尺。《两浙》卷 11;《括苍》卷 7。

456.《御制八行八刑碑》,绍定二年。广东广州文庙大成殿之下二亭夹东西阶。元大德《南海志》卷 9。

457.《给复学田公牒一》,绍定三年(1230)刻,绍定元年(1228)公牒。江苏吴县(今苏州)。横题"给复学田公牒一"。四截,刻绍定元年五月、六月、七月三道军府(平江府)牒文。《寰宇》卷9。公文,学田讼案。

458.《给复学田公牒二》,绍定三年刻,绍定元年公牒。江苏吴县(今苏州)。拓5.8＊2.8尺。横题"给复学田公牒二"。四截,刻绍定元年九月、十一月平江府牒文和十一月两浙路提举常平司牒文。《寰宇》卷9;《江苏金石十五》。《江苏省通志稿》将其误作"给复学田公牒一"。公文,学田讼案。

459.《给复学田省札》,绍定三年刻,绍定元年十月三十日省札、绍定三年十月省札。原在江苏苏州府学,现不知去向。拓5.5＊2.9尺。额横题同碑名。三截:一截26行38字;二截38行44字;三截记27行20字,总2 600余字。《寰宇》卷9;《江苏金石十五》;《吴郡金石目》P23。公文,学田讼案。

460.《高丽寺尚书省牒碑》,绍定四年(1231)十一月敕牒、十一月十五日省札,浙江杭州南山法云寺。3列29行。《玉岑山慧因高丽华严教寺志·附录》P270。

461.《判府编修添置养士学田记》,绍定四年。上海嘉定孔庙名宦祠西壁。156＊86。额题同碑名。30行72字。《吴郡金石目》P23;《嘉定》P189。契用钱文,折官会,置买四至。租户及租额。

462.《光福寺帖》,绍定五年(1232)八月刊,七月廿九日帖。江苏吴县(今苏州)光福镇龟山之麓。拓2.48＊2尺。两截,上帖正书10行,下跋行书10行。《江苏金石十六》。

463.《华亭县蠲免安济院苗税公据》,绍定六年(1233)四月。浙江嘉兴。程熹撰。《寰宇》卷9。

464.《华亭安济院管田记》,绍定六年四月。浙江嘉兴。《寰宇》卷9。

465.《郡侯邹公置学田诗》,绍定六年八月。江苏昆山市。《寰宇》卷9。下刻学田亩数。

466.《增置常熟县学新田记》,绍定六年。江苏常熟。《寰宇》卷9。上刻军府使帖。

467.《寿圣院讼案碑》,端平元年(1234)元月六日刻,绍定六年(1233)十二月初五日公据。1992年四川资阳正东街寿圣院遗址出土。380余字。黄世希、王洪林《资阳出土南宋诉讼碑》,《四川文物》1993年3期。僧告官案,每年向县送纳140引。四川总领财赋郎中同意资州理僧司判决,禁资阳县丞收取大额钱。

468.《报国寺告示碑》,端平元年九月刻,绍定六年(1233)十一月告示。

浙江乌程县（今湖州）南浔镇。3.2＊1.7尺。《吴兴》卷10;《南浔镇志》卷25。部据;乌程县南林报国寺与乌镇普救寺争讼。

469.《天庆观尚书省札并都符使帖》,端平元年六月二十日立。江苏苏州玄妙观。194＊105＊22。额题"朝旨蠲免天庆观道正司科敷度牒省札部符使帖"。五截,行书。第一截端平元年四月三十日札付,第二截端平元年四月三十日札付照会,第三截端平元年五月"军府"准省札行遣帖,第四截题署画押,第五截端平元年六月通判军府帖照会。《寰宇》卷9;《江苏金石十六》;《道略》399。敕牒、省札、使帖,程序、特例。"遵照累降圣旨","如违以大不恭论"。另面刻宋咸淳、元至元十六年(1279)文书四道。据观主陈天一的陈诉和皇帝的旨意,尚书省同意免除天庆观道正司科敷科买度牒。

470.《封太学灵通庙敕牒碑》,端平二年(1235)十二月、端平三年正月十四日敕告。浙江杭州。8.42＊4.1尺。6列69行。《萃编》卷152;《寰宇》卷9。敕牒、告身,神祠封号、赐额。

471.《永灵庙加封显佑通应侯敕牒碑》,端平三年(1236)十二月二十六日敕告。浙江德清县新市镇。《两浙》卷11。

472.《永灵庙协惠夫人加封照庆敕牒碑》,端平三年十二月二十六日敕告。浙江德清县新市镇。《吴兴》卷11。

473.《华亭县学田记》,嘉熙元年(1237)二月十六日。浙江嘉兴。额题"华亭学田碑一"。八截,总3700余字。扬瑾题,曹与祖刊刻。《江苏金石十六》。

474.《敕封灵济慈祐大师尚书省牒》,嘉熙元年二月。江西雩都(今于都县)。"尚书省牒"四字后有文39行,漫漶不可辨认。《赣石录》卷1。加封大师。

475.《报国寺布施记碑》,嘉熙元年二月。浙江湖州南浔区。《吴兴》卷11。财产处分。

476.《檀越施田地名衔》,嘉熙元年七月。浙江湖州南浔区。李心传撰文。碑阴为檀越施舍记录。《吴兴》卷11。私产处理、施舍。

477.《学田籍碑》,嘉熙元年八月。江苏常熟。《寰宇》卷9。

478.《府学赆送贡士规约记》,嘉熙元年立。江苏南京。吴箴撰。《景定建康志》卷33;《至大金陵新志》卷12下;《江宁待访》卷2。学规。

479.《宝云寺牒》,嘉熙元年刻,治平元年(1064)十月二十七日牒、十一月县帖。两浙路秀州华亭县(今属上海)。3.4＊2.4。三截。《江苏金石十六》。敕牒、县帖,寺院赐额。

480.《敕赐褒忠庙牒》,嘉熙二年(1238)五月。安徽石台县。宽3.7尺。

14 行正书,批答行书。《安徽》卷 3。敕牒,批答,表彰赐额。

481.《湘山寺创库资金公据碑》,嘉熙二年六月十六日刻,嘉熙二年三月十六日文。广西全县(今全州县)。拓 163 * 89。额题"本寺创库库本公据"。三截。首行"使司"。唐桂跋,僧清湘刻。下有捐资题记。《粤西》卷12;《北图藏拓》44 - 86。全州承荆湖南路转运司台判颁发的公据。库资措借侵用,申官管制。

482.《宋理宗赐杜范敕》,嘉熙三年(1239)七月。安徽宣城宁国府署前。7 行。首行"敕"字上钤"书诏之宝",后题"二十六日"。末行一"敕"字极大,又有"敕杜范"3 字,也钤"书诏之宝"。外周有长方界,似是封皮。下方有杜范跋。《安徽金石略》卷 3;《寰宇》卷 9;《语石异同评》P206。

483.《常熟县整理田赋碑记》,嘉熙三年八月。江苏常熟。记事,赋役。

484.《光福寺公据》,嘉熙四年(1240)二月给文。原在江苏苏州本寺。77 * 73。两截,上公据 20 行,下记 20 行,总 570 余字。住持了闻立石。《江苏金石十七》;北大藏拓。公文,记事。官拨田产、租米充寺,给据照证。

485.《文应庙牒》,嘉熙四年九月。浙江诸暨市。5 * 3.1 尺。三列:上列首行行书,状 36 行正书;中列牒文 5 行行书,年月 1 行;下列题衔 3 行正书。《越中》卷 5。神祠封号、赐额。

486.《云和福胜庙敕牒》,嘉熙四年十月。浙江丽水。7 * 3.6 尺。牒文15 行,月日之间钤"尚书省印",三公衔下各有画押。《括苍》卷 8。敕牒、碑记,神祠赐额。

487.《加封三茅真君诰》,淳祐元年(1241)三月十五日。江苏无锡惠山三茅峰。3.5 * 2 尺。三截,行书。敕诰,封号。

488.《经筵荐士章稿》,淳祐元年七月刻。江苏吴县(今苏州)。拓239 * 130。八截,首截为诏书,二至七截刻稿,末列跋。文字漫漶。《北图藏拓》44 - 94。

489.《李二娘捐田地碑记》,淳祐元年十一月。广西桂林三峰山锡石山壁。1.6 * 2.1 尺。《桂林辑校》P333。二十亩入亡夫坟。四至,管业。

490.《思无邪公生明碑》,淳祐元年刻。原立江苏苏州三元坊书院巷江苏巡抚衙门内,现存苏州文庙。拓 6.8 * 2.5 尺。北宋司马光手书。《江苏金石十七》。官箴。

491.《云涛观施舍碑》,淳祐三年(1243)。浙江宁波。光绪《鄞县志》卷59。私产处理、施舍。

492.《平江贡士庄田籍记》,淳祐四年(1244)十月,淳祐二年十一月、淳祐三年四月。原在江苏苏州府学。拓 4.6 * 2.7 尺。额横题"平江贡士庄田籍记"。三截,总 1 780 字。《江苏金石十七》。记事、公文。学田田籍。拨没官田两笔,引提举使台除豁苗税牒文 2 处。

493.《加封三茅真君诰》,淳祐四年。江苏句容市。拓 4 * 2.2 尺。《江苏金石十七》。

494.《无锡县学淳祐癸卯续增养士田记》,淳祐五年(1245)七月、淳祐三年十月。江苏无锡碑刻陈列馆。245 * 120。额隶"无锡县学淳祐癸卯续增养士田记"。六截。第一截淳祐三年八月常州府批转将尤梓抄没田亩拨给无锡县学的公据,以及淳祐三年十月两浙西路转运副使给无锡县的帖文。二至五截刻田数,六截刻无锡县令薛师鲁撰碑记,32 行 18 字,总 6 800 字。《江苏金石十七》;《无锡》P61。学田,学产来源,砧基,公据、帖。

495.《善应庙敕》,淳祐五年。福建福州。《补寰宇》卷 4。

496.《建炎复江阴军牒》,淳祐七年(1247)六月摹刻,建炎二年(1128)十一月牒。江苏江阴县署。5.6 * 3 尺。两截,牒 15 行。碑阴为绍兴三十一年(1161)十一月一日《绍兴复江阴军牒》。两截,牒 16 行。《江阴县续志》卷 21;《江苏金石十一》。

497.《仁济庙加封敕牒碑》,淳祐七年六月立,淳祐七年五月牒。原在浙江湖州安吉县李王山仁济庙。5.9 * 3.9 尺。额篆"封号公据"。25 行 83 字。《吴兴》卷 12;北大藏拓。部据,加封李卫公靖之仁济庙封号。

498.《灵昭庙尚书省牒残碑》,淳祐七年。浙江杭州。四面皆泐,存 35 行。《两浙》卷 12。神祠封号。

499.《绍兴府学榜示碑》《府学整复赁钱榜》,淳祐八年(1248)九月刻,淳祐八年七月榜。浙江绍兴。拓 139 * 74。额刻"绍兴府学整复赁钱榜记"。《寰宇》卷 9;《北图藏拓》44－107。

500.《遗德庙加封灵德牒》《它山庙封善政侯敕牒碑》,淳祐九年(1249)二月一日。浙江鄞县(今宁波鄞州区)它山庙。5.1 * 2.4 尺。《寰宇》卷 9;《八琼室》卷 119。

501.《加封三茅真君诰》,淳祐九年三月。江苏句容市。《句容》卷 5。

502.《理宗御书放生池敕》,淳祐十年(1250)正月,明代重刻。江苏昆山市清真观。拓 4 * 2 尺。两截:上敕 11 行 7 字,下记 18 行 33 字。《寰宇》卷 9;《江苏金石十七》。

503.《龙华宝乘禅寺管业公据碑》,淳祐十年九月给文。原在浙江杭州龙华寺。碑文不清。《寰宇》卷 9;《两浙》卷 12。

504.《渠渡庙封崇福公告》,淳祐十一年(1251)三月十日。湖南武冈。1.8 * 2.8 尺。敕 25 行 9 字。《八琼室》卷 119。

505.《免纳涂田盐公据碑》，淳祐十一年四月十四日给文。浙江临海。额篆"提举司免纳涂田盐公据"。正书 29 行。《两浙》卷 12。

506.《府学总所拨归本学园租公据》，淳祐十一年五月刻，淳祐十一年二月给文。原在江苏苏州府学。拓 5.5 * 2.8 尺。三截：上两截帖文，下张济之跋。《寰宇》卷 9；《江苏金石十八》；北大藏拓。总领浙西江东财赋钱粮所，平江府学。公据、帖。被侵占学田拨还，永充学租。

507.《龙华宝乘禅寺管业公据碑》，淳祐十一年九月给文。浙江杭州。额篆"提举司免纳涂田盐公据"。29 行。《两浙》卷 12。

508.《建康府新建义庄记》，淳祐十一年。江苏南京。宋自强记。《至大金陵新志》卷 12 下。救济。

509.《径山兴圣万寿禅寺籴米札付碑》，淳祐十二年（1252）四月。浙江余杭。《寰宇》卷 9。

510.《平籴仓省札》，淳祐十二年。江苏南京。《景定建康志》卷 33；《江宁待访》卷 2。

511.《北禅广福禅院经界寺基之图》，淳祐十二年。江苏无锡碑刻陈列馆。僧德恢撰文立石。《江苏金石十八》；《无锡》P52。土地经界法推行，追回被冒占之地，画图为据。四至。

512.《昭惠庙敕牒并礼部状碑》，淳祐十二年。浙江宁波鄞州区横街镇昭惠庙，佚。天一阁藏拓。140 * 75。三截：上截牒文存 10 行，残缺；中为官员题名；下有尚书省吏部之印 30 余方。碑阴为《尚书省牒赐昭惠庙额礼部状碑》，两截。上牒文 37 行 63 字，下为官员题名及朝廷批复。《宁波碑碣》P288。敕牒，封号。疑为明末清初复刻。

513.《惠应庙神增封敕》，宝祐元年（1253）八月六日敕告。福建邵武。5.6 * 3.4 尺。额篆"宝祐癸丑增封纶告"。《闽中》卷 10。

514.《惠应庙神妻及子妇增封敕》，宝祐元年八月六日。福建邵武。5.6 * 3.4 尺。《闽中》卷 10。

515.《府学榜书并谢表》，宝祐元年十二月。浙江绍兴。拓 204 * 96。额刻"皇帝御书"。中刻理宗御书"府学"巨字，下刻戴东云谢表。《北图藏拓》44 - 117。

516.《南华寺新建免丁库记》，宝祐元年。广东韶关南华寺，佚。张兹仪撰。《韶关》P152，录康熙《重修曹溪通志》卷 3。记事，寺庙免役，免丁。

517.《尚书省敕赐延寿寺牒碑》，宝祐二年（1254）闰六月敕。浙江象山县延寿寺。额、座失。215 * 107 * 11。三截，碑面风化难识。碑阴为洪武十年（1377）《延寿禅寺历代兴建记》。寺院赐额。郑清之遗孀卫国夫人谢氏请寺额,理宗皇帝赐"延寿报国禅寺"为额,尚书省给降敕牒。

518.《尚书省札付延寿禅寺碑》,宝祐二年。原立浙江象山县延寿寺,现存象山县文管会。鄞人郑清之拜太傅右丞相兼枢密使、封越国公后,越国府呈申文,尚书礼部发符文,庆元府给据。将延寿寺赐给郑清作功德寺,专充其父、赠太师益国公郑若冲的香火寺。

519.《李府"食邑税山"界石》,1254 年后,原在香港大屿山万角嘴,现存香港历史博物馆。界址、凭证。

520.《敕赐英烈庙牒》,宝祐三年(1255)正月。安徽。7 * 3.6 尺。《安徽》卷 3。敕牒,表彰赐额。

521.《府判厅刻石》,宝祐三年九月八日。安徽凤台县。拓 46 * 32。《北图藏拓》44 - 120。

522.《淳祐宝祐加封敕牒碑》《加封太学土地文忠侯敕牒》,宝祐四年(1256)八月、淳祐六年(1246)五月。浙江杭州。《寰宇》卷 9。《两浙》卷 12。太学土地神加封名号。

523.《淳祐宝祐加封敕牒碑》,宝祐四年(1256)九月十二日敕告,淳祐六年(1246)五月十八日牒、五月二十一日敕告。浙江杭州岳王庙。额篆六字。六截,74 行。《两浙》卷 12。

524.《新建普贤院额给到部符公据》,宝祐四年十二月。江苏吴县(今苏州)。《寰宇》卷 9。

525.《录用勋裔御札碑》,宝祐四年十二月。浙江湖州府署。3.7 * 3 尺。额篆"皇帝御札"。9 行 10 字。《八琼室》卷 120;《两浙》卷 12;《吴兴》卷 6。

526.《敕赐寿国宁亲禅寺额碑》,宝祐五年(1257)二月十二日。寺址在浙江宁波鄞州区五乡镇联合村,佚。天一阁藏拓。174 * 104。下截残缺。《宁波碑碣》P297。记事。

527.《蠲免安济院苗税公据》,宝祐五年九月。浙江嘉兴。《寰宇》卷 9。

528.《大港税总领文卿赵使君寿祠记》阴,宝祐五年。江苏。碑阴刻《使府蠲放大港镇税照帖》。《江苏省志·文物志》P359。

529.《平江府给寺僧立石执照》,宝祐六年(1258)二月。江苏吴县(今苏州)邓尉山光福镇废寺中。《吴郡金石目》P23。

530.《上方教院免差役公据》《光福寺祈请道场免役公据》,宝祐六年十二月刻。江苏吴县(今苏州)光福寺。77 * 52。两截,上绍定四年(1231)九月公据,11 行 27 字;下宝祐六年僧人状,10 行 29 字。有印、押。《寰宇》卷 9;《江苏金石十六》。部据;免差役科敷凭据,申省部给据。

531.《菩提寺礼部告示碑》,宝祐年间(1253～1258)。上海嘉定区菩提寺,刻于后唐清泰年间《唐兴殿记》之阴,佚。残断,1.7*1.83尺。清陈树德编纂《安亭志》卷14《寺观》,《嘉定》P718;《吴郡金石目》P27;北大藏拓。部据,判词,告示。僧楚怀状,被巡尉占房勒索、诈赃,钧判。夏胜等决刺。报复,以催苗为由勒勘讯决。须至指挥。

532.《谕朱广用敕并表记》,开庆元年(1259)二月表,十三日敕。广西桂林临桂区宝积山华景洞,已毁。8.4*5.8尺。三截:上"开庆己未奖谕敕书"8字2行;中敕书13行15字;下谢表,33行18字,末记6行16字。《金石续编》卷19;《粤西》卷13;《桂林辑校》P353。

533.《浚湖卫城局勒石》,开庆元年八月。广东,佚。《海阳县志·金石略一》;《西湖山志·石刻》;《潮汕》P193。税赋凭证。

534.《敕赐忠显庙牒碑》,景定元年(1260)八月。浙江钱塘(今杭州)。《寰宇》卷9;《两浙》卷12。表彰赐额。

535.《太学忠显庙敕牒》《敕封忠文王及佐神张宪等牒残碑》,景定二年(1261)二月。浙江钱塘(今杭州)。残,6.4*4.1尺。六截,行书。《寰宇》卷9;《萃编》卷152。

536.《戒谕文摩崖》,景定二年。贵州锦屏县城西43公里敦寨镇罗丹村田坝头寨诸葛洞内右洞口石壁上。160*168。26行,落款"郡太守张开国书"。《贵州通志·金石志》P45;《贵州省志·文物志》P275;《苗族卷》P86。劝民,治理。

537.《延恩寺敕牒残碑》,景定三年(1262)十二月。浙江临海市东南乡涌泉寺。2.3*3.1尺。存下截衔名4行,行书。钤"尚书省印"。《两浙》卷13。《台州》卷11。寺院赐额。

538.《封天曹猛将敕》,景定四年(1263)三月八日。江苏苏州。1.45*2.2尺。《寰宇》卷9;《八琼室》卷120;《江苏金石十八》。

539.《东莞戎民免调碑记》,景定四年中秋。安徽芜湖,未见。陶炽撰,文载《芜湖县志》。《安徽金石略》卷5。合诉上台,牒郡照札行,例不得废。刻台由、县据。

540.《慈云院部据府帖碑》,景定五年(1264)二月刻,景定四年十月示。浙江钱塘(今杭州)。额篆"城东慈云院甲乙传流住持部据府帖"15字。两截,上19行,下22行。《寰宇》卷9;《两浙》卷13。部据,帖。改十方住持为甲乙住持。

541.《赐兴平报国寺额敕》,景定五年九月。浙江宜兴。拓5.85*2.9尺。三截刻。上截尚书省牒,18行24字;二截敕书5行5字;三截题衔4

行。《江苏金石十八》。敕牒,寺院赐额。

542.《灵显庙赐额敕牒碑》,景定五年九月。浙江嘉兴。三截,俱行书大字。中有申状 36 行,小字。《两浙》卷 13。神祠封号赐额。

543.《圣旨拨赐田山省札公据》,景定五年十月给文。浙江杭州。《慧因寺志》卷 7《碑记》。正月二十八日奉圣旨,札付。印。拨赐田土落实情况,县官贪图、强占。台判。提领安边所。交领状。执照。

544.《显应庙神封广惠侯尚书敕符碑》,景定五年十一月十五日。浙江缙云县。5.35 * 2.8 尺。三截,上敕 10 行,中敕 7 行,行书。《括苍补遗》卷 3;《缙云县志》卷 12;《括苍》卷 8。

545.《敕赐峡山二神记》,景定五年十一月敕告。广东。《广州府志》卷 102。

546.《训廉铭》,理宗(1225～1264 在位)制。江苏。马光祖立石,在府治。《景定建康志》卷 4;《句容》卷 5;《江宁待访》卷 2。官箴。

547.《谨刑铭》,理宗制。江苏。马光祖立石,在府治。《景定建康志》卷 4;《江宁待访》卷 2。司法。

548.《戒饬士习手诏》,理宗书。江苏。马光祖立石,在府治。《景定建康志》卷 4;《江宁待访》卷 2。官箴。

549.《戒贪吏手诏》,理宗书。江苏。马光祖立石,在府治。《景定建康志》卷 4;《江宁待访》卷 2。

550.《又戒贪吏手诏》,理宗书。江苏。马光祖立石。《景定建康志》卷 4;《江宁待访》卷 2。

551.《御笔戒贪吏》,理宗书。江苏。马光祖立石,在府治。《景定建康志》卷 4。

552.《荐福院方氏祠堂记》,咸淳元年(1265)。福建莆田。《兴化府分册》P48。世家大族与寺院关系,施舍、经管田产。

553.《廪士田租记》《学田租记》,咸淳二年(1266)七月。上海嘉定孔庙大成殿西壁外。185 * 88 尺。12 行 24 字,总 247 字。唐梦翔书。《寰宇》卷 9;《八琼室》卷 121;《吴郡金石目》P27;光绪《嘉定县志》;《嘉定》P205。学田亩数租额,来源。

554.《敕封灵济慈祐慧应大师尚书省牒》,咸淳五年(1269)五月。江西雩都(今于都县)。两截,上段 23 行,下段 6 行。《赣石录》卷 1。加封大师。

555.《渠渡庙封益灵公告》,咸淳五年七月。湖南武冈。景定四年(1263)四月二十九日敕(残)、咸淳五年七月敕告。1.7 * 2.75 尺。《八琼室》卷 121。

556.《报忠观置田记》,咸淳五年七月。浙江嘉兴。黄梦炎撰。《江南道教碑记资料集》P4。记事,赐额公文及程序。

557.《天庆观甲乙部符公据》,咸淳六年(1270)四月。江苏苏州玄妙观。《寰宇》卷9;小林隆道《苏州玄妙观元碑〈天庆观甲乙部符公据〉考——兼论宋元交替时期的宋代"文书"》,《宋史研究论文集(2010)》P88。部符,部据,公据;复确认甲乙住持制。

558.《张真君庙免赋执照碑》,咸淳六年七月刻。江苏吴县(今苏州)。拓63＊77。仅存上半。额题"使府特免官赋公据"。13行29字。阴刻《蠲免苗税记》,额题"使府特与蠲免庙院苗税记之记",亦有公文,下残。《北图藏拓》44－137。公据;蠲免庙产税。

559.《嘉应庙敕牒碑》,咸淳六年十二月。浙江湖州南浔区。4.88＊2.22尺。额题"敕赐嘉应之庙"。《吴兴》卷12。北大藏拓。神祠封号、赐额。

560.《修筑桂州城图并记》,咸淳六年。广西桂林鹦鹉山摩崖。《粤西》卷13;《桂林辑校》P364。城址四至,用工费钱等。

561.《度宗字铭并谢表》,咸淳七年(1271)四月。址不详。6.4＊3.5尺。额篆"御制宸翰"。《八琼室》卷121。

562.《宋御制牧民碑》,咸淳七年五月。浙江嘉兴。额篆8字。两截,上御书7行,下表文49行。《两浙》卷13。

563.《石勋庙昭应侯诰碑》,咸淳九年(1273)十二月八日敕。江西庐陵(今吉安市)。《青原志略》卷4。

564.《显应庙牒碑》,咸淳九年。浙江缙云县。《括苍》卷8;《括苍补遗》卷2。

565.《永康功评事桥免夫役记》,魏了翁(1178～1273)撰,四川都江堰。《都江堰市金石录》P340。记事,免夫役。

566.《范氏义庄尚书省札》,咸淳十年(1274)九月。江苏吴县(今苏州)。拓204＊106。上札,下记田亩数。《寰宇》卷9;《北图藏拓》44－143。

567.《显应庙牒碑》,咸淳十年十月二十三日。浙江缙云县。敕文19行,草书。《括苍》卷8;《缙云县志》卷12。

568.《大庙湾天后岩石刻》,咸淳十年。原立香港清水湾南大庙湾天后庙后,现藏香港历史博物馆。官盐管理与生产。

569.《荐福祠敕牒碑》,德祐元年(1275)十二月望日勒石。浙江湖州南浔区,佚。《南浔镇志》志25。敕告。

570.《太学忠祐庙敕封告据碑》,德祐二年(1276)正月立,德祐元年敕封告据。浙江杭州岳王庙。拓172＊82。额篆"德祐乙亥敕封告据"8字。

四截：首截刻公据，15 行 35 字，两方印；二、三截刻敕书，18 行，四方印；第四截为印章，可见 41 方。《寰宇》卷 9；《两浙》卷 13；《北图藏拓》44 - 147。尚书礼部公据，尚书吏部敕。敕封岳王庙为忠佑庙。

571.《宏农杨氏舍田记》，祥兴元年（1278）。16 行 35 字。浙江缙云县梵岩寺。碑阴刻《扬曾九宣义舍田数》，两截，共 17 行。《括苍补遗》卷 3。

572.《敕赐寿圣寺额牒》，无年月。河北武安县西南 60 公里阳邑镇寿圣寺。《中原》P147。

573.《景村封石》，宋，山东济宁。拓 59 * 47。8 行。《北图藏拓》44 - 168。界址。

574.《仪制令碑》，无年月。甘肃清水县赵充国陵园碑林。89 * 67 * 10。3 行 6 字，共 15 字。

575.《皇朝御书御制诏令碑刻》，无年月。江苏南京。《景定建康志》卷 33。

576.《泰伯庙知府节制撰修史侍郎拨田公据》，无年月。江苏吴县（今苏州）。《寰宇》卷 9。

577.《范氏义庄田契碑》，无年月。江苏吴县（今苏州）。《寰宇》卷 9。

578.《泰伯庙两浙西路提点刑狱司公据》，无年月。江苏吴县（今苏州）。《寰宇》卷 9。

579.《包孝肃公家训石刻》，无年月。安徽合肥，佚。《安徽金石略》卷 6。"有犯赃滥者，不得放归本家。"

580.《菩提寺行在尚书礼部公据》，无年月。上海嘉定区。《寰宇》卷 9。

581.《重刻明州奉化县西山护国院记》侧，宋代重立，唐元和十四年（820）六月四日。浙江宁波奉化区大桥镇西溪村西山寺内。135 * 73 * 11。22 行 37 字。《宁波碑碣》P328。四至，租赋，"契簿书可照"。

582.《御制至圣文宣王赞及加号诏》，浙江严州（今属杭州）孔庙大成殿。碑阴刻赡学产段细数。《景定严州续志》卷 4。

583.《御书八刑八行诏》，浙江严州（今属杭州）孔庙大成殿。《景定严州续志》卷 4。

584.《皇帝赐辟雍诏》，浙江严州（今属杭州）孔庙大成殿。《景定严州续志》卷 4。

585.《御书赐学官诏》浙江严州（今属杭州）孔庙大成殿。《景定严州续志》卷 4。

586.《集义庄记》，浙江严州（今属杭州）。郡人方万里撰，知县孙自中立石。《景定严州续志》卷 5。救济。

五、辽金(907～1234)

含刘齐(1130～1137)

(一) 契丹辽(907～1125)

1.《大王记结亲事碑》,天赞二年(923)五月十五日。1974 年出土于内蒙古宁城县金沟乡喇嘛沟门村曹家房后,现藏赤峰市宁城辽中京博物馆。35﹡100﹡11。额题"大王记结亲事"。各面碑文共 27 行,均左行,原有约 893 字,磨损约 66 字。碑主可能是奚王勃鲁恩。李义《内蒙古宁城县发现辽代〈大王记结亲事〉碑》,《考古》2003 年 4 期;李义《辽代奚"大王记结亲事"碑》,《辽金西夏史研究》(天津古籍出版社,1997)P244－251;《内蒙古辽代石刻文研究》P373;《辽石续》P1。白话碑,记事,奚、契丹婚姻习俗。

2.《刘延贞庄账及地茆》,开泰五年(1016)。山西大同。54﹡43。两面刻,石阳是庄账,18 行 35 字,竖行左起;石阴是地茆,9 行 25 字,竖行右起。《大同新出志石》P140;《晋商史料全览·大同卷》P699;王晔《辽代幽云地区土地买卖的几个问题——以辽代石刻资料为中心》,《中国经济史研究》2011 年 3 期。"大同军云中县北刘庄刘延贞开列庄帐地段顷亩"十余段,详列位置、亩数、四至。施产四至。

3.《圣宗耶律隆绪哀册》,太平十一年(1031)刻。民国年间出土于内蒙古巴林右旗白塔子村西王坟沟,现藏辽宁省博物馆。133﹡133﹡21.5。志盖篆刻"文武大孝宣皇帝哀册",志身道题"文武大孝宣皇帝哀册文"。35 行 36 字,共 1 125 字。张俭撰写。册主姓耶律,名隆绪,太平十一年(1031)六月崩,在位 49 年,享年 61 岁。尊谥为"文武大孝宣皇帝",庙号"圣宗"。《辽石》P193。

4.《祐唐寺创建讲堂碑》侧记,重熙十五年(1046)。天津蓟县盘山东麓白水峪之南千像寺中。刻于统和五年(987)四月八日《祐唐寺讲堂碑》侧面。300 * 100。碑正面铭 1 600 余字,蓟州军事判官李仲宣撰,燕京悯忠寺僧德麟书。侧记载千像、妙香两寺因土地问题发生争讼后,共同立下的四至记录。《北图藏拓》45 - 11 失拓碑侧;《辽石》P85;《辽石续》P97。寺产讼案,契证,四至。

5.《常兴院经幢》,清宁三年(1057)。北京平谷大兴庄镇常兴寺。汉白玉石质,八角直楞幢,只存幢身。100 * 径 30。五面刻经文,三面记述庙产数。《平谷文物志》P156。记事,庙产四至。

6.《圣宗钦爱皇后哀册》,清宁四年(1058)迁葬于永庆陵,清宁三年(1057)十二月二十七日崩。1930 年出土于内蒙古巴林右旗白塔子乡辽庆陵,现藏辽宁省博物馆。志盖篆"钦爱皇后哀册"。志身 25 行 25 字,共 592字。册主姓萧氏,小字耨斤,兴宗之母,清宁初尊为太皇太后。崩后谥号"钦爱皇后"。《辽石》P282。

7.《归义寺卖地券》《许员外卖地券》,咸雍元年(1065)。原在北京归义寺,现不详。附于《弥勒邑特建起院碑》尾,载清宁七年(1061)买许员外地建归义寺之事。《辽代金石录》卷 3;《辽石》P326。契约,四邻。

8.《新赎大藏经建立香幢记》《新赎大藏经香幢》,咸雍四年(1068)。原立河北涿州市松林店镇歧沟村(原涿州范阳县歧沟关)天王院遗址,现藏涿州博物馆。仅存幢身,67 * 31.5。八面刻文。首面额题"奉为圣文神武全功大略聪仁睿孝天祐皇帝特建香幢";二至七面为题记、题名与免税田亩的数量及界至,29 行 30 字;八面为经文,首题"烧香真言曰"。杨卫东《与〈契丹藏〉有关的一件石刻——读辽咸雍四年刊〈新赎大藏经建立香幢记〉》,《文物春秋》2007 年 3 期;《涿州佛教》P90;《辽石续》P123。记事,《契丹藏》刊印和购藏,寺院僧众出资"赎"契丹藏、官府因之免田税,集资刻藏的方式;免科田亩数量、界址。

9.《帖判碑》,咸雍六年(1070)正月二十日帖判。北京房山区青龙湖镇谷积山灵鹫禅寺。碑侧有"太康七年(1081)四月十日"题记。判案;下院僧人争产,不服燕京留守司和道宗皇帝裁决,经燕京留守司和道宗再次裁定,判下院争讼僧人"臀杖拾柒"。

10.《李晟为父母造幢记》,咸雍七年(1071)十一月十五日。河北涞水县西 30 里累子村大明寺。八面刻。《辽石》P347。孝道、信仰。

11.《仁懿皇后哀册》,大康二年(1076)。民国年间出土于内蒙古巴林右旗白塔子辽庆陵,现藏辽宁省博物馆。册主姓萧,小字挞里,钦哀皇后弟孝穆之长女,生道宗。重熙四年(1035)立为皇后。道宗即位,尊为皇太后。

《辽石》P375。

12.《谷积山院读藏经之记碑》，大康四年（1078）四月十五日立。北京房山区青龙湖镇谷积山灵鹫禅寺。汉白玉，螭首龟趺。254＊94＊33，四面刻。阳额篆"大辽析津府良乡县张君于谷积山院读藏经之记碑"。20行40字。阴额题"师德华严七处九会千人邑会之碑"。碑文漫漶。《辽石续》P164；《新日下》P173；《大系》P105；《北京佛教》P40；《辽金元拓片集》P20。碑契，民约、禁约。施田土园林六七顷及券契16道，子孙索取约定条件。

13.《秦德昌墓志》，大康四年。1990年出土于辽宁建平县三家子乡五十家子村，现藏辽宁省博物馆。90.3＊83。39行47字。《辽石续》P167。遗嘱，庄田不得分割典卖。

14.《张景运为亡祖造陀罗尼经幢记》，大康七年（1081）二月十九日。河北安次县（现廊坊安次区）西北60里留犊村宁国寺内。八面刻，先经后记。《辽石》P390。孝道，信仰。

15.《圣宗仁德皇后哀册》，太康七年。1930年出土于内蒙古巴林右旗白塔子乡辽庆陵，现藏辽宁省博物馆。130.8＊130.8＊31.4。志盖篆刻"仁德皇后哀册"。26行27字，共625字。册主姓萧，小字菩萨哥，睿智皇后弟隗因之女。50岁崩，太康七年十月八日追谥仁德皇后。《辽石》P393。

16.《文永等为亡父母造幢记》，大安七年（1091）五月。河北蔚县宋家庄镇大探口村石佛寺。八面刻，先经后记。《辽石》P436。孝道，信仰。

17.《木井村邑人造香幢记》，大安八年（1092）八月。河北涞水县西北30里木井村大寺。八面刻，先经后记。《辽石》P436。除罪，信仰。

18.《贾师训墓志》，寿昌三年（1097）四月十七日葬。1914年出土规范内蒙古赤峰市林西县，现藏辽宁省博物馆。盖4行3字，墓志56行56字。《全辽文》卷9；张志勇《论辽代法律及其特色——基于碑刻资料透露出的法律信息》，《辽宁工程技术大学学报》（社科版）2012年4期。辽司法机构与司法官员。

19.《缙阳寺庄帐记》，寿昌五年（1099）刻。原立北京延庆区永宁镇香营乡小堡之北缙阳山（又名缙云山、龙安山）山顶缙阳寺内，后重立于山下寺中，现存延庆老城灵照寺内东侧碑廊。刻于寿昌元年（1095）《添修缙阳寺功德碑》之阴。200＊89＊21。额题"缙阳寺庄帐碑"，首题"缙阳寺庄帐记"。尾题名36人。碑侧面有字，右侧有"息利一分半，寿终之日，永入常住"，左侧有"永宁县顺风屯……万历八年刻"字迹，系后刻。《北图藏拓》45－106；《辽石》P466；《北京佛教》P56；《辽金元拓片集》P28。记多项施产四至。

20.《道宗宣懿皇后哀册》,乾统元年(1101)。1930年出土于内蒙古巴林右旗白塔子乡辽庆陵,现藏辽宁省博物馆。130.8＊130.8＊31.4。志盖篆刻"宣懿皇后哀册",志身首题"宣懿皇后哀册"。34行32字,共954字。张琳撰文。另有一盒契丹文哀册。宣懿皇后姓萧氏,小字观音,是钦爱皇后弟枢密使萧孝惠之女,清宁初被立为懿德皇后。大康元年(1075)十一月遭诬陷被赐死,乾统元年(1101年)六月天祚帝追谥祖母为宣懿皇后,与道宗合葬于庆陵。《辽石》P516。

21.《道宗皇帝哀册》,乾统元年刻。1930年出土于内蒙古巴林右旗白塔子乡庆陵,现藏辽宁省博物馆。131.7＊130.7＊30.2。志盖题"仁圣大孝文皇帝哀册",志身首题"道宗仁圣大孝文皇帝哀册"。36行37字,共1 141字。另有一盒契丹文哀册。耶律俨撰文。册主姓耶律,名洪基,字涅邻,小字查剌,兴宗耶律宗真长子。寿昌七年(1101)正月崩,在位46年,终年70岁,葬于永福陵,谥号"仁圣孝文皇帝",庙号"道宗",乾统元年与宣懿皇后同时迁藏。《辽石》P513。

22.《施地幢记》,乾统二年(1102)。原在河北新城县东加禄村二圣祠小学,八面刻。民国《新城县志》;《辽石》P526。施产四至。

23.《大辽国燕京檀州开元寺常住碣石记》。乾统三年(1103)五月立石,四月记。现存北京密云区冶仙塔碑林。圭形。16行。

24.《上方感化寺碑》,乾统七年(1107)正月元日。天津蓟县盘山本寺。《辽文存》;《辽石》P563。记事,寺产讼案。大康到大安年间寺产被侵吞事。"谓执契不明,遂围以官封,旷为牧地。"

25.《董承德妻郭氏墓志》,乾统七年。《辽石》P573。置墓地,亩数界址。

26.《赵公议为亡考造陀罗尼经幢记》,乾统十年(1110)三月四日。原在北京房山区周口店镇瓦井大寺。八面刻,先经后记。《辽石》P605。孝道,信仰。

27.《六聘上方逐月朔望常供记》,天庆五年(1115)三月刻。北京房山区上方山兜率寺。汉白玉,残。90＊69。《北图藏拓》45－144;《辽金元拓片集》P23。记事,质库生息。

28.《刘承遂墓志》,天庆九年(1119)。山西大同。《辽石》P676。置墓地,价款亩数。

29.《义县经幢》,天庆十年(1119)四月十五日。原在辽宁义县城隍庙,现藏奉国寺。红砂石,八棱。133＊16。每面3行13字。为亡父特建幢。

《满洲金石志》;《锦州》P140。佛教十恶。

30.《重修觉山寺碑记》，天祚（1101～1125 在位）年间。山西灵丘县觉山寺。《辽石》P689。记事，寺产来源及管理。

31.《通法寺地产碑》，辽（907～1125）。辽宁朝阳市关帝庙内。拓163＊94。安思道撰并书。《辽石续》P323;《北图藏拓》45－167;苗润博《〈通法寺地产碑〉为辽碑说辨误》，《北方文物》2015 年 1 期。20 余寺及寺产之四至。

32.《与女真立界碑》，辽。公崄镇（今朝鲜咸兴郡德山面上岱里山城）。《辽代金石录》卷 3。

33.《真寂之寺佛顶尊胜陀罗尼经幢记》，辽。1930 年日本鸟居龙藏在辽上京真寂寺遗址发现，时碑文残损。2008 年，内蒙古博物馆在真寂寺遗址附近一村民处征集到一块残碑，恰为鸟居龙藏所录碑文残缺部分。《辽石续》P336。地狱，冥罚。

（二）金（1115～1234）

含刘齐（1130～1137）

刘齐（1130～1137）

34.《特赐冥福院土地牒》，阜昌二年（1131）二月刻，后唐长兴四年（933）九月文。山东泰安。下层有阜昌二年二月初二日给户案。《求古录》;《寰宇》卷 5;《潜跂》卷 10。

35.《地土山界公据碑》《常住地界公据》，阜昌二年四月初十日给文。山东济南长清区灵岩寺。圆首，首右上残。126＊66＊15。额题"□建常住地界公据"。首行"济南府"、末行"使"均大字。共 23 行，有押。

36.《特封崇惠侯为显济王敕》，阜昌二年十一月十二日。安徽宿县（今宿州）相山。拓 1.1＊3.6 尺。《安徽》卷 3;《小林》P180。

37.《刘齐重刻宋圣旨存留宝塔院碑》《宝塔院札子》，阜昌四年（1133）四月八日刻，政和六年（1116）七月五日给文。山东滕县（今滕州市）。拓125＊51。额横题"三省同奉圣旨存留宝塔院之记"。23 行 56 字。《北图藏拓》45－175;《中研院》P161。给僧惠威之公据。

38.《敕祭忠武王碑》《敕祭浑忠武王并尚书礼部牒》，阜昌七年（1136）刻，阜昌六年（1135）八月文。陕西宜川县。《萃编》卷 159;《寰宇》卷 10;

《小林》P180。部符。

39.《灵岩寺产记残石》,时间不详。山东济南长清区灵岩寺。拓 43 ∗ 20。《北图藏拓》47 - 183。记事,讼案。文中有"天会八年(1130)分草契""阜昌二年(1131)公据并碑文三本朱抄等证"。

金(1115～1234)

40.《鹿苑寺记》,天会五年(1127)五月刻,北宋治平二年(1065)十二月二十一日文。山西洪洞县,佚。《洪洞金石录》中编《佚碑录文》;《小林》P148。敕牒,使贴,赐额。

41.《重刻宋圣旨存留灵芝山寺碑》,天会八年(1130)七月十五日立,北宋政和二年(1112)七月十日给文。山东滕州市。拓 182 ∗ 42。额题"圣旨存留灵芝山寺"。姚璋书,苏贽题额,李安刻,释元珠立石。《中研院》P161;北大藏拓。圣旨。

42.《仰山寺施状碑》,天会九年(1131)。北京门头沟区仰山寺。《门头沟文物志》P382。财产处置。

43.《后土庙全貌图》,天会十五年(1137)。山西万荣县庙前村后土庙。宽 106。正面线刻汾阴后土庙全貌图。另面刻《历朝立庙致祠实迹》。

44.《都总管镇国定两县水碑》,天眷二年(1139)六月。山西洪洞县广胜寺霍泉水神庙水神殿外西廊。圆首,趺佚,碑版已裂。160 ∗ 94 ∗ 18。额楷"都总管镇国定两县水碑"。36 行 52 字。平阳府判官杨丘行撰文,平阳府押司官乔木书并题额,镇国上将军平阳府尹兼河东南路兵马都总管完颜谋离也立石。《山右》卷 19;《洪洞介休》P4;《山西师大》P378;《全金》P25;《黄河》P22;《三晋·洪洞》P38。井黑忍《山西洪洞県水利碑考——金天眷二年「都總管鎮國定兩縣水碑」の事例》(2004)。水案。

45.《心王状奏六贼表记》,皇统元年(1141)十二月初八日刻。山西高平市陈区镇王村开化寺,嵌于墙壁。49 ∗ 78。32 行 25 字。《三晋·高平》P29。公文。

46.《千峰禅院敕》《后唐明宗敕洪密摹刻碑并枢密院使牒》,皇统三年(1143)四月十五日立,天眷三年(1140)二月初二日题,后唐天成元年(926)五月十九日、□月一日,十一月三十日文。山西阳城县董封乡阳坡村尖山千峰禅院,不存。清康熙二十一年(1682)据拓重刻,存阳城博物馆院内。169 ∗ 73 ∗ 18。四截,上两截刻敕文,下两截刻天眷三年蒙城居士跋和康熙二十一年题识。《山右》19 卷;《晋城金石志》下编;《三晋·阳城县》P160、

837，录民国二十四年《阳城金石记》。敕。

47.《牟山释迦院额碑》，皇统三年。1980 年在山东宁阳县城西北牟山之阳释迦院发现，现存宁阳文庙。133＊76＊14。额篆"牟山释迦院额"。碑文行书，字迹模糊，可辨"宣和四年五月□日"及篆刻"袭庆府印"。记事，赐额。

48.《秋淋寺碑记》，皇统四年（1144）中秋日刻。山西侯马市晋国古都博物馆。两截：上天眷元年（1138）八月廿九日使帖，15 行，系僧正司对秋淋寺住持状告的批复；下记和题名，29 行。《三晋·侯马》P19。帖文。

49.《柳氏家训记刻石》《摹刻柳氏家训》，皇统九年（1149）春廿六日。山西夏县司马光祠。61＊60＊14。13 行 19 字。司马朴书唐柳玭《戒子弟语》，其子司马作写记，李璃刊字。《山右》卷 19；《全金》P68；《山西碑碣》P236；《河东名碑》P295；《司马光茔祠碑志》P26。家规，警世格言。

50.《重立司马光神道碑》，皇统九年六月二十日重刻，宋元祐三年（188）原刻。山西夏县司马光祠杏花碑亭。四石，均 175＊89＊26。左额残缺。首题"重立温公神道碑记"。每石 17 行 41 字。《全金》P72；《司马光茔祠碑志》P35。记事，碑立碑废。

51.《灵岩寺窦公开堂疏》，皇统九年八月。山东济南长清区灵岩寺。额题"开堂疏"。济南府出具，有印章。《金文最》卷 58。

52.《灵岩山场界至图刻》，天德三年（1151）夏。山东济南长清区灵岩寺。2＊2.8 尺。首横题"灵岩山场界至之图"，图下刻寺僧裕显记文 14 行。《山左》卷 19。界址，图示。

53.《刘忠坟碣墨书砖》，天德四年（1152）五月廿六日迁坟。山西大同。40＊40。9 行 13 字。《大同新出志石》P149。真实地券。四至、地价均真实。

54.《董村重修太上佛神庙志》，贞元元年（1153）十一月初八日立。山西洪洞县广胜寺下寺后大殿前墙西侧。78＊53。额题同碑名。24 行 34 字。医学生刘液撰并书。《三晋·洪洞》P40。记事，庙产数、四至。

55.《京兆府学记》，正隆二年（1157）十一月十五日。陕西西安碑林。拓 158＊65，额失拓。《北图藏拓》46－64；《中研院》P60。

56.《金西夏界堠碑》3，正隆四年（1159）。1987 年出土于陕西吴旗县长官庙乡白沟村，后存吴旗县文管所。3 通。《全金》P108。

57.《洪明院牒》，大定二年（1162）二月。陕西泾阳县。《寰宇》卷 10。

58.《重修大粮山定林寺碑阴》，大定二年八月中秋。山西高平市定林寺内。116＊65＊22。23 行 36 字。《三晋·高平》P34。定林寺周围山场四至和土地数目。

59.《龙泉院牒》,大定二年八月十二日文,刻石时间不详。河北石家庄鹿泉区上庄镇韩庄村龙泉寺,嵌墙。64 * 110 * 20。12 行 22 字。《文物河北》中 P29。

60.《普恩院牒》,大定二年八月二十一日牒。河南修武县。拓 55 * 83。牒文 12 行。《寰宇》卷 10;《北图藏拓》46 - 70;《全金》P118。赐额。

61.《兴国寺牒》,大定二年九月初一日。河南修武县。阳刻记文,阴刻牒文。《修武县志》,《全金》P118。赐额。

62.《明月山大明禅院记》,大定二年九月十四日。河南焦作。《金石续编》卷 30;《八琼室》卷 125。敕牒。

63.《福胜院牒》,大定二年十月十四日文。山西洪洞县兴唐寺乡兴唐寺。50 * 85 * 27。牒文行书,12 行 30 字。《三晋·洪洞》P42。尚书礼部牒平阳府,赐额。

64.《圆教院礼部牒》,大定二年九月。址不详。《寰宇》卷 10。

65.《泗州禅院牒》,大定二年十月。陕西长安(今西安)。李居中撰记文。《寰宇》卷 10。

66.《金漫真村□国院牒》,大定二年十一月二十八日。河北安平县。《小林》P181。赐额。

67.《妙因院牒》,大定二年十一月。陕西泾阳县。《寰宇》卷 10。

68.《彼岸院记》《彼岸院敕牒碑》,大定二年十二月文并刻。山东淄博博山区后峪村。拓 131 * 77。额篆"重修彼岸院记"。两截,上牒文 12 行,下记。碑文漫漶。《寰宇》卷 10;《山左》卷 19;《北图藏拓》46 - 71;《小林》P181。赐额。

69.《清静院牒》,大定二年十二月。陕西长安(今西安)。《寰宇》卷 10。

70.《法明院牒》,大定二年十二月。陕西泾阳县。《寰宇》卷 10。

71.《敕赐福祥院牒》,大定二年牒。河北武安县西北 25 公里营井村福祥院。碑阴题名记为大定四年(1164)八月十七日刻。《中原》P147。

72.《清凉院牒》,大定二年。山东莱芜(现济南莱芜区)。《泰山志》卷 17;《山东通志·艺文·金石》。敕牒,赐额。

73.《龙泉院碑》,大定二年。山西侯马"省考古研究所工作站"。圆首,160 * 67 * 20。两截,上牒,下记。碑文漫漶。碑阴 41 行 120 字。《三晋·侯马》P21。敕牒,赐额。

74.《龙泉院额牒》,大定三年(1163)正月。河南郏城县。2 * 2.1 尺。额篆"敕赐龙泉院额"。13 行。《八琼室》卷 124;《小林》P181。赐额。

75.《胜严院牒》,大定三年正月。陕西长安(今西安)。《寰宇》卷10。

76.《宁国院碑》,大定三年二月十三日刻。河北安次(今廊坊市安次区)。拓36+122＊73。额篆"敕赐宁国院碑"。上牒下记。文字漫漶。《北图藏拓》46－72;《中研院》P62。敕牒,赐额。

77.《迎祥观牒》,大定三年四月五日牒,立石日期缺。山西永济市。拓55＊85。左上角残缺。2押1印。

78.《大明寺碑》,大定三年四月八日刻。河北涞水县。200＊80。碑阴刻《大明寺牒》。《北图藏拓》46－74,碑阴失拓。敕牒,赐额。

79.《太清观牒》,大定三年四月初八日牒。山西闻喜县东宋村。3.2＊1.8尺。两截,上牒文13行,下人名19行,3列。尾题衔6行。《山右》卷20;《道略》P1015;《全金》P121;《小林》P182。敕牒,赐额。

80.《广慈寺暨洪济禅院牒》,大定三年四月九日,太平兴国八年(983)三月七日文。山西壶关县。1.14＊3.95尺。太平兴国八年《广慈寺牒》17行,《洪济禅院牒》15行。《山右》卷11;《小林》P182。敕牒,赐额。

81.《普照禅院牒》,大定三年五月初六日发文。山西凤台县(今晋城市)。1.58＊1.9尺。13行。《山右》卷20;《小林》P182。敕牒,赐额。

82.《龙泉院使帖》,大定三年六月初八日帖。河南汝州。1.6＊2.1尺。20行。《八琼室》卷124;《小林》P182。使帖、公据。龙泉院主僧智隆状告,病僧治病掩埋。批相关申报程序。

83.《崇孝禅院牒》,大定三年六月十五日牒。河南新郑。《新郑县志》,《全金》P123。敕牒,赐额。兵火将宋代敕黄烧毁。买空额敕。

84.《福智院记》,大定三年六月十八日牒,大定三年七月十二日公据。山西芮城县。3.1＊1.45尺。额篆"福智院记"。碑身三截。上截勘会,14行4字;中截9行,下截22行12字。《山右》卷20;《小林》P182。敕牒,赐额,公据。纳钱一百贯文。

85.《太清观牒》,大定三年七月牒。山西临猗县。1.4＊2尺。牒文15行,尾署名6行。《山右》卷20;《道略》P1014;《全金》P124;《中研院》P62;《小林》P182。敕牒,赐额。

86.《洪济禅院牒》,大定三年七月。址不详,上海嘉定瞿氏拓本。《寰宇》卷10。

87.《精严院牒》《尚书礼部记碑》,大定三年九月初五日牒。陕西黄陵县田庄镇西石狮村。螭首。165＊80＊21。《黄陵县志》P174。

88.《云阳山建福院牒》,大定三年九月七日牒。河南沁阳。牒文13行。《河内县志》卷21《金石志下》;《全金》P125;《小林》P182。敕牒,赐额。

89.《龙岩寺碑》,大定三年九月九日记,六月二十九日牒。山西临猗县龙岩寺。拓48+154＊64。额题"敕赐龙岩寺碑"。两截,上牒文13行,下《河中府猗氏县上李村龙岩寺额记》22行。《山右》卷20;《北图藏拓》46－77;《全金》P125有记无牒;《中研院》P63;《释要》P1240。敕牒,赐额。

90.《尚书礼部牒》,大定三年九月十四日牒。山西壶关县常平村敬老院内。61＊79。《三晋·壶关》P21。敕赐寿圣院缘由。

91.《朝元观碑》,大定三年十月二十四日牒,大口三年重九日刻。山西浮山县。1.3＊2尺。牒行书,状正书,尾题衔5行。《道略》P1014;《全金》P126。尚书礼部牒。纳钱三百贯。

92.《广岩院敕牒碑》,大定三年十一月初一日记,大定二年二月牒。山东成武县南鲁村广岩院。4.9＊2.4尺。上牒,下记24行。朱阜亨撰文,马致远书丹。《山左》卷19;《金文最》卷34;《全金》P127有记无牒;《小林》P180。赐额,记事。

93.《福胜院敕牒碑》,大定三年仲冬四日记,大定三年正月牒。山东滕县雍博村(今滕州市大坞镇和福村)。5.2＊2.35尺。两截,上敕牒,下记。陇西李杰撰文,释普深书丹。《寰宇》卷10;《山左》卷19;《金文最》卷34;《全金》P128有记无牒;《小林》P181。赐额;名额敕牒文据遗失。

94.《清凉院牒》,大定三年十一月文。陕西富平县杜村堡小学。西安碑林藏拓。

95.《广济寺额牒》《敕广济寺牒》,大定三年十二月文。陕西礼泉。前缺。1.5＊2尺。11行。牒正书,批答行书。《八琼室》卷124;《戚叔玉》P309;《小林》P183。敕牒,赐额。

96.《福严禅院礼部牒》,大定三年十二月文。陕西泾阳县。《寰宇》卷10。

97.《龙岩寺牒碑》,大定三年。山西陵川县梁泉村龙岩寺。《全金》P129。

98.《洪济院牒》,大定三年。河南武陟县。《续武陟县志》,《全金》P127。买空头敕。

99.《敕赐法明禅院牒》,大定三年牒。河南修武县西北35里山阳城内法明禅院前殿。《中原》P147。

100.《观音禅院牒》,大定三年。陕西耀县(今铜川耀州区)。3.5＊2.6尺。《陕西金石志》卷24。

101.《寿峰院牒》,大定三年。陕西富县黑水寺村。西安碑林藏拓。

102.《广济院牒》,大定三年。陕西扶风县龙显寺。西安碑林藏拓。纳钱壹佰贯。

103.《钦定赐文碑》,大定三年尚书礼部牒。陕西扶风县上宋乡中坡村。79＊44＊27。

104.《威灵寺牒》,大定三年。址不详。嘉定瞿氏拓本。《寰宇》卷10。

105.《太虚观牒》,大定四年(1164)正月三日记。山东费县。《中研院》P64。

106.《敕赐福胜禅院碑》,大定四年二月牒。2000年4月在河南洛阳老城区南关洛河北岩河堤上发现。圆首,下部插榫断失。122＊60＊8。额篆"敕赐福胜禅院"。两截。上13行,下15行,总计28行。钤3方"尚书礼部之印"、1方"勾当公事之印"印文。赵振华、程永建《从洛阳发现金代〈敕赐福胜禅院碑〉看官府价卖度牒样式》,《考古与文物》2004年增刊;《洛阳古代铭刻研究》P716。发卖所,空头敕。

107.《龙岩寺牒》,大定四年三月七日立。陕西咸阳。《中研院》P64。

108.《重修灵岩院记》,大定四年三月牒。河北唐县贤表村栢岩寺。两截,上礼部牒,下住寺僧众等人姓名,注寺产和范围。《古北岳遗存碑石录》P10。

109.《敕赐慈云院牒》,大定四年四月八日记,大定□年四月十八日牒。原立山西安邑县(今运城盐湖区)三家村西慈云院遗址,1962年迁三家庄村内。160＊69＊17。两截,上尚书礼部牒文,11行,有印、押;下《解州安邑县三家庄慈云院记》,25行26字。张瑜记并书题额,沙门明圆立石。《三晋·盐湖区》P32。

110.《洪福院禅牒》,大定四年四月。陕西长安县(今西安市长安区)。《寰宇》卷10。

111.《清凉禅院牒》,大定四年四月。陕西泾阳县。《寰宇》卷10。纳钱壹佰伍拾贯。

112.《普照禅院碑》,大定四年六月文。山西柳林县。《山右》卷20;《小林》P183。赐额。

113.《普照院牒》《普照禅院牒》,大定四年七月一日牒。河北望都。拓54＊66,端方旧藏。《匋斋》卷41;《北图藏拓》46－78;《中研院》P65;《小林》P185。赐额。

114.《福胜禅院牒》,大定四年七月。陕西泾阳县。《寰宇》卷10。

115.《兴国院牒》,大定四年八月初三日牒。河南。据宝应寺僧法显告。有印、押。禹都杨显刊。

116.《大觉禅院牒》,大定四年八月十五日。山西柳林县柳林镇龙门会村大觉寺。180＊74＊26。碑阳刻"敕封大觉禅院行杲禅师",碑阴刻大定四年八月尚书礼部牒。尾刻寺粮田亩。《三晋·柳林县》P8。

117.《广教禅院牒碑》,大定四年八月十五日刻,大定三年(1163)二月牒。原在陕西咸阳市渭城区底张镇眭村广教寺旧址,后移咸阳博物馆。163＊77＊13。牒文9行22字。王靖撰,徐颐书,讲经论主持沙门普满立石。碑下附刻大定六年(1166)七月十五日《咸阳县眭村广教禅院记》。《渭城文物志》P188;《咸阳碑石》P103。费缗三十万。

118.《云寂院牒》,大定四年八月。陕西永寿县云寂寺。西安碑林藏拓。纳钱壹佰贯。

119.《宁国院牒》,大定四年九月十二日立,大定三年(1163)十一月牒。1958年出土于陕西高陵县董白村,1989年移存高陵县文化馆。61＊80＊6。牒文14行22字,四周阴刻框线,右上角和左侧有残缺。《高陵》P19。

120.《建福院碑》,大定四年九月十三日牒。山西盂县牛村镇白土坡村建福寺内。208＊74＊24。额横篆"建福之院"。两截,上牒文12行22字,总121字;下《大金国河东北路太原府盂县白土坡建福院记》19行30字。《全金》P130;《三晋·盂县》P19;李裕民、郑关润《盂县建福院的金代碑刻》,《文物世界》1989年1期。纳钱买额。

121.《正觉寺牒》,大定四年九月二十五日。陕西泾阳县。《寰宇》卷10;《中研院》P66。

122.《敕赐广严院额记》,大定四年九月。原在陕西耀县(今铜川耀州区)石柱镇生寅村广严院遗址,1981年迁药王山。圆首,无座,右侧、下部残失。110＊23＊22。两面刻。阳额同碑名。上牒下记。《药王山碑刻》P61、174。

123.《集仙观牒》,大定四年闰十一月初一日。山西长治潞城区。1.45＊1.93尺。牒文15行。《山右》卷20;《道略》P1016;《全金》P131;《小林》P184。纳粟金壹佰贯。

124.《敕赐大云寺牒》,大定四年十一月立,大定二年(1162)十二月二十四日牒。山西运城市盐湖区舜帝陵庙内。圆首,额略残。135＊59。额篆同碑名。两截,上牒文11行25字,下《建大云寺额记》21行16字。《三晋·盐湖区》P34;《鸣条舜陵古碑录》P5。入钱三十余万,请到敕黄书。

125.《宝山寺白药石山地界记》,大定四年十二月刻。河南安阳。拓40＊42。《北图藏拓》46－79。界址。

126.《福祥院残碑》,大定四年刻,大定二年九月三日牒。河北元氏县。拓65＊63。两截,上牒12行,下记19行。残缺,每行存7字。《常山》卷13;《北图藏拓》46－80。

127.《玉泉院牒》，大定四年。山东龙口市博物馆碑廊。断裂。牒文12行。

128.《吉祥院额牒》《特赐吉祥院牒》，大定四年。陕西武功县。3.6＊2尺。额隶"敕赐吉祥之院"。两截，上13行，下泐。《八琼室》卷124;《补寰宇》卷4;《小林》P184。赐额。纳钱壹佰贯。

129.《普济院牒》，大定四年。陕西澄城县。《八琼室续》卷62。纳钱壹佰贯。

130.《普照寺牒》，大定五年（1165）正月。山东泰安泰山区普照寺。2＊3.2尺。《寰宇》卷10;清《泰山志·金石记》;《山东通志·艺文·金石》;《山左》卷19;《小林》P185。赐额。

131.《太清观牒》，大定乙酉（五年）重午日立，大定三年（1163）正月牒。河南许州。17行。"许州管内都道正知教门公事王端清立石"。《道略》P1020;《全金》P134。赐额。纳价钱买得空头敕一道，乞书填施行。

132.《兴国寺牒并记》，大定五年五月十五日志，大定四年六月牒。山东滕州市姜屯镇白了寺村。拓38＋208＊82。额篆"敕赐兴国寺碑"。奚宇撰并书，僧普深篆额，张平等镌。《山左》卷19;《金文最》卷34;《全金》P134;《北图藏拓》46－82;《中研院》P67;《小林》P184。赐额，法律记事。

133.《敕赐蒙福院记》，大定五年六月十五日立，大定四年（1164）正月十二日牒。山东费县。碑身开裂，右下残缺。拓31＋140＊73。额篆"敕赐蒙福之院"。两截，上牒文13行;下记，李忠安撰，高渐正书并篆额，刘彦仁刊。碑文满泐。《北图藏拓》46－84;《中研院》P68;《小林》P183。赐额。

134.《洪福院牒》，大定五年六月十五日立，大定三年（1163）牒。陕西户县（今西安鄠邑区）秦渡镇庞村罗汉寺。55＊105＊25。18行32字。碑尾有"景泰辛未年重建改罗汉禅寺"等字，为明代补刻。《户县碑刻》P38;《秦岭》P236。

135.《普安禅院敕牒碑》，大定五年八月。山东淄川县（现淄博淄川区）南20里普安禅院。1.6＊2.6尺。《寰宇》卷10;《山左》卷19;《小林》P185。赐额。

136.《太清观牒》，大定五年九月十日刻，大定三年三月牒。原在陕西咸阳县北太清观（真武台），现存咸阳博物馆。74＊74＊12。9行23字。首行"尚书礼部牒太清观"，在"书礼"和"太清观"字上钤"尚书礼部之印"。末行刻"正奉大夫、礼部尚书、兼翰林学士承旨、知制诰、修国史王"22字，下有押已损。《渭城文物志》P188。

137.《重修真泽二仙庙碑》，大定五年九月二十八日。山西陵川县城南5里二仙庙。30行72字。《全金》P139。尾附庙产四至。

138.《大云禅寺敕黄碑记》《大云寺敕牒》，大定五年九月刻，大定四年（1164）闰十一月二十四日给文。山东泰安岱岳区姚庄大云寺。刻于《大云寺华藏世界海图碑》之阴。6.2＊2.4尺。额题"大云禅寺敕黄碑记"。三截。首大定四年十一月敕牒15行，次公据12行，下度僧名数。《寰宇》卷10；《山左》卷19；《山东通志·艺文·金石》；《中研院》P66；《小林》P184。敕牒，公据。赐额及度僧凭据。

139.《寿峰寺牒》，大定五年十月。浙江仁和（今杭州）赵氏拓本。《寰宇》卷10。

140.《敕赐洪教禅院牒》，大定五年十二月三日立。山西运城市盐湖区博物馆碑廊。圆首，164＊61。额篆"敕赐洪教禅院"。两截，上牒文，下《安邑县□□曲村洪教禅院记》22行28字。碑面剥泐严重。《三晋·盐湖区》P35。

141.《灵奉寺三疏碑》，大定五年十二月初四日。山东费县。《费县志》卷14；《小林》P185。公文，疏。

142.《大定五年官断定三渠条例古碑》，大定五年。山西洪洞县，佚。《洪洞县水利志补》上卷；《三晋·洪洞》P972。讼案，判词。沃阳渠、润源渠、长润渠水利纠纷断定。

143.《香岩禅院记》，大定初年。河北曲阳县南宋村香岩寺遗址，曲阳八景"香岩石钟"石崖下。230＊96＊20。额篆"香岩禅院之记"，记文上方刻牒文。《古北岳遗存碑石录》P14。记事，牒。

144.《建福禅寺牒》，大定初年。陕西洋县。3.6＊2.5尺。下残缺。《寰宇》卷5；《陕西金石志》卷24。

145.《福胜院碑》，大定六年（1166）正月十一日记。山东费县。额题"敕赐福胜之院"。上牒下记。《中研院》P69。

146.《正觉院牒碑并阴》《正觉院礼部牒并记》，大定六年十月立，大定三年（1163）九月牒。山东临淄。《益都县图志》卷27；《小林》P183。赐额。

147.《观音禅院牒》，大定六年。陕西。李□撰文，李居仁书。《陕西金石志》卷24。

148.《慈云院记碑》，大定七年（1167）三月十三日立，大定四年（1164）三月二日牒。陕西富平县薛镇乡两门村周家堡慈云寺故址。185＊74＊25。进士李戭撰并书。碑上有造像10个，碑座有文字及线雕像。《富平》P388。敕牒。

149.《新赐大明禅院记》，大定七年五月十五日刻，大定三年（1163）正月牒。山东巨野县金山大洞外西壁。268＊104。额篆"敕赐大明禅院"。

《菏泽》P413。敕牒。

150.《王沟义安院碑》,大定七年八月中旬记,大定四年三月牒。山东费县。《费县志》卷14;《小林》P183。敕牒,赐额。

151.《广福院尚书礼部牒》,大定七年八月。山西凤台县(今晋城市)。《寰宇》卷10。

152.《广济寺牒残刻》,大定七年八月刻,大定三年(1163)十一月牒。陕西礼泉,刻于唐天授二年(691)十月十日《姜遐碑》阴。石残,拓46*62。11行。《八琼室》卷124;《补寰宇》卷10;《北图藏拓》46-90;《中研院》P70。敕牒。

153.《柏林禅院三千邑众碑记》,大定七年九月十八日立。河北赵县。拓245*103。《北图藏拓》46-91;《中研院》P70。信仰。

154.《惠济院牒》,大定七年十月立,大定四年文。陕西眉县槐北寺。《关中金石记》卷7;《寰宇》卷10;《陕西金石志》卷24;《小林》P185。明成化(1465～1487)重刻。赐额。纳钱壹佰伍拾贯。

155.《亳州请疏碑》,大定七年。河南鹿邑县太清宫。55*80*25。21行12字。太清宫请求延公法师做住持,亳州地方官向上司呈疏文。

156.《宝峰院碑》,大定八年(1168)三月三日刻,大定三年(1163)十一月牒。陕西泾阳县。拓60*70。两截,上牒,下界址。《寰宇》卷10;《北图藏拓》46-93。

157.《新乡县重修庙学碑》,大定八年四月十九日。河南新乡。李泳撰。《全金》P153。记事,"世之士大夫,率以狱讼为先,簿书为急"。

158.《宝山寺地界记》,大定九年(1169)三月十五日。河南安阳。宝山寺住持比丘法智立石。《安阳县金石录》卷7;《中研院》P72;《全金》P156。四至,户帖,青苗,纳秋粟、物力钱。

159.《守护法藏诫文》,大定九年五月十五日立。原立陕西西安市长安区福昌塔院,现存长安区杜公祠。104*38。额首刻佛像一尊。12行26字。比丘有晦撰文。《陕西碑石精华》P273;《秦岭》P236。记事,宗教规约。

160.《普照禅院牒》,大定九年六月十五刻,大定四年(1164)六月牒。山西临县。3.49*1.57尺。额题"敕赐普照禅院之碑"。两截,上牒13行,下记25行25字。《山右》卷20。买额。"合着钱折粟七十二石三斗五升,准省钱一百贯文。"

161.《兴国寺牒》,大定十年(1170)正月初一日立,大定三年(1163)五月牒。陕西户县(今西安鄠邑区)文庙。左端半圆,89*59*12。10行,未刻申状。《户县碑刻》P39。

162.《福祥院碑》,大定十年五月。山东昌乐县。民国《昌乐县续志》卷17;《小林》P186。敕牒,赐额。

163.《敕赐崇福院记》,大定十年六月。原在河北隆尧县固城镇乡观村内,1986年迁隆尧县碑刻馆。圆首龟趺。197*79*18。额楷同碑名。碑阳23行30字,寺僧善柔乞赐院额。碑阴刻功德施主姓名。《河北文物》P723;《河北隆尧石刻》P84。

164.《新立王寮村例碑》,大定十年七月十二日立。陕西富平县王寮镇中学戏台西侧教室东北门台阶。170*70*11。《富平》P400。部分字毁。自议村制。

165.《敕赐万寿之院牒》,大定十年记,大定二年(1162)十二月二十五日牒。山东济南长清区五峰山洞真观院内西墙。160*75。《寰宇》卷10。

166.《裴氏族谱石刻》,大定十一年(1171)八月。山西闻喜县。《山右》卷20。宗族。

167.《康泽王庙碑》,大定十一年。山西临汾。毛麈撰,王仲庭书。《全金》P169,据《临汾县志》并《金文最》卷39录文。记事,庙额。

168.《敕赐清凉院碑》,大定十一年。陕西铜川印台区广阳镇固县村。155*74*26。阳额楷"敕赐清凉院"。两截,上牒文7行11字,下部碑文漫漶。碑阴刻万历四十二年(1615)《大明国陕西西安府华州蒲城县贤相乡故现村清凉寺重修碑记》。《全金》P171。敕牒。

169.《洪福院牒》,大定十二年(1172)九月十八日立,大定四年(1164)六月初三日牒。陕西泾阳县。2.57*2.57尺。两截,上牒13行,下题名22行。《八琼室》卷124;《寰宇》卷10;《中研院》P77;《小林》P183。赐额。纳钱壹佰贯。

170.《兴国寺新修大殿碑》,大定十二年十月二十五日。山东滕县(今滕州市)。两截,上记文28行,陆秉均撰;下天眷元年(1138)八月二十五日《大圣院存留公据》,26行。《全金》P175无公据,据《金文最》卷33录文。滕阳军给大圣院僧圆义。兵火失宋存留院额文贴,公据。

171.《尚书礼部牒文幢》,大定十二年十一月十五日造。河北赞皇县。136*68,左残。主体部分为上下两截。上为沃州赞皇县邢郭村弥勒院僧向官府纳钱乞立"洪福院"寺额之状申和礼部批文,下刻观世音菩萨像。

172.《大天宫寺碑》,大定十二年十二月十五日。原在河北唐山市丰润区,现不详。243*105。《全金》P176。记事,寺产、赐额。

173.《封乐正子克为利国侯配享孟子敕》,大定十二年。山东邹城市,佚。明潘榛编《孟子》卷3,《孟子林庙》P12。

174.《封公孙丑等为伯从祀孟子敕》，大定十二年。山东邹城市孟庙，佚。《全金》P180;《孟子林庙》P13。

175.《法云禅寺敕牒碑》《四禅寺牒》，大定十二年刻，大定二年（1162）二月牒。山东泰安徂徕山四禅寺（大寺遗址）。92＊95。两截，上牒文两道14行，钤3方印文。下记文，约28行11字。《泰山志》卷17;《山东通志·艺文·金石》;《全金》P176。向军资库纳钱。

176.《新修玉泉禅院碑》，大定十二年刻，大定四年八月八日牒文及官封印信。陕西富平县齐村乡大杨村东堡玉泉禅院故址。220＊84＊26。米孝思文。《富平》P388。敕牒。

177.《普明院牒》，大定十三年（1173）正月初五刻，大定三年正月敕牒。河北邯郸义井镇北侯村。拓62＊109。"磁州滏阳北侯村"。

178.《法云禅院碑》，大定十三年二月四日立，大定三年（1163）八月七日牒。河北曲阳县。拓102＊54。额篆"敕赐法云禅院"。两截，上牒文12行，下记18行。碑阴为助缘人题名。《北图藏拓》46－112。

179.《荐福禅院牒》，大定十三年四月刻，大定三年二月二十八日牒。原在河南开封县神墼村，现存开封博物馆。左上角缺。50＊87。19行，2印2押。牛祥镌。《北图藏拓》46－114;《中研院》P80;《中原》P147。

180.《洪福院牒并重修记》，大定十三年中元日立，大定二年十一月牒。河北元氏县。《常山》卷13;《小林》P181。赐额。

181.《大云禅院碑》，大定十三年七月二十八日立，大定三年六月二十□日牒。山西闻喜县。3.9＊1.9尺。额篆"敕赐大云禅院"。两截，上敕牒12行，下23行27字。《山右》卷21;《小林》P182。赐额。

182.《慈云院碑》，大定十三年十月十五日立，大定三年十二月牒。山西闻喜县。《山右》卷21;《小林》P183。赐额。

183.《清凉禅院记碑》，大定十三年十月十五日立，大定四年（1164）六月十□日牒。甘肃合水县陇东石刻馆。残缺，191＊81＊17。额题"□赐十方清凉禅院"。两截，上礼部牒文，下《重修□□改清凉禅院记》。《庆阳》P91。

184.《清凉院牒并公据及记》，大定十四年（1174）五月十五日立，大定十年（1170）十一月初六日公据。山东平阴县城西关村清凉院遗址。碑断成三截，文字清晰。166＊88＊14.5。额篆"敕赐清凉之院"。两截，上尚书礼部牒文15行;下发卖所公据6行，及王去非撰《平阴县清凉院碑记》19行。上下截各钤印三方。张彦摹刻，惠润立石。《寰宇》卷10;《山左》卷19;《金文最》卷35;《八琼室》卷125;《全金》P186有记无牒;《小林》P186。敕牒，公据，赐额;记事，"遵依先降圣旨指挥，书填名额"。

185.《宝泉院碑记》,大定十四年。山东昌乐县。民国《昌乐县续志》卷17;《全金》P188。记事,宋额失毁,出钱十万买额。

186.《福严院牒》,大定十四年。陕西礼泉县。《补寰宇》卷4。

187.《唐国公主祈嗣施资碑》,大定十五年(1175)五月十五日立。山东济南长清区灵岩寺千佛殿东。《中研院》P84。财产处置。

188.《洪济禅院牒》,大定十五年六月十五日立。陕西富平县庄里镇洪济寺故址。220﹡150﹡34。碑文漫漶。《续修陕西通志稿》卷20;《富平》P389;《中研院》P84。敕牒,赐额。

189.《广福院敕黄记》,大定十五年刻,大定三年二月廿日牒。山西武乡县石盘开发区会同村广福院。174﹡81﹡30。额篆"敕黄记"。两截,上牒文,有印、押;下记。住持僧善润立石。"有佛堂一所,自来别无名额。"

190.《佛隐寺尚书礼部牒》,大定十六年(1176)正月初八日。山东章丘县(现济南章丘区)西彩石村龙洞入口东侧内壁上方。40﹡60。牒13行,约150字。"礼""佛隐寺"字上钤"尚书吏部之印"。碑文漫漶。

191.《福胜院敕牒碑》,大定十六年正月刻,大定四年牒。山东青州市。3.9﹡2.4尺。额题"敕赐福胜之院"。《寰宇》卷10;《山左》卷19;《小林》P185。赐额。

192.《庄严禅寺牒》,大定十六年二月二十一日上石,大定四年五月牒。陕西高陵。3.2﹡3.2尺。14行。《萃编》卷155;《寰宇》卷10;《陕西金石志》卷24;《小林》P183。赐额。三佰贯。

193.《洪福禅院碑》,大定十六年三月立。陕西澄城县。《澄城》卷21;《小林》P186。敕牒,赐额。

194.《凝真大师成道记》,大定丙申(十六年)四月初五日。陕西西安临潼区。5.5﹡2.7尺。额题"骊山灵泉观凝真大师成道记"。三截,上绘成道图;中记29行20字;下宋元符三年(1100)《灵观山林水磨田土地基》,36行20余字。李辅书,渭南王镐记。《萃编》卷155;《道略》P1022;《全金》P199。田土地基界址。灵泉观即华清宫。

195.《重修法云寺记碑》,大定丙申(十六年)仲秋立。山东泰安徂徕山。两截,上牒文(与大定十二年刻《四禅寺牒》文同),下记28行45字。《泰安县志》;《全金》P207略牒。赐额。记事,公据、四至。

196.《大明禅院碑》,大定十六年九月立,大定二年(1162)九月十四日文,大定二十一年(1181)九月再立。河南博爱县。20﹡93。额篆"明月山大明禅院记"。两截,上尚书礼部牒,下"空相禅师自觉述"。《寰宇》卷10;《金石续编》卷20;《河南碑志叙录》P260;《小林》P181。赐额。

197.《重修法云寺碑》，大定丙申（十七年，1177）中秋。山东嘉祥县。28 行 45 字。《全金》P216。记事，赐额，公据。

198.《昌平崔村锣钹邑碑》《锣钹邑长陈师友等为祖业栗园一所事立石记碑》，大定十七年十二月二十一日原刻，元天历二年（1329）重刊。原立北京市昌平区崔村镇崔村供销社院内，今存昌平博物馆。左上角残缺。115 * 69 * 14。额存"古今"2 字。两面镌文，残泐严重。《全金》P210；《北京石刻拓本提要》P552；杨广文、邢军、周峰《金元昌平崔村锣钹邑碑考释》，《中国历史文物》2004 年 4 期。记事，栗园通检户帖，户部符文。碑阴镌于元代，记海北乡崔村锣钹邑众为捐栗园与二郎神做香火事。

199.《张六村重修功德记》，大定十七年。原立河南焦作市马村区九里山乡聏城寨村，现存焦作市博物馆石刻艺术苑。六棱形幢石，43 * 43。《全金》P223。割买税业地修寺。

200.《礼部令史题名记》(2)，大定十八年（1178）八月三日。北京法源寺。两石：43 * 67,28 行；24,10 行 22 字。党怀英撰。《萃编》卷 155；《金文最》卷 35；《法源寺贞石录》。官制官品。题名 27 人，"不见有女直、译史、通事之别"。

201.《三清殿榜文碑》，大定十八年十月十五日立，皇统二年（1142）二月七日发文。山东费县。《费县志》卷 14；《中研院》P90；《小林》P180。

202.《宛平县榜文碑》，大定十八年。北京门头沟区仰山寺，现未发现。《宛署杂记》卷 20；《门头沟文物志》P382；《京西碑石》P85。

203.《普明院碑》，大定十八年。河北南宫。《全金》P228，据《南宫县志》录文。记事，赐额、公据。

204.《大金绛州翼城县武池等六村取水记》，大定十八年。山西翼城县武池村乔泽庙（水神庙）。碑阴刻丁巳年（1257）二月《大朝断定使水日时记》。井黑忍《山西翼城乔泽庙金元水利碑考——以〈大朝断定使水日时记〉为中心》，《山西大学学报（哲学社会科学版）》2011 年 3 期。水案。

205.《尚书礼部牒》，大定十九年（1179）五月刻，大定三年（1163）二月牒。山西临汾尧都区吴村镇。46 * 67。《三晋·尧都》P31。赐普济院额。

206.《蓟州三泉院公据暨四至题名》，大定二十年（1180）四月。天津蓟州区。《八琼室续》卷 62。

207.《瞳弥陀庵公据》，大定二十年六月。河北唐县灌城。《八琼室续》卷 62。刑部符。

208.《存留寺碑》，大定二十年七月。山东邹县（现邹城市）董家寨白泉寺。4 * 2.3 尺。额篆"敕赐存留存碑"。《山左》卷 19；《小林》P187。公据。

大定二十年圣旨,刑部下州县点检。

209.《敕赐万固寺碑》,大定庚子(二十年)。山西。首题"大宋河中府中条山万固寺重修碑铭并叙"。135 * 65,左下角残。置产记事。寺产,界址,四至,碑用。

210.《塔河院碑》,大定二十一年(1181)闰三月二十二日立,大定二十年十月给文。山东费县。下残。拓 194 * 76。额题"圣旨存留塔河院额"。两截,上使帖公据 18 行,下记 23 行。《北图藏拓》46 - 150;《中研院》P94;《小林》P186。公据、圣旨。"沂州给洪字号。"准尚书礼部符、刑部关。

211.《乌塘德政碑》,大定二十一年季夏。山西长子县。《全金》P245,据《长子县志》录文。听讼,契券。

212.《重立明月山大明禅院记》,大定二十一年九月重立,大定十六年(1176)九月初立,大定二年(1162)九月十四日文。河南沁阳。《河内县志》卷 21《金石志下》;《小林》P181。敕牒,赐额。

213.《真元观存留碑》,大定二十一年。山东费县蒙山南麓鲁埠村。拓 159 * 79。额隶"真元观记"。两截,上公据,下碑记。《中研院》P94。准尚书礼部符、刑部关。

214.《敕赐兴国院牒》,大定二十三年(1183)三月初六日立,大定四年(1164)八月牒。河南林州市东姚镇东姚村南兴国寺。拓 55 * 123。两截。上牒,下《创修兴国院记》。《中原》P147。

215.《耀州吕公先生之记》《吕公应诏图》,大定二十三年六月十一日。陕西铜川耀州区药王山。上栏线刻《吕公应诏图》:吕公坐石上,吕公前有一使者,双手持诏书。当为吕公受诏进京故事写实。《药王山碑刻》P180。公文传送,图示。

216.《请涤公开堂疏碑》,大定二十三年九月疏。山东济南长清区灵岩寺般舟殿前。200 * 100。额篆"开堂疏"。13 行 31 字,凡 240 字。《金文最》卷 58。

217.《杨仲源告属吏文》,大定二十三年十月十五日立。陕西西安。《中研院》P97。吏治。

218.《龙泉院尚书礼部牒并记》,大定二十四年(1184)刻,大定三年二月牒。河北元氏县。《常山》卷 14;《小林》P181;北大藏拓题名"南左村龙泉字记"。赐额。

219.《兴教院敕牒碑》,大定二十四年立,大定四年牒。山东淄川县(现淄博淄川区)。5.4 * 2.3 尺。额题"淄州兴教院记"。《寰宇》卷 10;《山左》卷 19;《全金》P278,据《全金文》录文,有记无牒;《小林》P185。赐额。

220.《大金得胜陀颂碑》,大定二十五年(1185)七月二十八日立。吉林扶余市徐家店乡石碑崴子村。320＊85＊31。阳额篆"大金得胜陀颂"。30行79字。碑阴刻女真文题额,及女真碑文33行。《全金》P281。记事,"恭行天罚"。

221.《灵泉观牒及记》,大定二十五年九月九日立,大定三年九月牒。陕西铜川。8＊3.3尺。额篆"灵泉观记"。两截,上牒下记。记30行55字。首题"尚书户部差委耀州发卖所"。尾署名6行。道士党冲惠立石。《萃编》卷156;《寰宇》卷10;《陕西金石志》卷24;《道略》P1034;《全金》P282有记无牒;《小林》P183。赐额。

222.《诏旌阳许真君碑》,大定二十六年(1186)仲夏。陕西泾阳县北极宫。3.5＊1.9尺。两截。上刻像,下刻诏及跋文。23行24字。首题"玉皇上帝诏旌阳县令许真君拔宅升天诏",下列两敕文。尾题"立于京兆府泾阳北极宫"。《寰宇》卷10;《道略》P1037;《金文最》卷24;《全金》P290。诏敕。

223.《仪制令碑》,大定二十七年(1187)八月。2003年7月发现于内蒙古巴林右旗沙巴尔台苏木(乡)塔布花嘎查(村)一座枯井砌石中,现藏巴林右旗博物馆。100＊66＊18。首题"仪制"。碑文上刻4行12字,下2行8字。《辽石续》P316;《全金》P302。交通法令。

224.《玉皇观碑》,大定丁未(二十七年)九月刻,大定二十年七月九日公据。山东。4.8＊1.1尺。额篆"滕州邹县纪城玉皇观记"。两截,上公据22行24字,下记16行30字。《道略》P1038;《金文最》卷38;《全金》P304有记无公据。合同公据、札付、帖文。塑像存留。首行"滕阳军准武宁军节度使衙帖:准尚书刑部符文,备奉都省札付,奉圣旨:据新制已后创造到无名额寺观者,然是尽合断罪,仍合除云"。

225.《大圣院记碑》,大定二十八年(1188)三月十五日。山东济南历城区。《全金》P307,据《金文最》录文。记事,宋代公据,诉。

226.《怀州马愈买地契》,大定二十八年,大安元年(1209)《真清观牒》附文。河南修武县。《萃编》卷158;《中国历代契约汇编考释·导言》P23。契证。

227.《隆昌寺牒》,大定二十九年(1189)八月。陕西高陵。《寰宇》卷10。

228.《广严寺牒》,大定年间(1161～1189)。陕西礼泉县石潭中学院内。89＊89＊12。8行,大字可辨,小字漫漶。《咸阳碑刻》P89。

229.《女娲庙铭》,明昌元年(1190)八月十日。山西灵石县。《全金》P327,据《灵石县志》录文。公文,府帖下县;记事。

230.《官署儆语碑》《御制戒石铭》,明昌元年九月。旧在山西芮城县属大堂,后移芮城县法院,现存芮城县博物馆。34＊34。4行4字。《河东名碑》P298。官箴。

231.《显庆寺牒并记》,明昌元年十一月立,大定二年(1162)三月牒。山东滕州市。拓250 * 74。两截:上牒13行,3方印文,2个押;下记19行,徐安稷撰。陈博文书,秦宗刊。《北图藏拓》47 - 6;《中研院》P116。赐额。

232.《三官宫存留公据碑》,明昌二年(1191)八月一日立,大定二十年(1180)十一月公据。陕西高陵县。3.9 * 2.3尺。两截,上公据19行,下记23行。年月后有50余社人姓名。《萃编》卷157;《金文最》卷38;《道略》P1028;《全金》P348;《小林》P186。

233.《法王院碑》,明昌三年(1192)闰三月初三日立,大定五年(1165)牒。山东淄博。额横题"法王院记"。两截,上大定五年敕牒,下施主姓名,多残缺。《山左》卷20;《全金》P351,据《金文最》卷38录文,有记无牒;《小林》P185。

234.《崇教禅院度牒》《武亭钟款》,明昌三年七月。清康熙年间(1662～1722)出自河畔,陕西武亭县(今武功县)。铸于钟上。《萃编》卷157。

235.《福严寺牒》,明昌四年(1193)八月刻,大定三年(1163)二月十日牒。山西壶关县。《山右》卷22;《小林》P181。赐额。

236.《京兆府学提学所帖碑》《京兆府学赡学舍地清册》,明昌五年(1194)四月初一日。陕西西安碑林,刻于宋《文宣王庙赞》碑阴。322 * 105。《寰宇》卷10;《八琼室》卷126;《中研院》P123;《小林》P187;张虹冰《一份珍贵的历史地名资料——读金〈京兆府提学所帖〉》,《碑林集刊》1998。使帖,簿书。

237.《重书旌忠庙宋牒并记》《旌忠庙牒》,明昌五年七月十二日立,宋宣和四年(1122)五月牒。山西泽州(今晋城)。总650余字。泽州刺史许安仁书,郭景昭立石。《寰宇》卷10;《八琼室》卷126;《山右》卷22;《小林》P159。敕牒,神祠封号。

238.《请照公和尚开堂疏》,明昌六年(1195)二月。山东济宁普照寺。党怀英撰。《金文最》卷58。

239.《十方灵岩禅寺田园记并界址图》,明昌六年十月二十三日刻。山东济南长清区灵岩寺碑林。214 * 97.4 * 25.5。额篆"灵岩寺田园记"。26行51字。党怀英篆额,周驰撰,赵沨书,寺僧主持等立石。阴刻"明昌五年上奏断定田园记碑阴界至图本"(《灵岩寺界址图》),额刻观音像。《八琼室》卷126;《山左》卷20;《金文最》卷39;《北图藏拓》47 - 34;《全金》P380。记事,界址图。

240.《寿圣禅院牒》,明昌六年。山东诸城。《寰宇》卷10。

241.《文殊寺敕牒碑》,明昌七年(1196)正月刻,宋元符三年(1100)十二月敕牒和徽宗时(1101~1125 在位)敕牒。山东临朐县仰天山文殊寺。2.3 * 2.4 尺。额题"赐额天宁文殊禅寺"。《寰宇》卷 10;《山左》卷 20。赐额。

242.《岱岳诸司记》,明昌七年十月十四日刻。陕西淳化。《北图藏拓》47 - 38。冥罚、信仰。

243.《董海墓明昌七年角柱题记》,明昌七年。1964 年出土于山西侯马市西北郊。角柱砖质,位于董海墓前室北壁门楼左右两侧。左侧角柱竖刻题记 3 行,右侧角柱竖刻题记 2 行。《全金》P386。记事,产业。

244.《张温妻智氏墓志》,承安二年(1197)二月十六日立。1953 年出土于山西朔州市,现存朔州市崇福寺文管所。52 * 52 * 7。《全金》P391。阴记置产。

245.《信义里重修利应侯庙记》,承安二年三月刻,大定二十年(1180)六月公文。山西武乡县。下残缺,连额拓 126 * 64。上公文,下记。记首题同碑名。公文上钤 3 全印,3 半印。两押。尾"刺史关"。公据,尚书刑部符。

246.《玉虚观牒》,承安二年十二月。山东牟平。1.9 * 2.6 尺。14 行 10字。《道略》P438;《全金》P395。

247.《沸泉分水碑记》,承安三年(1198)四月二十七日刊。山西曲沃县北董乡景明村龙岩寺。砂石,190 * 90 * 20。24 行。碑左上有大字"官",下有"押"字。碑阴有明弘治元年(1488)公文和清康熙二十二年(1683)责罚事。《三晋·曲沃》P17。记事,状告、官批、水规、治罪。

248.《兴学赋石刻》,承安三年。山西。《山右》卷 22。

249.《模刻大云禅院名额记》,承安四年(1199)三月一日记。山东嘉祥县。《中研院》P132。敕牒,赐额。

250.《敕赐静应庙牒》《静应庙敕告》,承安四年五月上石,宋崇宁三年(1104)五月十五日牒。河南沁阳。2 * 4 尺。16 行,约 160 字。《寰宇》卷10;《八琼室》卷 127;《中州》卷 4;《授堂》卷 11;《小林》P153。赐额。

251.《地藏禅院公据碑》,承安四年十月二十日记,载大定二十年(1180)七月初九日、大定二十一年八月五日公据。山东滕县(今滕州市)。拓 31+235 * 86。两截:上 2 份公据,计 26 行 54 字;下载僧徒次序谱。碑阴额题"十方地藏禅院",碑身刻题名。碑文漫漶。《山左》卷 20;《北图藏拓》47 - 47;《中研院》P132。

252.《大金承安重修中岳庙图碑》,承安五年(1200)三月中旬刻。河南登封市中岳庙。圆首方趺。133 * 75 * 14。额题"大金承安重修中岳庙图"。《嵩山》P162。建设金承宋制,规模宏大。

253.《忠勇庙碑》《追封马燧敕并记》，泰和元年（1201）七月十五日刻。山西临猗县马庄武王庙。拓 159 * 75。两截：上北宋大观二年（1108）十二月敕，行书；下梁德裕撰记。薛继先书，陈仲谦篆额。碑阴为《台衡铭》。《山右》卷 22；《北图藏拓》47 - 65；《全金》P427 录记无敕；《小林》P156。赐号。

254.《太清宫庙产碑》，泰和元年。1997 年出土于河南鹿邑县太清宫，现存圣母殿东北部。共 9 方，一方残碎，八方完整，尺寸不一。69 * 77 * 11、107 * 78 * 12 等。杨宝顺《老子故里在鹿邑——鹿邑太清宫新发现大量古碑碣和建筑遗迹》，《中原文物》2000 年 3 期。太清宫地产的位置、面积及四至，地产 5 300 多亩。

255.《请琮公禅师主持净因禅寺疏》，泰和二年（1202）九月疏。址不详。《金文最》卷 58。

256.《洪福院敕牒碑》，泰和二年立，大定三年（1163）牒。山东嘉祥县刘村。7 * 3 尺。额题"洪福院记"。《寰宇》卷 10；《山左》卷 20；《金文最》卷 40；《小林》P183。赐额。

257.《虞海幢记》，泰和三年（1203）八月七日建。山西朔州平鲁区文管所。八棱柱形，高 68。《全金》P446。置产，四至，戒约。

258.《洪崖山寿阳院记碑》，泰和六年（1206）七月立，大定二十八年二月十三日尚书礼部给刘若夷度牒文。河北易县。3.8 * 2.4 尺。额篆"洪崖山寿阳院之记"。37 行 58 字，有四至及禁樵采文。碑阴刻牒文。《道略》P1053；《全金》P465。度牒；记事、四至、禁约。

259.《聚圣岩公据》，泰和六年十二月文。河北阳原。3.2 * 1.9 尺。21 行 40 字。首行"弘州襄阴县给。据中白泉张昱等状告"，末行"右给付张昱等收执，督请名行高道收管施行。准此"。署名"司吏刘仲祥行"等 3 行，及张昱等题名。《道略》P1058；《全金》P467。公据。

260.《肥乡县创建文宣王庙碑》，泰和六年。河北邯郸市肥乡区。庞云撰。《全金》P468，据《金文最》卷 40 录文。记事，泰和元年令。

261.《法性禅院敕牒》，泰和七年（1207）重午前三日记，泰和六年牒。山西孝义市高阳镇苏家庄村慈胜寺。一面额题"法性禅院敕额之记"，碑身两截，上敕牒，下记。另面额题"创买敕额维那"，碑身三截，上题诗，中绘"法性老人增寿图"，下题名。

262.《洪福禅院牒》，泰和八年（1208）三月八日刻，大定四年（1164）六月敕牒。山西长治县寺坊村洪福寺内。41 * 48 * 18。10 行 21 字。《山西师大》P55；《三晋·长治县》P55。

263.《景德寺牒》《景德寺中书门下牒并泽州帖》，泰和八年十一月二十日刻，宋景德四年（1007）十一月牒。山西凤台县（今晋城市）高都镇。《山右》卷23。敕牒、州贴，赐额。

264.《郏县文庙创建讲堂记》，泰和八年冬至日。河南郏县。《全金》P477，据《南阳府志》录文。记事，泰和元年令。

265.《谷山玉泉寺大金敕牒碑》《谷山寺敕牒碑》，大安元年（1209）四月。原立山东泰安玉泉寺山门外东侧，1984年移岱庙东碑廊。261＊94＊27。螭首中雕佛龛，内坐释迦牟尼。两截。上泰和六年（1206）十一月牒文（《谷山寺牒》），14行，计179字。首行为牒文封皮。从第2行至最末行为牒文。牒文上钤"尚书礼部"印15方。下大安元年三月牒文（《香严寺牒》），15行，钤印15方。碑阴题额处浮雕力士像一尊，碑身刻佛教清规21条。另有草书小字记智崇募化买额经过，并附募捐者姓名。落款为大安元年四月九日。《全金》P485；《泰山石刻》P536；《岱庙碑刻研究》P225。敕牒、禁约。

266.《特赐清真观牒》，大安元年五月。山东栖霞市。《萃编》卷158。买道观名额牒。

267.《真清观牒》，大安元年五月。河南焦作。7.1＊3.9尺。两截，上大安元年尚书礼部牒文（有日字号），下刻田契。《萃编》卷158；冯登府《金石综例》卷3；《道略》P440；《全金》P488；《小林》P187。敕牒，赐额；地契。

268.《玉泉禅院牒》，大安元年。山东济南长清区。《寰宇》卷10。

269.《洞真观敕牒并记》，大安二年（1210）十月。山东莱芜县（现济南莱芜区）西北洞真官。4.3＊2.4尺。额题"洞真□观"。《寰宇》卷10；《山左》卷20。

270.《天圣观牒》，大安三年（1212）四月八日上石，宋天圣四年（1026）三月牒。山西浮山县。11行。《道略》P255。改赐观额。

271.《东镇庙禁约碑》，大安三年七月。山东临朐县沂山东镇庙。4.5＊2.35尺。额题"律令禁约樵采东镇庙界内山场之碑"。《寰宇》卷10；《山左》卷20。禁约，护林。

272.《崇仙观牒》，大安三年重九日上石，承安五年（1200）闰二月牒。尾题"令史刘镇卿、主事陈（押）"等6行。《道略》P1053；《全金》P510。尚书礼部牒，赐额。

273.《请净因堂头禅师琮公疏》，大安三年疏。《金文最》卷58。

274.《奉先县禁山榜示碑》《天开寺奉先县禁山榜示碑》，崇庆元年（1212）四月二十二日榜。原在北京房山区上方山兜率寺，现存北京石刻艺术博物馆。额残，73＊48＊10。首题"奉先县榜"，行书20行。碑阴及两侧刻有题名，漫漶。阴首行"（重）熙二十四年（1055）三月四日"，第二行题

"(涿)州范阳县高家庄斋",系用旧碑改作。《北图藏拓》47－128;《全金》P517;《北京石刻拓本提要》P276;《北京佛教》P133。首行"奉先县榜"、19行"官"大书醒目。19行有两"押"字。

275.《崇福院牒》,崇庆元年牒。原立于山西屯留县(现长治屯留区)路村乡王村崇福院正殿内,现存王村村委院内。53.5＊86.2＊19。22行29字。首行"尚书礼部。河东南路运司院额羔字号十二"。住持本院沙门洪迁立石。《三晋·屯留县》P21。

276.《两城山兴国院牒》《兴国禅院敕牒碑》,崇庆元年牒。山东微山县西北两城山。拓67＊77。牒上布16个印章。《寰宇》卷10;《山右》卷20;《北图藏拓》47册129;《小林》P188。赐额。

277.《玉真观牒》,崇庆二年(1213)四月文。1.7＊2.4尺。12行10字。有"中都路观额如字号陆拾"编号,尾官署题名4行。《道略》P1063;《全金》P519。赐额。

278.《大明禅院牒》,崇庆年间(1212～1213)。山西襄汾县张礼村。石上有明人题刻。将"观音堂"赐额为"大明禅院"。"卖空名敕牒"。

279.《敕赐崇福院牒并纪》,至宁元年(1213)五月二十四日立,崇庆元年(1212)牒。河南滑县城南8里董固城寨东北本寺。住持僧善柔立石。《中原》P147。

280.《千人邑记》,至宁元年六月十八日记。河北涞水县。《中研院》P147。信仰。

281.《敕赐寂照寺牒》,贞祐元年(1213)十二月立,崇庆元年(1212)十一月给文。河南修武县中榆村。《全金》P522,据《修武县志》录文。有塑像并院地,"买到羔字第八十三号空名敕牒一道"。

282.《岱岳观牒》,贞祐二年(1214)七月文。河南偃师市。有"礼部观额来字号九十八"编号及"尚书礼部封"。《寰宇》卷10;《道略》P1063;《全金》P525。赐额。

283.《赐兴国洪法寺牒》,贞祐二年九月。河南鲁山县洪法寺。《寰宇》卷10;《八琼室》卷128;《全金》P526,据《鲁山县志》录文;《小林》P188。赐额。

284.《镇安禅院牒》,贞祐二年九月。址不详(疑河北)。拓65＊65。漫漶严重。

285.《玉清观牒》,贞祐二年尚书礼部牒,元元统二年(1334)立。山东莱芜(现济南莱芜区)东岳庙。4.3＊2.8尺。额"重立玉清观额之记"。两截:上贞祐二年牒,首题"敕赐玉泉观额,尚书礼部",尾官署题名5行;下明昌六年(1195)翻修行宫记。后重刻碑石记,鞏克亮撰。《缪目》P489;《道略》P1064;《全金》P526。

286.《重阳观牒》,贞祐三年(1215)七月十四日立,贞祐二年二月牒。河南登封市颍阳镇玄都观。70＊68＊12。两截,上牒,下助缘题名。崇阳观冯智道刻立。牒文上钤"尚书礼部之印"8方。题名处有半印戳11个。《嵩山》P162。

287.《大云禅院碑》,贞祐三年中元(七月十五日)记,崇庆元年(1212)发文。山西沁州(今沁县)西郭村。《山右》卷23;《小林》P188。赐额。

288.《香严禅院牒》,贞祐三年七月刻,大定三年(1163)四月初三日牒。山西赵城县(今洪洞县赵城镇)。《山右》卷23;《小林》P181。赐额。

289.《云岩禅院牒》,贞祐三年十一月立石,贞祐二年牒。1994年在山东微山县两城乡东单小学出土,1995年移县文管所。66＊93＊14。"尚书礼部封"。"行宫礼部院额荒字号九"。"赴南京丰衍库送纳大钞壹万贰千贯,小拾贯壹千陆百贯,现钱叁贯文,买院额一道。"

290.《杨振碑》,贞祐三年。陕西乾县。27行55字。《全金》P528,据《还山遗稿》并《萃编》。记事,评《泰和律》。

291.《敕赐瑞容佛光之塔碑》,贞祐三年。1960年出土于甘肃临夏市万寿寺遗址。122＊66＊20。额篆"敕赐瑞容佛光之塔"。下刻礼部名牒,11行26字。《全金》P530。

292.《神应观敕牒碑》,贞祐四年(1216)三月。河南灵宝市神应观。《寰宇》卷10;清《宝丰县志》卷16。

293.《大觉禅院牒》,贞祐四年五月重日立,大定四年(1164)九月牒。原在山西河津东阳村,现存太原纯阳宫。198＊64＊19。三截,上两截为造像,牒文在第三截。系在唐碑基础上改刻。《山西省艺术博物馆馆藏碑志集萃》P74。

294.《显应观牒》,贞祐四年。河北邯郸峰峰矿区和村镇何庄村西50米崔府君庙前殿东山墙上。65＊110。《河北文物》P756。批复牒文,文后有礼部官员的长方形九叠篆文印章数方。

295.《重修岱岳庙碑》,贞祐四年。河南偃师市。《全金》P532,据《偃师金石遗文记》。记事,贞祐诏。

296.《园明寺牒》,贞祐年间(1213～1216)。陕西咸阳渭城区。4行。《渭城文物志》P186。纳通宝1674贯。

297.《通玄观牒》,兴定元年(1217)四月二十一日牒。山西安泽县府城镇高壁村通玄观,嵌于碑楼。50＊78。牒文12行19字,立碑信息2行。《三晋·安泽县》P21。

298.《罗汉院山栏地土公据》，兴定二年（1218）三月二十日。河南巩义市。2.4＊2.8尺。民国《巩县志》卷18下；《全金》P535。公据，"日后照使，无得失坠"。

299.《神应观敕牒碑》，兴定五年（1221）二月记，贞祐四年（1216）三月文。河南宝丰县。清《宝丰县志》卷16；《全金》P544有记无牒；《小林》P188。赐额。

300.《重刻付惠深札》，兴定五年七月初八日重刻，元丰七年（1084）二月札。河南巩义市。1.66尺。11行，总140字。张衍刻石。《八琼室》卷128。

301.《十方净土寺遗轨札》，兴定五年七月九日刻。河南巩义市。拓37＊57。僧至悦刊。《八琼室》卷128；《北图藏拓》47－137。

302.《宁曲社修食水记》，兴定五年十月十五日刻。陕西眉县。拓116＊65。碑阴为《食水图》。《金文最》卷41；《北图藏拓》47－138；《全金》P545。水利记事，具牒。

303.《庙产碑》，兴定六年（1222）。47＊123＊18。址不详。乡贡进士杨鲁风撰。《山西师大》P193。契证。

304.《义安院牒并议葬碑阴记》，兴定年间（1217～1222）。陕西西安长安区樊村乡彰仪村道安国师寺。圆首，150＊70。三截：上为《尚书礼部特赐义字院牒》，14行22字；中刊《议葬碑阴记》，20行16字；下刻助缘立碑村坊、人名，30行10字。刻于《苻秦国师塔碑》之阴。《秦岭》P237。

305.《印公开堂疏》，元光二年（1223）二月疏。陕西户县（今西安鄠邑区）草堂寺碑廊。54＊52＊10。21行20字。完颜撰。《金文最》卷58；《中研院》P150；《秦岭》P238。奏疏。

306.《请秀公和尚住持大觉禅院疏》，元光二年三月疏。《金文最》卷58。

307.《大金汝州宝丰县东宋村新修炎帝庙记》阴，正大元年（1224）正月立，贞祐四年（1216）三月尚书礼部牒。河南宝丰县宋村。清《宝丰县志》卷16；《小林》P188。赐额。

308.《请秀公长老住持洞林大觉禅院疏》，正大元年十月。《全金》P554，据《金文最》卷58录文。

309.《吏部掾属题名记》，正大二年（1225）五月。《元好问全集》，《全金》P555。

310.《请秀公和尚开堂疏》，正大二年十月。《全金》P556，据《金文最》卷58录文。

311.《请秀公长老住持大觉禅院疏》，正大二年十月。《全金》P554，据《金文最》卷58录文。

312.《京兆府学教养碑》,正大二年十二月。陕西西安碑林。刘渭撰。《金文最》卷41;《关中金石记》卷7;《北图藏拓》47－146;《全金》P557;《中研院》P153。

313.《超化寺公据》《行宫尚书礼部给郑州超化寺公据》,正大三年(1226)九月立。河南新密超化镇政府。拓56*149。52行28字。《中研院》P154。公据。

314.《给付法王寺常住收执日夕照用碑》,正大五年(1228)正月初七日给文。河南登封市嵩山法王寺。右下角残,50*62。碑文剥蚀不清,大致内容为给付法王寺常住收执的原因。盖有官府和县令印章。《嵩山》P162。

315.《建玉清观记并牒》,正大五年四月。河南洛阳。拓3.6*2.5尺。两截,上牒下记。每行下缺字若干。《道略》P1070。

316.《崇仙观牒》《崇仙观赐额敕牒》,岁次丙申八月初一日立,崇庆元年(1212)十月发文。山西潞城县合室镇(现长治潞城区合室乡)。1.8*2.8尺。20行。首行"尚书礼部□□河东南路运司观额",末官署题名5行。《山右》卷23;《道略》P1062;《全金》P518;《小林》P188。赐额。

317.《同昌县里堠碑》,金(1115～1234)。辽宁阜新。《全金》P588,据《阜新县志》录文。界址。

318.《来宾县里堠碑》,金。1962年发现于辽宁绥中。96*67*11。《全金》P588。界址。

319.《易县禁伐马头山善兴禅寺周围山林榜》,金。中科院文献情报中心馆藏拓。禁令,禁伐。

320.《阳曲令周君墓表》,金。山西定襄,佚。元好问撰。《全金》P656,据《定襄金石考》录文。赘婿,诉讼。

321.《尚书礼部兴国禅院牒》,金。陕西户县(今西安鄠邑区)文庙。80*56*19。9行。《户县碑刻》P40;《秦岭》P237。

322.《尚书礼部牒》,金。陕西长安县(今西安市长安区)文管处。

323.《尚书礼部牒》,金。原立陕西礼泉县西张堡乡张什村学校(即铁担寺内),1982年移至礼泉县文管会。67*67*10.5。

324.《京兆府合同》《平凉府合同券》,金。陕西。冯登府《金石综例》卷3。"此碑即今人买卖合同之例。"

325.《保大军节度使梁公墓铭》,金。址不详。金赵秉文《闲闲老人滏水文集》卷11,《全金》P620。"大定四年,行通检法。"

326.《太一三代度师萧公墓表》,金,址不详。金王若虚《滹南遗老集》,《全金》P643。记事,额籍,给据。

六、大蒙古国、元（1206～1368）

1. 《成吉思汗碑》，太祖二十年（1225）。1818年在俄罗斯额尔古纳河右岸一个遗址上被发现，现藏俄国圣彼得堡亚洲博物馆。圆顶花岗岩，中间有裂缝。200＊66＊22。回鹘式蒙古文5行20字。阴无字。哈斯额尔敦《蒙古文石刻概述》，《北京石刻文集》P43。

2. 《赐丘神仙手诏谒》，太祖时期（1206～1227在位）。河南汝州。《寰宇》卷11。

3. 《中书省疏》，辛卯年（太宗窝阔台三年，1231）九月。山西交城县石壁山玄中寺。14行24字。有印章和押。交城县知县覃资荣立石，"湛然居士"耶律楚材撰文。中书省为礼请信公庵主开堂出世疏文。

4. 《中书省公据》，太宗三年十月。山西交城县万卦山天宁禅寺。行书。《寰宇》卷11。

5. 《邢州开元寺礼请广恩疏》，壬辰年（太宗四年，1232）三月。河北邢台开元寺。残，49＊71。《邢台开元寺金石志》P132。

6. 《上皇帝书》，乙未年（太宗七年，1235）。址不详。2.3＊2尺。20行22字。《道略》P532。

7. 《龙谿规式遗言之记》，丁酉年（太宗九年，1237）五月十六日建。北京房山区河北镇磁家务孔水洞关帝庙前。螭首龟趺，趺头缺失，刻于同时《重建龙泉大历禅寺之碑》阴。207＊98＊24。阳额、阴额篆同碑名。《北京石刻拓本提要》P278；《新日下》P227。禁约、戒律，罚则；寺产及四至。

8. 《长春观公据碑》，戊戌年（太宗十年，1238）闰四月十八日。陕西凤翔县。1.4＊2.3尺。额题"皇元圣敕"。25行24字。《道略》P477；《蔡集》P5；《蔡集修订》P14。公据，颁发程序，钧旨引圣旨，产业四至，印章、押属。

9. 《长春观地界文凭》，己亥年（太宗十一年，1239）二月。河南荥阳市长春观，佚。国家博物馆有藏拓。拓45＊57。民国《续荥阳县志》；周铮《跋

〈给付碧洞子地土执照〉石刻拓本》,《中原文物》1986 年 1 期。执照,盖两印。

10.《通玄观公据》,太宗窝阔台十一年十月十八日给文。山西安泽县府城镇高壁村通玄观内。190＊75＊13。碑阳首题"重修通玄观记",碑文 20 行,落款己亥(太宗十一年)九月十五日记。碑阴额题"通玄观记",碑身两截,均 26 行。首题"平阳府和川县给",首行及年款处钤有印章,尾有大字"官"。《三晋·安泽县》P22。平阳府和川县出给公据,并施舍地土坐落四至。

11.《十方大紫微宫懿旨碑》,庚子年(太宗窝阔台十二年,1240)三月十七日。原在河南济源县十方大紫微宫,现存济源市济渎庙。220＊78＊12。两截:上皇后懿旨,汉文 11 行 12 字,年月处钤"皇帝之宝"印章,后附回鹘式蒙古文 3 行,及刻石者姓名汉文 1 行,总计 15 行;下《天坛十方大紫微宫结瓦殿记》,29 行 51 字,李志全撰。《道略》P480;《蔡集》P7;《蔡集修订》P20;哈斯额尔敦《蒙古文石刻概述》,《北京石刻文集》P43;《草原》P36。也可合敦懿旨,双语。"你的娘子充提领勾当者"。

12.《普救寺公据碑》,壬寅年(1242)五月十七日立,己亥年(1239)六月十七日给文。山西永济市普救寺。右残缺字,中裂。拓 54＊60。29 行 32 字。前两行为"皇帝圣旨里,拔都大王福荫里","塔海都元帅奉钧旨"。有印、押。布施产业四至。

13.《东仙洞记》,癸卯年(乃马真后称制二年,1243)三月立。山西古交市阁上乡东仙洞。119＊90。额篆"东仙洞记"。两截,上辛丑年(1241)十二月廿九日太原府札付,左侧年代前有回鹘式蒙古文一行,译为"行交城的文书"。下截为题名。《三晋·太原古交》P8。

14.《请□公禅师驻栖岩疏》,癸卯年三月。址不详。拓 41＊47。右上角残。13 行年款处钤印章。监寺僧致和立石,苏明刻。《北图藏拓》48－5。

15.《重修兴觉院记》,癸卯年四月。河北完县(今顺平)东朝阳村真觉寺。碑阴刻题记并田亩数。《缪目》P424。契证。

16.《护必烈大王令旨碑》《兴国寺朗公长老开堂敕》,甲辰年(乃马真后称制三年,1244)二月。河北易县兴国寺。拓 111＊63。12 行。《畿辅通志》,《缪目》P517;《北图藏拓》48－177;《蒙古学》图 P5。

17.《十方慈教院施地记》,甲辰年四月。山西高平市游仙寺内。123＊68＊22。两截,上 13 行,下 27 行 40 字。《三晋·高平》P46。公据。

18.《神仙洞给文碑》,乙巳年(乃马真后称制四年,1245)正月给文。山东掖县(今莱州市)。拓 93＊64。12 行 18 字。年款处有小字"印"。《缪目》P424;《道略》P484;《北图藏拓》48－6。保护道教地产,公文格式尚不完备。

19.《北极观懿旨碑》,乙巳年五月十五日刺里写来。原在河南汲县城内东隅广福万寿宫,后移县前街图书馆。19 行 16 字。年款处钤有"公主皇后之印"。《道家金石略》P486;《蔡集》P10;《蔡集修订》P30;北大藏拓。护持寺产、治罪。

20.《灵都观给文碑》,乙巳年八月给文。现存河南济源市济渎庙。碑额残,碑身下部缺。碑阳额篆"宗主宁神广玄真人像"。两截:上左为宁神真人张志谨像,右为真人遗诗四句;下为清虚大师提点陕西教门綦志远给灵都观道众的给文,24 行 27 字。碑阴额篆"特赐灵都万寿宫之图"。上绘图,下为宋德方(号披云)题诗及立碑者落款,33 行 12 字。《蔡集》P11;《蔡集修订》P34;《道略》P485。公文;记事,张志瑾出家事及宗派源流。

21.《兴国寺舍利塔令旨碑》,蛇儿年,乙巳年。山东朝城县(1956 年划归山东莘县、河南范县和寿张县)。2＊5.5 尺。令旨一道并叙引,27 行。首行下有"书丹僧法显"5 字。令旨 12 行,年月上钤蒙古文篆印。译文 18 行。《寰宇》卷 11;《山左》卷 21。

22.《静明观皇太子祝文碑》《皇太子阔端祝文》,丙午岁(1246)二月十五日立,二月初五日告文。陕西铜川耀州区药王山。方首方座,109＊46＊15。14 行 34 字。阔端撰文,李素舟等立石,杨志松刊。首行"阔端太子令旨",实为祝文。《关中》卷 8 存目名《阔端太子祈妙应真人祀文》;《陕西金石录》名为《孙真人祝文》,列为金碑;《缪目》P424 定名为《阔端太子祭五台山妙应真人文》;《道略》P1078;《道教文书》P93;《药王山碑刻》P64。

23.《重修光化禅寺碑》阴,丙午夏四月有七日。山东泰安。碑阴记山场地亩。《缪目》P424。

24.《阔端太子令旨碑》《阔端太子修草堂寺令旨碑》,丁未年(定宗二年,1247)十月二十八日。陕西户县(今西安鄠邑区)草堂寺碑廊。碑下部断裂为数块。150＊66＊16。额篆"皇太子令旨重修草堂寺碑"。四截,分别刻癸卯年(1243)五月十七日、乙巳年(1245)十一月十日、丁未年(1247)四月初十日、丁未年十月二十八日令旨及札付。第一截汉文 17 行 13 字,尾有一行回鹘式蒙古文;第二截 27 行 15 字;第三截 15 行 12 字;第四截汉文 17 行 17 字,回鹘式蒙古文 2 行。火鲁赤都书。第一二截年款处钤"东宫皇太子宝"印,第四截钤"副元帅印"印。《蔡集》P8、13;《蔡集修订》P23、40;《北图藏拓》48－13;《户县碑刻》P45;《秦岭》P238;杉山正明《草堂寺阔端太子令旨碑の訳註》,《史窗》47 号,1990;史冬游《陕西鄠县草堂寺阔端太子令旨碑相关问题讨论》，《社科纵横》2012 年 11 期。令旨、双语、印章。下令重修草堂寺事宜。

25.《太清观懿旨碑》，丁未年（定宗二年）二月。河北赵州（今赵县）。碑文首行"长生天气力里谷裕皇帝福荫里唆鲁古唐妃懿旨"。《缪目》P425；《道略》P840。赐真人号。

26.《洞真观公据碑》，乙酉年（定宗三年，1248）。山东济南长清区五峰山洞真观。2＊2.35 尺。18 行，后钤三方蒙古文篆书印。《寰宇》卷 11；《山左》卷 21；《济南金石志》。东平府给公据及观基四至。

27.《十方重阳万寿宫记》，海迷失后元年（1249）十一月初九日。陕西户县（今西安鄠邑区）祖庵镇重阳宫。螭首龟趺。516＊156＊50。额题同碑名。35 行 80 字。《陕西碑石精华》P228；《重阳宫》P4。记事，赐宫名和真人号。

28.《窝阔台立国子学诏书碑》，海迷失后元年立，蛇儿年（1233）六月初九日发文。北京。四则。夫子庙知观李知元立石。《析津志辑佚》；《全真教》P97；高桥文治《太宗窝阔台癸巳年皇帝圣旨译注》，《追手门学院大学文学部纪要》25 号，1991。碑名有误。内容为命蒙古必赤（书记官）之子 18 人于燕京孔子庙学习汉语，命从燕京官人的子弟中选 22 名优秀者进行蒙语教授。令旨第一节针对此前李志常假传蒙哥下令归还寺院之圣旨并将其束之高阁而发。

29.《灵都宫懿旨碑》，庚戌年（海迷失后二年，1250）五月初六日发文。拓 2.9＊1.9 尺。15 行 27 字。《道略》P508。

30.《炼神庵牒》，庚戌年文。山东泰安徂徕山南山坳中。摩崖，共计四处，分记、牒及题名，文字多已漫漶。其中第二处为"皇帝圣旨里恩赐文牒"。周郢《蒙古汗廷与全真道关系新证——新发现的蒙古国圣旨（懿旨、令旨）摩崖简述》，《中国史研究》2013 年 1 期。

31.《大蒙古国累朝崇道恩命之碑》《成吉思汗手诏累朝崇道碑》，辛亥年（宪宗元年，1251）七月初九日。原在陕西户县（今西安鄠邑区）重阳宫祖师殿前东端，1962 年移该宫后院。螭首方座，396＊113＊31。碑中部有一道裂纹。阳额篆"大蒙古国累朝崇道恩命之碑"。四截，前三截载圣旨八道（诏书二、圣旨四、令旨二）：第一截并刻两诏，右一 22 行 25 字，系己卯年（1219）五月初一成吉思汗敦请丘处机诏书；右二 11 行 25 字，系成吉思汗遗曷剌答复长春真人陈情诏书，王国维考证为耶律楚材所撰。第二截刻四封圣旨，右一 14 行 20 字，右二 27 行 20 字，皆癸未年，即太祖十八年（1223）；右三 7 行 20 字，右四 5 行 20 字，皆乙未年，即太宗七年（1235）。第三截并刻两封令旨,右 17 行 22 字,为乙巳年(蒙古乃马真后四年,1245)阔端太子令旨;左 15 行 22 字,为庚戌年(海迷失后二年,1250)弥里杲带太子令旨。第四截刻《蒙古国累朝崇道碑序》33 行 13 字,李庭撰文,时为己酉年(海迷失后元年,1249)。石志坚书并篆额。碑阴额篆"清和真常二大宗师累赐仙翰",碑文为尹清和、李真常二掌教寄书重阳宫道众手书。《辍耕录》卷 10;《道略》P445;《北图藏拓》48－16;《蔡集》P115、1、12、16;《蔡集修订》P1、38、45;《重阳宫》P5。《道略》P532 载《上皇帝书》20 行 22 字,末署"乙未年月日",与本碑内容可相参证。

32.《僧祖善造陀罗尼真言幢》,壬子年(1252)四月十八日。河北正定县后寺。《缪目》P426。先真言,后庄产四至记。

33.《长春观札付》《葡萄园宣谕》,壬子年四月二十七日文。山西安邑县(今运城盐湖区)。公文 22 行,有印、押。另有 5 行道众题名。《山右》卷24;《道略》P512;《冯碑》P28;《蔡集》P17;《蔡集修订》P46。

34.《太一广福万寿宫令旨碑》,壬子年九月。河南汲县(今卫辉)万寿宫。拓 1.2＊2.7 尺。14 行。尾有蒙古文一行。《道略》P841。忽必烈大王令旨,封赠,改"太一万寿观"为"太一广福万寿宫"。

35.《太平崇圣宫公据》《崇圣宫给文碑》(2),癸丑年(宪宗三年,1253)正月给文。山西平遥县清虚观东屋壁。2.7＊1.8 尺。两截,上 23 行 25 字,下 20 行 17 字。下为壬子年(宪宗二年,1252)七月初五给文。有印章、押。《山右》卷 24;《道略》P513;《冯碑》P29;《蔡集》P18;《蔡集修订》P49;《晋中》P132。给付公据、执照。"钦奉到蒙哥皇帝御宝圣旨节文""奉掌教大宗师真人师父法旨前来""右给付平遥县太平崇圣宫收执照用,准此。"

36.《重阳成道宫记》,甲寅年(宪宗四年,1254)三月。陕西户县(今西安鄠邑区)重阳宫。螭首龟趺。382＊105。额题同碑名。50 行 70 字。《陕西碑石精华》P229。记事,以御命改观为宫。

37.《忽必烈大王令旨碑》,甲寅年五月二十八日六盘山口子里写来。《道教文书》P87;《全真教》P101。

38.《泽净观给文碑》,甲寅年十月。山西芮城县。牒文格式,有印、押。《道教文书》图版 3。

39.《海云和尚道行碑》,乙卯年(宪宗五年,1255)九月。北京。《北京佛教》P142。记事、圣旨,寺观被侵占。

40.《孙真人福寿论》,宪宗六年(1256)。陕西铜川耀州区药王山。圆首方座。170＊83。额题同碑名。四截,前三截均 33 行 12 字,第四截 27 行 12 字。唐孙思邈撰文,李素丹题跋,杨聪书丹。《陕西碑石精华》P231。善恶福寿观,教化世风。

41.《大朝断定使水日时记》,丁巳年(宪宗七年,1257)二月望日立。山西翼城县武池村乔泽庙内。刻于大定十八年(1178)《大金绛州翼城县武池等六村取水记》碑阴。额篆"大朝"。井黑忍《山西翼城乔泽庙金元水利碑考——以〈大朝断定使水日时记〉为中心》,《山西大学学报(哲学社会科学版)》2011年3期。

42.《太清宫令旨碑》《海都太子令旨碑》,丁巳年□月初十日彻彻里哥剌哈有底时分写来。河南鹿邑县太清宫山门前。56*80*20。24行17字。字迹漫漶。光绪《鹿邑县志》卷10;《道略》P529;《蔡集》P20;《蔡集修订》P53。

43.《蒙哥皇帝圣旨碑》,宪宗八年(1258)三月十一日勒石,山西浮山县贯里村老年大学院内。残,78*51*33。年号上钤篆文印。《三晋·浮山县》P48。

44.《丹阳马真人十劝碑》,约宪宗八年。陕西户县(今西安鄠邑区)祖庵镇城道宫。圆首方座,168*50*12。额书"丹阳真人十劝"。两截,上19行26字,下16行4字。《道略》P432;《户县碑刻》P46、329。宗教规约,劝善守法。

45.《万寿禅寺碑》,约太宗至宪宗时期(1229～1259)。原在甘肃陇西县城新街东侧万寿寺,佚。形制不明。《陇西》P30。圣旨。

46.《鸡儿年开平府圣旨碑》,鸡儿年(中统元年,1260)元月初一日。忽必烈在上都(开平府)签发。《草原》P59。

47.《太清宫执照碑》,庚申年(中统元年,1260)五月初一日给文。河南鹿邑县太清宫太极殿西侧,嵌墙。60*90。25行13字。光绪《鹿邑县志》卷10;《河南碑志叙录》P263。执照。太清宫范围及宫内财产。

48.《蒙古延寿宫图记碣》,中统二年(1261)二月九日。陕西泾阳县中张乡许家村。133*54*14。额刻"延寿宫图"。15行25字。《咸阳碑刻》P90。图碑,四至。

49.《太清宫圣旨碑》,中统二年四月二十七日。河南鹿邑县太清宫太极殿东侧槛墙内。60*96。18行12字。年款处有"御宝"小字。《寰宇》卷11;《道略》P542;《蔡集》P21;《蔡集修订》P56。"仍仰张拔都儿常切护持太清宫",张拔都儿即张柔。

50.《大开元寺之碑》,中统二年四月立,戊午年(1258)七月十一日圣旨。河南灵宝市城关镇西华村。285*120*40。额题同碑名。21行。忽必烈大王令旨,蒙哥皇帝圣旨,少林长老状告。年代右侧有"宝"字。如六大师本贞书,告状僧仲仙,寺主僧善信立石。碑阴文字不清。《寰宇》卷11;《中州百县》P1241;《豫西》P228。"合退先生每占住寺院三十七处"。"本寺四至"。佛道之争;诈传圣旨,断事官;地界凭证。

51.《大玄真宫祖碑》,约中统二年。辽宁阜新市医巫闾山北麓。螭首龟趺,430*133*33。碑阳、阴共3484字。记事。道士杨志谷(1186～1258)三十年的传道活动和宫观沿革,以及所拥有的土地、财产情况。

52.《耶律楚材神道碑》,中统二年。北京海淀区颐和园耶律楚材祠堂内。宋子贞撰文。《元文类》卷57;《西域碑铭录》P209。时务十策。

53.《元刻有唐昌真人祠堂记》碑阴,壬午年(中统三年,1262)孟夏十四日重立。山西芮城县永乐宫碑廊。原碑为金兴定六年(1222)虞田布衣袁从义记,正大五年(1228)立。重立者为十方大纯阳万寿宫提点冲和大师潘德冲等。产业名目、坐落、四至等。

54.《开元寺榜文碑》,中统四年(1263)五月。山东邹县(现邹城市)。20行。《金石汇》卷10。禁约侵扰。

55.《田宅之记碑》,中统四年六月。山西临汾尧庙。额题"圣旨"。上截刻圣旨,下截刻"光宅宫长住田宅记"。圣旨、契证。

56.《上清观地亩四至数目记》《上清观常住地土记》,中统五年(1264)五月。河北肥乡县。2.6*1.8尺。19行42字。《缪目》P429;《道略》P1093。产业坐落、亩数、四至。

57.《特赐耀州五台山静明宫并加真人号记》《昌童大王令旨》,中统五年七夕。陕西铜川耀州区药王山(原称五台山静明观)。方首龟趺,159*84*19。额篆同碑名。两截:上中统二年谕旨,16行16字;下中统三年谕旨,16行17字。《陕西金石志补遗》误作中统三年刻石。《陕西碑石精华》P234;《药王山碑刻》P188。印章被铲。

58.《宫山残碑》,中统末。山东新泰市宫山。2*2.3尺。《山左》卷21。地界、四至。

59.《龙泉观公据》,至元元年(1264)十二月给文。河南扶沟县。1.4*2.3尺。29行27字。首行"皇帝圣旨里海都大王位下南京扶沟县"。《缪目》P429;《道略》P1094。公据、状;买地建观,请求公凭;契买地土价银、四至。

60.《冯道真墓志铭》附《买地契文》,至元二年(1265)六月初八日建。门人杨志祥等建,乔志通书。附乙巳年(1245)九月二十八日契文。励耘书屋原抄件,《道略》P1095。地契标准格式,罚银,押。

61.《耀州管内威仪司公据志版》,至元二年。陕西富平县美原镇东街小学。91＊92＊20,行书。《富平》P385。札付美原县列真观主持道士马知章的公文。

62.《劝请裕公住持猴山永庆寺疏》,至元三年(1266)二月刻,癸卯年(1243)四月十二日请疏。河南登封市少林寺碑林。请疏文16行,立碑责任者2行,总18行。五位签名者均有押。

63.《大相国寺圣旨碑》,至元三年二月。浙江鄞县(今宁波鄞州区)范氏拓本。三截,上、中回鹘式蒙古文,下汉文。《寰宇》卷11;《中州金石目》卷2。

64.《故平阳史公墓铭》,至元三年五月二十八日。陕西。74＊61。京兆路儒学教授杨定撰铭并序。尾刻坟地四至。

65.《重修汾东王庙碑》阴,至元四年(1267)八月。山西太原晋祠唐叔虞祠主殿前。242＊101.4＊29.2。阳额"重修汾东王之庙记",阴无额,刻至元四年二月晋祠镇耆老等保结文状和同年七月二十五日"太原路总管府给文"。在"七月"处钤有"太原路总管府之印",下有四个押。《道教文书》图版7、P378。公文。

66.《白云禅寺公据碑》,至元四年八月给文。河南汝州市风穴山白云禅寺(又名风穴寺、香积寺、千峰寺)。拓55＊60。17行29字。年月处有印章,州判刘、知汝州张、宣差孙下有画押。将置买地土施与白云禅寺,在施地内创修水磨、库房等,"并无包套违碍"。

67.《东平府新学记》阴,至元四年冬十月望日。山东东平县。碑阴刻田亩数目并官吏题名。《缪目》P432。

68.《颐真庵公据》,至元四年十二月给文。山东。2＊2.4尺。额题"存留记"。22行,首行"皇帝圣旨里益都路沂州"。《道略》P1097。公据、状,观址施状、买契,四至,建房间数,官牙人立到文契。求立碑公凭。

69.《玉仙圣母庙榜文》,至元五年(1268)正月。南京路唐州。1.6＊3.1尺。28行18字。首行"皇帝圣旨里中书右三部"。《道略》P1097。榜文程序:符文、札付、圣旨、禁约。省部禀奉都堂钧旨。禁在庙内宿睡作践、毁污井池。记绿毛灵龟事。

70.《普救寺执照碑》,至元五年(1268)正月重立,北宋乾德三年(965)六月十九日原刻,后汉乾祐二年(949)八月一日文。山西永济市普救寺。拓34＊47。因破城之功而保护寺产。

71.《钧州学复田记》,至元五年。河南新郑。《范氏天一阁碑目》。讼案,学田。

72.《扬州路学田记》,至元五年。江苏扬州。《江苏金石二十二》。

73.《至元六年帖》,至元六年(1269)九月。原在陕西宝鸡陈仓区火神庙院内,后存文化局院内。石质粗劣。拓56＊57。常宁宫提点安静大师赵德义立。《寰宇》卷11;民国《宝鸡县志》,《秦岭》P31;《全真教》73页。敕改"至德常宁观"为"至德常宁宫"。

74.《重兴开福寺常住记》,至元六年十月十五日立。出土于陕西铜川耀州区石柱村,1981年迁至药王山。圆首方座,168＊84。额题同碑名。22行31字,剥泐较重。《药王山碑刻》P67、300。记事,施旧水碾于寺院,用水时间。

75.《加封披云真人制词碑》,至元七年(1270)三月。山东莱州市神山长生万寿宫。拓92＊51。汉文9行18字。《寰宇》卷11;《北图藏拓》48-49;《道略》P598。

76.《文殊院山界公据碑》,至元七年。山东临朐县文殊院。2.6＊2.5。《寰宇》卷11;《山左》卷21。公据。

77.《赞皇复县记》阴,至元八年(1271)春分,河北赞皇县。《缪目》P434。碑阴刻县境四至记。

78.《创建清真庵记碑》阴,至元九年(1272)八月十九日给文。《道略》P606。公凭。

79.《宣赐栗园圣旨之碑》,猴儿年(至元九年)十一月十三日大都有时分写来。北京房山区青龙湖镇谷积山灵鹫禅寺东配殿房檐下,近年大修寺院时出土。中断,缺3字。拓约178＊72。额篆"宣赐栗园圣旨之碑"。20行。年款右侧有"宝"字。文中述"成吉思、月怯帖、薛禅皇帝",尾刻"佛局直长成甫秀刊"。阴额"谷积山灵岩禅寺地土园林之记",延祐二年(1315)刻,记载寺庙的四至地界。

80.《张志贤修行记》,至元九年十二月八日。山东临朐县石门房山。拓135＊64。碑阴刻施主姓名及本山四至。《北图藏拓》48-55。

81.《鹊山封康□公颜天翼妻张氏圣旨》,至元十一年九月。址不详。《缪目》P435。

82.《昌童大王令旨及请潘公住持疏》,至元十一年立。山西芮城县永乐宫西碑廊。113+232＊100＊40。正面碑额刻中统三年(1262)二月十二日昌童大王令旨,碑阴额刻"请疏之碑"。两面刻6份山西平阳府各级官员于丙午年(定宗贵由元年,1246)十月、十一月、十二月签发的请疏文。宣差河解总管万户徐德禄、夫人刘志源、男万户徐澄立石,中岳石匠提领高志云刊。碑侧有明代题刻。《道略》P491;《全真教》P191;《多面相的神仙》P241。

83.《宝庆寺约禁令旨碑》,猪儿年(至元十二年,1275)二月十七日永昌府时分写来。原在甘肃陇西县北关宝庆寺,佚。乾隆《陇西县志》,《陇西》P38;汪楷《从永昌王府白话令旨看巩昌帅府与永昌王之关系》,《丝绸之路》2010年18期(总187期)。

84.《光宅宫圣旨碑》,至元十二年二月颁,山西临汾。拓104＊62。两截,上蒙文14行,钤印处书"宝"字;下汉文17行12字。《三晋·尧都》P427;《北图藏拓》48－63;《蒙古学》图P3。

85.《霍邑县杜庄碑》,至元十二年三月初七日。山西霍州市。《山右》卷25。水案。

86.《龙门建极宫碑》《龙门禹王庙令旨碑》,鼠儿年(至元十三年,1276)正月二十六日京兆府住时分写来。陕西韩城市黄河龙门口禹王庙(韩城东北80里,山西河津县西北25里)。两面刻。额镌八思巴文四字,自左至右行,译写汉文为"皇帝圣旨"。碑阳为至元十二年(1275)圣旨,上截八思巴文译写汉文23行,下截汉文圣旨。碑阴为至元十三年(1276)丙子皇子安西王(忽必烈三子安西王忙哥剌)令旨,上截八思巴文,下截汉文。发给平阳府尧庙、后土庙、禹王庙等寺庙姜真人等。《寰宇》卷11;《冯碑》分别题为《一二七五年龙门神禹庙圣旨碑》《一二七六年龙门神禹庙蒙汉文令旨碑》;《蔡集》P118;《蔡集修订》P65;《道略》P1104;亦邻真《读1276年龙门禹王庙八思巴字令旨碑——兼评尼古拉·鲍培的译注》,《内蒙古大学学报(社会科学版)》1963年1期;《八思巴》P1;《入门》P74;《汇编》图32、P371;《元代汉语》P31;哈斯额尔敦《蒙古文石刻概述》,《北京石刻文集》P48。"照依累降圣旨""常加护持禁约""照依先前圣旨体例"。"令旨省谕"有别于皇帝圣旨、皇后懿旨所称"宣谕"。

87.《复立宋大观圣作碑后记》,至元十三年三月。山西盂县城关镇文庙,佚。《盂县金石志略》;《三晋总目·阳泉》P93。御制学规。

88.《文庙诸碑记并府学公据》,至元十四年(1277)正月十五日刻,至元十三年(1276)十二月十三日文。陕西西安碑林。拓124＊58。两截:上公据,双语,有印押;下碑记。孟文昌撰,骆天骧书,王仁刻,徐鼎、董溥立石。《未刻稿》卷上;《北图藏拓》48－72;《缪目》P436;《西安碑林史》P524。

89.《赞皇县学枢密院榜文》,至元十四年十二月。河北赞皇县学。2.4＊3.5尺。16行。《补寰宇》卷5;《常山》卷16;《文物河北》中P52。榜示。"年月上连盖五印,印文系蒙古国书,不可识,当即枢密院之印。""钦依圣旨事意施行,毋得违犯,须至出榜者。右榜付赞皇县宣圣庙晓谕通知。"

90.《香山观音寺地界公据碑》,至元十五年(1278)八月十八日文。河南宝丰县闹店镇香山寺。拓 49＊80。27 行 18 字。年月上有印章,下有押。清《宝丰县志》卷 17;《北图藏拓》48－76。公据;寺产四至,乞别立古迹碑文。

91.《官箴碑》,至元十五年八月二十九,河北邢台开元寺。拓 94＊67。

92.《天真观四至题字》,至元十六年(1279)正月。陕西眉县。《寰宇》卷 11;《郿县金石志稿》卷 5;《道略》P1106。四至。

93.《势都儿大王令旨碑》《莱州石真人墓令旨碑》,至元十六年七月十三日察罕恼儿有时行,山东莱州市城东三十里道士石志温墓。拓 93＊52。8 行 15 字。碑文尾注"蒙古字一行",总计 9 行。《北图藏拓》48－78;《道略》P624;《蔡集》P26;《蔡集修订》P69。

94.《瑞云庵记》,至元十七年(1280)四月立。山西蒲县下刘村。142＊65＊12。17 行 34 字。《三晋·蒲县》P10。地土四至。

95.《重修磻溪长春成道宫记》,至元十七年五月。陕西宝鸡陈仓区。魏初撰,薛庭谔篆额,孙德彧书,方志正同建,李道谦建立,汤洪刻。《秦岭》P31。记事,状,讼案。

96.《长春宫晓谕碑》,至元十七年六月立。《辨伪录》卷 6,《道略》P624。"皇帝圣旨里中书省……右示诸人通知。"佛道争夺观院、放火,聚众斗殴,处刑。

97.《长生万寿宫令旨碑》《势都儿大王令旨碑》,至元十七年。山东莱州市长生万寿宫。拓 93＊70。24 行 33 字。《北图藏拓》48－80;《道略》P631;《蔡集》P27;《蔡集修订》P72。

98.《大元崇道圣训王言碑》《薛禅皇帝龙年圣旨碑》,约至元十七年立。原在陕西户县(今西安鄠邑区)重阳宫献殿前,1962 年移竖于该宫后院。螭首方座。369＊117＊31。额篆"大元崇道圣训王言"。四截,双语。第一封圣旨,八思巴文 43 行,汉文 35 行 19 字,龙儿年(1280)十一月初五日大都有的时分写来;第二封令旨八思巴文 8 行,汉文 7 行 18 字,至元十四年(1277)五月;第三封圣旨八思巴文 7 行,汉文 5 行 18 字,至元十七年正月;第四封令旨八思巴文 9 行,汉文 26 行 19 字,至元十四年六月。《蔡集》P23、119。《重阳宫》P19;《道略》P592、618;《汇编》P32。赐予陕西五路西蜀四川道教提点李道谦的圣旨。

99.《大都大延洪寺粟园碑》,蛇儿年(至元十八年,1281)八月初八日上都有时分写来。2007 年在北京房山区新街村南水北调施工现场发现。172＊54。额篆同碑名。两截:上蛇儿年(1281)八月圣旨,21 行 19 字;下至元十八年四月初七日给文。《北京佛教》P153;马顺平、孙明鉴《元〈大都大延洪寺栗园碑〉释证》,《故宫博物院院刊》2011年1期。佛道地产纠纷以及处理程序。争栗园讼案,圣旨判决。

100.《重建润源等渠碑记》,至元十八年八月十二日立。山西洪洞县,佚。《洪洞县水利志补》上卷;《三晋·洪洞》P981。讼案,水利纠纷断定。录宋金旧碑文。

101.《封二贤诏》《封伯夷叔齐圣旨碑》,至元十八年十月。山西永济市首阳乡长旺村伯夷叔齐庙废墟中。50＊100＋125。额篆"大元封二贤制"。13行15字。《山右》卷26;《缪目》P438;《山西碑碣》P260图。圣旨、封号。封伯夷为昭义清惠公,封叔齐为崇让仁惠公。

102.《双泉禅院地产碑》,至元十九年(1282)季春望日(十五日)立。北京昌平区上苑乡兴寿镇西新城村北双泉禅寺遗址。残断为二,另一块已佚。70＊60＊17。首题"大都昌平县东乡新城村双泉院地产记"。碑阴线刻示意性地图,标明四至。《大系》P109;《北京石刻拓本提要》P278。契证,图示。

103.《紫虚元君庙地记》,至元十九年三月十九日。河南沁阳。在唐《沐涧魏夫人祠碑》阴。《道略》P1110。四至。

104.《古道观记》《古道观地界施状碑》,至元十九年三月二十七日立,中统四年(1263)四月文。河南新安县铁门镇古道观内。残断,左中缺。拓201＊80。两面刻。额题"古道观记"。阳为河南府路都道录司分别于中统四年和至元十九年颁发给古道观的文书。刘志彦、杨道秀状告。2个印章、2个押。碑阴《古道观记》24行50字,共1091字,可辨识者1017字。邢富华、王宇红、邢建洛《洛阳发现元代古道观圣旨碑》,《文物》2011年8期;周祥《元代至元九年〈古道观记〉释文校补》,《语文学刊》2012年2期。施状文契,执照和公据。

105.《阿难答秦王马年令旨碑》《东岳庙令旨碑》,马儿年(至元十九年)四月二十一日开成府有时分写来。原立于陕西户县(今西安鄠邑区)庞光乡化羊庙正殿前院,1986年移户县文庙大成殿东侧碑廊。圆首方座,220＊90＊21。额篆"令旨之碑"。两截,双语。上八思巴文20行,下汉文22行22字。风化较严重。《道略》P1111;《户县碑刻》P48;《蔡集》P30。《汇编》图34、P383;《秦岭》P242;照那斯图等《阿难答秦王八思巴字蒙古语马年令旨》,《民族语文》1998年3期。给安西府修真观华阳谷东岳庙提点牟志通、提领章道奇、提举岔知坚、赵道从为首的道士们的令旨。

106.《巩昌府城隍庙令旨碑》《重修府城隍庙令旨碑》,马儿年(至元十九年)十一月初一日永昌府有时分写来。甘肃陇西县城隍庙,佚。乾隆《陇西县志·拾遗》,《陇右》卷5;汪楷《从永昌王府白话令旨看巩昌帅府与永昌王之关系》,《丝绸之路》2010 年 18 期(总 187 期)。亦怜真大王于永昌府命修巩昌城隍庙和令旨。

107.《敕董若冲旨碑》,至元十九年立。陕西华阴市西岳庙。216＊75。三截,分别刻至元十二年(1275)二月圣旨、鼠儿年(1276)正月廿六日令旨、己未年(1259)闰十一月十三日令旨。16 行 17 字。另面刻明代榜谕。《华山碑石》P37;《西岳庙碑石》P429。

108.《吴山寺执照碑》,至元二十年(1283)四月二十三日。原存陕西永寿县本寺,现存乾陵懿德太子墓博物馆。现存碑上半,额题"圣旨"。110＊80。年月处有印文。正文后有 3 行八思巴字护持文,全文首尾不全,与汉文内容无内在联系,有"龙儿年八月十五日"字样。《寰宇》卷 11;《蔡集》P31;《关中》卷 8;《入门》P110;《汇编》P33。执照。"右给付僧人永释收执。准此。"

109.《重阳万寿宫碑》,至元二十年十一月。陕西户县(今西安鄠邑区)祖庵镇。高 300。四截。第一截为龙儿年(至元十七年,1280)十一月初五日大都时分写来圣旨,八思巴文。第二截为一截内容汉译。第三截左为至元十七年正月汉文圣旨,八思巴文音写;右为至元十四年(1277)五月汉文安西王令旨,八思巴文音译。第四截右为至元十四年六月汉文令旨,左为八思巴文音写汉文至元二十年十一月令旨,无汉字原文。《石墨镌华》卷 6;《八思巴》P28;《汇编》图 33;《元代汉语》P30。

110.《总制院札付》《崇国寺札子并崇国北寺地产图》,至元二十一年(1284)二月二十七日文。北京西城区护国寺千佛殿内。拓 116＊80。碑阳 20 行 34 字,两份公文。一份首行"皇帝圣旨里总制院",另一份首行"皇帝圣旨里帝师法旨里"。碑阴额横题"崇国北寺地产图"。12 行 17 字。《京畿金石考》卷上;《道略》P1114;《北图藏拓》48－88;《蔡集》P32;《蔡集修订》P86。札付、执照。大都路蓟州遵化县般若院,系道教所占 237 处佛寺之一,无主人,委僧修理主持。照会崇国寺。依总制院桑哥相公钧旨。地产四至。

111.《圣旨焚毁诸路伪道藏经之碑》,至元二十一年三月。北京。《辨伪录》卷 6,《道略》P1112。记事。佛道辩论,佛胜,道教所占 237 座佛寺归还;至元十七年(1280),僧人索道教提点甘志泉所据吉祥院,僧道互殴,诬僧人纵火,志泉伏诛,劓刖流窜者十人。至元十八年十月焚伪经。

112.《告谕师生官吏石刻》,至元二十一年。江苏丹徒(今镇江)。清《丹徒县志》卷 10。官箴、吏治。

113.《蒿里七十五司神房志》,至元二十二年(1285)上元后六日。山东泰安泰山区蒿里山神祠。六截。《寰宇》卷 11;《缪目》P439。

114.《香山寺地界公据碑》，至元二十二年四月。河南宝丰县闹店镇香山寺。清《宝丰县志》卷17。公据。下院天宁观音禅寺寺产四至。

115.《冥福寺圣旨焚毁诸路伪道藏经之碑》，至元二十二年五月。山东泰安。《寰宇》卷11;《潜跋》卷18。

116.《文庙四至碑》，至元二十二年八月。河北无极县。赵琦撰，马仲琏书，何南年篆额。《缪目》P440。

117.《普救寺疏刻石》，至元二十二年。山西永济市普救寺。拓53 *84。36行。《北图藏拓》48－95。

118.《庆林寺陈氏舍田记》，至元二十三年（1286）春。广东东莞，佚。《东莞县志》卷91《金石略三》。

119.《范圆曦封真人敕并延住持上清观疏》，丙戌年（至元二十三年）七月。山东东平县。两截，上敕下疏。上至元十一年（1274）四月敕，5行12字;下截18行30字。尾"崇进东平行尚书省严疏"。《缪目》P434;《道略》P611。敕、疏。

120.《太华山佛严寺常住田地碑记》，至元二十三年。云南太华山佛严寺。《碑文化》P1145。寺产。

121.《利州长寿山玉京观地产传后弭讼记跋》，至元二十四年（1287）辛亥月己卯日。辽宁利州玉京观，今惟存旧址。住持李守净、明元大师王志端、张志定同立石。《寰宇》卷11;《满洲金石志外编》;《全真教》P230。讼案，寺产。

122.《蒙汉文合刻令旨碑》《只必帖木儿大王令旨碑》，至元二十四年中秋日建。牛儿年十月初六日永昌府写来。原在陕西户县（今西安鄠邑区）白庙乡四马村清阳宫，1987年移竖于重阳宫文物管理所。螭首，座佚。236 *86。额刻八思巴文。双语。回鹘式蒙古文23行。汉文25行22字。张德宁刊，先秉彝书丹题额，提领冯志显、知宫严道成、通真大师清阳宫住持提点赐紫孙志久立石。《重阳宫》P25;《秦岭》P243;道布、照那斯图、刘兆鹤《回鹘式蒙古文只必帖木儿大王令旨释读》,《民族语文》1998年2期。

123.《给和尚田产物业记》，至元二十四年九月初三日。山东济南长清区四禅寺。《缪目》P441。

124.《龙泉寺四至碑》，至元二十四年。内蒙古赤峰市喀喇沁旗公爷府镇西北约3公里龙泉寺石狮脊上。高30。《草原》P99。寺产四至。

125.《创修保安观记》，至元二十四年。陕西澄城县安里乡中心小学。188 * 95 * 33。额题同碑名。两截:上安西王令旨，13行19字;下立石、运石人职衔姓名，多漫漶。《澄城碑石》P15。令旨。

126.《仙姑祠下常住土田碑记》，至元二十五年（1288）二月初一日。山西高平市万寿宫内，嵌于墙壁内。47＊87。43 行 27 字。《三晋·高平》P62。四至。

127.《儒学免税役圣旨碑》，至元二十五年十一月。浙江绍兴。拓201＊102。额篆"皇帝圣旨"。两截，上八思巴文 9 行，下汉文 8 行，无印押。《北图藏拓》48－110；《蒙古学》图 P4。免赋役。

128.《保护儒学圣旨碑》，至元二十五年。江苏常熟碑刻博物馆。并载中统二年（1261）保护宣圣庙圣旨。儒学免赋役。

129.《免秀才杂泛差役圣旨》，至元二十五年。浙江。《越中》卷 7。免赋役。

130.《牛儿年圣旨碑》《薛禅皇帝牛年圣旨碑》，牛儿年（1277 或 1289）正月二十五日大都有时分写来。后至元年间（1335～1340）立石。山西交城县石壁山玄中寺。100＊80。碑额无字，中部刻双龙戏珠纹。碑阳刻八思巴文 22 行，碑阴刻直译汉文 19 行。小泽重男《山西交城县石壁山玄中寺的八思巴文字蒙古语碑文的解读》，《东京外国语大学论集》9（1962.03）；照那斯图《关于玄中寺八思巴字蒙古语圣旨碑刻》，《民族语文》1986 年 6 期；《汇编》图 1；哈斯额尔敦《蒙古文石刻概述》，《北京石刻文集》P46。赐与太原府石壁寺（今玄中寺）安僧录的圣旨。

131.《薛禅皇帝牛年圣旨》（2），牛儿年（1277 或 1289）正月三日大都时分写来。西藏。赐予僧人拉洁．僧格贝的八思巴文圣旨。《汇编》P11。

132.《免秀才杂泛差役诏碑》，至元二十六年（1289）正月十九日。江苏无锡。《蔡集》P34。免赋役。

133.《创建延禅观碑》，至元二十六年孟夏月。北京平谷。碑阴为《延禅观常住产业记》。《缪目》P442。

134.《户部榜文碑》，至元二十六年八月十五日立，至元二十三年（1286）户部出给金山寺榜文。山东巨野县金山大洞墓室外墓道东壁。84＊227。八思巴文 1 行，汉文 21 行 20 字。落款月日上钤"户部之印"。榜文之后另有刻石时间及僧人、刻石匠人题名等 8 行。《菏泽》P416。榜文，含圣旨节文。

135.《解州景福寺常住地土碑》，至元二十六年。山西。青浦（今上海青浦区）王氏拓本。《寰宇》卷 11。

136.《范文正公义庄义学蠲免科役省据碑》，至元二十七年（1290）十二月初一日。江苏吴县（今苏州）。拓 139＊75。额篆"范文正公义庄义学蠲免科役省据"2 行。两截，后署"右付范士贵收执准此"。尾刻八思巴文，有印章。总 27 行。《寰宇》卷 11;《北图藏拓》48－133;《范仲淹全集》P971。

137.《加封北岳圣旨碑》《加封北岳手诏碑》,至元二十八年(1291)二月。河北曲阳县北岳庙西碑亭。螭首方座,250＊89＊35。额篆"大元封加北岳手诏"。两截,上八思巴文,下汉文,均 10 行。翰林学士、玄门掌教大宗师张志仙篆额立石。《寰宇》卷 11;《缪目》P443;《北图藏拓》48－117。《道略》P670;《元代汉语》P37;《蒙古学》图 P4;《文物河北》P545;《北岳庙碑刻选注》P97。

138.《加封济渎清源善济王记》,至元二十八年。河南济源市济渎庙。秦良佐撰。《中州金石考》卷 5。

139.《加封北海广泽灵祐王碑》,至元二十九年(1292)六月十五日。河南济源市济渎庙。拓 150＊74。额篆"大元加封北海广泽灵祐王记"。25 行。祁思问撰,赵穆篆额,张义刻。《北图藏拓》48－121。

140.《秦峄山刻石》,至元二十九年。山东邹城市孟庙启圣殿神龛东南侧。

141.《重修崆峒山寺碑》,至元三十年(1293)五月十五日。甘肃平凉市崆峒山。250＊92＊25。额题"重修崆峒山寺"。26 行 49 字。《安多》P38;《崆峒山》P8。记事;公文,安西王令旨;四至。

142.《重修灵岳寺记》,至元三十年五月十九日立。北京门头沟区雁翅镇灵岳寺。124＊82。右下残缺约七分之一。碑阴立田产果园四至,题名,及住持宗主云庵禅师遗嘱。《北京佛教》P160;《京西碑石》P88。契证,寺规;讼案,寺产四至,凭证。佛道争夺,流放道士。"戊午春钦奉圣旨改正","聚众烧衣出寺,各处官司请依遗诫,勿得受礼"。

143.《崇奉孔子谕旨碑》,至元三十一年(1294)正月。江苏苏州府学。额正书。两截,上旨,下题名。《缪目》P445。

144.《白话圣旨碑》,至元三十一年四月。原立北京房山区韩村河镇孤山口塔前,现存云居寺。方首圆角,首身一体。200＊82＊18。两截:上"虎儿年春二月二十日榆河"写来圣旨,23 行;下截"兔儿年七月初三上都"写来圣旨,21 行 20 字。左侧"大元至元三十一年四月住持嗣祖沙门普应立石,燕山李文秀刊"贯通碑石上下。碑阴有字,大部分漫漶。《北京石刻拓本提要》P279;《北京佛教》P162;《云居寺》P194。

145.《嘉兴路儒学正礼堂基地本末碑》,至元三十一年四月。浙江嘉兴。两截,上札付,下记。何观正书。《寰宇》卷 11;《两浙》卷 14。

146.《神清宫圣旨碑》《马儿年哈鲁罕大王令旨碑》,马儿年(至元三十一年)七月初四日黑龙江有时分写来。山东烟台市牟平区昆嵛山烟霞洞神清宫山门内。50＊50＊10。单面刻字,俱汉文。民国二十五年《牟平县志》卷10;《全真教》P63;徐庆康、冯培林《烟台昆嵛山哈鲁罕大王令旨考》,《聊城大学学报(社会科学版)》2011年2期;船田善之《蒙古时代华北地方社会中公文及其刻石的意义——答里台家的活动和投下领中全真教的事业》。

147.《庙学圣旨碑》《中山府儒学记》,至元三十一年七月。河北。108＊70+36＊41。额八思巴字,蔡美彪释为"有元中山府儒学赡学水陆地土之碑"。《定县金石志余》;《元代汉语》P32。

148.《安平庙学圣旨碑》《庙学圣旨碑》,至元三十一年七月。河北安平县。《深州风土记·金石·记十一中》。禁约圣旨。

149.《勉励学校诏》,至元三十一年七月。山西。4＊2.3尺。17行32字。《山右》卷27。禁约圣旨。

150.《成宗崇奉孔子诏》,至元三十一年七月。山东曲阜市孔庙十三碑亭东起第四亭内中偏西。430＊132＊40+112。螭首龟趺,碑身有数处断裂纹。碑阳额和碑身均刻八思巴文,分别为2行、10行。碑阴上刻榜文,下刻记。《寰宇》卷11;《山左》卷22;《曲阜碑文录》P226。

151.《皇帝赐东平学玺书碑》,至元三十一年七月。山东东平州学。拓223＊87。额篆书。两截,上八思巴文,下汉文。碑阴为《玺书碑阴之记》。徐琰记,周驰书。《缪目》P445;《元代汉语》P33。中书省下发的榜文。

152.《崇奉孔子圣旨碑》,至元三十一年七月。江苏无锡碑刻陈列馆。额刻"圣旨"。《寰宇》卷11;《无锡》P21。重儒学、宣明教化。

153.《崇奉儒学圣旨碑》,至元三十一年七月。浙江绍兴。拓205＊100。额篆"皇帝诏书"。两截,上八思巴文29行,下汉文18行21字。《北图藏拓》48-136;《元代汉语》P31;《蒙古学》图P4。

154.《崇奉孔子诏书碑》,至元三十一年九月望日。上海松江府学。拓连额190＊106。额篆"皇帝诏书"。三截,上八思巴文诏书,中白话汉译,下张之翰记。《寰宇》卷11;《缪目》P446;《元代汉语》P33。

155.《曲阜县庙学田地亩碑》,至元三十一年。山东曲阜市孔庙十三碑亭东南部西区南排西起第4石。上残。205＊80＊24。24行48字。碑文中有"至元三十一年四月钦奉诏书云"。《寰宇》卷11;《山左》卷22;《曲阜碑文录》P228。公文,田亩数。"仰各处正官教官欠依先皇帝已降圣旨。"

156.《范文正公义庄规矩碑》,至元三十一年重刻。江苏吴县(今苏州)。拓200＊111。额篆同碑名。《北图藏拓》P48-138。

157.《大理孔庙圣旨碑》《大理府孔庙禁约圣旨碑》,至元三十一年。原在云南大理文庙内,现存大理市博物馆。《寰宇》卷11。

158.《太清宫摹刻癸未年圣旨碑》《成吉思汗赐丘处机圣旨刻石》，至元三十一年摹刻，癸未年（1223）三月文、九月二十四日文。山东青岛崂山区太清宫救苦殿（《道略》注为嵌于太清宫三官殿壁间）。拓 38 * 67。17 行，满行 13 字。《长春真人西游记》附录《诏书、圣旨》；《辍耕录》卷 10；《冯碑》P16；《道略》P450；《草原》P34；佟柱臣《成吉思皇帝赐丘处机圣旨刻石考》，《考古》1986 年 5 期；刘明、王铭《元初崂山太清宫圣旨石刻研究》，《青岛大学师范学院学报》2006 年 3 期。免除差发税赋，令丘处机掌管天下道教。相同内容的圣旨也见于陕西户县（今西安鄠邑区）重阳万寿宫（碑文格式不同）、山东潍坊玉清宫碑石。

159.《四至山林各庄地土》，至元年间（1264～1294）。山西灵丘县觉山寺碑厅。125 * 69 * 12。《三晋·灵丘》P28。四至。碑文落款时间为辽重熙七年（1038）五月二十五日，但叙及辽大安五年（1089）八月之事，显系后造。元代觉山寺主持普济因地产与周边乡民打官司之时伪造。

160.《世祖学校禁约碑》，至元年间。江苏丹徒（今镇江）。清《丹徒县志》卷 10。

161.《重刻宋灵鹫山崇禅师舍田碑》，至元年间重刻。浙江。《括苍》卷 12。财产处置。

162.《重刊宋金灵泽庙牒》，元贞元年（1295）正月十五日。山东临朐县。《缪目》P447。

163.《夷齐庙加封号记》，元贞元年正月既望（十六日）。山西永济市。柳谦撰，赵民书。《寰宇》卷 11；《缪目》P447。

164.《灵岩寺圣旨碑》，羊儿年（元贞元年）二月十三日文。山东济南长清区灵岩寺天王殿东侧。下残缺。251 * 88 * 28。额篆"传灯"。碑阳刻元代圣旨二道。上截兔儿年圣旨，23 行 30 字，尾行"兔儿年八月二十八日必赤里日地里有的时分写来"；下截羊儿年圣旨，20 行，尾行"羊儿年二月十三日哈黑义磨"。年月旁有"宝"字。碑阴额"碑记"，碑身字迹不清。碑身与额和座似非原配。《道教文书》P18。元成宗下诏确立桂庵长老为灵岩住持及对寺庙财产的相关规定。

165.《加封崔府君诏》，元贞元年二月。山西平定县。2.8 * 1.92 尺。15 行 17 字。《山右》卷 28。诏书、封号。

166.《安西王令旨榜文》，元贞元年三月初八日、十日文，大德五年（1301）刻。河南新安县铁门镇玉梅村洞真观王乔洞。拓 50 * 106。4 个印章。榜文禁约。上有明嘉靖时期题刻文字。

167.《成宗崇奉孔子诏石刻》，元贞元年三月立，至元三十一年（1294）

七月文。江苏吴县（今苏州）。《寰宇》卷11。

168.《邹县孟子庙碑阴记》，元贞元年八月甲子日。山东邹城市孟庙启圣殿院甬道东侧。320＊121＊38。碑阳为《邹孟子庙碑铭》。碑阴上部为记，22行16字。司居敬撰文，杨秉秀书丹，刘之美立石。下部左侧为庙基建制等。《孟子林庙》P26。产业。

169.《学校拨田地诏书碑》《溧水县学圣旨碑》，元贞元年九月十五日立。江苏溧水县学（今南京溧水区）。拓5.3＊2.4尺。额题"圣旨"。三截，上两截刻至元三十一年（1294）五月登极诏赦、至元三十一年七月圣旨；下截刻谢表，12行14字。溧水县尹臣赵衍达鲁花赤臣曲烈顿首百拜立石。《寰宇》卷11。公产，学田。"至元三十一年五月五日钦奉皇帝登宝位诏赦内一款。"

170.《泾州水泉寺碑》《薛禅皇帝牛年圣旨碑》等，元贞元年。原置甘肃泾川县水泉寺（镇海寺），现存泾川县博物馆。碑阳汉文，首题"敕赐花严海印水泉寺记并序"；碑阴额书"镇海之碑"，八思巴文圣旨，牛儿年（至元二十六年，1289）六月三日上都时分写来。33行。下方为功德主官员题名。残损。《陇右》卷6；《八思巴》P57；《汇编》图1-3。

171.《加封灵惠齐圣广佑王圣旨碑》，元贞二年二月。址不详。《缪目》P448。

172.《白瀑寿峰禅寺产业碑》，元贞二年七月立，五月记。原在北京门头沟区田庄乡淤白村白瀑寿，1995年存西峰寺外院。汉白玉，座佚。140＊70＊15。额题"白瀑寿峰禅寺产业之记"，首题"大都宛平县金城山白瀑寿峰禅寺产业之记"。诸路释教都统住持大庆寿寺传法嗣祖沙门西云易庵子安撰，朝请大夫礼部侍郎李衍书丹并题额。僧如宽依然复用此碑重新刻字（年代不详）。《北京石刻拓本提要》P280；《京西碑石》P85；《门头沟文物志》P338。讼案，寺产。大都宛平县金城山。

173.《颜孟免差役赋税碑》，丁酉年（太宗九年，1237）十一月二十六日札付，至顺二年（1331）立。山东邹城孟庙启圣殿院西。《蔡集》P42；《蔡集修订》P112；《曲阜碑文录》P237。断事官札付。此为至顺二年（1331）《蠲免亚圣后裔差发札付》上截内容，参见第463条。

174.《加封孔子制诰碑》，大德元年（1297）七月诏。山东泰安县学。《缪目》P449。

175.《八思巴文示谕碑》，大德元年九月初五，山西平遥县清虚观。《晋中》P135。

176.《大都宛平县京西乡创建太一集仙观记》，大德元年九月望日记。

王恽撰。《秋涧集》卷 40;《道略》P856。记事,"制可"程序。

177.《皇帝圣旨亚圣公后裔□免差发碑》,丁酉年(大德元年)十一月二十六日。山东。《孟子林庙》P37;《道教文书》P69。

178.《大元皇帝敕谕》,大德元年十二月令旨,明正德元年(1506)三月刻。山西高平市上董峰村圣姑庙内。碑额同碑名。149 * 67 * 23。18 行 26 字。吏部听选监生、里人秦贤书丹并额。《高平》P669;《三晋·高平》P99。

179.《加封五镇诏碑》,大德二年(1298)二月诏。辽宁北镇市北镇庙内御香殿西侧。螭首,碑身有二道裂纹。73+152 * 104 * 20+78。阳、阴额皆刻"圣诏之碑"。阳 11 行 27 字,碑阴文字漫漶。《满洲金石志》,《道略》P1129;《辽宁省志·文物志》P252;《锦州》P296。

180.《大元增封东镇元德东安王诏》,大德二年二月诏。山东临朐县沂山东镇庙东安王殿前,祭台西侧碑亭中。坐西朝东。(100+168+40) * 107。额篆同碑名。两截,上八思巴文 13 行,下汉文 15 行,另"宝"字单占有一行。碑阴为大德三年《东安王感应碑记》,额篆书。马骧撰文,张德贞书。《山左》卷 22;《缪目》P449;《东镇沂山碑拓集锦》P3。

181.《八不沙大王令旨碑》《炳灵庙八不沙令旨碑》,元贞四年(即大德二年)二月刻,蛇儿年十一月八日也鲁古那有时分写来。山东淄川县(现淄博淄川区)王村店炳灵王庙。3.7 * 2.9 尺。乾隆《淄川县志》卷 2 下;《寰宇》卷 11;《攈古录》卷 18;《山左》卷 22;《山左访碑录》卷 1;《济南金石志》卷 3;杉山正明、哈斯巴根《关于八不沙大王令旨碑的石刻记载和释读》,《蒙古学信息》2002 年 2 期。

182.《加封五镇诏碑》《南镇庙加封四镇圣旨碑》,大德二年二月诏。浙江绍兴。拓 134 * 60。额篆"皇帝诏书"。10 行 22 字。《寰宇》卷 11;《北图藏拓》48－152。

183.《孔颜孟三氏免粮碑》,大德二年六月十八日。山东曲阜市孔庙十三碑亭东南。180 * 80 * 17。右下残。两截:上圣旨(年代缺),24 行 30 字;下皇姑鲁国大长公主懿旨、驸马济宁王钧旨及济宁路总管府照详,年月后有蒙古文印章。《寰宇》卷 11;《山左》卷 22;《曲阜碑文录》P238。公文,赋役。"三氏免税虽有皇帝圣旨,必得公主懿旨、驸马钧旨、总管府关照而后可行也。省符后结衔自左而右尚书四人、侍郎二人、郎中二人、员外郎四人皆不署姓,下有押者仅四人,亦见当时之制如此。"

184.《西禅院产业铭》,大德二年十一月一日。山西绛州(今新绛县)。《山右》卷 28。寺产。

185.《月华山林泉禅寺创建地产四至碑》,大德三年(1299)三月。辽宁朝阳县。嘉定钱氏拓本。《寰宇》卷 11。

186.《彰德上清正一宫圣旨碑》，大德三年五月。河南安阳西关白龙王庙。四截。第一截猴儿年（中统元年，1260）六月十四日开平府有的时分写来，第二截猴儿年（至元九年，1272）七月二十八日上都有的时分写来，第三截鸡儿年（1285）二月初一日柳林里有的时分写来，第四截大德三年五月加封刘道真圣旨。《安阳县金石录》卷 9;《道略》P855;《蔡集》P122;《蔡集修订》P103。

187.《兴隆寺圣旨碑》《皇恩特赐圣旨译本碑》，大德三年七月立，马儿年（至元三十一年，1294）六月十二日上［都有时分写来］。北京平谷区王辛庄镇太后村大兴隆禅寺遗址。汉白玉，240 * 82 * 22。螭首，两面刻。碑阳额、正文皆为八思巴文，额译"宸命公告圣旨"（或"皇帝指示公告圣旨"）。15 行，末行题"刘嗣正书"。阴额篆"皇恩特赐圣旨译本"。碑身汉文 22 行45 字，下部漫漶。《北京石刻拓本提要》P281;《大系》P111;《八思巴》P72;《平谷文物志》P118。

188.《敕封永泽资宝王之碑》，大德三年八月。山西运城盐湖区池神庙。螭首龟趺。（74+184+45）* 72 * 23。额篆"大元加号之碑"。8 行 18字。起词"上天眷命皇帝圣旨"，以"主者施行"结尾。《寰宇》卷 11;《丛编》卷 28;《盐池碑汇》P38;《三晋·盐湖区》P47。

189.《敕封广济惠康王之碑》，大德三年八月。山西运城盐湖区池神庙。螭首龟趺。（74+180+45）* 78.5 * 22。额篆"大元加号之碑"。8 行 25字。"年"右上有小字"宝"以示印章。起词"上天眷命，皇帝圣旨"，以"主者施行"结尾。《寰宇》卷 11;《丛编》卷 28;《盐池碑汇》P37;《三晋·盐湖区》P46。

190.《重修兴国院碑》，大德四年（1300）六月。山东莱芜县（现济南莱芜区）兴国院。6.4 * 3.6 尺。碑阴有字。释空山撰文，释陈善鉴书丹。《山左》卷 22。施地。

191.《国史院衍圣公给俸牒碑》，大德四年九月二十八日。山东曲阜市孔庙西斋宿南墙，东起第五石。70 * 137。44 行 26 字。有押。《寰宇》卷11;《山左》卷 22;《缪目》P451;《曲阜碑文录》P245;《曲阜辑录》2－P152。公文，皇帝圣旨、公主懿旨、驸马钧旨、总管府札付。追溯汉唐以来成例。

192.《衍圣公给俸牒碑》，大德四年九月立。山东曲阜市孔庙十三碑亭院东北部北墙下层，西起第六石。85 * 138。43 行 30 字，左有 1 行八思巴文。印旁书"孔袭封俸"，下有 12 押，左 5 右 7。《寰宇》卷 11;《山左》卷 22;《曲阜碑文录》P230;《曲阜辑录》2－P113。公文，孔府自汉以来特权。圣旨、钧旨，咨。

193.《洪福院常住地土四至记》，大德五年（1301）五月望日。河南孟县（今孟州市）。《缪目》P452。

194.《圣谕保护园林碑》，大德五年腊月晦日。河南新安县铁门镇玉梅村洞真观王乔洞内东壁。63＊110。民国《新安县志》;《全真教》P192;《豫西》P229;《中州百县》P1241;张宗子《烂柯山圣旨护林碑》，《古今农业》1999第4期;照那斯图、胡鸿雁《新发现三份八思巴字碑刻资料》，《民族语文》2009年6期。保护园林、禁滋扰道观。与此碑同地者，尚有元贞元年（1295）三月初八日榜文、大德五年嘉平月刻榜文。5个印章，6个押，三种语言。"据孙道先状告"，移行有司禁约事。左小字"主持十方王乔仙洞兼下院洞真观纯和子孙道先等刻"。

195.《禁约榜谕》，大德五年嘉平月（十二月）。河南新安县铁门镇玉梅村洞真观王乔洞。拓57＊73。大字"右榜晓谕诸人通知"。文中有4印、3押，双语。"据孙道先状告"，"不畏公法之人，涵扰亵渎"。左小字"主持十方王乔仙洞兼下院洞真观孙道先等立石"。

196.《恩惠抚护之碑》，大德五年立。河北灵寿县张家庄乡沙子洞村幽居寺塔前。螭首龟跌，280＊90＊21。额篆"大元历代圣旨恩惠抚护之碑"。33行58字。自左至右依次是皇太后、皇后和帝师的懿旨和法旨。《文物河北》中P75。护持圣旨。

197.《祁林院圣旨碑》，虎儿大德六年（1302）二月初八日立，大德元年（1297）、大德五年（1301）文。河北灵寿县张家庄乡沙子洞村幽居寺塔前。螭首龟跌，298＊99＊29。28行26字。额题"皇帝圣旨碑、皇太后懿旨、皇后懿旨、帝师法旨"4行。18行54字。前两旨为狗儿大德元年二月，后两旨为牛儿大德五年三月，均白话汉文，内容基本一致。主持华严僧立石。《缪目》P452;《常山》卷17;《蔡集》P43;《蔡集修订》P115;《文物河北》中P75;张国旺《元代五台山佛教再探——以河北省灵寿县祁林院圣旨碑为中心》，《首都师范大学学报（社会科学版）》2008年1期。分别钤"御宝""宝""印"。

198.《重刊上清太平宫碑记》，大德六年二月。陕西。两截，上为重刊碑记，下为宋《上清太平宫碑记》。《八琼室》卷85;《道略》P709。记事，述至元十一年四月皇帝特降玺书事及内容。

199.《禹庙香火公据并重修禹庙记》，大德六年仲春。安徽怀远县。4尺。两截：上公据10行;下记26行17字。儒学正吴文魅撰文，提领林应懋篆额书丹，凝和守一大师濠州道判住持玄妙观提督庙事潘宗野立石。《安徽》卷7;《道略》P879。公据。

200.《颐真庵公据》,壬寅年(大德六年)五月文。址不详。另面为大朝丙午(大德十年,1306)季夏《金华山三阳洞主阳和子白先生墓志》。4.3 * 2.2 尺。三截:上记漫漶不清;中公据,18 行 21 字;下题名。《道略》P1077。祠堂周围田土四至,"充赡坟常住","右给付颐真庵主时全用收执照用"。

201.《金莲洞施舍地土四至圣旨碑》,大德六年七月中元节。甘肃成县东南 25 公里金莲洞内。214 * 84 * 36。额题"金莲洞常住记",碑文内有五年五月十六日给付公据。《西北民族碑文》P176。寺产四至。

202.《崇道诏书碑》,大德六年仲秋下旬有二日立。甘肃天水秦州区玉泉观。四面刻,158 * 53 * 47。圭首,额篆"大元崇道诏书之碑""全真列祖赋"。第一面刻至元六年(1269)正月皇帝封赠诏书,为五祖七真制辞;第二面刻"玄通弘教披云真人全真列祖赋";第三面两截,上刻"重阳真人授重阳祖师秘语",下刻宗派;第四面刻全真祖宗之图,五截。《道略》P592;《天水文史资料》第 9 辑 P37。

203.《翠峰寺地产碑》,大德六年八月。1972 年在辽宁兴城西北 28 里白塔峪的一口古井中发现,现藏锦州市博物馆。残,57 * 70 * 9。11 行 13 字。翠峰寺住持嗣祖沙门居添立石。《辽宁省志·文物志》240。契证,寺产四至。

204.《大明寺榜示碑》,癸卯年(大德七年,1303)六月。北京怀柔区红螺寺内。《怀柔碑刻选》P1 定为 1243 年。蒙元时期的癸卯年共有 3 个(1243、1303、1363),待考。

205.《解州给僧人执照碑》,大德七年九月二十三日。山西芮城县西陌乡寺里村清凉寺大殿外台基左侧。45 * 40。碑正中文字多处漫漶,仅余开首和结尾数字。《三晋总目·运城》P139。姚美玲《山西芮城清凉寺现存元代白话碑录释》,《中国文字研究》2011 年 2 期。状告,公据,执照。

206.《栖岩寺中书省牒》,大德七年。山西永济市。《寰宇》卷 11。

207.《海潮禅院给文碑》,大德七年刊,至元三年(1266)六月给文。陕西武功县。有印章。《道教文书》图版 4。

208.《济阳县学田记》,大德八年(1304)三月。山东济阳县学(现属济南济阳区)。《山左》卷 22。

209.《敕封真武诏书碑》,大德八年三月。湖北丹江口市武当山。4.4 * 3.2 尺。额篆"大元敕封真武诏书碑"。14 行 18 字。《缪目》P454;《道略》P1134。

210.《绍兴路增置义田记碑》,大德八年四月刻。浙江绍兴。拓 174 * 90。额篆"绍兴路增置义田之记",梁国华篆额。17 行。曾钢撰,赵孟頫书。

《两浙》卷14;《北图藏拓》48－173。

211.《十方大紫微宫圣旨碑》,大德八年六月初五日上都有时分写来。河南济源市。额题"圣旨"。18行。《蔡集》P51;《蔡集修订》P135。

212.《嘉兴路儒人免役碑》,大德八年孟秋。浙江嘉兴。额篆"儒人免役公文"。两截,上榜谕,下记文。《两浙》卷14;《寰宇》卷11。圣旨,儒户免赋役。

213.《嘉兴路学田复租碑》,大德八年季秋。浙江嘉兴。《两浙》卷14。讼案,学田。

214.《奉使波斯石刻》,大德八年。福建泉州海外交通史博物馆。

215.《加封夷齐铭》,大德九年(1305)二月二十日。山西永济市。《缪目》P454。

216.《栖岩寺圣旨碑》,大德九年二月二十五日立,虎儿年八月二十四日上都有时分写来。山西永济市中条山。拓183*64。额题"栖岩禅寺圣旨之碑"。17行。监寺僧怀能立。《山右》卷28;《缪目》P454;《蔡集》P50;《蔡集修订》P132。护持圣旨。文中有成吉思皇帝、月哥台皇帝、薛禅皇帝之名。

217.《中书礼部符文》,大德九年八月十五日刻。河北赞皇县。拓163*68。额隶书横题"中书礼部符文"。张彬书。碑阴大德九年三月十六日《中书省札付》。《缪目》P455;《北图藏拓》48－178。

218.《普明寺道场记》,大德九年十二月刻。河北安次(今廊坊市安次区)。拓92*55。《北图藏拓》48－180。施舍四至。

219.《宁海净土寺舍田碑》,大德九年。浙江宁海县。光绪《宁海县志》卷21。财产处置,寺产。

220.《加封孔子诏》,大德九年刻,大德七年诏。山西长治。清杨笃纂《潞城县志》卷3。

221.《杨公平定水利记》,大德十年(1306)正月。山西平定县。残缺。《山右》卷30。

222.《霍岳庙田地诏》,大德十年正月。山西霍州市。《山右》卷30。

223.《灵岩平公管勾勤绩之铭》,大德十年三月二十七日。山东济南长清区灵严寺。寺产经营。

224.《灵岩寺下院榜示碑》,大德十年四月八日。山东济南长清区张夏街道小寺村神宝寺遗址,佚。107*56。15行。书记思圆书监寺思川等立,清亭方茂典刊。月日中间有蒙古篆文印,下有三押字。《山左》卷22;《蔡集》P53;《蔡集修订》P140。禁约侵扰。

225.《天坛王屋山圣旨碑》,大德十年七月立,大德八年(1304)六月初五日上都有时分写来。河南。额题"圣旨"。18行33字。《道略》P711。

226.《霍岳庙令旨碑》,大德十一年(1307)正月立,马儿年(大德十年)七月把不匣纳有时分写来。山西霍州市。额题"圣旨"。11行32字。知庙道士解志清立石。《山右》卷30;《道略》P715。海山太子令旨。

227.《龙川和尚遗嘱记》,大德十一年四月。河南洛阳白马寺毗卢殿内后壁。63*62。僧圆觉撰。《北图藏拓》48-189;赵振华《元朝白马寺释源宗主塔铭考》,《考古与文物》1999年3期;《洛阳古代铭刻文献研究》P722。

228.《加封孔子圣号圣旨碑》《国学加封孔子制诏碑》,大德十一年七月十九日诏。北京东城区国子监孔庙大成门前。汉白玉、螭首龟趺,趺座下沉,450*110*34。额篆"加号诏书"。11行20字。潘迪书,谢端篆额。碑阴有祭酒王思诚等题名,至正十六年(1356)六月。《缪目》P457;《大系》P113。

229.《蔚州加封孔子制诏碑》,大德十一年七月十九日诏。河北蔚县文庙。拓195*100。11行22字,揭傒斯书,潘迪隶书额。左下有2行立碑责任者小字。碑阴为后至元四年(1338)五月十六日"创造加号碑记",程益撰,孙高裕书。《北图藏拓》48-190。

230.《定州加封孔子制诏碑》,大德十一年七月。河北定州文庙大成殿前。螭首方座,248*88*20。额篆"有元加号大成之碑"。两截。上八思巴文14行,下汉文14行13字。碑阴为延祐六年(1319)刻《增修碑楼记》。《缪目》P457;《文物河北》P517。

231.《加封孔子制诏碑》,大德十一年七月。河北邢台。何德岩书并篆额。《缪目》P457。

232.《元氏孔子制诏碑》,大德十一年七月诏。河北元氏县。王□朴书,王志实篆额。碑阴有忻都等题名,延祐六年(1319)。《缪目》P457。

233.《藁城县加封孔子制诏碑》,大德十一年七诏月。河北藁城县(现石家庄藁城区)。《缪目》P457。

234.《井陉县加封孔子制诏碑》,大德十一年七月诏。河北井陉县。《缪目》P457。

235.《获鹿县加封孔子制诏碑》,大德十一年七月诏。河北获鹿县。碑阴三截:上阁复记,陈观书,郭贯篆额;中赡思记,赵开正书;下沙阿不丁等题名。泰定改元(1324)十月。《缪目》P458。

236.《加封孔子庙碑》,大德十一年七月诏。河北威县。《缪目》P457。

237.《加封孔子庙碑》,大德十一年七月诏。河北广宗县。《缪目》P457。

238.《完县加封孔子制诏碑》,大德十一年七月诏。河北顺平县。两截,上诏下跋,阎复述,郭贯书,额篆书。碑阴官吏题名。泰定元年(1324)。《缪目》P458。

239.《加封大成至圣文宣王碑》,大德十一年七月诏。山东临邑县文庙。道光《临邑县志》卷14。

240.《乐安县学加封孔子制诏碑》,大德十一年七月诏。山东乐安县学。4＊2.8尺。额题"大元加大成诏"。《山左》卷22。

241.《泰安县学加封制诏碑》,大德十一年七月诏。山东泰安县学。6＊2.55尺。额题"大元加封圣旨"。《山左》卷22。

242.《滕县学加封孔子制诏碑》,大德十一年七月诏。山东滕县(今滕州市)。6.6＊2.2尺。《山左》卷22。

243.《加号之碑》,大德十一年七月。山西阳城县文庙南壁。《三晋·阳城县》P842,录自民国二十四年《阳城金石记》。

244.《大德十一年圣旨碑》,大德十一年七月诏。山西翼城县文化馆。中有横断裂纹,下部残损少许。120＊76。两截:上加封孔子缘由,13行14字;下勒石事由,19行26字。《山西碑碣》P272。

245.《大德十一年圣旨碑》,大德十一年(1307)七月诏,明嘉靖四年(1525)立。山西闻喜县文庙大成殿。半圆形碑首。182＊75。两截,上加号诏书,16行12字;下线刻孔子为鲁司寇像。像右侧题"明嘉靖四年冬,闻喜知县李朝纲、主簿丘文、点史赵琮立";左侧题"儒学教诠刘鼎,训导杨隆、邓选全立"。

246.《加封孔子制》,大德十一年七月诏。河南原武(今原阳县)。218＊76.2。额八思巴字。《元代汉语》P40。

247.《诏封孔子碑》,大德十一年七月诏。河南宝丰县,佚。清《宝丰县志》卷17。

248.《诏书加封大成碑》,大德十一年七月诏。江苏苏州文庙。额篆"诏书加封大成"。两截,上圣旨,下记事。元代平江路官员奉旨立于文庙。

249.《加封孔子制》,大德十一年七月诏。江苏无锡。拓137＊63.5。额八思巴字"诏书"。《元代汉语》P55。

250.《孔子庙学圣旨》,大德十一年七月诏。江苏。拓290＊143。全碑皆八思巴文。《元代汉语》P39。

251.《襄阳府加封孔子制诏碑》,大德十一年七月诏。湖北襄阳府学大成殿前。《缪目》P458。

252.《杭州府加封孔子制诏碑》,大德十一年七月诏。浙江杭州府学。

《缪目》P458。

253.《广州府加封孔子制诏碑》《至圣加号诏碑》,大德十一年七月诏。原立广东广州文明路广州市第一工人文化宫,1963 年移置广州博物馆碑廊。242＊131。《粤东》卷 1;同治《番禺县志·金石略三》;《缪目》P458;《广州市文物志》P238。

254.《宝严寺圣旨碑》,大德十一年仲秋立。河南林州市洪谷山洪谷寺(当地百姓称洪山寺)。拓 154＊81。额题"圣旨"。三截:上鸡儿年(1261)圣旨,中八思巴文,下为中截八思巴文圣旨汉译,狗儿年(1298)三月初三日七十个井儿有时分写来,成吉思、月古台、薛禅三皇帝宣谕宝岩禅寺、太平禅寺圣旨。碑阴汉文,元贞元年(1295)四月《彰德路禁约榜文》及僧众题名,张居镐书。民国二十一年版《林县志》卷 14;《蔡集》P45;《蔡集修订》P120;《八思巴》P97;《汇编》图 6、P57。赐彰德路林州宝严禅寺、太平禅寺住持玉峰茂长老的八思巴文圣旨。阴为宝严寺土地四至,禁止侵占告示。

255.《晋州加封孔子制诏碑》,大德十一年九月诏。河北晋州市。《缪目》P458。

256.《唐县加封孔子制诏碑》,大德十一年九月诏。河北唐县。阎复撰,陈肯堂书,郭贯篆额。《缪目》P458。

257.《曲阳县加封孔子制诏碑》,大德十一年九月诏。河北曲阳县文庙。《缪目》P457。

258.《行唐县加封孔子制诏碑》,大德十一年九月诏。河北行唐县。《缪目》P458。

259.《曲阜加封孔子诏碑》,大德十一年九月诏。山东曲阜市孔庙十三碑亭南面东起第四亭内中偏东。螭首龟趺,碑身上部有断裂纹。(60+187+88)＊105＊35。额题八思巴文,汉译为"大成至圣文宣王诏书"。碑身八思巴文、汉文对应,各 8 行。年款处有印框。《元文类》卷 11;《山左》卷 22;《北图藏拓》48－192;《元代汉语》P41 图;《蒙古学》图 P5;《曲阜碑文录》P250;《曲阜辑录》1－P128。

260.《加封孔子圣旨碑》,大德十一年九月诏。山东宁阳县文庙。龟趺,额失。219＊92.3＊25.6。10 行 21 字。

261.《文庙圣旨碑》,大德十一年九月诏。出土于山东成武县文庙遗址,2014 年入藏成武县文物管理所。上部残缺,首、座佚。157＊82＊26。双语。汉文 6 行 27 字,后为八思巴文。《菏泽》P290。加封"大成至圣文宣王"制书。

262.《兖国公中书省禁约榜》,大德十一年十月。山东曲阜市颜庙乐亭内西侧。拓 141＊58。中文 9 行,大字标识"右榜晓谕各令通知"。尾刻八思巴文。年款处有 4 方印章。《北图藏拓》48－193;《汇编》图 38。

263.《扬州府加封孔子制诏碑》,大德十一年十月。江苏扬州府学。两截,上诏旨,下施江赞。《缪目》P459。

264.《皇帝圣旨之碑》,大德十一年。厚和穆旗公署。日本京都大学藏拓。

265.《顺义县加封宣圣考妣夫人四配等制幢》,大德十一年。北京顺义文庙。"制诏"二字篆书。《缪目》P459。

266.《三河县加封孔子制诏碑》,大德十一年。河北三河县学。额篆书。《缪目》P459。

267.《加号孔子大成至圣文宣王圣旨碑》,大德十一年。山西翼城县文管所(关帝庙)。120＊77＊12。两截,上圣旨,下至大四年(1311)碑记。《山西师大》P342。

268.《滋阳县加封孔子制诏碑》,大德十一年。山东滋阳县(今兖州市)文庙。《缪目》P459。

269.《处州路郡学诏旨碑》,大德十一年。江苏。清周荣春《楚州金石志》。

270.《云峰寺圣旨碑》,大德年间(1297~1307)。河北昌黎县西北 20 里道者山云峰寺址。残断,仅存下半。正面为八思巴文,圣旨上有后人题刻上的汉文题诗,背面残存汉文数行,文中存有"大德"二字。蔡美彪《八思巴字蒙文碑石译存》,《蒙古学信息》1996 年 3 期;《八思巴》P94。护持圣旨。

271.《新乐县加封孔子制诏碑》,大德十二年(1308)。河北新乐市。两截,上八思巴文,下汉文。周之纲译并篆额,曹文渚书。《缪目》P459。

272.《圣旨护持碑》,至大元年(1308)四月丁巳日,虎儿年冬季月二十一日。北京房山区西南 30 里中院村。薛禅皇帝圣旨一道。碑阴为延祐四年(1317)秋九月《圣旨护持天开中院记》,魏必复撰并书,廉简题额。《缪目》P460。

273.《加封孔子圣旨及致祭碑》,至大元年七月。山东曲阜市孔庙十三亭南面西起第三亭内,东排南侧。220＊85＊17。28 行 58 字。王德渊撰,鲁石匠张德刻,五十代孙孔抚立石,孔之明书丹。《蔡集》P54;《蔡集修订》P142;《曲阜碑文录》P253;《曲阜辑录》2－P163。记事,诏书经过。

274.《特赠郑制宜制诰》《赠郑制宜碑》,至大元年八月。山西阳城县润城镇屯城村郑国公祠前,佚。127＊66。额汉字。两截,上八思巴文,下汉文。汉文左行,与八思巴文序同。《元代汉语》P43;《三晋·阳城县》P813。

275.《皇太后妹郧国夫人请秀公住持洞林寺疏》,至大元年八月。河南荥阳市。《缪目》P460。

276.《皇帝圣旨保寺院房舍田地不得侵占碑》,戊申年(至大元年)九月十五日。山西芮城县西陌乡寺里村清凉寺大殿外台基右侧。45＊90。26行13字。首题"贵由皇帝福荫里茶罕官人言语"。有印章。《三晋总目·运城》P139。姚美玲《山西芮城清凉寺现存元代白话碑录释》,《中国文字研究》2011年2期。

277.《懿旨释典祝文碑》,至大元年九月。山东曲阜市。3.7＊2尺。武宗之妹、仁宗之姊祥哥剌吉公主(至大四年正月武宗去世,仁宗即位,进尊号为"皇姊大长公主")颁文遣使立。《山左》卷22;《草原》P97;《曲阜辑录》2－P173。附禁约文。

278.《松江府加封孔子制诏碑》,至大元年十二月。上海松江府学。《缪目》P460。

279.《华严寺田亩记》,至大二年(1309)三月三日。安徽桐城市浮山。《缪目》P461。

280.《十方大紫微宫圣旨碑》,至大二年三月初八日大都有时分写来。河南济源市。额题"圣旨"。18行31字。与大德八年(1304)六月初五日圣旨同,因住持易人而换授。《蔡集》P56;《蔡集修订》P148。

281.《加封孔子圣诏碑》,至大二年五月刻,大德十一年(1307)七月十九日圣旨。1983年云南文物普查时发现,现存大理市博物馆。300(120+180)＊120＊20。额刻"加封圣诏"。两截,上大德十一年七月十九日圣旨,下至大二年五月十九日尚书省据旨行文各地的札付及立碑职事人员名单。杨益清《大理发现元初同刻一石的加封孔子圣旨及立碑文告》,《文物》1987年11期;方龄贵《云南元代白话碑校证》,《云南民族大学学报(哲学社会科学版)》1994年4期。云南行省准尚书省各处立碑颁行封赠孔子圣诏的咨文。

282.《清虚观圣旨碑》《太平崇圣宫圣旨碑》,鸡儿年(至大二年)九月初五日龙虎台(居庸关)有时分写来。山西平遥县城关镇清虚观三清殿内西南角。220＊90＊22+58。两面刻,阳八思巴文,阴汉文。《山右》卷30;光绪八年《平遥县志·古迹志》;《道略》P1141;《蔡集》P59;《蔡集修订》P155;哈斯巴根、乌力吉《平遥县清虚观八思巴字蒙古文圣旨碑考释》,《内蒙古师大学报》2000年6期;《汇编》图8、P78。赐予于道渊通玄微妙静照大师、冀宁路平遥县太平崇圣宫住持、本宗提点,通义中和大师、本宫提点高道陟、栖远常妙大师提举赵道恒的圣旨。

283.《庆恩塔铭》,至大二年九月九日刻。河北涞水县金山寺。拓80 *
39(4纸)。碑尾刻给文。《北图藏拓》49-6。公文。

284.《齐圣广祐王庙碑》,至大二年仲冬。河北磁县。两截:上八思巴
文圣旨,下汉文,元贞元年(1295)二月;下碑记,至大二年仲冬。《元代汉
语》P31。

285.《加封孔子诏书》,至大二年。安徽庐州(今合肥)府学。阎复撰
文。《庐州府志》;《安徽金石略》卷6。

286.《墓地契约碑》,至大三年(1310)正月二十五日。宁夏固原博物
馆。《宁夏碑刻》P53。契证。

287.《嘉定县加封孔子制诰碑》,至大三年二月省札,大德十一年
(1307)诏。上海嘉定孔庙大成殿内后壁。197 * 90。额篆"诏旨加封大
成"。两截,上诏书14行13字,下奉旨行文备案(省札)36行31字。《缪
目》P461;《嘉定》P208。

288.《至大诏书碑》《敕封五祖七真碑》等,至大三年二月文。甘肃天水
秦州区玉泉观。3.9 * 2.3尺。两截,上33行28字,下28行,共5份褒封诏,
均为至大三年二月。一为"赠东华紫府辅元立极大帝君";二为加赠四真
君帝名,"右付玄门演道大宗师掌教凝和持正明素真人苗道一收执,准
此";三为加赠丘处机,四加赠六人,"右付玄门演道大宗师掌教凝和持正
明素真人苗道一收执,准此";五加赠尹志平。《陇右》卷5;《秦州新志》;
《道略》P729。

289.《真人加赠尊号碑》,至大三年二月。址不详。拓134 * 49。《北图
藏拓》49-7。

290.《狗儿年令旨碑》,狗儿年(至大三年)三月十五日大都有时分写
来。山西芮城县西陌乡寺里村清凉寺院内。碑首断裂,略风化。拓176 *
69。额题"令旨",碑文21行。另面为《敕赐清凉寺记》。姚美玲《山西芮城
清凉寺现存元代白话碑录释》,《中国文字研究》15辑P145。护持圣旨。

291.《加封孔子勒石碑》,至大三年四月。山西永济市虞乡镇。3.5 *
2.7尺。17行20字。《山右》卷30。尚书礼部符文。

292.《徽州路儒学指挥》,至大三年四月。安徽绩溪县学。两截:上大
德十一年(1307)《加封孔子制诰碑》,下《徽州路儒学指挥》二道。《安徽金
石略》卷2。

293.《德平县学加封孔子制诏碑》,至大三年六月。山东德平县学。
6.3 * 2.7尺。额题"元加封大成至圣文宣王制"。《山左》卷22。

294.《狗儿年圣旨碑》《唐四仙姑石龛圣旨碑》,狗儿年(至大三年)七月

十七日上都有时分写来。山东烟台市牟平区昆嵛山神清观唐四仙姑石龛西壁。民国二十五年《牟平县志》卷10;《全真教》P16;船田善之《蒙古时代华北地方社会中公文及其刻石的意义——答里台家的活动和投下领中全真教的事业》。宁海王亦思马因令旨。

295.《诏旨及江浙尚书省札付碑》,至大三年七月刻。江苏苏州文庙。拓182＊123。额篆"诏书加封大成"。两截:上大德十一年(1307)七月《加封孔子制诏》,14行13字;下至大三年省札,45行。《缪目》P462;《北图藏拓》49－9。

296.《加封孔子诏》,至大三年八月三日。江苏楚州(今淮安)府学。6.1＊3.7尺。额题"加号大成诏书"。两截,上八思巴文漫漶,下汉文诏书13行16字。另面为《宣圣加封大成碑阴记》,20行。《楚州金石录》P23。

297.《曹县学加封孔子制诏碑》,至大三年十月。山东曹县县学。4.6＊2.45尺。碑阴有字。《山左》卷22。

298.《常熟县加封孔子制诏碑》,至大三年十二月。江苏常熟县学。韩居仁书并篆额。《缪目》P462。

299.《追赠董俊圣旨碑》,至大三年立,至大元年闰十一月圣旨。河北藁城县(现石家庄藁城区)西北南孟村。6＊3尺。碑阴及两侧有文。阳面13行29字。起首语"上天眷命皇帝圣旨",以"主者实行"结尾。董俊孙董守仁立。《常山》卷18。赠谥制。

300.《追封董士元圣旨残碑》,至大三年、至大元年闰十一月圣旨。河北藁城县(现石家庄藁城区)西北南董村。残,4＊3尺。两面刻。阳面13行17字。起首语"上天眷命皇帝圣旨"。碑阴为至大三年圣旨,13行16字。起首语同碑阳。《常山》卷18。

301.《新建盐司历年增课记》,至大三年。山西运城盐湖区池神庙。刻于至元二十七年(1290)八月十五日《解盐司新修盐池神庙碑》之阴。螭首龟跌,(84+198+50)＊92＊30。额题"解盐司课程□□记"。首题同碑名。两截:上记,35行40字;下题名。《盐池碑汇》P39;《三晋总目·运城》P7;《三晋·盐湖区》P38。记事,盐引、课钞数。

302.《吴学粮田续记》,至大四年(1311)三月。苏苏州府学。拓6.4＊3.3尺。额平刻。文七截:一截记绍定二年(1229)、绍定五年(1232)、嘉熙元年(1237)、嘉熙三年、嘉熙四年置买、拨付田产和租户;二截载淳祐四年(1244)、淳祐七年、淳祐八年知府送下买到田数和租户;三截载淳祐八年(1248)、宝祐三年(1255)官府送下没官田田数和租户;四截续上条,及宝祐四年、五年、六年置买、送下田数及租房;五截续前条,及开庆元年(1259)教授置到、景定三年(1262)请佃荡田、景定四年没官田、景定五年围裹田,以及咸淳元年(1265)、二年、三年增置田亩和租户;六截载咸淳三年(1267)、四年、七年浙西提刑司送下没官田亩数及租户;七截刻咸淳九年(1273)浙西提刑司送下互争田,及记事。《江苏金石二十》;《缪目》P462。置到田、没官田、挨究田、互争田、围裹田等。

303.《舒氏复祖墓本末》,至大四年四月。浙江奉化市岳林街道舒后村老祠堂西厢房。124 * 64 * 11。23 行。下截泐失严重。《宁波碑碣》P348。族产管理;土地登记造册,起租、佃种,房产管理;舒氏祖墓被族人擅卖;分户理论,立碑晓谕。

304.《济南府学加封孔子制诏碑》,至大四年八月。山东济南府学。8.2 * 4.15 尺。刘敏中撰书。《山左》卷 22。

305.《妙相观记》,至大四年九月。陕西宁强县。3.1 * 2.3 尺。额题"妙相观记"。29 行 38 字。石匠彭寿卿刊。《道略》P734。置产记事,寺产界址。

306.《亚圣兖国公陋巷故宅礼部禁约榜》《保护颜庙禁约榜碑》,至大四年秋刻,大德六年(1302)榜。山东曲阜市颜庙西碑亭内。90 * 75 * 22+13。17 行 28 字。左一行为蒙古文,御印 4 方。右有御印 3 方。碑阴为《皇庆元年陋巷故址碑》。《曲阜碑文录》P258。以圣旨为据,公文、禁约。

307.《清真观记》,辛亥年(至大四年)十二月十二日给文。山东。《道略》P545。前部碑文缺,仅有后半,缺字较多。附执照。

308.《临朐县达鲁花赤祭春记碑》,至大四年。山东临朐县沂山东镇庙。68 * 76 * 22。《临朐卷》P3。

309.《大护国仁王寺恒产之碑》,至大四年。北京。《日下旧闻考》卷98;《雪楼集》卷 9。记至大元年(1308)到至大四年检核大护国仁王寺田产的经过。

310.《加封桑干河神庙碑记》,武宗(1308～1311 在位)年间。山西宁武县,佚。《三晋·宁武》P283。记大德二年(1298)加封桑干河神事及桑干河流域详情。

311.《安西王令旨碑》,鼠儿年(皇庆元年,1312)正月二十六日写。址不详。残,拓 107 * 69。双语。上八思巴文 21 行,下汉文 24 行。《北图藏拓》49－14;《蒙古学》P5。护持圣旨。

312.《滕州儒学碑》,皇庆元年三月八日刻。山东滕州市。拓 203 * 83。三截,上加封圣旨和奏文,中、下刻题名,漫漶。《北图藏拓》49－17。

313.《宣赐涌泉寺圣旨碑》,鼠儿年(皇庆元年)三月十三日大都有时分写来。原在山东肥城市空杏寺内,现藏肥城博物馆。螭首龟趺,260 * 77。额篆"宣赐涌泉寺圣旨碑"。年代右侧有"宝"字。护持圣旨。

314.《特赠郑鼎制诰》,皇庆元年三月。山西阳城县。拓 142 * 76.2。额汉字。上八思巴文,下汉文。汉文左行,与八思巴文同。《元代汉语》P31。

315.《上天眷命碑》,皇庆元年三月。山西浑源县孙家坟。圆首方座,183 * 94 * 21。《三晋·浑源》P25。圣旨,对兵器专家孙拱及妻的御封。

316.《章丘县学加封孔子制诏碑》,皇庆元年四月。山东章丘县(现济南章丘区)。9.6 * 3.2 尺。《山左》卷 22。

317.《邹平县学加封孔子制诏碑》,皇庆元年五月。山东邹平县学。7.6 * 4 尺。额题"大元加封大成至圣文宣王碑"。《山左》卷 22。

318.《紫府洞诏文碑》,皇庆元年五月。山东文登县紫府洞。7.6 * 4 尺。额题"诏文之碑"。《山左》卷 22。

319.《天诏加封尹志平真人之碑》,皇庆元年五月,至大三年(1310)二月文。山东东莱(现烟台)。陈德定立石,孙世昌等刊。《道略》P732。圣旨,封号。

320.《加封孔子制诰碑》,皇庆元年秋七月。山东东平州学。两截,上诏下记。陈俨撰,乔达书,李贞篆额。《缪目》P463。

321.《充国公庙禁约榜》,皇庆元年八月望有三日立石,大德十年榜文。山东曲阜市颜庙乐亭内。169 * 60 * 16+14(座)。两面刻。一面中书省禁约榜,大德十一年十月发文,12 行 34 字,尾刻八思巴文与波斯文;一面礼部禁约榜,大德十年二月发文,13 行,其中八思巴文 1 行。有 6 方印。颜之谦书,充国公五十四代孙颜氏族长教提领监修仲春敬等立石。《北图藏拓》48－193、49－23;《汇编》图 38;《入门》P114;《曲阜碑文录》P252、260。公文,护庙学。以圣旨为据。

322.《永明寺圣旨碑》,皇庆元年(1312)八月。河北平山县。两截,上为圣旨两道,右为鼠儿年(大德四年,1300)七月二十一日,左为猪儿年(至大四年,1311)七月初三日,均发自上都。《蔡集》P46、60;《蔡集修订》P122、158。

323.《柏林寺圣旨碑》,鼠儿年(皇庆元年)十一月十一日大都有时分写来。原立河北赵县柏林寺文殊殿前,1996 年移观音殿后。125 * 73。三截:上蛇儿年(1293)七月,中猴儿年(元贞二年,1296)二月十五日,下鼠儿年皇庆元年(1312)十一月十一日。碑阴为至元三十年(1293)十月《宣政院榜》,残损严重。《寰宇》卷 11;《萃编补正》卷 4;《蔡集》P37、35、63;《蔡集修订》P94、101、165。

324.《仁宗谕旨碑》，皇庆元年。江苏江都府学大成门外。民国《江都县续志》卷 15。敬孔。

325.《谕内外尊奉孔子诏碑》，皇庆二年（1313）二月。江苏扬州府学。篆额，行书。《缪目》P463。

326.《加封孔子制并记》，皇庆二年五月十三日刻。陕西西安。螭首龟趺。440＊135。拓 269＊114。额题"皇元加圣号诏"。两截：上大德十一年（1307）七月十九日诏书，12 行 16 字；下记跋 32 行 30 字，赵世延撰。碑阴有明代刻诗文和图。《北图藏拓》49－29；《碑林》30－2977。

327.《灵岩寺山门五庄记》，皇庆二年十二月十五日刻。山东济南长清区灵严寺。拓 80＊109。额篆"灵岩寺山门五庄之记"。24 行。僧觉达撰，王庭玉刻。《北图藏拓》49－32。寺产。

328.《加封孔子制诏碑》，皇庆二年十二月二十六日。山东曲阜市。两截，上诏下记。刘敏中撰。《缪目》P464。

329.《江淮营田提举司钱粮碑》，皇庆二年。1981 年 8 月出土于江苏扬州旧城北城根。未见碑座，残碑。330＊125。两面刻。一面额刻同碑名。上序，下江淮营田提举司钱粮课赋帐。另面额题"圣旨懿旨"。王勤金《元〈江淮营田提举司钱粮碑〉》，《扬州师院学报（社会科学版）》1986 年 1 期，《考古》1987 年 7 期；顾寅森《元代佛教经济研究的珍贵史料——扬州出土元〈江淮营田提举司钱粮碑〉的重新录文与考释》，《中国经济史研究》2016 年 2 期。

330.《祁林院历代圣主恩慧抚护碑》，延祐元年（1314）三月立。河北灵寿张家庄乡沙子洞村。碑阳圣旨、僧众题名，寿宁寺尊宿知事、上下大小僧众等立石，本寺祁林院讲经论赐红沙门正显书；碑阴延祐元年季春月记事，杭州路大般若寺赐□沙门明亮撰，本寺传大乘戒讲经论赐红沙门□寺主正昭删补。记事，田土多为豪民所占种，五台山寿宁寺与佛派矛盾，"具录前语而为词，将下碎碑为证，前往台山归宗认祖"。真定府开读懿旨。

331.《高丽国相元公置田碑》，延祐元年三月识，浙江杭州。《慧因寺志》卷 7《碑记》。置田坐落、性质、四至。

332.《长兴州修建东岳行宫碑》，延祐元年四月十一日刻。浙江长兴县。拓 179＊102。碑阴刻田地界址，失拓。《北图藏拓》49－35。寺产。

333.《彰德善应储祥宫圣旨碑》，虎儿年（延祐元年）七月二十八日察罕仓有时分写来。河南安阳善应镇。50＋240＊93。额题"圣旨"。两截，上八思巴文 26 行，下白话汉译 23 行。《安阳县金石录》卷 10；《补寰宇》卷 5；《道略》P1146；《蔡集》P67；《蔡集修订》P175；《八思巴》P183；《入门》P93；《汇编》P124。赐予彰德路善应储祥宫住持提点葆和显真弘教大师陈道明管理彰德路宫观的圣旨。

334.《奉元路大重阳万寿宫圣旨碑》《普颜笃皇帝虎儿年圣旨碑》,虎儿年(延祐元年)七月二十八日察罕仓有时分写来。原在陕西户县(今西安鄠邑区)祖庵镇北郊荒野,1962 年移至重阳宫后院。螭首龟趺,(98+234+68)*110*35。额篆"皇帝玺书"。双语。八思巴文 26 行,汉文 23 行 22 字。碑阴左上方有八思巴文篆书与草书各一行,右有波斯文一行。碑阴有明正统十年(1445)十二月刻《苏武慢词》。《道略》P743;《蔡集》P66、68;《蔡集修订》P172、178;《汇编》图 13、P135;《入门》P84;《重阳宫》P35。赐予奉元路大重阳万寿宫及其下院宫观的圣旨,与延祐五年(1318)《宸命王文碑》中的第二道圣旨时间相同。

335.《少林寺圣旨碑》,延祐元年孟冬。河南登封市少林寺大雄殿前右。乾隆十五年(1750)被埋于大雄殿前地下,1988 年重立。螭首龟趺,(78+248+51.5)*118*32.5。阳额刻"圣旨碑"。碑阳和碑阴分别用八思巴文、汉文刻蒙哥汗、忽必烈汗、元仁宗颁布的四道圣旨。四截:第一截刻蒙哥汗于牛儿年(1254)颁给少林寺长老的圣旨,15 行;第二截刻忽必烈汗于鸡儿年(1261)元月初一日于上都(开平府)颁给少林寺长老的圣旨,39 行,内容同中统二年(1261)《鸡儿年开平府圣旨碑》;第三截刻忽必烈汗于龙儿年(1268)委付肃长老为沙河南府路众和尚提领的圣旨,49 行;第四截刻仁宗爱育黎拔力八达于鼠儿年(1312)三月十三日自大都颁给河南府少林寺、空相寺、宝应寺、天庆寺、维摩寺长老、提点、监寺为首和尚的圣旨,32 行。碑右侧有万历二十三年(1595)参拜铭文,左侧刻万历二十七年(1599)参拜铭文。《嵩山》P163;《嵩山少林寺》P225;《草原》P59;《汇编》P89;道布、照那斯图《河南登封少林寺出土的回鹘式蒙古文和八思巴字圣旨碑考释》(续二),《民族语文》1994 年 1 期;(日)松川节、中村淳《新发现的蒙汉合璧少林寺圣旨碑(提要)》,《蒙古学信息》1995 年 1 期;哈斯额尔敦《蒙古文石刻概述》,《北京石刻文集》P45。

336.《加封孔子碑》,延祐元年。安徽亳州。知州姜大亨立。诏后有一行"大德十一年阎复撰"。《亳州志》,《安徽金石略》卷 8。

337.《贞节堂记》,延祐二年(1315)正月。址不详。拓 137*83。杨载撰,赵孟頫书。《北图藏拓》49-38。

338.《加封孔子制诏碑》,乙卯年(延祐二年)四月。河北正定府学。两截,上诏下记。王思廉识,许维则书,额篆书。《缪目》P466。

339.《梵云寺鼠儿年圣旨碑》,乙卯年(延祐二年)七月十四日立,鼠儿

年(皇庆元年,1312)四月十三分大都有时分写来。河北内丘县城西北约 17
公里且停山南麓。螭首龟趺,277*92*25。额篆"敕赐梵云之寺"。碑阳圣
旨 19 行 40 字,计 307 字。碑阴 30 行,列该寺 8 代住持讲主及众僧名氏。碑
西侧刻"宗派,见文达理智,了道悟心宗,福惠圆成广,本明义德弘";东侧刻
"钦奉大元圣旨立本寺,四至边界,东至大道东黑石堖,南至□家洞、高家洞
沟中心,西至西晃堖西分水岭,北至大车道为界。四至已里,地土山场、园林
株数,尽属寺数。"贾成惠《内丘梵云寺元代圣旨碑》,《文物春秋》2001 年
2 期。

340.《开化寺圣旨碑》,延祐二年九月初九日立,虎儿年(延祐元年)四
月十五日大都有时分写来。原在河北元氏县槐阳镇西南开化寺塔旁,佚。
螭首龟趺,370*110*40。额楷"圣旨"。两截:上赐予真定路元氏县开化
寺住持通济英辩大师讲主坚吉祥、演法显密大师讲主诠吉祥的圣旨,八思巴
文 24 行;下白话汉译 26 行。蒙古译使杨德懋蒙文书丹,槐阳杨嘉会汉文书
丹。碑阴为官员僧众题名。《缪目》P426;《北图藏拓》50－142;《蔡集》P65;
《蔡集修订》P169;《汇编》图 11、P114;蔡美彪《元氏开化寺碑译释》,《考古》
1988 年 9 期;《文物河北》中 P45。圣旨,护持减免差发赋税。

341.《大庆寿寺西堂海云大禅师碑》,延祐二年九月刻。1943 年修补海
云和尚塔时发现,1981 年从首都博物馆借调至法源寺,现立北京法源寺钟
楼北侧居中。338*107。额篆同碑名,熊岳王万庆撰文书丹并篆额。阳 45
行 90 字,阴 37 行 90 字。《〈法源寺贞石录〉元碑补录》;《大系》P114。记
事,元初"佑圣国师"海云印简的道行碑;圣旨,"蒙哥皇帝累降诏旨,兴宗崇
教,肃清天下,寺宇蠲除赋役"。寺产保护与管理。

342.《灵岩寺圣旨碑》,延祐二年九月。山东济南长清区灵岩寺。文、
额正书。26 行,首行"泰安州申准执照之碑",年月处有钤印。碑阴载延祐
五年(1318)和至顺元年(1330)《执照》。《山左》卷 23;嘉庆十五年《泰山
志》卷 18;船田善之《蒙元时代公文制度初探——以蒙文直译体的形成与石
刻上的公文为中心》,《蒙古史研究》第 7 辑。灵岩寺因山场被冶炼人骚扰
而告状。公文行移和处理议案过程。来申,出榜禁治;状告,"有累降圣旨事
意、四至碑文为验",圣旨节该,延祐二年三月初一日听读圣旨,令本县官司
发信牌;移牒本县主簿照勘;见役社长状结,"情愿甘当诳官罪犯无词";抄录
金明昌五年(1190)碑阴界至,彩画四至图本,粘连保结牒来;执照付灵岩寺。

343.《加封孔子制诏碑》,延祐二年秋九月。山东淄川县(现淄博淄川
区)。两截,上诏下记。刘敏中撰书并题额。碑阴官吏题名。《缪目》P467。

344.《庐山新建文庙碑》,延祐二年十月。北京房山学宫。魏必复撰并

书,王约篆额。碑阴载庙田祭器并官吏人名。《缪目》P467。

345.《谷积山灵岩禅寺地土园林之记》,延祐二年。北京房山区青龙湖镇谷积山灵鹫禅寺东配殿房檐下。中断,缺3字。拓约178＊72。另面为猴儿年(至元九年,1272)十一月十三日《宣赐园圣旨之碑》。寺庙四至地界。

346.《高丽众檀越布施增置常住田土碑》,延祐二年。浙江杭州。《慧因寺志》卷7《碑记》。置民田坐落、亩数、四至,契。

347.《永庆寺地界施状》,延祐二年。河南。

348.《大德加封孔子制诏碑》,延祐乙卯(二年)。址不详。两截,上诏书,下王思廉记。许维则书。《缪目》P467。

349.《庆元儒学洋山砂岸复业公据》,延祐三年(1316)三月一日记,延祐二年五月公据。原位于浙江宁波府学(今中山广场),现存天一阁,嵌墙。210＊102。圭额,额篆同碑名。三列,前二列为公据,32行37字。末尾有八思巴文、花押。第三列为记,25行18字,前学正杜世学撰。碑阴刻元统三年(1335)十一月《庆元路儒学涂田记》。《天一阁》P36;章国庆《元庆元儒学洋山砂岸复业公据碑考辨》,《东方博物》2008年3期;照那斯图、罗·乌兰《释"庆元儒学洋山砂岸复业公据"中的八思巴文》,《文物》2008年8期。违例交易,学田案。

350.《筇竹寺白话圣旨碑》,龙儿年(延祐三年)四月二十三日大都有时分写来。云南昆明玉案山筇竹寺大雄宝殿前。150＊85。两面刻,一面回鹘式蒙古文"云南王藏经碑",一面汉文白话圣旨,均20行。《北图藏拓》49－50;《蔡集》P73;《蔡集修订》P189;《蒙古学》图P6;《云南古碑》P20;方龄贵《云南王藏经碑新探》,《民族研究》1990年3期;方龄贵《云南元代白话碑校证》,《云南民族大学学报(哲学社会科学版)》1994年4期。

351.《后土庙增置地亩壁记》,延祐三年七月。山西。《山右》卷31。置产公示,息争。

352.《圣安寺亦黑施钞看经记》,延祐三年十月。址不详。拓210＊94。额题"钦奉圣旨立碑"。三截:上记,中诸寺题名,下跋。《北图藏拓》49－52。

353.《林州宝严寺圣旨碑》《普颜笃皇帝牛儿年圣旨碑》(附1244年文告),延祐三年十一月初四日立石,牛儿年(皇庆二年)七月初七日上都有时分写来。1998年3月在河南林县(现林州市)宝严寺址北部出土。拓154＊81。碑阳两截,上八思巴文,下白话汉译,赐予彰德路林州宝严禅寺、太平禅寺住持五松辰吉祥长老圣旨。碑阴刊察罕官人汉字文告,题甲辰年(1244)四月二十八日。民国二十一年版《林县志》卷14;《蔡集》P9、64;《蔡集修订》P26、167;《八思巴》P15。圣旨,禁约骚扰公告。

354.《杜道元住持中岳庙圣旨》,延祐三年。河南登封市。《范氏天一阁碑目》。

355.《加封张亚子为文昌帝君碑》,延祐三年。陕西汉中市博物馆。平首方趺,120＊63＊14。额书"皇元加封"。12行21字。《秦岭》P31。

356.《加封辅元开化文昌司禄宏仁帝君敕》,延祐三年。四川梓潼县。咸丰《梓潼县志·艺文》,《巴蜀道教》P176。加封四川七曲山梓潼文昌帝君。

357.《长兴州学经理学田租记》,延祐三年。浙江长兴县。《长兴碑碣志》。

358.《一百大寺看经记碑》《钦奉圣旨碑》,延祐三年。福建莆田县黄石镇重兴寺。《泉州宗教石刻》P593;《闽中》。寺产。

359.《加封真人徽号圣旨碑》,延祐四年(1317)正月上元立,至大元年(1308)、三年(1310)文。山西芮城县永乐宫东碑廊。笏头龟趺,130＊64＊28。额刻"圣旨碑"。两截:上至大三年二月"右付玄门演道大宗师掌教凝和持正明素真人苗道一收执,准此";下至大元年七月"特授玄门演道大宗师管领诸路道教商议集贤院道教事,余如故,宜令,准此"。均以"上天眷命皇帝圣旨"开头。碑阴为题名和宫观财产清单。另有清康熙廿一年题刻。

360.《褒封五祖七真制辞之碑》,延祐四年正月立,至大三年(1310)制词。山西芮城县永乐宫东碑廊。螭首龟趺,(110+203+53)＊101＊37。额篆"元皇褒封五祖七真全真之辞"。四截:第一截圣旨二,加赠钟离等4人"帝君"名号;第二截圣旨二,加赠"真君"名号5人,"元君"名号1人;第三截圣旨三;第四截圣旨一,赠"真人"名号15人。均为至大三年二月文,并以"上天眷命皇帝圣旨"开头,以"右付玄门演道大宗师掌教凝和持正明素真人苗道一收执,准此"结尾。碑阴题名和立碑时间。《道略》P727;《山西碑碣》P274;《多面相的神仙》P241。

361.《镇江路儒学复田记碑》,延祐四年正月。江苏镇江焦山碑林。拓160＊78。《江苏金石十九》。

362.《褒封五祖七真制辞》,延祐四年三月初二日立。原立于陕西户县(今西安鄠邑区)祖庵镇北郊田野,1962年移至重阳宫后院。螭首龟趺。(95+235+70)＊124＊40。额篆"皇元褒封全真五祖七真制辞"。碑文行书,三截。第一截27行26字,载至大三年(1310)二月两份制辞;第二截30行26字,亦载至大三年二月两份制辞。第三截27行10字。末题"宣授大重阳万寿宫住□提点臣庞德益立石"。孙德彧书。《道略》P748;《陕西碑石精华》P254;《重阳宫》P38。圣旨,元武宗赠封五祖七真事。

363.《圣诏褒崇孟父孟母封号之碑》《加封孟子父母制》,延祐四年六月刻,延祐三年七月制文。山东邹城市孟庙启圣殿院甬道西侧。(130+310+75)＊110＊30。额篆"圣诏褒崇孟父孟母封号之碑"。上刻八思巴文11行14字;下刻汉文,与八思巴文相对应,行字相同。阴刻延祐四年六月"追封邾国公邾国宣献夫人碑阴之记"。《孟子林庙》P49;《元代汉语》P32。元仁宗追封孟子父母为邾国公、邾国宣献夫人的圣旨。最早对孟子父母封赠的诏文。

364.《加封真人徽号记》,延祐四年九月。山西芮城县永乐宫。4.5＊2.5尺。额题"天诏加封祖真之碑"。30行60字。三截。上两截圣旨,均至大三年(1310)二月文:一加封尹志平,二加封李志常;三截同延祐四年正月《褒封五祖七真制辞之碑》第一旨;四截赠15人真人号,并"右付玄门演道大宗师掌教凝和持正明素真人苗道一收执,准此"。下记题"加封五祖七真十八真人徽号碑记"。李邦宁撰,王庭坚篆额,安道和刊,王寿昌立石。《缪目》P469;《道略》P732。圣旨,封号。

365.《敕赐大隆兴寺祝延圣主本命长生之碑》,延祐四年十一月。河北正定县隆兴寺。

366.《施地记》,延祐四年十二月。广西桂林叠彩山碧霞洞。1.6＊2尺。舍地人刘法真立石。《道略》P1150;《桂林辑校》P386。施契,用"梯己钞锭,凭保李首领等买到","切恐后人揩油"。

367.《中庸书院缮田之记》,延祐四年。山东邹城市中庸书院,佚。《孟子林庙》P53,转录自明史鹗编《三迁志》卷6。田产。

368.《舍田看阅〈大藏经〉志》,延祐四年。浙江杭州。《慧因寺志》卷7《碑记》。

369.《加封大成至圣文宣王碑阴记》,延祐五年(1318)正月。山东济宁州学。刘泰撰,牛天麟书,郭贯篆额。《缪目》P470。

370.《释奠位序仪式图记》,延祐五年三月。广西桂林府学故址(今桂林中学)。228＊93。额题同碑名。两截,上图和说明文字,下记。漫漶严重。邝露撰。《粤西》卷14;《桂林辑校》P387。礼制。

371.《圣旨碑》,马儿年(延祐五年)四月初十日大都有时分写来。浙江杭州慧因寺。《慧因寺志》卷7《碑记》;陈高华《杭州慧因寺的元代白话碑》,《浙江社会科学》2007年1期。

372.《宸命王文碑》《重阳万寿宫圣旨碑》,延祐五年四月二十六日。原在陕西户县(今西安鄠邑区)祖庵镇北郊竹园南约50米处田野,1962年移至重阳宫后院。螭首龟座。（114+360+60）＊122＊35。额篆"宸命王文"。
四截：第一截右皇庆二年(1313)九月汉文圣旨8行17字，左八思巴文音译
15行；第二截虎儿年(1314)七月二十八日察罕仓有时分写来圣旨43行，八
思巴文；第三截为第二截圣旨白话汉译，45行23字；第四截延祐五年
(1318)四月二十六日大都有时分写来圣旨，汉文，40行21字。《道略》
P751；《蔡集》P76；《蔡集修订》P198；《八思巴》P135；《汇编》P146；《元代汉
语》P32；《全真教》P87；《重阳宫》P41。晋升诏敕。首列中书省、枢密院、御
史台三大中枢机构，又列行省、行台等地方官署。圣旨申明全真都掌教的宗
教及行政权力。参见至正十六年(1356)河北平山县万寿寺任命寺院住持、
提点的太子令旨碑。

373.《赵城县石明显南里善利渠碑记》，延祐五年五月。山西洪洞县堤
村乡南石明村。圆首，趺佚。160＊75＊30。额篆"善利渠碑"，首题同碑名。
道光《赵城县志》卷37；《三晋·洪洞》P71。记事，用水规程。

374.《请疏碑》，延祐五年六月刻，皇庆二年(1313)疏文。河南登封市
少林寺碑廊东侧左数第5通。225＊107＊22。额横题"请疏"。三截。碑阳
《请疏》面内，碑阴嘉靖四十五年(1566)仲春刻《释迦如来双迹灵相图》朝
外。《嵩山》P163。合刻文书3则。

375.《特赐长明灯钱记》，延祐五年七月。河北正定县隆兴寺大悲阁月
台西侧。螭首龟趺，290＊81＊25。额题"圣旨特赐大龙兴寺长明灯钱记"。
《常山》卷19；《文物河北》中P38。记事，圣旨，赐龙兴寺一百锭中统钞为长
生钱，存本用息，以供长明灯油资。

376.《释氏舍田上海县学记碑》，延祐五年。上海。嘉庆《松江府志》卷
32；《上海佛教》P80。

377.《涿州加封孔子制诏碑》，延祐六年(1319)二月立，大德十一年
(1307)七月诏。原立涿州庙学，现藏河北涿州市清行宫。圭首，座佚。
160＊83＊20。额篆"皇元加封大成之碑"。两截，上诏，下题名。郑守廉书
丹。《缪目》P471；《涿州贞石录》P34；《文物河北》P596。诏旨。

378.《追崇圣号诏书碑》，延祐六年己巳月（四月）。河北元氏县。王□
朴书，王志实篆额。《缪目》P472。

379.《河间路临邑县奉建加号孔子大成碑记》，延祐六年首夏。山东临
邑县文庙。道光《临邑县志》卷14。

380.《莱州加封孔子制诏碑》，延祐六年四月。山东掖县（今莱州市）。
两截，上诏下记。张有孚书。《缪目》P471。

381.《创建藏峰寺记》，延祐六年六月六日。山东泰安。碑阴刻宗谱并

四至记。《缪目》P471。

382.《重修明应王殿之碑》,延祐六年八月初六日。山西洪洞县广胜寺西侧明应王殿(水神庙)外东侧。螭首龟趺。(81+148+59)＊71＊33。额篆"重修明应王殿之碑",首题同碑名。28行74字。赵城县尹王刺哈刺撰书。碑阴首题"助缘题名之记"。《山右》卷31;《山西碑碣》P276;《三晋·洪洞》P73。记事,水利,讼案;碑用。

383.《光国寺圣旨碑》《普颜笃皇帝马儿年圣旨碑》等,延祐六年八月立,马儿年(延祐五年)四月二十三日大都有时分写来。陕西合阳县城西街小学内。235＊100＊31。额篆"御宝圣旨"。两截,上八思巴文23行,下汉文27行19字。住持僧明慧普慈大师了常立石。路井镇赵珪铭刻,乡士白克中译、书丹并额。《蔡集》P75;《蔡集修订》P195;《汇编》图17、P184。

384.《加封孔子制诏碑》,延祐六年九月。河北赞皇县学。张彬正书并题额。《缪目》P472。

385.《黄县学加封孔子碑》,延祐六年。山东黄县县学。5.5＊2.9尺。曹元崧撰文,孙兴祖书丹。《山左》卷23。

386.《崇禧万寿宫诏并道士陈志新谢表》,延祐七年(1320)二月。江苏句容市茅山下宫门。拓6.3＊2.2尺。额篆"敕赐崇禧万寿宫诏"。两截:上诏10行15字,下表26行38字。《江苏金石二十一》;《缪目》P472。

387.《济宁州加封孔子制诏碑》,延祐七年七月。山东济宁学宫。6.9＊2.9尺。额题"大元加封孔子之碑"。两截,上诏书,下记。曹元用撰并行书,胡惟良篆额。《山左》卷23;《缪目》P473。

388.《圣旨加封师真之碑》,延祐七年重阳日。陕西铜川耀州区药王山。螭首方座圭额,232＊84＊25。额篆"圣旨加封师真之碑"。四截,每截24行16字,刻至大三年二月"加封师真"圣旨四道。前二道为加封王重阳等5人为道教的"五祖",后二道为加封丘处机等7人为"七真人"。《药王山碑刻》P67。《缪目》P473定名为"五台山加封师真之碑"。

389.《加封孔子碑》,延祐七年。安徽。《安徽》卷8。

390.《东坡书院学田碑》,延祐年间(1315～1320)。海南琼山县城东北,佚。赵孟頫书。民国《琼山县志》卷14。

391.《重修石门并学田志》阴,至治元年(1321)二月。河南扶沟县。碑阴学田四至记。《缪目》P474。

392.《广济院碑》,至治元年五月立,大定三年(1163)牒。陕西澄城县。《澄城》卷21;《小林》P183。敕牒,赐额。

393.《承天观甲乙住持公据》,至治元年十月。安徽当涂县。4.5＊2.8

尺。50 行 103 字,刻于至治元年(1321)《采石重建承天观三清殿记》碑阴。额题"中元水府承天观奉三十九代天师大真人给甲乙住持公据"。《缪目》P452、474;《道略》P874;《安徽》卷 5;刘晓《元代道教公文初探——以〈承天观公据〉与〈灵应观甲乙住持札付碑〉为中心》,日本《东方学报》第 86 册(2011.08)。长篇复杂公文:咨、状告、札付、照会、榜文、公据;至大二年(1309)圣旨,大德二年札付,延祐六年(1319)十一月公据。

394.《观城县学加封孔子制词碑》,至治元年十一月。山东观城县学。5.2 * 2. 尺。额题"大元加封诏书"。张淳撰文,吕惟诚书丹。碑阴有字。《山左》卷 23。

395.《池神庙碑》,至治元年十二月。山西运城。《山右》卷 32。

396.《西湖书院增置田碑》,至治元年。浙江杭州。《两浙》卷 15。

397.《敕赐显佑侯庙额尚书礼部牒文碑》,至治元年重刻,南宋嘉定四年(1211)正月牒。浙江缙云县。《缙云》卷 12;《小林》P168。敕牒,赐号。

398.《请容公长老住持疏》,至治二年(1322)十月。山东济南长清区灵岩寺。拓 124 * 68。《缪目》P476;《北图藏拓》49 - 93。

399.《东镇沂山元德东安王庙神祐宫记碑》,至治二年。山东临朐县沂山东镇庙。残,150 * 71 * 19。《临朐卷》P8。四至。

400.《重建修真观记》碑侧,至治二年。河南。《道略》P761。修真观地邻下项,四至界。

401.《静明宫土地四至执照碑》,至治二年。陕西铜川耀州区药王山。附刻于《圣旨加封师真之碑》阴,碑阴主体为至治元年(1321)太后懿旨。232 * 84 * 25。《药王山碑刻》P68、190。懿旨,契证,土地纠纷案、寺观经济特权。

402.《资圣寺长生修造局记》,赵孟頫(1254～1322)书。浙江嘉兴图书馆(宏文馆址)。释如芝撰。贷款,寺庙经济。

403.《威县加封孔子制诏碑》,至治三年(1323)正月。河北威县。额题"大元加号大成之记"。王再斯撰,郝伯隆书。《缪目》P476。

404.《镇江路儒学增养士田租记》《镇江路儒学增租记》,至治三年正月。江苏镇江焦山碑林。碑阴为《镇江路学丁亥(1287)纪实》。《江苏金石二十一》。

405.《保定路加封孔子制诏碑》,至治三年二月四日。河北保定。两截,上诏下记。阎复撰,柳贯书。《缪目》P476。

406.《肥城县加封孔子制诏碑》,至治三年二月□有七日。山东肥城文庙。两截,上诏下记。张起岩撰并篆额,周文信书。碑阴刻职官题名。《缪目》P476。

407.《资庆禅寺重修地土山场四至碑铭》,至治三年三月二十一日。山东沂水县。宋达书。《缪目》P476。

408.《重阳延寿宫牒》,至治三年十月重刊,庚戌年(至大三年,1310)五月给文。陕西泾阳县。1.5*2.8尺。29行28字。杨聪书,俎志顺刊,寇志净立石,甘志坚重刊。《寰宇》卷11;《道略》P768。碑名又称"唆鲁古唐妃懿旨""旭烈大王令旨"。

409.《庄严寺法旨》,至治三年十一月初十日大寺里有时分写来。原在甘肃兰州张掖路庄严院旧址(市文化馆),佚,存抄件。郝苏民、乔今同《新发现的兰州庄严寺元代法旨》,《敦煌学辑刊》1982年。

410.《告除科派指挥》,至治三年。浙江绍兴。《越中》卷8。

411.《福山县文庙学田记》,泰定元年(1324)二月。山东福山县学。《山左》卷23。

412.《泰山东岳庙圣旨碑》,泰定元年鼠儿年十月二十三日大都有时分写来。原在山东泰安府岳庙西延禧殿前,碑文磨去他用。30行65字。碑阴题名。《山东考古录》;《道略》P1150;《蔡集》P79;《蔡集修订》P206。列7位皇帝名,付张德璘、梁道诚圣旨。护持。

413.《加号孔子制词记碑》,泰定元年。山东济南。武昌路总管府判官张绘书,前金福建闽海道提刑按察司事杜宝篆额,曹州知事耿枢谨述。《济南金石志》。

414.《龙王祠石碣记》,泰定二年(1325)二月二日。北京房山区天开村。拓98*68。额横题"众邑祭祀之碣"。18行,王东庵撰并书,胡信刻。阴题名。《北图藏拓》49-102。施产记界。

415.《佛岩寺常住田碑》,泰定二年四月上浣刻。南昆明。碑下部断裂。拓128*75。七列。《北图藏拓》49-105。施产记界。

416.《大成圣号碑》,泰定二年七月刻至大元年(1308)敕文。甘肃临洮文庙。《陇右》卷5。

417.《成汤东庙禁约石刻》,泰定二年。山西阳城县东王庙大殿内。正书,后有蒙古文。《三晋·阳城县》P842,录民国二十四年《阳城金石记》。

418.《黄帝庙榜》,泰定二年示。陕西黄帝陵轩辕庙碑廊。砂石,174*82*17。17行27字。刻于嘉祐六年(1061)《护林敕旨碑》阴,中下部风化严重。《缪目》卷16;《黄帝陵碑刻》P9。禁约榜文,状告,护持圣旨。

419.《重修护国西齐王庙记》,泰定三年(1326)正月立。山西芮城县永乐宫。李钦撰,徐道安书,张仲华篆额,六社人等立石,李世英刊。碑阴刻宫产亩地数和界址。《道略》P776;《永乐宫碑录》。记事,冥罚,地亩界址。

420.《天宁寺帝师法旨碑》《大元帝师法旨碑》,泰定三年正月刻,鸡儿年(至治元年,1321)十月十五日大都有时分写来。河南浚县大伾山天宁寺,已毁。拓140＊75。额刻"大元帝师法旨之碑"。上截八思巴文29行,下截汉文24行。阴刻《佛门宗派图》。《浚县金石录》卷下;《北图藏拓》49－108;《汇编》P410;《蒙古学》图P7;《八思巴》P208;《邢台开元寺金石志》P417;哈斯额尔敦《蒙古文石刻概述》,《北京石刻文集》P48。帝师公哥罗古罗思监藏班藏卜颁发给大名路浚州大伾天宁寺讲主郎吉祥的法旨。

421.《南镇庙置产记》,泰定三年正月刻。浙江绍兴。拓184＊96。额篆同碑名,袁桷篆额。18行,韩性撰并书。《北图藏拓》49－109。

422.《通州加封孔子制诏碑》,泰定三年三月。北京通州区。两截,上诏书,下题名。李道源书,逮明吉太篆额。《缪目》P480。

423.《玉阳观仙缕续产诔碣》,泰定三年季秋下旬。河南郏县。秦道裕述。《缪目》P481。

424.《学田记》,泰定三年。河南宁陵县。《宁陵县志》P421;《中州百县》P335。记事,承佃人混占。

425.《大崇圣寺圣旨碑》,泰定三年立,猪儿年(至大四年,1311)闰七月初五日上都有时分写来。原在云南大理三塔寺后,毁,残片存大理市博物馆。刻于泰定二年《大崇圣碑铭并序》之阴。拓97＊105。19行23字。《蔡集》P61;《蔡集修订》P160;《北图藏拓》49－12;《大理名碑》P60;方龄贵《云南元代白话碑校证》,《云南民族大学学报(哲学社会科学版)》1994年4期。碑阳称"玺书覆护"。

426.《忽必烈皇帝圣旨碑》,泰定四年(1327)四月二十六日刊,中统三年(1262)、四年圣旨。山西洪洞县堤村乡北石明村。圆首,趺伏。额篆"特赐嘉号眷谕敕语"。20行33字。四道圣旨分别为中统三年八月二十日、二月十二日、八月十二日和中统四年三月二十四日。阴额篆"嘉应真人行铭",首题"嘉应真人姜善信道行铭并序"。《三晋·洪洞》P76。圣旨,赐号。

427.《大理崇圣寺圣旨碑》,猪儿年(泰定四年)闰七月初五日上都有时分写来。云南大理崇圣寺。95＊105。一面汉文,一面蒙文。19行。《云南古碑》P20。

428.《纯阳宫万寿圣旨碑》,泰定四年十月立,牛儿年二月十七日大都有时分写来圣旨。山西芮城县永乐宫三清殿前。笏头龟趺,142＊70＊23。额篆"圣旨碑记"。提点段道祥立石,古孝义石匠王政卿刊,条阳徐道安书。《道略》P781;《多面相的神仙》P242。

429.《万寿宫圣旨碑》,泰定四年十一月二十五日颁。山东掖县(今莱州市)。左上部有断裂纹。拓 80 ＊ 59。《北图藏拓》49 - 117。

430.《孔子加号碑》,泰定四年立,大德十一年(1307)七月十九日加封圣旨。河北巨鹿县巨鹿镇南大街。螭首龟趺,310 ＊ 90 ＊ 34。阳额篆"大元加号大成之碑",阴额"大元加号大成碑记"。碑阳 10 行 19 字,碑阴 23 行 38 字。《河北文物》P738。

431.《皇帝圣旨·摽拨孟庙祭田公凭》《孟庙田亩札付碑》,致和元年(1328)七月望日刻,泰定五年(1328)正月圣旨、公凭。山东邹城市孟庙启圣殿院甬道东侧,刻于致和元年《孟子庙资田记》碑阴。323 ＊ 104 ＊ 35。35 行 77 字。《缪目》P482;《孟子林庙》P57。圣旨、公凭,田产。

432.《举公施财记》,天历二年(1329)正月下旬。山东济南长清区灵岩寺。118 ＊ 78。22 行 27 字。碑题"举公提点勤绩施财记"。僧智久撰,李克坚刻,寺僧立石。《北图藏拓》49 - 120。施产。

433.《子思书院学田记》,天历二年二月下旬。山东邹城市子思书院,已毁。明刘浚撰《孔颜孟三氏志》卷 6。

434.《玄真观记》,天历二年三月上旬。原在河北武安,端方旧藏。拓 55 ＊ 61。24 行 20 字。《北图藏拓》49 - 121;《道略》P1172。记事,结断官司。

435.《天宝宫虎儿年圣旨碑》,天历二年三月立,泰定三年(1326)虎儿年三月十五日大都有时分写来。河南许昌县石固镇天宝宫。额失。拓 234 ＊ 112。20 行。碑阴为立碑责任者及诸道众名衔。吕冲霄书文并篆额,杨进贵等立。《补正》卷 3;《道略》P829;《蔡集》P80;《蔡集修订》P209。

436.《常州路玄妙观庄田记》,天历二年重午日记。江苏。元陆文圭《墙东类稿》卷 8,《道略》P1172。记事,庄田被侵,续置,条例。

437.《加号大成碑》,天历二年六月重刻,大德十一年(1307)七月圣旨。重庆奉节县白帝庙东碑林。155 ＊ 95。《白帝城历代碑刻选》P17。

438.《中山府学田记》,天历二年。河北定州。民国《定县志》卷 20。

439.《新化赡学田记碑》,天历年间(1328～1329)。湖南新化县。清黄宅中等修《宝庆府志》卷 103。

440.《金僊寺泰上人舍田之记》,天历三年(1330)。浙江慈溪市。光绪《慈溪县志》卷 50。

441.《神霄玉清万寿宫诏》,至顺元年(1330)六月。山西运城。《山右》卷 33。

442.《太清宗圣宫圣旨碑》,至顺元年马儿年七月十三日。陕西周至县

（现属西安）楼观台。额刻"大元玺书"。三截：上"元贞二年猴儿年（1296）十一月初七日大都有时分写来"，中"兔儿年（延祐二年，1315）月日大都有时分写来"；下"至顺元年马儿年七月十三日大都有时分写来"。《未刻稿》卷中；《道略》P684；《蔡集》P40、72、81；《蔡集修订》P108、187、212。

443.《真定路十方万岁禅寺庄产碑》，至顺元年十月，猴儿年四月圣旨。河北正定县隆兴寺。184＊87.5＊21.5。虞集书。阴刻猴儿年四月圣旨。《常山》卷19；《缪目》P484；《北图藏拓》49－131。圣旨；记事，庄产四至。

444.《灵岩寺执照碑》，至顺元年十二月。山东济南长清区灵岩寺大门内。额题"泰山州申准执照之碑"。三截：上延祐五年（1318）三月执照19行，年月上钤蒙古印文，下有二押；中至顺元年十一月执照16行，印押同前；下至顺元年十二月执照25行，亦有印押。碑侧八思巴文一行，无译文。《山左》卷23。

445.《加封四子碑》，至顺元年立。北京国子监。额篆"加封制辞"。元文宗加封孔子父母、夫人及颜渊、曾子、子思子、孟子的圣旨。

446.《句容县儒学田籍记》，至顺二年（1331）二月十五。江苏句容学宫。许知良撰，吴□文行书并篆额。《江宁》卷6。

447.《加封先圣父母制》，至顺二年二月。四川成都府学。《缪目》P485。

448.《加封先圣夫人制》，至顺二年二月。四川成都府学。《缪目》P485。

449.《加封复圣宗圣述圣亚圣四公制》，至顺二年二月。四川成都府学。《缪目》P485。

450.《滕县学田碑》，至顺二年三月。山东滕县（今滕州市）。《山左》卷23。

451.《易州龙兴观懿旨碑》《答吉皇太后鸡年懿旨碑》，至顺二年六月建，鸡儿年（至大二年1309）十一月初十日大都有时分写来。原在河北易县城南本观，佚。3.6＊1.3尺。19行33字。两面刻。碑阳八思巴文并额，额释为"太皇太后懿旨"。碑阴为汉译懿旨。《寰宇》卷12；《道略》P937；《蔡集》P78；《蔡集修订》P203；《八思巴》P121；《汇编》P362；《入门》P102；《北京石刻文集》P47。赐予保定路易州龙兴观、洪元宫、烟霞观、玉泉观提点王进喜、张元志、宋道春、王道吉诸道士的懿旨。

452.《县学加封孔子制诏碑》，至顺二年六月。山东无棣县学。7.2＊2.3尺。额"大元加封大成至圣文宣王碑"。王士元撰文。《山左》卷23。

453.《加封先贤父母王夫人四配制辞》，至顺二年九月。北京国子监。

碑阴有祭酒欧阳玄等题名。《缪目》P485。

454.《国学加封先贤父母妻并四配碑》,至顺二年九月。北京大兴区。《缪目》P485。

455.《加封孟子邹国亚圣公制》《皇元圣制碑》,至顺二年九月。山东邹城市孟庙启圣殿院内。(115+284+15)*112*35。额篆"皇元圣制"。上截八思巴文11行,下截汉文11行16字。《缪目》P486;《元代汉语》P32;《孟子林庙》P65。元文宗加封孟子为邹国亚圣公的圣旨。

456.《加封兖国复圣公制词碑》,至顺二年九月立。山东曲阜市颜庙复圣殿前西首。螭首龟趺。(110+290+70)*110*39。额篆"大元加封兖国复圣公制词碑"。两截,上八思巴文,下汉文。颜子及其夫人的加封制词(至顺二年九月和元统三年五月)分刻于碑身左右两侧。碑阴亦两截,上为元统二年(1334)《加封颜子父母妻懿旨碑》,24行16字;下为《圣朝加封颜子兖国复圣公致祭先师兖国复圣公祝文》,13行17字。《曲阜辑录》2-P176。碑上有后刻内容。

457.《加封启圣王并六公制》,至顺二年九月。山东东平州学。五截。《缪目》P485。

458.《加封孔子父母制及夫人制碑》,至顺二年九月诏。江苏南京。拓168*85。额篆"加封制书"。前9行为加封孔子父母制,后6行为同年六月加封夫人并官氏制文。总15行。《北图藏拓》49-132。

459.《加封四圣制碑》,至顺二年九月诏。江苏南京。拓172*86。额篆"加封敕书"。四份制书均至顺二年九月颁。总24行。《北图藏拓》49-134。

460.《加封颜子孟子制碑》,至顺二年九月诏。江苏句容县学。拓140*77。额篆"制词"。追封颜子为"豫国公"制7行,追封孟氏为"洛国公"制8行,总15行。《北图藏拓》49-136。

461.《加封曾子子思制碑》,至顺二年九月诏。江苏句容县学。拓144*78。额篆"制词"。前8行为加封曾子"郕国宗圣公"制,后8行为加封子思为"沂国述圣公"制,总16行。两个制书年款处均有小字"宝"。《北图藏拓》49-135。

462.《元文宗封孔庙碑》,至顺二年九月。广西桂林府学故址(今桂林中学)。额题"圣旨"。制文8道完整清晰。《桂林辑校》P392。

463.《蠲免亚圣后裔差发札付、关文》,至顺二年十月立石。山东邹城市孟庙启圣殿院西。221*96*21。两截。上为丁酉年(1237)十二月二十六日札付,下为延祐元年(1314)十一月廿一日户部关文。《缪目》P486;《蔡集》P42、71；《蔡集修订》P112、185；《曲阜碑文录》P276。阙文转引层次。

464.《易县加封孔子制诏碑》，至顺二年十一月刻，大德十一年(1307)十二月诏。河北易县(易州学宫)。拓 159＊82。额篆"有元加封孔子大成诰"，诏书 13 行，何德谦书并篆额。碑阴为官吏题名。《北图藏拓》49－141；《缪目》P486。

465.《封护国崇宁真君敕》，至顺二年。河北正定县。《缪目》P486。

466.《加封子思沂国述圣公制》，至顺二年立，至顺元年圣旨。原在山东邹城市中庸书院，佚。《孟子林庙》P66，转录光绪十三年刻本《重纂三迁志》卷 6。

467.《加封二程国公敕》，至顺二年。四川成都府学。《缪目》P485。

468.《高平归正学田记》，至顺三年(1332)五月。山西高平市。《山右》卷 33。

469.《加封孔子父母及夫人制》，至顺三年六月诏、至顺二年九月诏。江苏句容县学。拓 145＊78。额篆"制词"。前为至顺二年(1331)九月加封孔子父母制，9 行；后为至顺三年(1332)六月加封文宣王妻并官氏制文，9 行。总 18 行。两个制书年款处均有小字"宝"。《北图藏拓》49－133。

470.《泾阳县学田记》，至顺三年十一月。陕西泾阳县。《未刻稿》卷中；《道略》P804。

471.《封武安英济王敕》，至顺三年。河北正定县大佛寺。《缪目》P487。

472.《大元加封大成碑》，至顺四年(1333)五月。山东临朐县学。8.6＊3 尺。额题"大元加封大成之碑"。赵时中书，贾瑞篆额。《山左》卷 23；《缪目》P488。

473.《府学附地经界碑》，至顺四年七月立。江苏苏州文庙。残，拓 110＊85。正文存 12 行 65 字，小字租钞存 23 行 80 字。《江苏金石二十二》。学田经界，有《大元通制》条款。

474.《湖州路安定书院田土钱粮碑记》，至顺四年十月。浙江湖州。《吴兴》卷 14。

475.《楼观历受皇恩记碑》，约元中期(1294～1333)刻。1985 年由陕西周至县(现属西安)楼观镇东楼村收回，现存楼观台宗圣宫遗址内。残，碑面中间穿一方孔，多处剥蚀。125＊65＊22。20 行 22 字，残存 290 余字。《秦岭》P247。记元朝三下圣旨护持楼观之事。

476.《淇县文庙圣旨碑》，元统二年(1334)三月二十九日大都有时分写来。河南淇县文庙。额题"圣旨"。21 行。下部漫漶。《蔡集》P84；《蔡集修订》P217。

477.《圣旨碑》,元统二年三月。江苏南京。《江宁》卷7。

478.《天井关孔庙本息记》,元统二年四月。山西凤台县(今晋城市)。《山右》卷24。

479.《邹平县学田碑》,元统二年四月。山东邹平县学。《山左》卷23。

480.《加封颜子父母制词》,元统二年五月诏。山东曲阜市颜庙西路杞国公殿院内东南角。螭首龟趺。(110+280+65)*89*37。额篆"大元加封杞国文裕公制词碑"。两截,上八思巴文,下汉文13行17字。碑阴题"加封颜子父母妻谥议",汉文13行25字,元统二年正月二十六日。《寰宇》卷12;《冯碑》P13;《北图藏拓》49-154;《元代汉语》P32;《蒙古学》图P7;《曲阜辑录》1-P146。

481.《重修宝峰院碑记》,元统二年八月十八日。山西侯马市上马乡东阳呈村宝峰院内。165*63。22行,共939字。碑阴刻僧人世系谱及寺院土地四至、数目。《三晋·侯马》P29。

482.《敕赐孔庙田宅记》,元统二年十二月。山东曲阜市孔庙奎文阁西掖门北之西侧。拓161*88。额篆"大元敕赐曲阜孔庙田宅之记"。欧阳玄撰文,揭傒斯书,赵期颐篆额,晁本深刻。《北图藏拓》49-159;《曲阜碑文录》P285。户籍、赋役。

483.《重立玉清观额记并牒》,元统二年重立,金贞祐二年(1214)尚书礼部牒。山东莱芜(现济南莱芜区)东岳庙。4.3*2.8尺。额题"重立玉清观额之记"。两截:上贞祐二年牒,首题"敕赐玉泉观额,尚书礼部",尾刻官署题名5行;下明昌六年(1195)翻修行宫记。后有重刻碑石记,鞏克亮撰。《缪目》P489;《道略》P1064;《全金》P526。金代敕牒。

484.《阳城县归正赡庙田之记》,元统三年(1335)三月。山西阳城县町店镇崦山白龙庙。圆首,157*79*19。额楷同碑名。23行51字。《三晋·阳城县》P14。记事,庙田流失,追讼。

485.《长春观常住田土记》,元统三年三月。山西洪洞县大槐树镇上纪落村。额篆"长春观田土记",首题同碑名。20行26字。《三晋·洪洞》P77。记事,碑用,存契。

486.《加封兖国复圣公制、追封兖国夫人制》,元统三年五月。山东曲阜市。拓231*96.5。左右分刻。左至顺二年(1331)九月《加封兖国复圣公制》,上八思巴文,下汉文。右元统三年五月《追封兖国夫人制》,上八思巴文,下汉文。《元代汉语》P32。

487.《万寿宫圣旨碑》,元统三年猪儿年七月。山东邹城市。《道略》1188;《蔡集》P86;《蔡集修订》P223。列10位皇帝名。护持圣旨。

488.《绎山仙人宫圣旨碑》《妥欢帖睦尔皇帝猪年圣旨碑》,元统三年猪儿年七月十四日上都有时分写来。山东邹城市绎山。上八思巴文,下汉文。《道略》1188;《蔡集》P87;《蔡集修订》P224;《汇编》图22、P241。列10位皇帝名。护持圣旨,付李道实、吴志全等。

489.《颐真宫圣旨碑》,元统三年猪儿年八月二十七日忽察秃因纳纳堡里有时分写来。河南辉县。《全元文》卷1676;《道略》P835;《蔡集》P85;《蔡集修订》P220。

490.《庆元路儒学涂田记碑》,元统三年十一月。浙江宁波天一阁,嵌墙内,为延祐三年(1316)《庆元儒学洋山砂岸复业公据》碑阴。210 * 102。两截,上记30行38字,下为砧基底籍、增羡租额始末及佃户姓名。《两浙》卷16;《天一阁》P41。

491.《懿州城南学田记》,元统三年。辽宁阜新懿州古城出土。《满洲金石志外编》。

492.《兴庆寺碑》,元统三年刻。河北易县。拓128 * 78。《北图藏拓》49－170。地产四至等。

493.《中岳庙圣旨碑》,(后)至元猪儿年(元年,1335)十二月初十日大都有时分写来。河南登封市嵩山中岳庙《中岳嵩高灵庙碑》西侧。308 * 93 * 32。《道略》1187;《嵩山》P169。顺帝妥懽帖睦尔口授圣旨,列10位皇帝名。付张德良、樊道清等。护持圣旨。

494.《归复唐帝庙田碑》,约(后)至元元年。广西桂林东郊尧山。《全元文》P236;《灵川》P28,转录《粤西文载》卷38。记事,寺产。

495.《成汤圣帝庙碑》,(后)至元二年(1336)二月。河南孟县(今孟州市)摘星庙。碑阴刻祭田数及村众题名。《缪目》P491。

496.《房山学加封孔子诏书碑》,(后)至元二年六月吉日。北京房山区。碑阴刻题名。《缪目》P492。

497.《天宝宫鼠儿年圣旨碑》,(后至元)二年鼠儿年七月十二日上都有时分写来。河南许昌县石固镇天宝宫。410 * 110 * 32。额题"大元宣谕圣旨之碑"。两截,上八思巴文32行,下白话汉译24行。文中列举了10位皇帝名及圣旨节语,主体为赐予汴梁路许州天宝宫明真广德大师提点王清贵等的圣旨。碑阴额刻"题名之记"。《汇编》图23。

498.《请亮公主持法王寺疏》,(后)至元二年九月二十五日疏。河南登封市。拓53 * 80。《北图藏拓》49－173。

499.《纯阳万寿宫札付碑》,(后)至元二年十一月。山西芮城县永乐宫纯阳殿前。拓47 * 93。制授张道宥清和大宗师法旨。年代右侧有"印"字。

大字"重玄"下有押字。《道略》P791;《多面相的神仙》P242。永乐宫道士和玄门道教所之间交换公文的事情。"右札付晋宁路道门提点头目,准此。"规定以后永乐纯阳上下二宫不再归晋宁路道录司管辖,归全真教总部直辖。

500.《孔子加号碑》,(后)至元二年立。北京国子监。

501.《加孔子号诏旨碑》,(后)至元二年。浙江杭州孔庙。186 * 115。额题"诏旨"。两截:上为大德十一年(1307)七月加封孔子为"大成至圣文宣王"的诏书;下列题跋,记诏书颁发29年后勒石刻诏之事。《杭州孔庙》P294。

502.《治平寺舍田记》《祈泽治平寺舍田之记》,(后)至元三年(1337)二月。江苏南京。拓126 * 63。两截,上记,下亨公、誉公舍田亩数。《北图藏拓》49－174。

503.《修渠灌溉规条碑》,(后)至元三年三月十一日。山西沁水县嘉峰镇嘉峰村。记嘉峰、商庄、闫家沟等村开渠并立条规之事。《三晋·沁水县》P20;《沁水碑》P387。水利,条规。

504.《灵应万寿宫圣旨碑》《戒臣下碑》,(后)至元三年牛儿年三月二十日大都有时分写来。湖北丹江口市武当山五龙宫。《湖北通志》卷105;《道略》1191;《蔡集》P88;《蔡集修订》P227;《汇编》图22、P241。《语石》卷3称《襄阳五龙庙碑》即此碑;《武当山》P21。《缪目》P493定名为"戒臣下碑"。列10位皇帝名,护持圣旨,付邵明庚、李明良。

505.《大五龙灵应万寿宫碑》碑阴,(后)至元三年,湖北丹江口市武当山。玄教教主吴全节下发给襄阳路大五龙灵应万寿宫,令其刊刻集贤直学士揭傒斯所撰碑文的札付。"承奉集贤院札付"。

506.《加封启圣王暨兖郕沂邹公碑》,至元后丁丑(三年)五月。山东东阿学宫。三截,上两截制,下记。张起岩撰,完颜秉文书,安僧篆额。碑阴官吏姓名。《缪目》P493。

507.《大阴寺碑记》,(后)至元三年八月。旧置山西绛县卫庄镇张上村太阴寺大雄宝殿西墙,佚。100 * 65。《河东水利》P187。水规,民间罚则。

508.《加封文宣王并夫人制碑阴记》,(后)至元三年九月。址不详。岳至撰并书,□洞题盖。《缪目》P493。

509.《九宫山钦天瑞庆宫记》,(后)至元四年(1338)四月。湖北通山县。翰林侍讲学士欧阳玄撰文,中书左丞王懋德书丹,参知政事许有壬篆额。《湖北》卷14;《道略》P945。记事,制曰可程序。

510.《句容县学制词记》,(后)至元四年五月。江苏句容县学。拓151 * 76。额篆"恭刻敕词之记"。16行39字。张起岩撰文并篆额,孔思立书。《江苏金石二十二》;《缪目》P494;《北图藏拓》49－187。

511.《真定路学乐户记》,(后)至元四年八月。2000年出土于河北正定府文庙内,现存正定县隆兴寺。额同碑名。欧阳玄撰,李黼书,徐奭篆额。碑阴有秃里坚不花等题名。《常山》卷22。《缪目》P494。郡学礼乐生隶属在册情况,免除赋税和徭役。

512.《平阳州学田记》,(后)至元四年八月。浙江平阳县。民国《平阳县志》卷11;《温州》P913。寺产、学田。

513.《海宁州加封孔子制诏记》,(后)至元四年十月。浙江海宁。两截,上圣旨,下阁复记。《缪目》P494。

514.《加封灵惠侯庙碑》,后至元五年(1339)二月。河北涿州市张将军庙。李彦彬书,王良篆额。碑阴刻功德主题名。《缪目》P495。

515.《加封大成至圣文宣王碑》,(后)至元五年三月立,大德十一年(1307)九月文。原在河北遵化市宣圣庙(俗呼文庙)内大成殿前。

516.《重修律吕神祠记》,(后)至元五年三月。山西浑源县。《山右》卷35。

517.《有元阳城县平讼之记》,(后)至元五年三月。山西阳城县台底村岱岳观内。阳城县教谕周鼎撰,乡贡进士尹师彦书。《三晋·阳城县》P844,录自民国二十四年《阳城金石记》。记事,为县尹关世杰平讼而立。

518.《扬州路学田记》,(后)至元五年十月。江苏扬州府学。拓8.5*3.9尺。王思齐书,王都中篆额。碑阴刻学田图,程复识。《江苏金石二十二》;《缪目》P496。

519.《重修崔府君记》,(后)至元五年十二月。山西和顺县。《山右》卷35。信仰与法律。

520.《辛村重修天齐庙正殿碑记》,后至元五年。山西浑源县辛村天齐庙。60*140。《三晋·浑源》P34。记事,泰山信仰,判七十四司文卷。

521.《赡学田记》,至元六年(1269或1340)正月十五日。陕西西安碑林。四面刻,拓107*66*22。额同碑名。碑身四截。《关中》卷8。簿籍册,亩数、四至。"簿籍案牍,尤不可不详。"

522.《重修岳云宫碑》,(后)至元六年十一月。河南孟县(今孟州市)城南。张大谦撰,完颜贞吉书,赛也列□篆额。碑阴刻地亩记并道众题名。《缪目》P496。

523.《普济寺舍产净发记》,(后)至元六年。浙江余姚市。光绪《余姚县志》卷16。

524.《云南王藏经碑》《云南阿鲁王碑》,(后)至元六年。云南昆明筇竹寺。原嵌于寺内正殿西墙壁中,现壁已撤除,石碑罩以玻璃框。210(46+129+35)＊67。两面刻。东面碑身刻汉文 21 行,记献给寺庙的物品;西面额刻"云南王藏经碑"译音八思巴文,碑身刻回鹘式蒙古文 20 行,100 余词。记云南王阿鲁颁给筇竹寺的令旨,云南王阿鲁的功德和传播大藏经事。哈斯额尔敦《蒙古文石刻概述》,《北京石刻文集》P44。

525.《大元玺书碑》,(后)至元年羊儿年十一月初七日大都有时写来。原竖于陕西周至县(现属西安)宗圣宫三清殿前西侧,民国三十三年纂修《楼观台志》(抄本)时半埋于地下。三份蒙汉合文圣旨,称引 7 位皇帝圣旨(成吉思、月阔台、师禅、完泽笃、曲律、普元乌、护都笃皇帝)。《楼观》P176,转录《楼观台志》(抄本)。

526.《牛儿年圣旨碑》《薛禅皇帝牛年圣旨碑》,后至元年间(1335—1340)立石,牛儿年(1277 或 1289)正月二十五日大都有时分写来。山西交城县石壁山玄中寺。100＊80。碑额无字,中部刻双龙戏珠纹。碑阳刻八思巴文 22 行,碑阴刻汉文译写 19 行。小泽重男《山西交城县石壁山玄中寺的八思巴文字蒙古语碑文的解读》,《东京外国语大学论集》9(1962.03);照那斯图《关于玄中寺八思巴字蒙古语圣旨碑刻》,《民族语文》1986 年 6 期;《汇编》图 1;哈斯额尔敦《蒙古文石刻概述》,《北京石刻文集》P46。赐与太原府石壁寺(今玄中寺)安僧录的圣旨。与 130 号同。

527.《灵岩寺国师法旨碑》《大元国师法旨碑》,蛇儿年(至正元年,1341)三月二十三日高良河大护国仁王寺里有时分写来。山东济南长清区灵岩寺天王殿外。53+113＊73＊18。额篆"大元国师法旨"3 行。两截。上梵文(藏文)l2 列,横书,自左向右;下白话汉译 25 行 l4 字,总 244 字。《山左》卷 24;沙畹《蒙古时代之石刻及档案》,《通报》1908 年卷;《北图藏拓》50－143;《蔡集》P52;《蔡集修订》P137;王尧《山东长清大灵岩寺大元国师法旨碑考释》,《文物》1981 年 11 期。护持圣旨。此蛇儿年有大德九年(1305)和至正元年(1341)两说。

528.《宗圣宫设五品级提点所公文碑》,至正元年五月刻立。1985 年发现于陕西周至县(现属西安)东楼村水池中,现藏楼观台宗圣宫遗址。圆首方趺,150＊80＊18。额篆 6 字不清。碑文 17 行 30 字,约半数不可辨识。《秦岭》P248。批准于奉元路大重阳万寿宫等处宫观设提点所,行使官方簿书权。

529.《圣旨碑》,至正元年。河南登封市嵩山中岳庙内。

530.《阳坡村属地碣文》,至正元年十月刊,山西盂县仙人乡阳坡村。45＊65。15 行 16 字。《三晋总目·阳泉》P41。记凭,始祖李楫迁居占地四至及内容。

531.《封义勇武安英济王敕》,至正二年(1342)正月。河北曲阳县东阳平村。额篆书。《缪目》P498。

532.《大元加封诏碑》,至正二年五月。出土于元宁昌路故城(亦称察罕城),位于内蒙古赤峰市敖汉旗玛尼罕乡五十家子城遗址。残,111＊41＋56。两面刻,正面与大德十一年(1307)加封孔子尊号的《大元加封诏》内容相同。《草原》P102。

533.《太平学加封孔子制诏碑》,至正二年六月六日。址不详。两截,上诏,下题名。《缪目》P498。

534.《狄仁杰奏免民租疏》,至正二年中秋日。江西彭泽县。《天一阁碑目》P585。

535.《洞林寺圣旨碑》,至正二年(1342)秋立石。河南荥阳市。额篆"圣旨之碑"。五截。第一截羊儿年(元贞元年,1295)正月仁宗圣旨23行,写自大都。第二截为鼠儿年(1312)仁宗圣旨26行,发自大都。第三截右为鸡儿年(至大二年,1309)八月皇太后懿旨21行,写自五台;左为牛儿年(1301)三月帝师法旨16行,写自大都大寺。第四截右为鸡儿年(至大二年,1309)"皇太子"令旨25行,写于五台;左为鸡儿年(元贞三年,1297)正月晋王令旨16,写于大都。第五截右为虎儿年(延祐元年,1314)晋王令旨18行,发自赤那思;左为马儿年(延祐五年,1318)小薛大王令旨16行,发自大都。计合刻成宗、武宗、仁宗三朝皇帝圣旨、太后懿旨、帝师法旨及令旨共8份,每旨年款处均有"宝"字。另面为至正二年(1342)秋《郑州荥阳县洞林大觉禅寺第一代大宗师颂古序》。《萃编补正》卷4;《蔡集》P35、62、48、57、58、55、70、74;《蔡集修订》127、145、150、153、182、192。

536.《里域河庙柳神之记》,至正二年十月。浙江杭州孔庙。145＊77。《杭州孔庙》P317。神迹,碑阴为庙产文契。

537.《妥懽帖睦尔皇帝马儿年圣旨碑》,至正二年。原立于四川成都青羊宫,现藏四川博物院。残存上半部,45＊100。八思巴文26行。《汇编》图24、P267;哈斯额尔敦《蒙古文石刻概述》,《北京石刻文集》P47。

538.《缙云县学复田碑》,至正二年。浙江缙云县。《括苍金石志》卷11。

539.《加封孔子诏碑》,至正三年(1343)三月。甘肃皋兰县。拓118＊77。额篆"加号诏碑"。两截:上大德十一年(1307)七月诏书16行,年款处有小字"宝";下为记及官员职衔姓名。《北图藏拓》50-15。

540.《长安竹林寺圣旨碑》,至正三年羊儿年四月初三日大都有时分写来。原立陕西长安县南五台山下院,现存西安市长安区博物馆。123＊60。两截,双语。上八思巴文 26 行,下汉译 25 行 23 字。《蔡集》P91;《蔡集修订》P235;《汇编》图 25、P276;《秦岭》P248。赐予陕西大竹林寺、圆光寺、重云寺、狄寨寺住持霖讲等的圣旨。

541.《苗氏宗派之图碑》,至正三年夏月。山东临邑县城东苗公墓。道光《临邑县志》卷 14。上记下图,宗法观。

542.《武林弥灾记》《江浙廉坊司弭灾记》,至正三年八月。浙江杭州。《杭州孔庙》P95。记载火灾灾情及灭火过程。

543.《吴山承天灵应观记及甲乙住持札付碑》,至正三年九月既望(十六日)。浙江杭州吴山承天观。两面刻。碑阳《吴山承天灵应观记》,20 行 41 字。吴直方篆额,张天雨撰,任处一书,住持唐永年及徒弟立石。碑阴《灵应观甲乙住持札付》,三截:上 44 行,中 16 行,下 17 行,史景仁立。《两浙》卷 17;《道略》P938;《江南道教》P38。《两浙》:“此住持唐永年,为别派道士王永亨等胧脱教札,改为十方,请厘正甲乙住持,札付辗转,详请具见碑中,亦足征当时道纪体制也。后附三诗。”复杂公文,圣旨、札付、八思巴文、押。公文发布者为正一教主第三十九代天师张嗣成,发布年代为文宗至顺年间(1330～1332)。刘晓《元代道教公文初探——以〈承天观公据〉与〈灵应观甲乙住持札付碑〉为中心》,[日]《东方学报》86 册(2011)P671。

544.《宣谕圣旨碑》,至正三年。陕西长安县(今西安市长安区)文管处。蒙汉合文。

545.《潞州学田记》,至正四年(1344)五月。山西潞安(今长治)府学。《山右》卷 34。

546.《谕中外遵奉孔子诏碑》,至正四年十月。河北定州。两截,上诏,下府学地亩。《缪目》P501。

547.《太平路采石书院增修置田记》,至正四年。安徽。《安徽》卷 5。

548.《新昌县学续置田记》,至正四年。浙江新昌县。《越中》卷 9。

549.《敕赐玄教宗传碑》,至正四年。址不详,四川都江堰市文管所藏拓(碑不在蜀地)。虞集奉敕撰。《巴蜀道教》P181。

550.《大元特赠五祖七真碑》,至正五年(1345)三月。山东掖县(今莱州市)。额篆书。末题“益都路道门提点希玄子张志功等立石”,载天水玉泉观至大三年(1310)二月《至大诏书碑》5 份褒封诏中的一、二、四诏:一“赠东华紫府辅元立极大帝君”;二加赠四真君帝名;四加赠六人,“右付玄门演道大宗师掌教凝和持正明素真人苗道一收执,准此”。《道略》P729;《缪目》P501。

551.《复立通利渠碑》,至正五年季夏中旬有二日重立。山西洪洞县辛村乡西李村。圆首,趺佚,250*105*30。阳额篆"李行省德政碑"。碑阳文字剥泐严重,碑阴文字尚可观。《三晋·洪洞》P83。记事,争水讼事。

552.《封义勇武英□护真君敕》,至正六年(1346)甲午月。北京房山区西南45里四座庙。额正书。《缪目》P502。

553.《大元加谥晋世子申生恭愍碑》,至正七年(1347)十月刊,至元六年(1269)十二月文。原立山西曲沃县城内晋世子庙,现藏曲沃县博物馆。圆首,趺佚。168*84*19.5。阳、阴额篆"大元加谥晋世子申生恭愍碑"。碑阳两截:上首题"皇帝圣旨",22行35字,有官印、官职、押;下首题"晋世子申生辩",30行24字。碑阴亦两截,上记、赋,下题名。《三晋·曲沃》P35;《曲沃古碑》P39。判、申、都堂钧旨、符。

554.《令旨碑记》,至正七年十一月初六日立石。山西芮城县永乐宫东碑廊。笏头方趺,碑身上部断裂。146*62*22。额篆作碑题。两截:上"兔儿年二月初三日昌平县有时分写来"令旨;下"猴儿年四月二十四日大都有时分写来"令旨。碑阴题名。张玄德书篆额,李文政刊,众门人立石。《道略》P804;《三晋总目·运城》P26。

555.《重刻武宗圣旨碑》,至正七年十二月。山西芮城县永乐宫,刻于《玄都至道崇文明化真人道行之碑》碑阴。《道略》P805,《永乐宫碑录》;《多面相的神仙》P242。封号。

556.《龙兴观提点缑公功行记》,至正八年(1348)二月清明日建。河北易县。额题同碑名。《道略》P980。记事,佛道争讼事。

557.《玉泉寺圣旨碑》《马儿年圣旨并具结文碑》,至正八年十月二十八日立石,至元十七年(1280)二月圣旨和至元十八年(1281)正月道士文状。原立河北蔚县下宫村乡浮图村玉泉寺,现存蔚县玉皇阁。残。84+104*88*24。碑首、碑座非原配,碑底部一两行字被遮挡。前刻元世祖圣旨21行,后刻道士阁志进退吐文状14行,总35行。另面刻住持及信众题名。光绪《蔚州志》卷9;《道略》P630;《冯碑》P20载1261年圣旨(原载《辨伪录》卷2),同时录此碑;《蔡集》P28;《蔡集修订》P78、75;《蔚县》P76;《佛寺与蔚州文化传统》P120;《北京佛教》P152。佛道之争,判词。

558.《上都御史台殿中司题名记》,至正八年十月。内蒙古锡林郭勒盟。黄溍《金华黄先生文集》卷8;《草原》P77。官制、品秩。

559.《滁州学田记》,至正八年。安徽滁州。三截,上记下田数。葛敏问撰,许襄书,丁梦松题盖。《安徽》卷5;《缪目》P505。

560.《太平县秋粮折纳记》,至正八年。安徽太平县。汪泽民撰。《安徽金石略》卷3,文载《太平县志》。公文往复。分司议折纳,上中书,遂咨行省为例。

561.《丽水县学归田残碑》,至正八年。浙江丽水。《栝苍金石志》卷12。

562.《均赋役记》,至正八年。广东东莞。民国《东莞县志》卷91。

563.《县尹常公兴水利记》,至正九年(1349)四月。原在山西沁水县嘉峰村,现存沁水县博物馆。134 * 66。15行39字。记县令修渠及用水公约。《三晋·沁水县》P21。规约。

564.《太平路儒学归田记》,至正九年五月吉日。安徽。碑阴刻田亩记。《安徽》卷5。

565.《梅岩瞿先生(懋)作兴乡校记》阴,至正九年六月记。上海嘉定孔庙大成殿北壁。中断为两截。216 * 108。24行40字。《嘉定》P230。瞿氏父子捐助田亩位置、数目、租额、佃户。瞿氏附入儒学先贤祠。

566.《兴国寺常住碑记》阴,至正九年八月。20世纪90年代出土,存甘肃陇西县博物馆。《陇西》P77。施产、界至。

567.《重修殿舍并田园之碑》,至正九年。河北涞水县李各庄乡李各庄村北300米。汉白玉,螭首龟趺。200 * 80 * 22。额篆同碑名。《文物河北》P589。记事,重修殿舍,赎购田园。

568.《故宋东祁王先生子昭归田兴学记并舍田册》,至正九年。旧立上海嘉定孔庙西角门右,今存孔庙大成门前。220 * 120 * 24。24行39字。下部泐蚀。薛元德撰,马遂良书,换住篆额,孙伯元立石。碑阴刊学职支日芳等建碑呈词及王子昭捐田条段坐落、租额、佃户等细目,袁钺书。《嘉定县志》。《嘉定》P236。学田数额、四至。砧基簿。

569.《范仲淹置义田记》,至正十年(1350)七月十五日刻。江苏苏州文庙。拓152 * 254。首题"义田记"。晋陵钱公辅撰,吴兴赵雍书。主宗祀八世孙范文英识,裔孙范伯仁刊。《未刻稿》卷下;《北图藏拓》50-69;《农业经济碑刻》P54。记事,重刻宋本说明。

570.《文正书院碑》,至正十年七月立。江苏吴县(今苏州)。153 * 129。额篆同碑名。31行36字。李祈撰。《释要》P1260。

571.《牛蹄塘龙洞碑》,至正十年九月天赦日书,贵州遵义。2 * 1尺。《贵州通志·金石志》P49。祀神,"童男童女二双白牛十只赴"。

572.《幽居寺界摩崖刻石》,庚寅年(至正十年)。河北灵寿县张家庄乡范家沟村写字崖。200 * 150。11行,103字。《文物河北》中P75。四至,大德元年(1297)太后懿旨,附属五台山寿宁寺。

573.《利津县学加封孔子制诏碑》,至正十年。山东利津县学。6.4 *
2.8尺。张起岩撰文,段弼书丹。《山左》卷24。

574.《五愿誓文》,至正十一年(1351)四月十五日刻。云南昆明晋宁区
盘龙山。拓84 * 46。12行,崇照撰并书。《北图藏拓》50－78。诅咒。

575.《易州龙兴观宗支恒产记》,至正十一年六月初三日刻。河北易县
龙兴观遗址。145 * 80 * 20。阳额楷书"大元易州龙兴观宗支恒产记"。
29行45字。阴刻《龙兴观正一宗支图》和《洪元宫园林事产各处界志》。
《缪目》P510;《北图藏拓》50－79;《道略》P986;《文物河北》P577;王雪枝
《易州龙兴观现存元明两代碑铭镌文传录补正》,《宗教学研究》2012年1
期。常住殿宇房舍、地土园林数目四至。

576.《代祀北岳之记》,至正十一年。河北曲阳县北岳庙东碑廊。
240 * 86 * 23。《北岳庙碑刻解读·宋元卷》P89。详记祭礼过程。

577.《余姚州儒学核田记》,至正十一年。浙江余姚市。《越中》卷10。

578.《城隍庙碑记》,至正十二年(1352)。1962年出土于辽宁沈阳中街
路北原城隍庙旧址,现藏沈阳故宫博物院内。螭首龟趺,186 * 68。阳刻《城
隍庙碑记》,阴刻功德题名和庙院地四至。《满洲金石志》卷5;《沈阳市文物
志》P171。

579.《太清宗圣宫玺书碑阴》,至正十三年(1353)春正月建。两截,上
26行25字,唐道明识;下道众署名。《未刊稿》下;《道略》P809。记事,封五
祖七真事。

580.《元静应庙界批人名碑》,至正十三年十月十五日立,宋崇宁三年
(1104)五月十五日牒。河南沁阳。《河内金石志》下卷;《小林》P153。敕
牒,赐额。

581.《平瑶记》,至正十三年。广东。《广东》P439。盗匪、犯罪。

582.《小薛大王兔年令旨碑》《河东延祚寺碑》,至正十四年(1354)九月
九日刻,兔儿年(大德七年,1303)三月二十九日大都有时分写来。山西芮城
县大王镇磨涧村。拓112 * 61。阳额篆"令旨碑记"。八思巴文22行,无汉
译,依汉文体例自右至左行。碑阴刻"三代宗祖法亲之图"。《八思巴》
P106;《汇编》P39;哈斯额尔敦《蒙古文石刻概述》,《北京石刻文集》P48。
八思巴字不规范,字形错乱。庙产四至详记水土园林碾磨情况。

583.《福寿兴元观圣旨碑》,至正十四年立,蛇儿年(延祐四年,1317)二
月十三日大都有时分写来。北京法源寺天王殿东侧。螭首方趺。350 *
104 * 30+73。额题"圣旨"。19行42字。金玉局张子玉镌。《大系》P118;
《北京石刻拓本提要》P282;《〈法源寺贞石录〉元碑补录》,《北京文物与考

古》P249。保护敕令，付"福寿兴元观里住持提点、复明善应通微大师阎道文"。

584.《月鲁哥高昌王神道碑》，至正十四年。甘肃武威永昌镇。虞集撰文。虞集《道园类稿》卷41;《西域碑铭录》P298。官制，政事，碑用。

585.《张养浩家训》，至正十四年。址不详。《补寰宇》卷5。

586.《加封昭祐灵惠公庙碑》，至正十五年(1355)三月。河北涿州市张将军庙。夏以忠撰，邢庸书，璋珥篆额。《缪目》P512。

587.《大奉国寺庄田记碑》，至正十五年六月刻。辽宁义县奉国寺大雄宝殿内东侧。螭首，212 * 81 * 18。两面额篆"大奉国寺庄田之记"。20行40字。碑阴刻房地寺产庄田名目及四至。《奉国寺纪略》卷4;《北图藏拓》50－102;《辽宁省志·文物志》P262;《锦州》143。寺产规模、分布、界址。

588.《玉清宫圣旨碑》，至正十五年七月九日。癸未年(1223)三月和乙未年(1235)七月初九日圣旨，山东潍坊玉清宫神座下。拓53 * 83。19行16字，王可道书。碑文载"后有回回字一行"。《寰宇》卷11;《山左》卷21;《冯碑》P16;《道略》P447;《北图藏拓》50－106。

589.《复学田记》，至正十五年。广东德庆县。《德庆金石志》。

590.《天宁万寿寺圣旨碑》，猴儿年(至正十六年，1356)三月十六日大都里有时分写来。河北平山县觉山。两截，上牛儿年(后至元三年，1337)十二月二十六日圣旨，下猴儿年(1356)三月十六日皇太子令旨。《蔡集》P89、95;《蔡集修订》P229、246。

591.《庆元路重修儒学记碑》，至正十六年三月。浙江宁波天一阁尊经阁庭院西壁。断裂。190 * 107 * 22。文字漫漶。《天一阁》P51。略提学田公案。

592.《丽水县学诏旨碑》，至正十六年。浙江丽水。《栝苍金石志》卷12。

593.《圣旨田宅之记》，至正十七年(1357)二月刻。1999年出土于山西临汾尧庙。138 * 78 * 13。三截:上中统四年(1263)六月圣旨，15行9字;中光宅宫常住田宅记，25行19字;下庙区地图。《三晋·尧都》P53。圣旨，契证。

594.《开元寺开堂疏》，至正十七年五月疏。河北易县。拓38 * 74。20行12字。《北图藏拓》50－113。宣政院疏，有印押。

595.《重修庙学碑》阴，至正十七年五月。出土于山东单县文庙遗址，2005年入藏单县博物馆。座佚，身断。13+272 * 111 * 30。阳额篆"大元单州重修庙学碑"。20行63字。阴额篆"碑阴记"，碑身刻题名、庙学故基和新置地四至。《菏泽》P294。故基步数,新置地步数、亩数,赡学逃户地土亩数。

596.《西湖书院义田记》,黄溍(1277～1357)撰。浙江杭州。《浙江通志》卷261。

597.《重阳万寿宫圣旨并授焦德润真人敕》《大元宸命碑》,至正十八年立。原置陕西户县(今西安鄠邑区)重阳宫献殿西南,1962年移该宫后院。螭首龟座,碑身上部断裂。405*110*35。额篆"大元宸命"。三截。第一截汉文,30行26字,至正元年(1341)蛇儿年六月上都有时分写来。第二截汉文24行50字,至正十一年(1351)兔儿年二月二十八日大都有时分写来;蒙文30行,有两个汉字"宝"。第三截汉文6行11字,至正十八年(1358)八月,年款边有小字"宝";蒙文7行,左行为大字,年款边有汉字"宝"。《道略》P801、805;《北图藏拓》50－116;《蔡集》P90、93;《蔡集修订》P232、241;《汇编》图27、P304;《元代汉语》P32;《陕西碑石精华》P259;《重阳宫》P47。

598.《光福寺免役文榜》,至正十八年。江苏苏州。拓连额1.7*2.2尺。尾刻"至榜晓谕",钤4方印,有八思巴文。《江苏金石志》卷24;《缪目》P514。

599.《无庄田碑》,至正十九年(1359)。辽宁义县奉国寺大殿内。《锦州》146。寺庙产业坐落。

600.《象山县核田记》,至正二十年(1360)。浙江象山县。民国《象山县志》卷31。

601.《辅顺庙碑重刊记》,至正二十年三月。原立浙江奉化市纯湖镇鲒奇村,现藏奉化市文物保护所。残,118*77。两截,上25行24字,下《重刊记》27行。《宁波碑碣》P371。公文,据奉化州下达之命重刊。

602.《天诏加封祖真之碑》,至正二十二年(1362)五月上旬。甘肃陇西县仁寿山公园西堂大殿后台地上。264*82*19。四截,载至元六年(1269)正月、至大三年(1310)二月等诏书四道,加封尹志平、李志常、宋德芳及赵道坚等15人"真人"名号。《道略》P731;《陇西》P93。《缪目》P515定名为"封赠真人碑"。

603.《创建官水磨记》,至正二十二年夏。山西繁峙县城南关关帝庙内。圆首方座。124*76*18。31行40字。《山右》卷40;《山西碑碣》P326。记事,水利。

604.《敕封杨德荣圣旨碑》,至正二十三年(1363)兔儿年七月二十二日大都有时分写来。陕西周至县(现属西安)重阳宫,佚。拓214*84。额篆"宸旨王铭"。两截:上右侧刻至正二十三年七月汉文圣旨,8行12字;左侧八思巴文 8 行；下汉文圣旨，26 行 37 字。碑文残泐。碑阴为至正二十一年九月九日《清和真人翠筠亭诗》。《北图藏拓》50 - 128；《道略》P814；《蔡集》P97；《蔡集修订》P252；《元代汉语》P32；《重阳宫》P55。加封陕西奉元路大重阳万寿宫都提点杨德荣真人号并任命为住持事。

605.《李将军碑》阴，至正二十三年十二月。原在甘肃卓尼县安布足村西台地，现在甘南藏族自治州博物馆。490 * 140 * 48。碑阴上段 18 行 18 字。《安多》P10。记事，任命授职。

606.《大都崇国寺圣旨碑》《崇国寺皇帝圣旨札付碑并阴》，至正二十三年。北京护国寺千佛殿前。刻至正十四年(1354)七月十四日和至正二十三年两道圣旨。《京畿金石考》卷上；刘侗《帝京景物略》；《蔡集》P94、96、98；《蔡集修订》P243、249；《缪目》P512 定名为"护国寺圣旨碑"。

607.《大都兴隆寺置地碑》，至正二十四年(1364)四月。原址不详，拆除北京明城墙时出土，现存北京石刻艺术博物馆。汉白玉，方首方座。137 * 79 * 15。16 行 50 字。额题"兴隆寺创建施产碑铭记"，首题"大都兴隆寺置地记"。洞下凤山长老撰，燕山耆儒李元用书丹，大兴教寺僧定吉祥镌。碑阴刻宗派图。《北京石刻拓本提要》P284。购地四至。

608.《付大崇国寺札》，至正二十六年(1366)二月十七日。北京护国寺。刻于至正二十四年九月十七日《善选传戒碑》阴。拓 309 * 102。宣政院谕札两道，至正二十三年十月十六日和二十六年二月十七日。35 行 28 字。中书参政危素撰文、书丹。《缪目》P516；《北图藏拓》50 - 134。宣政院札子。尾题"右札付大崇国寺，准此"，有印押。

609.《兴修上官河水利记》，至正二十六年夏。山西临汾市西南 15 公里姑射山下龙祠。180 * 93 * 30。24 行 61 字。两面刻。阳记事；碑阴《普应康泽王庙南北河渠水分》，总计水分四十分，定各村分水行月规则。《三晋·尧都》P54；《山西临汾龙祠水利碑刻辑录》P154；《民俗研究》2001 年 1 期。记事，水利纷争与习俗，水则。

610.《孟庙额设户计公文》，至正二十六年。山东邹城市孟庙致严堂后。

611.《刑部题名第三之记碑》，至正二十七年(1367)。2004 年出土于北京天安门城楼前东观礼台后小夹道地下，现存北京石刻艺术博物馆。身首一体，225 * 82 * 21。额篆"刑部题名第三之记碑"。两截，上部为危素撰"刑部题名第三记"，下部题名。碑阴亦为题名。刘卫东《〈刑部题名第三记碑〉考》，《北京文博文丛》2014 年 3 期。对元代制订刑法和实践的经验总结。碑阳题名近 140 人，碑阴约计 150 人，包括蒙古人、色目人、汉人、南人。

612.《佑国寺田园记》,至正二十八年(1368)四月。原在北京密云区十里堡镇十里铺村,现存冶仙塔碑林。拓 145 * 81。24 行 36 字。额题同碑名。《北京石刻拓本提要》P285。田园四至。

613.《段信苴宝摩崖》《段氏舍田碑》,至正三十年(1370)。云南洱源县石窦香泉景区。90 * 69。18 行,411 字。舍田凭证。

614.《大通法寺常住上下院地产碑》,至正年间(1341～1368)。辽宁朝阳。《满洲金石志》卷 5;《中研院》P246。

615.《开元寺累降圣旨碑》,至正年间,中统二年(1261)、至元十三年(1276)、至元十四年(1277)、至元十六年(1279)圣旨。河北邢台开元寺正殿后,佚。《邢台开元寺金石志》P189。

616.《临汾县学移建庙堂疏》,至正年间。山西临汾尧都区博物馆。残,88 * 65 * 6。两截,上 10 行 29 字。《三晋·尧都》P57。疏文。

617.《八番顺元宣慰司题名碑记》,至正年间。贵州,佚。《贵州通志·金石志》P49。纪纲立,法度行。

618.《崇照塔铭》阴,至正三十二年(1372)四月。云南昆明晋宁区。拓111 * 52。碑阴刻《盘龙庵舍地记》,载至正二十年(1360)至二十九年(1369)张生等舍地四至。《北图藏拓》50-147。记事,四至。

619.《开元寺累降圣旨碑》,猪儿年、狗儿年。河北邢台开元寺正殿后,佚。《邢台开元寺金石志》P141。

620.《加封孔子制诰碑》,元(1279～1368)。北京昌平区。王守诚书并篆额。碑阴刻昌平官吏题名,张博篆额。《缪目》P517。

621.《延祥观常住产业记》,元。北京平谷区。4.1 * 1.9 尺。23 行 48字。额题同碑名。吕文卿书,大都石匠王福全刻。《道略》P1226。产业坐落、四至。

622.《碧云寺卖地幢》,元。北京海淀区香山。末云卖与中丞阿里吉。《京畿金石考》卷上。

623.《新城县学田记》,元。河北高碑店市。民国《新城县志》卷 15。

624.《纯阳万寿宫提点下院田地常住户记》,元。山西芮城县永乐宫。《道略》P792。记所属宫观名称、四至,地亩界址、观产等。

625.《重刻宋敕封顺应侯牒》,元。山东济南历城区龙洞寿圣院。奏文正书,牒行书,额篆书。碑阴记文,李敬简模写并篆额。《缪目》P426。

626.《吴山寺清凉院碑》,元。陕西乾县吴店乡三合村吴山寺遗址内。仅存上半部,115 * 85 * 23。额楷"圣旨",有印章。碑阴"吴山寺清凉院",14 行 12 字。《文物春秋》2001 年 2 期。

627.《吴山寺安西王令旨碑附刻》,元。陕西乾县吴店乡三合村吴山寺遗址内。拓 148＊71。北大藏拓。

628.《尚书礼部牒文碑》,元。陕西麟游县。64＊60＊14。汉文、八思巴文双语,年号漫漶不清。尚书礼部发给麟游县上清观、仙游观的牒文。

629.《敕褒演道宗师碑》,元。陕西宝鸡陈仓区虢镇常宁宫。136＊60＊19。卢德洽书。《秦岭》P31。元惠宗敕令褒奖演道宗师的圣旨。

630.《复阙里祭田记》《复田记》,无年月。安徽婺源。虞集撰。《安徽金石略》卷 2。

631.《太上感应篇注释碑》,元季。浙江杭州府学。《两浙》卷 16。劝善凡二十六事,惩恶凡一百七十事。

632.《敕赐德施庙碑》,元,重刻宋庆元四年(1198)八月牒。广东广州增城区。《广东金石十四》;《小林》P166。敕牒,赐额。

633.《全真观公据》,元。广西桂林普陀山摩崖。2＊0.6 尺。4 行。首行"皇帝圣旨里广西南道宣慰使司"。《道略》P1109。官拨"废额田"。

634.《封孙真人制》,元。址不详。吴澄《吴文正公集》卷 44,《道略》P768。

635.《至德常宁宫圣旨碑》,元。址不详。12 行 20 字,有押字。

636.《清阳宫公据碑》,元。址不详。拓残。

七、明（1368～1644）

（一）洪武（1368～1398）

1.《城隍庙诏封碑》,洪武元年(1368)二月立。河南浚县浮丘山城隍庙旧址(今教育局),佚。嘉庆六年《浚县志·金石录》;《大伾山志》P74;《中州百县》P93。封号。

2.《太祖白话圣谕碑》,洪武元年。陕西西安碑林。

3.《中书省札付碑》《洒扫户碑》,洪武二年(1369)正月。山东曲阜市孔府二门里西首。193＊81＊18。26 行 59 字。《曲阜碑文录》P351;《曲阜辑录》2－P199。公文,户籍、赋役,格式。依汉唐宋制。

4.《封句容县城隍诰》,洪武二年正月制文。江苏句容市。《句容》卷 7。

5.《国子监学制碑》,洪武二年十一月十八日圣旨。北京东城区府学胡同。螭首龟趺。267＊93＊27。额题"圣旨"。两截,上圣旨,下学制。碑文漫漶。《北图藏拓》51－3;《大系》P120。学规。

6.《学校格式碑》,洪武二年十一月十八日。河北邢台。《威县志·金石志》。

7.《洪武学校格式碑》,洪武二年十一月十八日。湖北潜江市。《潜江贞石记》卷 1。学规。

8.《洪武二年卧碑》,洪武二年十一月十八日。广东广州番禺区。同治《番禺县志·金石略三》。学规。

9.《国子监学制碑》,洪武二年十一月。北京国子监。拓 138＊80。额横题"学制"。碑下部文字难识。《北图藏拓》51－4。学规。

10.《太祖改正岳渎神号诏》,洪武二年。河南济源市。非碑石。乾隆《济源县志》;《中州百县》P93。四渎称号。

11.《洪武三年御碑》,洪武三年(1370)六月初三日。广东广州番禺区。同治《番禺县志·金石略三》。五岳四渎祭祀。

12.《去东岳封号碑》,洪武三年六月二十日诏。原在山东泰安岱庙天贶殿前西碑台上,现移碑亭中。螭首龟趺,655＊160＊57。有额无题。阳9行43字,凡226字,泐蚀11字。朱元璋御制。《泰山石刻》P416;《岱庙碑刻研究》P96。制文,祭祀。

13.《大明诏旨碑》,洪武三年六月诏。河北曲阳县北岳庙明洪武碑楼内。龟趺,520＊166＊38。额题"大明诏旨"。19行40字。碑阴文字漫漶。《文物河北》P545;《北岳庙碑刻选注》P115。朱元璋颁发圣旨规定国家祀典,所有岳、镇、海、渎等一律废去元代封号,另立新名。

14.《大明诏旨碑》,洪武三年六月诏。山东临朐县沂山东镇庙。圆首龟趺。398＊202＊34。额篆"大明诏旨"。19行40字。《东镇沂山碑拓集锦》P15;《临朐卷》P16。诏封五岳、五镇、四渎、城隍等。

15.《大明诏旨碑》,洪武三年六月诏。河南济源市济渎庙。圆首龟趺。550＊170＊47。额篆"大明诏旨"。19行40字。詹希元书。明郎瑛《七修类稿》卷11《国事类》载《本朝岳镇海渎碑》与此碑文同。《中州金石考》卷5名为"明正岳镇海渎封号碑"。

16.《大明诏旨碑》,洪武三年六月诏。陕西华阴市西岳庙棂星门内东侧。圆首龟趺,828＊190＊72。19行40字。碑阴有嘉靖年间御祭官题名等。《西岳庙碑石》P201。

17.《大明诏旨碑》《明太祖御碑》,洪武三年六月诏。广东广州南海神庙。龟趺,额失,334＊167＊36。19行40字。《南海神庙》P60。

18.《大明诏旨碑》,洪武三年九月十一日立,三年六月诏。山西洪洞县兴唐寺乡中镇庙遗址。圆首龟趺,600＊188＊55。额篆"大明诏旨"。19行42字。碑阴为官员题名。《三晋·洪洞》P96。

19.《明太祖御碑》,洪武三年。广东广州光孝寺。335＊169。《明文海》所载署名王祎撰,以朱元璋的口气写。《番禺县志·金石略》;《广州市文物志》P231。

20.《大明诏旨碑》,洪武四年(1371)正月,弘治十六年(1503)九月重立。山东曲阜市孔庙洪武碑亭中。方首龟趺,额篆"大明诏旨"。20行44字。

21.《御史台牒》,洪武四年。山东邹城市孟庙,佚。明潘榛辑《孟志》卷4。

22.《园渠碑记》,洪武五年(1372)。山西洪洞县,佚。《洪洞县水利志补》上卷；《三晋·洪洞》P1005。记事，渠规。

23.《苏州府学图碑》，洪武六年（1373）六月。江苏苏州文庙。140 *
70。额篆"苏州府学之图"，图左侧有题记 11 行。

24.《朱元璋与孔克坚、孔希学对话碑》，洪武六年。山东曲阜市孔府二
门内侧东面南首。145 * 71 * 18。两截。上部是朱元璋与孔克坚在洪武元
年十一月十四日对话，21 行 14 字；下为洪武六年八月二十九日朱元璋与孙
希学对话，20 行 30 字。《明史》卷 284；《明太祖实录》卷 31；《明太祖宝训》
卷 2；《水东日记》卷 19；《曲阜辑录》1－P182。白话，圣训。

25.《孝感泉四村班水碑记》，洪武七年（1374）三月二十八日。云南保
山隆阳区黄纸房村后孝感泉。《隆阳》P11；《保山》P33。记事，水利、息争。

26.《邹县帖》，洪武八年（1375）二月十八日帖文，引洪武元年十二月圣
旨。山东邹城市孟庙。26 行。孟思谅等立。《孟子林庙历代石刻集》P108。
公文，孔孟子孙皆免差发税粮。

27.《圣旨碑》，洪武八年二月。河北深县。拓 193 * 77。额题"圣旨"。
两截：上为洪武二年十一月圣旨，21 行 12 字；下刻学校格式条例等，共 46
行。碑阴亦两截，上刘汝砺撰记，下题名。《北图藏拓》51－11。学规。

28.《学制碑》，洪武八年二月。原立北京密云区孔庙大成殿旁，现在冶
仙塔碑林。额题"圣旨"。两截：上洪武二年十一月圣旨，21 行 12 字；下学
校格式条例等，共 46 行。碑阴《敬一箴》磨泐较甚。

29.《国子监学制碑》，洪武八年六月。北京东城区府学胡同小学。螭
首，后配方座。274 * 94 * 26。额篆"圣旨"。两截：上刻 3 通圣旨，首行题
"洪武二年十月二十五日"，21 行 12 字；下刻府学规则范式，小字 41 行 66
字。《北图藏拓》51－13；《北京石刻拓本提要》P440。学规。

30.《学校格式碑》，洪武八年立，二年十月二十五日文。河北高碑店
市。民国《新城县志》卷 16。学规。

31.《学校格式碑》，洪武八年。河北深州。同治《深州风土记》卷 11。

32.《七要箴言刻石》，洪武九年（1376）。河北赞皇县。拓 53 * 55。《北
图藏拓》51－14。官箴，北平等处刑按察司。

33.《姚安兴宝寺续置常住记》，元宣光六年（洪武九年）。云南。《云南
古代石刻丛考》P112。

34.《学校格式碑》，洪武十年（1377）。河北邢台。民国《威县志》卷 18。

35.《洪武卧碑》，洪武十年。江苏昆山市。《昆山见存石刻录》卷 3。

36.《普光山智照兰若记》，元宣光七年（洪武十年）立。云南，1965 年发
现。碑阴刻寺产买卖纪录。《云南古代石刻丛考》P107。

37.《学制碑》,洪武十二年(1379)二月。北京昌平区文庙。拓 172 *
78。额题"圣旨"。两截,上圣旨,下学制。《北图藏拓》51 - 15。

38.《洪武十五年二月敕谕碑》,洪武十五年(1382)二月。北京国子监。
学规。

39.《礼部榜谕郡邑学校生员卧碑》,洪武十五年。北京东城区府学胡
同。拓 77 * 227。64 行,尾"右榜谕众通知""榜"和九叠篆年款占 4 行,总
68 行。《北图藏拓》51 - 8。学规。

40.《礼部教谕榜文碑》,洪武十五年。河北隆尧县尧山乡尧城镇中学
院内。刻于元(后)至元二年(1336)《唐山县文庙门道之碑》碑阴。291 *
93 * 36。《文物河北》P725;《河北隆尧石刻》P128。

41.《禁例十二条卧碑》,洪武十五年。原在山西朔州文庙,嵌墙,现存
朔州博物馆。70 * 140 * 16。50 行 30 字,另有"右榜谕众通知""榜"和九叠
篆年款占 4 行,总 54 行。

42.《明太祖御制卧碑》,洪武十五年。山西临晋县文庙,佚。《三晋总
目·运城》P86。

43.《敕旨榜文卧碑》,洪武十五年。河南登封市嵩阳书院。

44.《大明洪武榜卧碑》,洪武十五年。陕西铜川耀州文庙。碑文 61 行,
尾"右榜谕众通知""大明洪武""榜"和九叠篆年款占 5 行。

45.《敕旨榜文卧碑》,洪武十五年。1996 年从陕西户县(今西安鄠邑
区)文庙明伦堂内取出,存文庙院内。232 * 100 * 37。64 行 23 字。尾"右
榜谕众通知""榜"和九叠篆年款占 4 行。《户县碑刻》P345;《秦岭》P250。

46.《榜谕碑》,洪武十五年。陕西华阴市西岳庙。75 * 216。学规 12
条。另面为至元十九年刻圣旨。《西岳庙碑石》P430。

47.《赡学田颂碑》,洪武十五年。陕西西安碑林。螭首方趺,252 *
61 * 16。额题"大明西安赡学田颂"。10 行 24 字。王廉撰并书。碑阴刻题
诗。《碑林》30 - 3030。学田。

48.《学校禁例》,洪武十五年。上海嘉定孔庙礼门壁间。102 * 212。55
行 32 字。尾刻"右榜谕众通知",右上角刻"洪武拾伍年月日"九叠篆文印。
《嘉定》P274。可参阅《明实录》洪武十五年礼部颁《学校禁例》。

49.《礼部钦依出榜晓示生员卧碑》,洪武十五年。江苏苏州。

50.《礼部钦依出榜晓示生员卧碑》,洪武十五年。江苏无锡碑刻陈列
馆。67 * 214。碑文 64 行 25 字。尾"右榜谕众通知""榜"和九叠篆年款另
占 4 行。另面为元至正四年(1344)《无锡州洞虚宫重建三元祠山殿记碑》,
系立碑,明初改凿为卧碑。《无锡》P80。12 条禁例。

51.《大明礼部榜文碑》，洪武十六年（1383）。河北涞水县涞水镇。90＊233＊20。《文物河北》P589。

52.《广通毛拉哨石碑》，洪武十六年。云南双柏县大庄镇毛拉村。村民立。《云南林业》P25。山林界址。

53.《山林界址碑》，洪武十六年。云南双柏县石坡山。村民立。《云南林业》P26。山林界址。

54.《设尾洒驿碑记》，洪武十七年（1384）。贵州安南县城南。《贵州通志·金石志》P52。驿制。设管驿千户一，四营输供。

55.《有司官赴任仪注碑》，洪武十八年（1385）定。原立于南京故宫午门，现立南京明故宫五龙桥南侧。285＊159＊34。《南京》P84。行政规范。官员上任、任满应当遵守的礼仪，祭祀祝文格式，祭祀用贡品的等级以及祭祀开支的支付。

56.《税缆碑文》，洪武十九年（1386）四月初一日。江苏扬州。《瓜洲续志》卷26。赋税告示。

57.《平阳府蒲州河津县水利榜文》，洪武二十二年（1389）。山西，佚。《蒲州府志》，《河津县志》，《河东水利》P188。公文，断案。官断水利争讼、水规、征粮数额。

58.《开通永宁河道碑记》，洪武二十五年（1392）八月立，十三年（1380）十一月十三日制谕。四川叙永县江门驿。景川侯曹震撰。《贵州通志·金石志》P53。制之内容和落实。

59.《罗云村三皇庙经幢》，洪武二十六年（1393）刊。原在山西洪洞县刘家垣镇罗云村三皇庙，现下落不明。存拓。《三晋·洪洞》P103。记事，征兵屯田、四丁抽一。

60.《赐国师董贤圣旨碑》，洪武二十七年（1394）冬。云南大理凤仪镇北汤天村董氏宗祠内。《大理名碑》P94。

61.《明敕示郡邑学校生员言事碑》，洪武年间（1368～1398）。江苏扬州。54行29字。民国《江都县续志》卷15。学规。

62.《礼部钦依出榜晓示生员卧碑》，年月缺，浙江宁波天一阁尊经阁庭院东墙。残石，89＊130。《大明会典》卷78;《天一阁》P61。14条学规。

（二）建文（1399～1402）

63.《肃府草场四至碑》，洪武三十五年（建文四年，1402）十月初八日。

原立甘肃巩昌府衙署内,2008 年移陇西县仁寿山公园碑林馆。115 * 62 * 8。
《陇西》P113。

(三) 永乐(1403~1424)

64.《化觉寺敕谕碑》《化觉巷清真寺敕谕碑》,永乐三年(1405)二月初
四日立,洪武二十五年(1392)三月十四日圣旨。陕西西安大学习巷礼拜寺。
额篆"敕谕"。8 行。年款处有"敕命之宝"小字。《西安清真寺古碑选注》
P7。敕谕,保护伊斯兰教及回民行商。

65.《敕五龙宫道士李素稀》,永乐三年六月十九日。湖北丹江口市武
当山五龙宫。额篆"敕书"。《武当山》P25。

66.《敕谕王志碑》,永乐四年(1406)三月二十五日。陕西西安。下残,
拓 46 * 56。11 行 10 字。成祖朱棣撰并行书。《北图藏拓》51－27;《碑林》
30－3033。

67.《伐楠木运京记》,永乐四年(1406)十二月二十一日。四川通江县
长胜、文胜乡交界处。270 * 270 * 70。共 87 字。《四川》P237。记事。

68.《敕谕碑》《永乐上谕刻石》(4),永乐五年(1407)五月十一日。福
建泉州涂门清净寺北围墙下。101 * 167。11 行 11 字。另江苏苏州砂寺皮
巷惠敏清真寺内原有一方,现存太平坊清真寺内。拓 124 * 61。10 行 20
字。年款处有"敕命之宝"小字。南京净觉寺、西安化觉巷清真寺也有相同
碑文。《回族》P202;《泉州宗教石刻》P27。敕谕,保护伊斯兰教。

69.《温泉庵记》,永乐十年(1412)九月。云南大理。拓 73 * 43。碑阴
刻地产四至。《北图藏拓》51－33。

70.《大岳太和山圣旨碑》,永乐十一年(1413)十月十八日。湖北丹江
口市武当山玉虚宫。1.08 丈 * 5.2 尺。8 行 19 字。额楷"明成祖敕"。《道
略》P1250;《武当山》P28。敕禁,禁生事喧聒、生事害群,治以重罪。

71.《大明敕赐灵应寺记》,永乐十四年(1416)五月初三日。甘肃天水
北道区仙人崖佛窟前大雄宝殿殿廊东侧墙壁。153 * 81 * 12。额题同碑名。
《天水县文物志》P147;《天水文史资料》9 辑 P54;《安多》P68。圣旨,敕禁,
护寺产。

72.《创修副霍渠碑记》,永乐十四年。山西洪洞县,佚。《洪洞县水利
志补》上卷;《三晋·洪洞》P1008。记事,争讼、断案、渠规、置产。

73.《皇帝敕谕碑》,永乐十六年(1418)正月二十二日。青海乐都瞿昙

寺山门殿房内左间。（57+220+85）＊116＊32。额篆"皇帝敕谕"汉藏文。阳右汉文 10 行 45 字，左藏文，横 42 行。《青海金石录》P79；《乐都县文物志》P54；《安多》P50；《藏族卷》P3；吴景山《瞿昙寺中的五方碑刻资料》，《中国藏学》2011 年 1 期。敕禁，禁侵占骚扰。赐额，护持。

74.《孝顺事实碑记》《宋史孝义传碑》，永乐十八年（1420）五月十一日。安徽。民国《歙县金石志》卷 4。礼制、教化，感化盗贼。

75.《瞿昙寺永乐六年敕谕碑》，永乐二十一年（1423）七月刻，永乐六年（1408）五月十五日敕。青海乐都瞿昙寺金刚殿右侧回廊内。（55+165+60）＊102＊22。碑阳右汉文 11 行 47 字；左藏文横 41 行，内容与汉文同。碑阴为《瞿昙寺永乐二十一年碑记》。《安多》P48；《藏族卷》P3。敕禁，禁侵占骚扰。赐额，护持。

76.《敕五龙宫道士李素稀》，永乐二十二年（1424）七月初五日立，永乐四年七月初五日敕。湖北丹江口市武当山五龙宫。两面刻。《武当山》P25。

77.《辽海卫界碑》，永乐年间（1403～1424）。辽宁开原市。拓 62＊57。《北图藏拓》51－51。

（四）洪熙（1425）

78.《敕辽东都司修北镇庙诏》，洪熙元年（1425）五月立，永乐十九年（1421）三月初七日诏。辽宁北镇市北镇庙大殿东侧。半圆首，（110+286+100）＊145＊45。额楷"敕"字。碑阳 8 行，总 82 字；碑阴刻题名 15 行，计 16 人。《北图藏拓》51－52；《辽宁省志·文物志》P263；《锦州》P288。敕谕。

（五）宣德（1426～1435）

79.《护敕碑》，宣德三年（1429）。甘肃临洮县北广福寺。残泐。《陇右金石录校补》。敕谕，护持。令式。

80.《买地契约刻石》，宣德九年（1434）七月。北京门头沟区龙泉镇崇化寺北山崖。《门头沟文物史料》P86；《门头沟文物志》P382；《北京石刻文集》P212。宗教、契证。

81.《大理府卫关里十八溪共三十五处军民分定水例碑文》，洪武、宣德年间（1368～1435）。云南大理。《大理名碑》P127。水规、争讼。

（六）正统（1436～1449）

82.《安积寺护寺敕碑》，正统元年（1436）六月二十二日。甘肃临洮县西城。两面刻，阳 20 行 16 字，阴题名。《陇右金石录校补》。敕谕，护持。令式。

83.《三矛堂圣旨》，正统二年（1437）二月初七日。江西峡江县。《庐陵》P367。敕命。

84.《成寿寺敕谕碑》，正统二年立。原立北京东城区柏树胡同 21 号成寿寺内。1987 年 10 月成寿寺拆除（原址现为松鹤大酒店），碑运至区文化文物局（西总布胡同 27 号），后移至钟楼。《北京市东城区文化文物志》P356。敕谕，庙产四至。

85.《豫章曹氏坟碑记》，正统三年（1438）孟春。原立河北丰润县（现唐山丰润区）小陈庄曹家坟，1994 年由县文管所征集收藏。149＊56＊16。隆立新《丰润曹氏家族的三件碑刻》，《文物春秋》1997 年 1 期。坟地四至，价买、随契。

86.《钦命敕山西潞州民李鸾碑》，正统三年六月十六日。山西长治县东和乡。165＊61。6 行，共 91 字。《三晋·长治县》P69。

87.《戒石亭碑阴记》，正统五年（1440）。浙江温州。光绪《永嘉县志》卷 23。官箴。

88.《扶市村圣旨碑》，正统六年（1441）三月十二日。山西高平市扶市村。《高平》P645。赈济、免差，公文。

89.《敕书》，正统六年四月初十日。江西吉安吉州区长塘镇山前村周家。210＊78＊14。《庐陵》P62。浙江嘉兴、湖州刁诈玩法者多。敕谕。

90.《圣旨碑》，正统六年五月十三日。河北正定县隆兴寺碑廊。158＊59.5＊21.5。额书"圣旨"。7 行 17 字。赐敕奖谕真定府真定县民赵凤"杂粮六百五十石用于赈济"，"劳以羊酒，旌为义民"。

91.《解州旌表义民杨孝忠记》，正统七年（1442）十二月初八日。山西运城盐湖区龙居镇东辛庄村。180＊77＊22。《三晋·盐湖区》P65。记事，正统五年诏落实情况。

92.《龙兴观宗支恒产形图》，正统八年（1443）四月。河北易县龙兴观遗址。刻于《易州重修龙兴观碑铭》之阴。汉白玉，螭首方座。276＊100＊20。线刻平面示意图。《文物河北》P577。寺产四至，图示。

93.《天寿圣恩禅寺札札付》，正统八年九月十九日。江苏苏州。《邓尉山圣恩寺志》P212。寺额。

94.《敕赐法海禅寺碑记》，正统八年十月。北京石景山区法海寺。寺产。

95.《敕谕》，正统九年（1444）九月初八日。江西吉安吉州区长塘镇山前村周家。210＊78＊14。《庐陵》P63。灾后救济事。

96.《双塔寺颁大藏经碑》，正统十年（1445）二月十五日。辽宁北镇市。拓150＊76。10行16字。《北图藏拓》51－132。圣旨。

97.《大觉寺颁大藏经敕谕碑》，正统十年二月十五日。北京海淀区大觉寺大殿北侧。185＊70。额篆"敕谕"，首行题"皇帝圣旨朕体"。8行22字。尾行有"敕命之宝"小字。《北图藏拓》51－131。《北京石刻拓本提要》P290。圣旨，大藏经使用、诵读规定。

98.《崇福寺颁大藏经敕谕碑》，正统十年二月十五日。北京宣武区法源寺大雄宝殿前东侧。螭首龟趺。276＊92＊25＋60。阳额篆"敕谕"，首行题"皇帝圣旨朕体"。9行。阴额篆"敕赐崇福禅寺之碑"，落款景泰元年（1450）五月初五日。《北图藏拓》51－145。《北京石刻拓本》P290。圣旨。

99.《法海寺颁大藏经碑》，正统十年二月十五日。北京石景山区蟠龙山。拓173＊87。8行22字，尾行有"敕命之宝"小字。碑阴有题名。《北图藏拓》51－133。圣旨。

100.《灵岩寺颁大藏经碑》，正统十年二月十五日。山东济南长清区灵岩寺天王殿东侧。圆首，残，经过修补。169＊81＊20。10行l7字。年款右处有小字"宝"。圣旨。

101.《圣旨敕赐藏经碑》，正统十年二月十五日。陕西西安市碑林区柏树林街卧龙寺。拓232＊95。额题"圣旨"，年代旁有小字"宝"。

102.《敕命之宝》，正统十年二月十五日。宁夏固原须弥山。《宁夏碑刻》P55。圣旨。

103.《盘龙寺记》，正统十一年（1446）七月十六日刻。云南昆明晋宁区。拓144＊74。首题下加刻天启七年（1627）《常住田纠葛记》。《北图藏拓》51－146。

104.《洪武加封诏书》，正统十一年（1446）八月吉日立，洪武二年（1369）十二月诏。山西太原晋祠。碑阳额题"福由心造"，阴额题"广增福田"，额、身石质不一，非原配。碑阳诏书10行，为加封"广惠显灵昭济圣母"制。碑阴为立碑官员题名。《山西续一》P494。加封"广惠显灵昭济圣母"称号。

105.《三朝制敕之碑》，正统十二年（1447）十二月刻，洪熙元年（1425）

三月、宣德九年（1434）、正统十二年共20道制敕。江西泰和县博物馆。260＊90。《泰和》P113。

　　106.《正统崖刻》，正统十二年。福建晋江市。《晋江》P50。赋税徭役。

　　107.《白云观颁藏经碑》，正统十三年（1448）八月。北京白云观。拓126＊88。额篆"赐经之碑"。两截：上正统十二年八月初十日制文，11行9字；下题记，19行30字。碑阴为题名。《北图藏拓》51－159；《道略》P1257。谕。

　　108.《宝塔寺礼部札付碑》，正统十三年十一月十五日立，同年十一月十二日给文。原在北京西城区南礼士路月坛西夹道宝塔寺，现存北京石刻艺术博物馆。320＊92＊23＋69。阳额篆"圣旨"，首题"钦赐礼部札付碑记"。12行22字。阴额篆"万古流芳"，首题"敕赐宝塔寺住持德玩同合山僧众□□芳名碑"，残存9行题名。《北图藏拓》51－161；《北京石刻拓本提要》P292。公文，礼部奉敕札付宝塔寺主持僧德玩，将原"宰塔寺"赐名为"宝塔寺"。"礼字拾肆号"。

　　109.《敕谕碑》，正统十三年立。陕西周至县县委院内（明代县衙附属物，衙毁碑存）。圆首方座。190＊85。额题"敕谕"。碑文为"尔俸尔禄，民膏民脂，下民易虐，上苍难欺"。周至知县郑达书丹。官箴。

　　110.《礼部札付并荐福殿堂图碑》，正统十四年（1449）二月初七日札付。1980年出土于陕西西安荐福寺（小雁塔）大殿东侧，1981年立碑楼。螭首龟趺，482＊102＊30。额题"圣旨"。20行52字。碑阴为殿堂图。王乐庆《荐福寺明代〈圣旨〉碑考略》，《五台山研究》2011年4期。请旨上奏、通政司使司官奉天门上奏、皇上下旨准奏之过程和内容。颁赐给藏族僧人勺思吉监参。

　　111.《灵祐朔州城隍感应碑》，正统十四年六月。山西朔州崇福寺。《山西续一》P495。祭祀。

（七）景泰（1450～1456）

　　112.《圆通寺颁大藏经圣旨碑》，景泰二年（1451）七月十日。北京崇文区。拓191＊69。额题"圣旨"。9行。碑阴额题"万古流芳"，碑身刻庙产和题名。《北图藏拓》51－176。

　　113.《三夛堂圣旨》，景泰二年十二月十一日。江西峡江县。《庐陵》P368。制诰。

114.《敕赐妙缘观四至房屋地亩碑记》，景泰三年（1452）十二月十五日。原在北京地安门大街大石桥胡同，现藏北京石刻艺术博物馆。方首座佚。160＊63＊17。额篆"敕赐妙缘观四至碑"，首题同碑名。18行38字。阴无字。《北京石刻拓本提要》P292。

115.《奉天诰命与名人题词碑》，景泰四年（1453）十一月。江西泰和县博物馆。179＊46。两石。《泰和》P121。

116.《偏岩纪功碑》，景泰四年十二月十五日。贵州瓮安县城西北36公里玉山思里坪。145＊100。280字。《贵州通志·金石志》P62；《贵州省志·文物志》P271。记事，镇压苗民起义，枭首、凌迟。"以戒将来"。

117.《买地帖碑》《崇化寺产业碑》，景泰五年（1454）十二月初九日。北京门头沟区崇化寺。《门头沟文物志》P382。契证。

118.《袁甲初敕命碑》，景泰六年（1455）三月初九日。广东东莞东城街道温塘社区袁氏大宗祠。135＊87。《东莞》P112。圣旨敕命。

119.《诰命碑》，景泰六年九月初四日。山西万荣县薛瑄祖茔。《山西续二》P104。

120.《乔毅任职敕封碑》，景泰六年十二月二十三日。山西昔阳县乔家峪。《明清山西》P116。

121.《契约碑》，景泰六年十一月二十二日。北京门头沟区龙泉镇岳家坡静明寺遗址（现为九龙汽车驾驶学校）。刻于景泰四年（1453）九月《西山静明禅寺兴造记》碑阴。两帖买地文书，间隔3年。漫漶严重。《门头沟文物史料》P106；《京西》P179；《北京石刻文集》P221；《北京石刻拓本提要》P294。卖地与寺，契证。

122.《圆明寺住持僧世系地产碑》，景泰六年。山西柳林县金家庄乡曹家崖底村圆明寺。160＊70＊16。《三晋·柳林》P30。地产，纳粮税数。

123.《张氏预嘱》，景泰七年（1456）三月。江苏常熟碑刻博物馆。《常熟碑刻集》P10；《苏州社会史》P370。

124.《诰命碑》，景泰七年六月二十二日。山西万荣县薛瑄祖茔。《山西续二》P105。

125.《宋大观八行碑》，景泰年间（1450～1456）重立。山东聊城。碑阴详载说明。"高唐学旧有宋大观八行刻石之意……历年既久，跌石湮没，规制弗度见者，惜焉。"光绪《高唐州志》卷7。

126.《贵州布政使题名碑记》，景泰末。贵州贵阳府城布政使司署内。布政使萧俨撰。《贵州通志·金石志》P62。贵州行政区划建制，官制变更。

（八）天顺（1457～1464）

127.《应天府新建贡院记碑》,天顺元年(1457)十月。江苏南京贡院外。

128.《姚彪乞恩礼部补报事碑》《圆通寺礼部札付碑》,天顺元年十一月二十日。北京房山区青龙湖镇谷积山圆通寺东侧。螭首龟趺,龟首残,龟身半埋于土中。313＊94＊31。额篆"圣旨",首行"礼部为乞"。14行32字。左下角刻寺院山场四至,字体较小,年代不详。碑阴刻郑和、兴安、王振、怀恩、黄高、刘恒等太监题名。下方刻成化八年(1472)和十年"本山陆续置买地土并四至文契"。《北京石刻拓本提要》P294;《新日下》P256。札付批文,寺产四至。

129.《奏奉旨意札付事理碑》,天顺元年十一月。江苏南京贡院外。25行。上元、江宁两县提议,"将本府学东前锦衣卫同知纪纲抄没遗下废宅,改作应无府乡试贡院,不准官豪势要朦胧妄讨"。

130.《义冢记》,天顺元年。甘肃。《陇右》卷6。社会救济。

131.《静明寺敕谕碑》,天顺二年(1458)三月二十七日。北京门头沟区龙泉镇岳家坡静明寺遗址(现为九龙汽车驾驶学校)。拓112＊60。《北图藏拓》52－6;《门头沟文物志》P381;《京西》P178。圣旨,保护寺产。

132.《皇帝敕谕护持五台山圆照寺碑文》,天顺二年五月二十八日。山西忻州五台山圆照寺。《明清山西》P277。

133.《皇帝敕谕护持五台山显通寺碑文》,天顺二年五月二十八日。山西忻州五台山显通寺。《明清山西》P277。

134.《皇帝敕谕护持五台山僧俗人等文》,天顺二年五月二十八日。山西忻州五台山圆照寺。《明清山西》P281。

135.《玄帝垂训》,天顺二年八月十五日刻。北京昌平区。拓89＊45。碑阴刻真武庙施地四至。《北图藏拓》52－8、9。

136.《褒封张三丰诰命》《赐敕仙像》,天顺三年(1459)四月十三日。湖北丹江口市武当山。2.8＊1.2尺。11行27字。年月上有"诰命之宝"印文。《道略》P1262。《武当山》P39。制书。英宗赐张三丰铜碑。

137.《乞恩颁降寺额事帖》,天顺三年五月二十八日。江苏苏州。《邓尉山圣恩寺志》P209。公文,帖,赐寺额。

138.《济渎北海庙图志碑》,天顺四年(1460)二月刻。河南济源市济渎庙。刻于金大定二十年（1180）《济源县创建石桥记》碑阴。圆首龟趺，265 * 104 * 25。额楷同碑名。碑身上部是济渎庙建筑和古迹全图，外侧绘制济水源头水系图。图两侧以小字刻载济渎庙 527 亩土地的数量和分布。下部为庙图说明文字。碑侧刻有济水神像及文字，时间待考。《中州金石考》卷 5。

139.《天荣诰敕》，天顺五年（1461）九月。江西泰和县博物馆。107 * 60。《泰和》P136。制敕各一。

140.《大圆觉禅寺圣旨碑》，天顺六年（1462）正月二十五日奉旨。云南昆明西山。拓 176 * 62。12 行 33 字。《北图藏拓》52－34；《云南古碑》P35。公文，宦官任职与寺院赐额。

141.《智化寺颁藏经碑》，天顺六年十二月十五日。北京东城区禄米仓胡同。拓 124 * 52。额篆“皇帝圣旨”。9 行 19 字。年款处有“敕命之宝”小字。碑阴有题记 5 行。《北图藏拓》52－36。圣旨。

142.《广州府学宫图碑》，天顺七年（1463）。原立广东广州府学宫，1963 年移置广州博物馆碑廊。220 * 120。图下附刻《广州儒学修造工费述》。《粤东》卷 1；民国《番禺县续志·金石志二》；《广州市文物志》P239。图碑；记事，承包工程收支。

143.《黄宗吕墓契》（2），天顺八年（1464）十月初十日立。北京海淀区出土。58 * 58 * 9。首题“大明国京都内府承运库官黄宗吕右副使职事”。两方，一为墓契，一为明堂契。《大系》P198。

144.《祁秉刚及妻卢氏敕命碑》，天顺八年十一月二十二日。广东东莞东城街道梨川社区居委会。69 * 65。《东莞》P114。

145.《礼部钦奉敕旨榜文》，天顺年间（1457～1464）。江苏句容市。《句容》卷 7。御制学规。

（九）成化（1465～1487）

146.《孙道玉诰封碑》，成化元年（1465）三月。北京西城区烟袋斜街广福观。拓 268 * 80。额篆“大明诰敕”。两截：上天顺四年（1460）九月四日诰封一道，12 行；下成化诰文，13 行。《北图藏拓》52－45。道观住持。

147.《新开通济渠记并渠规》，成化元年（1465）八月。陕西西安碑林。圆首方趺，230 * 81 * 16。碑阳 27 行 52 字，碑阴 35 行 85 字。渠规刻在《新开通济渠记》碑阴。项忠定规，包括都察院定行事宜 2 条，西安府呈行事宜

9 条,供事人员 7 条,总计 18 条。《碑林》30 – 3048。

148.《白云山寺田土碑》,成化元年。贵州锦屏县铜鼓乡南 3 华里白云崖石壁上。230 * 230。额横刻"白云山寺田土碑"。约 800 字。右边序言 200 字无法辨认,左边为《广福寺常住盟誓箴》。《贵州省志·文物志》P274。内载永乐二年(1401)明成祖保护寺产圣谕。

149.《韦公佑陈仁碧等人订立分占隘田隘山界址碑》,成化二年(1466)五月二十日。广西灵川县青狮潭镇下马鞍村。85 * 52.5。21 行 24 字。《灵川》P42。立合同,免争占,管业划分,争夺官判。

150.《整饬风化告示碣》,成化二年。陕西高陵县鹿苑镇贺家堡村内。207 * 98。发展农耕、扶助商贾、整饬风化。

151.《五朝敕谕碑》,成化三年(1467)三月二十五日。北京国子监太学门侧。拓 215 * 86。额题"敕谕"。三截,总 100 行,载洪武、宣德、正统、景泰、成化五朝七道敕谕。下部漫漶严重。《北图藏拓》52 – 56。洪武敕谕学规 9 条等。

152.《隆庆州学榜示碑》,成化三年五月二十日。原在延庆州学内,现存北京延庆区灵照寺东侧碑廊,嵌墙。70 * 78 * 20。44 行,首行"礼部钦依出谕晓示郡邑学校生员为建言事"。文字缺失较多。《北京石刻拓本提要》P441。延庆原名隆庆州,明隆庆元年(1567)改为延庆州。

153.《祁顺及妻钟氏敕命碑》,成化三年十二月十七日。广东东莞东城街道梨川社区居委会。69 * 65。《东莞》P116。

154.《敕赠赵给事二亲恩典碑》《敕赠赵侃父母封典碑》,成化三年。贵州安顺凤凰山赵氏墓。布政使萧俨撰。《贵州通志·金石志》P63。"国朝著令"落实。

155.《敕赐禅林碑》,成化四年(1468)孟夏立,正统八年(1443)二月二十四日札付。宁夏固原须弥山。红砂石,圆首。136 * 83 * 28。额楷"敕赐禅林"。《宁夏碑刻》P66;《固原》P147。札付,礼部二百三十四号。寺额。

156.《明告文并历代修渠界碑》,成化四年十二月十八日。陕西泾阳县王桥镇泾惠渠首管理站碑廊。两截:上"告文"16 行 18 字;下"历代修渠界牌",18 行 12 字。项忠撰文。《咸阳碑刻》P98。渠界。

157.《广惠渠记碑》,成化五年(1469)二月。陕西泾阳县王桥镇泾惠渠首管理站碑廊。半圆首,344 * 111 * 39。两面刻。阳额篆"新开广惠渠记",24 行 14 字。陕西巡抚项忠撰文,陕西左布政使张莹书,陕西右布政使娄良篆。碑阴 58 行 49 字,记历代各渠灌溉亩数,广惠渠的开修起因、过程、修渠人、灌溉规模和防洪设施等。《咸阳碑刻》P99。水案,渠档。

158.《乔毅任职敕封碑》,成化五年五月二十四日。山西昔阳县乔家峪。《明清山西》P116。

159.《太华寺常住庄田碣》,成化五年八月吉日。云南昆明。拓 88 * 50。《北图藏拓》52－75。寺产租粮明细。

160.《东岳庙供器碑》,成化七年(1471)九月初八日立。原立山东泰安岱庙储库门前,今存岱庙碑廊。93 * 235。29 行 20 字。碑文后刻库存各类器物件数,计 3 列,每列 29 行。另面为万历间刻《登岱八首》诗。《泰山石刻》P533。公文,公产簿册。

161.《东镇沂山寝庙成记碑》,成化八年(1472)三月。山东临朐县沂山东镇庙。290 * 103 * 30。《临朐卷》P38。

162.《敕谕碑》,成化九年(1473)七月二十九日。湖北丹江口市武当山。额篆"敕书"。大字 9 行,左侧小字题名 4 行。《武当山》P40。护送真武像,不许生事扰害。

163.《恩荣圣寿寺记》,成化十年(1474)六月十八日。重庆大足区香山乡宝顶寺。《大足县志》卷 1;《巴蜀佛教》P260。寺院环保、禁约、问罪。

164.《崇化寺田产告示碑》,成化十年六月二十三日。北京门头沟区龙泉镇城子村。《门头沟文物志》P340。

165.《慧聚禅寺重修记》,成化十年。北京房山区长沟镇西甘池村玄心寺旧址。南向立,螭首龟趺。230 * 73 * 19。沙门思恩撰文,住持文欢立石。碑阴刻捐资者题名。《涿州佛教》P227。记事,寺产侵蚀、界址。

166.《汉中府儒学地界图碑》,成化十年十月初三日立。陕西汉中市政府院内。65 * 125 * 12。两截:前刻地基丈尺亩数,后绘制儒学地基平面图一幅。《汉中》P147;《秦岭》P32。界址、免纷争。

167.《陆纪遗嘱文书》,成化十年。江苏昆山市。《昆山见存石刻录》卷 34。私约,遗嘱。

168.《按察副使吕公敕书碑》,成化十一年(1475)正月二十日。刘绍宽纂《平阳县志》卷 56。官箴。

169.《圣旨》,成化十一年十一月。江西泰和县冠朝镇东村良心公祠。200 * 68。四截,共 10 道诰命。《泰和》P178。

170.《诰命碑》,成化十三年(1477)四月。山西运城博物馆碑廊。《山西续二》P107。

171.《安积寺敕碑》,成化十三年。甘肃临洮县,佚。《陇右》卷 6;《甘肃省涉藏金石碑刻解题目录》第 54。

172.《戒台寺敕谕碑》《万寿寺敕谕碑》,成化十五年(1479)六月二十二日。北京门头沟区戒台寺天王殿前。方首方趺，352 * 99 * 27.5。11 行 36字，首题"皇帝敕谕官员军民诸色人等"，明宪宗朱见深撰文。年月处有"敕命之宝"小字。碑阴无字。《北图藏拓》52 - 144；《门头沟文物史料》P94；《京西》P173；《戒台寺》P159。敕禁，降敕护持、四至。与《崇化寺敕谕碑》内容同。

173.《肇庆府学卧碑》《肇庆府学榜文碑》，成化十五年。广东肇庆文庙大成殿西侧碑廊。227 * 112。55 行，共 1 300 余字。条文后有篆印。《广东》P634；《肇庆文物志》P137。学规 14 条。

174.《崇化寺敕谕碑》，成化十六年(1480)三月二十五日。北京门头沟区龙泉镇城子村西崇化寺。拓 154 * 68。额题"敕谕"。14 行 25 字。年月处有"敕命之宝"小字。另面为正统八年(1443)十月十三日《敕赐崇化寺藏殿记》。《北图藏拓》51 - 111、52 - 152；《京西》P256。敕禁，禁伐。与《戒台寺敕谕碑》内容同。

175.《隆教寺敕谕碑》，成化十六年九月十二日谕。北京海淀区香山北京植物园内。拓 171 * 67。额篆"敕谕"。12 行 27 字，年款右侧有小字"宝"。《北图藏拓》52 - 158。敕禁，禁侵占。

176.《戴琥水利碑》，成化十八年(1482)五月。原立浙江绍兴府署，现存绍兴大禹陵碑廊。172 * 80 * 19。碑阳为国子监祭酒丘浚于成化十五年所作《重修水利记》，述绍兴知府戴琥兴修水利事迹。碑阴有《绍兴府境全图记》，上图下文。

177.《重修广惠渠记》，成化十八年。陕西泾阳县王桥镇泾惠渠首管理站碑廊。残，346 * 106 * 33。额篆同碑名。13 行 48 字。《咸阳碑刻》P104。记事，水利工程。

178.《敕谕碑》，成化十九年(1483)九月初八日。湖北丹江口市武当山。额楷"敕书"。两截：上成化十二年(1476)七月十七日圣旨，护持，赐名；下成化十九年九月初八日敕谕，遣太监二十名供奉香火。《武当山》P47。

179.《敕谕碑》，成化二十年(1484)六月初六日。湖北丹江口市武当山。《武当山》P52。明令武当山神区边界，"毋得侮侵亵渎、砍伐侵种，生事扰害。敢有违朕命者，治之以法。故谕"。

180.《敕谕碑》，成化二十年十月初四日。湖北丹江口市武当山。额楷"明宪宗敕"。尾刻御宝。《武当山》P53。任命太监往太和山，与湖广布政司右参议率同玉虚宫提点均州千户所千户提督，管理太和山事。"不许怠慢及在彼生事扰人。"

181.《盐池察院碑》，成化二十年。甘肃。《陇右》卷 6。

182.《圣旨碑》,成化二十一年(1485)。浙江镇海县(现宁波镇海区)。民国《镇海县志》卷38。

183.《御敕修海藏寺碑记》,成化二十二年(1486)。甘肃武威,佚。《凉州府志备考》,《甘肃省涉藏金石碑刻解题目录》P57。

184.《敕赐普济禅寺匾记》,成化丁未年(二十三年,1487)正月。山西忻州五台山普济禅寺。《明清山西》P285。

185.《吉安路太和州儒学新增田记》,成化年间(1465～1487)。江西泰和县螺溪镇李氏宗祠。刻至正九年(1349)碑记及成化年间跋语,碑阴载四至。《泰和》P44。

(十) 弘治(1488～1505)

186.《敕李瀚监西北茶马碑》,弘治元年(1488)二月二十二日。原在山西沁水县龙港镇国华村河北庄李瀚茔地,现存沁水县博物馆。226＊98＊26。《山西续二》P1;《三晋·沁水县》P31;《沁水碑》P269。敕旨,禁私自兴贩茶货,潜入番境,通同交易。

187.《平阳府曲沃县为乞恩分豁民情等事抄蒙山西等处承宣布政使司等衙门碑》,弘治元年十月。山西曲沃县北董乡景明村龙岩寺。砂石,190＊90＊20。刻于金承安三年(1198)《沸泉分水碑记》之阴。《三晋·曲沃》P42。水案公文,信牌、帖文;水利纷争,杖罪追米。

188.《先德重语碑》,弘治元年。河北隆尧县魏庄乡张旺村内。196＊66＊21。《文物河北》P725。

189.《大明皇帝敕谕》,弘治元年。原立甘肃平凉市安国镇油坊庄北山安息王墓,现藏平凉市博物馆。圆首龟趺。218＊83＊20。阳额篆同碑名。四截,载四份敕谕。阴额"重建享堂碑记"。《崆峒金石》P66。公文,勘合号;坟园管理祭扫。

190.《真空寺地界碑》,弘治二年(1489)正月。甘肃徽县柳林镇。110＊60＊16。字迹模糊。《秦岭》P4。寺产。

191.《马政碑》,弘治二年冬十二月。原在河南浚县县衙仪门东侧,现存浚县土地庙。196＊88。前为"直隶大名府濬县为呈言修举马政事"公文,10行,计180余字;后为马场刻图,四区。《浚县金石录》卷下。马政侵民地。绘图,公文,契证。

192.《敕命刘忠碑》,弘治三年(1490)七月十五日。山东鄄城县彭楼镇刘大楼村北刘氏家族墓地。175 * 86 * 12+35。额题"奉天敕命"。13 行 41 字。《菏泽》P296。简任、职责权限。成化元年(1465)和弘治三年敕命刘忠到两浙地区查办私盐贩卖和巡抚延安、绥德训练军马事宜。"致有激变者必罪不宥",禁约管军头目。

193.《洪武二十五年制诰》,弘治五年(1492)九月立。原立山西左云县范氏墓地,2007 年移存左云县体育场。刻于《中府左都督范氏先墓碑》碑阴。393(110+223+60) * 100 * 20。阴额"奉天诰命"。《三晋·左云》P16。

194.《敕谕碑》,弘治五年九月立,宣德三年(1428)二月十九日敕。湖北丹江口市武当山。玄天玉虚宫提点韦崇庆立。《武当山》P31。敕免均州一千军户杂泛差役,维护墙垣沟渠。原拨佃户依期送纳斋米。

195.《重阳宫庙产碑》,弘治五年。原置陕西户县(今西安鄠邑区)祖庵镇北郊竹园西南荒野,1962 年移重阳宫后院。身首一体。267 * 88 * 23。两截,上 40 行 40 字,下字迹不清。《重阳宫》P50。

196.《定惠寺碑》,弘治五年。四川崇州市定惠寺。民国《崇庆县志》卷9;《巴蜀佛教》P282。寺产来源、备案。

197.《武荣南浦陈氏庙洞碑记》,弘治五年。福建南安市。《南安》P144。庙产四至。

198.《地契碑》,弘治七年(1494)四月十九日。北京海淀区青龙桥西娘娘府。拓 247 * 86。额题"地契"。契文 9 行,立契人、见证人名有 9。《北图藏拓》53－27。太监,契证。

199.《晋府赐拨崇善寺地土四至记》,弘治八年(1495)四月。山西太原崇善寺。额题同碑名。产业名目有官地、官荒地等,记坐落、步阔、亩数、四至等。

200.《陕西乡试监考等官盟誓》,弘治八年十二月立,八年八月七日告。拓 60 * 107。陕西监察御史李瀚等。西安府同知李训立石。

201.《考经堂记碣》,弘治九年(1496)十二月十七日。陕西三原县博物馆。101 * 72 * 13。38 行 26 字。王恕撰文。《咸阳碑刻》P108。

202.《敕谕御马监太监邓原》,弘治十年(1497)正月二十七日。2010 年在福建漳浦县赤土乡溪东村福寿院遗址发现,后移溪东小学校园内。额刻"皇帝敕谕"。9 行,199 字。"御马监太监邓原,今特命尔前去镇守福建地方,兼管银场,抚恤兵民,操练兵马,防御贼寇。"

203.《圣元寺常住田碑》,弘治十年七月十八日。云南大理,佚。拓 111 * 49。杜林撰,何朝宗书,李信刻石。额两侧刻李锦舍地题记。碑阴刻产业四至。《北图藏拓》53－54;《云南古碑》P41 拓。寺产讼事,四至。

204.《修建圆通寺姓氏碑记》,弘治十年。重庆忠县北60里回龙山圆通寺。同治《忠州直隶州志》卷12;《巴蜀佛教》P287。寺产来源、碑用。

205.《张昺夫妇诰封表》,弘治十一年(1498)十一月十二日。云南保山太保公园。259＊96。《保山》P99。敕命。

206.《鼎建兴福寺记》,弘治十一年。四川江油市西北30里兴福寺。同治《彰明县志》卷57;《巴蜀佛教》P291。寺产来源,税。

207.《保明寺敕谕碑》,弘治十二年(1499)六月十五日。北京石景山区西黄村。234＊98＊34。额题"敕谕"。10行24字。尾有"敕谕之宝"小字。《北图藏拓》53－65;《石景山》P90。赐额,免粮税。

208.《白鹿洞学田记》,弘治己未(十二年)。江西庐山市白鹿洞书院。

209.《乾明寺常住恒产记并题名碑》,弘治十三年(1500)十一月一日。河北易县。拓264＊104。《北图藏拓》53－79。契证。

210.《正觉寺敕谕碑》,弘治十四年(1501)三月八日。北京西城区宝禅寺街。拓220＊87。额篆"皇明敕谕"。14行,尾有"敕谕之宝"小字。《北图藏拓》53－81。护持,免杂差。

211.《重修私渠河记》,弘治十五年(1502)仲冬。山西新绛县白村。圆首,身首一体。158＊77。额题同碑名。23行。郡人孟玉撰文并书。私渠河俗名"鼓堆泉"。《河东》P335。记事。

212.《敕赐弘恩寺地界碑》(2),弘治十六年(1503)九月十九日。北京门头沟区潭柘寺镇南辛房村天门山(窟窿山)岩壁,90＊60;潭柘寺镇桑峪村北轿嘴岩,摩崖,80＊100。《潭柘寺》P445、P481。官示地界四至。

213.《敕赐弘恩寺碑》,弘治十六年十一月初一日。北京门头沟区潭柘寺镇南辛房村潭柘寺中学院内。螭首龟趺,240＊100＊25。额篆同碑名。首题"敕赐弘恩寺记"。李东阳撰文。碑阴为乾隆五十五年(1790)十月《弘恩寺碑》,瓜尔佳巴尼珲撰并书。《潭柘寺》P446。片断记事,请额于朝廷,预为禁约。

214.《大觉寺皇帝敕谕碑》,弘治十七年(1504)十一月初九日。北京海淀区大觉寺。阴刻正德四年(1509)九月《大觉寺地产碑》。碑中部有断裂痕。330＊97。额篆"大明敕谕"。12行,首行题"皇帝敕谕官员军民诸色人等"。年款旁有"敕命之宝"小字。《北京石刻拓本提要》P303。

215.《敕谕秦纮碑》,弘治十七年十二月初五日。山东单县张集镇黄堆集村。首残,座失。120＋290＊107＊42。阳7行34字,阴14行49字,刻成化十七年(1481)十二月初九日制诰("制诰之宝"印)、弘治十五年(1502)二月十二日敕谕。《菏泽》P302。提高生活待遇,简任、职责权限。总制河套延绥军马钱粮。

216.《敕谕提学碑》,弘治十七年十二月十六日。湖北钟祥市。《钟祥》卷1。学规。

217.《都御史题名碑记》,弘治十七年。贵州贵阳旧巡抚署内大堂后壁。洪钟撰。字多漫漶。《贵州通志·金石志》P71。立官制。

218.《正阳门宣课司并分司公廨四至碑》,弘治□年十月十八日。北京宣武区虎坊桥都土地祠。碑身断裂,拓130＊63。额篆"碑阴四至"。碑文漫漶。《北图藏拓》53－121。

219.《下元寺石塔碑文》,疑弘治年间(1488～1505)。湖北兴山县。《兴山》P5。田产四至、价格。

(十一) 正德(1506～1521)

220.《大元皇帝敕谕碑》,正德元年(1506)三月刻,元大德元年(1297)十二月令旨。山西高平市上董峰村圣姑庙内。149＊67＊23。18行26字。《高平》P669;《三晋·高平》P99。令旨,护寺。

221.《圣姑庙大明宗室隰川王令旨碑》《大明宗室隰川王令旨碑》(2),正德元年夏四月。山西高平市上董峰村圣姑庙内。145＊62＊21。额题作碑题。17行36字。《高平》P670;《三晋·高平》P101;《明清山西》P434。敕禁,禁亵渎神祇,护寺。

222.《柏山寺禁作贱碑记》,正德二年(1507)三月十三日示。山西灵石县东逻村柏山寺。130＊70＊23。横题"山西尽王爷爷裔旨"。18行31字。《灵石》P113;《三晋·灵石》P28。禁约。

223.《丘聚太监墓地蠲免役税敕谕碑》,正德二年四月十二日。原址不详,现存北京石刻艺术博物馆。首、座不存,碑身中段断裂粘接。205＊104＊27。17行33字。首行题"皇帝敕谕官员军民诸色人等"。《北京石刻拓本提要》P15。

224.《重立清净寺碑》,正德二年夏重刻,元至正十年(1350)原刻。福建泉州通淮门街清净寺内。三山吴鉴撰文。《泉州宗教石刻》P17。

225.《崇勋寺敕禁碑》(2),正德二年七月六日谕。北京东四南大街椿树胡同成寿寺,怀柔区定慧寺村北。拓194＊88。额篆"敕谕"。12行,年款旁有"敕命之宝"小字。《北图藏拓》53－132。护寺田、免杂差圣旨。

226.《敕谕碑》,正德二年七月十五日。山西忻州五台山广宗寺。职责,约束下人。

227.《最胜寺谕旨碑》《钱能墓地敕谕碑》,正德二年八月三日谕。原在北京朝阳区东霸镇半截塔村,1986年移北京石刻艺术博物馆。410＊132＊35+94。额篆"敕谕"。9行26字。末镌"敕命之宝"小字。《北图藏拓》53-133;《北京石刻拓本提要》P15。敕谕墓地周围居民不得扰毁墓地设施。

228.《敕谕提学教条碑》,正德三年(1508)。湖北潜江县儒学。载弘治十七年(1504)明孝宗对陈凤梧的敕谕。《潜江贞石记》卷1。学规。

229.《三义宫敕谕碑》,正德四年(1509)二月十七日。河北涿州市。1.8＊2.3尺。22行19字。年月上有"敕命之宝"印文。《道略》P1273。护持圣旨。

230.《韩焘诰敕碑》,正德四年三月立,弘治三年(1490)、弘治八年(1495)十二月二十三日、弘治十八年(1505)二月初四日制诰文。河北平乡县杜科村西500米韩焘墓。螭首龟趺,趺座已碎。200＊81＊29。额篆"诰敕之碑"。钤"敕命之宝""制诰之宝"印。程胜彩《品读明代圣旨与诰敕碑》,《档案天地》2005年2期。

231.《大觉寺地产碑》,正德四年九月立。北京海淀区大觉寺。刻于弘治十七年(1504)十一月《大觉寺皇帝敕谕碑》之阴,中部断为两截。330＊97。首行题"今将大觉寺原钦旨庄田并置买地土数目开坐"。《北图藏拓》53-150;《北京石刻拓本提要》P303。契证。

232.《张润父母诰命碑》,正德五年(1510)四月。山西临汾尧都区刘村镇张镛墓。98+247＊104＊28。13行35字。《三晋·尧都》P72。明武宗追封张润父母的诰命。

233.《敕谕提学教条碑》《陈凤梧学政奏条及皇帝敕谕》,正德五年五月立石,正德四年十月三十日敕谕。原在山西绛县文庙大成殿(今绛县博物馆)。螭首龟趺。230＊92＊20。额题"敕谕提学教条"。两截:上敕谕山西按察司副使陈凤梧,18行12字,尾有"敕命之宝"小字;下截为16条学规,32行50字。《河东名碑》P1903;《明清山西》P631;《三晋总目·运城》P305。

234.《敕谕提学教条》,正德五年七月二日立,正德四年十月三十日敕谕。山西运城解放南路运城中学校内。261＊95＊30。额题同碑名。两截:上敕文,首题"皇帝敕谕山西按察司副使陈凤梧",19行14字;下教条,31行51字。《三晋·盐湖区》P72。

235.《南华禅寺分豁纪事碑》,正德五年十一月。广东韶关曲江区马坝镇南华寺。120＊50。《韶关》P189。帖文,结案。

236.《钟琪敕命碑》,正德五年十二月二十六日。广东东莞东城街道柏洲边社区食堂。148 ＊ 73。《东莞》P118。

237.《谢氏敕命碑》,正德五年十二月二十六日。广东东莞东城街道柏洲边社区食堂。148 ＊ 73。《东莞》P120。

238.《正德皇帝圣旨碑》,正德五年。山西盂县晋剧团院内。130 ＊ 78 ＊ 20。两截:上为正德四年十月三十日圣旨,18 行,首题“皇帝敕谕山西按察司副使陈凤梧”;下为 16 条学规,34 行。碑阴为立碑者题名。《三晋·盂县》P71。

239.《晋王令旨》,正德五年。山西盂县藏山祠北崖。

240.《大明诰命碑》,正德六年(1511)四月刻,洪武二年(1369)圣旨。陕西三原县博物馆。292 ＊ 92 ＊ 31＋38。额篆“大明诰命”。14 行 34 字。《咸阳碑刻》P11。

241.《云惠寺敕谕碑》,正德六年五月十日谕、正德四年九月十二日谕。北京海淀区恩济庄。拓 234 ＊ 118。16 行,两道敕谕均有“敕命之宝”小字。《北图藏拓》53－159。敕禁,禁侵占、作践寺产。

242.《敕谕碑》,正德六年五月十九日。湖北丹江口市武当山。两份敕谕:一为正德五年九月初七日敕谕内臣;一为正德六年五月十九日敕谕。刘瑾擅权纳赂,地方官畏势科索,指一科十。降诏追查革弊。《武当山》P63。整饬官制。

243.《敕谕碑》,正德八年(1513)正月初四,正德七年(1512)正月初六日。甘肃环县城北 15 里山沟口、国道 211 线南侧约 50 米处。碑帽遗失,碑身残。178 ＊ 83 ＊ 20。两面刻。《庆阳》P122、214。任命授职。

244.《承恩寺敕谕碑》,正德八年九月十日敕。北京石景山区模式口。拓 199 ＊ 81。12 行。年款处有“敕命之宝”小字。《北图藏拓》54－6。敕禁,禁作践寺产。

245.《西禅寺敕谕碑》,正德八年九月十九日敕。北京海淀区小屯村。拓 247 ＊ 97。14 行。年款处有“敕命之宝”小字。《北图藏拓》54－7。敕禁,禁作践寺产。

246.《重修谷山寺田园记》,正德八年秋季。原在山东泰安玉泉寺山门外西侧墙内,现在山门以内。龟趺,185 ＊ 90。14 行 32 字,凡 335 字。寺僧立。铭文粗陋,号称党怀英书,实非。讼案,寺产。

247.《藏山祠禁宰杀幢记》《藏山庙禁宰杀石柱》,正德九年(1514)十一月初六日。山西盂县苌池乡藏山村东 2 公里藏山祠正殿前。六棱,98 ＊ 47。9 行 40 字。碑体剥蚀较甚。《三晋总目·阳泉》P64;《三晋·盂县》P73。

禁在庙内宰杀牲畜。

248.《旧令尹说》,正德九年。河北沧州。民国《献县志》卷 18 下。知县职责。

249.《颁赐大藏经敕谕碑》,正德十年(1515)二月十五日。辽宁北镇市崇兴寺山门前。《锦州》P287。禁轻慢亵渎。

250.《重修修真宫记碑》,正德十年四月二十六日。山东青州市弥河镇上院村修真宫院内。293 * 129 * 20。《青州昌乐卷》P185。四至。

251.《张懋谕祭诰封碑》,正德十年八月八日。北京丰台区赵辛店村张家坟。拓 187 * 60。两截,上为正德九年(1514)四月二十四日敕谕,下列正德十年四月十二日和十三日、六月三日、八月八日谕祭文。碑阴五截,分刻天顺七年(1463)十二月二十二日、成化十六年(1480)十二月二十五日、成化二十三年(1487)五月十日、弘治十二年(1499)正月六日、正德十年(1515)五月二日诰封。《北图藏拓》54 – 19、54 – 25。

252.《重修超化寺碑记》,正德十年。河北涿州市。《涿州佛教》P236。寺产界址。

253.《严大容诰封碑》,正德十一年(1516)八月三日。北京东城区朝阳门内大街。拓 205 * 89 厘米。额篆"圣旨"。12 行 27 字。年款处有"制诰之宝"小字。《北图藏拓》54 – 34。

254.《追布金废院田地充为泉州府学田记》,正德十一年。福建泉州。黄河清撰。《泉州府志》卷 13;《泉州府分册》P87。寺田与学田。

255.《泾阳县通济渠记碑》,正德十二年(1517)五月。陕西泾阳县王桥镇泾惠渠首管理站碑廊。圆首方趺,385 * 113 * 36+56。额篆"泾阳县通济渠记"。17 行 65 字。《咸阳碑刻》P113。水利。

256.《河津县第一工界碑》,正德十二年七月十二日立。1987 年山西运城南门外盐池禁墙出土,现存盐湖区池神庙。65 * 61。6 行 14 字。《盐池碑汇》P76;《三晋总目·运城》P10;《三晋·盐湖区》P85。东西至。

257.《祭祀张宾碑》,正德十三年(1518)五月十日立。山东单县张集镇基督教院内。212 * 68 * 22。15 行 52 字。《菏泽》P303。题本,奉圣旨。

258.《伏牛山云岩寺记》阴,正德十三年孟冬。河南嵩县白河镇下寺村伏牛山云岩寺。寺产转手,争讼。

259.《洗心泉诫碑》,正德十四年(1519)。云南洱源县旧州村街心。《大理名碑》P327。白族社会风俗。

260.《太华寺佃户租佃执照碑》,正德十五年(1520)八月刻。云南昆明。拓 83 * 50。《北图藏拓》54 – 72。

261.《敕谕碑》,正德十六年(1521)八月十三日。湖北丹江口市武当山。额楷"敕谕"。尾钤御宝。《武当山》P68。敕谕御马监太监潘真,授职。

262.《白鹿书院札付》,正德十六年。江西庐山市白鹿洞书院。公文。

263.《重兴水利碑记》,正德年间(1506～1521)。河南辉县。孟发祥撰文。《辉县志》P322;《中州百县》P1018。记事,漕运与民田争水、支持溉田。

(十二) 嘉靖(1522～1566)

264.《吏部札付碑》,嘉靖元年(1522)三月立,弘治十六年(1503)八月初一日帖付,正德三年(1508)九月十七日札付。陕西户县(今西安鄠邑区)秦渡镇庞村罗汉寺。圆首,座佚。124＊56。吏部札付,19行32字。左下角有清康熙元年第五桥善士捐土地舍粮差题记一段。《户县碑刻》P69;《秦岭》P256。公文,僧人任职,除授官员。

265.《皇帝敕谕李御史父母碑》,嘉靖元年八月初五日。山西灵丘县烈士陵园。185＊80＊15。年月上落"敕命之宝"4字。《三晋·灵丘续》P9。

266.《霍州水利成案记》,嘉靖元年十一月二十六日。山西霍州署衙,嵌于墙壁。《不灌而治》P350。水案。

267.《乡约碑》,嘉靖元年。山东淄博博山区八陡镇八陡村三司庙。165＊66。《博山卷》P659。规约。

268.《屯田碑记》,嘉靖二年(1523)六月。山西沁水县西羊村。112＊68。18行50字。《三晋·沁水县》P329。阳城县知县会同沁水县知县勘量土地之事,四至。

269.《灵宝西路井渠碑》,嘉靖二年七月十四日。1996年在河南灵宝市大王镇西路井村张立院内挖出,现存西路井村民委员会院内。120＊40＊8。双面刻,额题"大明",首题"重修观音堂碑记"。6行23字。此为碑阴。《豫西》P307;《中州百县》P1242。公文,帖下渠司,疏渠毋阻。

270.《重修降魔庵智胜禅寺碑记》,嘉靖二年十二月中旬,河北阜平县上寺村。210＊84＊22。《古北岳遗存碑石录》P37。四至界址,立碑目的。

271.《八湾驿站告示碑》,嘉靖二年。云南保山隆阳区八湾驿站(今高黎贡山自然保护区管理站内)。《隆阳》P126。驿站设施配给情况。

272.《思南白云寺舍白碑》,嘉靖三年(1524)九月初九日。贵州思南县白云寺。护寺业寺产。

273.《札付碑》,嘉靖三年十二月十九日文,河北石家庄毗卢寺。61＊

118。保举主持，官府认可。

274.《官箴刻石》，嘉靖三年。河北无极县县委大院内。

275.《敕赐祖庭少林禅寺香亭记》，嘉靖三年。河南登封市少林寺西圣殿门前亭。座断裂。

276.《府帖碑》，嘉靖四年（1525）正月十三日文，河北石家庄毗卢寺。66 * 100。保举住持事，官府认可。

277.《敕赐顺天府保明寺碑记》，嘉靖四年二月。北京石景山区西黄村。200 * 98+39。《石景山》P91。敕谕，赐额，免粮税。

278.《千佛洞皇图永固帝道遐昌碑记》，嘉靖四年八月。山西宁武县阳房村千佛洞。110 * 79 * 16+49。《三晋·宁武》P22。碑阴记地土买卖价款、四至、地契。

279.《太平县长寿乡社碑》，嘉靖五年（1526）二月十二日。安徽。《安徽》卷6。乡规。

280.《长洲县九都二十图里社碑》，嘉靖五年二月。江苏苏州。《苏州社会史碑》P674；《江苏明清》P667。里社管理旧制。

281.《无锡县里社碑》，嘉靖五年二月。江苏无锡碑刻陈列馆。额横题"无锡县里社"13行。记录当时社学、社仓等公益机构扶贫济困的事迹。乡约，里社管理旧制。

282.《申明乡约碑》，嘉靖五年四月十二日。安徽祁门县。民祭、社学、社仓。

283.《敬一箴碑》，嘉靖五年六月二十一日。北京国子监。方趺，206 * 117。额篆"御制"。23行，世宗朱厚熜撰并正书。年款旁有"钦文之玺"小字。《北图藏拓》54－129。

284.《敬一箴碑》，嘉靖五年六月二十一日。北京房山区。拓216 * 84。额篆"御制"。碑文漫漶。《北图藏拓》54－131。

285.《御制敬一箴》，嘉靖五年六月二十一日。陕西西安碑林。拓99 * 85。25行49字。上部中间篆"御制"，四周饰云龙纹。碑题"敬一箴有序"，年款旁有"钦文之玺"小字。《北图藏拓》54－130；《碑林》31－3122。

286.《嘉靖御制敬一箴》，嘉靖五年六月二十一日。江苏句容市。《句容》卷8。

287.《御制敬一箴碑》，嘉靖五年六月二十一日。广东肇庆府学宫大成殿西碑廊，嵌墙。座佚，圆首。196 * 115。额篆"御制"。《肇庆文物志》P137。

288.《御制敬一箴碑》，嘉靖五年六月二十一日。广西灵川县三街镇东街原灵川县文庙前右侧空地上。200 * 140。额刻"御制"，碑题"敬一箴有序"。《重修滑县志》卷 10,《灵川》P46。

289.《武进县大宁乡乡约碑》,嘉靖五年八月。1983 年移于江苏武进县博物馆保存。民祭。

290.《平阳府重修平水泉上官河记》,嘉靖五年秋。山西临汾姑射山下龙祠。《明清山西》P52;《龙祠》P157。讼案,水案,争讼解决记事。

291.《界碑》,嘉靖五年。河北隆尧县白寨乡东闫庄村西 20 米。156 * 59 * 20。上刻"巨鹿西北界石"。《文物河北》P726。

292.《明世宗敬一箴碣》,嘉靖五年。山西赵城县(今洪洞县赵城镇)文庙大成殿。170 * 113。额篆"御制",首题"敬一箴有序"。40 行 49 字。《三晋·洪洞》P132。

293.《钦奉皇王之命重修藏山功德之碑》,嘉靖五年。山西盂县苌池乡藏山祠北崖。352 * 255。载洪武五年御榜文,5 000 余字。《三晋·盂县》P84。圣旨,宗教规约,记事。

294.《榆林胜水寺重修记》,嘉靖六年(1527)季春月下旬。辽宁大连金州区观音阁。112 * 59 * 10。额横题"重修记"。两面刻。阳记事,阴题名。碑侧刻胜水寺四至。《辽南碑刻》P3。

295.《程子动箴碑》,嘉靖六年三月。浙江杭州孔庙。额题"宸翰"。

296.《敕谕碑》,嘉靖六年八月初二日、嘉靖四年九月。甘肃环县城北 15 里山沟口、国道 211 线南侧约 50 米处。碑帽遗失,碑身残。170 * 81 * 19。两面刻。《庆阳》P126、128。敕谕,任命授职。

297.《颁发五箴圣谕碑》,嘉靖六年十一月。北京孔庙。

298.《程子四箴碑》(4),嘉靖六年十二月三日注。原立于陕西临潼县学,后移西安碑林。79 * 144 * 17。四石,视、听、言、动箴各一。正中顶部竖刻"宸翰",四周饰云龙纹。程颐撰,世宗注并书。《北图藏拓》54 - 153;《碑林》31 - 3125。

299.《宸翰程子四箴注并跋碑》(2),嘉靖六年十二月。浙江宁波天一阁尊经阁庭院东壁。94 * 145。《天一阁》P104。

300.《圣谕》,嘉靖六年。原在山西河津县文庙,佚。《三晋总目·运城》P263。

301.《程颐箴碑》(4),嘉靖六年。广东肇庆府学宫大成殿西碑廊,分别为"程子视箴""程子听箴""程子言箴""程子动箴"。"程子视箴"108 * 145,其余 105 * 142。每石额篆"宸翰",旁边饰双龙戏珠图案。程颐撰,世宗注。《肇庆文物志》P138。

302.《嘉靖皇帝圣旨》(4),嘉靖七年二月二十二日奉敕旨,嘉靖六年十

一月十八日、二十二日、二十六日及十二月初三日题奏谕批。山西赵城县
(今洪洞县赵城镇)文庙。110＊140。额篆"圣谕"。圣谕后附杨一清或张
璁奏文。《三晋·洪洞》P140。圣谕,上奏,官箴。

303.《嘉靖圣谕碑》(4),嘉靖七年二月二十二日奉敕旨。浙江温州平
阳县一中(原平阳县孔庙)。90＊140＊12。76行27字。长方形篆额"圣
谕",周边饰龙纹、祥云纹。同立一处者尚有"程子言箴""程子动箴"和范浚
心箴三石。《温州》P976。

304.《张璁等奏刻五箴》《世宗颁示五箴注敕刻石》,嘉靖七年(1528)立
石,同年二月二十二日敕。陕西西安碑林旧藏,原立于翰林院后堂空地。横
方形,方趺。98＊144＊17。顶部正中竖刻"圣谕",四周饰云龙纹。《北图
藏拓》54－157;《碑林》32－3144。

305.《世宗颁刻范氏心箴》,嘉靖七年。陕西西安碑林。卧碑,额篆"宸
翰"。碑身大字13行,小字14行。

306.《嘉靖皇帝圣谕》,嘉靖七年立石。上海嘉定孔庙碑廊。5石,96＊
137。额篆"圣谕"。载嘉靖六年(1527)十一月十八日、二十二日,十二月初
三日,嘉靖七年(1528)二月二十二日敕谕题奏,内容为嘉靖御制敬一箴、御
注范浚心箴、程颐视听言动四箴颁示之事。《嘉定》P331。圣谕,上奏,
官箴。

307.《世宗颁刻范氏心箴程氏四箴谕旨刻石》,嘉靖七年二月二十二
日。云南嵩明县。拓46＊109。碑文附张璁等奏文。碑文漫漶。《北图藏
拓》54－158。

308.《皇帝御祭礼部左侍郎张俊碑》,嘉靖七年六月刻。山西灵丘县武
灵镇魁见村。残,115＊80＊17。碑阳刻御祭文及弘治十六年(1503)四月两
道圣旨诰命,碑阴刻弘治十六年四月二十八日圣旨。《三晋·灵丘续》P13。
诰命。

309.《嘉靖御注视听言动心五箴碑》,嘉靖七年。江苏句容市。《句容》
卷8。

310.《重建永昌府诏书》,嘉靖七年刻,嘉靖二年(1523)正月二十九日
诏。原立云南永昌府署衙门内,后移保山隆阳区太保公园碑林。《保山》
P19;《隆阳》P138。

311.《平阳府重建李太守行水碑》,嘉靖七年前后。原在山西临汾城内
莲花池畔,佚。《山西地震》P208。水利,纪功。

312.《水月堂施田记》,嘉靖八年(1529)九月。浙江乐清县。黄友德
撰。《温州》P376。寺产,碑功用。

313.《儒学义仓碑》,嘉靖八年十月。安徽南陵县。民国《南陵县志》卷45。社会救济。

314.《易州龙湾二厂榜示碑》《龙湾二厂榜示》,嘉靖八年。北京房山区。拓 136＊73。额题"钦奉圣谕"。《北图藏拓》54－178;《北京工商》P207。二厂居民只可编金役使,禁买种土地。

315.《御制正孔子祀典说碑》,嘉靖九年十月(1530)二十八日奉旨刊布。浙江长兴县孔庙。毛波《长兴孔庙中的明〈御制正孔子祀典说碑〉〈御制正孔子祀典申记碑〉及〈圣谕碑〉》,《东方博物》2016年2期。

316.《御制正孔子祀典说碑》,嘉靖九年十一月。山西洪洞县赵城文庙。平阳府赵城县刊。《三晋·洪洞》(上)P141,《洪洞金石录》P100。

317.《御制正孔子祀典申记碑》,嘉靖九年十一月初一日奉旨刊布。浙江长兴县孔庙。

318.《圣谕碑》,嘉靖九年十一月初八日。浙江长兴县孔庙。

319.《圣谕碑》,嘉靖九年。北京密云区冶仙塔碑林。两截,上截为嘉靖九年十一月初八日圣谕,下截为嘉靖九年十月二十八日奉旨刊布御制《正孔子祀典说》。更正孔子祀典。

320.《御制正孔子祀典说》,嘉靖九年立。山西沁水县文庙大成殿壁上。《晋城金石志》P156。

321.《颁布正孔子祀典记》,嘉靖九年立。原在山西泽州府文庙敬一亭,不存。

322.《颁示祀典记说后上谕一道》,嘉靖九年立。原在山西泽州府文庙,不存。

323.《御制正孔子祀典说》,嘉靖九年。山西闻喜文庙。2017年发现。《山西日报》2017年5月2日5版。

324.《御制正孔子祀典说》,嘉靖九年立。河南济源文庙遗址。2011年发现。《郑州日报》2011年11月22日。

325.《程子四箴》(4),嘉靖九年。湖南长沙岳麓书院四箴亭内。四石,46＊108。《湖湘碑刻》(一)P188。世宗亲自宋代大儒程颐所撰视、听、言、动四箴。

326.《武池等六村续置过水渠记》,嘉靖十年(1531)。山西翼城县武池村乔泽庙。笏头方趺,125＊67＊18。额篆"续置过水渠记"。邑生李环书。《山西师大》P337。置地。

327.《敕赐崇化寺护持香火准给帖照铭记》,嘉靖十一年(1532)。北京门头沟区城子村崇化寺。

328.《敬一箴碑》，嘉靖十二年（1533）。贵州黎平学宫尊经阁下。知府夏玉麟勒石。《贵州通志·金石志》P83。

329.《舍地碑记》，嘉靖十三年（1534）仲春。山西平遥县双林寺。《山西续一》P1。

330.《城隍庙常住田碑》，嘉靖十三年二月。江苏江阴市。民国《江阴县续志》卷22。讼案，盗卖庙产。

331.《优免徭役碑》，嘉靖十三年二月。江苏江阴市。民国《江阴县续志》卷22。官员等税赋徭役减免。

332.《惩恶碑》，嘉靖十三年。河北隆尧县石佛寺遗址内。490＊93＊25。额书"劝善惩恶"。18行58字。王密撰文，李尧宾书丹。《文物河北》P722。

333.《无锡县儒学田碑记》，嘉靖十三年。江苏无锡碑刻陈列馆。秦金撰，孙一阳书。《无锡》P47。记事，正德年间没收尼庵田产以充学田和嘉靖年间加以整顿事。

334.《嘉定县大小学田条段四址碑》，嘉靖十五年（1536）六月立。上海嘉定孔庙碑廊。《嘉定》P347。条段亩数、四至、租额。

335.《折征包补田粮碑》，嘉靖十五年六月。浙江湖州南浔区菱湖镇永福村。湖州府归安县经巡按御史批准，折征承佃粮租税的文告。

336.《嘉靖皇帝圣旨碑》，嘉靖十五年十二月二十二日。陕西富平县田家墓地。螭首龟趺，210＊91＊18。11行32字。《富平》P21。赠田钺父母诰命。

337.《黄河图说》，嘉靖十五年刻。陕西西安碑林。圆首方座。176＊97.5＊19。额题"黄河图说"。碑身刻黄河流经今河南、山东、安徽一带的地图。钦差总理河道、都察院右副都御使麻城（今湖北）刘天和主持绘制。碑右上角刻文记述洪武二十四年（1391）至嘉靖十三年（1534）黄河五次决口入运河及用夫役83余万人治理黄河之事，左上角刻《古今治河要略》，左下角刻刘天和《治河意见》。图中府、州、县分别用不同等级符号表示，地名有百余处。

338.《清复泉州府学地界记》，嘉靖十六年（1537）。福建泉州。黄光升撰。《泉州府志》卷13，《泉州府分册》P101。学田、界址。

339.《小涧柏乐二村水例碑记》，嘉靖十七年（1538）八月二十一日。山西霍州署衙，嵌于墙壁。水规。

340.《嘉靖宣谕百姓碑》，嘉靖十八年（1539）三月二十六日。湖北钟祥。按旧志载在鼓楼，今已无考。《钟祥》卷2。白话碑，教化，尽孝道。

341.《张润父母诰命碑》，嘉靖十八年十二月二十五日。山西临汾尧都区刘村镇张镛墓。245＊104＊31。17行38字。《三晋·尧都》P97。明世宗追封张润父母的诰命。

342.《临洮府学田碑》，嘉靖十八年。甘肃临洮县。《陇右》卷6。学田。

343.《三茅宁寿观牒》，嘉靖十八年重刻，宋绍兴二十年（1150）六月牒。浙江杭州三茅观院内。1.9＊5.8尺。12行。《萃编》卷148；《两浙》卷8；《道略》P349。

344.《蒲卢园陂围碑记》，嘉靖十八年。广东广州罗岗区东区街笔村玄帝庙内。73＊51.5。《广州府道教》P511。水利。

345.《直隶大名府浚县为施舍地基事》，嘉靖十九年（1540）三月初十日。河南浚县浮丘山碧霞宫二门南侧壁间。44＊86。公文10行，题名、四至、刻工14行。《天书地字》P174。官契、帖，事由，施逃地。

346.《奉旨水利碑记》，嘉靖十九年五月。山西绛县博物馆。173＊86。17行47字。《河东水利》P217；《山西续一》P176。判词，禁奸民独霸。

347.《曹忠重修大井记碑》，嘉靖十九年。江苏连云港海州区南门外明代古井旁。《碑文化》P698。环保。

348.《张镛墓碑》，嘉靖二十年（1541）四月。山西临汾尧都区刘村镇张镛墓。螭首龟趺，110+235＊110＊27。29行64字。《三晋·尧都》P98。追封张润之父张镛的奏书、圣旨等。

349.《皇帝敕谕张安出征碑记》，嘉靖二十年八月刻，弘治十三年（1500）至正德四年（1508）的六道圣旨。山西左云县楞严寺。93＋185＊88＊22。《三晋·左云》P23。敕命，职责。

350.《骠骑将军提督张輗墓碑》，嘉靖二十年八月立，弘治十三年（1500）十二月二十一日圣旨。山西左云县楞严寺。210＊85＊22。《三晋·左云》P27。制诰。

351.《洵阳县东界碑》，嘉靖二十年八月，清乾隆四十八年（1783）续刻并重立。陕西旬阳县仙河乡白家坡汉江岸边。圆首方趺，身首一体。146＊61＊17。《安康》P45。

352.《钦差敕建五台山大万圣佑国禅寺》，嘉靖辛丑（二十年）。山西忻州五台山大万圣佑国禅寺。《明清山西》P311。

353.《周府令旨碑》，嘉靖二十年立。河南荥阳市洞林寺内。240＊95。旨谕并周王序。

354.《城隍庙田记》，嘉靖二十一年（1542）七月一日刻。北京昌平区。拓136＊64。额、题均为"新置城隍庙田记"。《北图藏拓》55－78。产业。

355.《乞赐周公庙祀田碑》，嘉靖二十一年七月二十四日。山东曲阜市周公庙二门下南面东首。《曲阜碑文录》P545。契证。

356.《为献田入官以供学校公用事碑》，嘉靖二十一年八月十七日。江苏无锡碑刻陈列馆。中部断裂缺字。29行。《无锡》P46。帖，无锡县生员尤萃因佃户欠租，愿献田入官。

357.《灾年减免差粮碑》，嘉靖二十一年九月。山西芮城县博物馆。《三晋总目·运城》P160；《河东水利》P319。赋税徭役。

358.《大岭口官营碑》，嘉靖二十一年十一月十五日。河北唐县大岭口村。47＊76＊12。《古北岳遗存碑石录》P42。驻军田地营房管理。军纪。

359.《却金亭碑记》，嘉靖二十一年十一月冬至日。广东广州市博物馆。民国《东莞县志》卷93。

360.《平阳府解州芮城县为官吏乞均差役碑》，嘉靖二十一年十二月。山西芮城县博物馆。《三晋总目·运城》P160。官规，吏治。

361.《房地告示碑》，嘉靖二十一年。北京门头沟区房梁村。《门头沟文物志》P381。

362.《秦州重建清真寺楼碑记》，嘉靖二十二年（1543）仲冬。甘肃天水秦州区后街清真寺内。182＊65＊15。阳刻汉文，阴刻阿拉伯文。《天水文史资料》第9辑P76。古兰经中的罪罚。

363.《申明水利禁例公移碑记》，嘉靖二十二年。山西太原晋祠。山西布政使司分守冀宁道。《晋祠志》卷30《河例一》P794。

364.《盘龙寺常住田记》，嘉靖二十三年（1544）二月刻。云南昆明晋宁区。拓154＊84。阴刻地界田亩粮税牒文，失拓。《北图藏拓》55－92；《云南古碑》P56。寺产、税粮。

365.《永隆寺地土碑》，嘉靖二十四年（1545）十一月刻。北京西城区北营房地藏寺。拓239＊93。额题"永隆寺地土碑"。阴刻寺产四至。《北图藏拓》55－108。

366.《奉文分境碑》，嘉靖二十五年（1546）四月。山东定陶县陈集镇张李庄村西姑庵寺院内。圆首，座失。208＊88＊13.5。阳额题"奉文分境"，28行73字。阴额"分境界石"，风化严重。《菏泽》P307。公文，州县行政划分，保甲法落实。嘉靖二十一年奉文编立保长、保副、牌头，挨查盗贼。州册、县册，本道保甲条约。

367.《施茶碑记》，嘉靖二十五年。河南登封市少林寺天王殿前。左阴面全损。财产处置。

368.《杜氏复业记》，嘉靖二十五年。福建厦门集美区杏滨街道马銮社杜氏家庙内,嵌墙。232＊85。额篆同碑名。

369.《敕谕碑》,嘉靖二十六年(1547)十一月初十日。湖北丹江口市武当山白庙。159＊84＊11。额行书"敕谕"。15 行 30 字。漫漶。明王佐《大岳太和山志》,《武当山》P74;徐耀进《武当山白庙敕谕碑与武当官山》,《汉汉考古》1996 年 3 期。立八百里神区界碑,禁砍伐樵采。

370.《北岳庙图碑》,嘉靖二十六年。河北曲阳县北岳庙德宁殿前碑亭内。165＊68＊23。阴额篆"北岳恒图"。碑阳为记,碑阴绘图。知县周寅立石、绘图、撰记。《文物河北》P545。北岳改祀山西浑源,绘图立碑以保护北岳庙之旧有规制。

371.《无冤洞记》,嘉靖二十六年。广西桂林叠彩山。刻曾受冤而死的晋代将领高宝、隋代总管虞庆则、唐代桂州押衙乐生 3 人的冤状。

372.《御马监太监义会地产碑》《广化寺购置地产契约碑》,嘉靖戊申(二十七年,1548)春二月立。原在北京西城阜城门外,现藏北京石刻艺术博物馆。螭首,后配方座。下部断裂后重新粘接。319＊96＊31+57。额篆"大明"。20 行 47 字。《北京石刻拓本提要》P558。记御马监太监董公等购置地产作为太监义会及寿藏之地,四至分明。

373.《福州府四学新立学田记碑》,嘉靖二十七年三月。福建福州于山碑廊。额篆、首题同碑名。张经撰。记福州府四大书院利用鼓山寺田收入办学经过。

374.《儒学箴》,嘉靖二十七年四月初五日。云南大理碑林。

375.《敕谕碑》,嘉靖二十七年四月二十七日。河南济源市济渎庙。螭首龟趺,额题"敕谕"。12 行。年代处有"敕命之宝"小字。禁侵占搅扰王屋天坛。

376.《学田记》,嘉靖二十七年孟夏。浙江余姚市。有碑阴记、契照等。光绪《余姚县志》卷 16。契证。

377.《重修南安县秩祀坛庙记》,嘉靖二十八年(1549)七月。福建南安市丰州镇城隍庙中殿右壁。234＊90。22 行 60 字。王慎中撰。《南安》P87。礼制,讼理。

378.《水利公文碑》,嘉靖二十八年十月吉日。山西太原晋祠圣母殿碑廊。105＊62＊21+42。额题"水利公文"。《晋祠》P143;《山西续一》P178。讼案,公文,水规。晋祠南河渠民王秩等联名状告渠长,请比照北河渠刻石均溉事例。

379.《圣旨雁门关》,嘉靖二十八年。2002 年在山西朔州市朔城区南榆林乡王化庄村发现,现存崇福寺。高 160。字迹不清。《明清山西》P1。退耕还林。

380.《义会寿茔地产碑》,嘉靖二十九年(1550)五月刻。北京朝阳区广渠门外。左部残缺。拓194＊80。额题"义会寿茔"。碑身刻有线图。《北图藏拓》55－145。置产。

381.《奉谢北岳神书》,嘉靖三十年(1551)四月十九日。河北曲阳县北岳庙三山门内。272＊91＊23。碑阴刻《奉北岳恒山之神书》。阮鹗撰文。尾题"曲阳县刻石"。《北岳庙碑刻解读·明清卷》P146。首行"顿首启",尾"再顿首具"。

382.《呈请彭占祺入乡贤祠牒》,嘉靖三十年八月一日刻。山东费县。拓164＊83。《北图藏拓》55－162。

383.《敕谕碑》,嘉靖三十一年(1552)二月十九日。湖北丹江口市武当山。螭首龟趺。额篆"圣谕"。8行18字。《武当山》P74。勘查维修,限40日奏回工部知道。

384.《骆族祠堂记》,嘉靖三十一年仲春。广东乐昌县河南小学内。《广东》P94。礼制。

385.《界址碑》,嘉靖三十一年七月。北京密云区冶仙塔碑林。拓48＊97。残。左侧"迤南工界"。

386.《敕谕碑》,嘉靖三十一年九月十七日。湖北钟祥市元佑宫。《荆门》P228。禁侵扰亵渎。

387.《下院屯记》,嘉靖三十一年九月刊,原立山西曲沃县杨谈乡下院村,现存曲沃中学院内。圆首,趺佚,87＊50＊18。额题碑同,碑文漫漶。《三晋·曲沃》P52;《曲沃古碑》P8。田亩数、佃户名、粮额。

388.《敕谕李三畏》,约嘉靖三十二年(1553)三月二十六日。山东。《汶上文史资料》第6集P191。奉差凭旨,屯田事。

389.《世济忠义记》,嘉靖三十二年八月一日。广东广州佛山祖庙。碑阴下截载"承纳本庙田地塘税"名目及正统七年(1442)官批渡船排年事项。

390.《告宗族书》,嘉靖三十二年孟秋。海南。民国《琼山县志》卷15。乡规。

391.《敕莫如是稽查私盐谕》,嘉靖三十二年十月十一日敕。北京朝阳区南磨房乡五圣庙村西。拓180＊84。额题"敕谕"。11行,年款旁刻"广运之宝"小字。《北图藏拓》55－183。

392.《杨继盛奏章刻石》,约嘉靖三十二年。河北定兴县东落堡乡东引村杨继盛旧宅中。35＊82＊15。《文物河北》P607。

393.《中山书院官给田房记》,嘉靖三十三年(1554)二月。原立于江苏

溧水县城(今南京溧水区)望京街中山书院,现存溧水博物馆。230 * 116 *
23。吏部尚书李默撰文,南京国子监祭酒茅瓒篆额,南京翰林院王维桢书
丹。《南京》P163。记事,公产。中山书院是嘉靖初年溧水知县王从善为祀
明初兵部尚书齐泰(建文帝旧臣,被灭族)而建。嘉靖间有司发现齐泰后裔
光裕,遂由官府购买祠田 20 亩和房屋襄助光裕之事。

394.《赵州潘公桥记》阴《建桥事宜》,嘉靖三十三年二月。云南大理凤
仪镇北桥村本主庙。173 * 67.5 * 19。额题同碑名。《凤仪》P198。规则,建
桥工、料、款承担分配与监督。

395.《易文庙塑像为木主谕旨碑》,嘉靖三十三年五月刻,嘉靖九年
(1530)十一月圣旨。浙江宁波天一阁尊经阁庭院北壁。227 * 136。额题
"皇帝圣旨"。大字 9 行,小字 2 行,总 11 行。《天一阁》P115。崇儒贬佛,
祭祀。

396.《追远堂祀事凡例碑》,嘉靖三十三年。广东江门蓬江区方岳家
庙。120 * 74 * 15。《广东石刻卷》P180。祭祀规章。

397.《新改双益河碑》,嘉靖三十四年(1555)四月。山西临汾尧都区魏
村镇。142 * 77 * 29。18 行 31 字。《三晋·尧都》P106。水利。

398.《宾川平盗记》,嘉靖三十四年六月。原在云南宾川县平川街,现
存县文管所。《大理名碑》P359。逼民为盗。

399.《汤民望敕谕碑》,嘉靖三十四年七月七日敕。北京宣武区樱桃园
真武庙。拓 168 * 83。9 行 26 字。尾有"敕命之宝"小字。《北图藏拓》56 -
2。祭祀圣旨。

400.《大理卫后千户所为申明制水利永为遵守事》,嘉靖三十四年十二
月。云南大理凤仪镇红山村。145 * 51。《凤仪》P317。讼案,水利、军屯;
公文,禁令,碑用。

401.《三河平贼碑》,嘉靖三十四年。陕西紫阳县,佚。《安钧》P20。禁
盗贼。

402.《旌表尚义典膳官施鼎输粟救荒碑记》,嘉靖三十五年(1556)四
月。山西盂县东梁乡西庄村。圆首,215 * 77 * 22。额题"圣旨"。阳为公
文,阴为记。《三晋·盂县》P98。另可参见《施鼎墓志铭》,《三晋·盂县》
P107。公文,咨。

403.《洪武元年颁降春秋通祀祭文永乐四年敕礼部谕旨碑》,嘉靖三十
四年至三十五年(1556)。浙江宁波天一阁东园。220 * 138 * 19。14 行 24
字。《天一阁》P118。崇儒、祭祀。

404.《苏州府学义田记》,嘉靖三十六年(1557)八月刻。江苏苏州。拓

180＊92。温景葵撰,文徵明行书,梁元寿刻。《北图藏拓》56－27。

405.《戒石铭》,嘉靖三十七年(1558)三月,1989年重立。湖北京山县政府大院。《荆门》P276。

406.《敕赐龙泉寺记》,嘉靖三十七年五月。山西沁水县龙港镇杏峪村龙泉寺旧址。201＊84。18行53字。《三晋·沁水县》P47;《沁水碑刻》P39。寺产保护。

407.《御制卧碑》,嘉靖三十七年冬季。山西浮山县。《三晋·浮山县》P617,转录自康熙《浮山县志》。学规。

408.《何思文家族墓地敕命碑》,嘉靖三十七年。河北容城县张市乡大河村。325＊97。《文物河北》P602。

409.《敕谕碑》,嘉靖三十七年。湖北钟祥市。《钟祥》卷2。道教。

410.《塘湖刘公御倭保障碑记》,嘉靖三十七年。广东潮州。《广东》P268。禁盗贼。

411.《明世宗户部分司敕》,嘉靖己未(三十八年,1559)。山西宁武县,未见。《宁武府志》,《三晋·宁武》P291。敕户部员外郎卧赵范职权、职责及警示。

412.《晋府承奉司为禁约事奉令谕》,嘉靖三十九年(1560)十月十九日。山西太原宝林寺。38＊62。14行11字。晋王府所出告示,时间上钤印,末有押。《三晋·杏花岭》P6。禁奸顽混乱。

413.《崇整岳帝司神修葺续基碑记》阴,嘉靖三十九年仲冬。北京东岳庙。额题“崇整碑记”,碑阳王槐撰文。碑阴记捐产置地舍地功用。《东岳庙》P13。“各有文契存照。”

414.《饕吏诈财隐匿军案碑》,嘉靖四十年(1561)七月三十日行,陕西紫阳县前河乡。刻于《光复莲花寺碑》阴。《安钧》P419。公文,帖;讼案,虚钱实契。

415.《镇江府儒学对山碑》,嘉靖四十年孟秋。江苏镇江焦山碑林。沈容书。

416.《永丰仓图》,嘉靖四十年。江苏常熟碑刻博物馆。

417.《崇化寺香火地碑》,嘉靖四十一年(1562)。北京门头沟区崇化寺。《门头沟文物志》P382。

418.《清真寺禁碑》,嘉靖四十二年(1563)三月二十四日。河北大厂县北坞清真寺。《回族》P366。禁伐。

419.《盐法条奏》,嘉靖四十二年端午。山西运城市盐湖区盐池神庙。螭首龟趺。423(120＋250＋53)＊110＊25。47行163字。额篆剥落不清。

《盐池碑汇》P103;《三晋·盐湖区》P116;《山西地震》P278。巡按山西监察御史王诤题奏：复盐课之旧额、省盐仓之妄费、求盐丁之实用、□守支之淹役等四条。奏折、盐法考课整治。

420.《崇善寺供佛别业碑记》，嘉靖四十二年五月。山西太原崇善寺。两面刻。阳额横题"福缘善庆"，首题同碑名。阴额横题"百世流芳"，刻官员题名和产业坐落、四至等。

421.《免除黄帝庙税粮记碑》，嘉靖四十二年十一月三日立。陕西黄陵县黄帝陵。147 * 76。20 行 43 字。《陕西碑石精华》P273。记事，免赋税。

422.《涑水渠图说碑》，嘉靖四十二年仲冬重刻，洪武二十一年（1388）原刻。山西闻喜县侯村乡元家庄宋氏祠堂院内。135 * 59 * 20。额题"涑水渠图说"。碑阳上半为图，下半及碑阴为图说。李汝重撰文。《河东水利》P191；《山西续一》P180。渠地界址过粮文契；重刻记事；帖文、牌文。

423.《金峰寺施舍田土台记》，嘉靖四十二年十二月五日。山西高平市西山金峰寺。61 * 42 * 14。20 行 29 字。《三晋·高平》上 P127。舍寺院土地给常住户。

424.《陶渠堰碑》，嘉靖四十二年。陕西渭南，佚。《渭南》P1。水利。

425.《舍地碑》，嘉靖四十三年（1564）仲春初旬三日。山西平遥县双林寺。《明清山西》P2；《晋中》P193。

426.《嘉定县酌处荒区田租记》，嘉靖四十四年（1565）春二月。上海嘉定区思贤堂内。上半缺损。74 * 92。《嘉定》P99。记事，对荒田的征税规定。

427.《晓示生员碑》，嘉靖四十四年春二月刻，洪武十五年（1382）榜。安徽南陵县文庙明伦堂。拓 2.37 * 7.84 尺。50 行 25 字。南陵县知县郜永春、儒学训导熊某同立。《安徽》卷 7。学规。

428.《威宁二铺疆界碑》（2），嘉靖四十四年二月。贵州威宁县盐仓镇二铺村。一立于二铺村南，一立于二铺村东北，两碑相距 8 公里。圆首，203 * 95 * 15。额镌"疆界碑"。乌撒卫巡捕指挥使陈于前立。《贵州省志·文物志》P283。公文，行政管辖界限，界址。

429.《敕赐银山法华寺庄田记》，嘉靖四十四年四月吉日立。北京昌平区兴寿镇上庄乡银山塔林法华禅寺遗址。拓 84 * 49。额题"万古流芳"，首题同碑名。《北京石刻拓本提要》P316。公产，寺产。

430.《紫阳县民张刚虚田实契典卖他人田宅案帖碑》，嘉靖四十四年七月三十日。陕西紫阳县庙坪莲花寺旧址。圆首方趺，220 * 90.5 * 15。《安康》P49。帖文，讼案，田宅。

431.《西湖禁约事文告》,嘉靖四十四年九月十五日。浙江杭州孔庙。158 * 84。《杭州孔庙》P105。官禁,严禁豪门蚕食侵占淤塞西湖。

432.《严禁民间私自采矿告示碑》,嘉靖四十五年(1566)五月初一日。原在浙江淳安县姜家镇甘许铁矿,1958 年因建新安江水库而移至淳安县排岭镇(现千岛湖镇)。《碑文化》P1207。禁榷。

433.《圆觉寺碑》,嘉靖四十五年六月一日。北京朝阳区十八里店乡老君堂村无极寺。拓 155 * 79。碑阴刻寺产四至。《北图藏拓》56－126。

434.《均水利碑》,嘉靖四十五年六月二十四日。山西霍州署衙。公文。

435.《儒学义田碑记》,嘉靖四十五年十月。河北石家庄栾城区。同治《栾城县志》卷 14。

436.《密云驿馆碑》,嘉靖四十五年十一月一日。北京密云县(现密云区)南门外。拓 208 * 88。《北图藏拓》56－134。设置与管理。

437.《班山常住田记》,嘉靖四十五年冬。云南大理感通寺。《大理名碑》P368。族田。

438.《嘉定县新给学田记》附,嘉靖四十五年。上海嘉定孔庙碑廊。徐学谟撰,唐爱书,李汝节篆额。附刻学田四至。《嘉定》P391。

439.《肇庆府禁谕宋崇水口碑记》,嘉靖四十五年。广东肇庆端州区西仁里。《广东》P657。水案。

440.《马鞍山石厂界碑》《北岭界碑》,嘉靖年间(1522～1566)。北京门头沟区永定镇石厂村北山上。《京西》P89。界址、四至。

441.《绛州北关水利记》,嘉靖年间。山西,佚。张与行撰。康熙《绛州志》卷 4《艺文》;雍正《山西通志》卷 33《水利》;《河东水利》P197。记事,水规。

442.《添设学粮碑》,嘉靖年间。甘肃。《陇右》卷 6。

443.《白马城四至暨题名碑》,嘉靖年间。甘肃环县东南约 110 公里之芦湾乡白马故城西墙外。210 * 108 * 19。两面刻。另面为《固原东路创修白马城记》。《庆阳》P133。界址、四至。

444.《敬一箴及四箴铭》,嘉靖年间。甘肃成县文化馆。《秦岭》P6。

445.《吴县役田记》,嘉靖年间。江苏苏州文庙。190 * 88。额、题同碑名。文徵明篆额。睢阳朱希周撰。《农业经济碑刻》P18。捐金置义田,免粮役之累。

446.《告示碑文》,嘉靖年间。安徽祁门县。

447.《创修清白堰并宝莲庵记》,嘉靖末年。四川广汉市宝莲庵。嘉庆

《汉州志》卷 36,《巴蜀佛教》P388。赋税重、杂扰。

448.《禁止舍身燃指碑》,嘉靖年间。浙江舟山普陀山不肯去观音院和潮音洞之间。总镇都督李分、宁绍参将陈九思等人建。官禁。

449.《青阳乡约记》,嘉靖年间。福建晋江市青阳镇石鼓庙。四川布政使司左参政洪富撰文。乡规,护林。

(十三)隆庆(1567~1572)

450.《累陂碑记》,隆庆元年(1567)六月。江西泰和县苑前镇谢氏宗祠。152*88。《泰和》P521。公文,禁截水。

451.《本府遗案黄爷审单碑》,隆庆元年十二月。浙江温州龙湾区文博馆。温州知府黄遗安撰。《温州》P104。讼案。买卖民山、私禁樵采官司,打骂伤人,牵连较广。以《大诰》断案。

452.《儒学公田记》,隆庆元年。温州瑞安市。瑞安令周大章撰。嘉庆《瑞安县志》卷 9;《温州》P654。学田。

453.《四明槎湖张氏祠堂条约》,隆庆元年。浙江宁波鄞州区古林镇张家潭村。乡规。

454.《法藏寺铭》,隆庆二年(1568)五月二十日立。云南大理凤仪镇北汤天村法藏寺。122*48*8。《凤仪》P43。施产坐落亩数、戒约。"子孙不得妄争"。

455.《察院定北霍渠水利碑记》,隆庆二年十二月二十七日。山西洪洞县广胜寺霍泉水神庙水神殿(明应王殿)前檐东侧。圆首方趺,145*76*32。额题同碑名。29 行 51 字。平阳府知府毛自道撰文,生员师尚友书丹。末尾"帖"字大书,有押。阴额"碑记"。《黄河》P95;《洪洞介休》P40;《三晋·洪洞》P158;《山西续二》P41。讼案,帖文。"右帖下赵城县,准此。"

456.《苏州府示禁挟妓游山碑》,隆庆二年。江苏苏州虎丘。《苏州》P565。官禁。

457.《敕蜀都佥事刘汉碑》,隆庆三年(1569)季夏立,嘉靖三十八年(1559)九月十五日制、敕。山西朔州平鲁区。额题"皇帝制敕"。两截,上制书,下敕谕。《三晋·平鲁》P42 页。

458.《宋追复岳武穆王并赐谥告词碑》,隆庆三年七月刻,宋绍兴三十二年(1162)十月十六日《追复少保两镇告》、嘉泰四年(1204)六月二十日《追封鄂王告》、宝庆元年(1225)五月二日《赐谥告词》。浙江杭州岳王庙。

28 行 59 字。明时修庙追刻诸诰于石。《两浙》卷 9。

459.《坊里均役碑》,隆庆三年秋七月。江苏江阴市。民国《江阴县续志》卷 22。赋役。

460.《赵州学田记》阴,隆庆三年九月。云南大理凤仪镇大理三中。156*55。额题同碑名。碑阴内容后刻,时代不详。《凤仪》P237。公文,生员资助规则;学田坐落四至、粮额。

461.《邵惟中敕封碑》,隆庆三年十二月二十八日。原在云南保山象头山邵氏墓地,后移太保公园碑林。《隆阳》P180。穆宗赐封邵为广西按察司副使的敕文。

462.《买地碑记》阴,隆庆三年十二月吉旦,山西运城盐湖区解州镇常平关帝庙寝宫东墙外。座佚,碑身中断为两截。85*46。碑阴"记开买地五契"。《三晋·盐湖区》P127。坐落、四至、亩数、价银、粮额。

463.《高平郭氏三义碑记》,隆庆四年(1570)六月。江西泰和县马市镇郭氏宗祠保合堂。127*74。《泰和》P536。渡河、义仓等条规。

464.《钦赐韩府官地碑文》,隆庆四年十月。甘肃天水北道区仙人崖大雄宝殿西侧墙壁。131*56*15。额刻"钦赐韩府官地"。《天水文史资料》第 9 辑 P86。公文,界址。

465.《冬至祭碑》,隆庆四年十一月。江西泰和县马市镇王氏宗祠。132*70。《泰和》P332。祭祀规章。

466.《永昌里社义仓记》,隆庆四年。原在云南保山上水河义仓原址,今存保山市实验小学内。碑残。《隆阳》P185。社会救济。

467.《东莞县学地租记》,隆庆五年(1571)秋七月。广东东莞。民国《东莞县志》卷 94。

468.《卷案碑》,嘉靖末隆庆初年。山西忻州五台山显通寺。额题"卷案"。《明清山西》P317。讼案,寺产。

469.《重修城隍庙记》,隆庆六年(1572)闰二月。山西介休市城隍庙。《明清山西》P480。祭祀,信仰。

470.《院道府县分定两河水口碑》,隆庆六年二月。山西临汾市西南 15 公里姑射山下龙祠。《龙祠》P161。帖文,告示,水案判词。折纳工价,追纳币赎;"各树石碑两通,一立府县衙门,一立龙祠,以垂永久。"

471.《万松祠建置本末义助记》,隆庆六年春月。江西泰和县爱山公祠。136*84。《泰和》P222。

472.《重修紫柏龙神庙碑记》,隆庆六年九月。山西盂县苌池镇芝角村紫柏龙神庙。130*54*16。额题同碑名。《三晋·盂县》P104。公文,禁令。禁伐山林、毁庙宇。

473.《保安堡准奏碣记》，隆庆六年癸卯月。原在山西左云县保安堡堡门洞墙，现存保南寺院内。63＊64＊35。《三晋·左云》P29。公文。

474.《置买学田纪实碑》，隆庆年间（1567～1572）。江苏扬州。民国《江都县续志》卷15。

（十四）万历（1573～1619）

475.《标楞寺田记》，万历元年（1573）夏。云南洱源县苝碧乡标山标楞寺旧址内。《大理名碑》P372。寺院经济。

476.《德化永春两县界碑》，万历元年八月。福建德化县盖德乡凤山村。200＊190＊20。德化知县事秦沾立。文字模糊。

477.《豁免粮差碑》《河南府登封县为乞怜山僧分豁额外粮差以免逃窜事》，万历元年十月二十一日文。河南登封市少林寺碑廊东侧左一。碑文面壁。圆首方趺，132＊61＊9。11行47字。碑末有大字"帖"、押，年款处有印章。寺僧录文刻石。碑阴为万历五年（1577）黄洪宪题书《游二祖庵遇雨碑记》。《嵩山》P173。《嵩山少林寺》225。因寺僧屡立战功而批准豁免少林寺新加税、粮的公文。

478.《均徭碑志》，万历元年。山西盂县，佚。《盂县志》卷9；《三晋·盂县》P744。记县令张国玺均赋减役之事。

479.《毁佛像文》，万历元年。四川营山县西林寺。《顺庆府志》卷10，《巴蜀佛教》P397。寺僧犯奸配遣、毁佛像。

480.《永嘉场王氏宗祠记》，万历二年（1574）二月。浙江永嘉县。浙江提学副使薛应旂撰。《温州》P112。宗法、家礼。

481.《大名府保存经书札符碑》，万历二年五月十五日。河南浚县大伾山天宁寺藏经阁前。103＊214＊21。《天书地字》P37；《中州百县》P1755。公文，连状札符，护经书。

482.《慈湖书院增置学田碑记》，万历二年十月。浙江宁波慈城孔庙。

483.《万历二年阅视边务碑》，万历二年。山西灵丘县牛帮口村、潘铺村，"茨字十九号台""茨字十三号台"。《三晋·灵丘》P67。巡防纪录。另潘铺村"茨字十二号台"、狼牙口西部沟下"茨字十三号台"也有万历年间阅视边务碑。

484.《南郑县安民碑》，万历二年。陕西南郑县署前，佚。秦时吉撰。

嘉庆《汉中府志·艺文志》;民国《南郑县志·艺文志》。赋税徭役。

485.《瑶目万历二年石碑古记》,万历二年。广西恭城县西岭乡新合村邓新民老屋外。90＊75。《恭城》P369。

486.《奉安圣像敕书》,万历三年(1575)二月二十一日敕。湖北丹江口市武当山。额篆"奉安圣像敕书"。9行。年款处有"敕命之宝"小字。

487.《修桥令谕》,万历三年(1575)三月。山西太原晋祠。10行。另面刻万历三年二月《重建中河石桥记》。《山西续一》P155。公文。

488.《清查学田记》,万历三年十二月。江苏扬州。民国《江都县续志》卷15。

489.《蓬莱县均徭记》,万历三年。山东蓬莱。《蓬莱金石录》P427。

490.《坐右铭》,万历三年。山西大同。《三晋·大同》P3。

491.《圣旨碑》,万历三年。山西晋中榆次区城关城隍庙正殿后。螭首已失,156＊70＊23。《山西师大》P276。

492.《干沟平贼碑记》,万历三年。陕西安康。《安钩》P21。

493.《界址石碑》,万历三年。云南双柏县法黑村。《云南林业》P76。山林界址,官府调和,村民立。

494.《重修府君神祠记》,万历四年(1576)四月。山西沁水县郭南村府君庙。176＊78＊22。22行52字。《三晋·沁水县》P59。冥罚。

495.《奉诏抚瑶颂碑》,万历四年六月。湖南宁远县九嶷山舜庙拜亭左侧。350＊158＊37。23行40字。永州知府丁懋儒撰文。《湖湘碑刻》(一)P41。

496.《敕修东岳庙记》阴,万历四年十一月初八日。北京东岳庙。额题"敕修东岳庙记"。碑阳张居正奉敕撰文,记万历三年扩建钟楼、鼓楼等工程。阴记庙产数目和功用。《东岳庙》P17。

497.《修建都察院碑》,万历四年。江苏句容市。宋仪望撰。《句容》卷9。记事。

498.《浙江道监察御史赵池诰敕》,万历五年(1577)三月十一日。山东昌乐县。民国《昌乐县续志》卷17。吏治。

499.《宣城县儒学学田记》,万历五年初夏。安徽。《安徽》卷7。

500.《极乐寺庙产碑》,万历五年八月。北京海淀区北下关。拓221＊110。刻于嘉靖二十八年(1539)《极乐寺碑》之阴。《北图藏拓》57-50。买各府各官及军民人等白地四至税粮。

501.《山场纠纷判处碑》,万历五年九月初九日。云南南牟定县蟠猫乡龙神祠内。《楚雄》P352。讼案。

502.《儒学箴》,万历五年十月。浙江绍兴上虞区。徐致清纂《上虞县志校续》卷4。

503.《公署左铭》,万历五年。址不详。吕坤撰并书。上残。拓 105 ＊ 52。6 行。《北图藏拓》57－53。官箴。

504.《石鼻里水利碑》,万历初年。原在云南昆明西郊车家壁(明代称石鼻里),现存昆明西山区马街小学。讼案,霸占水源。

505.《瑞云观记》阴《田产记录》,万历六年(1578)上元。云南大理凤仪镇上帝观。大理石。碑文磨损严重。碑阴尚有崇祯十六年(1643)、雍正七年(1729)、乾隆二十二年(1757)等置产纪录。《凤仪》P241。坐落四至、粮额、施主。

506.《御制儒学箴》,万历六年正月。浙江宁波天一阁尊经阁庭院东壁。164 ＊ 88 ＊ 21。7 行 16 字。《天一阁》P124。

507.《常宁宫文状碑》,万历六年三月二十五日。陕西宝鸡陈仓区文化局。凉楼里民董爵等立。

508.《禁山告示》,万历六年五月勒石,万历五年五月十□日示。山西黎城县。在《白岩寺牡丹花四绝记》碑阴。残,140 ＊ 68。《三晋·黎城县》P92。黎城知县段为禁樵采以树山木事。

509.《敕谕儒学碑》,万历六年八月初一日,原在陕西城固县文庙,现在五门堰。178 ＊ 92 ＊ 22。额题"敕谕"。37 行 73 字。前 4 行为万历皇帝对提学官李维桢的敕谕,后为学规 16 条。《汉中》P167。

510.《江阴学义田记》,万历六年孟秋。江苏江阴市。民国《江阴县续志》卷 22。

511.《房山县学碑》,万历六年十月。北京旧房山县城。碑阴为万历四十二年(1614)《房山学田记》。拓 188 ＊ 78。《北图藏拓》57－60。

512.《敕谕碑》,万历六年十一月朔日。1985 年移于陕西户县(今西安鄠邑区)文庙大成殿东侧碑廊。《户县碑刻》P368。

513.《疏河益耕水利碑记》,万历六年十二月。云南保山隆阳区玉皇阁。182 ＊ 61.5。《保山》P37。防弊,批文,禁令。

514.《均粮记碑》,万历六年。陕西汉中西乡县,佚。西乡知县孙澜撰。嘉庆《汉中府志·艺文志》;民国《西乡县志·文章志》)。

515.《黄花镇关边墙地界题记》,万历七年(1579)春刻。北京怀柔区黄花城北长城上。拓49 ＊ 86。15 行。《北图藏拓》57－70。界址。

516.《长城界石》,万历七年四月刻。北京怀柔区黄花城北。拓 52 ＊ 84。《北图藏拓》57－74。界址。

517.《敕谕士子碑》，万历七年七月。民国《江都县续志》卷15。御制学规。

518.《玉泉寺庙产碑》，万历七年。河北邢台县马河乡西河村西南1.5公里。320＊70＊18。额篆"流芳百世"。孔昭撰文，王本固书。《文物河北》P689。

519.《李氏祠堂家谱书院义田集录》，万历七年。云南大理喜州镇上院滂李氏宗祠，毁。《大理名碑》P301。学田，祠堂祭祖，宗族。

520.《石末镇乡约碑记》，万历八年（1580）六月。山西高平市石末村宣圣庙内。《高平》P671。详解圣谕乡约、善恶簿。

521.《学田书序碑》，万历八年七月。安徽。《安徽》卷7。

522.《法明寺碑》，万历八年八月刻。北京东城区安定门内北三条。拓139＊68。《北图藏拓》57－89。回教信仰教理。

523.《赋复祀记》，万历八年。江西铅山县鹅湖书院碑廊内。汪俅撰文，陈桐等20人立石。陆梦熊出俸禄并赎金16两，易置田16亩，保留四贤祠。

524.《松江府条议水利碑》，万历九年（1581）正月。原在上海松江二中（松江府署旧址）。《上海》P157；《松江文物志》P166。水利规则。

525.《学田条款》，万历九年正月。广东佛山顺德区。此为碑阴。碑阳为万历元年（1573）《顺德学田碑》。咸丰冯奉初纂《顺德县志》卷20。

526.《古虢常宁宫集略备采碑记》，万历九年二月。原在陕西宝鸡陈仓区火神庙院内，后存文化局院内，保存完好。虢人田厚民等撰立。《陈仓区碑文选录》。记事，修造。

527.《免粮卷案碑记》，万历九年七月十二日示。山西忻州五台山显通寺。额题同碑名。《明清山西》P326。公文。

528.《关王庙碑》，万历九年七月。北京朝阳区六甲屯。拓252＊91。阴刻庙产。《北图藏拓》57－103。

529.《示谕碑》，万历九年十月初一日。重庆彭水县鹿角镇善感乡农纲村南。157＊90＊20。《重庆》P99。禁童婚。

530.《禁止重婚碑》，万历九年十一月十日。四川仪陇县双盘乡高石坎村大碗湾大路旁。120＊58。《四川》P263。官禁，婚俗。

531.《豁免粮差碑》《河南府登封县为乞怜分豁丈地均粮以免逃窜事帖》，万历九年十一月二十七日（刻石应在天启末）。河南登封市少林寺。方首方趺，130＊61＊14。14行35字。《嵩山》P173；《嵩山少林寺》P260。帖、移，免差粮赋。"左帖下少林寺监寺广美。准此。"

532.《优免定额禁约夫马碑》,万历九年十一月。江苏江阴市。民国《江阴县续志》卷22。公文,税赋。

533.《都察院禁止早婚碑》,万历九年十一月。四川通江县草池乡城子坪村观音井摩崖。任江、席凯《入赘、酗酒、早婚——通江县三通明清告示摩崖石刻考》,《碑林集刊》19辑(2014)P227。

534.《宁波府查复学山记》,万历九年十一月。浙江宁波天一阁陈祠。350*142*23。现碑身、额分置,额篆同碑名。32行64字。碑阴为定规和题名。《天一阁》P134。记事,学田与寺田。

535.《平阳府临汾县襄陵县为违断绝命事》,万历九年十二月初四日。山西临汾市西南15公里姑射山下龙祠。《龙祠》P162。公文,告示;水案判词。

536.《苗乡婚龄示谕碑》,万历九年。重庆彭水县鹿角镇善感乡农纲村三组。157*90。9行。《苗族卷》P59。婚俗。

537.《宁波府釐复学山记》,万历十年(1582)正月。浙江宁波天一阁。碑裂为两截。275*145*18。24行53字。碑阴为《厘复学山图》,图中文字漫漶。《天一阁》P137。学田与寺田。

538.《丈地均粮碑》,万历十年三月。原置甘肃舟曲县城内北街十字路口,今存舟曲县文化馆院内。170*75*20。两面刻,阳额"丈地均粮碑记",两旁各有一独角兽,20行35字;阴额"碑阴之志",29行49字。《甘南金石录》P58;《甘南考古》P159;《安多》P107。清丈记事。参见万历十三年碑。

539.《戒酒告示碑》,万历十年五月。原立四川渠县中滩乡文昌宫门前,现藏渠县历史博物馆。

540.《题准优免事例》,万历十年五月、十一月。山西运城盐湖区安邑中学内。额、座佚。218*93*23。断裂成两截。28行50字。碑阴为万历十年十一月安邑县清丈地亩数。《三晋·盐湖区》P134。公文,禁令,禁冒滥;规章,事例,文职武职官员优待条例。

541.《卖地契书碑碣》,万历十年六月初一日。山西长治潞州区大辛庄镇梁家庄观音堂。《三晋石刻总目·长治市卷》P12。契证。

542.《王地陈坟碑》,万历十年七月初十日。安徽祁门县闪里镇铜锣湾。上方横批"高大爷钧判",中间直书"王地陈坟"四个大字。讼案。两姓争夺土地,先后经历五次诉讼,历时300余年。

543.《敕建五台山大塔院寺记》,万历十年七月。山西忻州五台山大塔院寺。《明清山西》P328。

544.《敕田义押发怀塘谕》,万历十年八月九日谕。北京石景山区模式口。拓 180＊89。11 行 25 字。年款处有"敕谕之宝"小字。《北图藏拓》57－110。太监违法处置。

545.《淳化县地粮记》,万历十年秋。原在陕西淳化县人民政府,现存县文化馆。半圆首,碑身残为两段。180＊73＊20。额刻同碑名。29 行 59 字。阴额篆"题名记"。

546.《禁止早婚摩崖石刻》(2),万历十年。四川剑阁县龙源镇古驿道两旁。两碑内容相同。官禁,婚俗。

547.《抚按酌定赋役规则碑》,万历十年。浙江宁波。民国《鄞县通志·文献志·碑碣》。

548.《万历泾阳县界碑》,万历□年七月立。陕西泾阳县王桥镇屯杨村高建英家门前。圆首,正中刻一"上"字,四周为花卉图案。69＊54＊10。碑文记载洪堰管理分队、分段、工头及人数等。

549.《隆阳水头张姓祖祠碑》,万历十一年(1583)正月初三日。云南保山隆阳区板桥镇张姓祖祠内。197＊66。《保山》P72。田土四至,水规。

550.《田义敕谕碑》,万历十一年三月十二日谕。北京石景山区模式口。拓 250＊103。16 行。年款处有"敕谕之宝"小字。《北图藏拓》57－117。守陵圣旨。

551.《平阳府曲沃县均田记》,万历十一年三月。原立山西曲沃县城内靳家衙,现存曲沃县北董乡景明村龙岩寺。圆首龟趺,287＊99＊21。额篆"曲沃县均田记",首题"平阳府曲沃县均田记"。18 行 64 字,共 315 字。沈时叙撰文。《三晋·曲沃》P60;《曲沃古碑》P52。清丈程序。遵照户部题准清丈事例款目,示诸百姓。供报顺甲册,鱼鳞册,五等地则,黄册,执照,碑示。

552.《刘东星父母诰封碑》,万历十一年六月二十三日。山西沁水县端氏镇坪上村。188＊76。《三晋·沁水县》P72。诰命。

553.《总由征粮碑》,万历十一年十月。江苏江阴市。碑阴为《助工银两数附》。民国《江阴县续志》卷 22。碑档。

554.《俺答汗法典碑》《大元国师碑》,万历十一年立。1982 年出土于内蒙古呼和浩特市土默特左旗台阁牧乡达尔扎村墙基中,现存内蒙古大学图书馆。94＊45＊15。阳面原刻有汉字,后毁其文改刻龙王像。阴面刻蒙古、汉两种文字。蒙古文 14 行,300 余字;汉文约 200 字,记载立石人等。哈斯额尔敦《蒙古文石刻概述》,《北京石刻文集》P50。

555.《韩应庚先茔碑》阴,万历十一年。山西洪洞县赵城镇王开村。圆首方趺,110＊55。《三晋·洪洞》P168。房产私约。用俸银盖瓦房,搜集户丁,永远居住,不许霸占争拆。

556.《建庙买田乐输碑》,万历十一年。安徽祁门县祁山镇六都村。财产处置。

557.《阿蓬江铜钱堆碑》,万历十一年。重庆黔江区阿蓬江镇黄莲村。240 * 110。《重庆》P19。记酉阳土司买卖土地情况。

558.《常住僧产碑记》,万历十二年(1584)正月。浙江衢州市城南 10 公里处烂柯山天生石梁之下宝岩寺内。财产处置。

559.《改设十方火主记碑》,万历十二年三月初一日书。河南光山县大苏山净居寺碑廊。下部断裂。180 * 58 * 12。20 行 39 字。《大苏山》P26。田产,立官券帖文,轮管。扰乱僧规、欺凌常住。

560.《云门寺田地山场碑记》,万历十二年三月。广东韶关,佚。民国《云门山志》第九篇,《韶关》P190。记事,寺产亩数、租粮。

561.《执照碑》,万历十二年五月,四月初七日帖文。山东济南长清区灵岩寺辟支塔前。239 * 112 * 36。额横题"长清县申准执照"。碑阴额横题"两院抚按明文"。

562.《执照碑》,万历甲申年(十二年)秋仲月。福建连江县宝林寺法堂。执照、地界、田亩。

563.《妙湛寺常住田碑》,万历十二年九月。云南昆明官渡区。拓 164 * 69。《北图藏拓》57 - 127。施舍地亩四至。

564.《张四维家族诰敕谕祭碑》(10),万历十二年(1584)。山西永济市蒲州镇侯家庄。包括嘉靖四十年(1561)九月十五日、隆庆二年(1568)四月初十日、隆庆六年(1570)八月二十一日、万历六年(1578)三月十二日、万历八年(1580)七月初三日、万历十年(1582)十一月初三诰敕六石,万历十一年(1583)六月二十四日、六月二十七日、七月初七和万历十二年(1584)二月十四日谕祭四石。拓均约 300 * 92。

565.《张宏墓地护敕碑》,万历十三年(1585)三月十三日。原在北京西城二里沟附近,现藏北京石刻艺术博物馆。螭首无座,184 * 78 * 28。额篆"圣恩护敕",首题"司礼监等衙门太监等官臣张鲸等谨题为□例乞恩请给护"。17 行 34 字。张鲸等立。《北京石刻拓本提要》P17。

566.《陵川县为禁约事》,万历十三年。山西陵川县岭常村二仙庙。嵌壁,32 * 89。《山西师大》P188。官禁、公文。

567.《椒山杨公置买学田碑》,万历十三年孟夏。甘肃。《陇右》卷6。

568.《首阳山夷齐庙香火地碑》,万历十三年。甘肃,佚。《陇西》P171。

569.《丈地均粮碑》阴,万历十三年。甘肃舟曲县文化馆院内。170 *

75＊12。两面刻：阳 29 行 49 字,690 字;阴 1 100 字。《安多》P109。清丈记事。

570.《敕颁续藏经谕文》,万历十四年(1586)三月。山西忻州五台山塔院寺。《明清山西》P333。

571.《学田碑记》,万历十四年秋七月。安徽。《安徽》卷 8。

572.《慈善寺颁藏经敕谕碑》,万历十四年九月十五日敕。北京东城区鼓楼东辛寺胡同。拓 201＊86。额篆"皇帝敕谕"。7 行。碑文漫漶。《北图藏拓》57－144。

573.《白桧等村重刊水利碑记》,万历十四年十月。山西灵石县金旺村西井台上。130＊70＊15。《灵石》P191。县正堂审定水利以杜豪霸事,刻碑于县治前。状告,水案。

574.《南横渠碑记》,万历十四年十月。山西临汾市西南 15 公里姑射山下龙祠。《龙祠》P163。水案、判词、告示。

575.《申禁化城土禾记》,万历十四年十一月十五日。山西高平市陈区镇王村开化寺内。168＊64＊20。15 行 51 字。《三晋·高平》P149。示帖,禁牧放。

576.《新圩禁毁山林石刻》,万历十四年。原在福建厦门同安区新圩镇金柄村后山腰,后整石移村内黄氏宗祠边。55＊50。《厦门文物志》P82。乡规、族禁,禁伐。

577.《永禁开窑穿凿碑》,万历十五年(1587)二月。江苏句容市。《句容》卷 10。官禁、环保。

578.《义助祭田碑记》,万历十五年夏六月。安徽。《安徽》卷 8。族产义田。

579.《征编赋役规则碑》,万历十五年十月立。原立北京平谷县旧城东门外,现藏平谷区上宅文化陈列馆碑林。螭首,87+167＊83＊21。阳额"征编赋役规则"。22 行 70 字。碑阴为"官簿式样"和"由票式样"。《平谷文物志》P141;《北京石刻文集》P292。征收赋役规则及数量,税赋簿。

580.《圣谕图解碑》,万历十五年十月颁。陕西西安碑林。拓 157＊79。额横题"圣谕图解"。碑身绘图 6 幅,钟化民绘图演义。《北图藏拓》57－153。

581.《惠水批弓斗牛场名录刻石》(3),万历十五年。贵州惠水县,摩崖石刻 3 处。240＊200。《贵州省志·文物志》,《苗族卷》P87。斗牛规则、习俗。

582.《大观滩明代摩崖》,万历十五年。贵州锦屏县平略镇大观滩清水江边。65＊80。《苗族卷》P87。军征苗事。

583.《智果寺圣谕碑》,万历十六年(1588)四月二十四日。陕西洋县智果寺藏经楼下小院中。《汉中》P34。

584.《介休县水利条规碑》,万历十六年十一月。山西介休市洪山镇洪山村源神庙。227＊75＊19。碑额作碑题,阴额题"碑记"。知县王一魁撰文。《洪洞介休》P163;《黄河》P105;《晋中》P211;《明清山西》P53。水规、息讼。解决卖地不卖水、卖水不买地之弊。

585.《鸑鷟泉水利记》,万历十六年。山西介休市洪山镇洪山村源神庙。《介休县志》卷12;《洪洞介休》P170。水规出台前后记事。

586.《税粮会计由票长单式样碑》《抚院明文碑》,万历十六年。原在江苏常熟道前,现存常熟碑刻博物馆。86＊164。《江苏明清》P543。赋税徭役。

587.《重修巾湖叶氏宗祠碑记》,万历十六年。浙江温州。清王棻等纂《永嘉县志》卷24。宗族。

588.《青阳乡约记》,万历十六年。福建晋江市。《晋江》P52。乡约。

589.《玉皇阁常住田碑记》,万历十七年(1589)正月十六日。云南武定县狮山镇古碑亭。《楚雄》P560。

590.《苑川古庙碣》,万历十七年三月。山西洪洞县兴唐寺乡苑川村。53＊70。23行17字。《三晋·洪洞》P172。记事,仿公文,公议水规。"官罚","照依违水例治罪";"沟头左路有隐情不禀被人评告,以受贿坐赃问罪"。

591.《水利禁令公文碑》,万历十七年四月初一日。山西太原晋祠圣母殿碑廊。160＊87＊27.5+6。额题"水利禁令公文"。碑阴有万历三十年(1602)文。《黄河》P110;《山西续一》P181。公文、讼案、官禁。水事官牒碑,太原城北金村村民争水灌田及太原府裁定。

592.《定林寺香田记》,万历十七年七月初一日。山西高平市米山镇米西村定林寺,嵌于墙壁内。40＊78。31行24字。《三晋·高平》P152。四至,禁盗易为私。

593.《均丈田地碑》,万历十七年。陕西洋县署前,佚。洋县知县马崇谦撰。《汉中》P463;《秦岭》P39。

594.《六祖常住香灯大坪庄粮田印信案碑记》,万历十八年(1590)三月十三日立,万历十三年四月二十三日抄。广东韶关曲江区马坝镇南华寺。180＊80。《韶关》P153。帖文,讼案,寺田。

595.《平阳府抚按两院告示碑》,万历十八年六月十五日立。山西洪洞县龙马乡景村慈云寺。圆首,跌佚。120＊59＊23。额题"平阳府抚按两院"。29行。《三晋·洪洞》P173。判词。平阳府解决洪洞、临汾二县世尊峪用水纠纷。减等杖一百、减等杖七十,赎罪,加责二十杖。

596.《莱州府勘界告示石刻》,万历十八年。山东青岛崂山区。公文,海印寺地产四至。

597.《新定条鞭记》,万历十八年。山东蓬莱。张永强《蓬莱金石录》(黄河出版社)P428。

598.《复南华寺田碑记》,万历十八年。广东韶关,佚。王用汲撰。康熙《重修曹溪通志》卷4,《韶关》P158。记事,寺田,争讼。

599.《绿云阁塔院记》阴,万历十八年。四川大邑县绿云庵。碑阴录洪武十五年禁止买卖寺田圣旨。民国《大邑县志》卷6,《巴蜀佛教》P418。圣旨,籍没家产。

600.《复六祖香灯田碑记》,万历十八年。广东韶关,佚。陈大猷撰。康熙《重修曹溪通志》卷4,《韶关》P160。记事,寺田,争讼。

601.《复寺田碑记》,万历十八年。广东韶关,佚。黎邦琰撰。康熙《重修曹溪通志》卷4,《韶关》P162。记事,寺田,讼案,差役,免税。

602.《徐大节买义冢地契碑》,万历十九年(1591)三月十六日。山东淄博博山区石马镇五阳山仙境院。40.5＊56。《博山卷》P81。文契,四至。

603.《少林寺首僧定量》《抚院明文》,万历十九年三月二十九日。河南登封市少林寺碑廊西侧。110＊60＊12.5。碑身有四个小圆孔,碑阴无字。《嵩山》P174;《嵩山少林寺》P265。呈,批,免差粮赋。

604.《圣谕碑》,万历十九年九月二十六日。陕西勉县二道河乡云雾山朝阳寺(又名云雾寺)。螭首方座,290＊117＊30。额书"圣谕"。9行20字。首题"皇帝敕谕朝阳寺住持及僧众人等",尾钤"广运之宝"印。《沔阳碑石》P34;《秦岭》P39。教谕,颁赐佛经。

605.《介邑王侯均水碑》,万历十九年秋。山西介休市洪山镇洪山村源神庙。笏头方趺,224＊73＊21。前四川按察司按察使孝义梁明翰撰,汾州儒学生员牛师尧书。《洪洞介休》P180;《黄河》P115;《晋中》P225。卖地不卖水、卖水不卖地之弊。

606.《立三皇庙房课祭典以垂永久碑记》,辛卯岁(万历十九年)菊月。甘肃武威文庙。156＊63＊13。《武威金石录》P123。医官父子具呈,帖文详允勒石。祭规。

607.《慈慧寺颁大藏经碑》,万历十九年十月敕。北京西城区阜成门外下关。拓195＊85。额篆"敕谕"。8行23字,年款处有"广运之宝"小字。《北图藏拓》58-13。圣旨。

608.《新建源神庙碑》,万历十九年。山西介休市洪山镇洪山村源神庙。《洪洞介休》P173;《晋中》P220。水利。

609.《临邑县创置学田碑记》,万历十九年。山西长治潞城区。光绪《潞城县志》卷15。

610.《刊示减革碑》,万历十□年。安徽南陵县。民国《南陵县志》卷46。公文,因灾减赋税徭役。

611.《各村施财善信题名碑》,万历二十年(1592)三月十三日。山东淄博博山区北博山镇洪山口村洪福山。48＊186。《博山卷》P612。地契、四至。

612.《捐财施地碑》,万历二十年十月十五日刻。河北廊坊市安次区。90＊55。额横题"万古流芳碑记"。《北图藏拓》58－31。

613.《慈慧寺十方常住碑》,万历二十年十二月刻。北京西城区阜成门外下关。拓191＊88。额题、首题"敕赐慈慧寺十方常住碑记"。碑阴两截,上题名,下地契。《北图藏拓》58－32。地契纪实。

614.《还金井碑》,万历二十年。河北博野县程委镇南林里村还金井旁。360＊96＊26。额题"明处士徐公归金记",碑题"徐处士还金井碑记"。冯琦撰。《文物河北》P507。记事。

615.《除冒籍碑》,万历二十年。山西安泽县。《三晋·安泽县》P303,转录自民国《安泽县志》卷15。

616.《借地建祠准予通行文约碑》,万历二十年。安徽祁门县潘村。公文。

617.《纲纪重地榜书》,万历二十一年(1593)。陕西西安碑林,刻于唐《玄秘塔碑》之阴。拓111＊118。左思明隶书,左佩珂模,左史视刻。《北图藏拓》58－48。

618.《汪太守馆例十二条》,万历二十一年。江西吉安白鹭洲书院。148＊80。《庐陵》P37。学规12条。

619.《涉县为禁约事通知》,万历二十二年(1594)三月初一日通知。山西黎城县。56＊100。《三晋·黎城县》P100。为禁伐山林事。

620.《礼部奉旨祭葬南京通政史艾可久碑记》,万历二十二年六月二十八日。原立于上海浦东新区孙桥镇中心村,现存浦东新区博物馆。四面刻。197＊105+70。载隆庆元年(1567)三月初二《皇帝敕谕艾可久巡视上江常川地方圣旨碑》、万历五年(1577)二月十六日《皇帝敕谕艾可久分巡东昌道兼管兵备马政河道事务圣旨》、万历八年(1580)二月二十八日《皇帝敕谕艾可久催征贮收钱粮等事务圣旨》,万历十一年(1583)九月《皇帝敕谕艾可久督理陕西粮草带催料价等事务圣旨》。《浦东修订》P85－100。

621.《重修鹤林寺记》，万历二十二年八月。江苏镇江焦山碑林。范仑书。寺产。

622.《卧龙岗买地文书刻石》，万历甲午(二十二年)孟冬。北京门头沟区永定镇上岸乡卧龙岗村西南，摩崖。拓 72 * 53。8 行。《北图藏拓》58－52;《门头沟文物史料》P85;《门头沟文物志》P341;《北京石刻文集》P211。太监张云用银 12 两买耕地 17 亩舍寺，故又名"张太监舍地碑"。

623.《敕旌朱氏义民坊记》，万历二十三年(1595)孟春。江苏句容市。《句容》卷 9。善举。

624.《肃清规杜诈害以安丛林告示并豁免粮差碑》，万历二十三年十月二十八日示。河南登封市少林寺碑廊北侧右数第六块。圆首，150 * 70 * 22。15 行 32 字。额题"院道明文"，首行刻"河南府登封县为乞恩照旧存恤事"。28 行 67 字。碑阴刻同年七月《豁免粮差碑》。两面均钤"登封县印"，有押。《嵩山》P174;《嵩山少林寺》P265。公文，官禁。处治违规寺僧办法，违戒重责。

625.《银州重修圆通寺记》，万历二十三年。辽宁铁岭市银州城区圆通寺外。螭首龟趺。(82.5+220+62) * 92.5。额双面"圆通寺记"。《辽宁省志·文物志》P268。

626.《新建督学察院记》，万历二十三年。江苏句容市。《句容》卷 97。

627.《洛阳县康家庄等里施地立碑记》，万历二十四年(1596)八月。河南洛阳关林，嵌于大殿后墙门西侧。138 * 49。《关林》P115。记众乡人等施庙院地基亩数，有的注明上盖后殿、上盖大殿等用处。后列丈地人、算地人名等。

628.《栖霞圆通精舍募资长生田碑记》，万历二十四年八月。江苏南京栖霞寺。170 * 82 * 21。《南京》P178。寺产管理、置产。

629.《蒋春芳江北誓辞碑记》，万历二十四年。江苏盱眙县第一山国家森林公园翠屏堂前。200 * 84。首题"巡按江北誓辞"。14 行。光绪《盱眙县志稿》卷 13;《淮安》P120。官箴，吏治。

630.《乐清学田记》，万历二十四年。浙江乐清县。张子珵撰。万历《温州府志》卷 16;《温州》P417。崇尚井田，贬斥寺田。

631.《海龙囤示禁碑》，万历二十四年。贵州遵义汇川区高坪镇海龙屯村。首题"海龙囤骠骑将军示谕龙岩囤严禁碑"。《贵州通志·金石志》P99。军事管理，稽查办法。"给年貌号牌，稽考内无出关字样";"解取物件事告假下囤，赴总管厅乞牌照验"。执照，朱批帖文。

632.《平阳府解州闻喜县美阳乡东西张村水渠记》，万历二十五年

（1597）八月。山西闻喜县，佚。《闻喜县志·艺文》；《河东水利》P193。记事，清丈田亩、状告、轮灌规约。

633.《置地守林记》，万历二十五年十月。原存山东曲阜市南郊马鞍山孟母林，毁。孟府有原石旧拓。

634.《性觉寺记》阴《常住田记录》，万历二十六年（1598）正月。云南大理凤仪镇北汤天村性觉寺。131＊58＊7。《凤仪》P61。田产坐落、四至、粮额。防盗卖。

635.《嘉定县永折漕粮奏疏并勒石缘由》，万历二十六年三月。上海嘉定区西门折漕报功祠遗址。265＊170＊28。5 320余字。知县王福征勒石。殷都《永折民疏》（《折漕汇编》），《嘉定》P106。公文，奏疏，转详覆议，具题，奉圣旨。赋税徭役。

636.《仓基田地租税申文碑》，万历二十六年季冬谷旦。江苏江阴市。民国《江阴县续志》卷23。赋税徭役。

637.《清源义庵禅师功德碑铭》阴，万历二十六年。山西洪洞县成安镇万圣寺。圆首跌佚，150＊65＊19。首题同碑名。碑阴额镌祝寿图，下文33行45字。全文分四部分：一"千秋岁"词一首；二赵城县樊村里三社香老为保护七佛峡五台山佛阁交给官府的保状；三佛教曹洞宗流派；四重建佛阁僧徒题名。《三晋·洪洞》P186。私文，保状。仿公文格式。

638.《永折漕粮碑记》，万历二十六年。上海嘉定区，佚。唐时升代王锡爵撰。康熙《嘉定县志》卷22；光绪《嘉定县志》卷2；《嘉定》P103。赋税徭役。

639.《五峰山颁赐道藏敕谕》，万历二十七年（1599）二月初十日敕。山东济南长清区五峰山洞真观山门内。额题"圣旨"。9行，年款处刻"广运之宝"小字。供安道藏事。

640.《五峰山敕谕碑》，万历二十七年二月初十日敕。山东济南长清区五峰山洞真观山门内。碑身有多处裂纹。额题"御制"。17行。首行"皇帝敕谕山东五峰山三官宝殿住持及道众人等"。

641.《云台观敕谕》，万历二十七年八月。四川三台县云台观。《巴蜀道教》P262。赐《道藏》圣旨。

642.《院道批详条款碑》，万历二十七年秋九月。安徽。《安徽》卷8。公文。差役克弊等、起运钱粮。各厅会议七款。

643.《天柱县初建县治碑记》，万历二十七年仲冬。贵州天柱县城内。整饬黎靖湖广按察司副使徐幸福撰。《贵州通志·金石志》P100。记事，行政建制。

644.《赐纯阳上宫道藏诏令》，万历二十七年。山西芮城县。皇帝敕谕中条九峰山通玄观住持及道众人等。钤印"广运之宝"。供安大藏经。

645.《寅宾堂箴》，万历二十七年。山西绛县戒石亭，佚。《三晋总目·运城》P310。

646.《敕谕碑》，万历二十七年。山东济南长清区灵岩寺。103＊86.2＊29。敕谕灵岩寺住持及僧众人等圣旨。

647.《分守陇右道题名碑》，万历二十七年。甘肃，佚。《陇西艺文集》，《陇西》P180。行政建置。

648.《守官箴刻石》，万历二十七年。湖北潜江市。《潜江贞石记》卷5。

649.《水利碑》，万历二十八年（1600）季春。山西河津市僧楼镇马家堡村。130＊54＊11。碑阴刻"永示不忘"和渠道分布图。《河东水利》P194；《山西续一》P187。记事、息讼。完纳钱粮数额。

650.《铨衡箴刻石》，万历二十八年刻。北京东城区原公安街。拓172＊63。碑阳5行，碑阴6行，赵邦清书并跋。《北图藏拓》58-112。官箴。

651.《平阳府曲沃县安民兴集碑》，万历二十八年。山西曲沃县曲村镇下坞村。圆首，跌佚，残。86＊52＊14。阳额题"皇明"，阴额题"碑记"。蒯谏立。碑阳记事，阴公文。《三晋·曲沃》P67。帖。

652.《颁道藏敕谕碑》，万历二十八年。山东青岛崂山区太清宫。山东巡抚刘谨等人立。青岛博物馆藏有万历皇帝亲赐太清宫《道藏》。

653.《宫界四至刻石》，万历二十八年。山东青岛崂山区太清宫三官殿通往三清殿的夹道旁。莱州府查明太清宫之宫界四至。

654.《太初观护经敕碑》，万历二十八年。河南灵宝市道圣宫。《中州金石考》卷7。

655.《理欲生长极至图碑》，万历二十八年刻。址不详。拓130＊60。额横题"理欲生长极至之图"。两截，上19行，首题"示儿语"，尾署"吕坤书于澄凝室"；下图。《北图藏拓》58-110。善恶报应，劝世文。

656.《两院详允永充弓兵户额经制碑》，万历二十八年。原在云南洱源县江尾乡青索河东村杨思忠府大门前，后移天衢桥东。《大理名碑》P402；《洱源县志》P658。公文，赋役。

657.《汾西县为挑河修地以济民艰事》，万历二十九年（1601）四月十九日。山西洪洞县堤村乡干河村净石宫。54＊87。首题同碑名。23行20字。《三晋·洪洞》P189。公文。堤岸管理、粮额。

658.《新置宁波府五县儒学田颂碑》，万历二十九年四月。浙江宁波天一阁碑林尊经阁庭院东壁。74＊162＊40。《天一阁》P141。学田演绎。

659.《大云寺免寄军储记》,万历二十九年五月。山西灵丘县大云寺,佚。《三晋·灵丘》P243,转录自清《灵丘县志》。公文,批文。

660.《题岳庙灵芝诗并跋》,万历二十九年八月。河北曲阳县。中断裂,拓 180＊79。《北图藏拓》58－117。慎刑。

661.《儒溪界碑》,万历二十九年九月。贵州习水县醒民镇麻柳滩川黔界上贵州一侧。195＊105。额横刻"儒溪界碑"。遵义军民府知府蔡凤梧等奉钦差总督川湖贵军务兵部侍郎等委托查立。《贵州省志·文物志》P285。公文,行政管辖界限。

662.《汾西县乾河里新筑河堰碑记》阴,万历二十九年孟冬。山西洪洞县堤村乡干河村净石宫。圆首方趺。135＊70＊25。额题"新筑河堰碑文"。23行20字。《三晋·洪洞》P190。渠地丈量及粮额,管理公约。

663.《重修华亭寺记》,万历二十九年。云南昆明。《云南古碑》P92。记事,讼,杂派尽蠲。

664.《黄册亲供议碑》,万历三十年(1602)正月。原在江苏常熟道前,现存常熟碑刻博物馆。156＊81。《常熟碑刻集》P34;《江苏明清》P546。公文,税赋改革。

665.《重修太学会馆记》,万历三十年仲春。安徽。《安徽》卷8。

666.《宛平县定役裁费刻石》,万历三十年五月一日。原在北京西皇城根旧宛平县署土地祠内。拓 193＊67。额篆"宛平县定役裁费刻石记"。碑阴为清乾隆三十九年(1774)十一月《土谷祠碑》。《北图藏拓》58－137;《北京工商》P193。公文,除弊护民。

667.《禁止采伐山林告示碑》,万历三十年五月。山东淄博博山区凤凰山泰山行宫。70＊98。《博山卷》P147。告示,护林。青州府捕盗通判立禁伐山林,严禁周围居民上山放牧和砍伐树木,并委托人守护山林。

668.《保护先贤墓碑》,万历三十年八月中浣,北京昌平区南邵镇何家营村。拓 108＊59。林奇材撰。《北图藏拓》58－144。

669.《协天祠田助京捐田碑》,万历三十三年十月。广西恭城县武庙内。《恭城》P6。

670.《玄天阁常住田碑》,万历三十年十月刻。云南昆明晋宁区。拓 79＊48。《北图藏拓》58－147。

671.《广济河渠水利碑》,万历三十年。河南沁阳。河内知县袁应泰撰文刊石。乾隆《怀庆府志》;《中州百县》P1035。工程规模、施工状况、管理措施、渠夫公文、帖文、渠地税粮。

672.《钦赐肃府禄地山场碑》,万历三十年。甘肃兰州榆中县定远乡矿湾村小学校院内。《兰州古今碑刻》P87。山场地界执照。

673.《无锡县儒学题名记》，万历三十年。江苏无锡碑刻陈列馆。龚勉撰文。"备劝诫，示褒贬"。

674.《龙华寺明神宗敕谕碑》万历三十年。原立上海龙华寺，毁于咸丰十年。康熙《龙华志》，《上海佛教》P149。

675.《大邑县重建学宫记》，万历三十年。四川大邑县。《大邑县志》卷3。

676.《祖林垂示碑》，万历三十年。福建厦门同安区新墟镇金柄村。环保。

677.《莱州府勘界告示石刻》，万历三十一年（1603）三月二十日。山东青岛崂山区太清宫内三清殿东。莱州府和掖县、即墨县为新修太清宫勘查地界，确定太清宫供奉藏经香火占地的四至范围，约110字。寺田"永不起科"。

678.《广润渠水利碑》，万历三十一年三月。山西洪洞县龙马乡景村慈云寺。刻于万历十八年（1590）《平阳府抚按两院告示碑》阴。额题同碑名。《三晋·洪洞》P193。讼案，变乱水例，立碑于府二门首。官方认可渠例渠规22条。罚米。

679.《晋府碑文》，万历三十一年六月初，山西太原晋祠圣母殿碑廊。《晋祠》P152；《山西续一》P188。公文，殴伤。

680.《太原府盂县禁饕霸盗卖碑》，万历三十一年七月。山西盂县藏山祠保孤殿前。140＊71＊17。官禁。

681.《太清宫形胜地至碑》，万历三十一年七月。址不详。拓226＊86。赵任撰。《北图藏拓》58－150。

682.《禁约牒碑》，万历三十一年八月。山西忻州五台山五爷庙。官禁、公文。

683.《大明新建藏经阁碑记》阴，万历三十一年□月十六日。甘肃平凉市崆峒山中台西北角。156＊85＊17。8行，残存77字。《崆峒金石》P109；《崆峒山》P23；《安多》P119。颁赐大藏经，管理收藏。

684.《广济河公田碑》，万历三十一年。河南沁阳。怀庆府河内县知县袁应泰等人立石。道光《河内县志》，《中州百县》P1246。公文，专款专用；契证，价银亩数四至。购置公田积谷，"树立碑记，据此为照"。

685.《合龙山地粮记碑》，万历三十一年。陕西绥德县张家砭乡合龙山祖师庙正殿前左侧。《榆林碑石》P307。

686.《重修遍知寺碑记》阴《常住田碑记》，万历三十二年（1604）孟春上元。云南大理凤羲村（赵氏村）雨花寺。106＊58＊14。碑阴载洪武、永乐、万历等间置产纪录。《凤仪》P246。置买、舍产数额、坐落四至、粮额。

687.《荆方伯创置学田碑》,万历三十二年十一月。原在甘肃陇西县府文庙,佚。《陇西艺文集》,《陇西》P185。

688.《广济渠申详条款碑》,万历三十二年。河南沁阳县博物馆。43＊93＊10。16行41字。袁应泰撰文。乾隆《怀庆府志》;《河南通志》卷79《艺文八》;《黄河》P132;《中州百县》P1246。水规渠规。"以盗决堤防治罪"。

689.《捐置学田二碑》,万历三十二年。甘肃陇西县文庙。《陇右》卷7。

690.《同安县禁谕碑》,万历三十二年。福建厦门同安区洪塘镇石浔村昭应庙。280＊120＊21。《厦门文物志》P110。记事,禁止豪族掠夺土地之德政。

691.《大埔县知县伍示摩崖》,万历三十三年(1605)三月初一日。广东大埔县龙岗村梅碥古道。《广东石刻卷》P77。告示,规条。

692.《报恩寺功德碑》,万历三十三年三月十八日刻。云南昆明盘龙区松华坝。拓144＊76。两面刻。碑阴刻常住田庙祭田帖文。《北图藏拓》58－165。讼案,寺产、寺规。

693.《喜舍》,万历三十三年三月二十三日。山西阳城县町店镇崦山白龙庙。57＊50。首题同碑名。14行15字。《三晋·阳城县》P61。碑契,死买地价钱四至,用途。

694.《史直指新置学田碑》,万历三十三年三月。甘肃,佚。《陇西艺文集》,《陇西》P186。学田。

695.《香光寺颁赐大藏经碑》,万历三十三年十二月十四日谕。北京房山区大韩继村。拓109＊62。12行23字。年款处有"广运之宝"小字。《北图藏拓》58－174。敕禁。

696.《圣旨碑》,万历三十三年。河北赞皇县张楞乡蒲宏村西北。螭首方座,280＊90＊23。额篆"圣旨"。《文物河北》中P53。加封胡一贯为浙江杭州府推官。

697.《香光寺福德庄严碑》,万历三十四年(1606)五月一日。北京房山区大韩继村。拓190＊78。碑阴题名。《北图藏拓》58－179。产业四至记录。

698.《巡抚严禁违禁入赘示谕碑》,万历三十四年十一月。四川通江县板桥口乡石院子村写字岩摩崖。任江、席凯《入赘、酗酒、早婚——通江县三通明清告示摩崖石刻考》,《碑林集刊》19辑P227。

699.《加赠诰命圣旨碑》,万历三十五年(1607)二月二十八日立。万历二十六年(1598)九月诰命。陕西富平县。仅存上半截。130＊86＊26。14

行 18 字。《富平》P35。

700.《八大寺定租碑记》,万历三十五年三月。江苏南京。《金陵梵刹志》P312。公文,赋役。

701.《延寿寺颁赐大藏经碑》,万历三十五年六月刻。北京丰台区大井村。拓 167 * 91。额题"圣旨"。10 行 21 字。年款处有"广运之宝"四小字及印章。《北图藏拓》58-197。

702.《颁赐大藏经碑圣旨碑》,万历三十五年九月初四日。山西忻州五台山显通寺。11 行。额题"圣旨"。《明清山西》P337。

703.《安徽黟县与浙江婺县之间盐运事务文告》,万历三十五年。浙江杭州孔庙。140 * 75。《杭州孔庙》P106。公文;运输、价格、贸易、治安等。

704.《广东等处提刑按察司给白云寺付札碑》,万历三十五年。广东肇庆鼎湖山。《广东》P681。公文,札付。

705.《两浙都转运盐使司文告》,万历三十六年(1608)五月。浙江杭州孔庙。140 * 80。《杭州孔庙》P107。公文。关于安徽休宁县与浙江婺县之间盐运事务。

706.《中兴曹溪禅堂香灯记》,万历三十六年。广东韶关,佚。释德清撰。康熙《重修曹溪通志》卷 4,《韶关》P166。寺产流失,回赎。

707.《木氏告示碑》,万历三十六年。原在云南丽江县城内,未见。北京图书馆藏拓。拓 48 * 93,右上角缺。杨林军《明代丽江碑刻文献述略》,《楚雄师范学院学报》2012 年 5 期。木氏土司禁规,邻里男女及不同辈分间不得越界,"全族上刑枭示"。"善恶分明,齐家则上于孝父母,次则和顺兄弟,妇道则□洁守节。"

708.《圣旨碑》,万历三十七年(1609)二月。原立于河北正定县崇因寺内,50 年代移砌于常山公园门前桥上,现存隆兴寺。座佚。221 * 76 * 19.5。阳额"圣旨",刻"敕谕"15 行 31 字,共 312 字。阴额"碑阴",刻"本府崇因寺盖方殿募缘疏",16 行 32 字,共 378 字。杜平《正定崇因寺明神宗圣旨碑》,《文物春秋》2013 年 1 期。

709.《三街涌胜泉碑记》,万历三十七年三月十九日。广西灵川县三街镇北街东巷井前。85 * 50。额题"涌胜泉碑记"。《灵川》P83。捐款,神鉴。

710.《保宁寺养赡地亩碑记》,万历三十七年初夏。山西太原窦大夫祠。168 * 75 * 20.2+59。阳额"天潢遗润",阴额"段疆"。《山西续一》P11。四至。

711.《察院禁碑》,万历三十七年四月初八日。四川都江堰市青城山香积寺遗址。孔真撰。官禁。

712.《察院荡田碑记》,万历三十七年四月十五日。上海嘉定孔庙碑廊。164 * 84。额横题同碑名,知县陈一元立石县署。《江苏明清》P667;《嘉定》P117。公文,地方和驻军处分荡田的文告。勒石分界以杜后争。"祖有旧制,卫有额碑,宪有印。"

713.《瞻族田记》,万历三十七年孟夏。江苏江阴市。民国《江阴县续志》卷23。

714.《补敝约言》(2),万历三十七年仲秋。原在山西运城河东察院遗址,1989年移运城市博物馆。200 * 81.5+44。27行67字。两石。一言核行引之实、立宪单之法、申棚放之例、申通比之例;一言防票税之漏、革冒引之弊、定税盐之数、革增票之弊。钦差巡按山西等处监察御史陈于廷立。《盐池碑汇》P139;《三晋总目·运城》P124;《山西续一》P11。规章,盐法、除弊、考课;盐税。

715.《为恳恩照例优免以杜攀扰事碑》《恳恩照例优免碑》,万历三十七年仲秋。山东邹城市孟府二门内东侧。公文,特权。

716.《靖江禁谕碑》,万历三十七年。湖南通道县下乡乡团伦湾村。140 * 70。《侗族卷》P47。公文,禁谕。

717.《水利榜文叙》,万历三十八年(1610)仲夏。山西,佚。山西河津市衙门府大殿内有存文。《河东水利》P195。记事,立榜缘由效果。

718.《创置顺天府学学田记》,万历三十八年七月刻。北京东城区府学胡同文天祥祠。拓137 * 85。毕懋康撰并书。《北图藏拓》59-14。

719.《常熟县购置义田分赡北运差役碑》,万历三十八年八月。原在江苏常熟县署,现存常熟碑刻博物馆。191 * 86。知县杨涟立石。《常熟碑刻集》P38;《江苏明清》P548。

720.《续修助马堡碣记》,万历三十八年十二月立。山西左云县助马堡东关南门洞东侧壁。73 * 120 * 15。《三晋·左云》P38。详列工程规模、预决算、工期等。

721.《府堂禁约》,万历三十九年(1611)四月。海南。民国《琼山县志》卷16。官禁,禁贼。

722.《三院禁约碑》,万历三十九年九月初一日。河南内乡县衙。重刻。296 * 91。27行76字。知县易三才等立。公务接待,除弊。永著为例。

723.《敕颁藏经玺诏》,万历三十九年四月发文。山东烟台市牟平区昆嵛山烟霞洞神清宫。颁施藏经。

724.《松江府建求忠书院记碑》,万历三十九年八月。上海松江区。《松江文物志》P169。

725.《无锡县均田碑》，万历三十九年九月。原在江苏无锡市区。200＊94。《江苏明清》P516。徭役。

726.《院道详允告垦下区田永额斗则示碑》《已垦荒田定则碑》，万历三十九年十月勒石县署。上海嘉定孔庙碑廊。碑题同前碑名。光绪《嘉定县志》卷29；《上海》P135；《嘉定》P123。官告，荒田赋税数额。

727.《净土寺置田碑》，万历三十□年刻。北京石景山区首都钢铁公司内。188＊94+27。额篆"重修金阁寺添置碑记"。《北图藏拓》59－32；《石景山》P96。

728.《乡饮家火碑》，万历四十年（1612）正月初十日。山东昌乐县。民国《昌乐县续志》卷17。

729.《部院严谕碑》，万历四十年五月五日立。河北唐县石门乡大岭口村大茂山林场院内。150＊60＊16。首横题"部院严谕"。《文物河北》P553；《唐县文物志》P58；《古北岳遗存碑石录》P30。军规，军制。

730.《南京东城疏通河渠碑》，万历四十年九月初九日立。江苏南京明故宫。原立于宗人府后，现立五龙桥南侧。223＊101＊18。《南京》P187。公文，水利禁令，明确立碑地址。

731.《海涯寺碑》《海涯寺弥勒殿碑记》，万历四十年十月刻。云南昆明。拓141＊65。胡桐撰，李本元书，郝应元镌。首题下及碑尾续刻万历四十四年（1616）、四十八年（1620）舍地题记。碑阴刻捐资题名及田产数目。《北图藏拓》59－43；《云南古碑》P67。

732.《宁波府置府县各学田记》，万历四十年孟冬月。浙江宁波天一阁尊经阁庭院西壁。250＊135＊30。23行44字。《天一阁》P151。各学所置田亩、租银数。

733.《院道禁谕碑》，万历四十年十一月。安徽南陵县。《安徽》卷9。吏治。

734.《都察院右佥都御史徐民式等为重修新丰坝碑记》，万历四十年十一月。安徽泾县丁家桥丁姓宗祠（丁桥小学）。1986年发现。青石。184＊105＊9。曹天生辑《安徽泾县丁家桥丁姓宗祠碑记》。公文，争讼沟道。"须至牌者"。

735.《五台山各寺老粮碑记》，万历四十一年（1613）三月。山西忻州五台山五爷庙。碑阴记各寺田产。《明清山西》P341。

736.《直隶常州府无锡县为议买学田以兴人文事碑》，万历四十一年四月。江苏无锡碑刻陈列馆。公文。

737.《报亲净业堂记》，万历四十一年六月。浙江杭州孔庙。《杭州孔庙》P324。供地赎罪，信仰。

738.《敕赐重修圆广寺碑记》《圆广寺赎地碑》，万历四十一年九月。原在北京西城区阜成门外南营房，现存北京石刻艺术博物馆。螭首方座，388 * 104 * 33+77。阳额"敕赐重修圆广寺碑记"，碑文剥蚀；碑阴文字清晰，记圆广寺旧地被骗卖后被赎回的经过。《北图藏拓》59－62。公产、寺产盗卖。

739.《敕谕蜀都指挥佥事左参将李梁材碑》，万历四十一年十一月十三日，万历四十一年十一月十三日敕。山西朔州平鲁区凤凰镇西南李家坟。额题"皇帝昭谕"。《三晋·平鲁区卷》P73。

740.《鄞县重修儒学并置学田碑》，万历四十一年季冬。浙江宁波天一阁东园。221 * 120。27 行 48 字。光绪《鄞县志》卷 9；《天一阁》P152。学田。

741.《置买学田始末记》，万历四十一年。上海嘉定孔庙明伦堂。知县胡士容勒石。《嘉定》P426。公文，府帖、宪牌、蒙批，学田亩册佃额。

742.《直指按晋训廉谨刑约言碑》，万历四十二年(1614)正月。原立于山西黎城县衙大堂，现藏县文博馆。192 * 98。19 行 42 字。额篆"按晋约言"。巡按山西监察御史李若星撰发，黎城县知县毛学曾勒石。《三晋·黎城县》P114。官箴。

743.《直指按晋训廉谨刑约言碑》，万历四十二年正月。原存山西曲沃县城靳家衙，现存曲沃中学院内。圆首。174 * 67 * 19+85。16 行 52 字。首题"直指按晋训廉谨刑约言"。李若星撰，曲沃知县何承祚勒石。《三晋·曲沃》P73；《曲沃古碑》P17。官箴，慎刑戒酷、谨用夹拶。

744.《严禁扛诬设呈碑》，万历四十二年正月。原在江苏常熟道前。常熟图书馆藏拓。160 * 78。《江苏明清》P552。官禁，禁讼；健讼。

745.《华严阁田亩碑》，万历四十二年八月二十一日刻。云南昆明晋宁区龙盘寺。拓 106 * 57。《北图藏拓》59－67；《云南古碑》P69。

746.《常熟县为吁天申禁敦民水火事碑》，万历四十二年仲秋月。原在江苏常熟道前。142 * 85.5。《江苏明清》P553。官禁，禁铺户当官。裁革典铺行铺供给，官自备办。

747.《报恩寺地产田亩碑》，万历四十二年十月刻。云南昆明。拓 138 * 79。《北图藏拓》59－68；《云南古碑》P68。

748.《察院禁约碑》，万历四十二年上冬月。安徽。《安徽》卷 10。官禁，禁骚索当铺取借绒衣布帐等物。

749.《皇帝敕命碑》，万历四十二年文。河南光山县大苏山净居寺碑廊。274＊64＊11。额刻"皇帝敕命"，尾有"广运之宝"印文。10 行 27 字。《大苏山》P34。颁施大藏经，供安。

750.《兵道禁约碑》，万历四十二年立。上海崇明学宫碑廊南墙上。方首。100＊52。9 行 18 字。知县许廷谏等示。不见于清代、民国《崇明县志》。《崇明》P36。官禁，禁疏滩滥用民利。知县示禁，蒙本府帖文，宪牌。

751.《平阳府临汾县襄陵县两河分界碑记》《平河均修水利碑》，万历四十三年（1615）正月。山西临汾市西南 15 公里姑射山下龙祠。康熙二十二年《龙祠下官河志》;《龙祠》P165;段友文《平水神祠碑刻及其水利习俗考述》，《民俗研究》2001 年 1 期。记事，水利纷争、祠前枷示。

752.《敕谕碑》，万历四十三年三月立。湖北丹江口市武当山。《武当山》P93。印道藏施舍，道教管理。

753.《关帝庙施地碑》，万历四十三年四月刻。址不详。下缺。拓 99＊51。《北图藏拓》59－70。

754.《军门禁约碑》，万历四十三年十月十五日示。贵州沿河县洪渡镇。方首，170＊100＊8。民族矛盾，"汉人入夷，律有明禁"。依律处斩。

755.《两院司道批允免茶租告示碑》，万历四十三年。福建南平武夷山七曲溪北金鸡社岩壁。建宁府衙颁布。《武夷山》P354。公文，租赋。

756.《报国寺常住碑》，万历四十四年（1616）四月八日刻。四川峨眉山市。拓 148＊77。《北图藏拓》59－85。寺产。

757.《田应敖墓券》，万历四十四年七月十六日刻。北京出土，首都博物馆藏。拓 53＊55。《北图藏拓》59－88。劾文"合同"，咒文、信仰。

758.《禁止木铺供给碑》《常熟县禁革木铺当官碑》，万历四十四年八月。原在江苏常熟道前。205＊86.4。《江苏明清》P556;《常熟碑刻集》P41。官禁，禁当官，除弊。

759.《嶂石岩封疆记碑》，万历四十四年。河北赞皇县楼底乡嶂石岩村西 200 米。圭首方座。200＊60。《文物河北》中 P53。封山护林缘由、范围。

760.《散帮认课德政碑》，万历四十五年（1617）元月。福建连江县壶江岛。南京大理寺右寺丞董应举撰。记事。商盐交官结吏，囤积居奇，抬价杀价，鱼肉渔民，董公深入调研、主持公道。

761.《赵桂、赵桐等捐施土地记碑》，万历四十五年三月二日。山东淄博博山区源泉镇青龙山三官殿。110＊56＊15。《博山卷》P323。地契。

762.《观音寺碑》，万历四十五年六月六日刻。河北易县。拓 164＊83。《北图藏拓》59－96。施地、买地。

763.《关税禁约石刻》,万历四十五年八月。原在江苏常熟港口圆通庵内。常熟图书馆藏拓。148 * 98。《江苏明清》P559。除弊,经商环境恶劣,钞关委官多系假冒。

764.《富阳县便民仓碑》,万历四十五年仲秋。浙江杭州孔庙。《杭州孔庙》P108。因运河漕务之需,集资建仓。

765.《礼部榜文碑》,万历四十五年九月。原立于辽东都司,从辽宁辽阳市新城村收购,现藏辽阳市博物馆。71 * 124。41 行。《辽宁省志·文物志》P370。14 条学规。

766.《北坞清真寺碑》,万历四十五年十一月。河北大厂县。《回族》P366。禁伐。

767.《帖文记事碑》《按院禁约碑》,万历四十五年。河北武安市阳邑镇柏林村内。130 * 50 * 15。碑首题"彰德府磁州武安县悬恩立碑以便遵守"。《文物河北》P778。水利讼案,判决。

768.《泉州府告示》《灵源山示禁碑》,万历四十六年(1618)正月二十二日。福建晋江市安海镇灵源寺。《晋江》P58;《泉州府分册》P168。官禁,禁伐,风水。

769.《兖州府为保颜氏宗族碑》,万历四十六年三月。山东曲阜市颜庙西碑亭之后西。190 * 96 * 29。29 行 50 字。《曲阜碑文录》P678;《曲阜辑录》1－P294。公文,牒;族墓讼案。

770.《骆心丹公倡议公举合族□民田碑记》,万历四十六年孟夏。广东徐闻县。《广东》P488。

771.《捐俸银置买祭田记》,万历四十六年九月初一日。山东邹城市孟庙致敬门内院。族产。

772.《开垦荒田碑》《开垦荒地禁止阻夺碑》,万历四十六年九月、十月。原在江苏常熟道前,现存常熟碑刻博物馆。138 * 76.5。知县张节等立石。《江苏明清》P561。讼案。

773.《莅官总要碑》,万历四十六年。山西黎城县城关城隍庙正殿后庙院围墙。134 * 66。《三晋总目·长治》P38。吏治。

774.《梵净山敕赐碑》,万历四十六年。贵州铜仁梵净山。"一切诸人,起心不善,坏吾此山,领受此愿,犯者即还。"

775.《重修圆通寺记》阴《常住碑记》,万历四十七年(1619)仲春月。云南大理凤仪镇乐和村。133 * 49 * 8。额题同碑名。《凤仪》P221。施田置买产业坐落四至、粮额。

776.《漕务禁约》《巡漕察院禁约碑》,万历四十七年三月初七日。江苏苏州文庙。140＊73.5。额题"巡漕察院禁约"。11 行 21 字。七款禁约。《江苏明清》P569。官禁。

777.《龙王庙尊神圣诞会事条规记》，万历四十七年四月十二日。山西高平市五龙庙内。35＊52。23 行 17 字。《三晋·高平》P212。规约。

778.《新置碧霞元君神道碑记》，万历四十七年孟秋。河南浚县浮丘山碧霞宫中院。138＊84＊23。《天书地字》P180。价买四至，防患。

779.《常熟县助役公田碑记》，万历四十七年。原立江苏常熟县署头门，现存常熟碑刻博物馆。钱牧斋撰文。减民负担。

780.《察院明文禁约》，万历四十七年。安徽青阳县九华山化城寺。圆首，额横题同碑名。23 行。巡按监察御史田生金立。

781.《校正北霍渠祭祀记》(4)，万历四十八年(1620)正月。山西洪洞县广胜寺霍泉水神庙水神殿(明应王殿)外西南角。额题同碑名。碑额两侧分别刻其一、其二、其三、其四，四碑连刻，均 138＊64＊26。首题"邑侯刘公校正北霍渠祭祀记"。《洪洞介休》P43；《三晋·洪洞》P211；《山西续二》P42。记事，陋规、除弊。

782.《水神庙祭典文碣》(9)，万历四十八年正月。山西洪洞县广胜寺霍泉水神庙水神殿外东壁。共 9 石，65＊716。赵城县官和渠长诸人共同议定的霍渠祭神制度。前列明祭祀备办支销 23 项，后列北霍渠禁约 19 条，及各村摊派定额。赵城知县刘四端校正立石。有县押。《明清山西》P501；《三晋·洪洞》P204。"勒石永为定例"，祭祀禁约。

783.《后沟庄水例碑记》，万历四十八年春三月。山西洪洞县赵城镇后沟村。残，48＊65。碑文残缺不全。《三晋·洪洞》P213。公约，水规。"照依横霸水例论罪"。

784.《神山禁谕》，万历四十八年八月初三日。山西盂县苌池镇柏泉村玉皇庙。平首削肩，100＊56＊14。额题"神山禁谕"。《三晋·盂县》P126；《三晋总目·阳泉》P67。公文，训谕禁令，禁伐山林。

785.《嘉定粮里为漕粮永折呈请立石碑》，万历四十八年左右。原在上海嘉定区西门外。《上海》P137。田赋徭役。

786.《杨恒誉黄碑》，嘉靖(1522～1566)或万历年间(1573～1620)。陕西富平县杨爵祠内。仅存下半截，残 174＊86＊23。10 行 23 字。《富平》P42。圣旨。

787.《义仓碑》，万历末期。河南。光绪《卢氏县志》；《中州百县》P383。公文，帖，卢氏县乡绅李作义捐粮立仓。

788.《梁忠奏亲碑》，万历年间。陕西乾县王村乡王召村李吉家。上下有桦,首座皆失。160 * 75 * 23。记录梁忠告老还乡的奏事。

789.《知县王福征详定役米碑》,万历年间。上海嘉定区,佚。知县王福征勒石。万历《嘉定县志》卷6《徭役》;《嘉定》P115。赋税徭役。"均徭,旧例,十年轮编,令皆征贴,募役每年入条编带征。"

790.《学田碑记》,万历年间。安徽南陵县。民国《南陵县志》卷46。

791.《普定平讼摩崖》,万历年间。贵州普定县城东北猴场乡杨家寨村,距河岸坡地 100 余米高的壁上。140 * 160。额题"抚按明文"。全文876 字,可辨识者825 字。《贵州省志·文物志》P271。公文。万历三十九年械斗,贿银 300 两,积案 10 年。

792.《吕公开田碑》,万历年间。甘肃。《陇右》卷6。营田。

793.《宁波府委府经历典守仓廒告示碑》,万历年间。浙江宁波天一阁宝书楼。残,存三段。《天一阁》P156。公文。

794.《城隍庙碑记碑》,万历年间。浙江慈溪市。光绪《慈溪县志》。记事,铸刑书、神道设教。

（十五）泰昌（1620）

795.《严革漕白陋规帖附录禁约》,泰昌元年(1620)十一月。江苏。常熟图书馆藏拓。152 * 68。《江苏明清》P569。漕粮禁约、白粮禁约。

796.《抚按禁革兑运陋规明文》,泰昌元年仲冬月。安徽。《安徽》卷 10。

（十六）天启（1621～1627）

797.《义施学田碑》,天启元年(1621)十一月。河北沧州。同治《盐山县志》卷 14。财产处置。

798.《重修三官庙记碑》,天启元年。山东临朐县五井镇西峪村三官庙遗址。165 * 78 * 18。《临朐卷》P192。

799.《计开南税契式样碑》,天启元年。陕西岐山县孝子陵乡姚氏祠堂。150 * 58 * 19。《秦岭》P42。卖地立契约,修祠买地数目。

800.《洪武圣谕碑》,天启二年(1622)正月。广东惠来县华谢村。90 * 166。《广东石刻卷》P195。

801.《告示碑》,天启二年三月初七日。陕西户县(今西安鄠邑区)凿齿村北菩萨庙内。《户县碑刻》P390。道人盗卖寺产讼案。

802.《清水渠碑记》,天启二年四月。山西洪洞县明姜镇早觉村二郎庙。圆首,趺佚。117＊63＊18。额题"清水渠碑",首题"平阳府赵城县为盗砌陡口堵水害民事"。11行26字。碑阴为万历四年(1576)官禁,首题"平阳府赵城县为出巡事"。《三晋·洪洞》P217。官禁,水利管理与纠纷化解。渠头指索酒席,违例混乱。

803.《督学察院题名记》,天启二年季秋。江苏江阴市。民国《江阴县续志》卷23。

804.《孙如权等舍地碑》,天启二年十月八日刻。云南昆明晋宁区净土庵。拓94＊34。《北图藏拓》59-134;《云南古碑》P73。寺产,财产处置、罚咒。"侵谋豪占损害者,男盗女娼,口吐脓血,不过三日全家天诛绝灭;见身害癞,生遭王法,终堕阿鼻无间大地狱。"

805.《湖陂带溪萧参军券文》,天启二年十一月十三日。江西安福县。40＊28＊3。《庐陵》P318。阴契。"盗葬"。

806.《兵巡关内道告示碑》,天启二年正月二十五日。原在陕西泾阳县汉堤洞村泾惠渠北岸渠旁,现存泾阳县博物馆。130＊76,8行20字。《咸阳碑刻》P163;《黄河》P142。禁牛羊践渠,枷号重责。

807.《改造瞻族庄记》,天启二年。江苏江阴市。民国《江阴县续志》卷23。族产。

808.《光孝禅寺革除花卉供应碑记》,天启二年。广东广州光孝寺碑廊。65＊35。王安舜撰文,都纲僧起琪、住持行珮立石。《光孝寺志》卷10 P256;《广州市文物志》P222。革除弊端记事。

809.《布政司明文碑》,天启三年(1623)正月二十九日。原在山西黎城县衙大堂,现存黎城县博物馆。125＊58。27行69字。《三晋·黎城县》P125。公文。为潞安府申严库役赔累之禁以苏民困事。

810.《常熟县严禁致累绸铺碑》,天启三年正月。原在江苏常熟县道前,后由常熟县文管会保管。125＊77。《苏州工商》P3;《江苏明清》P572。官禁,禁扰累工商。

811.《正觉寺土地数目不得盗卖告示碑》,天启三年四月刻立。山西长治县司马乡看寺村正觉寺内。164＊74＊20。21行。《三晋·长治县》P110。告示,四至。

812.《重修南安县城隍庙记》,天启三年六月。福建南安市丰州镇城隍庙主殿右壁。215＊98。《泉州府分册》P635;《南安》P92。神禁。

813.《都察院副都御史定例碑》，天启三年八月。河北曲阳县北岳庙。6 行 14 字。碑阴为康熙五年题刻。横题"三不愧"，碑文漫漶难识。

814.《圣旨碑》，天启三年十月十五日。北京东城区银闸胡同真武庙。拓 132 * 70。额篆"圣旨碑记"。17 行 35 字。《北图藏拓》59 - 145。私债真伪难明，御马监。

815.《皇泽寺书事碑记》，天启三年。四川广元县嘉陵江西岸皇泽寺。民国《广元县志稿》二编卷 5，《巴蜀佛教》P472。寺产回赎。

816.《阖邑士民创建元都紫府祭田香灯记》，天启三年。广东顺德县（现佛山顺德区）大良北帝庙。《广州府道教》P1006。施田，置产。

817.《僧性顺立寺田碑》，天启四年（1624）二月。广东仁化县丹霞山风景区锦石岩功德堂。100 * 48。《韶关》P193。施田，戒约。

818.《敕命碑》，天启四年三月十九日。陕西泾阳县龙泉乡王家村。螭首方额龟趺。370 * 92 * 28。额篆"敕命"。12 行 42 字。《咸阳碑刻》P168。赠孺人圣旨。

819.《普惠生祠香火地亩疏碑》，天启四年四月。原在北京朝阳区东坝十六中学，1985 年迁至北京石刻艺术博物馆。螭首龟趺。246 * 115 * 35 + 78。两面刻。阳额题"圣谕"，首行题"题请普惠生祠香火地亩疏"。20 行 56 字。阴 24 行 51 字。《北京石刻拓本提要》P425。碑阳刻建魏忠贤祠事的上疏及皇帝的批复（天启四年四月），碑阴载开垦马房荒地的记录（天启七年四月）。

820.《抚院明文碑》，天启四年长至日（夏至）。陕西泾阳县王桥镇张家村。189 * 66 * 23。额题"抚院明文"。20 行 45 字。《黄河》P144;《咸阳碑刻》P167。公文，修渠除弊。

821.《重修施地碑记》，天启四年七月二十日。甘肃华池县林镇乡东华池宋塔中。断为两截。127 * 57 * 16。额题同碑名。《庆阳》P187。施产、见证人，契证。

822.《黎侯曹公调停院台经过善政碑记》，天启四年十一月立。山西黎城县文博馆。额横刻"程法永赖"。117 * 52。22 行 47 字。《三晋·黎城县》P127。革弊。

823.《按院禁碑》，天启四年十二月。山东宁阳县文庙。189 * 82 * 27。察院禁示。

824.《驱逐候缺官碑》，天启四年十二月。江苏淮安。《淮阴志征访稿》，《淮安》P239。公文，移文蒙批。勒碑永禁，吏治革弊，著为令甲。

825.《守备府碑》，天启四年。北京门头沟区沿河城。《门头沟文物志》P381。

826.《十王醮题名记碑》,天启四年。山东青州市东圣水村圣水祠。碑残,104 * 67 * 13。《青州昌乐卷》P223。冥罚。

827.《化条编碑记》,天启四年。陕西宝鸡陈仓区。邑令张鲲立。《陈仓区碑文选录》。公文,徭役、额征。

828.《庄公神祠》,天启五年(1625)孟夏月。云南大理凤仪镇文化站。157 * 63 * 15。《凤仪》P255。田亩坐落四至、价银、税粮、租数、禁约。

829.《三清宫灯田记碑》,天启五年八月十六日。四川。《巴蜀道教》P271。寺院经济。

830.《整理孟庙庙貌碑》,天启五年九月二十九日。山东鄄城县临濮镇临濮村孟庙院内。圆首,身残缺,座失。128 * 47 * 11。6 行 28 字。《菏泽》P317。告示,祭礼,禁杂差扰害。

831.《白塔寺遗业碑记》,天启五年十一月。浙江乐清市雁荡山玉虹洞山门东侧。光绪《乐清县志》卷 15,《温州》P425。寺产。

832.《捐地设军产碑》,天启五年。河北蔚县杨庄窠乡东坡寨村西南400 米。圆首方座。170 * 72 * 22。《文物河北》中 P159。记事,赵公自购土地捐为军产,驻军不得再向村民摊派军需款项。

833.《永折漕粮碑》,天启五年。上海嘉定区西门外折漕报功祠内,佚。谢三宝撰文。《嘉定》P125。记事,赋税徭役。

834.《嘉定县改折漕粮本末》《漕粮永折为百世利宜久远之碑》,天启五年。上海嘉定区西门外原折漕报功祠遗址内。230 * 105 * 28。25 行 64 字。额题同碑名。阴刻《漕粮永折为百世利宜久远之碑》,侯震旸撰文。《嘉定》P130。记事,公文,赋税徭役。

835.《圣旨颁行条约碑》,天启五年。福建泉州海外交通史博物馆。

836.《自证庵常住田碑》,天启六年(1626)春日刻。云南昆明。拓136 * 58。刘文徵撰。两截,上记事由,下田产施记,尾刻明末及康熙年间施田题记。《北图藏拓》59 - 181;《云南古碑》P73。

837.《李茂友捐施宅地文契》,天启六年五月。山东泰安岱岳区下旺清真寺。45.2 * 53.6。《泰山石刻》P607;《山东回族金石录集注》P507。碑契。立文契人李茂友因无嗣捐宅施地与寺,标明地产四至。

838.《长洲县出增派征便民碑记》,天启六年八月。江苏苏州文庙。额题"抚院派征便民碑记"。《苏州社会史》P581。赋税徭役、公示。

839.《潮州府奉两院并各司道批允勒石严示禁革碑记》,天启六年。广东汕头。《广东》P222。寺内风俗败坏,赌淫,强占寺产。

840.《乡仕会馆记》,天启七年(1627)正月。广东。道光《南海县志》卷30。

841.《敕命碑》,天启七年三月。广东阳春县。《广东》P445。健讼、吏治。

842.《烈石渠记信牌》,天启七年孟夏。山西太原窦大夫祠。191＊86.7＊22.4+71.5。刻于《烈石渠记》碑阴。阳额"烈石渠记",阴额"信牌"。13行34字。《山西续一》P193。以"太原府为水利事。蒙/山西布政使司信牌"开始,以"右牌仰阳曲县准此"结束。天启七年四月二十二日发牌,"定限本月二十七日缴",尾有"府押"。将《烈石渠记》校改刻石事。公文。

843.《兵巡道禁约碑》,天启七年六月。山西黎城县城关城隍庙。162＊65。额题作碑题,黎城县知县吴从众立石。《三晋·黎城县》P128。公文,禁约。

844.《苏州府永禁南濠牙户截抢商民客货碑记》,天启七年九月。原在江苏苏州南濠街121号门前。181＊72。《江苏明清》P186。海货商安全。

845.《禁约告示碑》,天启七年十一月初六日示。山西灵石县南关镇保安禅院。120＊55＊13。10行24字。《灵石》P219;《三晋·灵石》P66;《晋中》P258;《明清山西》P4。官禁,禁盗伐。

846.《廨院寺道府禁约碑》,天启七年十二月初一日。四川华蓥市华龙街道办廨院村。宣统《广安州新志》卷39;《巴蜀佛教》P477。禁侵陵捏扰寺产。

847.《抚院批禁长吴二县红花两户缘由碑》,天启□年六月。江苏苏州文庙。文不清。

848.《都院明文碑》,天启七年。河北隆尧县东良乡大市口村内。221＊80＊22。《文物河北》P724。公文,除弊政。

849.《均平水道记》,天启七年。山西忻州五台山,未见。《明清山西》P62。

850.《天龙寺重赎稻地碑记》,天启年间(1621～1627)。山西太原。《晋祠》P237。讼案,寺产回赎。

851.《示谕赋役碑》,天启年间。安徽南陵县。民国《南陵县志》卷46。会计由单。

852.《净土寺天启碑》,天启年间。四川什邡市九峰山净土寺。民国《重修什邡志》卷8上,《巴蜀佛教》P400。同谋寺产案。

853.《观音阁灯田碑记》,天启年间。四川武胜县北三溪乡观音阁。嘉庆《定远县志》卷32,《巴蜀佛教》P481。禁侵蚀。

（十七）崇祯（1628～1644）

854.《薛户官业记》，崇祯元年（1628）孟春。山西万荣县。合族立石。《三晋总目·运城》P104。族产、赋役。

855.《龙泉寺常住田碑记》，崇祯元年三月。云南保山隆阳区。《隆阳》P229。田产地租变迁。

856.《紫柏山免粮记碑》，崇祯元年五月十五日。陕西留坝县张良庙。《汉中》P38。租赋。

857.《五岳真形之图》，崇祯元年季夏。河北曲阳县北岳庙东碑廊内。185＊74＊20。额篆同碑名。两面刻。曲阳县判、道会司道官牛真诠释。碑文部分风化。《北图藏拓》60－7；《北岳庙碑刻解读·明清卷（下）》P70。五岳封号。

858.《河津县正堂为出示疏通水道碑》，崇祯元年七月。山西河津市。《三晋总目·运城》P104；《河东水利》P325。公文，水利。

859.《告示碑》，崇祯元年十月十八日。广东潮阳县。《广东》P316。水利，黑恶势力。

860.《告示碑》，崇祯元年。山西万荣县平原村薛瑄墓。河津县正堂出示。此外墓地尚有景泰六年（1455）《敕封碑》《圣旨碑》，成化元年（1465）《礼部致祭文》，成化六年（1470）《敕封碑》。薛瑄，赐进士出身、监察御史，大理寺卿。

861.《钟村圣堂庙碑记》，崇祯元年。广东广州番禺区钟村镇钟四村十字街口康公庙内。150＊78，《广州府道教》P881。四至。

862.《牟尼寺碑》，崇祯元年。云南永胜县片角区十甲村牟尼山。《云南林业》P923。山村禁忌，村民立。

863.《圆通寺常住田碑记》，崇祯二年（1629）正月二十日。云南嵩明县。拓137＊67。额失拓。汤凤喈撰，赵邦佐书，段师文篆额。《北图藏拓》60－11；《云南古碑》P78。

864.《察院禁约碑》，崇祯二年正月。原在云南曲靖城东门街旧城墙上，现存曲靖市麒麟区文化局院内。140＊68。16行31字。《曲靖石刻》P45。云南巡按监察御史甘宪牌，须至碑者。除弊。

865.《按院吴示碑》，崇祯二年四月示。陕西大荔县文物管理委员会。两截，上9行17字，下4行5字。《大荔碑刻》P41。官禁，禁征粮火耗，禁听讼苛罚。

866.《祀田碑记》,崇祯二年孟夏。山西运城盐湖区解州镇常平关帝庙寝宫东墙外。《三晋·盐湖》P200。置产数额及管理、祭祀规则。

867.《申革市民碑记》,崇祯二年八月。甘肃徽县文化馆。圆首,134 * 66 * 19。额题同碑名。17 行 30 字,徽州知州张鹏起刻。阴刻顺治八年(1651)正月《徽州调停驿站碑记》。《秦岭》P7。规章,市场管理条令。

868.《准免韩店镇出办麦糠棘茨碑》,崇祯二年十一月。原在山西长治县韩店镇,现存县文博馆。203 * 70。10 行 24 字。《三晋·长治县》P112。公文,批文,蠲免。

869.《无名碑》,崇祯二年十一月。山西长治县文博馆。《山西续二》P698。公文。

870.《皇明圣谕碑》,崇祯二年。陕西西安碑林。29 * 144。58 行 13 字。前为"皇明圣谕",后为"劝世歌"。《碑林全集》34 - 3394

871.《茶山渡碑记》,崇祯二年。贵州遵义县与开阳县交界处的茶山关。坐镇茶山的提督、参将、守备同立。关税。

872.《驿马禁令碑》,崇祯三年(1630)六月。原存甘肃徽县文庙,佚。吴疆《甘肃古代交通碑铭目录提要》,《图书与情报》1993 年 3 期。

873.《禁谕碑》,崇祯三年七月二日。云南宾川县祝圣寺。《丽江》P188。告示,地产纠纷。

874.《顺天府学田碑》《大京兆刘公置顺天府学田碑记》,崇祯三年十月一日刻。北京东城区府学胡同文天祥祠。拓 128 * 76。金铉撰,黄鼎书。《北图藏拓》60 - 28。田租银额。

875.《谢氏家庙禁碑》,崇祯三年。福建厦门杏林区海沧镇渐美村芦坑世响堂。90 * 34。《厦门文物志》P116。民禁,禁盗典;四至。

876.《优免颜氏杂役阖族感恩记碑》,崇祯四年(1631)二月。山东曲阜市颜庙克己门下南面东侧。额题"大明"。《曲阜碑文录》P698。记事,引公文,赋税徭役。以孔氏子孙复免保甲杂泛役为依据。惯例,保甲法。

877.《邑侯京山杨公酌议漕政八款》,崇祯四年二月。原在江苏常熟道前。205 * 102.5。《江苏明清》P573。示禁。

878.《抚按禁筑马仁渡文村埂碑记》,崇祯四年仲春月。安徽。《安徽》卷 10。讼案,水利。

879.《赵子科施地碑记》,崇祯四年三月下旬。山西平定县马山乡马山村马齿岩寺。《三晋总目·阳泉》P12。寺产来源。

880.《苏州府为永革布行承值当官碑》,崇祯四年五月。原在江苏苏州间门外广济桥塅。《苏州工商》P53。官禁,禁当官。

881.《成二、下故都村石牌》,崇祯四年。广西。水利。

882.《水利碑记》,崇祯五年(1632)正月。山西临汾尧都区金殿镇。70＊56＊18。19行24字。《三晋·尧都》P130。水案及官府断案结果。

883.《抚院司道府为胖袄药材不许签报铺商禁约碑》,崇祯五年五月。浙江宁波天一阁尊经阁北庭院西壁,嵌墙。246＊106＊18。《天一阁》P158。官禁,禁铺商当官。

884.《应天巡抚惩贪吏疏石刻》,崇祯初年。原在江苏常熟道前。常熟图书馆藏拓。132＊87。《江苏明清》P581。吏治,奏疏。

885.《龙泉观新置常住田记》,崇祯六年(1633)七月刻。云南昆明黑龙潭。拓132＊66。两截,上18行13字,下33行41字,刻于《重修龙泉观记》碑阴。《北图藏拓》60－46;《道略》P1306。捐款额、置买亩数、四至、价银、年租。

886.《奉上司明文碑记》,崇祯六年九月。山西临汾尧都区博物馆。86＊48＊15。12行40字。《三晋·尧都》P131。批文,蠲免差役,里甲。

887.《院司道府革除私抽海税禁谕碑》,崇祯六年。福建厦门同安区洪塘镇石浔村昭应庙。250＊170＊20。《厦门文物志》P110。官禁,禁私抽税。

888.《太平庵碑》,崇祯七年(1634)正月刻。北京西城区德胜门西顺城街。拓187＊74。《北图藏拓》60－51。尾刻寺产四至。

889.《常熟县永禁诈索油麻杂货铺行碑》,崇祯七年三月。原在江苏常熟道前,现在常熟碑刻博物馆。182＊90.5。《江苏明清》P583;《常熟碑刻集》P46。官禁。

890.《天寿圣恩禅寺万峰禅院免役碑》,崇祯七年六月。江苏苏州。《邓尉山圣恩寺志》P222。免除劳役。

891.《蠲免荒碑》,崇祯七年十二月一日刻。北京怀柔区黄花城北蔡家山。拓162＊65。《北图藏拓》60－62。救济。

892.《察院禁筑铜碗塘埂碑记》,崇祯七年季冬。安徽。《安徽》卷11。水案。

893.《令旨碑》,崇祯七年。2006年9月在山东济南长清区灵岩寺般舟殿遗址西北向的山坡处出土。圆首。德藩王重修灵岩寺卧佛殿记事。

894.《五人墓义助民疏碑》,崇祯七年。江苏苏州山塘街。拓108＊65。文震孟撰书。《北图藏拓》60－63。救济。

895.《花山寺田粮分籍碑》,崇祯七年。四川广安。宣统《广安州新志》卷39,《巴蜀佛教》P489。课役不均、禁欺隐钱粮。

896.《云南府水利厅河工批示》,崇祯八年(1635)三月。云南昆明官渡。拓 157 * 62。《北图藏拓》60－69。公文。

897.《禁革杂差碑记》,崇祯八年六月十五日。原在北京西皇城根土地祠内。拓 169 * 71。《北图藏拓》60－67;《北京工商》P197。赋税徭役、除弊护民。

898.《鹤林寺免田租小记》,崇祯八年季秋。江苏镇江焦山碑林。寺产、田租。

899.《广州府南海县饬禁横敛以便公务事碑》,崇祯八年十一月初三日广东布政使司给示,崇祯七年六月初三日广州府南海县给示。广东佛山市博物馆。《明清佛山》P13;《佛山文物》P54。公文,官禁,禁勒索铁钉铺户。崇祯二年(1629)曾示禁,碑用。

900.《本县张老爷断明水利碑记》,崇祯八年。山西临汾尧都区姑射村仙洞沟碧岩寺。182 * 83 * 24。额题"永垂不朽"。《山西师大》P320。

901.《南翔寺免役记碑》,崇祯八年。上海嘉定区南翔镇南翔寺,佚。嘉庆《南翔镇志》卷 9;《上海佛教》P166;《嘉定》P148。寺院免赋。院道与郡县勘明结报,优免徭役,给帖遵守。

902.《分置学田碑》,吴宗达(1575～1635)书。江苏常州府学(今西横街 28 号市二中)。

903.《长洲县奉行都院宪牌禁占佃湖荡碑》,崇祯九年(1636)五月十六日示,六月刻石。江苏苏州文庙。226 * 100。额题"本县奉行都院宪牌"。14 行。宦属吴清勒石。《苏州社会史》P583;《农业经济碑刻》P20。豪棍袁鲁厚占湖罟利。呈人捐资立碑。"令渔户俞乔等自立石碑,示禁于朝天、独墅等湖口中"。"将石碑刷印二张申报"。告田赋免,禁科敛。

904.《东岳殿灯油碑记》,崇祯九年夏。四川。《巴蜀道教》P278。

905.《抚按道禁约》,崇祯九年十月。原在嘉定县新泾镇,现存上海嘉定区秋霞圃觅句廊。170 * 79。额题同碑名。《上海》P82;《嘉定》P5。官禁、公文。牙行、市场管理。藏匿告示,立碑公示,永远遵守。自由贸易定价。

906.《创置先斯院瞻田碑记》,崇祯九年。河北沧县运河区南川楼村。200 * 70 * 25。额篆同碑名。韩应龙撰。《文物河北》P626。房产,田亩,租佃。

907.《重修大井碑记》,崇祯十年(1637)正月初七日。山西盂县北下庄乡坡头村泰山庙,嵌壁。85 * 63。额题"题名碑记"。碑体剥蚀。《三晋·盂县》P145。村民集资修建大井,照股均分、原始股份制。

908.《慈云庵告示碑》,崇祯十年闰四月刻。云南昆明。拓 133 * 61。额失拓。汤凤喈撰,赵邦佐书,段师文篆额。《北图藏拓》60－79;《云南古碑》P81。公文,护寺、施产契证。

909.《新建真武殿常住碑记》,崇祯十年六月十四日。云南玉溪市江川区江城镇玉龙寺。175 * 62。《江川历史碑刻》P4。四至。

910.《天齐观道产碑记》,崇祯十年。安徽南陵县。5.4 * 2.5 尺。额题"天齐观碑记"。前题名,后记。《安徽》卷 11;《道略》P1309。观产坐落、数额、四至。

911.《清真寺图碑》,崇祯十年。陕西西安长兴坊清真寺内。197 * 67。额题"古刹清真寺之图"。图两侧刻有方位及清真寺"四至"信息。另面刻《礼部札付》,10 行 38 字,系任命清真寺主持"马惟骆"的公文。

912.《谕旨皇明恤典总兵曹文诏碑记》,崇祯十一年(1638)季夏。原在山西左云县曹文诏祠堂,现存县城南门街电管站院。座佚。90+200 * 85 * 18。自奉崇祯八年九月初一日圣旨至十一年六月。为优恤建祠等事。《三晋·左云》P44。

913.《抄录奉旨叙劳疏》,崇祯十一年六月。山西阳城县北留镇郭峪村村委会院内。残,285 * 85。首题同碑名。22 行 67 字。《三晋·阳城县》P83。奏章,帖文,照会。捐资修城,评绩叙奖,给匾。

914.《察院示拈阄定解碑记》,崇祯十一年七月。安徽。《安徽》卷 11。赋税徭役、除弊护民,粮赋。

915.《重复城隍庙田记》,崇祯十一年。广东广州增城区。《广州府道教》P1153。神道设教。

916.《奖谕曹化淳谕旨碑》,崇祯十二年(1639)四月十八日。原在北京西城区鼓楼西大街。拓 102 * 68。额篆"崇祯御笔"。两截:上部刻崇祯七年(1634)五月十二日御笔奖谕、崇祯八年二月二十五日御批;下部刻崇祯九年十一月二十三日御批,崇祯十二年四月十五日圣谕、四月十八日御批。《北图藏拓》60－98。

917.《奖敕曹化淳缉匪功劳碑》,崇祯十二年六月二十九日。原在北京西城区鼓楼西大街。拓 212 * 68。额题"奖敕"。载崇祯十年四月初六日、六月十九日,崇祯十二年六月二十九日奖敕司礼监掌印太监曹化淳的圣旨三道,均钤"敕命之宝"。《北图藏拓》60－100。圣谕。

918.《苏州府督抚军门会同户部定立柴船梁头则例蠲免余耗勒石永遵》,崇祯十二年十一月初五日。上海嘉定孔庙碑廊。知县陈一元立石县署。《江苏明清》P667。

919.《绛州阖学生员免粮碑记》,崇祯十二年仲冬。山西,佚。《三晋总目·运城》P224。

920.《重修城隍庙碑记》,崇祯十二年。广东东莞。《广州府道教》P1074。神道设教。

921.《禁革报单碑》,崇祯十三年(1640)三月十二日。广东陆丰市宁港港口青牛地。165 * 75。《广东石刻卷》P199。批示,禁哨兵等人扰乱渔民出海。

922.《田租入寺志碑》,崇祯十三年三月。福建厦门南普陀寺大雄宝殿东侧廊庑墙壁上。180 * 78。9 行 322 字。《厦门文物志》P96。田租之地段、数额。

923.《改正颜族地粮碑》,崇祯十三年五月。山东曲阜市颜庙克己门下南面西侧。额题“皇明”。《曲阜碑文录》P709。赋税徭役。

924.《贺守业舍地记》,崇祯十三年五月吉日刻。陕西周至县(现属西安)。拓 52 * 38。《北图藏拓》60 - 106。献佛产。

925.《扬州府儒学新置学田记》,崇祯十三年七月。江苏。民国《江都县续志》卷 15。

926.《关帝庙碑》,崇祯十三年十月上旬,北京房山区南尚乐镇辛庄村。拓 145 * 69。《北图藏拓》60 - 109。尾刻庙产及四至。

927.《安邑县苦池诸村颂德建祠碑记》,崇祯十三年。山西运城,佚。《三晋·盐湖区》P567。护池滩地纷争事。

928.《姚公手札》,崇祯十三年。山西运城。《三晋·盐湖区》P568。姚万涵为滩地纷争之事上呈省都运张大人的申请。

929.《运司东院道明文止更告示》,崇祯十三年。山西运城。《三晋·盐湖区》P568。总司出示各户议兴屯田、恢复旧制的告示。

930.《法王皇帝圣旨藏文碑》,崇祯十四年(1641)三月。1991 年在云南德钦县卡瓦格博雪山东边发现。碑断成数块,破损严重。藏文。碑面有“圣称四川左布政之印”。《丽江》P224;杨林军《明代丽江碑刻文献述略》,《楚雄师范学院学报》2012 年 5 期。协调藏区佛教各教派之间的关系。

931.《禁约碑》,崇祯十四年五月。江苏南京明孝陵下马坊遗址公园。形制特殊,断裂。180 * 521 * 43。十条禁约,55 行。字有残缺。官禁,护陵禁伐。

932.《松江府为禁借巡缉为名骚扰官盐告示碑》,崇祯十四年八月二十六日。原在青浦县(今上海青浦区)金泽镇。《上海》P81;《松江审判志》P350;《松江文物志》P169。治安、盐业管理。

933.《盐法都运使司为蒋泾埠改为松江所验掣商盐告示碑》，崇祯十四年九月十六日。原在青浦县（今上海青浦区）金泽镇。《上海》P82。盐业管理。

934.《重修石羊儒学记》，崇祯十四年季秋。云南楚雄。《楚雄》P57。教育、风水。

935.《判发北沙河上游五坝与下游三坝用水执照碑》，崇祯十四年。甘肃武威。

936.《永禁开窑采凿碑》，崇祯十五年（1642）二月。江苏南京玄武区蒋王庙李文忠墓园。175＊106＊45。《南京》P196拓、P400文。禁在下关护山开窑采凿，"犯者以故违禁旨参拿，如律究拟"。

937.《宝华寺常住田碑》，崇祯十五年三月三日刻。云南嵩明县。断碑，下截失拓。拓95＊74。《北图藏拓》60－116。

938.《院道移会浒墅关禁革盐商银钱船钞与铺役生情指索碑示》，崇祯十五年四月。原在江苏苏州浒墅关。230＊108。《江苏明清》P233。公文、官禁。关税、盐商。

939.《赐封戴光启通奉大夫碑》，崇祯十五年六月十七日。山西祁县寿庄村戴家坟。《明清山西》P194。

940.《官道碑》，崇祯十五年孟秋。北京门头沟区斋堂镇双石头村关帝庙墙上。《京西》P68。买卖田地捐舍修路。

941.《麦积山开除常住地粮碑》，崇祯十五年九月十五日。甘肃天水麦积山石窟东崖门口。121＊70。额篆"大明"。《天水文史资料》第9辑P95。记事。

942.《朝山社碑》，崇祯十五年。陕西西安灞桥区狄寨乡潘村。《文物陕西》P71。成立朝拜武当山神社及议立会规等。

943.《治琼五戒》，崇祯十六年（1643）仲秋。海南。民国《琼山县志》卷16。吏治。

944.《革除陋规碑》，崇祯十六年八月。四川松潘县县城南门瓮城东门左侧外壁。130＊185＊9。25行21字。《安多》P125；《藏族卷》P17。官禁、规约、旧例，犯罚。

945.《永远十方院立愿记》，崇祯十六年十月初一日刻。北京宣武区善果胡同善果寺。拓105＊122。《北图藏拓》60－124。寺规、寺产。

946.《兴福寺法产免役帖文》，崇祯十六年十一月二日。江苏常熟兴福寺。《常熟碑刻集》P203。帖文，徭役。

947.《察院甦瑶官碑》，崇祯十六年十二月二十九日。广东乳源县。

《广东》P144;《过山瑶研究文集》P77。免受土豪欺诈、混派杂税,乞恩给榜。察院榜禁征敛。

948.《创立建醮功德碑记》,崇祯十六年。山西芮城县永乐宫。《道家金石略》P1310;《多面相的神仙》P243。信仰,仪式。

949.《感时伤碑记》,崇祯十六年。陕西西安碑林。灾荒、物价高昂。

950.《都察院谕碑》,崇祯十六年。江西赣县田村镇东山村龚公山宝华寺,距田村圩镇15公里。护寺。

951.《国子监续题名记并敕谕》,崇祯年间(1628～1644),万历四年(1576)四月一日敕谕。北京国子监。拓268＊92。《北图藏拓》60－127。

952.《封山育林禁碑》,崇祯年间。山东。泰宁县官府立于炉峰山。

953.《静智寺碑记》,崇祯末年。四川芦山县北五里静智寺。民国《芦山县志》卷2;《巴蜀佛教》P502。寺产,纳赋不均。

954.《稽田税粮碑》,崇祯年间。云南昆明。《云南古碑》P86。昆明北郊村民所拥有田亩,应交纳税粮银两等。

955.《详允鸡山直隶僧户碑》,崇祯年间。云南大理。《鸡足山寺志》卷9。核查户口,革除弊端,确定纳粮数。

956.《三哨禁革常规碑》,崇祯年间。贵州黎平府城。郡人何腾蛟撰书。《贵州通志·金石志》P126。

(十八) 明(1368～1644)

957.《下马碑》,北京昌平区十三陵大宫门。拓265＊62。《北图藏拓》60－139。

958.《护国寺四至及题名碑》,北京西城区护国寺。刻于藏文《护国寺碑》之阴。拓185＊98。《北图藏拓》60－185。

959.《后甫营石厂北界碑》,北京丰台区王佐乡千灵山灰窑遗址公园。碑残,有穿孔,被用作井台。一面刻"□监马鞍山后甫营石厂北界",另面为禁约、四至。

960.《潭柘紫石官塘界碑》,北京门头沟区潭柘寺镇阳坡元村山上。130＊70＊21。《潭柘寺》P457。

961.《敕赐西峰寺碑记》,北京门头沟区永定镇坷罗屯村西峰寺(现为国土资源部培训中心)。螭首,水泥趺。270＊88＊19.5。阳额"敕赐西峰寺记",阴额"万古流芳"。《戒台寺》P309。碑阳记事,碑阴记讼案。公文,判词。

962.《奉训大夫降州知州断案碑》，山西新绛县白村。拓 151 * 75。此为碑阴，碑阳内容不详。圆首，额列降州知州官员名单，碑文后列甲头 35 人名单。碑文内容为照依旧迹，各村分工疏通河道之事。

963.《圣王屯清理屯田碑》，山西洪洞县明姜镇圣王村。圆首，跌佚。80 * 55。额题"赵城县圣王屯"。碑文下部剥泐严重。《三晋·洪洞》P229。公文，清丈军屯；屯田亩数、坐落、四至。

964.《禁止孔林樵伐碑》，山东曲阜市孔林洙水桥前东之北侧。《曲阜碑文录》P717。

965.《仁廉公勤四箴言碑》，山东邹城市孟庙致敬门内。

966.《范县行条鞭碑记》，河南范县。民国《续修范县县志》卷 6。税赋。

967.《城隍庙布施碑》，陕西周至县（现属西安）医院门房北侧。209 * 69 * 26。两面刻。《秦岭》P270。布施文告。

968.《丹徒县修学记》，□□十二年十二月。江苏镇江焦山碑林。残，茅磐书。阴刻学田产业。

969.《无锡县学田碑记》，江苏无锡碑刻陈列馆。

970.《马券碑》，明代刻，宋元祐公据并诗跋。四川眉山三苏祠内。《四川》P156。

971.《杭州府仁和县儒学学田碑记》，浙江杭州孔庙。

972.《柳亭复田记》，浙江宁波。光绪《鄞县志》卷 67。

973.《太祖面谕碑》，浙江镇海县（现宁波镇海区）。民国《镇海县志》卷 38。

974.《宁波府委府经历典守仓廒告示碑》，浙江宁波天一阁。

975.《普济庵免税碑记》，浙江宁波镇海区。光绪《奉化县志》卷 15。赋役。

976.《禹帝庙特置春秋祀田记》，浙江象山县。民国《象山县志》卷 31。

977.《白龙寺还山碑记》，浙江慈溪市。光绪《慈溪县志》卷 41。

978.《湖广提学敕谕教条碑》，中科院文献情报中心馆藏拓。

979.《三祖殿常住田碑》，云南昆明晋宁区。拓 111 * 62。《北图藏拓》60－138；《云南古碑》P41。

980.《两院禁示碑》，原在海南琼海市潭门镇，现存海南博物馆。138 * 37 * 13。7 行 16 字。禁船舶私载米谷。

八、清（1644～1911）

（一）顺治（1644～1661）

1.《大伾山天宁寺正殿佛前常明灯碑记》，李自成大顺永昌元年（顺治元年，1644）四月初八日立。河南浚县大伾山天宁寺东厢房内。47＊67＊11。《天书地字》P46。置产，四至、价款。

2.《明德受记碑》，李自成大顺永昌元年。陕西西安碑林。灾荒、政权年号。

3.《圣谕碑》，张献忠大西大顺二年（顺治二年，1645）二月十三日。四川广汉房湖公园。210＊101＊18.5。《四川》P273。

4.《大西骁骑营都督府刘禁约碑》，张献忠大西大顺二年三月一日。中国国家博物馆藏拓。额横刻同碑名。9行。六条"不许"禁约。骁骑营都督刘进忠立。

5.《连子霍渠碑记》，顺治二年（1645）四月九日立。山西洪洞县，佚。民国《洪洞县水利志补》下卷《连子渠》；《三晋·洪洞》P1047。讼案，记事，判语。

6.《令牌执照》，南明隆武二年（顺治三年，1646）七月二十九日。贵州贵阳云岩区铜佛寺（亦称铜佛庵）。《贵州通志·金石志》P126。

7.《禁邻堡开涌碑示》，顺治三年八月初十日示。广东佛山。《佛山忠义乡志》卷13；《明清佛山》P16。官禁，禁私开河路，民请准勒碑示禁。

8.《织造经制碑》，顺治四年（1647）十二月。原在江苏苏州带城桥下塘织署旧址（江苏师院附中）。《苏州工商》P4。工商经济，官立织造局规则。

9.《创总织局碑》，顺治四年十二月。江苏苏州文庙。碑身中部断裂。上记文15行，下刻界址、房间数目图。

10.《玄妙观永免六甲排年帖文碑》，顺治四年十二月。江苏苏州玄妙观观音殿内。"右帖给道士玄道朋，准此。"

11.《宁波府知府韦克振立石永遵均行苏困告示碑》，顺治四年。浙江宁波海曙区天一阁碑林。《天一阁》P167。铺行五县轮值。

12.《忠孝传家碑记》，顺治五年（1648）闰四月。山西太原晋源区晋祠镇王郭村明秀寺。碑阴《王郭村因改路碑记》。《山西续一》P158。讼案。

13.《嘉定县为东西两乡升科田亩照旧办粮告示碑》，顺治五年十月。上海嘉定区城隍庙，佚。《嘉定》P7。告示。"违宪匿诈罪"。

14.《饭僧田碑记》，顺治五年十一月。江苏常熟碑刻博物馆。《苏州》P424。

15.《玄元宫给产碑》，南明永历二年（顺治五年）仲冬。广东高要县南宫岭清虚观。《广东》P584。

16.《垦荒斗则碑》，顺治五年。原在上海嘉定区城隍祠前，今存秋霞圃觅句廊。额失。70＊87。漫漶。《嘉定》P152。告示。编户立甲，自催自纳，世免徭役。前明例。

17.《巴东王谕建义冢碑》，南明永历三年（1649，顺治六年）四月刻。广西南宁邕宁区。《北图藏拓》60－130。义行善举。

18.《赵知县奉批发给黄冬进等三户捕鱼印票碑》，顺治六年七月初七日。广西灵川县大圩镇毛村圣母宫天井内。93＊66。额刻"万古流芳"。19行28字。《灵川》P94。官给凭证，渔户各用器物。

19.《虞山陆居士舍三峰禅院饭僧田记》，顺治六年七月。江苏常熟碑刻博物馆。

20.《新丰坝碑记》，顺治六年十二月。安徽泾县丁家桥镇丁姓宗祠（丁桥小学）。丁泰绍书。曹天生辑《安徽泾县丁家桥丁姓宗祠碑记》。公文，"须至碑者"。审语。

21.《断明水利碑》，顺治六年。山西翼城县武池村乔泽庙。129＊56＊18。两面刻，阳额题作碑题，阴额题"院府断案"。《山西师大》P337。水案。

22.《江防同知李告示碑》，顺治七年（1650）三月。江苏扬州。《瓜洲续志》卷26。闸口征税、重税盘剥、索诈。

23.《庙佃两籍感恩碑》顺治七年孟夏。山东曲阜市孔府二门里东首。《曲阜碑文录》P753。田赋。

24.《儒学养廉碑记》，顺治七年五月十三日。山西赵城县（今洪洞县赵城镇）文庙。圆首，趺佚。120＊70＊20。额篆"养廉碑记"，首题同碑名。17行24字。《三晋·洪洞》P236。公文，政务公示。

25.《奉旨禁革漕运积弊告示》,顺治七年十二月。原在江苏常熟北仓。《江苏明清》P586。官禁。

26.《松江府为禁修葺官府横取赊买竹木油麻材料告示碑》,顺治七年。原在上海松江二中(松江府署旧址)。《上海》P105;《松江审判志》P351;《松江文物志》P170。官禁,官征。

27.《徽州调停驿站碑》,顺治八年(1651)正月,刻于明崇祯二年(1629)《申革市民碑记》碑阴。1991年在甘肃徽县县委办公楼施工时发现,存徽县文化馆。129 * 65 * 10。额题"徽州调停驿站碑记"。《丝绸之路交通碑铭》P67。驿差公平。

28.《遵照碑记》,顺治八年六月初七日。云南玉溪江川区前卫镇张伍营村寺内。村民九人同立。《云南林业》P81。村规,公山界址,树林砍伐规则。

29.《晓谕生员刻石》,顺治九年(1652)二月初九日。原在延庆州学内,现存北京延庆区灵照寺。嵌墙,76 * 86。首题"礼部题奉钦依刊立卧碑晓示生员"。26行24字。后另有立石者责任署名3行。碑另一面刻明崇祯八年(1635)《奉直大夫某君墓志》。《北京石刻拓本提要》P445。

30.《卧碑》,顺治九年二月初九日。山东德州。道光《临邑县志》卷13。

31.《县学卧碑》,顺治九年二月初九日刻。原在陕西咸阳文庙后院,1962年文庙改建为咸阳博物馆。82 * 154 * 25。32行22字。侯昌禄、戴廷讲立石。

32.《卧碑》,顺治九年二月初九日。陕西户县(今西安鄠邑区)文庙。126 * 65 * 11。33行19字。魏似韩等勒石。《户县碑刻》P402。

33.《卧碑》,顺治九年二月初九日。原在陕西汉中府文庙偏厦墙下,后嵌于公署大门内东40米处的旧房墙上。95 * 132 * 14。额横题"卧碑"。30行。《汉中碑石》P39。

34.《礼部晓谕生员卧碑》,顺治九年二月初九日。江苏无锡碑刻陈列馆。28行22字。年款边题"礼部印信"。《无锡》P38。御制学规8条。

35.《卧碑》,顺治九年二月初九日。江苏昆山市。《昆山见存石刻录》卷4。

36.《世祖御制训饬士子卧碑文》,顺治九年二月初九日。广东。道光《广东通志》卷199。

37.《明伦堂卧碑》,顺治九年二月。甘肃临潭县,佚。《洮州厅志》卷8;《甘肃省涉藏金石碑刻解题目录》P87。

38.《奉上豁免六祖香灯田粮米杂差等项碑记》,顺治九年十月。广东韶关,佚。康熙《重修曹溪通志》卷4;《韶关》P194。公文,免寺田租赋。

39.《泸山碑记碑》,南明永历六年(顺治九年)孟冬。四川西昌市泸山光福寺大雄殿东墙外。88﹡48。额楷"泸山碑记"。《西昌》P22。记事,寺产讼案。

40.《钦依刊立碑》,顺治九年。河北大名县。80﹡170﹡20。《文物河北》下P825。

41.《按院明文》,顺治九年。山西黎城县城关城隍庙正殿后围墙。圭首,残断,135﹡69。额题作碑题。黎城县知县吴从众立石。《山西师大》P72。公文。

42.《卧碑》,顺治九年。陕西汉阴县儒学。民国《汉阴县志·金石志》。

43.《礼部题准刊立碑》,顺治九年。陕西周至县厚畛子镇老县城行政村佛坪厅旧城文物管理所。140﹡68﹡8。32行,漫漶。《秦岭》P272。

44.《平利五峰书院碑》,顺治九年。陕西平利县五峰书院旧址。《安钧》P172。

45.《礼部题奉钦依晓示生员卧碑》,顺治九年。江苏苏州。

46.《御制卧碑》,顺治九年。浙江瑞安市。清嘉庆《瑞安县志》卷2;《温州文献》P706。

47.《明伦堂卧碑》,顺治九年以后。湖北潜江市。《潜江贞石记》卷6。

48.《汤帝庙公约墙碑》,顺治十年(1653)四月二十日。山西阳城县北留镇郭峪汤帝庙东门洞东墙。《郭峪》P60;《山西续二》P188。乡禁,禁娼赌;乡约、治安。

49.《督抚部院禁革颜料当官碑记》,顺治□年六月。江苏苏州文庙。文不清,中左题"右给南货颜色商□□□□□准此。"官禁,当官。

50.《泸山光福寺碑记》,顺治十年孟冬,道光十三年(1833)三月二十日重刻。四川西昌市泸山光福寺。民国《西昌县志》卷11,《巴蜀》P509。讼案,寺产。地震而致田无赋存,禁移甲祸乙。

51.《灵丘县蠲豁荒地丁记》,顺治十一年(1654)春。山西灵丘县,佚。康熙《灵丘县志·艺文志》,《三晋总目·大同》P137。田赋。

52.《巴尔达奇诰封碑》《巴尔达奇墓碑》,顺治十一年五月十三日。1976年在北京德胜门外大屯公社华严厂生产队平整土地时发现,现存北京石刻艺术博物馆。螭首龟跌,243﹡92﹡31+80。额篆"敕建",满汉文合璧。碑文满汉文各5行。《北图藏拓》61-65。

53.《明伦堂卧碑》,顺治十二年(1655)二月。河北深州。同治《深州风土记》卷11下。

54.《定南王孔有德碑》，顺治十二年三月初三日立。原在北京西城区阜成门外北营房(原孔王坟)，现存北京石刻艺术博物馆。螭首龟趺，412＊122＊32+93。额篆"敕建"，首题"定南王孔有德碑"。满汉文各8行。赐谥"武壮"。碑阴有民国二十五年(1936)刻"清定南王孔有德墓碑后记"。吴瓯撰记并书丹，高纪毅重立。《北图藏拓》61－69。《清实录·世祖实录》卷84："甲子，命工部给予定南武壮王孔有德葬地，造坟立碑。"

55.《呈准禁革漕弊条议石刻》，顺治十二年三月。原在江苏常熟西仓，江苏常熟图书馆藏拓。《江苏明清》P588。官禁、公文。

56.《大庙置田碑记》，顺治十二年季春。江苏高淳县薛城镇节溪村大庙。133＊68。集资60金置田助善。《南京》P201。施田。

57.《卧碑》，顺治十二年八月。原立江苏吴县县学，现藏苏州文庙。

58.《卧碑》，顺治十二年八月。上海嘉定孔庙。85.5＊103.3。《嘉定》P435。御制学规8条。

59.《赐汤若望茔地谕旨碑》，顺治十二年十月十五日。原在北京西城区阜成门外北营房北街(马尾沟)教堂，不存。拓190＊85。汉文8行，满文10行。《北图藏拓》61－81。谕旨，户部执行。

60.《城窑公约》，顺治十二年十一月。山西阳城县北留镇郭峪村汤帝庙西门洞西墙。65＊92。首题同碑名。49行28字。阖社公议立石。《三晋·阳城》P115；《郭峪》P29；《山西续二》P2。公议乡规21款，城窑归属、租用管理、违约处罚。乡禁，罚银。"私开城上门锁者，以贼盗论罪。"公产。

61.《东岳庙立常住碑》，南明永历九年(1655，顺治十二年)孟冬。云南宜良县。3.3＊1.5尺。16行29字。《道略》P1312。施契，坐落、数额、四至。

62.《禁衙蠹乘参访巧织款案陷害盐商告示碑》，顺治十二年。上海。《上海》P457。官禁，护盐商。

63.《阳城额设商税银碑》，顺治十三年(1656)四月二十七日。山西阳城县北留镇郭峪村汤帝庙。50＊35。首题同碑名。12行14字。郭谷镇牙行陈鸿志、王仲发、张仪等同立。字迹剥泐严重。《三晋·阳城》P121；《郭峪》P155；《山西续二》P4。牙行。全县额设商税银两，郭谷镇摊六分之一。

64.《西山庙碑记》，顺治十三年五月。山西阳城县北留镇郭峪村。《山西续二》P190。

65.《长洲县奉宪禁革首名役累碑》，顺治十三年六月。江苏苏州。《苏州社会史》P584。漕粮征收除弊。

66.《乌龙潭永远放生碑记》，顺治十三年季秋。江苏南京鼓楼，原嵌二厅外墙，现移第二厅内南墙。184＊86。596字，文字漫漶。两江总督、后部尚书马鸣佩撰文，布政使冯如亲书丹，江防兵备道张思明篆额。《南京鼓楼区文物志》P85。官禁，法禁。以盗论、神罚。

67.《典铺当赎值银一例帖》，顺治十三年十月。江苏常熟道前。《江苏明清》P590。公文。

68.《抚按道禁革铺户当官》《嘉定县为军兴需用物料严禁铺户当官告示碑》，顺治十三年十月。原在嘉定县署，现存上海嘉定孔庙碑廊。155＊77。横额题同前碑名。知县刘宏德奉张巡抚、李巡按批示立石县署。《上海》P114；《嘉定》P13。官禁，官征禁扰累。

69.《按院优免明文碑》，顺治十三年。江西赣县田村镇东山村龚公山宝华寺。公文，免寺差。

70.《新立弥勒庵碑记》，南明永历十年（1656，顺治十三年）。云南腾冲市界头乡沙坝村。田地谷租。

71.《博博尔代诰封碑》，顺治十四年（1657）三月初十日。原在北京丰台区右安门外祖家坟，现立北京石刻艺术博物馆。方首雕麒麟，龟趺。340＊103＊36+（座高）81。额篆"诰封"，满汉文。碑身汉文10行，满文9行。碑阴为康熙十二年（1673）五月文。《北图藏拓》61－104。

72.《杨嗣茂等舍地记》，南明永历十一年（顺治十四年）四月六日。刻于至元十五年（1278）十月十五日《宝严寺记》首题下方。《北图藏拓》48－77。财产处置。

73.《杜尔户贝勒敕建碑》，顺治十四年八月十七日。原在北京海淀区羊坊店，现存北京石刻艺术博物馆。螭首龟趺，首身394＊125＊47，座高85。满汉文。汉文5行，满文6行。清世祖福临御制。《北图藏拓》61－109。杜尔户贝勒是清太祖努尔哈赤长子褚英之孙。

74.《奉两院禁约》，顺治十四年十一月初七日。广东东莞。《广东》P787。官禁，官征。

75.《巡方缪公题复乡试恩例记碑》顺治十五年（1658）二月。山东曲阜市颜庙。《曲阜碑文录》P759。特权。

76.《常平村偏若免纳柴薪碑记》，顺治十五年三月十三日立石。山西运城盐湖区解州镇常平关帝庙仪门内廊东壁。130＊46。额题"马老爷遗爱碑"。11行42字。《三晋·盐湖区》P214。记事，生员呈状、蒙批准免。

77.《禁止海会院后开窑碑记》，顺治十五年春。山西阳城县海会寺。P61。环境。

78.《顺治帝赐婚碑》《封耿聚忠额驸碑》，顺治十五年五月十五日制，北京门头沟区龙泉镇龙门村西耿王坟。拓220＊80。满汉文各6行。《北图藏拓》61－117；《京西》P259。圣旨。

79.《奉免禅堂香灯膳僧田粮米碑记》，顺治十五年六月。广东韶关，
佚。监院慧聪立石。康熙《重修曹溪通志》卷4，《韶关》P195。公文，免
赋役。

80.《准免六祖香灯田粮米杂差事碑记》，顺治十一至十五年之间，广东
韶关，佚。监院慧聪立石。康熙《重修曹溪通志》卷4，《韶关》P196。公文，
寺僧免差。

81.《崆峒山玄帝祠置田碑记》，顺治十五年七月。甘肃平凉崆峒山隍
城太白殿北侧。130＊59＊14.5。26行31字。《崆峒金石》P142。附地粮
税额。

82.《广济河道宪除弊碑》，顺治十五年。河南。顺治《怀庆府志》，《黄
河》P158。记事，除混派贪弊、水利。

83.《晓示生员卧碑》，顺治十六年(1659)二月刻。山西赵城县(今洪洞
县赵城镇)文庙。圆首，趺佚。70＊138，32行22字。《三晋·洪洞》P246。
御制学规8条。

84.《永禁吏役害民碑》，顺治十六年二月。原在山西五台县文化馆，现
不详。《明清山西》P673。

85.《苏松两府为禁布牙假冒布号告示碑》，顺治十六年四月。原在上
海松江二中(松江府署旧址)。《上海》P84；《松江文物志》P171。官禁，禁
仿冒。打假、市场管理、牙行。

86.《三院禁革私抽缸瓦饷示碑》，顺治十六年五月初六日给文。广东
佛山忠信巷原福善祠(高庙)附属建筑西壁。127＊65。举人何文斗等同立。
《明清佛山》P20；《佛山文物》P94。官禁，禁包揽私抽、假公济私。"不载全
书杂饷一概禁革"。

87.《本朝革除六弊碑》，顺治十六年五月。河北蔚州。光绪《蔚州志》
卷9。赋税杂役，杂派病民。

88.《永禁采办物料扰累油麻钉铁行铺碑》，顺治十六年五月。原在江
苏常熟道前，民国后移至学前，现藏江苏常熟碑刻博物馆。《江苏明清》
P592。官禁，官征。

89.《为食用水不给重录前案碑》，顺治十六年六月十八日。陕西华阴
县杨村西城门内。《潼关碑石》P190。讼案，判词，公文。

90.《铁佛崇文塔寺常住田供众记》，顺治十六年七月。陕西泾阳县崇
文塔方管所。218＊77＊22。24行63字。泾阳人李念慈撰文并书。《咸阳
碑刻》图P174。资费来源、寺属田产等。

91.《恭纪盛典之碑》,顺治十六年十一月十七日。北京昌平区十三陵长陵隆恩门右侧。螭首方座。额篆"恭纪盛典之碑"。碑身两截刻。碑身两截刻。上截21行,下截记事题名20行。

92.《顺治批示碑》《守护明陵谕旨碑》,顺治十六年十一月十七日谕。北京昌平区十三陵长陵碑亭内,刻于明代无字碑上。龙首龟趺,拓178＊55。满汉文各6行。《北图藏拓》61－139;敕禁,禁伐。

93.《常熟县禁扰油麻钉铁铺户碑》,顺治十六年。江苏苏州。官禁,禁扰工商。

94.《松江府为严禁巡船抢掠竹木告示碑》,顺治十七年(1660)正月二十日。上海松江二中(松江府署旧址)。《上海》P108;《松江审判志》P353;《松江文物志》P171。官禁,禁兵弁害商。

95.《本朝永革二弊碑》,顺治十七年四月。光绪《蔚州志》卷9。公文,官禁,禁杂派病民。

96.《重修元佑宫诫约碑记》,顺治十七年孟夏月。湖北钟祥市元佑宫。《荆门》P230。禀文,批文。

97.《蠲免渔课永禁泥草私税碑》,顺治十七年五月。江苏吴县(今苏州吴中区)黄桥乡北庄基村原土地庙观音堂旧址。免杂税,公文。

98.《顺治禁伐碑》,顺治十七年。北京西山北法海寺。敕禁,禁伐。

99.《奉按院优免明文碑》,顺治十七年。江西赣县田村镇东山村龚公山宝华寺。公文,免寺差。"凡遇杂差不得派僧粮……尔居民人等不得觊觎寺田,本寺僧人亦当谨守祖庭,不得私将袈裟田地擅行典卖。如有此情,僧俗一体重究决不轻贷。"

100.《封赠王同春父御制碑》,顺治十八年(1661)正月初九日。山西沁水县郭壁村。186＊76＊24。11行25字。《三晋·沁水县》P134。诰命。

101.《封赠王同春父御制碑》,顺治十八年正月初九日。山西沁水县郭壁村。186＊76＊24。9行24字。《三晋·沁水县》P135。诰命。

102.《松江府为禁侵帑科派磨骡当官走差告示碑》,顺治十八年二月。上海松江二中(松江府署旧址)。《上海》P116;《松江审判志》P353;《松江文物志》P172。官禁,禁当官。

103.《王公置买班山碑记》,顺治十八年秋。云南大理感通寺。寺产。

104.《蠲免南华买米事碑记》,顺治十八年十一月廿日。广东韶关,佚。康熙《重修曹溪通志》卷4,《韶关》P197。记事、公文,著以为例。

105.《阖民妄攀行差碑》,顺治十八年。陕西潼关县玉皇观,佚。嘉庆《续修潼关厅志》卷之下;《潼关碑石》P227。官禁,禁杂派。

106.《丰稔河碑》,顺治年间(1644～1661),河南沁阳市。杨挺生撰文并立石。道光《河内县志》,《中州百县》P1043。记事,河渠兴废、水利争讼、置地。

（二）康熙（1662～1722）

107.《差发碑记》,康熙元年(1662)正月二十三日。云南大理凤仪城西街文昌宫。127＊52＊6。《凤仪》P250。公文,差役赋税额度,赋役全书。

108.《钦差广南韶兵巡道钱为悬恩给示禁约以安净侣以重山门事》,康熙元年正月二十八日示。广东韶关,佚。雍正《丹霞山志》卷7《田赋》,《韶关》P198。官禁,禁携带酒肉混扰寺门。

109.《御制训士子文碑》,康熙元年正月。陕西兴平市文化馆。圆首圭额,206＊79＊18。额刻"皇清"。18行41字。《咸阳碑刻》P177。御制学规。

110.《识认大略碑》,康熙元年仲春。山东济宁东大寺。阿、汉文字合璧,约1 500字。《山东回族》P415。规约,教义。

111.《长洲县示谕碑》,康熙元年十一月。江苏苏州文庙。额题"奉宪禁革",部分文字不清。公文,下行公文格式。商牙,修船,裁夺商业竞争事。

112.《开禧寺祇园垂训记》,康熙二年(1663)。重庆忠县东北高峰山塔院侧开禧寺。同治《忠州直隶州志》卷12;《巴蜀》P514。护寺产、守清规,诅咒。

113.《长洲县减轻花盐民夫纷扰碑》,康熙三年(1664)正月。江苏苏州。《苏州社会史》P586。公文,差役。

114.《建造节义庵碑记》,康熙三年正月。浙江杭州孔庙。《杭州孔庙》P110。公产间数、面积。

115.《诰封和硕柔嘉公主碑》,康熙三年二月十四日。北京门头沟区龙泉镇龙门村西耿王坟。171字。《京西》P260。诰封。

116.《蠲免二项杂派碑记》,康熙三年五月。广东韶关,佚。康熙《重修曹溪通志》卷4,《韶关》P199。公文,批免存照。

117.《云门寺蠲免大差碑记》,康熙三年仲秋。广东乳源县云门寺碑廊。160＊95。额题"永垂蠲免"。住持僧立。《广东》P146;《韶关》P200。寺庙兴衰与徭役轻重。

118.《嘉定县为东西两异乡升科田亩照旧办粮告示碑》,康熙三年十月。原在上海嘉定邑庙。《上海》P141。公文,田赋。

119.《曲沃县正堂朱老爷革除本镇集头碑记》,康熙三年十二月初八日。原在山西曲沃县曲村镇曲村,现存曲沃县北董乡景明村龙岩寺。130 * 70 * 18。14 行 36 字。首题同碑名。《三晋·曲沃》P93;《曲沃古碑》P25。公文、告示,禀状、蒙批;集市牙行管理。"定以把持土豪申究"。

120.《改建东岳台增创庙貌碑记》,康熙四年(1665)李月(三月)。甘肃武威。《武威金石录》P124,录《武威县志稿》。记事,赁中契买香火地,坐落四至粮额。

121.《永革十大害碑记》,康熙四年四月。甘肃徽县文化馆。圆首,150 * 83 * 28。额楷"总督部院白",左"徽州刊奉",右"永革十大害碑记"。42 行 61 字。巩昌府徽州知州徐起霖遵依立石。《秦岭》P8。告示,革弊。

122.《鼎建文昌桂殿碑记》,康熙四年季秋月。云南大理凤仪文化站。157 * 63 * 15。额题同碑名。15 行 46 字,附文 5 行。《凤仪》P252;《云南道教》P205;《大理市古碑存文录》P552。田亩坐落四至、价银、税粮。

123.《开荒地碑》,康熙四年。山西运城。《三晋总目·运城》P208。赋税。

124.《禁碑》,康熙四年。河北隆尧县隆尧镇新华街东端。残,70 * 60 * 22。焦勤撰文,杨世望书。《文物河北》下 P728。

125.《常住碑记》,康熙四年。云南大理凤仪镇小哨村泰国寺(俗称"胡家寺")。刻于同年《鼎建泰国接引禅寺碑记》碑阴。156 * 69 * 10。《凤仪》P13。寺产地亩、坐落四至、价银。

126.《常住碑记》,康熙四年。云南大理凤仪镇小哨村泰国寺。刻于同年《胡居士鼎建泰国寺碑记》碑阴。155 * 59.5 * 15。《凤仪》P22。寺产坐落四至、纳差粮额,施契。

127.《重修娘娘庙碑记》,康熙四年。云南建水县广池宫。178 * 83 * 12。《云南道教》P206。

128.《宁波府知府奉宪文禁扰安商碑》,康熙五年(1666)二月。浙江宁波海曙区天一阁尊经阁庭院东壁。《天一阁》P172。官禁,禁扰商。

129.《严禁侵葬以培龙脉以护山门事》,康熙五年三月三十日给文。广东韶关,佚。康熙《重修曹溪通志》卷4,《韶关》P203。告示,禁伐采,四至。

130.《重修厚俗社学记》,康熙五年十一月二十六日。广东佛山。《佛山忠义乡志》卷12。

131.《遇真观免杂派记》,康熙五年十一月。山西阳泉市荫营镇下荫营村遇真观。《三晋总目·阳泉》P115。

132.《格言四条》,康熙五年。陕西西安碑林。《北图藏拓》79－75。

官箴。

133.《修堤碑记》,康熙五年。湖北钟祥市。《钟祥》卷 5。水利。

134.《呈为违禁凿窑破败万年香火事》,康熙五年。广东韶关,佚。康熙《重修曹溪通志》卷 4,《韶关》P204。告示,控案。

135.《庆云寺灯田蠲税碑记》,康熙五年前。重庆忠县汝溪镇庆云寺。《忠州直隶州志》卷 12;《巴蜀》P517。寺产、免税。

136.《长安里信士段良进施地碣》,康熙六年(1667)七月。山西洪洞县广胜寺下寺后大殿前墙。47 * 64。16 行 15 字。《三晋·洪洞》P249。施地坐落四至,价银。

137.《恒山永革陋规碑记》,康熙六年八月。山西浑源县天峰岭景区寝宫右侧。《三晋总目·大同》P14。除弊。

138.《樊村孙家堰水渠碑》,康熙六年十一月。山西河津市樊村镇樊村。40 * 58。12 行 22 字。《河东水利》P199;《山西续一》P196。置地和渠粮数,水规罚则。

139.《灯明村所辖山场界限暨山租碑》,康熙六年十一月。广西灵川县大境乡灯明村盛氏宗祠门口。100 * 200。《灵川》P100。四至,禁约。

140.《抚院明文碑》,康熙六年七月二十五日。河北隆尧县碑刻馆。190 * 60 * 20。额题"抚院明文"。13 行 47 字。唐山县知县勒石。《文物河北》下 P728;《河北隆尧石刻》P222。公文,除弊。

141.《敕封刘济美夫妇碑》,康熙六年。山东菏泽。187 * 81.5 * 26。满汉文合璧,汉文 5 行 94 字,满文 5 行。时间落款上镌汉满文"敕命之宝"印。《菏泽》P320。诰命。

142.《万松庵碑记》,康熙六年前后。四川南溪县万松山顶万松庵。民国《南溪县志》卷 1;《巴蜀》P520。寺产,禁盗卖欺凌,诅咒。

143.《重修常熟县儒学尊经阁记》,康熙七年(1668)仲夏。江苏常熟碑刻博物馆。教育、礼制。

144.《丹霞杂施田合记》,康熙八年(1669)。广东韶关,佚。释今释撰。康熙《重修曹溪通志》卷 4,《韶关》P206。记事,施田及租,运营效果。

145.《山东运司蠲课记略》,康熙九年(1670)仲春二月。山东济南历城区。毛承霖纂修《续修历城县志》卷 32。免钱粮。

146.《严禁行户当官碑》,康熙九年五月。原在江苏常熟县署址,后移道前。《江苏明清》P594。官禁,禁官征。

147.《恩敕勒石永护名胜碑》,康熙九年五月。浙江瑞安市。残,130 * 87。两面刻。阳刻《恩敕勒石永护名胜碑》,12 行 28 字;阴刻《奉宪豁免差例碑》。《温州》P709。公文,免寺僧差徭。

148.《巡抚都察院范宪示碑》,康熙九年五月二十日给文。浙江温州龙湾区仙岩寺。174＊86＊13。10行28字。《温州》P712。官禁,禁强寓酗酒,护寺、治安。

149.《奉宪示碑》,康熙九年五月。浙江瑞安市曹村镇南岙村大榕树下。163＊81。额刻"奉宪示"。11行24字。巡抚都察院范(承谟)示。《温州》P711。官禁;官需草谷等项照价平买,不许妄派。"官得飞参,役拿处死。"

150.《青原山寺田薪企僧户碑记》,康熙九年中秋上浣。江西吉安青原区青原山。165＊86。《庐陵》P77。寺产、税赋。

151.《苏州府为核定踹匠工价严禁恃强生事碑》,康熙九年十月。原在苏州阊门外广济桥堍。《苏州工商》P54。官禁,禁罢工,工价。

152.《奉部院司府详允碑》,康熙九年十一月十七日。山西夏县看守所。《三晋总目·运城》P189。官府批文。

153.《交代本愿记碑》,康熙九年。山东泰安岱麓凌汉峰下普照寺。禁止教徒冒认山主疏首文等。

154.《索尼诰封碑》,康熙十年(1671)仲春立,崇德八年(1643)至康熙六年(1667)四份御制诰封。原在北京海淀区北太平庄索家坟,现存北京石刻艺术博物馆。螭首龟趺,500＊119＊42。额篆"诰封",满汉文合璧。碑阳镌刻诰封文,满汉文各19行。碑阴刻其子为索尼立石记功的经过。《北图藏拓》62－84。

155.《奉钦差巡抚广东都察院明文》,康熙十年七月二十九日给文。广东仁化县丹霞山别传寺老山门内壁。170＊90。碑题"免差碑文"。《丹霞山志》卷7《田赋》题作"免差碑文",《韶关》P212。公文,执照。

156.《护珠寺地界碑记》,康熙十年仲冬月。云南腾冲市护珠寺。132＊56。《保山》P79。寺产,四至。

157.《九村用水公碑》,康熙十年。陕西耀县(今铜川耀州区)孙原乡惠家原西堡。座佚,116＊60＊20。惠家原等九村民众合修涝池蓄水,明嘉靖时被生员安定等霸为私产,康熙时村民上告巡抚,胜诉。

158.《寿安寺地基图碑》,康熙十年。上海崇明县城东门外金鳌山下寿安寺。《上海佛教》P181。界址,护寺产。

159.《白良玉永禁凿窑碑记》,康熙十一年(1672)二月初二日。山西高平市上董村圣姑庙。《高平》P673。官禁,风水。

160.《高平县正堂永禁凿窑碑》,康熙十一年二月初二日。山西高平市米山镇米西村定林寺。113＊54。9行30字。《三晋·高平》上P256;《山西续二》P5。官禁,风水,四至。

161.《灵泉庙香火房田记》,康熙十一年三月初一日。山东寿光。《北图藏拓》63 - 4。庙产,禁售买。

162.《新置灵泉庙香火房田记碑》,康熙十一年三月。山东淄博博山区颜文姜祠。55 * 106。《博山卷》P233。施地,防后人典卖。

163.《买赡庙地亩碑记》,康熙十一年孟夏。河南浚县大伾山霞隐山庄崖壁。100 * 55。文字漫漶。《天书地字》P330。置地。

164.《官用布匹委官办解禁扰布行告示碑》,康熙十一年六月十二日。上海松江二中(松江府署旧址)。《上海》P88;《松江文物志》P173。官禁,禁扰商。

165.《高增寨款碑》,康熙十一年七月初三日。贵州从江县高增寨。前言和款约十二条。《从江石刻资料汇编》第 1 集,《侗族卷》P19。乡禁,禁盗伐强奸等;罚则。

166.《万古传名碑》,康熙十一年七月十二日。贵州从江县往洞镇增冲村。议定款约十二条。《从江石刻资料汇编》第 1 集,《侗族卷》P19。民约,偷盗买卖等,罚则。

167.《慈祥庵呈文及批复碑》,康熙十一年七月十九日奉准。北京石景山区模式口村。148 * 80+23。额题"皇恩准给"。《北图藏拓》63 - 11;《石景山》P98;《北京石刻拓本提要》P575。公文、圣旨,保护宦官墓地与庵产。

168.《雷音寺施香火地碑》,康熙十一年七月。北京房山区石经山。《北图藏拓》63 - 10。财产处置;儒教与佛教,信女。

169.《龙泉庵庙产碑》,康熙十一年八月十八日。北京石景山区八大处。《北图藏拓》63 - 17。

170.《重修石经山香树庵碑》,康熙十一年桂月。北京房山区水头村香树庵遗址。方首方座,128 * 78 * 17。阳额题"香树庵记",周龙舒撰记;阴额"慈氏不朽",碑阴题名。《云居寺》P98;《涿州》P259。寺产变迁。

171.《三省盐引实额》(2),康熙十一年十月。旧在山西运城巡盐察院(今盐湖区政府),现在盐湖区博物馆。两石:一圆首,34+202 * 86 * 25+50。28 行 63 字;一螭首方座,旧碑摹刻,76+172 * 81 * 20+41。42 行,碑面剥泐严重。一石列山西、陕西各府县引额;另一列山西、陕西、河南各府县引额。河东盐政监察御史正三品加一级穆成格立。《三晋·盐湖区》P221;《盐池碑汇》P164;《山西续一》P15。盐引官凭。

172.《相度山真武宫买田碑记》,康熙十一年七月。云南昆明金殿公园太和宫宫墙内。173 * 68 * 12。31 行 76 字。《云南道教》P214。

173.《水神庙清明节祭典文碑》,康熙十二年(1673)二月十一日立石。山西洪洞县广胜寺霍泉水神庙明应王殿西侧。50＊70。28行21字。《洪洞介休》P65;《三晋·洪洞》P254;《山西续二》P52。公文,告示,除弊,祭规。

174.《佑圣禅林十方碑》,康熙十二年四月八日。北京鼓楼西大街甘水桥佑圣寺。拓172＊88。刻于明嘉靖三十九年(1560)《佑圣寺碑》阴。光禄大夫礼部尚书龚鼎孳撰文,高士其书。《北图藏拓》63－35;《北京内城》2－640。公产,立愿,神人殛之。

175.《严禁铺户当官碑记》,康熙十二年五月。原在江苏常熟县署基,后移道前。《江苏明清》P596。官禁,禁官征扰商。

176.《禁革行户当官碑》,与康熙十二年五月。江苏苏州。与《严禁铺户当官碑记》同,惟碑文末多"今奉宪设簿给帖,竖碑立榜,本县懔遵宪行"云云。官禁,禁官征扰商。

177.《南岩禁止龙头香碑》,康熙十二年六月。湖北丹江口市武当山南岩宫。《大岳太和山纪略》卷6;康熙《均州志》卷4。官禁,禁伤身。

178.《飞升台禁止舍身碑文》,康熙十二年六月。湖北丹江口市武当山南岩宫。《大岳太和山纪略》卷6;康熙《均州志》卷4;《武当山》P127。官禁,禁伤身。

179.《审断禁山告示碑》,康熙十二年七月初九日给文。福建福州晋安区鼓山镇涌泉寺。两石合刻,字迹描红清晰。额刻"奉蒙抚院布司本府颁发审断禁山勒石"。告示,判词;公文格式。

180.《官庄碑》,康熙十二年九月。云南鹤庆县。拓114＊89。碑阴刻租赁田亩钱粮数额。《北图藏拓》63－52。

181.《禁止苛派面铺税银碑》,康熙十二年十月。原在江苏常熟道前。《江苏明清》P599。官禁,禁官征扰商。

182.《松江府为禁奸胥市狯私勒茶商陋规告示碑》,康熙十二年十一月。原在上海松江二中(松江府署旧址)。《上海》P125;《松江审判志》P358;《松江文物志》P177。官禁,禁奸胥扰商。

183.《免除荒粮碑》,康熙十二年。河北行唐县圪塔乡高岭村。圭首,座佚。225＊93＊21。《文物河北》中P81。告示,天灾,减免地亩粮。

184.《常熟县痛禁擅取钉铁铺户货物苦累商民碑》,康熙十二年。江苏苏州。官禁,禁官征扰商。

185.《长洲县严禁诈扰虎丘镇席草行碑》,康熙十二年。江苏苏州。官禁,禁官征扰商。

186.《伯方社仓约记》,康熙十三年(1674)正月。山西高平市伯方村,未见。《高平》P619。赈济。

187.《为恳恩怜僧豁免烟灶僧夫事》,康熙十三年二月。广东韶关,佚。康熙《重修曹溪通志》卷4,《韶关》P207。公文,具呈,蒙批。

188.《小龙洞水永远碑记》,康熙十三年夏月二十二日。云南宜良县狗街镇玉龙村土主寺正殿西墙。50+140＊70＊19。额题同碑名。《宜良碑刻》P7。

189.《遵奉各宪规定严禁脚夫勒索碑记》,康熙十三年十一月。江苏。官禁,禁官征扰商。

190.《奉旨蠲免三则碑》,康熙十三年,2002年在江苏南京孝陵卫小卫街宁杭公路拓宽时发现。220＊100。额篆"奉旨蠲免三则碑"。公文。

191.《房山县禁路榜示碑》,康熙十四年(1675)二月。北京房山区上方山接待庵。84＊52。额题"永禁私路"。《北图藏拓》63－65;《北京工商》P207。官禁,禁匪,治安。

192.《哈兰图诰封碑》,康熙十四年四月初四日立。原在北京海淀区东升公社,1985年征集至北京石刻艺术博物馆。螭首龟趺,399＊127＊59+趺高122。额篆"敕建"。碑身满汉文各6行。哈兰图姓博尔济吉特氏,官至理藩院尚书,康熙十二年卒,谥"敏壮"。

193.《执照碑》,康熙十四年五月初八日。山西侯马市侯马乡秦村。121＊55＊12。阳额"执照碑",阴额"大清"。《三晋·侯马》P50。判语,敬神仪式路线,将讼案批文告知后稷神明。

194.《均田均役征粮截标永遵碑记》,康熙十四年五月。原在江苏常熟道前,常熟图书馆藏拓。《江苏明清》P600。公文,官征。

195.《郭峪镇油猪皮行每年乡地轮应碑记》,康熙十四年。山西阳城县北留镇郭峪村汤帝庙。144＊59＊18。《山西师大》P181。行规。

196.《玉泉毗卢殿接众田碑记》,康熙十五年(1676)二月上,湖北当阳。《玉泉寺志》P378。田产四至。

197.《奉宪永禁糖果铺户当官碑》,康熙十五年十月。江苏苏州。官禁,禁官征扰商。

198.《严禁滥用刑罚示》,康熙十六年(1677)四月。原在江苏常熟县署基,后移道前。《江苏明清》P604。官禁,禁刑讯逼供。

199.《浮山县遵奉本府禁止结社碑》,康熙十六年六月十五日。原在山西浮山县东张乡贯里村天圣宫,现存贯里村老年大学。圆首方座,142＊70＊18。26行63字。《三晋·浮山县》P119。知县潘廷侯奉平阳府示禁,禁伐树掠物、殴打平民;社规。

200.《无锡县永禁县吏扰民碑》,康熙十六年六月。江苏无锡碑刻陈列馆。《无锡》P49。官禁,禁扰商。因差役借兵马过境骚扰油面磨坊铺户而奉常州府示禁。

201.《苏州府饬花素缎业铺户按户给帖输税碑》,康熙十六年十月。江苏苏州景德路城隍庙。《苏州工商》P4;《江苏明清》P11。公文,牙行、商税。

202.《呈为恳乞天恩准照豁免僧夫事》,康熙十六年十二月廿四日。广东韶关,佚。康熙《重修曹溪通志》卷4,《韶关》P208。公文,具呈,蒙批。

203.《北霍渠掌例》,康熙十六年十二月二十五日。山西洪洞县广胜寺霍泉水神庙明应王殿东山墙外侧。64 * 90。湖广襄阳府知南漳事眷生汤家相撰,眷生贾辉书。《山西师大》P381;《洪洞介休》P75。水规。

204.《鼎建翠岩禅室碑记》,康熙十七年(1678)孟春上浣。江苏镇江蒋乔镇。158 * 74 * 16。额横题同碑名。《京江遗珠》P81。寺规 8 条,寺产数额。

205.《保昌县准详藩宪比例另立畸零僧户碑文》,康熙十七年四月二十二日给文。广东韶关,佚。雍正《丹霞山志》卷7《田赋》,《韶关》P209。公文,申详,奉批,帖文。

206.《宝华山隆昌寺黜免杂差碑》,康熙十七年十月初九日。江苏句容。《宝华山志》P333。

207.《邑侯大梁都老爷利民惠政碑》,康熙十七年十一月刻,七月初七日官示。山西阳城县北留镇郭峪村汤帝庙。194 * 75。首题同碑名。18 行。《三晋·阳城》P156;《郭峪》P159;《山西续二》P123。告示,除弊惠民,白米、杂粮斗行,度量管理。

208.《优奖渠长王周映碑记》《公议祭祀善款碑》,康熙十七年十二月。山西洪洞县广胜寺霍泉水神庙明应王殿西山墙外侧。60 * 102。30 行 19字。首题"赵城县正堂加一级吕为优奖渠长王周映碑记"。《三晋·洪洞》P264;《洪洞介休》P77;《明清山西》P63。水规、祭规实施。

209.《常熟县奉饬禁革漕弊条规碑》,康熙十七年。原在江苏常熟接官亭,常熟图书馆藏拓。《江苏明清》P605。公文,革除漕运弊端;度量、奸胥、仓夫、脚夫、漕兵等。

210.《北帝庙香灯祭业碑》,康熙十七年。广东广州市荔枝湾区西泮塘乡仁威庙正殿。131 * 77。《广州府道教》P257。献田契约。

211.《乐助洪山寺禅院香火田碑文》,康熙十八年(1679)夏月。湖北武汉。《洪山宝通寺志》P97。寺产,免粮。

212.《奉宪恩免灶户杂差碑记》,康熙十九年(1680)五月。浙江平阳县东岳殿。147＊74＊10。额刻同碑名。12行40字。《温州》P1019。公文。

213.《添设粥厂碑》《修赈济碑》,康熙十九年九月上浣。北京朝阳区东岳庙。拓18＋138＊67。高尔位撰并书。《北图藏拓》63－149。公文执行,谕旨,赈济饥民。

214.《苏州府禁革白取木料科累行户碑》,康熙十九年十一月。江苏苏州。《江苏明清》P667。官禁,禁官征扰商。

215.《为恳恩准照豁免僧夫事》,康熙十九年。广东韶关,佚。康熙《重修曹溪通志》卷4,《韶关》P211。公文,具呈,蒙批,永为定例。

216.《禁止官役扰累典铺碑》,康熙二十年(1681)六月十四日。原在江苏常熟道前,现存常熟碑刻博物馆。《江苏明清》P609。官禁,禁官征扰商。

217.《奉宪禁止勒索碑》,康熙二十年。安徽祁门县大坦乡大洪村大洪岭。官禁,禁勒索。

218.《重刻千峰禅院后唐明宗敕书碑》,康熙二十一年(1682)浴佛日(四月初八)。山西阳城县博物馆。169＊73＊18。首题同碑名。18行。《三晋·阳城》P156。

219.《蒲州乡官吏部候选韩世琦为给水碑记》,康熙二十一年四月立石。山西永济市清华乡王官村。《河东水利》P315。

220.《奉宪严禁斛脚多勒陋弊碑记》,康熙二十一年八月。江苏苏州。官禁,禁官征扰商。

221.《禁革芦姜鲜笋关税示碑》,康熙二十一年八月。原在江苏常熟水仙庙前岸水墩,常熟图书馆藏拓。《江苏明清》P610。

222.《遵宪奉旨涂捕碑》,康熙二十一年八月。浙江瑞安市莘塍镇董田村。115＊61。15行25字。《温州》714。官禁;许木筏捕鱼,不许小艇出海;禁兵弁需索纳税。

223.《白茆碑文》,康熙二十一年十一月。江苏常熟碑刻博物馆。《常熟碑刻集》P63。救死扶伤。

224.《鱼邑谷镇西清真寺施地碑记》,康熙二十一年。山东济宁鱼台县古亭寺。43＊68＊18。字体多有难辨之处。《山东回族》P427。坊民施地。

225.《严禁势豪把持重申编审碑》,康熙二十一年。安徽黟县文物局。

226.《豁免鸡山杂差碑》,康熙二十一年帖文。云南大理。《鸡足山寺志》卷9P622。豁免杂役税粮。

227.《因砍掀水口罚银事记》,康熙二十二年(1683)二月。山西曲沃县北董乡景明村龙岩寺。刻于金承安三年(1198)《沸泉分水碑记》碑阴左下侧。《三晋·曲沃》P109。

228.《松江府规定脚价工钱告示碑》,康熙二十二年二月。上海松江区。《上海》P433;《松江文物志》P178。

229.《建元宁会馆碑记》,康熙二十二年四月。北京正阳门外下三条胡同。《基尔特》5-857;《清代工商》P53。缓行,北京会馆概貌,置产、训诫。

230.《巡盐疆界碑记》,康熙二十二年五月。原立上海南汇县十七保二十六图沙涂庙,现藏浦东新区南汇博物馆。137*75*15。25行41字。《浦东修订》P153。

231.《云泉庵弗善碑记》,康熙二十二年六月初二日。云南宜良县狗街镇玉龙村东山云泉寺。125*66。《宜良碑刻》P212。

232.《苏州府奉抚都院禁革图书碑》,康熙二十二年六月。江苏。《江苏明清》P667。官禁。

233.《官山至界碑》,康熙二十二年七月。山东烟台市牟平区昆嵛山神清观。记事,公文,保护寺产。

234.《忍字歌》,康熙二十二年仲秋中浣。江苏苏州玄妙观。总督两江部院永宁于成龙颁劝。归圣脉立石。《苏州社会史》P553。轻生好讼风俗,刑罚,自尽图赖,涉讼艰难。

235.《万老爷遗爱碑记》,康熙二十二年八月。山西运城盐湖区解州镇常平关帝庙仪门内廊东壁。下半断裂。106*54。额篆同碑名,23行48字。《三晋·盐湖区》P234。呈文引公文蒙批,记事,免五村公差。

236.《玉泉优免杂徭碑记》,康熙二十二年十一月。湖北当阳。《玉泉寺志》P375。免除徭役。

237.《严禁派取木竹行铺当官碑》,康熙二十二年十二月。原在江苏常熟道前,现存常熟碑刻博物馆。《江苏明清》P613。官禁,禁官征扰商。

238.《在惨和尚禁伐树木碑》,康熙二十二年腊月望日。广东肇庆鼎湖山庆云寺韦陀殿西壁。70*50。《广东》P687;《肇庆文物志》P140。乡禁,禁伐、风水。在惨和尚是庆云寺第二代住持。

239.《清真教学田记》,康熙二十二年冬月。湖北武汉洪山乡关山村下马庄原华中师范大学第二附属中学操场东北角。146*70。16行,计570字。《武汉》P63。范氏义田影响,屯田办学。

240.《国朝创建常平仓碑》,康熙二十二年。河北石家庄栾城区。同治《栾城县志》卷14。社会救济。

241.《常熟县禁派木竹行物料碑》,康熙二十二年。江苏苏州。官禁,禁官征扰商。

242.《巡盐御史詹哲改立浦东各盐场巡缉私盐界碑略》,康熙二十二年。上海浦东新区。《松江府续志》卷 16《田赋志》,《浦东修订》P152。

243.《真教寺礼拜时辰碑》,康熙甲子(廿三年,1684)仲春望日。山东青州市真教寺二门南墙。虚庵务真子立。《山东回族》P357。规约;观日景确定晌礼和晡礼时间的计算方法。

244.《永远放生碑记》,康熙二十年十二月至二十三年五月。江苏南京鼓楼区颜鲁公祠。59+99＊22。上刻"奉总督江南江西部院于宪禁乌龙潭不许捕鱼永远放生碑记"。《南京鼓楼区文物志》P86。官禁,于成龙示。

245.《班知县奉刊巡抚都察院行仰禁革六害碑记》,康熙二十三年六月。广西灵川县三街镇政府。170＊80。额刻"奉巡抚都察院行仰禁革六害碑记"。《灵川》P105。

246.《大部明文优免杂差碑》,康熙二十三年七月二十六日立石。山东泗水仲子庙。《仲里志》。"遵照顺治十三年旧例,一切地亩杂项差徭概行蠲免","须至碑者"。

247.《苏州府为禁官匠熔锭派累散匠告示碑》,康熙二十三年七月。上海,佚。《上海》P127;《嘉定》P16。官禁,禁扰商。

248.《永禁油麻铁斛铺户当官碑》,康熙二十三年八月。原在江苏常熟县署基,现存常熟碑刻博物馆。《江苏明清》P614。官禁,禁官征扰商。

249.《奉宪碑》,康熙二十三年九月。浙江瑞安市湖岭镇湖屿桥街大岭垟老宫内。144＊70。14 行 44 字。《温州》P716。官禁,驱流丐,治安。

250.《三峪水规碑》,康熙二十三年九月上浣。山西河津市樊村镇干涧村。160＊67＊13。额题"永垂不镌"。18 行 58 字。背面刻三峪图和"万古常照"。《河东水利》P200。记事,水规粮则,京控。

251.《民山碑记》,康熙二十三年孟冬。原在山西宁武县中粮厅,后移宁武县衙,现无存。《山西续二》P7;《三晋·宁武》P315。讼案;禁奸商谋私利,禁伐。

252.《巡抚巴锡碑记》,康熙二十三年。甘肃兰州,佚。《兰州》P474。护商。巴锡于康熙十八年(1679)任甘肃巡抚,记述巴锡平市价剔除陋规、提倡文教等事。

253.《苏州织造部堂严禁染匠作奸告示碑》,康熙二十三年。江苏苏州。《苏州织造局志》;《苏州工商》P13。官禁。

254.《丁家山净严寺永禁碑记》,康熙二十三年。浙江宁波镇海区。

255.《顶约土地碑记》,康熙二十三年。广西兴安县。遗赠田产。

256.《建元宁会馆记》,康熙二十四年(1685)四月。北京。《清代工商》P53。

257.《嘉定县为禁光棍串通兵书扰累铺户告示碑》,康熙二十四年五月十六日。原在上海嘉定区娄塘镇,佚。《上海》P96;《嘉定》P21。官禁,禁扰商;审讯,供词。

258.《请立名宦乡贤木主碑》,康熙二十四年六月十六日。广西桂林。《北图藏拓》64－79。

259.《奉宪永禁陋规碑》,康熙二十四年六月。江苏苏州玄妙观观音殿内。下部漫漶难识。公文格式清晰。

260.《封闭双马槽厂永禁碑记》,康熙二十四年季夏。云南大理凤仪镇北汤天村法藏寺。133＊69＊5.5。阁州绅耆士庶同立石。《大理名碑》P437;《凤仪》P71。讼案;公文,信牒;官禁;淘金、污染;税制,租额条编。

261.《永禁熔锭派累散匠碑》,康熙二十四年七月。原在江苏常熟县署基(道前)。《江苏明清》P619。官禁,禁扰商。

262.《圣谕》,康熙二十四年八月立石,康熙二十三年十月发文。江苏南京鼓楼。540＊145＊36。《南京》P204。君言、官箴;奉公守法。

263.《蒲峪河派定放水日期碑》,康熙二十四年九月初三日。陕西华阴县北城村村委会。65＊50＊8。碑阴刻康熙五十五年(1716)六月十五日分水告示。《渭南》P166。告示,派水,禁讼。

264.《戒台寺敕谕碑》,康熙二十四年十二月。北京门头沟区戒台寺山门殿前北侧。螭首龟趺,390＊103＊33。额刻满文,碑身满汉文合璧。《门头沟文物志》P381;《戒台寺》P173。记事,禁凿山采石。

265.《严禁兵民兴贩私盐碑》(2),康熙二十四年。一原在江苏常熟道前,另一在张家港市鹿苑大桥。182＊92。《江苏明清》P616。官禁,禁贩私盐。

266.《减政裁员碑》,康熙二十五年(1686)三月。陕西麟游县。130＊68＊16。圆首,中书"上司明文"。10行。公文,除弊。

267.《东莞县正堂谕禁皇姑坟前后左右盗葬碑》,康熙二十五年五月十七日示。广东东莞东城街道石井社区狮子岭宋皇姑赵氏墓。47＊29。《东莞》P122。示禁。

268.《刘仟岩祀田形式记》,康熙二十五年六月勒,五月堂批,广西桂林南溪山穿云岩。2.8＊5.5尺。张本真勒。《桂林辑校》P800。祀田坐落、四至、粮额。

269.《香田碑记》,康熙二十五年季夏。广西桂林叠彩区叠彩山风洞前。3.3＊1.7尺。住持僧启正等立。《桂林辑校》P803。记事,出资置产坐落,报官免役。

270.《奉宪禁革脚夫碑示》《嘉定县严禁脚夫结党横行告示碑》(2),康熙二十五年七月。一原在上海嘉定区娄塘镇;一立嘉定区黄渡镇罗汉寺,现存秋霞圃觅句廊。166﹡78,横额题同前碑名。《上海》P434;《嘉定》P29。官禁,治安。

271.《开拓林地记碑》,康熙二十五年十月十九日。山东曲阜市孔林思堂东斋东墙。《曲阜碑文录》P805。风水。

272.《奉宪严禁脚夫碑记》,康熙二十五年十二月。原立于上海浦东新区高行镇万安楼前,现立高行镇文化中心楼前。160﹡85﹡23。《浦东修订》P159。

273.《重修隆教寺暨厘正田租记碑》,康熙二十五年。甘肃民乐县,未见。《民乐县志》卷 4;吴景山《甘肃省涉藏金石碑刻解题目录》第 90。公产。

274.《常熟县严禁私占私征碑记》《永禁占踞官湖私收渔税碑》,康熙二十五年。江苏苏州。《江苏明清》P667。官禁,禁占官产。

275.《长洲县为国宪救江苏第一困苦碑》,康熙二十五年。江苏苏州文庙。127﹡67。《农业经济碑刻》P22。公文,告示;巧立"荡租"盘剥渔户;禁豪强私占。

276.《奉勒南溪山刘仟岩形胜全图》,康熙二十五年。广西桂林南溪山穿云岩。摩崖,125﹡73。额题同碑名。碑题"核复佑圣观田记"。住持道人张本真勒。《桂林辑校》P812。置产图示。

277.《乌龙潭放生记》,康熙二十六年(1687)三月。江苏南京鼓楼区清凉山颜鲁公祠。159﹡66。《南京鼓楼区文物志》P86。放生,官禁。

278.《吴县永禁不法之徒向茶食业混行苛敛碑记》,康熙二十六年四月。江苏苏州。官禁,禁扰商。

279.《禁止官役扰累典铺碑》,康熙二十六年六月十四日。江苏常熟。官禁,禁扰商。

280.《长洲吴县二县永禁杨花在街头吹唱占夺民间吹手主顾哄骗民财碑记》,康熙二十六年六月。江苏苏州。官禁。

281.《鄞慈奉定象五县奉宪勒石永禁厅捕金点县役告示碑》,康熙二十六年九月。浙江宁波海曙区天一阁尊经阁庭院西壁。《天一阁》P180。官禁。

282.《永禁强豪霸占渔利告示碑》,康熙二十六年。原立上海嘉定县署,佚。《上海》P447;《嘉定》P24。官禁,禁占官产;给碑式,宪牌;禁碑费用承担。

283.《江宁布政司严禁僧人盗卖山木居民作践虎丘名胜碑》,康熙二十七年(1688)三月十二日。江苏苏州虎丘。《苏州》P436。官禁,治安。

284.《吴江县永禁豪强侵占湖荡以保障国课碑》,康熙二十七年三月。江苏苏州吴江区文管会。《苏州》P587。官禁,禁占官产。

285.《苏州府禁革行头官用等名色以除商害碑》,康熙二十七年四月。原在江苏苏州东汇路51号大兴公所。132*58.4。130余家木商和9家牙商公立。《江苏明清》P93。官禁,禁牙商。"木商公呈奸侩纠党等事。""行户当官,久经严禁。今苏郡木行,何得犹立行头名色,如详永行禁革。"

286.《河南布政使司管理通省驿盐碑》,康熙二十七年。河南登封市嵩山少林寺西围墙外。

287.《罗太守馆规十三条》,康熙二十七年。江西吉安白鹭洲书院。148*80*2。《庐陵》P38。书院规章。

288.《告从化城隍文》,康熙二十七年。广东从化县。《广州府道教》P1101。神鉴,信仰。

289.《新立清明节会捐输银碑记》,康熙二十八年(1689)五月十三日。山西运城盐湖区解州镇常平关帝庙献殿西墙。150*60。额篆同碑名,31行64字。《三晋·盐湖区》P242。乡禁官批,联保、禁伐;"治侵村之罪"。

290.《中俄尼布楚条约五国文字界碑》《大清国遣大臣与俄罗斯国议定边界之碑》,康熙二十八年十二月。黑龙江。《黑龙江流域岩画碑刻研究》P268;《吉林》P11。

291.《重建灶君庙碑记》,康熙二十八年。北京崇文门外花市大街灶君庙。《基尔特》4-781。厨行,庶人之祀。

292.《泰安州提留香税疏碑》,康熙二十八年。山东泰安岱庙汉柏亭前。嵌壁,190*80。l4行32字。《泰山石刻》P467;《岱庙碑刻研究》P240。规范性公文程序:上谕,案验,准户部咨,疏。"到院案行,到司札行,到府帖行,到州即便遵照执行。"

293.《禁止派丐户承造绳索碑》,康熙二十八年。原在江苏常熟道前。《江苏明清》P621。官禁,禁扰商民。

294.《元圣庙题请祭田礼生庙佃碑》,康熙二十九年(1690)仲春吉日。山东曲阜市周公庙二门里西侧。《曲阜碑文录》P818。赋役。

295.《贾岛墓宪批碑》,康熙二十九年三月初四日行文。北京房山区石楼镇二站村贾公祠。156*67*17+63。额楷"宪批",房山县知县罗在公遵奉勒石。《新日下》P301;《北京石刻拓本提要》P427。公文,公产管理。

296.《奉宪永禁盐商肩引分立界址碑》，康熙二十九年四月。浙江宁波海曙区天一阁尊经阁庭院东壁。《天一阁》P188。公文，利益分配。

297.《崇文门关税德政碑》，康熙二十九年五月。北京东城区。额题"德政碑记"。《北图藏拓》64－148；《北京工商》P191。恤商。

298.《禁宪碑》，康熙二十九年八月。福建漳浦县霞美镇北江村龙江庙。170＊70。为禁止劣绅巨族霸占海滩，总督闽浙部院署、府、县的批示，刻同式石碑分发闽浙沿海。"须至碑者"。

299.《镇南州正堂告示碑》，康熙二十九年十二月十五日。云南楚雄市吕合镇文化站。《楚雄》P315。寺产，禁盗葬。

300.《威伊克阿林山界碑》，康熙二十九年。黑龙江海林市长汀镇宁古塔东北172里。

301.《复鸶鹭泉水利记》，康熙二十九年。山西介休市洪山镇洪山村源神庙。《介休县志》卷12《艺文》；《洪洞介休》P206。水案。

302.《下马碑》，康熙二十九年。浙江宁波天一阁。《天一阁》P187。

303.《遵宪免派差文优杂丁碑记》，康熙二十九年。江西赣县田村镇东山村龚公山宝华寺。公文，免寺差。

304.《梅庵置香灯田碑记》，康熙三十年（1691）清明。广东肇庆梅庵。《广东》P649。寺产。

305.《古龙池三禁碑》，康熙三十年仲夏初旬。北京门头沟区斋堂镇灵水村火龙王庙外墙。92＊35。额横刻"重修石记"。8行19字。第7行为"池内三禁"，第8行为"池台三禁"。《门头沟文物志》P382；《京西》P78。乡禁，环保。

306.《兴隆寺香火碑记》，康熙三十年六月。云南。《云南道教》P258。四至。

307.《创建考场碑记》，康熙三十年七月十六日申详抚宪，七月二十八日蒙批，山西左权，佚。《三晋·左权》P464。条规。

308.《鼎建云龙山真武宫新铸圣像供具增置常住田碑记》，康熙三十年八月。云南建水县云龙山真武宫南侧碑亭。230＊130＊45。碑阴为《鼎建云龙山真武宫增置常住田地功德题名》。《云南道教》P253。

309.《禁滥建和尚塔碑》，康熙三十年十月。广东肇庆鼎湖山庆云寺。《广东》P692。宗教规约，营葬。

310.《藏公和尚置地碣》，康熙三十年。山西洪洞县堤村乡许村。55＊50。《三晋·洪洞》P278。置地清单，坐落、四至、价银。

311.《两堡水利碑》，康熙三十年。陕西眉县金渠乡。圆首，下部残损。

124＊63＊20。额楷"皇清"。23行。《秦岭》P46。公议渠规。

312.《奉督抚司道府县严禁轻生告示》,康熙三十年。原在广西南宁城北区心圩村口,后移高新区心圩中学。残。官禁,禁轻生。

313.《徐日升提请保护天主教碑》,康熙三十一年(1692)二月初五日。北京西城区北营房北街(马尾沟)教堂。碑阴为康熙四十七年(1708)《徐日升墓碑》。《北图藏拓》65－2。公产。

314.《崇福道院赡田碑记》,康熙三十一年春日。上海浦东新区三林镇杨南路555号崇福道院。196＊85＊20+50。六截刻,每截24行10字。《浦东修订》P162。

315.《恩主巡抚都察院大老爷张禁约碑》,康熙三十一年九月。浙江文成县文物馆。137＊66＊12。额刻同碑名。8行32字。《温州》P846。官禁,禁滥派。

316.《严禁官员勒借民财碑》,康熙三十一年十一月。原在江苏常熟县署基,后移道前。《江苏明清》P622。官禁,禁扰商。

317.《城关两县分水碑》,康熙三十一年。陕西城固县杨镇堰杨泗将军庙,佚。《秦岭》P46。

318.《重建城隍庙记》,康熙三十一年。广东从化县。《广州府道教》P1099。

319.《本州批允水例碑记》,康熙三十一年。云南宾川县力角乡圆觉寺。《大理名碑》P451。官民争水。

320.《万寿庵产业碑》,康熙三十二年(1693)正月。原在陕西汉中府城外北关万寿庵,现存汉中市博物馆。106＊54＊13。12行22字。《汉中碑石》P202。

321.《水神头新开车道并常住地记》,康熙三十二年四月。山西盂县烈女祠。78＊65＊12。额题"福缘善果"。《三晋·盂县》P195。公产,防侵占争夺。

322.《韶州府仁化县正堂孙为申严捕鱼之禁以广好生事》,康熙三十二年五月初六日给文。广东韶关,佚。《丹霞山志》卷7《田赋》,《韶关》P216。告示,禁捕。

323.《饬禁私抽设牙碑记》,康熙三十二年仲夏。广东佛山市博物馆碑廊。《明清佛山》P24;《佛山文物》P56。广州府南海县示禁,禁把持行市;碑例,康熙二十七年禁碑。

324.《贺家庄重修润民渠碑记》,康熙三十二年仲夏。山西洪洞县,佚。民国《洪洞县水利志补》下卷《润民渠》;《三晋·洪洞》P1071。记事,改判;

哄斗,反坐例定罪,赏水。

325.《龙王庙常住田碑》,康熙三十二年九月二十四日。云南昆明。《北图藏拓》65－39。官文批件;庙产。

326.《苏州府为永禁端匠齐行增价碑》,康熙三十二年十二月。原在江苏苏州阊门外广济桥堍,现存苏州文庙。198＊99。尾刻"须至碑者"。后列布商店号。《苏州工商》P55;《江苏明清》P34;《农业经济碑刻》P10。官禁,公文,禁罢工,工价。

327.《巡抚四川地方提督军务都察院条约碑》,康熙三十三年(1694)正月二十四日发,湖北恩施。额横题同碑名。2019年6月28日《恩施日报》。四川巡抚为各府县下达的关于招民垦荒的八则条约,夔州府建始县知县李新命立石于县衙。

328.《松江府为禁滥佥金山卫操舍漕运旗丁告示碑》,康熙三十三年二月十五日。原在上海松江二中(松江府署旧址)。《上海》P144;《松江文物志》P179。漕运管理及病端。

329.《常熟县染户具控三弊碑》《禁止染铺借布碑》,康熙三十三年三月。原在江苏常熟县署基,后藏常熟市文管会。《苏州工商》P57;《江苏明清》P623。

330.《奉抚院立石永禁一应寺产不许贴赎碑》,康熙三十三年四月初四日。江苏苏州。《邓尉山圣恩寺志》P251。保护寺产禁令,诉讼。

331.《康熙上谕碑》,康熙三十三年六月二十七日。江苏苏州阊门石路太平坊清真寺。10行29字。《回族》P202。汉回矛盾、邪教异端。北京、呼和浩特、山西等地的清真寺中也见类似碑石,但字句略有不同。

332.《圣旨碑》,康熙三十三年六月。山东青州市金岭镇清真寺。《山东回族》P368。康熙圣谕,官民不可借机诽谤回教造反,回民当遵守清真之道。

333.《县主衷老爷体恤里民行户永免一应杂派德政碑》,康熙三十三年桂月(八月)。山西阳城县北留镇郭峪村。碑阴有3份告示通知,2份康熙三十三年,1份康熙三十五年(1696)。《山西续二》P7;《郭峪》P162。免杂派。

334.《长吴二县禁木行当官私派津贴碑》,康熙三十三年十月。江苏苏州阊门外广济桥堍。《江苏明清》P95。官禁,禁官牙垄断。

335.《东林书院配祀碑》,康熙三十三年十一月初九日。江苏无锡东林书院。官文书。

336.《府门永禁碑记》,康熙三十三年。浙江宁波镇海区。民国《镇海县志》卷4。水利。

337.《丹霞山畸零户僧传明禀为恳恩批照以杜重累事》,康熙三十四年(1695)二月十九日禀。广东韶关,佚。《丹霞山志》卷7《田赋》,《韶关》P217。公文,照,批;禁无赖指称粮亩索骗。

338.《禁伐东山神树碑记》,康熙三十四年春。山西蒲县东岳庙。圆首,98＊50＊11。额刻"碑记"。12行44字。《三晋·蒲县》P82。禁伐。

339.《玉皇阁住持碑记》,康熙三十四年四月。云南云龙县诺邓村北山玉皇阁大院前房后廊西墙。《云南道教》P263。田产。

340.《续置菩提场碑记》,康熙三十四年夏月。云南宜良县狗街镇玉龙村后山云泉寺观音殿院左前墙。147＊64。额刻"常住碑记"。《宜良碑刻》P215。寺田。

341.《法云寺碑》,康熙三十四年孟秋。河北蔚县。《佛寺与蔚州文化传统》P371。李氏家族捐施地粮。

342.《具禀丹霞山僧传明禀为恳恩准照蠲免徭差大役事》,康熙三十四年八月初九日具。广东韶关,佚。《丹霞山志》卷7《田赋》,《韶关》P218。公文。

343.《勒禁永遵碑》,康熙三十四年十一月。江苏高淳县浮溪镇杨家巷龙王庙。225＊106。《南京》P209。水案,公文,判词。高淳、当涂两县民众为争石臼湖水面争讼,经检查碑文、志书、契册等,江宁、太平二府决断,二邑以中流大河为界,不得借界争执。

344.《遵依西安府太爷爷断本观地界碑》,康熙三十四年仲冬。陕西周至县竹峪乡丹阳村丹阳观中。169＊78＊21。额篆"大清重建"。32行,漫漶。《秦岭》P274。判词。

345.《海会禅院蠲免杂派德政碑》,康熙三十四年。山西阳城县。免杂派。

346.《禁伐东山松柏碑记》,康熙三十四年。山西,佚。《三晋·蒲县》P431。禁伐。

347.《奉督抚司道府各宪严禁采石碑》,康熙三十四年。江苏苏州城西天平山东南麓范公祠。《江苏省志·文物志》P285。

348.《江防同知苏告示碑》,康熙三十四年。江苏扬州。《瓜洲续志》卷26。讼案、税。

349.《真庆观遵奉清理常住碑记》,康熙三十四年。云南昆明真庆观老君殿北侧墙壁。破损,230＊110。《云南道教》P268。四至,田产买卖。

350.《奉宪立碑》,康熙三十五年(1696)二月十三日。广东汕头开元寺。《广东》P225。讼案,寺产。施田后代占田,所有权与使用权。

351.《严禁以茶扰害僧人居民碑》,康熙三十五年二月。福建南平武夷山。官禁、公文。

352.《严禁奸牙倾换低价碑》,康熙三十五年二月示。上海嘉定区,佚。《嘉定》P162。官禁,信牌、宪牌,枷责治罪。

353.《禁鱼令刻石》,康熙三十五年三月。福建南平武夷山小九曲金谷岩壁。建宁府崇安县颁布。《武夷山》P479。

354.《县主衷老爷体恤里民行户永免一应杂派德政碑》阴,康熙三十五年八月二十九日示。山西阳城县北留镇郭峪村汤帝庙。《山西续二》P8;《郭峪》P164。免杂派。

355.《均画异乡田地一体当湖区均役示》,康熙三十五年十月。原在江苏常熟道前,常熟图书馆旧拓。《江苏明清》P627。

356.《长洲县奉宪永禁观风借用桌橙碑记》,康熙三十六年(1697)二月。江苏苏州。《江苏明清》P667。官禁,禁扰民。

357.《划定草山界碑》,康熙三十六年三月十七日。甘肃临潭县扁都乡刘旗四队村民刘树义家中,护地基石。下残,115＊41＊9。两面刻。阳额"百代感恩",12行30余字。碑阴刻咸丰八年(1858)《草山碑记》。《甘南金石录》P87;《安多》P127。界址、争讼。

358.《倭大老爷镌谕永禁》,康熙三十六年四月。山西大同鼓楼北门外西侧。《三晋总目·大同》P28。除弊。

359.《长洲县禁违宪私征碑》,康熙三十六年五月。江苏苏州文庙。文不清。违法记事,除弊。

360.《云泉寺观音殿常住碑记》,康熙三十六年夏月。云南宜良县狗街镇玉龙村云泉寺观音殿左前墙。168＊78+30。额刻"菩提场碑记"。《宜良碑刻》P218。寺田。

361.《东洲年创会景碑文》,康熙三十六年十一月初八日。广东广州增城区玄女古庙。126＊68。《广州府道教》P1146。置产,四至。

362.《黄知府判盐案记》,康熙三十六年孟冬。山东蓬莱。《蓬莱金石录》P433。

363.《常熟县禁止沿海无粮滩地示石刻》,康熙三十六年。江苏常熟。《江苏明清》P667。

364.《云会常住碑》阴,康熙三十七年(1698)四月初八日。原在云南大理凤仪镇大丰乐村云会庵大殿台阶上,现存李氏祠堂。大理石。《凤仪》P129。田亩山产坐落四至、粮额。

365.《奉大宪勒石永禁示谕碑》,康熙三十七年五月。浙江温州。《温州》P1024。安民耕凿。

366.《娄县为禁踹匠倡聚抄抢告示碑》,康熙三十七年六月。上海松江区枫泾镇城隍庙旧址。《上海》P98;《松江审判志》P350。官禁,禁罢工,治安。

367.《林前居民感恩碑》,康熙三十七年仲秋吉日。山东曲阜市孔林大门东南栏内。《曲阜碑文录》P826。赋役。

368.《道士断定水利碑》,康熙三十八年(1699)四月立石。山西洪洞县广胜寺下寺。圆首方趺,163﹡71﹡20。11行64字。额题同碑名,知县刘显文立石。《三晋·洪洞》P285。讼案,判词;官禁,禁逞强霸阻。

369.《奉宪永禁碑》,康熙三十八年七月。江西景德镇。李兴华、饶俊南《景德镇民窑制度文化的价值思考》,《南昌大学学报》2003年5期。官禁,"须至碑者"。

370.《凌陂水利纠纷碑记》,康熙三十八年十二月二十四日。广东南雄市全安镇陂头村。尾题"凌陂五堡首事抄刻碑石"。《南雄文物志》P92。判决书,禁放排损水利。

371.《张太守清理学田碑》,康熙三十八年。陕西安康原兴安府教授署大门内。民国《重续兴安府志·金石志》。

372.《御制宸翰碑》,康熙三十八年。江苏南京贡院。243﹡90。《南京》P210。君言。时科场舞弊案时有发生,康熙第三次南巡亲临江南贡院,手书《为考试叹》。

373.《前宅公禁碑》,康熙三十八年。浙江绍兴。《偶山章氏家乘》卷6。乡禁,禁伐。

374.《江南布政司为禁竹木商行轮值当官告示碑》,康熙三十九年(1700)二月。原在上海松江二中(松江府署旧址)。《上海》P110;《松江文物志》P180。官禁,禁官征扰商。

375.《治河条例碑》,康熙三十九年六月十七日。原在安徽砀山县城北故黄河大堤旁,现存砀山县水利局。河道总督张鹏翮的奏折。《黄河》P197。公文,水利条规。

376.《凉州卫高头坝与永昌卫乌牛坝之争水利碑》,康熙三十九年十一月廿日。甘肃武威凉州区双城镇高头沟村。150﹡70﹡15。《武威金石录》P134。水案,执照。

377.《敕命之宝碑》,康熙四十年(1701)二月十八日立。陕西武功县徐杨堡。碑残为两段,上段未见,下段字迹磨灭甚多,可辨"河北真定知县"

"敕命之宝"印文。满汉合文,左为汉文,右为满文。

378.《白鹤南翔寺蠲赋记碑》,康熙四十年仲春。上海嘉定区南翔镇南翔寺。《上海》P56。

379.《豁免学租碑》,康熙四十年六月十六日。云南昆明晋宁区。王时晋撰并书。尾刻同年七月二十三日《请增祭胙碑》。《北图藏拓》65－171。税赋。

380.《孙思克诰封碑》,康熙四十年三月二十日立。北京石刻艺术博物馆。趺、额无存,碑身在清末被改为匾额。114﹡24。碑阳满汉文合璧,满文11行,汉文7行;碑阴刻陈宝琛横书"兴记"。

381.《青浦县为禁地方弊害告示碑》,康熙四十年六月。上海青浦区金泽镇原金泽中心小学旧址内。圆首,134﹡59。额刻"奉宪禁约碑"。尾刻松江府官吏及保长等职名。《青浦碑刻》P215。奉本府信牌,总督部院详,取碑摹送查。治安,禁阻葬、劫孀、聚赌、打降、掗盐。"强嫁之条,律有明禁"。

382.《苏州府约束踹匠碑》《遵奉督抚各宪定例永禁碑记》,康熙四十年十月。原在江苏苏州阊门外广济桥堍,现在苏州文庙。嵌墙,碑石布满裂纹,系碎裂后拼接而成。《江苏明清》P37;《苏州工商》P62。官禁,禁踹匠流棍聚众闹事;治安。

383.《松江府为禁铺商当官告示碑》,康熙四十年十月。上海松江二中(松江府署旧址)。《上海》P119;《松江审判志》P355;《松江文物志》P181。官禁,禁官征扰商。

384.《禁革里长谕旨碑》,康熙四十年。浙江宁波。民国《鄞县通志·文献志》。

385.《训饬士子文》,康熙四十一年(1702)正月。北京国子监。《北图藏拓》66－1。御制学规。

386.《御制训饬士子文》,康熙四十一年正月。山西应县。《山西续一》P656。

387.《御制训饬士子文》,康熙四十一年正月。山西运城,佚。《三晋总目·运城》P224。

388.《训饬士子文碑》,康熙四十一年正月。陕西西安碑林。圆首方趺,365﹡114﹡35。额篆"御制宸翰"。15行50字。玄烨撰书。年款处钤"康熙御笔之宝"方印。

389.《御制训饬士子文》,康熙四十一年正月。陕西米脂县文庙大成殿东廊下。200﹡80﹡12。15行45字。年款处钤"康熙御笔之宝"印。《榆林碑石》P143。

390.《御制训饬士子文》,康熙四十一年正月。陕西户县(今西安鄠邑区)文庙大成殿东侧碑廊。圆首,195 * 83 * 17。额篆"御制宸翰"。15 行 50字。年款处钤"康熙御笔之宝"方印。《户县碑刻》P121。

391.《御制训饬士子文》,康熙四十一年正月。甘肃武威文庙。280 *104 * 28+82。额题"御制宸翰",年款处钤"康熙御笔之宝"印。《武威金石录》P135。

392.《圣祖皇帝御制训饬士子文碑》,康熙四十一年正月。原立甘肃临潭县境内,佚。光绪二十三年《洮州厅志》卷 8,《甘南金石录》P200。

393.《圣祖御制训饬士子文》,康熙四十一年正月。广东。道光《广东通志》卷 199。

394.《御制训饬士子文》,康熙四十一年正月。广西桂林文庙(今桂林中学)。拓 205 * 95。《桂林辑校》P832。

395.《文昌帝君阴骘文》,康熙四十一年二月初一日。北京宣武区隆庆寺。《北图藏拓》66－3。信仰、神禁。

396.《育婴堂碑》,康熙四十一年二月十二日。北京崇文区夕照寺。碑阴刻产基等。《北图藏拓》66－4。公产。

397.《松江府永禁地棍恃强为害告示碑》,康熙四十一年三月。原在上海闵行区七宝镇。《上海》P452;《松江文物志》P183。官禁,治安。

398.《萧水藻征用甘棠渡船暨船夫告示碑》,康熙四十一年六月初十日立。广西灵川县灵川镇苏家村门口甘棠江边。120 * 70。《灵川》P107。告示。

399.《御制训饬士子文碣》,康熙四十一年八月。原址不明,今存陕西绥德县博物馆。53 * 147 * 6.5。37 行 39 字。赵于敬书丹。《榆林碑石》P145。

400.《崇凝碑》,康熙四十一年。陕西渭南临渭区崇凝乡。讼案,私立集场、把持行市。

401.《饬禁河桥诸弊碑》,康熙四十一年。甘肃兰州,佚。《兰州》P475。除弊安民等。

402.《御制晓示生员教条碑》,康熙四十一年。甘肃兰州,佚。《兰州》P489。御制学规。

403.《圣祖御制训饬士子文》,康熙四十一年。湖北潜江市。《潜江贞石记》卷 6。

404.《森林山界碑》,康熙四十一年。云南禄丰县罗川乡捏茨村。《云南林业》P925。村民立。捏茨村 5 000 亩森林四至山界,1979 年凭此碑得以维护林权。

405.《申禁凿山取石碑记》,康熙四十二年(1703)四月。山西高平市陈区镇石堂会村关帝庙。圆首方座,168＊56＊21。14行45字。《三晋·高平》上 P292。

406.《奉宪勒石》,康熙四十二年五月初一日。江苏常熟碑刻博物馆。施三峰禅院寺产业;寺僧守规,子孙不得侵扰。

407.《干涧、固镇和约碑》,康熙四十二年五月初七日立。山西河津市固镇村。《河东水利》P202。水规,合同、罚则。

408.《勒刻碑铭》,康熙癸未(四十二年)季秋仲月。山东济南长清区赵家营清真寺。《山东回族》P163。捐施,寺产处置。

409.《圣祖御制为考试难》,康熙四十二年十一月。广东。道光《广东通志》卷 199。

410.《议准典铺取息碑》,康熙四十二年十二月。原在江苏常熟县署基,后移道前。《江苏明清》P630。行规。

411.《息讼划界碑》,康熙四十二年。河北隆尧县牛家桥乡南阳楼村东1.5公里。1790＊50＊20。《文物河北》下 P728。争讼,划界。

412.《御制训饬士子文》,康熙四十二年。甘肃榆中县文庙明伦堂,佚。《兰州》P482。御制学规。

413.《圣祖钦颁训饬士子文》,康熙四十二年。浙江宁波海曙区天一阁碑林。

414.《康熙谕旨碑》,康熙四十三年(1704)十月初七日。浙江杭州孔庙。《杭州孔庙》P83。恤民,因灾蠲免浙江通省应征地丁银米等项,漕粮除外。

415.《泰山圣母碧霞元君一十二年圆满碑记》,康熙四十三年十一月二十日。河南浚县浮丘山碧霞宫中院西廊前。242＊83＊22。《天书地字》P192。信仰、神道设教。

416.《奉禁陋规碑》,康熙四十三年十二月。山西黎城县城关城隍庙正殿后院墙。180＊77。《山西师大》P72。

417.《重修学宫碑记》,康熙四十四年(1705)二月。陕西户县(今西安鄠邑区)文庙大成殿东侧碑廊。康熙五十七年《户县续志》,《户县碑刻》P415。

418.《鹿角岘界碑》,康熙四十四年二月。甘肃皋兰县石洞乡杨家窑子鹿角岘。《兰州》P111。界址。

419.《常熟县知县黎龙若详准剔除差船夹带淮私文》,康熙四十四年四月示。原在江苏常熟接官亭。拓 110＊68,常熟图书馆藏。《江苏明清》

P632。公文,禁令。"须至碑石。"

420.《护林碑》,康熙四十四年七月七日。甘肃宁县博物馆。残缺,86*69*12。《庆阳金石碑铭菁华》P197。公禁,官帖,寺产。

421.《重修洪崖寺募缘序》,康熙四十五年(1706)十月立。山西洪洞县广胜寺北洪崖寺遗址。圆首,120*60。额题"皇清"。首题同碑名。《三晋·洪洞》P297。置地,坐落、四至、价银。

422.《归正首阳山夷齐庙常住香火田碑记》,康熙四十五年孟冬。甘肃陇西县首阳山夷齐庙旧址,佚。113*53*13。陇西县知县彭振翼撰文。《首阳山志稿·金石》;《陇西》P66。讼案,公产。

423.《重镌玉龙村下伍营分放小龙洞水碑记》,康熙四十五年十二月初一日。云南宜良县狗街镇玉龙村土主寺正殿东墙。45+155*74*20。额题"上宪明文永远碑记"。《宜良碑刻》P9。

424.《永禁里马夫役私帮碑记》,康熙四十五年。陕西户县(今西安鄠邑区),佚。《户县碑刻》P605。讼案,凭证。

425.《迁建文昌阁并义学碑记》,康熙四十五年。海南文昌市蔚文书院。《广东》P916。

426.《当方碑》,康熙四十六年(1707)仲夏。原置甘肃舟曲县锁儿头神庙前,今存街头转弯处。《甘南金石录》P157。记事。

427.《买补修葺文庙庄田碑》,康熙四十六年六月初五日。云南大理碑林。公产。

428.《彭侯归正夷齐庙香火田碑记》,康熙四十六年孟冬。原在甘肃陇西县首阳山夷齐庙旧址,现在附近阳山村。126.4*76.5。陇西县绅士为县令彭振翼归正祀田而立。《陇西》P67。讼案记事。

429.《常熟县呈准禁止豪强私占土地脚夫倚势诈民文》,康熙四十六年。原在江苏常熟塔基桥。《江苏明清》P633。

430.《云顶栖壑和尚不置田产约》,康熙四十六年。广东肇庆鼎湖山庆云寺。《广东》P693。寺规。

431.《元处士一鸿李先生祠堂记》,康熙四十六年后。江苏常熟碑刻博物馆。记明朝清查事,公产界址。

432.《番屯交界碑》,康熙四十七年(1708)三月初十日。原在甘肃卓尼县藏巴娃乡新堡村南约3公里处的山坡上,现在乡政府会议室。102*55*7。额横刻"番屯交界"。7行15字。《甘南金石录》P89;《甘南考古》P145;《安多》P137;《藏族卷》P17。"立石定界,各守界址,勿得混争,有干罪戾。"

433.《为疆界滇蜀各有攸分等事抄白》,康熙四十七年三月。云南元谋县姜驿土主庙(现小学)内。《楚雄》P273。土司疆界争执。

434.《南熏亭郝公祠香田记》,康熙四十七年九月二十一日。广西桂林虞山。4.8＊3.2尺。《桂林辑校》P844。置田税额亩数,当官立券,禁约。

435.《为黎民沉冤当雪等事碑》,康熙四十七年十月十五日。云南元谋县姜驿村土主庙(现小学)内。《楚雄》P282。土司疆界争执。

436.《永禁行户小轿当官碑》,康熙四十七年十一月。原在江苏常熟道前,常熟图书馆藏拓。《江苏明清》P635。官禁,禁官征扰商。

437.《重建肇庆府儒学碑记》,康熙四十八年(1709)孟冬。广东肇庆学宫。《广东》P641。

438.《禁止酒浪等船停泊妨碍行舟示碑》,康熙四十八年十一月示。原在江苏常熟维摩下院。163＊79。《江苏明清》P638。"须至碑者"。

439.《长洲县奉宪禁占官湖碑记》,康熙四十八年十一月公立。江苏苏州文庙。144＊71。额题同碑名。尾刻原呈13人名,原差1人,被呈3人。《农业经济碑刻》P26。公文,讼案,销案,勒石永禁;官禁,护官产。"须至碑者"。

440.《饬立社规约言》,康熙四十八年。山西,佚。《三晋总目·运城》P182。乡规。

441.《改田垦荒碑》,康熙四十八年。陕西周至县二曲镇东大街。圆首,131＊84＊20。额楷"德滋奕祥"。27行55字。《秦岭》P275。县府颁示易旱田为水田及开垦荒地等的谕令。

442.《梅岭挂角寺赡租碑记》,康熙四十八年。广东韶关,佚。李夔龙撰。道光《直隶南雄州志》卷24;《韶关》P174。记事,寺产田粮数额。

443.《普安屯六寨六姓合约碑记》,康熙四十八年。贵州三都县普安镇。140＊70。记康熙四十一年(1702)张大统、张宏谟兄弟内讧,将烂土长官司一分为二的过程。

444.《重修龙泉观碑记》,康熙四十九年(1710)正月。云南昆明北郊黑龙潭龙泉观碑林。172＊85＊14。28行60字。《云南道教》P301。田亩四至。

445.《五十三舍地碑》《奉福禅寺置地碑》,康熙四十九年七月。北京门头沟区上岸栗园庄。额题"奉福禅寺置地碑铭"。僧道材撰。《北图藏拓》66－148;《门头沟文物志》P382。财产处置,四至。

446.《嘉定县为江东八扇改限完粮告示碑》,康熙四十九年七月。上海嘉定区清河桥西,佚。《上海》P147;《嘉定》P27。官禁,信牌、宪牒。

447.《永润里广济渠碑记》,康熙四十九年十一月十九日。陕西富平县文管所。190＊66。额题"皇清"。富平县正堂为"斩渠断水,塞绝民望事"示禁。尾刻渠长名单。《渭南》P169。告示,禁断水;遵规。

448.《性海庵碑》,康熙四十九年十一月下浣。云南嵩明县灵云山。《北图藏拓》66－151。寺产流失管理,官文僧立。

449.《邑侯徐老爷编审革弊万民感德序》,康熙四十九年十一月。山西赵城县衙。圆首,跌佚。110＊45。额题"编审革弊"。首题同碑名。《三晋·洪洞》P304。除弊四项。

450.《判发武威高头坝与永昌乌牛坝用水执照水利碑》《奉宪禁碑》,康熙四十九年十一月。甘肃武威文庙。上残失额。170＊64＊13。《武威金石录》。公文,水案。

451.《护林告示碑》,康熙四十九年。河北保定满城区神星镇翟家左村北1公里莲花山上。50＊87＊17。张瑜撰。《文物河北》下P497。告示,护林。

452.《知州王国华永革表笺奏销杂项银两碑记》,康熙四十九年。甘肃兰州,佚。《兰州》P481。安商。

453.《严禁私派锢弊碑》,康熙四十五年至四十九年。云南丽江古城区玉泉公园。残,142＊45＊11。《丽江》P189。告示,规章。

454.《永禁私派陋弊碑》,康熙四十九年。贵州思南县政府。思南府立贵州巡抚文告。官禁。

455.《义学条目》,康熙五十年(1711)十月廿八日。山西侯马市南上官村。44＊45。21行290字。《三晋·侯马》P59。学规章程。

456.《后石坞执照碑》,康熙五十年底。山东泰安泰山后石坞元君殿门外西侧。嵌壁,圭首,120＊54。18行38字。首行"后石坞住持尼僧普慧为恳恩讨诏以杜后患以雨香火事"。公文;讼案,霸占寺产。

457.《马蹄山佛殿碑记》,康熙五十年。甘肃肃南县,佚。《甘肃省涉藏金石碑刻解题目录》第97。敕赐田地四至。

458.《殷制府疏水河万民感德碑记》,康熙五十一年(1712)正月吉日立。陕西渭南,佚。《渭南》P207。记总督川陕部院殷泰治水治民功绩。

459.《正乙祠碑记》,康熙五十一年三月。北京前门外西河沿正乙祠。《北京工商》P10;《基尔特》1－93。

460.《平阳学基札据牌文碑》,康熙五十一年三月十五日给文。浙江平阳县。《温州》P1026。献基建学,优免五户;执照。

461.《江宁织造曹寅奏奉到御书恳请勒碑折》,康熙五十一年六月初三日。江苏南京江宁织造博物馆。纸本,回复"不必勒碑"。

462.《神头镇课税碑》,康熙五十一年六月。山东德州陵城区。道光《陵县志》卷 17。

463.《东岳庙速报司岳武穆鄂王碑记》,康熙五十一年八月。北京东岳庙。记事,信仰、冥罚。

464.《康熙五十一年新城县义学记》,康熙五十一年。河北高碑店市。民国王寀廷纂《重修新城县志》。讼案。

465.《学粮德政碑》,康熙五十一年。甘肃甘南,佚。光绪二十三年《洮州厅志》卷 14,《甘南金石录》P202。

466.《禁革夫草碑记》,康熙五十一年。安徽青阳县九华山风景区。

467.《太平坳界碑》,康熙五十一年。重庆彭水县太平村。116 * 36 * 36。《重庆》P99。彭水与黔江界碑。

468.《清理海利屯地等税碑记》,康熙五十一年。福建厦门集美区杏滨街道马銮社杜氏宗祠。嵌墙,40 * 32。

469.《扶苗碑铭并序》,康熙五十一年之后。湖南凤凰县落潮井乡鸡公寨村南,毁。乾隆《乾州厅志》卷 3《文艺志》,《苗族卷》P60。改土归流。

470.《台湾府学鲲港学田碑记》,康熙五十二年(1713)正月。台湾台南孔子庙明伦堂山门内左壁。《台湾南部》P371。学田管理。

471.《张自兴诰命碑》,康熙五十二年三月十八日。山西临汾尧都区尧庙镇金井村。圆首,270 * 112 * 20。9 行 32 字,共 167 字。《三晋·尧都区》P146。诰命,附张自兴简历。

472.《泉州文庙洙泗桥示禁碑》,康熙五十二年六月。福建泉州。《泉州府文庙碑文录》P102。官禁,禁以私侵公;立案。

473.《告示碑》,康熙五十二年七月十九日示。河南浚县浮丘山寝宫楼前西陪楼内。122 * 73。《天书地字》P197。官禁,杜冒占。庙集搭铺,无赖棍徒讨占。

474.《禁止供应夫役船只碑》,康熙五十二年七月。原在江苏常熟维摩下院。《江苏明清》P640。

475.《昆山县详宪编款劝募育婴碑》,康熙五十二年十月。江苏昆山市。《昆山见存石刻录》卷 4。

476.《奉总督福浙部院大老爷范禁革现年各陋规碑记》,康熙五十二年十月。浙江苍南县蒲城后英庙。105 * 72 * 14。额题同碑名,13 行 29 字。《温州》P1028。禁革陋规。

477.《潞盐包销盐引记》,康熙五十二年前后。山西洪洞县衙,佚。雍正《洪洞县志》卷 9;《三晋·洪洞》P1076。明季旧例,度量标准,禀官。"勒石于县前,以防奸弊。"

478.《施茶小引》,康熙五十三年(1714)三月十九日。山西灵石县两渡镇景家沟村学校。圆首,120＊50＊12。18行30字。《三晋·灵石》P103。四至。

479.《严禁以茶扰害僧人居民碑》,康熙五十三年四月。福建南平武夷山小九曲。

480.《恩批碑记》,康熙五十三年五月。江苏高淳县薛城镇杨家村龙王庙。181＊92。《南京》P210。讼案,捕鱼;公文,判词。格式完整。

481.《置买田产记碑》,康熙五十三年六月初五日。山东青州市坨山昊天宫。134＊67＊18。《青州昌乐卷》P40。四至、契约、买地。

482.《奉宪禁革碑》《嘉定县为公务需用竹料毋许抑勒竹行告示碑》,康熙五十三年七月。原在县署,现存上海嘉定孔庙碑廊。164＊84。额横题同前碑名。知县刘文灿奉张抚宪批示立石县署。《嘉定》P174;光绪《嘉定县志》卷29;《上海》P112。官禁,禁官征扰商。

483.《刘皇极为朝阳洞买地解决灯油勒石以志》,康熙五十三年八月初二日。河南浚县大伾山太平兴国寺朝阳洞内石壁。50＊110。《天书地字》P114。置产,碑用。

484.《小麻苴彝族村乡规碑》,康熙五十三年八月。云南昆明官渡区阿拉乡小麻苴村龙树庵中殿墙上。合村老幼等同立。《云南林业》P98。乡规5条,护林。

485.《长洲县奉宪倡捐善田碑》,康熙五十三年仲冬。江苏苏州。《苏州社会史》P360。善举、墓葬。

486.《吴县正堂示谕禁减租侵盗事碑》,康熙五十三年十二月。江苏苏州文庙。文不清。

487.《老街村弥盗碑记》,康熙五十三年。广西灵川县潭下镇老街村黄瑞林家大门口右侧墙上。80＊60。额刻"弥盗碑记"。《灵川》P110。自罚,甘结,盟誓。

488.《魏宝仙山常住田碑记》,康熙五十三年。云南巍山县青霞观西厢房内。205＊94＊14。《云南道教》P317;《云南风景名胜匾联辑注》P35。四至。

489.《奉宪板行碑示(一)》,康熙五十四年(1715)七月。江苏南京贡院外。165＊75＊17。《南京》P210。板行承值考试所需工价及搬运铺设费用。

490.《创建仙城会馆记》,康熙五十四年中秋。北京前门外王皮胡同3号仙城会馆。《北京工商》P15;北京档案馆档号J2－7－130;《北京会馆档案史料》P1369;《基尔特》5－973。牙行,会馆作用,会馆区别,公利。

491.《永禁三掌教世袭序》,康熙五十四年中秋。山东济南市中区清真南大寺大殿前厦南侧。116.5＊70。抄录《济宁州礼拜寺碑记》原文。养心殿供奉钦天监夏官正掌理科务加一级薛宗儁撰,济郡历邑阖教公立。《山东回族》P14;《回族》P658。教派管理,掌教世袭。

492.《长吴二县禁立踹匠会馆碑》,康熙五十四年十二月。江苏苏州阊门外广济桥堍。《苏州工商》P65;《江苏明清》P40。官禁,禁工匠聚众歇业。

493.《朝天湖碑》,康熙五十四年十二月。江苏苏州文庙。197＊76。《农业经济碑刻》P28。公文,讼案;禁借官河升科。"须至碑者"。"给原主"。

494.《嘉定县为禁踹匠齐行勒索告示碑》,康熙五十四年。上海嘉定区。《嘉定县志》卷29;《上海》P99。官禁,禁工匠聚众歇业;工价。

495.《安抚苗民碑》,康熙五十四年。湖南凤凰县落潮井乡鸡公寨村南。残,220＊100。一面有字。《苗族卷》P60。

496.《扩建邓子龙祠为万寿宫碑记》,康熙五十四年。云南施甸县文物管理所。218＊90。《云南道教》P320;《保山碑刻》P144。四至。

497.《本府给凰宇乡关圣宫碑记》,康熙五十四年。云南洱源县凰宇乡关圣宫。23行。《云南道教》P322。

498.《宝华山奉总督部院永禁找赎杂差碑》,康熙五十五年(1716)四月十八日。江苏句容。《宝华山志》P335。

499.《宝华山奉将军都统永禁找赎杂差碑》,康熙五十五年五月初三日。江苏句容。《宝华山志》P345。

500.《西安大皮院清真寺掌教禁碑》,康熙五十五年六月十四日立。陕西西安化觉巷清真寺。两截刻。上为康熙五十五年六月初三日官府告示,下为耆老禀文诉状。《西安清真寺古碑选注》P55。禁掌教私接,不许以子继袭。

501.《北孟村等分水碑》,康熙五十五年六月二十五日。陕西华阴市孟塬镇刘家寨北城。石断为二。62＊48。22行30字。《华山碑石》P101。

502.《泰安夏张周家坡东寺地亩碑之一》,康熙五十五年八月初五日。山东泰安岱岳区夏张镇周家坡村东寺北讲堂外南墙。首题"万古遗留"。《山东回族》P469。地产。

503.《督抚两院示禁碑》,康熙五十五年九月立石。福建泉州。黄真真《清代泉州海商碑刻资料辑述》,《中国社会经济史研究》2010年3期。官禁,征税条款,税役陋规。

504.《禁伐山柏碑》,康熙五十五年十月二十日。山西洪洞县广胜寺上

寺。圆首方趺,138＊65＊20。额题"以垂永久"。15 行 60 字。《三晋·洪
洞》P309。讼案,判词;上下侍僧伐树修庙,重责三十板;官禁,监守自盗
治罪。

505.《栖霞寺田记》,康熙五十五年冬日。广西桂林普陀山前栖霞寺故
址。4.5＊2.2 尺。额题同碑名。《桂林辑校》P863。契买详记,坐落、价银、
税额;禁约。

506.《蠲免富村杂徭记》,约康熙五十五年。原存山东邹城市孟子故里
凫村,佚。娄一均撰文。《孟子林庙》P345,转录自清光绪十三年刻本《重纂
三迁志》卷 8。徭役。

507.《新兴州学田碑记》,康熙五十五年立。云南玉溪红塔区文庙文星
阁底楼外墙,嵌壁。记新兴州学田情况。

508.《饬永禁霸截山水侵占关帝庙廊房碑》,康熙五十六年(1717)七月
重立,康熙二十八年(1689)闰三月十八日原刻。山西运城解州关帝庙崇宁
殿廊房西侧。螭首龟趺,中断列。362＊84＊20。额篆"大清"。碑阴刻《饬
将关帝庙会场租税银两着管庙道人经收碑》。《三晋·盐湖区》P263;《河东
水利》P315;《山西续二》P280。公文,公产管理;官禁,永禁侵占。

509.《奉布政使司王大老爷禁革滥征价索告示并奉批准勒石碑记》,康
熙五十六年八月初一日。广东仁化县福建会馆。《广东》P110。市场管理。

510.《韩泷祠码头关税碑》,康熙五十六年。广东荣昌县韩泷祠前门楼
下。《广东》P96。

511.《林氏宗祠尝田赡田碑》,康熙五十七年(1718)正月。广东东莞石
龙镇林屋村林氏宗祠。40＊57,2 石。《东莞》P25。田土四至。

512.《康熙五十七年禁碑》,康熙五十七年四月中浣立。浙江杭州西湖
北岸栖霞岭南麓。180＊83。额刻"历荷皇恩宪泽并垂奕世"。岳振等勒。
《岳飞墓庙碑刻》P155。税案。祠产纂入《旌功会计全书》,不输粮税,免差
徭杂派。会审,禁旗丁侵占岳庙祠产告示。

513.《禁修基越派碑示》,康熙五十七年六月二日。广东佛山。《佛山
忠义乡志》卷 13《乡禁志》。

514.《存院围基图碑记》,康熙五十七年六月初六日。广东佛山市博物
馆碑廊。《明清佛山》P28;《佛山文物》P57。讼事解决,绘图。

515.《修建临襄会馆碑记》,康熙五十七年十一月。北京崇文区晓市大
街临襄会馆。《基尔特》2－153。买宅房地。

516.《重建大雄寺常住碑志》,康熙五十八年(1719)仲春。云南玉溪江
川区大街镇大雄寺。186＊70。《江川历史碑刻》P6。四至。

517.《奉抚宪革除私派等碑》,康熙五十八年四月十四日示。广东潮州大埔。告示,革除一切私派重耗及收粮陋规。

518.《恩免普陀钱粮碑记》,康熙五十八年五月。浙江舟山普陀区。8.57 * 4.75 * 0.97 尺。《普陀洛迦新志》P224。普济、法雨二寺各立一通碑,寺院免粮。

519.《黎知县奉刊宜思恭为征收钱粮严禁重耗告示碑》,康熙五十八年五月。广西灵川县三街镇政府。185 * 92。《灵川》P119。

520.《封山碑记》,康熙五十八年七月。山东泰安泰山东龙洞。

521.《常熟县恤商碑》,康熙五十八年七月。江苏常熟。《江苏明清》P667。

522.《西台里捐田碑记》,康熙五十八年十二月初八日。山东宁阳县堽城镇西台里清真寺。多漫漶。《山东回族》P608。掌教王国珏拟请开学,情愿带头施地。

523.《禁赌碑》,康熙五十八年。山西壶关县晋庄镇东崇贤村。《三晋总目·长治》P54。

524.《重建庄严寺斋田免役碑》,康熙五十八年。陕西西安雁塔区庄严寺。200 * 100。斋田范围,捐地亩数,免役。

525.《嘉定县为较准靛秤告示碑》,康熙五十八年。上海嘉定区。《嘉定县志》卷 29;《上海》P128。度量衡、市场管理公文。

526.《始置名宦祠祭田碑》阴,康熙五十九年(1720)仲夏月望后五日。甘肃武威。《武威金石录》P144。契买,立永远绝卖祭田;官批,禁私相买卖;四至。

527.《灵应祠庙铺还庙碑示》,康熙五十九年五月给文。广东佛山祖庙灵应祠。《佛山忠义乡志》卷 13《乡禁志》;《明清佛山》P29。公文,公产,庙产争讼。

528.《汪邑侯申明水例碑》,康熙五十九年荔月(六月)谷旦。福建漳浦县。沙岗西庄西山三社同立。《漳浦历代碑刻》P82。水规。

529.《长洲县吴县踹匠条约碑》,康熙五十九年七月。原在江苏苏州阊门外广济桥塘,现藏苏州文庙。205 * 99。《苏州工商》P69;《江苏明清》P43;《农业经济碑刻》P14。公文;踹匠工价、管理定例;"按窝盗之例治罪""查簿内无名,即系流棍";治安管理条约 9 条;工价"永为定例";"须至碑者"。

530.《上海县为仓米白糯听民平价零粜永禁牙行苛派米铺告示碑》,康熙五十九年七月。上海。《上海》P101。

531.《禁止舍身碑》，康熙五十九年仲秋。山东泰安岱庙遥参亭。圭首方座，214＊81＊23＋60。额题"禁止舍身"。22行62字。敕授承德郎、同知泰安州事、加一级石门张奇逢撰。碑阳刻康熙四十年（1701）二月泰安阖州人民为泰安知州张、山东布政司刘所立的功德碑。5行72字。《泰安州志》卷4；《泰山历代石刻选注》P416；《泰山石刻》P341；《岱庙碑刻研究》P247。官禁，禁轻生；信仰。

532.《塔尔寺西纳、喇卜尔争地案纪事碑》，康熙五十九年桂月。青海湟中县塔尔寺祈寿殿（俗称小花寺）。165＊82＊19。17行，下部剥蚀严重，字迹难辨。《青海》P200；《安多》P153。吴景山《〈青海金石录〉校注》，《青海社会科学》1999年6期；吴景山《塔尔寺四通汉字碑文正误》，《中国藏学》1999年2期。讼案，田土。

533.《长吴二县饬禁着犯之弊碑》，康熙五十九年九月。江苏苏州。《苏州社会史》P565。治安，民风，诬告，藉命报复。

534.《染业呈请禁止着犯详文碑》，康熙五十九年九月。原在江苏苏州阊门外广济桥堍。《江苏明清》P58。词讼拖累无辜。

535.《四乡捐赈碑记》，康熙五十九年。广东佛山顺德区。民国《顺德县志》卷15。社会救济。

536.《塔尔寺康缠地争纪事碑》，康熙五十九年。青海湟中县塔尔寺祈寿殿前南侧。木质，碑身由3块长方形木板拼合而成。194＊88＊11。额刻"大清"。24行72字。《青海》P198；《安多》P155。讼案，判词，田土。

537.《争山讼碑》，康熙六十年（1721）二月。陕西户县（今西安鄠邑区）草堂镇大圆寺。圆首，165＊80。额楷"皇清永固"。24行9字。碑身横断，约损六七字。《户县碑刻》P421。讼案，西安府金柳、觉祥等互控争夺山场详由，勘查取证，确定四至。

538.《芦家沟寺作证碑》，康熙六十年四月二十一日。山东新泰市禹村镇芦家沟村。额刻"永遵古行"。王宏基撰。《山东回族》P487。教化，寺产。

539.《苾刍寺田粮界址碑》，康熙六十年蒲月（五月）。四川广安市广安区花桥镇苾刍寺。宣统《广安州新志》卷39，《巴蜀》P582。界址。

540.《关圣宫常住碑》，康熙六十年五月。云南红河县迤萨镇西山公园。93＊74＊11。《云南道教》P330。

541.《正乙祠公议条规》，康熙六十年七月。北京前门外西河沿正乙祠。《清代工商》P35；《基尔特》1－95。银号行规；公平安全交易；罚戏，鸣鼓开除；禁酒赌。

542.《大兴坝奉州宪分水轮告示碑》，康熙六十年八月十七日示。广西玉林玉州区地藏堂。"上四下五，古例由存"。

543.《长洲县大云乡灵迹司土地奉宪复古原管三图碑记》，康熙六十年十月。江苏苏州文庙。172＊66。额题同碑名。《苏州社会史》P408；《农业经济碑刻》P30。公文，争讼、阴阳管界、信仰。

544.《三峰禅院僧田记》，康熙六十年十月。江苏常熟碑刻博物馆。寺产。

545.《建观音堂碑记》，康熙六十年或之后。四川新津县。道光《新津县志》卷40，《巴蜀》P581。寺产，移民构讼。

546.《蟒蜓渠水利词案碑记》，康熙六十一年（1722）孟春谷旦。陕西户县（今西安鄠邑区）庞光镇东焦将戏楼东侧。圆首，216＊80＊16。额题"水利碑记"。17行75字。右侧中部镌正文所涉河渠山谷之图。吴廷芝撰序，靳树榛督立。《户县碑刻》P423。水案判词，水利设施归属及使用争端解决办法。

547.《洪塘村施地碑记》，康熙六十一年四月。山西盂县牛村镇洪塘村高平寺。55＊33＊12。《三晋·盂县》P226。施地、买地。

548.《补修白龙庙记》，康熙六十一年七月刊。山西盂县苌池镇东苌池村龙王庙。110＊62＊14。《三晋·盂县》P227。禁约执行情况。

549.《禹庙永除差役记碑》，康熙六十一年七月。原立山西河津县龙门村禹庙，现存河津县博物馆碑廊。115＊65＊16。额篆"皇清"。《黄河》P210；《三晋总目·运城》P257；《河东水利》P19；《山西续二》P10。记事，免赋役批示。

550.《禁恶丐滋扰图诈碑》，康熙六十一年七月。江苏苏州文庙。官禁，治安。

551.《三河同寿碑》，康熙六十一年八月二十八日。贵州惠水县三都镇鱼塘坎。212＊82＊16。《惠水》P12。买卖契约。

552.《济宁会馆置田建庙碑》，康熙六十一年八月。江苏苏州吴江区盛泽镇济宁会馆。山东兖州府济宁州众商公立。"以上田地荡粮，俱在四都副八图六甲立户办纳"。

553.《重建圣庙碑记》，康熙六十一年十月一日勒石。山西洪洞县龙马乡西李村。圆首，趺佚。140＊73＊20。额题"永久"。22行44字。《三晋·洪洞》P314。乡禁，祭祀，罚银。

554.《长洲县谕禁捕盗诈民大害碑》，康熙六十一年十月。江苏苏州。《苏州社会史》P567。官禁，治安，牵连无辜。

555.《吴县正堂示谕禁盗义田族产碑》,□□□十□年(康熙末)六月。江苏苏州文庙。左下角残缺。官禁,公产、族产。

556.《永除晋民八豁事禁碑》,康熙年间(1662～1722)。山西广灵县署前,佚。《广灵县志·政令》,《三晋总目·大同》P88。

557.《革弊碑》,康熙年间。甘肃兰州,佚。《兰州》P475。临洮府为整治驿站弊端以省民力事。

558.《训饬士子卧碑》,康熙年间。甘肃陇西县学宫,佚。《陇西》P100。御制学规。

559.《创设儒册碑记》,康熙年间。甘肃陇西县文庙戟门外,佚。《陇西》P100。地方官府为儒户编制的赋役簿册。

560.《申改正僭滥议》,康熙年间。湖北丹江口市。《武当山》P140。立碑礼制。

561.《开山碑记》《禁盗香灯碑》,康熙年间。台湾高雄左营区兴隆寺。《明清台湾》P5。公产;护庙产,禁盗典卖。

562.《豁免鸡足山杂差门户采买碑》,康熙年间。云南大理。《鸡足山寺志》卷九 P671。帖文,革除杂役税粮。

563.《勒石永遵》,康熙年间。云南禄丰县川街乡阿纳村大庙。《楚雄》P410。水案,长期争讼。

564.《琉球国书》,清初。江苏常熟碑刻博物馆。碑身刻日文约70余字。右侧刻有丹徒王文治题跋:"此琉球国国书也,如中国草稿而其文不可识。"

(三)雍正(1723～1735)

565.《崇效寺复兴十方常住碑》,雍正元年(1723)正月吉日。北京宣武区崇效胡同。额题"重整规模"。《北图藏拓》68-1。公产,寺产。

566.《总督漕运部院张示碑》,雍正元年二月。原在江苏常熟道前。《江苏明清》P642。公文。

567.《兴国寺界址给照碑》,雍正元年三月初三日。四川广安。宣统《广安州新志》卷39,《巴蜀》P590。契证。寺产凭证。

568.《晋祠板桥水利公案碑》,雍正元年季冬上浣。山西太原晋祠圣母殿碑廊。额题"水例碑记"。122*68*17.5+39。《黄河》P213;《山西续一》P199。水案。

569.《吴县纱缎业行规条约碑》,雍正元年十二月十九日。江苏苏州博物馆。《苏州工商》P13。牙行公约。

570.《曲阜考院碑》,雍正元年。山东曲阜市考棚内。

571.《奉左江道靳大老爷批示》,雍正元年。原在广西南宁市壮志路(原博爱街)二邑会馆,现存人民公园镇宁炮台古石刻碑廊。二邑会馆由东莞、海南两县合建。

572.《高明寺常住永远碑记》,雍正二年(1724)正月十五日。云南宜良县狗街镇章堡村高明寺。41+123 * 79。《宜良碑刻》P252。

573.《天庆庵舍地碑》,雍正二年四月。北京门头沟区龙泉镇南官园村。额题"丹凤山天庆庵舍地碑"。《北图藏拓》68 - 23。财产处置。

574.《阎庄公立禁赌碑》,雍正二年仲秋。原在山西河津市樊村镇魏家院村,1984 年移河津市博物馆。113 * 54 * 12。额题"禁赌碑"。《河东名碑》P399;《三晋总目·运城》P257;《明清山西》P681。记事;具禀、蒙批,禁赌。

575.《同行商贾公议戥秤定规》,雍正二年菊月,同治元年(1862)九月初九日重刻。河南社旗县山陕会馆药王殿前。《山西续二》P340;《河南山东》P110。官批乡禁,罚戏。

576.《郑采宣奉颁给西关外民人示禁碑》,雍正二年十一月。广西灵川县三街镇马路街 16 号李家后院。140 * 56。《灵川》P120。

577.《御制育婴堂碑记》,雍正二年十二月初一日。北京崇文区广渠门内夕照寺。满汉文。《北图藏拓》68 - 29。

578.《详准征兑漕粮剔除陋规案》,雍正二年十二月。原在江苏常熟道前。常熟图书馆旧拓。《江苏明清》P643。公文;旗丁,漕弊。

579.《为叩乞洪恩恳催审讯事碑》,雍正二年。山西黎城县博物馆。《三晋总目·长治》P39。

580.《奉宪饬禁》,雍正二年。山西黎城县城关城隍庙,嵌正殿后庙院围墙。190 * 83。额题作碑题。《山西师大》P72。

581.《平阳府通利渠告示碑》,雍正二年。原在山西洪洞县龙马乡西李村阎张庙,佚。民国《洪洞县水利志补》,《山西地震》P531。水案。

582.《禁伐碑》,雍正三年(1725)四月。福建建瓯市玉山乡敷锡村桥头。《建瓯林业志》P554。禁伐。

583.《扶田村众议禁条碑》,雍正三年六月二十日。广西灵川县潮田乡扶田村秦氏祠堂门口墙上。65 * 30。额刻"众议立碑禁条记"。《灵川》P123。

584.《龙湖功德碑》,雍正三年七月。福建晋江市。《晋江》P61。诉讼,纳税。

585.《汉土疆界碑》(2),雍正三年八月。一在湖北五峰县采花乡渔泉河村,一在五峰镇竹桥村。200 * 80 米,共 2 084 字。

586.《合寺为杨奇瑞兄弟占宝盖山上下二坑田山碑文》,雍正三年十月十五日立。广东韶关,佚。宗思圣撰。康熙《重修曹溪通志》卷 4,《韶关》P227。断案,僧俗争田占业,伪契,准立碑分界,四至。

587.《上海县饬行傍河各图每年农隙捞浚免派别徭碑》,雍正三年十一月。原在上海县诸翟镇大涞庙。《上海》P162。赋役。

588.《宁武设府治原起》,雍正三年。原立山西宁武府署,佚。《三晋·宁武》P319。公文,题本。兵部设宁武府题本并奉旨依议事。

589.《五里背长条湾贰处地契碑记》,雍正四年(1726)五月初二日。山西左权县宋家庄村戏台。121 * 50 * 15。18 行 28 字。《三晋·左权》P134。侵占土地讼案,四至。

590.《建霍渠分水铁栅记》,雍正四年六月上浣。山西洪洞县广胜寺霍泉分水亭北侧碑亭。方首,162 * 70 * 20。22 行 52 字。署理平阳府事本府清军总捕兼理车辆盐法同知加一级纪录二次刘登庸撰文。《明清山西》P66;《三晋·洪洞》P328。水案。

591.《建霍渠分水铁栅详》,雍正四年六月。山西洪洞县广胜寺霍泉分水亭北侧碑亭。螭首方趺,72+165 * 77 * 24。24 行 70 字。阳、阴额篆"建霍渠分水铁栅详"。阳刻《建霍渠分水铁栅记》,阴额下横刻"建霍渠分水铁栅图",下为图示。署理平阳府事刘登庸立,原任赵城县知县江承勷书丹,赵城县知县王极昭篆额。《洪洞介休》P101;《黄河》P220;《明清山西》P68;《三晋·洪洞》P325。公文,详、批;水利讼案、分渠管理;图示,"缴图存"。

592.《秀水杜公详革河夫德政记》,雍正四年。山西,佚。范韩度撰文。《万泉县志·艺文》卷 7,《河东水利》P5。永除河东盐池十三州县民夫差役。

593.《雍正上谕》,雍正五年(1727)三月二十四日。江苏昆山市。《昆山见存石刻录》卷 4。

594.《上海县为静安寺田事告示碑》,雍正五年三月。上海静安区静安寺大雄宝殿内。《上海佛教》P201。讼案,寺产。

595.《详奉院道府各宪禁革陋规碑记》,雍正五年三月示。广西桂西田林县那比乡六邦屯。王熙远《反映清雍、乾以后桂西社会经济和阶级关系的几块碑刻史料》,《民族研究》1994 年 1 期。勘查地界,造册规则,除弊;公文批转,禁规。

596.《洪恩寺重修大佛殿六祖殿碑记》,雍正五年四月初八日。河南偃师市诸葛镇司马村。167＊50。《偃师卷下》P467。四至。

597.《刑部勒明刑谕旨卧碑》,雍正五年四月。北京西城区原司法部街(天安门广场西侧)。朱嵩书。《北图藏拓》68－49。圣旨。

598.《长元吴三县禁流棍波殃及议定工价碑》,雍正五年十月。江苏苏州文庙。尾题布商 12 人及六坊坊总包头 12 人姓名。奉宪令凭保收匠,定端布工价,照价给发,不得短少。

599.《雍正帝御制训士子文》,雍正五年。山西赵城县(今洪洞县赵城镇)文庙。55＊55。19 行 22 字。刘登庸撰文。《三晋·洪洞》P332。官箴,学规。

600.《重修平水上官河记》,雍正五年。山西临汾姑射山下龙祠。民国《临汾县志》卷 5,《龙祠》P1658。记事,水规。

601.《中丞田公严禁私派牌》,雍正二年至五年。河南新郑。河南巡抚田文镜严禁私派条款,令教官刻石。《中州百县》P784。官禁,禁科派、私派。"天理昭著,报应不爽。""即本都院之至亲密友,亦不敢稍为姑容。"

602.《禁采兰草碑记》,雍正五年。陕西宝鸡陈仓区,佚。邑令杜赉生撰。《陈仓区碑文选录》;《秦岭》P47。

603.《禁革陋规碑记》,雍正五年。陕西宝鸡陈仓区,佚。邑令杜赉生撰。《秦岭》P47。

604.《礼部奏会试举人叩荷特恩合词陈谢钦奉上谕碑》,雍正五年。上海嘉定孔庙明伦堂前。49＊90。《嘉定》P490。圣谕,端正学风,崇儒正道。

605.《禁伐碑》,雍正五年。浙江绍兴。《偶山章氏家乘》卷 6。乡禁,禁伐。

606.《奉督宪禁革水手图赖碑》,雍正五年。福建厦门思明南路"破狱斗争旧址"内。官禁,禁讹诈图赖。

607.《治家格言》,雍正六年(1728)四月。陕西西安碑林。撰者朱用纯(1627～1698)字致一,号柏庐。亦称"朱子治家格言"或"朱柏庐治家格言"。《北图藏拓》68－65。教化。

608.《圣寿庵庙产碑》,雍正六年。北京门头沟区王平村。《门头沟文物志》P382。

609.《西明德村古乐楼碑》,雍正六年。原在山西曲沃县北董乡西明德村,现存北董乡交里桥上。首残,跌佚。130＊61＊15。碑阳刻雍正五年仲秋记事;碑阴刻于雍正六年。《三晋·曲沃》P136。村中官业 22 项坐落四至。

610.《广惠渠碑记》,雍正六年。陕西富平县东上官镇牛村学校。200＊

66＊20。《富平》P396。渠史,浚渠,用水制度,用水花户名单。

611.《奉宪严禁盐枭扳害碑》,雍正六年。浙江嘉兴许村镇古运河北、常缓庙东侧。雍正年间许村一带贩私盐成风,县府立石永禁。

612.《华皮坳护林碑》,雍正六年。湖南绥宁县。《碑文化》P903。

613.《清真寺谕旨碑》,雍正七年(1729)四月初七日。北京崇文区花市清真寺。《北图藏拓》68－73。

614.《拨铺给流芳祠祀典碑示》,雍正七年四月二十六日。广东佛山。《佛山忠义乡志》卷13《乡禁志》。公产。

615.《忠义流芳祠记》,雍正七年四月二十六日勒石。广东佛山祖庙碑廊。《明清佛山》P33;《佛山文物》P58;《广州府道教》P633。公文,判词。

616.《庆丰二都施地碑记》,雍正七年四月刊。山西盂县牛村镇洪塘村高平寺。80＊46＊12。额题"万代流芳"。生员赵棠钰撰文。《三晋·盂县》P235。施地兑换,简契。

617.《蒲朝地界碑》,雍正七年五月。陕西大荔县华原乡辛村。圆首,坐伏。13行26字。额刻"奉旨勘定蒲朝地界碑"。另面为雍正七年十月《河滩地界碑记》。《大荔碑刻》P267。官定地界。

618.《官司碑》,雍正七年五月。江西峡江县水边镇湖州村。80＊48。《庐陵》P371。判词,翻断致冤,霸田踞庵,冒充山主,断归滁山寺,碑摹送查。

619.《十王圣会为兴国寺供灯置地碑记》,雍正七年六月初一日。河南浚县大伾山太平兴国寺弥勒殿西侧壁间。83＊80。《天书地字》P115。置产价亩,碑用。"不许住持典当盗买"。

620.《太原县整饬水利碑》,雍正七年九月重阳。山西太原祠圣母殿碑廊。289.5＊91.5＊26＋62。木质碑额。《黄河》P231;《晋祠碑碣》P195。革除旧日渠长把持水利等弊。

621.《奉宪永禁碑》,雍正七年十月。山东滨州。官禁,除弊。"须至碑者"。

622.《河滩地界碑记》,雍正七年十月。陕西大荔县华原乡辛村。圆首,坐伏。额刻"皇清"。17行36字。另面刻《蒲朝地界碑》。《大荔碑刻》P268。文契,地亩长阔。

623.《上海县为禁办糯派累米铺告示碑》,雍正七年十二月。上海。《上海》P104。官禁,改征粮陋弊。

624.《新安关禁碑》,雍正七年。安徽歙县徽城镇鱼梁社区。

625.《各宪严禁夫投碑》,雍正七年。湖南通道县县溪镇茶溪村上寨。

135＊87。《侗族卷》P47。记事,示禁。

626.《鄂尔泰为禁筑梁以通水道碑》,雍正七年。贵州锦屏县河口乡政府西北 500 米处公路侧。120＊60。11 行 43 字。《黔东南州志·文物志》,《锦屏碑文选辑》,《苗族卷》P60。河道治理。

627.《购买田地拨给圣因寺使用并征收租银以修水利文告》,雍正八年(1730)三月。浙江杭州孔庙。170＊85。《杭州孔庙》P326。

628.《上帝庙店屋地租碑记》,雍正八年三月。台湾台南中西区民权路北极殿三川门内左壁。《台湾南部》P418。讼案,庙产。

629.《告示碑》,雍正八年四月十五日立,三月初八日示。山东宁阳县文庙。189＊4＊24。赋税征派等。

630.《周至县榜示碑》《梁一亮任职牌示》,雍正八年四月十六日文。陕西周至老子祠东碑厅内。67＊35。13 行 33 字。《北图藏拓》68－89;《楼观》P35。地方政府任命梁一亮为古楼观说经台监院的公文。公文,管束权力。无"公举"程序。

631.《上谕碑》,雍正八年五月初十日。江苏苏州阊门石路太平坊清真寺。两石连刻,碑中部有裂纹。均额题"奉旨上谕",均 12 行。《回族》P203。圣旨,保护回民信仰。

632.《雍正圣旨匾》,雍正八年五月十五日。山东济南市中区清真南大寺大殿正门。木质,100＊200。约 360 字。《山东回族》P277。圣旨,严察鲁国华歧视回族之事。

633.《新建五道神庙小石记》,雍正八年七月刊。山西盂县南娄镇香河村。嵌壁,35＊48。《三晋·盂县》P239。记事,施地施树,禁伐。

634.《立义碑助产归灵瑞院碑记》,雍正八年桂月。浙江杭州净慈寺无量忏堂左墙。《净慈寺志》P407。田产四至。

635.《松江府为捐筑义冢以升抵减告示碑》,雍正八年小春月(十月)。原在上海青浦区朱家角镇。《上海》P166;《松江文物志》P184。善举,救济。

636.《广济、利丰两河断案碑》,雍正八年。河南沁阳市。东河总督田文镜准。道光《河内县志》;《黄河》P241;《中州百县》P1248。讼案,判词,公文。用水不公而起纠纷。

637.《常熟县移栅便民示碑》,雍正八年。江苏常熟。《江苏明清》P667。

638.《安陆营义捐碑文》,雍正八年。湖北钟祥市。《钟祥》卷 6。救济。

639.《卧碑》,雍正八年立,顺治九年(1652)二月文。海南海口琼山区。民国《琼山县志》卷 16。御制学规。

640.《放生碑》,雍正九年(1731)孟春。安徽祁门县环沙村。125 * 45。"奉县令禁示"。

641.《南海县正堂刘太爷永禁规程筑占搭盖抽剥碑记》《县主刘发修筑正埠码头告示碑》,雍正九年四月初一日示。广东佛山。《佛镇义仓总录》卷1,《明清佛山》P36。官禁,禁占筑;明确立碑立址。

642.《高寨招民复业碑》,雍正九年五月初十日立。贵州贵阳花溪区高坡乡高寨村路旁。128 * 66 * 17。额题"碑记"。10行,共255字。《贵州省志·文物志》P285;《苗族卷》P61。公文;招民复业,佃种田亩,完纳钱粮。

643.《甘结碑》,雍正九年六月三十日,1985年重立。贵州惠水县犀牛寨前。原碑155 * 54,漫漶;重立碑186 * 82。《惠水》P14。甘结。

644.《关帝庙地亩钱粮以及重修舞楼刻石序》,雍正九年七月二十七日。河南偃师市佃庄镇东大郊村。130 * 51。《偃师卷下》P480。四至。

645.《施地碑》,雍正九年七月。山西平定县开河寺路口小庙墙壁。

646.《施田供灯碑记》,雍正九年七月。山西洪洞县广胜寺下寺后大殿前壁。49 * 89。首题同碑名。11行17字。《三晋·洪洞》P338。记事,施产带契。

647.《聊城护城堤碑》,雍正九年仲秋。山东聊城山陕会馆。259 * 96。碑下部残。知聊城县事蒋尚思撰,邑人邓钟岳书,另有邑人朱学笃光绪十年(1884)六月续题。正文14行,记载聊城及护城堤渊源、修堤原因、官方以赈济等方式发动百姓修筑堤坝及修堤后的养护情形,详细说明了堤坝修筑形制尺寸。

648.《金匮县规定瓜果蔬菜牙行不许增添凡外来客贩及本地耕种之家成船装载者听其投牙发卖碑》,雍正九年八月。原在江苏无锡市兵役局。《江苏明清》P522。官禁,护商。

649.《重修泰安州神庙谕旨碑》,雍正九年十月。山东泰安岱宗坊前约1米东侧。螭首,350 * 100。7行33字。《泰山石刻》P571。雍正皇帝制文。

650.《唐安寺碑记》,雍正九年十二月初三日。陕西澄城县醍醐乡曲安河村学校门口。圆首,105 * 46。19行46字。《澄城碑石》P40。讼案。

651.《新建分巡苏松太兵备道公廨记》,雍正九年。上海。同治《上海县志》卷2;《上海》P38。官制。

652.《东禺村梁氏族规碑记》,雍正九年。广东肇庆东郊黄岗镇东禺村梁氏宗祠。130 * 61。约1 500字。族人梁端山撰文。《广东》P702;《肇庆文物志》P141。族规,男规十条、女箴六条;奖惩。

653.《刑部明刑谕旨卧碑》,雍正九年。址不详。

654.《敕赐贤王祠祭田碑》,雍正十年(1732)七月初一日。北京海淀区温泉镇。《北图藏拓》68-111。公产管理规则。

655.《奉宪饬禁碑》,雍正十年八月。浙江湖州孝丰镇下汤村。103 * 40 * 13。额刻"奉宪饬禁碑"。碑身断裂残缺。尾刻"勒石永遵,须至碑者"。

656.《地契碑》,雍正十年。山西泽州县金村镇背阴村。契证。

657.《古堰碑记》,雍正十年。河南商水县。商水县人程文耀撰文。民国《商水县志》P13;《中州百县》P1250。捏控开渠,蒙批结案,禀官立碑。

658.《杨志晚卖契碑》,雍正十年。贵州松桃县城关西门院子土地祠旁。68 * 115。《松桃文史资料》,《苗族卷》P61。土地买卖。

659.《西禅寺碑记》,雍正十一年(1733)孟夏。河北涿州市松林店镇韩村西南西禅寺遗址,佚。218 * 82 * 29。庠生杨雯撰书,合村弟子 9 人立。《涿州》P65。施产数额,典身价银置产,四至。

660.《正乙祠公议条规》,雍正十一年五月。北京前门外西河沿正乙祠。《清代工商》P37;《基尔特》1-97。银号行规;建义冢。

661.《文昌宫碑记》,雍正十一年六月。云南楚雄。120 * 62。12 行 35 字。《云南道教》P340;《楚雄历代碑刻》P530。田产,四至。

662.《常住碑记》,雍正十一年十一月初三日。云南大理凤仪镇新铺新铺村本主庙。刻于康熙四十二年(1703)三月《重修玄真观常住碑记》阴。159 * 61 * 11。《凤仪》P39。寺产田亩和水碓坐落、四至、价银。

663.《重修城隍庙记》,雍正十一年。广东东莞。《广州府道教》P1076。神道设教。

664.《广仁局碑记》,雍正十二年(1734)正月。江苏常熟碑刻博物馆。义冢公产明细,立案。

665.《施地碑》,雍正十二年二月。山东泰安岱岳区粥店街道下旺村清真寺。《山东回族》P509。李氏捐地十亩六分。

666.《李氏治地供祭碑》,雍正十二年三月上旬。河北易县。额题"万载流芳"。《北图藏拓》68-139。公产。

667.《东山寺碑记》,雍正十二年三月。云南宣威市东山寺灵官殿右壁。180 * 88。《云南道教》P342;《曲靖石刻》P92。四至。

668.《两江总督禁革书差碑》,雍正十二年三月。原在江苏常熟道前,现藏苏州文庙。《江苏明清》P644;《苏州社会史》P590。差役之弊。

669.《杨相录施田碑》,雍正十二年四月十三日。北京丰台区田各庄村天仙庙。《北图藏拓》68-142。财产处置。

670.《重修关帝庙题名碑》阴,雍正十二年四月。北京海淀区上庄镇玉河村。碑阴刻大榆河关帝庙受施并自置香火地亩额数、坐落、四至。《北图藏拓》68－143。

671.《重建慈源寺真武庙碑记》阴,雍正十二年六月。北京崇文门外金鱼池慈源寺。碑阴刻行规、学徒交公用银等。《清代工商》P12;《基尔特》5－843。描金行行规。

672.《永远遵守碑记》,雍正十二年七月二十六日。云南玉溪江川区雄关乡朝阳寺。162＊112。《江川历史碑刻》P9。公文。

673.《重修祠堂记碑》,雍正十二年七月。陕西白水县辛庄村胡家祠堂。33＊48。《渭南》P129。禁约,罚则。

674.《奉宪永禁差役梨园扮演迎春碑》,雍正十二年八月。江苏苏州。拓167＊75。额横题同碑名。《北图藏拓》68－148。教化;奉差迎春走春,良贱之分;捐资勒碑。

675.《封禁官山》,雍正十二年十月二十四日。湖北丹江口市武当山。额楷同碑名。尾刻"仰五龙宫道总张挂晓谕"。《武当山》P144。告示,禁伐砍。

676.《五龙宫所官四至》,雍正十二年十月二十八日。湖北丹江口市武当山。额楷同碑名。五龙宫道总宗太祈敬立。《武当山》P145。公文;俗道占骗官业,赦免,记过;四至。

677.《判发武威高头坝与永昌乌牛坝用水执照水利碑》,雍正十二年十二月。甘肃武威凉州区双城镇高头沟。《武威金石录》P147。水案,执照;信牌、宪牌,批。康熙三十三年、四十年、四十一年、四十六年、四十九年、五十四年、五十九年、六十一年,及雍正元年用水纠纷,旋结旋控。

678.《苏州至行坊惠民药局碑》,雍正十二年嘉平月(十二月)。江苏苏州文庙。文不全,下部遮挡。救济。

679.《奉各县永禁机匠叫歇碑》,雍正十二年十二月。原立江苏苏州玄妙观机房殿内,现藏苏州文庙。下部断裂拼接,现嵌墙并罩玻璃框保护。140＊56。额题"叫歇碑",额下横题"奉各县永禁机匠叫歇碑记"。长、元两邑同立。列名者61人。《苏州工商》P15;《江苏明清》P6。官禁,禁罢工;把持行市律究处,枷号一个月示儆。

680.《新开廉让渠碑记》,雍正十二年。河南灵宝市,佚。阌乡知县程锡琮撰文。《阌乡县志》,《中州百县》P1054;《豫西》P242。记事,水案,化解争讼。

681.《文庙崇祀位次图》,雍正十三年(1735)三月记。陕西西安碑林。圆首方趺,225＊83。额横题"文庙崇祀位次图"。两截,上位次图,下记。孙能宽书,魏振纲立。另面为《兴复五义学碑记》。大殿和两庑儒家圣贤崇祀位次。

682.《金匮县永禁不法胥役行头包充人冒名当官白票取货碑》,雍正十三年四月。江苏。《江苏明清》P667。官禁,禁官征弊端。

683.《详允永兴中泗两河碑记》,雍正十三年五月。河南沁阳博物馆。184 * 71。额题同碑名。碑文漫漶。水利讼案、公文。

684.《罗汉寺捐舍典地银两记》,雍正十三年季夏。河南孟津县小浪底镇官庄村。104 * 50。《孟津卷》P57。四至。

685.《宝通寺报国丛林为钦奉上谕事》,雍正十三年。湖北武汉。《洪山宝通寺志》P59。保护寺产。

686.《禁盗捕诬扳立十家保结碑》,康熙雍正年间(1662～1735)。上海嘉定区南翔镇。

687.《买置田土碑文》,康熙雍正年间。广东仁化县丹霞山,佚。《丹霞山志》卷7《田赋》,《韶关》P220。寺产置买记录数十笔,坐落、四至,亩数,粮额,管业。

688.《卧碑》,雍正年间(1723～1735)。山西广灵县,原立县署衙前,佚。《广灵县志补志·艺文志》;《三晋总目·大同》P134。御制学规。

689.《官埠碑示》,雍正年间。广东佛山。《佛山忠义乡志》卷13。

690.《永垂万年碑》,疑雍正年间。湖南麻阳县吕家坪镇木江溪村。150 * 96。25行。《苗族卷》P61。改土归流和屯田制。

691.《马场界碑》,疑雍正年间。贵州。180 * 28.5。《苗族卷》P61。土地界限。

国家社科基金
后期资助项目
GUOJIA SHEKE JIJIN HOUQI ZIZHU XIANGMU

中国古代
石刻法律文献叙录（下）

A Descriptive Catalogue of Ancient Chinese Legal
Documents in Stone Inscriptions

李雪梅 著

上海古籍出版社

八、清（1644～1911）（续）

（四）乾隆（1736～1795）

692.《鼎新平山滁碑记》,乾隆元年(1736)一月。广西灵川县大圩镇伏荔小学校内。92＊67。额刻同碑名。《灵川》P128。乡禁。

693.《详请修建文昌庙文》,乾隆元年二月。四川梓潼县北七曲山文昌庙。咸丰《梓潼县志·艺文》。公文,绵州知州请示"动项修建"。

694.《遵旨永禁碑》,乾隆元年三月。北京门头沟区军庄镇香峪村。《门头沟文物志》P381;《京西》P94;《北京石刻文集》P218。为保护饶余敏郡王阿巴泰及其四子安亲王岳乐之墓而设立。

695.《丹水三社永禁樵牧碑记》,乾隆元年四月。山西高平市北诗镇丹水村二仙庙。圆首,112＊42。6行33字,总103字。《三晋·高平》P318。禁樵牧。

696.《豁免香税碑》,乾隆元年五月十四日立。湖北丹江口市武当山。额楷同碑名。五龙宫道总宗太祈敬立。《武当山》P147。圣旨执行,公文程序效率;咨、牌、火票;告示。

697.《洗除梨园迎春弊俗碑》,乾隆元年七月。江苏苏州。拓140＊69。《北图藏拓》69－9。

698.《严禁侵占番界审断碑》,乾隆元年七月。台湾高雄左营区莲潭路47号旧城国小(崇圣祠碑林)。《台湾南部》P376;《高雄》P183;《明清台湾》P13。讼案,田地,番汉矛盾。

699.《陆垛奉刊禁革鱼税碑》,乾隆元年孟秋月。广西灵川大圩镇毛村圣母宫内墙上。135＊78。额刻"禁革鱼税碑"。《灵川》P129。

700.《乾隆皇帝谕书院之制》,乾隆元年。原立甘肃兰州陕甘总督署,现存兰州市委《兰州古今》编辑部。《兰州》P113。书院规章。

701.《松江府为禁苏郡布商冒立字号招牌告示碑》,乾隆元年。上海松江二中(松江府署旧址)。《上海》P86;《松江文物志》P186。官禁,禁仿冒;市场管理,商标权。"须至碑者"。

702.《勘断睦命塘谳语》,乾隆元年。福建厦门同安区。原立同安县衙前,现存同安孔庙。水案判词。

703.《宝宁县古太老爷示碑》,乾隆元年。云南广南县小广南村老人房(壮族)。官禁,粮赋。明示征收各户粮食定额,超收重惩。

704.《云南提标营田碑记》,乾隆元年。云南大理碑林。

705.《岳庙渠水禁约碑记》,乾隆二年(1737)闰九月十六日。陕西渭南岳庙。《渭南》P41。禁私渠截流。

706.《苏州府永禁虎丘开设染坊污染河道碑》,乾隆二年九月。江苏苏州虎丘山门口。《苏州工商》P71;《江苏明清》P60。官禁,禁污染。"须至碑者。"

707.《边奉严禁截挖黑箐水源碑记》,乾隆二年九月。云南大理凤仪镇大丰乐村云会庵。大理石。《凤仪》P135。水案、公文、官禁;各村军民等公诉,照旧例公请勒石。

708.《十王圣会四年完满碑记》,乾隆二年十一月初十日。河南浚县浮丘山碧霞宫中院东廊前。97﹡127﹡19。《天书地字》P199。信仰,冥罚,十殿阎王。

709.《谕东河总督白钟山碑》,乾隆二年立,乾隆元年(1736)二月十五日谕旨。河南武陟县木栾店。254﹡164。《中州百县》P791。敕谕,堤工官办,禁累民,永著为例。

710.《札付碑文》,乾隆二年。浙江杭州。《净慈寺志》P130。公文,管理杭州织造事务头等侍卫内务府郎中札付净慈寺;选定方丈。

711.《灶户捐金资助每科赴试生员碑》,乾隆二年。云南云龙县顺荡村。《大理名碑》P482。白族盐业与教育。

712.《重刊张三丰避诏碑》,乾隆三年(1738)四月初一日重刊,明万历四十三年(1615)原刻佚。甘肃平凉崆峒山文物管理所。左下残,97﹡64﹡7。三截刻,3份敕谕。《崆峒金石》P181。

713.《万石岩勘定山界示禁石刻》,乾隆三年四月初一日给文。福建厦门园林植物园万石莲寺前海会桥边岩石上。125﹡146。兴泉永道尹朱叔权颁示。《厦门文物志》P86。官禁,禁占葬、樵采、纵畜践踏,保护寺庙权益和生态环境。

714.《御制明伦堂卧碑》,乾隆三年夏四月。原在辽宁沈阳市沈河区大南门(萃升书院旧址),1981年移沈阳故宫博物院。82＊176＊10。《沈阳市文物志》P189。御制学规。

715.《长洲县规定漕船到苏受兑停泊地点毋许越界滋扰商民碑》,乾隆三年四月。江苏。

716.《江头村永行豁免海口夫役碑》,乾隆三年四月示。云南宜良县西河管理所。160＊60。额篆“重修碑记”。《宜良碑刻》P14。“须至碑者”。

717.《施地记碑》,乾隆三年六月二十五日。山东淄博博山区北博山镇郭庄东庵。160＊77。《博山卷》P513。四至。

718.《为恳天存案以杜后患事碑文》,乾隆三年季夏。广东仁化县丹霞山风景区锦石岩功德堂。右侧残,168＊80。《韶关》P228。公文;碑内添刻施主,伪造。

719.《栖贤山寺常住碑记》,乾隆三年仲秋中浣。云南保山隆阳区栖贤山寺。刻于《栖贤山寺永垂碑记》之阴。《隆阳》P270。讼案,盗买香火田。

720.《贮庙租建义学碑示》,乾隆三年九月。广东佛山。《佛山忠义乡志》卷13。公产。

721.《仁义村禁窑碑记》,乾隆三年九月。山西灵石县仁义村。67＊42＊13。额刻“永久”。11行18字。《三晋·灵石》P117。禁窑。

722.《石佛寺断水碑》,乾隆三年十月初五日合寺僧人同立,九月初三审。山西永济市虞乡镇石佛寺。106＊47。额题“大清”。《河东水利》P218。呈诉,断案判词;四至。

723.《通利渠分渠条议碑》,乾隆三年。山西洪洞县辛村乡石止村。圆首方趺,163＊72。额题“千载不朽”。11行17字。《三晋·洪洞》P346。渠规,修筑、行水。

724.《清厘田赋记》,乾隆三年。上海崇明区,佚。柏廉撰文。《崇明》P59,转录自乾隆《崇明县志》卷4。免除芦课,恢复“一圈一则”旧制。

725.《厘正赋额碑记》,乾隆三年。原在上海崇明县治大堂后,佚。知县许惟枚撰文。《崇明》P63,转录乾隆《崇明县志》卷1《知县许惟枚厘正赋额碑记》。恢复“一圈一则”旧制。

726.《示禁碑》,乾隆三年。福建厦门集美区后溪镇后溪村古码头。220＊76＊19。17行。首题“特调泉州府同安县正堂加一级纪录七次吴为”。碑文漫漶。

727.《奉谕碑记》,乾隆四年(1739)二月二十二日具。山西运城。《三晋总目·运城》P146。

728.《禁止樵采碑》,乾隆四年二月二十八日示。云南南华县龙川镇大智阁村见性山麓响水河龙潭。100＊60。额题"神民永庇"。《云南林业》P112;《楚雄》P325。官禁,禁伐护林。

729.《长元吴三县永禁踹匠借端齐行碑》,乾隆四年七月。原立江苏苏州阊门外广济桥堍,现存苏州文庙。嵌墙,中部有裂纹。《苏州工商》P74;《江苏明清》P47。官禁,禁罢工;工价争讼。

730.《奉督抚两院大老爷府县太爷饬禁碑志》,乾隆四年八月十六日勒石,广东佛山忠信巷原福善祠(高庙)附属建筑东壁。182＊87。《佛山文物》P96。官禁,禁垄断行私;碑摹,讼案。

731.《飞云渡详拨官田岁修官船碑记》,乾隆四年八月。浙江瑞安市瑞安中学食堂水塔旁。嘉庆《瑞安县志》卷2,《温州》P724。呈文,奉批,请咨立案。

732.《二十保四区二图免徭碑》,乾隆四年九月。原存上海浦东孙桥镇钱堂村敦仁小学,现立浦东新区档案馆川沙点办公楼前。175＊68＊26。24行52字。《浦东修订》P180。

733.《圣谕碑》,乾隆四年十月二十八日示。河北蔚县代王城镇二村。圆首方座,170＊70＊15。《文物河北》中P159。圣旨,吏治。雍正十三年(1735)十月二十二日禁止官吏私征杂税圣谕,乾隆四年违纪官员罪行及处罚。

734.《奉文禁盗决广安镇堤工碑记》,乾隆四年。河北廊坊。邑令谢钟龄撰。刘钟英等纂《大城县志》卷11。官禁,堤坝工程,水利。

735.《遵县正堂吴老爷禁止鞭竿手并游食僧道等类碑记》,乾隆四年。山西高平市石末乡侯庄村丰乐馆,嵌壁。142＊52。合村人等同立石。《山西师大》P195。官禁,治安。

736.《渭水渡革除派累碑》,乾隆四年。陕西宝鸡陈仓区,佚。邑令乔光烈请立。《陈仓区碑文选录》;《秦岭》P49。

737.《申明放赎奴婢定则告示碑》,乾隆四年。原立上海嘉定县署前,佚。嘉定县知县眭文焕奉示立。《上海》P149;《嘉定》P29。法令。

738.《海丰分界石刻》,乾隆四年。广东丰顺县黄砂村与潮安县栖凤村交界处。系析海阳置丰顺县后所立界碑。《广东石刻卷》P257。

739.《塘源村众议立禁碑》,乾隆四年。广西灵川县潭下镇塘源村中间水井旁。32＊38。碑题"众议立禁"。《灵川》P130。

740.《碍城碑记》,乾隆五年(1740)二月。云南双柏县碍嘉城小西门外右侧城墙上。《楚雄》P358。除弊。

741.《袁氏迁洛始祖长袁思仁墓碑》,乾隆五年仲春。河南孟津县平乐镇妯娌新村。190*67。《孟津卷》图P60、文P339。四至。

742.《哀牢山斑鸠岭四至碑志》,乾隆五年季春中浣。云南保山隆阳区河图镇大官庙村大官庙。《隆阳》P272。界址。

743.《养济院内十人同买菜园碑》《彰化养济院同买祀园碑记》,乾隆五年八月。台湾台中私立台中救济院。《明清台湾》P177。

744.《训饬士子文》,乾隆五年十一月。北京国子监。拓作6纸,165*64。《北图藏拓》69-71。御制学规。

745.《重浚利丰河碑》,乾隆五年。河南沁阳市。范泰恒撰文。道光《河内县志》;《中州百县》P105。记事,工程标准、效益。

746.《常熟县驱逐恶丐并革除丐头陋规示石刻》,乾隆五年。江苏常熟。《江苏明清》P667。官禁,治安。

747.《详拨学田香火育婴恤孤田碑记》,乾隆五年。上海崇明区,佚。知县许惟枚撰文。《崇明》P67,转录乾隆《崇明县志》卷5。公文,费用使用报批。

748.《复设儒册碑记》,乾隆初。甘肃陇西县文庙戟门外,与《创设儒册碑记》同立一处,佚。《陇西》P111。儒户赋役簿册。

749.《苏州织造府严禁织造局管事恣意需索碑》,乾隆六年(1741)二月。原在江苏苏州玄妙观,现存苏州文庙。《苏州工商》P17;《江苏明清》P7。官禁,禁勒索机匠;吏治。

750.《合修八蜡藏山文子庙碑记》,乾隆六年四月刊。山西盂县秀水镇香西关大王庙。156*66*18。翰林院检讨、三朝国史馆修纂官王玥撰。《三晋·盂县》P256。记事,信仰,官祀与民祀合一。

751.《集庆讲寺记碑》,乾隆六年六月。上海。嘉庆十二年《石冈广福合志》卷4;《上海佛教》P352。护寺产。

752.《通乡禁碑》,乾隆六年七月初六日。广东大埔县湖寮莒村乡上村双坑小学侧民房墙上。85*35。《大埔县文物志》P81;《广东》P893。乡禁,禁牛鸭害田,罚肉、酒。

753.《崇化寺告示碑》《崇化寺禁开煤窑碑》,乾隆六年八月立。北京门头沟区龙泉镇城子村崇化庄清水禅寺,未见。《门头沟文物志》P381。官禁,护坟禁煤。

754.《翁氏家庙祭田记》,乾隆六年桂月。江苏常熟碑刻博物馆。公产。

755.《仙翁戏台罩棚碑》,乾隆六年九月。北京崇文区北芦草园颜料会馆。拓 131 * 69。《北图藏拓》69 - 94;《基尔特》2 - 314。公产。

756.《苏州府示谕冶坊定价碑》,乾隆六年十月。江苏苏州文庙。碑文下部不清,尾刻原呈坊名。乾隆二年(1737)事,袁公耀;坊银九五,各地统一定价。

757.《常熟昭文二县示准梨园业迎春免派差役碑》,乾隆六年十一月。原在江苏常熟慧日寺前。《江苏明清》P645。免轮值。

758.《九龙山西岩寺常住福田界址碑》,乾隆六年孟冬月。四川广安。宣统《广安州新志》卷 39,《巴蜀》P615。界址,寺产契证。

759.《清居禅寺除害重修碑记》,乾隆六年十一月。山西宁武县石家庄镇马头山村清居禅寺遗址。178 * 82 * 14。《三晋·宁武》P39。记事,知县秉公办案,保护寺产。

760.《斋田记》,乾隆六年仲冬。江苏常熟碑刻博物馆。碑档。

761.《潭枯山岫云寺置地修道碑》,乾隆六年。北京门头沟区潭柘寺山门外桥西侧。素面方趺,215 * 69 * 19。阳额“万古流芳”。碑阴无字。《北图藏拓》69 - 96;《潭柘寺》P300。公产。

762.《城隍庙置田栽树记》,乾隆七年(1742)六月。北京昌平区。拓 168 * 70。碑阴刻田亩四至并栽树数目。《北图藏拓》69 - 112。

763.《长洲县规定腌腊商货交易价目革除浮费并禁止出店牙行人等私偷客货碑》,乾隆七年八月。原在江苏苏州阊门外潭子里 10 号高宝会馆。《江苏明清》P406。商牙纷争,禁牙行偷窃客货。

764.《潘氏助田土碑》,乾隆七年中秋。江苏常熟碑刻博物馆。财产处置。

765.《宪恩便民息争定例禁碑》,乾隆七年十月。江苏苏州文庙。文不清。争讼记事;纱缎业机户,经纪。禁顶替,禁恶性竞争。“有无帖擅行夺卖之人,即系光棍。”

766.《晋祠北河水例碑》,乾隆七年十二月。山西太原晋祠圣母殿碑廊。286 * 88 * 19.5+49。碑阳额题“春秋水例”,碑阴额题“北河水例碑”。碑阳刻乾隆七年十一月初一日《申明北河春秋水利碑文》。碑阴刻使水印照和排单。《晋祠碑碣》P166;《山西续一》P207、210;《黄河》P260。公文、讼案、水规。

767.《奉宪勒石永禁染铺当官告示碑》,乾隆七年十一月。原在浙江鄞县县政府,现在宁波海曙区天一阁秦氏支祠后游廊。《天一阁》P207。官禁,禁官征扰商。

768.《为违禁斩脉示禁碑》,乾隆七年。江苏苏州城西天平山东南麓范公祠。《江苏省志·文物志》P285。

769.《重修云居寺碑》阴《认买入官房地执照碑》,乾隆八年(1743)四月。北京房山区云居寺祖师殿前。方首方座,碑身右侧残缺。253＊72＊20。阳额篆"瞻奇仰异",阴额"传代流芳"。多罗宁郡王弘晈撰文并书丹。碑阴刻乾隆四年(1739)《认买入官访地执照》、西域寺土地四至、下院土地亩数、旗人实泰置买寺产契书原文。《北图藏拓》69－119;《云居寺》P110。

770.《赵忠愍祠墓防护文告刻石》,乾隆八年五月。原在北京宣武区法源寺前街11号,现藏北京石刻艺术博物馆。嵌墙横石,37＊98。32行18字。《北京石刻拓本提要》P428。赵公祠亦称云南会馆。

771.《紫峰山永林樵牧碑记》,乾隆八年秋七月中浣。山西高平市石末乡紫峰山碧霞宫。圭首方座,95＊64＊20+42。15行22字。《三晋·高平》P334;《高平》P673。乡禁,护山禁伐;风水,罚款用途。

772.《修建临襄会馆碑》,乾隆八年八月。北京崇文区晓市大街临襄会馆。《基尔特》2－154。列施银油坊商号200余家。

773.《山陕会馆置买园地阔步数目四至及买价书字税契书列碑》,乾隆八年八月。山东聊城山陕会馆。《山西续二》P342。

774.《皇清诰授中宪大夫今管汾州府清军分宪事加三级魏公讳乾学号玉庵万民感戴碑》,乾隆八年八月。山西介休市洪山镇洪山村源神庙北配殿廊下东侧。《山西续二》P67。水利。

775.《一本堂祭田碑记》,乾隆八年八月。江西泰和县禾市镇张氏宗祠。125＊63。《泰和》P162。田亩粮数。

776.《僧众护山碑》,乾隆八年八月。广东肇庆鼎湖山。《广东》P694。乡规、环保、风水。

777.《无锡县永禁漕船违例停泊碑》乾隆八年九月。江苏无锡碑刻陈列馆。《无锡》P49。因阻塞河道而立禁。

778.《玉皇阁新建配殿并治田产记碑》,乾隆八年十月二十八日。山东淄博博山区崮山镇岳阳山玉皇庙。136＊55。额题"万古流芳"。《博山卷》P15。买地,四至

779.《宝山县为各界浜航船捐田减价永禁水手多索船钱告示碑》,乾隆八年十一月。上海浦东新区高桥大同路1115弄11号。《上海》P188;《浦东修订》P183。渡船。

780.《圪塔村施地碣》,乾隆八年。山西灵石县交口乡圪塔村关帝庙。104＊52＊21。额刻"流芳千载"。12行33字。《三晋·灵石》P124。

781.《施资置地功德序》,乾隆八年。山西洪洞县广胜寺下寺后殿前檐

下。圆首方趺,110 * 52 * 16。额题"碑记"。12 行 35 字。《三晋·洪洞》P353。附契证,死业、活业水地价银、坐落、四至。

782.《渠坝水利碑文》,乾隆八年。甘肃古浪县。县令安泰勒石。张之浚纂《五凉全志》之《古浪县志·地理志》)。

783.《禁碑》,乾隆八年。浙江余姚市。新编《余姚水利志》附录。水利。

784.《"永远流传"碑》,乾隆八年。湖南通道县双江镇芋头村。110 * 77。钟茶明撰。《侗族卷》P47。山讼案,判决,山林界址。

785.《护林碑》,乾隆八年。1998 年夏发现于福建长泰县岩溪镇甘寨村皇龙宫附近,现藏于县博物馆。《碑文化》P903。禁伐。

786.《鱼埗归疍民资生告示碑》,乾隆八年。广东肇庆。《广东》P661。疍民田粮讼案。

787.《震泽县奉宪禁起窃赃碑》,乾隆九年(1744)三月。江苏苏州吴江区文管会。《苏州》P571。典赃。

788.《羊蹄岭庵禁碑》,乾隆九年四月十二日。广东海丰县羊蹄岭庵门前。《广东》P832。讼案,寺院租佃,寺产。

789.《塔尔寺禀奉碑》《永禁开垦以蓄水源事碑》,乾隆九年四月。青海湟中县塔尔寺花寺祈寿殿内东墙北侧。木质,由 2 块长方形木板拼合而成。230 * 73 * 11。额刻"钞勒详禁开垦案碑"。16 行 48 字。《青海》P202;《安多》P157。公文,讼案;滩地。

790.《巩邑乾沟寨监生张素蕴施香火地碑》,乾隆九年八月。河南偃师市顾县镇回龙湾村。121 * 54。《偃师卷》P492。四至。

791.《判发武威县高头坝与永昌县乌牛坝用水执照水利勒石碑》,乾隆九年十月二十日具结。甘肃武威。《武威金石录》P153。水案,执照。"依故决圩岸坡塘减故决河防律二等"。按律究治,具结。

792.《重修黑井观音寺后玉皇阁常住碑记》,乾隆九年十月。云南楚雄观音寺后玉皇阁。136 * 68。行草 21 行 48 字。《云南道教》P349;《楚雄彝族自治州文物志》P180。四至。

793.《关帝庙赎地记》,乾隆九年十一月。原立北京左安门外十里河。刻于乾隆八年(1743)《关圣帝君碑记》碑侧。拓 109 * 61。《北图藏拓》69 - 125。用银十两,赎地十三亩,以地租供神前香灯费用。

794.《禁山碑》,乾隆九年。江西安远县长沙乡水口入山处。180 * 60 * 18。

795.《广通山照石碑》,乾隆十年(1745)二月八日。云南禄丰县,佚。村民立。《云南林业》P116。立定文约,公山界址。

796.《奉宪批行高要河源官塱批佃租银内拨留六十两为府县两学添置会田修葺学宫碑记》，乾隆十年三月。广东肇庆府学。《广东》P642。

797.《诏书碑》，乾隆十年六月初一日。山西侯马市大南庄村。228 * 79 * 19。碑阳刻"裴绣裳暨宜人张氏、许氏合葬之墓"，碑阴为乾隆十年封赠诰命。《三晋·侯马》P257。

798.《洞阳宫暨扁鹊观山林地界碑》，乾隆十年夷则（七月）。陕西城固县洞阳宫。125 * 62 * 15。18 行 45 字。陈来玉立。《汉中》P211；《秦岭》P50。讼案，寺产；田土粮石数目、价值、界限。

799.《金匮县规定脚夫轿夫土木每日工价禁止分界霸占苛索碑》，乾隆十年八月。原在江苏无锡市兵役局。《江苏明清》P524。官禁，市场管理。

800.《赫大老爷永禁伐木河道万民感德碑》，乾隆十年菊月。甘肃岷县岷阳镇南川村。下残损，137 * 87 * 17。额刻"恩垂百世"。《安多》P207。官禁，禁伐。

801.《印江天庆寺界碑》，乾隆十年十月十五日立。贵州印江县木黄镇东 12 公里天庆寺。178 * 95。额镌"界碑"。住持僧立。《贵州省志·文物志》P285。界址，甘结。

802.《万寿宫碑文》，乾隆十年。河南确山县。《确山县志》点校本P472；《中州百县》P1797。记事，争讼。

803.《抚宪颁示放生池条约》，乾隆十年。原立江苏南京鼓楼区清凉山颜鲁公祠大门南墙前，刻于《重修颜鲁公放生池庵碑记》之阴。171 * 72 * 25。《南京鼓楼区文物志》P89。官禁，禁偷取池鱼；以窃盗论。

804.《通道县主恩示碑》，乾隆十年。湖南通道县牙屯堡镇团头村。90 * 62。《侗族卷》P48。告示，治安。

805.《严禁藉端苛索船只勒石碑记》，乾隆十年。台湾台南南门碑林。《南门碑林》P17。违例横征，断案。

806.《重修牛王拜殿碑记》，乾隆十一年（1746）六月十五日。河南偃师市大口镇铁村。142 * 51。《偃师卷》P495。

807.《赠高三锡为征仕郎敕碑》，乾隆十一年八月初二日。陕西高陵县。上部正中与左下方局部残断。160 * 70。11 行 30 字。《高陵碑石》图P66、文 P197。

808.《新置焦山玉峰庵救生红船捡埋枯骨碑记》，乾隆十一年八月上浣。江苏镇江焦山碑林。善举。

809.《重修炉神庵老君殿碑记》，乾隆十一年八月。北京广渠门外大街南炉神庵（冶行会馆）。《基尔特》5－1067。行业祭祀。

810.《广胜下寺合会出资置买地亩永供水陆序》,乾隆十一年菊月。山西洪洞县广胜寺下寺后大殿。圆首方趺,150 * 72 * 21。额题同碑名。9 行35 字。《三晋·洪洞》P359。死业地,坐落、亩数、四至、价银。

811.《常熟县恤农碑》,乾隆十一年十月。江苏常熟碑刻博物馆。碑文下半不清。《江苏明清》P668。

812.《奉宪禁革》,乾隆十一年十月。浙江文成县南田镇。132 * 71 * 15。额刻"奉宪禁革"。17 行 5 字。《温州》P847。宪牌,禁约;采买仓谷,禁违例派累。

813.《督水告竣序》,乾隆十一年十一月。山西洪洞县广胜寺霍泉水神庙明应王殿前西侧。《山西续二》P70。

814.《山陕会馆碑记》,乾隆十一年十一月。山东聊城市山陕会馆。《山西续二》P353。四至。

815.《敕赐翠岫十方禅院地亩碑》,乾隆十一年。原址不详,现存北京石刻艺术博物馆。额题"万善同归",首题"敕赐翠岫十方口"。阴额题"法轮常转"。《北京石刻拓本提要》P357。

816.《西域寺下院马房村兴隆寺地亩碑记》,乾隆十一年。原在河北涿州市清凉寺办事处马坊村兴隆寺,现存涿州清行宫碑廊。165 * 67.5 * 19。首题为碑名。15 行。碑末有细字题名,漫漶难识。《涿州》P65。舍契、合同;庙产地亩数量、界至。

817.《新改河堤碑文》,乾隆十二年(1747)二月十六日。河北廊坊。刘钟英等纂《大城县志》卷 11。水利。

818.《施舍崆峒山雷声峰香火田地碑刻》,乾隆十二年四月。甘肃平凉崆峒山雷声峰西口。126 * 53 * 7。额题同碑名。22 行 55 字。《崆峒金石》P190。契纸管理。

819.《三峰清凉禅寺卫氏舍田碑记》,乾隆十二年九夏。江苏常熟碑刻博物馆。寺产,财产处置。

820.《金鸡寺常住田产记碑》,乾隆十二年七月下浣。云南保山隆阳区金鸡乡金鸡寺。《隆阳》P276。

821.《荻子峪口地亩树株案碑》,乾隆十二年八月初五日。山西运城解州关帝庙。《三晋总目·运城》P16。

822.《海康义学记》,乾隆十二年中秋节。广东雷州市西湖公园浚元书院大门口西。《广东》P547。

823.《奉县主示禁碑》,乾隆十二年八月十六日。广东平远县博物馆。《广东》P884。官禁,禁挖煤毁坟;风水。

824.《姜庄村民捐龙王庙碑记》，乾隆十二年八月。山西宁武县姜庄村龙王庙。85＊51＊12。《三晋·宁武》P40。立碑为执照，防止争端。

825.《诰封圣旨》，乾隆十二年八月立。山西侯马市晋城博物馆。192＊83＊20。12行38字。阳竖刻"诰赠奉直大夫儒学司训裴府君讳绣提字锡五号俨思暨元配宜人刘太君合葬之墓"2行。碑阴为乾隆十年（1745）六月初一日封赠诰命。《三晋·侯马》P76。诰命。

826.《蒙前主陈太爷勘审立案后蒙县主吴太爷勒石永禁碑》，乾隆十二年十月十九日。广东惠州惠阳区。《广东》P814。水案。

827.《禁革十乡头碑记》，乾隆十二年立。陕西宝鸡陈仓区，佚。知县董彬立。《陈仓区碑文选录》；《秦岭》P50。

828.《番民条例碑》，乾隆十二年。甘肃临潭县境内，佚。光绪二十三年《洮州厅志》卷14；《甘南金石录》P210。

829.《灵应北岳庙置灯田记》，乾隆十三年（1748）仲春。云南玉龙县北岳庙。58＊39＊6.5。《丽江》P31。寺产四至。

830.《福山港口码头装卸货物立公秤碑》，乾隆十三年七月。原在江苏常熟道前，现存常熟碑刻博物馆。《江苏明清》P6451。市场管理，度量衡。

831.《世宗章皇帝钦颁卧碑文》，乾隆十三年九月刻，顺治九年（1652）二月文。浙江杭州孔庙。77＊185。《杭州孔庙》P311。御制学规。

832.《高宗御制训饬士子文》，乾隆十三年九月。浙江宁波海曙区天一阁尊经阁游廊东壁。《天一阁》P211。

833.《圣祖钦颁训饬士子文》，乾隆十三年九月。原在宁波府学，现存浙江宁波海曙区天一阁尊经阁庭院东壁。《天一阁》P212。

834.《楞严胜会碑》，乾隆十三年秋。北京门头沟区潭柘寺山门外西侧。螭首方趺，221＊80＊22。阳额"万古流芳"，首题"潭柘山岫云寺楞严胜会碑记"。碑阴记官职、人名，满汉文对照。《潭柘寺》P305；《北京石刻拓本提要》P358。记事，公产。

835.《东岳庙祀田碑》，乾隆十三年十月上浣。云南昆明。106＊54。《北图藏拓》70－35。公产。

836.《革除陋规碑》，乾隆十三年十月十七日。甘肃临潭县新城镇城隍庙。156＊60＊13。两面刻。阳额"革除陋规"，阴额"万民感戴"。碑阴残存5行。《甘南金石录》P93－94；《甘南考古》P149。禁差役勒索。

837.《岸里社南界址碑》《养鸭示禁碑记》，乾隆十三年十二月。台湾台中西屯区第六水堀桥畔。《明清台湾》P179。界址，治安，禁养鸭。

838.《岳麓书院学规》，乾隆十三年春。湖南长沙岳麓书院正厅侧壁。

58 ＊ 63。21 行,其中学规 9 行,18 条。山长王文清撰文,受业弟子出资勒石。《湖湘碑刻(一)》P202。

839.《圣朝训士典谟》,乾隆十四年(1749)二月十九日。浙江宁波。《天一阁》P281。御制学规。

840.《玄坛殿铜行祀会碑记》,乾隆十四年三月。浙江宁波海曙区开明街药皇殿原址。圭首,237 ＊ 84。额题"玄坛祀会碑记"。首题同碑名。18 行 58 字。《甬城》P64。行规,公产四至契号。

841.《寿福寺碑》,乾隆十四年仲夏月中浣。四川西昌市凉山州博物馆存拓。129 ＊ 62。额刻"永远常住"。后有乾隆十九年(1754)、二十六年(1761)增刻内容。《凉山》P93。寺田股份,租额。

842.《傅恒宗祠碑》,乾隆十四年三月初七日内阁奉上谕,三月二十四日题准,四月初十日奏办。原在北京东城区景山东街东口路北,1986 年移北京石刻艺术博物馆。590 ＊ 148 ＊ 59。额篆"敕建",满汉文合璧。《北图藏拓》70－46。追封、致祭。

843.《歙县义园禁示碑》,乾隆十四年六月十三日文。北京丰台区双庙村。《北图藏拓》70－105。官禁,禁刁难勒索等。

844.《万户庄乾隆乡规碑(一)》,乾隆十四年六月二十五日。云南宜良县匡远镇万户庄朝阳寺中殿左墙。55 ＊ 100。《宜良碑刻》P277。

845.《怀德渠水利定案碑记》,乾隆十四年八月十五日立。陕西富平县文管所。165 ＊ 70 ＊ 15。额题"怀德渠"。24 行 46 字。《富平》P55;《渭南》P173。详文,讼案,示禁。

846.《捐租记事碑》,乾隆十四年八月中秋。广东高州市洗庙。《广东》P586。庙产。

847.《钦定加增孟母"端范宣献夫人"封号碑》,乾隆十四年八月。山东邹城市孟庙孟母殿前。刻于《祭孟母文》碑阴。146 ＊ 63 ＊ 21。17 行 44 字。李碧书丹,崔代镌,孟衍泰立。《孟子林庙》P354。

848.《玉霄观置祭田记》,乾隆十四年九月。四川。《巴蜀道教》P333。公产。

849.《钦制〈四贤赞〉谕》,乾隆十四年秋□月刻,乾隆十三年二月十五日上谕。山东邹城市孟庙,毁,存拓。拓 170 ＊ 68。12 行 ＊ 32 字。《孟子林庙》P369。

850.《黄栢村众立禁砍宅树碑》,乾隆十四年十一月二十日。广西灵川县潭下镇黄栢村井头庙。125 ＊ 67。阳刚健撰。《灵川》P132。商议书,警戒,公产,乡禁,案例。

851.《永禁烟行经纪碑》，乾隆十四年后。山东潍坊市博物馆。《潍坊文化志》；《北图藏拓》70－125。官禁，禁私牙。

852.《督抚提臬道府列宪批县审详谳案》，乾隆十四年。福建厦门海沧区东屿村柯氏祠堂外。双面刻。讼案、判词，示禁。谢、柯两姓为争夺滩涂养殖利益引发械斗。

853.《严禁征收锢弊示告碑》，乾隆十五年（1750）二月。台湾台南南门碑林。《台湾南部》P377；《南门碑林》P25；《明清台湾》P385。官禁，禁差役滥索乱征；税赋管理，征粮，杂费；碑用。

854.《御制阅永定河堤因示直隶总督方观承诗碑》，乾隆十五年三月。原在北京石景山区永定河畔庞村，现存北京石刻艺术博物馆。螭首方座，405＊118＊41+96。额篆"御制"。

855.《城隍庙甬道学产执照碑记》阴，乾隆十五年四月。甘肃武威。《武威金石录》P159。道、府、县批给印照。执照四张。

856.《御颁亚圣孟子庙祭器碑》，乾隆十五年五月。山东邹城市孟庙致敬门前东侧。226＊74＊20+60。14行37字。刻乾隆十四年（1749）正月二十五日上谕，及十五年五月奉颁祭器。《孟子林庙》P365。

857.《雍正八年署理安徽按察司鲁国华条奏回民一折》，乾隆十五年七月上石，陕西西安。《西安清真寺古碑选注》P61。对鲁国华雍正八年五月初十条奏特谕。苏州清真寺、北京花市清真寺也有类似刻碑。

858.《黄栢村十甲众议示禁碑》，乾隆十五年七月。广西灵川县潭下镇黄栢村井头庙。68＊45。《灵川》P134。乡禁。

859.《黄栢村弥盗安生碑》，乾隆十五年八月。广西灵川县潭下镇黄柏村井头庙。150＊80。碑题"为众议立碑序"。阳刚健撰。《灵川》P135。担保，制盗之法。

860.《红山地方碑记》，乾隆十五年孟冬月。云南大理凤仪镇红山村。123＊53。额题同碑名。《凤仪》P325。乡约乡禁。

861.《恩施朗士宁等价旗地碑》，乾隆十五年十二月旨。北京丰台区北天主堂村大王庙。带额拓168＊62。额题"钦赐"。8行18字。高宗弘历撰。《北图藏拓》70－138。圣旨，特例。

862.《创立永革地粮碑》，乾隆十五年。河北蔚县杨庄窠乡嘴子村正东来羊寺。《佛寺与蔚州文化传统》P177。

863.《义学公给膏火碑》，乾隆十五年。陕西宝鸡陈仓区，原竖县署仪门，佚。邑令周天生遵上宪批饬勒石。《陈仓区碑文选录》。

864.《万工堰碑》，乾隆十五年。陕西安康。《安钧》P299。

865.《严禁差役藉端苛派扰民碑记》,乾隆十五年。台湾台北县新庄市。官禁,禁差役滥索。

866.《三官庙纪事碑》,乾隆十五年。云南会泽县娜姑镇白雾粮店。151*62*15。14 行 41 字。《娜姑镇文物志》P59,《云南道教》P356。水田四至。

867.《大悲会置地碑》,乾隆十六年(1751)二月上浣。北京门头沟区潭柘寺大雄宝殿西侧。186*68*16。阳额"万古流芳"。《潭柘寺》P309。置柿园、稻地。

868.《重修文庙祭田碑记》,乾隆十六年花朝月(二月)。甘肃武威文庙。235*79*17。侵占索回记事,官刻。《武威金石录》P162。碑阴记祭田坐落、亩数、四至、粮额,禁约。

869.《横水起会告示碑》,乾隆十六年三月二十一日示。河南孟津县横水镇横水村。123*52。《孟津卷》图 P71、文 P346。告示。

870.《庙地四至记碑》,乾隆十六年季春。山东淄博博山区域城镇辛庄村瑚山。133*67*27。《博山卷》P595。契证,四至。

871.《判发武威高头坝与永昌乌牛坝用水执照水利碑》,乾隆十六年六月。甘肃武威。《武威金石录》P159。

872.《广善米会置香火地碑》,乾隆十六年九月初一日。北京门头沟区戒台寺戒台殿后南侧第三块。圆首方趺,(65+224+65)*83*23。阳额"万古流芳",阴刻"广善米会"。阳记事,阴题名。《北图藏拓》70-161;《戒台寺》P178。契卖文约。

873.《立夏渠碑》,乾隆十六年十一月。陕西富平县老庙乡。90*62*15。20 行 33 字。《富平》P305。水案。

874.《垂远碑》,乾隆十六年冬。江西泰和县螺溪镇周氏宗祠。185*65。《泰和》P23;《庐陵》P265。冒葬,祖坟争讼;乾隆十五年判词。

875.《下首渠兴词增名印簿志碑》,乾隆十六年。陕西富平县文管所。80*60。《渭南》P176。讼案,水利厅判断。

876.《慈济宫缘业碑志》,乾隆十六年。台湾台南麻豆区。《台南》P263。护庙产。

877.《都龙王庙置庙田碑记》,乾隆十七年(1752)四月。北京昌平区白浮堰遗址都龙王庙。拓 130*69。额篆"流芳百世",首题同碑名。22 行 31 字。碑阴刻地亩及四至。《北京石刻拓本提要》P359。

878.《昭兹来许碑》,乾隆十七年四月。山西蒲县蒲城镇枣林村柏山东岳庙。90*41。额题"昭兹来许",邑廪生曹帝器书。碑阴为乾隆十八年

(1753)《东山置地碑记》,额题"东山置地碑记"。邑庠生曹景苏等公立,邑拔贡生曹帝器书。《戏曲碑刻》P395;《山西续一》P32;《山西师大》P358。乡约、献戏。

879.《地亩碑》,乾隆十七年四月。山西古交市岔口乡安家沟村五龙庙。122＊57＊7。额刻"地亩碑"。《三晋·古交》P64。讼案。

880.《五乡合禁碑》,乾隆十七年季夏。广东和平县翠山小学。《广东》P821。乡禁,禁娼、禁盗牛等。

881.《吾老洞四址山图刻石》,乾隆十七年七月二十七日。原在陕西周至吾老洞,后移说经台,现嵌老君殿东山墙外。70＊100。住持道人翟无濯立石。《楼观》P147。四至图示。

882.《契碑》,乾隆十七年八月初八日。广东平远县博物馆。《广东》P884。寺产。

883.《奉宪遵照牌文碑记》,乾隆十七年八月二十八日。广东东莞石排镇曾氏宗祠。《东莞》P386。公文,宪牌,争讼。

884.《福山塘上货物捐条目碑》,乾隆十七年八月。原在江苏常熟道前。159＊71。《江苏明清》P650。行规,船规。

885.《严禁派拨累番碑记》,乾隆十七年九月。台湾台南官田区国民学校。《台湾南部》P380;《台南》P263。官禁,禁摊派。

886.《番仔田派拨累番示禁残碑》,乾隆十七年九月。原立台湾台南官田区隆田村,现存台北省立博物馆。《台南》P160。官禁,禁摊派。

887.《汉文罗马字派拨累番示禁残碑》,乾隆十七年九月。台湾台南官田区隆田村,佚。《台南》P162。官禁,禁摊派。

888.《哆喀咽派拨累番示禁残碑》,乾隆十七年九月。台湾台南东山区东山警察派出所。《台南》P161。官禁,禁摊派。

889.《松江府为所属七邑酱坊按照分定疆界计缸销引造酱货卖告示碑》,乾隆十七年十月。原在上海松江二中(松江府署旧址)。《上海》P129;《松江文物志》P187。酱盐地域管辖,市场管理。

890.《太仓州奉宪取缔海埠以安海商碑》,乾隆十七年十二月。江苏太仓济河镇天妃宫。《苏州》P596。官禁,禁牙行滥抽。

891.《禁宰耕牛示碑》,乾隆十七年。山西运城,佚。《三晋总目·运城》P110。

892.《禁派草束碑记》,乾隆十七年。陕西宝鸡陈仓区,佚。周天生立。《陈仓区碑文选录》;《秦岭》P51。

893.《漕务禁革条类》,乾隆十七年。原在江苏常熟道前。《江苏明清》

P647。规则,漕运除弊。

894.《归复姚江书院院田纪事》,乾隆十七年。浙江余姚市。光绪《余姚县志》卷10。

895.《大宪勒石》,乾隆十七年。浙江平阳县。《温州》P1030。准畲民不编丁甲,免派差徭。

896.《休宁会馆值年条规碑》,乾隆十八年(1753)正月。原在北京宣武区菜市口胡同35号休宁会馆,现存北京石刻艺术博物馆。嵌墙横石,69 * 100。首题"值提条规"。46行33字。休宁同乡公立。《北京石刻拓本提要》P457。行规。

897.《休宁会馆住宿条规刻石》,乾隆十八年正月。原在北京宣武区菜市口胡同35号休宁会馆,现存北京石刻艺术博物馆。嵌墙横石,69 * 97。37行33字。休宁同乡公立。《北京石刻拓本提要》P457。

898.《永传香火碑》《刘王氏舍地碑》,乾隆十八年二月立。北京房山区云居寺释迦殿南配殿廊内西墙壁。112 * 63。方首雕祥云,额题"永传香火"。《北图藏拓》72 - 22;《云居寺》P118。契证,财产处置。刘门王氏率孙刘魁玉等舍祖业地六段计一顷八十亩给西域寺;凭有红契。

899.《禁止河身内增盖民房上谕碑》(4),乾隆十八年三月。分别立永定河南岸四工五号、北埝工头(被淤)、南堤五号及石各庄村前北埝上。嘉庆《永定河志》卷32《附录》。

900.《文昌帝君垂训阴骘文》,乾隆十八年夏季。山西宁武县凤鸣阁西周公墓址。120 * 76 * 12。《三晋·宁武》P45。信仰。

901.《河渠碑记》,乾隆十八年孟秋。山西洪洞县堤村乡杨洼庄。圆首方趺,110 * 70。额题同碑名。20行43字。《三晋·洪洞》P368。附规章,渠规条例。

902.《蒙宪檄免凤邑里民车运平粜社粟及批免派拨军工铁炭碑记》,乾隆十八年三月二十八日及九月。台湾台南南区碑林。《台湾南部》P382;《南门碑林》P29。官禁,禁摊派、假公济私、扰民。

903.《公建桐油行碑记》,乾隆十八年秋月。原在北京崇文区北芦草园颜料会馆。《基尔特》2 - 316;《北京工商》P2;《北图藏拓》71 - 21。牙行控案,禁牙行索取。

904.《摩崖禁示》,乾隆十八年十月。福建晋江市金井镇乌云山。

905.《正堂禁碑》,乾隆十八年十二月十七日。海南三亚凤凰镇回辉村清真寺。《回族》P402;《南方回族》P119;《海南金石概说》P31。划界。

906.《西靳寨村禁赌碑记》,乾隆十八年腊月。山西高平市西靳寨村。

《高平》P675。乡禁,赌博之害,法禁。

907.《禁哭节示碑》,乾隆十八年。山西广灵县,佚。《三晋总目·大同》P87。

908.《禁异姓乱宗示碑》,乾隆十八年。山西广灵县,佚。《广灵县志补·碑禁》,《三晋总目·大同》P87。

909.《文昌宫义田记》,乾隆十八年。云南楚雄。《楚雄彝族自治州旧方志全书·大姚卷》P872,《云南道教》P364。控诉。

910.《重修石佛禅寺碑》,乾隆十九年(1754)季春。河北隆尧县碑刻馆。266*65。碑阳刻《重修石佛禅寺碑引》,碑阴刻"具禀"寺产。《河北隆尧石刻》P243。置产。

911.《慧居寺塔院碑》,乾隆十九年四月初八日。北京丰台区岳台庄小井村。《北图藏拓》71-32。寺产来龙去脉。

912.《施地供众碑记》,乾隆十九年闰四月十五日。北京房山区云居北塔院东廊。方首圆角,173*68*25。额题"因果不昧"。福增格撰并书。碑阴为乾隆二十年(1755)四月八日《吴门王氏施地碑》。《北图藏拓》71-36;《云居寺》P120。典买,舍契。和硕额驸福增格将所典二十顷地及房屋等附产(典银五千两)施与云居寺。

913.《打井碑记》,乾隆十九年闰月二十四日。河南林州市东姚镇磁选厂北机井房西墙上。100*60。《林州市历代旱灾水事碑刻》P104;《中州百县》P1057。置买井地。

914.《杨族劝规条》,乾隆十九年孟秋。河南洛阳。前户首管理员杨赓、杨敬刊。族规,"规劝子弟科条";责棍,送官。

915.《和平寺香火地碑》,乾隆十九年九月十五日。北京昌平区南口镇花塔村。《北图藏拓》71-44。公产。

916.《训辞碑》,乾隆十九年秋月。湖北沙洋县纪山寺。《荆门》P200。记事,规约。

917.《永为世守碑》,乾隆十九年十月二十日。云南玉溪江川区江城镇云岩寺。142*56。《江川历史碑刻》P37。批文,寺田讼案。

918.《敕封碑》,乾隆十九年仲冬。广东雷州市白沙镇白院村雷祖祠。《广东》P527。护庙。

919.《禁垦牛埔示谕碑》,乾隆十九年十二月二十一日。台湾彰化县大村乡村公所。《台湾中部》P214;《明清台湾》P251。垦田纷争。

920.《瓜洲育婴堂告示碑》,乾隆十九年十二月。江苏扬州。《瓜洲续志》卷26。

921.《奉宪禁垦烛溪东湖碑》,乾隆十九年。浙江慈溪市文管会。水利。

922.《奉宪碑》,乾隆十九年。福建厦门集美区后溪镇西许庄村南侧路旁岩石上。224 * 145 米。额横刻"奉宪"。28 行 39 字。福建巡抚、按察使司和兴泉永道关于康、卢两姓纠纷的裁决文告。

923.《花园寺公案碑》,乾隆二十年(1755)孟春。陕西宝鸡陈仓区桥镇乡。130 * 64 * 21。《秦岭》P51。公差滋事扰民引起讼案。

924.《邑侯杨老爷剔弊安民示》,乾隆二十年三月二十六日。山西阳城县北留镇郭峪村汤帝庙。118 * 55。《郭峪》P174;《山西续二》P132。行规。

925.《塔下供灯地亩碑记》,乾隆二十年三月重刊,康熙五十年(1711)原刻。山西洪洞县广胜寺上寺飞虹塔廊下东侧。圆首方跌,120 * 57 * 22。额题"碑志",首题同碑名。《三晋·洪洞》P371。施水地,亩数、坐落、四至。

926.《严禁冒籍应考条例碑记》《玉峰书院碑记》,乾隆二十年三月。台湾嘉义市延平街。《台湾南部》P384;《明清台湾》P341。考试规章。

927.《吴门王氏施地碑》《功德碑记》,乾隆二十年四月八日。北京房山区云居北塔院东廊。173 * 68 * 25。额题"福缘善庆"。另面为乾隆十九年(1754)闰四月十五日《施地供众碑记》。《北图藏拓》71 - 56;《云居寺》P122。财产处置,香会会首吴王氏施银 30 两置地 20 亩。

928.《永垂久远碑》《洮郡城乡七会众姓草山碑记》,乾隆二十年四月十八日。原在甘肃洮州(今临潭县城)街头,现存新城镇城隍庙。174 * 62 * 23。额题"永垂久远"。13 行。《甘南金石录》P99;《甘南考古》P148;《安多》P209;《藏族卷》P17。讼案,草场纠纷,承纳税粮,乡规。

929.《邑侯青天杨老爷断明四社各遵照合同旧规德政碑》,乾隆二十年四月二十四日。山西阳城县刘家腰村崦山白龙庙,砌为台阶。140 * 62。邑庠生张廷玺撰并书。《戏曲碑刻》P399;《山西续一》P213。乡约,献戏。

930.《金匮县规定当赎时期及利息碑》,乾隆二十年六月。原在江苏无锡市兵役局。《江苏明清》P525。

931.《分拨定界碑》,乾隆二十年六月立。陕西大荔县步昌乡南湾学校西排二幢教室西山墙外。111 * 50。额题同碑名。17 行 23 字。《大荔碑刻》P64。拨地亩数,按尺步。

932.《分拨定界碑》,乾隆二十年六月立。陕西大荔县华原乡辛村学校会议室。100 * 40 * 10。额题"分拨定界碑"。12 行 33 字。《大荔碑刻》P65。拨地亩数尺步。

933.《严禁占筑埠头港示告碑记》,乾隆二十年六月。台湾台南麻豆区大埕里北极殿右廊内壁。《台湾南部》P386;《台南》P164。官禁,治安;公共设施管理,禁滥垦乱筑;民番关系。

934.《修方岳坊后禁山约》,乾隆二十年八月初一日。山西孟县丧池镇藏山村北山七机岩关帝庙。《三晋总目·阳泉》P76。乡禁。

935.《华亭县为禁脚夫霸占婚丧扛抬告示碑》,乾隆二十年十月。上海松江区。《上海》P435;《松江审判志》P359;《松江文物志》P177。官禁,治安。

936.《封山碑》,乾隆二十年。云南建水县永清寨红木冲箐。纳楼土司立。《云南林业》P926。乡禁,禁伐水源林。

937.《奉禁私派民夫碑》,乾隆二十一年(1756)二月十一日奉。广西西田林县镇供销社,用作洗衣板。下残缺。王熙远《反映清雍、乾以后桂西社会经济和阶级关系的几块碑刻史料》,《民族研究》1994年1期。官禁,公文,除弊安民。

938.《开山喇嘛僧立叙遗言碑》,乾隆二十一年四月。云南。拓96＊53。额题"千秋永继"。《北图藏拓》71－79;《云南古碑》P111。寺规,寺产。

939.《终南山庙址四至图》,乾隆二十一年七月二十七日。陕西终南山。63＊92。《右任旧藏》P604。

940.《公议神赛》,乾隆二十一年七月。山西洪洞县曲亭镇曲亭村。35＊55＊18。首题同碑名。27行25字。字迹漫漶。《三晋·洪洞》P375。乡禁;祭神献戏规条和罚约六款,罚戏、罚银、罚香、罚油等。

941.《固堤禁示碑》,乾隆二十一年(1756)七月示。河南汝阳县三屯镇北保村圆明寺。拓128＊57。额题"禁示"。

942.《输水公议》,乾隆二十一年桂月。广东南澳县深澳镇金山村东门外溪仔头。摩崖,80＊50。《广东》P311。水规。

943.《封山信牌碑》,乾隆二十一年闰九月十七日。云南通海县。官府立。钤"河西县印"。《云南林业》P118。封山护田亩,示禁,"须至牌者"。

944.《奉各宪严禁纸作坊工匠把持勒增工价永遵碑》,乾隆二十一年闰九月。江苏苏州阊门外广济桥堍。《江苏明清》P66。官禁,禁罢工。

945.《彭庄永蠲房租碑》,乾隆二十一年十月下浣。原在河北滦南县长凝镇彭庄村五道庙,2010年移村委会小广场。200。《滦南》P298。旗汉矛盾,圈地,永立无房租文约。

946.《封山育林禁约山界碑》,乾隆二十一年孟冬。广东乳源县云门寺。《广东》P149。乡禁,护林禁伐。

947.《太平庵复兴碑记》,乾隆二十一年十二月十六日给立。广东韶关曲江区小坑镇曹角湾村后山太平庵遗址。120＊50。《韶关》P230。寺田,互控结案,禁冒充施主。

948.《授兰州府正堂欧阳为平饬事案》,乾隆二十一年。甘肃兰州市博物馆。《兰州》P280。禁生员充当里总承办钱粮,生员优免。

949.《甘肃巡抚牒碑》,乾隆二十一年。甘肃成县南大街。174＊120。额篆"皇恩浩荡"。27行。《秦岭》P8。公文,户部移甘肃巡抚牒,成邑应输额粮及折银征收。

950.《天宁寺规约碑》,乾隆丙子(二十一年),江苏常州。《武进天宁寺志》P349。寺院规约十条。

951.《禁山源碑》,乾隆二十一年。广东乳源县东坪镇长溪村。已裂成数块。《过山瑶研究文集》P72。顺治八年(1651)、康熙四十八年(1709)、乾隆十八年(1753)汉、瑶山权纠纷。划界,印照,永禁定例,公议十条禁例,禁毁碑。

952.《指云寺碑》,乾隆二十一年。云南丽江。《丽江》P218。喇嘛寺管理规章。

953.《范公祠堂碑》,乾隆二十二年(1757)正月十七日。北京怀柔区怀柔镇芦庄村西。拓100＊65。碑阴、阳均有图。范公指范文成。《北图藏拓》71－95。族产,图契。

954.《黎平十洞款禁碑》,乾隆二十二年二月订立。贵州黎平县岩洞村坪便引新村。110＊39。两面刻。额刻"碑记",阳刻禁款,阴刻寨名、人名。《侗族卷》P19。乡禁,禁偷盗,重罚。"如有偷盗,拿获查实者,通历众寨,绑捆款上,立即打死。一不许赴官,二不许动凶,三不许隐匿抗违。如有三条查一,同治罪。"

955.《廉明县主严大老爷镜断长沙海口天后围地谕诰碑》,乾隆二十二年三月二十二日。广东汕尾城区红草镇青草圩。《广东》P834。讼案,告示;财产处置权,田地施庙后,后代后悔纠纷。

956.《士家村公山碑记》,乾隆二十二年春。云南大理凤仪镇士家村。《凤仪》P279。山为合村公有;约禁,凭证。

957.《雹神庙地契记碑》,乾隆二十二年七月。山东淄博博山区颜文姜祠。57＊110＊17。《博山卷》P237。施地,供看庙者耕种,不许道人私自典卖。

958.《禁颁胙碑示》,乾隆二十二年八月五日。广东佛山。《佛山忠义乡志》卷13。

959.《禁止乡典苛索出栈钱文示石刻》,乾隆二十二年九月。原在江苏常熟支塘镇祖师堂。《江苏明清》P651。典当。

960.《永禁捕役嘱盗扳良诈害碑》《禁捕毒复兴碑》,乾隆二十二年十月。上海嘉定孔庙。141*68。署县潘涵勒石安亭双墩庙。《嘉定》P31。官禁,禁诈扰;吏治;枷责追赃。

961.《古庙地亩碑记》,乾隆二十二年十一月初一日。山西芮城县学张乡南张村小学。《山西地震》P531。讼案,田土纠纷。

962.《李大老爷审断永杜水患德政碑记》,乾隆二十二年。原在山西平遥县政府(旧县衙)门内,后移清虚观。《明清山西》P66;《平祁太》P219。

963.《六有箴碑》,乾隆十九年至二十二年。湖南长沙岳麓书院讲堂右壁。427字。岳麓书院山长旷敏本撰文,刘元华镌刻。学规,劝学。

964.《英都大新村宏山洪公祠碑》,乾隆二十二年。福建南安市英都镇大新村洪氏族祠。三方碑石,包括祠租规条、租谷声明、水利禁条(雍正十一年二月)和续记。《南安》P184。

965.《左官屯、葛家村村规民约碑》,乾隆二十三年(1758)二月初二日。云南保山隆阳区文管所。115*53。《隆阳》P279;《保山》P21。乡禁,禁盗、禁六畜伤田,罚则。

966.《立买契碑记》,乾隆二十三年仲春。河南林州市合涧镇南庵沟村谢公祠。155*65。《中州百县》P1070。买山场,四至、价银、手续,立碑。"此碑与辛安碑同。"

967.《优免四氏圣裔杂差碑》,乾隆二十三年四月十一日。山东宁阳县文庙。额横题同碑名。20行。特权。

968.《水利图碑》,乾隆二十三年八月。河南商丘博物馆。88*162*20。右河渠图,左记,20行42字,河南巡抚胡宝瑔撰。

969.《隆教寺讼案碑》,乾隆二十三年孟秋。江西德兴市新岗山镇新建村。胡荣明《宋以来德兴地区的家族、寺观与讼争:读〈隆教寺讼案碑〉》,《南方文物》2009年3期。

970.《奉宪永禁滥派杂泛差徭碑》《嘉定县为浚河禁派育婴堂杂泛差徭告示碑》,乾隆二十三年八月。上海嘉定区,佚。《上海》P170;《嘉定》P33。官禁,碑谕;取具碑摹送查;弃婴多,免杂役。

971.《重建云岩寺合山功德碑》阴,乾隆二十三年十月初一日。四川江油窦圌山。184*97。李生《江油窦湍山清代碑刻》,《四川文物》2000年6期。寺产坐落、四至、来源。

972.《重建莲峰书院题名碑》,乾隆二十三年十一月。广东佛山莲峰书院山门内西壁。《佛山文物》P89。乡规乡禁,书院管理规则,罚则。

973.《青天县主李大老爷审语》,乾隆二十三年十二月。江西泰和县螺溪镇刘氏宗祠。118＊57.5。《泰和》图P7。讼案。

974.《石阡包溪四方碑》,乾隆二十三年。贵州石阡县坪山乡包溪坡猪头山下旁边。195＊151。陈通武等抄刻。《侗族卷》P28。记事,村界。

975.《宝山县为张永昌等乐输义渡告示碑》,乾隆二十四年(1759)二月。上海浦东新区高桥镇草高路草庵壁间。《上海》P189;《浦东修订》P200。善举。

976.《捐施碑记》,乾隆二十四年孟夏。山东泰安清真西寺。残裂,额题"流芳百世"。监生王绍禹同阖教回民公立。《山东回族》P461。捐地、铺房,公呈县正堂批示。

977.《万古昭垂碑》,乾隆二十四年六月初五日。云南玉溪江川区后卫乡后所村寺内。合村公议立。《云南林业》P121。乡禁,禁砍山、野火,违者罚松种二斗。

978.《禄丰三乡弘嗣殿常住碑记》,乾隆二十四年六月。原在云南禄丰县土官镇老鸦关村驿馆,现存村小学。45＊125＊20。44行18字。《云南道教》P366;《楚雄彝族自治州文物志》P181。四至。

979.《州堂面谕碑记》,乾隆二十四年八月上旬。山西平定县锁簧镇立壁村大王庙。《三晋总目·阳泉》P22。

980.《严禁勒买番谷碑记》,乾隆二十四年九月。台湾台中神冈区岸里国小。《台湾中部》P215。官禁,禁刁索,护番。

981.《川湖大界碑》,乾隆二十四年十月。重庆酉阳木叶乡。206＊117＊20。《重庆》P44。界碑。

982.《捐施碑记》,乾隆二十四年。山东泰安清真寺。碑阴刻同治四年(1865)清和月《重修南讲堂碑志》。赎产。

983.《沙桥村众立禁约碑》,乾隆二十五年(1760)正月初二日。广西灵川县大圩镇沙桥村李姓宗祠。40＊30。碑题"所禁各条开明于后"。《灵川》P141。

984.《永护泉源碑记》,乾隆二十五年五月初六日。山西新绛县三泉镇席村。191.5＊75。额题"永护泉源碑记",下部断裂。尾题立合约人姓名。记乾隆二十一年控案,"永不取石占山","官山不应私卖",以保护泉源。

985.《碑记》,乾隆二十五年五月。甘肃武威文庙。160＊59＊12.5。额题"碑记"。典地、置业、纳租。

986.《重修河东会馆碑记》,乾隆二十五年六月初六日。北京广安门大街449号河东烟行会馆。《基尔特》5-870。公产置产,私抽税,详细收支;买碑银。

987.《奉敕禁挖枯河南岸边家楼堤口碑记》,乾隆二十五年八月初一日转行到县勒石。河南商水县。商水知县吴琯撰文。民国《商水县志》P14,《中州百县》P1250。讼案、公文、示禁,呈批立碑。康熙五十六年(1717)批定之案,迭赴道宪捏词妄控。"历年久远,案卷无存。""案卷在官,民无由悉,将来年久或有遗失破滥之处,则无凭查考。"

988.《严禁霸占海坪示告碑记》,乾隆二十五年八月。台湾台南县西港乡八份村园中。《台湾南部》P387;《台南》P165。治安,侵占海坪;宿案。不遵判决。

989.《严禁沤汪庄开凿水圳示告碑记》,乾隆二十五年十月。台湾台南县将军乡忠兴村文衡殿本殿右侧外壁边。《台湾南部》P390;《台南》P166。治安,侵占公共用地,诉讼。

990.《玄龙寺重建弥罗宫并置香火田记》,乾隆二十五年。云南巍山县巍宝山玄龙寺正殿右厢房内。130*64。《云南道教》P367。四至。

991.《庙田租碑》,乾隆二十六年(1761)三月。广东雷州市白沙镇白院村雷祖祠二进西厅。《广东》P528。公产。

992.《楼珍村禁赌碑记》,乾隆二十六年三月。山西灵石县交口乡楼镇村,佚。禁赌。

993.《募化灯田记》,乾隆二十六年季春月。四川遂宁。《灵泉寺志》卷6,《巴蜀》P636。寺产。

994.《程家庄村禁赌碑记》,乾隆二十六年四月二十二日。山西灵石县交口乡程家庄村赵姓院墙外。92*47*20。额刻"禁赌碑记"。16行25字。《三晋·灵石》P147。禁赌。

995.《严禁越塭采捕示告碑记》,乾隆二十六年四月二十五日。台湾屏东县东港镇南平里。《台湾南部》P392;《屏东》P291;《明清台湾》P103。农田水利,禁沟中采捕,诉讼。

996.《严禁越塭采捕碑》,乾隆二十六年六月初三日。台湾屏东县东港镇南平里。《台湾南部》P393;《屏东》P293;《明清台湾》P105。官禁,禁采捕害农,诉讼。

997.《奉宪示给圳界碑》,乾隆二十六年九月二十日。台湾屏东县里港乡大平村双慈宫(天后宫)。《台湾南部》P395;《屏东》P297;《明清台湾》P107。争水。

998.《重建百燮桥新葺惜字庵乐捐饭僧田合记碑》,乾隆二十六年大吕月(十二月)。原在上海青浦区金泽镇小学内。174*76。文字模糊不清。《上海》P63;《青浦碑刻》P110。记事,公文,禁盗卖。

999.《平寨蓝秧总碑》,乾隆二十六年。贵州开阳县高寨乡窝卜组。152 * 72。18 行。《苗族卷》P62。土地纠纷,土地契约。

1000.《勘定民番地界示禁碑记》,乾隆二十六年。台湾台中和平区八仙山林场铁路旁。《台湾中部》P217。官禁,禁乱垦。

1001.《勘定迟界给示碑》,乾隆二十六年。台湾凤山县。凤山知县王玟断案,台湾知府王玫批示。水案。

1002.《旌善碑》,乾隆二十七年(1762)花月(二月)。山东济南市中区党家庄镇清真东寺。128 * 58.5 * 16。断裂为三。长清县儒学禀膳生员李志忠撰文并书。《山东回族》P119。捐献土地供寺内义学,附捐地四至。

1003.《符氏宗祠碑》,乾隆二十七年仲春。广东雷州南渡东村符氏宗祠。117 * 68。《广东石刻卷》P207。四至。

1004.《落满禁革陋弊碑》,乾隆二十七年三月。贵州松桃县寨英镇落满村二组。137 * 90。《苗族卷》P62。禁约。

1005.《沙圪塔村告诫碑》,乾隆二十七年五月。河北大名县沙圪塔北沙圪塔北农田。356 * 89 * 28。额题"万古流传"。《邯郸运河碑刻》P110;《文物河北》下 P826。官约,告诫。"土埝与新开之支河,不修不毁,听其自废。"

1006.《三社振风励俗恪守碑》,乾隆二十七年五月。山西垣曲县谭家乡南登坂村学校内。圆首,114 * 45。额题"万古流传"。16 行 35 字,公直、总长并合村同立。《河东名碑》P402;《明清山西》P682。乡禁,禁赌戒盗,公议,禀官立法。

1007.《奉宪严禁碑》,乾隆二十七年六月。福建长汀县涂坊镇丹溪畔桥头庵。砖质。官民合禁,禁强讨滋事。

1008.《崇正社团组织文会规费碑记》,乾隆二十七年六月。广东佛山。《佛山忠义乡志》卷 12。乡规,教育。

1009.《冯添寿舍地碑》,乾隆二十七年十月十五日。北京门头沟区戒台寺。《北图藏拓》72 - 15。财产处置。

1010.《奉天承运碑》(4),乾隆二十七年十一月二十五日。原在上海青浦区朱家角镇王昶祠堂危墙上,1984 年迁青浦博物馆。4 方,72 * 30。《青浦碑刻》P115。诰封王昶祖父母、父母。

1011.《食德碑》,乾隆二十七年季冬。山西洪洞县堤村乡干河村。圆首方跌,125 * 58。阳额"食德",11 行 19 字。阴额"闲邪",首题"擅食瓜果序",11 行 38 字。《三晋·洪洞》P383。乡禁,仿公文;记事,引户律,奉斯法以立禁。

1012.《金匮县规定脚夫为商人转运商货应听自行雇唤禁止把持争夺

碑》,乾隆二十七年十二月。原在江苏无锡市兵役局。《江苏明清》P527。市场管理。

1013.《万载感德碑》,乾隆二十七年。河北昌黎县燕河营镇重峪口村。方首,座佚。110＊45＊14。首横题"万载感德"。《文物河北》中 P395。知县核准按前例减免该村一切杂役。

1014.《公断渠水碑》,乾隆二十七年。陕西勉县泉水堰。讼案,两村用水纠纷及县府断案经过。

1015.《汧开水渡革除派累碑》,乾隆二十七年。陕西宝鸡陈仓区,佚。邑令许起凤立。《陈仓区碑文选录》;《秦岭》P51。

1016.《严禁阻断水圳碑记》,乾隆二十七年。台湾台中神冈区岸里国小古碑亭。

1017.《海阳县正堂为造缴租册吁恩勒石》,乾隆二十七年。广东潮州开元寺。《广东》P227。税赋。

1018.《城隍庙置地地契碑》,乾隆二十八年(1763)二月二十四日。北京西城区阜成门外大街。刻于乾隆二十六年(1761)十一月二十日《鲁班碑》之阴。《北图藏拓》72-20。契证。

1019.《建宁府示禁碑》,乾隆二十八年四月。福建南平武夷山天游峰景区。尾题"发武夷山勒石"。官禁,禁勒派茶僧农。

1020.《泰安夏张周家坡东寺地亩碑之二》,乾隆二十八年六月初四日。山东泰安岱岳区夏张镇周家坡村东寺大殿前北侧。《山东回族》P470。产业。

1021.《上全村重立禁约碑》,乾隆二十八年六月十五日。广西桂林临桂区庙岭乡上全村西1公里额子头岭上。60＊90。额刻"重立禁碑"。《灵川》P145。

1022.《公议会规》,乾隆二十八年六月。北京。《清代工商》P25。行规,献戏,账目。

1023.《剔奸保民》,乾隆二十八年六月。福建晋江市安海镇。《晋江》P64。黄真真《清代泉州海商碑刻资料辑述》,《中国社会经济史研究》2010年3期。官禁,公文,盐税。

1024.《兴乐堡东渠堡分水碑》,乾隆二十八年孟秋。陕西华阴市桃下镇兴乐坊村。圆首,150＊56。21行67字。《华山碑石》P357。水案。

1025.《香行记事碑序》,乾隆二十八年八月。北京崇文门外东晓市南药王庙斗母殿。药行包括北京青龙桥、昌平州、宛平县,外省有平遥县、怀庆府、杭州府、汾州府、西安府等。《基尔特》4-801;《清代工商》P25。行规,药行行香会规;公产,账目管理。

1026.《北石明租渠合同志》,乾隆二十八年九月二十二日。山西洪洞县堤村乡干河村净石宫。圆首方趺,116 * 70 * 26。额题"万世永赖"。12行35字。碑阴首题"应收新旧渠杆钱数人等姓刻石"。《三晋·洪洞》P384。南石明、北石明、师家庄三村租渠用水合同。

1027.《职贡杨志申捐献学田碑记》,乾隆二十八年九月。台湾台南南门碑林。《南门碑林》P33。税额。

1028.《成介愍公建祠碑》,乾隆二十八年。北京怀柔区文物管理所。知怀柔县事历城高模记。划定460余亩地作祀田,以安置成德后人的生计,为此立碑以申明信。《怀柔碑刻选》P46。契证。

1029.《灵石王家敦本堂规条碑》,乾隆二十八年。山西灵石县静升镇王家大院。《晋中》P311。族规。

1030.《漫河村禁赌碑记》,乾隆二十八年立,光绪十六年重刊。山西灵石县交口乡漫河村温家大门外。104 * 41 * 15。额刻"永垂为戒"。14行23字。《三晋·灵石》P148。禁赌。

1031.《台湾县凤山县定界示禁碑记》,乾隆二十八年。台湾高雄茄萣乡白云村。讼案,垦权纷争,官禁。

1032.《徐会有施地碑》,乾隆二十九年(1764)正月十五日立。山西运城盐湖区解州镇常平关帝庙仪门前廊房西壁。46 * 43。8行。《三晋·盐湖区》P299。契证,施地四至、输课,禀官。

1033.《可陶村禁赌碑记》,乾隆二十九年正月。山西沁水县龙港镇可陶村舜帝庙。143 * 56。额横题"承先启后"。行书12行33字。《三晋·沁水县》P221。乡禁,禁赌,条规。

1034.《明志书院碑文》,乾隆二十九年孟夏谷旦。台湾彰化县上淡水义学。《台湾教育碑记》P70。乡规,租佃规约。

1035.《姚铭护林碑》,乾隆二十九年四月。云南武定县狮山镇姚铭村一农民家。联村户立。《云南林业》P123。乡禁,禁放火践踏松林。

1036.《奏准平价采买仓谷碑》,乾隆二十九年五月。原在江苏常熟道前。《江苏明清》P653。公文,典当。

1037.《封窑碑记》,乾隆二十九年秋月。山西阳城县北留镇郭峪村委大院。《山西续二》P11;《郭峪》P178。风水。

1038.《惜字会公田记》,乾隆二十九年九月。原在上海青浦县城关帝庙,"文革"期间被毁。78 * 28。《青浦碑刻》P124。公产坐落、数量,禁约。

1039.《常平仓春粜秋籴碑》,乾隆二十九年九月。云南丽江黑龙潭公园五凤楼旁。179 * 63 * 11。丽江正堂朱禁采买事。《丽江》P190。

1040.《静升王姓合户公议不许寄葬老幼妇碑》,乾隆二十九年十月初一日。山西灵石县静升镇红庙。《三晋·灵石》P154。公议,族约。

1041.《禁采买碑》,乾隆二十九年十月。山东德州。道光《陵县志》。律例。

1042.《留养局碑记》,乾隆二十九年十一月。台湾彰化市,佚。《台湾中部》P219。契证。

1043.《奉府道禁碑》,乾隆二十九年仲冬月。海南保亭县博物馆。《广东》P958。官禁,禁兵役商民入黎扰害。

1044.《窑场口磁器手工艺禁外传碑》,乾隆二十九年。山西壶关县城关骞北村。《三晋总目·长治》P55。行规。

1045.《李大纯恩免杂差士民感戴记碑》,乾隆二十九年。山东临朐县沂山镇沂山东镇庙。124 * 45 * 17。《临朐卷》P114。恩免杂差。

1046.《利民渠碑记》,乾隆二十九年。陕西宝鸡陈仓区。邑令许起凤立。《陈仓区碑文选录》。水规。

1047.《严禁强买仓谷碑》,乾隆二十九年。湖北鹤峰县走马镇白果村。官禁,禁强勒。严禁官吏以购粮为名,敲诈勒索,硬派民力运送等。

1048.《岳麓书院学箴九首碑》,乾隆二十九年。湖南长沙岳麓书院。18 行 288 字。王文清二任山长时所撰,65 位受业弟子勒石刊刻。

1049.《水圳杜讼碑》,乾隆二十年至二十九年间。台湾台中神冈区岸里国民学校内校门西侧。《台湾中部》P220。讼案,械斗。

1050.《严禁侵占牧埔碑记》,乾隆二十九年。台湾嘉义县朴子市。乡规。

1051.《城隍考》,乾隆元年至二十九年间。广东广州。《广州府道教》P1296。

1052.《重修甘棠桥船及捐修公馆合记略》,乾隆二十九年。广西灵川县灵川镇甘棠村。杨德麟撰。《灵川县志》卷九;《灵川》P146。规章。

1053.《廉明太爷丁奉道宪审详给风围水口碑》,乾隆三十年(1765)孟春月。广东五华县军营村碑石门。258 * 105。《广东石刻卷》P101;《广东》P904。禁伐风水林。

1054.《龙子祠重修重铁禁口东石帮序》,乾隆三十年二月初六日立。山西临汾姑射山下龙祠。《龙祠》P174。记事,水规确定与延续。

1055.《万户庄乾隆乡规碑(二)》,乾隆三十年二月二十一日。云南宜良县匡远镇万户庄村朝阳寺厢房。55+113 * 70。额题刻"永振淳风"。村民立。《宜良碑刻》P280;《云南林业》P126。乡规十条。

1056.《彭氏始祖茔兆碑》,乾隆三十年二月下浣。山东临清市康盛庄乡。《北图藏拓》72－77。界址。

1057.《圳道示禁碑》,乾隆三十年二月。台湾南投县名间乡浊水村浊水溪畔土名头前园水田,后移建于附近同源圳头。《台湾中部》P221;《明清台湾》P257。水利。

1058.《杨家山村禁赌窃禾碑》,乾隆三十年三月十四日。山西灵石县坛镇乡杨家山村多宝寺。42＊54。21行18字。《三晋·灵石》P156。禁赌。

1059.《重修会馆碑记》,乾隆三十年仲春。北京宣武门外南横街晋太高庙。《基尔特》6－1155。商业会馆之作用。

1060.《阖村禁赌割禾碑序》,乾隆三十年四月十二日。山西灵石县段纯镇深井村庙。127＊57＊16。额刻"永远碑记"。14行38字。《三晋·灵石》P155。禁赌。

1061.《蕃义村禁赌碑》,乾隆三十年九月。山西灵石县梁家墕乡马家沟村旧庙。117＊57＊13。刻于碑阴。碑阳为《蕃义村继述碑记》。《三晋·灵石》P158。禁赌。

1062.《鹿台村轮灌碑记》,乾隆三十年九月二十四日。河南灵宝市故县镇鹿台村旧舞楼后墙。84＊40。两面刻:阳14行40字,阴为轮灌规约。《豫西》P248;《中州百县》P1254。记事,讼案,万历四村争水、乾隆二村争斗,定规立碑,官批轮灌规约、罚银。"渠规永定,碣石如泰山难移"。

1063.《晋祠水利记功碑》,乾隆三十年。山西太原。《黄河》P289;《晋祠碑碣》P170。记事,渠政管理,渠甲选立,斗殴。

1064.《革除陋规碑》,乾隆三十年。山西沁源县。《三晋总目·长治》P98。

1065.《盘头渠水规》,乾隆三十年。河南三门峡库区。盘头村为三门峡水库淹没区。碑已无从查找。但水渠灌浇办法,一直延用到建国初期。光绪二十年《阌乡县志》;《豫西》P247;《中州百县》P1256。水规,解决争讼。

1066.《定水碑记》,乾隆三十年。河南灵宝市故县镇鹿台村。《豫西》P249。水规,轮灌制度。

1067.《灵岩寺常输地界碑》,乾隆三十年。陕西略阳县灵阳寺。圆首方趺,95＊54。21行31字。《秦岭》P52。记事,勘界原因、地界起至、勘测人名。

1068.《文昌帝阴骘文》,乾隆三十年。浙江杭州孔庙。梁同书书。信仰，神禁。

1069.《严禁谋夺佛祖香灯碑记》，乾隆三十年。台湾嘉义县番路乡紫云寺。寺产，告示。

1070.《互控新丰坝沟道案碑记》，乾隆三十一年（1766）三月六日示。安徽泾县丁家桥丁姓宗祠（丁桥小学）。附《计开新丰坝沟祖丈册号》《计开续买黄张郑胡各业》。曹天生辑《安徽泾县丁家桥丁姓宗祠碑记》。公文，示谕；水利命案，宪牌；契证。"历有碑摹可据"。

1071.《曲沃县革除乡庄给驿站出纳鸡鸭碑记》，乾隆三十一年三月十六日立，乾隆三十年正月初日八公文。山西侯马。46＊35＊12。《三晋·侯马》P90。告示，革除摊派。

1072.《隆阳宫香火地碑》，乾隆三十一年三月中旬。北京房山区南尚乐镇石窝村。《北图藏拓》72－139。碑档。

1073.《敕禁生监把持寺庙碑》，乾隆三十一年四月初八日。陕西留坝县张良庙。89＊80＊16。24行23字。《汉中》P214；《秦岭》P52。敕禁，寺产，财产处置权。

1074.《陡门水磨碑记》，乾隆三十一年孟夏。山西新绛县南李村村北公路旁。145＊72。阳额"率由旧章"，阴额"永固水利"。《河东水利》P220；《山西续一》P216。记事，控案卷宗、公议具覆、永遵旧规，禁加板堵水。

1075.《奉廉明县主太老爷邵示禁》，乾隆三十一年五月十五日。广东陆丰市。《广东》P872。官禁，禁牙中勒索，市场公平交易。

1076.《常熟昭文二县禁革染铺当官碑》，乾隆三十一年五月。原立常熟县道前。《苏州工商》P76；《江苏明清》P655。官禁，禁官征扰商。

1077.《重修隆阳宫碑》，乾隆三十一年五月。北京房山区南尚乐镇石窝村。160＊74。额题"因果不昧"。《北图藏拓》72－145。契证；记民人施地亩数、坐落、四至以及置买地。

1078.《奉旨严禁侵牟寺产碑记》，乾隆三十一年六月初三日给文。广东仁化县丹霞山别传寺老山门内壁。180＊120。18行36字。住持僧勒石。《韶关》P231。公文，札付、咨议，奉旨示禁，禁生监侵占寺产。

1079.《奉宪永行严禁碑》，乾隆三十一年八月十一日。上海嘉定孔庙。青石，175＊88＋19。24行63字。额横题同碑名，首行"嘉定县儒学蒙准"。《嘉定》P510。示禁，公文运转；学校秩序，学宫管理。"取碑摹详呈"。"此碑原在学宫门左，因刁民擦损，重修移此。"

1080.《合镇公议条规碑》，乾隆三十一年九月。山西沁水县国华村堂庙墙上。35＊64。43行18字。《三晋·沁水县》P225。条规，禁侵种田庙等。

1081.《奉宪严禁》,乾隆三十一年十月给文。浙江温州瓯海区仙岩镇仙南村华光殿围墙中。128＊53＊10。额刻同碑名。9 行 21 字。《温州》P729。官禁,禁流丐扰民。

1082.《奉宪永禁捕线扳殃碑》(2),乾隆三十一年十一月。一旧在县署,今存上海嘉定孔庙碑廊,知县李仁清奉李按察使檄饬勒石;一在嘉定区南翔镇,乾隆三十二年立,佚。《上海》P453;《嘉定》P41。官禁,治安;信牌、宪牌。

1083.《禁止乱采屯田山石碑》,乾隆三十一年十二月。广西灵川县九屋镇公平乡中南村。50＊90。灵川县知县杨德麟批示。《灵川》P151。断案。

1084.《禁汇龙潭停泊粪船碑》,乾隆三十一年。上海嘉定孔庙东角门内。《嘉定文化志》。官禁,环境。

1085.《安上全下碑》,乾隆三十一年。云南大理凤仪镇北汤天村法藏寺。石灰岩。139＊57。《凤仪》P81。记事,村役乡约承支,永为定例;则例;置田用途。

1086.《华氏宗祠祠田碑记》,乾隆三十二年(1767)正月。原存浦东黄楼镇棋杆村杜甫亭庙东侧,现存浦东新区档案馆川沙点办公楼前。180＊66。14 行 48 字。《浦东碑刻资料选辑》P203。

1087.《汤鳌登发布禁止流丐强讨乞食告示碑》,乾隆三十二年五月初一日。广西灵川县大圩镇大埠村新建礼堂门口左侧墙上。85＊46。《灵川》P153。官禁、乡禁合一。

1088.《山西潞泽众商布放关帝庙香火地亩碑记》,乾隆三十二年五月十三日。河南洛阳潞泽会馆。拓 200＊136。《河南山东》P57;《山西续二》P363。公款收支,置地亩官步弓开。

1089.《戒伐木碑》,乾隆三十二年五月十六日。山西阳城县陈廷敬墓地。《明清山西》P6。

1090.《奉旨重建殊胜寺置产碑记》,乾隆三十二年六月。浙江平阳县郑楼镇江上村殊胜寺山门旁。120＊60。额刻同碑名。17 行 32 字。《温州》P1056。官禁,禁占寺产;谕旨。

1091.《三官庙禁山碑记》,乾隆三十二年七月刊。山西盂县上社镇大西里村虾蟆庙。平首削肩,92＊42＊10。额题"禁山碑记"。候选知县郝爱□撰。《三晋·盂县》P296。乡禁,禁伐;罚米。

1092.《玉阁经会公捐积存常住永留应办会用碑记》,乾隆三十二年瓜月（七月）。云南保山隆阳区金鸡寺玉皇阁。《隆阳》P279。宗规,公产。

1093.《恩宪邹大老爷告示碑记》《严禁棍徒藉尸吓骗差查勒索碑记》,乾隆三十二年八月。台湾台南南门碑林。《台湾南部》P398;《南门碑林》P43。官禁,治安,流丐、罗汉脚、借尸索诈。

1094.《永丰广泽二渠定案碑》,乾隆三十二年九月十五日。陕西富平县老县城武庙旧址西围墙。175＊70＊18。22行55字。《富平》P57。公文,判词,示禁。

1095.《嘉定县为清屯清佃不许佃户私相顶赎告示碑》,乾隆三十二年十月给文。原在上海嘉定县署（现嘉定区工人俱乐部）内,毁。《上海》P149;《嘉定》P43。官禁,禁佃户私相顶赎;宪牌,立碑地点;漕运。

1096.《奉常熟县正堂史饬立祭田碑记》《严氏祭田碑》,乾隆三十二年十一月。江苏常熟碑刻博物馆。《苏州》P2821。义冢公产立案。

1097.《宪给韩贞文先生祠世守祀产执帖》,乾隆三十二年十二月廿二日。江苏苏州文庙。163＊75。额刻同碑名。首题"苏抚部院挂发藩字第三十七号"。督抚二宪批饬。《农业经济碑刻》P40。公文。"请定盗卖盗买祀产义田之例"。刑部议覆条奏。"依投献捏卖祖坟山地原例""盗卖官田律"。祠祭田、学田免课征收条例。文正遗规。"秋成输赋,优免差徭"。祠田亩数坐落。

1098.《禁止争告田产碑记》,乾隆三十二年。安徽祁门县闪里镇港上村西峰寺。

1099.《封禁耙冲山碑记》,乾隆三十二年。湖南通道县马龙乡竹坪村。176＊84＊22。额题"封禁碑"。四里民公立。《湖湘碑刻（一）》P47。通令禁止开矿,风水。

1100.《陈知县为尧山天赐田庵颁发晓谕碑》,乾隆三十三年（1768）三月二十二日。广西桂林市七星区靖江路尧山。130＊83。《灵川》P154。告示、记事合一。

1101.《禁革圩地色目碑记》,乾隆三十三年三月。江苏太仓市浏河镇。《苏州》P572。差役。

1102.《岫云寺香火地碑》《潭柘岫云寺募置香火田碑记》,乾隆三十三年四月。北京门头沟区潭柘寺山门外怀远桥东。螭首龟趺,300＊93＊28＋72。额题"万古流芳",首题"潭柘岫云寺募置香火田碑记"。21行52字。正黄旗汉军都统、总管内务府大臣兼管国子监事务德保撰并书。《北图藏拓》72－182;《京西》P15;《潭柘寺》P321;《北京石刻拓本提要》P363。记事,破例准免丈量,寺庙公产禁售。

1103.《龙凤寺地亩碑》,乾隆三十三年四月。1990 年 7 月由北京房山区张坊镇南白岱村小学迁云居寺。方首方座,167(28+89+50)＊64＊16。额题"为善为乐",两边雕祥云。《云居寺》P202。龙凤寺香火地坐落、四至。

1104.《民番分争水利示禁碑》,乾隆三十三年四月。台湾台中神冈区望寮庄,佚。《台湾中部》P2221。番汉水利纠纷。

1105.《南宫枣强两县各行等姓公义园买地契约碑》,乾隆三十三年五月二十日是立碑,乾隆二十二年(1757)十一月立契。原在北京宣武区广内大街,现藏北京石刻艺术博物馆。方首,座佚。160＊67＊15。额题"公议老会"。26 行。《北京石刻拓本提要》P458。买地红契。

1106.《黄龙峡禁碑》,乾隆三十三年夏月下浣。陕西镇安县云盖寺镇。《商洛文史》第 2 辑,《秦岭》P281。本地住户和南方迁来客户结盟后商定禁约。

1107.《药王庙碑》,乾隆三十三年七月。北京丰台区看丹村。《北图藏拓》72－187。庙产管理。

1108.《补修天竺寺观音殿及香火碑》,乾隆三十三年七月。甘肃陇西县北关西天竺寺,佚。《陇西》P120。契证。

1109.《本庙全图》,乾隆三十三年桂月。河南朱仙镇山陕会馆(大关帝庙)。碑阳图已磨损,碑阴为商人商号捐款。《河南山东》P29。公款收支、用途。

1110.《吴长元三县严禁佃户私相顶替屯田碑》,乾隆三十三年十月。江苏苏州文庙。《苏州》P591。漕粮;官禁,禁佃户私相顶赎。

1111.《管地亩钱粮碑》,乾隆三十三年十月。山西安泽县和川镇石渠村二郎庙。140＊70＊16。额刻"万世流芳"。12 行 26 字。《三晋·安泽县》P62。详载寺院所管地段。

1112.《惠济寺公议寺规碑》,乾隆三十三年。山西沁水县武安村惠济寺。下截刻条规,漫漶。《三晋·沁水县》P231。

1113.《蠲免兴唐寺地粮杂项碑记》,乾隆三十三年。山西洪洞兴唐寺乡兴唐寺,佚。《霍山志》卷 5,《三晋·洪洞》P1093。记事,驿站,旧粮蠲免,新置寺产与里人公办。"录碑具词"。

1114.《地契碑》,乾隆三十三年。山西临汾尧都区枕头乡院头村宝泉寺。102＊46＊20。额刻"亘古不磨"。《三晋·尧都区》P163。地契。

1115.《华民安攀行差碑》,乾隆三十三年。旧在陕西潼关抚民署,佚。嘉庆《续修潼关厅志》卷下,《潼关碑石》P230。军民役。

1116.《永禁磻溪河供相碑》,乾隆三十三年。陕西宝鸡陈仓区磻溪乡。

《秦岭》P52。

1117.《封禁马龙耙冲矿山碑》，乾隆三十三年。湖南通道县马龙乡汉龙村。195＊84。陈蜀东撰。《侗族卷》P48。记事，民讼，禁矿。

1118.《严禁匠民越界私垦碑记》，乾隆三十三年。台湾嘉义县梅山乡太平村山林中。诸罗县笨港县丞李俵示。官禁，禁私垦。

1119.《柏苍村禁赌碑记》，乾隆三十四年（1769）春。山西灵石县王禹乡柏苍村关帝庙。154＊74＊16。两面刻，14行48字。《三晋·灵石》P165。禁赌。

1120.《紫极阁香火地碑》，乾隆三十四年四月。北京昌平区老县城内。《北图藏拓》73－4。产业。

1121.《歙县义院禁示碑》，乾隆三十四年六月。北京丰台区双庙村。额题"察院禁碑"。《北图藏拓》73－7。官禁，禁偷窃树木作践等。

1122.《奉宪勒禁》，乾隆三十四年六月。浙江苍南县玉苍山法云寺。220＊83。《温州》P1068。官禁，禁占寺产。

1123.《田园改则碑》，乾隆三十四年七月。台湾南投县名间乡浊水村福兴宫前。《明清台湾》P215。田赋凭证。

1124.《青天廉明曹太老爷谳语》，乾隆三十四年九月二十八日。台湾嘉义县鹿草乡后堀村陈姓庄内。《台湾南部》P399；《明清台湾》P345。水案，判词。

1125.《常熟县禁革绸布店铺当官碑》，乾隆三十四年九月。原在江苏常熟道前，常熟县文管会。《苏州工商》P18；《江苏明清》P655。官禁，禁官征扰商。

1126.《敕修文庙碑》，乾隆三十四年。北京国子监。

1127.《歙县会馆义园告示碑》，乾隆三十四年。原在北京宣武区宣武门外大街歙县会馆。《北京工商》P204。

1128.《云冈地亩碑记》，乾隆三十四年。山西大同云冈石窟。《三晋总目·大同》P110。契证。

1129.《云聚山庵堂碑》，乾隆三十四年。湖南通道县衫木桥桃子坪。200＊80。杨偕撰文。《侗族卷》P29。记事，庙产四至、数量。

1130.《熊氏重建祠堂碑》，乾隆三十五年（1770）二月。广西灵川县大圩镇熊村圩下街熊氏祠堂。90＊50。额刻"重建祠堂碑记"。《灵川》P160。族规，乡禁。

1131.《建立罩棚碑序》，乾隆三十五年五月。原在北京广安门大街449号河东烟行会馆。《北京工商》P50；《基尔特》5－884。公产；行规；度量衡，详细收支,买碑银。

1132.《三公祠记》,乾隆三十五年六月。浙江平阳县。民国《平阳县志》卷 45,《温州》P1068。毁寺建学。

1133.《番社示禁碑》,乾隆三十五年七月。台湾台中潭子区。《台湾中部》P224。番汉矛盾。

1134.《东岳庙香火地碑》,乾隆三十五年。河北满城县大册营乡西村。170 * 68。张坤一撰。《文物河北》下 P498。记事,契约。

1135.《江岸永禁筑造碑》,乾隆三十五年。浙江宁波。光绪《鄞县志》卷 6。水利。

1136.《濠畔街尾铺屋送归老城新城四寺经堂碑》,乾隆三十五年。广东广州。《广州古迹》P12。公产,财产处置。

1137.《文昌宫香火地碑记》,乾隆三十六年(1771)二月。甘肃陇西县巩昌镇园艺村祁家花园 18 号人家。37 * 47 * 9。《陇西》P122。契证。

1138.《药皇圣殿增置田地碑记》,乾隆三十六年仲春月。浙江宁波开明街药皇殿原址。残,213 * 97。额题同碑名。18 行 58 字。《甬城》P71。置产,契号坐落。

1139.《章堡村永减额夫碑记》,乾隆三十六年三月初三日。云南宜良县狗街镇章堡村高明寺。50+130 * 78。《宜良碑刻》P285。

1140.《路牌》,乾隆三十六年三月。山西代县雁门关。《明清山西》P34。告示。

1141.《寿福寺碑》,乾隆三十六年清和月(四月)。四川西昌市裕隆乡兴富村沙锅营清真寺。88 * 45。额刻"公禁"。沙锅营合堡公立。《凉山》P95。乡禁,禁窃葬斩伐。

1142.《三嶂庙禁堆柴草碑记》,乾隆三十六年五月廿一日。山西高平市小北庄村三嶂庙。《高平》P677。官禁,神祀,防火。

1143.《祝诰寺奉敕禁约碑》,乾隆三十六年暑月望六日。四川广安。宣统《广安州新志》卷 39;《巴蜀》P651。敕禁,禁监生侵占寺庙,讼案,端士习,乾隆三十一年条例。

1144.《禁用按下人碑序》,乾隆三十六年六月。山西长治县北呈乡北和村。圆首,145 * 59。额刻"流芳千载"。16 行。《三晋·长治县》P149。乡约。禁用按下人之缘由,严立禁约数条。

1145.《侪城共遵明禁碑》,乾隆三十六年七月。原在河北滦南县文化馆,佚。县文物管理所藏拓。《滦南》P304。禁挖毁古城。

1146.《遵古协一碑》,乾隆三十六年八月。辽宁沈阳清真南寺。《回族》P657。管理。

1147.《周至县榜示碑》,乾隆三十六年九月中浣。陕西周至。《北图藏拓》73－67。官禁,护寺。

1148.《中河水利碑记》《太原东庄水利碑》,乾隆三十六年九月三十日。山西太原晋祠圣母殿碑廊。144＊60＊20+53。阳额题"亘古",阴额题"水例"。碑阳尾书"万历三年碑"等字样。《山西续一》P219;《黄河》P291。讼案,控争水利,公文、水规。

1149.《张来泰住持吾老洞告示》,乾隆三十六年九月。原在陕西周至吾老洞道院,清末移说经台,现嵌老君殿东山墙外。45＊60。22 行 16 字。尾题"实贴吾老洞勿损"。住持道人立石。《楼观》P147。公文,周至县衙告示,驱逐原住持翟无濯,任命张来泰。前后债务负担事。

1150.《奉县主示禁碑》,乾隆三十六年十二月。广东大埔县湖寮莒村乡上村。85＊39。《大埔县文物志》P82;《广东》P894。乡禁,禁赌乞贼、罚戏、呈官。

1151.《捷地减河闸碑》,乾隆三十六年。河北沧县捷地镇捷地村北减河闸北侧。366＊110＊30。额题"御制"。《文物河北》下 P628。

1152.《兴济减河闸碑》,乾隆三十六年。河北沧州青县上伍乡周官屯村兴济减河口。280＊92＊28。碑阳 11 行,255 字;碑阴 11 行 262 字。额题"御制"二字。《文物河北》下 P630。

1153.《三崚庙地亩房基记》,乾隆三十六年。山西高平市东城街道小北庄村三崚庙。圆首方座,152＊45＊19+68。11 行 53 字。《三晋·高平》P375。四至。

1154.《吴闾钱江会馆碑记》,乾隆三十七年(1772)正月。江苏苏州文庙。杭世骏撰,梁同书书。《清代工商》P142。记事,会馆作用、集会祀神、内部行规。

1155.《赵家山村禁赌碑记》,乾隆三十七年二月初九日。山西高平市赵家山村。《高平》P676。乡禁,法禁。

1156.《霍州赵瓮山村划分堡寨田土碑》,乾隆三十七年四月初七日。山西霍州市师庄赵瓮山村。《山西地震》P585。田土分割契证。

1157.《札领钤记碑》,乾隆三十七年四月二十二日。山东邹城市孟府大堂院西厢房回廊下。28＊112。34 行 18 字。尾部钤"袭封衍圣公"印,并双线勾刻"札付"二字。《孟子林庙》P381。

1158.《奉宪严禁碑》,乾隆三十七年五月二十二日。广东博罗县西罗浮山罗岭之北酥醪观。《广东》P802。护林,禁伐、禁葬。

1159.《严禁占垦牧地葬所碑记》,乾隆三十七年六月二十五日。台湾台南六甲区水林里。《台湾南部》P401。保护林地、坟地。

1160.《蒙杨大老爷示禁碑》,乾隆三十七年七月初二日示。广东深圳南山区后海村天后宫。拓 89 * 58。《广东》P164。官禁,禁占公海、以私害公。

1161.《蒙准勒石禁革陋规碑记》,乾隆三十七年七月初四日示发。广东佛山忠信巷 10 号原福善祠(高庙)附属建筑西壁。105 * 57。《佛山文物》P99;《广东》P348。官禁,禁勒索;乾隆六年已禁革,勒石效用。

1162.《续鲁、晋峪分水碑记》(2),乾隆三十七年八月。碑一式两通,分置山西绛县大交镇续鲁村、安峪镇晋峪村,现埋入地下。《河东水利》P202。水案断结,水规。

1163.《立合同碑》,乾隆三十七年八月。广东东莞石排镇田边村王氏宗祠。34 * 49。《东莞》P391。合同。

1164.《化渔村赏免额夫碑》,乾隆三十七年十二月初三日。云南宜良县狗街镇化鱼村慈云寺右厢房。16+103 * 50。额题"永远遵守"。《宜良碑刻》P287。

1165.《泉州文庙香灯田亩记》,乾隆三十七年。福建泉州,未见。《晋江县志》卷 14,《泉州府文庙碑文录》P146。契证。

1166.《合庄公立禁赌碑》,乾隆三十八年(1773)二月。山西河津市下化乡窑头村。《三晋总目·运城》P254。乡禁,禁赌。

1167.《新清土默特所属房地租课数目额式碑记》,乾隆三十八年三月十五日。辽宁朝阳营州路关帝庙。95+200 * 80 * 21+50。阳额"千秋师范",阴额"百代规模"。碑身下部漫漶。《辽宁省志·文物志》P373。记事,免重科。

1168.《永定河事宜碑》(5),乾隆三十八年三月。计有 5 通,分别在永定河河道署仪门左、南惠济庙正殿前、南岸四工五号内、北岸三工十五号堤上及北堤七工头号堤上。乾隆《永定河志》卷 9《建置考》;嘉庆《永定河志》卷 12《建置》。

1169.《新修梳洗楼廊房烈女祠小院碑记》,乾隆三十八年四月刊。山西盂县烈女祠。92 * 46 * 16。额题"流芳百世"。庠增生李鹏撰。《三晋·盂县》P304。记事,公产处置,信仰,男女有别。

1170.《经制名缺碑记》,乾隆三十八年五月二十五日。河南浚县文庙西侧县衙。90 * 115 * 22。《天书地字》P474。皂隶名额、管理,复役贴钱,保状。

1171.《金台寺香火地碑记》,乾隆三十八年。原在河北涿州市孙庄乡南胡宁村,现存涿州市文物保管所。141*67*16.5。碑已断为十余块,现存7块。首题为碑名。记文14行,住持普敬等立石。《涿州》P272。记事,施产。

1172.《宗田争讼碑》,乾隆三十八年。河北东光县金庄乡油房村。122*78*20。额刻"木本水源"。《文物河北》下P636。讼案。

1173.《重修九天圣母庙记》,乾隆三十八年。山西平顺县东河村。《戏曲碑刻》P18。乡禁,禁赌、罚戏。

1174.《庆斯堂禁碑》,乾隆三十八年。广东大埔县湖寮镇莒村乡,南山"庆斯堂"外墙,86*32。《大埔县文物志》P83。乡禁,族禁;保证祠堂整洁。

1175.《护松碑》,乾隆三十八年。云南大理下关镇旧铺村。乡禁,禁伐。村民种松于主山,并将主山定为公山,任何人不得侵占。有擅自砍伐者,罚必不免。

1176.《遵示勒石》,乾隆三十九年(1774)仲春。广东大埔县光德镇重山寺。嵌墙,43*120。9行,247字。《大埔县文物志》P83;《广东》P894。官禁,治安;禁乞丐。多处遵示立石。

1177.《李太老爷禁赌碑》,乾隆三十九年四月十一日。山西洪洞县堤村乡杨洼庄佛庙。圆首方趺,96*48*18。额题"永禁赌碑",首题"署汾西县正堂加三级纪录五次李太老爷禁赌碑志"。9行38字。保正郭净耐起意,童生郭曰瑛撰书,杨洼庄合村人公立。《三晋·洪洞》P398。官批乡禁,禁赌文约,牌保禀官究治。

1178.《宾川盐税碑》,乾隆三十九年四月二十日。云南宾川县。《大理名碑》P495。抵押。

1179.《药皇殿崇庆会祀田永远碑记》,乾隆三十九年清和月(四月)。浙江宁波开明街药皇殿原址。292*96。篆额同碑名。20行45字。《甬城》P74。置产,坐落;禁霸占私售公产。

1180.《罚银布施结义庙碑》《结义庙契约碑》,乾隆三十九年仲夏。山西高平市西南庄村结义庙。圆首,170*50。10行48字。《三晋·高平》P386;《高平》P657。财产处置,碑用。

1181.《东山村免役事碑》,乾隆三十九年八月十一日。云南宜良县汤池镇东山村青龙寺左厢房。160*78。额题"永远遵守"。《宜良碑刻》P288。

1182.《奉禁恶丐逆扰碑示》,乾隆三十九年十月。台湾高雄燕巢区安招村安南路1号神元庙。《高雄》P96。重申旧例;治安,丐首。

1183.《曾置坟地并议禁约碑记》，乾隆三十九年十一月。山西灵石县，佚。《三晋·灵石》P774。禁约。

1184.《敕赐梵天寺修造庄礼金像香火田地碑》，乾隆三十九年十一月立。河南光山县大苏山净居寺碑廊。150＊59＊11。额刻"日"。14 行 50 字。《大苏山》P72。记事，买田约。"立碑之后，永不许当卖。"

1185.《改则升科碑》《田园减则严禁阻挠谕示碑》，乾隆三十九年十一月。台湾南投县竹山镇社寮里集山路一段 1594 号路旁农田。《明清台湾》P217。官禁，禁奸民扰民，减税。

1186.《重镌乌尤寺交单碑文》，乾隆三十九年十二月初三日。四川乐山。《乐山历代文集》卷 8，《巴蜀》P653。宗规；二姓公议，宗派承继规则。

1187.《建义学记》，乾隆三十九年冬。广东海丰县文庙东。《广东》P835。公产。

1188.《勒石碑记》，乾隆三十九年冬月。广东汕头澄海区上华镇神山观音堂大殿外。《广东》P284。乡禁，禁赌烟淫。

1189.《重修崇安寺禁约序》，乾隆三十九年望日。山西陵川县北关村。《明清山西》P390。禁约。

1190.《禁山碑》，乾隆三十九年。山西武乡县蟠龙镇石板村。《三晋总目·长治》P133。

1191.《公议禁约》，乾隆三十九年。山西高平市河西镇西李家庄三官庙。圆首方座，130＊55。4 行 12 字。《三晋·高平》P386。

1192.《徐氏重修大宗祠碑记》，乾隆三十九年。浙江瑞安市塘下镇罗风办事处中岱村徐氏宗祠。206＊96＊16。18 行 50 字。《温州》P731。契证。

1193.《严禁掘土害冢碑记》，乾隆三十九年。台湾屏东县崁顶乡。

1194.《费大爷示禁碑》，乾隆三十九年。广东蕉岭县。《广东》P888。乡规，内容全面。

1195.《姚堡庙碑记》，乾隆四十年（1775）二月初一日。陕西渭南市西姚村申姓家。107＊51＊13。《渭南》P177。讼案，批断，合同。

1196.《乌尤山碑记》，乾隆四十年季春月，同治八年（1869）春三月重立。四川乐山。5＊2.5 尺。额题"永镌千秋"。《乐山历代文集》卷 8，《巴蜀》P656。山僧不守清规，护林，改契。

1197.《禁偷水碑》，乾隆四十年四月二十九日。山西平定县娘子关镇回城寺村。《三晋总目·阳泉》P25。乡约。

1198.《护山碑记》，乾隆四十年孟夏月。四川乐山。130＊80。额题

"二姓公议"。杜、胡二姓公立。《乐山历代文集》卷8,《巴蜀》P655。山僧不守清规,护林、风水。

1199.《永远禁松山碑序》,乾隆四十年五月。山西高平市野川镇杜寨村。76＊45。21行13字。《三晋·高平》P391。

1200.《奉宪严禁踹匠工价钱串碑》《嘉定县为禁南翔镇踹匠恃众告增规定踹匠工价钱串告示碑》,乾隆四十年八月。原在上海嘉定区南翔镇云翔寺,佚。《上海》P99;《嘉定》P172。官禁,禁罢工;商议工价。

1201.《严禁恶丐强索泼扰碑记》,乾隆四十年八月。台湾高雄湖内区中山路长寿宫,佚。凤山县知县刘亨基示。《高雄》P322。治安,乡约,收养。

1202.《为开河有碍粮田贻患郏邑事碑》,乾隆四十年秋月。云南宜良县草甸镇龙池村关圣宫正殿外东墙。98+240＊98。额篆"永远碑记"。《宜良碑刻》P22。公文。

1203.《永禁匪类碑》,乾隆四十年□月二日。山西高平市北诗镇南村二仙宫。圭首,92＊40＊21。14行26字。《三晋·高平》P393;《高平》P678。乡禁,禁盗、讼、丐等。

1204.《重修乌尤寺如来宝殿记》,乾隆四十年孟冬月。四川乐山。《乐山历代文集》卷8;《巴蜀》P654。驱逐不法山僧。

1205.《獭窟澳"奉宪立碑"碑记》,乾隆四十年十二月一日。福建惠安县张坂镇浮山村三圣祠(原立于海边)。100＊60＊10。额横书"奉宪立碑",尾题"獭窟澳公立"。《惠安县文物志》P89。

1206.《恳圣颁匾碑》,乾隆四十年十二月十三日奏折,陕西华阴市西岳庙。74行21字。华阴县知县陆维垣立石。《华山碑石》P115。陕西巡抚毕沅为恳圣恩颁匾额以答神贶奏折,并有乾隆帝朱批"览"。

1207.《葛氏祠堂祭产碑》,乾隆四十年十二月。浙江杭州孔庙。《杭州孔庙》P113。公产,官示。

1208.《严禁混垦示告碑记》,乾隆四十年冬。台湾台南永康区莴松村三老爷宫左庙壁。《台湾南部》P403;《台南》P170;《明清台湾》P555。环境,禁乱垦、晒盐。

1209.《平阳府通利渠告示碑》,乾隆四十年。山西洪洞县辛村乡古止村义勇武安王庙。《山西地震》P587。水案。

1210.《移修舞楼碑记》,乾隆四十年。河南开封祥符区朱仙镇山陕会馆(大关帝庙)。《河南山东》P38。公款收支、使用公示。

1211.《严拿啯匪碑》,乾隆四十年。陕西白河县卡子镇红荣供销社前。

《安钧》P88。私罚,粉碎脚手。

1212.《引凤村新建义学碑记》,乾隆四十年。2007 年 10 月在云南昆明三中附近一垃圾中转站拆除时发现。

1213.《南丹土州安抚内勾村内目牌照碑》,乾隆四十一年(1776)正月二十日。广西南丹县月里镇。《广西》P169。契证。

1214.《舍田碑》,乾隆四十一年二月初三日。四川西昌市。鬼神信仰。

1215.《琼山宾兴田租碑记》,乾隆四十一年仲春。海南海口琼山区。民国《琼山县志》卷 17。

1216.《合村公议禁止诸条碑》,乾隆四十一年三月十二日立。山西芮城县陌南镇庄上村学校。47 * 53。13 行 13 字。《河东名碑》P405;《明清山西》P683。乡禁九条,罚银。

1217.《如意老会置香火地碑》,乾隆四十一年四月初八日。北京门头沟区戒台寺活动松西侧。《北图藏拓》73 - 177;《戒台寺》222。记事,置地。

1218.《平阳府通利渠告示》,乾隆四十一年六月。原在山西洪洞县辛村乡石止村义勇武安王庙(即关帝庙),现由该村王姓收藏。圆首,趺佚。120 * 62 * 20。额题“通利渠碑”。17 行 48 字。《三晋·洪洞》P401。记事,断案,历代沿革与纠纷解决。

1219.《毛村圣母宫香田碑记》,乾隆四十一年八月。广西灵川县大圩镇毛村圣母宫内墙上。140 * 75。额刻“香田碑记”。《灵川》P167。碑用。

1220.《奉禁碑记》,乾隆四十一年九月九日。广东高要县黄岗区大冲乡稔塘村原培德家塾内。《广东》P714。禁挖砚坑毁树。

1221.《吴县永禁官占钱江会馆碑》,乾隆四十一年十月二十四日。原立江苏苏州桃花坞大街钱江会馆,现藏苏州文庙。《苏州工商》P21;《江苏明清》P25。保护会馆,春秋官为致祭;关帝、文昌信仰,禁官员借居。

1222.《兴地村社仓碑》,乾隆四十一年十一月初一日。山西介休市绵山镇兴地村回銮寺。《晋中》P318;《山西续二》P701。社仓管理。

1223.《锦州天齐庙重修碑记》,乾隆四十一年。辽宁锦州东门外七塔小学北原公安局。200 * 90。《锦州》P85。信仰,冥罚。

1224.《钱江会馆各庄捐输厘费碑》,乾隆四十一年。原在江苏苏州桃花坞大街钱江会馆。《江苏明清》P26。公产。

1225.《差役补助碑》,乾隆四十一年。湖北恩施。

1226.《奉宪禁免当铺采买碑记》,乾隆四十一年。台湾台南南门碑林。《南门碑林》P49。典铺经营困境,闽台通弊,革杂费。

1227.《禁垦官山碑》,乾隆四十二年(1777)四月。浙江苍南县金乡镇狮山公园禁垦碑亭。170＊80＊13。额刻"禁垦官山碑"。14行40字。《苍南碑志》P45,《温州》P1073。禁垦官山。

1228.《奉天诰命》,乾隆四十二年五月初二日。云南玉溪江川区路居镇杏红营村。225＊75。《江川历史碑刻》P30。敕封李振淮祖父母诰命。

1229.《奉天诰命》,乾隆四十二年五月初二日。云南曲靖陆良县水麦田。76(额)＋190＊90。额刻"奉天诰命"。13行32字。《曲靖石刻》P111。

1230.《重建江西万寿宫会馆碑记》,乾隆四十二年五月中浣。浙江杭州。嘉兴图书馆藏拓。《清代工商》P203。公文,示谕,产业管理保护。"须至碑者"。

1231.《直隶解州正堂李友洙为详明关博士养赡立案碑》,乾隆四十二年五月。山西运城解州关帝庙崇圣祠廊房西侧。172＊63＊14。额篆"皇清"。12行48字。《三晋·盐湖区》P306。公文,个案。

1232.《香灯碑记》,乾隆四十二年六月。台湾台南麻豆区南势里关帝庙文衡殿三川门前廊右侧壁。《台湾南部》P406;《台南》P171;《明清台湾》P219。番民交租、汉番纠纷。

1233.《贴纳武庙香灯示禁断碑记》,乾隆四十二年六月。台湾台南麻豆区关帝庙文衡殿。《明清台湾》P557。番民交租,汉番纠纷。

1234.《小渡口豁免额夫碑记》,乾隆四十二年夏月。云南宜良县城东南盘江东岸小渡口村水云庵山门左侧内壁。53＋124＊75。额镌"千秋盛德"。14行。《宜良碑刻》P290。

1235.《石炭社山头庄创修报赛顺德夫人庙供馔所记碑》,乾隆四十二年七月。山东淄博博山区颜文姜祠。178＊84＊24。《博山卷》P239。地基四至。

1236.《永远免夫交界碑记》(2),乾隆四十二年八月。一在北京门头沟区峰口庵,1980年左右移北岭乡北岭村北岭小学。140＊65＊13。阳额"万古流芳",阴额"永远免夫交界碑记"。一在王平镇牛角岭关城京西古道边。额缺失一角。160＊73＊16。阳额"名垂永久",阴额"永远免夫交界碑记"。《门头沟文物志》P112,P381;《京西》P90;《北京石刻文集》P224;《北京石刻拓本提要》P580;马垒《北岭地区碑刻调查》,《文博探索》2104年1期。税赋,煤。乾隆四十二年"盛世滋丁,永不加赋"政策。

1237.《白泉分水碑记》,乾隆四十二年九月十一日。陕西华县瓜坡镇寺门前村张姓人家。127＊56＊9。碑阴刻光绪二十七年(1901)季夏《白泉碑序》。《渭南》P42。讼案,批断。

1238.《磁器铁锅缸瓦铺永禁碑记》《肇庆府禁官差勒索磁器铁锅缸瓦

铺告示碑》,乾隆四十二年九月立。广东肇庆府署遗址(今端州区城中路肇庆市第一人民医院)。206＊85。额题同首碑名。《广东》P632;《肇庆文物志》P141。官禁;官府现银采买,禁向铺户借取租赁。

1239.《用垂永久碑》,乾隆四十二年。山西蒲县蒲城镇枣林村柏山东岳庙。《戏曲碑刻》P435。典息。

1240.《重修西岳庙碑》,乾隆四十二年。陕西华阴市西岳庙灏灵殿前西碑楼中。150+506＊65＊44+123。额篆"上谕"。兵部侍郎、陕西巡抚兼都察院右副都御史毕沅上奏。8行24字。公文,奏折,御批。

1241.《玄天宫地契碑》,乾隆四十二年,陕西石泉县池河镇。圆首,145＊80。19行25字。《秦岭》P283。施地契约。

1242.《新建慈恩寺碑记》,乾隆四十二年。四川绵阳。民国《三台县志》卷4,《巴蜀》P664。护牛,禁杀偷盗牛。

1243.《奉督宪严禁签取各行什物碑记》,乾隆四十二年。广东肇庆府署遗址(今端州区城中路肇庆市第一人民医院)。《广东》P634。官禁,禁官征扰商。官府现银采买,禁向铺户借取租赁或压价。

1244.《奉督宪藩列宪定案以仓斗加三准作租斗饬令各佃户挑运田主家交收租谷永远遵行碑》,乾隆四十二年。香港。《香港碑铭汇编》P42。度量衡。

1245.《公立大奚山东西涌姜山主佃两相和好永远照纳碑》,乾隆四十二年。香港东涌侯王宫。《香港碑铭汇编》P43。

1246.《厢白旗宗室舍地碑》,乾隆四十三年(1778)正月十九日舍。北京门头沟区戒台寺活动松西侧。嵌墙。《戒台寺》P222。契证,舍契。

1247.《公议禁约碑》,乾隆四十三年正月。广西灵川县大圩镇阳龙山圣天寺遗址。149＊86。东庄璨书。《灵川》P169。案,僧俗,碑用。

1248.《街亭崇福寺碑记》,乾隆四十三年三月。甘肃天水北道区街子乡崇福寺。《天水县文物志》P144。记事,契证,界址,钱粮。

1249.《青阳蔡家公订规条》,乾隆四十三年四月。福建晋江市。《晋江》P67。族规,葬地。

1250.《上海县乐输义渡及捐助田亩细号碑》,乾隆四十三年五月。上海。《上海》P192。善举,明细。

1251.《无锡县永禁书差借称官买派累米商碑》,乾隆四十三年五月。江苏无锡。《江苏明清》P529。官禁,禁官征扰商。

1252.《严禁混藉命盗扳累非辜示告碑记》,乾隆四十三年五月。台湾屏东县枋寮乡枋寮村德兴宫(天后宫)。《台湾南部》P407;《屏东》P301;

《明清台湾》P111。治安，诬告。

1253.《轮放大海水规碑记》，乾隆四十三年七月二十日。云南保山隆阳区大海子水库管理所。162＊56。《隆阳》P294；《保山》P41。水利，规条，乡禁。

1254.《感恩社民番业佃碑》，乾隆四十三年七月。台湾台中清水区观音亭紫云岩前右侧墙壁。《台湾中部》P228；《明清台湾》P187。番汉田租。

1255.《合社公议碑记》，乾隆四十三年九月二十二日。山西高平市野川镇北杨村三清庵。圆首，115＊56＊28。35行44字。《三晋·高平》P399。

1256.《卖社地碑》，乾隆四十三年九月。山西长治县上秦村。圆首，110＊38。9行20字，共156字。《三晋·长治县》P163。契证。上秦村关帝庙将社地一段卖与同寨宋仁名下。

1257.《关圣帝君宝训》，乾隆四十三年菊月。江苏常熟碑刻博物馆。《苏州》P555。信仰、神禁。

1258.《功过格碑》，乾隆四十三年菊月。江苏常熟碑刻博物馆。信仰、神禁。

1259.《本村施舍地亩碑记》，乾隆四十三年十月。山西左权县段峪村佛景寺。107＊47＊11。17行33字。《三晋·左权》P159。地亩、四至。

1260.《山陕修路碑记》，乾隆四十三年十月（小阳月）。甘肃靖远县石门乡小口子村北7公里索桥遗址附近。208＊76＊14+40。两面刻。《丝绸之路交通碑铭》P103。详列山西、陕西、甘肃三省七府30余县共190余家商铺字号及捐款，公示收支明细。

1261.《具控捏命夺水案碑》，乾隆四十三年。山西新绛县北董村。165＊87。23行49字。《河东水利》P221；《山西续二》P702。公文，判词，坐诬治罪，宽免。

1262.《奉恩永禁碑》，乾隆四十三年。湖北恩施。

1263.《正堂马示碑》，乾隆四十三年。台湾南投县竹山镇连兴宫（妈祖庙）右门外墙上。解困济民、减轻民赋。

1264.《陈锡禄卖屋契约》，乾隆四十四年（1779）正月。广东佛山。《佛山文物》P77。契证，形式完备。

1265.《清世祖条教生员卧碑》，乾隆四十四年五月一日刊。云南宣威市榕城书院（现榕城第二小学）东墙壁上。70＊130。29行。《曲靖石刻》P119。8条教规。

1266.《严家山村禁赌碑记》，乾隆四十四年五月初九日。山西灵石县坛镇乡严家山村关帝庙。80＊50＊14。额刻"流芳万世"。8行28字。《三晋·灵石》P184。禁赌。

1267.《河东烟行会馆》,乾隆四十四年六月。北京广安门大街449号河东烟行会馆。《基尔特》5-898。公产;住持管理,牙行,详细收支,买碑银,动产。

1268.《哆咯啯大武珑番租碑记》,乾隆四十四年八月。台湾台南东山区东山警察派出所。《台湾南部》P410;《台南》P174。番租,典田地。

1269.《严禁抽索麻埔山苍樵牧碑记》,乾隆四十四年桂月。台湾台南柳营区神农村(果毅后)镇西宫外壁。《台湾南部》P409;《台南》P173。盗牛,汉番关系。

1270.《施地宅碑记》,乾隆四十四年菊月。山东枣庄清真寺。《山东回族》P385。赵锡捐房捐地,为清真寺师儒供给。

1271.《苏州府议踹匠工价碑》,乾隆四十四年十月。江苏苏州阊门外广济桥埌。《苏州工商》P77;《江苏明清》P49。官禁,行规。

1272.《饬谕士子卧碑》,乾隆四十四年十月。北京通县(现通州区)文庙。《北图藏拓》74-47。御制学规。

1273.《奉宪禁碑》,乾隆四十四年十月。浙江瑞安市潮基乡上街村。150*70。额刻“奉宪禁碑”。14行。《温州》P733。免采买官谷,禁胥役勒买滋扰。

1274.《龙胜庖田禁革碑》,乾隆四十四年十月立。广西龙胜县平等镇庖田组。126*87。13行,291字。临桂县正堂郑某撰文。《侗族卷》P20。示禁。龙胜瑶人向桂林府状告广南汛官兵强买强派。

1275.《施地碑记》,乾隆四十四年十一月初六日。山西左权县坪上村观音堂。45*50。15行13字。《三晋·左权》P160。四至。

1276.《重修敬爱堂捐助题名并祠规》,乾隆四十四年孟冬。广东东莞茶山镇南社村晚节公祠。113*55。祠规。

1277.《关福里施香火地碑》,乾隆四十四年十二月十一日。北京东城区羊管胡同极乐庵。《北图藏拓》74-48。财产处置,禁子孙干预。

1278.《重修诸葛忠武侯祠墓并捐置田亩记》,乾隆四十四年冬月。陕西勉县武侯墓。33*50。17行35字。沔县知县闽绥董记。《沔阳碑石》P59。置田亩数,粮额,绝户之业。

1279.《禁赌碑》,乾隆四十四年。陕西周至县竹峪乡。《秦岭》P283。

1280.《镇溪所春赈碑》,乾隆四十四年。湖南镇溪城,不存。《乾州厅志》卷15,《苗族卷》P62。赈灾。

1281.《奉宪严禁罗汉脚恶习碑记》,乾隆四十四年。台湾县罗汉门(今高雄旗山区天后宫），正当台湾县与凤山县交界的三不管地带。台湾知县谢洪光奉台湾府知府万绵前命出示。重申旧例，治安，丐首。

1282.《浪清乡徐氏族规碑》，乾隆四十四年。广东海丰县马宫镇浪清村徐氏祖祠。《广东》P837。族规，私罚，责板、沉海。

1283.《乡约碑记》，乾隆四十四年。云南昆明西山区龙潭乡明王宫。昆明县正堂立。《云南林业》P928。

1284.《训饬士子谕旨碑》，乾隆四十五年（1780）正月立，雍正五年（1727）谕旨。原立北京平谷二中（文庙旧址），现存平谷上宅文化陈列馆碑林。90＊178＊20。34行24字。《平谷文物志》P143。圣旨，程序，礼部交工部刊碑的奏请及御批。

1285.《上南村众立禁碑》，乾隆四十五年正月。广西灵川县公平乡上南村。50＊90。额刻"众立禁碑"。《灵川》P173。乡规、乡禁。

1286.《王氏创建祠堂缘起并祭规三条》，乾隆四十五年二月。上海嘉定区南下塘街潜研堂。62＊67.5。23行23字。《嘉定》P1000。

1287.《章丘丁李福村寺碑》，乾隆四十五年季春。山东济南章丘区，2002年重修清真寺时挖出残碑。额刻"昭兹来许"。丁氏阖族公立。《山东回族》P206。寺产流脉、四至，勒石永示。

1288.《上谕碑》，乾隆四十五年四月十二日立，乾隆五年（1740）谕。云南宜良县文庙大成殿外露台。52＋118＊67。额楷"上谕"。《宜良碑刻》P94。

1289.《文昌帝君阴骘文》，乾隆四十五年仲夏。原在北京宣武区上斜街，现存于北京石刻艺术博物馆室。86＊40＊16。两截，上为《文昌帝君阴骘文》，下为《文昌帝君蕉窗十则》附题记。

1290.《佛头港福德祠碑记》，乾隆四十五年蒲月（五月）。台湾台南中西区佛头港景福祠前。《明清台湾》P431。公议。

1291.《合社公议永远禁秋碑记》，乾隆四十五年七月五日。山西安泽县杜村乡杜村村委会。95＊22＊12。4行，计74字。《三晋·安泽县》P67。公议禁约。

1292.《奉官永禁碑记》，乾隆四十五年七月初十日给示。广东封开县平凤镇平岗乡新村泰新桥头亭。70＊53。额横书"奉官永禁"。《封开县文物志》P74；《广东》P772；《肇庆文物志》P141。乡规乡禁14条，父老权责。

1293.《公修黑龙港河岸记》，乾隆四十五年七月上浣。河北廊坊。刘钟英等纂《大城县志》卷11。水利。

1294.《长元吴三县严禁脚夫把持碑》，乾隆四十五年七月二十七日。

江苏苏州文庙。官禁,治安。

1295.《千秋鉴乡约碑》,乾隆四十五年七月。原砌于山西闻喜县阳隅乡丈八村泊池渠道内,后移至村中放水处。前序文,后五条禁约。《河东名碑》P407;《明清山西》P684。乡禁,合议、罚银,拿获者,三七分金。

1296.《钦拨广仁局田原奏碑》,乾隆四十五年七月。江苏常熟碑刻博物馆。公文。

1297.《施财置地斋僧功德文引碑》,乾隆四十五年八月。北京房山区云居寺毗卢殿北侧。148＊55＊12。额题"万代流芳"。224字。《北图藏拓》74－67;《云居寺》P130。施银置地,四至明确。

1298.《护松碑》,乾隆四十五年菊月。云南大理下关镇旧铺村本主庙。《大理名碑》P498。村规。

1299.《潘氏宗祠重修碑》,乾隆四十五年孟冬。广东深圳宝安区福永镇怀德村潘氏宗祠。90＊80。《深圳文物志》P249。族禁,禁赌、禁习拳棍、禁毁狮破鳌等。

1300.《罚约碑记》,乾隆四十五年十一月二十六日。山东安丘市雹泉镇张家溜村。族规,禁伐。

1301.《功德碑记》,乾隆四十五年仲冬月。云南大理凤仪镇耳常村建峰庙。大理石。额题同碑名。《凤仪》P183。置产坐落四至、粮额。

1302.《圣谕碑》,乾隆四十五年。河北邢台柏乡县柏乡镇秀才营街路南。64＊155＊18。《文物河北》下P716。会试圣谕。

1303.《永饬碑记》,乾隆四十五年。山西太原晋源区东关村关圣寺。《山西续二》P703。水案。

1304.《禁条序》,乾隆四十五年。山西闻喜县。《三晋总目·运城》P271。倡扬道德,制止不轨。

1305.《自立献地碑》,乾隆四十五年。山东枣庄清真寺。《山东回族》P383。沙连玉、沙钦玉兄弟捐地为永业。

1306.《广阳陈信士捐施灯田地亩碑记》,乾隆四十五年。河南洛阳龙门石窟。额题"流芳百世"。财产处置。

1307.《洵阳重修监狱碑》,乾隆四十五年。陕西安康。洵阳知县邓梦琴撰。清乾隆《兴安府志·艺文志》,《安钧》P105。

1308.《桂林知府董世明发给四都一二图告示碑》,乾隆四十五年。广西灵川县海洋乡水头村中间巷。120＊90。《灵川》P174。

1309.《史知县抄董世明发给四都一二图告示碑》,乾隆四十五年。广西灵川县海洋乡水头村中间巷。120＊90。《灵川》P175。

1310.《封山育林碑记》,乾隆四十五年。云南大理下关镇赤铺村本主庙大殿。村民立。《云南林业》P151。

1311.《谕旨碑》,乾隆四十五年。海南海口琼山区。民国《琼山县志》卷17。重教士风。

1312.《螺髻寺常住碑》,乾隆四十六年(1781)阳月立春日。四川西昌市凉山州博物馆藏拓。160＊69。额刻同碑名。众会首同住持僧祖印等同立。《凉山》P99。寺产坐落、四至、粮额。

1313.《长洲县革除木簰小甲碑》,乾隆四十六年三月。江苏。

1314.《重修降龙庵年月田亩碑》,乾隆四十六年三月。浙江文成县南田镇水垟村降龙庵。93＊54＊10。5行24字。《温州》P850。田亩丘段租额。

1315.《鹿城西紫溪山封山护持龙泉碑序》,乾隆四十六年四月二十四日。原在云南楚雄市紫溪山南麓紫溪村后山王庙路口,现存紫金村公所。村民僧俗人等立。《楚雄》P301;《云南林业》P155。乡约,环保。

1316.《赵廷鼎赏准严禁赌博告示碑》,乾隆四十六年五月二十六日。广西灵川县大圩镇廖家村,用作水沟盖板石。95＊70。额刻"奉县主准给严禁赌博告示勒碑垂照"。《灵川》P176。

1317.《城隍庙东西房铺置买记》(牌匾),乾隆四十六年桂月。甘肃武威文昌宫。契证。

1318.《立断卖沙湾荒海滩契碑记》,乾隆四十六年九月初一日卖契。广东深圳南山区后海村天后宫。嵌墙,89＊50。《广东》P166。详记梁姓人户将祖遗荒海滩卖与天后宫的过程,包括断卖原因、标的坐落和四至、卖出程序、在场中人、物业交割等。因"恐后无凭,立此断卖荒海滩契乙张,交执为据"。后署作中人、在场兼收银人、立契人姓名。

1319.《百里泥水工同议工价碑序》,乾隆四十六年冬十月。山西高平市汤王头村。《高平》P679。敬神议约,工价。

1320.《邑侯吴太老爷禁示并合乡置业入庙碑》,乾隆四十六年十一月。广东深圳市博物馆。《广东》P167。治安,禁砍伐。

1321.《合社公立禁赌碑志》,乾隆四十六年。山西蒲县克城镇夏柏村三官庙。102＊52。额题"力扶村纲"。儒学生员亢勒撰。刻于乾隆四十年(1775)《永垂记》碑阴。《山西师大》P362。乡禁,禁赌。

1322.《阅民妄派河工碑》,乾隆四十六年。原在陕西潼关县三宫庙,佚。《续修潼关厅志》卷之下;《潼关碑石》P231。

1323.《净信寺置田记碑》,乾隆四十六年。上海宝山月浦镇西净信寺。

光绪《月浦志》卷7《碑志》;《上海佛教》P201。寺产、契证。

1324.《棉花规例》,乾隆四十六年。湖南湘潭平正路关帝庙。175 * 55。横题同碑名。碑文漫漶约四分之一。北五省众商共立。《湖湘碑刻(一)》P215。棉商公议行规;度量,罚戏。

1325.《禁树碑记》,乾隆四十六年。云南陆良县马街镇如意龙潭。全村民众同立。《云南林业》P159。乡禁,禁伐,违者禀官。

1326.《奉督抚司道永禁道观杂派明文碑》,乾隆四十六年。云南巍山县青霞宫山门侧房内。219 * 72 * 14。24 行 88 字。《云南道教》P400。公文

1327.《清真寺李法胜等甘结碑》,乾隆四十七年(1782)三月。河南开封顺河区清真东大寺。下刻《古行规矩条目》。《北图藏拓》74 - 115。寺规,保证书。

1328.《嘉定县折漕报功祠复祀碑记》,乾隆四十七年三月。上海嘉定区西门外折漕报功祠,佚。186 * 76.5。王鸣盛撰文,钱大昕篆额,吴轩翘书丹,陈国祥立石。《嘉定》P166。记事,公产被侵,占作私产。

1329.《府宪示禁碑记》,乾隆四十七年三月。台湾台南盐水区水正里护庇宫三川门内左侧壁间。《台湾南部》P412;《台南》P176。治安,藉尸索诈,吏治。

1330.《孙太爷开租碑》,乾隆四十七年三月。台湾台南六甲区赤山村赤山龙湖岩前庭左侧。《台南》P177;《台湾南部》P522。屯田,赤山赋独重因由,改租赋。

1331.《奉台湾府道宪杨示碑》《严禁奸保蠹差藉命需索碑》,乾隆四十七年四月十八日。台湾嘉义县水上乡水上村璿宿上天宫前。《台湾南部》P415;《明清台湾》348。治安,藉尸索诈。

1332.《禁采石碌碑》,乾隆四十七年六月初一日。海南昌江县石碌镇水头村。《广东》P1008;《海南金石概说》P34。严禁私采,护山。

1333.《奉旨上谕碑》,乾隆四十七年六月十八日。江苏苏州阊门石路太平坊清真寺。《回族》P205。回教非邪教。

1334.《严禁开赌强乞剪绺示告碑记》,乾隆四十七年六月。台湾屏东县里港乡大平村双慈宫。《台湾南部》P417;《明清台湾》P115。治安,禁流丐、赌博。

1335.《古连班礼拜寺告示碑》,乾隆四十七年八月初九日。河南开封顺河区清真东大寺。《北图藏拓》74 - 127。官禁,护寺。

1336.《公平牛墟禁碑》,乾隆四十七年九月初七日。广东海丰县公平

镇。《广东》P838。乡禁,演戏申禁。

1337.《县正堂示碑》,乾隆四十七年九月二十日。河北武安阳邑镇柏林村后土行宫。123＊61。额横题"县正堂示"。9行,"为晓谕修理(圣水)池口以便行走事"。官禁。

1338.《沧州旧教清真寺义田碑说》,乾隆四十七年菊月下浣。河北沧州清真南大寺。《回族》P367。财产处置权,凭证,施主子孙索回争纷。

1339.《秀峰书院经费记》,乾隆四十七年九月。广西桂林定粤寺。拓120＊60。朱椿记。《桂林辑校》P921。记事,经费来源,书院名额。

1340.《重修紫溪山龙神祠碑记》,乾隆四十七年十月。云南楚雄市紫溪山。知县撰立。宣统《楚雄志》;《云南林业》P162。禁砍伐。

1341.《奉县主翟给示碑》,乾隆四十七年十一月二十一日。广东海丰县黄羌镇乐洞坑村。《广东》P839。治安,流丐癫疯。

1342.《金匮县窑户议禁规条碑》,乾隆四十七年十二月。原在江苏无锡市兵役局。《江苏明清》P530。行规。

1343.《响水沟碑》(2),乾隆四十七年冬月。云南宜良县北古城镇蔡营村土主寺正殿东墙。一石57+135＊0.69,额刻"功垂万世";一石60+135＊74,额刻"千古常昭"。《宜良碑刻》P31、36。公文,水规。

1344.《立据碑》,乾隆四十七年。河北蔚县财神庙西山墙。王鹏龙、王黑特《华北庙宇、商人和演戏——以河北蔚县古城财神庙为考察核心》,《河北联合大学学报》2013年6期。契证,争讼。

1345.《关圣帝君觉世文》,乾隆四十七年。北京海淀区厢红旗。《北图藏拓》74－138。信仰、神禁。

1346.《龙泉寺施舍置买地产碑记》,乾隆四十七年。山西灵丘县龙泉寺大雄宝殿院西。75＊34＊12。两面刻。乾隆四十八年、乾隆五十三年、嘉庆五年先后补刻。《三晋·灵丘续》P72。记置买地产坐落、四至、钱粮。

1347.《上谕堂碑》,乾隆四十七年。广东广州。《广州古迹》P14。

1348.《文昌帝君阴骘文》,乾隆四十八年(1783)二月上浣。陕西西安碑林。《北图藏拓》74－140。信仰、神禁。

1349.《文昌帝君劝孝文》,乾隆四十八年二月上浣。陕西西安。《北图藏拓》74－143。信仰、教化。

1350.《王之明及妻洪氏施地记》,乾隆四十八年二月。河北临西县东枣园乡八里圈村礼拜寺。《北图藏拓》74－148。私约,个人财产处置,禁族人干预,遗嘱。

1351.《宗孝宗论碑》,乾隆四十八年四月下浣。高宗弘历撰并书,满汉文。《北图藏拓》74-154。孝与国。

1352.《贾庄村公议禁赌碑》,乾隆四十八年五月。山西长治屯留区余吾镇贾庄观音堂。《三晋总目·长治》P139。乡禁,禁赌。

1353.《天圣宫神地滋颂断案碑》,乾隆四十八年七月。山西浮山县东张乡贯里村老年大学。195*78*19。1050字。《三晋·浮山县》P197。讼案,斗殴。天圣宫所属十几亩香火地被姚正绍长期侵占,知县判定为天圣宫所有,后又诉至平阳府,经三堂公审,姚败诉。

1354.《禁顽保蠹差藉命诈索示碑》,乾隆四十八年七月十三日。台湾屏东市天后宫内。《屏东》P305;《明清台湾》P117。官禁,禁诬告;治安。

1355.《保护公山碑记》,乾隆四十八年十月十二日。云南剑川县景风公园财神殿大门右山墙。《云南林业》P168;《大理名碑》P501。

1356.《乌云山示禁崖刻》,乾隆四十八年十月。福建晋江市。《晋江》P70。告示,护山。

1357.《翼宿神祠碑记》,乾隆四十八年十二月二十五日。江苏苏州文庙。奉厘正乐曲之命,禁害道伤义;乐与礼。

1358.《民约碑》,乾隆四十八年。山西长治屯留区平头乡广志山。《三晋总目·长治》P140。

1359.《清真寺劝善条约残碑》,乾隆四十八年。山东济南市中区党家庄镇清真东寺。残,45.6*160*20。《山东回族》P125。

1360.《太和阁碑》,乾隆四十八年。山东济南。医药广告。

1361.《莱州府护持庙林碑》,乾隆四十八年。山东青岛崂山明道观内,不存。约370字。公文,禁令,为禁止骚扰以安香火事;道人屡控,寺庙税赋与民同,杂役优免。

1362.《兴安升府奏疏碑》,乾隆四十八年。陕西安康。《安钩》P33。

1363.《灵岩寺安置住持碑》,乾隆四十八年。陕西略阳县灵岩寺。130*83*15。20行37字。李俑撰并书。《秦岭》P55。记事,安置住持并清查常住地。

1364.《严禁讹诈土地碑》,乾隆四十八年。湖北恩施。

1365.《新阁丈出余田拨充公用碑记》,乾隆四十八年立。云南玉溪红塔区文庙文星阁底楼外墙上。公产。丈出余田14亩,资助考生。

1366.《重修碧霞元君行宫记碑》,乾隆四十九年(1784)仲春。山东淄博博山区凤凰山红门宫汗牛亭院拱门内右侧。154*67。《博山卷》P159。四至。

1367.《禁赌碑文》,乾隆四十九年三月初二日。山西长治屯留区西贾乡牛角川村。131＊50＊20。14行36字。《三晋·屯留县》P50。乡禁。

1368.《县奉主陈大老爷准示严禁碑》,乾隆四十九年三月十二日。广东平远县博物馆。《广东》P885。治安,乡约,禁赌丐等。

1369.《庄公院告示碑》,乾隆四十九年三月二十三日。北京房山区周口店镇娄子水村庄公院。245＊88＊14。碑阴为施产契约。《新日下》P349。公文,庙产审核备案、开荒地亩数量四至;官禁;契约,施产。

1370.《功过科碑记》,乾隆四十九年三月。上海嘉定区城隍庙神殿左侧,佚。周承忠《秋霞小志》卷8;《嘉定》P942。信仰,神禁冥罚。

1371.《奉宪示禁碑记》,乾隆四十九年四月。台湾高雄内门区观亭村紫竹寺(观音亭),佚。《台湾南部》P419;《高雄》附录一。官禁,禁借尸讹诈。

1372.《清真寺示禁碑》,乾隆四十九年五月一日。河南开封顺河区清真东大寺。《北图藏拓》75－9。守规。

1373.《长元吴三县规定各衙门专用猪只各照时价给发春秋祭祀所需猪羊照例发交行户备办碑》,乾隆四十九年五月。江苏苏州。《江苏明清》P668。

1374.《禁监生杂役碑》,乾隆四十九年六月。山东临淄石刻馆。145＊65＊17。官禁。

1375.《李庄村合社公议五处神庙四至碑》,乾隆四十九年七月初四日。山西高平市野川镇李庄村观音堂。圆首方座,117＊46＊17。阳9行32字,阴14行32字。《三晋·高平》P391。禁约,四至。

1376.《湖心亭议列规条碑》,乾隆四十九年八月。原在上海南市区城隍庙旧址湖心亭(今在黄浦区方浜中路)。《上海》P252。行规。

1377.《太平土州五哨新旧蠲免条例碑记》,乾隆四十九年十月十三日。广西。《广西》P31。

1378.《拨置济贫义田碑记》,乾隆四十九年十一月。云南保山隆阳区博物馆。《隆阳》P296。救济。

1379.《新设砖坪县丞衙门碑》,乾隆四十九年。陕西安康。砖坪县丞曹尔焜撰。乾隆《兴安府志·艺文志》。

1380.《望祀博克达山碑》,乾隆四十九年后。新疆,不存。第三任乌鲁木齐都统明亮撰文。《西域》P372。行政处罚。

1381.《翻石渡禁私运渡船碑记》,乾隆四十九年。浙江宁波。光绪《鄞县志》卷5。

1382.《奉宪存案永远遵守告示》,乾隆四十九年。广东佛山南海区。

《广东》P388。船渡。

　　1383.《禁设硝厂碑》,乾隆四十九年。广东佛山。《佛山忠义乡志》卷13。

　　1384.《禁革驿站锢弊碑》,乾隆四十六年至四十九年间。云南玉龙县巨甸镇三叉河桥旁。《丽江》P219。告示。

　　1385.《重修玄武祖师殿序碑》,乾隆四十九年。云南宣威市东山寺。170＊70。22行。《云南道教》P409;《曲靖石刻》P86。契证。

　　1386.《老姥掌修缮碑记》,乾隆五十年(1785)新正月。山西沁水县郑村镇樊山村老姥掌玉皇殿。54＊92。32行20字。《三晋·沁水县》P250。田土山场四至。

　　1387.《告示碑》,乾隆五十年四月。山西临汾姑射山下龙祠。碑文缺失较多,内容不连贯。《龙祠》P176。官禁,水利告示。

　　1388.《定规碑》,乾隆五十年五月初六日。山西太原。《晋祠碑碣》P427。

　　1389.《会议杂货行规碑记》,乾隆五十年九月十七日。河南社旗县城关山陕会馆。方趺,181＊67＊17。额题"永照万古"。阊镇杂货行同立。《山西师大》P450;《山西续二》P379;《河南山东》P119。行规、罚则。

　　1390.《歙县义阡禁示碑》,乾隆五十年秋。北京丰台区双庙村。《北图藏拓》75-41。乡助。

　　1391.《集村条规》,乾隆五十年季秋。山西河津市。《三晋总目·运城》P254。

　　1392.《禁条示碑》,乾隆五十年秋。贵州天柱县三门塘村渡口。李波、姜明《从碑铭看清代清水江下游地区的社会规约》,《原生态民族文化学刊》2013年2期。"抄奉禁条,刻碑遵守","以上十条俱遵,县主颁赐,刻碑世守,永垂不易"。官示乡禁。

　　1393.《常福保等舍地碑》,乾隆五十年十二月二十三日。北京门头沟区戒台寺活动松旁西墙,嵌墙内(与另两块舍地碑同嵌)。80＊146。首行题"舍地人厢白旗宗室"。乾隆四十二、四十四、四十七、四十八、五十年宗室常福保、荣喜、宁泰等人舍地契书原文,将8宗地计1 400多亩施与戒台寺。《北图藏拓》75-43;《戒台寺》218;《北京石刻拓本提要》P371。舍契,财产处置。

　　1394.《改建清真寺碑记》,乾隆五十年。辽宁沈阳沈河区北寺。碑文前半部引用明太祖"至圣百字赞"与"永乐上论理护教敕谕"。《回族》P238。护寺。

1395.《重修喜神祖师庙碑志》,乾隆五十年。北京正阳门外精忠庙街。《基尔特》4-589。戏曲,教化。

1396.《铁溪堰放水条规碑》,乾隆五十年。陕西汉阴县月河乡政府。《安钧》P302。水规。

1397.《元贝村禁约》,乾隆五十年。广东广州罗岗区罗岗镇元贝村玉虚宫内。39.5*25。《广州府道教》P539。

1398.《桑知县发给下南村禁盗告示暨众议禁约碑》,乾隆五十年。广西灵川县九屋镇公平乡下南村。85*65。额刻"众议禁约"。《灵川》P177。存案,乡禁。

1399.《万寿宫谷租碑记》,乾隆五十年。云南大理凤仪镇文化站。《云南道教》P411;《大理古碑存文录》P552。

1400.《广种福田碑》,乾隆五十年。云南大理凤仪镇大赤佛赤佛寺。刻于康熙二十九年(1690)八月《鼎建赤佛寺常住碑记》碑阴。155*59.5*15。《凤仪》P31。契证,寺产坐落四至。

1401.《禁凿千佛山碑》,乾隆五十一年(1786)二月初二日。山东济南历城区。拓127*163。《柏克莱加州大学东亚图书馆藏碑帖》P219。官禁,禁凿石罚树。

1402.《摆拉十三湾封山碑记》,乾隆五十一年二月初三日。云南楚雄市苍岭区西营乡。《云南林业》P183。护林禁伐。

1403.《城隍庙香火地碑》,乾隆五十一年三月一日。北京昌平区居庸关。碑阴刻庙产、佃户及租金数额等。《北图藏拓》75-49。产业。

1404.《施舍约碣》,乾隆五十一年三月初七日。山西太原龙泉寺。《山西续一》P55;《晋祠碑碣》P423。财产处置。

1405.《免买仓谷碑》,乾隆五十一年四月初四日给文。浙江瑞安市。嘉庆《瑞安县志》卷2,《温州》P737。公文,示禁。

1406.《革除贴费告示碑》,乾隆五十一年四月二十六日。山西高平市郭庄村玉皇庙。圆首,150*45。9行35字。《三晋·高平》P414;《高平》P680。官禁,禁吏胥陋规。

1407.《江西公田碑记》,乾隆五十一年五月初七日。云南保山隆阳区农科院热带亚热带经济作物研究所。180*85。《保山》P22。讼案,执照。

1408.《三角塘碑记》,乾隆五十一年五月十六日。云南宜良县狗街镇化鱼村慈云寺右厢房。42+162*68。额刻"开沟引水遵照碑记"。《宜良碑刻》P44。讼案。

1409.《合社公议禁约碑》,乾隆五十一年七月。山西高平市寺庄镇冯家庄村。76 * 44。12 行 10 字。《三晋·高平》P391。

1410.《庄公院交接契文》,乾隆五十一年。北京房山区周口店镇娄子水村庄公院。245 * 88 * 14+55。额题"名著千载"。阳刻告示两则,一为乾隆四十八年(1783)五月十二日,一为乾隆四十九年三月二十三日示,均禁侵夺并明示地亩四至。碑阴刻三种,一为康熙五十四年(1715)四月六日契文,二为苏太新撰记,三为乾隆年间建造事。《北图藏拓》75 - 66;《北京石刻拓本提要》P372。契证。

1411.《蒲朝分界碑》,乾隆五十一年□月立。陕西大荔县范家乡雷北村(原在滩下)张姓家门口。137 * 51 * 15.5。14 行 43 字。碑阴为乾隆五十六年(1791)三月《雷村南延寿拨补河东河西地界碑》。《大荔碑刻》P75。省县界址。雍正七年(1729)、十年勘定告示、红册,村至交界步数。

1412.《锡器铺呈请禁止胥役借口公务需用锡器混牌自取给示勒石告示碑》,乾隆五十一年。浙江宁波海曙区鲁班殿。官禁,禁官征扰商。

1413.《奉列宪定行章程悉以仓斗交租给示勒石永远遵守碑》,乾隆五十一年。香港。《香港碑铭汇编》P47。度量衡。

1414.《在保、杨柳、将军三村石牌》,乾隆五十一年。广西金秀县在保村功德桥头。《广西瑶族》P50。

1415.《公议管理富圩渡规条》,乾隆五十一年。广西灵川县三街镇福圩渡西岸风雨亭内。两石,均 130 * 36。额刻"公议规条"。《灵川》P185。

1416.《孙国泰发布禁砍水源林禁挖盘塘水告示碑》,乾隆五十一年。广西灵川县大圩镇草圩村熊氏宗祠。91 * 61。《灵川》P185。

1417.《西营乡封山碑》,乾隆五十一年。云南楚雄。护林禁伐。

1418.《文昌宫置田碑》,乾隆五十二年(1787)二月。原立陕西城固县文昌宫,现存五门堰。110 * 58 * 14。17 行 39 字。范琪撰并书。《汉中》P221。契证。

1419.《溶流下村蒋氏新建宗祠碑》(2),乾隆五十二年二月。广西灵川县三街镇溶流下村蒋氏宗祠。两通均 100 * 65。额刻"万古流芳"。文兆奭撰。《灵川》P186。附田亩,四至。

1420.《禁赌碑》,乾隆五十二年三月二十六日。山西壶关县晋庄镇庄头村天仙庙。《三晋总目·长治》P55。乡禁,禁赌。

1421.《重修鹫峰栖云寺并置香火地亩记》,乾隆五十二年三月。河北遵化市。

1422.《苏州府示谕整顿苏郡男普济堂碑》,乾隆五十二年五月。江苏苏州。《苏州社会史》P363。善举。

1423.《泰山庙碑记》,乾隆五十二年七月新立,康熙四十八年(1709)原刻。山西盂县北下庄乡东坡头村泰山庙。100＊58＊14。旧碑损坏,补刻。《三晋·盂县》P326。田亩、随粮。

1424.《村民舍地碑》,乾隆五十二年十二月。北京门头沟区戒台寺活动松旁西墙,嵌墙。84＊140。记乾隆四十八至五十二年间宛平、固安、通州等地村民将房、地捐献戒台寺共四宗。《戒台寺》224。规范舍契。

1425.《买地契约碑》,乾隆五十二年。河北满城县神星乡魏庄村。180＊55。《文物河北》下 P498。记事,契约。

1426.《东韩村禁赌碑记》,乾隆五十二年。山西壶关县店上镇固村。《三晋总目·长治》P55。乡禁,禁赌。

1427.《蒙古族僧人献银买地供给寺僧口粮碑》,乾隆五十二年。青海湟中县塔尔寺文殊殿(俗称九间殿)前辩经院北侧墙下。135＊66＊14。藏文、巴思八文。《安多》P159。

1428.《三江为远贾放行告示碑》,乾隆五十二年。广西三江县河里南寨三王庙碑廊。96＊40。《侗族卷》P49。晓谕。

1429.《界址碑》,乾隆五十二年。云南师宗县高良乡上笼嘎蓝靛瑶村。瑶族群众同立。《云南林业》P187。讼案,审断荒山,转典众人,以作公山。

1430.《梓潼阴骘文碑》,乾隆五十三年(1788)四月。上海嘉定区安亭中学樊轩壁中。3 方。钱大昕隶书。《嘉定》P944。信仰,善恶报应。

1431.《大将村植树禁约碑》,乾隆五十三年四月。云南。《北图藏拓》75－96。乡禁。

1432.《高壁村社规碑》,乾隆五十三年四月四日。山西安泽县府城镇高壁村通玄观。115＊57＊14。额刻“千载不朽”。13 行 39 字,计 450 字。《三晋·安泽县》P68。公议社规;载开地之数,以防诡辟之心。

1433.《仙城会馆市地题名记》,乾隆五十三年五月初一日。北京前门外王皮胡同 3 号仙城会馆。《基尔特》5－978。置产。

1434.《江南海关为商船完纳税银折合制钱定价告示碑》,乾隆五十三年七月初九日。原在上海南南市区福建会馆。《上海》P68。关税金融。

1435.《辛省北牌公议禁赌碑记》,乾隆五十三年仲秋。河南新安县千唐志斋。93＊50。额刻“大清”,旁有小字“日”、“月”。首题同碑名。合牌人等同立。石工席银。

1436.《西大寺购置官路碑》,乾隆五十三年菊月公立,同治八年(1869)桃月十六日合教重修。原在山东济宁西大寺,现存济宁东大寺。阁教绅士公立。《山东回族》P395。因丧葬、上坟路途遥远,回教绅士集资开路、建码头。文后载有四至。

1437.《示禁海口章程碑记》,乾隆五十三年九月。台湾台南南门碑林。《南门碑林》P59。船税,进出港货物限制。

1438.《诰奉李维道之父母圣旨碑》,乾隆五十三年十月十日。山西浮山县响水河镇东陈村。279 * 70 * 20。240 字。《三晋·浮山县》P211。诰命。

1439.《台澎兵备道谕告碑》,乾隆五十三年十一月十三日。台湾台南北区三山国王庙。《台湾南部》P421;《明清台湾》P439。吏治,勒索粤民回籍。

1440.《奉宪示禁》,乾隆五十三年十一月。台湾台南佳里区建南里金唐殿左厢内壁边。《台湾南部》P422;《台南》P178。官禁,禁占海坪;讼案,民告官,妨碍采捕营生。

1441.《洪洞知县清理关帝庙产碑文》,乾隆五十三年畅月(十一月)立石。山西洪洞县博物馆。方首,跌佚,中间断裂。160 * 74 * 23。20 行 54字。《三晋·洪洞》P401。公文,立案,清理庙产。

1442.《高平县正堂禁示碑》,乾隆五十三年十二月二十日。山西高平市永录乡东庄村仓颉庙。圆首,193 * 57 * 27。12 行 43 字。《三晋·高平》P420。

1443.《奉宪严禁差役勒索讹诈碑记》,乾隆五十三年十二月。台湾苗栗县竹南镇中港慈裕宫。《明清台湾》P167。官禁,吏治;小民词控差役勒索十之三四;户婚田土,杖毙,侵产。

1444.《交收元宁东馆契约公议》(非碑),乾隆五十三年。北京正阳门外下三条胡同。《基尔特》5－858。缎行,公产、契证。

1445.《石止村东岳庙摇会碑记》,乾隆五十三年。原在山西洪洞县石止村东岳庙,现由石止村王姓收藏。圆首,跌佚。95 * 67 * 18。额题"永传千秋",首题同碑名。19 行 38 字。碑文后部有同治六年(1867)村人补记庙产。《三晋·洪洞》P414。附契证,庙产坐落四至。

1446.《临江寺记》,乾隆四十九年至五十三年间。四川武胜县。民国《武胜县新志》卷 1,《巴蜀》P686。讼案,谋夺寺产,讦讼不休。

1447.《秦世秀等抄立官员过灵川县境使用夫役碑》,乾隆五十三年。广西灵川县潭下镇河边村门口桥边。110 * 75。额刻"勒石遵守"。《灵川》P189。规章。

1448.《金氏遗祀碑文》,乾隆五十四年(1789)仲春上浣。原立上海嘉定区朱桥镇白墙村,现存嘉定孔庙。315 * 128。16 行 32 字。《嘉定》P946。

公文,遗产捐宗祠,用途,亩数。

1449.《来凰山土主庙碑记》,乾隆五十四年二月。云南。《云南道教》P420。四至。

1450.《乾隆免粮恩碑》,乾隆五十四年三月文。甘肃平凉市博物馆。246＊111＊35。豁免赋税。

1451.《确定庙产庙树碑》,乾隆五十四年五月二十六日。山西平定县东回镇东回村大王庙。《三晋总目·阳泉》P26。乡约。

1452.《云盖寺三义庙观音庵七圣庙等庙产碑》,乾隆五十四年五月。北京房山区石楼镇大次落村。《北图藏拓》75－117。公产。

1453.《创立公会义地碑记》,乾隆五十四年六月初十日。北京宣武门外白纸坊纸行会馆。《基尔特》5－1043。行规、公产。

1454.《增置祀田碑》,乾隆五十四年荷月。江苏常熟碑刻博物馆。公产、规则。

1455.《捐地碑记》,乾隆五十四年秋。山东济南天桥区堤口庄清真寺。崔志力撰文暨勒石。《山东回族》P186。记事。

1456.《绒行碑记》,乾隆五十四年十月。甘肃兰州碑林。嵌壁,175＊73.5。《兰州》P281。行规,禁以次充好。

1457.《起刚等施舍房产记》,乾隆五十四年冬月。北京西城区北长街兴隆寺。刻于乾隆四十八年(1783)《养老义会题名碑》阴之右上方。《北图藏拓》75－134。财产处置,太监。

1458.《顺荡井奎阁碑记》,乾隆五十四年十二月。云南云龙县顺荡村。143＊84。23行44字。《云南道教》P418。四至。

1459.《关圣帝君觉世经文并序》,乾隆五十四年。北京崇文区正阳门关帝庙。《北图藏拓》75－135。信仰、教化。

1460.《安康改隶汉阴通判碑》,乾隆五十四年。陕西安康。《安钧》P40。

1461.《燕雾全保界址碑》,乾隆五十四年。台湾彰化市。《明清台湾》P259。民番争界。

1462.《朝阳寺植树护林碑》,乾隆五十四年。云南宜良县蓬莱乡万户庄朝阳寺。万户庄合村众姓同立。40＋110＊60。额题"十年之计"。《宜良碑刻》P283;《云南林业》P192。签订种树合同;乡禁,禁放火烧山。

1463.《奉天承运碑》(8),乾隆五十五年(1790)正月一日。原在上海青浦区朱家角镇王昶祠堂危墙上,1984年迁青浦博物馆。8方,100＊38。《青浦碑刻》P130。王昶曾祖父母、父母、王昶及妻封诰。

1464.《鹿港示禁碑》,乾隆五十五年二月。台湾彰化县鹿港镇三山国王庙。《台湾中部》P231;《明清台湾》P261。官禁,粤民回籍遭滥索。

1465.《马城布市碑》,乾隆五十五年三月。原在河北滦南县马城卫生院,佚,县文物管理所藏拓。《滦南》P309。公平交易。

1466.《响水沟碑》,乾隆五十五年春月。云南宜良县北古城镇蔡营村土主寺正殿东墙。57+135*75。额刻"功垂万世"。《宜良碑刻》P40。公文,水规。

1467.《谨恪乞匪碑》,乾隆五十五年四月十六日。湖北兴山县南阳镇白竹村与古夫咸水交界的垭口路边。《兴山》P51。官禁,治安。

1468.《西洞峡禁约碑》,乾隆五十五年孟夏月下浣。陕西镇安县云盖寺镇。150*150。《秦岭》P287。土地制度、乡规民约、信仰。

1469.《贵定仰望抗贡碑》《免贡茶叶碑》,乾隆五十五年四月。贵州贵定县云雾镇仰望村。圆首,125*57*11。额镌"万古流芳"。11行,现存228字。《贵州省志·文物志》P286。公文,免贡。禁滋扰苗民。

1470.《遵示严谨碑》,乾隆五十五年季夏。陕西镇安县永乐镇。圆首,180*94*14。《商洛文史》第2辑,《秦岭》P287。午峪寨乡约十条。

1471.《奉宪严禁示碑》,乾隆五十五年六月示抄白,广东佛山市博物馆。《佛山文物》P64。官禁,禁差役勒索;因地制宜,罪之界限;公文批转。

1472.《赤石碗窑乡黄京埔村禁碑》,乾隆五十五年夏月。广东海丰县黄京埔村。《广东》P841。乡禁,禁绝水夺耕。

1473.《赤石碗窑乡黄京埔村禁丐匪碑》,乾隆五十五年七月初四日。广东海丰县黄京埔村。《广东》P840。治安诸弊。

1474.《奉大宪恩给三墩沙坦永禁私相典卖碑记》,乾隆五十五年七月十八日示。广东珠海香洲区唐家湾镇淇澳社区祖庙。《珠海市文物志》P158;《广东》P201。公文;官禁,禁私相买典;命案,碑用。

1475.《公议常规碑》,乾隆五十五年七月。山西灵石县翠峰镇蒜峪村陈来成院内。54*100。22行16字。《三晋·灵石》P206。公议条规。

1476.《苏州府学图碑》,乾隆五十五年七月。江苏苏州文庙。140*70。额篆"苏州府学之图",左下角有题记14行。2008年据苏州博物馆藏拓复制。

1477.《合村商议秉公禁赌志》,乾隆五十五年八月十八日。山西长治屯留区石室村佛庙。210*67*30。20行71字。《三晋总目·长治》P140;《三晋·屯留县》P52;《戏曲碑刻》P18。乡禁,禁赌;罚戏,讼事。

1478.《锡金两县禁止差埠人等借差截拿商民船只碑》,乾隆五十五年八月。江苏。《江苏明清》P668。官禁,吏治。

1479.《奉分宪核定正埠租项章程告示碑记》，乾隆五十五年八月二十一日示。广东佛山市博物馆。《佛山文物》P62。公文、告示，收支、章程。

1480.《禁止赌博碑记》，乾隆五十五年桂月。山西长治屯留区雇车村三崇山神庙。110＊50。15行34字。《三晋·屯留县》P54。乡禁，禁赌。

1481.《禁止赌博碑记》，乾隆五十五年桂月。山西长治屯留区雇车村三崇山神庙。《三晋·屯留县》P56。乡禁，禁赌。

1482.《功德碑记》，乾隆五十五年菊月。台湾台南下营区茅港村慈光寺外壁。《明清台湾》P573。契证，护庙产。

1483.《洪圣宫规条碑》，乾隆五十五年季秋。广东东莞石排镇洪圣宫。50＊34。《东莞》P393。规条，罚则。

1484.《南甸营关帝庙创置香火田产碑记》，乾隆五十五年九月。云南。《云南道教》P420。

1485.《封山合同碑记》，乾隆五十五年十二月。原立云南楚雄市永安乡桃园双坝村，现存楚雄市文化馆。十一村合立。70＊45＊8。《云南林业》P196。公议，禁伐。"或被拿获，反使妇女判命。"

1486.《赵佳氏祭田碑》，乾隆五十五年。河北滦州市。《雪屐寻碑录》卷14。公产。

1487.《灵石县翠峰山文星阁请立条约记》，乾隆五十五年。山西灵石，佚。《三晋·灵石》P779。记请立条约，禁陶。

1488.《为合村商议秉公禁赌志》，乾隆五十五年。山西长治屯留区石室村玉皇庙。方趺，210＊66＊30。额题"仪型后世"。襄邑庠生李建熏字凌阁撰，本村庠生牛□烈字功懋书。《山西师大》P98。乡禁，禁赌。

1489.《白衣庵香火地碑》，乾隆五十六年（1791）二月。北京房山区琉璃河镇白庄村。《北图藏拓》75－167。契证。

1490.《雷村南延寿拨补河东河西地界碑》，乾隆五十六年三月。陕西大荔县范家乡雷北村（原在滩下）张姓家门口。刻于乾隆五十一年（1786）《蒲朝分界碑》之阴。137＊51＊15.5。额篆"皇清"。13行40字。乡约、公直立。《大荔碑刻》P77。分界，粮额。

1491.《寨底村众修古井暨禁约碑》，乾隆五十六年三月。广西灵川县潮田乡寨底村水井边。50＊45。额刻"众村会议"。《灵川》P193。乡规。

1492.《临襄二邑置办义地家具刻石》，乾隆五十六年四月一日。北京宣武区白纸坊。《北图藏拓》75－170。契证、公产。

1493.《遵示禁革碑》，乾隆五十六年四月初九日示。广西桂平市石龙镇夏黄村道路旁边。狼兵，改土归流。

1494.《圣文寺香火地碑》,乾隆五十六年六月。北京昌平区沙河文庙。《北图藏拓》75－179。契证。

1495.《奉宪禁章车头碑记》,乾隆五十六年六月。山西大同鼓楼东门外南侧。《三晋总目·大同》P29。官禁,除弊。

1496.《月河铁溪堰碑》,乾隆五十六年八月。原立陕西汉阴县在城铺铁溪沟三官庙,后移汉阴县月河乡政府院内,作阶石。圆首,130＊58。额题"万古千秋"。5行34字。奕世同撰。《安康》P90。水规,处罚,息争端。

1497.《施地碑》,乾隆五十六年八月立。湖北丹江口市武当山。额楷"流芳百世"。《武当山》P149。公买山坡地施舍,四至。

1498.《重修龙王庙碑》,乾隆五十六年九月。原在陕西周至县哑柏镇阳化村龙王庙,现为华阴市张江涛收藏。35＊42。7行19字。郝光国撰文并书丹。文末有开田亩方位、数目。《华山碑石》P378。契证。

1499.《诰封王宾碑》,乾隆五十六年九月。山东菏泽牡丹区吴店镇田野中。87+180＊65。《菏泽》P329。圣旨。

1500.《故关里乡地公约碑》,乾隆五十六年十月。山西高平市神农镇庄里村五谷庙。碑首残,114＊48＊17。11行。《三晋·高平》P422。讼案,诉衙役滥刑科派。

1501.《苏州府永禁借尸扰民碑》,乾隆五十六年十二月。江苏吴县(现苏州吴中区)。《北图藏拓》75－191;《苏州社会史》P398。官禁,禁借尸讹诈。

1502.《团池村待朴村祷雨人等饭食碑记》,乾隆五十六年。山西高平市城北10公里团西村炎帝庙。65＊30。《炎帝古庙》P78。记事,祭规民约。

1503.《本府裘大老爷断明起落香次水例碑记》,乾隆五十六年。山西翼城县武池村乔泽庙,现存池源管理站。142＊61＊13。碑阴刊《栾池水例古规碑记》,南梁崔庄合村六十四甲同立石。《山西师大》P338。讼案、水规。

1504.《清真寺学田记》,乾隆五十六年。安徽淮南潘集区古沟乡太平村清真寺。《回族》P340。公产。

1505.《通道县主恩示碑》,乾隆五十六年。湖南通道县团头村鼓楼。94＊75。11行13字。《侗族卷》P48。税赋,条规。

1506.《鱼鼓村裁汰夫役碑》,乾隆五十六年。云南宜良县耿家营乡鱼鼓村金钟寺。170＊80。《宜良碑刻》P292。

1507.《禁谕碑》,乾隆五十七年(1792)正月。江苏淮安清河区清江清真寺。146＊75+36。额刻阿拉伯文。年月上盖"清河县印"。杨晓春《清江清真寺现存清代碑刻的初步研究》,《西北第二民族学院学报》2007 年 2 期。
"赐印立碑,用申禁谕"。后附产业。

　　1508.《响水坡村禁赌碑记》,乾隆五十七年三月初一日。山西高平市
响水坡祖师庙。圆首,碑面有裂痕。128 * 48。12 行 34 字。《三晋·高平》
P430;《高平》P681。乡禁,禁赌。

　　1509.《小巨村魁星楼文昌阁创建记》,乾隆五十七年三月立。山西曲
沃县曲村镇小巨村东魁星楼内。63 * 128。《三晋·曲沃》P169。地基尺
寸,粮额。

　　1510.《山神土地坐落复原记》,乾隆五十七年三月清明日刊。山西洪
洞县万安镇韩家庄土地庙。48 * 67。首题同碑名。11 行 17 字。后部有同
治六年(1867)村人补记庙产。《三晋·洪洞》P418。记事,复原,恐侵蚀。

　　1511.《金梅大沟》,乾隆五十七年春月。云南宜良县匦远镇梅家营村
百祥寺前殿。225 * 100+40。额刻"功兴永长"。《宜良碑刻》P46。

　　1512.《天后宫田产记碑》,乾隆五十七年四月。台湾彰化县鹿港镇妈
祖庙新祖宫前庭甘蔗园内。《台湾中部》P232。契证、公产。

　　1513.《万寿宫谷租碑记》,乾隆五十七年蒲月(五月)初。云南大理凤
仪文化站。断为两截。《凤仪》P263。记事。

　　1514.《规条碑》,乾隆五十七年五月三十日。广东高州市。《广东》
P587。寺产盗卖案、规则。

　　1515.《锡器铺呈请禁止胥役借口公务需用锡器混牌白取给示告示
碑》,乾隆五十七年五月。浙江宁波海曙区大梁街天之海大厦东围墙。
182 * 94。额题"遵奉宪示勒石以垂永久"。21 行 37 字。《甬城》P87。官
禁,禁勒索。

　　1516.《苏州卫严禁棍占屯田造房建坟碑》,乾隆五十七年六月。江苏
苏州文庙。《苏州社会史》P592。官禁,禁私相典卖屯田及佃户私建。

　　1517.《常州府毋许滋扰黄酒糟坊铺户碑》,乾隆五十七年六月。原在
江苏无锡市东门外酒仙殿,现在无锡碑刻陈列馆。《江苏明清》P532;《无
锡》P49。官禁,胥吏差役滋扰敲诈铺户。

　　1518.《泰山庙禅处地碑记序》,乾隆五十七年七月刊。山西盂县梁家
寨乡御枣口村泰山庙。148 * 66 * 16。额题"万古"。《三晋·盂县》P328。
捐施、置买田亩,随粮,四至。

　　1519.《大上帝庙示禁碑》《北极殿保护碑》,乾隆五十七年七月。台湾
台南中西区民权路北极殿三川门左壁。《台湾南部》P425;《明清台湾》
P445。侵占庙址,纳租,讼案。

1520.《重建关帝庙兼施庙田碑记》，乾隆五十七年秋月。原立江苏淮安漂母祠旁，现存淮安府署。138 * 60。记事，庙田租额，警示后人不得盗卖。

1521.《喇嘛说》，乾隆五十七年孟冬月上浣。北京雍和宫正殿前。满、藏、蒙古、汉文。首题同碑名。拓 290 * 111。21 行。乾隆撰文。哈斯额尔敦《蒙古文石刻概述》，《北京石刻文集》P53；《北京石刻拓本提要》P374；《藏族卷》P312。宗教政策。

1522.《盐课归入地丁碑》，乾隆五十七年。山西沁源县。《三晋总目·长治》P98。

1523.《平凉府免粮记》，乾隆五十七年。陕西西安碑林。免赋。

1524.《紫阳书院规条碑》，乾隆五十七年。安徽歙县紫阳书院。学规。

1525.《淮南公捐古紫阳书院膏火案由碑》，乾隆五十七年。安徽歙县。民国《歙县金石志》卷 10。契证、公产。

1526.《当首应差碑记》，乾隆五十七年。四川都江堰市。《都江堰》P434。

1527.《仰望抗贡碑》，乾隆五十七年。贵州贵定县云雾镇仰望村。110 * 80。《贵定文物志》，《苗族卷》P62。

1528.《牛屎寨苗民抗夫碑》(3)，乾隆五十七年。贵州贵定县牛屎寨。220 * 110、220 * 130、100 * 50。《苗族卷》P62。告示。

1529.《肇庆府禁封江勒索碑》，乾隆五十七年。广东肇庆府署遗址（今端州区城中路肇庆市第一人民医院）。《广东》P630。

1530.《重修虚凝庵添置常住碑》，乾隆五十七年。原存云南昆明北郊虚凝庵。残。《云南道教》P422；《中国西南古代石刻汇编》14－140。四至。

1531.《养子不得入宗祠以乱宗派碑》，乾隆五十八年（1793）二月，光绪十四年（1888）十月重刻。广东深圳南山区南头街道大新涌下村升平里郑氏宗祠。13 行 26 字。《广东》P194。族规。

1532.《修渠告示碑》，乾隆五十八年六月二十日是实贴洪山祠，河南林州市合涧镇南庵沟村谢公祠。120 * 60。《中州百县》P1070。官禁，禁伐；以林养渠，林产四至。

1533.《毋许民番私捕埤水鱼虾示告碑记》，乾隆五十八年六月。台湾台南官田区隆田村隆麻公路边葫芦埤中。《台湾南部》P427；《台南》P182。官禁，禁侵权；保护采捕权，番汉杂居。

1534.《遵批立碑万代不朽》，乾隆五十八年季夏。贵州天柱县大冲村河滩边。强砍古树案判词，"乾隆五十七年十一月二十九日祥，十二月初二日批，十二日到"。

1535.《埤圳分水碑》,乾隆五十八年七月三日。台湾台中神冈区岸里国民学校内门东侧。《台湾中部》P233。水利。

1536.《大清律例与告示相联碑》,乾隆五十八年七月中浣。陕西勉县勉阳镇玉皇殿。62＊84。21行23字。首题同碑名。刘旗营贾旗寨士庶同勒。《秦岭》P57。

1537.《郭庄村禁令碑》,乾隆五十八年九月初日。山西高平市郭庄村关帝庙。《高平》P682。村立官禁,禁越诉滋讼、借尸讹诈等。

1538.《宁羌州衙告示碑》(2),乾隆五十八年九月。原竖于宁羌州州署前,现存于陕西宁强县文化馆。26+124＊60＊16。额横刻"宪示"。9行18字。此碑同样刊刻5通,于宁羌州署前及东南西北四城门口各竖一通,今仅存署前和西门两通。《汉中》P46。

1539.《庆斯堂禁碑》,乾隆五十八年秋月。广东大埔县。《广东》P895。族规,祠堂环境。

1540.《遵奉各宪详定纸坊条议章程碑》,乾隆五十八年十月。原在苏州河沿街长弄五号仙翁会馆。《江苏明清》P69。行规、工价、管束。

1541.《元长吴三县严禁纸作坊工匠把持停工勒增工价碑》,乾隆五十八年十月。江苏苏州文庙。罢工、工价。

1542.《具禀各房书吏碑》,乾隆五十八年十一月。浙江宁波海曙区中山公园小花厅侧宁波商会旧址旁。133＊65。9行32字。《甬城》P89。公文,公务处理程序,吏治。

1543.《周家堂庙地碑》,乾隆五十八年十二月。山东曹县郑庄乡小唐庄村中观音庙。155＊51＊14.5+30。额刻"流芳百世"。8行44字。《菏泽》P330。记事,置产,旧碑载。

1544.《奉宪示禁碑》,乾隆五十八年。湖北京山县宋河镇石人山村。民申官禁,禁伐。

1545.《种痘碑》,乾隆五十八年。西藏拉萨大昭寺前。115＊20。额刻"永远遵行"。汉藏文合刻。两面残损严重。《藏族卷》P19。

1546.《禁碑》,乾隆五十八年。浙江绍兴。《偁山章氏家乘》卷6。禁伐,族规。

1547.《禁锹白圳告示碑》,乾隆五十八年。广东广州番禺区沙湾镇武帝古庙。109＊56.5。《广州府道教》P680。

1548.《天妃圣母预庆会碑》,乾隆五十八年。广西灵川县三街镇原娘娘庙。60＊50。额刻"预庆会碑"。《灵川》P195。置田。

1549.《保国寺斋田碑记》,乾隆五十九年(1794)一月。浙江宁波江北区洪塘街道保国寺钟楼下。161＊81＊10。19 行 44 字。《甬城》P91。记事，寺产数额，契号。

1550.《城隍庙香火地碑》，乾隆五十九年二月吉日立。北京顺义区文管所。拓 136＊60。额题"昭示来许"。12 行 30 字。《北京石刻拓本提要》P374。

1551.《施舍碑》，乾隆五十九年二月。山西五台县佛光寺。《明清山西》P398。合约，四至。

1552.《奉宪道禁碑》，乾隆五十九年二月。台湾台南佳里区建南里金唐殿三川门外。《台湾南部》P428；《台南》P184。讼案，禁占公海，公益。

1553.《建立义渡暨管理规条碑》，乾隆五十九年二月。广西灵川县。郑一桂撰。《灵川县志》卷 9；《灵川》P205。规条。

1554.《河里南寨限禁碑记》，乾隆五十九年三月初三日抄刻。广西三江县河里南寨三王庙大门外桥头。84＊40。12 行。《侗族卷》P20。乡禁，禁在庙附近安葬立坟，破坏风水，惩处，规约。

1555.《东野绪询收回祭田碑》，乾隆五十九年夏。山东曲阜市周公庙达孝门下西首。106＊56＊13。22 行 48 字。《曲阜碑文录》P940。公产。

1556.《重修大明渠碑记》，乾隆五十九年（1794）七月十五日。河南宜阳县三乡镇后寨村曲村。168＊62。圆首，额撰"皇清"。首题"重修大明渠碑记"。20 行 51 字。记事，宜阳县县官徐学勤住持重修大明渠，解决曲村陈、刘两姓水利争讼。

1557.《外砂五乡守关乡约碑》，乾隆五十九年仲秋。广东汕头澄海区外砂镇新华乡，现存县博物馆。《广东》P286。乡规。

1558.《奉府县给示禁碑》，乾隆五十九年季秋重阳。海南定安县岭口木朗村。《广东》P934。治安与乡规。

1559.《关圣帝君觉世真经》，乾隆五十九年秋。北京宣武区法源寺。《北图藏拓》76－84。信仰、神禁、教化。

1560.《孟传松等冒考四氏一案碑》，乾隆五十九年阳月（十月）上浣。山东邹城市孟庙启圣殿。77＊136。33 行 19 字。《孟子林庙》P389。考试管理，违规。

1561.《严禁觊觎饷塭示告碑记》，乾隆五十九年十一月。台湾嘉义县布袋镇同安里大众庙，1959 年失窃。《台湾南部》P430。官禁，禁占坟地鱼场晒盐。

1562.《严禁洲南场陋规锢弊示告碑记》，乾隆五十九年十一月。台湾台南永康区盐行村禹帝庙，1959 年失窃。《台湾南部》P431；《台南》P183。

官禁,禁借端勒索,盐。

1563.《桂局村众议屋背后山禁葬坟碑》,乾隆五十九年十二月。广西灵川县大圩镇桂局村廖氏宗祠(又名福政祠)。86 * 50。额刻"众议碑记"。《灵川》P197。乡禁。

1564.《焦岩寺地界碑》,乾隆五十九年立。陕西凤县红光乡马鞍山村塔儿坪。

1565.《武家屯村规石柱铭文》,乾隆六十年(1795)正月初三日。云南保山隆阳区汉庄镇武家屯永顺寺前。《隆阳》P307。乡禁,私罚。

1566.《刊石经谕旨碑》,乾隆六十年二月初一日。北京国子监。《北图藏拓》76 - 90。

1567.《为公禁护林碑》,乾隆六十年二月初一日。云南宁洱县勐先乡东洒村。村立。《云南林业》P198。乡禁。

1568.《村规民约碑记》,乾隆六十年二月二十八日。山西长治上党区西池乡申川村。《三晋总目·长治》P24。

1569.《严禁差役下乡滋扰地方碑》,乾隆六十年闰二月二十九日。四川会理县文管所。90 * 70。尾题"右谕通知","实贴以别、之那、横山、凹密岕晓谕"。《凉山》P101。告示,"非遇命盗案件,不得私派人夫"。

1570.《奉各宪禁止弋猎网捕示碑》(2),乾隆六十年二月示。江苏苏州警察博物馆碑廊、苏州文庙。194 * 91。额题同碑名。元和县正堂示。《江苏明清》P668;《农业经济碑刻》P36。官禁,环保。

1571.《免植路柳感德碑》,乾隆六十年三月十三日。河南孟津县送庄镇三十里铺村。95 * 44。《孟津卷》P104。批案。

1572.《严禁佃户抗租当卖香山庙地告示碑》,乾隆六十年三月十四日。陕西耀县(今铜川耀州区)庙湾镇香山中峰崖下。圆首,座佚。125 * 60 * 9。4 行 41 字。

1573.《创修祠堂碑记》阴,乾隆六十年七月二十五日。河南孟津县常袋乡英古村。149 * 65。《孟津卷》P107。四至。

1574.《上海县为商船需用泥土压钞永禁泥甲夫头把持扰累告示碑》,乾隆六十年七月。原在上海南市区会馆街商船会馆。《上海》P69。

1575.《严禁砍伐碑》《仙龙坝外封山碑》,乾隆六十年八月十五日。云南南华县龙川镇镇大智阁乡见寺山响水河龙潭。官府立。《云南林业》P114。护林、风水。

1576.《潜经村白氏宗约暨源流碑》,乾隆六十年孟冬。广西桂林雁山区草坪乡潜经村白氏宗祠。170 * 80。额刻"宗约"。白如云撰。《灵川》

P200。族禁。

1577.《温知县发布管理大河墟市场告示》,乾隆六十年十月。广西桂林市郊区大河乡油榨村前漓江河边。11 * 65。《灵川》P204。官禁,行规。

1578.《灵川县示谕贸易碑记》,乾隆六十年十月。广西桂林叠彩区大河乡大河圩村。3.25 * 2.1 尺。《桂林辑校》P955。

1579.《长元吴三县会议踹布工价发给银两碑》,乾隆六十年十一月。江苏苏州阊门外广济桥塊。《苏州工商》P78;《江苏明清》P51。工价。

1580.《奉天诰命碑》,乾隆六十年十二月十二日。广东海丰县海城镇埔仔村。170 * 74 * 10+59。《广东石刻卷》P218。敕封李名达及其父诰命。

1581.《闽商在甬建设会馆碑》,乾隆六十年十二月。浙江宁波海曙区天一阁秦氏支祠后游廊。《天一阁》P216。讼案,寺产,公产。

1582.《告示碑》,乾隆□□年十二月十三日。广东连平县。《广东》P819。律例,官员坟规,禁伐树。

1583.《宗人府颁恩碑》,乾隆六十年。20 世纪 80 年代出土于天安门广场纪念堂工地,现存北京石刻艺术博物馆。方首,碑身残缺上半部。额篆"公祝洪恩永垂万年"。碑阳刻正文,碑阴刻人名,均满汉文合璧。

1584.《逍遥村渠规碑记》,乾隆六十年立。山西灵石县南关镇逍遥村菩萨庙,被盗。71 * 45。35 行 25 字。《三晋·灵石》P218。条规。

1585.《均平水利碑》,乾隆六十年。陕西勉县周家山镇柳营村村委会。130 * 65 * 18。额题"皇清",横题"均平水利碑"。18 行 32 字。下坝士庶立。《秦岭》P58。县府调解用水纠纷,合议制定水规。

1586.《元和县永禁虎丘放生河道网捕碑》,乾隆六十年。江苏苏州虎丘。官禁,环境。

1587.《遵奉藩臬二宪详定抚宪通行指示勒石禁革庄首碑》,乾隆六十年。浙江宁波鄞州区姜山镇定桥村庆福寺。

1588.《永革庄长碑》,乾隆六十年。浙江宁波奉化区。民国《镇海县志》卷 6;光绪《奉化县志》卷 7。

1589.《廉明太爷奉给示禁碑》,乾隆六十年。广东丰顺县戏潭村桥头山脚下。130 * 58 * 15。《广东石刻卷》P217。禁偷盗。

1590.《训守冠服骑射碑》,乾隆年间(1736～1795),北京紫禁城内景运门外箭亭内。

1591.《下马碑》,乾隆年间。北京西城区。满汉文。《北图藏拓》76－153。

1592.《启盖礼拜寺来历清碣》,乾隆年间。北京房山区窦店乡窦店村清真寺大殿前北墙。37＊57。首题同碑名。《新日下》P354。记事,置产及契纸。

1593.《禁止扒汾河堤碑记》,乾隆年间。河南商水县。商水知县叶尔安撰文。民国《商水县志》P29;《中州百县》P1253。讼案、示禁;监生率众扒堤、加筑。"各具甘结附卷,著即抄录勒石,以示将来。"

1594.《重修常州府学庙记》,庄存与(1719~1788)撰。江苏常州府学(今常州市区西横街28号市二中)。学田。

1595.《普安寺碑》,疑乾隆年间。湖北兴山县。《兴山》P10。水利纠纷。

1596.《禁碑》,乾隆年间。四川通江县浴溪乡。薛姓家族立。《绿色》P65。乡禁,禁伐。

1597.《南风寺施田记》,乾隆年间。四川高县符江镇东40里麻涎山南风寺。光绪《庆符县志》卷49,《巴蜀》P698。契证、碑用。

1598.《雷凹大路口分界碑》,乾隆年间。湘黔桂三省交界地三省坡东侧雷凹大路口。60＊40。《侗族卷》P49。地界。

1599.《小艇免税安碑》,乾隆年间。福建厦门同安区洪塘镇石浔村昭应庙。180＊63＊18。字迹磨损难辨。《厦门文物志》P110。

1600.《凤山庙规条碑记》,乾隆年间。福建厦门集美区灌口镇灌口街凤山庙。16＊71＊15。规约。

1601.《核定正埠租项章程碑示》,乾隆年间。广东佛山。《佛山忠义乡志》卷13《乡禁志》。租赋。

1602.《三江大塘坳坡顶路口分界碑》,乾隆年间。广西三江县独峒乡林略村大塘坳坡顶。60＊40。《侗族卷》P49。地界。

1603.《晓示生员卧碑》,乾隆年间刻,顺治九年(1652)诏。云南宜良县文庙。170＊76。《宜良碑刻》P91。

1604.《治家格言》,约乾隆时期。址不详。黄易(1744~1802)书。拓156＊82。首题"朱子家训"。正文16行。撰者朱用纯(1627~1698)字致一,号柏庐,碑亦称"朱子治家格言"或"朱柏庐治家格言"。

（五）嘉庆(1796~1820)

1605.《莲池碑记》,嘉庆元年(1796)三月初十日。云南宜良县北古城镇北羊街乡贾家村。52＊130。31行15字。《宜良碑刻》P294。

1606.《延安村公议禁约碑记》,嘉庆元年三月二十日。山西灵石县翠峰镇延安村。31＊67。17行16字。《三晋·灵石》P231。公议禁约。

1607.《施舍地亩碑记》,嘉庆元年孟夏上浣。陕西勉县武侯墓。60＊65。15行35字。住持萧木忠立。《沔阳碑石》P61。施地坐落、四至、粮额。

1608.《严禁海口陋规碑记》,嘉庆元年四月二十八日。台湾台南中西区神农街水仙宫。《台湾南部》P433;《明清台湾》P449。官禁,禁兵丁勒索船户,安商。

1609.《禁赌碑文》,嘉庆元年五月。山西长治屯留区渔泽镇寺底村亚岳庙西廊房墙上。125＊46。额横题"昭示来兹"。15行50字。《三晋·屯留县》P56。

1610.《清真南大寺告示碑》,嘉庆元年六月。山东济南市中区清真南大寺后门墙上。《回族》P377。街市环境。

1611.《表忠观铁券碑》,嘉庆元年七月二十日。浙江杭州。石分三层,有穿。上为乾隆御制《观钱镠铁券作歌》,中为唐乾宁四年(897)昭宗赐钱镠之铁券刻文,下为钱泳嘉庆元年刻石题记。《柏克莱加州大学东亚图书馆藏碑帖》下 P168。

1612.《重建财帛司庙碑记》,嘉庆元年八月。江苏苏州。《苏州社会史》P432。禁玩法渎神,护寺产公产。

1613.《奉宪示禁碑》,嘉庆元年九月二十一日。广东海丰县海城镇老鱼街街口墟。《广东》P841。市场公平交易,屠户,度量衡。

1614.《清潭布告碑》,嘉庆元年九月。广西河池宜州区。《宜州》P229。治安,乡规。

1615.《奉宪勒石永禁》,嘉庆元年十月示。江苏镇江润州区蒋乔镇六摆渡村观音禅林。140＊61。横题同碑名。11行。《京江遗珠》P104。乾隆二十一年(1756)禁摊派累民,运河大挑小浚。

1616.《廉明周太老爷给示严禁碑》,嘉庆元年十月。广东五华县双华镇华拔村。《广东》P905。乡禁,治安护农。

1617.《永保书院田亩碑记》,嘉庆元年十月。云南保山隆阳区。《隆阳》P308。契证、公产。

1618.《增补书院长置碑》,嘉庆元年仲冬立石。海南文昌市文庙。145＊57＊11。《文昌县文物志》P72。记事,书院地产。

1619.《墓幢刻石》,嘉庆元年十二月。江苏常熟碑刻博物馆。四面刻。其中一面刻"侵我者死,护我者昌,吁天誓愿……"诅咒。

1620.《山陕滩界碑记》,嘉庆元年嘉平月(十二月)上浣。陕西大荔县韦林镇望仙观村,佚。《大荔碑刻》P407。记事,命案,勘界;丈步尺数。

1621.《告示碑》,嘉庆元年立。山东济南市中区清真南大寺外围墙。54字。《山东回族》P21。民风和陋习。

1622.《卧碑》,嘉庆元年。山西广灵县。《三晋总目·大同》P132。御制学规。

1623.《龙山书院续助膏田碑记》,嘉庆元年。浙江余姚市。光绪《余姚县志》卷10。公产。

1624.《齐士奇施产及沈浩卖地文约碑》,嘉庆二年(1797)二月二十四日。陕西旬阳县红军乡回龙寺乐楼前。方首,断为三截。110＊60＊18。阳额"流芳百世",阴额"奉篆老约"。《安康》P96。财产处置,契证。地契中特别载明矿产所有权。

1625.《重修天子庙碑记》,嘉庆二年五月刊。山西盂县牛村镇南下庄村天子庙。平首削肩,155＊58＊16。额题"万寿无疆"。生员王在镐撰,业儒王之茇书。《三晋·盂县》P331。记事,民约、合同,碑用。

1626.《赎水碑》,嘉庆二年六月十九日。山西永济市城关镇大峪村陈姓家门口。110＊40。额题"大清"。9行33字。《河东水利》P203;《三晋总目·运城》P43。记事,典水赎水;水规、罚则。

1627.《冯竹园三官庙竹园碑记》,嘉庆二年七月。河南博爱县。《博爱县志·附录》,《中州百县》P1257。4份官禁公文,禁借端索取滋扰小民。

1628.《奉县主李大老爷给示严禁碑》,嘉庆二年八月初七日。广东兴宁市博物馆。《广东》P907。治安,乡规。

1629.《上海县为钱业晴雪堂房产谕示碑》,嘉庆二年八月。原在上海南市区城隍庙内园(今在黄浦区方浜中路)。《上海》P256。

1630.《安党渠碑记》,嘉庆二年小春月(十月)。原在陕西富平县薛镇安党村,后存县文管所。145＊68＊18。22行38字。《渭南》P181;《富平》P314。讼案,印契。

1631.《捐租碑》,嘉庆二年孟冬。广东高州市洗庙。《广东》P589。家族祠产纠纷,契证。

1632.《万古流传告示禁革除弊告文》,嘉庆二年十月示。广西田林县那比乡那比屯。王熙远《反映清雍、乾以后桂西社会经济和阶级关系的几块碑刻史料》,《民族研究》1994年1期。官禁,公文,除弊安民。

1633.《军需局设立条规碑》,嘉庆二年十一月二十二日。陕西三原县博物馆。圆首方座,164＊62＊45＊43。额题"永定章程"。14行43字。《咸阳碑刻》P246。差役勒索。

1634.《鲍氏义田禁碑》《鲍氏义田记》,嘉庆二年。安徽歙县棠樾村。民国《歙县金石志》卷10。立案。

1635.《永禁砍罚并养山合约碑》《祁门环砂村永禁碑》,嘉庆二年十一月。安徽祁门县历口镇环砂村祠堂门口院墙内。额横刻"永禁碑"。碑文两截刻,上为祁门县正堂赵敬修示禁,下为约文及所禁四至、立约人姓名。

1636.《合村永禁碑记》,嘉庆二年。山西高平市河西镇李家庄村三官庙,嵌壁。圆首,185 * 55。6行35字。《三晋·高平》P437。禁挖煤,禁界。

1637.《施舍香火地功德碑》,嘉庆二年。山西洪洞县兴唐寺乡兴唐寺,佚。《霍山志》卷5,《三晋·洪洞》P1099。契证,舍状。"恐后无凭,刻石舍状,现存红契,永远为照。"

1638.《港规碑记》,嘉庆二年。广东南澳县原云澳港边,现存碑廊。《广东》P311。港口管理,勒索。

1639.《邑侯龚李太老爷恩准折半行差合保感德碑》,嘉庆三年(1798)二月。河南偃师市佃庄镇东大郊村。120 * 52。《偃师卷》P571。

1640.《王俊儒施地题记》,嘉庆三年二月。陕西绥德县名州镇七里铺村一步岩蕲王庙佛殿卷棚壁间。48 * 72。13行12字。王纯儒书丹,杨万忠刻石。《榆林碑石》P169。财产处置,契证。

1641.《羊乌里奉县主许太老爷示永禁派累碑记》,嘉庆三年二月。云南昆明北郊黑龙潭龙泉观碑林。78 * 146。47行22字。《云南道教》P428。禁派累,公平贸取。

1642.《锡金两县为同仁堂公吁事碑》,嘉庆三年二月。江苏无锡碑刻陈列馆。江苏按察使司发。《无锡》P49。施棺木,除移尸恶习。

1643.《钦奉谕旨给示碑》《禁止演唱淫靡戏曲示谕》,嘉庆三年三月初四日示。原在江苏苏州镇抚司前16号梨园公所,现存江苏苏州文庙。155.5 * 77。谕旨18行36字,左下合郡梨园落款5行。《江苏明清》P296。禁演乱谈、梆子、弦索、秦腔等戏;违制律;只准昆弋两腔。

1644.《奉大宪移建文庙碑记》,嘉庆三年三月。云南玉溪江川区文庙。176 * 76。《江川历史碑刻》P16。公文。

1645.《苏州织造部堂示禁》《苏州织造府奉谕禁演乱谈梆子等淫戏碑》,嘉庆三年五月二十五日示。原在江苏苏州镇抚司前16号梨园公所,现在苏州文庙。拓162 * 78。《北图藏拓》77 - 36。敕禁,禁演乱谈梆子等淫戏碑。

1646.《戴氏墓田记》,嘉庆三年五月。北京房山区城关街道东坟村。《北图藏拓》77 - 35。田产。

1647.《案板岩躲防白莲教"永古不朽"碑》,嘉庆三年五月。湖北兴山县榛子乡原五丰村与青山村交界处。《兴山》P52。

1648.《洛南三乡士民感德碑记》,嘉庆三年吉月(六月之前)。河南洛阳洛龙区关林镇关林甬道东侧。172＊62＊21。《关林》P212。优免军需大差,蒙县正堂、兵书批。

1649.《洛南二乡准免差徭碑记》,嘉庆三年六月初一日。河南洛阳洛龙区关林镇关林甬道西侧。197＊60＊18。《关林》P213。"关陵差务较繁,准车马减办一半。""该乡与三乡既有关陵差务,嗣后军需车马草束准同三乡,一律优免。"

1650.《永革庄长告示碑禁》,嘉庆三年六月立,乾隆五十九年(1794)十一月初十日给示。浙江宁波海曙区县学街郡庙(城隍庙)大门西壁。270＊106＊10。额题"遵奉藩臬二宪详定督抚二宪指示永革庄长碑禁"。40行90字。《甬城》P95。官禁,禁止殷户作地保、庄长。乾隆五十九年官禁,六十年三月宪牌,六十年十月十七日示禁,嘉庆元年九月十五日示禁等7份禁令。编入《治折成规》。

1651.《香林寺庙产碑》《香林寺禁止私相典卖田亩碑石》,嘉庆三年九月。原立南京太平门内金星桥37号香林寺厢房壁间,现藏江苏南京博物院。寺院经济、寺产。

1652.《都会碑记》,嘉庆三年十月。江西吉安县。70＊80＊5。首题"十五都集费轮值都长小引"。《庐陵》P215。基层组织。都长之职,完国帑,免催科。

1653.《千秋著美碑》,嘉庆三年十二月。广东湛江。《广东》P464。兵营抚恤互助。

1654.《奉县给示碑》,嘉庆三年十二月。海南海口秀英区永兴镇龙泉龙婆庙。《海南金石概说》P38。

1655.《奉官禁赌碑》,嘉庆三年。山西长治大辛庄镇小常乡壁头村。《三晋总目·长治》P14。

1656.《禁流柴木碑》,嘉庆三年。陕西岐山县蔡家坡区。圆首,182＊55＊18。《秦岭》P59。乡禁,禁漂放柴木,护堤堰。

1657.《遵奉藩臬二宪详定督抚二宪批示永革庄长碑禁》,嘉庆三年。浙江宁海县城隍庙。

1658.《遵奉各大宪饬禁永革庄长碑》,嘉庆三年。浙江宁波鄞州区东钱湖镇高钱村。

1659.《勒石示禁》,嘉庆三年。浙江平阳县。民国《平阳县志》卷14,

《温州》P1079。禁止配卖食盐。

1660.《黄家前坊等十五村公立团规碑》,嘉庆三年。广西灵川县潮田乡吒头村水井边,不存。额刻"通图公立团碑"。《灵川》P219。乡禁,牛契。

1661.《义安桥水分碑(一)》,嘉庆三年。云南宜良县狗街镇化鱼村慈云寺右厢房。25+190*72。额题"永远遵守"。《宜良碑刻》P50。

1662.《斗姥阁功德碑记》,嘉庆三年。云南。《云南道教》P427。四至

1663.《城南永昌斯如航运船户文告》,嘉庆四年(1799)二月。浙江杭州。《杭州孔庙》P114。城南、永昌、斯如三区航运日期,免争端。

1664.《东林胜境小官庙常住碑记》,嘉庆四年二月。云南保山隆阳区河图镇小官庙村。《隆阳》P310。公产。

1665.《文昌帝君阴骘文碑》,嘉庆四年仲春。原在北京宣武区储库营胡同太原会馆,现存北京石刻艺术博物馆。《北图藏拓》77－48。信仰、神禁。

1666.《封山护林碑记》,嘉庆四年三月二十七日。云南石屏县秀山寺前殿护法神下的石壁内。官府立。《云南林业》P212。护林、风水。

1667.《禁赌碑》,嘉庆四年四月十一日。山西壶关县龙泉镇四家池村。《三晋总目·长治》P56。

1668.《功德无量碑》,嘉庆四年孟夏月。湖北钟祥市张集镇宗湾村。《荆门》P269。四至。

1669.《急公向上碑》,嘉庆四年五月十三日。山西沁水县郑村镇半峪村。160*65。额刻"急公向上"。《三晋·沁水县》P262。公议负担粮仓杂费规约。

1670.《禁革驿站积弊碑》(2),嘉庆四年六月二十三日示。贵州施秉县城南60公里马号乡六合村土地庙两侧,2通。右104*69*9,29行,计1 057字;左114*59*11,7条。两碑为同一份文告。《贵州省志·文物志》P287。官禁,禁滥派折收、扰累百姓,立毙杖下,条例。

1671.《重修纪略》,嘉庆四年八月刊。山西盂县苌池镇藏山祠。螭首须弥座,235*66*18。儒学生员李明德撰。《三晋·盂县》P341。记事,公款收支。

1672.《恩宪大人示谕碑记》,嘉庆四年八月。台湾台南永康区盐行村保宁宫。《台湾南部》P434;《台南》P188。修船随民意,禁军工垄断。

1673.《书院膏火碑记》,嘉庆四年仲秋。广东佛山。《佛山忠义乡志》卷12。经费管理。

1674.《严禁借尸图诈告示碑》,嘉庆四年十二月。江苏扬州。《瓜洲续

志》卷26。官禁。

1675.《督宪牌示碑》,嘉庆四年。陕西太白县王家堎镇。方首,158∗81∗10。《秦岭》P60。官禁,除弊禁贪勒。

1676.《荆南书院新立规约碑》,嘉庆四年。湖北。嘉庆《湖北通志》卷95。学规。

1677.《矣渡常住碑》,嘉庆四年。云南华宁县青龙镇矣渡村。170∗70∗15。12行。《云南道教》P431,《华宁县志》P530。

1678.《创建朱氏祠堂碑记》,嘉庆五年(1800)正月。河南孟津县平乐镇上屯村。140∗56。《孟津卷》P112。四至。

1679.《陈州府告示碑》,嘉庆五年二月初五日。河南周口川汇区富强街山陕会馆(关帝庙)。《河南山东》P82。官禁,禁役索诈索。

1680.《遵照碑记》,嘉庆五年二月二十四日。云南玉溪江川区江城镇云岩寺。193∗103。《江川历史碑刻》P36。四至。

1681.《三街糖榨公议行秤碑记》,嘉庆五年二月。广西灵川县三街镇文化站(原娘娘庙)门口墙上。95∗58。额刻"公议行秤碑记"。《灵川》P221。度量衡,乡规乡禁。

1682.《宪示碑》,嘉庆五年三月十三日。广东和平县彭寨镇军屯围义学内。《广东》P822。屯米征收规条,禁勒索。

1683.《糖饼行雷祖会碑》,嘉庆五年三月二十一日。原在北京广渠门内栖流所3号糖饼行公所(广渠门南牛角湾马神庙)。《北京工商》P130;《北图藏拓》77－69。会馆、公产,行规禁约。

1684.《马神庙观音殿碑》,嘉庆五年三月。原在北京崇文门外马神庙。额题"万古流芳"。《基尔特》5－1015。契纸佚失、糖饼行规模、住持管理规则,禁庙内酗酒等。

1685.《义仓碑记》,嘉庆五年五月。安徽歙县。民国《歙县金石志》卷10。救济。

1686.《制宪禁革陋规示》,嘉庆五年六月六日。广东徐闻县海安镇海安村。《广东》P491。禁勒索,逼渔民为盗。

1687.《两广总督海情告示碑》,嘉庆五年六月二十日。原在广东汕头澄海区莲下镇德邻乡,现存县博物馆。《广东》P287。官禁,禁匪。

1688.《苏州府吴县正堂禁滋扰飞金公所示碑》,嘉庆五年六月二十三日。江苏苏州警察博物馆碑廊。

1689.《苏州府吴县正堂禁滋扰飞金公所示碑》,嘉庆五年六月。江苏苏州文庙。额题"奉宪示勒碑永禁",尾题"发北亨一下图蒲林巷中公所"。

飞金业,供葛大真人神像,照址重修。

1690.《金匮县规定地方窝留贼匪以及流丐在境盘踞俱责成各该地总照在图地界昼夜稽查解究碑》,嘉庆五年八月。江苏无锡博物院。《江苏明清》P668。

1691.《上谕解碑》,嘉庆五年秋九月。山西高平市马村镇康营村成汤庙,嵌壁。圆首,162＊60。16行39字。《三晋·高平》P441;《高平》P683。圣谕六解、圣旨。

1692.《准免贴平铁行碑》,嘉庆五年秋九月。山西高平市开化寺。圆首长方座,165＊63＊21+44。6行15字。碑阴14行40字,记录诉讼情况。《高平》P684。禁假公济私,讼官维权。

1693.《恪遵章程碑》,嘉庆五年十月十一日。陕西三原县博物馆。圆首圭额,方座,170＊67＊16+51。额题“恪遵章程”,额上部浮雕篆书“寿”字。23行31字。《咸阳碑刻》P248。乡规,禁差役勒索。

1694.《恩德碑记》,嘉庆五年十一月十二日。云南弥勒市朋普镇小寨清真寺。《回族》P403。免税。

1695.《李茂春茔域勒禁侵占告示碑》,嘉庆五年十一月。原在台湾台南县飞机场附近,1942年移存台南东区法华寺纳骨塔前。《明清台湾》P453;《台湾南部》P436。禁侵占坟地、乱葬。

1696.《露岩寺香火地详案》,嘉庆五年。山西古县古阳镇热留村关帝庙正殿东。方碑,断为三截。110＊64＊15。额篆“万古不磨”。岳阳县正堂王莘槐判,庠生赵超篆并书。《山西师大》P333。讼案,寺产。

1697.《重修顺德夫人庙并诸神祠记碑》,嘉庆五年。山东淄博博山区石马镇桥东村顺德夫人祠。253＊97＊27。《博山卷》P424。地契、四至。

1698.《刘家村古额捕鱼界址碑》,约嘉庆五年。广西灵川县灵川镇双洲村委刘家村。82＊55。额刻“各江古额界址”。《灵川》P234。讼案,界址。

1699.《培修龙泉寺碑记》,嘉庆初年。四川达州达川区金垭镇。民国《达县志》卷10;《巴蜀》P700。侵削庙产。

1700.《陈察院禁酗酒示碑》,嘉庆初。四川洪雅县汉王乡满仓寺旧址。《四川》P290。官禁,禁酗酒。

1701.《关圣帝君觉世真经》,嘉庆六年(1801)正月一日。江苏苏州灵鹫禅寺。拓124＊58。王文治书,汤维宁摹镌。《北图藏拓》77－83;《云南古碑》P122。神道设教。

1702.《紫溪山丁家徐家封山碑记》,嘉庆六年正月二十六日。云南楚雄市紫溪山东麓丁家村后山路上方。《楚雄》P318。乡规,护树。

1703.《创修龙王庙碑》,嘉庆六年三月。河南渑池县。44＊58。8行24字。《中州百县》P262。舍地,碑据。

1704.《南沟东庄两村争水诉讼记》,嘉庆六年五月十三日。山西高平市河西镇下崖底村关帝庙,嵌壁。105＊55。31行16字。《三晋·高平》P443。争水纠纷,合同。

1705.《再醮定规碑》,嘉庆六年五月。山西长治上党区苏店镇南天河村。圆首,55＊40。额刻"再醮定规"。12行32字。嫁妇规条。《三晋·长治县》P177。乡规。

1706.《奉宪禁革陋规碑》,嘉庆六年五月。广东遂溪县杨柑镇天后宫。140＊58。《广东石刻卷》P210。公文。

1707.《大墟盐运水利分府告示碑》,嘉庆六年七月二十四日。广西灵川县大圩镇解放街(原名鼓楼街卖米码头街口)汉王庙右边墙。75＊70。额刻"告示"。《灵川》P222。

1708.《公正馆规条碑记》,嘉庆六年九月。广东广宁县。《广东》P716。会馆管理使用规则。

1709.《黄田村公买陋坡堰水口田契约》,嘉庆六年十月十二日。广西灵川县潭下镇黄田村学校门口墙上。110＊97。额刻"万古流芳"。《灵川》P223。

1710.《方碑示禁》,嘉庆六年十一月初四日。四川江油市武都镇窦圌山。方柱体,碑帽高30,碑身168＊41＊41。碑文细小。《窦圌山志》卷10,《巴蜀》P711。告示,禁典当寺产。

1711.《优免之碑》,嘉庆六年十一月。河南偃师市佃庄镇东大郊村。141＊64。《偃师卷》P575。

1712.《上海县为禁脚夫人等分段把持告示碑》,嘉庆六年十一月。原在上海县法华镇(今上海市法华区)。《上海》P437。官禁,治安。

1713.《柳春芳父母诰封碑》,嘉庆六年十二月十三日。山西沁水县西文兴村。340＊72。8行20字。《三晋·沁水县》P264。诰命。

1714.《柳春芳祖父母诰封碑》,嘉庆六年十二月十三日。山西沁水县西文兴村。224＊68。11行37字。《三晋·沁水县》P265。诰命。

1715.《禁山碑》,嘉庆六年。山西平顺县北社乡掌里村。《三晋总目·长治》P84。

1716.《屠氏宗祠碑》,嘉庆六年。江苏常州博物馆。词状。

1717.《重修奎星书院碑记》,嘉庆六年。云南大理喜洲镇上院滂村。

《大理名碑》P517。地方教育史。

1718.《奉县示禁碑》，嘉庆六年。海南海口琼山区丁村。治安，乡规。

1719.《王氏祠堂碑记》，嘉庆七年（1802）二月初六日。河南孟津县送庄镇送庄村。201＊67。《孟津卷》P116。条规。

1720.《永兴渠碑记》，嘉庆七年三月二十日。陕西富平县老城武庙西墙。170＊65＊16。23行34字。《渭南》P184；《富平》P63。讼案，判词。

1721.《同义堂碑记》，嘉庆七年春月下浣。江苏镇江丹徒区辛丰镇三茅宫。41＊104。《京江遗珠》P81。记事，乡规，堂规6条。

1722.《禁挖山河堰堤碑》，嘉庆七年五月。陕西汉中市博物馆。150＊68＊15。额题"皇清"。15行41字。《汉中》P48；《秦岭》P60。水利工程，安全。

1723.《河东会馆重修碑记》，嘉庆七年六月。北京广安门大街449号河东烟行会馆。《基尔特》5－910。记事，沿革、置产、详细收支，买碑银、动产。

1724.《府县合免应差瓷器碑》，嘉庆七年六月。云南保山隆阳区萧祠街市公安局招待所（原江西会馆）。130＊68。额题"德建名立"。21行，651字。《保山》P92。告示，批文，革役。

1725.《天后宫捐修费碑》，嘉庆七年八月一日。辽宁锦州博物馆天后宫碑亭。38＊93。30行14字。《辽宁省志·文物志》P281页。记事，乾隆六十年（1795）到嘉庆五年（1800）江南、浙江两帮商众捐资余额存贮及生息支使项目。

1726.《勒石永禁》，嘉庆七年八月十七日给文。浙江平阳县。《温州》P1082。循例晓谕，禁地棍滋扰畬民。

1727.《太平土州五哨新旧蠲免条例碑记》，嘉庆七年九月六日。广西大新县雷平镇太平社区。《广西》P31。免陋例21条，涉及派差、诉讼程序等。

1728.《重刻奏准春秋祭祀疏》，嘉庆七年九月二十八日。山西运城解州关帝庙御书楼西侧，326＊76＊16。14行56字。《三晋·盐湖区》P321。记事，公文。假立文契、道士典卖。

1729.《东林书院重修收支公信碑》，嘉庆七年九月。江苏无锡东林书院。公产管理。

1730.《莱州府为二宫争界事判词石刻》，嘉庆七年十月。山东青岛崂山。讼案，寺产。

1731.《义冢护卫示禁碑记》，嘉庆七年十月。原在台湾台南南区墓地，现存南门碑林。《台湾南部》P437；《南门碑林》P63；《明清台湾》P457；《台湾私法物权编》收录。官禁，护坟禁盗、挖、踩，违律例。

1732.《板桥、凤溪哨民徭役归属断案碑》《断案碑记》，嘉庆七年十二月十九日。云南保山隆阳区板桥镇光尊寺。163＊60。额题"断案碑记"。《保山》P93；《隆阳》P312。执照，判决文书，人户散失。

1733.《恒刺史讯断澈心庵田业碑》，嘉庆七年嘉平月（十二月）下浣。四川广安。宣统《广安州新志》卷39，《巴蜀》P715。讼案，寺产。

1734.《额勒登保家族墓碑》，嘉庆七年。吉林，佚。《吉林》P379。谕旨。

1735.《敕赐祖庭少林释氏源流五家宗派世谱》，嘉庆七年。河南登封市嵩山少林寺碑廊西廊。碑档。

1736.《创建春秋阁各行商抽分毫厘碑记》，嘉庆七年。河南周口川汇区富强街山陕会馆（关帝庙）内戏楼东侧。残断，258＊63＊19。候选儒学教谕李逢春撰。《山西师大》P451。

1737.《鄞县知县严禁无赖恶棍阻葬索扰告示碑》，嘉庆七年。原在浙江宁波海曙区城隍庙。官禁，治安。

1738.《勒石永禁之碑》，嘉庆七年。浙江宁波鄞州区洞桥镇惠江村。护桥条例。

1739.《厦门海防分府奉宪示禁碑》《奉宪示禁碑》，嘉庆七年。福建厦门。

1740.《杨侯院重立边界碑记》，嘉庆八年（1803）太簇月（一月）。陕西城固县老庄镇杨侯禅院。圆首，118＊61＊10。额篆"皇清"。17行32字。《秦岭》P63。四至地界。

1741.《禁赌碑记》，嘉庆八年二月。山西平顺县东禅村。《三晋总目·长治》P85。

1742.《乙渠碑记》，嘉庆八年二月。山西河津市僧楼镇侯家庄村。58＊88。17行21字。《河东水利》P204。公文，告示，水案。

1743.《禁止重利盘剥碑》，嘉庆八年二月。江苏苏州虎丘山门。《北图藏拓》77-134。私债。

1744.《公议禁约》，嘉庆八年仲春。广东五华县。《广东》P905。族规。

1745.《三圣宫庙界碑》，嘉庆八年孟夏月。陕西勉县长沟河乡。圆首，110＊49。碑正中书"三圣宫庙内以作常住资培香火"。《秦岭》P63。四至地界。

1746.《敕旨护道榜文碑》，嘉庆八年五月。陕西留坝县张良庙。90＊103＊16。33行30字。《汉中》P236。敕禁，禁邪教、护佛道，度帖。

1747.《□恩万古碑》(3)，嘉庆八年六月。广西隆林县蛇场乡新寨村马家箐寨。界碑三块。116 * 58。《苗族卷》P65。土地纠纷。

1748.《修建临襄会馆碑》,嘉庆八年八月。北京崇文区晓市大街临襄会馆。《基尔特》2－157。公产收支,列施银油坊商号 300 余家。

1749.《马庄镇轮流粮食集碑记》,嘉庆八年八月。陕西咸阳秦都区马庄乡马庄村。下残。90 * 60 * 14。17 行 34 字。《咸阳碑刻》P251。乡约、除弊。

1750.《当业会馆碑》,嘉庆八年九月。北京前门外西柳树井。《基尔特》3－411。"春秋祀神,借以会议公事"。

1751.《上海县为箰夫扛夫议定脚价订定界址告示碑》,嘉庆八年十二月。原在上海南市区泉漳会馆(今南园公园)。《上海》P76。治安管理。

1752.《禁赌罚戏碑》,嘉庆八年。山西平顺县北社乡西青北村禹王庙。方跌,147 * 52 * 23。额题"永远碑记"。平邑生员冯天生、曹席珍书丹。碑阴刻民国二十一年(1932)《重修大禹庙观音堂戏楼兼创修庙后地基碑记》,平顺县立第一高等学校毕业冯文信撰文并书丹。《山西师大》P78。乡禁,罚戏。

1753.《静升村两户争地亩判定碑记》,嘉庆八年。山西灵石县静升镇静升村后土庙。55 * 90。18 行 13 字。《三晋·灵石》P249。讼案,四至。

1754.《永利河捐施地亩碑》,嘉庆八年。河南济源市五龙口镇五龙口景区。146 * 50。《中州百县》P1075。坐落、四至、亩数。

1755.《镇江庵赏输地碑》,嘉庆八年。陕西洋县龙亭镇。圆首,150 * 90 * 9。《秦岭》P63。记事,四至;嘉庆五年(1800)、七年(1802)知县惩办道士、役更等侵吞庵内地土事。

1756.《江南海关禁汛口重索出入商船挂号钱文告示碑》,嘉庆八年。上海。《上海》P70。

1757.《遵奉各宪批饬通行勒石永禁庄长之碑》,嘉庆八年。浙江宁波鄞州区东吴镇天童村太白庙。

1758.《棉洋联寨严示禁碑》,嘉庆八年。广东五华县棉洋镇。《广东》P906。乡规、治安。

1759.《永远管业碑》(3),嘉庆八年。广西隆林县蛇场乡新寨村郑家洼寨。118 * 67。碑为三份,此碑为中份界碑。《苗族卷》P65。土地纠纷。

1760.《井主优享碑》,嘉庆九年(1804)正月十五日。河北邢台。63 * 42。碑面磨泐。11 行 20 字。众人商议许井主四项特权。民约。

1761.《三姓公议敬烛置产碑》,嘉庆九年正月。江苏苏州文庙,右上残缺。公产。

1762.《勒石永免加租并杜再捐碑》,嘉庆九年正月。浙江宁波海曙区天一阁东园游廊壁。《天一阁》P217。学田管理、涂田。

1763.《为断明水利合村人等焚顶叩恩碑记》,嘉庆九年二月。山西稷山县博物馆。110﹡48,阳额"以垂不朽"。嘉庆八年讼事判词。碑阴刻《马村东段村公议使水打土煞合同》。《三晋总目·运城》P237;《河东水利》P205。公文,判词;用水合同,水规、罚则。

1764.《严禁恶丐强索泼扰碑记》,嘉庆九年二月。台湾高雄梓官乡梓义村梓官路城隍庙左厢右壁。《高雄》P67。治安,滥乞、丐首。

1765.《永乐宫地亩租课碑记》,嘉庆九年季春。山西芮城县永乐宫纯阳殿外(东碑廊)。蒋荣昌撰,王冲霄书。螭首龟趺,346﹡86﹡23。阳额题"皇清",阴额题"碑记"。碑阴刻官产项目。《三晋总目·运城》P28;《多面相的神仙》P245。契证。

1766.《永远遵照例碑》,嘉庆九年四月初一日示。贵州兴义市城南12公里则戒乡布依族聚居的奄章寨。112﹡76。《贵州省志·文物志》P289。公文,讼案,纳赋当差。

1767.《杜氏墓田清理碑记》,嘉庆九年四月。上海浦东新区。嘉庆《松江府志》卷79《名迹志·冢墓》,《浦东修订》P261。

1768.《东势角圳谕示碑》,嘉庆九年五月二十一日。台湾台中东势区角圳,佚。《台湾中部》P238。公文,番汉用水。

1769.《奉府宪示禁碑》《驱棚碑》,嘉庆九年五月。安徽祁门县横联乡社景村。"不肖子孙,将家山盗租",与棚民开荒种粮,"永远不许盗租棚民,亦不许借名自种,免致土松沙卸,壅塞族祠,有害良田"。

1770.《中河碑记》,嘉庆九年七月初十日。山西介休市洪山镇洪山村源神庙正殿北侧廊下。《介休县志》卷12,《洪洞介休》P233。水污染,环保。

1771.《团东村禁娼赌停桑羊告示碑》,嘉庆九年七月十八日。山西高平市神农镇团东村清化寺。圆首,150﹡43﹡21。9行35字。《三晋·高平》P458;《高平》P686。村立官禁,禁娼赌。

1772.《敬置瓦店充为香灯仰答神恩碑记》,嘉庆九年七月。台湾嘉义市朝天宫前。《明清台湾》351。契证、宗规。

1773.《登州莱州道堂为二宫(上宫、下宫)争界事判词石刻》,嘉庆九年八月。山东青岛崂山。讼案,寺产。

1774.《成家寨上村修庙舍地碑记》,嘉庆九年十一月。山西灵石县梁家墹乡成家寨村庙。14行24字。《三晋·灵石》P252。

1775.《开局公议办理章程碑》,嘉庆九年十一月。江苏常熟碑刻博物馆。

1776.《水例碑记》,嘉庆九年十二月十一日。云南楚雄市吕合镇大天城村土主庙。《楚雄》P304。水案。

1777.《风俗定规碑志》,嘉庆九年十二月。山西洪洞县堤村乡李村。圆首方趺,80 * 48。额篆"皇清",首题同碑名。11 行 38 字。《三晋·洪洞》P431。记事,乡约选任,乡规。

1778.《上谕碑》(2),嘉庆九年十二月立,乾隆四十九年(1784)七月上谕。湖北谷城县清真寺。一通 49 * 115;一通 53 * 120。镇压甘肃田五起义文告。《回族》P206;《南方回族》P91、93。邪教、文字狱。

1779.《廉明县主严谕碑》,嘉庆九年十二月。广东海丰县赤石镇。《广东》P842。治安,恶丐流匪等。

1780.《合村公议村规碑》,嘉庆九年。山西万荣县高村乡阎景村关帝庙。《三晋总目·运城》P93。

1781.《迁建平利县治碑》,嘉庆九年。陕西安康。平利知县石珩撰。清嘉庆《续兴安府志·艺文志》。官制记事。

1782.《上谕三道碑》,嘉庆九年。安徽歙县棠樾村。

1783.《轮水碑记》,嘉庆十年(1805)正月十三日。云南保山隆阳区辛街乡葛家村。《隆阳》P314。水规。

1784.《灰窑张姓山场案判决碑》,嘉庆十年正月十六日。云南保山隆阳区汉庄镇灰窑村公所。《隆阳》P315。讼案,山场纠纷,盗葬。

1785.《勒石永禁》,嘉庆十年正月。浙江平阳县宋桥镇林庄村。121 * 68 * 9.5。额刻"勒石永禁"。15 行 30 字。《温州》P1083。禁买卖田产勒索陋规,户户给与庄书,按亩收费。

1786.《胡焜赏示严禁赌博及窝留奸匪碑》,嘉庆十年一月。广西灵川县公平乡岩山村。66 * 64。《灵川》P227。官禁,治安。

1787.《剑川积庆观常住碑记》,嘉庆十年正月。云南剑川县金华山。136 * 74。39 行 41 字。《云南道教》P439。契证。

1788.《益门镇、大湾铺群众勒石颂县令永革陋规碑》,嘉庆十年二月三十日。陕西宝鸡渭滨区益门镇关帝庙旁,砌墙内。高 70。《秦岭》P64。公文,告示,除弊。

1789.《开辟麻栗坡街碑志》,嘉庆十年三月。云南麻栗坡县文化馆。上残,85 * 67 * 12。《云南道教》P438。四至。

1790.《嘉庆上谕》,嘉庆十年五月二十六日。江苏昆山市。《昆山见存石刻录》卷 4。圣谕,禁贪污,王廷瑄案。

1791.《黄河滩地碑》,嘉庆十年五月。陕西韩城市昝村乡史代村大禹庙。133＊50。《渭南》P256。告示,讼案。

1792.《观音庵捐送香火田碑记》,嘉庆十年五月。江苏镇江润州区蒋乔镇六摆渡村观音禅林。41＊104。《京江遗珠》P88。捐产戒约。

1793.《鲍氏义田记》,嘉庆十年夏六月。安徽歙县棠樾村。民国《歙县金石志》卷10。公产。

1794.《地界碑》,嘉庆十年八月初三日。贵州贵定县云雾镇仰望村。167＊63＊15。额题"万古普芳"。613字。与《免贡茶叶碑》并列。《贵州省志·文物志》P289。公文,讼案,越界砍薪,苗族地契;官禁。

1795.《文昌帝君觉世文》,嘉庆十年八月。陕西西安碑林。《北图藏拓》77－178。信仰、神禁。

1796.《太上感应篇》,嘉庆十年八月。陕西西安碑林。《北图藏拓》77－179。信仰、神禁。

1797.《吕祖垂训》,嘉庆十年八月。陕西西安碑林。《北图藏拓》77－181。信仰、神禁。

1798.《关帝训世经》,嘉庆十年八月。陕西西安碑林。《北图藏拓》77－184。信仰、神禁。

1799.《井水汲水便用疏及水规》(2),嘉庆十年九月。河南汝阳县蔡店乡蟒庄村老井房。两碑并列。一碑35＊30,12行10字;一碑45＊75,24行14字。《豫西》P258;《中州百县》P1258。疏文,乡禁,取水用水,罚钱。

1800.《改建蔚文书院碑》,嘉庆十年秋立。海南文昌市文庙。124＊57＊12。《文昌县文物志》P76。书院地产、租额、四至。

1801.《贡茶定额记碑》,嘉庆十年孟月谷旦。四川都江堰市青城山九泉庵,佚。《都江堰》P439;《巴蜀道教》P399;《青城山志·文物篇》P112。记事,差徭定例。

1802.《重刻祖先遗业碑》,嘉庆十年孟冬。广东东莞厚街镇三屯村六一尹公祠。47＊78。《东莞》P235。族产。

1803.《永禁碑志》,嘉庆十年十一月。山西黎城县程家山乡北流村圣王庙。27＊72。高日冯撰,焦景润书。《三晋总目·长治》P41;《山西师大》P69。

1804.《谕禁生监勒索漕规碑》《两江总督铁保审定王廷瑄等办漕亏缺案碑》(2),嘉庆十年十一月刻,五月二十六日奉上谕。江苏苏州文庙。一通218＊105,一通170＊83。碑身均有裂纹。两江总督铁保、江苏巡抚汪志伊、江苏学政莫晋立。《苏州社会史》P593;《上海》P151;《农业经济碑刻》

P44、46。圣谕,禁贪污,王廷琄案。

1805.《上谕训诫士子文》,嘉庆十年十一月。上海嘉定孔庙礼门西间。
176＊83。19 行 55 字。铁保、汪志伊、莫敬立,丁耀先刻。《嘉定》P528;
20151213。圣谕,禁贪污,王廷琄亏空案。依拟应斩,差监侯。

1806.《执照碑》,嘉庆十年十二月刻,乾隆五十二年(1787)文。浙江温
州龙湾区海城街道。85＊55。额刻"执照"。13 行 23 字。《温州》P739。
四至。

1807.《奉上宪严禁大有煤窑碑记》,嘉庆□年。北京门头沟区王平口
村。《门头沟文物志》P381。

1808.《编里甲供赋役碑》,嘉庆十年。陕西旬阳县麻坪镇。圆首,
170＊82。额题"天地同如"。《秦岭》P293。

1809.《张氏宗祠税亩碑》,嘉庆十年。安徽歙县。契证。

1810.《新置灯田记》,嘉庆十年之前,重庆忠县。同治《忠州直隶州志》
卷 12,《巴蜀》P720。讼案,寺产。

1811.《仰望地界碑》,嘉庆十年。贵州贵定县云雾镇仰望村。135＊63。
《苗族卷》P68。山林纠纷。

1812.《敢兴上村公议禁约碑》,嘉庆十一年(1806)一月十四日。广西
灵川县大圩镇敢兴上村熊氏宗祠门口墙上。105＊61。额刻"公议禁约"。
《灵川》P228。

1813.《永远管业碑》,嘉庆十一年二月二十五日。贵州惠水县斗底乡
下寨村。101＊67。《惠水》P19。买卖契约。

1814.《三街城隍会碑记》,嘉庆十一年三月初一日。广西灵川县三街
镇粮所门市部(原城隍庙)门口。92＊52。额刻"城隍会碑记"。《灵
川》P229。

1815.《民约规条碑记》,嘉庆十一年四月。山西长治上党区西池乡北
仙泉村。《三晋总目·长治》P25。

1816.《凤县南界碑》,嘉庆十一年四月。陕西凤县黄牛铺镇。119＊
65＊16。正中书"凤县南界"。《秦岭》P64。界至。

1817.《宝峰寺地亩碑记》,嘉庆十一年七月。陕西富平县。160＊60＊
19。11 行 26 字。《富平》P317。契证。

1818.《设牛马市于官地碑记》,嘉庆十一年九月十九日立。原立山西
曲沃县城,现存侯马市晋国古都博物馆。150＊64＊12。10 行 35 字。《三
晋·侯马》P121。告示,交易卖者出钱文,以作庙内粮差香资。

1819.《建始原编夫联社碑记》,嘉庆十一年九月二十日立。山西洪洞

县堤村乡干河村净石宫。圆首方趺,110＊60。额篆"用垂永远",首题同碑名。13 行 66 字。《三晋·洪洞》P432。记事,渠夫轮办规则。

1820.《北清真寺碑记》,嘉庆十一年菊月。山东济南市中区清真北大寺。《山东回族》P63。示禁,保护寺产。

1821.《遵照碑》,嘉庆十一年十月十九日。贵州惠水县抵麻乡比麻寨。152＊82。《惠水》P21。公文,赋税钱粮。

1822.《元和县永禁匪犯流丐结党向山塘店铺滋扰或向香船勒索碑》,嘉庆十一年十月。江苏苏州。《江苏明清》P668。官禁,治安。

1823.《翼城正堂叶为抄案饬发刊石事》,嘉庆十一年十一月十五日。山西新绛县。168＊86。19 行 52 字。"蒙各县转,准刑部咨,山西司案呈。"翼城县西张、东郑二村与南史村水用争讼。南史村民董某等挖渠偷水灌地,敛钱立碑,涂写执照款迹,捏造影射,诬告事,解配充徒。溯宋熙宁年间及清乾隆年间事。"给西张村刊石"。引律断罪定刑。

1824.《李寿施田产碑》,嘉庆十一年十一月。湖北荆门南城区千佛洞寺。《荆门》P111。施田,禁令。

1825.《奉道宪示禁碑记》,嘉庆十一年十二月十二日示。安徽滁州南谯区章广镇常山乡鸦窝村。176＊64。额横题同碑名。14 行,总 400 余字。滁州花户越级上告。

1826.《遵旧规分办驿站差务碑》,嘉庆十一年十二月二十八日。山西平定县柏井镇柏井村法华寺。《三晋总目·阳泉》P29。村规、惯例。

1827.《护国庙记事碑》,嘉庆十一年十二月。广西桂林象山区东镇路云峰寺。3.3＊1.6 尺。《桂林石刻》P223;《桂林辑校》P970。寺院土地出租。

1828.《侯庄村禁约碑》,嘉庆十一年。山西高平市石末乡侯庄村水池边。《高平》P687。乡禁,用水、赏罚。

1829.《遵示禁赌弭盗碑记》,嘉庆十一年。河南新安县石井镇石井小学(原为观音堂)。145＊60。15 行 38 字。《文博》1987 年 3 期。

1830.《镇江府禁碑》,嘉庆十一年。江苏镇江焦山碑林。嵌壁,残。文不清。与佛教有关。

1831.《禁赌碑》,嘉庆十一年。浙江宁波象山海潭村。《象山县志》(浙江人民出版社,1988)附录。

1832.《盗贼蒋广凤耽保书碑》,嘉庆十一年。广西灵川县灵川镇上窑村河边码头上水井边。65＊45。额刻"众立禁约"。《灵川》P230。惩罚性担保,民间治盗手段。

1833.《药皇殿祀碑》,嘉庆十二年(1807)一月。浙江宁波海曙区开明街药皇殿原址。圭首,255＊105。额题同碑名。23行52字。《甬城》P100。置产八则,契号、坐落、粮额。

1834.《奉宪禁刻》,嘉庆十二年正月。浙江文成县李山村水塘旁。86＊56。额刻"奉宪禁刻"。7行35字。《温州》P854。禁赌。

1835.《义冢碑记》,嘉庆十二年二月。陕西富平县庄里镇邮电局。153＊66＊15。12行34字。《富平》P66。地土四至、数目。

1836.《宗智祖祠禁碑》,嘉庆十二年丁卯月。广东东莞谢岗镇谢岗村宗智公祠。92＊59。《东莞》P349。

1837.《胡如瀛发给黄田村严禁挖堰捕鱼告示碑》,嘉庆十二年四月初一日。广西灵川县潭下镇黄田村学校门口墙上。110＊97。《灵川》P232。碑用,讼案。

1838.《重修大宗序禁》,嘉庆十二年四月。福建南安市水头镇上林村瀛溪林氏宗祠。37＊56。《南安》P141。族规。

1839.《马步青畜税事碑》,嘉庆十二年夏月。陕西西乡县两河口镇。205＊76＊11。25行45字。《秦岭》P294。

1840.《优免碑记》,嘉庆十二年六月。云南楚雄大姚县文庙(现小学)。《楚雄》P67。免生员徭役。

1841.《勒制宪禁裴贾二姓入庙示》,嘉庆十二年九月二十日示。四川梓潼县北七曲山梓潼祠前。首题"爵督爵堂勒批"。《巴蜀道教》P405。公文,官禁;僧道争纷。梓潼知县吉士璜转发四川总督勒保批文而出告示。裴、贾二姓向为梓潼大庙火居道士。

1842.《洛东三乡四保合镇众户公议碑记》,嘉庆十二年九月。河南孟津县平乐镇金龙谷。147＊56.5。《孟津卷》P120。公议规章。

1843.《道安里七甲山场记》,嘉庆十二年九月。陕西户县(今西安鄠邑区)大王镇兆伦村。《户县碑刻》163。讼案、契证。

1844.《上海县为浙绍各店公捐中秋会告示碑》,嘉庆十二年十一月二十二日。原在上海南市区城隍庙(今在黄浦区方浜中路)。《上海》P207。

1845.《江苏按察司永禁苏州私宰耕牛碑》,嘉庆十二年十一月。江苏苏州文庙。《苏州社会史》P574。官禁,禁私宰耕牛。

1846.《禁山碑》,嘉庆十二年。山西平顺县北社乡西青北村禹王庙。嵌壁,39＊74。《山西师大》P78。

1847.《阖村严禁赌博碑》,嘉庆十二年。山西古县古阳镇热留村关帝庙正殿东侧。嵌壁,59＊93。经理赵文学撰并书。《山西师大》P334。

1848.《文社财产及保护碑》，嘉庆十二年以后。山西阳城县北留镇郭峪村。《郭峪》P149。公产。

1849.《禀抚藩臬局道府宪碑》，嘉庆十二年。陕西宁陕县关口。《安钩》P49。公文。

1850.《谨固地方碑》，嘉庆十二年。陕西白河县凉水乡碾盘村。《安钩》P98。

1851.《木作公所细帐公信碑》，嘉庆十二年后。江苏苏州文庙。公产收支。

1852.《黄田村公议管理陋坡堰禁约碑》，嘉庆十二年。广西灵川县潭下镇黄田村学校门口墙上。110＊97。额刻"万古流芳"。《灵川》P231。用水禁约，乡禁。

1853.《阿纳村护林封山碑》，嘉庆十三年（1808）夹钟月（仲春之月）。云南禄丰县恐龙山镇阿纳村大庙。嵌墙。《楚雄》P397。乡规、环保。

1854.《请禁郑长池碑》，嘉庆十三年三月十八日给文。浙江瑞安市。《温州》P742。放生，环保，佛教影响。

1855.《青浦县为禁止棍徒滋扰圆津禅院告示碑》，嘉庆十三年三月。上海青浦区朱家角镇圆津禅院山门内院墙上。123＊78。《上海佛教》P242；《青浦碑刻》P221。护寺产、治安。

1856.《三乡遵示谕禁碑》，嘉庆十三年四月十九日。广东龙川县贝岭镇米贝乡。《广东》P866。治安，综合乡规。

1857.《吴县示禁保护玉器业祀产碑》，嘉庆十三年四月。江苏苏州文庙。额题"奉宪永禁碑"。《苏州》P531。公产，房契存案。

1858.《增广学额碑》，嘉庆十三年五月十三日。山东临清市。《北图藏拓》78－31。考试、碑档。

1859.《八旗箴》，嘉庆十三年五月。址不详。仁宗（嘉庆皇帝）御撰亲书，满汉文。《北图藏拓》78－33。

1860.《苏州江镇公所房屋契据碑》，嘉庆十三年五月。江苏苏州。《江苏明清》P668。

1861.《玉保舍地碑》，嘉庆十三年六月三十日。北京西城区旧鼓楼大街小黑虎胡同。《北图藏拓》78－34；《北京内城》P585。契证，典型契约。

1862.《秋祭集资征信碑》，嘉庆十三年八月。江苏常熟碑刻博物馆。收支公信。

1863.《永护凤山碑》，嘉庆十三年九月二十六日。原在云南大理凤仪镇西街上，今存李本盛家。合州绅士耆民书吏人等同立。《云南林业》

P243。护林。

1864.《永远断送房屋东营清真寺碑记》，嘉庆十三年九月。广东广州越秀区越华路小东营清真寺。《回族》P267。契证，财产处置。回民李丁氏中年守寡，将自己房屋二间捐赠东营清真寺作"掌教养廉"。

1865.《禁井碑》，嘉庆十三年九月。浙江文成县李山村水塘边废井上方。84 * 54。额刻同碑名。6 行 28 字。《温州》P855。公议。

1866.《修葺明教寺更僧赎田记》，嘉庆十三年秋月。四川金堂县东北隅明教寺。嘉庆《金堂县志》卷 3，《巴蜀》P726。寺产契证。

1867.《御制八旗箴》，嘉庆十三年十月。北京国子监。《北图藏拓》78 - 44。

1868.《磨渠水利词案碑记》，嘉庆十三年十二月初五日。陕西户县（今西安鄠邑区）庞光镇东焦将戏楼东侧。228 * 87 * 17。三截刻。上端为"西安府户县造赍境内历年咨部渠道灌田数目清册"。19 行 10 字，东卿录文。中部为"户县焦将磨渠水利词案碑记"，44 行 63 字。下端为"勘河图"，东卿绘制。《户县碑刻》P456。水案，判词。焦将村与黄堆堡村因争夺磨渠河水利灌溉案审判经过。

1869.《静升村崇宁堡堡内外分股碑记》，嘉庆十三年。山西灵石县静升镇静升村崇宁堡堡门。142 * 55 * 14。17 行 29 字。《三晋·灵石》P277。契证。

1870.《劝谕广植蚕桑碑》，嘉庆十三年。陕西汉阴县城关。《安钧》P99。

1871.《灵岩寺地界碑》，嘉庆十三年。陕西略阳县灵岩寺。圆首方趺，78 * 44。17 行 33 字。《秦岭》P66。记事，勘界原因及地界四至。

1872.《溥敬立置田碑》，嘉庆十三年。上海嘉定博物馆。《嘉定县志》。契证。

1873.《禁止赌博碑》，嘉庆十三年。安徽祁门县历口镇许村。

1874.《鲍氏义田记刻石》，嘉庆十三年。安徽歙县棠樾村。

1875.《奉宪禁碑》，嘉庆十三年。浙江安吉县昌硕街道双溪口村蟠龙庵门前。150 * 70 * 20。856 字。安吉知县勒石永禁，禁"盗挖冬笋和私设笋行"。

1876.《雷州府警示碑及嘉奖碑》，嘉庆十三年。广东湛江霞山区文霞社区天后宫。140 * 45，140 * 45。《广东石刻卷》P211。批示，革除陋规。

1877.《嘉庆诰命碑》，嘉庆十四年（1809）正月初一日。山西侯马市高村乡下平望村。234 * 87.5 * 22。10 行 37 字。封赠柴孚中之父母的诰命，年月上落"诰命之宝"四字。《三晋·侯马》P124。

1878.《乡规民约碑》,嘉庆十四年三月二十日。云南昆明呈贡区王家营槐荫寺。合村士庶同立。《云南林业》P246。护林。

1879.《御赐稻田碑》《云居寺纪赐稻田碑》,嘉庆十四年春。北京房山区云居寺祖师殿前。方首圆角,方座。152＊63＊18＋57。额题"皇图永固",尾题"住持僧达焕敬立"。碑阴为道光三年(1823)三月《赵培润舍地碑》。《北图藏拓》78－54;《云居寺》P137;《新日下》P162。记事,寺产来源。嘉庆帝来寺礼佛,恩赐稻田300余亩。

1880.《通济宫置租立业碑记》,嘉庆十四年花月(三月)。台湾台南新营区铁线里通济宫。《台湾南部》P587。防微杜渐,护庙产。

1881.《长元吴三县规定漕船过境遇浅起驳应自投兵粮埠觅雇坚巨船只驳运禁差役滋扰碑》,嘉庆十四年四月。江苏苏州文庙。上残缺,尾题"发长船湾竖立"。《江苏明清》P668。

1882.《奉龙门县师准给示永禁碑记》,嘉庆十四年四月。广东龙门县。《广东》P59。乡规,全面。

1883.《券门庄禁赌秋羊碑》,嘉庆十四年五月初五日。山西高平市永录乡券门村观音阁。嵌墙,110＊56。13行6字。《三晋·高平》P464。

1884.《度量衡碑》,嘉庆十四年七月二十二日。海南乐东县佛罗镇佛南村罗中街。《广东》P996。市场交易。

1885.《解州正堂吴示碑》,嘉庆十四年十月初一日。山西运城解州关帝庙。《三晋总目·运城》P17。

1886.《大兴坝奉州宪分水轮告示碑》,嘉庆十四年十月初二日示。广西玉林玉州区地藏堂。

1887.《汕尾新港月眉乡告示碑》,嘉庆十四年十月十八日。广东汕尾城区捷胜镇新港管区月眉村。《广东》P843。贼清,近海回迁。

1888.《奉宪示禁碑》,嘉庆十四年十月。浙江瑞安市飞云镇上河村三官堂前。110＊60。额楷"奉宪示禁"。12行35字。《温州》P744。灌溉、捕鱼、环保。

1889.《洪化寺义塚碑记》,嘉庆十四年十一月。北京广安门大街449号河东烟行会馆。《基尔特》5－918。置产,详细收支,买碑银。

1890.《帝王庙碑》,嘉庆十四年。陕西宁陕县广货街镇。圭首,125＊73＊15。额刻"流芳百世"。6行51字。陈永义立。《秦岭》P295。记事,朱某等人赔偿捐及门中军税等条规。

1891.《黑漆行规碑》,嘉庆十四年。贵州贵阳城东扶风山麓阳明祠。倪腊松《研究清代贵州经济史的宝贵资料——〈黑漆行规碑〉》,《贵州文史丛刊》1996 年 4 期。公议行规 7 条。罚则,"永革不入行"。

1892.《明知县转发桂林府宪批示刘家村捕鱼界址碑》,嘉庆十五年(1810)二月五日。广西灵川县灵川镇双洲村委刘家村。110 * 64。《灵川》P236。断案,鱼户利益之争。

1893.《湍东额批示刘家村捕鱼界址碑》,嘉庆十五年二月十五日。广西灵川县灵川镇双洲村委刘家村。60 * 43。额刻"永远遵照"。《灵川》P235。讼案。

1894.《汝宁府告示碑》,嘉庆十五年三月初三日示。河南罗山县竹竿镇河口寨青龙寺大王庙。100 * 42 * 6。《中州百县》P149。告示,禁亵渎、滋扰,禁赌。

1895.《蒙县宪将早市秤拨送武庙香油告示碑记》,嘉庆十五年三月二十七日。广东佛山三水区。《广东》P397。市场管理、度量衡。

1896.《太平土州规定五哨军民不供夫役碑》,嘉庆十五年三月二十七日。广西大新县雷平镇太平社区。《广西》P42。差役勒索。

1897.《优免育婴堂董杂徭碑》,嘉庆十五年三月。上海嘉定区,佚。《嘉定》P45。告示,申明定例;刊碑程序。

1898.《渠工条约》,嘉庆十五年四月二十七日。山西灵石县夏门镇夏门村关帝庙。150 * 69 * 14。额刻"渠工条约"。15 行 39 字。《三晋·灵石》P286。

1899.《本寨古槐碑记》,嘉庆十五年四月下浣。山西高平市北诗镇寨上村观音堂。《高平》P687。私树售公、禁卖合约。

1900.《建庙地界碑》,嘉庆十五年孟夏。陕西略阳县灵崖寺。70 * 42 * 14。圆额,竖刻"皇清",两侧横刻"永奉禋祀"。17 行 29 字。曹洛撰并书,高明镌。《汉中碑石》P242。

1901.《观音庵捐送香火田碑记》,嘉庆十五年清和月(四月)。江苏镇江润州区蒋乔镇六摆渡村观音禅林。48 * 91。《京江遗珠》P89。捐产戒约。

1902.《泉州府正堂示禁碑》,嘉庆十五年四月。福建泉州文庙。《泉州府文庙碑文录》P158。

1903.《大众庙中元祀业碑》,嘉庆十五年五月十七日。台湾新竹市南门外南坛大众庙。《明清台湾》P153。护庙产,禁盗典盗卖。

1904.《永垂千古碑》,嘉庆十五年六月下浣立。河南光山县大苏山净居寺碑廊。172 * 60 * 10。《大苏山》P120。寺田坐落、粮额。

1905.《光山县正堂示谕碑》《三事碑》,嘉庆十五年六月下浣立,乾隆五十一年(1786)十一月、十二月和嘉庆十年(1805)七月批示文,河南光山县大苏山净居寺碑廊。172＊60＊10。碑阳额刻"皇图永固""日月",碑阴额刻"永垂千古"。21行57字。《大苏山》P127。公文,有关净居寺下院火神、高林寺管理及杨家堂亏欠谷物填仓的批示;讼案,判词。碑阴为寺产山田坐落、租额。

1906.《重修礼拜寺记》,嘉庆十五年荷月(六月)。山东济南市中区清真南大寺望月楼下墙壁中。拣选知县韩文澜撰,教长、领袖、乡老合立。《山东回族》P18。教化。

1907.《光州告示碑》,嘉庆十五年八月初六日示。河南罗山县竹竿镇河口寨金龙大王庙。100＊42＊6。《中州百县》P150。告示,禁亵渎、滋扰、禁赌。

1908.《李氏祖茔明堂碑》,嘉庆十五年九月。山西灵丘县下关乡下关村西北1.5公里李氏祖茔。螭首方座,55+120＊63＊15。两面刻。碑阴额刻"属遵懿训",首题"李氏宗派碑记"。《三晋·灵丘续》P90。宗族祭产增置与管理。

1909.《吴启秀母女卖地文约碑》,嘉庆十五年十一月十四日。陕西安康汉滨区东镇乡营盘垭村黑虎堂。平首方趺,118＊60。额题"千古不朽"。《安康》P108。契证,财产处置。

1910.《万古千秋碑》,嘉庆十五年十二月四日。贵州惠水县雅水镇洋泗寨。199＊82.5。碑题"万古千秋"。《惠水》P23。契税。

1911.《建庄记略》,嘉庆十五年季冬。江苏常熟碑刻博物馆。

1912.《常熟赵氏义庄续增规条》,嘉庆十五年季冬。江苏常熟碑刻博物馆。公产管理。

1913.《重修马王庙碑记》,嘉庆十五年十二月。云南昭通。《昭通旧志汇编》P1362,《云南道教》P449。四至,租税。

1914.《恳恩援比以免扰累事告示碑》,嘉庆十五年。山西翼城县西闫镇曹公村四圣宫。156＊58＊17。《山西师大》P340。

1915.《贾户裁革火耗杂费碑记》,嘉庆十五年。山西柳林县穆村镇贾家祠堂。圆首方趺,150＊65＊18。额题"贻某奕祀",首题同碑名。9行45字。《三晋·柳林》P125。

1916.《审定斜峪关可滩官荒碑》,嘉庆十五年。陕西眉县齐镇五圣庙。《秦岭》P67。

1917.《儒学卧碑》,约嘉庆十五年立,顺治九年(1652)文。陕西平利县城东正街原五峰书院(现为平利县土地资源调查办公室职工家属楼)下院。

61 * 112。26 行 24 字。《安康》P110。御制学规。

1918.《观音堂过事宰猪碑记》,嘉庆十五年。陕西洋县四郎乡。圆首,180 * 62 * 15。额题"皇清",下书"观音堂过事宰猪碑记"。12 行 33 字。《秦岭》P67。宰猪条规。

1919.《清查五门堰田亩碑》,嘉庆十五年。陕西城固县五门堰,佚。城固知县郭颍撰。《秦岭》P67。

1920.《烟铺烟司互控工价勒石永遵告示碑》,嘉庆十五年。浙江宁波海曙区城隍庙。

1921.《谕院司钦奉旨重审例禁》,嘉庆十五年。福建南安市石井镇古山村委会。280 * 112 * 16.5。26 行 66 字。《南安》P179。晓谕,税规。

1922.《李若森送田给神主庙契约》,约嘉庆十五年。广西灵川县灵田镇混元村西约半公里处神主庙门口。40 * 72。《灵川》P238。家产之独立性,禁约。

1923.《护林碑》,嘉庆十五年。云南建水县大曲乡祉那白村。村立。《云南林业》P936。乡禁,罚则。

1924.《菩萨庙碑》,嘉庆十六年(1811)正月。北京怀柔区石厂村。尾刻地亩及四至,中下刻同治七年(1868)十一月一日何学浚兑换香火地题记。《北图藏拓》78 - 73。契证、公产、四至。

1925.《白云观捐产碑记》,嘉庆十六年正月。北京西城区白云观。《白云观志》P145。契证,公产,财产处置。

1926.《永定江规碑》,嘉庆十六年闰三月二十七日立。贵州锦屏县铜鼓镇高柳村下寨锁口桥头,距县城 40 公里。180 * 70 * 7。首书"永定江规",共 613 字。《贵州省志·文物志》P290;《侗族卷》P20。公文,判词。黎平知府周景益为同宗之高柳、鬼鹅两寨争放远山客木控案,将 110 户分为六股轮流定章。

1927.《张太爷断案碑》,嘉庆十六年闰三月。山西灵丘县柳科乡塔地村。圆首无座,112 * 54 * 20。两面刻。碑阴额刻"属遵懿训",首题"李氏宗派碑记"。《三晋·灵丘续》P94。知县张廉断砍伐塔地村松树案,判词,合村公物。

1928.《严禁私开押店碑》,嘉庆十六年四月。江苏苏州虎丘山门。下部残缺。《北图藏拓》78 - 82。官禁,大清律例,军流人犯。

1929.《建房高度限制碑》,嘉庆十六年四月。广东东莞大朗镇巷头社区已逊陈公祠。44 * 32。《东莞》P295。文约。

1930.《上海县为潮州会馆契买市房以充祭业准予备案告示碑》,嘉庆十六年五月。原在上海洋行街(今阳朔路)潮州会馆。《上海》P249。契证。

1931.《潮州会馆祭业勒契碑》,嘉庆十六年五月。原在上海洋行街(今阳朔路)潮州会馆。《上海》P251。契证。

1932.《奉示永禁各条碑记》,嘉庆十六年六月二十日。山西高平市故关村炎帝庙。圆首长方座,115＊41＊18+28。《三晋·高平》P471;《高平》P688。官禁,禁盗采。

1933.《严禁作践庙宇告示碑》,嘉庆十六年六月十二日示。河南浚县浮丘山碧霞宫大门外东侧。97＊127＊19。14行。尾刻大字"遵""右谕通知""告示",小字"实贴碧霞宫"。《天书地字》P205。官禁,禁强搭铺面、亵渎神祇。

1934.《榆邑三郝村贡瓜免役碑》,嘉庆十六年七月。山西晋中榆次区修文镇三郝村(现为西郝村、中郝村、东郝村)。《晋中》P355。免役。

1935.《合社公议永禁夏秋桑羊碑》,嘉庆十六年孟秋月。山西高平市故关村炎帝行宫。圆首方趺,116＊41＊19+28。额题作碑题。16行45字。阖社公议。《三晋·高平》P472;《高平》P688。乡禁,禁盗;所有权观念,罚油敬神。

1936.《捐助诸生乡试资记》,嘉庆十六年孟秋月。山东青岛。道光《重修胶州志》卷39。

1937.《重建景福祠碑记》,嘉庆十六年桂月。台湾台南中西区佛头港景福祠前街道左旁。《明清台湾》P469。公约。

1938.《奉列宪严御碑示》,嘉庆十六年九月初四日。广东汕头潮阳区。《广东》P320。官禁,禁兵弁勒索。

1939.《鼓水全图》,嘉庆十六年九月。山西新绛县三泉镇席村。132＊62。刻于《创建梁公祠记略》碑阴。圆首,阳额"永垂不朽",阴额"鼓水全图"。

1940.《禁约碑记》,嘉庆十六年九月初十日。山西黎城县西仵乡隔道村。《三晋总目·长治》P41。

1941.《严谕示禁》,嘉庆十六年九月二十七日。广东丰顺县。《广东》P899。水利,禁穿坡药鱼。

1942.《王千总捐地碑记》,嘉庆十六年十月十五日。辽宁大连金州区东岳天齐庙。《辽南碑刻》P237。房典契,坐落、典价、用途,禁约。

1943.《四都六图二、四、十甲公议禁约碑》(2),嘉庆十六年十一月十五日。广西灵川县灵田镇混元村神主庙门口右侧墙上。两方,48＊32,48＊80。《灵川》P239。乡禁,户绝。

1944.《茂莲宗祠养贤田条碑》，嘉庆十六年十二月初一日。广东雷州市沈塘镇茂莲村茂莲宗祠。《广东》P550。族规。

1945.《茂莲宗祠养贤遗规碑》，嘉庆十六年十二月初一日。广东雷州市沈塘镇茂莲村茂莲宗祠。《广东》P551。族规。

1946.《典卖山场契约碑》，嘉庆十六年。陕西旬阳县楼房乡。圆首，120＊54＊15。额刻"文约碑记"。代笔人陈义和、汪照。《秦岭》P297。乡民程万友典卖山场文约。

1947.《开列罐耳岩地界碑》，嘉庆十六年。陕西洋县花园乡。98＊51＊16。《秦岭》P68。地界四至。

1948.《公议碧阳书院规条》，嘉庆十六年。安徽黟县中学崇教祠。

1949.《杉坪龙村锁钥碑记》，嘉庆十六年。贵州贵阳花溪区高坡乡杉坪长寨。123＊76。《苗族卷》P68。禁碑。

1950.《公禁碑》，嘉庆十六年。福建厦门同安区莲花镇云洋村。圭首，165＊43＊16。含题款共241字。略风化。《厦门文物志》P99。乡禁，禁止赌博、盗窃等。

1951.《严禁侵占私垦万丹山冢地碑记》，嘉庆十六年。台湾南投县名间乡万丹山公墓。

1952.《遵例勒石碑》，嘉庆十六年。广东汕头澄海区博物馆。《广东》P288。祀产契证，大清律。

1953.《学田碑记》，嘉庆十七年（1812）二月。广西桂林临桂区会仙镇旧村清真寺。《回族》P352。

1954.《严禁地保差仵借尸图诈碑》（2），嘉庆十七年三月。江苏苏州文庙、江苏苏州虎丘山门。文庙碑下部残缺。《北图藏拓》78－94。官禁，禁借尸诈扰。

1955.《恪遵章程碑》，嘉庆十七年四月。陕西三原县博物馆。圆首圭额，方座。162＊66＊11＋48。额竖刻"恪遵章程"。18行21字。《咸阳碑刻》P256。官规。

1956.《南涧清真寺新旧租石田形坐落四至钱粮数目总碑》，嘉庆十七年仲夏。云南南涧县公郎镇回营村清真寺。《回族》P404；《大理名碑》P524。契证。

1957.《立换地执照》，嘉庆十七年七月。山西阳泉市河底镇河底村三官庙。《三晋总目·阳泉》P129。契证。

1958.《僧法清自置香火田亩碑记》，嘉庆十七年八月。湖北荆门东宝区净业寺旧址。《荆门》P140。记事，禁条。

1959.《恩宪大人示谕碑记》，嘉庆十七年九月二十九日。台湾台南永康区盐行村洲仔尾保宁宫前廊左壁。台湾府知府汪楠示谕。《台湾南部》P439；《台南》P193。官禁，禁兵胥勒索船户。

1960.《苏州府禁止粮船违例越泊碑》，嘉庆十七年九月。江苏苏州。《江苏明清》P668。

1961.《嘉定县永禁滥派堂董浚河杂徭告示碑》，嘉庆十七年九月。上海。《上海》P171。

1962.《城隍庙房租助学记》，嘉庆十七年小阳月（十月）。甘肃武威文庙。公产、规则。

1963.《新兴街福德祠重修碑记》，嘉庆十七年阳月。台湾台南安平路神兴宫。《明清台湾》P471。公约。

1964.《奉宪示禁混卖宝烛以肃庙宇碑记》，嘉庆十七年十一月十六日。广东佛山。《广东》P349。官禁，禁无赖；寺院、庙市管理。

1965.《护林纪事碑》，嘉庆十七年十一月，民国八年（1919）复立。原立云南砚山县江那镇棺材山半边寺，现存江那镇外革办事处大外革村。100＊55。村寨公立。《云南林业》P255。记事，堂判；盗砍树私卖案，遵结。

1966.《义谷碑记》，嘉庆十七年仲冬。江西吉安吉州区曲濑镇。《庐陵》P66。救济、规则。

1967.《华阳营士兵福利储金碑》，嘉庆十七年季冬月。陕西洋县华阳镇正街。圆首，185＊88＊20。额题"汉中镇属华阳营"。21行44字。《汉中》P49。救济，士兵抚恤储金使用条规。

1968.《苏州府示谕枫桥米市斛力碑》，嘉庆十七年十二月。江苏苏州。《苏州社会史》P599。交易，市场。

1969.《创立禁赌兼弭盗碑记》，嘉庆十七年。山西稷山县。《三晋总目·运城》P232。乡禁，禁赌。

1970.《社仓归民碑文》，嘉庆十七年。山西壶关县神郊村真泽宫。181＊77＊25。碑阳刻社仓归民，略有残缺；碑阴刻嘉庆十七年关于社仓之圣旨。《山西师大》P104。救济，圣旨。

1971.《重修净业寺记》阴，嘉庆十七年。陕西西安长安区净业寺。97＊56。《秦岭》P298。讼案，净业寺与天元阁因场地及林业争执，天元阁住持盗伐擅卖林木，判罚，划定寺界。

1972.《广严寺置地碑》，嘉庆十七年。陕西岐山县蒲村镇。圆首方座，139＊38＊21。《秦岭》P68。详载典买村民土地事。

1973.《放生桥永禁碑》，嘉庆十七年。上海青浦区朱家角镇放生桥南堍东侧。48.5+154＊83。《青浦碑刻》P223。立案示禁，治安，卫生，保甲责任。

1974.《捐办掩埋碑记》，嘉庆十七年。上海浦东新区。《浦东修订》P282。

1975.《东林寺重修白塔碑记》，嘉庆十七年。四川安岳县西东林寺。光绪《续修安岳县志》卷 2，《巴蜀》P734。讼稀盗息。

1976.《襄陵会馆碑记》，嘉庆十八年（1813）正月初一日。原立北京和平门外虎坊桥五道庙 24 号襄陵会馆。《北京工商》P90。会馆公产经营，赎买房产。

1977.《信照条约碑》，嘉庆十八年正月立。贵州三都县西南 26 公里烂土小学围墙上。170＊100。额题“恩垂万古”。1 200 字。首行“世袭贵州都匀府独山州烂土正长合江司正堂张”。《贵州省志·文物志》P291。公文，土司规条 17 款，词讼、国课等。“不得混有专权理案”。

1978.《东山义冢示禁碑》，嘉庆十八年三月十三日。台湾员林市东山镇兴庙山脚路四段 30 号庙前树旁。《台湾中部》P243；《明清台湾》P273。番汉，护坟，立碑功用，孩童索取。

1979.《奉白碑》，嘉庆十八年四月十二日。云南玉溪江川区大街镇兴龙寺。66＊32。《江川历史碑刻》P29。禁放牧。

1980.《新建仙师公输祠碑记》，嘉庆十八年五月。北京前门外三里河路北公输子祠（鲁班馆）。《基尔特》4－675。置产。

1981.《苏州府禁止枣商及牙行使用私秤碑》，嘉庆十八年六月初一日。原在江苏苏州枣市桥，现存苏州文庙。《北图藏拓》78－115。度量衡，市场管理。

1982.《重修永庆寺碑记》，嘉庆十八年七月。陕西富平县刘集镇双王村。碑断裂为三截。12 行 24 字。《富平》P191。禁约四条。

1983.《王氏祖茔保护告示碑记》(2)，嘉庆十八年七月。原在台湾台南东区东门外虎尾寮，现存市立博物馆；另同文碑一，存南门碑林。台湾县知县高大镛示。《台湾南部》P441；《明清台湾碑碣选集》P473。护坟，禁放牧、砍伐。

1984.《斗姥阁雷祖殿常住碑记》，嘉庆十八年八月。云南省档案馆藏拓。《云南道教》P456。买田，四至。

1985.《置洪洞会馆地□契文立成碑》，嘉庆十八年菊月。原在北京宣武区广内大街，现藏北京石刻艺术博物馆，嵌墙。102＊51＊15。额题“万古不朽”，首题同碑名。18 行 32 字。《北京石刻拓本提要》P464。

1986.《吴县禁止棍丐向江镇公所及义冢踞扰强占碑》，嘉庆十八年十一月初八日。江苏苏州。《江苏明清》P668。官禁，公产，救济善举。

1987.《竹沪元帅爷庙禁约碑记》,嘉庆十八年十一月。台湾高雄路竹区竹沪里华山路7号太子宫。《台湾南部》P571;《高雄》P53。乡约、公益、处罚、治安。

1988.《优免婴堂董事夫头等役碑》,嘉庆十八年重立,原立于乾隆二十三年(1758)八月。上海嘉定区。知县介玉涛立石。《嘉定》P180。公文,免杂役。

1989.《咨覆檄行遵照碑》,嘉庆十八年。安徽祁门县闪里镇港上村西峰寺。公文,官禁,禁寺产侵占。寺内田地亩数。因郑司徒后人设立"三公祠"而引起争讼。"寺内田产,饬县查明,勒石庵门,永禁盗卖。"

1990.《县正堂奉宪碑》,嘉庆十八年。安徽祁门县闪里镇港上村西峰寺。

1991.《合族永禁滥砍水口山林等事项碑》,嘉庆十八年。安徽祁门县新安镇叶源村。乡禁,禁伐。

1992.《禁碑》,嘉庆十八年。浙江绍兴。《偶山章氏家乘》卷6。乡禁,禁伐。

1993.《禁示龙堂牌》,嘉庆十八年。广西金秀县。环保。

1994.《和溪厝示禁碑》,嘉庆十九年(1814)正月二十八日。台湾南投县竹山镇和溪厝路旁。《台湾中部》P244;《明清台湾》P221。禁里差、恶棍滋扰,垦田。

1995.《歙县会馆岁输经费记》,嘉庆十九年正月。北京宣武区宣武门外大街。《北图藏拓》78－127。公款收支明细。

1996.《重修义合井碑》,嘉庆十九年孟春。原在陕西城固县西村井边,现存五门堰。70＊40＊12。14行28字。王式维撰文,张培信书丹。《汉中碑石》P50。契证。

1997.《维宁围坊例式碑》,嘉庆十九年正月。广东东莞虎门镇鸦片战争博物馆。65＊43。《东莞》P64。乡禁。

1998.《加封关羽"仁勇"碑记》,嘉庆十九年闰二月初三日。河南洛阳洛龙区关林镇关林冢南墙西侧。57＊105。《关林》P214。公文。礼部咨祠祭司案呈嘉庆十九年正月初五日内阁抄出,奉上谕……移咨河南道总督,转饬所属一体遵照。

1999.《云东韩氏续捐世守义祭田亩给帖碑》,嘉庆十九年闰二月初七日。江苏苏州文庙。108＊56。尾刻"藩字第肆拾伍号"。局部漫漶。毛上珍刻。《农业经济碑刻》P42。公文,官凭;刑部议覆条奏;义祭田亩之例;坐落、亩数。

2000.《断案遵依碑》，嘉庆十九年闰二月。山西太原晋祠。《晋祠碑碣》P175。遵例出军差。

2001.《禁赌碑文》，嘉庆十九年二月。河南偃师市高龙镇半个寨村。117＊48。《偃师卷》P588。

2002.《平阳府为明谋肆行朦胧奏夺水利变乱碑》，嘉庆十九年五月十六日。原在山西绛县衙署，今在县博物馆。《三晋总目·运城》P308。水案。

2003.《禁赌博碑记》，嘉庆十九年五月。山西长治屯留区李高乡常珍村。127＊42＊23。14行44字。《三晋·屯留县》P57。乡禁，禁赌、罚戏。

2004.《平定州正堂吴为严禁砍伐祠树告示碑》，嘉庆十九年六月十四日。山西平定县洪济禅寺。拓109＊55.5。尾刻"右仰通知"。年款上有钤印。左上书"告示"。严禁砍伐祠树。

2005.《断结差事碑》，嘉庆十九年七月二十三日。山西阳泉市河底镇山底村。《三晋总目·阳泉》P129。契证。

2006.《邑侯胡父台除去北赵村兵差倒站车辆碑记》，嘉庆十九年仲秋。原在山西曲沃县城隍庙，现存曲沃中学。145＊70＊26。16行47字。首题同碑名。三十六里同立。《三晋·曲沃》P189；《曲沃古碑》P6。记事，公文。

2007.《扬美街通乡庶士设立禁约永远碑记》，嘉庆十九年八月。广西南宁。屠宰、地租、客商歇宿，铺面摆卖等行为规范。

2008.《复沛县祭田碑》，嘉庆十九年九月。山东曲阜市孔庙金声门下西首。22行。《曲阜碑文录》P958。讼案，田产。

2009.《三善塘碑》，嘉庆十九年秋月。云南宜良县狗街镇高古马村大寺。192＊70。《宜良碑刻》P55。水规。

2010.《孙远村箴铭》，嘉庆十九年十月。山西临猗县耽子镇孙远村大巷墙壁。80＊34。额题"皇清"。10行21字。《河东名碑》P410；《三晋总目·运城》P78。乡规乡禁，演戏立规，罚钱，三七分罚。

2011.《常熟县正堂宪批金钱氏捐产碑记》《常熟县正堂为金氏族产颁示碑》，嘉庆十□年十月。江苏常熟碑刻博物馆。右上方残缺，年代不清。《苏州》P433。户绝承继，禁盗卖田产，养老田捐寺报官，民妇禀称，守族产祀业、恐宗人冒支。

2012.《二层行溪义渡碑记》，嘉庆十九年十月。台湾高雄内门区二层行溪北岸（今二仁溪），已毁。117＊68。《台湾南部》P442；《台南》P194。禁借端滋事。

2013.《嘉庆十九年以地易地记》，嘉庆十九年十一月二十四日。山西高平市。50＊23。20行14字。《三晋·高平》P478。

2014.《发章练塘同仁堂晓谕碑》，嘉庆十九年十二月示。上海青浦区练塘镇中心（老文化馆门前）。无额。140＊70。《青浦碑刻》P225。告示，治安，浮尸殓埋。

2015.《署凤山县正堂吴立碑》《核定糖量公驼碑》，嘉庆十九年十二月。台湾屏东县里港乡大平村双慈宫。《台湾南部》P443；《屏东》P321。市场交易、度量衡，刑事责任。

2016.《观音坪公记》，嘉庆十九年腊月。台湾台南柳营区神农村（旧名果毅后）镇西宫。《台湾南部》P594。乡规、水利、罚戏。

2017.《禁白碑窳开窑记》，嘉庆十九年。山西大同。道光《大同县志·艺文上》，《三晋总目·大同》P41。除弊。

2018.《五星村乡规碑》，嘉庆十九年。陕西西安长安区五星乡。圆首方趺，170＊50。14行50字。《秦岭》P299。乡规乡禁。

2019.《禁约碑》《皇法碑》，嘉庆十九年。陕西西安长安区五星乡灵感寺。

2020.《和溪厝护圳碑》，嘉庆十九年。台湾南投县竹山镇中和里中和派出所附近。

2021.《禁赌碑文》，嘉庆二十年（1815）一月十三日。山西长治屯留区康庄工业园区康庄村康王庙。90＊37＊12。12行34字。《三晋总目·长治》P140；《三晋·屯留县》P58。官禁、乡禁，禁赌，罚戏。

2022.《吴县永禁滋扰义学碑》，嘉庆二十年三月二十四日。江苏苏州。《苏州社会史》P348。官禁，善举。

2023.《三社禁赌碑记》，嘉庆二十年四月十五日。山西长治屯留区河神庙乡辛庄村先师庙。85＊50。9行26字。《三晋·屯留县》P59。乡禁，禁赌，罚戏。

2024.《捐置义学田租碑》，嘉庆二十年四月。山西平定县冠山镇上城街平定师范学校（现阳泉师范高等专科学校）。《三晋总目·阳泉》P30。公产，学田，契证。

2025.《义冢示禁碑》《严禁占垦官山义冢碑记》，嘉庆二十年四月。原在台湾彰化市八卦山，现在彰化市公园。《台湾中部》P245；《明清台湾》P275。风水、争讼、难葬、索诈、乱垦。

2026.《奉宪封禁古令埔碑》，嘉庆二十年五月十二日。台湾屏东县内埔乡天后宫。台湾府知府汪楠示谕。《台湾南部》P445；《屏东》P367。禁乱垦、番汉冲突。

2027.《少林寺禁约碑》《汝州正堂告示碑》，嘉庆二十年五月二十七日。

河南登封市嵩山少林寺天王殿前左。166 * 69。河南府汝州直隶州正堂熊示禁。尾有印、押。合寺同立。官禁,禁索、禁匪。

2028.《登封县正堂黎太老爷面谕永免出役人等饭食合寺僧众世代感恩碑》,嘉庆二十年仲夏。河南登封市嵩山少林寺天王殿前。额题"永垂不朽"134 * 56。禁书役人等吃寺院饭食。

2029.《御制总督巡抚箴》,嘉庆二十年六月。河北保定直隶总督署博物馆。卧碑,90 * 185 * 23。20 行 8 字,那彦成书。

2030.《立杜卖契》,嘉庆二十年六月。江西泰和苑前镇晦公祠。180 * 90。《泰和》P12。

2031.《拨项公祭义冢宪示》,嘉庆二十年六月示。广东佛山市博物馆。《佛山文物》P65。公文,义冢设置,管理章程。

2032.《合约》,嘉庆二十年七月。江西泰和苑前镇晦公祠。180 * 90。《泰和》P15。

2033.《公约禁止碑》,嘉庆二十年八月。山西长子县大堡头镇青仁村。《三晋总目·长治》P127。

2034.《永禁聚赌窝娼碑》,嘉庆二十年九月。山西长子县。《北图藏拓》78 - 140。

2035.《老税数目志》,嘉庆二十年十月。河南洛阳潞泽会馆(洛阳民俗博物馆)。《河南山东》P59。

2036.《玉皇庙地亩四至碑记》嘉庆二十年十二月初一日。山西高平市北城街道办事处冯庄村玉皇庙。圆首长方座,身首一体。155 * 47+70。12 行 70 字。《三晋·高平》P491。

2037.《成汤庙地亩四至碑记》嘉庆二十年十二月初一日。山西高平市北城街道办事处冯庄村成汤庙。圆首长方座,身首一体,残裂。145 * 63 * 21+40。15 行 52 字。《三晋·高平》P491。

2038.《蔺氏族规碑》,嘉庆二十年。原在山西运城盐湖区上王乡上王村蔺家祠堂,现存蔺连胜家。70 * 100。草书 25 行 18 字。合族公立。《河东名碑》P412;《三晋·盐湖区》P332。记事,族规。贫者罚棍五十,富者罚银十两。

2039.《永沾遗泽碑》,嘉庆二十年。湖南武冈市荆竹铺老街。120 * 80。《湖湘碑刻(一)》P48。告示。武冈知州革除借公派累,禁保甲诈索乡民。

2040.《封山护林碑》,嘉庆二十年。云南建水县核桃冲村。彝族普氏家族立。《云南林业》P936。山林封闭蓄养。

2041.《圣王庄禁赌碑》,嘉庆二十一年(1816)二月。山西洪洞县明姜镇圣王村。圆首,趺伏。80＊50。额篆"永垂不朽"。下部磨泐。《三晋·洪洞》P451。乡禁,禁赌,罚戏、大猪一头。

2042.《城隍神庙碑记》,嘉庆二十一年四月二十五日。江苏苏州文庙。祀典。

2043.《玉虚宫碑》,嘉庆二十一年四月。北京房山区宝金山。碑阴刻顺天府告示。《北图藏拓》78－147。官禁,护树。

2044.《泰安府道纪司批文》《岱庙赡田复归碑记》,嘉庆二十一年清和月(四月)。山东泰安岱庙雨花道院。173＊66＊21。两面刻,一面公文,一面记事。《泰山石刻》P556;《岱庙碑刻研究》P256。岳庙赡产地亩清册;香税;禁止道人私图土地、土人擅受其私。

2045.《严禁窃取瓜菜禾穗村规碑》,嘉庆二十一年六月初一日。山西阳泉市荫营镇韩庄村观音庙。《三晋总目·阳泉》P129。契证。

2046.《护林告示碑》,嘉庆二十一年元月十二日立石,乾隆五十七年(1792)十月初七日示。云南文山市德厚镇董家坟场内。110＊80。董姓家族立。《云南林业》P258。官示,族禁。

2047.《施香火地碑》,嘉庆二十一年(1816)六月立。山东泰安,私人收藏。38＊54厘米。14行,满行9字。善士周德因老来得子向寺庙捐地为香火之资。"盖谓庵观寺院,所有施舍香火田地,阔长段落,皆当勒石志之。"

2048.《乡规民约碑》,嘉庆二十一年九月十二日。山西长治上党区荫城镇长春村玉皇庙。196＊60。19行50字。《三晋·长治县》P184。长治县正堂示谕、冯村绅士乡约等人立"村规民约"十条。

2049.《奉宪立碑》,嘉庆二十一年十月。浙江瑞安市陶山镇埭下村埭下堂。103＊51。11行23字。《温州》P746。乡禁,田园保护。

2050.《奉廉明县主郑示禁碑》,嘉庆二十一年□月二十三日。广东海丰县联安镇白町村。《广东》P844。乡规、禁赌禁砍。

2051.《从江八洛黔粤界碑》,嘉庆二十一年十一月立。贵州从江县贯洞镇八洛村都柳江上约400米处。黎平府永从县知县徐梦熊立。《贵州省志·文物志》P285。公文,行政管辖界址。

2052.《台湾县温奉宪示禁碑》,嘉庆二十一年十一月十一日。原在台湾台南中西区水仙宫左近佛头港,现存大南门碑林。台湾县知县温溶示。《台湾南部》P447;《南门碑林》P73;《明清台湾》P477。治安,斗殴、雇挑、划地盘,族长责任,处罚。

2053.《重立社规碑》,嘉庆二十一年十二月初一日。山西高平市北诗镇拥万村玉皇庙。《高平》P690。乡禁,碑即法。

2054.《重修南惠林寺碑记》,嘉庆二十一年十二月二十八日。河南孟津县送庄镇负图村。156*63。《孟津卷》图 P128、文 P396。四至。

2055.《重修河东会馆碑记》,嘉庆二十一年十二月。北京广安门大街449号河东烟行会馆。《基尔特》5－929。会馆沿革,置产、详细收支,买碑银。

2056.《兴化寺重修碑记》,嘉庆二十一年刊。山西盂县苌池镇南兴道村。碑中部断裂,131*65*15。额题"昭兹来许"。吏部候选知县韩玠撰文。《三晋·盂县》P362。记事,公款收支、契买信息。

2057.《卖田章程碑》,嘉庆二十一年。陕西洋县黄家营乡。圆首,153*77*16。14行33字。《秦岭》P71。民间卖田典地规条。

2058.《营盘村义举碑》,嘉庆二十一年。陕西留坝县闸口石乡。圆首,额题"义举碑"。15行。《秦岭》P71。军规,禁止扰民及安心服役四条军纪和五条优待章程。

2059.《邹氏祠堂规约碑》,嘉庆二十二年(1817)二月。福建南平武夷山下梅村邹氏祠堂。族规。

2060.《藩宪严禁挖沙印砖碑示》,嘉庆二十二年四月初十日示。广东佛山莲峰书院山门内东壁。150*70。《佛山文物》P90。官禁,禁挖山岗、伤坏坟墓。

2061.《杭州府示谕广济孚顺王蒋神圣像前不得滋扰生事碑》,嘉庆二十二年四月。浙江杭州孔庙。104*70。《杭州孔庙》P332。

2062.《奉宪预绝棍客示告碑记》《奉宪严禁罗汉脚恶习碑记》,嘉庆二十二年六月。台湾高雄旗山区眉洲里永福街23巷16号天后宫。台湾县知府谢洪光示,士绅、商号重刻。《台湾南部》P448;《高雄》P117;《明清台湾》P61。治安,罗汉脚、索诈。

2063.《严禁不容奸人碑》,嘉庆二十二年六月。台湾南投县集集镇,佚。《台湾中部》P345。番汉、乱垦。

2064.《陈王庙齐田碑记》,嘉庆二十二年巧月(七月)。上海浦东新区张桥镇金海路南老陈王庙。134*66+85。18行49字。《浦东修订》P289。条规。

2065.《岳麓书院文昌祭田碑记》《文昌阁祭田契券》,嘉庆二十二年七月。湖南长沙岳麓书院御书楼前右壁回廊上。80*200。山长袁名曜撰写,监院李沅训书。《湖湘碑刻(一)》P206。租田管理、经费来源。

2066.《征收完课谕示碑》,嘉庆二十二年七月。台湾彰化县埔盐乡南新村旧称南势埔路旁。《台湾中部》P250;《明清台湾》P283。田园兼并。

2067.《重建药行公馆碑记》,嘉庆二十二年夏秋月。原在北京前门外东兴隆街 2 号药行会馆。《北京工商》P93。公产,行规。

2068.《张老爷封山碑》,嘉庆二十二年八月初四日示。云南通海县河西镇解家营村寺庙。乡绅张老爷立。《云南林业》P262。坟山坐落,护林,禁伐。

2069.《黄田村众立禁砍宅树碑》,嘉庆二十二年九月三十日。广西灵川县潭下镇黄田村小学。84＊60。额刻"万古流芳"。《灵川》P253。乡禁,免争。

2070.《黄田村众议禁赌博》,嘉庆二十二年九月。广西灵川县潭下镇黄田村小学。84＊60。《灵川》P254。乡禁,禁赌。

2071.《皇明诰授扬威将军功绩世系碑》,嘉庆二十二年秋月。云南曲靖沾益区花山街道大树屯村青龙寺。17 行 38 字。《云南道教》P462;《曲靖石刻》P165。

2072.《设立义学义坟碑》,嘉庆二十二年十月初九日。山西介休市绵山镇兴地村回銮寺。《晋中》P365。救济。

2073.《正西路四乡中保地亩差务碑记》,嘉庆二十二年十月。河南孟津县麻屯镇庙后村。54＊116。《孟津卷》图 P129、文 P398。条规。

2074.《重立免差徭碑》,嘉庆二十二年十一月十六日示。山东曲阜市孔庙毓粹门内北首。198＊76＊23。15 行 40 字。孔氏族长孔衍潢奉袭封衍圣公府扎委勒石。《曲阜碑文录》P961;《曲阜辑录》1－P380。公文,引顺治十三年(1656)成例,重祀典,免差徭。

2075.《二仙庙告示碑》,嘉庆二十二年十一月二十日示。山西高平市石末乡三槐庄二仙庙。130＊50＊20。禁开窑以保庙宇事。

2076.《桥碑》,嘉庆二十二年十二月初三日立。山西盂县梁家寨乡御枣口村泰山庙。《三晋·盂县》P363。记事,村集资立股修桥。

2077.《北流村戒赌碑记》,嘉庆二十二年。山西黎城县北流村圣王庙。方趺,117＊50。现年乡约、社首合社重立。《山西师大》P69。乡禁,禁赌。

2078.《感思复赡田碑》,嘉庆二十二年。山东泰安岱庙汉柏院东碑墙上。75＊171。27 行 22 字,文残缺不可读。《泰山石刻》P456。

2079.《查丈灵台地亩记碑》,嘉庆二十二年。陕西西安长安区。51＊55。首题同碑名。22 行 31 字。《秦岭》P301。记事,寺庙地产讼案。

2080.《卖地碑》,嘉庆二十二年。陕西乾县马连乡南上官小学。84＊42。买方在清明节应酬卖方祭祀祖先的有关规定。

2081.《鹫峰寺序》,嘉庆二十二年。重庆合川县涞滩乡鹫峰寺(又名二佛寺)。光绪《续修安岳县志》卷 2,《巴蜀》P742。僧场诸弊。

2082.《奉宪禁流丐聚集移尸索诈碑》,嘉庆二十二年。台湾高雄旗山区天后宫。官禁,禁索诈,治安。

2083.《解家营村寺庙所置产业碑》,嘉庆二十二年。云南通海县河西镇解家营村。契证、公产。

2084.《封山碑》,嘉庆二十二年。云南弥勒市板凳寨。村民立。《云南林业》P937。禁砍伐。

2085.《运宪府宪县主禁碑》,嘉庆二十三年(1818)正月二十九日。广东海丰县梅陇镇桥头村。《广东》P844。官禁,禁私垦盐田毁坟。

2086.《缪氏公置田亩碑记》,嘉庆二十三年二月初六日示。江苏常熟碑刻博物馆。官示,族公产、族规。

2087.《高平县正堂禁事碑》,嘉庆二十三年二月初七日。山西高平市南城街道办事处汤帝庙,嵌壁。圆首,180 * 54。7 行 29 字。《三晋·高平》P506。禁砍伐,禁牧羊咬食。

2088.《功德碑》,嘉庆二十三年二月谷旦。1990 年由北京房山区张坊镇南白岱村小学迁云居寺。方首圆角,方座。158(37+79+42)* 56 * 16。额题"因果不昧"。住持悟辉立石。《北图藏拓》78 - 171;《云居寺》P204。布施田土,欠账自负,与寺无关。

2089.《山案示禁碑》,嘉庆二十三年三月二十九日给文。安徽休宁县环溪(现属江西婺源县)。清吴光昭《环溪吴氏家谱》卷 4,光绪甲辰(1904)宝诰堂梓;汪柏树《良法虽垂,颓风难挽——清代徽州环溪吴氏家族禁山碑约探讨》,《黄山学院学报》2006 年 6 期。婺源县正堂示禁。"吴姓管业山场,止许遵照部例,种植竹木茶荈,永禁布种苞芦、挖掘柴脑,以及将山顶卖外姓。"后附禁规 3 条。

2090.《山案禁约》,嘉庆二十三年四月十八日给文。安徽休宁县环溪(现属江西婺源县)。《环溪吴氏家谱》卷 4;汪柏树《良法虽垂,颓风难挽——清代徽州环溪吴氏家族禁山碑约探讨》,《黄山学院学报》2006 年 6期。徽州府正堂示禁。

2091.《修理祠堂置买祭田记》,嘉庆二十三年六月。山西洪洞县龙马乡崔堡村。圆首,跌伕。120 * 55 * 15。额题"永垂不朽"。9 行 37 字。《三晋·洪洞》P455。记事,乾隆六十年(1795)来置产数目坐落尺寸。

2092.《海康县示碑》,嘉庆二十三年六月。广东雷州市雷城镇关部街康皇庙。《广东》P562。官禁,禁借差勒索船户。

2093.《绦行公议条规碑》,嘉庆二十三年七月二十二日。原在北京宣武区太平街哪吒庙绦行公所。《北京工商》P129;《基尔特》5－996;《北图藏拓》78－176。行规;住持看守、地税、义地使用管理规则,禁偷葬。

2094.《重修学宫乐输碑》,嘉庆二十三年八月。江苏无锡碑刻陈列馆。财产处置,公产。

2095.《三义庙创立义园并施棺木碑记》,嘉庆二十三年九月。北京通州区北苑粮食加工厂内三义庙旧址东侧。240＊85＊23。两面刻。阳额"永垂不朽",首题同碑名。阴额"山左同立"。《北图藏拓》78－178;《北京石刻拓本提要》P385。历次置地四至。

2096.《五门堰分水碑》,嘉庆二十三年□月十七日。陕西城固县五门堰。136＊68＊15。额篆"皇清"。20行41字。《汉中》P249。水利管理。

2097.《吴氏禁山条规》,嘉庆二十三年十一月初六日立。安徽休宁县环溪(现属江西婺源县)。《环溪吴氏家谱》卷4;汪柏树《良法虽垂,颓风难挽——清代徽州环溪吴氏家族禁山碑约探讨》,《黄山学院学报》2006年6期。

2098.《禁砍树木合同碑记》,嘉庆二十三年十二月初九日。云南楚雄市大过口乡磨刀箐村。70＊50。黄姓同佃户同立。《云南林业》P264。乡禁规约,罚松种。

2099.《东营清真寺碑记》,嘉庆二十三年十二月。广东广州越秀区越华路小东营清真寺。《回族》P268。捐赠,财产处置。

2100.《示禁碑》,嘉庆二十三年。辽宁营口西市区鱼市街(辽河大街西端),佚。《营口市文物志》P158。

2101.《重建会馆碑记》阴,嘉庆二十三年。北京崇文门外兴隆街药行会馆。碑阴为"众议规条"。《基尔特》3－443。公产,各铺捐金数额、罚则。

2102.《禁止伐树碑》,嘉庆二十三年。山西洪洞县广胜寺上寺前殿后门。螭首方趺,63＋128＊63＊20。阳额"碑志",阴额"永远不朽"。9行37字。《三晋·洪洞》P456。官禁、乡禁,禁私罚、牧羊践食。

2103.《祠堂官地及堡内城工所置地记》,嘉庆二十三年。陕西周至县竹峪乡兰梅塬村王氏宗祠。圆首,76＊62。首题同碑名。16行22字。《秦岭》P302。记事,田地买卖租佃。

2104.《平桥白鱼渡布告碑》,嘉庆二十三年。重庆武隆区平桥镇白鱼渡口。180＊80。《重庆》P128。告示,规条。

2105.《岩鹰例碑》,嘉庆二十三年。贵州黄平县城东南42公里谷陇镇岩鹰村。145＊85。《黄平县志》,《苗族卷》P68。诉讼。

2106.《方氏祠堂规约》,嘉庆二十三年。台湾台南关庙区。族规、公约、训示。

2107.《西大社禁赌碑文》,嘉庆二十四年(1819)二月二十八日。山西高平市。圆首,153＊47。14 行 45 字。《三晋·高平》P507。

2108.《澳规》,嘉庆二十四年花月(三月)。福建晋江市深沪湾临海处。崖刻。《晋江》P71。乡禁,环保,违者罚戏一台。

2109.《浚元书院翁氏乐捐碑》,嘉庆二十四年暮春。广东雷州市西湖公园浚元书院。《广东》P548。财产处置,公产。

2110.《洛阳县东北路五乡西保向来差徭碑序》,嘉庆二十四年四月。河南孟津县送庄镇营庄村。55＊90。《孟津卷》P131。

2111.《豁除粮租碑》,嘉庆二十四年六月吉日立。河北隆尧县碑刻馆。217＊89＊23。19 行 37 字。碑阳公文,碑阴记。申世楠书。《文物河北》下P728;《河北隆尧石刻》P248。户部题请,行文直隶总督。

2112.《禁赌禁娼碑》,嘉庆二十四年六月。河南偃师市府店镇夹沟村。49＊54。《偃师卷》P596。

2113.《泗胜坊示谕碑》,嘉庆二十四年六月。澳门关前街聚龙社。《广东》P1009。码头管理、环保。

2114.《奉宪板行碑示(二)》,嘉庆二十四年八月十二日。江苏南京贡院外。

2115.《关帝降神碑》,嘉庆二十四年八月十五日。福建泉州通淮关岳庙。泉郡下民奉命择立。《福建宗教碑铭汇编·泉州府分册》P323。

2116.《毛村买置赛龙舟田产碑记》,嘉庆二十四年十月。广西灵川县大圩镇毛村圣母宫。84＊54。额刻"万古流芳"。《灵川》P256。置产。

2117.《如意会定规纪事碑》,嘉庆二十四年十一月十二日。原在江苏苏州镇抚司前 16 号梨园公所,现立苏州文庙。《苏州社会史》P323;《江苏明清》P299。织造部刊碑定例,入业行规、济贫善举。

2118.《补休清化寺并条规序》,嘉庆二十四年十一月。山西高平市神农镇团东村清化寺。109＊52。44 行 20 字。《三晋·高平》P508。置办庙产,重修规章。

2119.《禁杀耕牛碑》,嘉庆二十四年十二月初四日。陕西咸阳秦都区马庄乡马庄村。圆首方额,座佚。176＊63＊12。额篆"皇清"。9 行 31 字。《咸阳碑刻》P261。护农护牲。

2120.《龙洞渠铁眼斗用水告示碑》,嘉庆二十四年冬月。陕西泾阳县王桥镇泾惠渠首碑廊。圆首方额,龟趺。172＊69＊14+33。额篆"皇清"。22 行 52 字。《咸阳碑刻》P260;《黄河》P316。水案。三原、高陵、醴泉等县村民用水矛盾以及裁处情形。

2121.《尧泽头全社禁赌碑志》，嘉庆二十四年。山西长治屯留区麒绛镇尧泽头村。《三晋总目·长治》P140。乡禁,禁赌。

2122.《北庄村禁赌碑记》，嘉庆二十四年。山西长治潞城区侯家庄村三嶕庙东壁。123＊51。额题"维风正俗"。万泉县教谕侯六行撰文书丹。《山西师大》P91。乡禁,禁赌。

2123.《苏州府永禁虎丘放生官河网捕碑》，嘉庆二十四年。江苏苏州。官禁,环保。

2124.《禁赌碑》，嘉庆二十四年。安徽祁门闪里镇文堂村。劝谕,禁赌。

2125.《香火田碑》，嘉庆二十四年。台湾南投县竹山镇社寮里集山路一段1738号开漳圣王庙(今称竹山武德宫)左侧。寺庙地租。

2126.《桂林各济收养碑记》，嘉庆二十四年。广西桂林七星区六合路。拓100＊68。《中国西南地区历代石刻汇编》7-89;《桂林辑校》P997。

2127.《驿后县主示禁碑》，嘉庆二十五年(1820)正月廿三日。广东惠来县驿后村。153＊68。《广东石刻卷》P222。告示,禁滥用土地。

2128.《遵母命施地西山庙碑记》，嘉庆二十五年二月二十六日。山西阳城县北留镇郭峪村西山庙。《郭峪》P60。财产处置,契证。

2129.《重修祠堂碑记》，嘉庆二十五年三月二十五日。陕西白水县辛庄村胡家祠堂。93＊48。《渭南》P131。禁伐木取土。

2130.《傅宅地亩碑》，嘉庆二十五年三月。北京房山区云居寺千佛殿前。中部断裂拼接。190＊64＊16.5。额题"万代流芳",首题"傅宅地亩碑记"。18行30字。《云居寺》P141。财产处置。傅德亮兄弟将地半施半卖与西域寺,舍地与卖地相连。

2131.《高平县正堂禁赌告示碑》，嘉庆二十五年四月初三日。山西高平市河西镇乔村祖师庙。圆首长方座,106＊43＊20+15。8行35字。《三晋·高平》P511。

2132.《乡约碑记》，嘉庆二十五年五月十七日。山西高平市神农镇东郝庄村。圆首,170＊55＊15+55。14行40字,总349字。《三晋·高平》P518。

2133.《原家庄茶棚地基界限碑记》，嘉庆二十五年五月。山西长治县工业园区原家庄村。49＊80。23行18字。《三晋·长治县》P190。社民为防止茶棚之地再被窃占而公议开地基界限。

2134.《五门堰创置田地暨合工碑》，嘉庆二十五年仲秋。陕西城固县五门堰。175＊68＊18。22行58字。李时钟撰文,方春和书。《汉中碑石》P52。

2135.《卧碑》，嘉庆二十五年秋。台湾高雄左营区莲潭路47号旧城国小(崇圣祠碑林)。《台湾南部》P376;《高雄》P183。御制学规。

2136.《公议油市碑记》,嘉庆□□□年十月合行公立。北京崇文区晓市大街临襄会馆。碑文残缺较多。《基尔特》2-162。行规。

2137.《水口山护林碑》,嘉庆二十五年十一月十九日立。贵州锦屏县敦寨镇九南村水口山公路侧。100＊87。5行,共101字。《侗族卷》P20;《黔东南州志·文物志》,《苗族卷》P66。记事,林业经济。

2138.《创置书田碑》,嘉庆二十五年仲冬。广东汕头澄海区。《广东》289。族产。

2139.《武威兴文社当商营运生息碑记》,嘉庆二十五年。甘肃武威。文前半不清。175＊81＊13。容海撰。《武威金石录》。记事,规则。

2140.《四至石碑》,嘉庆年间(1796～1820)。北京怀柔红螺寺大雄宝殿前。庙产,福田制。

2141.《禁赌加级碑》,嘉庆年间。山西长子县大堡头镇。《三晋总目·长治》P127。

2142.《粮食集场碑》,嘉庆年间。陕西宝鸡陈仓区坪头镇。圆首,残损。102＊64＊16。《秦岭》P74。集场管理条规。

2143.《禁赌碑》,嘉庆年间。陕西旬阳县公馆乡。方首,102＊70＊14。漫漶严重。《秦岭》P304。禁赌禁匪。

2144.《关潮闸赡田碑记》,嘉庆年间。浙江宁波镇海区。民国《镇海县志》卷5。水利。

2145.《茶山封禁碑》,嘉庆年间。湖南城步县儒林镇罗家村一组田垅里。150＊70。《苗族卷》P66。

2146.《施秉六合禁革驿站积弊碑》(2),疑嘉庆年间。贵州施秉县城南6公里马号乡六合村土地庙两侧。右104＊69,左114＊59。《贵州省志·文物志》,《苗族卷》P64。禁约告示。

2147.《陆洞土民封禁水源公山》《奉宪示勒石永禁》,嘉庆年间。广西桂林漓江源头猫儿山。官禁,环保;24位乡民联名控告。

(六) 道光(1821～1850)

2148.《禁赌碑》,道光元年(1821)正月。山西平顺县。《三晋总目·长治》P85。

2149.《重修粤秀书院碑记》,道光元年正月。广东佛山。同治《南海县志》卷12。

2150.《苏州府示谕保护小艺业公所产业碑》,道光元年二月十六日。江苏苏州文庙。会馆公产,禁盗卖,禁自行盗租侵替;告示格式。

2151.《永禁寺后营造伐木开凿等碑》,道光元年二月。浙江宁波江北区洪塘街道保国寺大门侧。圭首,152*86*7。额题"永禁",首题同碑名。23行52字。《甬城》P112。乡禁,寺产数额四至。

2152.《护林厚民生碑》,道光元年三月二十一日。云南鹤庆县辛屯镇南河村山神庙。74*50*10。民众立。《云南林业》P267。针对已嫁之女及亲戚放火烧山,永禁野火杂人。

2153.《合村公议禁条》,道光元年三月二十七日。陕西澄城县善化乡马村卫生所。63*167。28行11字。《澄城碑石》P167。

2154.《兴修广州羊城书院设立膏火银两碑记》,道光元年季春月。广东广州。同治《南海县志》卷12。公产。

2155.《严禁僧民私相典借庙产碑》,道光元年四月二十八日。台湾嘉义市民权路北极殿地藏庵右厢门后。《台湾南部》P450;《明清台湾》357。保护庙产。

2156.《苏州府示谕遵守旧章碑》,道光元年五月二十九日。江苏苏州文庙。官员差役轿夫雇佣章程,革除津贴。

2157.《本县严禁强丐告示》,道光元年六月初六日。广东佛山顺德区。《广东》P418。官禁,治安。

2158.《北庄元梁氏先茔禁约》,道光元年七月二十日。山西灵石县夏门镇北庄原。85*85*16。15行18字。《三晋·灵石》P325。禁约。

2159.《增给月湖书院经费记》,道光元年七月。浙江宁波海曙区天一阁东园游廊壁。《天一阁》P224。学田管理、利息。

2160.《加封关羽"仁勇"二字及以新号相称碑文》,道光元年九月。河南洛阳洛龙区关林镇关林冢庙南墙东侧。72*147。洛阳知县刘谷万立。《关林》P2234。公文。礼部咨祠祭司案呈嘉庆十九年(1814)正月初五日内阁抄出,奉上谕,移咨河南道总督转饬,循照乾隆三十三年(1768)之式。

2161.《元江县修庙馆禁伐示》,道光元年十一月初一日。云南元江县龙潭乡大哨村井边。官府签署,乡村立。《云南林业》P268。告示,庙旁林木保护。

2162.《顺治九年题准刊立卧碑晓示众生员》,道光元年十二月。山西运城,佚。《三晋总目·运城》P225。御制学规。

2163.《禁赌博碑》,道光元年。原在甘肃两当县金洞乡新潮村栗子坪组村口,现立两当县城关镇香苑公园。右上角残损,160 * 80 * 12。额题"皇清禁赌博碑"。24 行 34 字。《秦岭》P11。官禁。

2164.《赎田归庵济渴碑记》,道光元年。安徽祁门县大坦乡大洪村大洪岭。碑档。

2165.《从江永从县界碑》,道光元年。贵州从江县。《从江石刻资料汇编》第 1 集,《侗族卷》P49。地界纠纷。

2166.《龙脊永禁贼盗碑》,道光二年(1822)正月十八日。广西龙胜县龙脊镇龙脊村。《广西》P156。

2167.《永昌府潞江塘子寨驿站告示碑》,道光二年二月十五日。云南保山隆阳区潞江镇芒棒村。《隆阳》P315。禁骚扰。

2168.《通济禅师自治祭田碑》,道光二年三月十六日。北京海淀区万寿寺。《北图藏拓》79－25。庙产。

2169.《广化寺壁议单》,道光二年四月八日。北京西城区鸦儿胡同广化寺。《北图藏拓》79－27。庙产庙规。

2170.《上海县为徽宁公堂冢地不得作践告示碑》,道光二年四月。原在上海黄浦区斜土路徽宁会馆。《上海》P230。官禁,公产、善举。

2171.《元和县严禁机匠借端生事倡众停工碑》,道光二年六月十一日示。原在江苏苏州姑苏区祥符寺巷云锦公所,现存中国国家博物馆。苏州文庙有原式复刻碑。17 行。尾题"发机房殿刊立"。《苏州工商》P24;《江苏明清》P13。官禁,禁罢工。

2172.《上海县为禁止流丐成群结党滋扰告示碑》,道光二年六月三十日。原立上海县新庙镇。《上海》P440。官禁,治安。

2173.《三村石牌》,道光二年七月二十二日。广西金秀县六巷乡门头村南社庙后山坡上。《广西瑶族》P62。

2174.《苏松太兵备道为禁止牙行留难进出客船告示碑》,道光二年八月十四日。原在上海南市区泉漳会馆(今南园公园)。《上海》P71。官禁,禁牙行留难。

2175.《捐置祀田追远忠义王暨合族冢墓碑记》,道光二年桂秋月。陕西西安。马振蕃撰。《西安清真寺古碑选注》P116。祀田坐落、佃户,祀典常规。

2176.《张氏施地碑记》,道光二年八月。甘肃天水麦积区马跑泉镇渗金寺。《天水县文物志》P147。记事,施产,界址。

2177.《严禁汛兵借端勒索纵马害禾碑记》,道光二年八月。台湾台南大南门碑林。台湾府知府盖方泌示。《台湾南部》P453;《南门碑林》P75;

《明清台湾》P481。禁兵丁勒索、践毁农田。

2178.《万盛渠碑》,道光二年九月初八日。陕西富平县薛镇乡湾里村。110＊56＊20。14行30字。《富平》P318;《渭南》P44。水规。

2179.《山陕会馆春秋阁院创修牌坊两廊看楼等房铺砌甬路院落施抽积银钱碑记》,道光二年十月。河南周口川汇区富强街山陕会馆(关帝庙)内戏楼西侧。方趺,287＊75＊22。额题"永□万古"。候选知县张诗铭撰,儒学生员陈惠兰书。《山西师大》P452;《会馆碑刻资料选编》P85。公产、收支明细。

2180.《功德碑》,道光二年十月。四川成都郫都区团结镇永定村。《回族》P302。财产处置,助教。回民王张氏向清真寺捐赠水田。

2181.《修造老古石街路头碑记》,道光二年十月。台湾。原立台南西区老古里瓮城竞阅门附近,1954年移台南市立历史馆(赤崁楼畔),1978年移南门碑林。《南门碑林》P77。治安,城管。

2182.《北斗街义冢碑》,道光二年十月。台湾彰化县北斗镇文昌里有应公祠前。《明清台湾》P291。乡规、契证。

2183.《示禁碑》,道光二年十一月十二日。安徽祁门县大坦乡大洪村大洪岭。"自示之后靠岭一带山场凡与大路毗连之区,毋许再种苞芦,俾沿路两傍草木畅茂,使地上坚固,永免泥松砂削,积塞道途,有碍行旅。"

2184.《堪断水利碑》《景明林交争水案碑记》,道光二年十二月。原立山西曲沃县北董乡南林交村,现存北董乡景明村龙岩寺。刻于顺治十一年(1654)《景明渠分水图碑》之阴。圭首方趺,130＊100＊17。额篆"万古不磨"。《山西师大》P332;《三晋·曲沃》P203;《曲沃古碑》P36。嘉庆二十三年(1818)讼案。判词。

2185.《金谕至明碑》,道光二年。河北平乡县河古庙镇高阜镇村。153＊64＊18。首题"金谕至明"。《文物河北》下P749。告示。

2186.《禁止赌博碑记》,道光二年。陕西城固县桔园镇。105＊48＊13。8行30字。《秦岭》P76。乡禁,禁本村村民参与赌博,不举报以窝赃罪论。

2187.《卖地契约碑》,道光二年。陕西西乡县峡口乡。圆首,98＊62＊10。《秦岭》P308。邑民黄甲将名下水田卖与三圣娘娘会。

2188.《正堂告示碑》,道光二年。陕西西乡县钟家沟乡。方首方座,132＊71＊15。《秦岭》P308。整饬乡风民俗。

2189.《桂林府为端午节龙舟赛事禁令》,道光二年。广西桂林临江下街,已毁。140＊75。《中国西南地区历代石刻汇编》12－147,《桂林辑校》P1007。

2190.《龙福合村刊各上宪告示暨公立乡规民约碑》,道光二年。广西灵川县大圩镇西马小学(原龙壄寺)。100 * 60。《灵川》P259。官禁、乡禁合并,治安;宪示、和约。

2191.《种松碑记》,道光三年(1823)正月十二日。原在云南保山隆阳区河图镇白塔村,现存保山市文管所。《隆阳》P335。环境。

2192.《严禁牧羊蹭践桑枝告示碑》,道光三年二月初六日。山西高平市石末乡东靳寨村玉皇庙。《高平》P692。重农桑告示。

2193.《永存不朽碑》,道光三年二月二十六日合同,民国八年(1919)立。云南西畴县西洒镇摩洒村。126 * 80。村民 12 人立。《云南林业》P276。讼案,山林纠纷;合同凭据。

2194.《武侯祠庙产田亩记事碑》,道光三年二月。陕西勉县武侯祠。84 * 84。《沔阳碑石》P108。祠产来源、坐落、数量及课税减免。

2195.《捐地告白》,道光三年三月十五日立。山东淄博周村区千佛寺千佛阁前。

2196.《檀波记碑》《赵培润舍地碑》,道光三年三月吉日。北京房山区云居寺祖师殿前,刻于嘉庆十四年(1809)春《云居寺御赐稻田碑》之阴。152 * 63 * 18+57。首题"檀波记"。住持悟辉勒石。《北图藏拓》79－48;《云居寺》P142;《新日下》P162。记事,财产处置,将祖业地舍捐,自种交租。

2197.《禁盗卖祀产义田碑》,道光三年三月。江苏常熟碑刻博物馆。讼案、案例、公产执帖。

2198.《堆云洞住持道人自置地亩粮税碑记》,道光三年六月。山西夏县。《三晋总目·运城》P192。碑档。

2199.《唐公车湃水利碑》,道光三年六月。陕西城固县五门堰。130 * 68 * 15。额横刻同碑名。24 行 32 字。李经典书丹,胡协时述古,李建福镌字。《汉中碑石》P54。

2200.《明伦堂卧碑》,道光三年六月。甘肃临潭县。《洮州厅志》卷 8;《甘南金石录》P198。御制学规。

2201.《宁波府知府严禁食盐商贩拢朋昂价以杜积弊而裕引课告示》,道光三年七月。原在浙江宁波海曙区县学街郡庙(城隍庙),现存天一阁东园游廊壁。《天一阁》P225。盐业管理,控案。

2202.《财神会碑记》,道光三年七月。原立广东广州市外江梨园会馆(遗址在今解放中路魁巷),1963 年移置于广州博物馆碑廊。105 * 56。《广州市文物志》P240;《广东》P17。规约,会馆使用管理、救助。

2203.《潮州府海阳县正堂文告》,道光三年八月十三日示。广东潮州湘桥区南岩寺。《广东》P261。治安,禁在寺轻生、索诈。

2204.《清真寺碑》,道光三年八月十五日。北京西城区三里河清真寺。碑阳阿拉伯文,碑阴阿、汉文。阴额题"率由旧章"。《北图藏拓》79－58。寺规。

2205.《罗言销、言镜等造屋碑》,道光三年八月。江西吉安县。47＊32＊7。首题"十五都集费轮值都长小引"。《庐陵》P216。屋凭,族内争执。

2206.《遵示告示碑》《广福寺告示碑》,道光三年九月八日。云南泸西县广福寺(现县委党校)。官府令广福寺住持勒石。《泸西县志》(云南人民出版社1992)P820;《云南林业》P280。官禁,禁伐;讼案,山林纠纷,碑据。

2207.《吴县为周宣灵王庙产印契立案保护碑》(2),道光三年九月二十一日、十一月二十六日。江苏苏州文庙。额均题"奉宪勒碑永禁"。《苏州社会史》P5331。契证,公产。

2208.《苏州府禁违断科派示碑》,道光三年□月十七日。江苏苏州文庙。禁冒充烛业行头、借祭祀科派肥己、勒索。

2209.《奕世流芳碑》,道光三年仲冬月中浣。海南海口龙华区龙泉镇雅咏村韦执谊祠堂旁。《海南金石概说》P46。族规、学田、祠堂。

2210.《放谷涉讼断案碑记》《具甘结碑记》,道光三年十二月。山西盂县北下庄乡东坡头村泰山庙。146＊58＊17。碑阳14行48字,载道光三年四月十六日给发公文及具甘结文;碑阴14行54字,记乡民呈控及官府革弊措施。《三晋总目·阳泉》P83;《三晋·盂县》P372。公文,通饬,甘结;记事,讼案,违例放谷,示禁。

2211.《留侯庙常住地界碑》,道光三年季冬。陕西留坝县张良庙。130＊70＊14。14行44字。《汉中碑石》P53。牌文、契证。

2212.《申禁茶叶交易兴利息碑》,道光三年。安徽祁门县渚口乡。

2213.《奉旨永远封禁碑》,道光三年。浙江象山县鹤浦镇。官禁,禁伐。

2214.《规约碑》,道光三年。湖南邵阳大祥区白鹤潭清真寺。《回族》P386。规约,宗教。

2215.《公禁碑记》,道光三年。福建厦门思明区滨海街道黄厝社区溪头下。治安。

2216.《关圣宫碑》,道光三年。云南元阳县嘎娘乡嘎娘下寨村旧关圣宫附近。129＊67＊12。《云南道教》499;《中国云南少数民族生态关连碑文集》P58。四至。

2217.《河边村众议禁约碑》,道光四年(1824)正月二十一日。广西灵

川县潭下镇河边村前大樟树下。63＊100。额刻"众议禁碑"。《灵川》
P261。乡禁。

2218.《吴县准许玄坛庙入载郡志并予保护告示碑》,道光四年二月。
江苏苏州。《苏州社会史》P468。信仰合法。

2219.《侯氏家族创业碑》,道光四年三月初七日。陕西周至县哑柏镇。
圆首,残,145＊41＊16。额楷"皇清"。两面刻,阳84字,阴11行48字。
《秦岭》P309。地亩。

2220.《万春宫庙产碑》,道光四年三月。台湾台中三民路圣母庙万春
宫。《台湾中部》P258。财产处置,捐庙产、禁私相典卖。

2221.《遵示勒碑》,道光四年孟夏月朔八日。湖北兴山县实验小学。
《兴山》P81。禁碑。

2222.《海荡决讼碑记》,道光四年四月。福建惠安县南埔镇邱厝村祠
堂。130＊65。《惠安县文物志》P90。公文、讼案、分界、示禁。

2223.《南石陈公祠规条碑》,道光四年四月。广东东莞大朗镇南石区
陈公祠。54＊36。《东莞》P299。禁条。

2224.《公议茶规碑》,道光四年五月初一日。安徽婺源县城西北46公
里洪村洪氏宗祠。度量衡、乡约。

2225.《柳氏家训碑》,道光四年五月。山西沁水县西文兴村。《三晋·
沁水县》P316。家训,家族支费、生意管理等规定。

2226.《陡沟马家庄碑刻》,道光四年仲夏。山东济南市中区陡沟街道
马家庄村清真寺。150＊60＊25。额刻"万古流芳"。约100字。《山东回
族》P290。木大章之妻米氏施地与寺。

2227.《重修金门闸上谕》,道光四年六月刻,道光三年十二月初十日上
谕。河北涿州义和庄镇北蔡村金门闸南墩台碑房内。154＊76＊17。额题
"上谕",两面刻。阳为道光三年十二月初十日内阁奉上谕,张文浩等奏,13
行21字;阴为南岸同知窦乔林、三角淀通判胡侍丹承修金门闸工程尺寸。
《涿州贞石录》P88;《文物河北》下P596。上谕,工程记事。

2228.《永禁沿港拦截勒索告示碑》,道光四年六月。江苏扬州。《瓜洲
续志》卷26。

2229.《严禁兵民抢夺商船碑记》,道光四年六月。原立旧台湾府海口,
现存台湾台南大南门碑林。福建巡抚孙尔准巡察台湾时示。《台湾南部》
P455;《南门碑林》P79。禁兵丁抢劫灾船货物,奖惩,碑用。

2230.《杨文宗买房契碑》,道光四年八月十九日。广西桂林月牙山月
牙崖。2＊0.3尺。《桂林石刻》P249;《桂林辑校》P1010。

2231.《奉县宪示禁碑》,道光四年八月。浙江瑞安市曹村镇碗窑村观音亭右侧山墙上。100＊67＊9。额刻"奉县宪示禁"。12行26字。《温州》P748。严禁盗贼、恶丐,治安。

2232.《奉各宪勒碑》,道光四年八月。浙江平阳县宋埠镇(现为万全镇)斗南村水陆寺。132＊62。额刻同碑名。12行32字。《温州》P1095。争水讼案。

2233.《仁政碑》,道光四年八月。云南玉龙县石头乡束河村。144＊66＊14。丽江府正堂禁屠宰病牛告示。《丽江》P191。防瘟疫。

2234.《过路塘严禁挖泥碑》,道光四年菊月。广东揭西县城东南1.5公里路塘小桥头。《广东》P336。乡规、惩罚、风水。

2235.《文昌宫家具什物存目》(牌匾),道光四年十月初二日。甘肃武威文昌宫。公产保全。

2236.《奉州宪严禁盗贼水手病故章程碑》,道光四年十月十三日。广东罗定市。《广东》P743。船户公约,禁尸亲索诈、被贼诬盗。

2237.《吏治箴言刻石》,道光四年十月。陕西西安碑林。83＊209。6行6字,后附跋文四段。《北图藏拓》79－75。明代曹端箴言。

2238.《永禁挖岸践田告示碑》,道光四年十月。江苏扬州。《瓜洲续志》卷26。

2239.《吏治箴言刻石》,道光四年十月。浙江杭州孔庙。52＊184。

2240.《上海县为严禁流丐结党盘踞扰累告示碑》,道光四年十一月二十五日。原在上海县新庙镇。《上海》P441。官禁,治安。

2241.《捐钱文地土典当铺面记》(牌匾),道光四年十一月。甘肃武威文昌宫。公产保全。

2242.《梅知县为莲塘竹林新宅粟家四村取石烧灰出示晓谕碑》,道光四年十二月初九日。广西灵川县九屋镇莲塘村石姓宗祠。95＊68。额刻"万古流芳"。《灵川》P269。讼案,示禁。

2243.《万古流芳碑》,道光四年十二月十四日。贵州惠水县太阳乡和平村。183＊75。《惠水》P28。禁杂派役税,碑照。

2244.《洞阳宫施舍山场碑》,道光四年冬月十七日。陕西城固县洞阳宫。76＊50＊13。9行32字。孙振东撰文并书丹。《汉中碑石》P257。

2245.《丰口坝公议条规碑》,道光四年十二月。陕西平利县洛河镇。圆首方趺,100＊58。额题"永垂不朽"。《安康》P125。乡禁,治安。

2246.《荒溪堰条规碑》,道光四年季冬月。原在陕西褒城县荒溪堰务会,现存汉中南郑区圣水寺。133＊70＊15。24行66字。《汉中》P55。水规、处罚。

2247.《告白碑》,道光四年冬月。云南广南县旧莫乡基底村公所汤盆寨老人厅。93＊54＊20+80。寨老与禁树人14人同立。《云南林业》P284。乡禁,禁伐。

2248.《免运漕车辆碑》,道光四年。山东德州陵城区。道光《陵县志》卷17。

2249.《祖神禁碑》,道光四年。湖南绥宁县。《碑文化》P903。乡禁,禁伐。

2250.《永镇地方碑》,道光四年。湖北恩施。

2251.《公议管理茶山渡条款碑记》,道光四年。贵州遵义县(现遵义播州区)与开阳县交界处的茶山关。12条条款。乡规,劝捐公买渡田,以渡田收入专供船夫生活和修船费用。"水手更换,必须凭官具结,始可充当。"

2252.《奉宪禁各衙胥役勒索绅衿班数碑记》,道光四年。原在台湾府奎楼书院(今台南中西区中正路东段),现在台南南门碑林。台湾县知县李慎彝示。《台湾南部》P456;《南门碑林》P81。官禁,诉讼弊端、生员被侮、台湾积弊,学宪与地方官,案例。

2253.《严禁勒索竹排钱文谕示碑》,道光四年。台湾南投县竹山镇连兴宫右门外墙。彰化知县李振青示。官禁,禁拦截、勒索。

2254.《梅知县为严禁砍伐城墙头官山树木烧炭告示碑》,约道光四年。广西灵川县九屋镇汀江村。132＊79。额刻"万古流芳"。《灵川》P266。讼案,示禁,禁伐。

2255.《梅知县为严禁在兵神庙玉圣山取石烧灰告示碑》,约道光四年。广西灵川县灵川镇廖家村公祠。70＊53。《灵川》P268。讼案,禁伐,风水。

2256.《文庙卧碑》,道光五年(1825)一月。台湾彰化市文庙东北隅。《台湾中部》P259。御制学规。

2257.《文峰村护林碑》,道光五年二月初三日。云南祥云县祥城镇王家山办事处。寨老与禁树人14人同立。《云南林业》P286。乡禁,劝种禁伐。

2258.《甸苴粮户永守旧章碑》,道光五年三月三十日。云南玉溪江川区雄关乡朝阳寺。157＊85。《江川历史碑刻》P8。告示。

2259.《四村公议禁约碑》,道光五年三月。广西灵川县大圩镇毛村圣母宫。83＊48。额刻"永禁碑记"。《灵川》P270。乡禁。

2260.《修义县箭厅碑记》,道光五年四月上浣。辽宁义县。《锦州》P240。置地契户。

2261.《锡庆寺八处界址碑》,道光五年四月。甘肃漳县奇石馆。45+83＊78＊17。9 行 23 字。《安多》P221。记事,官禁。"打损界碑,以法究责。"

2262.《晓谕碑》,道光五年五月十八日发文。贵州兴义市城南 15 公里则戒乡奄章村梁子背水塘边。160＊92。额题"恩垂万古"。首行"世袭贵州都匀府独山州烂土正长合江司正堂张",文计 1 200 字。《贵州省志·文物志》P292。官禁条约 17 款。保护坟山,禁开挖栽种、牛马践踏、乱伐乱摘,戒争讼。

2263.《奉宪禁各衙胥役勒索绅衿班数碑记》,道光五年蒲月(五月)。台湾高雄凤山区凤仪书院。凤山县知县杜绍祁示。《台湾南部》P459;《高雄》15 号;《明清台湾》P65。诉讼弊端、文士被侮、台湾积弊。

2264.《清真寺劝善条约碑》,道光五年六月。山东济南槐荫区小金庄清真寺。金龄、金鳌立。《山东回族》P149。规约。与济南市中区党家庄镇清真东寺内乾隆四十八年(1783)《劝善条约残碑》内容相似,涉及道德理念和宗教法规诸多方面。

2265.《奉宪严禁碑》,道光五年六月。安徽祁门县箬坑乡伦坑村。护林禁伐。"自示之后,毋得纵火以及私行偷窃。"

2266.《为严禁窝盗聚赌出示晓谕碑》,道光五年六月。广西桂林叠彩区大河乡油榨村。130＊60。额刻"桂林府正堂郎示"。"郎"为郎锦骐。《桂林辑校》P1014;《灵川》P270。例文,法禁,官禁,禁赌。

2267.《关山东公所义冢地四至碑》,道光五年七月。上海。《上海》P194。界址、公产。

2268.《立禁碑》,道光五年八月初二日。浙江瑞安市马屿镇许峰村林氏宗祠。额楷同碑名。108＊58。11 行 35 字。《温州》P750。治安。

2269.《禁止容留游匪窝窃聚赌》,道光五年七月。广西桂林叠彩区大河乡大河村。3.7＊2.1 尺。《桂林石刻》P254;《桂林辑校》P1015。官禁,公议乡约条款。

2270.《梅知县为三都六、十两图公议禁约出示晓谕碑》,约道光五年七月示。广西桂林叠彩区大河乡油榨村。125＊65。《灵川》P272。官禁、乡禁合并。

2271.《冠山书院经费记》,道光五年八月。北京延庆区。《北图藏拓》79-86。经费管理。

2272.《石泉县池河口义渡告示碑》,道光五年八月。陕西石泉县松柏乡池河镇桂花村北江边古道旁。圆首方趺,155＊83＊8。额刻"百世流芳"。

《安康》P131。

2273.《锡庆寺八处界碑》,道光五年八月。甘肃漳县奇石馆。吴景山《甘肃省涉藏金石碑刻解题目录》,《中国藏学》2012 年 1 期 P132。禁碑、界址。

2274.《石泉知县整饬风化告示碑》,道光五年九月初四日。陕西石泉县池河中心卫生院(关帝庙旧址)。方首,110 * 72 * 7。20 行 41 字。《安康》P132。治安,环境、勒索等。

2275.《宝应寺增置庙产记》,道光五年九月。北京宣武区广安门内南线阁。《北图藏拓》79 - 88。契证、公产。

2276.《执帖碑》,道光五年九月。江苏苏州文庙。碑文下部字迹不清。

2277.《双泉村息讼壁记》,道光五年十一月初三日。山西高平市石末乡双泉村祖师庙。《高平》P620。讼案。两村纠纷、伐树。

2278.《管理市场斗秤碑》,道光五年冬月十九日。四川会东县姜州炎帝宫。115 * 59。额刻"州正堂示,永垂万古"。《凉山》P109。公文,札。

2279.《当彩呼图克图、孟克席吉布施银两碑》《塔尔寺吉索碑》,道光五年。青海湟中县塔尔寺九间殿前辩经院北侧墙下。169 * 81 * 15。蒙藏文。《青海金石录》P210;《安多》P163。置产布施管理。

2280.《碧阳书院复旧章记》,道光五年。安徽黟县中学(原碧阳书院)崇教祠。

2281.《公议石刻》,道光五年。福建厦门同安区莲花镇澳溪村。治安。

2282.《海康浚元书院膏火碑》,道光五年。广东雷州市西湖公园浚元书院。《广东》P549。

2283.《史载文置买白龙洞僧田记》,道光五年。广西桂林南溪山白龙洞口。70 * 74。《中国西南地区历代石刻汇编》12 - 148,《桂林石刻》P256;《桂林辑校》P1016。

2284.《马祖寺记》,道光初年。四川。民国《灌志文征》卷 5,《巴蜀》P760。寺产源流。

2285.《永昌种树碑记》《种松碑记》,道光五年。原存云南保山隆阳区玉泉路磨房沟(磨盘山),后移太保公园,佚。知府撰立。《永昌府文征》第二册卷 12,《隆阳》P337。环保,劝种,禁采山石。

2286.《清理永昌南北社仓济贫租石记》,道光初年。云南保山隆阳区,佚。《隆阳》P341。救济。

2287.《牛进忠墓碑》,道光六年(1826)三月。北京海淀区老公坟。《北图藏拓》79 - 95。碑阴刻嘉庆二十一年(1816)立张桂看坟四季祭品字据。

前后刻字字体不一。契约。

2288.《奉宪永禁棚民贪利锄种碑》,道光六年三月。安徽祁门县祁山镇黄古田村。

2289.《七村公议立罚饬碑记》,道光六年四月初四日。山西阳泉市郊李家庄乡柳沟村六泉庙。《三晋总目·阳泉》P131。乡规。

2290.《禁讯卡弁兵勒收杉板捐碑记》,道光六年五月初十日。云南麻栗坡县麻栗镇豆豉店村。100 * 60。开化镇中衡总府立。《云南林业》P294。告示,官禁,禁违例勒收。

2291.《苏州府为烛业东越会馆规定各店按月捐款以作春秋祭费准予备案碑》,道光六年八月初七日。江苏苏州文庙。文不清。《清代工商》P134。祀关帝,各店进货。

2292.《严禁在定林寺附近放牧告示壁记》,道光六年八月初九日。山西高平市米山镇米西村定林寺。《高平》P694。乡禀官示,重农桑告示。

2293.《从化县正堂示碑》,道光六年九月初七日。广东广州从化区良口镇良明村塘寮村背后山梁家墓地。《广东》P58。护坟。

2294.《善士施钱地碑记》,道光六年十一月初五日。河南孟津县麻屯镇韩庄村。125 * 56。《孟津卷》图 P143、文 P409。四至。

2295.《两广部堂示禁碑》,道光六年十一月。澳门莲峰庙。《广东》P1009。官禁,禁兵弁勒索船户。

2296.《禁止烛匠罢工碑》,道光六年十二月二十五日。江苏苏州阊门外三乐湾东越会馆。《北图藏拓》79-103。官禁,禁罢工。

2297.《丰宁南界碑》,道光六年。河北滦平县红旗镇梁底下村南。圭首方座,204 * 78 * 32。《文物河北》中 P344。县界,里数。

2298.《白云观火祖殿香灯布施勒名之碑记》,道光六年。北京西城区白云观。住持张合智立石。《白云观志》P147。记事,置产,财产处置。

2299.《清真寺新置学田碑记》,道光六年。河南孟州市桑坡村清真东寺。契证。

2300.《关帝庙典地碑》,道光六年。陕西岐山县北郭乡。螭首,140 * 136 * 16。吴自立书。《秦岭》P78。记事,典卖土地面积与价格。

2301.《共置产业公举乡约碑》,道光六年。陕西宁陕县皇冠镇兴隆村太平桥。平首方趺,150 * 50。额题"万古标名"。《安康》P135。

2302.《公举乡约碑》,道光六年。陕西宁陕县筒车湾镇。187 * 43。四面刻字。正面额题"万古标名"。《秦岭》P312。经厅府批准共置产业,公举乡约承担乡里事务。

2303.《合约演戏严禁碑》,道光六年。安徽祁门县闪里镇文堂大仓原祠堂前照壁上。乡禁 5 条,罚酒罚戏。

2304.《遵示永禁碑》,道光六年。湖南津市市博物馆。112＊75＊16。额刻"遵示永禁"。《湖湘碑刻(一)》P49。乡禁。

2305.《公定斗量碑记》,道光六年。台湾。刻于蔗车(压榨甘蔗所用圆石)上方正中。度量衡。

2306.《桂湖公约碑》,道光七年(1827)正月。福建福州晋安区宦溪镇桂湖后龙村边,用作溪涧桥板。187＊49＊11。5 行。桂湖乡公约。《福州市郊区文物志》P478。官禁民约,禁赌博流乞,捆缚送官。

2307.《示禁碑记》,道光七年正月。台湾高雄左营区圣后里旧城国民学校,佚。凤山县知县杜绍祁示。《台湾南部》P460;《高雄》P319;《明清台湾》P39。护庙产、寺山。

2308.《上全村众议禁约碑》,道光七年二月十五日。广西桂林临桂区临桂镇庙岭乡上全村西南 2 公里处大碑桥旁。85＊60。额刻"万古流芳"。《灵川》P277。乡禁。

2309.《魏进朝生圹碑》,道光七年三月一日。北京海淀区皂君庙。碑阴刻地券。《北图藏拓》79－106。冥契,太监生养病死。

2310.《重修喜神殿碑序》,道光七年三月。北京正阳门外精忠庙街。《基尔特》4－589;《北京梨园金石文字录》。戏曲、教化。

2311.《清真寺灯油碑记》,道光七年四月十六日。云南建水县燃灯寺街清真寺。《回族》P406。契证。

2312.《双溪寺新立禅林规约碑》,道光七年四月。陕西安康汉滨区新城北门外双溪寺墙上。圆首方趺,170＊78。额篆"箴规永固"。26 行 50 字。《安康》P137。宗教规约。

2313.《查勘孤贫地亩碑》,道光七年四月。甘肃陇西县,佚。《陇西》P133。碑档。

2314.《告示碑》,道光七年五月十八日发文。贵州平塘县城西南 125 公里塘边镇新店村。100＊60。大塘理苗分州颁示。《贵州省志·文物志》P292;《苗族卷》P67。官禁,禁汉奸欺压苗民。

2315.《禁霸田抗租碑》《山阳县严禁恶佃架命抬诈霸田抗租碑》(2),道光七年五月十九日。一在江苏淮安府署,另一原在东乡县石塘村。190＊96＊19。1 013 字。《江苏明清》P434;《淮安》P157。五条规则,呈请立案示禁,禁抗租。恶佃照依架命图赖,从重治罪;奸佃治以侵盗侵吞之罪;顽佃照依拐骗,将稻作银计赃科罪;强佃照依唆讼之罪。

2316.《昆山县奉宪永禁顽佃积弊碑》,道光七年五月十九日。江苏昆山市。《江苏明清》P437。

2317.《吴县禁止居民在水衢搭盖木寮及堆填瓦砾污秽碑》,道光七年五月十九日。江苏苏州。《江苏明清》P668。

2318.《棠荫书院记》,道光七年五月。河北易县。《北图藏拓》79-112。学田管理,田租流失。

2319.《宪碑》《淞浏大工禁动编金董示碑》(2),道光七年五月。一旧在上海嘉定区陆清献公祠西壁,今存嘉定区秋霞圃碑廊。130＊30。额题"宪碑"。一旧在嘉定区震川书院(现震川中学),佚。《嘉定》P700。官禁,禁疏浚摊派累民;官为募夫,公文批转。

2320.《宗族控案碑》,道光七年五月。浙江宁波江北区慈城镇旧慈溪县孔庙。讼案。

2321.《严禁破埤害课示告碑记》,道光七年五月。台湾云林县西螺镇嘉南水利分会。彰化县知县李廷璧示。《台湾南部》P460;《明清台湾》P333;《台湾私法物权编》。行筏害农、水利;碑石作用。

2322.《奉宪规条》,道光七年六月二十日。广东徐闻县海安镇海安村。《广东》P502。糖业规则、度量衡。

2323.《修东河碑记》,道光七年六月。云南保山隆阳区,佚。《隆阳》P343。水利。

2324.《朱柏庐治家格言》,道光七年暑月上浣。山西新绛县北张镇西庄村冯姓家。分刻于四石,244＊230。《河东名碑》P304。格言,戒讼。

2325.《严禁牧牛范夫人筑坟处所示告碑记》,道光七年七月初二日。台湾台南白河区仙草里大仙寺。嘉义县知县王衍庆示。《台湾南部》P463;《台南》P262。护坟、环保。

2326.《管理蜡虫交易市场碑》,道光七年秋七月上浣。四川西昌市南郊大石板社区。100＊56。额刻"镇府示"。《凉山》P111。官禁,禁敛钱扰商。

2327.《余兴怀遗嘱碑文》,道光七年七月十二日重立,乾隆四十五年(1780)九月二十六日原刻。湖北兴山县峡口镇普安村螺蛳转顶。二层加碑帽,275＊300。一层为三块石,左右载夫妻生平,中为遗嘱。《兴山》P47。

2328.《修筑波池是序》,道光七年七月。河南三门峡湖滨区交口乡富村玉皇庙南壁。《豫西》P262。乡规,禁取土起池。

2329.《赵氏义庄记》,道光七年仲秋。江苏常熟碑刻博物馆。

2330.《公文碑》,道光七年九月初三日。江苏常熟碑刻博物馆,残。

2331.《永远示禁碑》,道光七年九月十八日立。贵州黎平县城南 1.5 公里南泉山寺,嵌于大殿左山墙。160 * 44。《贵州省志·文物志》P293。官禁,禁私行擅伐。

2332.《张贾里规式碑》,道光七年十月初十日。山西万荣县。《三晋总目·运城》P101。

2333.《藩宪遵批札行条规》,道光七年孟冬。河南洛阳洛龙区关林镇关林甬道西侧。255 * 61 * 20。《关林》P225。前碑记,后批文;洛阳县绅民同立;公文,札。

2334.《李知县发给力脚大村牛岗头等村管理南陂堰告示碑》,道光七年十月十九日甘结。广西灵川县大圩镇大村村三圣古庙内墙。100 * 140。《灵川》P278。断案,甘结,水利。

2335.《祀龙箐护林碑》,道光七年□月二十九日立。云南永仁县方山西麓。80 * 40。额题"永垂不朽"。12 户乡民、彝族公议所立。《云南林业》P294。乡规,风水,护水源禁砍伐。

2336.《义庄给帖案据碑》,道光七年十一月初八日。江苏常熟碑刻博物馆。公产,官批文及帖。

2337.《过路环勒石晓谕碑》,道光七年十一月二十五日。澳门谭仙圣庙左侧近海处。《广东》P1010。禁兵弁扰索船户。

2338.《禀请军差苦乐均匀碑》,道光七年十二月。陕西三原县博物馆。圆首圭额,方座。225 * 68 * 15+50。额刻"谨记其事"。19 行 35 字。《咸阳碑刻》P269。差徭。

2339.《乡规碑》,道光七年。河北隆尧县固城镇东潘村。120 * 55 * 18。首题"永守乡规"。12 行 20 字。《文物河北》下 P728。

2340.《张贾里规戒碑记》,道光七年。山西万荣县城关东岳庙飞云楼东墙。128 * 51。额题"永垂"。陈奎光书。《山西师大》P445。

2341.《温泉里水利碑》,道光七年。陕西眉县汤峪镇。188 * 66 * 8。《秦岭》P80。记事,渠堰位置、水利受益及防禁悍民争水事。

2342.《紫阳创修同善局碑记》,道光七年。陕西紫阳县招待所院内。《安钧》P201。

2343.《清官碑》,道光七年。陕西蒲城县博物馆。财产纠纷审理。

2344.《上海县为商行船集议关山东各口贸易规条告示碑》,道光七年。原在上海南市区城隍庙萃秀堂(今在黄浦区方浜中路)。《上海》P72。官禁,"须至碑者";行规,罚银。

2345.《上海县西帮商行集议规条碑》,道光七年。原在上海邑庙区(今黄浦区）福佑路萃秀里。《江苏明清》P484。

2346.《奉示永禁碑》，道光七年。浙江宁波象山县晓塘乡后岭村。

2347.《隆兴寺记》，道光七年前，重庆奉节城东北120里凤凰山隆兴寺。道光《夔州府志》卷35；《巴蜀》P766。侵侮寺产。

2348.《羊角永定成规碑》，道光七年。重庆武隆区羊角镇。《重庆》P129。规条。

2349.《水磨坪治安管理碑》，道光七年。四川阿坝州茂县。《阿坝州志·文物志》P205。基层管理，里甲制。"每十户为一牌门，以十牌门为一甲，设甲长一人，十甲为一保，设保正一人"。

2350.《重修溪亭约所碑记》，道光七年。1996年出土，现存福建泉州闽台缘博物馆。陈建鹰《读碑三题》，《闽台民俗》创刊号（1997年12月）；汪毅夫《闽台区域社会研究》（鹭江出版社2004）P1。乡约制度。

2351.《清真寺灯油碑记》，道光七年。云南建水县燃灯寺街清真寺。《回族》P406。不孝。

2352.《灵峰寺碑记》，道光七年。云南澄江市阳宗镇小屯村灵峰寺。《云南林业》P940。官示民立，禁砍伐。

2353.《义安桥水分碑（二）》，道光八年（1828）一月十五日。云南宜良县狗街镇化鱼村慈云寺右厢房。158＊58。《宜良碑刻》P53。

2354.《勒碑为记》，道光八年正月廿四日。广西恭城县观音乡杨梅村杨梅屯令公祠左侧外墙。《恭城》P170。禁止后人乱开龙须源。

2355.《通州规定各衙门所需鱼物照市价平买差役不得需索碑》，道光八年正月。原在江苏南通崇川区城隍庙。《江苏明清》P511。

2356.《加封关帝威显号谕旨碑》，道光八年二月五日刻，正月二十六日加封制。北京崇文区正阳门关帝庙。《北图藏拓》79－125。谕旨、祭祀。

2357.《洛北第三乡一乡四保运饷车卷箱车碑记》，道光八年三月初三日。河南孟津县朝阳镇朝阳村。153＊61。《孟津卷》图P146，文P410。

2358.《陶澍奏重浚吴淞江案刻石》，道光八年三月。原在上海普陀区周中鋐祠。《上海》P177。公文，水利案。

2359.《镇山碑》，道光八年三月。湖南衡山南岳景区神州祖庙入口。120＊50+100。《湖湘碑刻（一）》P287。禁山条例；乡禁，环保，禁动土、践踏禾田、捕捉、砍伐。

2360.《合同碑记》，道光八年四月十日。山西平定县岔口乡神灵台村。《三晋总目·阳泉》P34。契证。

2361.《公议禁止碑》，道光八年六月十一日立。贵州黎平县城南1.5公里南泉山寺,嵌于大殿左山墙。79 * 44。《贵州省志·文物志》P293。乡禁,禁砍伐。

2362.《海东书院捐生息碑记》,道光八年六月。原在台湾府海东书院,现存台南南门碑林。台湾道刘重麟示。《台湾南部》P463;《南门碑林》P87。公产、借贷。

2363.《禁乞丐碑》,道光八年八月。山西长治上党区苏店镇南天河村。圆首,90 * 40 * 21。10 行 24 字。《三晋·长治县》P195。禁约,合村公议禁止乞丐进村事。

2364.《为禁约教规告示碑》,道光八年九月初四日示。山东济宁西大寺。《山东回族》P442。禁约、教规。

2365.《禁烧山碑》,道光八年九月二十一日示。原在云南镇沅县买迷河肖家梁子。村民立。《云南林业》P307。官禁,禁纵火盗伐、焚烧山场。"按律惩治"。

2366.《天上圣母碑记》,道光八年十月。江苏淮安府署。138 * 70。置庙产数额与地段。

2367.《奉县主太爷张示禁碑》,道光八年十一月初二日。广东海丰县海城镇莲花村。《广东》P846。治安,丐匪。

2368.《杨本程祖父母诰封碑》,道光八年十一月初九日。云南丽江市下八河办事处。132 * 64 * 12。《丽江》P59。敕命。

2369.《封山种树碑》,道光八年十二月初八日。云南通海县兴蒙乡天子庙。合村老幼同立。《云南林业》P306。村规,坟内林木归公。

2370.《马龙州正堂示碑》,道光八年十二月十三日。云南昆明黑龙潭公园龙泉观碑亭墙上。80 * 147。30 行 24 字。昆明县正堂立,村民示。道观墓地界址纠纷,护林告示。

2371.《萧亮亭地券》,道光八年十二月十八日。江西泰和县。62 * 39 * 3。《庐陵》P273。阳券实契。

2372.《吴县规定粮食豆行上下货物自挑自载应听买主之使船户脚夫不许逞凶勒索碑》,道光八年十二月十九日。江苏苏州。《江苏明清》P668。

2373.《王运洪施香火地石碣》,道光八年十二月。北京东城区人民市场东巷观音庵。《北图藏拓》79 - 141。财产处置,契证。

2374.《清浪争江案碑》,道光八年冬月。贵州天柱县清浪村。水案。

2375.《颜料行规约》,道光八年。北京。《基尔特》2 - 323;《中国工商行会史料集》P609。公立行秤,罚戏、神鉴。

2376.《禁赌碑记》,道光八年。山西河津市赵家庄乡樊家庄关帝庙。

《三晋总目·运城》P255。

2377.《严禁山林条约》,道光八年。山西盂县苌池镇藏山祠。116＊60＊13。草书。三村合立。《山西通志·林业志》;《三晋总目·阳泉》P85;《三晋·盂县》P386。乡禁,禁伐,罚钱,不恕不私。

2378.《浙绍会馆设立碑》,道光八年。江苏苏州。《苏州社会史》P326。公产。

2379.《吴淞江浏河力工永禁动编佥董记》,道光八年。旧在上海嘉定区陆清献公祠西,今存秋霞圃碑廊。

2380.《禁占毁涌基约碑》,道光八年。广东广州海珠区黄埔村西畴里16号。半埋地下,地上部分60＊60。《广东石刻卷》P200。乡规,禁约。

2381.《竖石碑以杜侵蚀》,道光八年。广东雷州市白沙镇白院村雷祖祠。《广东》P530。庙产案,碑用。

2382.《考棚示禁碑》,道光九年(1829)正月。江西安福县。40＊28＊3。《庐陵》P322。公议禁规,"不准借作衙署公馆"。

2383.《捐免杂差碑》,道光九年二月。山东德州陵城区。道光《陵县志》卷17。

2384.《藏山祠常住地碑记》,道光九年四月十五日立。山西盂县苌池镇藏山祠,立于道光八年《严禁山林条约》碑阴。122＊66＊12。额题"以垂不朽"。15行23字。《三晋·盂县》P387。地亩、随粮。

2385.《公建桐油行碑记》,道光九年四月二十七日施银,乾隆十八年(1753)公议。原在北京崇文区北芦草园颜料会馆。《北京工商》P2。行业保护。

2386.《洞阳宫山场条规碑》,道光九年四月二十七。陕西城固县洞阳宫。95＊60＊13。首题"计开札照并山场条规碑"。16行29字。《汉中》P57。

2387.《官庄禁赌碑》,道光九年四月。河南孟津县横水镇西官庄村。93＊45.5。《孟津卷》图P147、文P411。

2388.《奉官永远复禁秋桑羊勒石以垂久远碑》,道光九年五月二十七日。山西高平市响水村祖师庙。《高平》P695。

2389.《窑神庙买地碑》,道光九年六月。陕西铜川印台区陈炉镇雷家坡小学。

2390.《明道书院捐补膏火碑记》,道光九年六月谷旦。原立陕西户县(今西安鄠邑区)明道书院,1986年移文庙大成殿东侧碑廊。《户县碑刻》P526。

2391.《云南会馆条规并序》，道光九年六月中浣。北京宣武区法源寺前街。《北图藏拓》79－150。行规。

2392.《永定章程碑》，道光九年七月十六日。云南玉溪江川区路居镇老街子。122＊56。《江川历史碑刻》P31。告示，差徭，规章。

2393.《元和县示禁保护沈丹桂堂碑》，道光九年九月初六日。江苏苏州文庙。《苏州社会史》P575。商标。

2394.《三节二十一村增建重修龙王庙碑记》，道光九年十月。山西曲沃县史村镇西海村龙王庙，嵌墙。198.5＊58。25 行 38 字。《三晋·曲沃》P225。记事，收支、契证、鱼鳞印册抄录。

2395.《重刻元大德拾年定水法例分定日时碑》，道光九年十月重刊。山西曲沃县史村镇西海村龙王庙，嵌墙。198.5＊58。20 行 89 字。《三晋·曲沃》P227。公约，水规，官额地亩数。

2396.《重刻元代"二次起翻自下灌上却复交与张亭村轮浇使水"碑》，道光九年十月重刊。山西曲沃县史村镇西海村龙王庙，嵌墙。198.5＊58。16 行 67 字。《三晋·曲沃》P229。公约，水规；各村轮水时辰。

2397.《"第三翻减半使水"碑》，道光九年十月。山西曲沃县史村镇西海村龙王庙，嵌墙。198.5＊58。18 行 55 字。《三晋·曲沃》P230。公约，水规；各村轮水时辰。

2398.《冠山书院经费记》，道光九年十一月。原在北京延庆县城北街。《北图藏拓》79－159。

2399.《资福寺施地题名碑》，道光九年十二月三日后。北京怀柔区红螺寺。拓 147＊65。阳额刻"芳名不朽"。碑阴刻嘉庆五年（1800）四月初八日契约。碑阳刻嘉庆八、十、十八、十九、二十四年，道光二、八年旗人、民人舍地亩数、坐落。《北图藏拓》79－161。契证，财产处置。

2400.《镇坪抚民分县严禁牲匪赌窃告示碑》，道光九年十二月二十八日。陕西镇坪县白家乡茶店村刘厚本家西南约 300 米处。平首方趺，上残，210＊70＊25。15 行 60 字。《安康》P140。官禁，治安。

2401.《常熟永安水龙会置产禁碑》，道光九年十二月。江苏常熟碑刻博物馆。公置救火器具，永安水龙会置产，救火救灾，行规禁约。

2402.《争讼碑》，道光九年。河北井陉县天长镇板桥村三官庙。《文物河北》中 P21。讼案。

2403.《禁开山取石碑》，道光九年。山西平顺县北社乡掌里村。《三晋总目·长治》P86。

2404.《严禁匪类告示碑》，道光九年。陕西安康汉滨区红莲村。《安钩》P216。官禁,治安。

2405.《山阳县保护坟墓告示碑》,道光九年。江苏淮安府署。117﹡96。碑左下断裂,微残。21 行。

2406.《十禁碑》,道光九年。湖南石门县夹山寺槽门前。112﹡75﹡16。上端刻"德洋恩溥"。《湖湘碑刻(一)》P48。告示,十条禁令。禁混用服色头戴,禁唱花鼓夜戏等。

2407.《中南村众议禁碑》,道光十年(1830)一月。广西灵川县九屋镇公平乡中南村后山一巨石上。48﹡38。碑题"众禁碑记"。《灵川》P283。乡禁。

2408.《张氏祠堂碑记》,道光十年二月十五日。河南孟津县朝阳镇游王村。176﹡70。《孟津卷》图 P158、文 P422。四至。

2409.《海东书院膏伙经费捐输碑记》,道光十年二月。原立台湾府海东书院,后移存台南南门碑林。台澎兵备道刘重麟示。《台湾南部》P465;《南门碑林》P91。契证。

2410.《江神庙告示碑》,道光十年三月二十二日。陕西略阳县江神庙民俗博物馆。84﹡58﹡9。首题"特调略阳县正堂加六级军功随带加一级纪录五次郭为严禁拉船纤"。18 行 33 字。碑阴为咸丰三年(1853)八月二十二日违反告示的处罚案例。《秦岭》P82。官禁。

2411.《偃邑安驾滩合村公议禁止赌博放牧碑记》,道光十年四月二十四日。河南偃师商城博物馆。146﹡57。《偃师卷》P610。

2412.《禁山碑记》,道光十年四月。山西盂县苌池镇陆师嶂。平首削肩,135﹡45﹡16。额题"禁山碑记"。《三晋·盂县》P388。乡禁,禁伐禁牧,罚钱、神罚。

2413.《崇善路清真寺碑记》,道光十年孟夏。广西桂林。寺产坐落、数目。"勒碑后不得移挪,亦不得内行抵借"。

2414.《清真寺碑记》,道光十年孟夏。广西百色。寺产坐落、数目。"有簿可稽"。

2415.《七圣庙碑》,道光十年五月一日。北京丰台区蒲黄榆。《北图藏拓》79－170。公产公禁公防,立碑之目的。

2416.《私开水渠审断不公案碑》,道光十年七月。山西河津市三峪灌区柳林渠。138﹡63。19 行 70 字。柳林渠合渠同立。《河东水利》P224。公文,刑部议奏折。京控。控诉史传清等贿通丁役、毁灭石碑、聚众盗水;诬告河津知县"浮收勒索"。

2417.《按地亩均摊事端支费碑》,道光十年八月初八日。山西阳泉市郊区李家庄乡柳沟村五道庙。《三晋总目·阳泉》P131。公事轮值。

2418.《圣寿无疆碑》,道光十年八月。浙江文成县大峃镇白云庵许真君庙外墙。《温州》P810。民间信俗、规则。

2419.《禁赌碑记》,道光十年孟冬上浣。山西沁水县八里村大庙。40 * 60。14 行 22 字。《三晋·沁水县》P328。禁赌。

2420.《五村重修龙王庙记》,道光十年孟冬。山西洪洞县兴唐寺乡窑垣村。圆首,趺佚,110 * 90。阳额题"流芳百世",阴额题"千古不朽"。12 行 23 字。《三晋·洪洞》P485。记事,水规。

2421.《永济塘碑》,道光十年十一月初十日。云南宜良县南羊镇桥头营村报恩寺正殿外廊南墙。205 * 65。额题"永济塘碑"。《宜良碑刻》P57。讼案。

2422.《重修三河水平记碑》,道光十年十一月。山西介休市洪山灌区。《黄河》P331。水案。

2423.《丽江县严禁乞丐强讨告示》,道光十年十二月初一日。云南丽江古城区金山街道东山庙三圣宫。112 * 64 * 12。《北图藏拓》79 - 181;《丽江》P193。官禁,治安。

2424.《冯氏合族祀田碑记》,道光十年十二月。陕西潼关县吊桥街冯家城村。《潼关碑石》P190。契证,公产、族产。

2425.《张各庄义仓碑记》,道光十年。河北雄县。《雄县新志·故实略·金石篇》。救济。

2426.《永行封禁碑》,道光十年。山东。博山知县示禁,护林。

2427.《三江平流"万古传明"碑》,道光十年。广西三江县独峒乡平流村。95 * 60。《侗族卷》P50。告示,章程。

2428.《护林禁伐碑》,道光十一年(1831)三月二十日。云南砚山县江那镇舍木那办事处法依老寨礁房门口。100 * 80。寨众勒立。《云南林业》P314。乡规,护林,合同。

2429.《上海县为泉漳会馆地产不准盗卖告示碑》,道光十一年五月二十九日。原在上海南市区泉漳会馆(今南园公园)。《上海》P233。官禁,禁盗卖公产。

2430.《苏州水炉公所置产文契碑》,道光十一年六月。江苏苏州。《江苏明清》P668。契证。

2431.《子玉桥断案碑》,道光十一年七月二十六日。陕西富平县薛镇乡湾里村。95 * 58 * 10。13 行 20 字。末署名 11 人。《富平》P319;《渭南》P185。讼案,水案纪实。

2432.《南皮县义仓碑记》,道光十一年七月。河北南皮县。民国《南皮县志》卷45。救济。

2433.《和溪厝圳分水碑》,道光十一年八月二十一日。台湾南投县竹山镇和溪厝,残。《台湾中部》P264;《明清台湾》P225。水案,宿案屡争。

2434.《公议分认遗粮碑记》,道光十一年仲秋。陕西太白县桃川镇岳水宫。144﹡74﹡20。额篆"皇清",首题同碑名。7行30字。《秦岭》P84。记事,赋税制度。二户人家逃亡,长期拖欠粮税,县令要求现存12户分担。

2435.《为食用水不给重录前案碑》,道光十一年十一月。陕西潼关县金盆村。45﹡44。29行31字。《潼关碑石》P191。水案。

2436.《因时制宜碑》,道光十一年十二月二十二日。贵州锦屏县启蒙镇启蒙小学操场侧。100﹡70。《黔东南苗族侗族自治州志·文物志》;《侗族卷》P50。条规,婚俗。

2437.《永定乡规民约碑》,道光十一年季月下浣吉日。云南凤庆县鲁史镇古平村。村民同立。《云南林业》P317。乡禁,禁盗禁伐。"行条规犯,重则挖眼,轻则罚银。"

2438.《沙辘牧埔占垦示禁碑》,道光十一年十二月。台湾台中梧栖区大庄里浩天宫外右壁。《台湾中部》P267;《明清台湾》P191。禁占垦、毁坟。

2439.《骑虎王庙祀业碑记》,道光十一年十二月。台湾嘉义市民雄乡中乐村保安宫。《明清台湾》359。乡规、契证。

2440.《录写禁条旧文规式》,未刻立石年月(据碑文应为嘉庆八年后,一说与清道光十一年《永不牧羊》立于同年同地)。陕西澄城县西社乡韦家村中。43﹡78。碑题同碑名。35行19字。《澄城碑石》P50。村约禁条。

2441.《十字村乡规碑》,道光十一年。陕西宝鸡陈仓区双白杨乡。105﹡49。额题"皇清"。《秦岭》P84。乡禁,禁赌禁盗等。

2442.《严禁匪类以靖地方碑》,道光十一年。陕西安康汉滨区前进乡。《安钩》P92。官禁,治安。

2443.《公益粮户碑》,道光十一年。陕西旬阳县麻坪镇枫树村火神庙。130﹡66。额题"以靖和平"。《秦岭》P317。公益粮户相约事宜。

2444.《当湖书院经费记》,道光十一年。上海嘉定区当湖书院。知县保先烈撰,教谕龚庆来书,沈宇篆额。上记文,下捐户姓名、钱数。《嘉定县志》。碑档。

2445.《严禁滥砍水口荫木碑》,道光十一年。安徽祁门县历口镇。

2446.《鲍塘永禁碑记》,道光十一年。贵州天柱县坌处镇鲍塘村。110﹡80。16行。《侗族卷》P20。乡禁,禁放火烧山毁田,环保。

2447.《文山州依法治寨碑》,道光十一年。云南文山。

2448.《长二、长滩二村共立石牌》,道光十二年(1832)二月。广西金秀县。《广西瑶族》P51。

2449.《东平城北清真寺捐田碑》,道光十二年清和月(四月)。山东东平县城北清真寺。额刻"善德代传"。《山东回族》P624。自乾隆四十八年(1783)起的历次捐地记录。

2450.《观音堂水旱地亩边界渠道规矩碑》,道光十二年(1832年)五月。河南汝阳县小店镇赵村观音寺。186＊70。额横题"永垂不朽",首题同碑名。为明确赵家村引水问题,合村于当地观音堂勒碑为证,以防止边界渠道引发纠纷。

2451.《永远香火碑记》,道光十二年六月二十四日。云南玉溪江川区雄关乡朝阳寺。146＊78。《江川历史碑刻》P10。批文。

2452.《奉各大宪勒石》,道光十二年六月。原置浙江瑞安市飞云西路127号北山墙上,佚。110＊67。额刻同碑名。24行60字。《温州》P753。章程,船费。

2453.《沙辘牛埔占垦示禁碑》,道光十二年六月。台湾台中梧栖区大庄里浩天宫。《明清台湾》P191。禁占垦。

2454.《南沟社祭诸神条规碑》,道光十二年七月。山西沁水县南瑶村大庙。31＊59。37行16字。《三晋·沁水县》P336。祭祀时间、规制。

2455.《建修陕西会馆题名碑》,道光十二年九月十三日。宁夏银川文管所。《宁夏碑刻》P173。公款收支、公产记录。

2456.《奉宪严禁》,道光十二年闰九月。浙江温州。《顺溪陈氏碑林》P88;《温州》P1100。禁抢砍柴木。

2457.《万古如斯碑》,道光十二年小阳月初一日。湖北丹江口市武当山。额楷"万古如斯"。太和宫四楼同立。《武当山》P152。道规;四楼轮充正副道统,交接规则。

2458.《镇安府详定下雷土州应留应革年例碑》,道光十二年十一月十八日示。广西大新县下雷镇。额题"奉县应留革碑记"。《广西》P44。官禁,禁侵渔土民。

2459.《梵净山禁砍山林碑》,道光十二年十二月初一日示。贵州铜仁梵净山金顶滴水岩下。100＊50。贵州布政使司按察使李文耕示。《贵州省志·文物志》P293。官禁,禁砍伐、掘窑、烧炭,风水。照知情盗卖官民山场律治罪。

2460.《梵净山禁砍山林碑》,道光十二年十二月初十日示。贵州铜仁梵净山金顶滴水岩下。碑 100 * 50。断为三截,拼合后可辨读。署理贵州巡抚麟庆示。《贵州省志·文物志》P293。官禁,禁砍伐、掘窑、烧炭。

2461.《不准私自霸占渔利示禁碑》,道光十二年十二月初十日。台湾台南仁德区德善路五帝庙,佚。《台南》P206。水利、讼案、斗殴。

2462.《吴县永禁踹坊垄断把持碑》,道光十二年十二月十八日。江苏苏州阊门外广济桥堍。《苏州工商》P80;《江苏明清》P52。

2463.《徽宁会馆捐输总数并公产基地碑》,道光十二年嘉平月(十二月)。江苏苏州吴江区盛泽镇徽宁会馆。《江苏明清》P448。契证。

2464.《诰封碑》,道光十二年十二月。广东徐闻县石寮村。200 * 72 * 12。《广东石刻卷》P209。

2465.《究五台山番僧侵占墓塔地基状》,道光十二年后。山西忻州五台山,佚。《明清山西》P254。

2466.《净业寺置田地并产规约碑记》,道光十二年。陕西西安长安区净业寺。124 * 54。额题"奕叶永垂"。19 行 40 字。《秦岭》P317。买地数额,9 条寺规。

2467.《徐守之捐施永庆寺碑记》,道光十三年(1833)二月。辽宁大连金州区永庆寺。《辽南碑刻》P234。墓地置换。

2468.《贵生书院规条》,道光十三年三月十三日。广东徐闻县文化馆。《广东》P504。学规。

2469.《泸山碑记》,道光十三年三月廿日重立,南明永历六年(顺治十年,1653)孟冬原刻。四川西昌市泸山光福寺大雄殿东墙外。103 * 53。额横刻"泸山碑记"。《西昌》P25。寺产诉讼。

2470.《道觉村庇牌门牌序》,道光十三年三月。山西洪洞县广胜寺镇道觉村。方首方趺,145 * 64 * 12。首题同碑名。14 行 32 字。《三晋·洪洞》P487。记事,乡约;置产支差。

2471.《奉宪勒石示禁》,道光十三年三月。广东丰顺县。《广东》P900。官禁,禁服毒自尽、借尸索诈。

2472.《团禁碑》,道光十三年四月廿五日。陕西勉县张家河镇。圆首,120 * 53 * 15。额题同名名。13 行 27 字。《秦岭》P85。乡禁,团总朱国明和乡绅公议制定 16 条禁规。

2473.《立招佃合约碑》,道光十三年六月上浣二日。四川西昌市凉山州博物馆。101 * 53 * 6。额刻"永垂不朽"。《凉山》P120。完备契。

2474.《紫阳知县严禁近滩小船水夫借机抢捞货物告示碑》,道光十三年八月。陕西紫阳县汉王城泗王庙西厢房。平首方趺,130 * 83 * 3。额刻

"德政千秋"。《安康》P144。

2475.《奉官明示准禁桑柴树木坟树牛羊永远碑记》,道光十三年十月初一日。山西高平市马村镇东周村仙师庙。《高平》P695。

2476.《苍夫子神座祭田记》,道光十三年十一月。甘肃武威文庙。木质,73*160。《武威金石录》P188。典约、承租、学田。

2477.《奉县设立晓谕碑》,道光十三年十二月十九日示。上海青浦区重固镇章堰村城隍庙。148*60。额刻"奉县设立"。尾刻"发章堰镇勒石"。《青浦碑刻》P228。告示,浮尸施棺殓埋,禁索诈滋扰。

2478.《安乐寺永垂万古碑》,道光十三年十二月二十六日。云南保山隆阳区安乐寺。《隆阳》P359。讼案,寺产。

2479.《南天桥约社禁赌碑》,道光十三年。山西长治潞州区老顶山镇南天桥村。《三晋总目·长治》P14。

2480.《紫阳县正堂告示碑》,道光十三年。陕西安康。《安钧》P280。

2481.《四川布政使颁革除山主令》,道光十三年。四川都江堰市。《都江堰》P92。

2482.《增设日渡义田碑》,道光十三年。浙江宁波鄞州区姜山镇翻石渡村。

2483.《乐助义渡碑》,道光十四年(1834)正月二十九日。台湾台中东势区三山国王庙。《明清台湾》P195。治安,禁私索。

2484.《永禁桑羊嵌壁》,道光十四年二月清明日。山西高平市河西镇义庄村关帝庙。《高平》P696。乡禁、碑禁。

2485.《棺材铺业呈请禁止木匠紊规造棺争夺生计给示勒石告示碑》,道光十四年二月。原在浙江宁波海曙区县学街郡庙(城隍庙),2005年移置天封塔塔院。圭首,234*102*14。12行36字。《甬城》P114。告示,行业管理。

2486.《扩建普济寺买地碑》,道光十四年三月。陕西澄城县西关。68*65。12行18字。崔巍撰并书。《澄城碑石》P64。

2487.《放水轮班规条碑》,道光十四年四月二十八日立。贵州赫章县平山乡政府门前。157*85。风化严重。《贵州省志·文物志》P294。公议规条,用水规则,报威宁州存案,罚款、公罚。

2488.《奉圣寺磨产公案碣》,道光十四年夏四月谷旦。山西太原。《晋祠碑碣》P200。契证。

2489.《乡规民约碑》,道光十四年六月十六日。陕西略阳县观音寺镇。圆首,114*72*10。额题"永垂不朽"。17行22字。《秦岭》P86。乡规,不准在青黄不接和婚丧嫁娶时巧立名目向村民索取。

2490.《圳长争执示禁碑》,道光十四年六月。台湾台中,佚。《台湾中部》P349。圳长利厚而争当。

2491.《施白庙碑》,道光十四年七月十五日。湖北丹江口市武当山。额楷"万古流传"。住持陈典坤立。《武当山》P153。记事契。"官业地主不得异言。"

2492.《重修龙箐水例碑记》,道光十四年八月十五日。云南楚雄市紫溪镇丁家村土主庙。《楚雄》P320。乡规、用水。

2493.《晓谕碑》,道光十四年八月十七日立,同年七月初五日示。贵州兴义市东北45公里万屯镇阿红村。143＊87＊20。普安直隶厅保鲁格三营世袭捕厅出示,八项禁令。《贵州省志·文物志》P295。官禁形式、乡禁内容,禁赌盗、窝藏等。

2494.《重修碑记》,道光十四年八月。山西盂县苌池镇红崖底村碧屏山玉皇庙。130＊55＊15。额题"万古流芳"。9行39字。《三晋·盂县》P395。公款收支。

2495.《正堂勒碑》,道光十四年八月。广西恭城县观音乡杨梅村杨梅屯令公祠外。97＊63。《恭城》P175。官禁,禁勒索、滥派瑶民。

2496.《街巷众议禁约碑》,道光十四年九月十五日。广西南宁杜屋码头附近。

2497.《大桥堡公议额定堡田章程碑》,道光十四年十月初八日。广西灵川县九屋镇公平乡大桥堡村。85＊54。额刻"万古流芳"。《灵川》P288。军职承继,户绝继示,规训。

2498.《勒示严禁碑》,道光十四年十一月二十六日。广东海丰县公平镇公平接待所。《广东》P847。闹市治安。

2499.《支费清帐碑》,道光十四年十一月。山西阳泉市郊区荫营镇三都村龙王庙。《三晋总目·阳泉》P131。收支明细。

2500.《宪颁宝善堂碑》,道光十四年十一月刊,八月官示。上海嘉定区,佚。《嘉定》P49。立案,社会公益,掩埋代葬,护照给执,以防滋扰。

2501.《公议渠碑》,道光十四年十二月初二日。河南汝阳县小店镇小寺村。132＊60＊14。额题同碑名。14行43字。

2502.《苏州府为照章听布号择坊发踹给示遵守碑》《苏州府示布业踹坊碑》,道光十四年十二月三十日。江苏苏州阊门外新安会馆。《苏州工商》P80;《江苏明清》P53;《北图编》80－64。

2503.《优免碑》,道光十四年。河北大名县大明镇西关。353＊74＊24。

《文物河北》下 P825。旨令,免粮。

2504.《永禁顽佃积弊碑》,道光十四年。江苏昆山市。《碑文化》P1165。

2505.《澄照禅院图记》,道光十四年。上海青浦博物馆。89 * 32。诸德番书。《青浦碑刻》P171。记事,唐以来赐额、丈田、立碑、官批管业情况。

2506.《新建川沙同善堂碑记》,道光十四年。上海浦东新区。《浦东修订》P308。条规。

2507.《棺材铺呈请禁止木匠紊规造棺争夺生计给示勒石告示碑》,道光十四年。浙江宁波海曙区天一阁东园。

2508.《奉宪勘明碑》,道光十四年。广东江门新会区灵安殿。164 * 60 * 16。新会、香山二县地界划分。《广东石刻卷》P202。

2509.《左中右营兵丁捐银碑》,道光十五年(1835)正月十六日。四川西昌市凉山州博物馆藏拓。150 * 70。额刻"永垂不朽"。《凉山》P124。营规,救济。

2510.《吴县禁止居民在柏油码头设立尿桶积垃圾碑》,道光十五年三月初四日。江苏苏州。《江苏明清》P668。

2511.《军粮厅布告碑》《禁开封闭煤窑碑》,道光十五年四月初一谷旦立。原立北京门头沟区板桥村三官庙(大官庙),有砖砌碑楼。163 * 76 * 15。《北京工商》P152;《北图编》80 - 68。《门头沟文物志》P381;《京西》P96;《北京石刻文集》P218。控私开煤窑。

2512.《邹县正堂移文》,道光十五年四月初十日移文。原存山东邹城市孟母庙断机堂,已毁。拓 32 * 103。内容为《孟母颂》《孟母赞》《移文》。移文小字。《孟子林庙》P410。公文。

2513.《乡规碑记》,道光十五年孟夏月中浣。云南洱源县凤羽镇铁甲场村。61 * 41。额题同碑名。合村同立。《大理名碑》P537;《云南林业》P319。条规,护林禁盗,罚银。

2514.《新建靛行会馆碑记》,道光十五年四月。原立北京前门外珠市口西半壁街 49 号靛行会馆。《北京工商》P94;《基尔特》3 - 362。会馆功用。

2515.《财神堂公议碑》,道光十五年孟夏。江苏常熟碑刻博物馆。

2516.《奉宪勒石永禁》,道光十五年四月示。江苏镇江润州区蒋乔镇六摆渡村观音禅林。140 * 62。额题同碑名。15 行。《京江遗珠》P105。官禁,禁县差丈量田亩勒索银钱。

2517.《永遵宪禁》,道光十五年五月初二日。湖北宣恩县李家河镇上洞坪村禹王宫。《恩施自治州碑刻大观》P126。庙内买卖,私设禾行、木行。

2518.《香城书院创建碑记》,道光十五年五月。四川西昌市佑君镇小学(香城书院旧址)。136﹡73。《凉山》P126。院田管理,官批。

2519.《埔盐庄纳租谕示碑》《埔盐庄业户佃户租纳示谕碑记》,道光十五年五月。台湾彰化县埔盐乡南新村。《台湾中部》P273;《明清台湾》P303。汉番垦田纳租争控。

2520.《奉禁封建碑》,道光十五年七月十九日。台湾大屿山东部坪洲岛天后庙前。官禁,禁止当地官兵以缉捕盗贼名义随意占用民船、侵扰渔民。

2521.《义学书院重兴碑志》,道光十五年孟秋月廿六日。四川西昌市佑君镇小学(香城书院旧址)。130﹡75。《凉山》P129。院田坐落、四至。

2522.《税收碑》,道光十五年七月二十八日示。江苏泰州海陵区南门外老高桥滕坝街税碑亭中。147﹡70﹡20。额题“扬关奉宪永禁滕鲍各坝越漏南北货税告示碑”。22行60字。林则徐示。加强税收征管。

2523.《严禁匪类碑》,道光十五年瓜日。山西河津市樊村镇曹家窑村土地庙。《三晋总目·运城》P255。官禁,禁盗匪。

2524.《捐寺地碑》,道光十五年孟秋。山东泰安岱岳区粥店街道下旺村清真寺。额题“同归于善”。《泰山石刻》P607;《山东回族》P511。记事,将废寺址捐给下旺寺为学田;官批文契。

2525.《奉宪勒碑永禁》,道光十五年七月。浙江平阳县昆阳镇东岳观。138﹡76﹡9。额刻“奉宪勒碑永禁”。6行49字。《温州》P1101。挑工工价。

2526.《山脚岩村规民约碑》,道光十五年八月。重庆秀山县中和街道山脚居委会。167﹡92﹡11。《重庆》P67。告示,禁伐、赌博等。

2527.《颜料行重立行规》,道光十五年九月。北京宣武门外北芦草园。《基尔特》2－326。行规,统一售价,罚戏神鉴。

2528.《奉官永禁包娼窝赌酗酒骂街匪类乞丐》,道光十五年十月十日。山西博物院。合社乡约社首同立。《三晋总目·长治》P7。

2529.《南家领村用水判定碑记》,道光十五年十月十五日。山西灵石县翠峰镇南家岭村东头一农户院内。44﹡84﹡10。25行16字。《三晋·灵石》P381。讼案。

2530.《水头寨永垂万古碑》,道光十五年十一月二十三日。贵州惠水县雅水镇水头水库西岸老寨东侧。125﹡62。《惠水》P29。禁苛派役税。

2531.《新移车路记》,道光十五年复月(十一月)。陕西澄城县城郊乡埝村。98＊49。右侧 7 行 40 字，左侧为路面宽度、尺寸、捐地人等姓名，六截。田九皋撰并书，张智寿刻石。《澄城碑石》P66。

2532.《奉宪勒石》，道光十五年十一月。浙江泰顺县南浦溪镇库村小宫南首廊墙上。64＊58＊8。9 行 21 字。《温州》P1236。杜绝诈扰事。

2533.《新建广州南海会馆碑记》，道光十五年乙未月。北京。梁绍献等纂《南海县志·金石略二》。置产、公产。

2534.《龙珠寺禁山碑》，道光十五年。山西沁县牛寺乡南特村。《三晋总目·长治》P73。

2535.《公议立例碑记》，道光十五年。山西新绛县。《三晋总目·运城》P210。

2536.《管护林木公约碑》，道光十五年。陕西宝鸡陈仓区刘家沟村。65＊43＊15。《秦岭》P87。"通户立石，禁止管林。倘有人犯，公罚猪酒。"

2537.《新建川沙观澜书院丽泽舫碑记》，道光十五年。上海浦东新区。《浦东修订》P314。

2538.《奉宪永禁锄种以保祠产碑》，道光十五年。安徽祁门县横联乡莲花村。公产。

2539.《奉宪永禁恶丐碑》，道光十五年。安徽祁门县新安镇。官禁，治安。

2540.《永禁毁塘害田给示勒石》，道光十五年。浙江宁波镇海区。民国《镇海县志》卷 13。水利。

2541.《火甲碑记》，道光十五年。云南宾川县宾居镇清真寺大殿前。《回族》P407。保甲。

2542.《原头村为乐户勒索遵屡定案暨严示章程志》，道光十六年（1836）二月初一日。山西灵石县英武乡原头村土地庙。86＊66。35 行 28 字。《三晋·灵石》P383。规约。

2543.《路井下硇渠水断结碑》，道光十六年二月十一日。河南灵宝市大王镇西路井村委员会。179＊64＊11。额题"大清"。22 行 62 字。《豫西》P308；《中州百县》P1261。讼案，判词，公文；修渠派工合同。

2544.《唐氏祠堂地产纠纷调处碑》，道光十六年三月二十六日。陕西安康汉滨区关庙镇下唐湾学校，用作阶石。圆首方趺，116＊57＊7。14 行 30 余字。《安康》P147。讼案，族产。

2545.《奉宪勒碑》，道光十六年三月。浙江瑞安市芳庄乡庄下村领头庵。116＊70。额刻"奉宪勒碑"。14 行 24 字。《温州》P761。禁挖春笋。

2546.《护林告示碑》，道光十六年四月初八日示。山西侯马市张村乡大南庄村李姓家。168＊65＊12。10行21字。《三晋·侯马》P144。告示,保护前明敕修坟茔,禁盗伐树木,蹂躏墓冢,涂抹碑碣。

2547.《奉宪示禁》,道光十六年四月二十日立。江西新干县。157＊100＊7。《庐陵》P393。告示,脚夫工价,禁讹索。

2548.《垂芳后世碑》《寨老禁碑》,道光十六年五月十六日。云南丘北县天星乡扭俫村。寨老等15人立。《云南林业》P326。乡规,禁盗砍开挖、败坏前规,罚银。

2549.《周村义集碑》,道光十六年六月初六日示。山东淄博周村区文管局。140＊66＊18。额刻"奉县明文"。300余字。《齐鲁百年名碑集》P1。公文,示禁,市场秩序、公平交易。

2550.《沟北申跟顺槐树归大社碑》,道光十六年六月初七日。山西高平市东北1.5公里沟北村炎帝庙。65＊30。《炎帝古庙》P228。记事,公产,合社风水,禁砍。

2551.《小渡口义渡碑记》,道光十六年六月。云南宜良县文庙大成殿露台。162＊71。额题"功德碑记"。《宜良碑刻》P394。

2552.《歙县义园示禁碑》,道光十六年八月初八日。北京丰台区永定门外双庙村。《北图藏拓》80－104。

2553.《万承土州冯庄坛岜两村乡规碑》,道光十六年八月初八日。广西大新县龙门乡。额题"乡规碑记"。《广西》P51。乡规。

2554.《严禁巫婆托言祸福引诱妇女告示碑》,道光十六年八月十日。山西平定县柏井镇柏井村金龙山大王庙。《三晋总目·阳泉》P35。

2555.《公议五条石牌》,道光十六年八月十六日。广西金秀县六巷乡六巷村。《广西瑶族》P62。

2556.《德政碑》,道光十六年八月二十八日。四川高县庆符镇中心小学(清代为庆符县考棚)。2005年3月17日发现。《四川日报》2005年4月1日。考试费用。

2557.《绝卖房屋基地碑》,道光十六年八月。江苏苏州文庙。额刻"奉宪勒石"。《农业经济碑刻》P8。契,绝卖与江西会馆。"遵新例总书画契为绝,当日交出印契一张并连上首笔。"

2558.《宣太爷断案碑》,道光十六年九月上旬。山西运城盐湖区博物馆。96＊41。额楷"皇清",两侧书"月""日"。16行45字。《三晋·盐湖区》P353。讼案,记事,两村伐庙前树木。

2559.《辛庄村社规碑》道光十六年九月二十二日。山西安泽县马壁乡辛庄村药王庙。105＊45＊12。6行21字。《三晋·安泽县》P109。公议社规。

2560.《补叙重修清真寺学田碑记》,道光十六年菊月。山东新泰市禹村镇东沈村清真寺。杨树泰书丹,白芳茂刊撰。《山东回族》P491。记事,献田助学。

2561.《高桥乡会试卷资路费碑》,道光十六年九月。上海浦东新区高桥镇高桥中学,永乐谕碑亭旁。48 * 101 * 20。11 行 42 字。《浦东修订》P321。

2562.《永顺乡规碑》,道光十六年十月十四日。云南元谋县新华乡大河边村迤什寺小学。众姓村民巡查人、官、伙头等 80 人同立。《云南林业》P328。村规五禁。

2563.《重修药王庙碑》,道光十六年十月。陕西紫阳县安溪乡新塘村药王庙。碑阴刊乾隆十八年(1753)置地事及庙内戒规。平首方趺,200 * 202 * 10。《安康》P149。庙产、寺规。

2564.《奉宪勒碑》,道光十六年十月。浙江瑞安市陶山镇桐利村龙首宫。135 * 76。17 行 19 字。《温州》P762。水利,禁叠石断流。

2565.《江头洲、田尾洲、观里三村公议禁约碑》,道光十六年十一月初一日。广西灵川县九屋镇江头洲村周姓家后院。75 * 55。《灵川》P293。乡规。

2566.《上海县为徽宁思恭堂冢地立案告示碑》,道光十六年十一月二十日。原在上海黄浦区斜土路徽宁会馆(始建于乾隆十九年)。《上海》P231。

2567.《裁决告示碑》,道光十六年十一月二十七日。陕西凤县河口镇安河寺村安河寺院。180 * 76 * 10。额楷"恩垂千古"。16 行 51 字。《秦岭》P88。讼案;陕安道裁决董光显等状告地方摊派苛捐杂税,及新任道台修订集市交易规章。

2568.《合村乡约公直同议禁条碑》,道光十六年葭月(十一月)。陕西澄城县善化乡居安村。62 * 166。33 行 13 字。《澄城碑石》P174。

2569.《公赎王文中子中说板片仍归王氏子孙禁约碑记》,道光十六年十二月。山西万荣县通化镇通化村王通庙正殿西墙。《三晋总目·运城》P94;《山西师大》P449。

2570.《绝卖房契碑》,道光十六年十二月。江苏苏州文庙。会馆公产、契约格式,官契。

2571.《为邑侯彭公落成聚星书院碑记》,道光十六年十二月。浙江温州,佚。《温州》P760。

2572.《禁赌碑记》,道光十六年。山西沁水县郑庄镇八里村老爷庙。

40＊60。邑人杨勤书撰。《山西师大》P157。乡禁,禁赌。

2573.《张大老爷德政碑》,道光十六年。河南武陟县木栾店。173＊60。《中州百县》P1258。告示,禁拦截商船、勒索滋事。"枷示重处"。

2574.《重修金华会馆记》,道光十六年后。江苏苏州文庙。额题"奉宪谕禁碑记"。文不清。公产。

2575.《谕禁碑》,道光十六年。浙江慈溪市。光绪《慈溪县志》卷45。

2576.《晓谕碑》,道光十六年。贵州贞丰县珉谷街道岩鱼村。四棱,有碑座及碑帽。145＊95＊34。第一二面尚可辨认,三四面字迹模糊。《贵州省志·文物志》P295;《苗族卷》P67。官禁,奉旨编查户口,禁勒派钱文。

2577.《新建川沙义仓碑记》,道光十七年(1837)正月。上海浦东新区。《浦东修订》P323。

2578.《义学禁碑》,道光十七年三月。江苏镇江市西区和平路街道居民收藏。残,64＊33＊6。《京江遗珠》P184。告示,学产坐落四至。

2579.《大合六十工垒牧坪界碑》,道光十七年三月。广西恭城县栗木镇大合村。《恭城》P273。定界线、禁游牧。

2580.《洛邑北乡蒙恩息民遵批办公碑》,道光十七年四月十八日。河南孟津县朝阳镇朝阳村。162＊61。《孟津卷》P161。

2581.《春台义园碑记》,道光十七年清和月(四月)。北京崇文门外南极庙街南极庙旁。《基尔特》6－1182。记事,公产。置地免税。"永远不准看地人栽种"。

2582.《曹邑大义里韩氏三世先祠记碑》,道光十七年四月。山东曹县大集镇韩旧楼村。183＊61＊18+40。额题"韩氏祠碑"。10行45字。《菏泽》P334。记事,祠堂、茔地尺步、管理,族规禁约。"违者指此碑罪之"。

2583.《紫云格凸竹林禁止修路碑》,道光十七年四月。贵州紫云县格凸河畔水塘镇格井村。《苗族卷》P67。

2584.《长庚会碑记》,道光十七年六月初一日。广东广州市。《广东》P23。戏班行规。

2585.《长新乡乡规民约碑记》,道光十七年六月初一日。云南云龙县长新乡检槽炼村。101＊49。各村绅老同立。《大理名碑》P540;《云南林业》P332。乡规十条。

2586.《吴县永禁工众倡议滋事碑》,道光十七年七月十二日。江苏苏州文庙。额题"勒石永遵",尾题"发丽泽公局门首勒碑竖立"。造金箔工匠议定工价。

2587.《示禁金箔工匠倡众停工禁止收徒碑》,道光十七年七月十二日。

江苏苏州刘家浜 36 号丽泽公所。《北图藏拓》80 - 135。官禁,禁罢工。

2588.《书示义庄领米诸人碑》,丁酉(道光十七年)七月十七日。江苏常熟碑刻博物馆。宗规、教化。

2589.《张胜等重建慈济真人庙施香火钱题名及庙产刻石》,道光十七年七月谷旦。原在北京顺义区杨镇兔北马房一带,现存顺义区文管所。八棱形,疑为经幢改制。158 * 18。有道光二十五年(1845)补刻内容。《北京石刻拓本提要》P385。置产。

2590.《六里禁伐桑碑记》,道光十七年七月。山西沁水县西羊村。134 * 55。23 行 51 字。《三晋·沁水县》P341。公议禁约。

2591.《行宫斋田立案告示碑记》,道光十七年八月初三日。山西沁水县行宫庙。断为两块,佚一。残 90 * 73。《三晋·沁水县》P342。告示,沁县正堂为禁侵占行宫庙斋田出示。

2592.《下水渡船桥会碑》,道光十七年八月。陕西汉中南郑区大河坎镇。132 * 70 * 15。行书 17 行 24 字。张洪绪撰,魏文晋书。《汉中碑石》P60。田地交易。

2593.《江南会馆重修庙序》,道光十七年菊月。河南周口川汇区富强街山陕会馆(关帝庙)。碑阴载道光二年(1822)十月初四日契证。《河南山东》P101。公款收支明细,买契。

2594.《重修七局村龙神祠碑记》,道光十七年九月。云南禄丰县黑井中学(今禄丰县第四中学)。69 * 96。《云南道教》P509;《楚雄彝族自治州文物志》P195;《楚雄历代碑刻》P469。四至。

2595.《严禁宗祠堆放杂物碑》,道光十七年。安徽祁门县历口镇。

2596.《禁碑》,道光十七年。浙江绍兴。《偶山章氏家乘》卷 6。族规、禁伐。

2597.《房里溪官义渡碑》,道光十七年。台湾苗栗县苑里镇房里里顺天宫。《明清台湾》P171。官助公益,禁索分文。

2598.《大甲溪官义渡碑》(2),道光十七年。台湾。淡水厅同知娄云在大甲溪、房里溪、中港溪与碱水港等处设义渡并于各渡头勒碑,今仅存大甲溪和房里溪两碑。

2599.《平坝街立石碑》,道光十七年。云南文山市平坝镇。寨老等 15 人立。《云南林业》P943。禁采木,罚铺街石路面。

2600.《重修颜料行会馆碑记》,道光十八年(1838)二月。原在北京崇文区北芦草园颜料会馆。额题"万古流芳"。《北京工商》P7;《基尔特》2 - 327。会馆作用。"论评市价"。

2601.《广州新建惠济仓记》,道光十八年季春。广东广州。同治《南海县志》卷12。救济。

2602.《福兴庵施田碑》,道光十八年四月十五日。广西恭城县观音乡杨梅村杨梅屯令公祠外。97*62。《恭城》P178。

2603.《大上帝庙四条街桐山营公众合约》,道光十八年四月。台湾台南中西区民权路北极殿(大上帝庙)。《台湾南部》P630。护公产,禁私租、私占。

2604.《奉官示禁碑》,道光十八年四月。海南定安县博物馆。《广东》P941。乡规,禁盗贼等。

2605.《永遵不朽碑》,道光十八年五月初一日。陕西三原县博物馆。圆首圭额,方座。157*64*16+51。额题"永垂不朽碑"。20行29字。《咸阳碑刻》P274。仓储、除弊。

2606.《大上帝庙四条街桐山营公众合约》,道光十八年五月初八日。台湾台南中西区民权路北极殿佛祖厅。《台湾南部》P631。护公产,禁私租、私占,乡约。

2607.《正堂示禁碑》,道光十八年五月二十八日。云南广南县莲城镇坝洒落寨。66*40*18。广南府宝宁县正堂饬坝洒寨立。《云南林业》P337。告示,禁汉夷人砍柴。

2608.《县正堂示碑》,道光十八年六月初三日示。河北武安市阳邑镇柏林村后土行宫。117.5*54。额横题"县正堂示"。碑文15行。化解阳邑、柏村两村争用池水纷争。官禁。

2609.《润州蒋李氏捐产救生碑记文》,道光十八年夏六月。江苏扬州。《瓜洲续志》卷26。风俗、契证。

2610.《无锡县陈明旧章给示碑》,道光十八年七月。江苏无锡碑刻陈列馆。《无锡》P49。锡、金两邑脚夫纷争,不得越界争夺。

2611.《军粮厅布告碑》《宛平县布告碑》,道光十八年暑月。原立北京门头沟区大台板桥村三官庙,现嵌在板桥村泄洪沟边。154*60。额刻"百代留芳"。《门头沟文物志》P381;《京西》P97;《北京石刻文集》P218。控案,禁煤。

2612.《县主示禁碑》,道光十八年中秋。广东汕尾城区马宫街道。《广东》P851。治安,匪徒。

2613.《圣寿无疆碑》,道光十年八月刻。浙江文成县大峃镇白云庵许真君庙外墙。68*45,8行21字。《温州》P861。契证。

2614.《杉木坳禁伐碑记》,道光十八年九月初二日,民国十一年(1922)

重刻。广西龙胜县平等镇寨枕村。118＊71。额题"亘古碑记"。11 行，共168 字。《侗族卷》P21。乡禁，禁伐。"自禁约之后，仍再胆敢砍伐者，议众全家抄掠后解官法究，决不宽贷。"

2615.《严禁窃盗为害间阎告示碑》，道光十八年九月初八日给文。浙江宁波江东区（现属鄞州区）钱肃乐故居。圭首，137＊79。额题"告示"，16 行 22 字。《甬城》P135。告示，禁盗匪。

2616.《禁止乱砍林木告示碑》，道光十八年九月。陕西周至县厚畛子镇老县城村旧文管所。180＊76＊16。额题"皇清"。14 行 35 字。《秦岭》P321。

2617.《茶案碑》，道光十八年孟冬月望十日。云南勐腊县易武镇关帝庙门口。《普洱茶》P61。讼案，茶案。

2618.《天断碑记》，道光十八年十一月十九日刻，十月十八日各乡约具结。山西侯马市上马街道办事处庄里村。75＊42＊8。10 行 21 字。首句"谨遵天断……"。《三晋·侯马》P145。讼案裁决，公议乡禁，违者罚钱演戏。"天断之后，二百四十村各执一张，藏于乡所，永远不得有失。"

2619.《县正堂示碑》，道光十八年十一月二十三日示。河北武安市阳邑镇柏林村后土行宫。额横题"县正堂示"。碑文 10 行。阳邑、柏村两村争用池水纷争。"新旧告示一同立碑，日后两示难遵。""遵照更正新示。"

2620.《奉宪勒石永禁》，道光十八年十二月初一日示。江苏镇江润州区蒋乔镇六摆渡村观音禅林。151＊67。16 行。《京江遗珠》P107。官禁，滩地违例，县差勒索银钱。

2621.《禁止庙界砍伐林木重申旧规碑记》，道光十八年十二月六日。山西平定县娘子关镇背峪村五家池山黑龙庙。《三晋总目·阳泉》P36。乡禁，禁伐。

2622.《奉廉明县主冯示禁碑》，道光十八年十二月初十日。广东汕尾城区红草镇青草圩。《广东》P849。治安，结会、重惩。

2623.《重修关帝庙记》，道光十八年冬月。河南周口川汇区富强街山陕会馆（关帝庙）。《河南山东》P93。公款收支明细。

2624.《禁赌碑》，道光十八年。河北保定竞秀区韩村乡鲁岗辛村。105＊50＊16。额篆"万古流芳"。梁奇峰撰。《文物河北》下 P488。禁赌、处罚。

2625.《英文判盐案记》，道光十八年。山东蓬莱。《蓬莱金石录》P433。

2626.《禁赌碑》，道光十八年。山西泽州县府城村玉皇庙。91＊32＊16。府城三社绅士社首公具。《山西师大》P135。

2627.《重修关帝庙岁积厘金记》,道光十八年。河南周口川汇区富强街山陕会馆(关帝庙)石牌坊右侧。螭首龟趺,385＊78＊22。淮邑岁贡生王嵩瞻撰文,沈邑岁贡生于廷瑛书丹。《山西师大》P452;《清代会馆碑刻资料选》P93。公产。

2628.《合村演戏公议禁止碑》,道光十八年。陕西城固县原公镇。70＊45＊8。额题"皇清"。12行18字。《秦岭》P90。因演戏而遭贼匪偷盗,禁止演戏。

2629.《双井乡规碑》,道光十八年。陕西城固县老庄镇。124＊58＊11。《秦岭》P91。乡禁,禁偷窃禾稼、砍伐树木、乞食,组成九姓"九社会"监督执行。

2630.《义渡买置山地界畔碑》,道光十八年。陕西旬阳县城关镇后河街。126＊71。《秦岭》P322。购地坐落、四界、地价。

2631.《胡氏安定义庄碑记》,道光十八年。1985年于上海嘉定区胡氏雪园出土其中一石,今存嘉定博物馆。翰林院编修国史馆协修朱石曾撰。《嘉定县志》;《嘉定县续志》。

2632.《永禁滥砍祖坟、水口树木等事项碑》,道光十八年。安徽祁门县橹溪湾。风水生态、环保。

2633.《保护树木碑》,道光十八年。四川通江县诺江镇。禁伐。

2634.《禁止越界砍伐荫木示》,道光十八年。浙江绍兴。山阴知县立。《偶山章氏家乘》卷6。禁伐。

2635.《三圣庙碑序》,道光十八年。云南师宗县丹凤镇长桥老寨村。141＊83＊24。28行48字。《云南道教》P512;《师宗县文物志》P84。四至。

2636.《广济渠碑记》,道光十九年(1839)正月二十三日。陕西富平县老城武庙西院。170＊70＊15。8行56字。《富平》P76。记事,讼案。

2637.《程奉协宪批准永远遵照碑》,道光十九年正月。海南三亚崖州区崖城镇。《广东》P955。军营救济规约。

2638.《重修炎帝庙遵循旧规条碑》,道光十九年二月二十日。山西高平市东北12公里陈区镇四坪山炎帝庙。圆首无座,58.5＊27。五村社首同立。《炎帝古庙》P232。乡规,照依康熙四十四年(1705)议规;乐户待遇。

2639.《保护树木碑记》,道光十九年三月初一日。山西高平市北诗镇寨上村观音堂。《高平》P697。乡禁。

2640.《平番县民告状批示告示碑》,道光十九年三月初一日。1993年出土于甘肃兰州永登县城隍庙故址,现存永登县文化馆。《兰州》P286。公文,面商受官府扰累讼案。

2641.《郑熊亮买捐铺房碑记》,道光十九年三月十五日。广西桂林月牙山月牙崖。3.5＊2尺。《桂林石刻》下册 P298;《桂林辑校》下册 P1063。

2642.《奉大宪恩给三墩新涨沙永禁侵承碑记》,道光十九年三月二十二日示。广东珠海香洲区唐家湾镇淇澳社区祖庙。《珠海市文物志》P160;《广东》P203。公文、官禁、讼案;瞒垦案、护贫。

2643.《南河桥涵示禁碑记》,道光十九年三月。台湾台南大南门碑林。台湾知县裕铎示。《台湾南部》P468;《南门碑林》P97。公益之举、环境。

2644.《阖境遵示封山碑》,道光十九年仲夏月中浣。云南易门县小街乡罗尹大村南栅门右侧。160＊77＊8。合众村民同立 19 条禁规。《云南林业》P339。乡规,封山蓄水灌田,罚款。

2645.《僧维昆钵园四至地界碑记》,道光十九年夏月。广西桂林中华路小学分部(钵园旧址)。拓 90＊55。《中国西南地区历代石刻汇编》7 - 120,《桂林石刻》下 P298;《桂林辑校》P1063。公文,契约。

2646.《邓家禁碑》,道光十九年八月初五日立。广东乳源县游溪乡中心。《广东》P155;《过山瑶研究文集》P74。乡禁,禁伐。"朝廷有律法,山中有禁条"。

2647.《无锡县重申不得越界揽活告示碑》,道光十九年九月。江苏无锡碑刻陈列馆。《无锡》P49。脚夫纷争。

2648.《重刊封禁白马垒水源碑记》,道光十九年十月初九日立。广西恭城县栗木镇新村卢氏宗祠。《恭城》P275。

2649.《苏州府永禁亵渎财神庙碑》,道光十九年十月十三日。江苏苏州。《苏州社会史》P469。官禁。

2650.《山场合同永为碑记》,道光十九年十一月初七日。云南禄丰县中村乡矣子李村。同族村民同立。110＊70。《云南林业》P343。讼案,山场纠纷;合同文书。

2651.《奉县宪示禁采煤碑》,道光十九年十一月十五日。广东蕉岭县。《广东》P888。风水、禁采煤。

2652.《奉府示谕碑记》,道光十九年十一月十七日示。海南文昌市铺前镇文化站。150＊54＊10。《广东》P924;《文昌县文物志》P87。官禁,禁抢灾船,安商旅,儆刁风。

2653.《县示革陋规条牌》,道光十九年十一月十八日。广东雷州市雷城镇关部街康皇庙。《广东》P563。官禁,禁勒索船户。

2654.《义坡牌》,道光十□年十一月十八日。山东青州市弥河镇上院村。额题同碑名。官禁,禁偷窃禾稼杜争讼;乡禁,罚钱。

2655.《严禁州县滥委佐杂断案一折碑》,道光十九年。山西稷山县博物馆。157＊64。额题"流芳百世"。《河东名碑》P153;《三晋总目·运城》P238。公文,上谕、御史陈文羲奏折,官禁、规章、审断。

2656.《禁紫金山不许起石头违者议罚碑》,道光十九年。山西高平市石末乡北凹村关帝庙。《高平》P698。

2657.《广济渠碑记》,道光十九年。陕西富平县老县城武庙旧址西围墙。疏浚、用水制度。

2658.《核实五门堰章程碑》,道光十九年。陕西城固县五门堰,佚。《秦岭》P92。城固县署告示。

2659.《王有庆执帖碑》,道光十□年。江苏苏州文庙。帖文格式及图,契证。

2660.《关塘禁碑》,道光十九年。重庆云阳县双江街道老街关塘口。县衙官员禁示:"禁正塘水,不准污秽。"

2661.《河口置田义渡碑》,道光十九年。贵州锦屏县河口。160＊90＊7。《锦屏碑文选辑》,《苗族卷》P68。

2662.《班惢石牌》,道光二十年(1840)二月初四日。广西金秀县板惢村。《广西瑶族》P52。

2663.《政教长存禁聚赌扰害碑》,道光二十年二月初七日。山西高平市南街街道张庄村。《高平》P699。禁赌告示。

2664.《泉则坪村规民约碑》,道光二十年三月二十二日。山西灵石县梁家墕乡泉则坪村庙。110＊53＊17。额刻"永垂不朽"。19行14字。《三晋·灵石》P396。公议规约。

2665.《智果寺成立保甲联防碑》,道光二十年三月吉,陕西洋县智果寺。100＊52＊14。10行28字。《汉中》P62。乡禁,治安。

2666.《公购白果树碑》,道光二十年孟夏月上浣。陕西宁强县庙坝乡白果树村。圆额,26+130＊80＊15。19行35字。《汉中》270。争利不均而售树。

2667.《永警于斯碑》,道光二十年清和月(四月)中浣日。云南禄丰县黑井镇三道河上村。《楚雄》P425。回民风俗、纠纷。

2668.《遵照护山碑》,道光二十年四月二十五日。云南大理凤仪镇上草甸村。90＊54。额题同碑名。《凤仪》P333。官禁,禁伐、烧山、践踏、开挖。

2669.《会同高椅杨姓十甲家祠》,道光二十年四月。湖南会同县高椅村文化站。240＊99。两面刻,一面22行108字。《侗族卷》P50。族规,礼仪。

2670.《哨地界址碑》,道光二十年五月十六日。云南武定县狮山镇马厂箐新村与禄丰县仁兴哨地村交界处。官府立。《云南林业》P345。讼案,诬控霸占山场案。

2671.《钦赐祭田记并载〈会典〉》,道光二十年五月十七日。山东邹城市孟府五代祠。刻于乾隆十四年(1749)《孟氏大宗支派碑记》碑阴。214 * 72 * 21。13 行 29。《孟子林庙》P367。碑档。

2672.《杨家明购地立界碑记》,道光二十年五月。原立台湾台南市郊墓地,现立台南市立历史馆。《台湾南部》P632。盗葬、山鬼。

2673.《捐廉修葺亚圣孟子庙银两已未完工程易钱工料支销总目》,道光二十年六月十五日。山东邹城市孟庙启圣殿院甬道东侧。225 * 75 * 22。33 行 78 字。孟昭金书。《孟子林庙》P413。

2674.《查封煤窑碑》,道光二十年六月二十五日示。贵州贵阳花溪区久安乡丫坡寨。137 * 65 * 12。《贵州省志·文物志》P297。官禁,禁开挖煤窑。

2675.《严禁搭盖草蓬示告碑记》,道光二十年六月。台湾屏东市武庙里圣帝庙。阿缑县丞崔名桂示。《台湾南部》P469。街市管理。

2676.《奉县宪潘给示永远遵行碑》,道光二十年七月初七日。广东蕉岭县。《广东》P889。护堤规约、摊派。

2677.《琉球墓告示碑》,道光二十年七月十三日示,八月二十七日给文。原立福建福州仓山北望台附近,现藏省博物院。下侧毁,101 * 67 * 17。13 行。琉球国存留王兆棠勒石。《福州市郊区文物志》P468。告示,禁毁界伤坟。

2678.《兼属福州南台海防总补分府管理水利关课碑》,道光二十年八月二十一日。福建博物院。保护琉球客商利益。

2679.《庙前堡永凝堡分水碑》,道光二十年九月初三日。陕西华阴市岳庙街道庙前村。牌匾形。70 * 42。13 行 20 字。华阴县正堂出示。《华山碑石》P419。讼案,水利。

2680.《清真寺礼拜条规》,道光二十年十月上旬。河南开封。《北图藏拓》81-12。宗教规约。

2681.《施主胡玉法碑记》,道光二十年十月十五日。山西沁水县郑村镇半峪村。80 * 57。15 行 21 字。《三晋·沁水县》P345。施产四至。

2682.《府正堂邓禁示》,道光二十年十月三十日。四川江油市窦圌山。砂石。178 * 80。碑文侵蚀较重。《巴蜀》P787;李生《江油窦湍山清代碑刻》,《四川文物》2000年6期。禁游僧刁棍,治安;公文,控案;恪守清规。

2683.《磨渠河词案碑记》,道光二十年十一月十八日。陕西户县(今西安鄠邑区)庞光镇东焦将戏楼东侧。圆首,165*66*13。额楷"水利碑记"。17行50字。郑光策眷案。《户县碑刻》P535。讼案,磨渠河水不得灌旱地词案。

2684.《学宫捐输租地记碑》,道光二十年十月。河北涿州。151*66*16。额横题"岁修租碑"。《涿州贞石录》P92。捐地亩数,租钱。交租时间,罚则。

2685.《平利知县颁布女娲山三台寺条规告示碑》,道光二十年十一月。陕西平利县女娲山女娲庙旧址。圆首方趺。《安康》P159。宗教管理,规约。

2686.《永丰渠碑》,道光二十年十二月。现存陕西富平县老城武庙西院。155*62*15。11行51字。《富平》P320;《渭南》P187。讼案。

2687.《禁伐树碑志》,道光二十年。山西平顺县大云寺。《三晋总目·长治》P86。

2688.《自警盟言碑》,道光二十年,摹崇祯十一年(1638)宋贤书。山西平定县冠山镇上城街平定师范学校(现阳泉师范高等专科学校)。《三晋总目·阳泉》P36。官箴。

2689.《公议碑》,道光二十年。陕西洋县华阳镇长青自然保护区。圆首,155*72*9。首题"本境阖邑绅庶商民人等公为议碑"。《秦岭》P92。乡禁,禁赌,禁捕鱼。

2690.《蒿坪寺租佃碑》,道光二十年。陕西太白县蒿坪寺遗址。49*84。《秦岭》P93。记事,租佃制度。

2691.《卯洞油行章程碑》,道光二十年。湖北恩施。行规。

2692.《永垂千古碑》,道光二十年。湖南麻阳县兰里镇新营村。100*50。《苗族卷》P68。民俗。

2693.《永安桠坡寨告示碑》,道光二十年。贵州贵阳花溪区久安乡丫坡寨路旁,佚。137*6。《苗族卷》P68。告示。

2694.《封禁古山碑》,道光二十年。贵州黎平县肇兴大寨。80*60。额题"封禁碑"。132字。《侗族卷》P21。乡禁,禁伐。

2695.《锢婢积习示禁碑记》,道光二十年。原立噶玛兰厅署前,现存台湾台南大南门碑林。台湾兵备道姚莹制定章程后转饬辖属,各府署衙门外皆当立本碑。台湾知县阎炘示。《台湾南部》P470;《南门碑林》P101。法律、风俗,婢女必嫁。

2696.《严禁胥差苛索船户陋规碑记》，道光二十年。台湾宜兰。公禁，吏治，禁扰商。

2697.《济阳义庄规条》，道光二十一年（1841）正月。江苏苏州文庙。《苏州社会史碑刻集》P258。族规。

2698.《上海县规定拾取庄号往来银票者即行送还听凭照议酬谢毋许争多论少告示碑》，道光二十一年三月二十一日。原在上海城隍庙内园（今在黄浦区方浜中路）。《上海》P130；《江苏明清》P485。

2699.《云南府罗次县正堂告示碑》，道光二十一年三月二十二日。云南禄丰县金山镇小铺子村委会弓兵村观音寺右厢房，嵌墙。《楚雄》P389。治安，乡规。

2700.《赵城知县断龙泉寺土地案之碑》，道光二十一年三月刻，道光十年（1834）四月断案。山西洪洞县堤村乡许村。圆首，跌佚。55＊73。额题"永垂不朽"。19行43字。《三晋·洪洞》P494。讼案，判词；断李村诉龙泉寺土地案，碑志凭证。

2701.《上海县为起建江西会馆告示碑》，道光二十一年闰三月。原在上海黄浦区董家渡妙莲桥堍江西会馆。《上海》P332。官禁，公产、治安。

2702.《江西会馆基地文据碑》，道光二十一年三月。原在上海黄浦区董家渡妙莲桥堍江西会馆。《上海》P334。契证。

2703.《上海县为江西会馆房产立案告示碑》，道光二十一年三月。原在上海黄浦区董家渡妙莲桥堍江西会馆。《上海》P335。官禁，公产、治安。

2704.《敬送光塔寺学堂民房碑记》，道光二十一年季春。广东广州。《回族》P347。助教，财产处置。

2705.《嘉定县为禁止丧葬找抬人夫勒索告示碑》，道光二十一年四月初六日示。原立上海嘉定区安亭镇，佚。《上海》P438；《嘉定》P56。官禁，治安。"各属俱未遵办"。责四十板，在坟前或本家门首枷号两月示众。

2706.《重修邓峰寺碑铭》，道光二十一年四月。山西灵丘县白崖台乡邓峰寺。圆首无座，80＊36＊6.5。两面刻。阳额刻"香火"，阴额刻"永泐"。字迹磨损较多。《三晋·灵丘续》P120。租约，地产坐落四至。

2707.《文昌阁禁碑》，道光二十一年四月。山西芮城县南卫乡南卫村张金盈家。《三晋总目·运城》P151。

2708.《刘宪告示碑》，道光二十一年五月。浙江平阳县东岳观。86＊65＊8。额刻同碑名。12行17字。《温州》P1105。禁盗贼销赃。

2709.《严禁恶丐强乞吵扰勒示碑记》，道光二十一年五月。台湾台南大南门碑林。台湾知县阎炘示。《南门碑林》P103。官禁，治安，丐首；多处立碑。

2710.《禁窝娼聚赌告示碑记》,道光二十一年六月初六日。山西高平市寺庄镇赵庄村。《高平》P700。官禁,禁赌、禁桑羊等。

2711.《群村永赖碑》,道光二十一年六月十一日。湖南靖州县三锹乡。180＊110。额刻"群村永赖"。《湖湘碑刻(一)》P255。告示,革除苗民舅霸姑婚。

2712.《南通州永禁钱铺行用虚票诓骗银钱碑》,道光二十一年六月。原在江苏南通崇川区城隍庙。《江苏明清》P512。官禁,诈骗。

2713.《鄞县知县分派各埠承值差船告示碑》,道光二十一年六月给文。原在浙江宁波海曙区县学街郡庙(城隍庙),2005年移置天封塔塔院。圭首,残存上半。145＊111＊12。额题"奉宪勒碑永禁"。16行37字。《甬城》P138。官禁,禁滥派承值。

2714.《东坡公禁崖刻》,道光二十一年九月。福建晋江市。《晋江》P72。乡规,环保。

2715.《禁聚赌酗酒告示碑记》,道光二十一年十月二十四日。山西高平市北诗镇北诗午村玉皇庙。《高平》P700。官禁,禁赌。

2716.《泰山庙公议条规碑》,道光二十一年十一月。河南偃师市缑氏镇缑氏村。120＊56。《偃师卷》P630。

2717.《金张氏捐屋碑》,道光二十一年十一月。广东广州。《回族》P268。教育,财产处置。

2718.《架木革村护林碑记》《护林碑》,道光二十一年十二月十九日。云南丘北县腻脚乡坡头村。56户村民立。《云南林业》P348。乡禁,禁伐,罚猪羊酒米。

2719.《包家河严禁匪类以靖地方碑》,道光二十一年。陕西安康汉滨区前进乡政府。《安钧》P218。官禁,治安。

2720.《生员条例碑》,道光二十一年。重庆黔江区文管所。118＊78。《苗族卷》P70。学规。

2721.《鄞县知县分派各埠承值差船告示碑》,道光二十一年。浙江宁波海曙区城隍庙。轮值差役。

2722.《府示委任碑》,道光二十一年。贵州榕江县朗洞镇宰岑村土地祠旁。125＊65＊11。《榕江县文物名胜志》《苗族卷》P68。告示。

2723.《铺路公禁碑》,道光二十一年。福建福州晋安区鼓山镇远东村凤洋将军庙戏台东侧。额题"铺路碑"。在捐钱铺路姓名和捐款数目后附刻公禁。

2724.《同安美埔沟涵告示碑记》,道光二十一年。福建厦门同安区莲花镇美埔村。讼案,水利。

2725.《防火章程碑记》,道光二十一年。台湾台南大南门碑林。台湾知县阎炘示。《台湾南部》P472;《南门碑林》P105。乡约,立碑程序,城管,治安,紧急状态。

2726.《义田永照碑》,道光二十一年。海南三亚崖州区崖城镇文化站。《广东》P956。族产。

2727.《蕨市坪乡规碑》,道光二十一年。云南剑川县沙溪镇石龙村本主庙。合村乡耆同立。《云南林业》P351。圣谕16条,护林。

2728.《防御英夷碑记》,道光二十二年(1842)孟春。广东顺德县(现佛山顺德区)博物馆。《广东》P419。记事,禁烟防贼。

2729.《奉官示禁碑》,道光二十二年三月初二日。海南定安县。《广东》P942。乡立官禁,治安,禁匪徒。

2730.《少林寺谕禁碑》《登封县正堂谕禁碑》,道光二十二年三月初八日。河南登封市嵩山少林寺天王殿前。左下部断。135*57。额题“永垂不朽”。登封县正堂示禁,合寺同立。官禁,寺规、僧俗分住;禁寺僧容留匪人、酗酒、赌博、窝娼等。

2731.《下硇路井渠道管理断结碑》,道光二十二年三月初八日勒石,道光二十一年四月二十日审断、具结。河南灵宝市大王镇西路井村。69*127*10。56行。《豫西》P313;《中州百县》P1263。讼案,水利,修渠合同。应修帮工,折成金额限夏秋两季定时付清。

2732.《不许舅霸姑婚碑》,道光二十二年季春月下浣。湖南靖州县城西南60公里平察乡楠木山寨边。170*80。额刻“流芳百代”。《湖湘碑刻(一)》P49。官禁,苗族婚俗;重申革除苗民姑女定为妻舅之媳。

2733.《后沟渠重立水例碑序》,道光二十二年四月。山西洪洞县赵城镇后沟村。圆首,趺佚。113*55。额题“永志不忘”,首题同碑名。13行27字。《三晋·洪洞》P497。记事,后沟渠与仇池村水利争讼。

2734.《九天庙地亩碑》,道光二十二年五月。原在北京宣武区广安门外九天庙,现藏北京石刻艺术博物馆。无首,座佚,左下角残缺。157*62*17。15行37字。碑阴13行38字。《北京石刻拓本提要》P392。义地购置。“地契存关中会馆。”

2735.《讼事改正案暨两村兴桥合同碑》,道光二十二年六月初三日。山西平定县锁簧镇立壁村。《三晋总目·阳泉》P37。讼案,碑档。

2736.《石岩村封山碑》,道光二十二年六月十八日。云南景东县者后乡路东村石岩小学。村众姓立。《云南林业》P355。乡禁,生态保护 7 条禁规,其中林业 3 条。

2737.《板庙碑》,道光二十二年八月初八日。湖北兴山县榛子乡板庙村。137 * 62。《兴山》P68。捐献土地。

2738.《宾兴渡税复归董理示碑》,道光二十二年八月十四日。广东海丰县海城镇。《广东》P851。考试资费,乡约。

2739.《紫阳县知县禁匪徒乘公抢取客货告示碑》,道光二十二年八月。陕西紫阳县汉王城泗王庙西厢房。平首方趺,130 * 83 * 30。额刻"德政流芳"。《安康》P161。官禁,治安。

2740.《买院基地捐钱使费碑》,道光二十二年九月十三日。河南偃师市邙岭镇西蔡庄村赵家祠堂。131 * 53。《偃师卷》P631。

2741.《保护豫楼议约碑》,道光二十二年十月初九日。山西阳城县北留镇郭峪村汤帝庙西官厅北间西墙。《郭峪》P60。乡约。

2742.《龙潭五村乡规民约碑》,道光二十二年十月初十日。云南昆明西山区龙潭多依村玉皇阁。五村立。《云南林业》P358。乡规,生态保护 14 条,其中护林 6 条。

2743.《整理教谕学风碑记》,道光二十二年十月。山西长治潞城区。《三晋总目·长治》P119。学规。

2744.《平阳汪氏涌芬义庄碑记》,道光二十二年十月。江苏苏州文庙。宗族,尊祖敬宗,救济。

2745.《银同祖碑记》,道光二十二年十一月十一日。台湾台南中西区银同祖庙。台湾知县阎炘示。《台湾南部》P475。护庙、禁宿。

2746.《吴县规定米行内买卖米石应听本行工人自行挑送盘户脚夫不准恃强霸持地段勒索碑》,道光二十二年十一月十二日。江苏苏州。《江苏明清》P669。官禁,禁脚夫恃强。

2747.《重勒碑铭》,道光二十二年十一月。山西太原杏花岭区大东关新建巷 19 号。95 * 48。首题"本园基址及园外添置赡地各四至照契"。13 行 44 字。《三晋·杏花岭》P18。地契,四至。

2748.《北霍渠碣记》,道光二十二年十一月。山西洪洞县广胜寺霍泉水神庙明应王殿前壁。45 * 50。首题同碑名。15 行 24 字。《三晋·洪洞》P498。记事,置地雇人看渠。

2749.《村规民约碑》,道光二十二年仲冬。山西万荣县。《三晋总目·运城》P94。乡禁。

2750.《张岳崧格言碑》,张岳崧(1773~1842)文。陕西西安文物保护考古研究院。《陕西碑石精华》P306。格言警句,求福造福。

2751.《契约碑》,道光二十二年。陕西宁陕县梅子乡。

2752.《常州天宁寺镇江竹林寺共立遵守碑》,道光二十二年。江苏常州。《武进天宁寺志·破山兴福寺志》P359。寺产收益划分。

2753.《关帝殿门外大樟树公议禁碑》,道光二十二年。浙江临安。《续崇福寺志》P131。

2754.《鸡公背造林碑》,道光二十二年。四川平昌县马鞍乡(现巴中市寺岭镇)。鹅坪寺住持一如捐资造碑。《绿色》P50。生态保护,诅咒。"有人折毁树木,叫他子孙不得荣昌。"

2755.《金甸牧牛地界碑》,道光二十二年。湖南通道县牙屯堡镇金殿村。110*30。四面有字,每面7行。《侗族卷》P21。定约止争。

2756.《再立笨新南港义冢碑记》,道光二十二年。台湾嘉义市新港乡第二公墓。救济。

2757.《禁赌碑记》,道光二十三年(1843)一月。山西长治潞城区微子镇冯村庙。《三晋总目·长治》P119。

2758.《永垂不朽碑》,道光二十三年三月初十日。云南玉溪江川区土官田村。合营老幼立。《云南林业》P360。乡规,风水、护林。

2759.《嘉定县南翔育婴堂租田照公田章程完纳折色告示碑》(2),道光二十三年三月十五日给文。原立上海青浦区及嘉定区南翔镇,佚。《上海》P152;《嘉定》P58。公文,谕帖;田赋章程。

2760.《告示碑》,道光二十三年五月初三日。广东高州市冼庙。《广东》P599。庙产案,契证。

2761.《禁碑》,道光二十三年三月初四日。湖北京山县太子山。《荆门》P286。

2762.《朝阳始建太平社碑》,道光二十三年六月。辽宁朝阳营州路关帝庙。110+244*95*26+61。阳额"兆民赖之"。29行74字。太平社建立之由及太平社规条十条。阴额"政济太平",题名"四乡太平社社长""四路乡牌"及"四乡会首"300余人。《辽宁省志·文物志》P378。社规。

2763.《青浦、昆山、嘉定三县永禁流丐勒诈滋扰告示碑》,道光二十三年七月二十八日。原在上海嘉定区安亭镇,佚。《上海》P442;《嘉定》P60。官禁,治安。

2764.《州正堂示碑》,道光二十三年七月。贵州惠水县王佑镇。168*63。额刻"州正堂示"。《惠水》P34。晓谕,禁越界伐木,禁抢、盗。

2765.《文延功果赞并遗嘱条规碑》,道光二十三年七月。陕西城固县洞阳宫内。88＊50＊14。18行30字。《汉中》P65。道教、寺产,遗嘱。

2766.《过载行差务碑》,道光二十三年八月十二日。河南社旗县城关山陕会馆。赊旗镇过载行同立。《河南山东》P123。减官差,官批商立。

2767.《公立麸案碑记》,道光二十三年八月十五日。山西阳泉市郊区李家庄乡柳沟村六泉庙。《三晋总目·阳泉》P133。碑档。

2768.《苏州府示谕禁越界停泊有碍商旅碑》,道光二十三年八月。江苏苏州文庙。尾题"发元邑九都三图"。官禁,航道管理。

2769.《施白庙碑》,道光二十三年菊月。湖北丹江口市武当山。额楷"万古流芳"。住持李成长立。《武当山》P153。记事,施产四至、用途。

2770.《奉县宪示禁碑》,道光二十三年十一月初五日示。江西九江濂溪区姑塘镇海关旧址。150＊70＊10。官禁,安商、治安。

2771.《封禁白马垒水源碑》,道光二十三年十一月初十日。广西恭城县栗木街卢氏祠堂。《恭城》P280。

2772.《禁止在玉皇庙附近开窑盗树碑记》,道光二十三年小阳月(十月)中浣。山西高平市原村乡下马游村玉皇庙。《高平》P702。生态风水,禁伐,送庙议罚。

2773.《重建南泉寺碑记》,道光二十三年十一月。云南南华县。《南华县志》P761,《云南道教》P521。契证,禁盗卖。

2774.《卖房契约》,道光二十三年十二月十六日。山西左权县口则村观音堂。145＊55＊15。13行29字。《三晋·左权》P223。契约,四至。

2775.《苏州府为绸缎业设局捐济同业给示立案碑》,道光二十三年十二月二十六日。原立江苏苏州文衙弄七襄公所。《苏州工商》P26;《江苏明清》P28。善举,备案。

2776.《丈八佛寺禁伐树木碑记》,道光二十三年十二月。河南渑池县坡头乡丈八佛寺,卧地。额题"皇清",左右为"日、月"二字。《中州百县》P1266。乡禁,禁伐。"罚戏三天,修盖庙宇。不受罚者,送官究处。"

2777.《通州禁止各色人等向江西磁器商阻挡滋扰碑》,道光二十三年十二月。原在江苏南通崇川区城隍庙。《江苏明清》P513。官禁,治安。

2778.《张兆瑞敕命碑》,道光二十三年刻,道光八年十一月初九日圣旨。河北隆尧县碑刻馆。221＊75。额题"奉天敕命",碑身上截刻30行9字,印文"皇帝之宝"。《河北隆尧石刻》P264。

2779.《通利渠临洪赵三县一十八村载德碑》,道光二十三年。山西洪洞县,佚。民国《洪洞县水利志补》上卷《通利渠》;《三晋·洪洞》P1108。记事,缠讼。

2780.《雍正元年谕旨碑》,道光二十三年。山西平定县,佚。《平定州志》卷5;《三晋总目·阳泉》P52。

2781.《戒慎勿伤人碑》,道光二十三年。河南修武县王屯乡后南孟村。37＊88。《中州百县》P157。挖井伤人,防护措施。

2782.《重修捕署碑》,道光二十三年。陕西紫阳县城关。《安钧》P28。

2783.《信寓呈请禁止脚夫勒索帮费给示勒石告示碑》,道光二十三年。浙江宁波海曙区城隍庙。官禁,治安。

2784.《不许舅霸姑婚碑》,道光二十三年。湖南靖州县平茶镇楠木山。58＊109。12行。《侗族卷》P21。禁近亲婚。

2785.《祭田碑记》,道光二十三年。湖南麻阳县拖冲乡大黄村。600＊40。《苗族卷》P69。屯田税。

2786.《奉府示碑记》,道光二十三年。贵州紫云县宗地乡打绕村。90＊60。《苗族卷》P69。

2787.《严谕各佃不准拖欠官置惜字田租谷告示碑》,道光二十三年。福建福州东郊五里亭。2 000字。

2788.《吴县为胡寿康等设局捐济绸缎同业给示立案碑》,道光二十四年(1844)正月初十日。江苏苏州文庙。《苏州工商》P27。善举,备案。

2789.《绍兴府秀水县示谕按章捐厘助济绣业碑》,道光□十四年正月二十四日。江苏苏州文庙。左下残缺,文不清。助济绣业,按章程捐厘交公。

2790.《震泽县为胡寿康等设局捐济绸缎同业给示立案碑》,道光二十四年正月二十五日。江苏苏州文庙。额题“奉宪永禁遵守”。善举,备案。

2791.《长洲县示禁保护江东庙碑》,道光二十四年二月初二日示。江苏苏州文庙。111＊55。长洲县正堂示,尾刻“发该庙勒石永禁”。苏城毛友三刻。《苏州社会史》P470;《农业经济碑刻》P6。告示,禁盗买、踞扰庙产。

2792.《吴江县示禁保护胡寿康等善举碑》,道光二十四年二月初四日。江苏苏州文庙。《苏州》P298。善举,备案。

2793.《历城县正堂告示碑》,道光二十四年二月初七日。山东济南市中区党家庄镇清真东寺。126＊63.5＊17。《山东回族》P114。掌教专权、私占土地,穆民所诉诸公堂,官府发告示惩处,以儆效尤。

2794.《禁赌碑记》,道光二十四年二月初九日。山西长治潞城区辛安泉镇曹庄村竭马店。《三晋总目·长治》P119。

2795.《滩阡图碑》,道光二十四年二月二十五日。原在陕西潼关,现存西安碑林。碑身断裂残缺。136＊70。《潼关县志》,《中州百县》P888。村规,契证,恐与邻村地界混迷,著册、绘图、刊石,以防异日之用。

2796.《奉宪杜累碑》,道光二十四年二月示。江苏镇江丹徒区辛丰镇曹家村废弃祠堂墙上。160 * 60。额横题同碑名。12 行。《京江遗珠》P108。官禁,禁累民;基层管理权限,里运专司条漕,命案、盗窃责成讯捕缉办。

2797.《李文旺公碑记》,道光二十四年二月。台湾台南白河区崎内里。《台南》P274。同族械斗、侵公业。

2798.《水尾树碑》,道光二十四年仲春月。福建泉州洛江区虹山乡虹山村。护林、风水。

2799.《祀田记》,道光二十四年三月上浣。山东邹城市孟府二门东侧,嵌壁。44 * 67。18 行 26 字。孟广均立石。《孟子林庙》P420。碑档。

2800.《清真寺捐田碑记》,道光二十四年季春。山东。邑增生丁荣桂撰记,邑庠生杨澎书丹。《山东回族》P350。捐地四至。

2801.《浙江湖州府为胡寿康等设局捐济绸缎同业给示立案碑》,道光二十四年三月后。江苏苏州文庙。下半残缺。善举,备案。

2802.《禁止脚夫勒索帮费告示碑》,道光二十四年三月给文。原在浙江宁波海曙区县学街郡庙(城隍庙),2005 年移置天封塔塔院。圭首,203 * 78 * 14。额题"奉宪勒碑永禁"。11 行 34 字。《甬城》P139。官禁,银信承递专揽。

2803.《乡社约碑》,道光二十四年四月初一日。山西长治潞城区辛安泉镇曹庄村竭马店。《三晋总目·长治》P119。乡禁,禁伐。

2804.《奉官立禁》,道光二十四年仲夏。海南万宁市。《广东》P951。官批乡规、治安。

2805.《苏州整旧业长生公会捐款公用碑》,道光二十四年六月。江苏苏州。《苏州社会史》P324。公产。

2806.《浚仪世祠堂田记》,道光二十四年六月。江苏常熟碑刻博物馆。公产。

2807.《真君殿香火碑》,道光二十四年七月。北京西城区。《白云观志》P153。公产,置地,财产处置。

2808.《文峰寺告示碑》,道光二十四年八月十二日。云南丽江市。83 * 57 * 18。丽江县正堂为禁赌博、偷盗、妇女买卖入寺混行等示禁。《丽江》P194。

2809.《武庙示禁碑》,道光二十四年八月。台湾彰化市民族路 467 号关帝庙右侧外墙。《台湾中部》P279。治安,救济管理。

2810.《奉官示禁碑》，道光二十四年八月。海南乐东县佛罗镇佛罗中街。《广东》P997。乡规、治安等。

2811.《三角地等处雇运柴草仍照旧章挑运勒石告示碑》，道光二十四年九月。浙江宁波莲桥街五台庵。圭首，195＊86。额题"奉宪勒石永禁"。12行28字。《甬城》P141。告示，挑工划段。

2812.《苏州府长洲县正堂示酒业牙行客商以校准公租交易碑》，道光二十四年十月初一日。江苏苏州文庙。下残缺。度量衡、行业管理。

2813.《各村施财信女题名碑》，道光二十四年十月十五日。山东淄博博山区西城村白石洞。163＊69＊17。《博山卷》P288。施地契，四至。

2814.《西河书院学规碑》，道光二十四年孟冬。原在山西芮城县卜子夏书院，今存县博物馆。153＊74。《河东名碑》P211。记事，学规14则。

2815.《捐地碑》，道光二十四年十一月。山东武城县四女寺。《山东回族》P718。捐地四至。

2816.《常熟县禁开山石碑》，道光二十四年十一月。江苏常熟。《江苏明清》P669。

2817.《重修盛京萃升书院碑记》，道光二十四年嘉平月（十二月）。辽宁沈阳市沈河区大南门（萃升书院旧址）。170＊62＊20＋47。碑阴刻书院条规。《辽宁省志·文物志》P380；《沈阳市文物志》P186。记事、学规。

2818.《乡规民约碑》，道光二十四年。河北柏乡县固城店镇常乐村。160＊50＊14。《文物河北》下 P716。乡规民约，示禁，处罚。

2819.《老鸭峪地震碑》，道光二十四年。河北邯郸峰峰矿区界城镇老鸭峪村。52＊71。《文物河北》下 P759。

2820.《禁碑》，道光二十四年。四川通江县洪口镇香庐山保兴寺。李姓家族合立。《绿色》P26。族规、禁伐。

2821.《义恤会碑》，道光二十四年。浙江宁波鄞州区五乡镇仁久村。救济。

2822.《普明禅寺示禁碑》，道光二十四年。湖南洪江市黔城镇龙标山普明禅寺。雷知县立。护寺产，禁止地痞骚扰。

2823.《石阡河东轮水碑》，道光二十四年。贵州石阡县中坝镇洒东村鲤鱼井边。127＊104＊33。四面刻。《侗族卷》P21。公议五条规则，轮灌。

2824.《蛤仔市公置义渡碑记》，道光二十四年。台湾苗栗县公馆乡（旧称蛤仔市）婆心亭。公益。

2825.《童生应试章程碑》，道光二十四年。云南宣威市榕城书院（现榕城第二小学）东墙壁上。120＊73。20行。《曲靖石刻》P193。

2826.《山场碑记》,道光二十四年。云南富民县罗免乡西核村。村民立。《云南林业》P946。山场四至。

2827.《劝孝文》,道光二十五年(1845)正月十五日。陕西米脂县城郊乡官庄村文昌帝君庙前院右壁。75＊56。20行30字。额横刻同碑名。《榆林碑石》P179。

2828.《封禁森林碑》,道光二十五年正月二十三日。原在云南石屏县肖家海村乾阳山顶玉皇阁,1983年移石屏县文化馆。绅士命住持合寨人立。《云南林业》P363。罚引起火灾之樵夫,禁砍。

2829.《坟地盗葬示禁碑》,道光二十五年二月十六日。原在台湾台南东区石头坑(雍正间李氏聚星亭故址),现存台南市立历史馆。台湾府知府同卜年、台湾县知县胡国荣示。《台湾南部》P477。护坟,禁盗葬、牧羊。

2830.《捐助地亩碑记》,道光二十五年二月。陕西绥德县名州镇七里铺村一步岩蕲王庙佛殿前。身首一体。220＊70＊10。额横刻"题名"。9行50字。《榆林碑石》P354。财产处置。

2831.《吴县证明东越会馆契据焚毁嗣后该馆司事仍当轮流经理碑》,道光二十五年三月初六日。江苏苏州阊门外三乐湾东越会馆。《江苏明清》P669。公产管理。

2832.《无锡青水港疏浚告示碑》,道光二十五年三月。江苏无锡碑刻陈列馆。环保与水利,公罚。

2833.《去恶人碑》,道光二十五年三月。山西长治上党区八义镇石后堡村。112＊48。《三晋·长治县》P209。记事,合社公议对恶人王桂根究处。

2834.《捐门面铺房碑》,道光二十五年三月。山东济南市中区清真南大寺。144＊57＊18。《山东回族》P24。丁松年买房捐寺。

2835.《解州北乡四十八村公立照案匀联应差碑记》,道光二十五年四月初七日具,山西运城盐湖区龙居镇罗义村。162＊64。额楷"皇清"。20行50字。《三晋·盐湖区》P361。讼案,记事;应差、甘结。

2836.《严禁砍伐告示碑》,道光二十五年四月二十八日。山西阳城县海会寺塔院。《海会寺碑》P59。生态保护。

2837.《断案永昭碑》,道光二十五年六月十九日立石,同年四月三十日案。山西洪洞县堤村乡杨洼庄村。圆首方跌,110＊56。额题"断案永昭"。14行33字。《三晋·洪洞》P504。讼案,记事、断语。"案牍虽云可稽,而未曾显立碑志,以为将来明证","载条约显明刻石"。

2838.《苏州府禁止地匪乡民向三义公所及所置义地滋扰作践碑》,道光二十五年六月二十三日。江苏苏州。《江苏明清》P669。官禁,治安,公产,善举。

2839.《崇德公所印书行规碑》,道光二十五年六月二十八日。江苏苏州。《江苏明清》P72。行规。

2840.《松江府为禁流丐土匪勾结盘踞强索肆窃告示碑》,道光二十五年八月十三日。原在上海闵行区诸翟镇。《上海》P443;《松江审判志》P361;《松江文物志》P187。官禁,治安。

2841.《封禁佛山碑记》道光二十五年仲秋月。广西恭城县观音乡杨梅村杨梅屯令公祠遗址。《恭城》P182。募钱赎回庵院山场,禁开挖种植。

2842.《严整社规碑》,道光二十五年九月三日。山西安泽县杜村乡安上村老君庙。112*55*11。8行37字。《三晋·安泽县》P113。公议乡规。

2843.《长洲县示谕保护水炉公所碑》,道光二十五年九月七日。江苏苏州文庙。《苏州社会史》P306。官禁,治安,公产。

2844.《吴县示禁保护水炉公所碑》,道光二十五年九月二十一日。江苏苏州。《苏州社会史》P307。官禁,治安,公产。

2845.《苏州府禁止不安分之徒勾串匪类借端向水炉公所索扰碑》(2),道光二十五年九月二十三日。一在江苏苏州警察博物馆碑廊;一在江苏苏州文庙。额题"奉宪勒石永守"。官禁,治安,公产。

2846.《元和县示禁保护水炉公所碑》,道光二十五年九月二十五日。江苏苏州。《苏州社会史》P308。官禁,治安,公产。

2847.《奉邑主示禁碑》(2),道光二十五年九月。台湾高雄内门区观亭村中正路115巷18号内门紫竹寺(观音亭)左厢。另见高雄旗山区中埔乡观音亭。台湾县知县胡国荣示。《台湾南部》P478;《高雄》P116;《明清台湾》P83。治安。

2848.《创建考院规条石刻》,道光二十五年孟冬。山东青岛。道光《重修胶州志》卷39。学规。

2849.《文昌宫捐产碑》,道光二十五年十月。甘肃武威文昌宫,嵌壁。私产入公,财产处置。

2850.《严禁借差掳抢示告碑记》,道光二十五年十月。台湾云林县斗六市太平里太平路123号。县丞姚鸿示。《台湾南部》P479;《明清台湾》P335。治安,禁抢劫。

2851.《署光山县正堂颜谕碑》,道光二十五年十一月初六日谕。河南光山县大苏山净居寺碑廊。90*40*8。《大苏山》P166。公文,谕帖;官禁,禁盗伐山树等。

2852.《永济正堂告示碑记》,道光二十五年十一月三十日。山西永济市。《三晋总目·运城》P46。

2853.《侵占山陕道案告示碑》,道光二十五年十一月三十日。山西永济市博物馆。《三晋总目·运城》P54。

2854.《戒赌碑记》,道光二十五年十一月。河南孟津县白鹤镇长秋村。113*47。《孟津卷》P172。

2855.《奉宪示勒》,道光二十五年十二月。浙江苍南县藻溪镇险口村。129*50。《温州》P1112。禁砍伐。

2856.《圆觉寺碑》,道光二十五年。河北曲阳县郎家庄乡北宋家村西南2公里。198*67*18。额刻"万古流芳"。严节书。《文物河北》下P547。记事。

2857.《谨誊同居合同碑》,道光二十五年。山西沁水杏峪村。160*60。16行12字。《三晋·沁水县》P353。龙泉寺僧人公议订立后学弟子永绝分居及财产使用合同。

2858.《清真寺捐地碑记》,道光二十五年。山东。《山东回族》P348。阿訇将己田捐寺资学。

2859.《奉恩严禁公租私收碑》,道光二十五年。安徽祁门县历口镇历溪村。禁贪。

2860.《五街众议挑货各规条碑》,道光二十五年。广东罗定市。《广东》P744。公约,挑夫脚价。

2861.《谭氏小宗祠敦睦堂碑记》,道光二十六年(1846)一月一日。广东东莞望牛墩镇聚龙江村谭氏小宗祠。69*48。《东莞》P203。族规。

2862.《严禁侵占江宁回民义地告示碑》,道光二十六年二月二十九日。湖北武汉汉阳区琴断口街道七里庙。《南方回族》P96;《回族》P382。官禁。

2863.《四明公所义冢碑》,道光二十六年桐月(三月)上浣。原在上海南市区四明公所。《上海》P256。公产。

2864.《契证碑》,道光二十六年三月二十一日。山东邹城市孟庙。三截刻,三份契。

2865.《严禁侵占江宁回民义地葬坟碑》,道光二十六年三月。湖北武汉汉阳区琴断口街道七里庙。《南方回族》P97;《回族》P383。官禁。

2866.《恒公河碑记》,道光二十六年春月。云南宜良县南羊镇前卫营村大寺。200*84。额题同碑名。22行86字。《宜良碑刻》P27。公文,水利管理。

2867.《奉示永禁碑》,道光二十六年仲夏。湖北荆门东宝区送子庵遗址。《荆门》P125。告示,严禁乞讨等,公议罚则。

2868.《陈知县为严禁里差私向民间派收修理汛塘费告示碑》,道光二十六年五月。广西灵川县三街镇娘娘庙。90＊60。《灵川》P314。官禁,除弊。

2869.《常熟脚行顶补换名碑》,道光二十六年夏。江苏常熟碑刻博物馆。《苏州》P535。行规。

2870.《中元会功德碑记》,道光二十六年七月十五日。云南禄丰县川街乡阿纳村大庙。《楚雄》P404。碑用。

2871.《东神山禁伐松柏树碑记》,道光二十六年七月。山西蒲县东岳庙大殿前。圆首,116＊55＊15。14行36字。《三晋·蒲县》P278。禁伐。

2872.《禁止屠工罢工及索取猪身杂物碑》,道光二十六年九月十八日。江苏苏州施相公弄民智里三义公所。《北图藏拓》81－126。官禁,罢工,行业矛盾。

2873.《禁赌碑记》,道光二十六年九月二十一日。山西阳泉市郊区荫营镇上千亩坪村。《三晋总目·阳泉》P134。

2874.《冯翊书院征地碑记》,道光二十六年十月。原在陕西大荔县冯翊书院,现存大荔中学。63＊33＊4。18行16字。乡约、公直立。《大荔碑刻》P111。契证,买地、施舍。俱留落椽隙地,"有灰留验"。

2875.《乡规碑记》,道光二十六年十一月廿一日。云南丽江古城区玉泉公园。85＊51＊10。丽江县正堂示禁。《北图藏拓》81－128;《丽江》P196。告示,禁赌博。

2876.《捐田租碑》,道光二十六年十二月初六日。湖南衡阳南岳区南岳镇祝圣寺。《中国农史》2002年4期。碑档。

2877.《皮坡寨封树碑记》,道光二十六年腊月初八日。云南开远市。伙头、粮民等立。《云南林业》P365。生态风水。

2878.《玉皇阁田产碑》,道光二十六年。河北涿鹿县大堡镇炼山坪村北1公里。螭首,座佚。220＊70＊20。《文物河北》中P260。记事,庙田四至。

2879.《柳林闸碑记》,道光二十六年。河北邯郸丛台区西柳林村(又称柳林桥村)北700米。《文物河北》下P756。

2880.《支用草豆公费钱规约碑》,道光二十六年。山西平定县冠山镇宋家庄村龙王庙。《三晋总目·阳泉》P38。乡约,公款收支。

2881.《解决阿訇供养碑》,道光二十六年。山东济宁顺河东大寺。马鸿翔撰文。《山东回族》P393。47名乡老捐资购置临街房出租,以租金供养阿訇。

2882.《永发乡约田地碑》,道光二十六年。陕西宁陕县老县乡梁家庄关帝庙前,用作阶石。圆首方趺,167＊94。《安康》P164。置地纳乡约,免垫赔受累。

2883.《天妃娘娘庙置地碑》,道光二十六年。陕西石泉县中坝乡中坝村中坝小学。133＊68＊8。额楷"率由旧章"。《秦岭》P328。

2884.《护路条规碑》,道光二十六年。陕西略阳县徐家坪镇。圆首,81＊48＊9。额题"万古千秋"。字迹漫漶。《秦岭》P100。公议养护道路条规。

2885.《杏兰科会碑记》,道光二十六年。河南。李论秀撰文,李清贵书丹。《中州百县》P1271。乡禁,护林,罚钱。

2886.《奉宪严禁碑记》,道光二十六年。广东恩平市博物馆。《广东》P440。官府收费条规。

2887.《苏州织造府禁止老郎君庙管事人徇私混弊碑》,道光二十七年(1847)正月二十七日。原在江苏苏州镇抚司前16号梨园公所,现在苏州文庙。《江苏明清》P300。盗卖公产案,公文。

2888.《山阴会稽两邑会馆记》,道光二十七年正月立,道光六年(1826)十一月文。北京宣武门外南半截胡同绍兴会馆。《基尔特》6－1203;丁采山等辑《绍兴县馆纪略》。会馆源流,试馆。

2889.《金旺村公议碑记》,道光二十七年二月十八日。山西灵石县南关镇金旺村庙。50＊80。34行22字。《三晋·灵石》P437。公议施地。

2890.《供奉先祖祭田地共遵母命碑》,道光二十七年二月。河南偃师市大口镇焦村焦家祠堂。143＊56。《偃师卷》P638。

2891.《文武李姓家训碑》,道光二十七年二月。湖北兴山县湘坪乡文武村马鬃岭李士光墓前。《兴山》P89。家训。

2892.《公业条款碑》,道光二十七年二月。台湾彰化县鹿港镇文开书院内墙壁。《台湾中部》P350;《明清台湾》P311。教育、公产。

2893.《整治社会治安告示碑》,道光二十七年孟春。广西三江县博物馆。120＊60。额题"永垂不朽"。12行。《侗族卷》P22。民申官禁。

2894.《吴县禁止匪徒向三义公局阻挠衅扰碑》,道光二十七年三月初二日。江苏苏州。《江苏明清》P669。官禁,公产、治安。

2895.《元和县禁止匪徒向三义公局滋扰窃料妨工碑》,道光二十七年三月初三日。江苏苏州。《江苏明清》P669。官禁,公产、治安。

2896.《永凝堡庙前堡争水讼碑》,道光二十七年三月中浣。陕西华阴市岳庙街道庙前村。圆首,180 ∗ 62。27 行 64 字。《华山碑石》P428。水案,华阴县正堂告示。

2897.《遵断赤桥村洗纸定规碑记》,道光二十七年暮春。山西太原晋祠。《晋祠碑碣》P177。水案,污染。

2898.《劝谕书吏告示碑》,道光二十七年清明前一日。陕西石泉县政府,佚。《安钩》P93。吏治。

2899.《圌岭丛林新规勒石碑》,道光二十七年孟夏月初八日。四川江油窦圌山云岩寺大雄殿东。182 ∗ 104。阳额"永远流芳",阴额"址方梵刹"。碑面风化严重。李生《江油窦圌山清代碑刻》,《四川文物》2000 年 6 期;《巴蜀》P795。佛规,涉及面广。

2900.《朱星街禁赌防盗碑》,道光二十七年孟夏月。云南腾冲市朱星街。134 ∗ 64。村民立。《保山》P24;《云南林业》P947。防盗、护木 6 条,罚则,打板。

2901.《重修祖茔碑文序》,道光二十七年五月十五日。陕西大荔县。《大荔碑刻》P328。记事,族规,坟树价银分配,轮值年需。

2902.《永禁烛业创立行头名目碑》,道光二十七年六月初五日。江苏苏州阊门外三乐湾东越会馆。《北图藏拓》81 - 126。行规。

2903.《禁止乞党恶讨告示碑》,道光二十七年六月十七日。山西高平市石末乡侯庄村丰乐馆。《高平》P702。村申官禁;乡禁,禁讨放赈。

2904.《石泉村施地碑记》,道光二十七年六月十八日。山西灵石县王禹乡石泉村观音庙。40 ∗ 15。15 行 16 字。《三晋·灵石》P436。四至。

2905.《正乙祠新议条规额》,道光二十七年六月。北京前门外西河沿正乙祠后厅东西两壁。《基尔特》1 - 103。行规 17 条。尾有各神祭祀日期。

2906.《圣王庙碑》,道光二十七年桂月中浣。山西洪洞县赵城镇新庄村。圆首方趺,190 ∗ 75 ∗ 20。10 行 41 字。《三晋·洪洞》P514。记事,置产亩数,活典水地价银。

2907.《严禁纵羊残桑告示碑》,道光二十七年八月三十日。山西高平市北诗镇北诗午村玉皇庙。《高平》P703。乡禁,禁桑羊等;讼事,告示。

2908.《杨椒山祠祀典记》,道光二十七年仲秋月。原在北京宣武区上斜街松筠庵内。1983 年征集,现存北京石刻艺术博物馆。中部断裂,32 ∗ 96 ∗ 8。首题"科道公捐松筠庵祀典记"。41 行 15 字,实存 510 字。《北图藏拓》81 - 143;《北京石刻拓本提要》P431。

2909.《宅契碑》,道光二十七年八月。山西壶关县店上镇固村。《三晋总目·长治》P57。契证。

2910.《府正堂同示碑记》，道光二十七年仲秋月。台湾台南学界区光明村中洲惠济宫庙后。台湾府知府同卜年示。《台湾南部》P480。坟田、盐场划界。

2911.《香严寺历年献戏成规碑记》，道光二十七年九月十三日立。山西柳林县香严寺。圆首方跌。10行41字，约390字。

2912.《永远遵守碑》，道光二十七年某月十九日。云南丽江古城区甘泽泉旁。111＊64＊17。《丽江》P225。告示，保护田苗。

2913.《三河渡村公议完粮碑》，道光二十七年九月二十九日。广西灵川县潭下镇三河渡村。105＊78。《灵川》P315。乡规，征赋。

2914.《新立赛神会并合社及禁丐乞盗窃碑记》，道光二十七年菊月。陕西铜川郊区陈炉镇雷家坡村。

2915.《禁抢引盐》，道光二十七年九月。广东佛山三水区。《广东》P398。官禁，治安；匪徒抢劫案。

2916.《温州府谕禁阻考告示碑》，道光二十七年十月。浙江温州。告示。

2917.《奉宪严禁告示碑》，道光二十七年十月。台湾台南盐水区水正里卫生所后，废为园庭石案。台湾府知府同卜年示。《台湾南部》P482；《台南》P212。

2918.《奉示立禁碑》，道光二十七年十一月。台湾高雄左营区右昌1巷1号元帅庙左厢壁。凤山县知县丁白健示。《台湾南部》P484；《高雄》P245；《明清台湾》P43。治安，恶丐、强夺。

2919.《禁赌禁盗碑》，道光二十七年。河北邢台信都区城计头乡破庙村。180＊60＊17。《文物河北》下P689；《邢台县志》P632。乡规民约，禁赌、防盗。

2920.《遵断赤桥村洗纸定规碑记》（2），道光二十七年。一在山西太原晋祠，一置于晋源区晋祠镇赤桥村兰若寺。水案，污染。

2921.《禁赌碑记》，道光二十七年。山西长治潞城区辛安泉镇曹庄村竭马店。《三晋总目·长治》P119。

2922.《重建庙宇落成请归合街商贾公办碑记》，道光二十七年。山西稷山县城关后稷庙正殿东山墙外侧，嵌壁。73＊122。《山西师大》P436。公产。

2923.《朱仙庵告示碑》，道光二十七年。陕西周至县楼观台西25公里泉仙庵，佚。《秦岭》P330。地产纠纷与解决方案。

2924.《严禁差役索诈告示碑》，道光二十七年。陕西石泉县石泉剧团。

《安钧》P94。官禁,禁索诈。

2925.《禁止淘金碑》,道光二十七年。陕西镇安县黄家湾乡前坪村。方首,145 * 52 * 16。碑正中书"禁止淘金"。《秦岭》P329。乡禁。

2926.《伦家沟令禁碑》,道光二十七年。陕西西乡县新瓦乡伦家沟村。圆首,190 * 100 * 10。《秦岭》P329。知县示禁奸、娼、盗、赌等条规。

2927.《田坝古渠崖刻》,道光二十七年。广西隆林县德峨镇田坝村南。35 * 40。文字难辨。《苗族卷》P88。供水规则。

2928.《三属会馆馆规碑》,道光二十八年(1848)二月十九日。原在云南保山隆阳区太保山三属会馆。《隆阳》P363。会馆公产、公约。

2929.《凤阳台新设义学条规碑》,道光二十八年仲春。陕西石泉县长阳乡义学村凤阳台。方首,下部残缺。147 * 14 * 12。《石泉县志·建置志》;《安康》P167;《安钧》P185。学规四款。

2930.《苏州府示谕禁村恶杠夫勒索碑》,道光二十八年三月十一日。江苏苏州文庙。官禁,治安。村恶分段接扛、任意把持勒索,停葬。

2931.《禁河碑记》,道光二十八年三月十四日。山西平顺县苗庄镇下庄村。《三晋总目·长治》P87。生态环保。

2932.《禁赌碑》,道光二十八年三月十四日。山西平顺县苗庄镇下庄村。《三晋总目·长治》P87。

2933.《甲会碑记》,道光二十八年三月二十日。云南禄丰县川街乡阿纳村土主庙。《楚雄》P4011。乡规、治安。

2934.《员林街福宁宫碑》,道光二十八年三月。台湾彰化县员林市福宁宫内。《明清台湾》P315。公产,田地契证。

2935.《公会严禁碑》,道光二十八年季春。广东海丰县联安镇霞埔乡祠堂。《广东》P853。族规、经营。

2936.《象山封山护林植树碑》,道光二十八年季春。云南丽江大研镇刘氏家中。175 * 75。《云南林业》P367;《丽江》P198。告示,规条,禁樵牧取土等。

2937.《黄知县奉颁灵川合邑输纳钱粮章程碑》,道光二十八年四月初二日。广西灵川县潭下镇政府。220 * 128。19 行 40 字。额刻"永远遵照"。首题"灵川合邑呈请批准钱粮章程备勒于后"。《灵川》P316。章程,批示。

2938.《留坝厅禁伐留侯祠树木碑》,道光二十八年四月初八日。陕西留坝县张良庙。128 * 65 * 13。10 行 26 字。留侯庙住持任永真勒石。《汉中》P66。生态环保。

2939.《胡公祠地基结案碑》,道光二十八年四月。山西运城解州关帝庙碑房。45＊79＊11。合族同立。《三晋总目·运城》P18;《三晋·盐湖区》P363。讼案,记事,公产、族产保全。

2940.《阖社成规碑记》,道光二十八年五月初一日。山西阳泉市郊区李家庄乡下五渡村五道庙。《三晋总目·阳泉》P134。村规。

2941.《奉宪勒石永禁碑》,道光二十八年五月。浙江嘉兴鉴亭碑廊。官禁,禁罢工。

2942.《狮子埠村公议完粮规条碑》,道光二十八年五月。广西灵川县灵川镇狮子埠村众姓公祠门口。85＊60。额刻“万古流芳”。《灵川》P319。

2943.《马神庙糖饼行行规碑》,道光二十八年六月初九日。原在北京广渠门内栖流所3号糖饼行公所。《北京工商》P133。行规,停收徒。

2944.《马神庙观音殿碑》,道光二十八年六月初九日。原在北京崇文门外马神庙。额题“万古流芳”。《基尔特》5－1019。再申前约。

2945.《桂林公议禁约》,道光二十八年六月十三日。广西桂林七星区桂海碑林。《桂林辑校》P1079。

2946.《何氏两房禁碑》,道光二十八年六月十八日。广东中山市小榄镇。《广东》P375。乡禁。

2947.《糖饼行雷祖会碑》,道光二十八年六月二十四日。原在北京广渠门内栖流所3号糖饼行公所。《北京工商》P132。会馆公产。

2948.《马神庙观音殿碑》,道光二十八年六月二十四日。原在北京崇文门外马神庙。额题“雷祖圣会”。《基尔特》5－1021。契证;置产、坐落;行规。

2949.《梨园公所苏州府正堂碑记》,道光二十八年七月初三日。原在江苏苏州镇抚司前16号梨园公所。《江苏明清》P301。禁恶丐等,治安。

2950.《祠堂规约碑记》,道光二十八年秋七月朔十日。广西恭城县南关庄子埠彭姓宗祠。元臣启、芝启同立。《恭城》P117。

2951.《梨园公所长元吴三县碑记》,道光二十八年七月十五日。原在江苏苏州镇抚司前16号梨园公所。《江苏明清》P302。禁恶丐等,治安。

2952.《保护蜡虫生产交易碑》,道光二十八年七月十八日。四川西昌市南郊大石板社区。170＊93。额刻“遵府县示”。附大字民约派股。《凉山》P138。官禁,交易治安,禁持众抢夺;持杖拒捕,照例格杀勿论;不得乱拘擅杀。

2953.《州正堂禁赌谕文碑》,道光二十八年八月初四日。山西平定县东回镇瓦岭村。《三晋总目·阳泉》P38。村规。

2954.《抄白告示》,道光二十八年八月十八日。广东中山市。《广东》P374。粮米交易,禁索扰。

2955.《第七联支差合同碑》,道光二十八年八月。山西运城盐湖区博物馆。158＊64。额楷"第七联碑记"。19行50字。《三晋·盐湖区》P362。讼案,应差、甘结、合同、罚戏。

2956.《乡禁碑》,道光二十八年八月。贵州惠水县高镇濛涟寨中。132＊57。文字漫漶。《惠水》P38。

2957.《子史粹言碑》,道光二十八年十月。山西寿阳县平舒乡平舒村。《晋中》P400。

2958.《窑规碑》,道光二十八年十月。陕西铜川印台区陈炉镇雷家坡小学。

2959.《文会试宾兴碑》,道光二十八年十月。海南海口琼山区。民国《琼山县志》卷18。

2960.《抄白告示》,道光二十八年十二月初十日。广东中山市小榄镇。《广东》P374。度量衡、市场管理。

2961.《村规民约碑》,道光二十八年。山西长治上党区郝家庄乡下郝村。《三晋总目·长治》P27。

2962.《金渠园碑记》,道光二十八年。原立河南新安县铁门镇芦院村。《豫西》P264。水规。

2963.《船帮公议碑》,道光二十八年。陕西洋县黄金峡乡。圆首,130＊80＊10。《秦岭》P100。船帮募资置救生船及义地,议定救人奖励数额等规约。

2964.《泰安寺设立市场碑记》,道光二十八年。四川都江堰市青城山泰安寺。1991年版《灌县志》卷27,《巴蜀》P795;《都江堰》P436。佛规、治安。

2965.《安民条款碑》,道光二十八年。贵州册亨县西北25公里冗渡镇岩洞寨。190＊78＊22。四面刻。正面额镌"立碑安民"。有道光十七年(1847)八月二十二日官示文。碑阴刻道光二十八年公议条款,额镌"垂芳千古"。两侧风化难辨。《贵州省志·文物志》P296。官禁,禁盗匪;公议规则,治安。

2966.《与陆涵藻对田碑》,道光二十八年。广西贵港南山寺。对换田产。

2967.《廉明县主许禁碑》,道光二十九年(1849)正月十九日。广东海丰县联安镇渡头圩。《广东》P854。教育,治安,勒索。

2968.《州正堂童示碑》,道光二十九年二月。贵州惠水县打引乡拉雅寨。172＊88。额刻"州正堂童示"。《惠水》P39。晓谕,判案。

2969.《合寨禁碑》,道光二十九年三月二十三日。云南石屏县哨冲镇邑堵村。寨立。《云南林业》P373。乡禁,禁伐,罚谷罚银。

2970.《逯家庄村分纳官粮银碑记》,道光二十九年三月。山西灵石县段纯镇逯家庄村家祠。54＊76。25行17字。《三晋·灵石》P445。纳粮。

2971.《上下登坂谭家沟三村水规碑》,道光二十九年暮春。山西垣曲县上登坂村学校。84＊47。28行17字。《河东水利》P206。控案、水规、鳞册、合同。

2972.《创修下硙街市房碑记》,道光二十九年三月。河南灵宝市大王镇路井村张姓院内。《豫西》P313。

2973.《公议章程碑》,道光二十九年四月。甘肃徽县伏家镇。180＊73。《秦岭》P13。

2974.《奉宪勒石碑》,道光二十九年四月。浙江瑞安市陶山镇金桥村。111＊59。额楷"奉宪勒石"。10行15字。温州府勒石永禁廿九都村民不许再行叠石填塞下埭滩水利事。

2975.《已逊陈公祠禁条碑》,道光二十九年闰四月。广东东莞大朗镇巷头社区已逊陈公祠。50＊34。《东莞》P297;《广东》P790。族规禁条。

2976.《吴县为吕松年等捐置性善公所房屋禁止族丁与外性匪徒觊觎及勾串盗卖碑》,道光二十九年五月初二日。江苏苏州文庙。额题"奉宪勒碑永禁",尾题"发性善局勒碑"。《江苏明清》P669。公产保全。

2977.《苏州府永禁粪船停泊海珠山馆水埠碑》,道光二十九年五月十五日。江苏苏州。《江苏明清》P669。

2978.《永明正堂示谕碑》,道光二十九年五月二十八日。湖南江永县兰溪乡勾蓝瑶村。150＊82＊7。额刻"流芳百代"。《湖湘碑刻(一)》P252。告示;勾蓝瑶应完钱税款项、交纳办法和纳税人名单。

2979.《重修玉皇庙碑》,道光二十九年六月上浣。河南浚县大伾山电视转播台门外。183＊73＊20。《天书地字》P240。施产坐落数额。

2980.《文贤冈地契碑》,道光二十九年六月十八日。山东邹城市孟庙知言门内北侧。247＊71。残碑为9块后粘接而成。三截刻。字多残缺,有旧拓。《孟子林庙》P424。

2981.《台湾府城门示禁碑》(3),道光二十九年六月。台湾,分刻台湾府城各城门。今台南遗存之大南门、大东门、小西门均可见。分巡台澎道徐宗干示。《台湾南部》P486。禁兵丁勒索。

2982.《太保山种树小引》,道光二十九年六月。云南保山隆阳区太保公园碑林。《隆阳》P369。环保。

2983.《宣城祠置买喜捐祭田碑》,道光二十九年七月中浣。广西恭城县栗木镇马路桥村大石桥屯下阁田氏宗祠。众族立。《恭城》P289。

2984.《起造厨房碑》,道光二十九年仲秋月中浣。广西恭城县栗木街卢氏宗祠。《恭城》P286。

2985.《猪行公议条规碑》,道光二十九年九月十七日。原在北京西四北大街46号真武庙。《北图藏拓》81-181;《北京工商》P151。会馆行规、献戏。

2986.《禁赌碑记》,道光二十九年九月二十二日。山西壶关县树掌镇神北村。《三晋总目·长治》P57。

2987.《阎村公议村规碑》,道光二十九年十月。山西闻喜县。《三晋总目·运城》P27。

2988.《合村公议村规碑》,道光二十九年十月。山西芮城县岭底乡东峪村行宫正殿。98*40。10行21字。额题"永垂不朽"。甲长、公直、牌头同立。《河东名碑》P415;《三晋总目·运城》P152。乡禁,公议;合村严处、逐出、送官。"若官人徇情挟私,惟官人是究。"

2989.《建立东长井社地亩碑记》,道光二十九年十月。山西壶关县西北5公里东长井村炎帝庙。55*34。社首同立。《炎帝古庙》P304。讼后地亩粮数。

2990.《新修沔县考院碑记》,道光二十九年冬十一月上浣。陕西勉县武侯祠。185*84。《沔阳碑石》P127。教育记事。

2991.《上下卜泉两村石牌》,道光二十九年十一月十四日。广西金秀县。《广西瑶族》P53。

2992.《永兴渡会产田亩碑》,道光二十九年黄钟月(十一月)。陕西汉中南郑区大河坎镇。150*83*18。26行45字。《汉中》P279。契证。

2993.《抄白告示》,道光二十九年十二月初五日。广东中山市。《广东》P376。市场管理、度量衡。

2994.《苏州府示禁碑》,道光二十九年十二月十一日。江苏苏州文庙。失主呈控、盗伐果树,聚众倚强盗砍息树,约同文。

2995.《州宪文公示禁碑》,道光二十九年十二月。广东梅州市梅县区罗屋。嵌墙。额题同碑名。15行31字。告示,禁砍伐。

2996.《定山碑》,道光二十九年。河北涿鹿县大堡镇小荆寺村。圭首,座佚。165*62*19。《文物河北》中P260。讼案,五堡山各处山场归属不清争讼及官府裁定。

2997.《军营坊村阖村公议碑记》,道光二十九年。山西灵石县两渡镇军营坊村圣母庙。45*55。7行7字。《三晋·灵石》P449。公议,禁约;外来佃户及一切衙署挂名人等不得参与村事。

2998.《施粥会碑》,道光二十九年。陕西乾县城关高庙小学。石灰岩质。圆首,残。60+194*72*24。额楷"皇清"。碑文字迹不清。知州常翰撰。《乾县新志》。公款按月典息。

2999.《凤山书院房地器具碑记》,道光二十九年。甘肃徽县城关镇。69*107*10。首题同碑名。20行,约650字。《秦岭》P13。地界、房屋、财产。

3000.《奉宪勒石禁碑》《扶柩碑》,道光二十九年。原在安徽祁门县城三里街,现藏祁门县博物馆。官禁,禁埠头勒索讹诈。客死江西的徽州人从闾江运棺回原籍,三里街埠头不准阻挠。

3001.《芝山合约碑记》,道光二十九年。台湾台北士林。乡规,演戏申禁。

3002.《龙脊乡规碑》,道光二十九年。广西龙胜县龙脊镇龙脊村。《广西》P153

3003.《制裁匪民禁令碑》,道光三十年(1850)正月十二日。甘肃徽县银杏乡。155*78*16。额题"寿"字。15行40字。《秦岭》P13。官禁7条。

3004.《都鲁凹甲纪略碑》,道光三十年二月十二日。云南昌宁县文管所。132*55。《保山》P25;《云南林业》P948。讼案,霸占山场判决,批文。

3005.《监门司狱阿公祠记》,道光三十年二月。原在北京天安门广场西侧。清锡淳撰并书。

3006.《执照碑》,道光三十年二月。浙江温州龙湾区海城街道邱宅水神庙。额刻"执照"。101*58。11行23字。《温州》P769。重浚,四至。

3007.《杜渐防微求禁勒石事》,道光三十年四月二十七日示。江苏镇江润州区蒋乔镇六摆渡村观音禅林。140*74。16行。《京江遗珠》P110。官禁,禁乱派;护堤。

3008.《五龙庙香火地四至碑记》,道光三十年四月。河南偃师市邙岭镇省庄村。104*33。《偃师卷》P639。

3009.《奉宪勒石永守碑》,道光三十年四月。江苏苏州文庙。文不太清晰。契证,察院庵茶炉绝卖。

3010.《堰沟源碑》,道光三十年五月上浣。四川西昌市海南街道钟楼坡,佚。168＊86。额刻"遵府县示"。附大字民约派股。《凉山》P143。记事,争控水道,管理。

3011.《奉宪捡葬流尸告示》,道光三十年五月二十八日示。广东佛山市博物馆碑廊。《佛山文物》P68。官禁,禁冒尸亲讹诈,乾隆四十年(1775)十二月十七日是捡葬流尸事例。

3012.《禁约碑》《立禁区碑》,道光三十年五月。山西壶关县树掌镇芳岱村。方趺,153＊54。额题"永垂不朽"。无撰文书丹姓名,芳岱社同西柏坡社公立。《三晋总目·长治》P58。

3013.《苏州府永禁匪徒串同差保向烛业勒派春秋祭祀供烛碑》《示禁勒派春秋祭祀等项供应腊烛碑》,道光三十年五月。江苏苏州阊门外三乐湾东越会馆。《江苏明清》P669;《北图藏拓》81－191。

3014.《示禁碑》,道光三十年六月十四日。江苏苏州文庙。碑文下部字迹不清。官禁,反诬图诈、砍伐坟茔树木、辑匪、治安。

3015.《义县祖师庙揭瓦客堂东西耳房碑记》,道光三十年六月。辽宁义县祖师庙。《锦州》P246。置买册地。

3016.《吴县禁止沿庙聚赌滋扰碑》,道光三十年六月。江苏苏州。《苏州社会史》P575。官禁,治安。

3017.《宁郡灵桥东岳宫祥兴会碑记》,道光三十年林钟月(六月)。浙江宁波文物保护管理所。圭首,220＊109＊14。额题同碑名。21行32字。《甬城》P151。记事,置产买契年代、数额、坐落。

3018.《鲁姓彝族山界碑》,道光三十年瓜月(七月)下浣。四川冕宁县河边镇。112＊64。额刻"亘古不朽"。五房合族立。《凉山》P146。争界讼案,牌谕,土司。

3019.《奉各宪谕禁》,道光三十年七月。浙江瑞安市场桥办事处梁储庙。95＊68。额刻同碑名。12行30字。《温州》P770。禁田园偷窃。

3020.《铁厂沟禁山碑》,道光三十年八月。陕西平利县洛河镇迎太乡铁厂沟。圆首方趺,67＊40。额刻"永垂不朽"。《安康》P177。生态环保。

3021.《立禁示谕碑》,道光三十年八月。浙江文成县珊溪镇。《文成县志》卷32,《温州》P865。

3022.《捐钱地帮庄头碑》,道光三十年秋月。河南偃师商城博物馆。123＊50。《偃师卷》P638。

3023.《双丰桥组碑》,道光三十年九月。陕西岚皋县跃进乡双河口原双丰桥头。四石连刻,均88＊165。总150行21字。《安康》P177。综合乡规,禁赌。

3024.《封山护林永定章程碑》,道光三十年十月三日。原置云南双柏县原礤嘉古镇,残。156﹡76﹡13。两面刻。额题"永定章程"。官民同立。《楚雄州林业志》P333 附录;《楚雄》P370;《云南林业》P381。告示,护林护泉。

3025.《告示碑》,道光三十年十月十七日。山东青州市孟家庄村。益都县正堂龚璁出示。《青州》P317。尊孔孟、免役税;示禁公文。

3026.《万古不朽碑》,道光三十年十一月初五日。贵州从江县往洞镇高传寨祖母堂前。88﹡55。额刻"万古不朽"。13 行 27 字。《侗族卷》P22。记事,傅氏家庭出祭祀田或交赋税。

3027.《分差合同》,道光三十年十二月初六日。河南孟津县送庄镇权家岭村。87﹡43。《孟津卷》P175。合同,办差。

3028.《苏州府为吴县香山帮木匠在城修葺公所并置义冢禁止匪棍阻扰碑记》,道光三十年十二月初七日。江苏苏州文庙。《江苏明清》P79。公产、善举、治安。

3029.《重修道林寺碑记》,道光三十年。辽宁营口。《营口市文物志》P185。信仰、神禁。

3030.《关帝社碑》,道光三十年。山西高平市神农镇中村村炎帝庙。《高平》P704。度量衡。

3031.《清真北寺赎田记》,道光三十年。山东济南市中区清真北大寺。45﹡93﹡16。《山东回族》P95。契约两道,一为道光二十年(1840)黄廷柱卖给北大寺田产,一为黄伦退征粮钱交由北大寺收执。

3032.《新建成氏家祠碑》,道光三十年。陕西安康汉滨区关庙镇唐家中湾唐氏祖茔。《安钧》P241。公产、族产。

3033.《重修云雾山天台永施山地碑》,道光三十年。陕西石泉县天台寺正门里东侧山墙。100﹡85。额题"施山地记",首题"立出捐山地文约人"。《秦岭》P334。

3034.《公请禁示勒石》,道光三十年。浙江宁波镇海区。民国《镇海县志》卷 10。

3035.《冷里乡规碑》,道光三十年。贵州榕江县平永镇冷里村河边。167﹡67。额刻"禁条碑记"。22 行 51 字。《侗族卷》P22。乡禁,禁窝砍盗,违者罚钱、送官。

3036.《廉明县主朱禁碑》,道光三十年。广东海丰县。《广东》P855。官禁,禁恶丐、流僧、游棍强讨。

3037.《都鲁凹纪略碑》,道光三十年。云南昌宁县都鲁凹。官民同立。

《云南林业》P948。讼案,霸占山场判决。

3038.《碣嘉保护森林水源碑》,道光三十年。云南双柏县原碣嘉古城西门墙内。彝文。官民同立。《云南林业》P949。5条戒律,禁放火烧山。

3039.《修建丹凤书院考棚碑》,道光三十年。云南曲靖师宗一中。

3040.《平河均修水利碑》,道光年间(1821~1850)。山西临汾姑射山下龙祠。《山西通志》卷67;《龙祠》P176。记事,水规确定及违约罚则。"不受罚者有刑,诬者坐如律。"

3041.《西吉村涧沟河封禁煤窑碑记》,道光年间。山西盂县,佚。县令李鸿畴撰。《三晋·盂县》P772。记事,呈控。

3042.《山泉寺庙碑》,道光年间。陕西西乡县峡口乡。100＊85。额题"施山地记",首题"立出捐山地文约人"。《秦岭》P335。买地契约。

3043.《新开沟道示谕禁约碑》,道光年间。甘肃兰州碑林。汉藏文。

3044.《执帖》,道光年间。江苏无锡碑刻陈列馆。禁盗卖祀田。

3045.《禁止苗民椎牛祭祀及严禁网钓池鱼碑》,道光年间。原立四川珙县洛亥镇腊坪二社,现存珙县民族宗教事务局。142＊82。《苗族卷》P68。官禁。

3046.《劝设义学碑》,道光年间。原在四川西昌市川兴镇海丰村,现存西昌地震碑林。135＊67。《西昌》P104。判词,官民田粮争讼。

3047.《文昌帝君阴骘文》,道光年间。浙江宁波博物馆。林则徐手书。信仰、神禁。

3048.《埋祀千秋碑》,嘉庆之后。湖南麻阳县尧市乡大黄村。120＊70。20行。《苗族卷》P64。屯田制。

3049.《报管禁止赌博碑》,道光年间。贵州贵定县云雾镇抱管乡抱管村功汪寨。100＊80。《苗族卷》P69。县政府网站录入碑文为光绪三十年(1904)花月朔日。禁约。

3050.《永古执照碑》,嘉庆以后。贵州惠水县好花红镇弄苑村干昌寨。110＊60＊11。额刻"永古执照"。《惠水》P87。执照,除附加税。

(七)咸丰(1851~1861)

3051.《艌匠户村众议修造船只收费条规碑》,咸丰元年(1851)一月初二日。广西灵川县灵川镇木马村艌匠户屯。100＊74。额刻"众议条规"。《灵川》P321。宾长初《规约与生计:乡规民约对经济活动的调适——清代南疆民间自我管理系列研究之一》,《广西师范大学学报》2016 年 3 期。行规。

3052.《五聚堂纪德碑序》,咸丰元年正月。原在山西晋城市城关镇周元巷,现存晋城博物馆。190＊67＊19。额刻"惠我无疆"。20 行 75 字。碑阴刻府县两衙道光三十年(1850)九月十七日告示。《戏曲碑刻》P469;《三晋·晋城市》P311。行会,讼案。

3053.《中社二三户潦地碑记》,咸丰元年花月(二月)。陕西大荔县韦林镇望仙观村,佚。《大荔碑刻》P334。记事,伐树争讼。

3054.《豆豉巷码头碑记》,咸丰元年三月,乾隆四年(1739)四月初九日示禁。广东佛山市博物馆碑廊。广州府南海县出示。《佛山文物》P60。官禁,禁捏造伪契、霸埠狭商;记事,补刻;碑用。

3055.《永远流芳碑》《胡铭施地碑》,咸丰元年四月初八日。北京房山区云居寺大悲殿前。碑身左下残缺。259(69+134+56)＊79＊25。额题"永远流芳"。涿州知州郭宝勋撰。《云居寺》P152;《北图藏拓》82－6。民人胡铭舍自置保定府新城民地 20 余顷,价银 8 千余两,将地和岁租施与云居寺。

3056.《京控开封府原断碑》,咸丰元年四月立石,道光二十五年(1845)三月判词。原立河南灵宝市大王镇路井村严公生祠,现存路井村村委会。179＊70＊14。额题"皇清"。27 行 67 字。双面刻,另面为下载《复详看》。《豫西》P317;《中州百县》P1266 拓。水案,判词。路井村胜诉,"张玉玺因请照越诉律,笞十五折责发落"。

3057.《复详看》,咸丰元年四月立石,道光二十五年(1845)四月省复断词。河南灵宝市大王镇路井村村委会。179＊70＊14。额题"百代流芳"。14 行 56 字。《豫西》P323;《中州百县》P1269。水案,判词。

3058.《界碑》,咸丰元年六月二十八日立。甘肃天祝县松山镇松山滩草原。137＊60。5 行,个别字不清。《藏族卷》P18。天祝县和永登县边界划分。

3059.《禁山碑序》,咸丰元年六月。山西盂县苌池镇东苌池村关帝庙。91＊50＊20。额题"禁山碑记"。9 行 31 字。阖村公立。《三晋·盂县》P418。乡禁,禁伐禁牧,赏罚,罚钞;风水。

3060.《河边村阳姓族规碑》,咸丰元年七月初七日。广西灵川县潭下镇河边村阳姓祠堂。107＊77。额刻"永远遵照"。《灵川》P325。祭田。

3061.《芝角村题名碑记》,咸丰元年七月既望(十六日)。山西盂县苌池镇东苌池村龙王庙。118＊56。额题"题名碑记"。《三晋·盂县》P419。选择纠首,禁托名骚扰。

3062.《安乐寺常住田地碑记》,咸丰元年七月二十日。云南保山隆阳区大官庙村公所。《隆阳》P372。讼案,牛踏田。

3063.《奉示永免应磁器碑》,咸丰元年八月十六日。云南保山隆阳区大理会馆。《隆阳》P375。赋役。

3064.《元和县示谕牙户呈报米价碑》,咸丰元年八月二十六日。江苏苏州。《苏州社会史》P603。市场管理。

3065.《玉行长春会馆馆产碑》《重修长春会馆碑》,咸丰元年仲秋。北京宣武区大沙土园胡同。额题"永垂不朽"。碑阴刻馆产及题名。《北图藏拓》82－16;《基尔特》1－11。契证、公产。

3066.《宁绍台道饬王章、周道遵互控侵占碶闸公地案遵断立石告示碑》(2),咸丰元年八月。一通原在浙江宁波江东区(现属鄞州区)黑风巷,另一通原在江东区慈云庵门外,现均在天一阁秦氏支祠后墙。《天一阁》P239。互控,三审,河道。

3067.《请免差徭立碑具呈》,咸丰元年九月初二日。山东邹城市孟庙启圣殿院西壁。36＊74。30行20字。后有山东布政使刘的批词。《孟子林庙》P427。

3068.《县告示碑》,咸丰元年九月十七日示。江西吉安市博物馆。106＊71＊3。满汉文。钤"庐陵县印"。《庐陵》P25。官禁,禁挖砖窑,风水。

3069.《欧沂庄公祠遗田碑记》,咸丰元年秋月。广西恭城县文庙。《恭城》P52。

3070.《永思堂祠碑记》,咸丰元年仲冬。广东广州市荔湾区滘口村云襟霍公祠。77＊62。额横刻同碑名。30行44字。族规。

3071.《洋县正堂禁赌碑》,咸丰元年十二月初三日。原在陕西佛坪县(咸丰时属洋县管辖)栗子坝乡女儿坝村小学,现存乡政府。55＊77＊10。14行24字。年号前刻县印一方。《汉中》P68。官禁,禁赌。

3072.《兰州桥门清真寺碑》,咸丰元年十二月十九日。甘肃兰州城关区中山路275号桥门清真寺。49＊66＊8。《西北民族碑文》P219。财产处置,捐施,公产。

3073.《同官县令整饬炭窠风纪告示碑》,咸丰元年十二月二十日。陕西铜川印台区陈炉镇雷家坡窠窑神庙,已损毁。150＊55＊14+25。额刻"皇清"。10行25字。《考古》1979年6期载有拓片。告示,禁假冒尸亲。

3074.《水果行呈请照旧例行用公秤朔望比较不得私自增减给示勒石告示碑》,咸丰元年十二月。浙江宁波海曙区大梁街天之海大厦东围墙。圭首,220＊109＊14。额题"奉宪勒石永禁"。14行34字。《甬城》P153。公文,行业经营,度量衡管理。用十四两四钱公秤。

3075.《鸭寨永垂场碑》,咸丰元年十二月。贵州惠水县鸭绒乡鸭寨村。180＊89。《惠水》P40;《苗族卷》P69。公约,市场规则。

3076.《严禁赌博村规》,咸丰元年。山西阳泉市荫营镇韩庄村观音庙。《三晋总目·阳泉》P134。乡禁,禁赌。

3077.《阳城县历年记事碑》,咸丰元年。山西阳城县。《阳城县志》(海潮出版社 1994);《山西地震》P651。震灾后物价。

3078.《禁山碑记》,咸丰元年。山西隰县黄土镇谙正村。村立。《山西通志》第 9 卷《林业》P128。乡禁,禁伐。

3079.《减免捐税碑》,咸丰元年。陕西略阳县白石沟乡。圆首,残存上半。86＊100＊9。29 行。《秦岭》P108。记事,安民治乱,减免八牌粮户田捐杂税。

3080.《临潭莲峰书院经费序碑》,咸丰元年。原在甘肃临潭县莲峰书院,佚。同知严长宦立。《洮州厅志》卷 15;《甘南金石录》P108。公产收支。

3081.《永定规模碑》,咸丰元年。贵州从江县洛香镇独洞村鼓楼。104＊72。额刻"永定规模"。13 行 27 字。《侗族卷》P22。民控官示,约束差役 8 条规定。

3082.《示禁碑》,咸丰元年。福建厦门湖里区江头街道吕厝社区。禁敲诈勒索。

3083.《严禁侵占私垦冢界碑记》,咸丰元年。台湾新竹县。

3084.《严禁砍伐三貂岭路树碑记》,咸丰元年。台湾新北市双溪区淡兰古道三貂岭。生员向官府请愿,淡水厅同知朱材哲据此示禁;环保。

3085.《永远护山碑记》,咸丰元年。云南大理下关镇吊草村。村民立。《云南林业》P949。生态环境保护。

3086.《禁砍森林碑》,咸丰元年。云南元阳县。村民立。《云南林业》P949。生态环境保护。

3087.《丽江县永禁赌博碑》,咸丰二年(1852)二月二十九日。云南丽江。拓 85＊49。额横题"永禁赌博"。《北图藏拓》82－32。告示。

3088.《补修菩萨庙碑记》,咸丰二年二月。山西盂县牛村镇洪塘村高平寺。80＊40＊12。额题"垂千古"。《三晋·盂县》P423。记事,公议,献戏规则、罚钱、禀官。

3089.《善养所碑记》,咸丰二年二月。台湾彰化市民族路 467 号关帝庙。《台湾中部》P287;《明清台湾》P317。民间救济。

3090.《诬控肆毒告示碑》,咸丰二年二月。台湾台中东势区三山国王庙前。《台湾中部》P288;《明清台湾》P199。官禁,禁借命索诈诈、诬告,健讼。

3091.《顶下圳示禁碑》,咸丰二年三月初八日。台湾台中大肚区大肚圳排水门旁。《台湾中部》P289。保护水利设施。

3092.《供给义学碑》,咸丰二年三月十七日。河北大厂县清真寺。《回族》P335。财产处置,助教,以租息供给义学。

3093.《晓谕题刻》,咸丰二年三月。湖南衡山南岳景区会仙桥售票处。130＊50。衡山县正堂徐盼示。《湖湘碑刻(一)》P292。告示,禁架搭棚厂贸易生理。

3094.《菜苗寨护井碑》,咸丰二年三月。贵州贵定县菜苗寨口大柏树下。100＊50。《黔南文物志》,《苗族卷》P70。用水规则。

3095.《严禁盗卖盗葬等告示》,咸丰二年三月。广西桂林七星区靖江路尧山。105＊80。《中国西南地区历代石刻汇编》13－20;《桂林辑校》P1082。

3096.《大济堰棉花沟水道争讼断案碑》,咸丰二年四月。陕西安康汉滨区建民镇头垱村兴宁寺(后改为小学校)。圆首,170＊80。两面刻。阳题"大济堰棉花沟水道议",阴题"大济堰棉花沟水道争讼断案碑记"。《安康》P187;《安钧》P422。水案,记事。

3097.《清定大嵩清泉二场肩贩挑销各图地段告示碑》《永禁住商越占碑》,咸丰二年四月。原在浙江宁波江东区(现属鄞州区)张斌桥庵,现在钱肃乐故居。残石二,额题"奉宪勒石永禁"。20行52字。光绪《鄞县志》卷8;《甬城》P154。告示,市场管理。

3098.《开窑规程记》,咸丰二年五月。山西阳泉市郊区荫营镇下千亩坪村石房。《三晋总目·阳泉》P135。乡规。

3099.《员山仔冢牧示禁碑记》《员山仔冢牧申约并禁碑记》,咸丰二年五月。台湾新竹县竹东镇。

3100.《永禁马匹作践告示碑》,咸丰二年六月。江苏扬州。《瓜洲续志》卷26。

3101.《敕赐亚圣裔祭田界石》,咸丰二年八月十六日。山东邹城市孟府二门内东侧。圆额,190＊59＊20。阳额题同碑名。碑阴刻《大清会典》免科圣裔祭田条文。《孟子林庙》P428。契证、族产。

3102.《善士毕君施醮田记碑》,咸丰二年仲秋。山东淄博博山区颜文姜祠。178＊71＊19。《博山卷》P258。捐地给灵泉庙并附刻契书。

3103.《靳氏茔庙各项纪略》,咸丰二年十月。山西曲沃县曲村镇靳家祠堂,嵌墙。178＊80。24行71字。《三晋·曲沃》P279。茔域界址。

3104.《靳氏记城村南始祖茔墓图》,咸丰二年十月。山西曲沃县曲村镇靳家祠堂,嵌墙。178＊80。两截刻,上部首题同碑名,图左附文及判语,15行34字。下部首题"靳氏曲村东门外南北祖茔坐落冢墓图",图左附文4行27字。《三晋·曲沃》P281。记事、判词;茔域界址。

3105.《重整川沙营规碑》,咸丰二年十月。上海浦东新区川沙镇西市街原关帝庙。27+167＊82＊27。《浦东修订》P328。

3106.《徭赋碑》,咸丰二年十二月二十二日。甘肃清水县公安局。右下角残缺。121＊70。额篆"大明"。《天水文史资料》第9辑P143。记事。

3107.《东岭村众议禁约碑》,咸丰二年十二月二十二日。广西灵川县潭下镇东岭村李姓祠堂前。52＊54。额刻"万古流芳"。《灵川》P329。乡禁。

3108.《关帝庙香火地土碑》,咸丰二年。河北迁西县渔户寨乡黄槐峪村东。圭首方座,156＊50＊16。《文物河北》中P438。庙产清单,土地四至。

3109.《杜争端而安行旅碑》,咸丰二年。陕西紫阳县文管会。《安钩》P147。

3110.《青龙山护林碑》,咸丰二年。云南丘北县锦屏镇青龙山文笔塔。县令立。《云南林业》P388。官禁,以盗贼扰害地方论罪。

3111.《低水、平亚、莫村三村石牌》,咸丰三年(1853)正月十六日。广西金秀县滴水村。《广西瑶族》P54。

3112.《严禁买卖寺庙土地告示碑》,咸丰三年二月二十一日。山西柳林县博物馆。圆首方趺,126＊60＊12。9行28字。《三晋·柳林》P292。告示,寺院土地,纳粮数。

3113.《署大理府赵州事》,咸丰三年二月二十四日示。云南大理凤仪镇后山村观音庙(土主庙)。103＊62。《凤仪》P3。讼案,官禁,禁伐。

3114.《罗运等九村石牌》,咸丰三年三月二十一日。广西金秀县罗运与六团两村之间的腊河口。《广西瑶族》P40。

3115.《断示碑》,咸丰三年五月十三日。原在四川西昌县大兴场关帝庙,现存西昌地震碑林。128＊70＊9。额楷"永垂万古"。四屯士庶等同立。《北图藏拓》82－65;《西昌》P38。关帝庙,市场,争夺斗秤诉讼,将利息断归义学。

3116.《五夫子宾兴条例芳名》,咸丰三年仲夏。广东徐闻县贵生书院。《广东》P506。

3117.《张金氏捐地契约碑》,咸丰三年六月。山东济南市中区清真南大寺大殿南侧。97＊48＊13。亲友、同族人公立。《山东回族》P25;《回族》P377。契证,禁约,财产处置。

3118.《山东庙告示碑》,咸丰三年八月二十一日。辽宁沈阳北塔碑林。不守清规,勒令还俗。

3119.《江神庙申谕碑》,咸丰三年八月二十二日。陕西略阳县江神庙民俗博物馆。刻于道光十年(1830)三月二十二日《江神庙告示碑》碑阴。84＊58＊9。《秦岭》P82。官禁,讼案;违反道光十年航运章程处罚案例,纤夫与船帮诉讼。

3120.《创修铁担寺地粮碑》,咸丰三年八月立。陕西礼泉县张什村学校教师宿舍,嵌墙。49＊64。14 行 11 字。

3121.《瓦寺土司差役碑》,咸丰三年九月二十四日。四川汶川县文化馆。128＊78。23 行。额横题"详定批准"。瓦寺二十八寨土民会同汶城绅士保甲所立。《藏族卷》P18。规条,汶川知县黄杰据四川总督琦善批准,核定公布瓦寺土司的各项差役条款。

3122.《奉府县宪勒碑》,咸丰三年十月。浙江瑞安市高楼镇朱山村。115＊60。额刻"奉府县宪勒碑"。18 行 41 字。瑞安县正堂何元辅示禁。《温州》P773。禁偷窃、滋闹,规条。

3123.《苦竹寺碑记》,咸丰三年十月。台湾嘉义县水上乡柳林村苦竹寺。

3124.《禁伐古柏告示》,咸丰三年十二月二十二日。山西阳泉市郊区河底镇下章召村。《三晋总目·阳泉》P135。环保、护林。

3125.《东岳庙地界碑》,咸丰三年。北京东岳庙。官府勘察东岳庙地界四至后所立。《东岳庙》P226。官禁,严饬地方势力"希图侵占"庙产、"致滋弊混"等行为。

3126.《支应差务章程碑》,咸丰三年。陕西汉阴县双坪乡磨坝铺小学。《安钧》P128。杂役。

3127.《端纠民风碑》,咸丰三年。陕西西乡县下高川乡。80＊50。额题"右仰通知"。西乡县正堂冀鸿勋为端纠民风而颁布。《秦岭》P337。条规。

3128.《严禁私刨铁矿告示》,咸丰四年(1854)二月初九日。山西阳泉市荫营镇韩庄村观音庙。《三晋总目·阳泉》P135。环保、采矿。

3129.《杨氏祭先祠记碑》,咸丰四年桐月(三月)。陕西澄城县赵庄镇党家庄村。56＊95。36 行 25 字。杨邦栋撰。《澄城碑石》P76。田产、条规。

3130.《通州规定学使按临差务着合户照旧承应民间喜庆事宜由乡村夫头承办永禁借差勒索碑》，咸丰四年四月。原在江苏南通崇川区城隍庙。《江苏明清》P515。应官杂差，公文，官禁。

3131.《三河渡村众禁宅树碑》，咸丰四年四月。广西灵川县潭下镇三河渡村大樟树旁。78＊52。额题同碑名。《灵川》P332。乡禁，禁伐。

3132.《置地碑记》，咸丰四年葵月（六月）。山西盂县烈女祠。120＊50。额题同碑名。《三晋·盂县》P426。14村公庙收支，契买地四至，随粮。

3133.《洛东三乡金村合镇碑记》，咸丰四年六月。河南孟津县平乐镇金龙谷。150＊57。《孟津卷》P179。办差，讼案。

3134.《汉中镇宁陕营参府禁止淘金告示牌》，咸丰四年七月。陕西宁陕县筒车湾镇龙王坪村。圆首，91＊69。近旁还有"城守营界石"摩崖题刻。《安康》P196。官禁，禁淘金。

3135.《毛正龙墓碑》，咸丰四年七月十九日重立，乾隆二十四年（1759）六月原刻。原在四川西昌市政府招待所家属院（清左营旧址），现存西昌地震碑林。105＊65＊8。《西昌》P138。营规，祭资使用。

3136.《署理苏州府知府平翰给示碑》，咸丰四年闰七月二十日。江苏。《寒山寺志·鹿泉寺志·鹤林寺志》P88。寺产契约。

3137.《永行禁宰大耕牛碑》，咸丰四年八月初七日。云南洱源县文化馆。120＊60。17行，约390字。《洱源县志》P661。

3138.《乡约公直同议碑》，咸丰四年九月吉日。陕西澄城县西社乡韦家社村。26.5＊35。13行20字。《澄城碑石》P187。

3139.《元和县示禁保护韩蕲王庙祀碑》，咸丰四年十月八日。江苏苏州。《苏州社会史》P472。公产。

3140.《禁止赌博碑记》，咸丰四年十月。河南偃师市山化镇光明村。130＊49。《偃师卷》P654。

3141.《苏州府示谕禁端午滋扰药铺示禁碑》，咸丰四年十一月初三日。江苏苏州文庙。官禁，保护市场，端午风俗。

3142.《从江下江渡船口告示碑》，咸丰四年十一月十九日。贵州从江县下江镇渡船口。60＊30。碑题"告示"。《从江石刻资料汇编》第1集，《侗族卷》P51。告示，禁扰民。

3143.《罗次县正堂严禁苛派告示碑》，咸丰四年仲冬月。云南禄丰县金山镇小铺子村委会弓兵村观音寺，嵌壁。4份告示。《楚雄》P392。吏治、除弊、禁勒索。

3144.《太平天国渡船规约碑》，太平天国甲寅四年（咸丰四年）十二月三十日示。1954 年发现于江苏南京太阳河中路一带码头。95＊46＊9。《碑文化》P1315。渡船规约。

3145.《大南上牌酒税碑》，咸丰四年。陕西紫阳县焕古镇。《安钧》P130。市场管理。

3146.《禁伐碑》，咸丰四年。陕西陇县新集川乡雷审山。《农业考古》1997 年 1 期 P182。

3147.《禁山碑》，咸丰五年（1855）夹钟月（二月）。四川德昌县先峰村曾家坟山。60＊37。额刻"禁山碑"。五房合族立。《凉山》P151。乡禁，禁伐。

3148.《北凹村西河井壁记》，咸丰五年三月上澣。山西高平市石末乡北凹村关帝庙。《高平》P621。记事，讼案，盗用井水；村禁。

3149.《设立官房官秤碑》，咸丰五年三月十四日。原在贵州兴义县城内场坝官房（俗称"秤房"，今兴义市城关镇沙井街口），1985 年移文化馆。127＊64。额横书"永垂万古"。《贵州省志·文物志》P298。官禁，禁私买私卖；条例，度量衡，公秤课收厘金。

3150.《蔬菜肩贩善义局呈请准予抽捐抚恤落水溺毙贩夫给示勒石告示碑》，咸丰五年三月。浙江宁波海曙区大梁街天之海大厦东围墙。圭首，200＊117。额题"奉宪善义局永远捐抽碑示"。27 行 54 字。《甬城》P160。告示，救济。

3151.《民义告示碑》，咸丰五年四月。福建福州宦溪镇民义村，用作村溪涧桥板。133＊36＊14。5 行。闽侯两邑乡耆公议重修。《福州市郊区文物志》P480。碑坏重立，乡禁，借官禁出示。

3152.《弥高告示碑》，咸丰五年五月廿一日给文。福建福州宦溪镇弥高村村西山坡。174＊60＊11。10 行。《福州市郊区文物志》P477。告示，禁丐匪勒索。

3153.《苏州府示谕敬惜字纸碑》，咸丰五年六月初八日。江苏苏州文庙。冯桂芬等撰。额题"永禁勒碑"。《苏州社会史》P558。漆作业、糊裱。

3154.《授兰州府正堂欧阳为严饬事案》，咸丰五年六月重刻，乾隆二十一年（1756）原刻。甘肃兰州碑林。189＊73.5。《兰州》P280。禁生员充当里总承办钱粮，生员优免。

3155.《合寺僧俗公议规矩碑》，咸丰五年六月。河南登封市嵩山少林寺天王殿前。105＊42＊12。乡禁，禁伐林木、窃取禾稼、偷拿树果。

3156.《镇远府示禁碑》，咸丰五年七月。贵州镇远县舞阳河边。官禁，严禁狡猾,重整客商、船户旧规;码头禁杂船争道。

3157.《圣德永垂》(牌匾),咸丰五年九月十九日。北京宣武门外白纸坊纸行会馆。《基尔特》5－1048。增加工钱。

3158.《洵阳县三贤祠创治章程碑》,咸丰五年九月。原嵌于陕西洵阳县城北门内三贤祠墙壁,现在县城西门外洞儿碥内。55＊85＊。26行26字。《安康》P197。三贤为曹参、张良、萧何。

3159.《白河知县革除草税谕碑》,咸丰五年十一月。陕西白河县宋家镇歌风楼村杨家湾。平首方趺,120＊66。《安康》P200。

3160.《张赵河北村公护卫风古柏碑记》,咸丰五年十二月二十六日。山西阳泉市郊区河底镇下章召村观音阁。《三晋总目·阳泉》P135。生态环保。

3161.《权家岭龙王庙修善碑记》,咸丰五年十二月初四日。河南孟津县送庄镇权家岭村。137＊58。《孟津卷》P184。公议,除弊。

3162.《同结善缘》,咸丰五年十二月初六日。湖北兴山县洪山寺。《兴山》P41。买卖房屋契约。

3163.《欧阳归汤捐置尝田碑记》,咸丰五年吉月。广西恭城县栗木镇大合村。《恭城》P293。

3164.《界碑》,咸丰五年立。河北尚义县套里庄乡天城窑村东南1公里。方首,座佚。46＊34＊20。碑阳"蒙古民人此碑为界",碑阴蒙文。《文物河北》中P178。界址。

3165.《裁革粮价陋规碑记》,咸丰五年。山西长治屯留区,佚。《三晋·屯留县》P176。

3166.《洵阳县署九房公议成规碑》,咸丰五年。陕西旬阳县城关镇。55＊85＊7。24行28字。55＊85＊6.5。《安康》P199。惯例,九房房规九款。

3167.《鲁班祠执业田单碑》,咸丰五年。原在上海南市区硝皮弄鲁班殿。《上海》P309。碑档。

3168.《禁林碑》,咸丰五年。湖南麻阳县郭公坪乡杜庄村白洋洞。90＊54。《苗族卷》P70。

3169.《重建东莞县署碑记》,咸丰五年。广东东莞。《广东》P790。

3170.《奉县示禁碑》,咸丰五年。海南海口琼山区府城镇潭社村。琼山知县李维崇批立。综合乡规。

3171.《广西巡抚禁封船只布告碑》,咸丰初年。广西桂林。151＊87。《中国西南地区历代石刻汇编》13－24,《桂林辑校》P1094。

3172.《永凝里与南阳里兴讼审断缘由碑记》，咸丰六年（1856）正月。山西稷山县青龙寺。《三晋总目·运城》P238。讼案。

3173.《慧光寺田亩山产地业常住碑记》，咸丰六年仲春月下浣。云南大理凤仪镇小赤佛村观音寺。刻于同年《慧光寺碑记》碑阴。141＊69＊5。《凤仪》P35。寺产坐落、四至。

3174.《发窝彝文山界碑》，咸丰六年三月初十日。云南武定县发窝乡分多村。彝族王氏家族立。《云南林业》P950。界址。

3175.《奉宪禁示碑》，咸丰六年三月十四日。广东江门新会区。拓165＊84。14行38字。《柏克莱加州大学东亚图书馆藏碑帖》P221。官禁，禁军民在昭忠祠内醉酒。

3176.《禁止乞丐碑》，咸丰六年三月。山西壶关县龙泉镇四家池村。《三晋总目·长治》P58。

3177.《伞骨行公议规条呈请给示勒石告示碑》，咸丰六年三月。浙江宁波海曙区大梁街天之海大厦东围墙。圭首，228＊114。额题"奉宪给示勒石"。22行48字。《甬城》P169。告示，行规。罚戏、酒全席，罚钱充公。

3178.《红庙告示碑》，咸丰六年三月给文。福建福州晋安区寿山乡红庙村。148＊60＊11。10行。《福州市郊区文物志》P478。告示，禁恶丐等强乞勒索。

3179.《关圣帝君新降警世文》，咸丰六年孟夏。河南洛阳洛龙区关林镇关林钟楼台基西墙。8块，各178＊37。《关林》P2404。劝善改过，信仰。

3180.《洞儿碥枸粮税规碑》，咸丰六年四月。陕西旬阳县城西门外洞儿碥庙。圆首方趺，109＊56＊6。额题"永垂不朽"。7行32字。旬阳杨知县颁。《安康》P204。告示，山货土产与税制。

3181.《念四团总局酌定码头挑货力钱启示》，咸丰六年四月。广西灵川县大圩镇光明街（原兴隆街）大码头街口。130＊87。《灵川》P334。行规。

3182.《种树碑》，咸丰六年五月十三日。云南镇沅县（原直隶厅）。府城合村四民同立。《云南林业》P395。乡禁，罚款4条。

3183.《白龙社置地土等碑记》，咸丰六年五月。山西沁水县白龙庙。45＊66。21行15字。《三晋·沁水县》P375。四至。

3184.《蔬菜肩贩呈请春笋运行售卖仍照县断办理给批勒石碑》，咸丰六年五月。浙江宁波海曙区大梁街天之海大厦东围墙。圭首，200＊98。额题"奉道宪府宪县主永禁碑示"。22行48字。《甬城》P171。公文程序，告示，市场管理。

3185.《文昌宫会规碑》,咸丰六年六月上浣。原立陕西城固县文昌宫,现存五门堰。106＊60＊15。24行39字。《汉中》P286。乡规。

3186.《重立护持洞阳宫扁鹊观碑》,咸丰六年林钟月(六月)中浣。陕西城固县洞阳宫。108＊58＊15。19行30字。《汉中》P288。公产。

3187.《王耀堂义田执帖及粮号册》,咸丰六年六月。江苏无锡碑刻陈列馆。应办赋税,禁私卖等。

3188.《禁焚山林碑志》,咸丰六年六月。河南登封市嵩山少林寺天王殿前左。100＊46。住持僧湛峰立。乡禁,禁伐。

3189.《庙坪诉讼碑》,咸丰六年六月。甘肃天水秦州区天水镇庙坪村。《天水县文物志》P141。命案,抗粮、刑杖致毙上控,演戏立碑讲和。

3190.《月河济屯堰总序碑》,咸丰六年七月初六日。陕西汉阴县洞池镇军坝村东岳庙墙上。57.5＊99＊8。46行28字。《安康》P206。水案,道光三十年(1850)、咸丰六年用水纠纷,水规、水册。

3191.《重修炉神庵碑记》,咸丰六年八月。北京广渠门外大街南炉神庵(冶行会馆)。《基尔特》5-1071。碑档。

3192.《禁南山记》,咸丰六年九月。山西平定县巨城镇水峪村。《三晋总目·阳泉》P44。乡规、生态环保。

3193.《越界运茶示禁碑》,咸丰六年九月。四川都江堰市。《都江堰》P437。市场管理。

3194.《禁约碑》,咸丰六年小阳月(十月)。山西高平市口则村关帝庙。《高平》P705。乡禁,禁桑羊;刻石演戏。

3195.《彰善瘅恶碑》,咸丰六年。河北井陉县上安乡白王庄村。方首方座,182＊55＊23。额题"彰善瘅恶"。《文物河北》中P25。乡规,奖罚条例。

3196.《查办里甲碑》,咸丰六年。河北武安市阳邑镇柏林村。205＊67＊19。额刻"晓谕"。候选磁州武安县正堂出榜晓谕。《文物河北》下P782。

3197.《石王垱水利碑》,咸丰六年。陕西安康汉滨区四合乡上截河坝。《安钩》P427。

3198.《重新庙宇并禁北山碑记》,咸丰六年。山西沁水县可封村舜帝庙。方趺,122＊49＊20。额篆"昭兹来许"。王丙曜撰文。《山西师大》P159。

3199.《广平渠碣》,咸丰六年前后。山西洪洞县龙马乡郑家寨郑合义家。56＊78＊12。39行31字。《三晋·洪洞》P534。讼案,渠规。

3200.《禁砍伐山林碑》,咸丰六年。陕西宁陕县汤坪镇。残,90 * 50 * 5。《秦岭》P340。乡禁,朱家禁止在坟地四周砍伐事宜。

3201.《上湘封山蓄禁碑》,咸丰六年。湖南通道县播阳镇上湘村。110 * 77。额刻"永定规模"。9 行。黄金先撰。《侗族卷》P22。乡禁,禁伐。

3202.《邵春卿奉颁严禁滥收瑶粮示谕碑》,约咸丰六年。广西灵川县大境乡黄泥江村白马寺遗址前。112 * 72。21 行 32 字。额刻"奉宪示谕"。《灵川》P336。告示,定例。

3203.《张氏平安塾申禁碑记》,咸丰七年(1857)正月。原立甘肃兰州榆中区青城乡大园子村,后移建亭小学。《兰州》P196。学规。

3204.《清故处士靳公立本配王氏拾金不昧碑》,咸丰七年二月。山西平陆县。《三晋总目·运城》P180。

3205.《重修七机岩庙碑记》,咸丰七年三月。山西盂县苌池镇藏山村七机岩关帝庙。125 * 64 * 13。额题"永垂不朽"。《三晋·盂县》P429。记事,公议,公产管理。

3206.《平邑施义茔碑记》,咸丰七年桐月(三月)。山东临沂市平邑县平邑街道清真寺。平邑庠生白彤雯撰文书丹。《山东回族》P647。施地为义茔。

3207.《太高祖云雁公祭田碑》,咸丰七年三月。河南孟津县送庄镇东山头村。124 * 56。《孟津卷》P186。四至。

3208.《四村公寨碑序》,咸丰七年四月二十八日。河南孟津县送庄镇营庄村。58 * 80。《孟津卷》P187。息讼。

3209.《石匠柱首公议增加酒资规约呈请给示勒石告示碑》,咸丰七年四月。浙江宁波海曙区大梁街天之海大厦东围墙。圭首,180 * 94。额题"奉宪勒石"。23 行 33 字。《甬城》P173。告示,公议行规,罚戏。

3210.《云峰寺产权碑》,咸丰七年四月。云南会泽县娜姑镇云峰寺。22 行 75 字。《娜姑镇文物志》P65,《云南道教》P537。产权、四至。

3211.《城固县收放仓谷章程碑》,咸丰七年六月十五日。原立陕西城固县八蜡庙,现存五门堰。90 * 180 * 16。40 行 25 字。《汉中》P70。城固县知县万家霖为平抑粮价,颁布收放仓谷章程。

3212.《大王庙常住地碑记》,咸丰七年八月。山西盂县秀水镇北庄村大王庙。156 * 60 * 23。额题"永垂不朽"。三村纠首公立。《三晋·盂县》P432。地亩粮石、四至。

3213.《田家河记水碑记》,咸丰七年八月。陕西白水县田家河村村委会。195 * 72 * 15。《渭南》P15。刻道光十七年(1837)卖地契约。

3214.《吴县为领业公所契券遗失另立笔据禁止日后契券检出串扰生衅碑》,咸丰七年九月二十四日。江苏苏州。《江苏明清》P669。公产保全。

3215.《宪示禁擅起东北乡各河捍潮坝碑》,咸丰七年九月给文。原立上海嘉定邑庙陆公祠,现存嘉定孔庙碑廊。128.5 * 59.5。12 行 44 字。《嘉定》P710。告示,据禀勒碑,水利管理。

3216.《断渠案碑记》,咸丰七年十月初一日。陕西三原县嵯峨乡杨杜村。圆首方额,座佚。116 * 47 * 13。额刻“皇清”。15 行 20 字。《咸阳碑刻》P300。水案。

3217.《团练条规碑》,咸丰七年十月十二日。陕西略阳县乐素河镇。105 * 69 * 12。17 行 43 字。《秦岭》P116。抵御盗匪,协商团练条规。

3218.《严禁筏夫勒索示碑》,咸丰七年十月二十二日。台湾彰化县北斗镇妈祖庙奠安宫前。《台湾中部》P290。水上通行资费,禁贪索。

3219.《茂莲宗祠遗规碑》,咸丰七年十月。广东雷州市沈塘镇茂莲村茂莲宗祠。《广东》P551。族规,公产、族产。

3220.《汪承镛厘定盐事碑》,咸丰七年十一月。山东蓬莱。《蓬莱金石录》P435。

3221.《西坡村种桑养蚕碑记》,咸丰七年黄钟月(十一月)。山西高平市陈区镇西坡村玉皇庙。《高平》P706。乡禁,禁桑羊。

3222.《明星村护林碑》,咸丰七年十一月。陕西镇安县云盖寺镇。圆首,127 * 71 * 8。额题“守望相助”。《秦岭》P342。族禁,轮流守护山林规约及罚则。

3223.《寺湾保护古榆碑》,咸丰七年十一月中旬立。山西宁武县怀道乡寺湾村。156 * 70 * 17。《三晋·宁武》P127。公议。

3224.《奉道宪严禁碑》,咸丰七年十一月。浙江平阳县矾山镇甘岐村古道安公都督庙侧。128 * 55 * 9。额刻同碑名。9 行 29 字。《温州》P1116。禁勒矾户。

3225.《张鹏万为聚田村修建荒岩避乱出示晓谕》,咸丰七年十二月。广西灵川县定江镇聚田村后至荒岩路上,作过桥石。120 * 60。额刻“万古流芳”。《灵川》P343。告示,治安。

3226.《曹大老爷减收仓粮德政碑》,咸丰七年冬月。原立陕西城固县八蜡庙,现存五门堰。83 * 178 * 16。46 行 24 字。《汉中》P71。记事,减税赋。

3227.《奉谕示禁碑》,咸丰七年冬。海南文昌市龙楼镇政府。130 * 48 * 15。众村同立。《广东》P925;《文昌县文物志》P88。乡禁,禁窃盗,罚钱罚戏,送官。

3228.《七机岩禁山碑记》,咸丰七年。山西盂县芪池镇藏山村北山七机岩关帝庙。96＊34＊10。额题"七机岩"。《三晋总目·阳泉》P89;《三晋·盂县》P430。乡禁,禁伐禁牧,罚戏,罚香,禀官。

3229.《邑侯马少原请准豁免游河滩沙压地租德政碑》,咸丰七年。河南荥阳市汜水镇。尹聘三撰文。民国《汜水县志》P726,《中州百县》P861。记事,公文,内阁奉上谕、刊刻誊黄。

3230.《四川绥定府太平县告示碑》,咸丰七年。陕西紫阳县麻柳镇石盘梁。《安钧》P149。

3231.《奉宪永禁碑》,咸丰七年。安徽绩溪县瀛洲乡大坑口村。

3232.《观音寺置灯田碑》,咸丰七年或稍后。四川武胜县中兴镇北35公里石盘沱观音寺。民国《武胜县新志》卷首,《巴蜀》P819。寺产契证。

3233.《宾兴义田碑》,咸丰七年。四川大邑县。《大邑县志》卷12。碑档。

3234.《执照碑》,咸丰八年(1858)二月初九日。台湾台南永康区盐行村洲仔尾保宁宫。台湾县知县姚鸿给文。《台湾南部》P487;《台南》P222。招垦凭证及措施,公文。

3235.《草山碑》,咸丰八年四月初九日。甘肃临潭县扁都乡刘旗村刘树义家中。刻于康熙三十六年(1697)《划定草山界碑》碑阴。下部残损,115＊41＊9。额刻"草山碑记"。《甘南金石录》P114;《安多》P129。讼案,判词。

3236.《川主庙地亩记碑》,咸丰八年六月二十四日。四川西昌市西郊乡古城村。残,60＊70。《西昌》P46。记事契。

3237.《龙兴寺地界碑》,咸丰八年六月。陕西安康汉滨区关庙镇包湾村龙兴寺。《安康》P210。公产,碑档。

3238.《上海县为禁用粉面饰布告示碑》《上海县禁止各乡贩布人将面粉涂布并布行号收买粉布碑》,咸丰八年七月。原在上海南市区豫园九曲桥边布业公所。《上海》P202;《江苏明清》P486。

3239.《北凹村息讼壁记》,咸丰八年桂月上浣。山西高平市石末乡北凹村关帝庙。《高平》P622。水案,盗用井水。

3240.《苏州府永禁污蔑字纸碑》,咸丰八年九月十七日。江苏苏州。《苏州社会史》P559。

3241.《署文昌县正堂晓谕勒石示禁》,咸丰八年九月十七日立。海南文昌市文庙。105＊58＊15。《广东》P926;《文昌县文物志》P89。讼案,祖坟被挖平案;官禁,风水。

3242.《锡金两县申禁县吏派办漕粮碑》,咸丰八年九月。江苏无锡碑刻陈列馆。官禁,禁扰商。米行商人联名控告,牙行不胜赔累。

3243.《三姑兰汤恪遵坚壁清野碑》,咸丰八年九月。福建南平武夷山幔亭峰三姑石"梳妆台"。7 行 16 字。治安。

3244.《夹荒十一、十二、十四、十五甲纳租报竣章程碑》,咸丰八年十月初一日。吉林长春。碑首和座遗失。181 * 70 * 22。18 行 47 字。碑阴刻人名。《吉林》P15;《长春市志·文物志》P97。租赋,规章。

3245.《奉宪漳泉碑记》,咸丰八年十月。台湾台中大甲区顺天路林氏贞孝坊。160 * 55。《台湾中部》P291;《明清台湾》P201。官禁,禁械斗。

3246.《大岩脑禁坡合同碑》,咸丰八年十一月十日。山西平顺县。《北图藏拓》82－147。

3247.《平海阳枫洋匪乡记》,咸丰八年冬月。广东潮州市博物馆。60 * 128。37 行 18 字。《广东》P272。记事,治安,剿匪。

3248.《东关码头碑》,咸丰八年十二月十六日示。17 行。广东韶关市博物馆。《广东》P89。告示,按公议章程收取脚价。

3249.《重整戒珠寺香田碑记》,咸丰八年十二月。广西灵川县大圩镇伏荔小学(原戒珠寺)。两方,均 80 * 84。额刻"重整戒珠寺碑记",碑题"重整戒珠寺香田碑序"。《灵川》P345。讼案,寺田。

3250.《护林碑》,咸丰八年。原立于新疆奇台县开垦河河口,现存县博物馆。160 * 60 * 20。《西域》P442。乡约、四至。

3251.《当湖书院清单石刻》,咸丰八年。上海嘉定区当湖书院。署县李本荣撰。《嘉定县志》。碑档。

3252.《严禁棍徒扰害良民碑记》,咸丰八年。台湾台南关庙区山西宫。

3253.《庙田碑记》,咸丰九年(1859)正月十五日。原立四川西昌川兴乡文华寺,现存西昌地震碑林。140 * 72。《北图藏拓》82－150;《西昌》P50;《凉山》P153。置产亩数、坐落、价钱、粮额,军田和民田价格。

3254.《劝善碑》,咸丰九年正月下浣。山西高平市寺庄镇箭头村炎帝庙。《高平》P707。乡禁,禁赌,禁乞。

3255.《堡障寨等五村分水规式碑》,咸丰九年正月。陕西潼关县太要镇西堡障寨村。140 * 55 * 6。《渭南》P189。水规。

3256.《惠山廉子祠告示碑》,咸丰九年二月二十五日。江苏无锡。《北图藏拓》82－152。

3257.《茂莲宗祠敦俗碑》,咸丰九年仲春。广东雷州市沈塘镇茂莲村茂莲宗祠。《广东》P552。族规。

3258.《船户公约》,咸丰九年桐月(三月)。台湾高雄旗津区旗津天后宫,佚。《台湾南部》P676;《高雄》P319;《明清台湾》P45。行规、罚则。

3259.《合村人等公议禁赌碑》,咸丰九年四月二十四日。山西平定县马山乡马山村马齿岩寺。《三晋总目·阳泉》P40。乡禁,禁赌。

3260.《大南门菜市埔示禁碑记》,咸丰九年四月二十九日。台湾台南大南门碑林。台湾知县雷以镇示。《台湾南部》P488;《南门碑林》P111。立市养庙,治安,市集管理。

3261.《佛祖碑记》,咸丰九年四月。台湾嘉义县水上乡柳林村苦竹寺。《明清台湾》369。契证。

3262.《禁赌修水池联会碑记》,咸丰九年蒲月下浣。山西高平市寺庄镇箭头村炎帝庙。《高平》P708。乡禁。

3263.《补修樊家庄重庆寺碑记》,咸丰九年五月。河北蔚县释迦寺。162*70*18。《蔚县》P50。争讼。

3264.《严禁赌博碑》,咸丰九年六月二十日。2001年出土于山西襄垣县开元大街路基。合社碑首、乡约、甲长、社首同立。乡禁,禁赌。

3265.《做袋穿襄打花各业呈请禁止工匠私举匠首索费扰累给示勒石告示碑》,咸丰九年七月。原在浙江宁波海曙区县学街郡庙(城隍庙),现存天一阁东园游廊,嵌壁。《天一阁》P240。官禁,劳资矛盾,行业管理。

3266.《吴县禁止地匪阻扰七襄公所祭祀碑》,咸丰九年八月十一日。江苏苏州文庙。额题"奉宪勒石永禁"。《江苏明清》P669。信仰、治安。

3267.《苏州府禁止棍徒脚夫向咸庆公所及义地滋扰把持碑》,咸丰九年八月。江苏苏州。《江苏明清》P669。官禁,治安。

3268.《阄行增长工价碑》,咸丰九年九月十五日。原立北京广渠门内栖流所3号糖饼行公所。《北京工商》P134。行规,工价。

3269.《处理泉水堰纠纷碑》,咸丰九年九月中浣。原竖于陕西勉县泉水堰堰务会,现存温泉乡小中坝张鲁女墓亭内。圆首,115*60*15。阳、阴额篆"皇清"。阳14行47字,阴21行47字。《汉中》P293。水案。

3270.《整顿观子山庙产碑》,咸丰九年九月中浣。陕西勉县温泉乡灌子山庙。116*62*15。22行48字。《汉中》P294。公产。

3271.《公议军需局章程碑》,咸丰九年十月十六日。原在陕西华阴市文庙,1979年移西岳庙。圆首,200*71。额题"皇清"。26行50字。《华山碑石》P176。章程,差役。

3272.《娘娘庙村规碑》,咸丰九年十一月初六日。山西芮城县陌南镇东峪村娘娘庙。104＊46。12行32字。额题"永垂不朽"。《河东名碑》P417;《三晋总目·运城》P153。乡禁,罚银,箴规。

3273.《北益昌村修建池塘碑》,咸丰九年孟冬。山西洪洞县赵城镇义店村。圭首方趺,130＊60＊15。额题"皇清"。14行53字。《三晋·洪洞》P539。记事,渠规。

3274.《崇文门税关告示碑》,咸丰九年十二月初八日。原立北京安定门外五路居。《北图藏拓》82－170;《北京工商》P193。官禁,禁偷漏税。

3275.《上海县为江西会馆房产立案告示碑》,咸丰九年十二月二十九日。原在上海黄浦区董家渡妙莲桥塊江西会馆。《上海》P345。契证、公产保全。

3276.《海资镇西庙地稞租碑记》,咸丰九年十二月。河南孟津县朝阳镇朝阳村。57＊90。《孟津卷》P190。四至。

3277.《重新庙院并禁北山碑记》,咸丰九年。山西沁水县可封村舜帝庙。120＊50＊12。15行39字。《三晋·沁水县》P382。禁樵牧。

3278.《合社公议禁止赌博碑记》,咸丰九年。山西襄垣县文公祠。《三晋总目·长治》P110。乡禁,禁赌。

3279.《公议禁赌原引》,咸丰九年。山西平定县娘子关镇西塔堰村真武庙。《三晋总目·阳泉》P40。乡禁,禁赌。

3280.《慈云庵地界碑》,咸丰九年。河南登封市嵩山少林寺碑林。额题"传流后世"。契证。

3281.《禁赌碑》,咸丰九年。陕西洋县贯溪乡。圆首,80＊50。《秦岭》P118。乡禁,禁赌,县府惩治。

3282.《正庸风碑》,咸丰九年。陕西宝鸡陈仓区通洞乡。圆首,241＊82＊14。额题同碑名。《秦岭》P119。婚嫁规约,女方不可多索彩礼,准许寡妇再嫁;禁偷盗、拐骗、奸淫。

3283.《药王坪税捐碑》,咸丰九年。陕西宁陕县江口乡。圆首,154＊64。额题"守望相助"。《秦岭》P343。公议由乡民朱其等人赔偿课捐及门牌酒税。

3284.《浮桥广济会各业呈请准将顺记信局船只归该会管收租息接济会用给示勒石告示碑》,咸丰九年。浙江宁波海曙区城隍庙。公产。

3285.《兰州府皋兰县正堂告示碑》,咸丰九年。原立甘肃皋兰县延寿巷幼儿园(兴文社遗址)。《兰州》P254。教育,禁冒考。

3286.《廉明县主简示碑》,咸丰十年(1860)二月十二日。广东海丰县。《广东》P855。安商禁索。

3287.《虎门寨禁事碑》，咸丰十年二月廿八日。广东东莞虎门镇鸦片战争博物馆。136＊35＊11。8行。《东莞》P68。告示，禁伐。

3288.《积金会公议碑记》，咸丰十年二月。河南郑州北大寺。拓46＊81。《回族》P427。

3289.《买山义行记》，咸丰十年二月。陕西户县（今西安鄠邑区）涝峪镇涝峪口小学。《户县碑刻》P541。

3290.《廉明县主简分界碑》，咸丰十年三月十四日。广东海丰县赤石区碗窑乡黄京埔村前。《广东》P856。讼案，伐树控案。

3291.《庆云乡例碑》，咸丰十年闰三月二十七日立。贵州从江县庆云乡全村歌堂内。110＊70。额刻"乡例碑"。共553字。《侗族卷》P22。乡约7条。

3292.《闰年加增钱粮碑记》，咸丰十年闰三月。山西运城盐湖区解州镇常平关帝庙。六路公直同立。《三晋总目·运城》P21。收支管理。

3293.《绦行公议》，咸丰十年四月初一日。北京宣武区太平街哪吒庙绦行公所。《基尔特》5－996。

3294.《六庄七社公议碑》，咸丰十年四月。山西高平市北诗镇南村村二仙庙。《高平》P709。综合乡禁。

3295.《善积功德碑》，咸丰十年五月初一日立。甘肃舟曲县城关镇西半山村。120＊60＊9。额题"善积功德"。《甘南金石录》P111。财产处置，置产捐施。

3296.《公祀精忠庙述德陈情碑》，咸丰十年五月初六日。原在北京正阳门外精忠庙鲁班殿南院。《基尔特》4－623。工价。记六年长工价一次，十年二月增长工饭钱。

3297.《正堂李给照碑》，咸丰十年六月廿九日。广西恭城县观音乡杨梅村杨梅屯令公祠左侧外墙。《恭城》P188。

3298.《后鉴前辙碑》，咸丰十年巧月（七月）。山西盂县秀水镇大横沟村老爷庙。63＊30＊10。额题"后鉴前辙"。《三晋·盂县》P437。记事，禁牧马、执行，宽恕亲属、再犯罚戏。

3299.《重建关帝庙碑记》，咸丰十年八月。山西盂县西潘乡进圭村玉皇庙。110＊50＊16。额题"重修"。《三晋·盂县》P438。记事，不敢私伐，禁约和神禁之影响。

3300.《龙王庙重立碑记》，咸丰十年中秋月。陕西华县瓜坡镇小学。147＊63＊7。《渭南》P17。堰地四至。

3301.《奉府宪示碑》，咸丰十年九月二十三日。广东遂溪县。《广东》

P577。诉讼程序，禁擅受民词，

3302.《洛邑正北路三四五乡重泐办差碑记》，咸丰十年十月。河南孟津县朝阳镇朝阳村。180＊63。《孟津卷》P195。

3303.《重订玉泉书章程碑记》，咸丰十年十月。陕西澄城县文管所。圆首，38+110＊56。额刻"皇清"。18行48字。《澄城碑石》P192。学规。

3304.《禁长后山树木碑记》，咸丰十年十二月初二日。广西恭城县栗木镇泉会村。《恭城》P296。

3305.《免协济车马碑》，咸丰十年季冬。原立河南浚县旧县署内，后移浮丘山碧霞宫(浚县博物馆)。156.5＊191.5＊23。碑首同碑名。《天书地字》P213；《中州百县》P862。记事，免役。

3306.《严设禁场告示碑》，咸丰十年。山西高平市原村乡冯村汤王宫。182＊52＊18。原村南河巷雅堂居士范敦化撰文并书丹。碑阴刊禁规条款。《山西师大》P216。乡禁。

3307.《告示碑》，咸丰十年。山东淄博博山区八陡镇八陡村三司庙。42＊68。《博山卷》P661。公议，禁在庙外树林赌博、砍伐，禁在庙内收拾棺材、柴草。

3308.《李生华自外赙来布施记碑》，咸丰十年。山东淄博博山区凤凰山玉皇宫。191＊77。《博山卷》P178。财务收支。

3309.《富平县三班公所管押条规石碑》，咸丰十年立。陕西富平县三班公所，佚。《富平》P324。条规，管押民匪。

3310.《镇坪抚民县丞署碑》，咸丰十年。陕西镇坪县。郭建本撰。民国《镇坪县志》。

3311.《斗行公立条规碑》，咸丰十年。陕西岐山县凤鸣镇。螭首，187＊63＊20。《秦岭》P119。行规，防禁差役勒索舞弊。

3312.《净慧寺寺产归本减偿碑》，咸丰十年。浙江文成县大峃镇七甲净慧禅寺大殿东墙。98＊59。4行26字。《温州》P866。寺产典卖。

3313.《貔子窝豆粮买卖规约碑》，咸丰十一年(1861)正月二十二日。辽宁大连普兰店区皮口镇财神庙，不存，有拓。173＊50。两面刻。碑阳12行51字。奉圣旨团练众屯公会。《辽南碑刻》P247。行规4条，众议公罚。

3314.《甘草圩村四甲又四甲公立排年章程碑》，咸丰十一年三月初七日。广西灵川县九屋镇甘草圩村。100＊60。碑题"公立现排年章程"。《灵川》P351。立合同存据，规章。

3315.《严禁盗窃竹笋碑记》《众竹户同立石》，咸丰十一年三月。台湾南投县竹山镇延平里国姓爷庙沙东宫后。乡禁。

3316.《告示碑》,咸丰十一年五月二十二日示。湖北钟祥市明显陵。告示,禁挖陵侵占。

3317.《续捐公永发乡约会款叙碑》,咸丰十一年五月。陕西宁陕县老县乡梁家庄关帝庙。圆首方趺,154*88。《安康》P166。集资轮值公务。

3318.《新建佛来山瑞光寺碑记》,咸丰十一年六月重刻。云南宜良县汤池镇梨花村委会瑞光寺村。185*86*12。两面刻。记顺治三年(1646)建寺事。碑阴刻新置寺田、山地。《宜良碑刻》P236。

3319.《重镌瑞光寺原旧功德田地条粮碑记序》,咸丰十一年六月重刻。云南宜良县汤池镇梨花村委会瑞光寺村。183*77。两面刻。《宜良碑刻》P243。内容涉及顺治、康熙和咸丰年间事。

3320.《重修曹文诏祠堂碑记》,咸丰十一年七月上浣立石,道光二十五年(1845)公文。原在山西左云县城南街路东总兵曹文诏祠堂,现存南门街电管站。90+200*85*18。碑文漫漶。《三晋·左云》P110。祠堂被破坏抢占,经18年诉讼,重新丈量四至,公告县人。

3321.《广河县三甲集西大寺捐资碑》,咸丰十一年八月。甘肃广河县西大寺。《回族》P417。契证、公产管理。

3322.《烟铺呈请禁止烟匠停工要挟增加工资给示勒石告示碑》,咸丰十一年九月。原在浙江宁波海曙区县学街郡庙(城隍庙),现存天一阁东园游廊,嵌壁。《天一阁》P241。劳资矛盾,互控,碑用。

3323.《奉县宪严禁万福堂设立私局馆敛钱把持停工碑记》,咸丰十一年十月九日。广东佛山三水区。《广东》P400。罢工、刑案。

3324.《整饬弊政碑》,咸丰十一年十月刊。山西盂县北下庄乡后川村三官庙,佚。《三晋·盂县》P772。公文,差役书吏之弊,5条章程。

3325.《罗祖会公买地基文约碑》,咸丰年间十月初十日。河南周口川汇区富强街山陕会馆(关帝庙)。《河南山东》P104。买契、补契,四至。

3326.《遵照碑》,咸丰某年十二月十八日。云南玉龙县黄山镇观音庙。94*59*13。《丽江》P217。告示,讼案,裁定边界。

3327.《中俄勘分东界牌》,咸丰十一年。黑龙江。

3328.《置田收租抵当公差碑》,咸丰十一年。河北廊坊广阳区北旺乡大枣林村西。螭首,座佚。190*65*17。额楷"永垂千古"。《文物河北》中P460。公议,置公田,用途。

3329.《营里八甲条规碑记》,咸丰十一年。河北武安市翟家庄乡寺西村东1公里。170*60。董怀玉撰文,贺如璞书。《文物河北》下P782。条规。

3330.《老县城诉讼碑》,咸丰十一年。陕西周至县厚畛子镇。147 *
71 * 11。额题"皇清"。17 行 17 字。《秦岭》P346。

3331.《天柱山庙甘霖会圣诞会置地碑》,咸丰十一年。陕西安康汉滨
区西南约 15 公里天柱山庙。143 * 76。《秦岭》P346。碑末附刊地契。

3332.《韩家祠堂资产账目碑》,咸丰十一年。陕西城固县原公镇韩家
祠堂献殿西墙。110 * 60。19 行 26 字。《秦岭》P120。水田等资产坐落。

3333.《三义牌支会碑记》,咸丰十一年。陕西洋县马畅镇。84 * 46。38
行 20 字。《秦岭》P120。"留村旧规分为十牌,凡有会事,各牌均摊,一牌应
出十分之一。"集资生息举办灯节和会事。

3334.《谕禁碑记》,咸丰十一年。浙江慈溪市。光绪《慈溪县志》卷 10。
水利。

3335.《保卫乡阁》,咸丰十一年。广东英德县。《广东》P124。

3336.《城隍庙设立烟运碑记》,道光、咸丰年间(1821~1861)。原立甘
肃兰州榆中青城城隍庙南殿西侧,现存乡文化站。两面刻。《兰州》P197。
行规。

3337.《常熟邹氏隆志堂义庄规条》,道光、咸丰年间。江苏苏州文庙。
《苏州社会史》P230。族规、族产。

3338.《杂粮行公立感恩碑》,咸丰年间(1850~1861)。山东济宁。《北
图藏拓》82 - 204。

3339.《天津条约碑》,南京石鼓路天主教堂。中段刻《中法天津条约》
第八款、第六款。外国传教士可以在华传教、开设教堂。

(八) 同治(1862~1874)

3340.《保护武侯祠财产告示碑》,同治元年(1862)正月十四日。陕西
勉县武侯祠。方首,118 * 68 * 15。17 行 40 字。《汉中》P297;《沔阳碑石》
P139。核查公产,公之于世,禁舞弊侵吞庙产。

3341.《禁山碑》,同治元年二月十二日。四川德昌县昌州村。86 *
48 * 11。额刻同碑名。《凉山》P159。族禁,护坟,诅咒,禀官。

3342.《张姓苗族护坟碑》,同治元年二月。四川叙永县后山镇文河村
坟山埂。116 * 67。《苗族卷》P70。护坟议约。

3343.《百世恩碑》,同治元年三月初三日示。贵州惠水县摆金镇东 2 公
里高寨旁。155 * 85。碑身折断,碑文清晰可辨。《贵州省志·文物志》

P299;《苗族卷》P70;《惠水》P42。公文,官禁,禁采硝毁坟。

3344.《内阁奉上谕碑》,同治元年三月初六日。江苏南京石鼓路天主教堂。中段刻《奏请饬地方官于交涉教民事件迅速持平办理》文。

3345.《地契碑》,同治元年三月二十日。山东淄博博山区源泉镇麻庄村轿顶山三清庙。123＊56＊16。《博山卷》P639。契证。

3346.《义举碑记》,同治元年桃月(三月)。山东济南历下区杉槁园街3号南关清真寺西厢房墙壁。《山东回族》P147。文契。

3347.《严禁勒索运煤行纳税碑》,同治元年四月。北京丰台区卢沟桥乡大瓦窑村。拓137＊52。额刻"德政"。13行。《北图藏拓》83－10。税则。

3348.《公断斗行之事碑》,同治元年四月。山西阳泉市郊区义井镇大阳泉村大庙。《三晋总目·阳泉》P136。讼案。

3349.《录案永记重修碑记》,同治元年四月重修,原于雍正十二年(1734)小阳月(十月)立石。河南沁阳市怀庆街道阳华村西北汤帝庙。159＊55＊18。水利判案。

3350.《孟庙碑咨文》,同治元年五月三日。河北涿州市百尺竿镇夹河村。碑阴为八年十一月《孟庙碑》。240＊81。额刻"道统千古"。孟昭铨撰,孟昭俭书。24行。《北图藏拓》83－11。公文,优免。

3351.《府示办案碑》,同治元年五月。贵州榕江县朗洞镇宰岑村公路上。73＊60＊6。《榕江县文物名胜志》,《苗族卷》P70。诉讼,告示。

3352.《精忠庙鲁班殿碑》,同治元年六月初三日。北京正阳门外精忠庙鲁班殿南院。《基尔特》4－625。工钱,行规。

3353.《马神庙马祖殿碑》,同治元年六月。原在北京崇文门外马神庙。额题"万古流芳"。《基尔特》5－1023。会馆沿革,置产、契失、碑考,行规。

3354.《独峒禁赌碑》,同治元年七月初一日抄刻。广西三江县独峒乡平流村公所。90＊60。额刻"乡例碑"。共553字。《侗族卷》P23。乡禁。

3355.《赵庭槐施房碑》,同治元年七月吉日。河南开封顺河区清真东大寺。135＊36。《北图藏拓》83－19。财产处置。

3356.《南浦村公议碑记》,同治元年七月。山西灵石县静升镇南浦村天齐庙正殿。56＊90＊8。18行29字。《三晋·灵石》P482。公议义仓蓄积银两入天齐庙。

3357.《敬宗奉示碑》,同治元年八月初十日。贵州惠水县摆金镇东2公里高寨村东山脚下。125＊62。《惠水》P44;《苗族卷》P70。晓谕、官禁。

3358.《同行商贾公议戥秤定规》,同治元年九月初九日重刻,雍正二年

(1724)菊月原刻。河南社旗山陕会馆。《河南山东》P110。行规官批，罚戏。

3359.《雷州府正堂告示碑》，同治元年九月。广东雷州市天宁寺。《广东石刻卷》P177。

3360.《圣水池公议禁碑》，同治元年孟冬上浣。河北武安市阳邑镇柏林村。50＊65。20行。水社首事126家公立。

3361.《景家公议十条规款碑》，同治元年十月。陕西安康汉滨区茨沟镇景家街道文化站。85＊60。《安康》P216。乡规乡禁。

3362.《通州禁止各役私向两造事中之人索扰碑》，同治元年十一月。原在江苏南通崇川区城隍庙。《江苏明清》P515。审案示禁。

3363.《夫役规条碑》，同治元年冬月初八日。四川西昌市礼州镇政府。130＊67。首题"夫役碑记"。《凉山》P163。官示夫役规条。

3364.《吉安府正堂曾为严禁事》，同治元年十二月十七日。江西吉安市博物馆。80＊50＊3。钤"吉安府印"满、汉文印各一枚。《庐陵》P26。官禁10条，禁赌娼流丐戏，差役命案规则；连坐。

3365.《卢氏常彦公遗产变卖买田碑》，同治元年季冬月。广西恭城县栗木街卢氏祠堂。《恭城》P300。

3366.《公议重整万善撢尘放生圣会碑》，同治元年。北京东岳庙。碑侧有字。万善撢尘放生圣会立。信仰。

3367.《禁碑》，同治元年。河北武安市阳邑镇西古戏楼，嵌壁。217字。乡禁，罚则，环保。

3368.《圣水池禁碑》，同治元年。河北武安市阳邑镇。禁演放鸟枪。

3369.《合村公议禁赌立约演戏碑铭》，同治元年。山西隰县黄土镇谙正村玄都观。115＊56＊17。额题"禁赌碑记"。贾琳基撰文并书。《山西师大》P350。乡禁，禁赌，演戏立碑。

3370.《严潭王氏族义积会碑》，同治元年。安徽祁门县。

3371.《徽州府告示碑》，同治元年。安徽歙县。

3372.《禁开宁远九嶷矿产记》，同治元年。湖南宁远县城南37公里九嶷山舜庙拜亭。215＊116＊20。江肇成撰。《湖湘碑刻(一)》P50。禁开矿条令，保护古陵墓。

3373.《护林告示碑》，同治元年。广东惠东县平海镇。《碑文化》P904。禁伐。

3374.《临桂县批复僧昌明充当虞山庙住持告示碑》，同治元年。广西桂林临桂区。3.3＊1.6尺。《桂林石刻》下册P325;《桂林辑校》P1096。

3375.《创建禁赌碑记》,同治二年(1863)二月下旬。山西平定县娘子关镇娘子关村关圣庙。《三晋总目·阳泉》P41。乡禁,禁赌。

3376.《蔡振益祖坟界址碑记》,同治二年三月。原立台湾台南市郊墓地,现存台南市立历史馆。《台湾南部》P683。界址,禁侵权,土地使用权。

3377.《木鱼岭争讼碑》,同治二年三月吉日。广西恭城县栗木镇上宅东村。《恭城》P302。

3378.《拯民水火碑》,同治二年四月十四日。湖南会同县坪村粟裕中学。130 * 59。《侗族卷》P51。公文,禁索民。

3379.《取田碑记碑》,同治二年六月二日。原在四川西昌市川兴镇文华寺,现存西昌地震碑林。116 * 58 * 8。《西昌》P58。赎田,典价,戒约。

3380.《安海教堂示禁碑》,同治二年六月。福建泉州开元寺碑廊。《泉州府分册》P389。《天津条约》。

3381.《严禁衙役索扰商旅碑记》,同治二年六月。广西恭城县城周王庙。《恭城》P54。

3382.《苏松太兵备道为赎回法人强占之地永为潮州会馆产业告示碑》,同治二年七月初十日。原在上海黄浦区人民路120号。《上海》P425。中外交涉,公产。

3383.《宛平县告示碑》,同治二年七月二十日。北京门头沟区斋堂镇宝峰寺。《京西》P100。中外交涉,审理斋堂天主教教民侵夺寺产事。

3384.《房山县保甲条款榜示碑》,同治二年九月二十日。北京房山区南尚乐镇石窝村。拓 164 * 68。《北图藏拓》83 - 33。保甲条款。

3385.《告示碑》,同治二年十月初五日。广东清远市清城区藏霞洞。106 * 48。《广东》P83;《清远县文物志》P73。公文,官禁;失契,保护坟山林木。

3386.《社规碑记》,同治二年十一月十五日。山西安泽县府城镇上梯村圣王庙。圆首,126 * 54 * 12。额题"万古流芳"。8 行 23 字。《三晋·安泽县》P132。公议社规。

3387.《崇善寺赡田地免征额设碑记》,同治二年季冬。山西太原崇善寺。上部斜断。额题同碑名。首题"崇善寺赡田免粮缘由碑记"。下部漫漶。记事。

3388.《翟泉庄创寨碑记》阴,同治二年嘉平月。河南孟津县会盟镇陆村。180 * 73。《孟津卷》P200。四至。

3389.《河西关帝庙永禁碑》,同治二年。安徽歙县。

3390.《禁碑》,同治二年。四川通江县洪口镇松溪乡走马坪村。伏氏家族合立。《绿色》P30。族规、禁伐。

3391.《三费局序碑》,同治二年。四川德昌县上翔街。下部残,86 *
88。首题"三费局序"。《凉山》P166。公文,公案收费规条。

3392.《棺材匠呈请禁止木匠渔利紊规争占行业给示勒石告示碑》,同
治二年。浙江宁波海曙区城隍庙。市场管理。

3393.《油行呈请禁止篓作设立公师匠头柱首同行名目把持油篓给示勒
石告示碑》,同治二年。浙江宁波海曙区城隍庙。市场管理。

3394.《法华寺放生池示禁碑记》,同治二年。台湾台南东区法华寺。
台澎道江毓琛示。《台湾南部》P490。放生、环境保护。

3395.《曾氏宗派暨创置祭田碑记》,同治三年(1864)二月二十八日。
原立甘肃榆中县青城乡小河滩曾氏家庙,庙毁,碑存小河滩。《兰州》P194。
祭田数目及章程。

3396.《陈氏义学碑》,同治三年三月十八日。山东青州市黄楼街道大
陈村小学。族众立。《青州》P312。族规、族产。

3397.《北极宫地基图像及地亩碑》,同治三年三月。原址不详,现存北
京延庆区灵照寺碑廊。圆首,座佚。160 * 82 * 17。额题"在世不朽"。上部
刻北极宫平面布局示意图;下部刻旧、新置地亩情况。24 行 33 字。《北京
石刻拓本提要》P396。

3398.《马殿元先生施地碑》,同治三年春。山东临沂市平邑镇清真寺。
额刻"以旌善人"。《山东回族》P667。施地四至。

3399.《始建宗祠碑记》,同治三年三月。广西恭城县栗木镇源头村上
源头韦氏宗祠。《恭城》P306。

3400.《和切本典卖铺宇碑》,同治三年四月初四日。广东广州。《回
族》P348。助教,契证,财产处置。

3401.《捐置荒地合同碑》,同治三年四月初八日。广西恭城县栗木镇
大合村。《恭城》P304。

3402.《恩定粮规碑》(3),同治三年四月二十九日文。浙江苍南县赤溪
镇原观音堂旁(现电影院)。127 * 57 * 11。额题"恩定粮规"。16 行 33 字。
另苍南县博物馆、蒲城乡后英庙各有一通。"给发三十二、三十三、三十五图
刊碑"。《温州》P1122;《苍南金石志》P253。粮规,征新、陈粮钱文。

3403.《东岳庙禁碑》同治三年四月。1990 年出土,现立福建建瓯市东
岳庙前。《建瓯林业志》P552。永禁盗卖葬砍。

3404.《塘源村众立禁约碑》,同治三年五月。广西灵川县潭下镇塘源
村青龙庙。100 * 60。额刻"永远禁约"。《灵川》P354。乡禁,罚。

3405.《苏州府禁止匪勇滋扰镇公所碑》，同治三年六月初七日。江苏苏州。《江苏明清》P669。官禁，治安。

3406.《禁开宁远九嶷矿产记》，同治三年夏月。湖南宁远县舜帝陵左祭碑廊内。215＊116。上端横刻"奉宪禁采"。《湖湘碑刻（一）》P224。环保，禁在西江源乱采乱挖矿产。

3407.《重整寺规碑》，同治三年瓜月（七月）。山西洪洞县广胜寺上寺大雄宝殿廊下。尖首方趺，172＊70＊15。额题"永垂不朽"。15行41字。《三晋·洪洞》P547。讼案，告示。僧人盗卖寺物、私质神产朱契。布施寺产，刊碑为凭。"遵照断案，在寺立碑，以垂之远。"

3408.《长元吴三县永禁烟业铺户伙匠私立公所擅设行头店总名目巧为苛索把持垄断碑》，同治三年七月。原在江苏苏州姑苏区吴殿直巷宣州会馆。《江苏明清》P382。劳资矛盾。

3409.《清真西寺碑》，同治三年桂月初八日。原在四川西昌市马水河巷清真西寺，现在西昌地震碑林。残，111＊77＊10。《西昌》P60。禁约，羊毛行行规，公款。

3410.《韩涧里办差规条记》，同治三年八月。山西平陆县。《三晋总目·运城》P180。轮流应官差。韩涧里合甲集议公务，制规条。

3411.《反本寻源归复临济正宗碑》，同治三年重阳月十六日重刊。北京房山区云居寺东塔院。刻于《利公禅师碑》阴面。螭首方座，首身一体。314＊88＊30。碑阳首题"利公禅师碑铭"，许乃普撰文，姚玉璋书丹。碑阴首题"大清京都西直门外笑祖塔院反本寻源归复临济正宗碑"，了信撰。《云居寺》P156。宗规，内部管理。

3412.《崔氏禁碑》，同治三年九月。原立广东广州增城区朱村镇官庄村崔兴之墓前，后存增城区文化部门。《广东》P50。讼案，房产盗卖。

3413.《平阳府正堂告示碑》，同治三年秋月。山西临汾尧都区大阳镇尧陵。嵌壁，70＊137。39行12字，共556字。《三晋·尧都区》P227；《山西师大》P311。"为永守章程以杜后患事"。

3414.《禅房村争窑泉地碑》《争窑泉地碑》，同治三年□月初六日。北京门头沟区妙峰山镇禅房村。《门头沟文物史料》P103；《门头沟文物志》P381；《京西》P103；《北京石刻文集》P220。讼案，泉水、窑业。

3415.《苏州府长洲县示谕保护江镇公所善举碑》，同治三年十月十一日。江苏苏州文庙。备案，立行规、敬神像、救济。

3416.《设立同善局碑》，同治三年□月廿七日。山西运城盐湖区池神庙。上缺，96＊64。13行31字。尾题"右仰通知。实贴坐商公所"。碑阴为同善局所制条款。《盐池碑汇》P200。公文、告示;殡埋路毙乞丐、贫民;规章。

3417.《严禁裁卖田产碑记》,同治三年□月。甘肃武威大云寺。《武威金石录》P198。禁令 3 条;按平空诬诈律治罪。

3418.《钦命雷琼道晓坡周公德政碑记》,同治三年孟冬。海南海口琼山区。民国《琼山县志》卷 18。助教。

3419.《乡规民约碑记》,同治三年十一月。山西蒲县克城镇夏柏村,佚。450＊145。《三晋·蒲县》P437。民约。

3420.《八甲溪湾告示》,同治三年十一月。台湾台南归仁区八甲村代天府庙。台湾知县张传敬示。《台湾南部》P490;《台南》P226。田赋变更。

3421.《买地租地碑记》,同治三年腊月。山西柳林县香严寺。方首,跌佚。120＊60＊18。首题同碑名。11 行 35 字。《三晋·柳林》P310。寺院土地纠纷。

3422.《公和兴会公议条规碑》,同治三年十二月。陕西宁陕县皇冠镇兴村太平桥。平首方跌,178＊100＊18。张洪运撰。《安康》P218。公议条规及会员权责;以公置地余利支付乡约、保证薪资。

3423.《告示碑》,同治三年。山西高平市梨园村。

3424.《重修清真寺记》,同治三年。山东济南天桥区泺口清真寺。《山东回族》P263;《济南伊斯兰教碑刻笺注》P258。记事,咸丰五年(1855)杨希龙卖空地契书和同治三年武义林卖空宅地契,详载四至。

3425.《奏为核减宁波府属浮收钱粮恭折奏折上谕告示》,同治三年。浙江宁波奉化区。光绪《奉化县志》卷 7。公文、粮赋。

3426.《金甸"永定章程"碑》,同治三年。湖南通道县牙屯堡镇金殿村。110＊30。字迹漫漶。《侗族卷》P51。葬坟纠纷,断案。

3427.《禁伐碑》,同治三年。福建永安市天宝岩自然保护区。族长肖宗榜刻。

3428.《永禁盗卖葬砍碑》,同治三年。福建建瓯市。《建瓯林业志》P553。讼案、禁伐。

3429.《分路石碑》,太平天国(1851～1864)孟春月。浙江省博物馆。

3430.《洋县知县颁布杨填堰编夫格式告示碑》,同治四年(1865)正月十九日。陕西城固县杨填堰水利管理站。152＊73＊15。两截刻,上洋县告示,15 行 19 字;下同治三年腊月"编夫格式序",15 行 17 字。《汉中》P73。

3431.《分府告示》,同治四年二月初八日。广东吴川市梅菉镇天后宫。75＊53。额题同碑名。《广东》P480。官示,竹木行规,酬神资费。

3432.《江苏善后局禁止土匪地棍向宣州会馆滋索阻扰碑》,同治四年二月。原在江苏苏州姑苏区吴殿直巷宣州会馆。《江苏明清》P383。官禁,治安,公产。

3433.《化里墟忠义讲所组碑》,同治四年三月二十三日公立。原在陕西岚皋县花里镇政府(忠义讲所旧址),现存县文化馆。四石连刻,均75 * 132 * 5。《安康》P221。契约,规条。

3434.《奉官禁止演唱秧歌碑》,同治四年三月。山西长治上党区韩店镇寺庄村。105 * 32 * 21。大社同立。《三晋总目·长治》P28;《三晋·长治县》P219。

3435.《丁黄两姓引新丰坝水协议碑记》,同治四年四月。安徽泾县丁家桥丁姓宗祠(丁桥小学)。有议合人、凭中人,俱有押。曹天生辑《安徽泾县丁家桥丁姓宗祠碑记》。立合约。

3436.《庙户营添设祭田碑记》,同治四年五月十日。山东邹城市庙户营前村孟母三迁祠享殿回廊下。42 * 70。22行12字。孟广均撰文,孟昭鏷书。《孟子林庙》P437。碑档。

3437.《江苏抚院严禁游勇地棍向宣州会馆作践滋事碑》,同治四年五月初十日。原在江苏苏州姑苏区吴殿直巷宣州会馆。《江苏明清》P384。官禁,治安,公产。

3438.《元和县正堂示谕保护光裕公所碑》,同治四年五月十五日。江苏苏州文庙。额题"光裕公所"。弹词评话公所,善举、公产。

3439.《苏州府禁止游勇地棍向宣州会馆作践滋事碑》,同治四年五月十七日。原在江苏苏州姑苏区吴殿直巷宣州会馆。128 * 63。《江苏明清》P384。官禁,治安,公产。

3440.《河南彰德府武安县合帮新立碑记》,同治四年端阳月(五月)。河北安国药王庙。寇建斌等编著《安国药王庙》(香港银河出版社,2002.1)P188。公议,值年、救助。

3441.《吴县正堂示谕禁不肖船户把持碑》,同治四年五月。江苏苏州文庙。额题"奉宪勒石永禁"。官禁,禁垄断把持。

3442.《江正本免六都六图应差示谕碑》,同治四年六月二十三日。广西灵川县潭下镇黄栢村。55 * 60。《灵川》P359。乡禁,禁赌禁伐。

3443.《吴县谕禁游勇流民向宣州会馆阻挠作践碑》,同治四年六月。原在江苏苏州姑苏区吴殿直巷宣州会馆。《江苏明清》P385。官禁,治安,公产。

3444.《金匮县禁止脚班把持霸阻碑》,同治四年六月。原在江苏无锡市纸业公所。《江苏明清》P535。官禁,治安,安商。

3445.《云峰寺田产晓谕碑》,同治四年六月。云南会泽县娜姑镇云峰寺。110*53*9.12行43字。《娜姑镇文物志》P65,《云南道教》P549。产业保护。

3446.《重修正乙祠整饬义园记》,同治四年孟秋。原在北京前门外西河沿正乙祠。《北京工商》P14;《基尔特》1-110。公产。

3447.《庄姓控告应姓觊觎霸占该姓所有天竺庵并盗砍山内林木呈请给示永禁勒石》,同治四年七月。浙江宁波海曙区大梁街天之海大厦东围墙。圭首,180*107。额题"奉宪勒石"。21行43字。《甬城》P184。告示,产业管理。"业凭契管"。

3448.《河清书院更定章程碑记》,同治四年桂月。河南孟津县会盟镇雷河村龙马负图寺。110*57。《孟津卷》图P202,文P458。

3449.《田仔廊埠圳碑记》,同治四年八月。台湾台南归仁区大庙村代天府庙(大人庙)。台湾知县张传敬示。《台湾南部》P492;《台南》P227。水案。

3450.《永禁胥役门丁不准住在考棚示》,同治四年九月。江苏镇江焦山碑林。

3451.《奉宪示禁》,同治四年九月。浙江瑞安市潮基乡贾岙村东岳观。104*62。额刻同碑名。14行24字。《温州》P778。禁盗山场松植。

3452.《龙塘诉讼记事碑》,同治四年九月。广东中山市坦洲镇新前进村龙塘街二街20号。117*64*13。碑阴刻民国十年讼案。《广东石刻卷》P220。讼案。

3453.《顺治九年题准晓示生员卧碑》,同治四年阳月。河南。

3454.《法石真武殿示禁碑》,同治四年十一月。福建晋江市东海镇石头街法石真武殿。《泉州府分册》P391。风水。

3455.《书院尝产碑》,同治四年十一月十八日重刻,道光壬寅(1842)原刻。广东佛山禅城区镇中路莲峰书院东侧市化机厂宿舍。残,95*66。上部额及正文断佚,书院尝产部分完整。《佛山文物》P93。契证,地亩数及税额、纳税人

3456.《中堡护林碑》,同治四年十一月二十日。湖南绥宁县黄桑乡界溪村中堡路旁石崖脚下。120*80*5。上端横刻"告示"。《湖湘碑刻(一)》P51。禁砍伐树木,解决绥靖、绥怀两堡疆界争端。

3457.《苏州府为梁溪膳业公所举办同业善举禁止匪徒阻扰盘踞碑》,同治四年十二月十二日。江苏苏州文庙。《江苏明清》P670。治安。

3458.《置地碑记》，同治四年十二月二十一日。山西灵石县静升镇集广村保障巷井房，被盗。50＊80。29行22字。《三晋·灵石》P501。四至。

3459.《戒赌碑》，同治四年嘉平月（十二月）。山东泰安石刻博物馆。83＊50＊18。11行，罚则六条。乡规。

3460.《告示碑》，同治四年。北京门头沟区西斋堂村。《门头沟文物史料》P103；《门头沟文物志》P381。讼案，泉水。

3461.《重修清居禅寺禁伐山林木植碑》，同治四年。山西宁武县石家庄镇马头山村清居禅寺遗址。砂石，139＊75＊14。"寺僧与各村寺主会议"，禁伐乡约。

3462.《邑侯许公筹拨文昌书院膏火碑记》，同治四年。湖北钟祥市。《钟祥》卷8。公产，讼田归学。

3463.《般若寺示禁碑》阴，同治四年。四川都江堰市蒲阳镇般若寺。《巴蜀》P829。讼案，霸占寺产案。

3464.《洛东第三乡金村镇外三保起集帮差章程碑记》，同治五年（1866）新正初十日。河南孟津县平乐镇金龙谷。150＊57。《孟津卷》图P204、文P459。

3465.《公禁碑》，同治五年正月。浙江宁波鄞州区东钱湖南宋石刻园。族规禁约。

3466.《回贤护林碑》，同治五年二月初七日。云南德宏州潞西市潞西市城郊镇回贤村公所门口。乡老等十一人立。《云南林业》P397。风水、罚则。

3467.《洋县正堂为民除弊碑》，同治五年花月（二月）。陕西佛坪县十亩地乡十亩地村古墓岭庙。164＊78＊15。27行61字。《汉中》P75。官禁，词讼规则。

3468.《唐氏清明会护坟禁碑》，同治五年二月二十二日。陕西安康汉滨区关庙镇唐下湾学校门外，用作桥板。122＊57＊8。额镌"永垂不朽"。《安康》P229。界址，禁偷卖坟地。

3469.《永远示禁碑》，同治五年二月。福建闽侯县竹岐乡山洋村。将恶乞扭送县府严惩示禁。

3470.《伞铺呈请禁止伞工停工要挟及游赌滋事给示勒石告示碑》，同治五年二月。原在浙江宁波海曙区县学街郡庙（城隍庙），现存天一阁东园游廊。《天一阁》P242。纠纷，审断。

3471.《勉略分县告示碑》，同治五年三月十九日。陕西略阳县观音寺镇。圆首，120＊74。16行34字。《秦岭》P124。规章，禁砍。

3472.《拟建岭南会馆碑记》，同治五年三月三十日。江苏镇江焦山碑林。官禁。

3473.《八大社公立禁约碑》，同治五年季春。山西高平市晁山村白龙王庙。《高平》P710。综合乡禁。

3474.《完志碑》，同治五年桐月（三月）。山东济南济阳区孙耿街道大路村清真寺。《山东回族》P240。捐地。

3475.《南汝光道示谕碑》，同治五年四月初三日示。河南光山县大苏山净居寺碑廊。190＊50＊8。额题"帝道遐昌"，14行59字。《大苏山》P201。公文、示禁、断案、方丈选举，禁"三门轮坐"。

3476.《奉宪勒碑》，同治五年四月廿三日给文。浙江德清县新市镇刘王庙。140＊66＊23。碑额处钤有湖州府印。约470余字。新市镇米行与脚夫之间互控脚力案。脚夫因工钱低上告湖州府，湖州府经调停后勒石立碑，以防翻控。

3477.《团池南北两里息讼碑记》，同治五年孟夏。山西高平市团池东村清化寺。《高平》P710。圣谕、乡罚、息讼。

3478.《武庙署理告示碑》，同治五年五月十三日刻，三月初一日示。重庆彭水县。125＊82＊14。《重庆》P101。批示。

3479.《光山县正堂章示谕碑》，同治五年五月十六日示。河南光山县大苏山净居寺碑廊。中裂，149＊57＊7。额题"皇图永固"。20行46字。《大苏山》P208。公文、示禁、断案，慎选方丈，重清规，禁"三门轮坐"。

3480.《云南巡抚岑毓英告示碑》，同治五年五月二十六日。云南姚安县城武庙。《楚雄》P297。清查叛产。

3481.《禁传词规费碑》，同治五年五月。原在上海嘉定县署，现存嘉定孔庙。残。《嘉定》P63。官禁，逢三、八告状外，冤屈者许告；禁书办差役勒索讹诈。

3482.《永禁赌博碑》，同治五年五月。浙江苍南县赤溪镇塘头村塘头宫前桥边。120＊60。额题"永禁赌博"。9行20字。《温州》P1129；《苍南文史资料》第6期。禁赌。

3483.《纠首碑记》，同治五年七月。山西盂县苌池镇桥上村。《三晋总目·阳泉》P89。

3484.《严禁偷窃禾稼告示碑》，同治五年八月十三日。山西平定县岔口乡岳家庄村三义庙。《三晋总目·阳泉》P41。乡禁，护农。

3485.《锡金两县再禁查挠黄酒糟坊碑》，同治五年八月。江苏无锡碑刻陈列馆。官禁，禁差役敲诈、重申乾隆禁令。

3486.《修复泉水堰碑》,同治五年十月。原在陕西勉县泉水堰堰务会,今存勉县小中坝张鲁女墓亭内。110＊57＊15。21行48字。《汉中》P299。记事,赎田。

3487.《留侯庙勘定地界碑》,同治五年十月。陕西留坝县张良庙。120＊80＊14。12行24字。《汉中》P304。界址,公产保护,禁侵占搔扰示禁。

3488.《丹徒县告示碑》,同治五年十一月。江苏镇江丹徒区谷阳镇南土地庙。下残缺,65＊59＊8。《京江遗珠》P185。官禁,乡规;金山寺寺产管理,租佃规章。

3489.《文庙洒扫会告示碑》,同治五年十一月十九日。浙江宁波天一阁。陈宝麟撰。《天一阁》P282。学产。

3490.《板屋村众议培植后龙山碑记》,同治五年十一月。广西桂林临桂区五通镇板屋村。80＊60。额刻"培植后龙碑记"。《灵川》P362。乡禁,禁伐。

3491.《韩家庄村不出牌下钱断定碑记》,同治五年十二月。山西灵石县静升镇韩家庄村。37＊86。15行10字。《三晋·灵石》P505。讼案。

3492.《涧池王氏后裔请鉴祀典禀词及汉阴抚民分府批示碑》,同治五年十二月。原在陕西汉阴县涧池镇王家祠堂,现在城关镇和平街19号院。113＊113＊7。19行24字。《安康》P234。公文,宗族救济。

3493.《保宁庵庙基地亩碑序》,同治五年。吉林。《吉林》P143。四至。

3494.《优免孟氏杂役碑》,同治五年。河北玉田县石臼窝镇孟大庄村。160＊62。《文物河北》中P414。告示,公文;确认玉田县孟钦庄孟氏系由山东邹县迁来之亚圣54代孙孟思祯后裔,优免丁役差徭。

3495.《志过里二贤里防盗贼规约记》,同治五年。山西平陆县。《三晋总目·运城》P180。乡禁,禁盗贼。

3496.《四庄新立约规碑记》,同治五年。山西长治县南大掌村都城隍庙。50＊54。乡饮耆宾陈坚撰文。《山西师大》P54。

3497.《抑平差务碑》,同治五年。陕西洋县二龙乡。圆首,105＊56。16行34字。《秦岭》P125。讼案记事,汉江两岸绅民因分摊差务争讼,洋县知县范氏判令三七分摊。

3498.《葬规碑》,同治五年。陕西留坝县狮子坝乡。156＊74。《秦岭》P125。族规;邑民包廷相将妻、子葬入家族墓地,后被族人迁出,特议定家族墓地葬规。

3499.《正风规事碑》,同治五年。陕西太白县嘴头镇。圆首,162＊62＊

12。首题"招垦里六甲为复古制以正风规事"。10行36字。《秦岭》P125。乡规,集市贸易混乱,村民自治,管理市场。

3500.《禁诈乡民碑》,同治五年。陕西佛坪县十亩地乡。180＊80＊6。《秦岭》P349。差役俸禄,条例。

3501.《江宁府正堂涂布告碑》,同治五年。江苏南京。上有"为出示晓谕事准管江安等处天主教堂事务司铎世袭公爵雷文开"等字样。

3502.《两江总督和安徽巡抚布告碑》,同治初年。江苏南京石鼓路天主教堂。上刻"剀切晓谕事照得法国条约第十三款内载"文。

3503.《义仓宾兴公车恤嫠章程碑》,同治五年。上海嘉定区,佚。《嘉定》P574。公款管理,资助考试。

3504.《复宾兴田碑记》,同治五年。湖北兴山县,不存。《兴山》P52。追讨学田。

3505.《禁碑》,同治五年。四川通江县高桥乡。七村姚姓立。王继贵《林业问题研究》(四川科技出版社,1992)P68。乡禁,禁伐。

3506.《谕禁碑记》,同治五年。浙江慈溪市。光绪《慈溪县志》卷10。水利。

3507.《给示永禁侵蚀变卖捐置修筑闸堰田亩碑》,同治五年。浙江宁波江北区宝善堂。水利工程。

3508.《船政大臣示》,同治五年。福建永安市天宝岩自然保护区。《碑文化》P904。禁伐。

3509.《刊刻会议碑》,同治五年。香港九龙司衙门。衙门兵将出差配饷开支。

3510.《元和县为徽苏两帮烟业所有善举各归各帮办理不准紊越派扰准予存案碑》,同治初年。原在江苏苏州姑苏区吴殿直巷宣州会馆。《江苏明清》P386。控案,市场管理。

3511.《重修灵岩寺常住碑记》,同治六年(1867)正月。北京国子监街松堂博物馆,拓本。公产。

3512.《洵阳知县严禁埠头讹索过往船户告示碑》,同治六年正月二十日。陕西旬阳县蜀河镇杨泗庙上殿。圆首方趺,125＊65＊15。8行20字。《安康》P235。遵旧规,汉江航运。

3513.《严禁窃砍竹城碑记》,同治六年正月。原在台湾台南东郭门附近,后移存大南门碑林。台澎兵备道吴大廷示。《台湾南部》P494;《南门碑林》P115。碑之功用、城池安全。

3514.《长洲县为禁革尸场解勘诸费官为筹款及支出碑》,同治六年二月十六日。江苏苏州。《苏州》P400。碑档。

3515.《顾铎妻闫氏施房碑记》，同治六年二月二十四日。山东济南市中区清真北大寺。《山东回族》P93。施契，寡孀闫氏施房，后附张万荣卖房契约。

3516.《姚万全施庄头社地亩碑》，同治六年二月。河南偃师市山化镇汤泉村。113＊44。《偃师卷》P669。

3517.《六都六图公议完粮规条碑》，同治六年三月初三日。广西灵川县潭下镇黄栢村井头庙门口。64＊44。《灵川》P366。

3518.《严禁演唱花鼓滩簧杂曲告示碑》，同治六年三月四日。江苏苏州玄妙观。《北图藏拓》83－105。

3519.《东岸修建汉王庙出示晓谕碑》，同治六年三月二十一日。广西灵川县大圩镇东岸村。75＊48。13行23字。《灵川》P367。告示，治安。

3520.《告示碑》，同治六年三月。浙江宁波江北区慈城镇旧慈溪县县衙。新刻。

3521.《族规》，同治六年春月。江西吉安市博物馆。158＊80＊3。《庐陵》P27。族规20条，禁赌博、洋烟、鸣鼓；数百年来无词讼，罚规具体，鞭打悍妇二百，重则四百。

3522.《社规碑记》，同治六年四月。山西安泽县杜村乡安上村老君庙。112＊55＊11。10行21字。《三晋·安泽县》P141。社规。

3523.《老场奉示碑》，同治六年四月。贵州惠水县摆金镇冗章村古银杏树下。1123＊65。额题"老场奉示"。《惠水》P46。晓谕，集贸规定。

3524.《裁革过镇陋规告示碑》，同治六年五月初九日。上海浦东新区高桥镇高桥中学，立于永乐谕碑亭旁。95＊47＊20。7行42字。《浦东修订》P335。

3525.《"今之所谓香首者"碑》，同治六年仲夏。山西洪洞县堤村乡堤村。圆首，趺佚。120＊53。额题"皇清"。14行46字。《三晋·洪洞》P554。记事，地邻卖田与道路的关系。

3526.《严禁勒索以肃口务示告碑》《严禁汛口私抽勒索碑记》，同治六年五月。台湾高雄旗津区庙前路93号天后宫。安平水师协副将萧瑞芳及台防同知杜示。《台湾南部》P495；《高雄》P275；《明清台湾》P47。港口管理，勒索、乡试、私刑、官治。

3527.《董福弟等为木龙祠义渡具结碑》，同治六年五月。广西桂林。2.9＊2.2尺。《桂林石刻》P337；《桂林辑校》P1112。

3528.《临桂县限制义渡勒索行人告示》，同治六年六月十一日。广西桂林临桂区。1.65＊2.25尺。《桂林石刻》P338;《桂林辑校》P1113。

3529.《十一社公议禁赌碑》,同治六年七月。山西浮山县寨圪塔乡高家庄村。158＊73＊11。3行48字。《三晋·浮山县》P287。禁赌,公议。

3530.《上海县为兴建大码头各业自愿捐缴一年贴费告示碑》,同治六年七月。原在上海南市区城隍庙内园(今在黄浦区方浜中路)。《上海》P78;《江苏明清》P489。公产,行规。

3531.《具息碑》,同治六年七月。湖北荆门东宝区上泉寺原址。《荆门》P146。讼案,批文。

3532.《苏州府为民间丧葬土工盘头把持昂价给示谕禁碑》,同治六年九月二十一日。江苏苏州。《苏州》P399。官禁,禁把持。

3533.《罗汉内门碑》,同治六年十月二十四日。原在台湾高雄内门区,后移置台南龙崎区龙船窝6号。台湾县知县白鸾卿示。《台湾南部》P496。讼案,垦田、息讼。

3534.《玉皇庙禁赌壁记》,同治六年十一月二十五日。山西高平市东庙村。《高平》P711。乡禁,禁赌,庙貌。

3535.《永禁烛业行头名目告示碑》,同治六年十二月十九日。江苏苏州阊门外三乐湾东越会馆。《北图藏拓》83－125。官禁,禁垄断把持。

3536.《锡金两县谕禁擅居张氏义庄碑》,同治六年十二月二十八日。江苏无锡碑刻陈列馆。讼案,义庄后人控告族人事。

3537.《十里河西里闾社公立规条碑记》,同治六年十二月。山西沁水县西峪村。220＊55。12行67字。《三晋·沁水县》P392。条规,救济乞丐,禁窃盗、强占产业等。

3538.《金匮县公布办理田赋章程碑》,同治六年十二月。原在江苏无锡市兵役局。《江苏明清》P536。田赋章程。

3539.《禁水碑记》,同治六年。山西襄垣县仙堂寺。《三晋总目·长治》P110。

3540.《告示碑》,同治六年。陕西洋县桑溪乡。61＊114＊12。40行22字。《秦岭》P125。对驿站、征用马匹等管理规定。

3541.《县府新定章程碑》,同治六年。陕西洋县罗曲乡。120＊80＊10。《秦岭》P126。官禁规条,禁差吏勒索、生员包讼等。

3542.《严禁斩凿龙脉碑记》,同治六年。台湾新竹芎林乡广福宫。台湾府淡水同知严金清示。风水、环保;严禁豪强擅行凿赤柯寮龙脉,影响寺庙神明、破坏居住环境、伤害坟墓风水。

3543.《严禁践踏墓地碑记》,同治六年。台湾。乡规,演戏申禁。

3544.《金秀沿河十村平免石牌》，同治六年。广西金秀县田村外西北角山坡上。《广西瑶族》P53。

3545.《阳湖县为勘定寺基界址给示勒石永遵碑》，同治七年（1868）正月二十八日。江苏常州。《武进天宁寺志·破山兴福寺志》P361。明确寺界，禁止侵占。

3546.《放生池碑》，同治七年一月。浙江泰顺县泗溪镇下桥村北涧桥南首桥头。96＊63＊13。9行20字。《温州》P1244。四至。

3547.《白河知县严禁挖种城后山地及随意迁葬坟墓告示碑》，同治七年二月十五日。原在陕西白河县文庙，现存县文化馆。平首方趺，155＊81＊9.5。《安康》P237。

3548.《规条小引碑》，同治七年二月。山西长治上党区苏店镇看寺村。50＊104。31行。《三晋·长治县》P222。在神社共议正风俗条规。

3549.《晓谕碑》，同治七年二月。浙江平阳县万全镇斗南村水陆寺。95＊60＊9。额题"晓谕"。9行24字。《温州》P1131。禁征粮浮收。

3550.《大甲义学租碑》，同治七年三月初五日。台湾台中大甲区妈祖庙镇澜宫。《台湾中部》P294;《台湾教育碑记》P47;《明清台湾》P203。教育，办义学、化顽风。

3551.《禁止赌博碑》，同治七年三月中旬。四川会理县彰冠乡张古凉桥小学（原蔡家祠堂）。125＊60＊15。额刻"禁止赌博"。《四川》P316;《凉山》P175。族规，戒赌十条;律例禁赌条款。

3552.《苏州府长洲县正堂禁示碑》，同治七年三月二十八日。江苏苏州警察博物馆碑廊。官禁，禁迎神赛会、聚众敛财。

3553.《合社重修城碑记》，同治七年桐月（三月）。陕西华阴市岳庙街道小涨村。65＊85。40行36字。《华山碑石》P454。城内庄基地粮夫旧规。

3554.《老街村公议禁约规条碑》，同治七年三月。广西灵川县潭下镇老街村。95＊65。额刻"公议规条"。《灵川》P372。乡禁，治盗，罚款用途。

3555.《禁革监内私开小押告示碑》，同治七年四月初二日。原立四川西昌市南门洞，现存市文管所。136＊37＊11。《北图藏拓》83－140;《凉山》P177。告示，"当本照例充公"。小押指小型当铺。

3556.《上海县为水木业重整旧规各匠按工抽厘谕示碑》，同治七年四月初五日。原在上海南市区硝皮弄鲁班殿。《上海》P309。官批行规。

3557.《上海县为水木业同行议定规条告示碑》，同治七年四月初五日。原在上海南市区硝皮弄鲁班殿。《上海》P310。官批行规。

3558.《高立质施地黑山神庙地契碑》，同治七年四月初八日。山东淄博博山区山头镇冯八峪村土地庙。37＊74。《博山卷》P627。地契、四至。

3559.《嘉定县禁柜书粮差需索票钱告示碑》，同治七年四月。上海嘉定区清河桥西，佚。《上海》P154；《嘉定》P71。官禁，札饬，禁贪索。

3560.《象山云深寺常住碑记》，同治七年四月。云南玉溪江川区大街镇仙人洞。188＊82。《江川历史碑刻》P24。四至。

3561.《苏州府正堂告示碑》，同治七年五月初九日示。江苏苏州玄妙观旁观音殿。以道士顾芝仙住持香火，"发该殿照式勒石"。

3562.《旬阳县风俗碑》，同治七年蒲月（五月）。陕西旬阳县构元乡。《安钧》P258。淫祀、婚姻、利息、讼蠹等。

3563.《青浦县抄奉两江总督为严禁自尽图赖告示碑》，同治七年五月示。上海青浦博物馆。断成两截。134＊66。《青浦碑刻》P230。告示，曾国藩、丁日昌示，律例明文三条。准盗窃论，准抢劫论。"专拿原告，治以诬告之罪"。

3564.《顺义县告示碑》，同治七年六月二十二日。北京顺义区老县城。《北图藏拓》83－149。廪生亲自领粮，禁代领。

3565.《上海县为禁行头向宁帮烛业需索诈扰告示碑》，同治七年六月。上海。《上海》P131。官禁，护商禁诈。

3566.《傅氏祠堂公禁碑》，同治七年七月。福建南安市丰州镇傅氏祠堂。董事绅耆立。《泉州府分册》P677。乡禁，禁亵渎。

3567.《卧碑》，同治七年七月。台湾台南孔子庙明伦堂。《台湾南部》P498。御制学规，生员条例。

3568.《会勘赤水河碑记》，同治七年八月十九日。陕西渭南，毁。《渭南》P72。勘界判决。

3569.《上海县为发给水木业木印及行单刻板告示碑》，同治七年八月三十日。原在上海南市区硝皮弄鲁班殿。《上海》P312。行业管理。

3570.《上海县为鲁班殿事宜归官匠朱炳石经管告示碑》，同治七年八月三十日。原在上海南市区硝皮弄鲁班殿。《上海》P314。行业管理。

3571.《奉堂谕严禁市中掺和小钱规条碑》，同治七年八月。山西平定县岔口乡岔口村全神庙。《三晋总目·阳泉》P42。金融、交易。

3572.《别立规式碑记》，同治七年八月。山西永济市。《三晋总目·运城》P47。

3573.《江宁织染业公所重整行规及助建公所捐款人姓名碑》，同治七年九月二十日。原在江苏南京雨花路245号染业公所。《江苏明清》P456。

行规、示禁、公产。

3574.《油麻业同业抽厘建造公所碑》,同治七年九月。原在上海南市区老太平弄油麻公所。《上海》P345。公产,行规。

3575.《合地公议遵示立勒石》,同治七年九月。浙江瑞安市林川镇对川村王氏宗祠。119＊76＊10。9行33字。《温州》P776。公议,禁规。

3576.《舍山碑记》,同治七年十月廿五日。山西左权县老井村龙王庙。125＊51＊16。10行21字。《三晋·左权》P244。契约,四至。

3577.《吴县抄示严禁自尽图赖(以重民命)告示碑》,同治七年十月。江苏苏州景德街城隍庙。《北图藏拓》83－157;《苏州社会史》P576。官禁,禁自尽图赖。

3578.《两江总督为严禁自尽图赖以重民命告示碑》,同治七年十月。原在上海南市区城隍庙内园(今在黄浦区方浜中路)。《上海》P445。官禁,禁自尽图赖。

3579.《禁自尽图赖碑》,同治七年十月。原在上海嘉定区城隍庙前,现存孔庙碑廊。130＊62.5。漫漶严重。《嘉定》P65。官禁,禁自尽图赖。"计赃准窃盗论,抢去财物者,准抢夺论。"

3580.《南汇提标牧马厂告示碑》,同治七年十月。上海浦东新区南汇博物馆。67.5＊31.5＊9。《浦东修订》P337。

3581.《重建敕赐宁波府灵慈宫碑记》附《本宫基址图考》,同治七年十月重立,康熙三十四年(1695)十一月原刻。浙江宁波海曙区前丰村白云庄。残,存四段。圭首,130＊112＊15。额题同碑名。五列,每列24行10字。《甬城》P186。记事;四至,官凭。

3582.《常熟县正堂为洞港泾支河禁捕示谕碑》,同治七年十一月十一日。江苏常熟碑刻博物馆。禁渔船污染阻塞河道。

3583.《旬阳知县捐置养济院碑》,同治七年十一月。陕西旬阳县城西门外洞儿碥。圆首方趺,198＊82＊12。《安康》P238。公产,契据,四至。

3584.《上海县为庙园基地归各业公所各自承粮告示碑》,同治七年十一月。原在上海南市区城隍庙萃秀堂(今在黄浦区方浜中路)。《上海》P363。

3585.《来复渠记》,同治七年。山西临猗县临晋镇,佚。邑令钱官俊撰文。《临晋县志》卷15,《河东水利》P227。记事,水利。

3586.《金匮县永禁自尽图赖以重民命碑》,同治七年。江苏无锡博物院。《江苏明清》P670。官禁,禁自尽图赖。

3587.《襄樊三义庙章程碑》,同治七年。湖北襄阳樊城区交通路37号市食品公司家属院内，嵌于原三义庙北山墙。身首一体，164＊67。张平乐等《襄樊三义庙及碑刻考》，《湖北文理学院学报》2013年4期。屠宰业行规10条。

3588.《永远遵行碑》，同治七年。湖北襄阳樊城交通路37号市食品公司家属院内，嵌于原三义庙北山墙。身首一体，178＊69。张平乐等《襄樊三义庙及碑刻考》，《湖北文理学院学报》2013年4期。襄樊屠户马永发等控告"徐义聚等六家猪行，浮勒行用"；牙行管理。

3589.《义渡碑示》，同治七年。浙江宁波鄞州区高桥镇施家漕村渡口。水利。

3590.《英国领事馆界碑》，同治七年。台湾淡水红毛城。界址。

3591.《加封龙母诏》，同治七年。广东肇庆德庆县悦城镇龙母祖庙东侧八角碑亭内。218＊97。三截刻。上为明洪武九年（1376）四月十九日制文，中、下为加封龙母的诏书。《肇庆文物志》P136。

3592.《吴县示浙绍会馆立契管业碑》，同治八年（1869）正月十一日示。江苏苏州文庙。契证，公产保全、四至。

3593.《张氏数梅房助田碑记并立永孝祀议条》，同治八年正月。浙江宁波海曙区小沙泥街52号张家祠堂。圭首，198＊100。额题"数梅房助田碑记并立永孝祀议条"。21行50字。《甬城》P191。记事，族规；执照；契底俱载簿内。

3594.《江宁县正堂遵饬示禁》，同治八年二月十九日示。1987年在江苏南京秦淮区金沙井38号原太平天国官衙建筑维修时发现。163＊72＊16。奉江苏巡抚丁日昌同治八年正月札。"立于城隍庙"。章义平《南京金沙井新出清代告示碑及其研究》，《东南文化》1988年Z1期。公文，告示；禁借命案滋扰，验命案章程。

3595.《张联桂为分占毛皮界官荒山场出示晓谕碑》，同治八年二月二十五日。广西桂林临桂区五通镇板屋村。65＊55。《灵川》P370。断案，遵法。

3596.《执照碑》，同治八年二月。广西隆林县德峨镇田坝村木科屯寨。144＊65。《苗族卷》P71。改土归流。

3597.《祭田志碑》，同治八年三月上巳日。山东鄄城县彭楼镇刘氏家族墓地。165＊54.5＊18.5。阳额"祭田志碑"，4行11字；阴额"成规永垂"，13行57字。《菏泽》P339。规训。

3598.《育婴会碑》，同治八年三月十九日。陕西紫阳县瓦房店小学。《安钧》P225。公产，盟誓，养子女。

3599.《重镌乌尤山碑记》,同治八年三月下浣。四川乐山。《乐山历代文集》卷11,《巴蜀》P834。宗派传承。

3600.《上海县为芦州田地大丈之期严禁丈费告示碑》,同治八年四月。上海。《上海》P154。公文,粮赋。

3601.《永禁勒索碑》,同治八年五月初七日示。上海青浦区朱家角镇土地祠旧址(井亭街小学)。102＊52。《上海》P439;《青浦碑刻》P234。告示,治安;婚丧嫁娶行业管理,禁吹手勒霸,规定工价。

3602.《增立护城堤岁修纳稞额案记》,同治八年仲夏月。湖北钟祥市。《钟祥》卷8。碑档。

3603.《芭蕉靖地方告示碑》,同治八年八月。陕西紫阳县芭蕉村。《安钩》P224。官禁,治安。

3604.《琉璃渠村官井碑》,同治八年九月二十九日立。北京门头沟区琉璃渠村。138＊4。额题"万古流芳"。《京西》P101。告示,讼案;琉璃渠村杨德芳等联名控告杨某等二人霸占官井,讹索钱财;宛平县审理。

3605.《苏州吴兴会馆置产印照碑》,同治八年九月。江苏苏州。《江苏明清》P670。契证。

3606.《江苏抚院奏定南通芦洲田地变通丈期严禁丈费出示永遵碑》,同治八年九月。江苏南通。《江苏明清》P670。公文、粮赋。

3607.《德化社番租碑记》,同治八年九月。台湾台中大甲区妈祖庙镇澜宫前右边。《台湾中部》P296;《明清台湾》P207。余租管理、公益,禁以私冒公、缠讼。

3608.《清真寺捐田碑记》,同治八年小阳月(十月)。山东青州市城区清真寺。《山东回族》P342。

3609.《革除传呈坐差名目告示碑》,同治八年十一月十七日。旧立县衙署大堂,今在山西夏县城关镇县党校。92＊62。尾题"右仰通知。告示押。实立大堂。夏县遵勒。"《三晋总目·运城》P194;《河东名碑》P156。官禁,三八告期,严禁差役、官吏乱收民间户婚田土钱债事宜。

3610.《邱祖训文》,同治八年十月十五日。陕西留坝县张良庙北花园。185＊115＊20。两截刻,上截32行21字,刻留侯庙接管武侯祠等经过;下截33行30字,刻《邱祖训文》一篇。任永贞撰并书。《汉中》P307。道教规约。

3611.《忠义亭立约碑》,同治八年葭月(十一月)。台湾屏东县竹田乡西势村忠义庙。《明清台湾》P149。治安,乡约。

3612.《常熟县正堂保护墓冢禁碑》,同治八年十二月初一日。江苏常熟碑刻博物馆藏。《苏州》P577。官禁,禁冒认祖坟。

3613.《苏州府为布业公议捐资设立尚始公所办理同业善举永禁地匪棍徒不得阻挠滋扰碑记》,同治八年十二月二十八日。原立江苏苏州中街路尚始公所,现在苏州文庙。《苏州工商》P82;《江苏明清》P55。公文格式,公产、善举,治安。

3614.《公议摊派章程序》,同治八年。山西平定县维社乡中社村。《三晋总目·阳泉》P42。

3615.《发捻经授恳请销免谷石禀案碑》,同治八年。山西稷山县博物馆。《三晋总目·运城》P238。公文,减免。

3616.《虞乡县强宜庵免减差徭记》,同治八年。山西,佚。《三晋总目·运城》P72。公文,减免。

3617.《劝恤灾文记碑》,同治八年。山东淄博博山区凤凰山玉皇宫山门。192*80。县令撰。《博山卷》P181。捐助救灾。

3618.《冯老庄捐地碑记》,同治八年。山东德州陵城区临齐街道冯老庄村清真寺。《山东回族》P695。无子嗣捐地。

3619.《裁免屑小差务碑》,同治八年。陕西白河县大双乡秧田村黄河沟。《安钧》P131。公文,减免。

3620.《江宁县正堂抄奉示禁碑》,同治八年示,1987年在江苏南京秦淮区金沙井38号原太平天国官衙建筑维修时发现。127*58*16。章义平《南京金沙井新出清代告示碑及其研究》,《东南文化》1988年Z1期。公文,告示;变通田地丈期禁丈费事,章程。

3621.《奉宪勒石永禁碑》,同治八年。江苏镇江市五条街（中山东路）160号唐一正斋膏药店旧址。丹徒县正堂刻立。商标保护,永禁假冒"一正膏"告示。

3622.《禁尸场勒费碑》,同治八年。原立上海嘉定区城隍庙前,佚。光绪《嘉定县志》卷29;《嘉定》P72。官禁,禁贪索,司法检验费用规则。

3623.《公议碑》,同治八年。台湾屏东县竹田乡西势村忠义庙。乡规。

3624.《长元吴三县为布业公议设立公所办理同业善举严禁地匪棍徒阻挠碑记》,同治九年（1870）正月三十日。江苏苏州文庙。《江苏明清》P56。公文格式,公产、善举,治安。

3625.《历代遵行碑》,同治九年孟春月下浣。广东曲江县白土区上乡刘氏宗祠。《广东》P92。风水、环保。

3626.《沔县正堂严禁侵吞庙产碑》,同治九年三月十三日。陕西勉县武侯祠。方首,152*70*15。19行35字。首题同碑名。《汉中》P309;《沔阳碑石》P145。公文,官禁,控案;禁侵吞庙产、私行当卖。

3627.《严禁事案告示碑》,同治九年三月廿五日。山西沁水县松峪村。144＊60＊14。11行32字。额题"奉公",中上方钤"沁水县印"。《三晋·沁水县》P395。官禁,禁赌。

3628.《公朋屯场示碑》,同治九年四月八日。贵州惠水县抵麻乡公朋屯脚关口道旁。80＊44。《惠水》P49。晓谕,禁规。

3629.《苏州府为晒布染坊业建立公所议定章程办理善举给示晓谕碑》,同治九年四月二十八日。原立江苏苏州阊门外山塘莲花斗9号浙绍公所,现存苏州文庙。额题"奉宪勒石"。《苏州工商》P84。公产、善举,行规,治安。

3630.《禁止胥役扰累木行商牙告示碑》,同治九年四月。原在江苏苏州娄门外西汇路,现在苏州文庙。额题"奉宪勒石"。《北图藏拓》83－189。官禁,禁勒索,申明旧章,公务使用戏台祭祀规则。

3631.《戒赌合同碑记》,同治九年五月初二日。山西平定县巨城镇神子山村。《三晋总目·阳泉》P42。乡禁,禁赌。

3632.《朱柏庐先生治家格言碑》,同治九年仲夏。重庆奉节县白帝镇白帝城碑林。170＊491,四石。《白帝城历代碑刻选》P33。

3633.《兴峪村条规碑》,同治九年六月。山西沁水县松峪村。144＊60＊14+31。16行37字。《三晋·沁水县》P396。乡禁,禁赌、护桑麦。

3634.《禁止耍货店售卖泥塑孔圣文武二帝等告示碑》,同治九年六月立。浙江宁波海曙区大梁街天之海大厦东围墙。圭首,204＊99。额题"公请宪示勒石永禁"。14行52字。《甬城》P193。告示,"大为不敬",市场管理。

3635.《养济院园租立约碑》,同治九年六月。台湾台中慈惠院前。《明清台湾》P181。契证。

3636.《淡北育婴堂碑》,同治九年孟秋。台湾台北广州街。经费来源。

3637.《禁赌碑》,同治九年七月。山西长子县色头村。《三晋总目·长治》P128。

3638.《鸣钟禁赌碑》,同治九年七月。山西长子县色头村。《三晋总目·长治》P128。

3639.《县主钱堂判断令碑》,同治九年七月三十日。广东大埔县湖寮镇莒村下湖洋龙湖公祠。86＊46。《广东石刻卷》P216。堂判,禁伐。

3640.《署江南布政使示谕严禁向苏州木行借木差徭碑》,同治九年八月二日。江苏苏州。《苏州社会史》P601。官禁,禁官征扰商。

3641.《酌定庙规告示碑》,同治九年八月。山西运城解州关帝庙。《三晋总目·运城》P18。

3642.《石作同业先后重修公输子庙乐输碑》,同治九年八月。原在上海南市区硝皮弄鲁班殿。《上海》P315。案件。

3643.《吴县为皮货公所办理善举禁止棍匪阻扰及窃取料物碑》,同治九年九月二十三日。江苏苏州。《江苏明清》P670。公产、善举,治安。

3644.《重修福建老会馆碑》,同治九年九月。浙江宁波天一阁。《天一阁》P243。堵塞水沟,讼于官。

3645.《恩惠寺地亩告示碑》,同治九年十月初一日。北京房山区琉璃河镇四门口村。拓 14+76＊53。《北图藏拓》83-201。契证、公产,寺产。

3646.《公义禁碑》,同治九年十月初六日。原立于湖北兴山县南阳镇石门村张三垭。《兴山》P146。条规。

3647.《长元吴三县禁止匪徒滋扰两宜公所碑》,同治九年十月十四日。江苏苏州。《江苏明清》P670。公产、治安。

3648.《苏州府禁止匪棍阻挠滋扰两宜公所碑》,同治九年十月二十五日。江苏苏州。《江苏明清》P670。公产、善举,治安。

3649.《南霍渠订立规矩碑》,同治九年孟冬。山西洪洞县广胜寺镇石桥村泰云寺。首佚,方趺,121＊57＊11。17 行 61 字。碑阴刻渠规章程。《三晋·洪洞》P556。记事,渠规、争讼、碑考。

3650.《奉宪碑》,同治九年十月。浙江瑞安市马屿镇黄岙村候船室前。96＊62＊10。12 行 27 字。《温州》P781。协议,船户。

3651.《修理杨填堰告示碑》,同治九年十一月二十二日。陕西城固县杨填堰水利管理站。165＊80＊16。25 行 77 字。《汉中》P310。修缮渠堰事。

3652.《吴县禁止地匪脚夫向存仁公所滋扰碑》,同治九年十一月。江苏苏州。《江苏明清》P670。公产、善举,治安。

3653.《静乐宫考棚书院地基碑记》,同治九年十二月初一日。湖北丹江口市武当山。《武当山》P158。四地坐落、数额、四至。

3654.《苏州府示谕保护裘业楚宝堂公所善举碑》,同治九年十二月初四日。江苏苏州文庙。《苏州社会史》P304。公产、善举,治安。

3655.《苏州府为皮货公所抽捐办理善举禁止匪徒阻挠滋扰碑》,同治九年十二月初九日。江苏苏州。《江苏明清》P670。公产、善举,治安。

3656.《元和县禁止棍徒勾串外来船只硬泊怡善堂码头碑》,同治九年十二月十一日。江苏苏州。《江苏明清》P670。官禁,治安。

3657.《吴江县奉宪厘定条漕章程碑》《奉宪厘定条漕章程碑》,同治九年十二月。江苏苏州文庙。《苏州》P594。奉上谕勒石,法令。

3658.《六姓封禁神山碑记》,同治九年冬月。广西恭城县观音乡水滨村白马庙。《恭城》P195。六姓众等封禁。

3659.《村保维社首公议禁赌桑羊等碑记》,同治九年。山西长子县色头村炎帝庙。126＊40＊13。《山西师大》P119。乡禁,禁赌等。

3660.《合社公议移来松峰例禁至界旧碑记》,同治九年。山西陵川县潞城镇郊底村白玉宫。187＊60＊15。《山西师大》P194。界址,乡禁。

3661.《宽免离尘寺差费碑》,同治九年。陕西汉阴县天池乡离尘寺。83＊65。《安钧》P131。免杂役,禁游僧野道挂丹滋事。

3662.《严禁扒堤示》,同治九年。河南商水县。商水知县曹文昭撰文。民国《商水县志》卷12,《中州百县》P869。官禁,讼案,率众扒堤命案、培修。

3663.《金甸"永定章程"碑》,同治九年。湖南通道县牙屯堡镇金殿村。124＊72。20行。《侗族卷》P51。建房纠纷,判决。

3664.《给照碑据》,同治九年。贵州龙里县麻芝洞门前山后。166＊71。《苗族卷》P71。

3665.《广东提刑按察使司为严禁捞回抢竹木排张事告示》,同治九年。广东广宁县。《广东》P725。

3666.《西山村符氏宗祠碑》,同治九年。广东雷州南兴镇西山村符氏宗祠。《广东石刻卷》P212。祠产,四至。

3667.《奉官示禁》,同治九年。海南东方市。《广东》P1002。乡规。

3668.《张联桂发给六都三图管业平乐山场印照碑》,约同治九年。广西灵川县九屋镇龙岩右侧石壁。120＊90。额刻"六都平乐山印照"。《灵川》P370。碑档。

3669.《勒石毁林碑》,同治九年。云南永仁县干树子村。村民杨宗科立。《云南林业》P950。记事,毁林处罚。

3670.《苏州府示谕木业商牙投行销售禁私卖隐射碑》,同治十年(1871)正月二十六日。江苏苏州文庙。额题"奉宪勒石"。行规,禁恶性竞争,善举。

3671.《示禁碑》,同治十年正月。浙江台州市上盘镇下灯村永庆堂内石亭旁。183＊37.5＊7。4行,总108字。官差到各乡办事一律不准乘坐兜轿(山轿)。

3672.《廖家大境两村分占山场合同碑》,约同治十年二月初二日。广西灵川县大境乡廖家村廖姓公祠。95＊60。《灵川》P376。管业合同。

3673.《永垂久远禁伐碑》，同治十年二月十一日。云南玉溪江川区后卫乡后所村寺内。阖营公立。《云南林业》P399。乡禁，禁伐条规 3 条。

3674.《马神庙马祖殿碑》，同治十年二月十五日。原在北京崇文门外马神庙。额题"同行公议"。《基尔特》5 - 1025。同治九年六月初十日长工价。

3675.《禁地碑记》，同治十年二月二十三日。山西长治潞城区辛安泉镇。《三晋总目·长治》P120。

3676.《江宁府正堂示禁碑》，同治十年二月示。1987 年在江苏南京秦淮区金沙井 38 号原太平天国官衙建筑维修时发现。129＊65＊16。"勒石立碑于郡庙前"。章义平《南京金沙井新出清代告示碑及其研究》，《东南文化》1988 年 Z1 期。告示，查禁书坊淫书艳曲。

3677.《重建育婴堂碑记》，同治十年二月。原在浙江宁波旧传染病院，现立天一阁秦氏支祠后墙游廊。《天一阁》P244。官府、善举。

3678.《告示碑》，同治十年二月。浙江宁波江北区慈城镇旧慈溪县县衙。

3679.《禁伐山木记》，同治十年三月二十三日。山东青州市王坟镇逄山祠。169＊80＊19。马毓珩撰文。《青州》P140；《青州昌乐卷》P279。记事，乡禁，禁伐。

3680.《公议新立禁条款式碑》，同治十年三月。山西芮城县。合村人同立。《三晋总目·运城》P153。

3681.《结义庙新置田地及施舍地亩》，同治十年三月。河南孟津县会盟镇小寨村。43＊88。《孟津卷》图 P213、文 P469。四至。

3682.《收复庙产碑》，同治十年三月。原在陕西汉中府城北关万寿庵，现存汉中市博物馆。48＊78＊14。19 行 13 字。《汉中》P314。寺产记事；因战乱庙产归属不清，立碑明界。

3683.《奉宪勒石》，同治十年三月。浙江瑞安市林川镇陈雅山村陈氏宗祠。135＊70。16 行 26 字。《温州》P773。禁赌博，禁流丐。

3684.《苏村里规碑》，同治十年四月十日。山西安泽县冀氏镇官上村。126＊60＊12。4 行 47 字。《三晋·安泽县》P145。公议，四至。

3685.《重修清居禅寺禁伐山林木植碑》，同治十年四月二十一日。山西宁武县马头山村南清居禅寺遗址。139＊75＊14。《三晋·宁武》P148。记事，禁伐。

3686.《上海县为油麻业遵照公议定章加银告示碑》，同治十年五月。原在上海南市区老太平弄油麻公所。《上海》P349。行规。

3687.《吴县示禁保护重修福济观碑》，同治十年六月二十三日。江苏苏州。《苏州社会史》P415。道教公产。

3688.《重整旧规碑》，同治十年六月。山东青岛市博物馆。尾题"女姑口众商铺同立"。行规。

3689.《公议坡规碑记》，同治十年夏月。河南偃师市顾县镇顾县村。137＊54。《偃师卷下》P676。

3690.《青羊宫遗嘱碑记》，同治十年季夏月。四川成都青羊宫。撰者覃合兴，咸丰七年(1857)住持青羊宫。《巴蜀道教》P494。

3691.《长洲县正堂告示碑》，同治十年八月二十二日示。江苏苏州玄妙观旁观音殿。兴工建庙，禁骚扰。

3692.《重复三原城隍庙管庙会碑记》，同治十年八月。陕西三原县博物馆。圆首已残、座佚。190＊72＊21。23行52字。《咸阳碑刻》P325。乡约记事。

3693.《长元吴三县为丝业公所整顿行业规条出示晓谕碑》，同治十年十一月十九日。原立江苏苏州姑苏区祥符寺巷丝业公所，现存苏州文庙。117.3＊66.5。额题"奉宪永禁碑"。《苏州工商》P30；《江苏明清》P30。

3694.《海澄县正堂禁示碑》《严禁丐帮勒索碑》，同治十年十一月。福建厦门海沧区温厝村宁店社龙山宫。228＊96＊20。额横题"奉宪立碑"，含题共954字。《碑文化》P1208；《厦门文物志》P101。官禁，禁丐帮乱乞，荷兰驻厦领事照会。

3695.《苏州布政司永禁侵盗儒学田产碑》，同治十年十二月十八日。江苏苏州。《苏州社会史》P349。官禁，教育公产、防范。

3696.《长元吴三县为丝业议呈经纪取保条约出示晓谕碑》，同治十年十二月二十六日。原立江苏苏州姑苏区祥符寺巷丝业公所，现存苏州文庙。《苏州工商》P31；《江苏明清》P31。

3697.《魏庄西里息讼碑记》，同治十年季冬。山西高平市下台村炎帝中庙。方趺，193＊56＊19。邑庠生张天枢撰文并书丹。《山西师大》P203；《高平》P712。无讼理想。

3698.《戒赌碑》，同治十年。山西黎城县东阳关镇枣镇村三官庙。《三晋总目·长治》P42。

3699.《山东布政使告示石刻》，同治十年。山东青岛崂山太清宫。

3700.《公约禁娼禁赌碑》，同治十年。陕西石泉县熨斗镇麦坪村。方首，140＊82。《秦岭》P353。绅众公约乡规。

3701.《太和庵除弊碑》，同治十年。甘肃徽县嘉陵镇铁山行政村太和庵。残,70＊35＊11。额题"除弊千秋"。《秦岭》P14。

3702.《四都靛山公议章程碑》,同治十年。原在湖南湘潭县城南50公里紫荆山帝兴庵西南皂角树下,1984年移县图书馆。上截断裂,字迹完好。130＊65＊7。额题同碑名。《湖湘碑刻(一)》P54。

3703.《合街章程》,同治十年。广东罗定市。《广东》P749。行规,铺伙命故赔偿规则。

3704.《芭蕉乡封山碑文》,同治十年。云南通海县。《云南林业》P400。乡禁,禁伐。

3705.《创建约亭碑》,同治十年。海南海口琼山区。民国《琼山县志》卷17。

3706.《旌表节妇施地碑》,同治十一年(1872)正月初一日。山东济南市中区清真南大寺。143＊57＊78。掌教、乡老合立。《山东回族》P31。节妇左马氏将地施与清真寺作养学之用,载四至并呈明在案。

3707.《公立水案碑志》,同治十一年二月二十日。云南保山隆阳区第四小学。《隆阳》P380。水规。

3708.《岱庙赡田记》,同治十一年二月。山东泰安岱庙雨花道院。162＊68＊20。11行33字。《岱庙碑刻研究》P258。记事,寺产维护。

3709.《张家齐祖父母诰命碑》,同治十一年二月。广东东莞市博物馆。288＊110＊16。《东莞市博物馆藏碑刻》P80。

3710.《详请岁给香火银两碑》,同治十一年三月十七日。原在浙江杭州众安桥忠显庙,1979年移岳飞墓庙。32＊90。32行15字,钤两方印。《岳飞墓庙碑刻》P163。拨款公文,札。

3711.《执照碑》,同治十一年三月。贵州惠水县断杉镇满贡寨前。145＊63。《惠水》P50。执照,税规。

3712.《许氏祖坟示禁碑》,同治十一年四月十四。福建泉州清源山许氏宗祠。《泉州府分册》P413。寡妇呈告,坟山树木。

3713.《禁用旧布包裹经折壳面告示碑》,同治十一年五月给文。原立浙江宁波海曙区县学街郡庙(城隍庙),2005年移天封塔塔院。圭首,217＊99。额题"勒石永禁"。14行52字。《甬城》P195。告示,惜字,印刷管理。

3714.《黄栢村公议治凶安良碑》,同治十一年六月二日。广西灵川县潭下镇黄栢村井头庙。80＊50。《灵川》P378。乡示。

3715.《香城书院碑》,同治十一年六月九日。四川西昌市。《北图藏拓》84－28。

3716.《奉宪富美渡头碑》,同治十一年六月二十四日。福建泉州海外交通史博物馆。204＊73＊14。告示，互控、裁决。

3717.《吴县禁止地匪夫役向绚章公所义冢滋扰需索碑》，同治十一年七月十七日。江苏苏州文庙。额题"奉宪永禁勒石"。《江苏明清》P670。公产、善举、治安。

3718.《矜恤贫民路毙碑》，同治十一年七月。2002 年在山西运城南门外发现，现存盐湖区博物馆。183＊70。碑阳为官禁公文，碑阴为合城绅商请立禁碑之缘由和呈文。《河东名碑》P253。官禁，禁借端需索；记事，绅商济贫。

3719.《苏州府示禁保护绚章公所善举碑》，同治十一年八月二十四日。原在江苏苏州桃花坞上街河西巷 9 号绚章公所，现存苏州文庙。上部残缺。《苏州社会史》P324。公产、善举、治安。

3720.《正阳渠碑》，同治十一年八月。陕西富平县薛镇乡韩家村。185＊65＊18。12 行 45 字。《富平》P326。讼案，水利。

3721.《开三渠记》，同治十一年菊月中浣。山西河津市樊村镇干涧村。98＊65。额题"志不忘"。现存半截。《河东水利》P182。记事，明初以来之控案、公款。

3722.《开修九巅山粮路记》，同治十一年秋月望日。甘肃卓尼县九巅峡大鹦哥嘴，摩崖。禁匪、公益。

3723.《捐施柏树碑序》，同治十一年季秋。山东泰安岱岳区粥店街道下旺村清真寺。额刻"万善同归"。《山东回族》P519。捐施护树。

3724.《金洋堰移窑保农碑》，同治十一年季秋。陕西西乡县金洋堰水利管理站。圆首，112＊56＊14。额楷"永垂不朽"。16 行 36 字。《汉中》P77。生态保护。

3725.《苏州府禁止布业踹坊坊户把持克减告示碑》，同治十一年十月初九日。江苏苏州文庙。《北图藏拓》84－33；《江苏明清》P57。公文格式。

3726.《重置蔚州南关释迦寺常住香火斋僧陆地碑记》，同治十一年仲冬。河北蔚县释迦寺。131＊71＊19。《蔚县》P54。公产保全措施。

3727.《奉宪勒石永禁把持烟业碑》《勒石永禁烟业刨匠私立行头告示》，同治十一年十一月。浙江杭州孔庙。额题"奉宪勒石永禁"。《申报》同治十一年十一月廿七日，彭泽益编《中国工商行会史料集》P686；《杭州孔庙》P119。行业管理，禁垄断把持。

3728.《建立卖池碑记》，同治十一年十二月十五日。山西左权县东山村旱池旁。150＊60＊15。17 行 38 字。《三晋·左权》P247。契约，四至。

3729.《大孟庄共遵明谕碑》，同治十一年十二月十九日。河北滦南县长凝镇大孟庄,佚。130＊43。《滦南》P320。告示,减兵差,合理摊派。

3730.《筹集五祖圣会资金碑》,同治十一年橘涂月(十二月)。陕西洋县智果寺。52＊68＊14。29行20字。《汉中》P318。记事,救济。

3731.《平阳府贡院旗杆修理定规》,同治十一年季冬。山西临汾尧都区吴村镇吴村。50＊86。40行27字。《三晋·尧都区》P238。规约;平阳府贡院平时维修规定与临汾县衙工房经办人员营私舞弊情况。

3732.《桦甸桦树林子善林寺碑记》,同治十一年。吉林桦甸市善林寺。195＊68＊18。额题"万古流芳"。19行51字。《吉林》P156。例禁、歇山、停创。

3733.《金门闸重修碑》,同治十一年。河北涿州市义和庄镇北蔡村金门闸南墩台碑房内。202＊85。首题"重修金门闸减水石坝记"。《文物河北》下P596。

3734.《公议森林约碑》,同治十一年。河北井陉县北正乡北正村石佛寺。《文物河北》中P20。乡规。

3735.《治捷地减河宪示碑》,同治十一年。河北沧州市区小南门内。85＊190＊20。《文物河北》下P625。

3736.《宪示碑》,同治十一年。河北沧州沧县捷地减河闸口北侧。195＊82＊20。额刻"宪示"。上半部20行38字。《文物河北》下P628。

3737.《平陆县正堂刘告示碑》,同治十一年。山西平陆县中张村关帝庙。105＊52＊12。《山西师大》P415。

3738.《正阳渠碑》,同治十一年。陕西富平县薛镇乡韩家村。引洪灌田和用水制度。

3739.《禁航运流弊以安行商碑》,同治十年。陕西紫阳县城关镇新桃村。《安钩》P151。

3740.《公选约保禁娼禁赌碑》,同治十一年。陕西石泉县熨斗镇松树村二郎庙。《安钩》P1229。

3741.《赎复柴紫庵香火田地记》,同治十一年。湖北当阳。《玉泉寺志》P434。寺产。

3742.《行坝告示碑记》,同治十一年。福建厦门同安区莲花镇美埔村。水利纠纷。

3743.《严禁轿店抬勒轿价碑记》,同治十一年。台湾屏东市慈凤宫《义祠亭碑记》之后。二文内容无关联性,立碑者为同一人。

3744.《独峒款碑》,同治十一年。广西三江县独峒乡。《侗族卷》P23。公议乡约5条,违者必论众法(极刑)。

3745.《苏州府为海货业设立永和公堂办理同业善举所有经费规定由在城各行店每月认捐准予备案碑》,同治十二年(1873)正月十一日。江苏苏州。碑档。

3746.《常熟县正堂为重新西经堂颁示禁碑》,同治十二年二月初四日。江苏常熟碑刻博物馆。禁窃取料物、阻挠索诈。

3747.《公议规条碑记》,同治十二年二月下旬。山西平定县锁簧镇立壁村寺院。《三晋总目·阳泉》P42。乡规。

3748.《大孟庄喜丧效忙拘式碑》,同治十二年二月。河北滦南县长凝镇大孟庄,佚。《滦南》P326。互助,民约,演戏约法。

3749.《赵氏祭田碑》,同治十二年二月。河南偃师市首阳山街道寨后村。130*31。《偃师卷》P682。

3750.《万氏宗祠公业碑记》,同治十二年二月。福建泉州丰泽区城东街道万氏宗祠。《泉州府分册》P415。公产管理、宗规。

3751.《苏州府为酱坊业创建公所禁止官酱店铺营私碑》,同治十二年三月初二日。江苏苏州文庙。

3752.《上海县为禁止靛业串骗白拉及私相授受告示碑》,同治十二年三月十三日。原在上海南市区蔡阳弄靛业公所。《上海》P370。

3753.《封山记碑》,同治十二年三月初十复刻,明嘉靖原刻。山东淄博博山区南博山镇南博山村青龙山。100*57*15。《博山卷》P574。官禁,禁止伐木、放牧、樵采等。

3754.《永昌府为革除辛街验布打戳之弊告示碑》,同治十二年四月初九日。云南保山隆阳区。《隆阳》P382。革弊。

3755.《为严禁奸顽以塞讼端而申旧章碑》,同治十二年四月上旬。山西平定县张庄镇土岭头村。《三晋总目·阳泉》P43。乡规。

3756.《重修三皇庙碑》,同治十二年四月十八日。山东青州市高柳镇段村庄三皇庙。赵六书撰文。《青州》P301。神禁、信仰。

3757.《嫁妆铺漆作呈请抽捐款项作为抚恤贫寒漆匠身后棺敛资费给示勒石永遵告示碑》,同治十二年四月。原在浙江宁波海曙区县学街郡庙(城隍庙),现存天一阁东园碑廊。《天一阁》P245。行业自助、善举。

3758.《陈氏祖坟示禁碑》,同治十二年五月初十日。福建晋江市,未见。《陈江陈氏五房五家谱》;《泉州府分册》P414。监生呈告、坟山树木。

3759.《禁止浇风恶俗规约碑》,同治十二年五月十四日。云南牟定县天台街天台寺。《楚雄》P334。乡规、婚俗。

3760.《禁卖寺产碑》,同治十二年五月。浙江永嘉县昆阳乡昆阳小学大门东侧墙上。《温州》P203。禁僧俗盗买卖寺产。

3761.《核桃村清真寺碑》,同治十二年季夏月上浣朔三日。四川西昌市海南乡核桃村清真寺。150＊85。《西昌》P76。寺产侵吞,记事契。

3762.《金洋堰禁止砍树捕鱼碑》,同治十二年六月初六日。陕西西乡县金洋水利管理站。50＊32＊13。14行22字。《汉中》P78。

3763.《保证碑记》,同治十二年六月十四日。云南玉溪江川区。进士撰,乡村立。《云南林业》P951。禁伐。

3764.《吴县示金箔业收徒行规碑》,同治十二年六月十九日。江苏苏州文庙。尾题"发金箔公所勒石永远遵守"。金箔业收徒行规。

3765.《同益会碑》,同治十二年闰六月。北京房山区石楼镇大次落村。《北图藏拓》84－55。记事,改村务不公之事。

3766.《重修临襄会馆碑》,同治十二年六月。北京崇文区晓市大街临襄会馆。《基尔特》2－166。列施银油粮商号200家左右。

3767.《息讼碑记》,同治十二年暑月(六月)。山东泰安岱岳区粥店街道下旺村清真寺。额题"百代流芳"。《泰山石刻》P609;《山东回族》P521。上诉、息讼,罚钱施于寺赎学田。

3768.《侯家林大王庙告示碑》,同治十二年六月。山东郓城县大王庙。165＊66＊19。10行48字。《菏泽》P343。告示,郓城县赵知县禁止冒产典卖事。

3769.《断案碑》,同治十二年六月刻,咸丰九年(1859)判。原在河南沁阳市区西15公里葛村乡伏背村祖师殿,现迁村西王祠堂。圆首,196＊59。双面刻。额刻"垂系千秋"。首行"怀庆正堂离老太爷断案判语"。21行60字。阴额题"滩地志",首题"咸丰九年控争西滩地亩记"。绘两个渠段界至图,下刻伏背村滩地花册。《沁阳文物》P148。讼案,争控滩地;不以水为界,按地亩均分。

3770.《钱富贻为城厢民人公立禁条出示晓谕碑》,同治十二年七月初一日。广西灵川县三街镇原娘娘庙。85＊55。23行32字。《灵川》P381。官批、乡禁。

3771.《三分堰修盖房屋碑》,同治十二年夷则月(七月)。陕西城固县杨镇堰水利管理站。125＊65＊15。18行38字。李志铭撰,佘化龙书。《汉中碑石》P319。规约。

3772.《普济众碑》,同治十二年瓜月(七月)。浙江温州龙湾区天河镇三甲村王氏祖房内。《温州》P203。寺产经营规约、世俗化。

3773.《临桂县禁牧告示碑》,同治十二年八月初三日。广西桂林临桂区。2.5 * 2 尺。《桂林石刻》P341,《桂林辑校》P1118。

3774.《都察院示谕云居寺住持碑》,同治十二年九月十八日。北京宣武区云居胡同。《北图藏拓》84－59。

3775.《督办浙江军需报销总局严禁溺女恶俗告示碑》,同治十二年九月给文。原立浙江宁波海曙区县学街郡庙(城隍庙),2005 年移天封塔塔院。圭首,217 * 116 * 14。额题"奉宪永禁溺女碑"。20 行 54 字。下截漫漶,每行末脱 12 字。《甬城》P198。官禁;同治五年上谕,乾隆年间部议,溺女"照故杀子孙律治罪";"定将夫男拘拿到案,照故杀子孙之例,杖六十,徒一年,定地发配。"

3776.《武阳堂碑》,同治十二年九月。浙江文成县南田镇武阳村武阳堂。98 * 49 * 10。12 行 26 字。《温州》P872。四至,契证。

3777.《青山正堂示碑》,同治十二年十月十五日。湖北兴山县榛子乡青山村香村坪。《兴山》P160。警示,禁碑。

3778.《禅镇江西义庄官示抄刻碑记》,同治十二年闰六月示,同治十二年十月十六日示。广东佛山市博物馆。《佛山文物》P69。官禁,禁盘据霸占义冢。

3779.《各庙地土碑记》,同治十二年十月。山西沁水县武安村。《三晋·沁水县》P399。汤王庙、关帝庙、慧济禅院各自拥有的地土数目。

3780.《顺阳路家两渠过水桥洞碑》,同治十二年十一月。陕西富平县薛镇乡湾里村。110 * 65 * 12。16 行 35 字。《渭南》P22;《富平》P327。公文,讼案,断案立碑。

3781.《严禁恶丐结党强索扰累闾里告示碑》,同治十二年十一月二十四日。原在上海青浦县(现青浦区)。《上海》P444。

3782.《吴县正堂示禁棍徒游兵壮勇滋扰圆金业公所碑》,同治十二年十二月二十二日示。江苏苏州文庙。公产,格式。

3783.《卢氏孙遗田碑》,同治十二年腊月。广西恭城县栗木镇新村卢氏宗祠。《恭城》P317。

3784.《村界碑》,同治十二年。河北滦南县木厂口镇北营村东 2 公里。圭首,座佚。130 * 60 * 15。《文物河北》中 P448。记事,北营村与赫庄子村草场牧地争讼械斗。划定村界,立石息争。

3785.《龙大老爷严禁碑》,同治十二年。山西高平市北诗镇南村村二仙庙。《高平》P713。官禁,村俗。

3786.《鼓水全图》,同治十二年。山西新绛县三泉镇白村。177 * 47。圆首,额题"鼓水全图"。两截刻,上图,下"获图记",民国重刻。《河东水利》P228。记事,堂讯断语。

3787.《火神圣□地亩碑记》阴,同治十二年。河南偃师市佃庄镇东大郊村。139﹡55。《偃师卷》P682。四至。

3788.《右仰通知碑》,同治十二年。陕西洋县黄安镇。圆首,154﹡70﹡11。《秦岭》P132。告示。

3789.《吴县为金箔业收徒不许无赖把持阻挠给示晓谕碑》,同治十二年。江苏苏州。

3790.《禁碑》,同治十二年。湖北远安县洋坪镇漆树垭村四组。100﹡50。额横题"同乡公议"。禁伐,罚戏。

3791.《色边乡规碑》,同治十二年。贵州榕江县郎洞镇色边村北端。142﹡74。额题"永垂后世"。《榕江县文物名胜志》;《侗族卷》P23。乡规。

3792.《地界碑》,同治十二年。广东大埔县光德镇九社管理区。85﹡39。《大埔县文物志》P84;《广东》P896。官界,行政管理、治安权责。

3793.《大科崁庄公议严禁碑记》,同治十二年。台湾桃园县大溪镇(清代称海山堡大科崁)。

3794.《公议碑》,同治十二年。台湾屏东县竹田乡西势村忠义庙。乡规。"倘有地方扰乱,设堆防堵,只照粤规均派,不得另行私索;即平时有借端滋事者,亦宜出为排解,不得视为秦越,合立石碑为据。"

3795.《松山小黑冲权属碑》,同治十二年。云南玉溪江川区。乡村立。《云南林业》P951。护族产树木。

3796.《禁借命妄讼碑》,同治十三年(1874)二月初十日立。四川西昌市礼州镇政府。140﹡75。额刻"总督吴示"。《凉山》P189。官禁,告示;民情好讼,早婚习俗,律例条文。

3797.《西昌县禁伐树木告示碑》,同治十三年二月上浣。四川西昌市南海乡。《北图藏拓》84-77。官禁、乡禁合刻。

3798.《苏州府示谕保护麻油业聚善堂善举碑》,同治十三年二月。江苏苏州文庙。

3799.《吴长元三县示谕保护麻油业聚善堂善举碑》,同治十三年二月。江苏苏州文庙。《苏州社会史》P295。

3800.《水利碑记》《判发永昌乌牛坝与镇番蔡旗用水执照水利碑》,同治十三年二月。甘肃武威文庙。168﹡63﹡12。额题"水利碑记"。《武威金石录》P199。

3801.《永定章程》,同治十三年季春上浣。云南双柏县碌嘉镇政府内。《楚雄》P374。卖粮完纳饷银。

3802.《常熟县规定天福沙新涨沙滩即归游文鹿苑书院承买不准民间报买以裕院费碑》,同治十三年三月十二日。江苏常州。《江苏明清》P670。

3803.《吴县为重建书业公所兴工禁止地匪借端阻挠碑》,同治十三年三月十四日。江苏苏州。《江苏明清》P73。

3804.《上海县为四明公所冢地不筑马路公告碑》,同治十三年三月十九日。原在上海南市区四明公所。《上海》P426。

3805.《上海法总领事为四明公所冢地不筑马路公告碑》,同治十三年三月十九日。原在上海南市区四明公所。《上海》P427。

3806.《上海道为四明公所血案告示碑》,同治十三年三月二十日。原在上海南市区四明公所。《上海》P428。

3807.《吴县正堂示谕禁勒索铺户船只碑》,同治十三年三月二十九日。江苏苏州文庙。下半部文字不清。

3808.《云台观寨功德田亩实碑记》,同治十三年季春。湖北钟祥市云台观。讼案。

3809.《元和县为猪业公所购置房屋供应买卖客人住宿禁止地棍滋扰碑》,同治十三年四月初五日。江苏苏州。《江苏明清》P670。

3810.《告示章程碑》,同治十三年四月十五日。贵州榕江县忠诚镇干烈村平比寨。99＊60。额刻"告示章程"。14行,共304字。《侗族卷》P52。告示,苗民当差应役,禁派役勒索。

3811.《云门山娘娘庙碑》,同治十三年四月十八日。山东青州市云门山望寿阁前。左上角残缺,中下部断裂。148＊65＊19。《青州昌乐卷》P174;《青州》P62。神禁、信仰。

3812.《吴县禁止流丐到光福镇结党成群强讨硬索碑》,同治十三年五月十三日。江苏苏州。《江苏明清》P670。

3813.《太元堂碑记》,同治十三年蒲月(五月)。台湾嘉义市太元佛堂。《明清台湾》P373。契证。

3814.《革除伕役碑》,同治十三年六月初八日。贵州雷山县达地乡立碑垴。150＊60。《苗族卷》P72。告示。

3815.《苏州府示谕保护皮货业楚宝堂公所善举碑》,同治十三年六月十七日。江苏苏州文庙。

3816.《告示碑》,同治十三年六月二十四日。山西高平市梨园村玉皇庙。《高平》P623。两村水道纷争,官断。

3817.《吴县示禁保护皮货业楚宝堂公所善举碑》,同治十三年六月二十四日。江苏苏州文庙。《苏州社会史》P305。

3818.《吴长元三县永禁游骑碑》,同治十三年六月。江苏苏州。《苏州社会史》P578。

3819.《奉宪禁革首名役累碑》,同治十三年六月。江苏苏州文庙。文不清,右下角残缺。

3820.《兴隆寺助善提名碑》,同治十三年七月九日后。北京西城区北长街。《北图藏拓》84－68。记事,太监养老。

3821.《东坝黄氏祠堂禁碑》,同治十三年八月。陕西白河县卡子镇东坝口黄氏祠堂上房前檐墙上。两石连刻,均97.5＊64。合族公议同立。《安康》P248。族规,族产。

3822.《太平站碑》,同治十三年十月初二日。四川冕宁县巨龙乡觉华寺。160＊85。额刻同碑名。《凉山》P187。乡规,集资应差,置产。

3823.《强宜庵免减差徭记》,同治十三年孟冬上浣。山西永济市博物馆。200＊76＊16。《虞乡县志·金石考》;《河东名碑》P160。记事、税制。

3824.《阖村议定规程碑》,同治十三年十月二十六日。山西平定县岔口乡岔口村全神庙。《三晋总目·阳泉》P43。乡规。

3825.《祥符县告示碑》《善义堂义学榜示碑》,同治十三年十月二十九日。河南开封鹁鸽市街善义堂清真寺。《北图藏拓》84－71;《回族》P381。

3826.《欧阳公祠德政碑记》,同治十三年十一月初十日。河南博爱县。《博爱县志·附录》P804,《中州百县》P108。规章,祠产管理。

3827.《长洲县禁止无知之徒在云锦公所基地附搭房屋聚众借敛碑》,同治十三年十一月三十日。江苏苏州文庙。文不清。《江苏明清》P670。

3828.《茶山义渡碑记》,同治十三年十二月十三日。贵州开阳县城北45公里马场镇翁枕村。碑阴刻义渡田丘亩数。《贵州省志·文物志》P301。公文,官禁,禁需索钱文。

3829.《元和县示禁脚夫索扰米行碑》,同治十三年十二月二十四日。江苏苏州文庙。《苏州社会史》P602。

3830.《买置寺田碑记》,同治十三年十二月。台湾嘉义县水上乡苦竹寺。契证。

3831.《禁止车马票兴差信留单碑》,同治十三年。山西沁源县政府。《三晋总目·长治》P101。

3832.《景禅寺、广佛寺两寺合一碑》,同治十三年。陕西宝鸡凤县唐藏镇杨家庄村景禅寺遗址。两寺合并原因,寺庙财产及管理制度等。

3833.《保护灵岩寺山示禁碑》,同治十三年。四川都江堰市。《都江堰》P104。

3834.《革除夫役永远碑示》,同治十三年。贵州三都县都江羊福村。

3835.《禁革碑》,同治十三年。贵州黔东南。古州清军府立。禁官吏、土司向苗民拉夫派粮当差应役。

3836.《禁令碑》,同治十三年。贵州松桃县普觉中学。138＊78。《苗族卷》P72。官禁。

3837.《剑河南加例定千秋碑》,同治十三年,后毁,光绪二十年(1894)重刻。贵州剑河县南哨镇翁座村东路口。《贵州省志·文物志》,《苗族卷》P72。官禁。

3838.《奉县宪示禁碑》,同治十三年。广东丰顺县。《广东》P902。私刻正堂执照勒索案。

3839.《劝捐埋骼告示碑》,咸丰同治年间(1851～1874)。山东蓬莱。《蓬莱金石录》P436。

3840.《公议碑》,同治年间(1862～1874)。河北蔚县真武庙。额题"同心协办"。

3841.《具结三都村永不另立集市碑》,同治年间。山西阳泉市郊区荫营镇三都村寿圣寺。《三晋总目·阳泉》P138。

3842.《录写禁条旧文规式》,同治年间。陕西澄城县西社乡韦家社村。残。《澄城碑石》P162。

3843.《禁伐碑》,同治年间。福建永安市天宝岩自然保护区。族长肖宗榜立。纪瑞如《红豆树、奇瀑、禁伐碑》,《中国林业报》1989年12月16日。

3844.《严明县主樊示禁》,同治年间。广东汕头潮阳区龙津港赤产庙。《广东》P324。治安。

3845.《西董渠图说》,约光绪之前。河南灵宝市。光绪《阌乡县志》;《豫西》P305。明以来水利讼案。

（九）光绪（1875～1908）

3846.《州主沈公屡次断案碑记》,光绪元年(1875)正月。山西新绛县三泉镇白村。拓172.5＊71。额题"州主沈公讳钟断案",首题"屡次断案碑记,同治十二年十二月二十八日州主沈大老爷堂谕",席村、李村、蒲城三村因水争讼。后述同治五年十一月具结存案事。

3847.《镇宁寺田亩碑》,光绪元年正月。云南大理喜洲镇庆洞村本主庙。65＊98,30 行。《云南道教》P573;《大理市古碑存文录》P613。四至。

3848.《明定车马章程告示碑》,光绪元年三月。山西夏县。《三晋总目·运城》P194。公文,规章。

3849.《拨南峰寺田入宾兴记》,光绪元年三月。浙江温州。《温州》P1245;《分疆录》卷 11。公产,寺产充校产;碑档。

3850.《普济寺府照碑》,光绪元年四月十九日。云南丽江普济寺南院。112＊48。告示,禁伐,讼案,四至。

3851.《长洲县准许蒋元充当府厨小甲毋得借差滋扰碑》,光绪元年四月二十六日。江苏。杂役。

3852.《禀设抬扛公局告示碑》,光绪元年四月。江苏扬州。《瓜洲续志》卷 26。

3853.《奉宪勒碑》,光绪元年四月。浙江瑞安市金川乡岭下村凝聚亭对面墙上。112＊67。额刻“奉宪勒碑”。9 行 31 字。《温州》P785。禁乱折柴枝。

3854.《云龙盐课碑》,光绪元年四月。云南云龙县。《大理名碑》P567。

3855.《吴县禁止匪棍向七襄公所阻扰窃取物料碑》,光绪元年五月十五日。江苏苏州。《江苏明清》P670。

3856.《署砖坪抚民分府严拿匪类告示碑》,光绪元年五月。陕西岚皋县民主镇明德小学。圆首方趺,110＊84。21 行 51 字。下部漫漶。《安康》P251。条款,地方治理。

3857.《庙子垭铺公议乡规碑》,光绪元年五月。原在陕西旬阳县金寨乡庙子垭,现存旬阳县城洞儿碥。方首,135＊74＊19。阳额“永垂不朽”,阴额“公议乡规”。两面碑文相接,各 19 行 29 字。《安康》P254;《安钩》P230。综合乡规。

3858.《岚皋明珠坝禁令碑》,光绪元年仲夏月。陕西岚皋县明珠坝中学。《安钩》P246。

3859.《奉禁示碑》,光绪元年五月。浙江瑞安市陶山镇荣垟村三港殿北墙。85＊59＊11。额刻“奉禁石碑”。10 行 24 字。《温州》P786。禁践食田禾。

3860.《保生大帝碑记》,光绪元年六月二十四日。台湾嘉义市民雄乡西安村保生大帝庙。《台湾南部》P499;《明清台湾》P375。碑用,保护祀产。

3861.《五门堰复查田亩碑》,光绪元年六月。陕西城固县五门堰。142＊86＊16,26 行 48 字。《汉中》P324。记事,堰长、管理;因战乱田册损毁,重新复查。

3862.《创建王母、菩萨庙记碑》,光绪元年七月。山东临朐县寺头镇大花龙潭村聚粮崮。190＊90＊15。《临朐卷》P245。公议,禁伐。

3863.《苏州府示禁碑》,光绪元年八月十二日。江苏苏州文庙。江鲁公所司事、按货提厘。

3864.《邑侯凤岩双大老爷增价木料德政碑》,光绪元年八月。河南偃师市城关镇老城城隍庙。115＊47.5。《偃师卷》P686。

3865.《灌阳县奉布政司禁革碑记》,光绪元年桂月。广西灌阳县城。康熙四十年(1701)、乾隆十六年(1751)、道光二十九年(1849)重修碑记。《广西》P132。禁加征滥派瑶民田粮夫役,勒索瑶民山货。

3866.《永定章程碑记》,光绪元年九月十五日。贵州贵阳花溪区高坡乡批摆寨路边。115＊63。《苗族卷》P72。告示。

3867.《赎田碑记》,光绪元年菊月。山东泰安岱岳区粥店街道下旺村清真寺。额刻"万古流芳"。《山东回族》P523。记事,赎回下旺寺被押学田作为学堂费用。

3868.《怀六坝磨湾泉水利碑》,光绪元年小阳月(十月)上浣。甘肃武威。《武威金石录》P201。记事,水案,红照。

3869.《禅堂寺社地碑记》,光绪元年十月。山西柳林县陈家湾乡北寨村。圆首方趺,107＊48＊18.5。8行30字。《三晋·柳林》P323。舍地。

3870.《祥符里轩辕营置产碑记》,光绪元年孟冬。江苏苏州文庙。云锦公所、公产备案,经营。

3871.《苏州丝业整顿旧规集资设所缘由碑》,光绪元年孟冬。江苏苏州博物馆。《苏州工商》P34。

3872.《严禁恶习碑记》,光绪元年十月。台湾台南大南门碑林。巡抚部院王凯泰示。《台湾南部》P501;《南门碑林》P121。治安,恶丐、诈尸、滥索、兵丁。

3873.《永定条规碑》,光绪元年十月。广西三江县八江镇马胖村鼓楼坪。90＊60。32行14字。《侗族卷》P24。条规,惩罚。

3874.《渡台入番撤禁告示碑》,光绪元年十一月初八日。台湾南投县鹿谷乡。《明清台湾》P235;《台湾中部》P303。更改法令、私渡开禁、原例废止。

3875.《丽江府指云寺告示碑》,光绪元年十一月二十日。云南丽江。《北图藏拓》84－96。

3876.《陕安兵备道严禁埠役诈索船只致扰行旅告示牌》,光绪元年十一月。原在陕西紫阳县城老泗王庙,后搬至城北新泗王庙,用作大殿外东北角基石。平首方趺,157＊74＊11。"实贴紫阳勿损"。《安康》P257。除弊。

3877.《千秋布碑》,光绪元年十一月。贵州三穗县台烈镇石坪村。《三穗县民族志》,《苗族卷》P72。乡规民约。

3878.《免夫碑记》,光绪元年十二月初九日。贵州锦屏县河口乡塘东村寨边。160＊70＊9。额横镌同碑名。《贵州省志·文物志》P302;《苗族卷》P72。官禁,禁勒派索扰、私行羁押。

3879.《青口客商起饼油山货积建公所碑》,光绪元年嘉平月(十二月)中浣。原在上海南市区郎家桥西祝其公所。《上海》P304。

3880.《府县宪示禁碑》,光绪元年十二月。福建泉州。

3881.《严禁借尸吓诈示告碑记》《周知府陋习示禁碑》,光绪元年十二月。台湾台南归仁区武东村武当山庙前左厢前。台湾府知府周懋琦示。此碑台南县计有4石。《台湾南部》P502;《台南》P238。治安,恶丐、诈尸、滥索。

3882.《保护嘉属会馆告示》,光绪元年十二月。广东广州。《广东》P26。

3883.《清真寺康熙赞碑》,光绪元年。吉林桦甸市。《吉林》P159。公文、圣旨;虚拟回民某犯者,先斩后奏。

3884.《北山关帝庙碑记》,光绪元年。吉林吉林北山公园关帝庙阶下右侧。185＊64＊14。16行。《吉林》P160。捐厘、公产,公文。碑阴记吉林官府出示晓谕,按销售金额抽捐税。

3885.《吴各庄刘氏老茔地文碑》,光绪元年。河北唐山玉田县亮里店镇吴各庄村。方首,座佚。175＊54＊22。碑阳刻记文,碑阴刻四至。《文物河北》中P414。记事,讼案;刘氏老茔被占,断作官田,族人力争永判为刘氏祭田;四至。

3886.《捐地碑》,光绪元年。山东济南济阳区回河街道马营村清真寺。《山东回族》P223。四至。

3887.《重整乡约碑记》,光绪元年。山西长治上党区苏店镇王董村。38＊50。14行25字。《三晋·长治县》P224。为重整乡规而列规条四则。

3888.《黄州会馆罗性卖房还帐碑》,光绪元年。陕西旬阳县蜀河镇。圆首方座,175＊85。11行40字。《秦岭》P353。

3889.《奉宪永禁碑》,光绪元年。安徽歙县徽城镇鱼梁社区。

3890.《严禁转房碑》,光绪元年。四川理县薛城镇沙金坝,庄学本1934年赴川西北考察时发现。庄学本《羌戎考察记》(1937)P66。

3891.《三江马胖为出示严行查拿事碑》,光绪元年。广西三江县八江镇马胖村鼓楼坪。90＊60。《三江侗族自治县志》;《侗族卷》P23。示谕。

3892.《晓谕苛派事碑》,光绪二年(1876)正月二十二日。云南宜良县北古城镇羊街原供销社内。65＊130。《宜良碑刻》P302。

3893.《七伙头协济杉木和夫马碑记》,光绪二年二月初七日。云南保山隆阳区。《隆阳》P388。革弊、控案。

3894.《严禁滥派夫役碑》,光绪二年二月十四日。贵州丹寨县排调中学路旁。97＊50＊8。额楷"永垂不朽"。219字。《贵州省志·文物志》P304。公文,官禁,禁滥派夫役。

3895.《买补仓粮示禁碑》,光绪二年二月十四日。台湾新竹市图书馆。《明清台湾》P161。禁粮赋摊派。

3896.《长清设局差办碑》,光绪二年二月二十六日。原立山东济南长清区旧长清县衙,后移五峰书院。《齐鲁百年名碑集》P13。差役勒索贪污,除弊告示。

3897.《买补仓粮示禁碑》(8),光绪二年二月。在台湾中南部。一原存台南大南门碑林,后移台南历史馆;一存台南下营区茅港里观音寺,一存台南盐水区护庇宫,一存台南后壁区泰安宫,一存高雄凤山区曹公庙(原称曹公祠),一存彰化县北斗镇光复里奠安宫,一存台南中西区民族路赤崁楼小碑林,一存彰化县鹿港镇中山路民宅。福建巡抚丁日昌示。《台湾南部》P502;《台南》P244;《高雄》P40。《明清台湾》P321;《明清台湾》P161。禁粮赋摊派。

3898.《严禁借尸吓诈等事示告碑记》《周知府陋习示禁碑》(3),光绪二年二月。台湾台南仁德区太子村明直宫(太子庙)外壁;台南归仁区南兴村归南北极殿;台南关庙区下山村关帝庙三川门前廊。均为台湾府知府周懋琦示。《台湾南部》P505;《台南》P239。治安,恶丐、诈尸、滥索。

3899.《重封双马槽碑记》,光绪二年三月十七日。云南大理凤仪镇北汤天村法藏寺。大理石。载乾隆四十三年(1778)永远封闭双马槽厂禁令公文。因原碑被毁重立。《凤仪》P85。公文,官禁,禁采砂、偷挖、私抽。"枷号一个月,满日折责三十板。"取具碑摹,通报查考,实力查禁。

3900.《金公捐输学田碑记》,光绪二年桐月(三月)。山东济南槐荫区小金庄清真寺。《山东回族》P154。捐施学田。

3901.《护山记碑》,光绪二年梅月(四月)。山东昌乐县方山龙神祠。95＊53＊11。《青州昌乐卷》P388。示禁,护林。

3902.《下茅坝公议乡约辛赀碑》,光绪二年四月二十八日重立。陕西镇坪县文化馆。85＊47＊9。《安康》P261。

3903.《京口创建义渡记》,光绪二年四月。江苏镇江焦山碑林。魏昌寿书。

3904.《泸山碑记碑》,光绪二年五月十四日。四川西昌市泸山光福寺大雄殿东侧墙外。166＊82。《西昌》P78。监生添葬,讼案,公文,示禁;碑用。

3905.《纱帽顶地界断示碑》,光绪二年五月十四日。四川西昌市泸山光福寺。分刻二石。西昌县正堂颁示。尾注"此案存于刑房",尾题"实立光福寺永垂不朽"。《北图藏拓》84－114。讼案,寺产。

3906.《南海县告示碑》,光绪二年五月三十日。广东广州。《广东》P27。讼案,会馆。

3907.《义楼条规之碑》《善后条规之碑》(2),光绪二年五月。原立甘肃舟曲县城关北街,今在县文化馆。167＊67＊14.5,184＊74＊14.5。额题同前碑名。《甘南金石录》P119;《甘南考古》P161。养济院、义学,民政救济,公款管理、档案等。

3908.《公议同口净水老会碑》,光绪二年六月十五日。北京东岳庙。净水老会立。碑侧题"年例三伏清晨供献净水老会"。碑阴刻会众题名约300人。信仰。

3909.《禁革牛墟陋规碑记》(2),光绪二年六月。台湾台南新化区中正路74号门前;台南归仁区旧社福德祠外壁。凤山县正堂孙示。《台湾南部》P511;《台南》P242。买卖牛只,禁索财。

3910.《诰封碑》,光绪二年七月初四日。云南玉溪江川区江城镇松园村。195＊100。《江川历史碑刻》P34。敕封徐毓芳父母诰命。

3911.《诰封碑》,光绪二年七月初四日。云南玉溪江川区江城镇松园村。195＊100。《江川历史碑刻》P33。敕封徐毓芳祖父母诰命。

3912.《李氏坟山示禁碑》,光绪二年七月初□日。福建泉州清源山世家坑(土名世厝埔)。《泉州府分册》P420。生监呈告,讼案;坟山,禁盗禁等。

3913.《严禁自尽图赖示告碑记》(2),光绪二年七月二十日。台湾屏东县恒春镇西城门壁中;台南南门碑林。福建巡抚丁日昌示。当时曾勒石于台湾府各地城门。另恒春西城门今仍可见此碑。清代凤山县北门、新竹县西门曾立过此碑,今佚。《台湾南部》P507;《南门碑林》P123;《屏东》P345;《明清台湾》P173。五服治罪,律例条文,诬告、妄告。

3914.《炉圣庵碑》,光绪二年七月。北京广渠门外大街南炉神庵(冶行会馆)。《基尔特》5－1072;《清代工商》P3。讼案,"单锡朋案"。

3915.《长吴二县示谕各摊店禁搭凉棚碑》,光绪二年八月二十六日。

江苏苏州文庙。市场管理。

3916.《估衣业重建云章公所碑》,光绪二年九月。江苏苏州文庙。额题"奉宪谕",尾题"发云章公所勒石"。《清代工商》P177。告示,治安。

3917.《小沟摩崖石刻》,光绪二年冬月十日。重庆秀山县石堤镇大坳村干溪组小沟。180*140。《重庆》P77。谕示,水源争讼。

3918.《山西汾阳府汾阳县施立义地碑文》,光绪二年□月十九日。北京顺义区杨镇一中(关帝庙旧址)。方首,座佚,下部残缺。138*72*16。阳额篆"万古流芳",首题"施立义地碑文",13行。阴额篆"永垂不朽",首题"计开义地四至",13行。《北京石刻拓本提要》P400。

3919.《借尸吓诈等事示告碑记》,光绪二年十月二十七日。台湾台南关庙区山西宫后殿左厢。署台湾府知府孙寿铭示。《台湾南部》P509。治安,恶丐、诈尸、滥索。

3920.《恩沛伦音碑》,光绪二年十月。山西临汾姑射山下龙祠。碑阴为各河总理、督工等名录。《龙祠》P189。河神祭祀,基层水官构成。

3921.《严禁庐墓开造窑厂碑》,光绪二年十月给文。浙江宁波海曙区县学街郡庙(城隍庙)。拓186*75。额题"奉宪勒石永禁"。12行32字。《甬城》P200。告示,禁诈害。

3922.《江宁府准济善堂备案碑》,光绪二年十一月十三日。江苏南京。《江苏明清》P671。

3923.《上海县为京江公所准予立案告示碑》,光绪二年十一月十九日。原在上海南市区方斜路京江公所。《上海》P374。护善举告示。

3924.《白河知县裁革牛税谕碑》,光绪二年十一月立,同治十一年(1872)八月二十九日谕。陕西白河县宋家镇歌风楼村。72*145。《安康》P262。公文,减负。

3925.《元和县禁止匪棍在安徽码头作践滋扰碑》,光绪二年十二月二十七日。江苏。《江苏明清》P671。治安。

3926.《燕埭陡门告示碑》,光绪二年十二月。浙江龙港市肥艚片区东魁河陡门旁。138*69*9。12行32字。《温州》P1138。水利,船,田。

3927.《重兴白云寺碑》,光绪二年。河北临城县赵庄乡驾游村西北1.5公里。110*49*16。《文物河北》下P706。记事,赎寺,典当田产。

3928.《整饬家规永禁匪类碑记》,光绪二年。山西长治潞城区贾村真武庙。126*47*17。额题"流芳百世"。王遇庚撰并书丹。《山西师大》P92。

3929.《渠水管理告示碑》,光绪二年。陕西勉县新街子镇。碑身断裂,仅存下半。62*54*13。17行。《秦岭》P135。水规。

3930.《义楼条规之碑》(2),光绪二年。甘肃舟曲县文化馆。一碑167 * 67 * 14.5,额刻"义楼条",20 行 50 字;一碑 184 * 74 * 14.5,额刻"规之碑",22 行 50 字。《甘肃省涉藏金石碑刻解题目录》第 134 条;《安多》P229。养济院规章,义学、民政。

3931.《增设膏火生息本银并奖励粮石碑记》,光绪二年。甘肃兰州,佚。卢政撰。《兰州》P489。叛匪产归书院,公产。

3932.《田房税契碑》,光绪二年。湖北恩施。契证。

3933.《排调严禁滥派夫役碑》,光绪二年。贵州丹寨县。92 * 55。《丹寨文史资料》第 1 辑,《黔东南文物志》第 2 辑,《苗族卷》P73。官禁。

3934.《黄冈万古沾恩碑》,光绪二年。贵州黎平县黄冈寨脚,拓存黎平县文管所。145 * 75。额刻"万古沾恩"。17 行 34 字。《从江石刻资料汇编》第 1 集,《侗族卷》P52。文告,禁陋规。

3935.《紫云板贡摩崖》,光绪二年。贵州紫云县城西北 4 公里板贡关。100 * 50。《贵州省志·文物志》P271;《苗族卷》P88。公文,禁苛索。

3936.《西云书院地产碑》,光绪元年或二年。云南大理市一中。《大理名碑》P570。

3937.《玉龙书院告示碑》,光绪二年。云南大理下关镇原玉龙小学内。138 * 36。18 行 52 字。《云南道教》P575;《大理市古碑存文录》P619。

3938.《仁泉渠碑记并合甲规矩》,光绪三年(1877)正月。河南渑池县仁村乡原仁村小学西院墙外壁上。130 * 50。阴阳额刻"皇清"。7 行 37 字。碑阴刻《合甲规矩》。《豫西》P267、P355。公议渠规,四至;治安,应对乞讨道毙措施。

3939.《炉圣庵碑》,光绪三年二月十五日。北京广渠门外大街南炉神庵(冶行会馆)。刻于光绪二年(1876)七月《炉圣庵碑》碑阴。《清代工商》P4;《基尔特》5－1072。牙行、罢工。

3940.《重修武侯墓碑记》,光绪三年二月。陕西勉县武侯墓。155 * 77。额题"皇清"。26 行 35 字。《沔阳碑石》P148。同治十年(1871)住持道人侵吞庙产事,约章七条;住持、管理、禁伐。"私伐即系贼盗"。

3941.《焦山东洲连山接涨滩地专买示》,光绪三年三月。江苏镇江焦山碑林。

3942.《精忠庙鲁班殿碑》,光绪三年四月。北京正阳门外精忠庙鲁班殿南院。《清代工商》P8;《基尔特》4－627。工钱,行规。

3943.《奉宪示禁碑》,光绪三年五月初二日。江西景德镇。李兴华、饶俊南《景德镇民窑制度文化的价值思考》,《南昌大学学报》2003 年 5 期。官禁,行规,炉窑带徒文告,恪遵旧章。

3944.《德化沟条仪碑》,光绪三年仲夏月端阳日。陕西镇安县木王镇。乡地禁首同立。《商洛文史》第 2 辑,《秦岭》P353。乡规 6 条。

3945.《苏州府为毗陵会馆猪业公所规定猪业进出一律归九折方足卡钱不准搀和小钱挪用洋照时价碑》,光绪三年五月二十一日。江苏苏州。《清代工商》P182。告示,金融管理。

3946.《上元江宁两县规定金陵土丝土产土销买卖一律免捐并土丝出江实捐银数碑》,光绪三年五月二十六日。江苏南京博物院。《江苏明清》P462。示禁。

3947.《精忠庙鲁班殿碑》,光绪三年五月。北京正阳门外精忠庙鲁班殿南院。《基尔特》4 - 629。瓦作长工钱,行规。

3948.《合义会刻字行碑记》,光绪三年五月。浙江宁波海曙区大梁街天之海大厦东围墙。圭首,拓 207 * 94。额题同碑名。13 行 34 字。《甬城》P202。行规,公产,禁私自抵押;碑档。

3949.《永禁赌烟碑》,光绪三年五月。浙江苍南县赤溪镇泗安村。80 * 40 * 9。额刻"永禁赌烟"。8 行 17 字。《温州》P1139。禁赌,禁烟。

3950.《大足县正堂晓喻示禁事》,光绪三年六月十五日。重庆大足区舒成岩三清像龛右壁。碑题"同治十二年(1873)六月十七日"。《大足石刻研究》P563。

3951.《万古如新护林碑》,光绪三年六月二十四日。云南玉溪江川区前卫镇龙泉村。村老庠生合立。《云南林业》P409。规约 5 条。

3952.《孝义家祠祭田碑记》,光绪三年七月十五日。山西灵石县静升镇静升村孝义祠堂。62 * 143。40 行 23 字。《三晋·灵石》P523。四至。

3953.《合屯公立民约碑》,光绪三年七月。山东平度市旧店镇石家村水井井台上。《平度》P58。

3954.《筹款置田收租培修镇署碑记》,光绪三年仲秋。原在四川西昌市凉山州民族干部学校(建昌总兵衙门旧址),现存西昌地震碑林。196 * 72 * 18。额刻"万古维新"。首题同碑名。《西昌》P83。记事,公项官产,诅咒。

3955.《章程碑记》,光绪三年桂月。台湾屏东市孔子庙(屏东书院)。《台湾南部》P358;《屏东》P347;《明清台湾》P157。书院规约。

3956.《租条碑记》,光绪三年桂月。台湾屏东市孔子庙(屏东书院)。《台湾南部》P720。典卖契证。

3957.《西云书院序》,光绪三年仲秋。云南大理市大理一中。《大理名碑》P581。

3958.《书院碑》，光绪三年仲秋。云南大理。《大理名碑》P586。

3959.《告示碑》，光绪三年九月初七日。湖北荆门东宝区赵家闸。《荆门》P163。告示，水规。

3960.《性善公所捐款收支公信碑》，光绪三年九月。江苏苏州文庙。公产，收支明细。

3961.《永戒把持碑》，光绪三年十月六日。贵州惠水县摆金镇冗章村千年银杏树下。164＊90。《惠水》P52。告示，晓谕，市贸规范。

3962.《捐置公输子庙地亩序》，光绪三年十月。天津蓟州区鲁班庙。两面刻。碑身上残缺。阳额题"重修公输子庙碑记"，阴额题、首题同碑名。采买粮地28亩及四至，"有红契为证"。

3963.《维风励俗碑》，光绪三年十月。山西长治上党区西池乡北仙泉村。121＊52。额刻"维风励俗"。13行22字。《三晋总目·长治》P28;《三晋·长治县》P229。禁约;合社公议维护正气，严禁假捏贺喜、路禁等名目欺侮善良。

3964.《吴县永禁占泊绸庄船埠码头碑》，光绪三年十一月十五日。原立于江苏苏州阊门水关桥臭弄口（今阊门饭店河埠）。《苏州工商》P42。

3965.《告白碑》，光绪三年十一月。山西平定县岔口乡岔口村全神庙。《三晋总目·阳泉》P44。

3966.《九气台磺历碑》，光绪三年十一月。云南洱源县九气台村玄帝阁西厢房山墙上。79＊43。16行40字。《云南道教》P578;《大理历代名碑》P590。公文，执照。

3967.《吴县规定裁业公所工伙不准私立行头名目把持各店作收用外帮徒伙擅议罚规以及阻工霸业碑》，光绪三年十二月十五日。江苏苏州文庙。尾题"发裁业公所示"。

3968.《札复碑》，光绪三年。河北玉田县石臼窝镇孟大庄村。160＊60。《文物河北》中P414。公文。玉田县禀呈孟钦庄孟氏非亚圣后裔札，上司调查批复，重新确认。

3969.《禁止下口私筑土埝碑》（3），光绪三年。天津青光镇青光村、韩家树村和南八下汛署后。光绪《永定河志》卷3《经费建置》。官禁公文。

3970.《减免双泉里人马差务告示》，光绪三年。山西泽州县高都镇泊村（原名双泉里）北三嵕庙。

3971.《戒烟碑》，光绪三年。山西晋中榆次区车辋村常家大院。《晋中》P472。

3972.《灾年义埋饿殍碑》,光绪三年。山西万荣县小淮村。50 * 65。《河东名碑》P419。乡规,救济。

3973.《丹噶尔厅记》,光绪三年。青海西宁。《青海》P170。社仓。

3974.《苏州府禁硝皮业帮工伙徒阻工霸业碑》,光绪三年。江苏苏州。

3975.《靛业公所缘起及厘捐收支碑》,光绪三年。原在上海南市区蔡阳弄靛业公所。《上海》P371。

3976.《隆回县山界清真西寺规约》,光绪三年。湖南隆回县。《南方回族》P76;《回族》P386。教育、规约。

3977.《都匀府知府周步瀛禁浮征丁粮碑》,光绪三年。贵州三都县三脚屯。

3978.《塘东纳粮碑记碑》,光绪三年。贵州锦屏县河口乡塘东村。160 * 73。《黔东南州志·文物志》,《苗族卷》P73。税收。

3979.《后肖乡告示》,光绪三年。福建厦门同安区五显镇。讼案,水利纠纷。

3980.《告示碑》,光绪三年。广东云浮。《广东》P737。讼案,争山场,归寺产。

3981.《晓谕碑》,光绪三年。广东深圳。《广东》P190。关税,走私偷漏。

3982.《封禁白马垒山场碑》,光绪三年。广西恭城县栗木镇栗木街卢氏宗祠。《恭城》P320。

3983.《周县主严禁乞丐花赤告示》,光绪四年(1878)二月二十九日。广东平远县博物馆。《广东》P886。

3984.《小寺寨护林碑》,光绪四年二月。四川汶川县克枯乡周达村。《阿坝州志·文物志》P209。禁伐;对私自入山樵采牧放、盗伐林木者,"许该寨约首指名具捉案送官严惩"。

3985.《鼎湖山禁抢禁伐及悬赏告示碑》,光绪四年二月。广东肇庆鼎湖区罗隐涌旁。180 * 80 * 14。《广东石刻卷》P214。告示,条规。

3986.《铁邑告示碑》,光绪四年三月二十八日。四川汶川县威州镇。《阿坝州志·文物志》P207。对违禁者,"就近解赴地方官严惩"。

3987.《重建永明海灯胜会碑》,光绪四年三月。北京门头沟区潭柘寺。拓 37+102 * 55。额题"立基永远,万古流芳"。《潭柘寺》P371。捐资置产。

3988.《警示碑》,光绪四年三月。云南丽江古城区玉泉公园。100 * 70 * 15。《丽江》P201。告示,禁贪污挪用。

3989.《禁娼石刻》,光绪四年四月初六日。广东广州荔湾区华林街庆

寿里。官禁,广州府正堂奉两广总督部堂刘、广东巡抚部院张所立,示禁
范围。

3990.《征收粮银再示谕碑》,光绪四年四月。福建南安市金淘镇侨光
中学边围墙内。220＊105。《南安》P183。晓谕,税规。

3991.《高脚仓禁沙耕牛碑》,光绪四年五月二十日。贵州修文县龙阳
街道高仓村高脚仓寨子门前。70＊40。《修文县志》,《苗族卷》P73。乡规
民约。

3992.《永垂不朽植树护林碑》,光绪四年七月一日。云南会泽县老厂
乡卡龙村。《云南林业》P411。州官、士民等遵立,示禁。

3993.《严禁派夫折价晓谕碑》,光绪四年七月初十日。贵州威宁县金
斗镇黑坭村三官庙正殿前廊右端。179＊80＊13。《贵州省志·文物志》
P306。公文,官禁,禁滥派夫役、土司私派骚扰。

3994.《苏松太兵备道、上海法总领事为四明公所血案结案碑》,光绪四
年七月十七日。原在上海南市区四明公所。《上海》P428。涉外、命案。

3995.《重修功德祠记碑》,光绪四年八月初八日。山东淄博博山区颜
文姜祠。106＊53。《博山卷》P261。众人公议追回田宅,并刻庙户租契。

3996.《静升村文昌宫地亩碣》,光绪四年中秋。山西灵石县静升镇静
升村。《三晋·灵石》P531。

3997.《新葺修禊堂记》,光绪四年九月。北京宣武门外南半截胡同绍
兴会馆。《基尔特》6－1205;丁采山等辑《绍兴县馆纪略》。置产、契证。

3998.《嵩云草堂条规》,光绪四年季秋。原在北京宣武区上斜街34号
(达智桥胡同55号),现藏北京石刻艺术博物馆。45＊107。首题同碑名。
34行18字。《北京石刻拓本提要》P473。

3999.《公议禁碑》,光绪四年九月。湖北丹江口市武当山八仙观。额
题同碑名。众花户同立。《武当山》P160。治安,乡禁,禁伐、罚戏、灯油钱。

4000.《严禁派夫折价碑》,光绪四年十月十九日。贵州平塘县大塘镇
掌圧寨前。144＊87＊12。另有光绪四年六月初五日碑,在平塘县克度镇政
府门前。184＊130＊12。两碑内容基本相同,仅部分文字有别。《贵州省
志·文物志》P305。公文、官禁,禁滥派夫役。

4001.《稽查蒲缥街漏税漏厘告示碑》,光绪四年十月二十日。云南保
山隆阳区老街子一居民家中。《隆阳》P391。税赋,市镇管理。

4002.《林后地界争讼告示碑》,光绪四年十月二十五日。福建厦门湖
里区禾山街道枋湖村薛氏祠堂。164＊65＊14。额横镌"告示"。碑分前后
两段。前13行,计473字,录光绪四年泉州府厦门海防分府谕示判词;后8

行,252 字,记薛族各房在官谕后言和立约及合约内容。《厦门文物志》P102。公文、判词、土地争执合约。

4003.《重修沙河城隍庙碑记》,光绪四年十月吉日。北京昌平区公园石刻园。下部残缺。拓 24+138 * 70。阳额篆"碑记",首题同碑名。15 行 45 字。阴额篆"万古流芳",首行题"沙河镇"。27 行。《北京石刻拓本提要》P401。施地坐落。

4004.《盛泽建立米业公所碑记》,光绪四年孟冬月。原在江苏吴江县(现苏州吴江区)盛泽镇。《江苏明清》P452。契证。

4005.《奉宪豁免采买六渠麦草以除民累勒石永禁碑》,光绪四年黄钟月(十一月)中浣。甘肃武威文庙。176 * 76 * 13。《武威金石录》P203。记事。

4006.《长洲元和吴三县永禁宋锦机业人等设立行头名目碑》,光绪四年十一月十九日。原立江苏苏州姑苏区祥符寺巷机房旁,现在苏州文庙。额题"永禁勒石"。《苏州工商》P36;《江苏明清》P14;《清代工商》P112。禁立行规。

4007.《敕亭碑》,光绪四年仲冬重修。广东东莞常平镇板石村花氏墓。72 * 52。刻嘉庆七年(1802)三月圣旨。《东莞》P368。疑伪刻。

4008.《广州府严禁土工毁坟盗卖示碑》,光绪四年十一月。广东广州先贤古墓。《回族》P393;《广州古迹》P107。告示,护坟。

4009.《永断田契碑》,光绪四年仲冬月。广东高州市。《广东》P609。契证。

4010.《奉饬会禁盘头谕》(非刻石)。光绪四年十二月十七日《新报》,《中国工商行会史料集》P730。

4011.《抚恤镇苗将士遗嘱条例碑》,光绪四年。湖南凤凰县阿拉营镇土桥旁西。227 * 97《苗族卷》P74。

4012.《复兴寺碑记》,光绪四年。贵州遵义播州区龙坪场镇约 5 公里瓦厂村后台坝。《贵州省志·文物志》P118。记事,契证、地界、地产。

4013.《定旦夫碑》,光绪四年。贵州榕江县朗洞镇宰岑村土地祠。97 * 65 * 5。《榕江县文名胜文物志》,《苗族卷》P73。差役。

4014.《禁止赌博碑》,光绪四年。贵州思南县凉水井镇南盆坡村。120 * 60。《乌江流域考察记》,《苗族卷》P74。乡规民约。

4015.《茂莲埒朴宗祠养贤碑》,光绪四年。广东雷州市沈塘镇茂莲村。《广东》P554。

4016.《禁革陋规碑》,光绪四年。广东徐闻县。《广东》P510。乡规。

4017.《禁买庙产碑记》，光绪四年。广西桂林象山区民主路小学。2.3＊1.5尺。《桂林石刻》P350；《桂林辑校》P1130。

4018.《因旱垂戒碑》阴，光绪五年(1879)正月。河南偃师商城博物馆。170＊67。《偃师卷》P688。

4019.《禁止毁树碑》，光绪五年正月。广西桂林叠彩区宝积山东南麓。97＊45。《桂林辑校》P1135。

4020.《禁止擅受告示碑》，光绪五年二月二十七日。山西稷山县博物馆。154＊64。额题"永垂不朽"。县民同立。碑阴刻《奏请严禁州县委佐□断案通谕五条》。《三晋总目·运城》P238；《河东名碑》P167。官禁，词讼，禁往典史衙门混行。"典史擅受，有违定制。""官予处分，治告状人以违制之罪。"

4021.《通利渠治水碑记》，光绪五年仲春。山西洪洞县辛村乡辛南村梳妆楼。螭首方趺，62+122＊63＊19。阳额题"永志不朽"，14行33字。阴额题"千古常明"，载本村诸庙地亩记。《三晋·洪洞》P565。记事，因地立夫，庙产坐落四至。

4022.《严禁乞勒纵横示告碑》，光绪五年三月初九日。台湾高雄楠梓区桥边。凤山县知县邓嘉绳示。卢德嘉《凤山县采访册》；《台湾南部》P51。丐首、治安。

4023.《严禁恶丐强索横行碑记》，光绪五年三月初九日。台湾高雄楠梓区楠梓街1号楠和宫右厢入口右壁。凤山县知县邓嘉绳示。《高雄》P237。

4024.《顺天府严禁损伤道院树林告示碑》，光绪五年三月十三日。北京房山区黄山店乡宝金山。拓134＊69。《北图藏拓》84－181。官禁，禁伐，护寺院林木。

4025.《尚家坝均纳酒税免差索碑》，光绪五年春月十五日。陕西紫阳县东木镇龙王村龙王庙。《安钧》P135。

4026.《苏州府为钢锯公所成立经费由该业捐助禁止匪徒捏名苛派冒收碑》，光绪五年三月十七日。江苏苏州。《清代工商》P135。告示，行规。

4027.《雷祖财神王爷会买田碑志》，光绪五年三月。重庆中国三峡博物馆。额题"万福攸同"。

4028.《顺义营碑》，光绪五年三月。北京顺义县城内东大街。缺碑阳。《北图藏拓》84－184。互助、救济。

4029.《重建财神庙落成碑》，光绪五年三月。江苏无锡碑刻陈列馆。寺产管理。

4030.《永古千秋碑》，光绪五年闰三月。贵州惠水县摆榜乡冗拱村道旁。134＊86。《惠水》P54。示谕，税规。

4031.《修渠定式告示碑》，光绪五年五月。陕西城固县五门堰。135＊66＊18。23行52字。《汉中》P80。

4032.《永垂千古碑》，光绪五年六月四日。贵州惠水县摆榜乡高寨。130＊96。上盖碑帽。《惠水》P56。示谕，税规。

4033.《长元吴三县为重建明瓦公所备案碑》，光绪五年六月初六日。江苏苏州。《清代工商》P127。行规。

4034.《常熟县示禁碑》，光绪五年六月十九日。江苏常熟碑刻博物馆。尾题"发新安梅园"。抬棺脚夫定价，行规。

4035.《曾国荃告示碣》，光绪五年六月。山西洪洞县赵城镇北街村。60＊107。首题"太子少保头品顶戴山西巡抚部院一等威毅伯曾为严禁非刑以重民命事"。20行23字。赵城知县王协一立石。《三晋·洪洞》P567。官禁，禁酷刑。

4036.《严禁借命讹诈以肃法纪事碑》，光绪五年六月。广东海丰县。《广东》P857。官禁，禁借命讹诈，命案。

4037.《元长吴三县为元宁会馆赎回造屋给示晓谕碑》，光绪五年七月二十一日。江苏苏州文庙。额题"禁约碑记"。《苏州工商》P37；《江苏明清》404。会馆公产。

4038.《晓谕碑》（2），光绪五年八月二十日。贵州贵定县城南25公里原旧治古城内文庙（今旧治小学）。120＊90。另江口县文物管理所也有同样《晓谕碑》。120＊80。《贵州省志·文物志》P307。官禁，禁横征勒收。

4039.《车田周姓禁碑》，光绪五年八月二十八日。江西安福县。200＊67＊7。《庐陵》P325。告示，坟案；冒坟反诬，禁挖土取煤；坟界址。

4040.《禁革碑》，光绪五年八月二十九日立。贵州锦屏县固本乡八一村。170＊75＊7。《贵州省志·文物志》P308；《锦屏碑文选辑》，《苗族卷》P74。官禁，禁横征勒收、贵州田赋则例。

4041.《捐猪酒税公本碑》，光绪五年仲秋月。陕西宁陕县皇冠镇兴隆村。《安钧》P134。

4042.《文氏宗祠碑志》，光绪五年八月。湖北兴山县峡口镇建阳坪村文氏宗祠门前，原刊于祠堂墙上。《兴山》P166。警示。

4043.《永垂不朽碑记》，光绪五年八月。云南丽江古城区八河街玉龙锁脉寺。残，63＊69＊13。《丽江》P214。重新划定田界，四至。

4044.《重建刘祖祠碑记》，光绪五年八月。云南保山隆阳区象头山下。

200＊70。《云南道教》P584。四至。

4045.《张掖与山丹摊派芨草及捆草民夫永远禁革碑记》《禁采买累民碑》，光绪五年九月十六日。甘肃武威文庙。161＊63＊15。额题"皇清"。《武威金石录》P203。公文，官禁，除累民弊政，市价交易。

4046.《清真寺义塾碑记》，光绪五年九月下浣。河北保定莲池区清真西寺。《回族》P336。助教。

4047.《杨迪德捐钱赎田碑》，光绪五年菊月下浣。山东泰安岱岳区粥店街道下旺村清真寺。《泰山石刻》P607。

4048.《吉祥庵碑》，光绪五年十月二十六日。北京门头沟区上岸乡栗园庄。《北图藏拓》84－202。庙产、契证。

4049.《公置义地记》《海得龙施地记》，光绪五年十月。北京昌平区阳坊镇西贯市，刻于九月《清真寺舍地碑》侧。《北图藏拓》84－203。公产。

4050.《银粮减耗碑记》，光绪五年十月。陕西三原县博物馆。圆首，170＊69＊15。额篆"久不能忘"。13行47字。《咸阳碑刻》P331。除弊。

4051.《禁革碑》，光绪五年十一月十六日立。贵州锦屏县固本乡八一村。170＊70＊5。《贵州省志·文物志》P308。官禁，禁假冒名色、假造票据，革除陋规，遭鬼神诛殛之祸。

4052.《京口义渡禁约六条》《瓜镇义渡局告示碑》，光绪五年十一月。江苏镇江焦山碑林。《瓜洲续志》卷26。

4053.《苏州府规定乘客财物应交船户存储遗失方准赔偿碑》，光绪五年十一月。江苏苏州。《江苏明清》P671。

4054.《广西巡抚禁革土司地方科派告示碑》，光绪五年十二月二十五日。广西大新县雷平镇太平社区。太平州土官所立。《广西》P58。禁需索。

4055.《惠民渠稻田排规碑》，光绪五年。河北涿鹿县东小庄镇界牌梁村。圆首方座，172＊66。《文物河北》中P260。水案，水规，解决界牌梁、郭庄等六村用水纠纷。

4056.《除支随粮使费碑》，光绪五年。山西沁源县政府。《三晋总目·长治》P101。

4057.《烈石泉英济侯祠敕加封号碑》，光绪五年十月。山西太原窦大夫祠。156＊68＊15+44。篆额4行12字同碑名。碑文13行，满行22字。前诏后赞。

4058.《苏州新建两广会馆记》，光绪五年。江苏苏州文庙。公产。

4059.《护林木碑》，光绪五年。四川通江县唱歌镇。三村向氏合族公立。《绿色》P34。乡规、禁伐。

4060.《概照市价平买碑》,光绪五年。贵州锦屏县固本乡八一村新民小学门前。116 * 75 * 7。《锦屏碑文选辑》,《苗族卷》P74。告示。

4061.《福防分府欧阳示碑》,光绪五年左右,福建福州晋安区鼓山灵源洞。欧阳骏示。告示,信仰;嗣后各乡求雨只许迎请金身,不得再迎石像。

4062.《永济义渡碑记》(2),光绪五年。台湾南投县名间乡浊水庄妈祖庙福兴宫前;南投县竹山镇紫南宫金亭右方。两碑隔浊水溪遥遥相对。《台湾中部》P306;《明清台湾》P241。乡约,渡船规则,赔偿责任。

4063.《严禁恶丐强索横行碑记》,光绪五年。台湾。泥塑碑。

4064.《惜字社碑记》,光绪五年。广东佛山市博物馆。《佛山文物》P70。乡规、凡例、管理,无罚则。

4065.《琅環族义田记》,光绪五年。海南海口琼山区。民国《琼山县志》卷17。

4066.《倡设保善堂碑记》,光绪初。澳门镜湖医院。

4067.《元和县永禁私用大斛收取佃租及散给由单役费碑》,光绪六年(1880)二月初十日。江苏。

4068.《广西巡抚部院严禁土汉官吏借端需索土民碑》,光绪六年二月初十日。广西大新县雷平镇太平社区。太平州土官所立。《广西》P59。禁需索。

4069.《岭坡村纪荒警世碑》,光绪六年二月。山西高平市河西镇岭坡村二仙庙。《高平》P625。纪灾、备赈。

4070.《告示碑》,光绪六年二月。浙江宁波江北区慈城镇旧慈溪县县衙。

4071.《文公河岁修水规章程碑》,光绪六年夏月三日刻,道光二十一年(1841)七月初三示。云南宜良县南羊街道桥头营村报恩寺正殿外廊北墙。175 * 65。《宜良碑刻》P62。

4072.《元和县规定投案人应径赴待质公所投文不得妄听奸书等碑》,光绪六年四月初九日。江苏。《江苏明清》P671。

4073.《封禁栗木白马垄山场告示碑》,光绪六年四月十二日给照。广西恭城县栗木镇栗木街卢氏宗祠。《恭城》P322。

4074.《洞沟村告示碑》,光绪六年二月二十九日。河北石家庄鹿泉区上庄镇洞沟村龙王庙对面。139 * 57。禁伐。

4075.《绅士刘公助寒士观光资斧碑记》,光绪六年六月。河北沧州。《回族》P368。考试。

4076.《吉灿升捐廉助士子乡会试路费碑》,光绪六年六月。山东平度博物馆。由两通碑合成。《平度》P48。

4077.《奉宪勒碑》,光绪六年六月。浙江龙港市肥艚片区东魁河陡门旁。133＊68＊10。额刻同碑名。10行32字。《温州》P1139。禁勒买盐。

4078.《潼川营牌示批词碑》,光绪六年六月。四川三台县文物管理所。无额,194＊90＊20。27行56字。分牌示、批词两部分。禁克扣兵饷。

4079.《关帝庙买地碑》,光绪六年七月十五日。陕西略阳县白石沟乡。圆首,130＊72＊6。额篆"皇清"。18行26字。《秦岭》P138。四至,恪守勿违。

4080.《三村公议章程碑志》,光绪六年七月。山西阳泉市郊区荫营镇西梨庄村。《三晋总目·阳泉》P138。村规。

4081.《吴长元三县示禁借名差派勒索饭铺碑》,光绪六年八月初三日。江苏苏州文庙。额题"奉宪勒石"。《苏州社会史》P60。

4082.《德清县宁绍公所碑》,光绪六年八月二十三日。浙江杭州。《清代工商》P205。告示,治安。

4083.《上海县为积善堂公所义冢告示碑》,光绪六年八月二十九日。原在上海黄浦区丽园路502弄金华会馆。《上海》P386。护善举告示。

4084.《通鉴辑览万历开矿条碑》,光绪六年九月。江苏镇江焦山碑林。两江总督部堂刘立案勒石。

4085.《改机碑记》,光绪六年九月。1984年发现于云南巍山县贸易公司加工厂,现存大理蒙阳公园碑林。《大理名碑》P593。经济、纺织史。

4086.《禁外帮停泊桐邑五舱帮码头示碑》,光绪六年十月初一日。江苏苏州文庙。额题"奉宪示勒石"。中右部碑文残缺。安徽桐城、咸丰碑示。

4087.《教养宜民碑》,光绪六年仲冬。北京卢沟桥。额刻"教养宜民"。下部漫漶。官颁,德政保民治安规条12条。永定河流域社会治理。

4088.《庆中丞禁革陋规碑》,光绪六年十二月二十日。广西乐业县三乐街。王熙远《反映清雍、乾以后桂西社会经济和阶级关系的几块碑刻史料》,《民族研究》1994年1期。告示,综合章程。"官民两便,法在必行。"

4089.《金州城天后宫报修船只规模费暨历年换票纳税章程碑》,光绪六年嘉平月。辽宁大连金州区天后宫前大殿台阶前。碑阴刻章程3条。《辽南碑刻》P235。

4090.《为禁绝产加叹告示碑》,光绪六年十二月。原在上海青浦区朱家角镇城隍庙。《上海》P156。经济、民事,诈骗。

4091.《盛泽宁绍会馆永禁在馆打稻扦奢堆积柴草碑》,光绪六年冬。

江苏苏州。《江苏明清》P671。

4092.《梨树创建文庙碑》,光绪六年。吉林。《吉林》P164。庙址四至。

4093.《七里甲长碑记》,光绪六年。河北行唐县口头镇秦台村东北。圭首,座佚。140 * 50 * 18。首题同碑名。《文物河北》中 P81。记事,公议规则,摊钱买地收益为七甲公务费。

4094.《东周村纪灾异示儆约言》,光绪六年。山西高平市马村镇东周村仙师庙。《高平》P624。记灾,备赈。

4095.《永禁取保钱碑》,光绪六年。原立上海嘉定县署仪门内,佚。光绪《嘉定县志》卷 29;《嘉定》P74。官禁,京控案处理。

4096.《道府宪会衔新浮桥告示碑》,光绪六年。浙江宁波。民国《鄞县通志·文献志》卷 6。

4097.《虎溪书院章程碑》,光绪六年。湖南绥宁县城南 20 公里寨市镇(旧县城)中学。163 * 94 * 5。《湖湘碑刻(一)》P55。办学章程 13 条。

4098.《独山知州吴宗琳禁需索碑》,光绪六年。贵州三都县。

4099.《梓里金龙桥落成碑》,光绪六年。云南丽江金龙桥。碑残。《丽江》P151。规章,过桥费。

4100.《土主庙界址碑记》,光绪六年。云南富民县赤鹭镇平地村。村民立。《云南林业》P952。界址。

4101.《三圣宫晓谕碑》,光绪六年。云南会泽县娜姑镇三圣宫。156 * 72 * 13。19 行 50 字。《娜姑镇文物志》P68,《云南道教》P588。公文。

4102.《承分府为严禁挑夫勒索客商和混挑货物出示晓谕碑》,约光绪六年。广西灵川县大圩镇解放街(原名鼓楼街卖米码头街口)。110 * 63。《灵川》P404。官示。

4103.《永行堂碑记》,光绪六年。澳门镜湖医院。入股、置产、施茶会。

4104.《奉官示禁碑》,光绪六年。海南澄迈县金江镇大拉村。五村庄联合向县衙申请示禁。官批乡禁 7 条,禁赌、抢、盗、砍伐、盗割。

4105.《东镇严禁赌博碑》,光绪七年(1881)二月十八日。陕西安康汉滨区茨沟镇狮子坪村。《安钩》P231。乡规。

4106.《煤行公议碑记》《煤业公诉碑》,光绪七年孟夏月。原立北京门头沟区圈门窑神庙。《北京工商》P155;《北图藏拓》85－46;《门头沟文物史料》P107;《京西》185。诉讼,行规。

4107.《重建豁免煤税碑》《豁免煤税碑记》,光绪七年孟夏月。北京门头沟区圈门窑神庙。拓 160 * 68。首题"重建豁免煤税记"。18 行。户部广东司主事梁作舟撰文。《北京工商》P156;《门头沟文物史料》P107;《北图藏拓》85－47。《门头沟文物志》P341;《京西》184。免税,会典。

4108.《八复渠夺回三十日水碑记》,光绪七年四月。陕西关中。碑阴载《会议章程六条》。《沟洫佚闻杂录》P104。水案。

4109.《和耀曾叔父母诰封碑》,光绪七年五月十四日。云南丽江古城白沙镇。150＊70＊17。《丽江》P76。敕命。

4110.《筹赏岁银章程碑》,光绪七年五月。河北保定。《北图藏拓》85－49。军事。

4111.《文澜阁碑》,光绪七年六月录,乾隆四十七年(1782)七月初八日上谕。浙江杭州文澜阁。400＊260＊140。碑阳额题"御制",碑身刻乾隆御题诗文。碑阴额题"上谕",碑身12行24字,录乾隆四十七年上谕。兵部尚书、浙江巡抚谭钟麟恭录。建四阁藏《四库全书》事。

4112.《嘉定、宝山县准减漕米米额告示碑》,光绪七年六月。原在上海嘉定区清河桥西。知县程其珏奉谭护理巡抚饬勒石县署。《上海》P156;《嘉定》P182。告示,新定章程,禁抗租。

4113.《禁挖螺山泥令碑》,光绪七年六月。原立广东惠州西湖南端螺山,1983年在惠州师专校门内近湖处重新发现。215＊35＊8。保安总局发令。《惠州文物志》P77。禁令,护风水。

4114.《护林碑》,光绪七年七月十四日。云南砚山县阿舍乡鱼泽坡水库。州正堂示,村民立。《云南林业》P418。禁砍盗卖。

4115.《苏州府为嘉大会馆义冢勘定界址禁止盗卖侵占碑》,光绪七年八月二十六日。江苏苏州。《苏州》P328。

4116.《忠武奏草碑》,光绪七年八月。原在浙江杭州众安桥忠显庙,1979年移岳飞墓庙。据传世本刻岳飞九篇奏章草稿共20石,每石42＊64。其中3块断裂修复,6块不存,1979年据拓片复刻。《岳飞墓庙碑刻》P15。

4117.《屯田供税条例碑》,光绪七年九月十日。陕西礼泉县西张堡镇政府。圆首方额。144＊55＊13。额篆"皇清"。20行。《咸阳碑刻》P321。乡约,除弊。

4118.《吴县示禁保护清真寺碑》,光绪七年九月十一日。江苏苏州清真寺。《苏州》P448。治安。

4119.《元和县示禁保护清真寺碑》,光绪七年九月十五日。江苏苏州清真寺。《苏州》P449。治安。

4120.《白尔窝告示碑》,光绪七年九月十六日。四川阿坝黑水县扎窝乡西里村。140＊90。藏汉文合刻。左藏文横刻35行,右汉文竖刻11行。《藏族卷》P18。杂谷脑和黑水接壤处因偷抢牛马而聚众械斗,官府查办及告示。

4121.《苏州府示禁保护回民买地设立义冢碑》,光绪七年九月二十日。江苏苏州。《苏州社会史》P329。

4122.《汉中府批示武侯祠呈文碑》(2),光绪七年小阳月(十月)上浣。陕西勉县武侯祠。两碑形制相同。方首,75＊138＊17。83行22字。正中书"祠墓重修工程竣工费用及经理章程十二条清折"。《汉中》P331;《沔阳碑石》P158。公产使用、管理,责任追究,罚则。

4123.《光绪题文澜阁碑》《修复文澜阁上谕》,光绪七年十月十六日内阁奉上谕。浙江杭州文澜阁。160＊80。碑阳额篆"宸翰",碑身刻满汉文"文澜阁"榜书,钤"光绪御笔之宝"印章。碑阴额题"上谕",碑身10行19字。前浙江巡抚谭钟麟恭录。奏颁匾额事。

4124.《江苏城守中军府示禁保护清真寺碑》,光绪七年十一月五日。江苏苏州清真寺。《苏州》P450。治安。

4125.《苏抚饬令新立嘉大义冢四至界碑》,光绪七年十一月十七日。江苏苏州。《苏州》P329。讼案、契证。

4126.《为大朗请封奏折碑》,光绪七年十一月十九日王懿荣书丹,光绪四年九月十一日丁宝桢奏折。四川。《四川》P310。

4127.《博山县正堂禁示》,光绪七年十一月二十三日。山东淄博博山区颜文姜祠。170＊77＊19。《博山卷》P261。告示,禁开煤。

4128.《立除契约碑记》,光绪七年十一月三十日。山西平定县娘子关镇旧关村官房。《三晋总目·阳泉》P44。契证。

4129.《创修三侯祠记》,光绪七年十二月。河南灵宝,佚。民国二十年《灵宝县志》;《中州百县》P1087。契证,官买私捐渠身地亩坐落、亩数、四至,契凭。

4130.《示谕事碑》,光绪七年十二月。贵州惠水县岗度镇扁街村。146.5＊94。《惠水》P62。示谕,讼案,税规。

4131.《记碑》,光绪七年。陕西汉阴县考院。阖厅童生立。民国《汉阴县志·金石志》。

4132.《泉水灌田条规碑》,光绪七年。陕西宝鸡陈仓区干河镇。130＊64＊15。《秦岭》P139。讼案,两庄因争水讼官及颁立用水条规。

4133.《告示碑》,光绪七年。陕西西乡县沙河镇马踪滩村。高142。《秦岭》P362。禁擅设公堂、包揽民讼。

4134.《核定市房滩地条例和续例碑》,光绪七年。江苏镇江焦山碑林。

4135.《公善堂先后所立普仁堂公庄地界附条款碑》,光绪七年。江苏镇江焦山碑林。

4136.《"永垂不朽"告示碑》,光绪七年。贵州从江县文管所存拓。134 * 95.5。额刻"告示""永垂不朽"。34 行 43 字。《从江石刻资料汇编》第 1 集,《侗族卷》P24。

4137.《文儒坊公约碑》,光绪七年。福建福州鼓楼区南后街文儒坊。220 * 80。乡约,治安,防火。

4138.《积庆堂牌文》,光绪七年。福建厦门海沧区东屿。禁敲诈勒索。

4139.《卧碑》,光绪七年。台湾宜兰县孔庙。御制学规。

4140.《严禁混占义冢碑记》,光绪七年。台湾新竹县。

4141.《禁妇女入寺烧香示》,光绪七年。广东广州光孝寺入门左侧路旁。61 * 29。王安舜撰文,都纲僧起琪、住持行珮立石。《光孝寺志》;《广州市文物志》P224。官禁,法禁。

4142.《禁碑》,光绪七年。云南昭通市实验小学内。昭通知府、恩安县令联发文告。官禁,禁摊派、中饱私囊。

4143.《麻仁公所建普仁堂碑记》,光绪八年(1882)正月初六日。江苏镇江焦山碑林。官禁。

4144.《以里书银抵公堂礼记》,光绪八年季春月上浣。山西闻喜县城文庙。4 块碑石组成,每块 172 * 59,约 3 500 字。杨深秀撰文,潘梦凤题额,李润之镌字。《河东名碑》P217;《河东碑刻精选》P102。记事,公文,具禀、转详立案、谨禀、禀批;革除向新进文武诸生摊派公堂礼,革除教育陋规。

4145.《重建义县聚星书院碑记》,光绪八年三月。辽宁义县。《锦州》P252。立案存券,与碑互证。

4146.《旌表批示碑》,光绪八年三月。江苏常熟碑刻博物馆。

4147.《明定章程碑》,光绪八年三月。贵州惠水县岗度镇扁街村。142.5 * 95。《惠水》P58。示谕,税规章程。

4148.《广西巡抚为各书院膏火定例碑记》,光绪八年四月二十八日。广西桂林叠彩区叠彩山下秀峰书院旧址(今工人医院)。3.5 * 2.2 尺。《桂林石刻》下册 P361;《桂林辑校》P1145。

4149.《乐局埂租》,光绪八年四月。台湾高雄左营区圣后里旧城国民学校。署凤山县知县武颂扬示。卢德嘉《凤山县采访册》;《台湾南部》P514;《明清台湾》P51。案件,租费使用。

4150.《禁赌碑》,光绪八年五月初一日。山西平陆县。《三晋总目·运城》P181。

4151.《明善堂碑记》,光绪八年蒲月(五月)。福建晋江市。《安平志》

P307;《泉州府分册》P435。劝善、章程、示禁。

4152.《戒赌碑》,光绪八年六月初二日。云南洱源县牛街小学。《洱源县志》P663。

4153.《江苏城守参府示禁保护清真寺碑》,光绪八年六月二十日。江苏苏州清真寺。《苏州》P451。治安。

4154.《迎真寺禁碑》,光绪八年六月。陕西平利县洛河镇迎太乡狮子坝村迎真寺。70 * 50。《安康》P270。环保,禁挖毁崖石。

4155.《洵阳知县颁布船行公议水手遇难善后章程告示碑》,光绪八年六月。陕西旬阳县蜀河镇杨泗庙。105 * 51 * 15。额镌"永垂不朽"。15 行29 字。《安康》P271。

4156.《永定河工程懿旨碑》《和硕恭亲王、醇亲王视察永定河工程奏折碑》,光绪八年夏。1996 年 9 月北京门头沟区城子小学新校址工地(原城子村龙王庙遗址)出土。101 * 205 * 22。左宗棠部将、前福建布政使王德榜刊刻。《门头沟文物史料》P163;《京西》P287。

4157.《青山寺徐姓捐房献地文约碑》,光绪八年七月十六日。陕西旬阳县桐木镇青山寺。平首方趺,130 * 67 * 13。7 行 21 字。《安康》P272;《秦岭》P362。立约,四至;民国十四年(1925)九月续刻赎地文字。

4158.《吴县示谕保护布业经义公所善举碑》,光绪八年七月二十七日。江苏苏州。《苏州社会史》P301。

4159.《严禁土司勒收兵谷碑》,光绪八年七月二十九日立。贵州黎平县城南 109 公里地坪风雨桥亭右侧。无碑座,120 * 93 * 6。《贵州省志·文物志》P310;《侗族卷》P53。官禁,禁土司勒收兵谷;"照蠹役诈赃从重治罪",立石各寨。

4160.《诸公施舍永为药王庙碑记》,光绪八年十月。北京顺义区北向阳村。《北图藏拓》85 - 101。财产处置,契证;施舍典地、祖遗地额数、坐落。

4161.《昌平州严禁州役沿途勒索民财告示碑》,光绪八年十月。北京昌平区阳坊镇。《北图藏拓》85 - 100。

4162.《安党渠议卖腰节出土地三段志版》,光绪八年十月立。原在陕西富平县薛镇乡安党堡(今安党村),现存县文管所。62 * 127 * 15。48 行38 字。《富平》P328。农田水利,契约。

4163.《告示碑》,光绪八年十一月。山西左权县羊角村。105 * 54 * 16。阳额"守兹勿弃",阴额"用垂永志"。碑阳 12 行 30 字,辽州十八盘分司为任凤控凶棍霍向荣案示令立定条规事;碑阴系辽州正堂为霍向荣盗伐树木、恃众逞凶案出示晓谕事。《三晋·左权》P253。

4164.《特授青州府正堂加三级纪录七次李札碑》,光绪八年十二月。山东青州市松林书院碑廊(原云门书院,今青州二中)。书院肄业生童公立。《青州》P282。公文,程序;书院经费,捐产、生息、奖励使用章程,杜弊。

4165.《护堤告示碑》,光绪八年十二月。江苏淮安府署。159＊63。丁赐绥等呈请官府保护,山阳知县、淮安知府联名示禁。

4166.《积石峡关护林碑》,光绪八年。原立青海循化县孟达乡,现存孟达乡木场村清真寺。《黄河》P365。分明林权,平息争讼。

4167.《辟火图碑》,光绪八年。浙江杭州孔庙。《杭州孔庙》P124。民间信仰,消防。

4168.《御制戒石铭》,光绪八年重刻,宋黄庭坚书宋太宗御制戒石铭。江西泰和县博物馆。35＊134。《泰和》P844。

4169.《奉宪严禁碑》,光绪八年。广东大埔县高陂中学。142＊52＊10。《大埔县文物志》P840;《广东》P896。乡禁,奉宪,禁砍伐。

4170.《裁革全省夫马差役告示碑》,光绪九年(1883)正月二十日。云南保山隆阳区蒲缥镇政府。165＊64。《保山》P95;《隆阳》P401。告示,批示。

4171.《宁陕抚民分府严禁烧山毒河告示碑》,光绪九年正月。陕西宁陕县四亩地镇柴家关村关帝庙旧址。圆首方趺,残损。129＊67＊14。7行21字。《安康》P274。资源保护。

4172.《治理粟店欺行霸市碑》,光绪九年二月十七日。山西宁武县人民大街旧木业社。150＊66＊13。《三晋·宁武》P159。宁武县正堂严禁立斗摸粮、立定章程告示。

4173.《裁革夫马告示碑》,光绪九年二月。云南元谋县元谋人博物馆。《楚雄》P294。除弊。

4174.《正堂黄捐施义所碑记》,光绪九年三月初三日。广西恭城县城湖南会馆。《恭城》P60。

4175.《永平县杉木和乡革除陋规碑》,光绪九年四月十五日发告示。云南永平县杉阳镇文化站。官府示,村民立。《大理名碑》P599;《云南林业》P424。除弊,供夫马柴草令村民"逃亡大半"。

4176.《禁叠估加补碑》,光绪九年四月十八日。四川西昌市礼州镇政府。158＊80。四川总督丁宝桢示。《凉山》P195。告示,买卖产业迭次索加,五加补,祖宗置产,子孙加补。

4177.《萨凌阿妻何氏碑》,光绪九年四月二十日。吉林吉林昌邑区九站街道头台子。《吉林》P224。节孝,圣旨。

4178.《重修万寿寺碑记》，光绪九年四月。云南祥云县。22行。《祥云县民族宗教志》P160，《云南道教》P594。四至。

4179.《奉宪示禁碑》，光绪九年五月十七日给文。原在浙江宁波鲁班殿，现存天封塔。圭首，187＊111＊16。额题"奉宪勒石晓谕"。14行31字。《甬城》P210。告示，修订行规；小木匠业救助，安葬。

4180.《莫村石牌》，光绪九年五月二十八日。广西金秀县莫村南。茶山瑶与盘瑶联合立。《广西瑶族》P41。

4181.《顺天府告示碑》，光绪九年五月重刻，嘉庆二十四年（1819）五月原刻。北京昌平区阳坊镇。《北图藏拓》85－117。禁勒索。

4182.《尤氏捐地碑》（2），光绪九年榴月。山东济南市中区清真南大寺、北大寺各存一份。南寺原碑"文革"时被毁，1996年重刻，有错讹，可以北寺碑订正。南寺新碑137＊51＊13，掌教、乡老合立。北大寺碑127.5＊56＊16。碑阴载四至内容与南寺碑不同。《山东回族》P39，P70。地约。

4183.《裁免黄荪公项碑记》，光绪九年五月。甘肃陇西师范大学大门内西侧墙壁。150＊70＊22。额题"永垂不朽"。《陇西》P175。

4184.《栖流所碑》，光绪九年六月初二日。四川西昌市礼州镇叫花营（原栖流所）。下残，62＊63。《凉山》P197。告示，管理规章，乞丐救助。

4185.《育婴堂禁碑》，光绪九年六月十一日示。原在江苏镇江新区大港街道文昌宫27号，现存赵伯先纪念馆。159＊73＊15。16行。《京江遗珠》P113。告示，禁弊；女婴造具清册，送院备案。

4186.《江南竹村告示碑》，光绪九年六月十三日给文。五月二十八日呈，福建福州晋安区寿山乡江南竹村东侧。175＊50＊14。11行。《福州市郊区文物志》P479。乡申官禁，他村七年呈请示禁例，官法可凭；治安。

4187.《常道观示禁碑》，光绪九年七月初六日。四川都江堰市青城山常道观内山门右侧壁。110＊60。11行，尾刻"实贴天师洞刊晓谕"。《都江堰》P113；《巴蜀道教》P515。告示，治安。

4188.《严禁拦断海口水路碑记》，光绪九年七月十二日。原在台湾高雄弥陀区弥寿村中正西路11号弥寿宫西厢壁，现存台湾图书馆分馆。署凤山县知县武颂扬示。《高雄》P69。水利、禁渔。

4189.《长元吴三县示禁保护重设面业公所碑》（2），光绪九年八月初一日。一在江苏苏州文庙，额题"永禁勒石"；一在苏州警察博物馆碑廊。《苏州社会史》P537。

4190.《重建周氏宗祠叙》，光绪九年中秋节，广西恭城县嘉会乡豸游村周姓宗祠。合族公议敬立。《恭城》P355。

4191.《石鼓里告示碑》,光绪九年八月。云南玉龙县石鼓镇红军长征纪念碑南侧。118＊75＊13。《北图藏拓》85－123;《丽江》P202。告示,侵地讼案,禁民铺侵占营地;四至。

4192.《临汾乡祠公会碑》,光绪九年九月五日。原在北京前门外打磨厂120号临汾会馆。《北京工商》P88;《清代工商》P54;《北图藏拓》85－126。行规,牙行讹诈。

4193.《钦命冶铁铸锅告示碑》,光绪九年九月十五日。云南南牟定县安乐乡古盐道桥头,嵌于民房山墙。《楚雄》P334。行业竞争。

4194.《佛山清涌碑记》,光绪九年十月二十六日示。广东佛山市博物馆,同载光绪九年正月二十五日、八年九月初六日示。《佛山文物》P71。公文,告示,清浚涌源、搬迁岸上杂器;公文,告示,水利工程投票、拆毁占筑;官禁,禁阻占淤塞;绅商与官,治理地方。

4195.《护林碑》,光绪九年十月。四川绵阳市游仙区盐泉镇上方寺路旁。

4196.《禁宰耕牛碑文》,光绪九年十一月上浣。原在山西曲沃县城内,现存北董乡景明村龙岩寺。方首,163＊68＊26。两面刻。阳额隶“永鉴在兹”,首题同碑名。16行56字。阴额篆“普有同心”,11行38字。周士奇撰文。《三晋·曲沃》P307;《曲沃古碑》P70。记事,徼约、告示。

4197.《龙胜理苗分府禁革事项碑》,光绪九年十二月十五日。广西龙胜县龙脊镇廖家寨。《广西》P157。头甲选举、革弊。

4198.《常、蒋两庄立会碑》,光绪九年。河北邢台临西县吕寨镇常庄村南30米。220＊65＊22。《文物河北》下P737。

4199.《公费讼案核批碑记》,光绪九年。山西平定县娘子关镇娘子关村铁佛寺。《三晋总目·阳泉》P45。

4200.《禁赌博山林碑记》,光绪九年。山西长治潞城区漫微子镇王家庄庙。《三晋总目·长治》P120。

4201.《峻山禁伐松树札记》,光绪九年。山西长治屯留区,佚。《三晋·屯留县》P178。公文,官禁。

4202.《除弊安民告示碑》,光绪九年。陕西太白县王家楞镇。圆首,116＊60＊8。11行35字。《秦岭》P142。官禁,除弊,革除“官索夫马价,兵索口岸钱”。

4203.《武都清真寺永垂不朽碑》,光绪九年。甘肃陇南市武都区城关清真寺。139＊67＊16。额题“永垂不朽”。《西北民族碑文》P190。契证,置产价格、坐落、粮赋。

4204.《重订建汀会馆章程碑》,光绪九年。原在上海南市区翠微庵西南建汀会馆。《上海》P279。行规,互助。

4205.《禁止土司勒收兵谷碑》,光绪九年。原在贵州江口县桃映乡翁会村凉桥(即廊桥)头,现存县文物管理所。134＊72。《贵州省志·文物志》P310。官禁,禁土司勒收兵谷。

4206.《四社议禁碑》,光绪九年。广东陆丰市。《广东》P873。

4207.《载种松树碑记》,光绪九年。云南洱源县洱海南岸右所镇莲曲村。35户村民及4位管事老人同立。《云南林业》P421。订条规。

4208.《靛行规约》,光绪十年(1884)一月。北京前门外珠市口西半壁街49号靛行会馆。《清代工商》P19;《基尔特》3-366。罚香、罚戏,工资。

4209.《楷正粮票碑示章程》,光绪十年孟春。原存陕西紫阳县老河街口。《安钧》P106。税赋。

4210.《李永福等捐地记》《李永福捐助烧煤地亩记》,光绪十年三月。北京昌平区阳坊镇西贯市村清真寺。《北图藏拓》85-140。民人李永福舍自典地,并注明"契纸交明,业主赎回,价照旧置地";典契凭证,永不另立小学。

4211.《禁止私卖庙田记》,光绪十年四月。山东泰安岱庙雨花道院。174＊71＊24。碑阴为二月二十八日泰安县正堂告示。孙学正誉,张传彬立石。《泰山石刻》P557。官禁。

4212.《裁撤夫马局碑》,光绪十年四月立。四川盐源县卫城镇,未见。78＊130。《凉山》P199。公文、札、奏、御批;禁私行摊派。

4213.《禁带役碑》,光绪十年闰五月初三日。广东东莞麻涌镇新基村委会。66＊38。《东莞》P189。告示,禁带役勒索。

4214.《常熟县东经堂庙场示禁碑》,光绪十年五月初四日。江苏常熟碑刻博物馆。尾题"发东经堂庙场勒石"。公产,表彰节女,乡申官禁。

4215.《顺天府尹为给宛平县东芦城知悉告示碑》,光绪十年五月十六日告示,北京大兴区芦城村中路西,仆地。首、座佚。140＊66＊13。14行。《北京石刻拓本提要》P587。

4216.《捐置杜祠祭基金立案碑记》,光绪十年五月。四川成都杜甫草堂。

4217.《禁示碑记》,光绪十年五月。广东南澳县。《广东》P312。清讼,禁苛索。

4218.《苏州府严禁宁国府失业之徒借口乡亲游食各店借端讹索碑》,光绪十年六月十一日。原在江苏苏州姑苏区吴殿直巷宣州会馆。《江苏明清》P386。治安,借尸索诈。

4219.《重修后土庙禁止牛羊折枝树株碑记》,光绪十年六月十七日。山西芮城县。《三晋总目·运城》P154。

4220.《吴县示蜡笺业禁聚众把持及超限收徒及浪费捐钱碑》,□□□年七月二十一日示。江苏苏州文庙。左上角残缺。私立行头,勒捐敛钱,碑摹条规;禁聚众饮茶浪费公款,公产管理,收徒规则,捐足收徒。

4221.《箔铺呈请禁止劈剪工司把持垄断勒索工价给示勒石告示碑》,光绪十年七月给文。浙江宁波海曙区县学街郡庙(城隍庙),被装饰物遮蔽。圭首,拓168*63。额题"重兴会劈剪同业勒石永遵"。16行42字。《甬城》P215。告示,罢工讼案,堂断行规、工价;各给附卷,销案。

4222.《邑侯曾大老爷德政碑》,光绪十年仲秋。山西芮城县城隍庙。拓145*61。额刻"永垂"。除冗差陋规。

4223.《贡山南界碑》,光绪十年十月二十五日。吉林敦化市,佚。《吉林》P33。公文、禁私采捕;界区内不准盗罚山林、私垦土地、偷采物产。

4224.《贡山北界碑》,光绪十年十月二十五日。吉林五常市山河镇,佚。《吉林》P34。公文,官禁,禁砍禁垦。

4225.《护林碑》,光绪十年十一月初一日。山东泰安石刻博物馆。123.6*65*13。山东肥城市山后北栾湾庄后山前乡众公议护林碑。

4226.《乌篷船户控告埠役勒派官差索诈规费告示碑》,光绪十年十一月十六日。原在浙江宁波海曙区县学街郡庙(城隍庙),现存天一阁东园游廊壁。《天一阁》P246。差役勒索,碑用。

4227.《福宁宫碑记》,光绪十年十一月。台湾彰化县员林市福宁宫。《明清台湾》P325。契证。

4228.《镇兴庙香祀碑》,光绪十年十一月。台湾彰化县员林市东山镇兴庙。《明清台湾》P327。契证。

4229.《诚延堂碑记》,光绪十年仲冬月。广西恭城县西岭镇周王庙。《恭城》P391。

4230.《上海县为洋货公所振华堂议立规条告示碑》,光绪十年十二月十六日。原在上海黄浦区合肥路振华堂。《上海》P355。记事,行规。

4231.《永沾禁止碑》,光绪十年十二月十九日。贵州从江县谷坪乡平友寨。158*100。《从江石刻资料汇编》第1集,《侗族卷》P24。告示,示禁。

4232.《苏北文庙煎匙围田告示》,光绪十年十二月二十六日。广东汕头澄海区东里镇樟林中学。《广东》P293。案件记事。

4233.《苏北文庙煎匙围田执照》,光绪十年十二月二十六日。广东汕头澄海区东里镇樟林中学。《广东》P293。受理,田亩契证。

4234.《西小坪村息讼谕碑》,光绪十年十二月。山西盂县南娄镇西小坪村诸龙庙。碑中部断裂,153 * 60 * 20。额题"永远遵照"。《三晋·盂县》P470。公文,山地树木归属讼案,界碑,息讼。

4235.《义里一图二庄三庄公议庄头例碑》,光绪十年嘉平月(十二月)。河南偃师市山化镇游殿村。149 * 57。《偃师卷》P690。

4236.《打牲乌拉仓官碑》,光绪十年。吉林吉林昌邑区文庙博物馆。残,仅存上半。100 * 70 * 20。《吉林》P22。公文,除弊。

4237.《伊尔根觉罗氏托阔罗氏功德坊》,光绪十年。吉林吉林船营区西安路金忠介公祠后。顺天府行吉林将军衙门咨文,满汉文对照。《吉林》P225。公文。

4238.《整顿船捐碑》,光绪十年。辽宁营口西市区鱼市街(辽河大街西端),佚。《营口市文物志》P158。

4239.《设立南北义学条规碑》,光绪十年。山西沁源县政府。《三晋总目·长治》P101。

4240.《严禁盗卖祠堂物财告示》,光绪十年。山东淄博淄川区忠亲王祠。

4241.《正堂程判碑石刻》,光绪十年。山东青岛崂山太清宫。讼案、判词。

4242.《禁止私卖庙田记》,光绪十年。山东泰安岱庙。另面为光绪十年二月二十八日官府告示。《岱庙碑刻研究》P259。

4243.《万事章程碑》,光绪十年。贵州榕江县平江镇归利村。100 * 70。额刻"万事章程"。22 行 15 字。《侗族卷》P24。乡规民约。

4244.《摆赖禁革碑》,光绪十年。贵州榕江县仁里乡摆赖村北 500 米水井边。110 * 74 * 8。《榕江县文物名胜志》,《苗族卷》P75。官禁。

4245.《奉邑侯大人许给示准乡规禁约碑》,光绪十年。广东广宁县。《广东》P727。

4246.《示现庵碑记》,光绪十一年(1885)正月。福建晋江市。《泉州府分册》P439。寺产立案,公文,碑用。

4247.《成都水利府灌县知县会衔示禁碑》,光绪十一年二月初九日示。四川都江堰市二王庙前壁间。217 * 90。住持道人贾教政刊。年款处钤府、县两方朱印。《都江堰》P114;《都江堰文物志》P124。官禁,护树。

4248.《大石桥上枧邑祀经费碑》,光绪十一年二月廿六日。广西恭城县栗木镇马路桥村大石桥屯下阁田氏宗祠。首事立。《恭城》P324。大石桥村和上枧村祭祀各出钱款。

4249.《各营兵丁只允帮义助不准摊派勒石永禁碑》，光绪十一年二月。浙江宁波天一阁东园游廊壁。《天一阁》P248。军规，救助。

4250.《阿巴嘎、阿巴喀僧人布施银两碑》，光绪十一年三月七日。青海湟中县塔尔寺九间殿前辩经院北侧回廊下。161＊76＊13。蒙藏文。《安多》P166。置产布施管理。

4251.《老羊皮会馆碑》，光绪十一年三月十三日。北京前门外大保吉巷。《清代工商》P20；《基尔特》3－543。行规，产权争讼。

4252.《息讼端杜争竞告示碑》，光绪十一年三月二十六日。陕西紫阳县向阳镇。方首，左上角残缺。155＊80。文尾有"告示押"，及"实立玄古湾，勿损"等字样。《安钧》P421。讼案，水利，告示，遵断立碑、息讼。

4253.《水田河保共置产业公应杂税条款碑》，光绪十一年三月上浣。陕西平利县清太乡高王山村海龙王庙。《安康》P278。公议规条，税费，自治。

4254.《石达开略蜀崖刻》，光绪十一年春。四川合江县放牛坪上寨悬崖。103＊105。《四川》P311。

4255.《严禁恶丐》，光绪十一年四月。福建晋江市。《晋江》P73。告示，治安。

4256.《四姓公禁碑》，光绪十一年五月中浣。广东广州番禺区沙湾镇塑料五金厂。《广东》P74。乡禁。

4257.《义县创立义冢碑记》，光绪十一年闰五月。辽宁义县。《锦州》P253。置地立界备案。

4258.《水料碑》，光绪十一年六月中浣。原在四川西昌市川兴镇民和村五组，现存西昌地震碑林。122＊68。《西昌》P89；《北图藏拓》85－168。官批水规，示禁。

4259.《中元济孤勒石记》，光绪十一年六月。北京西城区白云观。白云观住持高仁峒暨执事大众同立。《白云观志》P157。记事，生息。平则门内吕祖宫住持叶合仁等施银二百两，白云观恐日久废弛，按价拨出地收取租钱。

4260.《夏庄村公议碑记》，光绪十一年六月。山西灵石县厦门镇夏庄村观音庙。120＊55＊14。15行28字。《三晋·灵石》P539。公议修桥。

4261.《膏腴寺赡庙地记碑》，光绪十一年六月。山东淄博博山区北博山镇郭庄东庵。65＊89。《博山卷》P515。碑档，道士住持为保护庙产而刻四至。

4262.《阖村公禁碑》,光绪十一年相月(七月)。2005 年出土于浙江湖州安吉县鄣吴镇昌硕小学建设工地。120＊6＊15。额刻"阖村公禁",首题"严禁风木碑记"。7 行,共 259 字。护林村禁。

4263.《禁止碑》,光绪十一年七月。四川凉山,未见。160＊86。额横刻同碑名。《凉山》P202。公议示禁,市容管理、街道卫生。

4264.《端风正俗碑》,光绪十一年七月。台湾高雄美浓镇东门门楼。《高雄》P150。治安,伤人、抢劫,台地风俗,命案。

4265.《元和县规定渔船换照所需印烙照费由县收齐分给书差不准额外需索碑》,光绪十一年八月。江苏苏州。《江苏明清》P671。

4266.《重修约亭碑》,光绪十一年仲秋。海南海口龙华区城西镇丁村约亭前廊左边。乡规。

4267.《阳湖县为寺僧免造保甲清册给示永遵文》,光绪十一年九月二十八日。江苏常州。《武进天宁寺志·破山兴福寺志》P363。免造清册。

4268.《天后宫禁筑草寮碑记》,光绪十一年九月。原存台湾台南中西区民权路大天后宫,即现在的台南市立历史馆(赤崁楼)。台湾知县沈受谦示。《台湾南部》P515;《明清台湾》P527。护庙产。

4269.《西小坪村息讼谕碑》,光绪十一年十月上旬。山西盂县南娄镇西小坪村诸龙庙。131＊55＊19。额题"神人以和"。碑体剥蚀。《三晋总目·阳泉》P92;《三晋·盂县》P471。公文,山地树木归属讼案,界址,息讼。

4270.《营口清真寺碑记》,光绪十一年十月立。辽宁营口。《营口市文物志》P193。记事,公告,禁宰割。

4271.《永禁兴窑碑》,光绪十一年十一月二十九日。山西高平市河西镇岭坡村二仙庙。方趺,186＊57＊20。额题作碑题。《高平》P714;《山西师大》P208。堂谕,风水。

4272.《西台里清真寺捐田碑二》,光绪十一年十一月。山东宁阳县堽城镇西台里村清真寺。《山东回族》P610。施地。

4273.《长元吴三县为机业公议按机抽捐办理同业善举谕各机户踊跃捐输毋许地匪游勇借端滋扰碑记》,光绪十一年十一月。江苏苏州文庙。《江苏明清》P15。

4274.《燕誉堂李施地文契》,光绪十一年十二月初五日。山东淄博博山区颜文姜祠。57＊118＊16。《博山卷》P270。施契、四至。

4275.《长洲县禁换借药图诈扰乱药业碑》,光绪十一年十二月十九日。江苏苏州。药料丸散、药业经营规则。

4276.《申明法纪碑》,光绪十一年十二月二十六日。云南丽江。《北图藏拓》85－190。禁抢夺。

4277.《南丹土州莫应高等出让额利契约碑》,光绪十一年十二月二十七日。广西南丹县月里镇纳塘村。《广西》P179。民商。

4278.《苏城厘捐局长元吴三县为机业创办善举经费规定每月由机捐公所抽捐禁止匪勇滋扰碑》,光绪十一年十二月。江苏苏州文庙。《江苏明清》P17。

4279.《燕山书院规条二十则》,光绪十一年。河北遵化市文庙明伦堂。知州缪彝参订。

4280.《公议整顿寺规碑记》,光绪十一年。北京海淀区马甸清真寺。

4281.《禁山碑》,光绪十一年。河北赞皇县。圭首方座,190＊60＊20。知县周晋昆撰文。《文物河北》中P53。官禁,禁伐,奖惩。

4282.《石盘社定立规矩记》,光绪十一年。山西吕梁离石区交口街道石盘村圣母庙戏台前壁。52＊56。经理阎永德等8人公立。《山西师大》P241。

4283.《朝城清真寺地契碑一》,光绪十一年。山东莘县朝城镇清真寺。上端断裂,字迹漫漶。前段为丈地印契事,后段为买地事。《山东回族》P744。土地丈量补契,四至。

4284.《处罚教民碑》,光绪十一年。陕西汉中南郑区八角山教堂。

4285.《王家堰分水碑》,光绪十一年。陕西汉阴县永宁乡。圆首,190＊77＊8。21行26字。《秦岭》P365。民众合议,分水灌田条规。

4286.《差徭碑》,光绪十一年。原在甘肃兰州府城隍庙,佚。总督鄂山、谭钟麟撰。《兰州》P487。禁安报索诈,安民。

4287.《禁止兵丁兼谋他业并赐饷米以资养赡碑》,光绪十一年。浙江宁波海曙区天一阁。

4288.《县东天会界碑叙》,光绪十一年。贵州天柱县远口镇老黄田村桥头。124＊46。光绪《天柱县志》,《苗族卷》P75。记事,界碑之用,治安管理。

4289.《客路须知碑》,光绪十一年。台湾台北台湾省立博物馆前。《明清台湾》P133。劝说、环卫。

4290.《旌德会馆改作安徽会馆序》,光绪十一年。广西桂林秀峰区江南会馆。拓185＊97。《中国西南地区历代石刻汇编》8－35,《桂林辑校》P1152。契约。

4291.《黑龙潭封山碑》,光绪十一年。云南巍山县南诏镇自由村。村民立。《云南林业》P429。禁砍放牲,罚银壹佰。

4292.《沁水县正堂告示碑》,光绪十二年(1886)正月。原在山西沁水县县衙,现存县博物馆。115＊55。12行32字。《三晋·沁水县》P407。告示,禁浮收钱粮。

4293.《平邑清真寺施地碑记》,光绪十二年二月初十日。山东平邑县平邑清真寺。《山东回族》P643。施地契约。

4294.《刘素云道行碑》,光绪十二年二月。北京西城区白云观雷祖殿前。《白云观志》P158。财产处置。太监刘素云(法号诚印)多次布施巨额银两,为传戒费,并捐银置田。

4295.《武安会馆地契碑》,光绪十二年二月。原在江苏苏州姑苏区阊门内天库前10号武安会馆。《江苏明清》P387。

4296.《长元吴三县严止地棍向武安会馆滋扰碑》,光绪十二年二月。原在江苏苏州姑苏区阊门内天库前10号武安会馆。《江苏明清》P389。

4297.《景泰寺禁示碑》,光绪十二年三月十三日。广东广州白云山西路景泰坑旁土径上。护寺产禁令,护林,女犯惩男。

4298.《高门褚氏施地捐款碑记》,光绪十二年三月十五日。山东德州陵城区边临镇夏庄村清真寺。首刻"万古流芳"。《山东回族》P715。

4299.《卖契书碑》,光绪十二年四月初三日。山西阳泉市郊区河底镇河底村观音庙。《三晋总目·阳泉》P138。契证。

4300.《布庄呈请禁止染工立局分单停染勒索酒资给示勒石告示碑》,光绪十二年四月十二日给文。原在浙江宁波海曙区县学街郡庙(城隍庙),现嵌天一阁东园游廊壁。额横题"勒石永禁"。11行30字。《天一阁》P248。审断,苏资冲突。

4301.《白云观碑》《重勒诸碑记》,光绪十二年四月十四日。北京西城区白云观。拓160＊72。刘诚印撰。碑阴刻地亩坐落、契据清册。《北图藏拓》86－12。财产处置,捐施;施地者有旗人和民人。

4302.《奉宪勒石永禁碑》,光绪十二年五月二十三日给文,光绪十七年(1891)重刻。原在浙江宁波鲁班殿,现存天封塔。圭首,152＊85。额题同碑名。11行34字。《甬城》P217。告示,各作不许相互包揽;"把持垄断有干例禁"。

4303.《团练公产红呈》,光绪十二年五月。广东珠海香洲区唐家湾镇唐家三庙。《珠海市文物志》P154。契证。

4304.《修改武侯祠旧章示谕碑》,光绪十二年六月初三日奉谕。陕西勉县武侯祠。150＊64。《汉中》P341;《沔阳碑石》P174;《秦岭》P145。公文,光绪七年(1881)十二条章程实施情况,修改。

4305.《苏州府禁止渔利之徒假冒戈老二房牌号仿单碑》,光绪十二年六月初六日。江苏苏州文庙。额题"永禁勒石",尾题"发戈老二房裕庆堂勒石"。登报根究,禁假冒商标。

4306.《安汉界牌义渡碑》,光绪十二年六月。陕西汉阴县双乳镇界牌河月河岸边,用作桥板。平首方趺,152*25*10。额题"界牌义渡"。碑阳20行38字,碑阴刻租课九额等。《安康》P278。

4307.《牛王沟禁山碑》,光绪十二年六月。陕西平利县文化馆。《安钧》P232。乡规,禁盗等。

4308.《奉宪示禁碑》,光绪十二年七月初九日。广东和平县东贝墩区南坝乡林场。《广东》P824。禁赌。

4309.《广西布政司饬禁州县官吏丁役需索碑》,光绪十二年七月二十六日。广西。《广西》P187。

4310.《布政司禁革土司地方借命盗案苛扰告示碑》,光绪十二年七月二十六日。广西大新县全茗镇。《广西》P61。官禁,禁借命盗案苛扰。

4311.《四明公所长生会章程碑》,光绪十二年七月。原在上海南市区四明公所。《上海》P261。行规、互助。

4312.《增建祥镇军祠添置祀田碑记》,光绪十二年孟秋。原立广东广州东郊黄埔港乌涌口祥镇军祠,1963年移置广州市博物馆碑廊。151*73。《广东》P31;《广州市文物志》P242。契证。

4313.《性善公所捐款收支公信碑》,光绪十二年八月。江苏苏州文庙。公产使用。

4314.《广西布政司札发太平府饲养俘象事项晓谕碑》,光绪十二年九月十四日。广西大新县雷平镇太平社区。《广西》P60。中越关系。

4315.《武进阳湖县严禁采担秽桶在寺门任意停歇及差保借用桌凳勒石永遵碑文》,光绪十二年九月十五日。江苏常州。《武进天宁寺志·破山兴福寺志》P365。禁约。

4316.《玉清观田产碑记》,光绪十二年秋。北京西城区白云观。高仁峒撰。《新编北京白云观志》P717;《白云观志》P164。契证,红白契;房地田园。

4317.《修改武侯祠旧章示谕碑》,光绪十二年十月初三日。陕西勉县武侯祠。63*144*16。52行*24字。《汉中》P340。

4318.《长元吴三县示谕保护水木作梓义公所善举碑》,光绪十二年十月十一日。江苏苏州文庙。额题"奉宪示勒石",尾题"发洙泗巷梓义公所立"。公产,救济贫穷。

4319.《迁善社示禁碑》,光绪十二年十一月。台湾台中沙鹿区迁善社祠堂。《台湾中部》P312。番汉关系,禁敲诈勒索。

4320.《金忠介公祠牌楼》,光绪十二年。吉林吉林船营区西安路金忠介公祠。《吉林》P494。圣旨,个案。

4321.《积谷始末总序》,光绪十二年。河北曲阳县北岳庙东昭福门南。60＊158＊16。无额,36行13字。《北岳庙碑刻解读·明清卷(下)》P90。社仓落实情况。

4322.《李氏新建家庙碑》,光绪十二年。山西。《晋中》P499。

4323.《严禁浮冒钱粮征收实数碑》,光绪十二年。山西沁源县政府。《三晋总目·长治》P101。

4324.《官府立章程碑》,光绪十二年。陕西留坝县武关驿镇三圣宫。《秦岭》P145。

4325.《界牌义渡碑》,光绪十二年。陕西汉阴县双乳镇。方首,152＊85＊10。20行38字。《秦岭》P366。光绪四年、七年捐产助渡管理条规五款。

4326.《苏州府禁止匪棍滋扰梓义公所碑》,光绪十三年(1887)二月二十八日。江苏苏州文庙。《江苏明清》P671。行规、公产、救济。

4327.《郑氏榆树底老三股古迹碑》,光绪十三年二月。山西盂县秀水镇大横沟村。平首方趺,90＊40＊19。《三晋·盂县》P472。契证,地基四至。

4328.《永禁农骡帮银碑》,光绪十三年仲春。山西芮城县。《三晋总目·运城》P154。

4329.《积庆寺置田碑》,光绪十三年二月。浙江乐清市蒲岐镇南门村崔宅天井内。《温州》P490。护寺产。

4330.《契约碑记》,光绪十三年二月立。贵州惠水县涟江街道瓦苗寨前。1120＊60。《惠水》P63。买卖契约,四至。

4331.《永昌府保山县关于禁革夫马局告示碑》,光绪十三年二月。云南保山隆阳区。《隆阳》P409。革弊。

4332.《公议重整净炉老会碑》,光绪十三年三月十七日。北京东岳庙。净炉老会立。侧刻"朝阳门内外旗民众善人等",碑阴为众善题名。

4333.《老羊皮会馆匾额》,光绪十三年三月二十日。北京前门外大保吉巷。《清代工商》P22;《基尔特》3－545。学徒、工资;行规;诅咒"男盗女娼"。

4334.《桂林杨家村公议禁条碑记》,光绪十三年春月。广西桂林叠彩区大河乡杨家村。78＊50。《桂林石刻》P376,《桂林辑校》P1163。

4335.《告白碑》,光绪十三年四月十一日。山西阳泉市郊区河底镇河底村。《三晋总目·阳泉》P138。

4336.《猫求港塭地断归振文社公业碑记》,光绪十三年四月二十六日。台湾台南麻豆区麻豆国小校长宿舍。署嘉义县知县罗建祥示。《台湾南部》P516;《台南》P251。田土案件过程,霸占公业。

4337.《修水道碑记》,光绪十三年四月二十七日。山东德州陵城区辛集村清真寺。木质,首题"永垂不朽"。《山东回族》P703。因修水道引起回汉矛盾而制县谕公示。

4338.《贡江碑》,光绪十三年四月。吉林德惠市朝阳乡。172＊73＊20。阳额"铭刻万代",阴额"铁案千秋"。16行50字。《吉林》P31。公文,分界址,禁私捕。

4339.《宝德寺买地契约碑》,光绪十三年四月。陕西凤县双石铺乡南山沟青峰山宝德寺,倒置于半山腰。88＊55＊6。阳额"青峰山",首题"立卖生熟山地房屋基址园圃文契人黄宗元",11行18字。碑阴17行24字,题"宝德寺住持乐山和尚于寺内所买地土开列于碑永远为记"。《秦岭》P145。土地交易过程,四至、地价、税银等;中见人、户族见证人等。

4340.《苏州友乐公所房契碑》,光绪十三年四月。江苏苏州文庙。《江苏明清》P671。契约格式。

4341.《重兴南安书院碑》,光绪十三年五月。甘肃陇西师范学校大门内西侧墙壁。155.8＊80.5。《陇西》P178。公产生息领用。

4342.《苏州府奉宪勒石永禁天平开山碑》,光绪十三年五月示。江苏苏州文庙。140＊69。额篆"奉宪勒石永禁"。《农业经济碑刻》P48。禁开采。

4343.《周天绪、周凤昌等捐地修醮记碑》,光绪十三年六月十日。山东淄博博山区颜文姜祠。66＊94。《博山卷》P271。地契。

4344.《獭江祀碑》,光绪十三年六月十五日。台湾新竹市南门外大众庙内妈祖庙后洪玉堂房中。《明清台湾》P163。执照,契证。

4345.《改永福庵为丰公祠晓谕》,光绪十三年七月十七日给文。浙江宁波海曙区前丰村白云庄。方首无额,211＊97。15行38字。《甬城》P218。公文,告示;住僧开场窝赌被驱逐。

4346.《谕令照章完纳上帝庙香田碑记》,光绪十三年七月十八日。台湾台南归仁区南兴村北极殿三川门内左壁。台湾知县沈受谦示。《台湾南部》P517;《台南》P252。田土过户、赋税转移。

4347.《天仙庙地产碑》,光绪十三年七月下浣。北京丰台区田各庄村。

《北图藏拓》86-55。

4348.《关部康皇庙生果行收费碑》,光绪十三年七月。广东雷州市雷城镇关部街康皇庙。《广东》P564。行规。

4349.《纱帽顶地界断示碑》,光绪十三年八月十八日。四川西昌市。分刻三石。《北图藏拓》86-56。

4350.《指云寺常住田庄碑》,光绪十三年九月一日重刻,嘉庆元年(1796)四月一日原刻。云南。《北图藏拓》86-60。

4351.《精忠庙喜神殿碑》,光绪十三年九月。北京正阳门外精忠庙街。《基尔特》4-592;张江载辑《北京梨园金石文字录》。因果、教化、劝善。

4352.《兴安宫公业碑》,光绪十三年十月。台湾彰化县鹿港镇兴安宫内左侧墙壁。《台湾中部》P317;《明清台湾》P329。侵产,告示。

4353.《吴县永禁各项船只在绸庄船码头停泊及巷内停轿巷门上锁后唤开上落碑记》,光绪十三年十一月十五日。江苏苏州文庙。左下残缺。《江苏明清》P671。

4354.《上园埗头界石刻》,光绪十三年十一月。广东佛山禅城区石湾镇渡口旧址。上部残缺,52*108。七堡书院公立。《佛山文物》P12。契证。

4355.《道宪告示》,光绪十三年十二月初五日。湖北丹江口市武当山。额题同碑名。众花户同立。正道总赵必政、副道总陈太昌同立。《武当山》P160。官禁,进香旗规制,违制;山税已废,禁索取。

4356.《东岳庙产业钱粮志》,光绪十三年冬月。山西灵石县两渡镇桑平峪村东岳庙。35*73。30行17字。《三晋·灵石》P546。契证。

4357.《禁止捕厅擅受民词碑》,光绪十三年季冬。贵州毕节。112*58*12。绅民公立。《贵州省志·文物志》P311。官禁,禁擅受;执行,罚立碑。

4358.《免税碑》,光绪十三年。吉林,佚。《吉林》P35。公文、免税;防止吉林府越界收税之事重演。

4359.《梁公济地碑》,光绪十三年。河北雄县雄州镇西侯留村。《雄县新志·故实略·金石篇》。村中公产。

4360.《岳家庄禁赌碑》,光绪十三年。河北涞源县金家井乡岳家村。125*50*12。碑阳首题"禁赌碑记",碑阴首题"买地掘井记"。《文物河北》下 P563;《涞源县志》P679。禁赌。

4361.《天津府正堂稽古书院告示碑》,光绪十三年。天津红桥区铃铛阁中学主楼前厅右侧(原为稽古书院)。

4362.《入清真寺地碑记》,光绪十三年。山东德州陵城区邵庄村清真寺。首题"万古流芳"。《山东回族》P704。金宝善遵父遗命将业地捐与寺。

4363.《临颍县雾强庙粟地碑》,光绪十三年。河南漯河。《漯河文史资料》P133;《中州百县》P872。记事,免物料帮车;嘉靖部议豁免杂差,康熙重新蠲免,光绪时屡催不休;碑证。

4364.《羊吼院警戒碑》,光绪十三年。陕西城固县老庄镇杨侯禅院。圆首,99＊51＊10。额楷"皇清"。16行21字。《秦岭》P147。王姓盗窃树木被罚,立碑示警。

4365.《禁碑》,光绪十三年。四川通江县浴溪乡。合族公立。《绿色》P68。

4366.《禁示碑》,光绪十三年。浙江杭州萧山区临浦镇西施庙。官禁;萧山县正堂禁在西施庙周围河塘筑箔捕鱼。

4367.《正堂告示碑》,光绪十三年。浙江杭州萧山区小城隍庙。

4368.《方氏祠堂祭祀规约》(木板墨书),光绪十三年。台湾台南关庙区。

4369.《红仁土大坪义冢碑记》,光绪十三年。台湾宜兰县冬山乡第二公墓入口。宜兰县知县罗金诰示禁。严禁在义冢界内挖掘红土、侵界栽植、争穴毁坟,维护义冢。

4370.《曲江县令立禁碑》,光绪十三年。广东韶关曲江区马坝镇南华寺。160＊50。《韶关》P236。公文,僧俗互控砍伐,结案。

4371.《正堂潘捐施功果碑记》,光绪十四年(1888)正月。广西恭城县湖南会馆。《恭城》P62。

4372.《严禁赌博碑》,光绪十四年二月。河南偃师市山化镇汤泉村。111.5＊47。《偃师卷》P695。

4373.《吴县示谕无锡常熟两帮船舶轮流停泊禁越次紊争碑》,光绪十四年三月初七日。江苏苏州文庙。官凭,遵旧章。

4374.《长洲县禁止棍徒乘马游行践踏禾稼滋事伤人碑》,光绪十四年三月初八日。江苏苏州。《江苏明清》P671。

4375.《秋木河公设税局以纳杂费碑》,光绪十四年三月初八日。陕西平利县中平乡秋木河石门沟。平首方趺,170＊100。额刻"足上全下"。《安康》P283。轮流生息取利交纳杂税。

4376.《四川按察使司游示碑》,光绪十四年孟夏。四川西昌市礼州镇政府。120＊60。额横刻同碑名。《凉山》P204。押韵文体,告示。

4377.《暨聚城隍庙普利胜会碑》,光绪十年四月。浙江温州海安办事处海东路城隍庙。140 * 74。额刻同碑名。8 行 13 字。《温州》P791。

4378.《妙光寺香火田山讼案碑》,光绪十四年仲夏月。云南腾冲市腾越镇洞山村妙光寺。216 * 66。《保山》P86。侵占寺产,讼案,判词。

4379.《武列河西崖大坝岁修章程碑》,光绪十四年六月上浣。河北承德。碑阴刻章程。《北图藏拓》86 - 92。

4380.《太平州永革每遇人命案勒附近村庄帮贴殓费碑》,光绪十四年七月二十六日。广西大新县雷平镇太平社区。《广西》P62。禁借命盗案苛扰。

4381.《告示碑》,光绪十四年七月示。江苏淮安博物馆。额题“告示碑记”。《淮安》P188。存契示禁。

4382.《永定风规碑》,光绪十四年七月刻,嘉庆二十二年(1817)十月十四日告示和同治十二年(1873)八月二十日告示。贵州剑河县城东 50 公里小广寨环龙庵前。143 * 83 * 12。额镌“永定风规”。1 076 字。《贵州省志·文物志》P311;《侗族卷》P53。族规,婚规;官禁,禁强娶滋事,苗汉婚俗之异,舅公礼、娘头钱;改革风俗。

4383.《曾家村公议禁约碑》,光绪十四年八月十三日。广西灵川县潭下镇曾家小村(又名冷塘村)后 0.5 公里处的岭头坪上。75 * 55。额刻“万古流芳”。《灵川》P421。乡禁。

4384.《奉宪永禁索扰示禁碑》,光绪十四年八月。海南乐东县抱由镇番豆村。《广东》P1000。禁差役滋扰。

4385.《奉宪立石》,光绪十四年八月。浙江乐清市翁垟街道九前村玄真观内。《温州》P491。水利讼案。

4386.《长洲县永禁太子码头摆设粪缸开挖尿槽碑》,光绪十四年九月二十四日。江苏苏州。《江苏明清》P671。

4387.《大清义园碣》,光绪十四年九月。1983 年 10 月出土于新疆哈密市大十字清观音庙遗址,现存哈密博物馆。哈密通判喻光麓立。230 * 100 * 20。《西域》P476。捐产、契券、界址。

4388.《天主堂迁建谕旨碑》,光绪十四年十月一日。北京西城区西什库北堂。碑阴刻光绪十二年(1886)四月二十六日天主教堂议迁建合同。《北图藏拓》86 - 107。中外。

4389.《永定章程碑》,光绪十四年十月二十五日立。贵州镇宁县城西南 13 公里安庄乡石头寨土地庙旁。四棱碑,有碑座及碑帽。218 * 53。正、侧上端刻“万古千秋”和“永定章程”。10 余行,500 字。《贵州省志·文物志》P312。官禁,禁书役苛索,征收粮赋。

4390.《万古不朽碑》，光绪十四年十月二十二日。贵州从江县洛香镇梦奔村。81＊53。额刻万古不朽。7行24字。《从江石刻资料汇编》第1集，《侗族卷》P24。分界纠纷，文告。

4391.《施大老爷去思德政碑》，光绪十四年小阳月（十月）。陕西勉县武侯祠。185＊99＊25。《沔阳碑石》P185。三八放告，理讼除弊。

4392.《文物保护示禁碑》，光绪十四年十月。河南南阳武侯祠碑廊。《碑文化》P12。

4393.《养子不得入宗祠以乱宗派碑》，光绪十四年十月重刻，原刻于乾隆五十八年（1793）二月。广东深圳南山区南头街道大新村升平里郑氏宗祠。《广东》P194。

4394.《公议管理乌龟渡合同》，光绪十四年十月。广西灵川县灵川镇大树底村北乌龟渡口石岩上。55＊95。《灵川》P422。合同。

4395.《上海县为鲜果业起造公所告示碑》，光绪十四年十一月。原在上海南市区毛家弄303号。《上海》P402；《清代工商》P77。禁滋扰告示。

4396.《蔡忠烈祠示禁碑》，光绪十四年葭月（十一月）。福建晋江市东石镇塔头村蔡忠烈祠。《泉州府分册》P443。蔡姓士绅呈文，禁霸占祀产。

4397.《禁截水路碑记》《水路疏通禁绝碑》，光绪十四年十一月。台湾台南佳里区礼化里震兴宫三川门内右侧壁间。《台湾南部》P736；《台南》P254。乡约，用水。

4398.《定俗垂后碑》（2），光绪十四年十二月初五日。贵州锦屏县彦洞乡彦洞粮店仓库旁和瑶白寨的牛堂边。130＊100＊10，130＊150。碑题"定俗垂后"黎平知府俞渭示。《侗族卷》P53；《贵州省志·文物志》P313。官禁，禁革"舅公礼"及"还娘头"婚俗。

4399.《张润母、妻诰封碑》，光绪十四年十二月初七日。云南玉龙县拉市乡南尧村。130＊68。《丽江》P77。敕命。

4400.《豁免差役告示碑》，光绪十四年十二月十六日。云南嵩明县杨林镇。《北图藏拓》86－111。

4401.《浙江提标后协游韩执照勒石》，光绪十四年十二月二十日。浙江宁波海曙区天一阁南园游廊。《天一阁》P251。军民房地置换契证、手续。

4402.《漫泉河水利章程碑》，光绪十四年冬月。陕西蒲城县贾曲乡文化站。150＊67。《渭南》P46。水规。

4403.《雄县南界碑》，光绪十四年。河北雄县雄州镇十里铺村南1.2公里。153＊71＊13。《文物河北》下P621。

4404.《重修尧陵庙宇并兴讼事实纪》,光绪十四年。山西临汾尧都区大阳镇尧陵。嵌壁,63 * 94。李邑侯(名荣和)原批,同抚宪札饬。《山西师大》P311。

4405.《上宪新定武功县差徭局章程碑》,光绪十四年。陕西武功县城隍庙。

4406.《水利章程碑》,光绪十四年。陕西蒲城县贾曲乡文化站。

4407.《惜字纸碑》,光绪十四年。陕西勉县武侯墓。38 * 54。22 行 35 字。《沔阳碑石》P179。记事,学规,罚。

4408.《文昌帝君遏欲文碑》,光绪十四年。陕西勉县武侯墓。38 * 54。15 行,480 余字。《沔阳碑石》P182。劝谕,阳刑阴罚。

4409.《元朔山火烧台禁番僧修寺碑》,光绪十四年。青海大通县桥头镇东侧。《大通县志·艺文》;《青海》P234。

4410.《恩德不忘》,光绪十四年。湖北襄阳樊城区交通路 37 号市食品公司家属院内,嵌于原三义庙北山墙。身首一体,170 * 65。张平乐等《襄樊三义庙及碑刻考》,《湖北文理学院学报》2013 年 4 期。屠户祭祀费用争执化解。

4411.《老堡义学碑》,光绪十四年。广西三江县老堡乡政府大院。120 * 80。《侗族卷》P37。记事,捐置学田,义学章程。

4412.《谷门张氏和冯氏捐地碑》,光绪十五年(1889)孟春。山东德州陵城区清真寺。《山东回族》P707。捐地四至分明。

4413.《平利县颁布秋河义仓条规牌示碑》,光绪十五年三月六日。陕西平利县秋河乡八角庙村上街头。平首方趺,136 * 75 * 8。额题"永遵良规"。《安康》P284。公文,规条。

4414.《吴长元三县禁钱业私立洋拆买空卖空告示碑》,光绪十五年三月初六日。江苏苏州文庙。尾题"竖立钱业公所门前"。金融管理。

4415.《诰命碑》,光绪十五年三月十六日。山西太原杏花岭区小返乡窑头村。175 * 76。额题"诰命"。19 行 37 字。《三晋·杏花岭》P40。

4416.《告示碑》,光绪十五年三月三十日。山东济南市中区党家街道刘家林村九顶山巴巴洞。宛在廷书丹。《山东回族》P284。告示,保护山林。

4417.《十九代孙文重施地碑》,光绪十五年三月。河南孟津县送庄镇西山头村。130 * 51。《孟津卷》P226。四至。

4418.《金庄河畔摩崖告示》,光绪十五年四月。云南玉龙县金庄村委会桥头村茶马古道旁。60 * 40。《丽江》P233。告示,禁紫坝取鱼。

4419.《告示碑》,光绪十五年五月初五日示。广东珠海香洲区唐家湾镇万安巷。《珠海市文物志》P160;《广东》P213。公文、讼案、示禁。

4420.《公善堂先后立普仁堂公庄地界附条款碑》,光绪十五年六月初六日。江苏镇江焦山碑林。公产公规。

4421.《陈氏坟山示禁碑》,光绪十五年六月。福建泉州清源山南台陈氏坟山。《泉州府分册》P446。诉讼,禁盗卖。

4422.《严禁锢婢不嫁碑记》(2),光绪十五年六月。台湾台南南门碑林。另一原存安平区,现存台南市立历史馆(赤崁楼台基北壁)。台南府安平县知县范克承示。《台湾南部》P520;《南门碑林》P127。禁贩卖、调戏妇女,告示起因。

4423.《长洲县禁止各项船只在汝文彬管业码头河埠硬泊碑》,光绪十五年七月初七日。江苏苏州文庙。《江苏明清》P671。

4424.《吴县禁止蜡笺业做手私立行头勒捐敛钱不准收徒动辄蛮霸碑》,光绪十五年七月二十一日。原在江苏苏州桃花坞上街河西巷9号绚章公所。107*53.7。《江苏明清》P76。

4425.《两广总督张札文碑》,光绪十五年八月二十三日。广东肇庆端州区。130*83。《广东石刻卷》P215。札文,修订采石章程,禁敲诈等条例。

4426.《重修成善水局碑》,光绪十五年八月。原立北京宣武门外虎坊桥。《北京工商》P157。救火。

4427.《吕祖会碑》,光绪十五年八月。北京门头沟区潭柘寺流碑亭北,乾隆蜡像殿前。方首方趺,187*67*19。阳额"永垂不朽",阴额"万古流芳"。碑阳记事,碑阴刻捐资人名和银两数。《潭柘寺》P383。捐资置地取租档案。

4428.《严禁本村后山树木碑记》,光绪十五年仲秋。广东仁化县恩村乡政府西侧门楼。《广东》P112。禁伐。

4429.《长元吴三县规定机业设立义塾每月筹拨经费办法碑》,光绪十五年九月。江苏苏州文庙。《江苏明清》P671。

4430.《钦加盐运使衔候补道特授州正堂周豁免差费碑记》,光绪十五年十月九日。山西沁水县郑村镇半峪村。165*60*13。《三晋·沁水县》P411。征收钱数章程。

4431.《苏州府为纱缎机业添设蒙养小义塾刊送章程给示晓谕碑》,光绪十五年十月初三日。江苏苏州博物馆。《苏州工商》P44。

4432.《广雅书院学规》,光绪十五年十月。广东广州。《广东》P36。学规。

4433.《灰草山场界碑记》,光绪十五年孟冬月重立。广西恭城县栗木街卢氏宗祠。《恭城》P326。

4434.《会办全陕厘税总局严禁白河等处厘卡故意勒掯商贩人等告示碑》,光绪十五年十一月初十日。原在陕西白河县旧厘金局,现存于白河县城关税务所。圆首方趺,114 * 62 * 5。《安康》P288。

4435.《吴县示禁保护琢玉业宝珠公所黄祝山善举碑》,光绪十五年十一月初十日。江苏苏州文庙。额题“奉宪勒石”,尾题“发宝珠公所勒石遵守”。《苏州社会史》P312。

4436.《奉宪示禁碑》,光绪十五年十一月刻。浙江瑞安市湖岭镇湖屿桥街东岳殿东首山墙中。99 * 64。19 行 40 字。《温州》P798。禁匪类盗匄。

4437.《奉宪勒石严禁恶匄碑》,光绪十五年十一月刻。浙江瑞安市金川乡前庄村三英庙前厅墙上。91 * 63 * 10。1 235 字。《温州》P800。禁恶匄。

4438.《鞋铺呈请禁止裁切鞋匠阻卖纸底给示勒石告示碑》,光绪十五年十二月。原在浙江宁波海曙区县学街郡庙(城隍庙),现存天一阁东园游廊壁。《天一阁》P254。行业竞争、控案,行规等。

4439.《桂林八街公议禁约》,光绪十五年冬月。广西桂林象山区东镇路云峰寺。4.5 * 2.3 尺。《桂林石刻》P388,《桂林辑校》P1171。

4440.《白羊石虎告示碑》,光绪十五年。北京门头沟区斋堂镇沿河城白羊石虎村。《门头沟文物志》P250;《京西》P100。联名呈控沿河营私征粮事。

4441.《稽古书院课试章程书院条规碑》,光绪十五年。天津红桥区铃铛阁中学主楼前厅右侧。

4442.《稽古书院田地房屋地基及岁入碑》,光绪十五年。天津红桥区铃铛阁中学主楼前厅左侧。

4443.《天津道府县正堂稽古书院告示碑》,光绪十五年。天津红桥区铃铛阁中学主楼前厅左侧。

4444.《拾金不昧碑》,光绪十五年。山西闻喜县博物馆。《三晋总目·运城》P280。

4445.《豁免柴炭支记碑》,光绪十五年。陕西汉阴县武庙。乡民同立。民国《汉阴县志·金石志》。

4446.《张之洞为开采砚石备贡品事碑》,光绪十五年。原置广东肇庆市郊黄岗端砚行会,1980 年迁白石端砚厂。132 * 84。《肇庆文物志》P144。

记事,解除封禁,核定章程,禁敲诈勒索。

4447.《解决互争山界指示执照碑》,光绪十五年。云南广南县者兔乡。《云南林业》P953;《文山风物》(云南美术出版社1997)P96。官示民立。

4448.《上海县告示》,光绪十六年(1890)二月十八日示。上海。宣统三年(1911)《锡金公所征信录》,《中国工商行会史料集》P928。船捐移助锡金公所,善举。

4449.《万春捐地碑》,光绪十六年又二月。山东济南市中区清真南大寺。113＊55＊16。《山东回族》P41。闲房四至。

4450.《朗洞禁山碑》,光绪十六年二月。贵州榕江县朗洞镇朗洞小学大门内左侧。58＊38。额刻"永垂不朽"。10行18字。《侗族卷》P24。告示,示禁。

4451.《平权衡碑》,光绪十六年二月。云南嵩明县杨林镇。《北图藏拓》86－136。

4452.《番禺县谕示碑》,光绪十六年三月初二日示。广东广州南海神庙仪门复廊西侧。176＊78。22行48字。《南海神庙》P129。

4453.《奉宪示谕禁碑》,光绪十六年三月初三日。1997年发现于安徽芜湖湾沚镇荆江西路工地。《芜湖县文史资料》第5辑(1998)。祭祖斗殴示禁件。

4454.《木逢春之妻诰封碑》,光绪十六年三月二十一日。云南玉龙县五台山腰木氏墓地。164＊66＊14。《丽江》P83。敕命。

4455.《木逢春父母诰封碑》,光绪十六年三月二十一日。云南玉龙县五台山腰木氏墓地。157＊61＊14。《丽江》P84。敕命。

4456.《张家德父母诰命碑》,光绪十六年三月二十二日。广东东莞横沥镇张坑村。92＊63。《东莞》P378。

4457.《凌云禁革考试陋规碑》,光绪十六年三月。广西凌云县城。《广西》P123。

4458.《严禁土民赴州县衙开越诉告示碑》,光绪十六年四月初二日。广西大新县龙门乡卫生所。《广西》P62。申诉苛扰。

4459.《黄田村公议禁砍宅树碑》,光绪十六年四月十六日。广西灵川县潭下镇黄田村小学校内门口左侧墙上。70＊50。《灵川》P427。禁砍。

4460.《江宁县为干长巷沿河一带为染业漂洗丝布地点不准堆积粪秽阻塞道路碑》,光绪十六年四月十九日。江苏南京雨花路245号原染业公所。《江苏明清》P464。示禁。

4461.《太平归顺兵备道厘定土司应革应留规例告示碑》,光绪十六年四月。广西大新县龙门乡。《广西》P63。土司对壮民的经济剥削。

4462.《岑最村照字碑》,光绪十六年五月十四日。贵州榕江县朗洞镇岑最村后侧。95＊4。额刻"照"字。11 行,共 252 字。《侗族卷》P53。记事,讼案,山林地界。

4463.《龙泉池分水告示碑》,光绪十六年五月二十八日。云南保山隆阳区。《隆阳》P411。水利。

4464.《广东布政司勒碑》,光绪十六年五月示。广东信宜市镇隆镇八坊村起凤书院。107＊47。广东巡抚布政司告示,"实竖贡院头门"。《广东》P619;《信宜市文物志》P59。官禁,禁考试贿卖。

4465.《契白告示》,光绪十六年六月十八日。广东广宁县。《广东》P729。禁差役勒索。

4466.《长洲县示禁保护圩岸碑》,光绪十六年六月二十三日。江苏苏州文庙。《苏州社会史》P651;《江苏明清》P671。巩固圩岸防灾。

4467.《禁开山凿石公约》,光绪十六年六月。广东珠海金湾区三灶岛斜尾村东南约 2 公里一大石上。90＊90。《珠海市文物志》P135。奉宪示禁,禁开山凿石有碍村庄庐墓。

4468.《上海县为旧花业公议章程谕示碑》,光绪十六年七月二十四日。原在上海南市区邑庙旧花公所。《上海》P360;《清代工商》P70。争讼记事,行规。

4469.《四御殿皇经坛香火碑记》,光绪十六年七月。北京西城区白云观。《新编北京白云观志》P722;《白云观志》P173。典置香火地舍与白云观。

4470.《锡金两县为木做业抽捐事给示碑》,光绪十六年七月。江苏无锡碑刻陈列馆。官禁。

4471.《奉宪示禁碑》,光绪十六年八月初十日。广东潮州潮安区浮阳镇广惠桥侧。《广东》P276。河道讼案判决执行、防患。

4472.《购买水田碑》,光绪十六年桂月。湖北十堰郧阳区清真寺。《回族》P384。

4473.《捐旱地碑》,光绪十六年桂月。湖北十堰郧阳区清真寺。《回族》P384。

4474.《艾邑侯告示碑》,光绪十六年九月。山西临汾尧都区大阳镇尧陵。64＊94。39 行 36 字。碑分三部分,首为临汾知县告示,次为张榜花所辑尧陵八景,末为七绝诗四首。《三晋·尧都区》261。

4475.《勘定江南会馆买钵园告示碑》,光绪十六年十月。广西桂林东风小学。3.8＊2尺。《桂林石刻》P404,《桂林辑校》P1181。

4476.《陕安镇砖坪营告示残碑》,光绪十六年十一月。陕西岚皋县,佚。《安康》P292。营田管理,规条,体恤弁兵。

4477.《天柱山庙公议戒律条规碑》,光绪十六年十二月初一日。陕西安康汉滨区西南约15公里天柱山庙。97＊52＊7。序16行17字,正文15行20字。《安康》P295。佛教戒律和寺院经济。

4478.《延庆州告示碑》,光绪十六年十二月初八日。北京昌平区阳坊镇西贯市村清真寺。拓141＊55。《北图藏拓》86－159。居庸关口接递人犯用驴,禁勒索。

4479.《那岸龙贺村供木匠番役改为六置田畲照例纳粮碑》,光绪十六年冬月十五日。广西大新县安平乡。《广西》P65。壮民免役纳粮。

4480.《漕规碑记》,光绪十六年十二月。河南孟津县朝阳镇朝阳村。163＊60。《孟津卷》图P228、文P484。

4481.《漕规碑》,光绪十六年十二月。河南洛阳博物馆。拓172＊66。额题"皇清"。《北图藏拓》86－163。

4482.《告示碑》,光绪十六年。北京门头沟区青白口村。《门头沟文物志》P381。

4483.《艾邑侯告示》,光绪十六年。山西临汾尧都区大阳镇尧陵。嵌壁,64＊94。《山西师大》P311。

4484.《郭行北乔二里奉祀尧陵优免差徭碑记》,光绪十六年。山西临汾尧都区大阳镇尧陵。螭首方趺,279＊73＊16。额题漫漶。《山西师大》P311。

4485.《姑母施地碑》,光绪十六年。山东济南南大寺教长室墙上。《山东回族》P61。施地四至,禁约。

4486.《屯溪义塾碑记》,光绪十六年。上海青浦区赵屯镇中心小学内墙上。2块,32＊80。《青浦碑刻》P194。记事,义熟基地坐落、亩数,用途。

4487.《禁止奸宄碑》,光绪十六年。湖北巴东县清太坪镇思阳坪村七组,嵌立于该镇边界清江支流四甲河东岸古道路边岩石上。

4488.《月里村规民约碑》,光绪十六年。四川汶川县雁门镇。《阿坝州志·文物志》P217。

4489.《慈湖书院置产记》,光绪十六年。浙江慈溪市。光绪《慈溪县志》卷5。

4490.《沱江禁山碑》,光绪十六年。湖南凤凰县沱江镇江西桥。50＊35。《苗族卷》P76。官禁。

4491.《云林县正堂示禁碑记》,光绪十六年。台湾云林县古坑乡水碓村水碓路三十七号民居。署理云林县知县李联珪示。《台湾南部》P521;《明清台湾》P337。争水案。

4492.《永远遵守碑》,光绪十六年。云南丽江大研镇普贤寺。100 *
60 * 11。《丽江》P225。

4493.《张公印自省施庄碑》,光绪十七年(1891)正月十九日。河南偃师市山化镇汤泉村。130 * 50.5。《偃师卷》P696。四至。

4494.《入清真寺地碑记二》,光绪十七年孟春。山东德州陵城区邵家清真寺。首刻"永垂不朽"。《山东回族》P705。

4495.《金公施田铭》,光绪十七年三月。山东。《山东回族》P670。

4496.《豁免派买粮碑》,光绪十七年姑洗月(三月)。宁夏固原博物馆。206 * 86 * 16。额题同碑名。碑题"头品顶戴陕甘总督堂谭德政碑"。26 行50 字。《固原历代碑刻选编》P223;《宁夏碑刻》P193。减民负;采买条例,德政碑。

4497.《三学局义阡碑记》,光绪十七年三月。浙江杭州孔庙。《杭州孔庙》P126。舍宅、置地、善举、教育。

4498.《木石泥水各作柱首禀请禁止各作不许互相包揽给示勒石告示碑》,光绪十七年三月竖,光绪十二年(1886)五月廿三日给文。原在浙江宁波鲁班殿,现存天封塔。圭首,152 * 85。额题同碑名。11 行 34 字。《甬城》P219。官禁,行业管理。

4499.《苦竹寺庙田碑记》,光绪十七年花月(三月)。台湾嘉义县水上乡柳林村。《台湾南部》P745。田土买卖、租赋转移、遗契作废。

4500.《江苏抚院禁止看守城门官需索扰民碑》,光绪十七年四月初三日。江苏苏州文庙。《江苏明清》P671。

4501.《米氏七家世次碑》,光绪十七年孟夏。山东临沂费县梁丘镇清真寺。载米氏祖茔之来源、茔地大小、茔地树木,并禁约毁伤。《山东回族》P672。

4502.《严禁淫词小曲告示碑》,光绪十七年四月给文。原在浙江宁波海曙区县学街郡庙(城隍庙),2005 年移置天封塔。圭首,152 * 85。额题"勒石永禁"。10 行 31 字。《甬城》P242。官禁,示阴阳生等。"歌唱淫词小曲例禁綦严"。

4503.《滴水、容洞、六力、大进四村石牌》,光绪十七年五月二日。广西金秀县。《广西瑶族》P57。

4504.《奉示禁赌碑》,光绪十七年仲夏月上浣。陕西柞水县小岭镇李砭村。200＊120。额题"奉示禁赌"。李天柱立。《秦岭》P371。县令示禁。

4505.《筹款抚恤溺毙船夫呈请给示碑》，光绪十七年六月十三日给文。浙江宁波海曙区县学街郡庙（城隍庙）大殿东山墙北，被装饰物遮蔽。圭首，拓210＊83。额题"勒石永禁"。17行40字。《甬城》P244。公议，官示。

4506.《长洲县示禁保护衣业云章公所善举碑》，光绪十七年七月五日。江苏苏州文庙。额题"奉宪勒石"。《苏州社会史》P303。

4507.《净觉寺建寺捐产契约碑记》，光绪十七年七月初五日。江苏南京净觉寺。《回族》P374。

4508.《江宁县缎机业行规碑》，光绪十七年七月十七日。江苏南京博物院。《江苏明清》P466。行规、示禁。

4509.《大龙潭石壁护林碑》，光绪十七年七月十七日。云南马关县城东海龙山（俗称大龙潭）水源头半山腰石壁上。官府特示，伙头立。《云南林业》P430。风水，禁砍。

4510.《成立三皇庙房课祭典以垂永久碑记》，辛卯岁（光绪十七年）菊月。甘肃武威文庙。156＊62.5＊13+45。额题"永久碑记"。设立公产、契约，官批，执照。

4511.《马家庄清真寺碑》，光绪十七年孟冬。山东济南市中区街道马家庄村清真寺。《山东回族》P292。捐地，财产处置。

4512.《清查文昌宫田产碑》，光绪十七年应钟（十月）。原在陕西城固县文昌宫，现存五门堰。124＊62＊14。21行38字。《汉中》P352。同治战乱，田产流失，重新清查。

4513.《苏州剃头业重修江镇公所碑》，光绪十七年十月。江苏苏州。《苏州社会史》P537。会馆公产。

4514.《署宁州所出之告示碑》，光绪十七年十二月十八日。云南华宁县盘溪镇北门清真寺。《回族》P661。邪教。

4515.《元和县示谕保护牛王庙粉业公所善举碑》，光绪十七年十二月十九日。江苏苏州文庙。额题"奉宪勒石"。《苏州社会史》P287。

4516.《明伦堂卧碑》，光绪十七年冬月刻，顺治九年（1652）礼部文。原嵌贵州施秉县城内孔庙明伦堂院中墙壁上，现存县文管所。90＊165＊10。34行，计459字，其中128字已难辨认。《贵州省志·文物志》P314。条例、学规。

4517.《海龙关帝庙碑》，光绪十七年。吉林。《吉林》P167。神禁，神道设教。

4518.《江西陕西两会馆所置房产公共出路合同碑》，光绪十七年。1999

年天津红桥区估衣街拆迁时在范店胡同一居民房中发现,藏大树画馆。

4519.《施地碑》,光绪十七年。山东泰安泰山区省庄镇芝田村清真寺。额刻"永垂不朽"。《山东回族》P549。施地,捐树。

4520.《大浪沟建闸条规》,光绪十七年。河南扶沟县。知扶沟知县与鄢陵知县共议条规。《中州百县》P887。渠闸管理、赔修。

4521.《公置乡约产业碑》,光绪十七年。陕西石泉县饶峰乡。方首,130 * 66。额刻"永垂不朽",首题"督家河公置乡约产业碑志"。《秦岭》P370。粮户纳课置产,支付各项差徭杂税。

4522.《卖地文契碑》,光绪十七年。陕西旬阳县仙河乡。46 * 66 * 11。《秦岭》P370。泗王庙置买乡民杨德发坡地的文契。

4523.《江镇公所重建记》,光绪十七年。江苏苏州文庙。利贞二会、会馆作用。

4524.《南汇周浦塘河工经费碑记》,光绪十七年。上海浦东新区。民国《南汇县续志》卷二《水利·开浚》,《浦东修订》P353。

4525.《上邑七图免役周浦塘碑记》,光绪十七年。上海浦东新区。《胡氏杂抄》,《浦东修订》P337。

4526.《正堂示谕碑》,光绪十七年。贵州从江县文管所存拓。51 * 65。16 行 21 字。《从江石刻资料汇编》,《侗族卷》P54。告示,减税。

4527.《王总爷功德碑》,光绪十七年。贵州松桃县冷家坝。150 * 101。《梵净山纪略》,《苗族卷》P75。

4528.《崇文社碑记》,光绪十七年。澳门镜湖医院。

4529.《金秀、白沙两村石牌》,光绪十七年。广西金秀县金秀镇。《广西瑶族》P56。

4530.《示禁碑》,光绪十八年(1892)元月八日。广东茂名茂南区鳌头镇文武帝庙。《广东》P620。差役勒索。

4531.《南丹土州蠲免上甲河村陈赏等地粮夫役牌照碑》,光绪十八年正月二十七日。广西南丹县月里镇上甲河。《广西》P168。赋役。

4532.《立永远送屋入寺碑》,光绪十八年正月。广东肇庆清真寺。《广东》P654。

4533.《创设柴业公所告示及规条》,《申报》光绪十八年二月初十日。上海。《中国工商行会史料集》P753。

4534.《上寨村护林碑》,光绪十八年二月二十八日。云南丘北县锦屏镇下寨寨头路边。绅耆头目人同立。《云南林业》P435。风水,罚猪、酒等。

4535.《禁令碑》,光绪十八年二月下浣。河南渑池县陈村乡后河村学校大门楼下铺地石。150＊55。文字磨灭较甚。《中州百县》P490。官禁，禁挖墓求财。

4536.《苏州府保护商业义举示禁碑》，光绪十八年四月二十五日示。江苏苏州文庙。文不清。设东西两局。

4537.《菏泽岁进士顾瑞符先生教泽碑》，光绪十八年四月二十七日。山东菏泽牡丹区杨庄村。85+173＊69.5＊23.5。13行44字。《菏泽》P353。记事，严禁冒弊。

4538.《岭南仙城两会馆受兵灾后查核地积示》，光绪十八年清和月（四月）。江苏镇江焦山碑林。

4539.《镇边直隶厅给发执照碑》，光绪十八年五月二十八日。云南西盟县勐梭镇。《云南林业》P433。官府特示，界址。

4540.《创建积余堂记》，光绪十八年仲夏。江苏无锡民族工商业博物馆。救济。

4541.《埤南天后宫置产碑记》，光绪十八年五月。台湾台东县台东镇仁爱里天后宫。《台湾南部》P757；《明清台湾》P179；《台湾私法物权编》录文。七份契约，田土买卖程序完备，卖田原因。

4542.《永垂不朽碑》，光绪十八年六月初二日。云南玉溪江川区前卫镇台山书院。136＊65。《江川历史碑刻》P28。告示。

4543.《永遵额粮告示碑》，光绪十八年闰六月九日。广西三江县良口乡河里村三王庙正殿前碑廊。164＊73。《三江县志》卷10；《侗族卷》P54。告示，章程，钱粮。

4544.《粤海关税馆碑》，光绪十八年六月二十八日示。广东佛山市博物馆碑廊。《佛山文物》P75。公文，税规，罚则。

4545.《恩多摩乍村护林碑》，光绪十八年六月。云南祥云县东山彝族乡。合村同立。《云南林业》P438。禁伐重罪。

4546.《永世芳规碑》，光绪十八年七月初八日。贵州黎平县新塘寨粮仓基石。160＊64。碑眉"永世芳规"。《黔东南苗族侗族自治州志·文物志》；《侗族卷》P25。禁规。

4547.《上海县为乌木公所重整旧规谕示碑》，光绪十八年七月二十五日。原在上海南市区福佑路乌木公所。《上海》P405；《清代工商》P62。行规。

4548.《太平土州准免岜零村置丁夫役执照碑》，光绪十八年八月五日。广西大新县安平乡。《广西》P66。壮民免役纳粮。

4549.《碗行规条碑》《公同议阖碗窑行公议规条碑记》，光绪十八年八月十一日。山西介休市洪山镇洪山村源神庙配殿前。方趺,130 * 49 * 18。阳额"永远遵行",刊行规 14 条;阴刊民国五年补加行规 4 条。里人田五信书丹并撰。《洪洞介休》P246;《晋中》P509。行规。

4550.《永远蠲免夫役碑》,光绪十八年九月十六日。广西大新县雷平镇太平社区。《广西》P67。壮民免役纳粮。

4551.《永禁开打驻跸山摩崖》,光绪十八年九月。北京昌平区阳坊镇驻跸山。摩崖石刻呈碑形,方首方座。额题"万古流芳"。《北图藏拓》87 - 27;《大系》P59。

4552.《东郊杨家村公议禁约碑记》,光绪十八年秋月。广西桂林叠彩区大河乡杨家村。79 * 50。《中国西南地区历代石刻汇编》13 - 69,《桂林辑校》P1197。

4553.《严禁当街搭盖碑》,光绪十八年十月初一日。广东佛山南海区。《广东》P391。乡约,防火。

4554.《南丹土州蠲免坡偶村韦姓应纳各项牌照碑》,光绪十八年十月初三日。广西南丹县月里镇上稿村。《广西》P180。赋税。

4555.《积谷章程碑记》,光绪十八年十月。云南嵩明县。《北图藏拓》87 - 34。

4556.《苏州锦文公所置产契据碑》,光绪十八年十一月二十五日。江苏苏州。《江苏明清》P671。

4557.《吴县为盖印给发吴兴会馆公产照契抄册给示晓谕碑》,光绪十八年十一月。江苏苏州。《清代工商》P146;《苏州工商》P44。契证、告示,记事。

4558.《重修临汾会馆碑记》,光绪十八年孟冬。原在北京前门外大栅栏 18 号临汾会馆。《北京工商》P106。官商合办、产业。

4559.《甘结碑》,光绪十八年腊月初八日。云南华宁县盘溪镇北门清真寺。《回族》P663。邪教,悔过保证书,讼案。

4560.《吴县出示绣业锦文公所置地重修保护善举碑》,光绪十八年十二月十八日示。江苏苏州文庙。额题"奉宪示勒石",尾题"发锦文公所勒石永立"。公产,救济。

4561.《锦文公所捐资善举纪事碑》,光绪十八年十二月。江苏苏州文庙。信仰,绣业善举,公产。

4562.《潮州金山书院租业碑》,光绪十八年腊月。广东潮州湘桥区金山。《广东》P238。教育,田租。

4563.《差徭碑》,光绪十八年。河北隆尧县东良乡泽畔村。180 * 65 *

18。额刻同碑名。7 行 45 字。《文物河北》下 P728。记事,差徭数目。

4564.《禁革赭衣车费碑》,光绪十八年。吉林,佚。《吉林》P39。记事,禁苛索。

4565.《文水县知县关于民间冠婚丧祭礼节章程告示碑》,光绪十八年。山西文水县凤城镇南徐村则天圣母庙。163 * 65 * 18。《山西师大》P261。

4566.《出入银钱捐资总目清算说明碑记》,光绪十八年。山西稷山县城关后稷庙正殿前。螭首方趺,301 * 83 * 20。额篆"公正廉明"。《山西师大》P437。

4567.《徐氏卖地文契碑》,光绪十八年。陕西石泉县饶峰乡。100 * 56。额题"文约万古"。《秦岭》P372。乡民徐氏变卖房屋、田地偿还债务事。

4568.《五原书院碑记》,光绪十八年。宁夏固原博物馆。184 * 77 * 18。20 行 56 字。两面刻。《固原历代碑刻选编》P225。义学规章。

4569.《奉宪示加禁赌博碑》,光绪十八年。安徽祁门县历口镇历溪村。

4570.《巴家护林碑》,光绪十八年。重庆秀山县巴家乡正街。240 * 85 * 13。《重庆》P66。告示,禁伐。

4571.《钦颁训饬士子文》,光绪十八年立,乾隆五年(1740)颁。浙江宁波江北区慈城镇旧慈溪县孔庙。

4572.《高步遵宪永定粮额碑》,光绪十八年。湖南通道县坪坦乡高步村。147 * 73。《侗族卷》P54。布告,税额。

4573.《千山碑记》,光绪十八年。贵州榕江县朗洞镇宰岑村土地祠。127 * 81。《榕江县文物名胜志》,《苗族卷》P76。习惯法。

4574.《禁碑》,光绪十八年。福建邵武市肖家坊镇将石自然保护区。《农业考古》1997 年 1 期。乡禁,禁伐。

4575.《堵塞川梁口晓谕碑》,光绪十八年。广东广州番禺区。《广东》P75。治安。

4576.《重建柏树庙碑记》,光绪十八年。云南鹤庆县。135 * 63。18 行 37 字。《云南道教》P607;《鹤庆碑刻辑录》P108。账目。

4577.《遵宪示永定粮额碑》,光绪十八年。广西三江县三江侗族博物馆。156 * 104。22 行 36 字。《侗族卷》P54。记事,章程、钱粮。

4578.《南安州正堂告示碑》,光绪十九年(1893)正月初十日。原立云南南安州衙前,现存楚雄市云龙镇文化站。《楚雄》P313。救济、仓储。

4579.《吴县示禁保护公所产业碑》,光绪十九年正月二十九日。江苏苏州文庙。尾题"发尚始公所"。文不清。契券,公产争执。

4580.《牛骨行行规碑》,光绪十九年二月。原立北京崇文门外南河岸 5

号牛骨行公会。《北京工商》P159。行规,息讼。

4581.《公议禁赌碑记》,光绪十九年三月二十五日。山西灵丘县独峪乡大兴庄村严峰寺。圆首无座,106＊51＊10。字迹漫漶不清。《三晋·灵丘续》P188。禁赌。

4582.《公议同善重整诚献清茶圣会碑》,光绪十九年三月。北京东岳庙。梁锦奎撰,清茶圣会立。侧有"皇城内外旗民众善人等"等字。碑阴刻会众题名约300人,包括其他香会组织。会众分工。

4583.《江宁府规定运送缎匹应交收清楚倘有中途盗典盗卖情事定即计财科罪碑》,光绪十九年三月。江苏南京长乐路17号原缎业公所。《江苏明清》P468。示禁。

4584.《公议合社碑》,光绪十九年中吕月(孟夏)上浣。山西高平市寺庄镇箭头村炎帝庙。《高平》P715。敬神规约。

4585.《邹士杰纪念碑》,光绪十九年清和月(四月)。辽宁营口。《营口市文物志》P195。记事,京控、山税之累。

4586.《暖泉村清真寺碑》,光绪十九年孟夏。辽宁营口。《营口市文物志》P196。记事、公产,无碑记可查。

4587.《禁毁新丰坝规条事示谕》,光绪十九年七月十二日示(印),安徽泾县丁家桥丁姓宗祠(丁桥小学)。附《公议护坝规条》。曹天生辑《安徽泾县丁家桥丁姓宗祠碑记》。公文,示谕,规条。

4588.《上海县为沪北钱业会馆落成不得作践告示碑》,光绪十九年八月二十四日。原在上海闸北区沪北钱业会馆。《上海》P400;《清代工商》P85。禁滋扰。

4589.《丽江科考奖励碑》,光绪十九年中秋月。云南丽江古城区玉泉公园。95＊50＊17。《丽江》P179。奖励办法。

4590.《断案永昭碑》,光绪十九年九月初四日立。山西洪洞县堤村乡杨窪庄。圆首,跌佚。87＊55。额题"断案永昭",尾书"当堂验发"。12行47字。《三晋·洪洞》P581。讼案、判词,算工兴讼,写立合同议单,泐碑永重。

4591.《永垂千古》,光绪十年九月初四日。湖北兴山县洪山寺。《兴山》P35。水田纠纷。

4592.《宏恩观碑》,光绪十九年九月九日。北京旧鼓楼大街豆腐池胡同。《北京内城》2－560;《北图藏拓》87－75。寺产多次售卖。

4593.《永封大箐护林碑》,光绪十九年九月十日。云南禄劝县屏山镇鲁溪办事处杨家村旁。《云南林业》P440。官授绅民同立,示禁。

4594.《苏州府禁止匪棍滋扰梳妆公所碑》,光绪十九年九月二十九日。原在江苏苏州姑苏区桃花坞廖家巷 18 号红木梳妆公所,现存苏州文庙。额题"奉宪勒石",尾题"发梳妆公所勒石"。《江苏明清》P672。公产、善举。

4595.《洞涡河天一渠碑》,光绪十九年九月。山西晋中榆次区。《北图藏拓》87-77。水利讼案。

4596.《永远遵照管业碑》,光绪十九年九月。贵州惠水县摆榜乡平寨村高寨组。149＊84。上盖碑帽,额刻"永远遵照管业"。《惠水》P66。晓谕,税规。

4597.《革除关隘弊窦告示碑》,光绪十九年十月初一日。甘肃临夏县双城乡柴市街村民贺海林家。两面刻,碑座不存。73+185＊80＊20。阳额"流芳百世"。碑阴为光绪二十一年二月《竖立革除关隘弊窦碑记》,额题"永垂不朽"。《丝绸之路交通碑铭》P68。陕甘总督告示,聚众闹事、枷号示众、照录勒碑。

4598.《西马家清真寺捐地碑》,光绪十九年孟冬。山东德州陵城区西马家村清真寺。额刻"万古流芳"。冯万魁、冯万河捐地契约文。《山东回族》P714。契约,四至。

4599.《禁伐鼎湖山林木碑》,光绪十九年。广东肇庆鼎湖山庆云寺。78＊182。1 200 字。《肇庆文物志》P144;《广东》P696。讼案,庆云寺僧控下黄岗白石村梁荣旦砍树案,示禁。

4600.《五门堰定章告示碑》,光绪十九年十一月四日示。陕西城固县五门堰。130＊70＊15。22 行 51 字。《汉中》P83。

4601.《敕封武显将军玛尔汉伸到碑》,光绪十九年。原立吉林吉林丰满区白山乡榆村,今存市文庙博物馆。205＊74＊28。《吉林》P407。后附祭田、坟田。

4602.《吉林真武庙重修碑记》,光绪十九年。原立吉林吉林真武庙,1966 年被毁。《吉林》P174。庙基四至。

4603.《谭氏族规碑》,光绪十九年。陕西汉中汉台区龙江街道谭家堰村谭氏祠堂(现改为小学)。附在《谭氏建祠堂碑》之后。64＊78＊15。28 行 20 字。《汉中》P350。族规 16 条。

4604.《泸山光福寺等四庙钱粮收支碑》,光绪十九年。四川西昌市凉州博物馆藏拓。146＊83。《凉山》P221。同治五年(1866)具控事,详列收支。

4605.《顺治九年钦定卧碑文》,光绪十九年。浙江宁波江北区慈城镇旧慈溪县孔庙。

4606.《木贾下二三公议》,光绪十九年。福建厦门同安区洪塘镇石浔村。交通管理。

4607.《鄞山寺公议规约石碑》,光绪十九年。台湾台北县淡水镇鄞山寺。移居台北的福建汀州信徒刻立。乡禁,禁赌。

4608.《镜湖医院崇善堂碑记》,光绪十九年。澳门镜湖医院。产业契券,价银、基址。

4609.《马岭村秦姓族规碑》,光绪十九年。广西灵川县灵川镇马岭村秦氏宗祠。60*45。《灵川》P434。族规。

4610.《莫村石牌》,光绪十九年。广西。瑶族乡禁,禁盗。

4611.《苏州府吴县示谕禁在桥塊摆摊搭棚碑》,光绪二十年(1894)正月十八日。江苏苏州文庙。碑题"奉宪勒碑示禁",尾题"发张广桥塊勒石"。官禁,防火灾通水旱,曾有碑示。

4612.《伙甲夫马碑记》,光绪二十年仲春月上浣。云南大理凤仪镇千户营村。100*68。《凤仪》P302。记事,夫役公担,公田投税设契、税粮。

4613.《止开山碑记》,光绪二十年二月。河南孟津县平乐镇丁沟村。150*50。《孟津卷》图P230、文P485。公议,禁示。

4614.《禁盗葬坟地告示碑》,光绪二十年二月示。江苏淮安府署。111*50。9行。山阳知县程鑫出示。

4615.《禁土司干例碑》,光绪二十年三月十四日。原在四川普格县大水塘,现存凉州彝族奴隶社会博物馆。184*44。碑额处刻"建昌镇台"和"宁远府印"两方印文。《凉山》P225。告示;禁土司擅受民词,赴西昌县衙控告。

4616.《封禁告示碑》,光绪二十年三月。山东淄博博山区域城镇辛庄村瑚山。170*64*24。碑断裂为三块。《博山卷》P597。李本固等人状告孙惟太等开山损碑、偷伐树木,县衙示禁。

4617.《义宁县上北团禁约碑》,光绪二十年四月十八日。广西龙胜、临桂交界的佛祖坳。《广西》P158。乡禁,禁贼匪偷盗等。

4618.《复古碑》,光绪二十年四月二十日立。云南丽江古城区金山街道东山庙。48*37*8。《丽江》P203。告示,规条,禁需索重聘等。

4619.《胜严寺并入广仁寺管理记碑文》,光绪二十年四月。陕西西安莲湖区广仁寺。152*60*13。额题"皇清"。僧王恩铭记。《安多》P135。记事,喇嘛寺源流,寺产管理。

4620.《精忠庙鲁班殿碑》,光绪二十年五月。北京正阳门外精忠庙鲁班殿南院。《基尔特》4-632。置买义地、契纸,安葬行规、程序。

4621.《例定千秋碑》《免夫碑》，光绪二十年六月初一日立，同治十三年（1874）十月二十一日示。贵州剑河县南哨镇翁座村东路口，已毁。180 * 116 * 13。额横刻"例定千秋"，1 350 字。《贵州省志·文物志》P315。官禁，禁勒派索扰；条规，禁结盟拜会，禁团甲私打私罚，禁聚众斗龙等。

4622.《严禁私伐山林碑》《西栈碑记》，光绪二十年六月五日。山西盂县苌池镇神泉村西栈山。120 * 58 * 16。《三晋·盂县》P481。记事，官禁执行。

4623.《吴县示蜡笺业公议规条碑》，光绪二十年六月十二日。原在江苏苏州桃花坞上街河西巷9号绚章公所，现存苏州文庙。108 * 57.2。尾题"发绚章公所勒石"。《江苏明清》P77；《清代工商》P132。行规、收徒规则。

4624.《赵氏坟山示禁碑》，光绪二十年六月。福建晋江市，未见。《南外天源赵氏族谱》P582；《泉州府分册》P454。禁盗葬、谱志与碑。

4625.《苏州府禁止匪棍脚夫向性善公所义冢滋事及把持找葬碑》，光绪二十年七月二十三日。江苏苏州。《江苏明清》P672。

4626.《严禁砍伐坟山树林碑》，光绪二十年七月。四川西昌市。《北图藏拓》87－93。

4627.《苏州府元和吴县正堂禁强赊硬买示禁碑》，光绪二十年七月。江苏苏州警察博物馆碑廊。尾题"发五龙桥镇勒石"。打架、枷示。

4628.《宝炉案记》，光绪二十年孟秋月。广东吴川市梅菉镇祖庙。《广东》P484。捐资酬神。

4629.《吴长元三县示禁保护漆作业善举碑》，光绪二十年八月初八日。江苏苏州文庙。额题"奉宪勒碑"，尾题"发性善公所实贴"。《苏州社会史》P319。公文格式。

4630.《诰封毕星辉夫妇碑》，光绪二十年八月十六日。山东巨野县龙堌镇毕垓村。202 * 70 * 25+36。9 行 35 字。《菏泽》P359。圣旨。

4631.《诰封毕星高夫妇碑》，光绪二十年八月十六日。山东巨野县龙堌镇毕垓村。202 * 71 * 25+36。9 行 35 字。《菏泽》P360。圣旨。

4632.《整顿文社德政碑记》，光绪二十年秋八月。甘肃秦安县。《天水文史资料》第9辑P157。记事。

4633.《公议章程告示碑》，光绪二十年九月二十日。陕西安康汉滨区西南约15公里天柱山庙。66 * 125。前段 13 行 25 字，后段 29 行 34 字。《安康》P305。给进香者发肉包与佛教戒律相悖。

4634.《金洋堰庙修戏房碑》，光绪二十年季秋月。陕西西乡县金洋堰水利管理站。48 * 73 * 14。25 行 19 字。刘懿德撰文并书丹。《汉中碑石》

P84。公议集资。

4635.《布业先辈姓氏碑》,光绪二十年季秋。原在上海南市区邑庙布业公所。《上海》P207。行规。

4636.《五福圳结状谕示碑》,光绪二十年九月。台湾台中梧栖区,佚。《台湾中部》P325。水案。

4637.《五福圳告示碑》,光绪二十年九月。台湾台中梧栖区大庄浩天宫内,嵌壁。《台湾中部》P326;《明清台湾》P211。水利、累讼。

4638.《立碑施地记》,光绪二十年十一月初十日。山东德州陵城区边临镇夏庄村清真寺。《山东回族》P706。相争死伤,捐地与寺并为对方立碑,消弭矛盾。

4639.《上海米业公所嘉谷堂碑》,光绪二十年仲冬。上海。《清代工商》P73。行规。

4640.《苏州府示谕保护圆金公所善举碑》,光绪二十年十二月。江苏苏州文庙。行业救济贫老。

4641.《受天宫褒善碑》,光绪二十年十二月。台湾南投县名间乡松柏岭受天宫前右侧。《明清台湾》P245。契证、宗规。

4642.《三河水事规约》,光绪二十年。山西介休市洪山镇洪山村源神庙。刻于《介休西河老人郭公德政碑》碑阴。138＊68。《黄河》P376。

4643.《买戏台地碑记》,光绪二十年。河南偃师市山化镇蔺窑村。36＊63。《偃师卷》P705。四至。

4644.《福禄会规约碑》,光绪二十年。陕西汉阴县涧池镇紫云宫旧址。《安钩》P262。

4645.《坊舍渠水利章程碑》,光绪二十年。陕西渭南,佚。《渭南》P49。水规。

4646.《宁陕抚民分府豁免驱兽枪税告示与永免保正札费及猪户枪税告示碑》,光绪二十年。陕西宁陕县柴家关村(关帝庙旧址)。圆首方趺,190＊80＊10。两段。上段《豁免驱兽枪税告示》为七月二十七日示;下段《永免保正札费及猪户枪税告示》为十月十五日示。《安康》P310;《安钩》P143;《秦岭》P373。

4647.《灵湖渠水规》,光绪年间。河南灵宝市,佚。光绪二十年《阌乡县志》,《豫西》P276。

4648.《例定千秋碑》,光绪二十年。贵州剑河县南哨镇翁座村东路口。180＊116＊13。《剑河县志》,《苗族卷》P76。夫役。

4649.《海澄县晓谕告示》,光绪二十年。福建厦门海沧区渐美村。禁敲诈勒索。

4650.《忠义亭申禁碑》(2),光绪二十年。台湾屏东县竹田乡西势村忠义庙、屏东县佳冬乡东栅门。《台湾南部》P747;《屏东》P357;《明清台湾》P171。乡约、环境、处罚。

4651.《三都船桨水路碑记》,光绪二十年。广东罗定市博物馆。105 * 62。13 行 37 字。《肇庆文物志》P144。讼案,告示;罗定三都河船户与农民纷争。

4652.《保安会碑记》,光绪二十年。广西恭城县西岭乡镇周王庙内。《恭城》P394。

4653.《重修清居禅寺好善乐施禁山碑记序》,光绪二十一年(1895)一月中旬。山西宁武县石家庄镇马头山村南清居禅寺。192 * 78 * 14。《三晋·宁武》P165。记事,禁伐。

4654.《魏氏施田碑记》,光绪二十一年元月。山东费县梁邱镇梁邱西村清真寺。《山东回族》P674。捐寺,四至。

4655.《禁止赌博碑》,光绪二十一年二月二十五日。河南孟津县城关镇丁庄村。100 * 42。《孟津卷》图 P233、文 P488。乡禁。

4656.《极乐庵大禅师清贤暨徒孙海魁置供香火地碑》,光绪二十一年三月。河南偃师市山化镇游殿村。160 * 63.5。《偃师卷》P706。四至。

4657.《龙岩下车堰会管理章程暨产业碑》,光绪二十一年四月十三日。广西灵川县九屋镇岩背村后石壁上。150 * 140。额刻"龙岩下车堰会产业碑"。《灵川》P435。章程,产业。

4658.《梳妆同业章程碑》,光绪二十一年四月二十一日。原在江苏苏州姑苏区桃花坞廖家巷 18 号红木梳妆公所,现存文庙。尾题"发梳妆公所勒石"。《清代工商》P124。官批行规、公产。

4659.《宪禁》,光绪二十一年四月。福建晋江市。《晋江》P76。告示,护路。

4660.《重修高氏家祠条例碑》,光绪二十一年闰五月中浣。山东单县高氏家祠。196 * 66 * 20。9 行 47 字。《菏泽》P360。条例。

4661.《关帝庙庙产碑》,光绪二十一年榴月。原在北京门头沟区石门营村,现存永定河文化博物馆。《门头沟文物志》P382。

4662.《乌程县禁止织工停工滋事碑》,光绪二十一年五月。浙江杭州。《清代工商》P195。禁罢工。

4663.《维风翊教碑》,光绪二十一年仲夏。广东和平县博物馆。《广东》P825。考试、捐金。

4664.《联防互助碑》,光绪二十一年六月二十八日。原在重庆黔江区中塘镇双石村,曾用做街石,因火灾碎成三块,现存黔江区公安局警察文物搜集办公室。乡规。

4665.《太平府批准思城义学年租款项碑》,光绪二十一年十月十四日。广西大新县恩城乡。《广西》P68。学校经费来源。

4666.《清真西寺碑》,光绪二十一年十月十二日。四川西昌市马水河街清真西寺。《西昌》P91。寺产。

4667.《长洲县示禁保护茧绸业敦仁堂公所善举碑》,光绪二十一年十月二十一日。江苏苏州虎丘断梁殿。《苏州》P309。

4668.《植树地亩碑》,光绪二十一年十月。山西柳林县孟门镇南山寺。圆首方趺,150 * 62 * 14。14 行 38 字,缺 17 字,实 487 字。《三晋·柳林》P342。杜绝僧俗典租。

4669.《古樟禁碑》,光绪二十一年十月。安徽歙县雄村镇谢村(现名茎村)。额横刻"禁碑"。官禁。

4670.《南山祭扫冯相华手定碑》,光绪二十一年十一月。2008 年江苏镇江招隐寺山顶出土。残半,87 * 64 * 10。21 行。《京江遗珠》P188。规章,清明祭扫银两来源及管理。

4671.《封禁告示碑》,光绪二十一年。山西壶关县树掌镇河东村诸神观。方趺,160 * 57 * 15。壶关县正堂陈撰文,本乡廪生冯永灼书。《山西师大》P101。

4672.《洪贞捐田碑记》,光绪二十一年。山东临清市。额刻"传流后世"。洪贞立碑。《山东回族》P775。洪贞所捐之地的买契。

4673.《官园勒石戒后碑》,光绪二十一年。陕西岚皋县官元镇。《安钩》P478。

4674.《韩湾告示碑》,光绪二十一年。陕西洋县白石乡。圆首,100 * 50 * 6。《秦岭》P154。官禁,禁侵占坟茔地及在茔地砍伐放畜。

4675.《计开北禅山寺常住地界四至碑》,光绪二十一年。甘肃徽县伏家镇贺店村红旗山上。40 * 78。《秦岭》P14。

4676.《革除关卡陋规碑记》,光绪二十一年。甘肃临夏县西南约 20 公里双城村。115 * 65。《丝绸之路交通碑铭》P70。陕甘总督告示。

4677.《禁砍树木碑》,光绪二十一年。安徽歙县。

4678.《永定章程碑》,光绪二十一年。佚,贵州黔东南州民族博物馆藏拓。108 * 60。《苗族卷》P76。

4679.《供井禁碑》,光绪二十一年。贵州松桃县盘信镇。58 * 39。《苗族卷》P76。用水规则。

4680.《王任钟为解决马家廖家互争堰水事出示晓谕》，约光绪二十一年。广西灵川县大圩镇廖家村廖氏宗祠。95＊132。《灵川》P438。水案，判书。

4681.《半个阱山权碑》，光绪二十一年。云南昆明五华区厂口街道。《云南林业》P955。官示民立，正堂批文。

4682.《夏王氏捐地碑记》，光绪二十二年（1896）仲春。山东德州陵城区临齐街道冯老庄村清真寺。《山东回族》P697。夏王氏孀老无子捐地与清真寺。

4683.《施地租碑》，光绪二十二年三月一日。北京房山区石楼镇。《北图藏拓》87‑144。庄头胡殿臣劝说贵族奕宅、英宅将旗地余租施与紫竹院以资香火。

4684.《重兴珂里庄碑序》，光绪二十二年三月初五日。云南大理喜洲镇珂里庄清真寺。《大理名碑》P649；《回族》P409。执照。

4685.《江宁县规定丝经行一帖开设一行不准跨开顶替朋充混淆碑》，光绪二十二年三月。江苏南京长乐路四圣堂13号济善堂。142.7＊66.3。《江苏明清》P469。示禁。

4686.《清查董彦欠粮碑》，光绪二十二年四月下旬。山西阳泉市郊区义井镇泊里村阁庙。《三晋总目·阳泉》P141。

4687.《创修祠堂碑》，光绪二十二年四月。陕西兴平市赵村镇。圆首，座袱。135＊56＊13。额刻"皇清"。21行41字。《咸阳碑刻》图P340、录文P712。乡约、禁约，契证。

4688.《重修文昌宫记》，光绪二十二年四月。浙江宁波江东区（现属鄞州区）七塔寺三圣殿北。圭首，218＊99。额篆同碑名。14行42字。《甬城》P248。记事。同治六年（1867）八月十三日礼部奏，奉谕旨："不列《祀典》之祠宇，未经烧毁，不准创议修建。"

4689.《吴县规定脚夫王德夫等承值地段碑》，光绪二十二年五月十九日。江苏苏州。《江苏明清》P672。

4690.《禁止开江晓谕碑》，光绪二十二年五月二十二日立。原在贵州台江县城南门大桥头，现藏县文管所。200＊170＊80。14行，302字，其中42字漫漶难识。《贵州省志·文物志》P317。官禁，禁沿河运木。

4691.《禁越江争买碑》，光绪二十二年五月三十日示。贵州锦屏县河口乡河口村，距县城水路43公里。130＊69＊14。500字。《贵州省志·文物志》P318；《苗族卷》P77。官禁，禁沿河运木，避纳课。

4692.《澄海饶平县令联示碑》,光绪二十二年五月三十日。广东汕头澄海区博物馆,原存城隍庙。《广东》P295。结案告示。

4693.《重修冯老庄清真寺碑记》,光绪二十二年仲夏。山东德州陵城区临齐街道冯老庄村清真寺。额刻"永垂不朽"。《山东回族》P698。村规民约,捐地契约。

4694.《禁土司干例碑》,光绪二十二年六月二十四日。四川冕宁县文家屯觉华寺。145 * 75。尾刻"右谕通知。合甲众姓人等遵□","告示。实立文家屯大庙晓谕"。《凉山》P228。告示,争柴山讼案,分界立碑。

4695.《牛王沟公议禁盗碑》,光绪二十二年六月。原在陕西平利县牛王沟牛王庙,后移县文化馆。圆首方跌,150 * 70。额题"禁碑"。15 行 34字。《安康》P313。乡禁,规条。

4696.《永远章程条规碑》,光绪二十二年七月初七日。原立于四川茂县。乡规,治安。

4697.《长滩、长二、昔地三村石牌》,光绪二十二年七月。广西金秀县长滩村。《广西瑶族》P58。

4698.《苏氏重修始祖祠堂与祖谱碑》,光绪二十二年八月。山东鄄城县苏氏家祠。185 * 63 * 18。9 行 51 字。《菏泽》P361。祠堂基址数目。

4699.《金洋堰公议除弊碑》,光绪二十二年仲秋月。陕西西乡县金洋堰水利管理站。84 * 53 * 15。30 行 20 字。《汉中》P354。

4700.《遵示勒石碑》,光绪二十二年八月。浙江瑞安市林川镇对川村王氏宗祠前。127 * 58 * 9。额刻"遵示勒石"。10 行 35 字。《温州》P747。墓地纠纷,公文。

4701.《禁碑》,光绪二十二年九月初十日。广东海丰县东品乡。《广东》P859。告示,男女风化。

4702.《临清县告示碑》,光绪二十二年九月。山东临清市。下残,拓138 * 45。文字辨难。《北图藏拓》87－167。

4703.《临清县告示碑》,光绪二十二年九月。山东临清市。上残,拓66 * 41。《北图藏拓》87－168。

4704.《长洲县禁止客船占泊徐家汇嘴角码头碑》,光绪二十二年十月初一日。江苏苏州。《江苏明清》P672。

4705.《无锡县因元和公所晓谕碑》,光绪二十二年十月十五日。江苏无锡碑刻陈列馆。

4706.《严禁砍伐山林碑》,光绪二十二年十一月初一日。广东博罗县长宁镇罗浮山南楼寺附近。《广东》P806。告示。

4707.《耿再成置墓田碑记》,光绪二十二年十一月。云南昆明晋宁区。《北图藏拓》87－172。

4708.《后先映辉碑》,光绪二十二年冬月。湖南花垣县城瓦厂坪塘门口双水井。172＊90。《苗族卷》P77。

4709.《日本租界碑》,光绪二十二年。天津市博物馆。

4710.《梁公济地碑》,光绪二十二年,河北雄县雄州镇小步村。《雄县新志·故实略·金石篇》。村中公产。

4711.《太乙书院公物章程碑》,光绪二十二年。陕西宁陕县城关镇老城村。64＊112。《秦岭》P376。宁陕厅同知贺氏颁书院公产管理章程六款。

4712.《赵谦收粮定章碑》,光绪二十二年。甘肃临洮,佚。《临洮厅志》卷10;《甘肃省涉藏金石碑刻解题目录》P143;《甘南金石录》P215。

4713.《香城书院膏火碑》,光绪二十二年后。四川西昌市佑君镇小学(原香城书院)。130＊65。尾刻"右谕通知。合甲众姓人等遵□","告示。实立文家屯大庙晓谕"。《凉山》P230。记事契,学规。

4714.《教门冈创建义塾碑文》,光绪二十二年。湖南汉寿县毛家滩回维乡。《回族》P343。助教。

4715.《永定章程碑》,光绪二十二年。湖南芷江县大垅乡政府。145＊90。抄刻。《侗族卷》P39。捐置学田,章程。

4716.《案审结论碑》,光绪二十二年。湖南麻阳县博物馆。153＊76。《麻阳文史》第4期,《苗族卷》P76。讼案。

4717.《台江禁封滥放木材碑》,光绪二十二年。原立贵州台江县城南门大桥头,现藏县文物管理所。200＊170。14行。《黔东南州志·文物志》,《苗族卷》P77。官禁。

4718.《府示免义谷碑》,光绪二十二年。贵州榕江县朗洞镇宰岑村土地祠。73＊43＊5。《榕江县文物名胜志》,《苗族卷》P76。告示。

4719.《绍舒发给吕岸上吕鸡亭洲三村晓谕碑》,约光绪二十二年。广西灵川县大圩镇吕岸村李乔生家门口。103＊67。《灵川》P440。官示,断案,甘结。

4720.《两瑶大团石牌》,光绪二十三年(1897)四月二十六日。广西金秀县定浦村。《广西瑶族》P42。

4721.《张武公祠碑记》,光绪二十三年四月。江苏镇江焦山碑林。官准批文。

4722.《金镇文成碑记》,光绪二十三年四月。浙江苍南县金乡镇第一小学。160 * 80 * 10。额刻"金镇文成碑记"。9 行 50 字。《温州》P1156。
契证。

4723.《蔚州正堂出示晓谕碑》,光绪二十三年五月二十二日。河北蔚
县玉皇阁。《蔚县》P120。

4724.《禁山碑记》,光绪二十三年五月。原在甘肃陇西县莲峰山(即古
首阳山),现不详。《陇西》P182。

4725.《禁示勒碑》,光绪二十三年五月。浙江温州海安办事处海东路
城隍庙。额刻"禁示勒碑"。11 行 29 字。《温州》P802。禁私开水渠。

4726.《告示碑》,光绪二十三年六月初五日。广东高州市冼庙。《广
东》P615。军马伤农田。

4727.《汶上集玉帝庙设立骡马会行碑》,光绪二十三年六月十四日。
山东成武县汶上集镇路旁。174 * 62 * 18。7 行 34 字。成武县杨知县出示
晓谕。《菏泽》P364。

4728.《邛海水利碑》,光绪二十三年六月二十日。四川西昌市凉山州
博物馆。194 * 99。尾刻"右谕通知""告示"。《凉山》P232。告示,禁私
筑坝。

4729.《示禁碑》,光绪二十三年六月二十七日。福建泉州。黄真真《清
代泉州海商碑刻资料辑述》,《中国社会经济史研究》2010 年 3 期。官禁,禁
走私违禁,沿海巡查。

4730.《平邑王米氏捐墓地碑记》,光绪二十三年荷月(六月)。山东临
沂市平邑镇清真寺。额刻"万古流芳"。《山东回族》P645。济贫。

4731.《新仁里乡规碑》,光绪二十三年七月二十二日。原在云南剑川
县新仁里乡新仁里村公房,今存县文化馆。合村同立。《云南林业》P444。
护林禁伐规约十条。

4732.《大靖渠章程十二条》,光绪二十三年八月十二日谕。河南洛阳
洛龙区关林镇关林甬道东侧,刻于道光二十五年(1845)《马大老重修关林
庙碑记》碑阴。177.5 * 59 * 19.5。额题"永垂不朽"。大靖渠渠长杨赞卿及
枕户刻立。《关林》P244。官府文告;河南府正堂断案并定章程十二条印发
该渠长;官府对渠的管理控制,渠长充任期限、标准,修渠费用负担,不准摊
派讼费。民国十四年(1925)再立《大靖渠公议章程碑》于关林甬道西侧。

4733.《兴安县大寨等村禁约碑》,光绪二十三年八月十八日。广西兴
安县金石公社大赛屯。《广西》P126。乡规,禁伐、禁盗等。

4734.《供米清茶老会碑》阴,光绪二十三年八月。北京门头沟区潭柘
寺帝王树北侧,毗卢阁前。252 * 86 * 24。阳额"供米清茶老会",阴额"万

古流芳"。碑阳刻于雍正三年(1725)三月,记置产情况。碑阴记录光绪年间会众舍地和捐资、置地的情况。《潭柘寺》P291。置产档案。

4735.《经理猪税公本钱碑》,光绪二十三年仲秋。陕西白河县凉水乡。《安钧》P138。

4736.《锡金两县谕禁滋扰三皇庙碑》,光绪二十三年九月十二日。江苏无锡碑刻陈列馆。官禁。

4737.《南郑县八角山教案碑》,光绪二十三年九月十五日。原竖于陕西汉中南郑区湘水镇经堂湾天主教堂,现存圣水寺。105*67*14。22行42字。《汉中》P86。

4738.《灵源寺示禁碑》,光绪二十三年九月二十六日。福建晋江市安海镇灵源寺后殿。《泉州府分册》P458。乡申官禁,禁亵渎神明。

4739.《修复江北五省会馆记略》,光绪二十三年菊月。江苏镇江焦山碑林。张焕文书。公产。

4740.《鄞县知县为棠荫义塾妥立规条出示晓谕告示碑》,光绪二十三年九月。浙江宁波海曙区前丰村白云庄。圭首,210*100。24行56字。《甬城》P251。族规,官批官示,助学助贫。

4741.《免猪税扰累告示碑》,光绪二十三年□月二十九日。陕西白河县西沟乡刘家院。《安钧》P138。

4742.《岭南书院诉讼碑》,光绪二十三年十月建。陕西安康汉滨区恒口镇恒口小学。方首,帽佚。150*90。《安钧》P419。讼案、公文,详请批示立案,贪污书院课石房租。

4743.《廉明县主王示碑》,光绪二十三年十二月初五日。广东海丰县鲘门镇。《广东》P859。赋税,苛索。

4744.《施舍地亩字据记碑》,光绪二十三年十二月初六日。陕西富平县雷古乡金粟山庙南天门内。44*48。18行16字。《富平》P333。契约。

4745.《吴县处理康济局及寿衣业房屋纠纷晓谕永遵碑》,光绪二十三年十二月十四日。江苏苏州。《江苏明清》P672。

4746.《长元吴三县为南枣公所永禁白拉兜扰废帖顶充碑》,光绪二十三年十二月十六日。江苏苏州文庙。《清代工商》P170。告示,市场管理。

4747.《苏州府为绠绳业捐款设立采绳公所办理同业善举准予保护碑》,光绪二十三年十二月十八日。江苏苏州。《江苏明清》P672。

4748.《大英新拓租界地界碑》,光绪二十三年。天津市博物馆。

4749.《重修真泽宫碑记》,光绪二十三年。山西陵川县崇文镇岭常村。《戏曲碑刻》P19。乡约,环保、罚戏。

4750.《夏津县征赋纳粮告示碑》,光绪二十三年。山东夏津县。《北图藏拓》87－197。

4751.《禁止砍伐林木碑》,光绪二十三年。山东新泰市羊流镇雁翎关村。知县立。

4752.《尊辉祠乐输碑记》,光绪二十三年。安徽祁门县新安镇高塘村。

4753.《吴县为绸业捐办善举准予立案碑》,光绪二十四年(1898)正月初十日。江苏苏州。《江苏明清》P672。

4754.《永垂不朽碑》,光绪二十三年。云南丽江古城区金山街道金山完小。59＊45＊9.5。《丽江》P205。地土四至。

4755.《嘉兴府为胡寿康等设局捐济绸缎同业善举晓谕在苏各庄人捐厘扣交公局碑》,光绪二十四年正月二十一日。江苏。《江苏明清》P672。

4756.《采绳公所管理经费及拟办同业善举规章碑》,光绪二十四年正月二十六日。江苏苏州。《清代工商》P138。

4757.《永垂不朽碑》,光绪二十四年正月。原在甘肃舟曲县拱坝乡,现立乡政府门侧。225＊112＊25。额题“永垂不朽”。《甘南金石录》P151;《甘南考古》P168;《甘肃省涉藏金石碑刻解题目录》P152;《安多》P242。土司制度,仇杀案。

4758.《兴利除害碑》,光绪二十四年二月二十九日。四川西昌市海南乡。《北图藏拓》88－3。

4759.《公议护林碑》《留芳百代碑》,光绪二十四年三月八日。原在甘肃卓尼县纳浪村嘛呢房中,现存县文化馆。上宽下窄,141＊51＊8.5。额刻“留芳百代”。汉藏文。《丝绸之路交通碑铭》P81;《甘南金石录》P149;《甘南考古》P146;《安多》P240;《藏族卷》P18。乡禁,护林禁伐;罚猪一头、酒一缸。

4760.《元吴二县准许顾凤山等于兴隆桥设立渡船禁匪徒霸占碑》,光绪二十四年三月二十四日。江苏苏州。《江苏明清》P672。

4761.《湖州府规定苏庄运贩缎匹应按销数扣存汇交公局办理善举碑》,光绪二十四年四月初一日。江苏。《江苏明清》P672。

4762.《湖州府为绸业公局成立规定苏庄运贩绸匹务按销数扣存汇交公局办理善举碑》,光绪二十四年四月初七日。江苏。《江苏明清》P672。

4763.《长洲县禁止匪徒在成衣公所赌博酗酒碑》,光绪二十四年四月初七日。江苏。《江苏明清》P672。

4764.《上海县为长生会将房产助入四明公所告示碑》,光绪二十四年四月二十八日。原在上海南市区四明公所。《上海》P266。

4765.《重修碑记》,光绪二十四年孟夏。贵州天柱县远口镇吴氏总祠。李波、姜明《从碑铭看清代清水江下游地区的社会规约》,《原生态民族文化学刊》2013年2期。族规。

4766.《隆聚木厂地契碑》,光绪二十四年五月上浣。北京房山区南尚乐村磨碑寺岩上。拓103＊111。《北图藏拓》88－13。

4767.《奉示严禁》,光绪二十四年五月二十三日。广西全州县城。《广西》P134。禁抢劫,治安。

4768.《蜂蜜营清真寺垂戒经理善地事碑》,光绪二十四年六月初十日。吉林长春市九台区。《回族》P372。地产、争讼。

4769.《奉宪严禁碑》,光绪二十四年六月十七日。广东揭阳市。《广东》P343。官禁,治安禁丐。

4770.《吴县陈氏义庄记》,光绪二十四年六月。江苏苏州。《苏州社会史》P265。家族善举。

4771.《诸龙泉禁山碑记》,光绪二十四年七月初二日。山西盂县南娄镇西小坪村诸龙庙。128＊58＊23。额题"神人以和",首题同碑名。《三晋总目·阳泉》P93;《三晋·盂县》P488。乡禁,禁焚砍树木,禁妇女入庙,罚猪羊神盘、大贡、罚戏等;罚款用途。

4772.《上海县为米业提捐重建米店公所谕示碑》,光绪二十四年九月初七日。原在上海南市区小东门内丹凤楼后。《上海》P364。维护公产。

4773.《潘公祠规条碑》,光绪二十四年九月上浣。河北曲阳县。《北图藏拓》88－24。

4774.《元长吴三县为花素缎机四业各归主顾不得任意搀夺碑》,光绪二十四年九月十九日。江苏苏州姑苏区祥符寺巷机房殿先机道院。《苏州工商》P46;《江苏明清》P18。

4775.《和庚吉外祖父母诰封碑》,光绪二十四年冬月初四日。云南玉龙县营盘村王氏墓地。150＊73＊19。额题"圣旨"。《丽江》P79。敕命。

4776.《锡箔分地销售碑》,光绪二十四年十月二十六日。浙江杭州。《清代工商》P198。告示,行业管理。

4777.《流水铺后牌公议禁令告示碑》,光绪二十四年十月。原在陕西岚皋县大道河镇,后被弃置道旁,断为两截。圆首方趺,227＊97＊12。额刻"禁令永垂"。《安康》P318。乡规、告示,治安。

4778.《养济院碑》,光绪二十四年十一月初一日。云南嵩明县。《北图藏拓》88－28。

4779.《告示碑》,光绪二十四年十一月初六日。广东东莞石碣镇水南村陈氏宗祠。60＊42。《东莞》P211。告示,讼案。

4780.《天分东堰告示碑》,光绪二十四年十一月十九日告示押。陕西勉县黄沙镇。圆首,139＊66＊14。额楷"天分东堰"。10行51字。《秦岭》P156。讼案,田户王希林上告冯树勋案;定水规,发牌放水。

4781.《惠来县正堂告示》,光绪二十四年十二月十一日。广东普宁市(清属惠来县)梅林镇盘龙阁。《广东》P335。乡约圣谕。

4782.《上海县永禁外姓假冒戈老二房牌号出售戈制半夏碑》,光绪二十四年十二月十八日。江苏苏州文庙。额题"奉宪勒石永禁",尾题"发戈老二房裕庆堂勒石遵守"。《江苏明清》P225。标准公文格式,禁假冒商标。

4783.《白河知县豁免杂税告示暨豁免畜税告示碑》,光绪二十四年。陕西白河县构扒镇纸坊村。平首方趺,133＊65。额镌"谨固地方"。《安康》P320。

4784.《月池靖地方安乡间告示碑》,光绪二十四年。陕西岚皋县大道河镇月池台村。《安钧》P254。

4785.《县正堂示碑》,光绪二十四年。陕西城固县原公镇天公庙内。圆首方座,100＊50＊14。阳额"县正堂示",阴额"皇清"。12行25字。《秦岭》P156。官禁、乡禁,禁赌。

4786.《杨填堰用水条规碑》,光绪二十四年。陕西城固县宝山镇。方首,172＊80＊12。12行78字。《秦岭》P157。水规。

4787.《面业公所捐款纪事碑》,光绪二十四年。江苏苏州文庙。额题"奉宪勒石永禁"。盗卖公产、存案立碑,捐款题名。

4788.《老关口寨乡规民约碑记》,光绪二十四年。贵州贵阳花溪区贵筑办事处老关口寨门。110＊60。《苗族卷》P77。

4789.《除暴安良碑》,光绪二十四年。贵州从江县往洞镇宰兰寨。156＊100。额刻"除暴安良"。17行39字。《从江石刻资料汇编》第1集,《侗族卷》P25。晓谕,公文。

4790.《劝孝文》,光绪二十五年(1899)正月十五日。陕西米脂县城郊乡官庄村文昌帝君庙前院。《榆林碑石》P352。

4791.《李家寺捐地碑》,光绪二十五年正月。山东德州陵城区糜镇李家寺村。额刻"万古流芳"。《山东回族》P710。

4792.《县示碑》,光绪二十五年二月十九日示。广东珠海高新区唐家湾镇那洲村东路口。《珠海市文物志》P149;《广东》P214。讼案,县衙调解和裁判外埔与那洲两乡争水道事;斗殴,示禁。

4793.《禁赌碑》,光绪二十五年二月二十四日。广东广州荔湾区华林街庆寿里。

4794.《四伙头共同修理大栗哨塘房事务告示碑》,光绪二十五年三月初一日。原在云南保山隆阳区下巷街市农资公司,现存区文管所。《隆阳》P429。地方公务管理。

4795.《苏州府禁止渔利之徒假冒戈老二房牌号仿单碑》,光绪二十五年三月初四日。江苏苏州文庙。额题"奉宪勒石永禁",尾题"发戈老二房裕庆堂勒石遵守"。标准公文格式,禁假冒商标。

4796.《元和县永禁渔利之徒假冒戈老二房牌号售卖假药碑》,光绪二十五年三月初四日。江苏。《江苏明清》P226。

4797.《上古村禁赌碑》,光绪二十五年三月二十日。河南孟津县平乐镇上古村。132*52。《孟津卷》图P236、文P490。乡禁。

4798.《常熟县规定守城兵目对民间延医接稳不论深夜应立放行不准需索碑》,光绪二十五年三月。江苏。《江苏明清》P672。

4799.《叩山封山碑》,光绪二十五年四月二十六日。云南玉龙县九河乡甸头村山岗。村立。《云南林业》P956。商议护林章程。

4800.《吴兴会馆房产新旧契照碑》,光绪二十五年四月。江苏苏州。载光绪二十五年四月、二十三年十二月、十四年四月,同治八年九月、三年十二月契照。《苏州工商》P48。

4801.《布告碑记》,光绪二十五年六月初一日。山西平定县石门口乡南坪村关帝庙。《三晋总目·阳泉》P45。

4802.《西元山佛殿碑阴》,光绪二十五年六月五日。青海湟中县城鲁沙尔镇西南15公里西元山上。87*59*11。两面刻,19行30余字。《安多》P253。地土四至、纳粮数额。

4803.《屈氏庙置祠宇记》,光绪二十五年六月。江苏常熟碑刻博物馆。

4804.《三合场禁碑》,光绪二十五年八月十三日发文。重庆江津区中山古镇(原名三合场)镇场口小溪桥头道边。129*293。张培田、王娜《三合场禁制作、贩卖发水大米碑析——从法文化视角展开》,《河北法学》2012年4期。

4805.《石后堡东坪争搅在路县署刘正堂特谕》,光绪二十五年八月。山西长治县石后堡村。140*50。《三晋·长治县》P238。公文,讼案;石后堡、东坪两村因水沟争搅,禀官三年,新任县堂出谕和解。

4806.《□□龙洞渠记碑》,光绪二十五年八月。陕西泾阳县王桥镇泾惠渠首碑廊。圆首方座,208*75*16+34。24行41字。《咸阳碑刻》P341。水利。

4807.《重刊清水渠元至顺四年水利纠纷碑》,光绪二十五年菊月。山西洪洞县广胜寺镇北秦村。圆首跌伏,130＊60。额篆"皇清"。25 行 48字。《三晋·洪洞》P589。讼案,打毁分水石,械斗。

4808.《西成杨氏棠荫义塾记》,光绪二十五年十月。浙江宁波海曙区前丰村白云庄。圭首,额题同碑名。221＊113。20 行 41 字。《甬城》P253。记事,公私观。

4809.《新建镇江庙碑记》,光绪二十五年十月。云南鹤庆县辛屯镇新登小学。105＊66＊3。22 行 45 字。《云南道教》P625;《鹤庆碑刻辑录》P153。四至。

4810.《龙胜宝赠上寨永古封碑》,光绪二十五年十一月七日。广西龙胜县乐江乡宝赠村上寨。122＊87。13 行,274 字。《侗族卷》P25。条款,禁约。

4811.《添设牲口行碑》,光绪二十五年十一月。山东菏泽定陶区姑庵寺。173＊65＊19.5。10 行 60 字。碑阳为定陶县张正堂为设牲口行所下批文;碑阴为添设牲口行的股份分配及相关事宜说明。《菏泽》P368。公文,批文。

4812.《和保口官渡记碑》,光绪二十五年仲冬。原在甘肃靖远县城西 4公里处黄河南岩石崖上,现存县博物馆。89＊110＊7.5。《丝绸之路交通碑铭》P77。章程、定价。

4813.《那岸龙村缴纳洋银免供土司挑水劳役碑》,光绪二十五年十二月初五日。广西大新县雷平镇太平社区。《广西》P69。赋役。

4814.《处理杨填堰水利纠纷碑》,光绪二十五年嘉平月(十二月)。陕西城固县杨填堰水利管理站。164＊78＊18。22 行 80 字。《汉中》P87;《秦岭》P157。水案。

4815.《严禁赌博碑》,光绪二十五年。河北保定徐水区东滏山乡东街村。165＊61＊12。碑首题"严禁赌博,办理公差"。《文物河北》下 P613。

4816.《盐志石》,光绪己亥(二十五年)置。山西运城盐湖区池神庙。"降州官运局收发盐志石一样八块"。

4817.《车马驿草章程碑记》,光绪二十五年。河南孟津县麻屯镇庙后村。122＊56。《孟津卷》图 P237、文 P490。

4818.《捐公本纳畜税碑》,光绪二十五年。陕西白河县西沟乡桃园村。《安钩》P139。

4819.《豁免畜税碑》,光绪二十五年。陕西白河县裴家乡陈家庄。《安钩》P140。

4820.《草坪铺禁赌碑》,光绪二十五年。陕西旬阳县城关镇草坪社区。圆首,130 * 70 * 18。《安钩》P256。乡禁;草坪、大岭二铺绅众公议禁赌乡规。

4821.《民约碑》,光绪二十五年。陕西洋县溢水镇玉皇观殿前。圆首,121 * 56 * 13。额篆"皇清"。17行34字。《秦岭》P157。乡约10条,戒赌、孝悌。

4822.《徽州裁革告示碑》,光绪二十五年。甘肃徽县东关清真寺。杨永泰书。《秦岭》P15。

4823.《养济院水旱地契记》,光绪二十五年。青海。《丹噶尔厅志》,《青海》P186。

4824.《永定章程碑》,光绪二十五年。湖北恩施。

4825.《禁山告示碑》,光绪二十五年。湖南湘潭县城南50公里紫荆山帝兴庵。130 * 65 * 7。额刻"禁山告示"。《湖湘碑刻(一)》P57。官禁。

4826.《陶艺花盘行规碑》,光绪二十五年冬。广东广州市博物馆。

4827.《松江府为禁船行管帮私收埠规告示碑》,光绪二十六年(1900)正月十八日。原在上海南市区大东门外淮扬公所。《上海》P73;《松江审判志》P349;《松江文物志》P188。

4828.《禁伤茔树公告碑》,光绪二十六年正月。北京房山区南尚乐村前石门。拓88 * 50。《北图藏拓》88-63。

4829.《昆明县封禁西山煤厂告示碑》,光绪二十六年正月。云南昆明。《北图藏拓》88-84。官禁,风水。

4830.《公议地方永远充当庄头碑》,光绪二十六年二月。河南偃师市山化镇汤泉村。98.5 * 42。《偃师卷》P712。

4831.《新设圣水寺义学碑》,光绪二十六年仲春月。陕西汉中南郑区圣水寺。135 * 80 * 20。额刻"义学"。碑阳刻新设义学碑序,12行40字;碑阴刻校规16条,20行53字。陈鼎周撰,吴盛朝书,孙青云镌。《汉中》P88。

4832.《泉漳会馆房产四址碑》,光绪二十六年仲春。原在上海南市区泉漳会馆(今南园公园)。《上海》P245。契证。

4833.《三义阁碑》,光绪二十六年二月。云南嵩明县。《北图藏拓》88-64。公产、规约。

4834.《苏崇光祠堂碑》,光绪二十六年三月。广西桂林。尾及碑阴刻存案章程。《北图藏拓》88-66。公产、规约。

4835.《劳文毅公祠碑》,光绪二十六年春月。广西桂林中华路劳公祠旧址。拓 140 * 86。《中国西南地区历代石刻汇编》8 - 89,《桂林辑校》P1236。

4836.《施银置地赈济族人碑记》,光绪二十六年清明。山西阳泉市郊区义井镇小河村石家祠堂。《三晋总目·阳泉》P141。

4837.《高南万娄两里定乐户章程序》,光绪二十六年四月十五日。山西洪洞县万安镇韩家庄小学。螭首方趺,62+143 * 59 * 17。额题"万古流传"。13 行 60 字。首题同碑名。《三晋·洪洞》P590。记事,订规,红白喜鼓乐价格,地方乡绅、礼制传统。

4838.《鉴前警后碑》,光绪二十六年四月。山西平定县巨城镇连庄村智觉寺。《三晋总目·阳泉》P46。

4839.《钱氏捐稞生息代纳乡民畜税碑》,光绪二十六年四月。陕西白河县桃园乡向坡村钱世兴家。平首方趺,124 * 66。《安康》P324;《安钧》P141。赋税。

4840.《云山别墅规条碑并跋》,光绪二十六年五月上浣。北京宣武区下斜街。《北图藏拓》88 - 76。会馆公产管理。

4841.《涧池王氏后裔增补族规禀词及汉阴抚民分府批示与告示碑》,光绪二十六年五月立,光绪元年(1875)六月二十二日示。原在陕西汉阴县涧池镇王家祠堂,现存汉阴县城关镇和平街 19 号院。113 * 113 * 7。27 行 24 字。《安康》P328。公文,族权与政权。

4842.《铁道台判武威与民勤两县互控洪水河水源案碑》,光绪二十六年六月刻,光绪七年(1881)八月二十日判。甘肃武威。《武威金石录》P206。立碑为识。

4843.《禁止欠租告示碑》,光绪二十六年七月初五日。广西桂林七星区桂海碑林。3.3 * 2.2 尺。《桂林石刻》P449;《桂林辑校》P1237。

4844.《重修宫殿创制碓磨田产碑记》(2),光绪二十六年八月中浣。云南大理凤仪镇红山村。2 通,86 * 64,89 * 58。额题同碑名。《凤仪》P333。契证,公田坐落、四至、钱粮,乡禁。

4845.《使水合约碑》,光绪二十六年十月初九日。山西介休市洪山镇洪山村源神庙正殿南墙外侧。33 * 53。东河十八村水老人、渠长与张兰镇培原局经理张凤麟同立。《洪洞介休》P254;《山西师大》P291。借水合约。

4846.《凤亭堰公议放水条规碑》,光绪二十六年十月。原在陕西汉阴县涧池镇新华村新铺梁李姓家中,现存县文化馆。50 * 79。24 行 20 字。《安康》P330。

4847.《翁炳南批示大源山管业界碑》(2),光绪二十六年十月。广西灵川县潭下镇蔡岗村公祠。碑两方，65＊46。额题"界碑"。《灵川》P448。讼状，判词。

4848.《镇江丝行告示》，光绪二十六年十一月。江苏镇江焦山碑林。官禁，禁私相买卖赊欠。

4849.《苏州府禁止渔利之徒假冒戈老二房牌号仿单碑》，光绪二十六年十二月二十日。江苏苏州文庙。额题"奉府宪勒石"，尾题"发戈老二房裕庆堂勒石"。《江苏明清》P227。标准公文格式，禁假冒。

4850.《王浩然王友三颂德碑》，光绪二十六年十二月二十三日。北京宣武区牛街礼拜寺。《北图藏拓》88－88。牛街治安、自治。

4851.《上海县为祝其公所事务归南庄值年告示碑》，光绪二十六年十二月二十九日。原在上海南市区里郎家桥西祝其公所。《上海》P306。记事，契证。

4852.《文社章程记》，光绪二十六年。山西襄垣县文庙大殿。《三晋总目·长治》P111。

4853.《文水县知县断明水例碑记》，光绪二十六年。山西文水县南徐村则天圣母庙。方趺，130＊56＊15。文水县准补绛县正堂文撰文。

4854.《黑砚水河井泉碑记》，光绪二十六年。山西盂县，佚。《三晋·盂县》P774。记事，用水争端、两姓具结。

4855.《试资记碑》，光绪二十六年。1986年于陕西户县（今西安鄠邑区）县城府东巷发现，由县文物管理委员会收藏。民国二十二年《重修户县志》，《户县碑刻》P554。

4856.《静宁寺碑》，光绪二十六年。原在四川西昌市高枧乡张林村三组，现存西昌地震碑林。143＊69＊8。额横刻"兆民永遵"。《西昌》P93。寺庙演替世俗，差役规则3条；夷务，除弊，案命处理。

4857.《禁赌碑》，光绪二十六年。1995年在广东徐闻县龙塘镇福居堂村东小溪旁发现。

4858.《柳源堂公禁碑》，光绪二十六年。广东广州番禺区石楼镇大岭村显宗祠前。5行10字。族禁，护族产。

4859.《阖村公山松岭碑记》，光绪二十六年。云南洱源县凤羽新生营头村。村立。《云南林业》P449。乡规，禁伐。

4860.《奉李官立公局禁条》，光绪二十六年。海南东方市。《广东》P1003。综合乡规。

4861.《奉官立禁》，光绪二十七年（1901）正月二十九日。海南万宁市礼纪镇乌石村。《广东》P953。告示，禁砍伐，环保。

4862.《重刊府县禁令碑》,光绪二十七年仲春。陕西旬阳县张坪乡丰溪村。《安钧》P260。综合禁令。

4863.《苏州府吴县示谕禁在太伯庙桥面两旁搭棚盖屋摆店设摊碑》,光绪二十七年三月初一日。江苏苏州文庙。治安,市场管理。

4864.《平龙涧河争水碑记》,光绪二十七年三月。河南新安县磁涧镇南窑社区。《豫西》P330。水案。

4865.《永远遵行碑》,光绪二十七年六月初四日。原在湖北兴山县古夫镇深渡河村,现存县文物管理所。青石质。《兴山》P183。乡规。

4866.《甘结碑》,光绪二十七年六月初十日。云南华宁县盘溪镇北门清真寺。《回族》P664。邪教。

4867.《禁毁践洋墓碑记》,光绪二十七年七月二十一日。山西侯马市晋城博物馆。《三晋·侯马》P159。山西巡抚岑春煊为严禁毁践外国传教士之墓而立碑示谕。

4868.《历年献戏成规碑记》,光绪二十七年九月。山西柳林县香严寺。圆首方趺。10行41字,约390字。

4869.《江宁府规定丝经缎业庄摇车料银一律五两以昭公允碑》,光绪二十七年十月十九日。江苏南京长乐路四圣堂13号济善堂。111.3 * 61。《江苏明清》P470。示禁。

4870.《凤亭堰水分牌暨公议修堰章程碑》,光绪二十七年仲冬月。陕西汉阴县永宁乡民主村三官庙东壁。60 * 120 * 4。《安康》P333;《秦岭》P376。息争,水分牌底册,护堰章程。

4871.《禁约碑》,光绪二十七年十一月。浙江瑞安市林垟镇直洛村河南岸。83 * 45。9行25字。《温州》P805。公议,车骨业行规。

4872.《五山区中寨公众碑》,光绪二十七年冬月二十五日。云南弥勒市。《云南林业》P956。公众立,禁砍禁火,罚牛。

4873.《遏制奢风告示碑》,光绪二十七年十二月二十五日。广东汕头澄海区博物馆。《广东》P296。乡禁,婚娶。

4874.《光绪二十七年税政碑》,光绪二十七年十二月。山东鄄城县文管所。212 * 71 * 23.5。13行70字。《菏泽》P373。袁世凯商定税契章程及山东布政使司为整顿税契出示晓谕。

4875.《杜康胜会碑序》,光绪二十七年季冬月下浣。陕西勉县。《沔阳碑石》P193。行业入会,讼案;"入会必以堂断为则";演戏酬神费用负担。

4876.《重修王母池庙记碑》,光绪二十七年。山东淄博博山区樵岭前风景区王母庙。140 * 60。《博山卷》P654。四至。

4877.《观音寺庙规碑》，光绪二十七年。陕西略阳县观音寺镇。圆首，右上角及下部残缺。107＊75＊10。15行。《秦岭》P158。

4878.《韩家祠堂资产使用办法碑》，光绪二十七年。陕西城固县原公镇韩家祠堂献殿西墙。110＊60。39行25字。《秦岭》P159。

4879.《余书堂独捐畜税碑》，光绪二十七年。陕西白河乡顺水乡关帝庙。《安钧》P142。

4880.《乡立公约碑》，光绪二十七年。湖北宣恩县李家河镇老司城村凉亭桥。125＊75。《苗族卷》P77。护林公约。

4881.《衡州教案碑》，光绪二十七年。原在湖南衡阳市三医院教堂，1962年藏于衡阳市图书馆，现藏衡阳市博物馆。断为两截，文字尚完好。50＊236。35行5字。《湖湘碑刻（一）》P58。光绪二十六年七月初三日"衡州教案"，在外籍教士被杀处立碑道歉。

4882.《永定章程碑》，光绪二十七年。贵州从江县下江镇关帝庙前。碑题"永定章程"。36行69字。《从江石刻资料汇编》第1集，《侗族卷》P25。条规，禁约。

4883.《天宁寺规约》，光绪二十七年。广东雷州市天宁寺。《广东》P560。寺规，世俗化。

4884.《署理灵石县正堂谕》，光绪二十八年（1902）正月二十日。山西灵石县静升镇静升村后土庙，被盗。43＊62。11行12字。《三晋·灵石》P567。豁免面行杂项。

4885.《吴县禁止地棍流氓滋扰友乐公所碑》，光绪二十八年正月二十日。江苏苏州文庙。《江苏明清》P672。敬神。

4886.《章程碑记》，光绪二十八年正月。山西平定县东回镇瓦岭村。《三晋总目·阳泉》P47。乡规。

4887.《山林场权执照碑》，光绪二十八年二月初十日。云南玉溪江川区前卫镇白池古村。《云南林业》P957。官发民立，互争山场案。

4888.《勒石示禁碑》，光绪二十八年三月。浙江瑞安市潘岱街道前垟村小学老校址东首墙角。103＊57。额刻"勒石示禁"。11行23字。《温州》P807。公议，水利。

4889.《厦门清真寺碑记》，光绪二十八年季春。福建厦门思明区公园南路玉屏巷清真寺。《厦门碑铭》P34；《泉州府分册》P1308。公产，禁私卖。

4890.《长洲县示谕保护第一天门地方建复玄坛神像等善举碑》，光绪二十八年四月十六日。江苏苏州。《苏州社会史》P542。治安。

4891.《精忠庙鲁班殿碑》，光绪二十八年四月。北京正阳门外精忠庙鲁班殿南院。碑阴列东西南城瓦作名单及三城值年会首名单。《基尔特》4-631。瓦作长工钱,行规。

4892.《棚行公议碑》,光绪二十八年五月十日。河南开封顺河区清真清真寺。《北图藏拓》88-124。

4893.《重修文昌渠碑》,光绪二十八年五月十日。陕西富平县齐村镇董南村。170*65*25。碑阳18行40字。碑阴三层刻,上中各24行22字,下层12行20字。碑阴为富平县正堂水则告示。《渭南》P53;《富平》P333。告示,水规。

4894.《南山里告示碑》,光绪二十八年季夏刻,二十四年二月十一日告示。云南丽江古城区七河乡后山村。83*77。《丽江》P139。

4895.《观音山护林碑》,光绪二十八年七月初十日。云南洱源县牛街初级中学。约甲人等公立。《洱源县志》P663;《云南林业》P467。官示乡规4条,罚银。

4896.《婚规碑》,光绪二十八年七月。贵州贵安新区马场镇松林村。123*80。《贵州省志·文物志》,《苗族卷》P78。婚俗。

4897.《右谕通知碑》,光绪二十八年八月初六日。重庆黔江城东街道办事处杉木居委一组田土边。酉阳州黔江县府正堂制,告诫乡民加强治安防范。

4898.《钱公祠祭堂田判文碑》,光绪二十八年八月二十一日。云南昆明。《北图藏拓》88-133。

4899.《蔡家东西二村滩地碑》,光绪二十八年九月十三日。陕西西安高陵区张市村。圆首方趺,26+100*61+55。13行38字。《高陵碑石》P81。契证,四至,讼案。

4900.《石鼓判照碑》,光绪二十八年九月二十日。云南玉龙县石鼓镇红军纪念馆。112*56*12。碑文无法识别。《北图藏拓》88-137;《丽江》P224。

4901.《常昭二县规定粪行应设行场不许垄断兜揽以及朋充顶替占埠索扰农民碑》,光绪二十八年九月二十九日。江苏常熟碑刻博物馆。《江苏明清》P672。

4902.《五门堰增订善后章程碑》,光绪二十八年十月。陕西城固县五门堰。145*73*15。24行48字。《汉中》P362;《秦岭》P157。城固知县王世英增订五门堰田赋、经费使用及管理人员事宜。

4903.《苏州府示谕保护面业公所善举碑》,光绪二十八年十一月三日。江苏苏州。《苏州社会史》P286。

4904.《缸船窑户控告胥吏地痞勒派应差需索规费给示勒石永禁告示碑》，光绪二十八年十一月二十七日。原在浙江宁波海曙区县学街郡庙（城隍庙），现嵌天一阁东园游廊壁。《天一阁》P260。行规、罢工等。

4905.《冷泉里该无行户志》，光绪二十八年十一月。山西灵石县两渡镇冷泉村大云寺。50＊80。34行23字《三晋·灵石》P568。驿行争控案。

4906.《办稽雀寺培修记》，光绪二十八年冬月上浣。四川乐山。《乐山历代文集》卷12;《巴蜀佛教》P872。寺产，禁恶棍侵吞霸占。

4907.《当商公会条规》，光绪二十八年十二月十六日。原在北京前门外西柳树井59号当商会馆。《北京工商》P110。典当行规。

4908.《万石岩寺产契约石刻》，光绪二十八年十二月。福建厦门思明区万石莲寺景通桥畔岩壁。《厦门摩崖石刻》P95;《泉州府分册》P1307。互换坟地契约。

4909.《示禁碑》，光绪二十八年十二月。福建泉州。葬界禁令。

4910.《禁止侵占官道告示》，光绪二十八年冬月。广西桂林七星区桂海碑林。106＊75。《中国西南地区历代碑刻汇编》13－96;《桂林辑校》P1241。

4911.《王银哥出售水井碑记》，光绪二十八年。山西灵石县静升镇静升村道左沟水井房。40＊50。22行20字。《三晋·灵石》P569。私井售公合约，记事。

4912.《重刊地契碑》，光绪二十八年。山东淄博博山区颜文姜祠。220＊79＊63。《博山卷》P427。地契、四至。

4913.《顾氏家祠庙碑记》，光绪二十八年。上海浦东新区。《浦东修订》P374。

4914.《奉宪示严禁赌博碑》，光绪二十八年。安徽祁门县历口镇。

4915.《尝思碑记》，光绪二十八年。贵州平坝县民族宗教事务局职工大院。120＊70。《苗族卷》P78。婚俗。

4916.《鼓浪屿工部局地界碑》，光绪二十八年。原在福建厦门鼓浪屿区永春路89号区人民政府，现藏厦门市博物馆。42＊24＊15。《厦门文物志》P102。界碑。

4917.《永定章程碑》，光绪二十八年。广西龙胜县平等镇广南村。183＊91。《侗族卷》P54。告示，科举。

4918.《优免正南路两乡车马差徭碑》，光绪二十九年（1903）正月。河南洛阳洛龙区关林镇关林甬道东侧。192＊61.5＊19.5。碑题"正南路二、三乡出修关林车辆人夫暨优免车马差徭碑"。《关林》P246。两乡祀神演戏花费,植树修理,两乡专支关林大差,其他一概优免。

4919.《善政养民德政碑》,光绪二十九年三月上浣。山东宁阳县文庙。229＊82＊27。碑阴刻光绪二十八年十二月二十四日宁阳县正堂告示。

4920.《施地碑记》,光绪二十九年桃月。山东新泰市禹村镇沈村东寺。80字。《山东回族》P498。

4921.《赔碑罚酒以端习行碑》,光绪二十九年季春。陕西旬阳县康坪乡石岭子。圭首,120＊58＊13。额题"永垂不朽"。《安钧》P253。乡民毁坏晏姓祖坟碑牌,乡绅合议,罚酒立碑;护坟禁伐。

4922.《纪绩碑》,光绪二十九年暮春。福建永春县石鼓镇桃场村魁星岩。《泉州府分册》P898。公产,鸦片。

4923.《祖茔家祠行辈记碑》,光绪二十九年梅月(四月)初四日。山东肥城市安驾庄镇李家炉村李氏祠堂(现为村委办公室)。12行。祖茔坐落、地亩数、尺寸。

4924.《清真寺碑》,光绪二十九年四月上浣。北京海淀区清河镇。碑阴刻寺规及寺产四至。《北图藏拓》88－167。

4925.《奉官勒碑》,光绪二十九年四月十六日。海南三亚崖州区崖城镇港门村。《广东》P956;《海南金石概说》P33。开地纳粮,禁侵占。

4926.《奉官勒碑》,光绪二十九年五月初七日。海南三亚崖州区崖城镇牌坊街吴(江辉)家百年老屋。《海南金石概说》P17。崖州政府布告,学宫经费,不准外人争夺。

4927.《关林住持僧人章程》,光绪二十九年五月十五日。河南洛阳洛龙区关林镇关林鼓楼台基东墙。56.5＊103。《关林》P250。官文。因道人屡次争讼,道士无人妥当,更换僧人住持;庙产管理,田亩地租等开折申府,以各查考。

4928.《石作重定工资订立条规呈请给示勒石告示碑》,光绪二十九年五月二十七日。原在浙江宁波大沙泥街鲁班殿(今宁波第九中学分部),现嵌天一阁东园游廊壁。《天一阁》P262。行规、罢工等。

4929.《奉宪示谕勒石永远》,光绪二十九年五月二十八日示。江苏镇江京口区拖板桥小学。124＊68。16行。《京江遗珠》P111。官禁,米价上涨,瓦木工匠工资;38人联控。

4930.《李氏修祠堂碑》,光绪二十九年五月。山东菏泽牡丹区李氏家祠。169＊61＊18。13行53字。《菏泽》P376。碑阴刻规条及家祠地基数目。

4931.《严禁赌博碑》,光绪二十九年五月。浙江瑞安市临溪乡上园村大池头。108 * 61。16 行 24 字。《温州》P808。禁赌。

4932.《永垂不朽碑》,光绪二十九年六月十五日。贵州天柱县广溪村。李波、姜明《从碑铭看清代清水江下游地区的社会规约》,《原生态民族文化学刊》2013 年 2 期。契约。

4933.《常熟县禁止牙行用无烙之斛碑》,光绪二十九年六月二十六日。江苏。《江苏明清》P672。

4934.《南冯二里修渠及置物产碑记》,光绪二十九年六月。山西芮城县南卫村。碑下部残缺,110 * 55。额题"千秋不朽",下横题"福禄"。8 行 30 字。《河东水利》P207。置产置地银两尺寸。

4935.《捐房碑记》,光绪二十九年六月。山东临清市清真北大寺。《山东回族》P777。铺房捐寺。

4936.《五门堰章程碑》,光绪二十九年七月中浣。陕西城固县五门堰。136 * 82 * 16。28 行 54 字。《汉中》P366;《秦岭》P161。

4937.《五门堰裁减工头人数碑》,光绪二十九年七月中浣。陕西城固县五门堰。142 * 66 * 15。21 行 41 字。《汉中》P369;《秦岭》P161。乡申官禁。

4938.《玉行规约》,光绪二十九年七月。北京和平门外琉璃厂小沙土园 6 号长春会馆。《清代工商》P32;《北京工商》P115;《基尔特》1 - 18。

4939.《曲阳学堂经费记》,光绪二十九年七月。原在河北曲阳县粮食局,现存北岳庙西碑廊。63 * 174 * 20。卧碑,48 行 19 字。曲阳县知事周斯亿撰文。《北岳庙碑刻解读·明清卷(下)》P144。学制改革,书院旧产。

4940.《总办陕西全省洋务查办洛河天主教案告示碑》《洛河教案碑》,光绪二十九年七月。原在陕西平利县洛河镇石桥东头,1972 年移至西安碑林。平首方趺,拓 125.5 * 68.5。12 行 32 字。《安康》P343。

4941.《承先启后碑》,光绪二十九年七月。贵州惠水县岗度镇龙塘村陈氏宗祠。202 * 100 * 19。额刻"承先启后"。《惠水》P69。记文,宗法,家产。

4942.《天主教难碑记》,光绪二十九年八月初二日立。原立山西左云县八台村天主教圣母堂门首,现存八台村新教堂院内。残裂。《三晋·左云》P133。碑阳示谕,碑阴刻死难教徒名。

4943.《静福寺碑》,光绪二十九年八月。北京海淀区香山。碑阴刻寺产四至。《北图藏拓》88 - 185。

4944.《竹隐梁公祠尝数规章碑》,光绪二十九年季秋。广东东莞虎门镇宴岗社区竹隐梁公祠。两石。116 * 56。《东莞》P80。

4945.《源泉平讼记》,光绪二十九年孟月。山西介休市洪山镇洪山村源神庙正殿廊下。螭首方趺,245＊78＊18。阳额"率循罔越",阴额"永垂不朽"。介休知县陈模撰文,介休县典史卫海鸿监刊。《洪洞介休》P257;《晋中》P524;《山西师大》P292。讼案,水利。

4946.《大水渼护林碑》,光绪二十九年十一月初一日。云南鹤庆县草海镇柳绿河村委会大水渼自然村小学校。《云南林业》P475。官示民立,处罚砍林者。

4947.《黄平王家牌王氏族规碑》,光绪二十九年十一月初十日。贵州。154＊87。21行。《贵州省志·文物志》,《苗族卷》P78。

4948.《禁钱业奸商买空卖空诱人赌赛碑》,光绪二十九年十二月十三日。江苏苏州文庙。额题"奉宪示勒石"。诈欺局骗人财物律、窃盗罪、大清律例、奸商把持谋利、金融管理。

4949.《良乡县蠲免差役碑》,光绪二十九年十二月中浣。北京房山区窦各庄。拓18+106＊66。《北图藏拓》88－195。

4950.《禁占发尼妙莲庵址及法嗣示碑》,光绪二十九年十二月十九日。江苏镇江焦山碑林。官禁。

4951.《县属各营汛租归县折价征解碑记》,光绪二十九年十二月。山西左云县管家堡北门外赵俊旧院南房前。圆首方座,167＊63＊18。《三晋·左云》P135。讼案;绅士为防止地租定数随意,向政府诉讼交涉;民间传为"抗粮碑"。

4952.《方山松树记碑》,光绪二十九年十二月。山东昌乐县方山龙神祠。95＊56＊14。《青州昌乐卷》P389。公议,禁伐、盗卖松树。

4953.《晓谕事照碑》,光绪二十九年。河北邢台临城县临城镇南程村北口。190＊57＊24。《文物河北》下P706。

4954.《张庄保善寨碑》,光绪二十九年。河北邢台威县文化局。150＊70＊25。《文物河北》下P743。记事,乡规民约。

4955.《黄大王后裔祭优碑记》,光绪二十九年。河南偃师市岳滩镇王庄村。163＊61。《偃师卷》P717。

4956.《永革马牙行禁宰耕牛碑》,光绪二十九年。陕西汉阴县武庙。汉阴通判王琴心撰。民国《汉阴县志·金石志》。

4957.《砖坪镇压会匪碑》,光绪二十九年。陕西岚皋县溢河乡岚河坝。《安钩》P68。

4958.《重刊县府禁令碑》,光绪二十九年。陕西旬阳县张坪乡。圆首,130＊70。左下部钤"旬阳县印"。《秦岭》P381。

4959.《水木作梓义公所工价及收徒碑》,光绪二十九年。江苏苏州文庙。

4960.《靖州"右仰通知"碑》,光绪二十九年。湖南靖州县城万寿宫。110＊190。《侗族卷》P55。告示,禁滥伐。

4961.《严禁娄索碑》,光绪二十九年。四川渠县水口镇。185＊95＊15。39行,总671字。"速将前县杜令禀定书役规费刊碑印书,以杜娄索而垂久远。仍将所刊碑书,各拓印一纸一本,别禀申赍立案,无徒托诸空言。"后附"杜主旧章碑示"。

4962.《永垂不朽碑》,光绪二十九年。贵州,佚。黔东南州民族博物馆有藏拓。124＊60。《苗族卷》P79。田业分配。

4963.《禁设机器丝厂碑记》,光绪二十九年。广东佛山顺德区。《广东》P427。涉外、洋行。

4964.《封山育林告示碑》,光绪二十九年。云南弥渡县弥渡县红星村。《云南林业》P471。官示民立。

4965.《四川全省提督军门马示碑》,光绪三十年(1904)正月初二日。四川金堂县云顶山庙中。《四川》P337。

4966.《苏州府永禁佃户借端抗租碑》,光绪三十年二月二十二日。江苏苏州吴江区黎里镇柳亚子纪念馆。《苏州》P458。

4967.《禁止砍伐公山树林碑》,光绪三十年二月。云南昆明官渡区瓦角村。《云南林业》P483。官授村立,争公山树木案,四至。

4968.《禁粪业佣工倡众停工碑》,光绪三十年三月十八日。江苏苏州文庙。工资、罢工。

4969.《河道保洁碑》,光绪三十年三月。江苏连云港海州南城镇中大街北大桥南侧李守干家后墙上。《碑文化》P899。环保。

4970.《慧泉寺产业碑记》,光绪三十年辰月(三月)。福建南安市康美镇慧泉寺。《泉州府分册》P704。公产,神罚、诅咒。

4971.《万古千秋碑》,光绪三十年四月二十六日。湖北武汉武昌区大东门东北角双峰山南坡长春观。140＊66。额刻"万古千秋"。14行。《武汉》P70。购买坟地,立契安葬,委托长春观照料;谕饬,置产坐落四至。

4972.《桂林府禁止岑毓英墓地采石烧灰告示》,光绪三十年四月。广西桂林七星区靖江路尧山茅庵坪。94＊78。《中国西南地区历代石刻汇编》13－34,《桂林辑校》P1244。

4973.《王家沟村水利碑记》,光绪三十年五月二十八日。山西灵石县南关镇王家沟村观音庙。60＊75。30行27字。《三晋·灵石》P571。讼案,渠水纠纷。

4974.《净山寺示禁碑》,光绪三十年六月初五日。福建惠安县净峰寺。《泉州府分册》P782。禁砍伐放牧。

4975.《留坝厅水利章程碑》,光绪三十年六月。原在陕西留坝县东门外汉王城三皇庙对面劝耕楼下,现在城关镇大滩村第六组一村民家墙下。两碑并列,168 * 85 * 20。额题"皇清"。51 行 60 字。《汉中》P371;《秦岭》P161。水利章程 12 条。

4976.《华氏宗祠祠田号额碑》,光绪三十年荷月(六月)。原在上海浦东新区黄楼镇杜甫亭华氏宗祠,现藏浦东新区档案馆川沙点库房。130 * 50 * 21。《浦东修订》P377。

4977.《出示晓谕碑》,光绪三十年六月。浙江龙港市肥艚片区东魁河陡门旁。95 * 69 * 9。12 行 25 字。《温州》P1164。公文。

4978.《黑油沟公议禁碑》,光绪三十年七月。陕西安康汉滨区茨沟镇黑牛沟村。平首方趺,106 * 55。额镌"大团公议"。《安康》P347。

4979.《勒石永禁碑》,光绪三十年八月十二日立。原在浙江宁波鲁班殿,现存天封塔。圭首,174 * 74 * 11。额题"奉宪勒石"。20 行 41 字。《甬城》P259。互控,碑证,敬神演戏成规,示禁。

4980.《牛头寺碑》,光绪三十年中秋上浣。陕西勉县老道寺镇叶家沟村牛头寺。《沔阳碑石》P198。寺产界址,粮额水分,被侵占者。

4981.《大小白马渠碑记》,光绪三十年九月。陕西富平县老城武庙西院。160 * 60 * 12。25 行 44 字。《渭南》P194;《富平》P100。讼案,公文,刊碑示谕。

4982.《云州村规民约碑》,光绪三十年秋。云南云县涌宝镇忙亥村村委亮谷村。乡村耆保甲等同立。《云南林业》P475。乡规 10 条,3 条护林。

4983.《法政学堂墙界碑》,光绪三十年十月。浙江杭州孔庙。177 * 65。

4984.《仁和县严禁绉纱机匠滋事文告》,光绪三十年十月给文。浙江杭州孔庙。10 行。年款处钤有印章。165 * 74。《清代工商》P193;《杭州孔庙》P128。告示,禁罢工。

4985.《钱塘县严禁绉纱机匠滋事文告》,光绪三十年十月给文。浙江杭州孔庙。12 行。年款处钤有印章。154 * 74。《杭州孔庙》P127。告示,禁罢工。

4986.《县正堂李示》,光绪三十年十二月二十八日。四川金堂县云顶山庙中。《四川》P338。

4987.《上海县为批准典业同业规条告示碑》,光绪三十年十二月。原在上海南市区吴家弄典业公所。《上海》P409;《清代工商》P88。申请立案。

4988.《典业公所公议章程十则》,光绪三十年十二月。原在上海南市区吴家弄典业公所。《上海》P409;《清代工商》P89。行规。

4989.《龙氏合族公议碑记》,光绪三十年十二月。贵州惠水县三都镇小龙村原龙氏祠堂。110*56。《惠水》P74。记文,礼法,族规。

4990.《创立太平庄附入操记碑》,光绪三十年冬月。陕西户县(今西安鄠邑区)玉蝉乡陂头村空翠堂。螭首龟趺,195*72*18。13行45字。《户县碑刻》P556。太平庄由来,与邻村纠纷及解决之道;移民史。

4991.《奉宪禁打飞禽走兽碑记》,光绪三十年冬月。广东清远市清城区藏霞洞。43*90。阖邑官绅商民同启。《广东》P85;《清远县文物志》P77。乡禁,放生,禁渔猎。

4992.《改恶遵规匾》,光绪三十年。北京正阳门外精忠庙街。《基尔特》4-594。施罚。

4993.《良乡县蠲免差役碑》,光绪三十年。北京房山区。陈秀撰,北图藏拓本。

4994.《天津府正堂关于斗店告示牌》,光绪三十年。在天津红桥区育德庵后街幼儿园发现,现藏红桥区文物保管所。

4995.《与帮庄回回墓另堡分差碑记》,光绪三十年。河北蔚县南留庄镇单堠村关帝庙。邓庆平《华北乡村的堡寨与明清边镇的社会变迁——以河北蔚县为中心的考察》,《清史研究》2009年3期。记事,争讼。

4996.《禁砍伐庙树告示碑》,光绪三十年。陕西留坝县青桥驿乡风云禅寺。《秦岭》P163。

4997.《会同"规围定永"碑》,光绪三十年。湖南会同县粟裕公园。140*70。《侗族卷》P26。禁约。

4998.《落潮井管水碑》,光绪三十年。湖南凤凰县落潮井乡塘桥村南。95*40。《苗族卷》P79。乡规民约。

4999.《遵示永禁碑》,光绪三十年。佚,贵州黔东南州民族博物馆藏拓。119*68。《苗族卷》P79。

5000.《慧泉寺佛祖敕令》,光绪三十年。福建南安市康美镇慧泉寺石柱。《泉州府分册》P704。公产,神罚、诅咒。

5001.《广西布政司饬禁州县官吏丁役需索碑》,光绪三十一年(1905)正月初四日。广西隆林县。《广西》P187。讼费。

5002.《镇江冬赈局祀李长两观察记》,光绪三十一年正月。江苏镇江焦山碑林。赈济。

5003.《楠溪学堂碑》,光绪三十一年孟春月谷旦。温州龙湾区枫林镇中心小学。《温州二集》P229。改设学堂,新政。

5004.《施地圖》,光绪三十一年三月初五日。北京正阳门外精忠庙街。《基尔特》4-599。地与契送公。

5005.《积庆堂碑文》,光绪三十一年三月。福建厦门海沧区东屿下社李氏积庆堂。《泉州府分册》P1319。账目,禁种果品,神主。

5006.《公约碑记》,光绪乙巳(三十一年)桐月(三月)。福建厦门集美区灌口镇铁山村忠惠宫内。104＊50＊10。乡禁族禁,禁赌,罚戏、送官;仿官禁模式。

5007.《清真寺碑》,光绪三十一年四月上浣。北京昌平区沙河镇清真寺。阳额"万古流芳",阴额"勒碑刻铭"。碑阴、侧刻光绪、民国年间舍地、捐资题记。《北图藏拓》89-43。契证。

5008.《恩垂万世碑》,光绪三十一年四月十五日。甘肃舟曲县武坪乡政府北5公里武坪寺院,1990年碑碎。152＊67＊12。额题"恩垂万世"。《甘南金石录》P156;《甘南考古》P167;《安多》P245;《藏族卷》P19。土司制度,禁约条款。

5009.《信碑》,光绪三十一年四月十五日。甘肃甘南八楞寺院大经堂左侧。《甘南考古》P169。土司制度。

5010.《惠阳崇林世居乡规碑》,光绪三十一年孟夏。广东惠州惠阳区镇隆镇大山下村。《广东》P794。

5011.《锡、金二县酒业公所规定造酒坊家捐款标准碑》,光绪三十一年五月初一日。原在江苏无锡市东门外酒仙殿。《江苏明清》P539。

5012.《甬江四明公所由申运枢回籍规约》,光绪三十一年五月。浙江宁波天封塔塔院北。圭首,130＊68＊9。20行42字。《甬城》P264。规章,救济。

5013.《永垂不朽碑》,光绪三十一年五月。贵州惠水县太阳乡董照布依族傍来寨。160＊86。《惠水》P77。判决,晓谕,征税,禁苛加。

5014.《上栅村告示碑》《上栅村乡约碑》(2),光绪三十一年八月初十日详。广东珠海高新区唐家湾镇上栅村合乡祠。《珠海市文物志》P148;《广东》P216。讼案、官禁,禁宗族械斗;县衙平息上栅村与官堂(今观塘村)土地纠纷事。

5015.《同知衔署大理府赵州事》,光绪三十一年八月十六日示。云南大理凤仪镇后山村观音庙(即土主庙)。78＊48。《凤仪》P6。讼案,官禁,禁伐。

5016.《天津穆家庄穆氏阖族禀请天津府宪出示谕禁立案碑》,光绪三十一年九月二十七日。天津。《回族》P653。禁同姓为婚。

5017.《万古碑记》,光绪三十一年九月。贵州惠水县雅水镇播甲村抵降寨道旁。122＊55。上盖碑帽。《惠水》P79。示谕,税规。

5018.《锡金二县规定无帖酒行赶紧赴厘局请帖方准开张碑》,光绪三十一年十月十日。原在江苏无锡东门外酒仙殿。《江苏明清》P540。

5019.《锡金两县与锡金厘局因无帖贩酒谕禁碑》,光绪三十一年十月三十日。江苏无锡碑刻陈列馆。官禁。

5020.《雪峰寺示禁碑》,光绪三十一年十月。福建南安市康美镇雪峰寺山门东墙。240＊80。18行62字。《泉州府分册》P706;《南安》P189。禁规;乡申官禁,禁变卖寺产、禁盗砍;寺产四至,

5021.《族规碑》,光绪三十一年十一月初四日。广东东莞石碣镇水南村陈氏宗祠。40＊66。《东莞》P213。

5022.《云南府严禁婚丧奢费告示碑》,光绪三十一年十二月十日。云南昆明。《北图藏拓》89－80。

5023.《茨达河场晓谕碑》,光绪三十一年十二月十三日。原在四川德昌县茨达乡老街,现存县文管所。164＊90。尾刻"告示。实贴茨达河晓谕勿损"。《凉山》P237。告示,保护道路安全;分段设卡收取哨钱章程十条;约束夷目,照例坐诬。

5024.《卢积善堂产业分单》,光绪三十一年十二月。广东东莞虎门镇村头社区礼屏公祠。108＊70。《东莞》P101。章程,札文。

5025.《社规附记》,光绪三十一年。山西黎城县平头村广志山。《三晋总目·长治》P46。

5026.《普照寺香火田碑记》,约光绪三十一年。山东泰安泰山普照寺筛月亭西侧。298＊86。碑阳15行40字。碑阴刻普照寺置买凤凰庄香火地亩并宅基四至,14行,450字。寺僧立。碑档,普照寺拥有庙田约80大亩。

5027.《江宁缎业公所产业房屋印契不准私典并借给他业占用碑》,光绪三十二年(1906)二月初二日。江苏南京长乐路17号原缎业公所。《江苏明清》P471。示禁。

5028.《纠察使庙致祭禁示碑》,光绪三十二年二月初九日。江苏苏州警察博物馆碑廊。官禁,禁公署借用;祭规。

5029.《六段、三片、六定三村石牌》,光绪三十二年二月十四日。广西金秀县。《广西瑶族》P58。

5030.《东逻村柏山寺公议定条规碑记》,光绪三十二年仲春。山西灵

石县交口乡东逻村柏山寺。40＊80＊14。13行18字。《三晋·灵石》P578。简单村规。

5031.《昆明县义仓碑》，光绪三十二年二月。云南昆明。碑阴刻光绪三十年（1904）云南府批文二道。《北图藏拓》89－90。

5032.《长元吴三县为安怀公所修复银楼同业应遵守定章禁止有意紊乱碑》，光绪三十二年三月。江苏苏州。《清代工商》P116。行规、告示。

5033.《里外两墩禁约碑记》，光绪三十二年三月。福建建瓯市小松镇穆墩村。《建瓯林业志》P553。护林。

5034.《钱业呈请禁止各业股东与经伙串写推据预为讲账地步给示勒石告示碑》，光绪三十二年四月初四日给文。浙江宁波海曙区县学街城隍庙大殿东山墙南。拓168＊63。额题"奉宪勒石"，额题中间钤汉满对照"鄞县之印"篆文。13行45字。《甬城》P266。告示，公文，股东亏耗承担；商会。

5035.《涂家村涂氏新排子号暨祠堂田地山场碑》，光绪三十二年四月十二日。广西灵川县潭下镇涂家村涂氏宗祠。73＊50。额刻"百世流芳"。《灵川》P462。

5036.《立施舍香火地租碑记》，光绪三十二年四月。北京平谷区丫髻山。拓113＊51。额题"万古流芳"，首题同碑名。14行55字。《北京石刻拓本提要》P406。契证，施产。

5037.《龙石北里分理公事记》，光绪三十二年清和月（四月）。山西洪洞县马龙乡红星庄。60＊60。19行2字。《三晋·洪洞》P598。记事，因摊派不公与李村分里应差。

5038.《核定瓜镇义渡总局镇扬芦滩地亩告示碑》，光绪三十二年四月。江苏镇江焦山碑林。产业公示。

5039.《定里小寨"流光百代"碑》，光绪三十二年四月。贵州惠水县抵季乡双屯村定里小寨。140＊74。《惠水》P80。判决，示谕，除附加税。

5040.《太平土州准给邑朝村置丁解置归哨免役执照碑》，光绪三十二年五月初一日。广西大新县雷平镇太平社区。《广西》P70。宗祠、考试、赋役。

5041.《镇江丝行告示碑》，光绪三十二年六月十八日。江苏镇江焦山碑林，残。官禁，可抽厘祭祀。

5042.《苏州府给示保护石作业开办小学碑》，光绪三十二年六月二十八日。江苏苏州文庙。额题"奉宪勒石"。《苏州社会史》P337。公文格式，教育，救济。

5043.《粘章结示勒石遵守》，光绪三十二年六月示。江苏镇江京口区拖板桥小学。170＊64。16行。《京江遗珠》P112。官禁,行规;瓦木工匠涨工价,按米价结算。

5044.《大慈寺碑》,光绪三十二年六月。云南昆明。《北图藏拓》89－99。公款收支明细。

5045.《苏州府示谕保护绣货业锦文公所设立小学碑》,光绪三十二年七月十四日。江苏苏州文庙。尾题"发锦文公所勒石"。《苏州社会史》P338。

5046.《香灯供膳碑》,光绪三十二年仲秋。北京东岳庙。香灯供膳窗户纸会立。会众70人在张家湾、马驹桥等处置地,以岁租供东岳庙之需。

5047.《李氏墓地章程碑》,光绪三十二年桂月。陕西略阳县硖口驿镇李氏家族墓地。圆首,143＊72＊11。额楷"永垂不朽"。20行27字。《秦岭》P163。

5048.《静安寺南翔塔院告示碑》,光绪三十二年九月十五日。上海静安区南京西路静安寺。《上海佛教》P269;《嘉定》P1035。护寺产,治安。

5049.《常熟县永禁虞山采石碑》,光绪三十二年九月十五日。江苏常熟。《江苏明清》P673。

5050.《长元吴三县示谕保护石业公所建立学堂兼办善举碑》,光绪三十二年九月二十三日。江苏苏州文庙。额题"奉宪勒石永守",尾题"发半边街石业公所勒石永禁"。《清代工商》P129。行规,教育,公文格式。

5051.《曹家庄忌赌碑》,光绪三十二年九月。山东青州市黄楼街道大陈村小学。潍邑文生曹序经撰文。后列董事人41人姓名。《青州》P314。乡禁,禁赌,罚则。

5052.《席业捐资置田抚恤贫苦伙友身后呈请给示勒石告示碑》,光绪三十二年九月给文。浙江宁波海曙区县学街城隍庙大殿东山墙北。拓166＊70。额题"永禁变卖"。18行42字。《甬城》P268。告示,众筹置产助贫,印契保管;房产坐落四至。

5053.《新老聚贤会碑》,光绪三十二年秋月。广西桂林七星区桂海碑林。《桂林辑校》P1249。

5054.《傅国公征南落永昌之碑序》,光绪三十二年十月望六日。原在云南保山隆阳区汉庄镇水碓村。《隆阳》P440。契证。

5055.《嘱公严护碑》,光绪三十二年十月二十二日示。山东青州市仰天山文殊寺。拓115＊75。辛庄社等公立。告示,禁伐。

5056.《新寨村众立禁约碑》,光绪三十二年十月二十四日。广西灵川县九屋镇东源村委新寨村。125＊90。额刻"永远遵照"。《灵川》P461。

婚规。

5057.《太平土州准恢复龙头墟永免夫役执照碑》,光绪三十二年十月二十六日。广西大新县雷平镇太平社区。《广西》P71。市场管理、赋役。

5058.《江宁商务总局规定丝缎业各商应给车户工资及尺线标准碑》,光绪三十二年十月二十七日。江苏南京长乐路17号原缎业公所。《江苏明清》P473。示禁。

5059.《广善老会等施钱及地产碑》,光绪三十二年十一月上旬。北京房山区。《北图藏拓》89-112。

5060.《镇江府丝行告示碑》,光绪三十二年十一月十八日。江苏镇江焦山碑林。官禁,公产,行规。

5061.《马神庙马祖殿碑》,光绪三十二年十二月初一日。原在北京崇文门外马神庙。额题“万古流芳”。碑阴题“光绪三十三年十月初八日”。《基尔特》5-1026。各工及长短工价涨幅标准、加班工资、工作时间、放假天数,碑价银。

5062.《永守里严禁承种赔粮荒地碑记》,光绪三十二年十二月初一日。山西稷山县博物馆。《三晋总目·运城》P238。

5063.《江南巡警商务总局规定南京染业春夏秋三季在河漂洗时间地点碑》,光绪三十二年十二月初九日。江苏南京博物院。《江苏明清》P474。示禁、环保。

5064.《平海卫城隍庙示禁碑》,光绪三十二年腊月。福建莆田秀屿区平海镇城隍庙。《兴化府分册》P357。乡禁仿官禁格式,信仰、出游。

5065.《庄分碑》,光绪三十二年。河北赞皇县许亭乡尖山村。圆首,座佚,150*60*20。《文物河北》中P53。记事,讼案;尖山村与周围五村因分界不清引起赋役不均,官府调停,各村分界。

5066.《施地碑》,光绪三十二年。河南偃师市李村镇李东村。130*56。《偃师卷》P723。

5067.《长洲县为起解银两示禁碑》,光绪三十二年。江苏苏州文庙。左下残缺。禁累散匠,引康熙四年(1665)事,审语。

5068.《银楼业安怀公所议定简章十则碑》,光绪三十二年。江苏苏州。《清代工商》P117。行规。

5069.《杜绝卖瓦房文契碑》,光绪三十二年。江苏镇江焦山碑林。合同。

5070.《西溪渡船码头告示》,光绪三十二年。福建厦门同安区。

5071.《刘金照为大塘村众立禁约出示晓谕碑》,约光绪三十二年。广西灵川县九屋镇塘社村小学。130 * 84。《灵川》P463。官批,乡禁。

5072.《奉道宪严禁碑》(2),光绪三十二年。海南琼中县营根街道供销社附近。条例6条,200余字;立碑原因近500字。官禁,禁盗窃牛马、恶棍。

5073.《禁约碑》,光绪三十二年。海南海口琼山区府城镇潭社村边。禁止盗挖莲藕、潭中捕鱼等11项禁条;对用符咒诅杀人并下毒害人、偷盗别人牛马和庄稼果菜及纵牛马损食别人财物等行为,按律法办罪。

5074.《禁革过山漏规碑》,光绪三十三年(1907)正月上浣。内蒙古库伦旗。库伦商会公立。《北图藏拓》89-117。

5075.《清真寺碑》,光绪三十三年正月。北京海淀区安和桥。《北图藏拓》89-118。寺规。

5076.《为水利事布告碑》,光绪三十三年二月二十六日。广西桂林七星区桂海碑林。104 * 69。《中国西南地区历代石刻汇编》13-1521,《桂林辑校》P1252。

5077.《盛氏为留园义庄奏咨立案碑》,光绪三十三年三月。江苏苏州文庙。165 * 82。长洲陈伯玉刻。《苏州社会史》P264;《农业经济碑刻》P38。同治七年(1868)执帖,免差保产印帖。"远师宋范文正公义庄遗意,近参仁和许氏、南皮张氏奏案成法。"

5078.《朝城清真寺地契碑二》,光绪三十三年桃月。山东莘县朝城镇清真寺。《山东回族》P746。地契,四至。

5079.《太平府知府黄凤岐劝善戒盗歌》,光绪三十三年夏闰四月。广西大新县雷平镇太平社区。《广西》P73。治安。

5080.《奉宪示禁碑》,光绪三十三年五月。浙江瑞安市东山街道下埠村镇海道院。115 * 55。10行30字。《温州》P809。保护田园。

5081.《耀明庙建奉香灯斋粮碑记序引》,光绪三十三年六月六日。福建莆田城厢区安福村耀明庙。《兴化府分册》P358。新契约格式,庙产簿。

5082.《俭可养廉告示碑》,光绪三十三年六月十二日。河北保定清真西寺。180 * 68 * 16.5。额刻"俭可养廉"。《回族》P370。婚俗,告示。

5083.《梁正麟为周致骏等所放竹木过一六两都水堰出示晓谕碑》,光绪三十三年七月二十日。广西灵川县潭下镇上黑石码头水井边。106 * 70。《灵川》P467。

5084.《万德禁赌碑》,光绪三十三年七月二十日。云南武定县万德镇政府(原那氏土司衙门)。《楚雄》P135。乡约,禁赌。

5085.《补修庙宇乐楼新建禅室重修看台碑记》,光绪三十三年七月。山西盂县路家村镇清城村文昌庙。133 * 67。额题"流芳百世",碑题同碑名。《三晋·盂县》P497。记事,妇女看戏与男子有别;施买树禁伐。

5086.《吴县谕禁布号发染印花布匹务须随时交货酒资亦照旧章结算银洋查照钱业公所市面作价不准再有停领停交挟制把持勒加酒资抑短洋价情事碑记》,光绪三十三年八月初九日。江苏苏州文庙。《江苏明清》P65;《清代工商》P108。

5087.《振远亭碑》,光绪三十三年九月十八日。云南嵩明县。《北图藏拓》89-130。公款收支。

5088.《立约施地助学碑记》,光绪三十三年秋。山西阳泉市郊区义井镇白羊墅村周家祠堂。《三晋总目·阳泉》P142。

5089.《糖饼行北案重整行规碑》,光绪三十三年十月初八日。原在北京广渠门内栖流所 3 号糖饼行公所。《北京工商》P141;《北图藏拓》89-133。会馆,行规。

5090.《吴长元三县示谕保护水木作梓义公所善举碑》,光绪三十三年十月十九日。江苏苏州文庙。额题"勒石永遵",尾题"发梓义公所勒石"。《苏州社会史》P310。公文格式,教育,救济。

5091.《头摆渡码头、百官船户兰盆会助款入四明公所碑》,光绪三十三年十月。原在上海南市区四明公所。《上海》P360。互助,行规。

5092.《免号麸碑记》,光绪三十三年十一月。山西平定县石门口乡桥头村藏山行祠。《三晋总目·阳泉》P48。乡规。

5093.《合团公议僧人做道场收费碑记》,光绪三十三年十二月。广西灵川县潮田乡扶田村前岭头路上作桥涵洞石。97＊71。额刻"合团公议道场碑记"。秦甫廷撰。《灵川》P471。

5094.《创立免渠租碑记》,光绪三十三年。山西交城县西社镇米家庄村十王庙。嵌壁,46＊63。儒学生员张继立撰,例授监生任爱勇书。《山西师大》P267。

5095.《人字坝碑文记》,光绪三十三年。原在山西赵城县衙,佚。民国《洪洞县水利志补》上卷《通利渠》;《三晋·洪洞》P1108。公文,争讼,立案,渠规。

5096.《五甲新立粮差碑》,光绪三十三年。陕西蒲城县三合乡东贾村。贾正谊撰并书。

5097.《新安中学堂记碑》,光绪三十三年。安徽歙县。

5098.《立永远送铺入寺碑》,光绪三十三年。广东肇庆清真寺。《广东》P655。

5099.《重修金鸡寺小引》,光绪三十三年。云南兰坪县金顶镇金鸡寺。

60＊30。9行29字。《云南道教》P648，《怒江傈僳族自治州文物志》P56，《兰坪白族普米族自治县志》P982。四至。

5100.《马神庙糖饼行整行规碑》，光绪三十四年（1908）正月十八日。原在北京广渠门内栖流所3号糖饼行公所。额题"万古流芳"。《北京工商》P148；《北图藏拓》89－152；《基尔特》5－1028。长工价原因，中人说和，收徒行规，罚戏罚银。

5101.《靛行规约》，光绪三十四年一月。北京前门外珠市口西半壁街49号靛行会馆。《清代工商》P19；《基尔特》3－367。用银规则6条。

5102.《洋海、吐峪沟水案碑》，光绪三十四年二月。原立新疆鄯善县吐峪沟拦水坝上，现藏吐鲁番地区博物馆。99＊66＊17。汉文和维吾尔文。柳洪亮《高昌碑刻述略》，《新疆文物》1991年1期；《西域》P526。水利纷争，官判，告示。

5103.《碧霞元君宫碑》，光绪三十四年三月十五日。北京怀柔区驸马庄。《北图藏拓》89－155。地产。

5104.《香各里雄古村保护水源村规民约碑》，光绪三十四年三月二十一日。云南丽江。《丽江》P229。兴修水利，保护水源。

5105.《泰安社题名碑》，光绪三十四年四月上旬。山东青州市云门山云门洞北口。益都李有经撰。《青州》P61。信仰、神禁。

5106.《精忠庙鲁班殿碑》，光绪三十四年五月。北京正阳门外精忠庙鲁班殿南院。张之洞撰文。《基尔特》4－634。五城瓦作涨工钱。

5107.《番禺县府关于江南义山坟地告示碑》，光绪三十四年六月十一日。原立于广东广州天河区天平架村，1985年迁至新市回族坟场。《回族》P682。护坟。

5108.《府宪禁械斗告示碑》《洪都乡示禁碑》，光绪三十四年六月。福建晋江市东石塔头村刘氏宗祠。《晋江》P78；《泉州府分册》P464。告示，械斗、会盟。

5109.《宏阳渠碑记》，光绪三十四年七月十六日。河南灵宝，佚。民国二十一年《灵宝县志》；《豫西》P274；《中州百县》P1092。官禁章程4条，水规、渠司职责，禁借端科派；照光棍例从严详办；伪碑销毁。

5110.《文昌会馆碑》，光绪三十四年七月。北京。《基尔特》1－59。

5111.《重修天台庙宇碑》，光绪三十四年七月。陕西汉中汉台区武乡镇天台山庙中。156＊83＊18。22行45字。碑中心钤神印一方。《汉中碑石》P375。契证。

5112.《天台山王氏庄界址记》，光绪三十四年七月。陕西汉中汉台区武乡镇天台山庙中。125＊60＊14。首题同碑名。20行36字。王氏三门世孙等同勒石。《秦岭》P163。记事，庄园分界。

5113.《宋氏祖茔禁山碑》，光绪三十四年八月十五日。四川西昌市。《北图藏拓》89－170。风水。

5114.《龙胜粮官禁革碑》，光绪三十四年八月。广西龙胜县平等镇庖田村广南城组，县档案馆存拓。112＊65。《侗族卷》P55。布告，征税。

5115.《上海县为京帮珠玉业借用苏帮公所贸易告示碑》，光绪三十四年九月二十日。原在上海南市区侯家浜公所。《上海》P367；《清代工商》P79。解决帮派之争。

5116.《吴县为从前领业现已改业洋货准将领业公所房屋归并洋货长生会碑》，光绪三十四年十月二十四日。江苏苏州。《清代工商》P164。契证，告示，记事。

5117.《陆军部奏办溥利公司碑》，光绪三十四年十月。北京海淀区清河毛纺厂（原名为溥利公司、清河制呢厂）幼儿园。（52+144+57）＊56＊16。阳额"永垂不朽"，阴额"千古遗风"。碑阴刻公司购置宅地和置换茔地名目。

5118.《王宪示禁毒鱼碑》，光绪三十四年十月。浙江苍南县桥墩镇平水居民区。118＊65＊9。13行38字。《温州》P1166。禁毒鱼。

5119.《县正堂示》，光绪三十四年十一月二十八日。广东湛江。《广东》P472。整顿寺庙，改寺为庵。

5120.《孙钦晃为一六两都管理水堰暨籍商所放竹木过堰发布告示碑》，光绪三十四年十一月二十九日给文。广西灵川县潭下镇倩口村秦氏宗祠。85＊55。《灵川》P469。修堰规条。

5121.《办理江南巡警商务总局为禁染房污染事告示》，光绪三十四年十二月初九日。江苏南京江宁织造博物馆藏拓。尾题"发染业公所"。

5122.《苏州锦文公所置产碑记》，光绪三十四年冬。江苏苏州。《江苏明清》P673。

5123.《糖饼行永远长久碑记》，光绪三十四年。原在北京广渠门内栖流所3号糖饼行公所。《北京工商》P149。会馆，行规，工价，收徒。

5124.《民约碑》，光绪三十四年。河北沙河市青介乡青介村。苏向辰撰。200＊72＊25。《文物河北》下P697。灌溉纠纷，协议。

5125.《戊申较准天平九五秤砝题字》，光绪三十四年。原在山西运城盐湖区安邑镇居民景兴家，1991年捐河东博物馆。50＊31。《盐池碑汇》P206。契证，度量公凭。

5126.《家谱碑》,光绪三十四年。山东济南济阳区回河街道马营村清真寺。《山东回族》P225。捐地四至,禁约。

5127.《严禁差役讹诈告示碑》,光绪三十四年。陕西安康汉滨区铁星乡龙王庙。《安钩》P95。

5128.《严禁奸商漆油掺假碑》,光绪三十四年。陕西紫阳县高桥镇。《安钩》P154。

5129.《榕江岑最契约碑》,光绪三十四年。贵州榕江县寨蒿镇岑最村。95*38。13行40字。碑题"税验买契""立断"。左下角刻民国四年(1915)买卖山林纳税事。9行41字。《榕江县文物名胜志》;《侗族卷》P26。买卖规章,税契。

5130.《高坳告示碑》,光绪三十四年。贵州惠水县好花红镇龙上村高坳寨旁。145*76。碑眉"告示"。《惠水》P82。晓谕,批示;除附加税。

5131.《奉宪建立雷祖章程碑》,光绪三十四年。广东雷州市白沙镇白院村雷祖祠。《广东》P532。

5132.《番禺县府关于江南义山坟地告示》,光绪三十四年。广东广州番禺区。《广州古迹》P125。护林。

5133.《花神庙施地碑》,光绪年间(1875~1908)。北京丰台区花神庙村。《北图藏拓》89-178。旗人包衣施地,康熙帝次子允祀四世孙毓焰施地与花神庙。

5134.《新立皮行碑记》,光绪年间。北京。

5135.《武定府蒲台县漕米章程碑》,光绪年间。山东滨州。北京国家图书馆藏拓。

5136.《泥河两岸官定船价碑记》,光绪年间。河南项城市。张镇芳撰文。《中州百县》P883。记事,商酌定价,报官批准。

5137.《庄里镇换油碑记》,光绪年间(光绪二十九年以后)。陕西富平县文物局。残,32*29*7。15行16字。《富平》图P99、文P207。记事,讼案。

5138.《怀化村水利碑》,光绪年间。陕西蒲城县水利水土保持局,残。《渭南》P56。水规。

5139.《太白庙小龙王沟五堰残碑》,光绪年间。陕西汉阴县小街乡太白庙。方首,残损。100*77*10。额题"亘古常新"。13行。《安康》P355。五堰分水及放水灌田条规。

5140.《马家坪条规碑》,光绪年间。陕西西乡县七星坝村。65*120*10。《秦岭》P386。县丞李春岩所颁示,禁乡民僭越上讼,正官风民俗条规。

5141.《乡规民约碑》,光绪年间。陕西石泉县中坝乡。126*60*7。额题"规章朗据"。《秦岭》P387。

5142.《小尖山庙地契碑》(2),光绪年间。陕西旬阳县尖山乡。《秦岭》P387。

5143.《水利章程碑》,光绪年间。青海循化县积石镇。《回族》P416。争水案。

5144.《公项办学记事碑》,疑光绪年间。湖北兴山县南阳镇百羊寨村。《兴山》P192。

5145.《正堂示碑》,光绪年间。浙江杭州萧山区古等慈寺。绍兴府山阴县保护造纸户挑运白竹纸料。

5146.《勒石永禁》,光绪年间。浙江慈溪市胜山镇政府。

5147.《颜姓公禁石刻》,光绪年间。福建永春县石鼓镇桃场村魁星岩后崖石。《泉州府分册》P903。风水,乡禁。

5148.《广州正堂赏格告示碑》,光绪年间。广东广州先贤古墓。《回族》P394;《广州古迹》P165。告示,护坟。

5149.《护林碑》,光绪年间。广东海丰县莲花山镇金竹寺。

5150.《玉皇阁田租附纪于后》,光绪年间。云南。《云南道教》P558。

5151.《社德堂议禁碑》,光绪年间。海南定安县。《广东》P947。

(十)宣统(1909~1911)

5152.《前调署平阳县知县胡公寿海堕泪碑记》,宣统元年(1909)正月。浙江平阳县东岳观。194*90*10。15行32字。《温州》P1168。

5153.《西大寺护寺告示碑》,宣统元年闰二月十四日。原立于山东济宁西大寺,现存东寺。165*62*19.5。额刻"示禁"。济宁直隶州代理知州示禁。《山东回族》P399。禁止污染清真寺环境。

5154.《王官峪五社八村水规碑》,宣统元年二月十八日。山西永济市王官峪小学。58*150。《河东水利》P208。禀文,水规、罚则,公款收支。

5155.《涧南渠轮灌断结碑》,宣统元年仲春下浣。河南渑池县刘少奇旧居。《豫西》P336。水案。

5156.《洋溪护漆戒碑》,宣统元年二月立石。陕西岚皋县南宫山镇。平首方趺,82*40。额镌"永以为例"。《安康》P356。乡禁,护树、罚跪。

5157.《伍家堰永垂不朽碑》,宣统元年闰二月。80*67*10。重庆。《重庆》P67。告示,禁执戈矛。

5158.《绿豆囤庄井碑》，宣统元年花月（三月）初十日立。山东。额题"万古流芳"。《山东回族》P181。捐（卖）井为公。

5159.《刚铁祠碑》，宣统元年三月十五日。北京石景山区八宝山。《北图藏拓》90－9。庙产讼案。

5160.《重修思豫堂增设公益会记》，宣统元年春月。北京前门外西柳树井。《基尔特》3－416。祀神与会议，公产被夺，回赎，驱逐，定章。

5161.《吴县正堂示禁保护瑞光寺观音院寺产碑》，宣统元年四月初十日。江苏苏州文庙。尾题"发瑞光寺"。劣僧把持寺产、典赎经过。

5162.《和息碑》，宣统元年四月上旬。山西广灵县作疃乡龙神庙。刘兴利《广灵古戏台考述三则》，《山西大同大学学报》2010 年 1 期。争讼和解，记事。

5163.《吴县示谕邓氏开壁仁里碑》，宣统元年四月二十三日。江苏苏州。《苏州社会史》P349。道路、治安。

5164.《四明长生同仁会条规及捐助花名碑》，宣统元年四月。原在上海南市区四明公所。《上海》P268。

5165.《小龙洞口放水石槽碑》，宣统元年五月二十日。云南宜良县玉龙村土主寺前厢房。55＊76。26 行。《宜良碑刻》P12。

5166.《黄峪村告示碑》，宣统元年五月二十五日。山东青州市黄峪村古槐下。额篆"永垂不朽"。年款上有官府印章。尾刻"实贴上黄峪庄"。《山东回族》P337；《青州》P214。公文，禁伐、讼案、防患，授权罚管。

5167.《永定江规碑》，宣统元年五月二十五日。贵州剑河县南孟小学。150＊100。《黔东南苗族侗族自治州志·文物志》；《侗族卷》P55；《苗族卷》P79。商贸出入规则。

5168.《遵圣堂碑》宣统元年五月。湖南隆回县。《回族》P427。教育、寺产专用。

5169.《洪川口石碑文》，宣统元年六月。山东济宁。州庠生马干如书丹，裁皮手艺同行会议刻石。《山东回族》P429；《济宁回族》P34。文书，契约。济宁皮货行会解决劳资矛盾的调停记录。

5170.《奉宪勒石》，宣统元年七月初一日。浙江永嘉县桥下镇徐山村越兴寺大殿西侧墙上。《温州》P238。寺产变学产。

5171.《安平土州批准五处向定规例碑》，宣统元年七月初七日起碑，光绪三十二年（1906）三月十五日批准。广西大新县雷平镇太平社区。《广西》P77。赋役。

5172.《合甲公议古规》，宣统元年七月十五日。山西洪洞县曲亭镇师村。47＊68。24行18字。《三晋·洪洞》P602。公约，公摊公共开支。

5173.《长洲县示谕保护裕才初等小学碑》，宣统元年七月十六日。江苏苏州。《苏州社会史》P339。

5174.《太平土州准设镇墟并免夫役执照碑》，宣统元年八月十五日。广西大新县雷平镇太平社区。《广西》P76。市场管理、赋役。

5175.《王家沟村水利碑记》（补记），宣统元年桂月。山西灵石县静升南关镇王家沟村观音庙。《三晋·灵石》P572。讼案，渠水纠纷。

5176.《捐资修庙碑》，宣统元年秋月。北京门头沟区潭柘寺镇草甸水村。50+116＊52。额题"公议敬善"。《潭柘寺》P457。记事，捐祖遗旗产。

5177.《告示碑》，宣统元年十月二十五日。云南大理凤仪镇乐和村。69＊58。额题同碑名。《凤仪》P224。讼案，告示，霸山骗松、两村争界。

5178.《京师商务总会公廨落成记》，宣统元年十月。北京正阳门外西珠市口路南。《基尔特》5－947。碑档;背景、程序，各行商会及捐款。

5179.《乐善铺示禁碑》，宣统元年十月。福建惠安县城乐善铺。《泉州府分册》P784－785。信仰、僧道。

5180.《山腰教案示禁碑》，宣统元年十一月初五日。福建惠安县，末见。拓本存泉州市文管会。《泉州府分册》P783。禁械斗，条约。

5181.《上海道为苏州珠玉帮新建市场禁止滋扰告示碑》，宣统元年十一月初九日。原在上海南市区侯家浜公所。《上海》P368。

5182.《桃钮村改建庙碑记》，宣统元年黄钟月（十一月）中旬。山西灵石县南关镇桃钮村庙。《三晋·灵石》P581。风水。

5183.《内务府奏请给予住持僧众钱粮疏》，宣统元年十一月立石。北京东城区地安门外帽儿胡同梓潼庙。赵世骏书。《北图藏拓》90－25。

5184.《成都水利府二王庙示谕碑》，宣统元年十一月。四川都江堰市。《都江堰》P128。

5185.《伯哈智墓告示碑》，宣统元年九月初八日告示。北京昌平区南邵镇何营村北。拓44+105＊53。阳额篆"勒碑刻铭"，上为阿文。23行，前10行及最后3行书题记，中间为告示。阴额篆"万古流芳"，汉阿双语。捐资题名25行。《北图藏拓》90－27;《北京石刻拓本提要》P589。

5186.《保护伯哈智墓告示碑》，宣统元年十二月初三日。北京昌平区南邵镇北何家营村。《北图藏拓》90－27。清真寺。

5187.《奉宪勒碑》，宣统元年十二月初六日。浙江瑞安市湖岭镇潘山村陈氏宗社祠。《温州》P810。寺产转学产、讼案。

5188.《江苏农工商务总局为煤炭业设立坤震公所并议定规则准予备案

碑》,宣统元年十二月二十三日。江苏苏州。《清代工商》P179。告示,行业管理。

5189.《长元吴三县为煤炭业整顿行规创建公所准予备案碑》,宣统元年十二月二十六日。江苏苏州文庙。尾题"发堃震公所"。《清代工商》P178。告示,行业管理。

5190.《大横沟村三官庙植树碣》,宣统元年十二月。山西盂县秀水镇大横沟村三官庙。14*24。额题"流芳百世",碑题同碑名。《三晋·盂县》P503。施树、地基。

5191.《锡、金二县纸业公所章程碑》,宣统元年十二月。原在江苏无锡纸业公所。《江苏明清》P541。

5192.《奉宪勒碑》,宣统元年十二月。浙江瑞安市湖岭镇潘山村陈氏宗祠。130*71*15。13行37字。《温州》P810。保护寺产。

5193.《作疃西堡村调解□渠纠纷碑记》,宣统元年。山西广灵县。《三晋总目·大同》P133。讼案。

5194.《排难解纷碑记》,宣统元年。山东济南市中区清真北大寺。61*94*10。《山东回族》P71。公文,讼案;宛庆炎因妻自杀而起纠纷,官府批示公文;买卖契约。

5195.《义仓条规碑》,宣统元年。陕西西乡县葛石乡。西乡县林知县定。《秦岭》P387。义仓管理条规。

5196.《特别告示碑》(2),宣统元年。江苏南京孝陵文武方门和碑殿。高约150。额篆"特别告示",碑文用日、德、英、法、俄等6种文字书写。两江洋务局和江宁府会衔刻制。

5197.《禁碑》,宣统元年。广东海丰县。《广东》P861。官禁,禁轿夫借婚娶勒索。

5198.《南经庄重建本主祠碑记》,宣统元年。云南大理,佚。90*58。20行36字。《云南道教》P655;《大理丛书·金石篇》P238;《大理市古碑存文录》P660。

5199.《江南商务总局禁止缎业人等盗织廖隆盛牌号缎匹以伪乱真碑》,宣统二年(1910)正月十七日。江苏南京长乐路17号原缎业公所。《江苏明清》P476。示禁,商标。

5200.《诉讼简章碑》,宣统二年正月二十三日。原在四川普格县大水塘,现存凉山彝族奴隶社会博物馆。183*43。额刻"永垂千古"。《凉山》P244。告示,禁佐杂擅理再民讼;简章4条,讼费。

5201.《建修庙宇碑》,宣统二年孟春中浣。四川会东县大崇乡小田坝村。107＊52。额刻"万古不朽"。《凉山》P246。记事，户绝施产，寺赎。

5202.《裕才学堂建筑课堂记》，宣统二年季春。江苏苏州。《苏州社会史》P340。

5203.《东街众议管护山场规章》，宣统二年三月十八日。广西灵川县三街镇上东街碾米厂（东街普及义仓遗址）。两石，均95＊60。《灵川》P476。规章。

5204.《集广村何氏祭田碑记》，宣统二年四月初九日。山西灵石县静升镇集广村何氏宗祠。130＊60。22行52字。《三晋·灵石》P584。祠产，碑用。

5205.《重修天仙圣母庙五龙庙碑记》，宣统二年孟夏。山西左权县拐儿镇骆驼村。《三晋·左权》P275。宪政、社会主义与神道设教之关联。

5206.《松筠庵条规》，宣统二年五月一日。北京宣武区达智桥胡同杨椒山祠。拓32＊84。《北图藏拓》90－40。公祠祭规等。

5207.《银田入寺志》，宣统二年五月。福建厦门南普陀寺。《泉州府分册》P1325。遗产入寺，财产处置。

5208.《临桂县禁伐告示》，宣统二年七月初八日。广西桂林七星区桂海碑林。108＊61。《中国西南地区历代石刻汇编》13－108，《桂林辑校》P1256。

5209.《重修吕祖庙记碑》，宣统二年七月。山东淄博博山区开发区伊家楼村九龙峪太平山。120＊75。《博山卷》P457。契证。

5210.《四明公所年庆会会规碑》，宣统二年孟秋。原在上海南市区四明公所。《上海》P273。

5211.《上海县为珠玉业禁售赝品告示碑》，宣统二年八月十三日。原在上海南市区侯家浜。《上海》P369。

5212.《太平土州蠲免渡雁村夫役执照碑》，宣统二年八月十五日。广西大新县雷平镇太平社区。《广西》P83。赋役。

5213.《为强侵水利批据碑》，宣统二年八月十六日重刻，乾隆四十三年（1778）原刻。山西新绛县北董村。142＊84。7行42字。《河东水利》P228。公文，批据、行帖；"永远为据"。

5214.《太平土州批准弄零等村设立墟市执照碑》，宣统二年八月二十日。广西大新县雷平镇太平社区。《广西》P80。市场、赋役。

5215.《太平土州批准中团赞村开墟并免坟丁及夫役执照碑》，宣统二年八月二十日。广西大新县雷平镇太平社区。《广西》P81。市场、赋役。

5216.《永安观庙产碑》，宣统二年九月十六日。北京海淀区五道口西柳村。碑有凿痕多处。《北图藏拓》90－51。公产管理,禁约。

5217.《保护沔县武侯祠财产告示碑》,宣统二年九月二十九日。陕西勉县武侯墓。137＊76＊17。额刻"永垂不朽"。17 行 41 字。汉中府示。《汉中》P378;《沔阳碑石》P248;《秦岭》P168。保全庙产,永禁提捐。

5218.《太平土州蠲免岜凹等村夫役执照碑》,宣统二年十月初一日。广西大新县雷平镇太平社区。《广西》P78。赋役。

5219.《学堂经费管理规则碑》,宣统二年十月下旬。山西平定县锁簧镇里梨林头村老爷庙。《三晋总目·阳泉》P48。教育、学规。

5220.《奉宪议定禁约碑》,宣统二年仲冬月。江苏苏州吴江区黎里镇柳亚子纪念馆藏。《苏州社会史》P580。防匪、治安。

5221.《观音寺封山育林告示碑》,宣统二年十一月。云南昆明西山区碧鸡街道观音山社区观音寺。《云南林业》P497。府县官示村立,越界砍树案、章程 6 条。

5222.《江苏农工商务总局示碑》,宣统二年十二月十三日。江苏苏州文庙。文不清。公益,出售煤炭,行规。

5223.《长元吴三县梳妆公所议定章程碑》,宣统二年冬月刻,光绪十九年(1893)七月二十一日定。江苏苏州文庙。额题"奉宪勒石",尾题"发梳妆公所勒石"。司年立。《清代工商》P122。行规,官印文,告示格式。

5224.《天津县正堂关于斗店告示碑》,宣统二年。天津红桥区北营门东马路 116 号墙外,碑石埋地下约三分之二。

5225.《正太路局路章碑》,宣统二年。河北石家庄火车北站。230＊98＊21+50。"正太路局紧要告白"。《文物河北》中 P6。铁路运行规章摘要,行车治安章程。

5226.《金门闸重修碑》,宣统二年。河北涿州市义和庄镇北蔡村金门闸南墩台碑房内。207＊90。《文物河北》下 P596。

5227.《龙须岩祖师公请官香客示式》,宣统二年。福建南安市。《南安》P191。告示,晓谕。

5228.《永远遵守护林碑》,宣统二年。云南玉溪江川区伏家营社区摆寨村。《云南林业》P502。官示三营众立,禁偷砍。

5229.《保护山林碑》,宣统三年(1911)正月十六日。云南玉溪江川区安化乡香柏甸村。阖村绅老同立。《云南林业》P505。乡禁,禁规 6 条。

5230.《皋兰兴文社记》,宣统三年孟春。原立甘肃皋兰县城延寿巷县儒学。《兰州》P262。教育、学社、公产、商人。

5231.《皋兰修学社记》,宣统三年孟春。原存甘肃皋兰县城延寿巷兴文社,2000 年冬与古建筑一同拆迁。《兰州》P320。学社公产经营管理规则。

5232.《仙游九座寺山田记》,宣统三年正月。福建仙游县凤山乡九座寺。《兴化府分册》P466。公产,寺产簿,禁盗买盗卖。

5233.《太平土州准驮庙开墟免夫役执照碑》,宣统三年二月十四日。广西大新县雷平镇太平社区。《广西》P83。市场、赋役。

5234.《宣统三年匾》,宣统三年二月十八日。北京正阳门外精忠庙鲁班殿南院。《基尔特》4－638。瓦木作长工钱,置义地。

5235.《却吉·夏珠旺嘉、丹增嘉措等人布施银两碑》,宣统三年三月十六日。青海湟中县塔尔寺九间殿左角。135＊69＊11。蒙、藏文。《安多》P172。置产布施管理。

5236.《兰州修学社记》,宣统三年春三月。甘肃兰州。《兰州》P263。学社管理规则。

5237.《河西县正堂记录六次徐为□□□□□□事》,宣统三年三月。云南,佚。《云南道教》P656。公文

5238.《判决坝案碑记》,宣统三年四月十六日具。广西恭城县莲花镇势江村社学遗址。《恭城》P420。

5239.《北口村东坡寺重修碑》,宣统三年孟夏。河北蔚县(飞狐峪)北口村东坡寺。《佛寺与蔚州文化传统》P73。公议修寺规则。

5240.《嵩口重整义渡碑》,宣统三年五月给文。福建永泰县嵩口镇古街尾古码头德星楼下。额横题"重整义渡碑"。钦加五品衔署理永福县际门分司王懋功立。规章。

5241.《边氏宗祠碑》,宣统三年六月上浣。四川西昌市礼州镇边家祠。《北图藏拓》90－84。族产管理。

5242.《精忠庙鲁班殿碑》,宣统三年六月。北京正阳门外精忠庙鲁班殿南院。《基尔特》4－637。瓦作长工钱。

5243.《集广村何氏新立条规碑记》,宣统三年七月二十一日。山西灵石县静升镇集广村何氏宗祠。165＊65＊15。阳额"率由旧章",阴额"理应自警"。16 行 42 字。《三晋·灵石》P590。祠产、宗规。

5244.《重建成性寺碑》,宣统三年七月。江苏无锡碑刻陈列馆。寺产田契保管。

5245.《水木工业公所记》,宣统三年秋七月。原在上海邑庙区(今黄浦区)硝皮弄鲁班殿、轩辕殿水木公所。《江苏明清》P505。

5246.《重修水炉公所碑记》,宣统三年八月七日。江苏苏州文庙。《苏

州社会史》P306。公产，公所溯源。

5247.《李氏祖坟示禁碑》，宣统三年八月十五日。福建永春县，未见。
《泉州府分册》P903。身份变化、保障权益。

5248.《法华献贡老会碑》，宣统三年九月二十五日。北京门头沟区潭
柘寺。拓150*61+21。额题"流芳百世"。《潭柘寺》P411。记事，公议捐
资置地。

5249.《双泉峪村公积银两碑记》，宣统三年九月。山西灵石县翠峰镇
双泉峪村观音楼。《三晋·灵石》P592。修庙赈济用银。

5250.《创办青韭园行历年功绩碑》，宣统三年秋月。原立北京丰台区
樊家村小学。《北京工商》P162；《北图藏拓》90－108。行规记事，牙行经
纪，帮派。

5251.《善庆堂例规碑记》，宣统三年阳月。广东东莞大朗镇高英村善
庆堂。26*50。《东莞》P304。族规。

5252.《合村公议村规则碑》，宣统三年。山西垣曲县。刻于《东滩地界
碑》之阴。《三晋总目·运城》P298。

5253.《合社禁止赌博碑》，宣统三年。安徽祁门县许村。

5254.《灌口凤山祖庙碑记》，宣统二或三年。福建厦门集美区灌口镇
凤山祖庙。《泉州府分册》P1326。公产公信、管理。

5255.《禁伐碑》，宣统年间（1909～1911）。北京昌平区南邵镇何家营
村。溥仪立。护林禁伐。

5256.《北仇村清真寺示禁碑》，宣统年间。山东肥城市边院镇北仇村
清真寺。《山东回族》P601。禁约；汉人不得赶猪从寺前经过，经县府公断
出禁。

5257.《陇右乐善书局章程》，宣统年间。甘肃兰州。《兰州》P268。公
产管理规则。

5258.《护林防火石刻碑》，宣统年间。云南墨江县团田镇帮海村。众
会同立。《云南林业》P509。环保、哈尼族。

（十一）清（1644～1911）

5259.《蒙文碑》，河北平泉县平北镇蒙古营子村。68*23*20。四面刻
蒙文。《文物河北》中P302。四至。

5260.《封山护林碑》，河北秦皇岛抚宁区大新寨镇界岭口村西。方首，

座佚。160＊54＊10。额横题"万古流芳"。《文物河北》中 P388。乡禁,禁伐;封山四至,罚钱。

5261.《九龙山庄园碑》,北京海淀区北安河乡大工村。《北图藏拓》90－135。贝勒府田产谕旨。

5262.《朱子治家格言》,北京宣武区达智桥胡同松筠庵。拓 21＊50,两纸。《北图藏拓》90－159。

5263.《新立皮行碑记》,缺年月。北京前门外大保吉巷。《清代工商》P23;《基尔特》3－547。行规,禁卖偷盗货物。

5264.《南城察院禁伐歙县义园树木告示》,北京。中科院文献情报中心馆藏拓。

5265.《南城察院禁私相租典歙县义园坟旁余地告示》,北京。中科院文献情报中心馆藏拓。

5266.《晓谕客商置办蒙古王公携带土仪到务报税告示》,址不详。中科院文献情报中心馆藏拓。

5267.《灰炭行规碑》,河北石家庄鹿泉区获鹿镇东关。方首,座佚。148＊55＊18。《文物河北》中 P31。行规,灰炭价格及管理处罚条款。

5268.《宣慧河水利规约碑》,河北南皮县乌马营乡范家村南。160＊72＊22。《文物河北》下 P639。

5269.《整肃包公祠规条碑》,河北沧州市区小南门内。85＊190＊20。《文物河北》下 P626。规条。

5270.《县判王肇礼独控十行诉讼案碑记》,山西左云县云兴镇旧家属房前前墙下。140＊70＊12。墙体压碑一半,碑文和立碑时间被遮。《三晋·左云》P141。判词。

5271.《马村吉祥寺残碑》,山西高平市马村村吉祥寺。《高平》P627。充任住持保结状文书。

5272.《文昌帝君谕训碑》,山西沁水县西文兴村文昌阁。31＊72。33行 17 字。《三晋·沁水县》P424。

5273.《相公庙圣谕十六条》,山西沁水县土沃村相公庙。《三晋·沁水县》P554。

5274.《例言十一则》,山西沁水县韩氏祠堂,佚。《三晋·沁水县》P609。族规。

5275.《新定社规碑记》,山西盂县牛村镇南下庄村天子庙。130＊40＊14。额题"流芳百世"。《三晋·盂县》P718。社规,禁约,禁赌、罚戏。

5276.《上王村施地碑记》,山西盂县苌池镇上王村。100＊52＊14。额题"流芳百世"。《三晋·盂县》P719。契证,施地施钱。

5277.《各行鼓手条规》,山西洪洞县曲亭镇曲亭村。左残,58＊80＊11。分上下栏。《三晋·洪洞》P610。乡规,红白喜事,程序、待遇。

5278.《鸡心滩记》,山西永济市,佚。《蒲州府志》卷21;《河东水利》P229。记事,永济与朝邑因滩地讧斗、界地息讼;"示以康熙所定山陕奸民之律"。

5279.《潘侯村滩地口岸记》,山西永济市,佚。崔炳撰文。《永济县志》卷20;《河东水利》P231。记事,明清清丈断案;鱼鳞册,命案。

5280.《洛盂断案碑》,河南孟津县平乐镇张盘村。156＊59。《孟津卷》P265。批断,讼案。

5281.《朝水规则碑》,河南孟津县会盟镇下古村。129＊58。《孟津卷》图P278、文P528。

5282.《广济渠文》,河南三门峡陕州区。民国《陕县志》。水利记事。

5283.《惜字规条》,丁卯七月刻。陕西西安。《北图藏拓》90－175。

5284.《完粮义规碑》,陕西西安长安区黄良乡。圆首方座,156＊62。13行。《秦岭》P398。纳粮条例,严禁交纳"混粮"及罚则。

5285.《好汉地讼案碑》,陕西西安临潼区油槐乡。圆首,120＊55＊15。《秦岭》P394。临潼、渭南二县邑民为"好汉地"归属争讼。

5286.《严禁赌博碑》,陕西韩城市独泉乡石家峪村菩萨庙。9行121字。

5287.《教谕奏疏碑》,陕西韩城市芝川镇南周村玄帝庙。

5288.《怀德渠碑》,陕西富平县老县城武庙旧址西围墙。水利纠纷定案碑记。

5289.《锡水洞地界碑》,陕西蓝田县辋川乡。圆首,断为两截,部分缺失。111＊54。13行。《秦岭》P398。四至。

5290.《遵示禁止强行砍伐林木碑》,陕西西乡县沙河镇马踪滩村。圆首,高108。13行。《秦岭》P402。

5291.《兴化禅院免粮碑》,陕西乾县梁村镇中曲村中曲寺。43＊43。记事。

5292.《会修清野大纲碑》,陕西汉阴县小街乡桃园村。《安钩》P222。

5293.《澄合地界判决碑》,陕西澄城县。

5294.《皋兰兴文社章程》,甘肃兰州。《兰州》P263。学社公产管理。

5295.《大清中堂宪节捐资养羊济贫碑记》,甘肃武威大云寺。167＊72＊16。《武威金石录》P210。告示;17条济规,禁舞弊。

5296.《达尔罕察汗呼图克图布施银两及阿嘉呼图克图禁止僧人住夏期间做泥土活而布施银两碑》,青海湟中县塔尔寺辩经院北侧回郎下。145 * 70。藏文 21 行。《藏族卷》P40。

5297.《蒙古族僧人献银买地供给寺僧口粮碑》,青海湟中县塔尔寺辩经院北侧回廊下。130 * 65。藏文 15 行,蒙古文 14 行。《藏族卷》P41。

5298.《尖扎恰合旦滩地界石刻》,青海尖扎县措周乡。76 * 40。藏文 5 行 67 字。《藏族卷》P53。"恰合旦滩"意为赔偿血案之草地;措周和贾加两部族之草场纠纷,调解。

5299.《禁乌龙潭不许捕鱼永远放生记碑》,江苏南京鼓楼区清凉山东南乌龙潭。

5300.《天平禁山图碑》,江苏苏州文庙。127 * 68。额篆"天平禁山图"。天平山是北宋名臣范仲淹祖坟所在地。

5301.《芙蓉庄土地祠饭僧田记》,江苏常熟碑刻博物馆。

5302.《苏松常镇督粮道杨示禁》,原在江苏常熟道前,现在常熟碑刻博物馆。《江苏明清》P657。官规吏治,诅咒。

5303.《抚院禁约》,原在江苏常熟道前。常熟图书馆藏拓。《江苏明清》P657。官规吏治。

5304.《金匮县奉府遵行征收粮章程示禁碑》,江苏无锡博物院。

5305.《焦山钉界碑》,□□十八年八月初八日。江苏镇江焦山碑林。水利使用划界。

5306.《丹徒县正堂除暴安良示》,江苏镇江焦山碑林。

5307.《太仓州宪贵公拨济育婴堂记》,上海嘉定区秋霞圃碑廊。王鸣盛撰,王鸣韶书并篆额。光绪《嘉定县志》。

5308.《文会条约碑》,安徽歙县雄村镇。

5309.《鲍氏公议敦本户规条》,安徽歙县棠樾村。

5310.《鲍氏公议体源户规条》,安徽歙县棠樾村。

5311.《同结善缘永远管业》,湖北兴山县洪山寺。《兴山》P41。买卖地产。

5312.《禁伐楠木古树碑记》,重庆酉阳县铜鼓乡红井村。110 * 76。《苗族卷》P68。

5313.《土门村冉姓碑》,同治年后。重庆酉阳县南腰界乡土门村。《川东南少数民族史料集》(四川民族出版社 1995)P442。

5314.《永定成规碑》,重庆酉阳县龚滩镇新华社区。163 * 83 * 13。《重庆》P44。规章。

5315.《永禁江桥设市廛记》,浙江余姚市。光绪《余姚县志》卷 1。水利。

5316.《修复三喉示禁碑》,浙江宁波。光绪《鄞县志》卷 6。水利。

5317.《江岸永禁建筑碑》,浙江宁波。光绪《鄞县志》卷 6。水利。

5318.《章程十则碑》,湖南麻阳县博物馆。168＊102。28 行 38 字。《麻阳文史》第 4 期,《苗族卷》P80。

5319.《奉上永革抚苗碑记》,湖南城步县剧团内。70＊270。21 行。城步县知事、长沙县丞曾天用等撰文。《苗族卷》P79。禁碑。

5320.《盔袍会置产碑记》,贵州贵阳中华南路忠烈宫第二进大殿右壁。可辨识。《贵州省志·文物志》P108。记事,清代管理忠烈宫房屋的组织"盔袍会"购置房地产事。

5321.《从江六洞公众禁约碑》,清末民初。贵州从江县下江镇六洞村。《从江石刻资料汇编》第 1 集,《侗族卷》P26。条规,禁约。

5322.《白鹿洞寺售水公示石刻》,福建厦门思明区白鹿洞寺边侧。110＊40。《厦门文物志》P92。民示,公产经营。

5323.《奉宪示禁私挖煤炭者立毙碑》,台湾台北二二八和平公园。

5324.《奉宪分府曾批断东南势田园归番管业界碑》,台湾台北二二八和平公园。划分汉人平埔族土地界线碑。

5325.《经谢理打马众番界址碑》,原在台湾苗栗县三湾乡大河村,现存台北台湾博物馆前小碑林。界碑,示禁。

5326.《严禁北路理番弊端碑记》,台湾台中潭子区潭阳里石碑公园。

5327.《观音埠公记》,台湾台南柳营区神农村镇西宫。水利。

5328.《奉宪严禁碑》,台湾宜兰市中山路昭应宫。台湾通判杨廷理为严禁官吏索取社贴费所刻。

5329.《严禁拦河勒索以安商旅碑》,广东佛山禅城区石湾镇忠信路高庙附属建筑西壁。100＊48。纪年部分嵌入墙内不清。《佛山文物》P98。官禁,禁兵役、水练等勒索客商。

5330.《奉天敕命》,广东东莞市博物馆。残,141＊73＊9。《东莞市博物馆藏碑刻》P108。

5331.《大王宫工丈摩崖》,广东珠海斗门区白蕉镇椗夹村。《广东石刻卷》P123。丈量土地长度标准比照。

5332.《蛇洲岛海界石》,广东珠海香洲区唐家湾镇蛇洲岛附近。《广东石刻卷》P261。

5333.《北山乡税坦碑》(2),一存广东珠海香洲区南屏镇北山村,一藏珠海市博物馆。《珠海市文物志》P163。承粮,碑凭。

5334.《正堂示碑》,广东江门新会区圭峰山石级道。102 * 47 * 12。《广东石刻卷》P205。禁伐。

5335.《通乡禁碑》,广东大埔县湖寮镇莒村村,镶嵌于一店铺外墙。80 * 35。《大埔县文物志》P82;《广东》P896。乡禁,禁伐护路,究官。

5336.《正堂潘给照碑》,广西恭城县观音乡杨梅村杨梅屯仙姑殿遗址,嵌墙。《恭城》P201。

5337.《严令禁长山场四至碑》,广西恭城县观音乡水滨村周家祠堂外墙。《恭城》P221。

5338.《大合祭田分户纳粮碑记》,广西恭城县栗木镇大合村。《恭城》P255。

5339.《立岭崎灰草场合同碑》,广西恭城县栗木镇新村卢氏宗祠。《恭城》P291。定草场界限,免几村争斗。

5340.《三江独峒指路碑》,清末民初,广西三江县独峒乡三省坡大塘坳。100 * 60。《侗族卷》P55。指路,指示。

5341.《邓川州奉道府厅明文碑》,云南宾川县。《鸡足山寺志》卷9。豁免杂役税粮。

5342.《详允鸡山直隶僧仁碑》,云南宾川县。《鸡足山寺志》卷9。豁免杂役税粮。

5343.《金山保护水源告示碑》,云南丽江古城区东山庙,残。《丽江》P232。章程。

5344.《香各里告示碑》,云南玉龙县雄古村民小组内。85 * 58 * 18。碑文基本磨去。《丽江》P228。告示。

5345.《布告碑》,云南昭通市实验小学。昭通府、盐运司、恩安县联合发布。治安。

5346.《抚彝府方山静德寺庄田租佃公判碑》,清末,云南永仁县方山静德寺,残。《楚雄》P355。讼案、林木。

九、年 代 不 详

1.《共住规约碑》,北京东直门内北小街通教寺(尼姑庵)。

2.《梨园重建喜神殿碑》,北京朝阳门外东岳庙喜神殿。《基尔特》4 - 754。非淫祀

3.《北监记事》,中科院文献情报中心馆藏拓。

4.《吏部官诫碑》,中科院文献情报中心馆藏拓。官箴、吏治。

5.《修芦沟桥城堡领工武俊告冤记》,中科院文献情报中心馆藏拓。

6.《为粮官吏不得强雇渔船告示》,天津。

7.《寄东院地亩清册》,河北正定隆兴寺。147 * 67 * 18。碑阴刻寄东院香火地。碑档。

8.《响堂铺义冢碑记》,河北涉县。《涉县志》P961。救济。

9.《永革陋规致祭碑》,山西浑源县。《三晋总目·大同》P77。

10.《觉山寺殿宇地亩碑记》,山西灵丘县城东南 15 公里觉山寺。拓 163 * 69。

11.《白台寺寺规碑》,戊申三月。山西新绛县泉掌镇光马村白台寺。《三晋总目·运城》P212。

12.《施舍香火地功德碑》,山西洪洞县兴唐寺乡兴唐寺。《三晋·洪洞》P679。捐地使用规则。

13.《普照庵常住田地数目碑》,山西洪洞县赵城镇侯村。《三晋·洪洞》P681。四至,使用规则。

14.《"久碑志序"碑》,山西洪洞县堤村乡堤村。字缺损较多。《三晋·洪洞》P689。似为摊派粮差等的乡规。

15.《契约碑》,山西壶关县百尺镇小山村。《三晋总目·长治》P60。

16.《合议村规碑》,山西运城盐湖区陶村镇石碑庄。《三晋总目·运城》P121。

17.《合社规条碑》《寺北村整饬村风碑》,山西运城盐湖区大渠街道寺北村。44＊55。15 行 22 字。《三晋总目·运城》P121;《河东名碑》P421。记事,乡规乡禁;"依律禁止"。

18.《重修玉母池记碑》,山东淄博博山区樵岭前风景区王母庙。130＊65。《博山卷》P655。记事,禁樵采。

19.《谢雄等四兄弟舍地记碑》,山东淄博博山区南博山镇下庄村云行山玉皇庙。残,95＊41＊16。《博山卷》P402。地契,舍地四至。

20.《平度州学田碑》,山东平度。道光《平度州志》卷 34。

21.《戒饬当地碑》,□十二年四月十五日。河南偃师市顾县镇回龙湾村。145＊54。《偃师卷》P732。

22.《看花条规》,正月十五日越十月十八日立。河南偃师市高龙镇火神凹。134＊64。《偃师卷》P733。

23.《立义学田记碑》,陕西安康,佚。陕西提学副使余寅撰。康熙《兴安州志·艺文志》。

24.《榜谕碑》,陕西华阴市。《华山碑石》P269。

25.《延陵义庄规条》,江苏苏州文庙。《苏州社会史》P276。家族善举,教育。

26.《长洲县禁碑》,江苏苏州文庙。文不清。花盐民呈词,相沿成例甚久。

27.《署理苏州府知府平翰禁占寺产碑》,江苏苏州姑苏区枫桥路寒山寺碑廊。官禁,禁占寺产。

28.《社仓事宜碑记》,江苏苏州姑苏区枫桥路寒山寺碑廊。

29.《吴县乡都义役田记碑》,江苏苏州枫桥镇寒山寺碑廊。

30.《靠天吃饭图说》,江苏苏州玄妙观。《苏州社会史》P551。

31.《盛泽永禁浆粉绸碑》,原在江苏苏州吴江区盛泽镇。《江苏明清》P446。公约。

32.《漕运总督收埋流尸告示》,中科院文献情报中心馆藏拓。

33.《南汇提标牧马场地碑界》,上海浦东新区南汇博物馆。《浦东修订》P403。

34.《徽州府正堂严禁碑》,安徽休宁县岩前镇登封桥。

35.《劝忠歌》,湖北潜江市。《潜江贞石记》卷 2。

36.《冉姓龙脉碑》,重庆酉阳县南腰界乡南木村。

37.《巡按浙江监察御史刘禁约碑》,浙江宁波天一阁。《天一阁》P263。诉讼,官禁。

38.《禁采锡矿碑》,湖南江华县沱江镇塘下洞村。

39.《奉诏抚瑶颂》,湖南宁远县舜庙。

40.《泉州府示禁碑》,福建晋江市。《晋江》P69。告示,水利工程。

41.《光塔寺哈亚四卖屋碑》,广东广州。《回族》P395。契证。

42《佛山堡图甲石刻》,明清。广东佛山市博物馆。《佛山文物》P12。契证;"此屋系佛山堡百十九图一甲何允业户输粮管业"。

43.《树木记》,广东东莞。民国《东莞县志》卷95。

44.《敬义碑》,广东江门新会学宫。碑阳刻"敬义";碑阴上方横书"圣谕",下方直书"尔奉尔禄,民膏民脂,下民易压,上天难欺"。官箴。

45.《示禁勒碑》,广东丰顺县。《广东》P904。

46.《天堂义学碑》,广东新兴县。《广东》P734。

47.《桂林府禁止象鼻山附近取土令》,广西桂林象山区东镇路云峰寺门口。《桂林辑校》P1277。

48.《施捐田工碑记》,广西恭城县观音乡观音村大坑底清庙遗址。《恭城》P213。

49.《莫姓捐资振穷规约碑记》,广西恭城县平安乡北溪村莫氏祠堂。74 * 274。《恭城》P444。

50.《宗庙规约碑记》,广西恭城县平安乡北溪村女子学校旧址门前。55 * 92。《恭城》P457。

51.《龙华等五村石牌》,广西金秀县。《广西瑶族》P49。

52.《禁赌碑》,云南广南县那洒镇贵马办事处岜村老人房(壮族)。

附　　录

一、书名简称、全称对照

（按拼音顺序排列）

A：

《安多》→《安多藏族地区金石录》

《安钩》→《安康碑版钩沉》

《安徽》→《安徽通志稿·金石古物考》

B：

《八琼室》→《八琼室金石补正》

《八琼室续》→《八琼室金石补正续编》

《八思巴》→《八思巴字碑刻文物集释》

《巴蜀》→《巴蜀佛教碑文集成》

《巴蜀道教》→《巴蜀道教碑文集成》

《白云观志》→《新编北京白云观志》

《碑林》→《西安碑林全集》

《碑文化》→《中国碑文化》

北大藏拓→北京大学图书馆藏金石拓片

《北京道教》→《北京道教石刻》

《北京佛教》→《北京佛教石刻》

《北京工商》→《明清以来北京工商会馆碑刻选编》

《北京内城》→《北京内城寺庙碑刻志》

《北京石刻拓本提要》→《北京石刻艺术博物馆藏石刻拓本编目提要》

《北京石刻文集》→《北京石刻艺术博物馆建馆十周年纪念文集》

《北图藏拓》→《北京图书馆藏中国历代石刻拓本汇编》

《辨伪录》→《大元至元辨伪录》

《博山卷》→《山东道教碑刻集·博山卷》

《补寰宇》→《补寰宇访碑录》

《补正》→《金石萃编补正》

《不灌而治》→《不灌而治——山西四社五村水利文献与民俗》

C：

《蔡集》→蔡美彪编著《元代白话碑集录》

《蔡集修订》→蔡美彪编著《元代白话碑集录》(修订版)

《草原》→《草原金石录》

《常山》→《常山贞石志》

《重庆》→《重庆市少数民族碑刻楹联》

《重阳宫》→《重阳宫道教碑石》

《崇明》→《崇明历代碑文译注》

《楚雄》→《楚雄历代碑刻》

《萃编》→《金石萃编》

D：

《大理名碑》→《大理历代名碑》

《大苏山》→《大苏山净居寺古碑碣》

《大同新出志石》→《大同新出唐辽金元志石新解》

《大系》→《北京文物精粹大系·石刻卷》

《道教文书》→(日)《蒙古时代道教文书研究》

《道略》→《道家金石略》

《东莞》→《东莞历代碑刻选集》

《东岳庙》→《北京东岳庙与北京泰山信仰碑刻辑录》

《侗族卷》→《中国少数民族古籍总目提要·侗族卷》

《都江堰》→《都江堰市金石录》

《多面相的神仙》→《多面相的神仙·永乐宫的吕洞宾信仰》

F：

《冯碑》→冯承钧编《元代白话碑》

《凤仪》→《大理凤仪古碑文集》

《佛山文物》→《佛山市文物志》

《福建》→《福建金石志》

G：

《甘南金石录》→《甘南藏族自治州金石录》

《甘南考古》→《甘南藏区考古集萃》

《高陵》→《高陵碑石》

《高平》→《高平金石志》

《高雄》→《台湾地区现存碑碣图志：高雄·高雄县篇》

《恭城》→《广西恭城碑刻集》

《固原》→《固原历代碑刻选编》

《关中》→《关中金石记》

《广东》→《广东碑刻集》

《广东金石四》→《广东通志·金石略四》

《广东石刻卷》→《广东文化遗产·石刻卷》

《广西》→《广西少数民族地区石刻碑文集》

《广西瑶族》→《广西瑶族社会历史调查》

《广州府道教》→《广州府道教庙宇碑刻集释》

《广州古迹》→《广州伊斯兰古迹研究》

《桂林辑校》→《桂林石刻总集辑校》

《郭峪》→《古村郭峪碑文集》

H：

《汉中》→《汉中碑石》

《河东》→《河东碑刻精选》

《河东名碑》→《河东百通名碑赏析》

《河东水利》→《河东水利石刻》

《河南山东》→《清代河南、山东等省商人会馆碑刻资料选辑》

《菏泽》→《菏泽市古石刻调查与研究》

《洪洞介休》→《洪洞介休水利碑刻辑录》

《湖北》→《湖北金石志》

《淮安》→《淮安金石录》

《寰宇》→《寰宇访碑录》

《黄河》→《黄河金石录》

《回族》→《中国回族金石录》

《汇编》→《八思巴字蒙古语文献汇编》

《惠水》→《惠水文史资料》第 14 辑

J：

《基尔特》→（日）《北京工商基尔特资料集》

《畿志》→《畿辅通志》

《吉林》→《吉林碑刻考录》

《集跋》→《集古录跋尾》

《嘉定》→《嘉定碑刻集》

《江南道教》→《江南道教碑记资料集》

《江宁》→《江宁金石记》

《江宁待访》→《江宁金石待访目》

《江苏金石十三》→《江苏省通志稿·艺文志三·金石十三》

《江苏明清》→《江苏省明清以来碑刻资料选集》

《戒台寺》→《北京戒台寺石刻》

《金石录》→《金石录校证》

《锦州》→《锦州金石文录》

《晋江》→《晋江碑刻选》

《晋中》→《晋中碑刻选粹》

《京西》→《京西碑石纪事》

《荆门》→《荆门古迹碑文抄注》

《句容》→《句容金石记》

K：

《崆峒山》→《崆峒山金石校释》

《括苍》→《括苍金石志》

《括苍补遗》→《括苍金石志补遗》

L：

《隶释》《隶续》→《隶释·隶续》

《丽江》→《丽江历代碑刻辑录与研究》

《凉山》→《凉山历史碑刻评注》

《两浙》→《两浙金石录》

《辽金元拓片集》→《北京辽金元拓片集》

《辽石》→《辽代石刻文编》

《辽石续》→《辽代石刻文续编》

《临朐卷》→《山东道教碑刻集·临朐卷》

《灵川》→《灵川历代碑文集》

《灵石》→《灵石碑刻全集》

《龙祠》→《山西临汾龙祠水利碑刻辑录》

《隆阳》→《隆阳碑铭石刻》

《陇西》→《陇西金石录》

《陇右》→《陇右金石录》

《楼观》→《楼观千古道刻》

《庐陵》→《庐陵古碑录》

《绿色》→《绿色史料札记——巴山林木碑碣文集》

《滦南》→《滦南古今碑刻选》

M：

《蒙古学》→《蒙古学金石文编题录》

《孟津卷》→《洛阳明清碑志·孟津卷》

《孟子林庙》→《孟子林庙历代石刻集》

《苗族卷》→《中国少数民族古籍总目提要·苗族卷》

《闽中》→《闽中金石略》

《明清佛山》→《明清佛山碑刻文献经济资料》

《明清山西》→《明清山西碑刻资料选》

《明清台湾》→《明清台湾碑碣选集》

《缪目》→《缪荃孙全集·金石一·文字目》

N：

《南安》→《南安碑刻》

《南方回族》→《南方回族碑刻选》

《南海神庙》→《南海神庙碑刻集》

《南京》→《南京历代碑刻集成》

《南门碑林》→《台南南门碑林图志》

《宁波碑碣》→《宁波历代碑碣墓志汇编》

《宁夏碑刻》→《宁夏历代碑刻集》

P：

《平度》→《源远流长的东莱文明——平度历史碑刻研究》

《平祁太》→《平、祁、太经济社会史料与研究》

《屏东》→《屏东县古碑拓帖文集》

《浦东修订》→《浦东碑刻资料选辑（修订本）》

Q：

《戚叔玉》→《戚叔玉捐赠历代石刻文字拓本目录》

《潜跋》→《潜研堂金石文字跋尾》

《秦岭》→《秦岭碑刻经眼录》

《沁水碑》→《沁水碑刻搜编》

《青海》→《青海金石录》

《青州》→《青州碑刻文化》

《青州昌乐卷》→《山东道教碑刻集·青州昌乐卷》

《清代工商》→《清代工商行业碑文集粹》

《庆阳》→《庆阳金石碑铭菁华》

《曲阜碑文录》→《石头上的儒家文献——曲阜碑文录》

《曲阜辑录》1→《曲阜儒家碑刻文献辑录》第1辑

《曲阜辑录》2→《曲阜儒家碑刻文献辑录》第2辑

《曲沃古碑》→《曲沃三十八通古碑注》

《全金》→《全金石刻文辑校》

《全真教》→《金元全真教石刻新编》

《泉州府分册》→《福建宗教碑铭汇编·泉州府分册》

R：

《入门》→《鲍培八思巴蒙古语文献研究入门》（修订本）

S：

《三晋·安泽》→《三晋石刻大全·临汾市安泽县卷》

《三晋·长治县》→《三晋石刻大全·长治市长治县卷》

《三晋·浮山县》→《三晋石刻大全·临汾市浮山县卷》

《三晋·洪洞》→《三晋石刻大全·临汾市洪洞县卷》

《三晋·侯马》→《三晋石刻大全·临汾市侯马市卷》

《三晋·壶关》→《三晋石刻大全·长治市壶关县卷》

《三晋·黎城县》→《三晋石刻大全·长治市黎城县卷》

《三晋·灵丘》→《三晋石刻大全·大同市灵丘县卷》

《三晋·灵丘续》→《三晋石刻大全·大同市灵丘县续编》

《三晋·灵石》→《三晋石刻大全·晋中市灵石县卷》

《三晋·宁武》→《三晋石刻大全·忻州市宁武县卷》

《三晋·蒲县》→《三晋石刻大全·临汾市蒲县卷》

《三晋·沁水县》→《三晋石刻大全·晋城市沁水县卷》

《三晋·沁源县》→《三晋石刻大全·长治市沁源县卷》

《三晋·曲沃》→《三晋石刻大全·临汾市曲沃县卷》

《三晋·寿阳县》→《三晋石刻大全·晋中市寿阳县卷》

《三晋·太原古交》→《三晋石刻大全·太原市古交市卷》

《三晋·屯留》→《三晋石刻大全·长治市屯留县卷》

《三晋·杏花岭》→《三晋石刻大全·太原市杏花岭区卷》

《三晋·盐湖区》→《三晋石刻大全·运城市盐湖区卷》

《三晋·阳城》→《三晋石刻大全·晋城市阳城县卷》

《三晋·尧都区》→《三晋石刻大全·临汾市尧都区卷》

《三晋·盂县》→《三晋石刻大全·阳泉市盂县卷》

《三晋·左权》→《三晋石刻大全·晋中市左权县卷》

《三晋·左云》→《三晋石刻大全·大同市左云县卷》

《三晋总目·长治》→《三晋石刻总目·长治市卷》

《三晋总目·大同》→《三晋石刻总目·大同市卷》

《三晋总目·阳泉》→《三晋石刻总目·阳泉市卷》

《三晋总目·运城》→《三晋石刻总目·运城地区卷》

《山东回族》→《山东回族金石录集注》

《山西地震》→《山西地震碑文集》

《山西师大》→《山西师范大学戏曲博物馆馆藏拓本目录》

《山西续二》→《明清山西碑刻资料选·续二》

《山西续一》→《明清山西碑刻资料选·续一》

《山右》→《山右石刻丛编》

《山左》→《山左金石志》

《上海》→《上海碑刻资料选辑》

《上海佛教》→《上海佛教碑刻文献集》

《韶关》→《韶关历代寺院碑记研究》

《十二砚斋》→《十二砚斋金石过眼录》

《石景山》→《北京市石景山区历代碑志选》

《释要》→《中国历代名碑释要》

《授堂》→《授堂金石文字续跋》

《四川》→《四川历代碑刻》

《嵩山》→《嵩山、少林寺石刻艺术大全》

《苏州工商》→《明清苏州工商业碑刻集》

《苏州社会史》→《明清以来苏州社会史碑刻集》

T：

《台南》→《台南古碑志》

《台湾南部》→《台湾南部碑文集成》

《台湾中部》→《台湾中部古碑文集成》

《台州》→《台州金石录》

《泰和》→《泰和古碑存》

《潭柘寺》→《潭柘寺碑记》

《天书地字》→《天书地字·大伾文化（二）》

《天一阁》→《天一阁明州碑林集录》

W：

《未刻稿》→《金石萃编未刻稿》

《温州》→《温州历代碑刻二集》

《温州碑刻》→《温州历代碑刻集》

《文物河北》→《中国文物地图集·河北分册》

《文物陕西》→《中国文物地图集·陕西分册》

《无锡》→《无锡碑刻陈列馆》

《吴兴》→《吴兴金石记》

《武当山》→《武当山金石录》(第一册)

《武汉》→《千年刻石话遗珍——武汉地区摩崖石刻调查》

《武夷山》→《武夷山摩崖石刻与武夷文化研究》

X：

《西昌》→《西昌地震碑林》

《西域》→《西域碑铭录》

《戏曲碑刻》→《山西戏曲碑刻辑考》

《小林》→(日)小林隆道《宋代中国の统治と文书》

《新日下》→《新日下访碑录(房山卷)》

《兴化府分册》→《福建宗教碑铭汇编·兴化府分册》

《兴山》→《兴山古今碑刻选》

Y：

《盐池碑汇》→《河东盐池碑汇》

《偃师卷》→《洛阳明清碑志·偃师卷》

《甬城》→《甬城现存历代碑碣志》

《右任旧藏》→《西北民族大学图书馆于右任旧藏金石拓片总目录提要》

《蔚县》→《蔚县碑铭辑录》

《豫西》→《豫西水碑钩沉》

《元代汉语》→《八思巴字与元代汉语》(增订本)

《越中》→《越中金石记》

《粤东》→《粤东金石略》

《粤西》→《粤西金石略》

《云南道教》→《云南道教碑刻辑录》

《云南古碑》→《云南古碑精选》

《云南林业》→《云南林业文化碑刻》

《云居寺》→《云居寺贞石录》

Z：

《藏族卷》→《中国少数民族古籍总目提要·藏族卷·铭刻类》

《中研院》→台湾中研院史语所傅斯年图书馆所藏《辽金石刻拓本目录》

《中原》→《中原贞石墨影》

《中州》→《中州金石记》

《中州百县》→《中州百县水碑文献》
《钟祥》→《钟祥金石考》
《涿州佛教》→《古涿州佛教刻石》

二、主要参考书目

（一）综合书目（按类别及出版先后顺序排列）

林荣华校编：《石刻史料新编》1 辑,台湾新文丰出版公司,1977、1982

林荣华校编：《石刻史料新编》2 辑,台湾新文丰出版公司,1979

林荣华校编：《石刻史料新编》3 辑,台湾新文丰出版公司,1986

北京图书馆金石组编：《北京图书馆藏中国历代石刻拓本汇编》101 册,中州古籍出版社,1989～1997

中国东方文化研究会历史文化分会编：《历代碑志丛书》,江苏古籍出版社,1998

重庆市博物馆编：《中国西南地区历代石刻汇编》(全 20 册),天津古籍出版社,1998

北京图书馆古籍出版编辑组编：《北京图书馆古籍珍本丛刊》,书目文献出版社,1998

国家图书馆善本金石组编：《先秦秦汉魏晋南北朝石刻文献全编》(全 2 册),北京图书馆出版社,2003

国家图书馆善本金石组编：《隋唐五代石刻文献全编》(全 4 册),北京图书馆出版社,2003

国家图书馆善本金石组编：《宋代石刻文献全编》(全 4 册),北京图书馆出版社,2003

国家图书馆善本金石组编：《辽金元石刻文献全编》(全 3 册),北京图书馆出版社,2003

国家图书馆善本金石组编：《明清石刻文献全编》(全 3 册),北京图书馆出版社,2003

《中国方志丛书》,台湾成文出版社,1966—1985

天一阁博物馆编：《天一阁藏历代方志汇刊》,国家图书馆出版社,2017

杜洁祥主编：《中国佛寺史志汇刊》第 1、2 辑,台北明文书局,1980

杜洁祥主编：《中国佛寺史志汇刊》第 3 辑,丹青图书有限公司,1985

白化文、张智主编:《中国佛寺志丛刊》130 册,广陵书社,1996、2011

沈云龙主编:《中国名山胜迹志丛刊》6 辑 58 册,台北文海出版社,1971～1983

石光明等主编,国家图书馆分馆编:《中华山水志丛刊》,线装书局,2004

〔清〕董浩等编:《全唐文》,中华书局,1983

〔清〕陆心源:《唐文续拾》9 辑,中华书局,1983

吴钢主编:《全唐文补遗》,三秦出版社,1994～2007

〔清〕缪荃孙辑:《辽文存》,吉林人民出版社,1998

〔清〕张金吾辑:《金文最》,道光六年爱日精庐抄本

〔元〕苏天爵:《国朝文类》,《四部丛刊集部》2016～2035 册,北京图书馆出版社,2006

李修生编:《全元文》,江苏古籍出版社,1999～2004

(清)黄宗羲:《明文海》,中华书局,1987

《明太祖实录》,台湾"中研院"史语所校勘本,1962

《皇明宝训》,《明实录》附录五,台湾"中研院"史语所校印本,1962

〔宋〕范仲淹:《范仲淹全集》,李勇先、王蓉贵校点,四川大学出版社,2007

〔清〕范能濬编集:《范仲淹全集》,薛正兴校点,凤凰出版社,2004

〔元〕释祥迈:《大元至元辨伪录》,《北京图书馆古籍珍本丛刊》77 辑

〔元〕陶宗仪:《南村辍耕录》,中华书局,2004

〔元〕李志常:《长春真人西游记》,党宝海译,河北人民出版社,2001

〔明〕郎瑛:《七修类稿》,上海书店出版社,2001

〔明〕叶盛:《水东日记》,魏中平点校,中华书局,1980

〔清〕于敏中等编纂:《日下旧闻考》,北京古籍出版社,1983

彭泽益主编:《中国工商行会史料集》,中华书局,1995

张传玺主编:《中国历代契约会编考释》,北京大学出版社,1995

北京市档案馆编:《北京会馆档案史料》,北京出版社,1997

(二)传统金石志(同一朝代按作者音序排列)

〔宋〕陈思纂辑:《宝刻丛编》,《石刻史料新编》1 辑 24 册

〔宋〕陈思纂辑:《宝刻丛编》,浙江古籍出版社,2012

〔宋〕洪适:《隶释·隶续》,中华书局,1985、2012

〔宋〕欧阳修:《集古录跋尾》,邓宝剑等笺注,人民美术出版社,2010

〔宋〕赵明诚撰,金文明校证:《金石录校证》,上海书画出版社,1985

〔宋〕赵明诚撰,金文明校证:《金石录校证》,广西师范大学出版社,2005

〔元〕潘昂霄：《金石例》，《石刻史料新编》3 辑 39 册

〔明〕都穆：《金薤琳琅》，《石刻史料新编》1 辑 10 册

〔明〕赵崡：《石墨镌华》，《石刻史料新编》1 辑 25 册

〔清〕毕沅：《中州金石记》，《石刻史料新编》1 辑 18 册

〔清〕毕沅：《关中金石记》，《石刻史料新编》2 辑 14 册

〔清〕毕沅：《山左金石志》，《石刻史料新编》1 辑 19 册

〔清〕陈昌斋等：《广东通志·金石略》（《广东金石略》），《石刻史料新编》3
　　辑 20 册

〔清〕陈棨仁：《闽中金石略》，《石刻史料新编》1 辑 17 册

〔清〕丁宝书：《长兴碑碣志》，《石刻史料新编》3 辑 8 册

〔清〕杜春生：《越中金石记》，《石刻史料新编》2 辑 10 册

（清）范邦甸等：《天一阁碑目》，上海古籍出版社，2010

〔清〕樊彬辑：《畿辅碑目》，《石刻史料新编》2 辑 20 册

〔清〕方履籛：《金石萃编补正》，《石刻史料新编》1 辑 5 册

〔清〕方履籛辑：《河内金石志》（《河内县志》卷 20—21《金石志》），《石刻
　　史料新编》3 辑 29 册

〔清〕冯登府：《金石综例》，《石刻史料新编》3 辑 39 册

〔清〕冯登府：《闽中金石志》，《石刻史料新编》1 辑 17 册

〔清〕冯云鹓：《济南金石志》，济南出版社，2016

〔清〕顾炎武：《金石文字记》，《石刻史料新编》1 辑 12 册

〔清〕顾炎武：《求古录》，《石刻史料新编》3 辑 2 册

〔清〕郭麐：《金石例补》，《石刻史料新编》2 辑 17 册

〔清〕洪颐煊：《平津读碑记附三续》，《石刻史料新编》1 辑 26 册

〔清〕胡聘之：《山右石刻丛编》，《石刻史料新编》1 辑 20—21 册

〔清〕黄瑞辑：《台州金石录》，《石刻史料新编》1 辑 15 册

〔清〕黄叔璥：《中州金石考》，《石刻史料新编》1 辑 18 册

〔清〕李调元：《金石存》，《石刻史料新编》1 辑 9 册

〔清〕李遇孙：《括苍金石志》，《石刻史料新编》1 辑 15 册

〔清〕梁廷枏：《金石称例》，《石刻史料新编》3 辑 40 册

〔清〕刘宝楠：《汉石例》，《石刻史料新编》3 辑 40 册

〔清〕刘喜海：《金石苑》，《石刻史料新编》1 辑 9 册

〔清〕陆继萼：《登封金石录》，《石刻史料新编》3 辑 29 册

〔清〕陆心源：《吴兴金石记》，《石刻史料新编》1 辑 14 册

〔清〕陆耀遹纂、陆增祥校订：《金石续编》，《石刻史料新编》1 辑 4—5 册

〔清〕陆增祥:《八琼室金石补正》,《石刻史料新编》1 辑 6—8 册

〔清〕陆增祥:《八琼室金石补正》,文物出版社,1985

〔清〕陆增祥:《八琼室金石补正续编》,《续修四库全书》899—901 册,上海
　　古籍出版社,2002

〔清〕毛凤枝:《关中石刻文字新编》,《石刻史料新编》1 辑 22 册

〔清〕缪荃孙:《艺风堂金石文字目》,《石刻史料新编》1 辑 26 册

〔清〕倪涛:《六艺之一录》,《石刻史料新编》4 辑 3—6 册

〔清〕钱大昕:《范氏天一阁碑目》,《石刻史料新编》2 辑 20 册

〔清〕钱大昕:《潜研堂金石文跋尾》,《历代碑志丛书》3 册

〔清〕钱大昕:《潜研堂金石文跋尾》,陈文和主编《嘉定钱大昕全集(陆)》,
　　江苏古籍出版社,1997

〔清〕阮福:《滇南古今石录》,《石刻史料新编》1 辑 17 册

〔清〕阮元:《两浙金石志》,《石刻史料新编》1 辑 14 册

〔清〕沈涛:《常山贞石志》,《石刻史料新编》1 辑 18 册

〔清〕盛昱辑:《雪屐寻碑录》,《石刻史料新编》3 辑 2 册

〔清〕孙星衍:《寰宇访碑录》,《石刻史料新编》1 辑 26 册

〔清〕孙星衍:《京畿金石考》,中华书局,1985

〔清〕汪鋆:《十二砚斋金石过眼录》,《石刻史料新编》1 辑 10 册

〔清〕王昶:《金石萃编》,《石刻史料新编》1 辑 1—4 册

〔清〕王昶:《金石萃编》,中国书店,1985

〔清〕王昶、罗振玉编:《金石萃编未刻稿》,《石刻史料新编》1 辑 5 册

〔清〕王芑孙:《碑版文广例》,《石刻史料新编》3 辑 40 册

〔清〕翁方纲:《粤东金石略》,《石刻史料新编》1 辑 17 册

〔清〕吴荣光:《佛山忠义金石志》(《佛山忠义乡志》卷 12《金石志》),《石
　　刻史料新编》3 辑 21 册

〔清〕吴式芬辑录:《攈古录金文》,中国书店,2011

〔清〕武亿:《安阳县金石录》,《石刻史料新编》1 辑 18 册

〔清〕武亿:《授堂金石文字续跋》,《石刻史料新编》1 辑 25 册

〔清〕武亿:《宝丰金石志》(《宝丰县志》卷 14—19),《石刻史料新编》3 辑
　　30 册

〔清〕谢启昆:《粤西金石略》,《石刻史料新编》1 辑 17 册

〔清〕熊象阶:《浚县金石录》,《石刻史料新编》2 辑 14 册

〔清〕严观:《江宁金石记附待访目》,《石刻史料新编》1 辑 13 册

〔清〕杨世沅:《句容金石记》,《石刻史料新编》2 辑 9 册

〔清〕姚晏：《中州金石目》，《石刻史料新编》3 辑 36 册

〔清〕叶昌炽撰、柯昌泗评：《语石·语石异同评》，陈公柔等点校，中华书局，1994

〔清〕叶昌炽：《语石校注》，韩锐校注，今日中国出版社，1995

〔清〕叶奕苞：《金石录补》，《石刻史料新编》1 辑 12 册

〔清〕叶奕苞：《金石录补续跋》，《石刻史料新编》1 辑 12 册

〔清〕张仲炘：《湖北金石志》，《石刻史料新编》1 辑 16 册

〔清〕赵钺、劳格：《唐御史台精舍题名考》，张忱石点校，中华书局，1997

〔清〕赵绍祖：《金石文钞》，《石刻史料新编》2 辑 7 册

〔清〕赵绍祖：《安徽金石略》，《石刻史料新编》1 辑 16 册

〔清〕赵绍祖：《安徽金石略》（《赵绍祖金石学三种》），牛继清、赵敏点校，黄山书社，2011

〔清〕赵之谦：《补寰宇访碑录》，《石刻史料新编》1 辑 27 册

〔清〕朱记荣：《金石全例》，北京图书馆出版社，2008

〔清〕朱一新纂：《德庆金石志》，《石刻史料新编》3 辑 22 册

〔清〕周荣椿：《处州金石志》，《石刻史料新编》3 辑 10 册

〔清〕邹柏森：《括苍金石志补遗》，《石刻史料新编》2 辑 10 册

〔民国〕丁祖荫：《常昭金石合志》，《石刻史料新编》3 辑 5 册

〔民国〕福建通志局纂：《福建金石志》，《石刻史料新编》2 辑 15 册

〔民国〕甘鹏云：《潜江贞石记》，《石刻史料新编》3 辑 14 册

〔民国〕贾恩绂：《定县金石志余》，《石刻史料新编》3 辑 24 册

〔民国〕李权：《钟祥金石考》，《石刻史料新编》1 辑 16 册

〔民国〕罗福颐：《满洲金石志附别录》，《石刻史料新编》1 辑 23 册

〔民国〕罗福颐：《满洲金石志补遗附外编》，《石刻史料新编》1 辑 23 册

〔民国〕罗振玉录：《楚州金石录》，《石刻史料新编》2 辑 9 册

〔民国〕罗振玉：《蒿里遗珍考释》，罗继祖主编《罗振玉学术论著集》第 3 集，上海古籍出版社，2013

〔民国〕缪荃孙：《江苏金石志》，《石刻史料新编》1 辑 13 册

〔民国〕潘鸣凤：《昆山见存石刻录》，《石刻史料新编》2 辑 9 册

〔民国〕邵启贤辑：《赣石录》，《历代石刻史料汇编》14 册

〔民国〕武树善：《陕西金石志附补遗》，《历代碑志丛书》17 册

〔民国〕徐乃昌：《安徽通志稿·金石古物考》，《石刻史料新编》3 辑 11 册

〔民国〕叶为铭辑：《歙县金石志》，《石刻史料新编》1 辑 16 册

〔民国〕于树滋：《瓜洲碑目续志》，《石刻史料新编》3 辑 6 册

〔民国〕杨殿珣:《石刻题跋索引》,《石刻史料新编》1 辑 30 册

〔民国〕张维:《陇右金石录》,《石刻史料新编》1 辑 21 册

张江裁辑:《北京梨园金石文字录》,张次溪主编《清代燕都梨园史料正续
　　编》下册,中国戏剧出版社,1988

（三）地方志、寺观志、水利志等（同一朝代按作者音序排列）

〔宋〕潜说友:《咸淳临安志》,浙江古籍出版社,2012

〔宋〕郑瑶、方仁荣:《景定严州续志》,商务印书馆,1936

〔宋〕周应合:《景定建康志》,南京出版社,2009

〔元〕熊梦祥:《析津志辑佚》,北京古籍出版社,1983

〔元〕张铉:《至大金陵新志》,上海古籍出版社,1987

〔明〕程嘉燧:《常熟县破山兴福寺志》,《中国佛寺史志汇刊》1 辑 35 册

〔明〕刘浚:《孔颜孟三氏志》,《北京图书馆古籍珍本丛刊》14 册

〔明〕刘侗、于奕正:《帝京景物略》,北京古籍出版社,1983

〔明〕钱毅:《吴都文粹续集》,上海古籍出版社,1987

〔明〕沈榜:《宛署杂记》,北京古籍出版社,1961、1980

〔明〕葛寅亮:《金陵梵刹志》,何孝荣点校,天津人民出版社,2007

〔明〕李翥:《慧因寺志》,曹忠孚标点,徐吉军审订,杭州出版社,2007

〔明〕钱邦芑纂,〔清〕范承勋增修:《鸡足山志》,《中国佛寺史志汇刊》3 辑
　　2 册

〔明〕释方策辑:《善权寺古今文录》,《北京图书馆古籍珍本丛刊·集部·
　　总集类》118 册,书目文献出版社,1988

〔明〕释明贤撰,许国诚增修:《鹤林寺志》,《中国佛寺史志汇刊》1 辑 43 册

〔明〕汪森辑:《粤西文载》,黄盛陆等校点、黄振中审定,广西人民出版
　　社,1990

〔明〕许国诚撰,〔清〕高一福辑正:《鹿泉寺志》,《中国佛寺史志汇刊》1 辑
　　43 册

〔明〕佚名:《安溪清水岩志》,《中国佛寺志丛刊》101 册

〔明〕张国维:《吴中水利全书》,浙江古籍出版社,2014

〔明〕周永年编:《邓尉山圣恩寺志》,《中国佛寺史志汇刊》1 辑 42 册

〔清〕顾光:《光孝寺志》,《中国佛寺史志汇刊》3 辑 3 册

〔清〕何绍章等修:《康熙丹徒县志》,广陵书社,2019

〔清〕黄彭年等:《光绪畿辅通志》,河北人民出版社,1985、1989

〔清〕嵇曾筠等修,沈翼机等纂:《浙江通志》,上海商务印书馆,1934

〔清〕李福泰修,史澄、何若瑶纂:《同治番禺县志》,《中国地方志集成·广东府县志辑》第 6 册,上海书店出版社,2003

〔清〕李敬修纂修,谢义续修:《光绪费县志》,《中国地方志集成·山东府县志辑》57 册

〔清〕栗引之:《玉泉寺志》,《中国佛寺史志汇刊》3 辑 17～18 册

〔清〕刘名芳:《宝华山志》,《中国佛寺史志汇刊》1 辑 41 册

〔清〕马元,释真朴重修:《重修曹溪通志》,《中国佛寺史志汇刊》2 辑 4～5 册

〔清〕释笑峰大然编,施闰章补辑:《青原志略》,《中国佛寺史志汇刊》3 辑 14～15 册

〔清〕释际祥:《净慈寺志》,《中国佛寺史志汇刊》1 辑 17～19 册

〔清〕天正编辑:《洪山宝通寺志》,《中国佛寺史志汇刊》3 辑 16 册

〔清〕汪森编辑,黄振中等校注:《粤西丛载校注》,广西民族出版社,2007

〔清〕金棨:《泰山志》,《中华山水志丛刊·山志卷》4 册

〔清〕吴道镕纂:《海阳县志》,《中国方志丛书》64 号,成文出版社,1967

〔清〕吴汝纶纂修:《同治深州风土记》,《中国地方志集成·河北府县志辑》52 册,上海书店出版社,2006

〔清〕徐宗干修,蒋大庆纂:《道光泰安县志》,《天一阁藏历代方志汇刊》677 册

〔清〕杨士骧等修,孙葆田等纂:《山东通志》,上海商务印书馆,1934

〔清〕叶昌炽修纂:《寒山寺志》,《中国佛寺史志汇刊》1 辑 43 册

〔清〕于沧澜主纂,蒋师辙等纂修:《光绪鹿邑县志》,《中国地方志集成·河南府县志辑》36 册,上海书店出版社,2013

〔清〕章庭械:《续崇福寺志》,《中国佛寺史志汇刊》1 辑 30 册

〔清〕章贻贤等纂修:《会稽偁山章氏家乘》,光绪二十二年世德堂木刻本

〔清〕张承燮、李祖年主修,法伟堂编纂,孙文楷校补:《益都县图志》,中国文史出版社,2006

〔清〕仲贻熙重纂:《续修仲里志》,台北经学文化事业有限公司,2016

〔清〕邹文郁增修:《康熙泰安州志》,《中国地方志集成·山东府县志辑》63 册,凤凰出版社,2004

〔清〕陈琮纂:《(乾隆)永定河志》,永定河文化博物馆整理,学苑出版社,2013

〔清〕李逢亨纂:《(嘉庆)永定河志》,永定河文化博物馆整理,学苑出版社,2013

〔清〕朱其诏、蒋廷皋纂:《(光绪)永定河续志》,永定河文化博物馆整理,学苑出版社,2013

〔民国〕陈伯陶等纂修:《东莞县志》,台湾学生书局,1968

〔民国〕刘崇本等纂:《雄县新志》,成文出版社,1969

〔民国〕卢以治等纂修,张沂等辑:《续荥阳县志》,《中国方志丛书·华北地方》105 号

〔民国〕铙锷辑:《潮州西湖山志》,文海出版社,1971

〔民国〕濮一乘纂:《武进天宁寺志》,《中国佛寺史志汇刊》1 辑 35 册

〔民国〕钱祥保修,杜邦杰等纂:《江都县续志》,《中国地方志集成·江苏府县志辑》67 册,凤凰出版社,2008

〔民国〕尚希宾纂:《威县志》,《中国方志丛书·华北地方》517 号,成文出版社,1976

〔民国〕沈瑜庆,陈衍等纂:《福建通志》,江苏广陵古籍刻印社,1986

〔民国〕宋伯鲁等修,吴廷锡等纂:《续修陕西通志稿》,兰州古籍书店,1990

〔民国〕孙焕仑等纂修:《洪洞县水利志补》,《中国方志丛书·华北地方》80 号,成文出版社,1968

〔民国〕王亨彦:《普陀洛迦新志》,《中国佛寺史志汇刊》1 辑 10 册

〔民国〕王金岳、赵文琴、王景韩编:《昌乐县续志》,《中国地方志集成·山东府县志辑》35 册,凤凰出版社,2004

〔民国〕于树滋纂:《瓜洲续志》,《中国地方志集成·乡镇寺专辑》15 册,江苏古籍出版社,1992

〔民国〕余正东主修,吴致勋总纂,黎锦熙核订:《民国黄陵县志》,《中国地方志集成·陕西府县志辑》49 册,凤凰出版社,2007

〔民国〕朱为潮主修,李熙、王国宪总纂:《琼山县志》,邓玲,邓红点校,海南出版社,2004

邓光礼、贾永康点评:《(同治十年)番禺县志点注本》,广东人民出版社,1998

广州市地方志编纂委员会办公室编:《元大德南海志残本(附辑佚)》,广东人民出版社,1991

杭州地方志办公室编:《玉岑山慧因高丽华严教寺志》,西泠印社,2012

(四)当代碑志、文物志(按首次出版时间顺序排列,单"著"省略)

冯承钧编:《元代白话碑》,上海商务印书馆,1933

蔡美彪编著:《元代白话碑集录》,科学出版社,1955;修订版,中国社会科学出版社,2017

吴文良:《泉州宗教石刻》,科学出版社,1957

江苏省博物馆编:《江苏省明清以来碑刻资料选集》,北京三联书店,1959

李华编:《明清以来北京工商会馆碑刻选编》,文物出版社,1980

上海博物馆图书资料室编:《上海碑刻资料选辑》,上海人民出版社,1980

苏州历史博物馆等合编:《明清苏州工商业碑刻集》,江苏人民出版社,1981

广西民族研究所编:《广西少数民族地区石刻碑文集》,广西人民出版社,
　　1982

黄柏龄:《九日山志》,庄炳章主编《泉州文物志》(一),福建晋江地区文化
　　局,1983

[日]仁井田升辑,佐伯有一等编注:《北京工商基尔特资料集》6 册(东洋
　　学文献丛刊第 23、25、28、30、33、39 辑),东京大学东洋文化研究所,
　　1975—1983

孙太初:《云南古代石刻丛考》,文物出版社,1983

天水县文物志编写委员会编印:《天水县文物志》,内部资料,1984

徐金星、黄明兰主编:《洛阳市文物志》,洛阳市文化局,1985

《集安县文物志》编写组:《集安县文物志》,内部资料,吉林省文物志编委
　　会,1986

成功大学历史系等编印:《台南南门碑林图志》,《石刻史料新编》3 辑 20
　　册,1986

黄典权编:《台湾南部碑文集成》,《石刻史料新编》3 辑 18—19 册,1986

黄耀东编:《明清台湾碑碣选集》,《石刻史料新编》3 辑 17—18 册,1986

李芳廉:《屏东县古碑拓帖文集》,《石刻史料新编》3 辑 20 册,1986

刘枝万:《台湾中部古碑文集成》,《石刻史料新编》3 辑 18 册,1986

《山西水利》委员会编:《山西水利》(水利史志专辑),合订本,《山西水利
　　志》编办室,1986

释力空原著,《霍山志》整理组整理:《霍山志》,山西人民出版社,1986

台湾银行经济研究室编:《台湾教育碑记》,《石刻史料新编》3 辑 19
　　册,1986

吴新荣:《台南古碑志》,《石刻史料新编》3 辑 20 册,1986

施蛰存:《水经注碑录》,天津古籍出版社,1987

叶成瑞总编:《清远县文物志》,《清远县文物志》编纂组编印,1987

广东省社会科学院历史研究所中国古代史研究室等编:《明清佛山碑刻文
　　献经济资料》,广东人民出版社,1987

邹永祥、吴定贤编著:《惠州文物志》,广东省惠州市文化局、广东省惠州市
　　博物馆,1987

渭南地区水利志编纂办公室编:《渭南地区水利碑碣集注》,内部发行,1988

朱运彩主编:《文昌县文物志》,文昌县政协文史资料研究委员会,1988

陈垣编纂,陈智超、曾庆瑛校补:《道家金石略》,文物出版社,1988

中元秀等:《广州伊斯兰古迹研究》,宁夏人民出版社,1989

张浩良编著:《绿色史料札记——巴山林木碑碣文集》,云南大学出版社,1990.1

《广州市文物志》编委会编:《广州市文物志》,岭南美术出版社,1990

徐自强等:《北京图书馆藏墓志拓片目录》,中华书局,1990

陈庆英、马林:《青海藏传佛教寺院碑文集释》,《中国西北文献丛书》第5辑,《西北少数民族文字文献》12卷,兰州古籍书店,1990

惠安县文物局编:《惠安县文物志》,内部发行,1990

高文等编:《四川历代碑刻》,四川大学出版社,1990

张华鹏等编著:《武当山金石录》(第一册),内部印本,1990

陈柏泉编著:《江西出土墓志选编》,江西教育出版社,1991

张沛编著:《安康碑石》,三秦出版社,1991

佛山市博物馆编:《佛山市文物志》,广东科技出版社,1991

吉林省地方志编纂委员会编纂:《吉林省志》卷43《文物志》,吉林人民出版社,1991

田怀清、张锡禄:《大理白族古代碑刻和墓志选辑》,张旭编辑《白族社会历史调查(四)》,云南人民出版社,1991

河南省文物局编:《河南碑志叙录》,中州古籍出版社,1992

王智民编注:《历代引泾碑文集》,陕西旅游出版社,1992

湖南省文物事业管理局、祁阳县浯溪文物管理处编:《浯溪碑林》,湖南美术出版社,1992

陈中材:《信宜市文物志》,信宜市文物志编委,1992

张武明主编:《乐都县文物志》,内部资料,青海省文物志编辑委员会编印,1992

陈中材:《信宜市文物志》,信宜市文物志编委会,1992

沈阳市文物管理办公室编纂:《沈阳市文物志》,沈阳出版社,1993

谢佐等辑:《青海金石录》,青海人民出版社,1993

姜丰荣编注:《泰山历代石刻选注》,青岛海洋大学出版社,1993

常熟市碑刻博物馆编印:《常熟碑刻》,常熟市碑刻博物馆,1993

河南省地方史志编纂委员会编纂:《河南省志·文物志》,河南人民出版社,1993

董国柱编著:《高陵碑石》,三秦出版社,1993

石永士编著:《河北金石辑录》,河北人民出版社,1993

《汶上文史资料》第 6 辑,内部发行,1993

杨世钰主编:《大理丛书·金石篇》,中国社会科学出版社,1993

〔日〕永田英正编:《汉代石刻集成:图版·释文篇》,日本同朋舍,1994

李百勤执笔:《河东出土墓志录》,山西人民出版社,1994

孙家骅等:《白鹿洞书院碑刻摩崖选集》,北京燕山出版社,1994

陈长安主编:《关林》,中州古籍出版社,1994

王文径编:《漳浦历代碑刻》,漳浦县博物馆,1994

珠海市文物管理委员会编:《珠海市文物志》,广东人民出版社,1994

向南编:《辽代石刻文编》,河北教育出版社,1995

何培夫主编:《台湾地区现存碑碣图志:高雄·高雄县篇》,台北"中央图书
馆"台湾分馆,1995

郑振满、〔美〕丁荷生编:《福建宗教碑铭汇编·兴化府分册》,福建人民出
版社,1995

李才栋、熊庆年编撰:《白鹿洞书院碑记集》,江西教育出版社,1995

西安碑林博物馆编:《陕西碑石墓志资料汇编》,西北大学出版社,1995

吴景山:《丝绸之路交通碑铭》,民族出版社,1995

薛琳辑注:《巍山风景名胜碑刻匾联辑注》,云南人民出版社,1995

邓增魁主编:《封开县文物志》,封开县文物管理委员会,1995

晋城市地方志丛书编委会编著:《晋城市地方志丛书·晋城金石志》,海潮
出版社,1995

张江涛编著:《华山碑石》,三秦出版社,1995

建瓯市林业委员会编纂:《建瓯林业志》,鹭江出版社,1995

袁道俊编著:《焦山石刻研究》,江苏美术出版社,1996

崔艳茹等:《营口市文物志》,辽宁民族出版社,1996

陈显远编著:《汉中碑石》,三秦出版社,1996

大理市文化丛书编辑委员会编:《大理古碑存文录》,云南民族出版社,
1996.8

张天蔚、罗建忠主编:《大埔县文物志》,1996

肇庆市文物志编纂委员会编:《肇庆文物志》,广东省新闻出版局,1996

王竞、滕瑞云编著:《黑龙江碑刻考录》,黑龙江教育出版社,1996

包备五编著:《齐鲁碑刻》,齐鲁书社,1996

魏靖宇主编:《白帝城历代碑刻选》,中国三峡出版社,1996

［日］中村裕一：《唐代公文书研究》，汲古书院，1996

山西省考古研究所编：《山西碑碣》，山西人民出版社，1997

彭泽益选编：《清代工商行业碑文集粹》，中州古籍出版社，1997

四川省文化厅文物处编：《都江堰文物志》，内部资料，1997 再版

韩勇主编：《北京石刻艺术博物馆建馆十周年纪念文集》，北京燕山出版社，
　　1997.9

高文：《汉碑集释》（修订本），河南大学出版社，1997

龙显昭、黄海德主编：《巴蜀道教碑文集成》，四川大学出版社，1997

姚炽昌选辑点校：《锦屏碑文选辑》，内部刊印，1997

李启良等编著：《安康碑版钩沉》，陕西人民出版社，1998

刘兆鹤、王西平编著：《重阳宫道教碑石》，三秦出版社，1998

江苏省地方志编纂委员会编：《江苏省志·文物志》，江苏古籍出版社，1998

路远：《西安碑林史》，西安出版社，1998

董万崙：《黑龙江流域岩画碑刻碑究》，黑龙江教育出版社，1998

安徽省地方志编纂委员会编：《安徽省志·文物志》，方志出版社，1998

华伟东主编：《浦东碑刻资料选辑》，浦东新区档案馆，1998

南雄文物志编委会：《南雄文物志》，1998

重庆市博物馆编：《中国西南地区历代石刻汇编》，天津古籍出版社，1998

青浦碑刻编纂委员会编：《青浦碑刻》，上海青浦博物馆，1998

山东省政协文史资料委员会编：《齐鲁百年名碑集》，山东美术出版社，1998

王国平等主编：《明清以来苏州社会史碑刻集》，苏州大学出版社，1998

吴均：《三晋石刻总目·运城地区卷》，山西古籍出版社，1998

《鼓楼区文物志》编纂委员会编：《鼓楼区文物志》，江苏文史资料编辑部，
　　1999.4

贵州省惠水县政协文史资料委员会编：《惠水文史资料》第 14 辑，1999

丁亚政、沈立新编著：《岳飞墓庙碑刻》，当代中国出版社，1999

答振益、安永权：《中国南方回族碑刻匾联选编》，宁夏人民出版社，1999

左慧元编：《黄河金石录》，黄河水利出版社，1999

高峡主编：《西安碑林全集》，广东经济出版社，1999

都江堰市地方志编纂委员会编：《都江堰市金石录》，四川人民出版社，1999

黄挺等：《潮汕金石文征》（宋元卷），广东人民出版社，1999

刘兰芳等编著：《潼关碑石》，三秦出版社，1999

徐发苍主编：《曲靖石刻》，云南民族出版社，1999

方龄贵：《大理五华楼新出元碑选录并考释》，云南大学出版社，2000

东城区文化文物局编：《北京市东城区文化文物志》，东城区文化文物局，2000

南风化工集团股份有限公司编：《河东盐池碑汇》，山西古籍出版社，2000

段金录等主编：《大理历代名碑》，云南民族出版社，2000

李楚荣主编：《宜州碑刻集》，广西美术出版社，2000

王怀中等编：《三晋石刻总目·长治市卷》，山西古籍出版社，2000

谭棣华等编：《广东碑刻集》，广东高等教育出版社，2001

骆承烈汇编：《石头上的儒家文献——曲阜碑文录》，齐鲁书社，2001

陈圣驹编：《顺溪陈氏宗祠碑林集》，平阳县文联，2001

余振贵等主编：《中国回族金石录》，宁夏人民出版社，2001

王其英主编：《武威金石录》，兰州大学出版社，2001

张进忠编著：《澄城碑石》，三秦出版社，2001

范天平等编注：《豫西水碑钩沉》，陕西人民出版社，2001

吴景山：《甘南藏族自治州金石录》，甘肃人民出版社，2001

吴景山：《西北民族碑文》，甘肃人民出版社，2001

张了、张锡禄编：《鹤庆碑刻辑录》，大理白族自治州南诏史研究学会，2001

北京市门头沟区文化文物局编：《门头沟文物志》，北京燕山出版社，2001

辽宁省地方志编纂委员会办公室主编：《辽宁省志·文物志》，辽宁人民出版社，2001

张进忠编著：《澄城碑石》，三秦出版社，2000

周绍良、赵超主编：《唐代墓志汇编续集》，上海古籍出版社，2001

晋祠博物馆编注：《晋祠碑碣》，山西人民出版社，2001

李振翼：《甘南藏区考古集萃》，民族出版社，2001

张晋平编著：《晋中碑刻选粹》，山西古籍出版社，2001

冯俊杰等编著：《山西戏曲碑刻辑考》，中华书局，2002

中国法帖全集编委会编：《中国法帖全集》9 册《宋忠义堂帖》，湖北美术出版社，2002

吕宏军：《嵩山少林寺》，河南人民出版社，2002

盖之庸编著：《内蒙古辽代石刻文研究》，内蒙古大学出版社，2002；增订本，2007

福建省地方志编纂委员会编：《福建省志·文物志》，方志出版社，2002

王大高主编：《河东百通名碑赏析》，山西人民出版社，2002

金柏东主编：《温州历代碑刻集》，上海社会科学院出版社，2002

侯璐主编：《保定名碑》，河北美术出版社，2002

金其桢:《中国碑文化》,重庆出版社,2002

粘良图选注、吴幼雄审校:《晋江碑刻选》,厦门大学出版社,2002

史若民、牛白琳编著:《平、祁、太经济社会史料与研究》,山西古籍出版社,
　　2002

天水市政协文史资料委员会编:《天水文史资料》9 辑《天水碑文选》,2002

王晶辰:《辽宁碑志》,辽宁人民出版社,2002

王小圣编注:《海会寺碑碣诗文选》,山西人民出版社,2002

吴光田、李强编:《邯郸碑刻》,天津人民出版社,2002

李养正编著:《新编北京白云观志》,宗教文化出版社,2003

秦建明等编著:《尧山圣母庙与神社》,中华书局,2003

韩成武等:《北岳庙碑刻选注》,中国文联出版社,2003

张鸿仁、李翔主编:《三晋石刻总目·阳泉市卷》,山西古籍出版社,2003

浙江省苍南县文史资料委员会编:《苍南碑志》,苍南县文物馆,2003

白尔恒等编著:《沟洫佚闻杂录》,中华书局,2003

李嘉琪主编:《贵州省志·文物志》,贵州人民出版社,2003

厦门市文物管理委员会等编:《厦门文物志》,文物出版社,2003

黄竹三等编著:《洪洞介休水利碑刻辑录》,中华书局,2003

潘英南、吕荣哲编:《南安碑刻》,作家出版社,2003

董晓萍等编著:《不灌而治——山西四社五村水利文献与民俗》,中华书
　　局,2003

康兰英主编:《榆林碑石》,三秦出版社,2003

运城市盐湖区虞舜文化研究会编:《鸣条舜陵古碑录》,山西古籍出版
　　社,2003

呼格吉勒图、萨如拉编著:《八思巴字蒙古语文献汇编》,内蒙古教育出版
　　社,2003

中共石景山区委宣传部等编:《北京市石景山区历代碑志选》,同心出版
　　社,2003

康兰英主编:《榆林碑石》,三秦出版社,2003

李慧、曹发展注考:《咸阳碑刻》(上下册),三秦出版社,2003

王汝鹏编著:《山西地震碑文集》,北岳文艺出版社,2003

郑振满、[美]丁荷生编纂:《福建宗教碑铭汇编·泉州府分册》,福建人民
　　出版社,2003

政协北京市门头沟区文史资料委员会编:《京西碑石纪事》,香港银河出版
　　社,2003

吴梦麟主编：《北京文物精粹大系·石刻卷》，北京出版社，2004

东岳庙北京民俗博物馆编：《北京东岳庙与北京泰山信仰碑刻辑录》，中国书店出版社，2004

宫大中编：《中原贞石墨影》，河南美术出版社，2004

吴绍田主编：《源远流长的东莱文明——平度历代碑刻研究》，山东人民出版社，2004

杨明珠编：《司马光茔祠碑志》，文物出版社，2004

柴志光、潘权明主编：《上海佛教碑刻文献集》，上海古籍出版社，2004

周剑曙、郭宏涛编著：《偃师碑志精选》，湖北美术出版社，2004

龙显昭主编：《巴蜀佛教碑文集成》，巴蜀书社，2004

罗常培、蔡美彪编著：《八思巴字与元代汉语》（增订本），中国社会科学出版社，2004

王纯五主编：《青城山志》，巴蜀书社，2004

张学会主编：《河东水利石刻》，山西人民出版社，2004

王树新主编：《高平金石志》，中华书局，2004

王纯五主编：《青城山志》，巴蜀书社，2004

呼格吉勒图、萨如拉编著：《八思巴字蒙古语文献汇编》，内蒙古教育出版社，2004

张学会主编：《河东水利石刻》，山西人民出版社，2004

王树新主编：《高平金石志》，中华书局，2004

觉真《〈法源寺贞石录〉元碑补录》，《北京文物与考古》第6辑，2004

王雪宝编著：《嵩山、少林寺石刻艺术大全》，光明日报出版社，2004

刘兆鹤、吴敏霞编著：《户县碑刻》，三秦出版社，2005

深圳市文物管理委员会编：《深圳文物志》，文物出版社，2005

北京市平谷区文化委员会编：《平谷文物志》，民族出版社，2005

王福才编著：《山西师范大学戏曲博物馆馆藏拓本目录》，山西古籍出版社，2005

张正明、科大卫主编：《明清山西碑刻资料选》，山西人民出版社，2005

李荣高等编：《云南林业文化碑刻》，德宏民族出版社，2005

王宗昱编：《金元全真教石刻新编》，北京大学出版社，2005

涿州市文物保管所编：《涿州贞石录》，北京燕山出版社，2005

董瑞山等：《三晋石刻总目·大同市卷》，山西古籍出版社，2005

莎日娜主编：《蒙古学金石文编题录》，内蒙古大学出版社，2005

王刚毅主编：《无锡碑刻陈列馆》，《无锡文博》2005年增刊1号，2005

刘培桂编著:《孟子林庙历代石刻集》,齐鲁书社,2005

李一标注,孙新荣等整理:《曲沃三十八通古碑注》,曲沃县政协文史资料工
    作委员会,2005

王小圣等编:《古村郭峪碑文集》,中华书局,2005

徐鸿芹点校:《隆阳碑铭石刻》,云南美术出版社,2005

张方玉主编:《楚雄历代碑刻》,云南民族出版社,2005

龚烈沸:《宁波现存碑刻碑文所见录》,宁波出版社,2006

吴明哲编:《温州历代碑刻二集》,上海社会科学院出版社,2006

刘弘主编:《西昌地震碑林》,文物出版社,2006

余华青、张廷皓主编:《陕西碑石精华》,三秦出版社,2006

刘国权主编:《佛寺与蔚州传统文化》,中国文史出版社,2006

徐玉立主编:《汉碑全集》,河南美术出版社,2006

上海博物馆图书馆编:《戚叔玉捐赠历代石刻文字拓本目录》,上海古籍出
    版社,2006

浚县文物旅游局编:《天书地字·大伾文化(二)》,文物出版社,2006

皮福生编著:《吉林碑刻考录》,吉林文史出版社,2006

云南省博物馆编:《云南古碑精选》,云南美术出版社,2006

中共江川县委宣传部编:《江川历史碑刻》,北方文艺出版社,2006

周恩福主编:《宜良碑刻》,云南民族出版社,2006

崔世浩编著:《辽南碑刻》,大连出版社,2007

袁明英主编:《泰山石刻》,中华书局,2007

张云涛:《北京戒台寺石刻》,北京燕山出版社,2007

张德臣:《渭城文物志》,三秦出版社,2007

政协北京市怀柔区文史资料委员会编:《怀柔碑刻选》,内部资料,2007

曲阳县文物保管所编印:《古北岳遗存碑石录》,内部资料,2007

杨卫东:《古涿州佛教刻石》,河北教育出版社,2007

张正明等主编:《明清山西碑刻资料选·续一》,山西古籍出版社,2007

银川美术馆编著:《宁夏历代碑刻集》,宁夏人民出版社,2007

苏汉平等编著:《沔阳碑石》,中国图书出版社,2007

张永强:《蓬莱金石录》,黄河出版社,2007

李炳武主编:《长安金石》,香港人民美术出版社,2007

高立人主编:《庐陵古碑录》,江西人民出版社,2007

锦州市政协学习宣传与文史委员会编:《锦州金石文录》,内部资料,2007

吴亚魁编:《江南道教碑记资料集》,上海辞书出版社,2007

张子刚编撰：《从江石刻资料汇编》第 1 集，从江县文化体育广播电视局编印，2007

李国富、王汝雕、张宝年主编：《洪洞金石录》，山西古籍出版社，2008

中宁县党史县志办公室编：《中宁碑录》，宁夏人民出版社，2008

唐立编：《中国云南少数民族生态关连碑文集》，日本综合地球环境学研究所，2008

章国庆编著：《天一阁明州碑林集录》，上海古籍出版社，2008

保山市文化广电新闻出版社局编：《保山碑刻》，云南美术出版社，2008

楚雄彝族自治州博物馆编：《楚雄彝族自治州文物志》，云南民族出版社，2008

《淮安金石录》编纂委员会编：《淮安金石录》，南京大学出版社，2008

郝苏民译注解补：《鲍培八思巴字蒙古文献语研究入门》（修订本），民族出版社，2008

李筱文、赵卫东主编：《过山瑶研究文集》，民族出版社，2008

西安碑林博物馆编：《纪念西安碑林九百二十周年华诞国际学术研讨会论文集》，文物出版社，2008

云居寺文物管理处编：《云居寺贞石录》，北京燕山出版社，2008

朱平安：《武夷山摩崖石刻与武夷文化研究》，厦门大学出版社，2008

柏克莱加州大学东亚图书馆编：《柏克莱加州大学东亚图书馆藏碑帖》，上海古籍出版社，2008

毛远明编著：《汉魏六朝碑刻校注》，线装书局，2008

田中华等编著：《沁阳文物》，中州古籍出版社，2008

贾志军主编：《沁水碑刻搜编》，山西人民出版社，2008

周伟民、唐玲玲：《海南金石概说》，海南出版社/南方出版社，2008

河北省文物局长城资源调查队编：《河北省明代长城碑刻辑录》，科学出版社，2009

东莞市博物馆编：《东莞市博物馆藏碑刻》，文物出版社，2009

李樯：《秦汉刻石选译》，文物出版社，2009

浯溪文物管理处编：《湖湘碑刻》（二）《浯溪卷》，湖南美术出版社，2009

张正明、科大卫、王勇红主编：《明清山西碑刻资料选·续二》，山西经济出版社，2009

邓庆平编录：《蔚县碑铭辑录》，广西师范大学出版社，2009

《中国少数民族社会历史调查资料丛刊》修订编辑委员会编：《广西瑶族社会历史调查》，民族出版社，2009

黄荣春编著：《福州市郊区文物志》，福建人民出版社，2009

安捷、赵树忠主编：《晋祠志》，三晋出版社，2009

泉州府文庙文物保护管理处编：《泉州府文庙碑文录》，海潮摄影艺术出版
　　社，2009

汪学文主编：《三晋石刻大全·临汾市洪洞县卷》（上下册），三晋出版
　　社，2009

曾燕娟：《追溯千年：石刻永流芳》，广西人民出版社，2009

郝明知、韩兴浒：《兴山古今碑刻选》，珠海出版社，2009

刘刚主编：《湖湘碑刻》（一），湖南美术出版社，2009

容媛辑录、胡海帆整理：《秦汉石刻题跋辑录》，上海古籍出版社，2009

周惠斌主编：《崇明历代碑文译注》，上海文化发展基金会，2009

王顺庆：《分水访碑录》，浙江大学出版社，2009

王新英编：《金代石刻辑校》，吉林人民出版社，2009

杜正贤主编：《杭州孔庙》，西泠印社出版社，2009

毛远明：《碑刻文献学通论》，中华书局，2009

章国庆、裘燕萍编：《甬城现存历代碑碣志》，宁波出版社，2009

赵振华：《洛阳古代铭刻文献研究》，三秦出版社，2009

［日］高桥继男编：《中国石刻关系图书目录（1949—2007）》，汲古书院，
　　2009

孔伟：《曲阜历代著名碑文校注》，中国图书出版社，2009

高凤山主编：《三晋石刻大全·大同市灵丘县卷》，三晋出版社，2010

［美］康豹：《多面相的神仙——永乐宫的吕洞宾信仰》，吴光正、刘玮译，刘
　　耳校，齐鲁书社，2010

任宁虎、郭宝厚主编：《三晋石刻大全·忻州市宁武县卷》，三晋出版社，2010

向南、张国庆、李宇峰辑注：《辽代石刻文续编》，辽宁人民出版社，2010

张云涛：《潭柘寺碑记》，中国文史出版社，2010

宁夏固原博物馆编：《固原历代碑刻选编》，宁夏人民出版社，2010

史景怡主编：《三晋石刻大全·晋中市寿阳县卷》，三晋出版社，2010

杨洪主编：《三晋石刻大全·晋中市灵石县卷》，三晋出版社，2010

李晶明主编：《三晋石刻大全·阳泉市盂县卷》，三晋出版社，2010

王兵主编：《三晋石刻大全·晋中市左权县卷》，三晋出版社，2010

张培莲主编：《三晋石刻大全·运城市盐湖区卷》，三晋出版社，2010

曾桥旺编著：《灵川历代碑文集》，中央文献出版社，2010

赵卫东等编：《山东道教碑刻集·青州昌乐卷》，齐鲁书社，2010

范天平整理:《中州百县水碑文献》(上下册),陕西人民出版社,2010

贵州省文史研究馆古籍整理委员会编:《贵州通志·金石志》,贵州大学出版社,2010

国家民族事务委员会全国少数民族古籍整理研究室编写:《中国少数民族古籍总目提要·侗族卷》,中国大百科全书出版社,2010

国家民族事务委员会全国少数民族古籍整理研究室编写:《中国少数民族古籍总目提要·苗族卷》,中国大百科全书出版社,2010

刘序勤编著:《青州碑刻文化》,青岛出版社,2010

乌志鸿:《西安清真寺古碑选注》,宁夏人民出版社,2011

南京市文化广电新闻出版局(文物局)编著:《南京历代碑刻集成》,上海书画出版社,2011

周亚整理点校:《山西临汾龙祠水利碑刻辑录》,载山西大学中国社会史研究中心编《中国社会史研究的理论与方法》,北京大学出版社,2011

蔡美彪:《八思巴字碑刻文物集释》,中国社会科学出版社,2011

高青山主编:《三晋石刻大全·临汾市侯马市卷》,三晋出版社,2011

孙勐、罗飞编著:《北京道教石刻》,宗教文化出版社,2011

彭兴林编著:《中国历代名碑释要》,山东美术出版社,2011

杨思好主编:《苍南金石志》,浙江古籍出版社,2011

凉山彝族自治州博物馆编著:《凉山历史碑刻注评》,文物出版社,2011

汪楷主编:《陇西金石录》,甘肃人民出版社,2011

董晓萍、[法]吕敏主编:《北京内城寺庙碑刻志》(第一、二卷),国家图书馆出版社,2011

赵卫东等编:《山东道教碑刻集·临朐卷》,齐鲁书社,2011

高平市炎帝文化研究会编:《炎帝古庙》,文物出版社,2011

雷涛、孙永和主编:《三晋石刻大全·临汾市曲沃县卷》,三晋出版社,2011

鲁西奇、林昌丈:《汉中三堰:明清时期汉中地区的堰渠水利与社会变迁》,中华书局,2011

王天然主编:《三晋石刻大全·临汾市尧都区卷》,三晋出版社,2011

杜天云主编:《三晋石刻大全·长治市沁源县卷》,三晋出版社,2011

[日]高桥文治:《蒙古时代道教文书研究》(《モンゴル时代道教文书の研究》),汲古书院,2011

刘南陔等编著:《荆门古迹碑文抄注》,华中师范大学出版社,2011

刘兆英:《楼观千古道刻》,陕西师范大学出版社,2011

魏民主编:《三晋石刻大全·太原市杏花岭区卷》,三晋出版社,2011

王振林编著：《义慈惠石柱》，河北大学出版社，2011

杨林军编著：《丽江历代碑刻辑录与研究》，云南民族出版社，2011

高剑峰主编：《三晋石刻大全·临汾市安泽县卷》，三晋出版社，2012

王兴、李亚主编：《邯郸运河碑刻》，河北美术出版社，2012

张云涛：《潭柘寺碑记》，中国文史出版社，2012

洪金富主编：《"中研院"史语所藏辽金石刻拓本目录》，"中研院"史语所，2012

章国庆编著：《宁波历代碑碣墓志汇编》，上海古籍出版社，2012

李文清主编：《三晋石刻大全·太原市古交市卷》，三晋出版社，2012

车国梁主编：《三晋石刻大全·晋城市沁水县卷》，三晋出版社，2012

王照权主编：《大苏山净居寺古碑碣》，河南人民出版社，2012

卫伟林主编：《三晋石刻大全·晋城市阳城县卷》，三晋出版社，2012

刘专可主编：《郴州金石录》，中国文史出版社，2012

陆雪梅主编：《农业经济碑刻》，古吴轩出版社，2012

施蛰存：《北山金石录》，《施蛰存全集》第 8～9 卷，华东师范大学出版社，2012

佟洵主编、孙勐编著：《北京佛教石刻》，宗教文化出版社，2012

殷宪：《大同新出唐辽金元志石新解》，三晋出版社，2012

高凤山主编：《三晋石刻大全·大同市灵丘县卷续编》，三晋出版社，2012

张金科等主编：《三晋石刻大全·临汾市浮山县卷》，三晋出版社，2012

北京辽金城垣博物馆编：《北京辽金元拓片集》，北京燕山出版社，2012

冯贵兴、许松林主编：《三晋石刻大全·长治市屯留县卷》，三晋出版社，2012

胡海帆、汤燕：《北京大学图书馆新藏金石拓本菁华（1996—2012）》，北京大学出版社，2012

嘉定区地方志办公室、嘉定博物馆编：《嘉定碑刻集》（3 册），上海古籍出版社，2012

贾圪堆主编：《三晋石刻大全·长治市长治县卷》，三晋出版社，2012

王苏陵主编：《三晋石刻大全·长治市黎城县卷》，三晋出版社，2012

王新英辑校：《全金石刻文辑校》，吉林文史出版社，2012

闫荣主编：《三晋石刻大全·大同市左云县卷》，三晋出版社，2012

吴景山：《甘肃省涉藏金石碑刻解题目录》，《中国藏学》2012 年 S1 期（总 102 期）

杜正贤等编著：《西湖名碑》，杭州出版社，2013

戴良佐编著：《西域碑铭录》，新疆人民出版社，2013

党斌主编：《大荔碑刻》，陕西人民出版社，2013

杜海军辑较：《桂林石刻总集辑校》，中华书局，2013

陈学锋主编：《三晋石刻大全·大同市浑源县卷》，三晋出版社，2013

马存兆编著：《大理凤仪古碑文集》，香港科技大学华南研究中心，2013

《阿坝州文库》编委会编：《阿坝州文库·历代碑刻契文族谱》，四川民族出
　　版社，2013

杨向奎：《唐代墓志义例研究》，岳麓书社，2013

张世科编著：《河南碑刻类编》，大象出版社，2013

广东省文物局编：《广东文化遗产·石刻卷》，科学出版社，2013

国家文物局主编：《中国文物地图集·河北分册》，文物出版社，2013

黎志添、李静编著：《广州府道教庙宇碑刻集释》，中华书局，2013

冀金刚、赵福寿主编：《邢台开元寺金石志》，国家图书馆出版社，2013

吴景山：《庆阳金石碑铭菁华》，甘肃文化出版社，2013

［法］吕敏主编：《北京内城寺庙碑刻志》（第三卷），国家图书馆出版
　　社，2013

王大方、张文芳编著：《草原金石录》，文物出版社，2013

北京石刻艺术博物馆编著：《新日下访碑录（房山卷）》，北京燕山出版
　　社，2013

窦启荣编撰：《京江遗珠》，江苏大学出版社，2013

连云港市重点文物保护研究所编：《石上墨韵：连云港石刻拓片精选》，上
　　海古籍出版社，2013

天津盘山风景名胜区管理局编：《盘山金石志》，天津古籍出版社，2013

萧用桁编著：《石上春秋：泰和古碑存》，江西人民出版社，2013

杨莉、赵兰香编著：《西北民族大学图书馆于右任旧藏金石拓片总目提要》，
　　甘肃文化出版社，2013

陕西省古籍整理办公室编、曹永斌编著：《药王山碑刻》，三秦出版社，2013

王东全主编：《三晋石刻大全·临汾市蒲县卷》，三晋出版社，2013

王丽敏主编：《北岳庙碑刻解读》，河北美术出版社，2013

［日］小林隆道：《宋代中国の统治と文书》，汲古书院，2013

萧霁虹主编：《云南道教碑刻辑录》，中国社会科学出版社，2013

许檀编：《清代河南、山东等省商人会馆碑刻资料选辑》，天津古籍出版
　　社，2013

赵卫东等编：《山东道教碑刻集·博山卷》（上下册），齐鲁书社，2013

政协山东省临朐县委员会编：《东镇沂山碑拓集锦》，齐鲁书社，2013

伊牧之主编：《山东回族金石录集注》，《济南穆斯林》编辑部，2013

陕西省公祭黄帝陵工作委员会办公室编：《黄帝陵碑刻》，陕西人民出版社，2014

北京石刻艺术博物馆编：《北京石刻艺术博物馆藏石刻拓片编目提要》，学苑出版社，2014

黄兆辉、张菽晖编撰：《南海神庙碑刻集》，广东人民出版社，2014

运城市河东博物馆编：《河东碑刻精选》，文物出版社，2014

国家民族事务委员会全国少数民族古籍整理研究室编写：《中国少数民族古籍总目提要·藏族卷·铭刻类》，中国大百科全书出版社，2014

吴景山编著：《崆峒山金石校释》，甘肃文化出版社，2014

缪荃孙著，张廷银、朱玉麒主编：《缪荃孙全集·金石》，凤凰出版社，2014

张平和主编：《三晋石刻大全·长治市壶关县卷》，三晋出版社，2014

景茂礼、刘秋根编著：《灵石碑刻全集》，河北大学出版社，2014

吴景山编著：《安多藏族地区金石录》，甘肃文化出版社，2014

政协甘肃省平凉市崆峒山区委员会编：《崆峒金石》，甘肃人民美术出版社，2014

吴敏霞等：《秦岭碑刻经眼录》，三秦出版社，2014

东莞市文化广电新闻出版局编：《东莞历代碑刻选集》，上海古籍出版社，2014

莫昌龙、何露编著：《韶关历代寺院碑记研究》，暨南大学出版社，2014

连云港市重点文物保护研究所编：《连云港石刻调查与研究》，上海古籍出版社，2015

李春敏主编：《洛阳明清碑志（偃师卷）》，中州古籍出版社，2015

浦东新区档案馆、浦东新区党史地方志办公室编著：《浦东碑刻资料选辑（修订本）》，上海古籍出版社，2015

孙明：《菏泽市古石刻调查与研究》，科学出版社，2015.7

蔡华初：《千年刻石话遗珍——武汉地区摩崖石刻调查》，武汉出版社，2015.8

杨朝明主编：《曲阜儒家碑刻文献辑录》第 1 辑，齐鲁书社，2015.10

杨如安、代银编：《重庆市少数民族碑刻楹联》，西南师范大学出版社，2015.11

政协滦南县委员会编：《滦南古今碑刻选》，内部资料，2015.11

刘志伟主编，邓永飞等整理辑录：《广西恭城碑刻集》，广东人民出版社，2015.12

杨朝明主编:《曲阜儒家碑刻文献辑录》第 2 辑,齐鲁书社,2015.12

陶莉:《岱庙碑刻研究》,齐鲁书社,2015.12

张建华、刘国华编著:《山西省艺术博物馆馆藏碑志集萃》,山西经济出版
　　社,2016.11

戴建兵主编:《隆尧碑志辑要》,天津人民美术出版社,2016.12

三、碑刻访查时地记

(2010~2019)

2010 年

01-01　北京民族文化宫"台湾少数民族历史文化展"

01-31　上海博物馆

02-01　福建厦门南普陀寺

02-02　福建厦门鼓浪屿日光岩寺、郑成功纪念馆

02-03　福建泉州博物馆,泉州关帝庙、开元寺、闽台缘博物馆、清净寺、天
　　　　后宫、文庙

02-04　福建莆田湄州妈祖庙

02-05　福建泉州灵山圣墓、泉州海外交通史博物馆

02-12　北京首都博物馆

02-15　天津博物馆

02-17　台湾台北故宫博物院

02-18　台湾南投中台禅寺、中台山博物馆

02-19　台湾高雄打狗英国领事馆官邸旧址

02-22　台湾台北故宫博物院、龙山寺

02-23　台北台湾博物馆

03-15　北京故宫博物院

04-09　北京首都博物馆

04-20　河南安阳殷墟宗庙、王陵

04-21　河南汤阴羑里、岳飞庙,安阳中国文字博物馆

05-18　河北邯郸博物馆、赵王城丛台

05-19　河北大名石刻博物馆,邯郸北响堂山石窟、南响堂山石窟

05-22　北京通州三教庙、燃灯塔

07 - 12　江西庐山白鹿洞书院

08 - 19　北京首都博物馆

09 - 10　韩国大邱庆北大学碑刻古物

09 - 12　韩国庆州石刻古物

09 - 13　韩国首尔景福宫、国立民俗博物馆

09 - 14　韩国首尔西大门监狱、韩国国立博物馆

09 - 17　北京首都博物馆

09 - 23　北京房山云居寺

10 - 12　上海博物馆

11 - 04　浙江建德梅州城

11 - 05　浙江建德新叶村、兰溪诸葛八卦村

11 - 07　浙江省博物馆

11 - 08　浙江杭州章太炎纪念馆、张苍水先生祠、钱王祠、西泠印社、中国印
　　　　学博物馆、中山公园

11 - 09　浙江杭州南宋官窑博物馆

11 - 19　山西太原晋祠、祁县乔家大院

11 - 20　山西晋中市平遥古城、常家庄园

11 - 21　山西应县木塔,大同九龙壁、善化寺

11 - 22　山西大同华严寺、云冈石窟

11 - 27　北京房山云居寺、琉璃河西周燕都遗址博物馆

2011 年

02 - 05　山东省博物馆

02 - 06　山东嘉祥武侯祠博物馆、曾庙,济宁市博物馆

02 - 07　山东泰安岱庙

02 - 08　山东济南市博物馆、长清孝堂山祠堂、长清归德双乳山汉墓

02 - 17　北京丰台大堡台汉墓

04 - 05　天津蓟县独乐寺、文庙、鲁班庙、公输子庙

04 - 08　安徽合肥李鸿章故居、明教寺、包公祠、包公墓

04 - 09　安徽省博物馆、桐城文庙(桐城博物馆)

04 - 10　安徽合肥城隍庙

04 - 23　北京平谷丫髻山碑刻

04 - 24　北京中国国家博物馆

04 - 28　北京中国国家博物馆

05－16　北京中国国家博物馆

05－29　天津蓟县盘山碑刻

06－10　湖北十堰市武当山博物馆及碑刻群

06－11　湖北十堰市五龙宫

06－16　北京中国国家博物馆

08－20　河北保定直隶总督府博物馆、大慈阁

08－21　河北保定市博物馆、陆军军官学校

08－27　北京丰台辽金城垣博物馆

08－28　北京首都博物馆

09－05　天津蓟县黄崖关长城

09－12　江苏南京市博物馆、南京总督府

09－30　江西上饶三清山碑刻群

10－02　浙江江山廿二八都古镇、东岳宫、江山博物馆

10－03　浙江杭州孔庙碑林

10－14　云南省博物馆

10－15　云南民族博物馆

10－16　云南民族博物馆

10－18　云南腾冲和顺博物馆群、李根源故居、国殇墓园

11－05　北京石刻艺术博物馆

11－06　北京东城松堂斋民间雕刻博物馆、北京孔庙和国子监博物馆

11－09　北京孔庙和国子监博物馆、北京石刻艺术博物馆

11－15　山西省博物院

11－16　山西霍州州署博物馆,洪洞大槐树寻根祭祖园、苏三监狱、广胜寺
　　　　水神庙

11－17　山西临汾尧庙

11－18　山西临汾河东博物馆,运城常平关帝祖祠、解州关帝庙、运城池神庙

11－19　河南三门峡虢国博物馆

11－21　河南郑州碧沙岗公园、河南省博物院

11－25　北京海淀香山古迹

12－04　北京石景山法海寺、田义墓(官宦博物馆)

12－07　江苏南京市博物馆、静海寺

12－08　江苏镇江博物馆、镇江焦山碑林

12－09　江苏无锡博物院、吴锡碑刻陈列馆、薛福成故居

12－10　江苏吴锡中国民族工商业博物馆、东林书院,苏州博物馆、苏州太

平天国忠王府

12 - 11　江苏常熟碑刻博物馆

12 - 11　江苏苏州警察博物馆、苏州文庙碑刻博物馆

12 - 13　上海公安博物馆

12 - 13　江苏南通博物苑、南通城市博物馆、中国审计博物馆

12 - 14　南京博物院、南京江南贡院历史陈列馆、瞻园太平天国历史博物馆

12 - 30　北京延庆县博物馆

2012 年

01 - 03　北京首都博物馆

01 - 05　山东青岛市博物馆

01 - 06　山东青岛德国监狱旧址博物馆、天后宫、崂山太清宫

01 - 07　山东平度市博物馆、潍坊市博物馆

01 - 08　山东青州市博物馆、淄博市博物馆

01 - 18　北京警察博物馆

01 - 24　北京中国国家博物馆

01 - 26　四川省博物院

01 - 27　四川省博物院,成都金沙遗址博物馆

01 - 28　四川成都武侯祠、杜甫草堂

01 - 29　四川达州博物馆、渠县汉阙

01 - 30　四川阆中贡院博物馆、华光楼、张飞庙、中天楼

01 - 31　四川阆中保宁醋博物馆、福音堂、山陕会馆

02 - 01　四川绵阳博物馆、成都青羊宫

02 - 22　北京昌平博物馆

02 - 28　北京首都博物馆

03 - 08　湖北省博物馆、武汉市博物馆

03 - 09　湖南省博物馆、长沙简牍博物馆

03 - 10　湖北武汉红楼(鄂军都督府)、辛亥革命博物馆

03 - 11　湖北武汉革命博物馆

03 - 30　浙江宁波天一阁博物馆、宁波中山公园及宁波商会旧址、张苍水纪念馆、宁波博物馆

03 - 31　福建省博物馆、福州三坊七项

04 - 01　福建武夷山朱熹书院、武夷宫

04 - 02　福建武夷山下梅古村

04－03　江西龙虎山道教博物馆、上清宫、天师府、天师祖庙、正一观

04－04　江西省博物馆、八一起义纪念馆、贺龙指挥部旧址

04－05　江苏南京博物院

04－15　北京中国国家博物馆

04－29　河北定兴义惠慈石柱、望都所药村汉墓

04－30　河北定州清真寺、定州贡院博物馆、北庄子汉墓石刻,曲阳北岳庙碑林

05－01　河北定州南城门

05－10　山东曲阜孔庙、孔府、孔林,汉魏碑刻博物馆、曲阜状元博物馆、颜庙、周公庙

05－11　山东邹城孟府、孟庙、画像石刻陈列馆,双碑厅,滕州博物馆、滕州汉画像石馆

05－12　江苏徐州汉画像石艺术馆、徐州博物馆、龟山汉墓、圣旨博物馆、点石园

05－13　江苏徐州狮子山汉墓

05－26　辽宁沈阳北陵(清昭陵)、北塔碑林、辽宁省博物馆

05－27　辽宁省博物馆,沈阳金融博物馆、大帅府、实胜寺、满洲省委旧址

06－23　陕西历史博物馆、西安碑林

06－24　陕西华山摩崖、西岳庙

06－25　河南洛阳龙门石窟

07－11　香港赛马博物馆

07－12　香港黄大仙祠、香港历史博物馆、香港文化博物馆

08－26　北京法源寺(中国佛教图书文物馆)、先农坛(北京古代建筑博物馆)

08－29　北京宣南文化博物馆

11－11　海南省博物馆

11－12　海南海口市博物馆、五公祠、琼台书院、琼台福地、三圣宫、黄忠义公祠、海瑞墓、海瑞故居、丘浚故居、丘浚墓

11－13　广东广州西汉南越王博物馆、广州市博物馆

11－14　广东广州陈家祠、广东省博物馆

11－15　广东广州越秀公园伍廷芳墓、锦伦会馆、石室大教堂、三元古庙、广州先贤清真寺和先贤古墓(回教坟场)

11－16　广东广州近代史博物馆、东平大押博物馆、都城隍庙、番禺学宫、万木草堂

11 - 17　广东广州佛山祖庙碑林

11 - 25　台湾台北淡水古镇古迹

11 - 27　台湾新北市（台北县）清水祖师庙、三峡区历史文物馆、三峡镇公
　　　　所、福安宫、兴隆宫、新北市莺歌陶瓷博物馆、头寮慈湖（大溪陵寝）

11 - 28　台湾中研院傅斯年纪念馆、明清档案工作室、历史文物陈列馆、胡
　　　　适公园

11 - 30　台湾台北保安宫、台北孔庙、新台北黄金博物馆

12 - 01　台湾台北故宫博物院、台湾博物馆、二二八和平公园、台湾土地银
　　　　行博物馆、台湾大学校史馆、台湾大学人类学博物馆

12 - 02　台湾台北行天宫、台北府城北门

2013 年

02 - 10　河北省博物馆、石家庄市博物馆

02 - 11　河北保定古莲花池碑林

02 - 14　安徽省博物馆

02 - 15　江苏常州市博物馆

02 - 16　江苏扬州市博物馆、扬州雕版印刷博物馆、普哈丁园

02 - 17　江苏南京江宁博物馆、东晋博物馆,江宁织造博物馆

03 - 20　北京故宫博物院

03 - 22　北京中国国家博物馆

04 - 19　北京故宫博物院

05 - 11　北京东岳庙民俗博物馆

06 - 11　河北安国药王庙碑林

06 - 28　北京保利艺术博物馆

07 - 31　山西五台山诸寺庙碑刻

08 - 01　山西五台山诸寺庙碑刻

08 - 02　山西介休后土庙碑林、洪山源神庙碑林,平遥双林寺、平遥县衙博
　　　　物馆、城隍庙、文庙

08 - 03　山西省博物院

08 - 07　北京历代帝王庙博物馆、广济寺

08 - 18　北京永定河文化博物馆

09 - 11　河北张家口大镜门

09 - 12　河北万全县洗马林玉皇阁

09 - 13　河北怀安县渡口堡村、昭化寺

09 - 25	天津博物馆
10 - 03	河北沧州清真北大寺、沧州铁狮子、旧城遗址、单桥,献县汉墓群（献王陵）、献县张庄天主教堂
10 - 04	河北河间府署及碑林
10 - 05	河北沧州郭村乡毛苌墓
10 - 09	浙江省博物馆,杭州岳飞庙碑廊、文澜阁
10 - 11	浙江良渚博物馆
10 - 16	河北蔚县博物馆、玉皇阁碑廊、真武庙、南安寺塔、暖泉西古堡、蔚州署
10 - 17	山西广灵县水神堂、极乐寺,浑源永安寺、栗毓美墓、律吕神祠、悬空寺
10 - 18	山西浑源文庙
10 - 18	山西应县木塔,大同云冈石窟及北魏博物馆
10 - 19	山西大同鼓楼、善化寺
10 - 23	北京永定河文化博物馆
10 - 25	上海博物馆
11 - 05	北京湖广会馆、阅微草堂
11 - 30	北京自来水博物馆、中国铁道博物馆、杨椒山祠、沈家本故居
12 - 01	北京门头沟三家店
12 - 19	河南省博物馆
12 - 20	河南郑州黄河博物馆,开封博物馆
12 - 21	河南开封河南大学校园碑刻、科举文化展,山陕甘会馆、延庆观
12 - 29	北京昌平公园碑林

2014 年

01 - 05	河北固安柳泉乡南房上村于家坟(清代于成龙之父于国安墓)、牛驼镇王龙村(辽代陀罗尼经幢,被盗)
02 - 02	浙江绍兴安昌绍兴师爷博物馆、石雕馆
02 - 03	浙江绍兴博物馆
02 - 04	浙江绍兴富盛跳山《大吉碑》、大禹陵碑林、黄酒博物馆
02 - 05	浙江上虞博物馆、上虞曹娥庙碑林
02 - 06	浙江宁波保国寺碑林、慈城孔庙碑林
02 - 07	浙江宁波庆安会馆(海事民俗博物馆)、天封塔、钱业会馆
02 - 08	江苏南京博物院

03－08　北京首都博物馆

04－11　河南商丘阏伯台、三陵台

04－12　安徽亳州博物馆,亳州曹腾墓、花戏楼

04－13　河南永城汉王陵

06－17　河北正定隆兴寺、开元寺、广惠寺、天宁寺、县文庙、府文庙

06－18　河北省博物馆

07－06　青海省博物馆

07－07　青海西宁东关清真寺、馨庐

07－08　青海西宁塔尔寺

07－09　青海乐都瞿坛寺、柳湾遗址,甘肃兰州西关清真寺

07－10　甘肃兰州甘肃省博物馆

07－11　甘肃兰州碑林、白云观、钱币博物馆

08－13　甘肃武威文庙、西夏博物馆、雷台汉墓、大云寺

08－16　青海贵德玉皇阁、文庙、城隍庙、贵德县博物馆

08－17　宁夏银川宁夏回族自治区博物馆、银川西塔

09－27　北京国家典籍博物馆

11－08　河南登封城隍庙(登封市博物馆)、嵩阳书院

11－09　河南登封少林寺、塔林、少室阙、会善寺、启母阙、启母石、中岳庙

11－10　河南洛阳龙门博物馆、关林、天子驾六博物馆

11－11　河南洛阳新街清真寺、潞泽会馆(洛阳民俗博物馆)、洛阳匾额博物
　　　　馆、山陕会馆、洛阳博物馆

11－12　河南新安铁门镇千唐志斋、张钫故居,洛阳古墓博物馆

12－06　河北正定隆兴寺

12－20　北京中国国家博物馆

12－27　河北涿州永济桥、华阳公园、南北塔、涿州博物馆、清真寺、药王庙

12－29　河北涿州清行宫及碑廊

2015 年

01－04　河北高碑店开善寺、望都所药村汉墓

01－05　河北元氏常山郡古城、封龙山西石窟和汉碑堂,井陉于家石头村

01－06　河北平山战国中山王陵遗址博物馆、万寿寺、唐塔林、战国中山古
　　　　城遗址

01－31　河北涿州金门闸遗址

02－03　山东泰安岱庙

02-04　山东济南五峰山洞真观、长清灵岩寺

02-05　山东泰安徂徕山四禅寺、泰安石刻馆、普照寺、关帝庙、泰山红门、
　　　　灵应宫

02-06　山东宁阳文庙

02-07　山东博山颜文姜祠、淄博周村千佛阁

02-08　山东临淄齐国历史博物馆、石刻馆、殉马坑、孔子闻韶处、古车博物
　　　　馆,金领清真寺

02-19　北京房山姚广孝墓塔、常乐寺、谷积山灵鹫禅寺

02-21　山东枣庄博物馆、甘泉禅寺

02-22　山东枣庄台儿庄古城

02-23　山东临沂市博物馆、孔庙、教堂、王羲之故居

02-24　山东临沂银雀山汉墓竹简博物馆、南关清真寺、沂蒙革命纪念馆

02-25　江苏连云港市博物馆、连岛羊窝头和苏马湾汉界域刻石

02-26　江苏连云港孔望山摩崖石刻、海州鼓楼、碧霞宫、白虎山摩崖题刻

03-21　北京永定河文化博物馆

03-27　北京故宫博物院、中国农业博物馆

04-04　山西阳泉盂县县城大王庙、晋剧团

04-05　山西阳泉盂县上社镇中北村(中社北村)府君庙·释迦寺、文昌庙,
　　　　藏山,阳泉市郊林里镇关王庙

04-06　山西阳泉义井镇小河村关帝庙、评梅景区,平定县岩会乡乱流村开
　　　　河寺魏齐三龛,洪济禅寺、天宁寺双塔、冠山书院

04-07　河北邢台开元寺、道德经幢

04-18　北京居庸关隆庆卫学遗址

04-20　北京居庸关隆庆卫学遗址

04-24　陕西西安大唐西市博物馆、小雁塔、西安博物院

04-25　陕西户县草堂寺、大圆寺

04-26　陕西户县祖庵镇重阳宫、户县钟楼、楼观台

04-27　陕西西安碑林

04-28　陕西西安秦砖汉瓦博物馆、大雁塔、化觉巷大清真寺

05-02　北京房山谷积山灵鹫禅寺

05-17　北京门头沟耿王坟、圈门和窑神庙、城子村崇化寺遗址、京门铁路
　　　　遗址(城子小学)、妙峰山仰山寺、王平镇桥耳涧、牛角岭

05-24　北京门头沟琉璃渠村(清工部琉璃窑办事公所)、关帝庙;雁翅镇白
　　　　瀑寺,斋堂镇沿河城、灵岳寺、灵水村,清水镇

05-30　北京门头沟琉璃渠村

05-31　北京永定河文化博物馆

06-01　北京房山谷积山灵鹫禅寺

06-02　北京门头沟耿聚忠墓

06-14　北京海淀西二旗清河毛纺厂民国碑

06-20　北京房山十字寺遗址、云居寺、姚广孝墓

07-05　山西博物院

07-07　陕西历史博物馆

07-08　陕西西安碑林

07-12　北京海淀西二旗清河毛纺厂民国碑

07-18　吉林长春吉林省博物院、长春文庙、长春清真寺、吉长道尹公署旧址

07-20　吉林长春伪满皇宫博物院

07-21　吉林省吉林市博物馆、吉林文庙、北山寺庙群、吉林天主教堂

07-25　北京居庸关隆庆卫学遗址

08-09　北京房山谷积山圆通寺

08-13　辽宁沈阳辽宁省博物馆、沈阳故宫

08-14　辽宁沈阳北塔、塔湾碑林

08-15　辽宁沈阳北陵

08-16　辽宁沈阳清福陵、清真南寺

08-17　辽宁北镇崇兴寺双塔、鼓楼、北镇庙

08-18　辽宁义县奉国寺、义县万佛堂

08-24　山东泰安岱庙、老县衙

08-26　山东泰安泰山

08-28　甘肃兰州甘肃省博物馆、中山铁桥

08-29　甘肃张掖丹霞地质公园

08-30　甘肃张掖大佛寺

08-31　甘肃张掖马蹄寺

09-01　甘肃永昌县博物馆、鼓楼、北海子

09-02　甘肃永昌县者来村、花大门石刻、圣容寺、明长城

09-03　甘肃武威永昌镇石碑村、磨咀子汉墓、西夏博物馆、武威文庙、大云寺

09-06　甘肃兰州金天观、白云观、兰州碑林

09-12　北京国家博物馆

09-19　北京平谷王辛庄镇太后村大兴隆禅寺遗址

09 - 27　北京房山常乐寺村姚广孝墓、常乐寺、公主坟

09 - 29　山东青州龙兴寺、驼山昊天宫

09 - 30　山东青州仰天山摩崖题刻、清真寺、昭德古街

10 - 01　山东临朐沂山中镇庙,青州龙兴寺遗址

10 - 02　山东青州博物馆、青州府贡院、偶园、大齐碑、天主教堂

10 - 03　山东青州后寺墓塔林、云门山、真教寺,弥河镇上院村修真宫

10 - 04　山东青州明衡王府石坊、基督教堂、范公亭、青州博物馆、万年桥

10 - 17　河北涞水金山寺

10 - 19　北京门头沟檀柘寺、戒台寺

11 - 03　北京平谷王辛庄镇太后村大兴隆禅寺遗址

11 - 27　湖北武汉湖北省博物馆、长春观

12 - 04　深圳博物馆

12 - 06　深圳后海天后宫、涌下村升平里郑氏宗祠

12 - 11　浙江杭州六和塔,浙江省博物馆孤山区、武林区馆

12 - 12　上海华中师大博物馆

12 - 13　上海嘉定孔庙等

12 - 24　山西介休后土庙、祆神楼、城隍庙

12 - 25　山西芮城永乐宫、城隍庙

12 - 26　山西夏县禹王城遗址、司马温公祠,运城盐湖区池神庙、舜帝陵盐湖区博物馆

12 - 27　山西运城解州关帝庙、常平关帝家庙

12 - 29　山东济南长清五峰山洞真观、灵岩寺

12 - 30　山东济南龙洞寺,清真寺南大寺、北大寺

2016 年

01 - 22　北京昌平石刻园

01 - 31　北京延庆灵照寺、清三泰墓,海淀西阜头村妙高峰道界、北安河兴善寺、七王坟、大觉寺

02 - 03　北京房山常乐村姚孝墓、河北镇磁家务孔水洞关帝庙、房山十字寺、房山区周口店娄子水村上庄公院遗址村

02 - 06　北京怀柔红螺寺、怀柔北房镇宰相庄村萧拜柱神道碑、密云冶仙塔碑林

02 - 07　北京贾公祠、琉璃河大桥、河北涿州下胡良桥、易县龙兴观

02 - 09　江苏淮安韩信故里、淮安府署及碑廊、漕运博物馆、吴承恩故居、漂

母祠、运河遗址

02 - 10　江苏淮安清江文庙和清江浦、淮安博物馆,盱眙第一山

02 - 11　江苏盱眙明祖陵、盱眙历史文化博物馆,浙江宁波城隍庙

02 - 12　浙江宁波天一阁、水则碑、高丽史遗迹、南宋石刻园

02 - 13　浙江宁波城隍庙

02 - 19　北京怀柔常兴院辽碑,平谷上宅博物馆,顺义碑林

02 - 27　北京昌平公园石刻园

03 - 21　日本京都

03 - 23　日本松江城

03 - 24　日本出云王古墓博物馆、岛根县出云大社、出云历史博物馆、京都
　　　　东寺五重塔

03 - 25　日本京都金阁寺、神社

04 - 02　山东德州博物馆、苏禄王墓

04 - 03　山东聊城公园、清真寺和铁塔、山陕会馆、大宁寺和教堂、清真寺

04 - 04　山东聊城光岳楼七贤祠、运河博物馆碑廊、肥城、泰安老县衙

04 - 05　山东泰安祖徕山四禅寺、中军帐

05 - 01　河北灵寿县幽居寺(祁林院)、鹿泉龙泉寺、赵县石塔、赵县大观碑

05 - 02　河北赵县柏林寺、赵州桥,元氏县开化寺塔、易县荆苛塔、龙兴观

05 - 04　北京昌平清真寺

05 - 27　河南郑州清真寺、河南省博物馆、郑州市博物馆,荥阳洞林寺、荥阳
　　　　博物馆

05 - 28　河南偃师商场博物馆,洛阳白马寺、千唐志斋

05 - 29　河南洛阳佃庄镇东大郊村辟雍碑、洛阳博物馆

07 - 22　北京昌平兴寿镇双泉禅寺、东燕州城,昌平龙山白浮泉遗址——九
　　　　龙池、朝宗桥,海淀区龙王圣母庙(261 医院旧址)、沙河上庄东岳
　　　　庙(纳兰家庙)

08 - 02　北京沈家本故居、杨椒山祠

08 - 21　福建南靖土楼

08 - 22　福建福州于山碑林、乌塔

08 - 23　福建福州鼓山涌泉寺、福州市博物馆、福州文庙乌塔、乌石山摩崖

08 - 24　福建福州省博物馆、福州闽王祠、于山和五巷

09 - 04　天津蓟县千象寺、独乐寺、蓟州文庙、鲁班庙、辽白塔

09 - 16　北京上房山云水洞、兜率寺,大韩继村香光寺,琉璃河大桥

09 - 30　北京昌平长陵

10－02　河北宣化鼓楼,蔚县代王城、释迦寺、南安寺塔、玉皇阁、真武庙碑林、财神庙、灵岩寺

10－03　山西灵丘赵武灵王墓、觉山寺碑厅、御射台,代县崇庆寺、峨口奶奶庙,五台县佛光寺、尊胜寺

10－04　山西五台县广济寺(五台县博物馆)、南禅寺、延庆寺,代州文庙和碑林,徐向前纪念馆故居、阿育王塔和代州署衙,代县鼓楼钟楼

10－05　山西忻州市代县雁门关、新广武长城、旧广武明长城,朔州马邑博物馆、崇福寺和碑林,朔州古城墙、文昌阁

10－06　山西朔州市应县木塔、净土寺,河北涞源阁院寺,兴文塔泰山宫

10－15　北京昌平沙河杨增新墓碑、昌平双泉寺,平谷常兴寺(院)

10－16　北京房山琉璃河大桥、十字寺遗址、姚广孝墓、常乐寺

10－17　北京昌平沙河杨增新墓碑、居庸关隆庆州卫学遗址、海淀西土城路25号清弘响墓碑

10－18　北京门头沟博物馆、房山河北镇磁家务孔水洞关帝庙

10－20　北京首都博物馆

10－26　北京昌平石刻园

10－28　北京门头沟博物馆

10－29　北京房山长沟镇

11－02　北京石刻艺术博物馆

11－19　河北省博博物馆

11－22　北京东岳庙民俗博物馆

12－18　河北隆尧碑刻馆、唐祖陵、内丘扁鹊庙、邢台文管所

12－28　北京故宫

2017 年

01－24　北京延庆仙枕石、居庸关云台、南口村

01－28　北京延庆水关石佛寺,河北宣化柏林寺、逐鹿鼓楼城门、逐鹿清真寺

01－29　河北定兴义慈惠石柱、满城张柔墓、定兴西岗塔、定兴光华寺

01－31　河北廊坊市博物馆、石刻园

02－01　北京延庆燕山天池,河北赤城后城镇滴水崖石窟、杨家坪村杨洪家族墓、赤城县鼓楼、赤城县博物馆、独石公园、独石口村长城

02－17　江苏苏州玄妙观三清殿、观音殿、苏州文庙

02－18　江苏苏州罗汉院双塔、苏州文庙、太平坊清真寺、戒幢律寺

02－19　江苏常熟博物馆、方塔院碑刻博物馆

02－20　江苏常熟彩衣堂、方塔院碑刻博物馆

02－21　江苏吴锡博物院、锡惠文物景区、碑刻陈列馆

02－22　江苏无锡荡口镇

02－23　江苏镇江博物馆、西津渡、焦山碑林

03－02　北京中国国家博物馆

03－25　河南安阳

03－26　河南浚县大伾山、浮丘山,安阳市博物馆

03－27　河南安阳万佛沟灵泉寺、小南海石窟,善应镇善应村储祥宫旧址,
　　　　西岗固村宋韩国华神道碑,唐修定寺塔,韩王祠

04－02　河北平泉博物馆,内蒙古赤峰市宁城县辽中京、赤峰宫家营子村耶
　　　　律琮墓、赤峰市喀喇沁旗福慧寺、喀喇沁旗王爷府,河北滦平博
　　　　物馆

04－05　北京石刻艺术博物馆

04－16　北京昌平银山塔林

04－29　河北易县龙兴观、易县清真寺、易县高陌乡燕子村金塔、易县高陌
　　　　乡解村镇国寺石佛,

04－30　满城张柔墓,保定顺平五侯塔,曲阳修德寺塔,曲阳独古庄村济渎
　　　　岩摩崖石刻,曲阳燕川村,曲阳南沟村慧炬寺遗址

05－20　河北石家庄裕华区三教堂村、东仰陵村,鹿泉龙泉寺、鹿泉洞沟村,
　　　　上庄村

05－21　河北石家庄古玩城、毗卢寺

06－12　北京中国法院博物馆

07－01　天津中山公园碑林

07－06　北京国家典籍博物馆

07－08　天津中山公园碑林、天津邮政博物馆、天津金融博物馆

07－20　北京警察博物馆

08－14　湖南郴州万华岩摩崖

08－16　湖南资兴清江石峰寨

08－16　湖南汝城白芒山厚坊岩、黄沙堡

08－17　河南许昌博物馆、许昌关帝庙

08－18　河南许昌天宝宫、清真观

08－19　河南新乡平原博物院、潞王陵

08－20　河南新乡市红旗乡政府大观圣作碑、新乡关帝庙、延寿寺(东岳庙)

09 - 02　北京昌平博物馆

09 - 08　河南安阳袁林

09 - 09　河北邯郸南响堂石窟

09 - 10　河北邯郸南响堂，河南安阳

10 - 03　北京卢沟桥、大王庙

10 - 18　北京石刻艺术博物馆

10 - 26　陕西咸阳博物馆

10 - 27　陕西铜川药王庙、耀州文庙

10 - 28　陕西淳化县文博馆、博物馆，西安鄠邑区户县文庙、祖庵镇重阳宫

10 - 29　陕西西安碑林

11 - 19　北京房山云居寺、房山文管所、琉璃河大桥

11 - 24　福建厦门博物馆

11 - 26　福建厦门南普陀寺清纪功碑、同安孔庙、梵天寺

11 - 27　福建厦门大学人类博物馆、南普陀寺

11 - 28　浙江衢州博物馆、衢州孔庙

12 - 09　北京石刻艺术博物馆

2018 年

01 - 12　北京沈家本故居、杨椒山祠

01 - 19　河南巩义博物馆

01 - 20　河南巩县石窟、宋仁宗永昭陵、宋英宗永厚陵

01 - 21　河南巩县真宗永定陵、太祖永昌陵、永安陵、保泰陵，偃师缑氏镇唐
　　　　恭陵

01 - 22　河南巩县神宗永裕陵、哲宗永泰陵、太宗永熙陵

01 - 23　河南济源济渎庙、王屋山阳台宫、济源博物馆、轵城大明寺

03 - 17　山东石刻艺术博物馆、济南警察博物馆、山东博物馆

03 - 18　天津博物馆

03 - 23　北京首都博物馆

03 - 24　湖南省博物馆

03 - 25　湖南省博物馆

04 - 05　河北定州贡院、北庄汉墓、中山博物馆、定州文庙、清真寺

04 - 06　河北曲阳北岳庙

04 - 07　北京房山刘济墓

04 - 19　北京石刻艺术博物馆

04 - 20　广西桂林博物馆

04 - 21　广西桂林大河圩村、桂林中学文庙旧址、靖王府、独秀峰

04 - 22　广西桂林桂海碑林

05 - 11　北京奥森公园朝阳石刻园

05 - 26　北京昌平仙枕岩

06 - 06　天津博物馆

06 - 17　北京密云冶仙塔

06 - 18　河北赤城龙关镇重光塔、汤泉瑞云寺、灵真观、云州水库龙门崖摩崖

06 - 28　北京中国国家博物馆

07 - 14　北京石刻艺术博物馆、国家典籍博物馆

07 - 26　河北武安县贺进镇寺西村惠果寺、后临河村碧霞宫

07 - 26　河北邯郸峰峰矿区和村镇

08 - 18　江苏南京朝天宫,浙江德清县博物馆

08 - 19　浙江德清莫干山

08 - 20　江苏南京江宁织造博物馆、明孝陵

08 - 21　江苏南京博物院、六朝博物馆

09 - 16　四川成都金沙遗址博物馆

09 - 17　四川芦山地震纪念馆、姜侯祠,龙门古镇、东汉石刻馆(樊敏阙)、飞
　　　　仙关

09 - 18　四川绵竹汉旺地震遗址、年画博物馆

09 - 19　四川北川老县城地震遗址

09 - 20　四川汶川震中纪念馆

09 - 21　四川成都博物馆、四川博物院

09 - 22　四川成都金沙遗址博物馆

09 - 23　四川都江堰市青城山

10 - 01　内蒙古呼和浩特辽白塔、内蒙古博物院

10 - 02　内蒙古呼和浩特昭君博物院、内蒙古大学民族博物馆、五塔寺、呼
　　　　和浩特市博物馆、内蒙古博物院、清真大寺

10 - 03　内蒙古包头博物馆、鄂尔多斯青铜器博物馆、东胜博物馆

10 - 04　内蒙古鄂尔多斯博物馆、准格尔旗博物馆

10 - 05　山西左云县八台子教堂和长城,大同市博物馆

10 - 18　北京首都博物馆

10 - 24　北京石刻艺术博物馆

10 - 27　山东巨野博物馆、巨野文庙、屏盗碑、金山大洞

10－28　山东菏泽博物馆
11－06　北京石刻艺术博物馆
11－07　北京石刻艺术博物馆
11－18　上海图书馆、上海博物馆
12－07　湖北省博物馆
12－14　福建省博物馆
12－15　福建福州船政博物馆、福州博物馆、乌塔
12－30　山东省博物馆
12－31　山东济南市博物馆、山东省博物馆

2019 年

01－01　天津博物馆
01－06　北京石刻艺术博物馆
01－23　北京辽金城垣博物馆
01－24　北京琉璃河商周遗址博物馆，河北易县博物馆
01－25　北京中国国家博物馆
01－31　北京中国国家博物馆
02－05　广东肇庆博物馆，肇庆文庙、梅庵、古城墙、丽谯楼、鼎湖山庆云寺
02－06　广东佛山祖庙，广州南海神庙、光孝寺
02－07　广东省博物馆，广州西汉南越王博物馆、越秀公园伍廷芳墓
02－08　深圳博物馆、深圳南山博物馆
02－09　湖南长沙博物馆、长沙简牍博物馆
02－10　湖南省博物馆
02－12　江苏南京博物院
02－16　河南开封博物馆
02－20　北京中国国家博物馆
03－15　江苏南京瞻园、科举博物馆
03－23　北京首都博物馆
03－29　山西博物院
03－30　山西寿阳方山寺、昭化院，太原晋祠
03－31　山西太原窦太夫祠、净因寺、崇善寺、太原市博物馆、晋商博物馆
04－03　北京石刻艺术博物馆
04－05　贵州省博物馆
04－07　广西恭城文庙、武庙，桂林文庙旧址

04 - 12　重庆中国三峡博物馆

04 - 13　重庆大足北山石刻

04 - 14　重庆大足南山石刻、大足石刻、大足博物馆

05 - 21　北京智化寺

05 - 25　陕西西安交通大学博物馆、小雁塔、西安博物院

05 - 26　陕西华阴西岳庙,西安卧龙寺、西安碑林

05 - 31　北京中国国家博物馆

06 - 19　挪威卑尔根科德博物馆,卑尔根大学海事博物馆

06 - 20　挪威卑尔根大学历史博物馆

06 - 29　北京首都博物馆

07 - 04　北京中国国家博物馆

07 - 06　山东宁阳文庙

07 - 06　山东曲阜孔庙、孔子博物馆

07 - 16　浙江湖州博物馆

07 - 17　浙江湖州沈家本墓、沈家本纪念馆

07 - 18　浙江富阳博物馆、华宝斋、鹳山公园

07 - 21　法国巴黎中世纪博物馆

07 - 22　法国巴黎吉美博物馆、协和广场

07 - 24　法国巴黎卢浮宫

07 - 25　德国科隆教堂

07 - 27　德国明斯特市博物馆

08 - 11　北京中国国家博物馆

08 - 21　辽宁省博物馆

08 - 22　吉林梅河口市小杨乡庆云村金代摩崖石刻,通化市博物馆、长白山
　　　　民俗博物馆、自安山城

08 - 23　吉林集安好太王碑、太王陵、将军坟、西川王墓、千秋墓、麻线河、西
　　　　大墓

08 - 24　吉林集安丸都山城、高句丽古墓博物馆、集安博物馆

09 - 21　山西洪洞广胜寺水神庙

09 - 22　山西太原纯阳宫、山西青铜器博物馆、山西博物院

09 - 23　山西太原窦大夫祠

09 - 27　北京清华大学博物馆

10 - 12　山西太原晋祠、太原市博物馆

10 - 30　北京石刻艺术博物馆

11－16　山西太原晋祠、龙山

11－17　山西太原晋祠、山西青铜器博物馆

12－06　山西博物院

12－13　浙江湖州沈家本纪念馆

12－21　北京国家典籍博物馆

后记·聚精碑石

　　法律碑刻是了解古代法律规范构成、法律实施以及本土化法律观的重要载体，也是一种可视化程度较高的立体性史料。从目前学术界研究的现状看，传世文献、中央和地方档案以及出土简牍已被普遍使用，而石刻法律文献尚未引起研究者的充分关注。单独、系统叙录我国历代石刻法律文献在学界属于首次，就此摸清中国古代法律碑刻的"家底"，总结这批原生史料的特色，不仅具有填补空白的意义，也将对中国法律史学研究产生持久影响。

　　呈现在读者面前的《中国古代石刻法律文献叙录》（以下简称《叙录》）是我们对古代法律碑刻进行"首次普查"的阶段性成果。"我们"是聚精会神于碑石的一个学术团队。尽管笔者之前尝试过法律碑刻的编目工作（《碑刻法律史料考·附录》，社会科学文献出版社，2009），但未像《叙录》一样有明确的格式要求和体例规范，也未像《叙录》一样系统揭示法律碑刻的诸多内涵。说其是"阶段性"，是因为我们的调查、搜集和整理研究工作还一直在进行中，对一些省市如安徽、湖南、江西等地的调查工作尚不充分，一些史料存佚情况也尚待核实。即使《叙录》已然面世，我们对法律碑刻的全面调查与核实工作仍将持续，寻求新发现的信息以备《叙录》的增补修订。

　　就已进行的调查和整理工作而言，有这样几个"相对"的特点：一是对传统金石志、方志的整理较当代碑志全面；二是对蒙元以前的法律碑刻著录检索较明清时段细致；三是对碑石的实地访查、核实工作，北部、中部地区较南部、西部更扎实；四是对碑刻搜集整理的力度，高于墓志、买地券、经幢等石刻类别。

　　上述第一、二两条特点具有关联性。因传统金石志著录多截止到金元，少有系统载录明清碑志的志书，故《叙录》内容中元以前的风格与明清段有较大不同。即蒙元以前的碑目，载录书目较多，且多见有研究成果，而明清时段因鲜见针对单独碑石的个案研究,故以记录碑石外观、格式和内容提示为主。

第三、四两条特点则受制于时间和精力。石刻法律文献内涵广泛,其中载之于碑刻的法律史料,真实性、公开性、约束性明显且易于识别;而载之于墓志、经幢、造像碑、买地券等石刻中的法律信息,或因其真实性、公开性的局限(如墓志、买地券),或因法律内容呈零散、附属性面貌(如经幢、造像碑),对其中的法律内容进行甄别、梳理需要花费更多的时间和精力,故本书仅甄选了一些具有代表性的史料。

尽管时间、精力有限,我们依然坚持田野调查,记录碑石。这不仅是遵循古代金石学家注重访碑的传统,更是为纠正传统和当代碑志著录中普遍存在的重碑阳轻碑阴、重名家手笔轻民间刻石和雷同性公文、重视撰文时间忽视立石时间,以及著录信息不全等偏颇,故亲临现场观摩碑石、搜集碑拓,进而了解碑石所处环境及形制、碑文格式、碑阳和碑阴的关系,乃至加刻、续刻等信息,其重要性并不亚于对史料的研读甄别。

法律碑刻是中国本土化特征鲜明的原生史料群,大部分史料都具有原始性、独立性、惟一性。法律碑刻史料群存在的基础,一是有可观的体量,二是有丰富的族群。

法律碑刻在传统金石志中平均占8.47%,尽管比例并不是很高,然而在古代刻石普遍、存世数以万计的前提下,其存量相当可观。《叙录》目前所收法律碑刻为8 200余种,但还远远不是法律碑刻的全部。保守估计,当在1.4万种左右,尤其是明清法律碑刻,其数目还有较大的提升空间。此尚不包括春秋战国盟书、汉代刑徒砖、历代买地券、墓志以及民国碑刻的数目。可观的存量,将大大提升石刻法律文献的学术价值与地位。笔者深信,法律碑刻将会与简牍、金文、档案等法律资料群一样,为人瞩目。

从表面看,《叙录》所载是按时间顺序排列,各碑志间的相互关系难以一眼识别。然而通过这些碑志的内容、形制、刻立时间、功能等事项的分析和归纳,还是能发现其特殊价值,如揭示法律碑刻的制度属性和独立性;检验法律碑刻的分类理论和应用;勾画法律碑刻史料群的体量和群组关系;展示法律碑刻中公文与私约并行、法律和行政互动的包容性等。通过对《叙录》所载相近类别和专题文献的年代分布、刻立地点、体例、要点、研究成果的辨析与汇集,可为古代公文、讼案、契证、规章、赋税等专题和个案研究提供翔实的史料支撑。

《叙录》所汇集的法律碑刻持续时间长、分布范围广、类别丰富、形制多样。通过普查,我们对法律碑刻的几个经典类别的体量有了清晰的认知。

就目前所掌握的史料而言,其大致类别构成是:王言君命类约占 10%,公文类约占 11.7%,契证类约占 19%,条令规约箴言类占 17%,禁令告示类约占 24%,讼案纠纷类约占 6%,另食货赋役类、监察附盟誓类、法律记事类等约占 12.5%。这些数据较真实地揭示了法律碑刻史料群在相关专题研究上的优势。为方便学者利用,本书所收史料经过初步筛选分类,兼有明确的藏石地点和载录文献,力求信息多样,检索便捷。

当然,对石刻法律文献进行普查不是件轻松的事情,也不是短时间内能够完成的。我们在资料积累、整理上所花的时间和精力,并不亚于在研究上的投入。而本书从初稿成型到正式出版,也颇多曲折。

在 2014 年申报国家社科基金后期资助项目时,笔者掌握的法律碑刻数据为 4 600 种,较 2009 年出版的《碑刻法律史料考》所附 3 300 种增加了不少,期待最终结项时能达到 5 800 种。然而在 2016 年底申请结项时,却达到了 7 900 种,比预期数目超出了 2 100 种。新发现的内容,使法律碑刻的时代和地域分布的完整性、系统性、均衡性都有明显提升。数目的"爆发"式增长由多种因素造成。一是 2015 年、2016 年我们将主要精力放在对原碑的调查核实、对碑拓的搜集整理工作上,两年中野外考察的有效天数近 150 天。二是陆续出版的碑志书目和碑文汇编成果也提供了诸多便利和线索。三是对法律碑刻的内涵和结构有了更全面的认知,促使我们对过去曾忽视的法律碑刻类别如公文碑等,进行重新审视。

在法律碑刻数量增长的同时,书稿的体量更厚重了,字数远远超过项目申报时的预估,这对讲求效益的出版社而言,成为"沉重"的负担。自 2017年结项后,书稿一直"沉睡"在北京的一家出版社,编校进展缓慢,编辑几经更换,出版似是遥遥无期,缩减到申报项目时的字数,成为顺利出版的一个条件。但与之而来的是,《叙录》实用性会相应降低。权衡之下,书稿于 2019 年转至上海古籍出版社。

在此要特别感谢上海古籍出版社的曾晓红女史。此书稿在 2014 年曾列为拟在上海古籍出版社出版的"中国古代法律文献研究丛刊"之一,当时她已敏锐地发现这本书的独特价值,提议从上海古籍出版社方面申报当年的国家社科基金后期资助项目。由于一些程序上的原因,《叙录》最终从中国政法大学申报并一举成功。得知《叙录》将要压缩出版的窘境,她果断提议转由上海古籍出版社出版。而此时的书稿碑目,已从 2016 年的结项时的 7 900 种增到 8 200 余种,出版成本自然又有增加。其实出版费用负担并不是太大问题,能将书稿交到懂得其价值的编辑手里,才是更为重要的!

在此还要感谢项目评审专家提出的宝贵建议。依据五位评审专家的建议,经过近两年的资料补充、内容辨识和专题归纳,使古代法律碑刻这一原生史料群的轮廓特征更加清晰,史料的检索利用更为便捷,课题申请时所设定的"阐明并彰显石刻法律文献的综合研究价值、拓展古代法制专题研究史料群、建构合乎石刻法律文献特性的分类方法等"主要目标,已基本实现。

还要特别感谢一直默默关注、支持我们研究的亲朋学友。因为碑刻研究而结识了一批志同道合者。访碑的乐趣、拓碑的艰难、读碑的收获,历历在目。在微信中,会时常收到朋友们从天南海北发来的碑石图片、信息。我知道,很多朋友一看到碑石,会第一时间想到我,想到这些碑石会有助于我们的研究。这份关照和支持,看似细微,却每每让人动容。

需要感谢的还有中国政法大学石刻法律文献研读班的各位同学,其中历史文献学专业和法律史专业的学生出力甚多,安洋、刘海军、王浩、曹楠、王梦光、刘伟杰、项泽仁、于瑞辰、马小娟、闫静怡、梁瑞琪、王硝鹏、张驰、陈虹池、朱子惠等诸位同学在整理、校核资料方面做了很多琐碎的工作。尤其是古今行政区划的改变,以致在校核地名、改古地名为今地名时颇费工夫。当然他们也是《叙录》初稿的受益者。从 2014 年至今,有 7 届学生优先研究、使用了《叙录》数据,这为他们撰写学期论文、毕业论文提供了极大的便利。通过他们基于《叙录》而进行的开创性研究,我们也更加坚信,《叙录》的出版将有功于学术。共享学术资源,是我们一直致力的目标。

李雪梅
2020 年秋于京城

图书在版编目(CIP)数据

中国古代石刻法律文献叙录／李雪梅著. —上海：
上海古籍出版社，2020.12
ISBN 978-7-5325-9812-0

Ⅰ.①中… Ⅱ.①李… Ⅲ.①法律—文献—汇编—中
国—古代②石刻—文献—汇编—中国—古代 Ⅳ.
①D920.9②K877.4

中国版本图书馆 CIP 数据核字(2020)第 224171 号

国家社科基金后期资助项目

中国古代石刻法律文献叙录

(全二册)

李雪梅 著

上海古籍出版社出版发行

(上海瑞金二路 272 号 邮政编码 200020)

(1)网址：www.guji.com.cn

(2)E-mail：guji1@guji.com.cn

(3)易文网网址：www.ewen.co

浙江临安曙光印务有限公司印刷

开本 700×1000 1/16 印张 46.75 插页 4 字数 814,000

2020 年 12 月第 1 版 2020 年 12 月第 1 次印刷

ISBN 978-7-5325-9812-0

K·2926 定价：198.00 元

如有质量问题,请与承印公司联系